이 주석은 난해한 상징과 생소한 이미지라는 일곱 인으로 봉인된 듯한 요한계시록에서 그 인들을 하나씩 떼어내어 성경 본문의 의미를 밝게 조명해주는 책이다. 비일의 가장 탁월한 점은 요한계시록 본문을 구약의 빛으로 해석하는 능력이다. 그의 주석은 구약의 원문맥의 의미를 염두에 두고 난해한 본문을 읽어낸다. 그 결과 요한계시록의 단호한 메시지로 허약하고 부실한 교회와 성도들이 타협하지 않는 순교자적 신앙과 미혹에 대한 영적 분별력을 갖도록 무장시켜준다. 요한계시록에 대한 무천년적 해석과 상징적 해석의 정수를 알고 싶다면 이 주석을 반드시 옆에 두고 읽어야 한다.

김경식
웨스트민스터신학대학원대학교 신약학 교수

요한계시록에 대한 연구는 여러 가지 이유로 항상 쉽지 않은데, 특히 한국 신학계에서도 여전히 많이 다뤄지지 않은 분야다. 이런 맥락에서 미국 웨스트민스터 신학교의 G. K. 비일 박사가 집필한 탁월한 주석이 우리말로 번역되어 소개된 것은 진심으로 기뻐해야 할 일이다. 아무쪼록 이 책이 널리 알려지고 읽혀서 어렵게만 생각되는 요한계시록이 한국 독자들에게 좀 더 가까이 다가가는 계기가 될 수 있기를 기대한다.

김경진
백석대학교 기독교전문대학원장

주석에는 설교를 위한 단순한 주해집 성격의 주석과 고도의 학문성을 추구하는 학자들을 위한 주석이 있다. 본 주석은 고도의 학문성을 추구하면서도 비교적 읽기 쉽게 쓰여 성경학자, 목회자, 신학자 모두가 사용할 수 있는 책이다. 본 주석은 요한계시록의 개론적 문제와 각 구절에 대한 상세한 주해 및 후속 연구를 위한 자세한 참고문헌을 포함하고 있어 요한계시록에 대한 백과사전이라 할 만하다. 요한계시록을 이해하려는 사람과 그 본문으로 설교하려는 사람 모두에게 필독서로 권한다.

김동수
평택대학교 신약학 교수

요한계시록의 세계적 거장인 그레고리 비일의 대작이 한국어로 번역되어 출간된 것을 대단히 기쁘게 생각한다. 무엇보다도 번역자의 노고에 경의를 표하지 않을 수 없다. 원작이 너무나 방대하고 세밀하여 이 책을 번역하는 것은 전문적 지식과 엄청난 인내를 요구한다. 비일의 주석은 참으로 오랜 인고의 세월을 거쳐서 빚어졌다. 비일은 그리스어 원문을 철저하게 분석한다. 원문 해석에 충실하고자 고심한 노력이 돋보인다. 무엇보다도 비일은 요한계시록의 구약 인용에 있어서 타의 추종을 불허하는 탁월한 업적을 남겼다. 더욱이 신구약 전체에 대한 깊은 성경신학적 안목이 충실하게 반영되어 있어 설교의 기반을 든든하게 놓아줄 것이다.

김추성

합동신학대학원 신약학 교수

비일은 "요한계시록이 미래학에 관한 것일 뿐만 아니라, 교회의 사상을 위한 구속사적이며 신학적인 심리학"임을 주장한다. 이 책은 방대한 연구사를 섭렵한 후, 헨드릭슨과 케어드, 그리고 윌콕스의 해석 전통에 따라 요한계시록의 신학적 메시지를 성실하고 풍요롭게 풀어놓는다. 요한계시록을 이용하여 속이려는 자들의 입을 막고, 그 안에 담긴 진리를 알려는 사람들에게 이 주석은 샘솟는 영감과 인식의 저장고가 되어준다. 현재 우리말로 기록된 요한계시록 서적 가운데 이것을 뛰어넘는 것이 없다.

김학철

연세대학교 학부대학 교수

G. K. 비일은 구약이 천명한 종말이 그리스도의 사건과 함께 근본적으로 시작되었다는 "시작된 종말론"과 "새 창조를 근간으로 하는 하나님 나라"를 핵심요소로 하는 성경신학적 관점을 견지하는 성경신학자다. 그뿐 아니라 비일은 성경 본문을 책-내 본문성(intra-textuality)과 특히 "신구약 사이의 책-간 본문성"(inter-textuality)에 천착하여 신학적으로는 건전하며 석의적인 관점에서는 철저하게 성경을 해석하는 탁월한 성경해석자다. 비일의 이러한 성경신학적 관점과 책-내 및 책-간 본문 연구가 생생한 예증적인 형태로 드러난 주석이 이번 새물결플러스를 통해 출판된 『NIGTC 요한계시록』이다. 이 책은 추천자 본인도 즐겨 읽는 책으로서 요한계시록을 바른 성경신학적 관점에서 그리고 바른 책-내 및 책-간 연구라는 측면에서 읽고 해석하기를 원하는 학자, 신학생 그리고 목회자에게 매우 유익한 주석이다.

류호영
백석대학교 신약학 교수

이 책은 비일 교수가 심혈을 기울여 완성한 요한계시록 주석서의 번역으로 몇 가지 의미에서 가치가 있다. 첫째는 저자가 그리스어 본문을 회피하지 않고 그것을 통해서 주석을 쓰고 있다는 점이다. 둘째로 저자는 역사적이고 신학적인 통찰을 통해 이 글을 쓰고 있어 독자로 하여금 시대사적인 언어와 신학을 잘 파악하도록 돕는다. 요한계시록을 관통하고 있는 종말이라는 주제가 과거와 현재를 거쳐 미래에까지 어떻게 이해되어야 하는지를 생각하게 하는 책으로서, 지금 시대를 살아가는 신앙인들에게 매우 의미 있는 사색의 시간을 선물하리라 의심치 않는다.

박두환
나사렛대학교 신학과 교수

비일 교수의 요한계시록 주석이 1999년에 NIGTC 시리즈로 출판된 이래, 추천자는 지금까지 이 책을 안심하고 활용하고 있다. 이 주석의 많은 장점 중 하나는 1993년에 출판된 리처드 보컴의 『예언의 절정』과 『요한계시록의 신학』 못지않은 신학적 메시지를 많이 포함하고 있다는 점이다. 참고문헌에서 확인할 수 있는 방대한 자료와 10년 이상 씨름한 비일 교수와 전문 번역가이신 오광만 교수의 노고에 깊은 감사를 드린다. 오늘날 요한계시록의 최고 전문가인 J. A. 두란트 교수, 케네스 젠트리 Jr. 박사, 스티브 모이즈 교수의 연구서와 더불어 이 주석을 읽는다면 시너지 효과를 통해서 더 균형 잡힌 해석에 도달할 것이다.

송영목
고신대학교 신학과 교수

20년 가까이 고대해왔던 비일의 『NIGTC 요한계시록』의 번역본이 드디어 출간되었다. 비일은 이미 한국교회에 『성전 신학』 등으로 소개된 훌륭한 신약학자다. 그는 특히 "요한계시록의 구약 사용"에 특별한 관심을 가져온 이 분야의 전문가다. 그러한 그가 요한계시록을 해석하는 데 있어서 구약 배경에 특별한 관심을 기울이는 것은 당연히 기대되는 바다. 하지만 그는 1세기 당시의 정치, 경제, 종교, 문화 상황도 간과하지 않는다. 그는 학자들의 다양한 견해를 균형 있게 섭렵하면서도, 자신의 입장을 선명하게 견지해나간다. 요한계시록에 대한 온갖 그릇된 해석들로 몸살을 앓고 있는 한국교회에 참으로 선명하고 건전한 요한계시록 주석이 시의적절하게 출간되어 이루 말할 수 없이 기쁘다.

양용의
에스라성경대학원대학교 신약학 교수

요한계시록 본문을 꼼꼼히 분석하여 명쾌하게 이해시키는 이 주석은 한마디로 경이적이다. 유대교와 구약성경의 전승을 관통하며 거대한 상호본문의 경계를 자유롭게 활보하는 G. K. 비일의 해석에 탄복할 수밖에 없다. 저자는 묵시문학의 모호성에 함몰되지 않고 역사와 신앙의 차원에서 요한계시록의 심층구조를 파헤쳐, 로마 제국의 위협에 굴복하거나 우상숭배의 미혹에 유린당할 위기에 처한 교회에게, 오염된 세상에서 그리스도를 담대하게 증언하라고 독려하는 요한계시록의 의도를 적확하게 짚는다. 저자의 이러한 독법은 성경연구자를 매료시켜 상징과 환상의 심연에서 1세기 그리스도인들이 보여주는 영성과 경건의 진면목을 확인시킨다.

윤철원

서울신학대학교 신학대학원 신약학 교수

이 책은 특히 세 가지 점에서 유익하다. 첫째, 신약의 구약 사용과 관련하여 탁월한 저작들을 남긴 저자가 요한계시록의 구약 인용을 구약의 문맥에서 해석해야 함을 보여준다. 둘째, 서론 부분에서 요한계시록의 주요한 논점들을 균형 있게 정리하고 자신의 주장을 설득력 있게 제시한다. 셋째, 원어를 아는 사람들은 그의 꼼꼼한 주해와 방대한 참고문헌에 감탄할 것이다. 이 책은 최근에 나온 요한계시록 주석들 속에서 가장 탁월한 책 중 하나로 신학생과 목회자에게 그리고 전문적인 지식을 가진 일반인들에게까지 큰 유익을 줄 것이다.

이상일

총신대학교 신약학 교수

비일 박사의 요한계시록 주석이 한글로 번역되다니 참으로 경이로운 일이 아닐 수 없다. 한국교회의 요한계시록 이해가 한층 더 성숙해질 것이라는 사실을 의심하지 않는다. 비일 박사는 요한계시록을 해석하는 데 있어서 방대한 양의 구약과 유대문헌 자료를 배경으로 사용한다. 이러한 방식의 요한계시록 해석은 그 해석의 신뢰성을 보장한다. 이것은 요한계시록을 지나치게 현재에 일어나는 사건과 관련해서 해석하는 작금의 전천년설과 연루되는 세대주의적 경향에 쐐기를 박는다. 특별히 예수님의 십자가 사건을 중심으로 "이미 시작된 종말"에 대한 그의 강조는 지나치게 예수님의 재림을 중심으로 요한계시록을 해석하는 전통적 입장의 불균형을 해소시키는 데 매우 효과적이다.

이필찬

이필찬 요한계시록연구소 소장

G. K. 비일의 『NIGTC 요한계시록』이 새물결플러스에서 출간된 것을 매우 기쁘게 생각한다. 이 책은 학문적인 주석 시리즈인 NIGTC 가운데 한 권으로 역사비평과 언어학에 근거하여 그리스어 본문을 자세히 다루며 석의하기에 요한계시록의 본문 및 신학적 이해를 더욱 풍성하게 해준다. 특히 이 주석의 장점은 본문을 한 절씩 깊이 있게 석의하면서 본문의 배경과 상징의 사용을 구약성경과 세밀하게 연결시켜 설득력 있게 해설한 점이다. 저자는 구약성경의 신약 사용에 대한 전문가로서 그 전문성을 이 주석에서도 유감없이 드러내고 있다. 그뿐 아니라 저자는 유대교의 해석 전통과 묵시문학의 배경 및 당시의 역사적 맥락 속에서 본문을 석의하고 있어서 요한계시록을 연구하는 독자들을 설득시키기에 충분하다. 요한계시록의 잘못된 해석과 가르침으로 혼란하고 혼탁한 한국교회에 새로운 말씀의 기운을 불어넣으리라 기대하면서 모든 목회자와 신학생들에게 일독을 권한다.

조석민

에스라성경대학원대학교 신약학 교수

"좋은 주석"의 기준이 무엇일까? 고든 피와 더글라스 스튜어트에 따르면 "어려운 구절"을 해석하기 위한 충분한 정보와 의문에 대한 대답을 제공하는 주석, 그리고 해당 구절에 대해 여러 가지 해석의 가능성을 설명하는 주석이다. "어려운 구절"들로 가득 찬 요한계시록을 읽을 때 우리는 더욱 그런 좋은 주석을 필요로 한다. 정밀하고 정확하기로 소문난 NIGTC 시리즈, 그중에서도 비일의 요한계시록 주석은 단연 돋보인다. 비일은 논란과 견해가 분분한 배경과 구조의 문제를 명쾌하게 다룰 뿐 아니라, 자신의 주특기인 신약에서의 구약 사용에 대한 식견을 활용하여 요한계시록의 상징적 본문들을 풍성하게 풀어낸다.

조재천

횃불트리니티신학대학원대학교 신약학 교수

1999년 이후 서구권 목회자의 서재에 요한계시록 관련 도서 넘버원으로 자리 잡은 책을 꼽으라면 G. K. 비일의 요한계시록 주석일 것이다. 한국 독자들의 손에 이 책이 이제야 들려질 수 있다니 환영하고 축하할 일이다. 요한계시록 지형도를 파악하는 데 이처럼 능숙하고 편리한 역사-문학-신학적 내비게이션도 흔치 않다. 요한계시록의 구약 인용과 암시 본문들을 유대교 전통 안에서 치열하게 문맥적으로 접근하여 요한계시록 이해와 해석의 청사진을 제시하는 독법이야말로 이 주석의 백미다. 깔끔한 한복으로 갈아입은 것처럼 완성도 높은 "한글 주석"의 새 옷을 입고 비일의 주석이 우리 곁에 찾아온 것도, 이 가을에 한국교회와 신학교와 성도에게 소중한 선물이 아닐 수 없다.

허주

아세아연합신학대학교 신약학 교수

오래 기다려왔던 이 주석은 기막힌 성취로서 앞으로 요한계시록을 연구하는 데 매우 유용한 지침과 자료를 제공할 것이다. 비일이 특히 강조하는, 구약과 유대교 주석 전통을 가지고 본문을 해석하는 방법은 요한계시록 본문 자체가 요청하는 것이며, 신학적으로 심오한 이 본문을 신학적으로 성찰하려는 태도는 매우 반가운 일이다.

리처드 보컴

케임브리지 대학교 명예교수

비일은 요한계시록을 해석하는 데 있어 학계가 참고해야 할 장서에 탁월한 이바지를 했다. 이 저서는 책임감 있는 요한계시록 연구의 기준이 될 것이다.

M. **유진 보링**

텍사스 기독교대학교 브라이트 신학교 신약학 명예교수

이 책은 믿을 수 없을 정도로 깊이 있는 연구서이며 성경에서 가장 어려운 책 중 하나에 대한 권위 있는 주석이다. 요한계시록에 있는 구약 암시를 더 깊게 살펴보거나 이상주의적 견해를 더 잘 보여준 책은 지금까지 없었다. 앞으로 이 저작은 요한계시록을 연구하는 모든 학자와 학생에게 필수 참고서가 될 것이다.

그랜트 오스본

트리니티 복음주의신학교 신약학 교수

요한계시록과 계시록의 유대교 배경 연구에서 비일에 필적할 만한 사람은 없다. 그의 저작은 본문과 비평적인 문제를 자세히 살펴보기 원하는 학자 및 학생들과, 요한계시록이 그 자체로 어떤 의미를 가졌었는지(그리고 오늘날엔 어떤 의미인지) 알아보기 원하는 목회자와 일반 독자에게 매우 유용할 것이다.

고(故) J. P. M. **스위트**

케임브리지 대학교 신약학 교수

THE BOOK OF REVELATION

A Commentary on the Greek Text

G. K. Beale

NIGTC 요한계시록 (하권)

그레고리 K. 비일 지음 | 오광만 옮김

Holy
WavePlus

한나, 스티브, 낸시,

그리고 특별히 도린다에게

이 책을 바칩니다.

차례

상권

20:1-15: 천 년 통치는 교회 시대 동안 시작되었다. 하나님은 사탄의 속이는 능력을 제한하시고 죽임을 당한 그리스도인들을 하늘에서 왕 노릇 하게 하심으로써 그들을 신원하신다. 천 년 통치는 사탄이 교회를 속이는 활동을 다시 시작함과 최후의 심판으로써 마친다. / 1621

- 천 년 통치는 교회 시대 동안 만국을 속이고 교회를 멸하려는 사탄의 능력을 하나님이 축소하시고, 신자들의 영혼을 부활시켜 하늘에서 그리스도와 함께 왕 노릇 하게 하시는 것으로 시작된다(20:1-6) 1621
  - └ 20:1-6과 19:11-21을 비연속적이며 시간적인 관계로 보는 논증 / 추기 1624
  - └ 20:4-6의 이러한 분석을 지지하는 또 다른 관찰들 / 추기 1676
  - └ "천 년"이 문자적인가? 아니면 비유적인가? / 추기 1693
- 사탄은 만국을 다시 미혹하기 위해 놓임을 받을 것이며, 만국은 교회를 없애려 할 것이다(20:7-10) 1700
- 우주 역사의 끝에 최후의 심판이 있을 것이다: 모든 사람은 다시 살아나 자기 행위대로 심판을 받으며, 죄인은 영원한 형벌에 들어갈 것이다(20:11-15) 1717

21:1-22:5: 새 창조와 완전히 영광스럽게 된 교회 / 1728

- 새 창조에서 충성된 자들은 하나님과 긴밀한 교제라는 구원의 복을 경험할 것이다. 그러나 불충성한 자들은 이 복을 받지 못할 것이다(21:1-8) 1728
  - └ 21:1b의 "바다도 다시 있지 않더라"와 병행인 21:4b의 배경에 대한 자세한 논의 / 추기 1746
  - └ 21:4의 사본상의 문제 / 추기 1748
- 거룩한 성의 첫 모습: 하나님의 영광스러운 임재로 구속함을 받은 사람들의 침범할 수 없고 완전한 공동체가 세워진다(21:9-14) 1766
- 성 측량: 하나님의 영원한 임재는 구속함을 받은 공동체의 완전한 안전을 보장하고 보증한다(21:15-17) 1780

약어표

본문 비평 표기는 NA[26]을 따랐다. 쿰란 문서는 표준 약어법을 따랐다.

ABD	D. N. Freedman, ed., *Anchor Bible Dictionary* I-V. New York: Doubleday, 1992
ANRW	*Aufstieg und Niedergang der römischen Welt*
ANF VIII	A. Roberts and J. Donaldson, ed., *The Ante-Nicene Fathers* VIII. Edinburgh: T. and T. Clark/Grand Rapids: Eerdmans, 1989
Apoc. Abr.	*Apocalypse of Abraham*
Apoc. Elijah	*Apocalypse of Elijah*
Apoc. Paul	*Apocalypse of Paul*
APOT	R. H. Charles, ed. *The Apocrypha and Pseudepigrapha of the Old Testament*. I-II. Oxford: Clarendon, 1913
ARN	*ʾAbot de Rabbi Nathan*
Asc. Isa.	*Ascension of Isaiah*
ASV	American Standard Version
AUSS	*Andrews University Seminary Studies*
b.	Babylonian Talmud
BAGD	W. Bauer, W. F. Arndt, F. W. Gingrich, and F. W. Danker, *A Greek-English Lexicon of the New Testament*. Chicago: University of Chicago, 1979

2-3 Bar.	*2-3 Baruch*
BDB	Brown, F., Driver, S. R. and Briggs, C. A., *A Hebrew and English Lexicon of the Old Testament*. Oxford: Clarendon, 1972
BDF	F. Blass and A. Debrunner, *A Greek Grammar of the New Testament and Other Early Christian Literature*, ed. R. W. Funk. Chicago: University of Chicago, 1961
BETL	Bibliotheca Ephemeridum Theologicarum Lovaniensium
BW	J. A. Brooks and C. L. Winbery, *Syntax of New Testament Greek*. Lanham: University Press of America, 1979
CBQ	*Catholic Biblical Quarterly*
CTA	A. Herdner, *Corpus des tablettes en cuneiformes alphabétiques découvertes à Ras Shamra-Ugarit*, 2 vols. Paris, 1963
DB	J. Hastings, ed., *Dictionary of the Bible* I-V. New York: Scribner, 1919
DM	H. E. Dana and J. R. Mantey, *A Manual Grammar of the Greek New Testament*. New York: Macmillan, 1927
DNTT	*The New International Dictionary of New Testament Theology* I-III, ed. C. Brown. Grand Rapids: Zondervan, 1975-78
DSS	Dead Sea Scrolls
EB	T. K. Cheyne and J. S. Black, ed., *Encyclopedia Biblica* IIV. New York: Macmillan, 1903
EDNT	*Exegetical Dictionary of the New Testament*, I-III, ed. H. Balz and G. Schneider. Grand Rapids: Eerdmans, 1990-93
EEC	E. Ferguson, ed., *Encyclopedia of Early Christianity*. New York: Garland, 1990
1-2 En.	*1-2 Enoch*

Eusebius	
H.E.	*Historia Ecclesiastica*
EvQ	*Evangelical Quarterly*
ExpT	*Expository Times*
GELNT	J. P. Louw and E. A. Nida, *Greek-English Lexicon of the New Testament Based on Semantic Domains* I-II. New York: United Bible Societies, 1988, 1989
HBC	*Harper's Bible Commentary*, ed. J. L. Mays. San Francisco: Harper and Row, 1988
HBD	*Harper's Bible Dictionary*, ed. P. J. Achtemeier. San Francisco: Harper and Row, 1985
HDR	Harvard Dissertations in Religion
HR	E. Hatch and H. A. Redpath, *A Concordance to the Septuagint and the Other Greek Versions of the Old Testament* IIII. Graz: Akademische, 1954
IBD	J. D. Douglas, ed. *The Illustrated Bible Dictionary* I-III. Downers Grove: InterVarsity, 1980
ICC	International Critical Commentary
Ignatius	
Eph.	*Ephesians*
Philad.	*Philadelphians*
Pol.	*Polycarp*
Rom.	*Romans*
JB	Jerusalem Bible
JBL	*Journal of Biblical Literature*
JETS	*Journal of the Evangelical Theological Society*
JJS	*Journal of Jewish Studies*
Jos. Asen.	*Joseph and Aseneth*

Josephus	
Ant.	*Antiquities*
Ap.	*Contra Apionem*
JSNT	*Journal for the Study of the New Testament*
JSP	*Journal for the Study of the Pseudepigrapha*
JTS	*Journal of Theological Studies*
Jub.	*Jubilees*
KJV	King James Version
LSJ	Liddell, H. G., and Scott, R., *A Greek-English Lexicon*. Oxford: Clarendon, 1968
LXX	Septuagint
m.	Mishnah
Mart. Pol.	*Martyrdom of Polycarp*
MHT	J. H. Moulton, W. F. Howard, and M. Turner, *A Grammar of New Testament Greek* I-IV. Edinburgh: Clark, 1906-76
Midr.	*Midrash*
Rab.	*Rabbah*
Tanch.	*Tanchuma*
M-M	J. H. Moulton and G. Milligan, *The Vocabulary of the Greek Testament Illustrated from the Papyri and Other Non-Literary Sources*. Grand Rapids: Eerdmans, 1930
MT	Masoretic Text
NA(^{26}, ^{27})	*Novum Testamentum Graece*, ed. K. Aland, M. Black, C. M. Martini, B. M. Metzger, and A. Wikgren (Stuttgart: *Deutsche Bibelgesellschaft*, ^{26}1979; ^{27}1993
NASB	New American Standard Bible
NBD	J. D. Douglas, ed., *The New Bible Dictionary*. Grand Rapids: Eerdmans, 1970
NCBC	New Century Bible Commentary

NDIEC	G. H. R. Horsley and S. R. Llewelyn, *New Documents Illustrating Early Christianity* I-VI. North Ryde: Ancient History Documentary Research Centre, 1981-92
NDT	*New Dictionary of Theology*, ed. S. B. Ferguson, D. F. Wright, and J. I. Packer. Leicester: Inter-Varsity, 1988
NEB	New English Bible
NICNT	New International Commentary on the New Testament
NIGTC	New International Greek Testament Commentary
NIV	New International Version
NKJV	New King James Version
NovT	*Novum Testamentum*
NRSV	New Revised Standard Version
NT	New Testament
NTA	*New Testament Apocrypha* I-II, ed. W. Schneemelcher. Philadelphia: Westminster, 1991, 92
NTS	*New Testament Studies*
ODCC	F. L. Cross and E. A. Livingstone, ed., *The Oxford Dictionary of the Christian Church*. Oxford: Oxford University, ²1974
Odes Sol.	*Odes of Solomon*
OT	Old Testament
OTP	*The Old Testament Pseudepigrapha* I-II, ed. J. H. Charlesworth. Garden City: Doubleday, 1983
PGL	G. W. H. Lampe, *A Patristic Greek Lexicon*. Oxford: Clarendon, 1976
Philo	
Conf.	*De Confusione Linguarum*
Leg. All.	*De Legum Allegoriae*
Praem.	*De Praemiis et Poenis*

Spec. Leg.	*De Specialibus Legibus*
Vit. Mos.	*De Vita Mosis*
Pss. Sol.	*Psalms of Solomon*
RSV	Revised Standard Version
RV	Revised Version
SB	H. Strack and P. Billerbeck, *Kommentar zum Neuen Testament aus Talmud und Midrasch* I-IV. Munich: Beck, 1922-28
SBLDS	Society of Biblical Literature Dissertation Series
SBT	Studies in Biblical Theology
Sib Or.	*Sibylline Oracles*
Suetonius	
Dom.	*Domitianus*
SUNT	Studien zur Umwelt des Neuen Testaments
Targ.	*Targum*
Jer. Frag.	fragmentary (Jerusalem)
Neof.	*Neofiti I*
Onk.	Onkelos
Pal.	*Palestinian*
Ps.-J.	*Pseudo-Jonathan*
TDNT	*Theological Dictionary of the New Testament* I-X, ed. G. Kittel and G. Friedrich. Grand Rapids: Eerdmans, 1964-76
TDOT	*Theological Dictionary of the Old Testament* I-VII, ed. G. J. Botterweck and H. Ringgren. Grand Rapids: Eerdmans, 1974-95
Test. Abr.	*Testament of Abraham*
Test. Adam	*Testament of Adam*
Test. Asher	*Testament of Asher*
Test. Ben.	*Testament of Benjamin*

Test. Dan	*Testament of Dan*
Test. Jos.	*Testament of Joseph*
Test. Jud.	*Testament of Judah*
Test. Levi	*Testament of Levi*
Test. Mos.	*Testament of Moses*
Test. Naph.	*Testament of Naphthali*
Theod.	Theodotion
TR	Textus Receptus
TWOT	Archer, G. L., Harris, R. L., and Waltke, B. K., *Theological Wordbook of the Old Testament* I-III. Chicago: Moody, 1980
TynB	*Tyndale Bulletin*
UBS (3,4)	*The Greek New Testament*, ed. K. Aland, M. Black, C. M. Martini, B. M. Metzger, and A. Wikgren. New York: United Bible Societies, 31975; 41993
VTG	*Septuaginta. Vetus Testamentum Graecum Auctoritate Academiae Scientiarum Gottingensis*. Göttingen: Vandenhoeck und Ruprecht, 1926-
WBC	Word Biblical Commentary
WH	*The New Testament in the Original Greek*, ed. B. F. Westcott and J. J. A. Hort. London: Cambridge University, 1881
WTJ	*Westminster Theological Journal*
y.	Jerusalem (Palestinian) Talmud
Zeb.	*Zebaḥim*
ZNW	*Zeitschrift für die Neutestamentliche Wissenschaft*
ZTK	*Zeitschrift für Theologie und Kirche*

주석

12:1-15:4: 더 깊은 갈등

그리스도가 마귀를 이기셨다. 하나님은 메시아 공동체를 마귀의 분노와 악으로부터 보호하신다(12:1-17)

계 12장은 "의식하든 안 하든지 간에, 항상 요한계시록 전체의 중심부와 열쇠로 간주되어왔다."[1] 12장은 15:4에서 끝나는 일련의 새로운 환상을 시작한다.

문학적인 관점에서 보면 11:19은 일곱 나팔을 결론지으면서 동시에 뒤따라오는 환상을 소개하기도 한다.[2] 11:19에 사용된 동일한 용어가 8:3-5에서도 주제 면에서 일곱 인을 결론짓는 동시에 문학적인 면에서 일곱 나팔을 소개하는 역할을 한다. "번개와 음성과 우레" 역시 4장과 5장의 환상을 소개하는 한 부분이다. 하늘과 하늘에 있는 성전이 열린 것은 4:1, 15:5, 19:11에서 중요한 환상들을 소개한다. 앞에서 우리는 이 절들이 맞물림 기능을 한다고 주장했다(8:2-5과 15:2-4의 주석 참조). 하지만 11:19은 새로운 환상과 이전 환상을 결론짓는 내러티브 사이에 놓이지 않았다는 점에서, 8:2-5, 15:2-4과 정확히 일치하지는 않는다.

12:1-15:4을 다양한 방법으로 나눌 수 있지만, 이 본문의 단락 나눔을 객관적으로 이해할 수 있는 가장 좋은 방법은 "내가 보았다"(καὶ εἶδον) 및 "내가 보니"(καὶ ἰδού)와 같은 반복되는 도입 환상 형식을 추적하는 것이다. 그럴 경우 이 본문은 일곱 단락 또는 일곱 "표적"으로 나뉜다.[3] (1) 뱀과 여자 및 여자의 후손 간의 갈등(12장), (2) 바다에서 나온 짐승에 의한 박해

---

1) Prigent, *Apocalypse* 12, 1.

2) 참조. Wilcock, *I Saw Heaven Opened*, 112-15. Wilcock은 11:19이 11장의 결론이 아니라 이어지는 환상들을 소개하는 기능을 할 뿐이라고 주장한다.

3) Rissi, *Time and History,* 18에 반대함. Rissi는 어떤 유든 7중 구조를 감지하려는 시도를 "너무 지나치게 독창적이고 작위적"인 것으로 이해한다.

(13:1-10), (3) 땅에서 올라온 짐승에 의한 박해(13:11-18), (4) 시온 산에 서 있는 어린 양과 144,000(14:1-5), (5) 세 천사가 선언하는 복음과 심판(14:6-13), (6) 인자가 땅의 곡식을 추수함(14:14-20), (7) 성도들이 짐승을 이기고 승리함과 그들의 승리의 노래(15:2-4).

몇몇 주석가는 동일한 범주를 사용하여 각각 13:1, 11, 14:1, 6, 14, 15:1, 2에서 시작하는 다소 다른 일곱 개의 단락을 간파했다.[4] 하지만 이 구조는 12:3에 포함된 첫 번째 도입 환상 형식을 생략하고 15:1에 사용된 문구를 포함시킨다. 실제로 이것은 다음에 등장할 7중 환상 시리즈인 대접 재앙의 시작 부분이다. 문학적인 지시어에만 근거하지는 않았지만 모리스와 키들도 7중 단락을 발견한다.[5]

우리가 앞에서 제시한 단락 목록이 더 낫다. 이 목록은 요한계시록 여러 곳에서 관찰된 "맞물림" 기술에 적합하기 때문이다. 일곱 번째 단락인 15:2-4은 다음에 등장할 7중 시리즈인 일곱 대접을 소개하는 1절 삽입구 후에 등장하며, 일곱 대접은 15:5에서 다시 시작한다.

그래서 일곱 단락이 객관적인 수단으로 관찰될 수 있다는 것은 놀랄 일이 아니다. 요한계시록의 다른 부분(일곱 인, 나팔, 대접)도 분명한 도입 형식에 의해 일곱 단락으로 나뉘기 때문이다. 여기서 우리가 택한 7중 구조로는 15:1을 배제할 충분한 근거를 제시하지 못하는 것이 사실이기에, 제시한 일곱 단락을 지지할 만한 객관적 근거에 의문의 여지가 있을 수 있다는 것을 인정한다. 하지만 여타 단락들의 분명한 7중 구조는 12:1-15:4의 7중 구조를 확증한다.

많은 사람이 12장을 다양한 환상으로 나눈다. 하지만 12장은 다양한 부분을 지니고 중간(10-12절)에 환상 해석을 포함하는 하나의 환상으로 보아야 한다. 12장 전체에 환상 도입 형식이 하나만 있으며(1절과 3절), 12장 전체를 하나의 계속적이고 발전된 환상으로 볼 수 있기 때문이다.

---

4) Wilcock, *I Saw Heaven Opened*, 115; Rist, "Revelation," 452ff.(12-13장의 주석 참조).
5) Morris, *Revelation*, 44, 155; Kiddle, *Revelation*, 213-14.

12:1-15:4을 어떻게 나누든지 간에 중요한 해석의 문제에는 영향이 없다.

12장에서 새로운 환상이 시작되는 것은 사실이지만, 이와 별개로 12장은 요한계시록의 이전 단락들에서 다룬 주제들을 계속해서 발전시킨다. 12장은 1-11장에서 점진적으로 발전해온 교회와 세상 간의 영적 갈등의 더 깊은 차원으로 들어간다. 일곱 교회에게 보내는 편지에서 요한은 그 갈등을 그리스도인들이 다양한 방법으로 타협에의 유혹을 받는 것으로 설명했다. 이런 유혹들은 교회 안팎에서 일어난다. 매번 이어지는 환상에서 요한은 그 갈등의 영적인 원천을 강도를 점점 높여가며 묘사한다. 일곱 인은 네 생물(그룹들)이 부활하신 그리스도의 명령에 따라, 악한 영적 세력으로 하여금 결국 신자와 불신자들에게 맞서도록 하게 한다는 사실을 계시한다. 일곱 나팔에는 심판을 행사하는 마귀의 세력이 강팍한 사람들을 심판하기 위해 보냄을 받는다는 사실이 나타난다. 그런데 이런 세력도 선한 천사 세력이 풀어놓은 것이다. 인 단락과 나팔 단락 전체를 다루는 본문들은 하나님의 백성이 여러 화에서 영적으로 보호받을 것을 보여준다. 이 화들은 참 그리스도인들에게는 그들의 믿음을 정련케 하는 시련으로 작용한다.

12-22장은 1-11장과 같은 이야기를 한다. 하지만 1-11장에서는 단지 소개만 하고 암시만 했던 것을 더 자세히 설명한다.[6] 12장은 이제 마귀가 악의 깊은 원천이라는 사실을 드러낸다. 마귀는 6:8과 9:11에 은밀하게 등장했다. 11:7에는 역사의 끝에 출현할 "짐승"이 언급되었다. 이제 12장은 더 거대한 악마의 실체를 밝힌다. 마귀는 성도들의 시련과 박해를 시작한 야심찬 인물이다. 마귀는 "짐승"과 "거짓 예언자"를 일으킨다. 음녀인 바벨론 역시 그의 하수인이다. 12-20장에서 요한은 교차대구법을 사용하여 이 순서로 등장하는 네 인물을 묘사하며, 그 후에 순서를 거꾸로 하여 그들의 계략을 설명함으로써 처음부터 끝까지 모든 대항 세력을 촉발한 자가 마귀임을 강조한다. 이런 점에서 12장은 요한계시록 후반부를 소개하는 도입 단

---

6) A. Y. Collins, *The Apocalypse*, 80.

락으로 볼 수 있다.[7)]

하지만 마귀는 스스로 뭐든지 할 수 있는 존재가 아니다. 마귀와 그의 하수인들은 하나님이 정하신 기간 동안에만 성도들을 박해할 수 있을 뿐이다(12:6, 14; 13:5). 사실 그리스도의 부활로 이미 마귀의 결정적 패배가 작용했기에, 마귀는 성도들에게 분노하고 그들을 공격한다. 마귀가 분을 내는 시간은 하나님에 의해 제한되었다(12:7-17). 12-13장의 목적은 그리스도인 독자들에게 땅에서 그들을 박해하는 자들의 배후에 마귀에게 지시를 받는 악한 영적 세력이 있음을 간파하게 하려는 데 있다(예를 들어, 12:2; 13:1-2의 주석 참조). 그리스도인들은 이 사실을 인식함으로써 인내할 수 있다. "우리의 싸움이 혈과 육을 상대하는 것이 아니요, 통치자들과 권세들과 이 어두움의 세상 주관자들과 하늘에 있는 악의 영들을 상대"하는 것이라는 사실을 알기 때문이다(엡 6:12).

그리스도인들은 사탄의 맹습에 직면해서도 끝까지 인내해야 한다. 그리스도가 그의 죽음과 부활을 통해 마귀와 그의 군대를 이미 이기셨기 때문이다(12:5, 7-12; 엡 1:19-21과 6:10-13을 비교하라). 사실 박해받는 성도들에게 지금 생기는 문제는 그들이 감당하기에 사탄이 너무 강력하기 때문이 아니라 사탄이 결정적으로 패했기 때문에 발생하는 것이다. 사탄은 온 힘을 다해 성도들에게 최대한 해를 입히려 할 것이다. 하지만 궁극적으로 교회를 넘어뜨릴 수는 없다.[8)] 이제 독자들은 만일 타협하면 단지 세상과 타협하는 것이 아니라 마귀와 타협하는 것임을 알 수 있다. 이것을 알게 되면 그들은 영적으로 안주해 있다가 충격을 받게 될 것이다. 일곱 편지 끝마다 등장하고 13:9에 또 다시 제시된 "귀 있는 자는 들어라"는 권면은 이처럼 저변에 깔려 있는 영적 거침돌을 파악해야 함을 강조한다. 그리스도인들은 타협할 생각을 하지 말고 사탄의 공격에 맞서기 위해 그간 받아왔던 하나님의 공급하심을 곰곰이 생각해야 한다(12:6, 11, 14-16; 7:1-8; 11:1-6).

---

7) Hendriksen, *More than Conquerors*, 162-63.
8) Morris, *Revelation*, 163.

요한이 심오한 영적 관점으로 앞의 여러 장에서 다룬 충돌을 거듭 이야기하듯이, 그는 시간적인 관점에서 그 이야기를 다시 말하기 시작한다. 요한은 그리스도의 탄생 직전부터 시작하여(12:1) 그리스도의 탄생과 부활 이야기를 거쳐(2-5, 7-10절), 그 후 시대에 그리스도를 따르는 사람들의 운명까지 아우르는 이야기를 다시 들려준다(5-6, 11-17절). 12장의 대부분의 장면은 교회 시대에 있을 신자들의 운명을 묘사한다. 이 이야기는 그 이야기만의 특징적인 문체로써 반복되는 구약적 암시를 통해 제시된다.[9] 앞으로 살펴보겠지만 12장의 다양한 단락은 시간적으로나 주제적으로 서로 병행이며, 이런 면에서 하나의 이야기를 다른 관점에서 반복하고 있다는 사실을 알게 될 것이다. 6, 13-16, 17절은 모두가 하나님의 백성이 시험을 받을 때 보호받음을 서술한다는 점에서 본질적으로 동일하다. 5, 7-9절과 10-12절 모두 마귀를 이긴 동일한 승리를 묘사한다.[10] 그래서 12장은 1-6절, 7-12절, 1-17절 등 세 장면으로 나뉜다. 첫째 장면과 셋째 장면은 중간 단락을 둘러싼 하나의 틀을 형성한다. 중간 단락은 첫째 단락과 셋째 단락에 핵심적 해석과 신학적 근거를 제공한다.[11]

그러므로 12장의 요지는 그리스도가 그의 죽음과 부활로 사탄을 이기신 까닭에 하나님의 백성이 사탄으로부터 보호를 받는다는 것이다. 12장의 목적은 독자들에게 박해에도 아랑곳하지 않고 증인으로서 인내하라고 권면하는 데 있다.[12]

---

9) 이러한 구체적인 영향이 종종 부인되는 것도 사실이다(I. T. Beckwith, *Apocalypse*의 12:1-2, 13-14의 주석 참조.

10) 참조. Lund, *Chiasmus*, 398-402; 같은 저자, *Revelation*, 137-44. 비록 Lund가 제시한 폭넓은 개요만이 설득력이 있지만 말이다.

11) Roloff, *Revelation*, 145.

12) 교부시대부터 20세기 초에 이르기까지 교회의 계 12장 해석사의 주류에 대해서는 Prigent, *Apocalypse,* 12을 보라. 또한 교회사 처음 8세기 동안의 계 12장 해석을 개괄한 Le Frois, *Woman Clothed with the Sun*, 11-61을 보라. 계 12장이 유대교를 비롯하여 그밖에 다양한 여러 자료 모음집을 재작업한 것이라는 이론에 대해서는 Brütsch, *Offenbarung* II, 54을 보라.

하나님은 사탄의 해로부터 그리스도와 메시아 공동체를 보호하신다(12:1-6)

고대의 많은 신화에는 아직 태어나지 않은 왕에게 패하게 되는 악한 찬탈자를 다룬 이야기가 들어 있다. 그 찬탈자는 왕이 태어날 때 그 왕을 죽임으로써 자신의 운명을 피하려고 한다. 하지만 왕은 예기치 않은 방법으로 위험을 피하고, 언젠가 그 악마를 죽일 수 있을 만큼 나이가 들어 자신의 상속권과 보좌를 주장한다.[13] 소아시아에서 가장 잘 알려진 이 이야기는 제우스의 아들인 아폴론을 임신한 여신 레토(Leto)의 이야기다. 레토는 피톤(Python)이라는 용의 공격을 받았다. 피톤은 레토에게서 출생할 아이가 자기를 죽이려고 정해진 인물이라는 것을 알았기 때문이다. 하지만 레토는 제우스가 보낸 바람에 의해 섬으로 안전하게 옮겨졌고, 포세이돈 신은 그 섬을 물 아래로 숨겨 피톤이 레토와 그의 아이를 찾을 수 없게 하였다. 아폴론은 태어난 지 나흘 만에 용을 찾아 죽였다.

12장에서 요한은 같은 이야기를 기록한다. 하지만 그는 이 이야기를 구약성경에서 얻었다.[14] 바벨론, 우가리트, 바사, 이집트, 또는 헬라 등에서 전래된 이교도 이야기 중에서 계 12장과 본질적으로 같은 요소를 찾을 수 있는 것은 없다. 그래서 요한은 이 이야기들을 집합적으로 반추했고,[15] 그 이야기들을 구약과 유대교 전통의 렌즈를 통해 해석한 것 같다.[16] 요한은 자기가 만든 이야기가 원래 이야기이고 다른 사람들은 그것을 조악하게 모방했다고 주장했을지도 모른다.[17] 사실, 로마 황제의 신성 주장을 비롯하여(황제들 중에는 자신을 아폴론 신과 동일시하는 이들이 있었다), 이교도의 신화 체계 전체는 마귀의 거짓에 불과하다.[18] 요한에게는 거의 2천 년 뒤에 등장할

---

13) Caird, *Revelation*, 147-48; Brütsch, *Offenbarung* II, 66-67을 보라.
14) Kraft, *Offenbarung*, 172.
15) Charles와 Beckwith가 이렇게 생각한다. Charles, *Revelation* I, 310-14, 316; I. T. Beckwith, *Apocalypse*, 614-15.
16) McNamara, *New Testament and Palestinian Targum*, 190-92, 217-26을 비롯하여 많은 사람이 이렇게 주장한다.
17) Kiddle, *Revelation*, 216-17.
18) Beasley-Murray, *Revelation*, 196.

영국의 시인처럼, 신화적인 요소를 기독교적으로 해석하여 그것을 의도적으로 활용할 만한 능력이 있었다.[19]

1절 요한이 11:19의 성전 장면을 본 후, "하늘에 나타난" 또 다른 "표적(이적)"을 본다. 그 표적은 그가 11:19에서 봤던 그 하늘에 등장했다. 하늘은 요한이 모든 환상을 받은 다른 세계의 차원이다. 그는 먼저 "해를 옷 입고 그 발 아래에는 달이 있고 그 머리에는 열두 별의 관을 쓴 한 여자"를 본다. 2-6절은 이 여자가 그리스도의 초림 이전과 이후에 존재한 충성된 공동체를 묘사한 그림이라고 알려준다. 여자의 정체를 이런 식으로 밝히는 것은 해와 달과 열한 별이 야곱과 그의 아내와 이스라엘의 열한 지파를 대표한다는 구약의 선례에 근거한다(창 37:9; 참조. *Test. Naph.* 5:3ff.). 이들은 열두 번째 지파를 대표하는 요셉에게 절했다. 엄밀하게 말해서 요셉은 창 37장의 별과 분명하게 동일시되지는 않는다. 필론이(*On Dreams* 2.113) 요셉을 그 꿈에 등장하는 열두 번째 별이라고 언급한 것이 유일한 예외다.

1절의 묘사는 유대교 문헌에서 아브라함과 사라와 그들의 후손을 해와 달과 별로 묘사한 것을 반영했을지도 모른다(*Test. Abr.* B 7:4-16). *Midr. Rab.* 민 2.13에서 해는 아브라함을, 달은 이삭을, 별은 야곱과 그 족장들의 후손을 상징한다. 유대교 주석가들은 야곱의 아들들이 창 37장에서 별들에 비유된 이유가 이스라엘의 멸망하지 않는 특성을 내포하기 위해서라고 믿었다. 별들이 땅에서 멀리 떨어진 곳에 등장하고 어떠한 지상 세력에 의해서도 파괴되지 않는 것처럼, (참?) 이스라엘도 궁극적으로는 멸망되지 않는다(*Midr. Rab.* 창 9; *Targ. Neof.* 창 50:19-21). *Midr. Rab.* 민 2.13에서 야곱과 그의 후손들이 별로 그려진 것은 그의 후손이 "메시아 시대"에 비천해지거나 부끄러움을 당하지 않는다는 점을 강조한다. 아마도 필론은 창 37장을 반추하면서 열두 지파의 수가 "완전수이며, 십이 궁도의 주기를 복제한

---

19) Kiddle, *Revelation*, 225. 이 신화들과 관련한 참고문헌은 Feuillet, *Apocalypse*, 109-10을 보라. 이교 신화와 병행을 요약한 A. Y. Collins, *Combat Myth*, 57-100; Prigent, *Apocalypse 12*, 120-22을 보라.

형태"라고 주장했을 것이다. 십이 궁도가 땅에 있는 것들에게 "점진된 안녕의 원천"이듯이, 이스라엘을 별들과 동일시한 것은 그들이 "해를 받지 않고 안전하게 보호받으며, 완전하게 연합될 것"이라는 의미다.[20] 이와 비슷하게 이스라엘 백성은 미래에 그들이 통치하고 부끄러움을 당하지 않는다는 것을 강조하려고 별에 비유된다(*Midr. Rab.* 신 1.14).

구약성경은 예루살렘을 "만월처럼 아름답고, 해같이 맑은(순결한)" 솔로몬의 여왕과 연결하기도 한다(아가 6:10과 6:4의 병행 어구). 이런 발광체 이미지는 후기 유대교 문헌에서는 충성된 이스라엘에 적용되었다(*Midr. Rab.* 출 15.6, 민 2.4, 민 9.14; *Midr.* 시 22.11-22; *Pirqe de Rabbi Eliezer* 42; *Tanna de-be Eliyyahu*, Pirke Hay-Yeridot S, 56쪽). 이 묘사들은 광야에서나 포로 생활에서 이스라엘이 하나님께 충성함을 강조한다. 아 6:10은 다른 구약 본문과 결합하여 *Midr. Rab.* 레 30.2; *Sifre* 신 10, 47; *Pesikta de Rab Kahana*, Piska 22에 있는 "해와 달과 별들"과 비슷한, 마지막 날의 "의로운" 이스라엘 백성의 얼굴들을 묘사한다. 이 중 세 본문의 의미는 명약관화하다. 그 본문들에는 계 1:12, 20, 2:1, 11:4에서 교회에 적용된 슥 4:2의 등대 이미지가 사용됐기 때문이다. *Midr. Rab.* 출 15.6, 레 30.2, 민 2.4에서는 바벨론과 비사와 그리스와 로마의 압제 아래에서 인내하는 이스라엘의 신앙을 상징하기 위해 해와 달과 함께 별들을 포함시키는 방식으로 아 6:10을 해석했다. 이들 미드라쉬 중 하나(*Midr. Rab.* 출 15.6)는 단 7:7의 넷째 짐승으로서 로마를 상징한다. 넷째 짐승은 계 12:3에서 용에게 적용할 때도 등장하는 구약의 암시다(같은 미드라쉬에서 열두 지파를 하늘의 열두 별에 비유한다). 그러므로 계 12:1의 이미지는 여자인 이스라엘의 충성됨을 부분적으로 강조한다. 이스라엘의 충성은 6, 13-17절에 묘사되었듯이 마지막 날에 여자의 광야 생활 동안에도 더럽혀질 수 없다.

사 60:19-20은 아 6:10과 비슷한 방식으로 회복된 이스라엘을 묘사한다. 신부는 해와 달과 결합이 되었지만, 별은 언급되지 않았다. 심지어

---

20) Philo, *On Rewards and Punishments* 65.

이 이사야서 본문도 아가서의 이미지에 근거했을 것이다. 사 61:10과 62:3, 5은 시온을 "아름다운 관과 왕관을 가진" 야웨의 신부로 지칭한다. 이것은 영광스러운 여자로 묘사된 계 12장의 이스라엘에 대한 묘사와 비교될 수 있다.[21] 이사야서의 이미지는 마지막 때의 구원에서 이스라엘이 더 이상 슬퍼하거나 비참해지거나 버림을 받거나 황폐해지지 않을 것을 강조한다. 1QH 7.22-25은 "7중적인 빛"의 상징으로 사 60:19-20을 암시하며, 박해를 극복할 의의 교사의 능력을 설명하려고 그에게 적용한다(다시 계 1:12, 20; 2:1의 일곱 촛대와 비교하라). *Pesikta Rabbati*, Piska 37은 사 61:10을 이스라엘과 함께 메시아가 불경건한 나라들과 멸망에서 보호받는다는 것을 암시하려고 두 실체에게 적용한다. 이 구약과 유대교 본문은 계 12:1에서 여자(= 언약 공동체)의 없어지지 않는 종말론적 충성과 하나님과의 관계 사상을 더욱 강조한다.

열두 별은 이스라엘의 열두 지파를 가리킨다. 여자의 모습은 이스라엘의 제사장적 특성을 함의하기도 한다(참조. 계 1:6; 5:10). 필론과 요세푸스가 출 28, 39장을 설명하면서 면류관과 해와 달과 열두 별 이미지를 사용하여 이스라엘의 대제사장의 의복을 묘사하기 때문이며, 제사장들은 성전 제의에서 야웨 앞에 있는 열두 지파를 가리키기 때문이다(Josephus, *Ant*. 3.164-72, 179-87; Philo, *Conf*. 2.111-12, 122-24; *Spec. Leg*. 1.84-95). 사실 이 동일한 본문에서 천체로 대표된 제사장 의복에 속하는 것들은 이스라엘의 열두 지파를 상징한다고 분명히 언급되었다. 이러한 2중적인 이미지는 땅에 있는 이스라엘 역시 천상적인 정체성을 가지고 있었음을 암시했다. 실제로 후기 유대교 문헌들은 십이 궁도의 열두 상징들을 이스라엘의 열두 지파를 가리키는 것으로 해석했다(*Midr. Rab*. 출 15.6; *Midr. Rab*. 민 2.14; 참조. *b. Berakoth* 32b). 그러므로 여자 주변에 있는 열두 별들은 열두 별자리를 상기시킨다. 이것은 이스라엘의 천상적인 삶 또는 소명의 관점에서 본 하나님의 이스라엘을 의미한다. 이것은 계 1:16, 20의 일곱 별이 땅에 있는 일곱 교회를 대표하는 하

21) 참조. Feuillet, *Johannine Studies*, 275-76.

늘의 천사들을 상징한다는 사실로 볼 때 분명하다(1:20의 주석 참조).[22]

그렇다면 이것은 교회를 이스라엘의 열두 지파와 동일시하는 또 다른 예다(7:4-8의 주석 참조). 12장은 여자를 그리스도의 초림 이전과 이후 모든 시대에 살던 하나님의 백성을 포함하는 것으로 제시한다.[23]

여자의 머리에 있는 관(冠)은 요한계시록 안에서 정의하는 것이 가장 좋다. 관을 가리키는 다른 언급(2:10; 3:11; 4:4, 10; 14:14)을 보면, 여기서 관은 성도들이 그리스도의 왕직에 참여함과 모든 시대의 하나님의 참 백성이 받는 상을 의미한다. 성도들은 그들의 믿음을 대적하는 자들을 이긴 승리, 즉 박해와 타협하라는 유혹과 속임을 이긴 것으로 인해 상을 받는다. 여자는 "약해보이고 불확실한 지상의 역사에도 불구하고 천상적이고 영광스러운 참된 특성을 지닌 모습으로 등장한다(13-16절)."[24] 여자의 외모에 나타난 별과 같이 빛나는 것은 하나님과 그리스도의 영광스러운 이미지에서 나오는, 힘이 있고 순전한 태양빛을 반영한다(1:16; 10:1; 21:23; 22:5에서처럼). 이와 비슷하게, *Test. Abr.* B 7은 이삭의 머리에 관이 있고 그의 머리 주위에 해와 달과 별들이 있다고 말한다. 별들의 빛은 "거대한 사람"에게서 나온다. "그는 빛의 아버지로 불리는 빛처럼 하늘에서 엄청나게 밝은 빛을 발한다." 그리고 그 빛은 "**우리 능력의 영광**"을 상징한다.

그러므로 여자의 빛남은 하나님의 백성의 천상적 정체와 천상의 보호, 그리고 그들의 순결을 의미한다. 이런 것들로 인해 하나님의 백성은 박해로도 정복되지 않고 유혹이나 속임수나 그밖에 어떠한 사악함에 의해 더럽혀지지 않으며 궁극적으로 보호를 받는다. Wis. 7:24-30에는 바로 이것이 지혜를 받는 일이라고 설명한다. "해나 별의 모든 움직임보다도 더 아름답다"고 말이다. 하지만 요한계시록 이곳의 여자를 주로 의인화된 지혜 전통에 따라 식별하는 것은 너무 극단적이다(Philo, *On Dreams* 2.134은

22) Ladd, *Revelation*, 167; Beasley-Murray, *Revelation*, 197-98.

23) 또한 Lohse, *Offenbarung*, 62.

24) A. F. Johnson, "Revelation," 514.

창 37:9의 해와 달을 지혜를 가리키는 상징으로 이해한다).[25] 앞에서 논의한 아 6:10이 이 결론을 지지한다. 하지만 계 12:2의 출산하려고 고생하고 애쓰는 모습과 12:13-17에 묘사된 내용은 여자와 그의 자녀가 박해와 속임과 부패에 노출될 것을 보여준다.

필론도 거의 같은 용어를 사용하여 요한이 참되고 땅에 있는 이스라엘을 천상적인 지위의 관점에서 묘사한 것과 비슷하게 설명한다. 필론은 요한이 사용한 의미와 정확하게 같은 의미로 σημεῖον("표적")을 사용한 것은 아니지만, *Spec. Leg.* 1.92에서 이렇게 말한다. 제사장의 의복은 "땅에서 발생하는 모든 일 중에서 하늘에 있는 [것을 반영한] 표적"(ἐν οὐρανῷ τὰ σημεῖα)"을 상징한다고 말이다. 계 12:1, 3의 σημεῖον μέγα ὤφθη ἐν τῷ οὐρανῷ...σημεῖον ἐν τῷ οὐρανῷ와 비교하라. *Spec. Leg.* 1.94에서 필론은 제사장 의복에서 이스라엘을 상징하는 열두 보석은 "하늘의 복제품"이라고 말한다.

Spec. Leg. 1.86-89은 여자의 빛남을 묘사한 요한의 묘사를 성도들의 천상적 정체, 보호와 순결함을 의미하는 것에 비교한다. 이것은 성도들의 더럽혀지지 않는 영적 승리를 보증한다. 필론이 대제사장의 의복에 있는 보석(= *Conf.* ii.111-12, 122-24에서는 이스라엘이다)을 "십이 궁도의 열두 표적"과 동일시하는 것은 "진리"를 가리킨다. 이것은 "거짓이 하늘에 발을 붙이지 못하고 전적으로 땅의 영역으로 쫓겨나 저주받은 영혼에[만] 거주한다는 것"을 암시한다. 또한 *b. Berakoth* 32b도 무관하지 않다. 이 본문은 이스라엘에게 그를 "잊지" 않았고 보호할 것이라고 재차 확신을 주시는 하나님을 묘사한다. "나의 딸…열두 별들아…내가 너를 창조하였노라."

Jos. Asen. 18-19은 신부 옷을 입은 아스낫을 이스라엘의 상징으로 묘사한다. 아스낫은 보석으로 장식한 "금관"을 썼고, "그의 얼굴은…해와 같고, 그의 눈은 떠오르는 별과 같았다." 아스낫의 아름다움은 "많은 나

25) Lohmeyer, *Offenbarung*, 105-6이 그러하듯이 말이다.

라가 주님과 함께 안식처를 삼고" "지혜"와 "진리"와 결합된 "피난처의 성읍"으로 불릴 것이라는 의미로 해석된다. *Jos. Asen.* 5:5(6)은 요셉을 의롭고 지혜로운 통치자로 묘사한다(참조. 6장). 요셉은 "그의 머리에 금관을 썼고, 그 관은 선택된 열두 보석으로 둘렸으며, 열두 보석의 꼭대기에는 열두 금빛 줄기가 있었다."

여기서 시온 성을 여성으로 묘사한 것은 계 21:9-11의 이와 비슷한 그림과 동일시될 수 있다. 21장에서 "신부, 곧 어린 양의 아내"는 "하나님의 영광"을 지닌 "거룩한 성 예루살렘"과 동일시되며, "그 성의 별(φωστήρ)은 매우 값비싼 보석과 같다." 더욱이 21장에서 거룩한 성은 "이스라엘의 열두 지파"와 "열두 사도"와 동일시된다(21:12-14). 하지만 거룩한 성은 신부라고 불린다. 하나님이 그의 종말론적 신부인 새 이스라엘과 혼인하신다는 예언이 성취된 것으로 묘사되기 때문이다(예. 사 62:2-5 참조). 그러므로 이곳 계 12:1에서 하나님의 참된 성읍을 여성적 표징으로 표현한 것은 사람의 성읍(로마)을 여성적인 표징과 해와 달 표징으로 표현한 것과 병치된다. 이 표징을 통해 로마 황제들은 자신들이 우주를 다스리는 주권을 가지고 있었던 모신(母神)의 아들들이라고 친명한다.[26] 그리스도는 유일한 참 아들이고 왕이시며, 그의 공동체는 유일한 참된 나라다. 그리스도와 천사가 긴밀하게 동일시되는 것은 뒤에 이어지는 문맥에서만 아니라 해의 빛을 발하는 두 분의 모습에 의해서도 표현된다(1:16; 10:1).[27]

---

26) Caird, *Revelation*, 148. 로마 동전에 도미티아누스의 아들이 신적 존재로, 그의 어머니가 여신으로 상징된 것을 설명한 A. F. "Revelation," 511-12을 보라. 로마의 여신과 소아시아의 종교 의식에 등장하는 모신인 키벨레 사이의 관련성에 대해서는 Touilleux, *L' Apocalypse et les cultes de Domitien et de Cybele*, 109-31을 보라. Rist, "Revelation," 453이 주목했듯이, 애굽의 여신 이시스는 종종 1절에 언급된 천상적인 상징들로 묘사되었다.

27) 열두 별을 12:1에 있는 이스라엘을 상징하는 것으로 이해하는 사람들은 다음과 같다. B. Weiss, Bousset, J. Weiss, Zahn, Behm, Wikenhauser(Brütsch, *Offenbarung* II, 58에 인용됨), Glasson, *Revelation*, 73과 McNamara, *New Testament and Palestinian Targum*, 224-25. 1절의 해와 달을 다르게 해석하는 사람들은 Brütsch, *Offenbarung* II, 57을 보라. 개중에는 여자가 성령을 상징한다고 주장하는 사람들이 있다(Quispel, *Secret Book*, 77;

2절 로마 가톨릭 주석가들은 천상적인 여자가 예수의 어머니인 마리아를 상징한다고 주장하는 엄청난 양의 글을 썼다(아래 내용 참조). 예수의 어머니를 2차적으로 염두에 두었다고 하더라도, 여기서는 한 개인이 아니라 메시아 혈통으로 인해 궁극적으로 다윗의 후손을 출산한 신앙 공동체에 일차적인 초점이 있다.[28)]

이것은 우리가 1절을 설명하면서 이야기한 내용에서뿐만 아니라 12장 나머지 부분에서도 분명히 나타난다. 여자는 박해를 받고 광야로 도망가 충성된 그리스도인들로 묘사되는 다른 자녀들을 낳는다. 더욱이 여자가 광야에 있는 기간은 다니엘이 예언한 이스라엘의 환난 기간이다(6절의 주석 참조). 이 모든 것은 마리아와 그의 자녀들에 관해 말할 수 있는 것 이상을 가리킨다.[29)]

예언자들은 어떤 때는 이스라엘을 부정한 여자로 묘사하는가 하면(사 1:8; 렘 6:2, 23; 14:17; 18:13; 31:4, 21-22; 애 1:6, 15; 2:1, 4, 10, 13; 욜 1:8; 암 5:2), 다른 때에는 이스라엘을 절개 있는 여자 이미지로 묘사한다(렘 4:31 및 1절과 2절에서 논의하면서 인용한 참고문헌). 이사야서와 4 Ezra 10장에서는 여자가

Pétrement, "Suggestion"). 이것은 부분적으로는 Hermas, *Similitudes* 9.1에 의거한다. 앞 본문에서 처녀와 여자로 모습을 드러낸 "성령은 교회의 형태로 너희와 함께 말하였다." 유대인 출신의 그리스도인의 문서인 Gospel of the Hebrews(logion 5)는 후기 교회 전승과 함께 이것을 지지한다. 하지만 이 견해는 증거가 너무 빈약해서 설득력이 없다(Prigent, *Apocalypse*, 179의 이와 비슷한 평가를 보라).

28) Feuillet, *Johannine Studies*, 283-92; 같은 저자, *Apocalypse*, 115-17; Harrington, *Revelation*, 174-75.

29) 계 12장의 여자를 우선적으로 마리아와 동일시해서는 안 되는 또 다른 이유는 12장에 여자의 정체를 절대로 밝히지 않는 반면에 부차적으로 용을 "옛 뱀…마귀와 사탄"으로 밝힌다는 점, 그리고 이 여자를 마리아와 동일시하는 것은 6세기경에야 비로소 등장했다는 사실이다(Brown, *et al.*, eds., *Mary in the New Testament*, 235; 더 자세한 내용은 Krodel, *Revelation*, 238을 보라. Krodel은 12장의 여자를 마리아로 언급할 수 있을 가능성은 거의 없다고 본다). 12:2을 마리아를 가리키는 것으로 보는 해석에 대한 자세한 분석은 Le Frois, *Woman Clothed with the Sun*, 211-62과 거기에 인용된 자료를 보라. Le Frois는 여자가 교회의 집단적 몸을 상징하는 마리아라고 주장한다. 또한 Feuillet, *Apocalypse*, 112-15의 철저한 참고문헌도 보라. 여기에는 이 입장을 찬성 또는 반대하는 45개나 되는 저술 목록이 연대순으로 열거되었다. 또한 비교적 중요한 작품 몇 개를 간략히 논의한 Feuillet, *Johannine Studies*, 283-92과 Brown, *et al.*, *Mary*, 235의 목록을 보라.

마지막 때에 회복될 이스라엘을 대표한다(사 52:2; 54:1-6; 61:10; 62:1-5, 11; 66:7-13). 바울은 12:2의 여자를 "위에 있는 예루살렘, 즉 우리 어머니"라고 명명한다(참조. 사 54:1을 인용한 갈 4:26-27; 마찬가지로 요이 1, 5절과 요삼 9절을 비교하라; Hermas, *Vision* 2.4; 4.2). 바울은 요한처럼 여자를 그리스도의 신부라고 칭한다(엡 5:31-32; 또한 계 22:17; 21:2, 9). 이런 점에서 열두 별을 가지고 있는 여자는 열두 사도 및 열두 사도가 대표하는 교회로 나타난 참 이스라엘의 연속성을 암시한다.

여자의 해산의 고통은 그리스도의 탄생에 이르는 구약시대와 중간기 동안 언약 공동체와 메시아 혈통이 겪는 박해를 가리킨다. 박해 사상이 분사("아파서 애를 쓰며")에 표현되었다는 것은 신약 다른 곳에서 등장한 그 동사의 사용례에 나타난다. 신약성경에서 그 동사는 징벌, 시련, 박해로 인한 고통을 가리킨다(마 8:6, 29; 14:24; 막 5:7; 6:48; 눅 8:28; 벧후 2:8). 요한계시록에서 그 동사는 마귀의 세력(9:5)이나 하나님에 의해 가해지는 "고통"에만 사용된다(11:10; 14:10; 20:10; 이 동사와 어근이 같은 명사는 마귀로 인한 고통에 1번, 하나님으로 인한 고통에 4번 사용되었다). *4 Maccabees*에서 이 동사와 명사는 믿음 때문에 순교당한 유대인을 가리키려고 60번 사용되었다.[30] βασανίζω가 성경이나 성경 이외의 어느 문서에서도 해산의 고통을 겪는 여자를 언급하는 경우가 없다는 것 역시 본문에서 박해 사상이 강조된다는 또 다른 증거다.

여기서 염두에 둔 고통은 우선적으로 그리스도의 갈보리의 고통이 아니다.[31] 여자가 고통을 당하지 그리스도가 당하는 것이 아니기 때문이다(4-5절). 하지만 그리스도가 참 이스라엘을 대표하는 한, 그의 고난에는 구약의 고난당하는 공동체의 고난이 포함된다. 요 16:19-22에서 그리스도는 자신의 죽음이 임박한 것을 두고 제자들이 슬퍼하는 것을 "여자가 해산하게 되면 그 때가 이르렀으므로 근심하는 것"에 비교하신다. 계 12:2을 이렇게 이해하는 것과 맥을 같이하여, 요 16장에서 제자들은 어머니, 즉 메시아

30) J. M. Ford, *Revelation*, 189.
31) Feuillet, *Johannine Studies*, 263-67, 278이 주장하듯이 말이다.

공동체를 대표한다. 그들 중에서 그리스도가 태어나셨고, 그들은 그리스도를 세상에 제시해야 한다. 요 16:22과 계 12:2 모두 사 26장과 66장의 예언을 암시한다는 것을 주목하면 이러한 관련성이 확증된다. 이사야서 본문에서 여자는 이스라엘 국가를 재탄생시키려고 애를 쓴다(요 16:19-22; 비교. 각각 사 26:20과 66:14; 그리고 아래에서 계 12:2에 사용된 이사야서 본문에 관한 설명을 보라).

여자가 애를 쓰는 모습은 메시아의 출생과 그가 왕이 되실 사건의 임박하고 고통스러운 기대를 가리킨다. 이것은 구약의 신앙 공동체 안에서 곧 일어날 일이었다.[32] 그 고통은 메시아가 오시면 마침내 가져오실 큰 구원을 계속해서 기다리며 겪었던 시련이었다(참조. 눅 2:25-28). 여자가 옛 언약의 공동체와 새 언약의 공동체를 대표한다는 것은 12장의 나머지 부분에서 분명히 드러난다. 여기서 여자의 "후손"은 그리스도뿐만 아니라 그를 따르는 사람들의 공동체이기도 하다(6, 11-17절). 17장의 음녀가 믿지 않는 공동체를 상징하듯이, 여기서 대조되는 인물인 의로운 여자는 틀림없이 믿음의 공동체를 가리킬 것이다. 12:1-2의 언어는 사 7:10, 14의 어머니와 아이에 관한 예표론적인 예언의 패턴을 따랐을지도 모른다. 사 7:14이 이사야 때 아이를 출산한 어머니(참조. 사 8:3-4)와 그리스도의 어머니(마 1:18-25) 모두에게 적용될 수 있다는 사실은 그 구절의 공동체적 특성을 더욱 드러낸다.[33]

공동체적 해석은 2절에서 이스라엘을 가리켜 임신한 여자로 묘사한 구약의 은유들을 암시한 것에 의해서도 제시된다. 임신한 여자의 해산의 고통은 외국에서의 포로 생활의 고통을 가리키고, 임박한 출산은 훗날 외국의 압제에서 구출되고 구원받을 것을 가리킨다(사 26:17-18 LXX; 66:7-9; 미 4:9-10; 5:3; 참조. 호 13:13).[34] *Targ.* 사 26:18과 66:7은 아이를 출산하는 고통을 "근심" 또는 "고통"(*ʿāqāʾ*)이라고 설명한다. 이것은 이 단어가 계 12:2의

---

32) 참조. Kiddle, *Revelation*, 220.

33) Fekkes, *Isaiah and Prophetic Traditions*, 189의 결론에 반대함.

34) Holtz, *Christologie der Apokalypse*, 103. Holtz는 같은 구약 본문 암시를 주목한다.

환난을 가리키는 이미지로 적합함을 강조한다(또한 사 13:8).[35] 4 Ezra 9:38-10:57도 특히 이사야서 본문에 근거하여 비슷한 그림을 그린다. 이것은 본문을 공동체적으로 읽어야 한다는 증거다. 시온으로 밝혀진 하늘에 있는 여자는 많은 환난과 고통을 겪고 이스라엘 공동체와 동일시되는 한 아들을 낳는다. 그 아들은 죽고 다시 살아나며, 그 후 여자는 하늘의 빛으로 환히 빛난다. 이것은 각각 이스라엘의 포로와 그 후에 이어지는 회복으로 해석된다. 이 예언 본문과 계 12:2은 창 3:15-16에서 영감을 받았다(이 내용은 계 12:17에 분명히 암시되었다). 창세기 본문에서 하와는 해산의 고통 속에서 장차 뱀의 머리를 상하게 할 미래의 자손을 낳을 것이라는 약속을 받는다.

이미 우리가 보았던 여러 이사야서 본문에 비춰볼 때, 1절의 여자 묘사와 2절에서 언급한 여자가 받을 고통의 배후에 있는 본문으로 주목해야 할 이사야서 본문이 하나 더 있다. 사 51:2-3, 9-11이 바로 그 본문이다. 이 본문은 "사라가 고통 속에서" 시온이라는 여자 아이를 "출산할 것이라"고 언급한다. 이 아이를 두고 하나님은 "그 여자의 광야 생활" 가운데서의 "위로"와 포로 생활에서의 구원을 약속하셨다. 마치 출애굽 당시 "라합을 깨부수시고…용을 찌르셨듯이" 말이다. 이것은 계 12:1-12과 눈에 띌 정도로 비슷하다. 아마도 이 본문은 다른 이사야서 본문과 함께 요한이 염두에 두었고 본문 설명에 반영된 본문임에 틀림없다.[36] 앞에서 주목한 이사야서 본문 모두가 계 12:1-12에 영향을 주었다는 사실은 계 21장에서 그리스도의 신부를 묘사하기 위해 사 40-66장을 수없이 암시하고 있다는 사실과[37] 사 54:1-3, 61:9-10, 65:9, 23, 66:10, 22에 어머니인 시온이 "자손"(σπέρμα)과 함께 언급되었다는 것으로 보아 분명하다. 이 본문들 역시 여자의 공동체적 해석을 확증한다.

---

35) Gill, *Revelation*, 790.

36) 참조. Feuillet, *Johannine Studies,* 274. 하지만 Feuillet는 사 51:9이 여자 시온과 밀접하게 관계되었을 뿐이라고 주장한다.

37) 이것 역시 Feuillet, *Johannine Studies,* 273에 지적된 내용이다. 자세한 내용은 계 21장의 주석 참조.

여자가 역사의 마지막 단계에 고난을 받으며 사는 이스라엘의 남은 자들만을 가리킨다고 이해하는 것은 너무도 편협하다.[38] 이어지는 절에서 여자가 그리스도의 출생 이전부터 적어도 기원후 1세기 후반부까지 확장되는 믿음의 공동체를 상징한다는 사실이 나타나기 때문이다(6, 13-17절의 주석 참조). 더욱이 이어지는 절에서는 박해가 신자들과 **불신자들**로 이루어진 한 국가를 향하지 않고, 순전한 신앙 공동체를 향한다.[39] 그러므로 랑이 2절의 해산 고통을 살전 5:3에서 이야기하는 것과 같은 함의를 지닌다고 해석한 것은 잘못이다.[40] 살전 5:3에서 해산 고통의 이미지는 그리스도의 재림 직전 기간에 고난을 겪는 불신자들에게 적용된다.

앞에서 분석한 내용으로 우리는 이렇게 결론을 내릴 수 있다. 12:1-2에 등장하는 여자는 구약시대와 신약시대의 신앙 공동체를 가리킨다고 말이다.[41]

사 7:10(11), 14과 계 12:1-2 사이에는 다음과 같은 병행이 있다.

사 7:10(11 LXX), 14	계 12:1-2, 5
σημεῖον…εἰς ὕψος…σημεῖον⋯ἡ παρθένος[MT에는 "젊은 여자"] ἐν γαστρὶ ἕξει καὶ τέξεται υἱόν("한 징조를⋯높은 데에서⋯징조를⋯ 처녀가 잉태하여 아들을 낳을 것이요").[42]	σημεῖον…ἐν τῷ οὐρανῷ, γυνὴ…ἐν γαστρὶ ἔχουσα, καὶ κράζει…τεκεῖν… ἔτεκεν υἱὸν("하늘에 큰 이적이⋯이 여자가 아이를 배어 해산하게 되매⋯ 애를 쓰며 부르짖더라⋯여자가 아들을 낳으니").

38) Walvoord, *Revelation*, 188이 이곳과 12장 여러 곳에서 그렇게 주장한다.

39) A. F. Johnson, "Revelation," 514.

40) Lang, *Revelation*, 199.

41) 대부분의 주석가는 이렇게 생각한다. Brütsch, *Offenbarung* II, 66-74이 제시하는 목록을 보라. 또한 여자를 집단적으로 해석하는 사람들에 대해서는 Collins, *Combat Myth*, 132-35과 Brown, *et. al*., eds., *Mary in the New Testament*, 232도 보라.

42) 참조. J. M. Ford, *Revelation*, 195. *Targ*. 사 7:11은 이렇게 번역되었다. "땅에⋯큰 표적이 또는 하늘에⋯큰 표적이 있었으니." 처녀라는 말이 기독교적 삽입문일 수 있지만, *Test. Jos*. 19:6-8에는 메시아가 하늘에 있는 처녀에게서 출생한다고 되어 있다.

사 26:17-27:1 LXX(B)에는 이스라엘이 "잉태한 여인이 산기가 임박하여 산고를 겪으며 부르짖음 같이(ἡ ὠδίνουσα ἐγγίζει τεκεῖν, ἐπὶ τῇ ὠδῖνι αὐτῆς ἐκέκραξεν)…우리가 잉태하고 산고를 당하여 주의 구원의 바람[성령]을 낳았다(ἐν γαστρὶ ἐλάβομεν καὶ ὠδινήσαμεν, καὶ ἐτέκομεν)"라고 기록되어 있다(Rahlfs의 절충 본문도 이와 같다. MT는 이스라엘이 구원을 낳을 수 없었다고 말한다). 그 후에 이것은 다음과 같이 설명된다. "주의 죽은 자들은 살아나고 무덤에 있는 자들은 일어나리이다.…그날에 여호와께서 그의 견고하고[거룩하고] 크고 강한 칼로 **날랜[도망가는] 뱀**(ἐπὶ τὸν δράκοντα ὄφιν φεύγοντα) **리워야단 곧 꼬불꼬불한 뱀**(ἐπὶ τὸν δράκοντα ὄφιν σκολιόν) 리워야단을 벌하시며 바다에 있는 용을 죽이시리라."

계 12:1-2에 있는 비슷한 패턴에 주목하라. 출산의 고통을 겪고 있는 여자인 이스라엘, 부활과 그로 말미암은 용의 패배, 하나님의 백성이 보호받는 곳으로 도망함, 하나님이 허락하시는 대로 그곳에서 그들이 용의 분노를 피해 숨음 등. 두 본문에서 눈에 띄는 것은, 사 26:20에서 이스라엘이 "갈지어다! 네 밀실에 들어가서 네 문을 닫고 땅에 거하는 [불신]자들"과 "용에게"(27:1) 내리는 "나의 분노가 지나기까지 **잠깐**(μικρὸν ὅσον ὅσον) 숨을지어다"라는 명령을 받는다는 점이다. 이 내용은 계 12:6, 14에서 새 이스라엘이 받는 보호 장소와 독특하게 연결된다. 교회는 그곳에서 용의 궁극적인 영적 멸망으로부터 보호를 받는다(6, 13-16절). 그리고 이 내용은 이후에 나타날 용의 멸망과도 관련이 있다(참조. 계 20:10; 19:20-21). 더욱이 보호를 받으며 숨어 있는 기간은 마귀가 분노하는 "잠깐 동안"(ὀλίγον καιρόν)이다. 이는 하나님의 계획에 따라 임한다(6:1-8; 9:1-6; 13:5-7, 14-15. 여기서 δίδωμι의 신적 수동태가 등장한다[12:17의 주석 참조]).[43] 12:6, 14의 세 때 반과 12절의 "얼마 남지 않은" 기간은 하나님이 정하신 기간이다.

---

43) 이사야서의 병행 어구에 대해서 나는 Rissi, *Time and History*, 36-37과 Court, *Myth and History*, 112과 일치한다는 사실을 발견했다.

마찬가지로 미 5:2-5 LXX에는 이렇게 기록되었다. "이스라엘을 다스릴 자가 네[유대 땅 베들레헴]게서 내게로 나올 것이라." 하지만 이스라엘은 "여인이 **해산하기**(τικτούσης τέξεται)까지…그의 형제 가운데에 **남은 자**(οἱ ἐπίλοιποι)가 이스라엘 자손에게로 돌아오리니 그가 여호와의 능력과 그의 하나님 여호와의 이름의 위엄을 의지하고 서서 **인도할**(ποιμανεῖ)" 때까지 기다려야 한다(계 12:1-2, 4-5, 17에 등장하는 이미지 순서와 비교하라). 미 4:9-10 LXX은 "시온의 딸"을 "성읍에서 나가서 들에 거주하는" "해산하는 여인"으로 묘사한다(비교. 계 12:2, 6, 14; *Tanna debe Eliyyahu*, 129은 미 4:10을 메시아가 이스라엘을 구속하실 날에 적용한다. *Targ*. 미 4:8은 장차 임할 메시아 나라를 언급한다). *Targ*. 사 66:7은 히브리어 본문에 언급된 어미 시온에 태어날 "사내아이"를 "시온의 왕"으로 해석한다(아래 5절 주석 참조). *Midr. Rab*. 창 85.1과 *Midr. Rab*. 레 14.9은 사 66:7을 메시아의 후손과 관련시킨다.[44)]

3절 "하늘에 또 다른 이적", 이른바 "한 큰 붉은 용"이 나타났다. 용은 "머리가 일곱이요 뿔이 열이라, 그 여러 머리에 일곱 왕관이 있었다." 이 괴물의 윤곽을 그리려고 구약의 이미지가 모자이크로 사용되었다. 이것은 모두 하나님의 백성을 박해하는 악한 나라들에 관한 이미지다. "용"(δράκων)은 이스라엘을 억눌렀던 악한 나라를 상징하는 악한 바다 괴물을 가리키는 또 다른 구약의 용어다. 사악한 애굽은 종종 이러한 상징으로 묘사되곤 한다. 하나님은 출애굽의 구원 때와 그 후 이스라엘 역사의 특정한 시점마다 바다 용인 바로를 멸망시키셨다(시 73[74]:13-14; 89:10; 사 30:7; 51:9; 겔 29:3; 32:2-3; 합 3:8-15; *Pss. Sol*. 2:29-30; 시 87:4에서 "라합"은 애굽을 가리키는 동의어다. 바벨론을 주제로 삼은 렘 51:34도 보라. 비교. 암 9:3). *Pss. Sol*. 2:29-30에서 바다 괴물은 "애굽의 여러 산들 위에" 누워 있는 로마(폼페이우스 장군)와

---

44) 참조. Aus, "Relevance of 사 66:7." Aus는 계 12:2, 5에 사 66:7 암시가 존재한다는 점을 더욱 자세히 주장한다. 앞에서 언급한 요 16장의 병행 어구를 더 자세히 논한 Feuillet, *Johannine Studies*, 264-66을 보라. Feuillet가 약간 다른 결론을 내리기는 한다(앞에서 제시한 Feuillet의 견해를 보라).

동일시된다. 몇몇 본문은 이런 식으로 역사의 여명기에 애굽과 다른 악한 나라들의 배후에 있는 좀 더 음산하고 사악한 세력을 이긴 하나님의 승리를 암시한다. 하나님은 "고래를 죽이셨고…반역하는 용을 죽이셨도다"(욥 26:12-13 LXX; 욥 41장; 비교. 욥 7:12; 9:13).

역사의 끝에 하나님은 다시 애굽의 용을 멸하실 것이다(사 27:1). 놀라운 것은 *Targ*. 사 27:1에 용이 바로와 분명하게 비교된다는 점이다. *2 Bar*. 29:3-5에는 말세에 메시아가 "거대한 두 바다 괴물"인 "베헤못"과 "리워야단"을 멸하실 것이라고 기록한다. *Test. Asher*. 7:3은 하나님이 "물에 있는 용의 머리를 부술" 것이라고 말하며, 초기 그리스도인들은 이 본문에서 하나님을 초림하신 그리스도로 바꾸어 표현했다(마찬가지로 *Testament of Solomon* 12은 마귀적인 특성을 가진 "머리 셋 가진 용"이 십자가에서 그리스도에 의해 멸망되리라고 주장한다).

요한도 용을 애굽과 로마와 연결한다. 바다 괴물을 가리키는 구약의 은유들 대부분은 애굽을 하나님의 백성의 원수로 묘사하며,[45] 요한은 계 12장에서 출애굽 패턴이 재연되는 것을 본다. 하지만 지금 로마는 하나님의 새 이스라엘을 뒤쫓아 광야까지 이르렀으며, 그들을 그곳에서 익사시키려 한다(*Sib. Or*. 8.88은 로마를 바다 용과 동일시한다. 더 자세한 내용은 아래 설명을 보라). 바다 괴물이 애굽 사람과 같은 특징을 지녔다는 점은 계 12:3, 9에서 두드러진다. 여기서 용은 "한 큰 용"(δράκων μέγας)으로 명명된다. 이것은 "큰 용 바로"(Φαραω τὸν δράκοντα τὸν μέγαν)를 다룬 겔 29:3의 암시다. 구약에서 바다 용을 다룬 본문들 중 겔 29:3에서만 이 칭호가 발견된다. 애굽의 악한 영이 용 안에 거한다는 것 역시 요한계시록 여러 곳, 특히 나팔과 대접 재앙과 홍해의 구원을 언급한 곳에서 출애굽 주제의 널리 퍼진 영향으로 분명히 드러난다(15:2-4; 참조. 또한 11:6, 8). 15:2-4이 홍해의 구원을 예표론적으로 재연하는 것을 보면 바다짐승은 종말론적인 애굽의 적이 분명하다(짐승을 용과 동일시하는 것에 대해서는 12:13-17과 13:1ff.의 주석 참조).

---

45) Wilcock, *I Saw Heaven Open*, 117-18.

계 12:3의 용 역시 바다에 그의 거처를 두고 있다(18절; 13:1; 15:2). 이 사실은 바다에서 올라온 단 7:7, 24의 넷째 짐승의 "열 뿔"로써 그의 특성을 묘사한 것으로 확증된다. 구약성경에서 용의 정체를 밝힌 것처럼, 본문에서도 용은 악한 나라(적어도 부분적으로는 1세기의 로마)와 동일시될 수 있다. 이것은 단 7:7, 24의 암시에 의해서도 확증된다. 다니엘서 본문에서 넷째 짐승 역시 악한 황제를 가리키며, 초기 유대교 문헌에서는 로마 자체와 동일시된다(예. *Midr. Rab.* 창 76.6; *Midr. Rab.* 출 15.6; 25.8). 13:1-7의 "짐승"을 바르게 이해하면 이것이 사실임이 증명된다. 용의 일곱 머리에 있는 "일곱 관"은 땅의 왕 또는 왕들이라는 것을 가리킨다(참조. 13:1).

하지만 "용"은 단지 악한 나라를 가리키는 은유 이상이다. 12:9과 20:2, 10에 밝히 드러나듯이, 용은 악한 나라들을 대표하는 우두머리인 마귀를 가리킨다. 마귀는 하나님의 백성을 박해하는 악한 나라들의 배후에 있는 세력이다. 어린 양이 일곱 뿔을 가지고 있듯이, 여기서도 **일곱** 머리와 **열** 뿔은 완전함을 강조한다. 하지만 여기서 완전함은 압제하는 세력과 그 세력의 범세계적인 효과의 완전함이다(마찬가지로 9:17-19에 있는 귀신들 머리의 압제하는 힘과 9:7의 압제하는 귀신들의 머리에 있는 관을 주목하라).

13장에 언급된 바다에서 나온 짐승은 본문의 용과 같은 방식으로 묘사될 것이다. 짐승은 붉고, "뿔이 열이요, 머리가 일곱이고, 그의 뿔에 열 개의 관을 쓰고 있다"(13:1ff.과 17:3-4의 주석 참조; 참조. 12:9, 12). 이러한 정체는 마귀가 땅에 있는 그의 대리인인 왕들을 통해 교회와 세계를 대적하여 압제하려는 그의 뜻을 수행한다는 것을 보여준다. 붉은색은 용의 압제적인 특성을 암시한다. 17:3-6에서 음녀와 짐승의 자주색은 "여자가 성도들의 피를 마신 것"과 직접 연결되기 때문이다. 마찬가지로 6:4의 붉은 색 말은 압제적인 인물임이 분명하며 6:9-10의 성도들의 피와 연결되었다. 비슷한 이유로 용은 바벨론과 애굽, 그밖에 다른 고대 전통에서 붉은색으로 등장한다.[46] 9:7의 귀신들의 머리 위에 있는 관들은 마귀가 귀신의 세력으로 땅

---

46) 바벨론과 애굽의 전통에서 용이 붉은색을 지녔다는 것에 대해서는 Charles, *Revelation* I,

의 왕들을 이용해 자기 뜻을 이루는 것을 의미한다.

주석가들 중에는 요한이 신들이 악한 바다 괴물을 멸하는 장면을 묘사하는 고대 근동의 신화에서 이 용 형상을 가져왔다고 생각하는 이들이 더러 있다.[47] 하지만 사실은 그 반대다. 구약성경이 일차 자료다. 계 12:3ff.과 13:1-7에 등장하는 바다짐승이 단 7장의 분명한 암시라는 사실에서 나타나듯이 말이다. 아울러 요한은 전체적인 이야기를 만들어 가는 과정에서 다니엘서의 다른 부분과 구약성경을 분명하게 암시한다. 요한이 "잘못 소화한 이교 신화를 베낀 사람이라"고 생각하는 것은 말도 안 되는 소리다. 요한의 책 전체의 흐름은 우상숭배에 참여하고 이교 제도와 타협하는 자들과 논쟁을 벌이고 있음이 분명하기 때문이다.[48]

하지만 구약성경, 특히 다니엘서가 성경 외적인 전통들과 신화들을 성경적 사상에 종속시키고 그것을 변형하여 용과 그밖에 요한계시록에 등장하는 다른 형상에 적용하는 필터로 볼 가능성이 전혀 없지는 않다. 요한은 그런 방법으로 당대 독자들의 마음에 경종을 울리는 그림을 그렸다. 그들 중에 많은 사람이 이전에 이교도였으며 이 신화들 중 일부분에 친숙해 있었을 것이다. 일례로 12:3의 "일곱 머리"는 구약성경에서 온 것이 아니라 머리가 일곱인 바다 괴물 로탄(Lotan)을 묘사하는 다른 우주론적 전통에서

318-19; Lohmeyer, *Offenbarung*, 99을 보라. 애굽의 티폰(Typhon, 그리스 신화에 등장하는 가장 큰 거인으로서, 머리에서 허벅지까지는 남자이고 대퇴부 밑으로는 거대한 뱀의 모습을 지닌 반인반수. 티포에우스라고도 함-역주)에 대해서는 Plutarch, *De Iside* 22, 30-33을 보라. Homer, *Iliad* 2.308에는 "거대한 표적이 나타났다. 등이 피처럼 붉은 뱀이 등장했다"고 기록되었다. 마찬가지로, Virgil, *Aeneid* 2.200ff.에는 이런 언급이 있다. "한 징조가 보였다.… 뱀들…그들의 문장은 피처럼 붉고…불타는 눈은 피로 번졌다." 뱀들은 사람들을 죽였다. 흥미로운 것은 *Sib. Or.* 8.88에 로마가 "파도를 타고 오는 붉은색 용"과 동일시되었다는 점이다.

47) Rist, "Revelation," 453-54이 그러하다. A. Y. Collins, *Combat Myth*, 57-155은 요한이 이교 신화를 좀 더 직접적으로 암시한 유대교의 두 문헌에서 가져왔다고 믿는다. 고대 근동의 다양한 바다 괴물에 대해서는 Beasley-Murray, *Revelation*, 191-97; Collins, *Combat Myth*, 57-100을 보라. 바다 괴물 또는 용의 고대 근동, 구약성경, 유대교 배경, 초기 기독교적 배경을 철저하게 논의한 Bauckham, *Climax of Prophecy*, 185-98을 보라.

48) Morris, *Revelation*, 156; 비교. Prigent, *Apocalypse*, 178.

온 것 같다.[49] 그러나 심지어 일곱 머리까지 단 7장의 처음 세 짐승의 머리와 넷째 짐승의 머리 넷을 더하여 재편집했을 가능성이 있으며, 이것은 계 13:1-2에 단 7장의 네 짐승들을 비슷하게 편집한 것에 비춰보면 얼마든지 가능성이 있다.[50] 요한은 그리스도와 구약의 전통에 서 있고, 이 두 렌즈를 통해 모든 것을 해석한다.

용의 머리에 있는 "일곱 관"은 "많은 관"을 쓰신 참 "만왕의 왕이요 만주의 주"(19:12, 19-21)이신 분에 맞서, 자신에게 주권적이고 보편적인 권세가 있다고 주장하는 마귀의 거짓 주장을 나타낸다.[51] 12장과 19장의 묘사가 서로 비슷하다는 사실로 인해 두 본문을 대조하려는 요한의 의도가 드러난다. 그리고 이 본문을 13:1과 비교해보면, 이러한 의도가 사실임을 알 수 있다. 용의 머리에 있는 관들은 그리스도의 참된 왕직을 어설프게 흉내를 내는데, 이것은 자신을 대표하는 짐승들을 통해 자기가 땅의 왕이라고 하는 용의 신성모독적인 주장을 상징한다(13:1과 17:3, 7-13과 1:5; 17:14; 19:12-16).[52]

4절 용이 그 꼬리로 하늘의 별 삼분의 일을 끌어다가 땅에 던지는 그림은 단 8:10에서 취한 그림이다. 여기서는 하나님의 군대를 박해하는 종말론적인 원수가 묘사되었다. "그것[뿔]이 하늘 군대에 미칠 만큼 커져서 그 군대와 별들 중에서 몇을 땅에 떨어뜨리고 그것들을 짓밟으니라." 다니엘서의 "그 군대와 별들 중의 몇"이 천사를 언급하는지 아니면 이스라엘의 성도들을 언급하는지는 논의의 대상이다. 두 경우 모두 사실인 것

49) 참조. 라스 샤므라(Ras Shamra) 돌판과 바벨론 신화; 라스 샤므라 돌판에 대해서는 Day, *God's Conflict*, 13-14에 있는 본문을 보라.

50) Farrer, *Revelation*, 152이 이렇게 생각한다. *Odes Sol*. 22:5에는 그리스도가 "일곱 머리를 가진 용"을 내쫓는 기사가 실려 있다. 머리 일곱인 용에 대해서는 *b. Kiddushin* 29b을 보라; *Test. Abr*. 17:14; 19:5, 7의 머리 일곱인 뱀과 "불타는 머리 7개가 있는 용들"에 대해서는 나그함마디 *Apocryphon of John* 11.30-31을 참조하라. 계 12장에 의존했음직한 *Pistis Sophia* 2.66에는 "머리에 빛의 관"을 쓰고 있는 피스티스 소피아라는 여자가 "머리가 일곱 개인 바실리스크(그리스-로마 시대의 전설에 나오는 작은 뱀-역주)"에 의해 위협을 받는다. 하지만 그 여자는 미가엘과 가브리엘의 도움을 받아 "머리가 7개인 바실리스크의 얼굴"을 짓밟는다.

51) Mounce, *Revelation*, 238.

52) 참조. Beasley-Murray, *Revelation*, 199.

같다. 다니엘서에서 천사들은 백성을 대표한다(참조. 단 10:20-21; 12:1; 비교. *Assumption of Moses* 10:8-10). 단 8장에서 "별들"은 땅에 있는 성도들을 대표하는 천사들을 의미한다(자세한 내용은 본서 1:20의 주석 참조).[53] 동일한 대표성이 단 7장의 인자와 미가엘과 천사와 "성도들" 사이에 존재한다.[54] "별들"이 이스라엘의 성도들을 대표할 수 있고 천사만을 대표하는 것이 아니라는 사실은 의인들이 "궁창과 별들"에 비교된 단 12:3에 분명히 나타난다(단 12:3의 적용에 대해서는 마 13:43을 보라. 비교. 창 15:5; 22:17). 이스라엘 성도들의 진정한 정체성은 하나님의 하늘 보좌 앞에 있다. 그래서 그들이 박해를 당할 때, 천사들과 하나님이 공격을 당하는 것으로 간주되기도 한다(2 Macc. 7:1-8:15과 9:10을 비교하라).[55] 단 8:11 Theod.과 LXX은 8:10의 "하늘의 군대와 별들 중의 몇을 땅에 떨어뜨리는" 것과 그것을 "짓밟는" 것을 미래에 구원받을 이스라엘의 "포로 생활"을 가리킨다고 해석한다. 단 8:22-25에 해석된 단 8:1-12의 환상은 땅에 사는 이스라엘 백성이 박해의 일차적 대상이라는 것을 드러낸다.[56]

속임을 당한 이스라엘 사람들과 하나님께 여전히 신실한 사람들 모두 단 8장과 단 11:29-39 문맥에 비춰볼 때 떨어진 별들로 그려졌을 가능성이 있다.[57] 하지만 몇 가지 이유로 요한의 초점은 참 성도들에 대한 압제에 있는 것 같다. 그들은 선한 천사로 대표되고, 단 8:24에 분명히 "거룩한 백성"으로 불리며, LXX으로 대표되는 초기 주해 전통은 단 8장의 별들을 박해당하고 미래에 구원받을 이스라엘과 동일시하고, 단 8:25에 언급된 종말의 대적자는 한 의로운 개인인 것이 확실한 "만왕의 왕을 대적한다"고 언급되기 때문이다.

---

53) Lacocque, *Daniel*, 161-62.

54) Lacocque, *Daniel*, 126-28, 152.

55) Keil, *Daniel*, 296-97; Young, *Daniel*, 171; Leupold, *Daniel*, 346; Lacocque, *Daniel*, 130-34, 153. Lacocque는 다니엘서와 쿰란에서 "성도들"에는 성도와 천사가 다 포함된다는 점을 보여준다.

56) Calvin, *Daniel*, 97-98; Maier, *Daniel*, 304-5.

57) 속임을 당한 배교자들을 포함한다는 견해는 S. M. McDonough, "Rev. 12:4"가 제안한 견해다.

단 8:10을 이런 식으로 해석한 것은 에녹의 비유에도 등장한다. *1 En*. 43:1-4은 천사들을 "땅에 거하는 성도들"과 함께 "하늘의 별들"과 동일시한다. *1 En*. 46:7-8은 악한 지상의 왕들이 "하늘의 별들을 심판하고, 그들의 손을 들어 지극히 높으신 분을 대적하고, 땅을 짓밟고…지극히 높으신 분의 회중과 충성된 사람들의 집을 박해한다"고 주장함으로써 단 8:10을 암시한다. 안티오코스 에피파네스가 이스라엘을 박해한 것은 다니엘서의 용어로 기술되었다(2 Macc. 9:10: 그는 "스스로 하늘의 별들에까지 닿는다고 생각했다"). 단 8장의 배경에 비춰볼 때, 계 12:4에서 별들이 떨어진 것은 과거 또는 태고 시대에 사탄이나 그의 사자들이 떨어진 것을 묘사한 것이 아니다. 그러므로 4절의 별들은 7-8절에서 언급된 용의 사자들과 동일시해서는 안 된다.

7-8절과의 연결을 지지해주는 것은 *Pirqe de Rabbi Eliezer* 27에서 발견할 수 있다. 태초에 하나님이 사탄을 하늘에서 던지셨을 때, 사탄은 미가엘을 자기와 함께 떨어지게 하려 했지만, 하나님은 마귀의 손에서 미가엘을 구하셨다고 한다. 만일 계 12:4의 별들이 사탄의 사자와 동일시된다면, 4절은 태고 시대의 떨어짐, 이른바 창 6장의 천사의 타락을 묘사하는 것이 될 것이다(*1 En*. 86은 홍수 이전에 천사들의 타락을 언급하는 "하늘에서 떨어진 별들"에 대해 논한다). 또는 심지어 4절이 그 후에 벌어진 타락을 언급할 수도 있다(태고 시절의 사탄과 그의 사자들의 타락을 언급하는 것에 대해서는 10절의 주석 참조).

단 8:10이 처음에는 안티오코스에게 적용되었지만, 요한은 이제 그 본문을 좀 더 고차원적인 방법으로 안티오코스 배후에 있는 마귀의 세력에 적용한다. 다니엘서에서처럼, 요한의 어구는 하나님의 백성에 대한 박해를 언급한다.[58] 이것은 그들을 대표하는 천사들에게도 영향을 주었을 것이다. 이런 식으로 동일시하는 것은 별들을 마귀의 명령 아래에 있는 이교 국가를 대표하는 천사들의 세력과 동일시하는 것과 대조를 이룬다(참조. *Sib*.

58) Moffatt, "Revelation," 424.

Or. 5.504-30).[59] 천사와 하나님의 백성을 다 염두에 두었다는 것은 계 1:16, 20ff.에서 분명히 드러난다. 여기서 "별들"은 땅에 있는 교회를 대표하는 천사들이다.

4절에 그려진 박해의 때는 메시아의 출생 직전이다. 메시아의 출생 이전의 어떤 박해를 염두에 두었는지는 알기 어렵다. 구약성경과 마카비 시대에 성도들이 받았던 박해를 포함시킬 수 있을 것이다. 첫 번째 초점은 메시아의 출생 직전의 경건한 공동체가 받았던 박해다. 요한의 망원경적 문체에서는 이 박해에 구약시대와 그리스도의 때에 이르는 중간기의 측면도 포함될 수 있을 것이다.[60] 압제는 박해와 속이려는 시도로 이루어졌다(단 8:10, 22-25; 11:30-35에서처럼 말이다).

계 9:10과 9:19에서 사탄의 수하에 있는 귀신들의 꼬리가 땅에 거하는 사람들을 괴롭혔다는 것을 주목하면, 여기서 용의 꼬리가 백성을 괴롭게 하고, 주로 천사들만을 괴롭게 하는 것이 아니라는 점이 드러난다. 이것은 12:4과 12:1이 밀접하게 연결된 사실로도 더욱 확증된다. 4절에 별들이 묘사된 것은 틀림없이 불과 3절 앞에 있는 "열두 별"과 밀접한 관련이 있을 것이다. 별들이 떨어진다는 것은 이스라엘을 공격하는 일을 분명히게 상징한다. 1절의 열두 별은 참 이스라엘의 천상적 정체성을 가리키기 때문이다(참조. "별 삼분의 일"이 빛을 잃게 된다는 8:12을 보라). 참 이스라엘은 궁극적으로 보호를 받겠지만(12:1), 사탄의 공격을 받게 될 것이다. 결국 12:4의 떨어지는 별이 속임을 당한 이스라엘을 가리킨다는 점을 인정해야 한다. 그들은 떨어져 나갔고, 12:1의 별들과 동일시되지 않은 별이다.

4절 후반부는 용이 메시아가 태어날 때 메시아를 없앰으로써 언약 공동체를 박해하던 일을 마무리하려고 한다고 설명한다. 이것은 그리스도의 출생부터 그의 사역이 마치는 때까지 그를 시험하고 또 죽이려 했던 마귀의

---

59) Caird, *Revelation*, 149에 반대함.

60) Hendriksen, *More than Conquerors*, 165-70과 Farrer, *Revelation*, 142-43은 이 배경의 일부분을 개략적으로 제시한다.

온갖 노력을 언급한다(예. 헤롯의 영아 살해와 눅 4:28-30). 십자가에서 마귀는 마침내 성공한 것처럼 보였다. 하지만 부활로 인해 예수는 뱀이 장악했던 죽음의 권세에서 벗어나셨다.

해산이 임박하여 고통을 겪고 있는 임신한 여자의 이미지는 죄를 지은 백성을 심판하는 장면이거나(사 13:8; 21:3; 렘 13:21; 22:23), 압제로 말미암아 고난을 당하는 하나님의 이상적인 성을 묘사하는 장면이다(렘 4:31; 자세한 내용은 2절 주석 참조). 두 번째 장면이 이곳 4절 후반부에 반영된 사상이다.

이뿐 아니라, 메시아를 출산하려는 임신한 여자와 용(과 17장의 음녀인 바벨론)의 대조적인 장면은 쿰란에서 발견되는 묘사와 비슷한 점이 있다. 둘 다 구약성경을 묵상하여 나온 것이다.[61] 1QH 3.7-12에는 이렇게 기록되었다.[62]

> 공포와 두려운 고통이 굽이치는 파도 위에 퍼졌다. 아이를 밴 여자가 세상에 (그녀의) 맏아들을 낳으려고 한다. 아이들이 죽음의 부푼 파도만큼 멀리 도달했다. 남자를 임신하여 배가 부른 여자는 산기가 돌아 괴로워하고 있다. 여자는 죽음의 부푼 파도 속에서 사내아이를 낳을 것이다. 그리고 스올의 속박에서 임신한 자의 도가니로부터 강하고 놀라운 모사[참조. 사 9:5-6]가 나올 것이다. 그는 자신을 배어 배가 부른 여자로 인하여 모든 사람을 범람하는 파도에서 구원할 것이다.…그리고 그 여자가 맏아들을 출산할 때, 모든 공포는 아이를 밴 여자의 도가니 위에 퍼진다. 독사를 배어 배가 나온 여자는 끔찍한 괴로움의 먹잇감이다. 구덩이의 범람하는 파도는 모든 공포를 촉발한다.

이 본문의 의미에 대해서는 의견이 분분하다. 계 12장에서처럼, 많은

---

61) Dupont-Sommer, *Qumran*, 208; J. M. Ford, *Revelation*, 204-5; A. F. Johnson, "Revelation," 513.

62) 이 번역은 Dupont-Sommer, *Qumran*이 번역한 것이다.

학자는 여기서 고통을 겪고 있는 임신한 여자의 이미지를 한 지도자가 나오는, 박해받는 의로운 공동체의 고난을 가리키는 것으로 이해한다. 한 여자는 메시아를 잉태했고, 다른 여자는 "독사"를 잉태했다. 메시아를 출산하려는 여자는 의인들의 공동체를 상징하는 반면에, 다른 여자는 의인들의 공동체를 박해하는 악한 자들의 공동체를 상징한다.[63] 하지만 다른 학자들은 1QH에 언급된 어머니를 한 개인으로, 아이를 메시아적 쿰란 공동체로 해석한다.[64] 아이를 공동체로 해석할 경우 한 가지 문제가 하나 있다. 그것은 사 9:6("모사")의 메시아 예언을 신앙 공동체에 적용하는 일이 흔하지 않다는 데 있다.

1QH 3에서 임신한 여자는 메시아를 낳거나 고난으로 말미암아 메시아 시대의 도래를 위한 길을 준비하는 공동체를 대표하는 의의 교사와 같은 한 개인을 가리킨다.

비록 1QH 3이 메시아의 출생을 묘사하지 않거나 메시아적인 한 인물을 언급하지 않는다고 해도, 이 본문은 마지막 때 있을 박해라는 메시아적 화의 시작을 겪고 더 많은 의로운 자녀들을 낳는 믿음의 공동체를 개략적으로 묘사하는 장면이라는 점은 확실하다.[65] 비록 인물들을 구체적으로 밝히긴 하지만, 계 12장과 1QH 3 두 곳에서 어머니와 그의 의로운 후손, 그리고 박해하는 뱀 또는 독사를 가리키는 회화적 묘사는 두 본문 사이에 일종의 본질적 관계가 있음을 암시한다. 더욱이 두 본문에서

63) 예. Dupont-Sommer, *Qumran*, 208; Aus, "Relevance of Isaiah 66:7," 262-63; 비교. J. M. Ford, *Revelation*, 204-5.

64) Betz, "Geburt der Demeinde"와 "Das Volk seiner Kraft." Feuillet, *Apocalypse*, 110-12은 Betz를 따른다. 1QH를 이렇게 해석하고 이 외에 본문을 다르게 해석한 학자들 목록은 Mansoor, *Thanksgiving Hymns*, 90-102; J. Maier, *Texte vom Toten Meer* II, 72-73; Brütsch, *Offenbarung* II, 69; Court, *Revelation*, 183-84(n.7); Holm-Nielsen, *Hodayot*, 51-64; Feuillet, *Johannine Studies*, 268-70; 같은 저자, *Apocalypse*, 111-12을 보라. Feuillet와 Lohse, *Offenbarung*, 63은 요한계시록과 1QH 3의 유사성의 의의에 의구심을 갖고 있다. A. Y. Collins, *Combat Myth*, 67-69은 1QH 3이 "진정한 병행 어구"가 아니라고 주장한다.

65) Holm-Nielsen, *Hodayot,* 61-64.

3중적인 회화 조합은 거의 틀림없이 창 3:16을 시사한다. 이 사실은 앞에서 계 12:1-2의 해산의 고통을 겪는 여자가 한 개인이 아니라 박해를 당하는 신앙 공동체라고 밝힌 것이 사실임을 입증한다.

요한계시록과 1QH가 동일한 개념적 상징을 공유한다는 사실은, 두 본문에서 태어날 아이가 여자의 후손을 구원할 "사내아이"라는 점과 두 본문에서 여자의 자손들이 홍수의 물로 박해를 당한다고 묘사되는 것으로써 더욱 입증된다. 여자의 자손들은 홍수에 빠질 위험에 처했지만 이내 그곳에서 구원을 받는다(계 12:15-16의 주석 참조). 비록 1QH 3에 등장하는 어머니가 한 개인이라고 해도 해산의 고통은 여전히 박해를 상징하며, 그 본문은 계 12장과 비슷하다. 어머니는 의의 교사 또는 이와 비슷한 한 개인을 대표하기 때문이다. 이 개인은 메시아와 같은 인물인데, 그의 고난은 공동체의 고난과 긴밀하게 연결되어 있다.

계 12장과 쿰란 본문 사이에 차이점이 하나 있다면, 쿰란 본문에서는 악한 공동체도 고통을 당하지만, "물의 노호"는 일반 사람들과 의인들의 "지혜를 멸한다"는 것이다(3.7과 6.22-24을 3.12-15과 비교하라).

현재 시제(σύρει)에서 과거 시제(ἔβαλεν, ἕστηκεν)로 바뀐 문제에 대해서는 7:16-17과 11:13의 주석을 참조하라. 여기서 개연성 있는 설명은 요한이 과거에 본 환상을 생생하게 회상하기에 그것을 다시 그의 마음의 눈으로 보고, 즉시 과거 환상의 관점에서 이야기하기 시작한다는 것이다.[66]

5절 5절은 시간 단축 기법이 4절에 있음을 제시한다. 이제 그리스도의 탄생, 왕이 될 운명, 부활 후에 하나님의 하늘 보좌에 올라감으로써 그의 운명을 성취하기 시작한 것 등, 그리스도의 전 생애를 간략하게 한 줄로 묘사한 내용이 제시된다. 이러한 약술은 복음서와 일관성이 있다. 그리고 (몇몇 사람이 주장하듯이) 그리스도인 저자가 예수의 생애를 이런 방식으로 축약하는 것은 적절하다. 신약성경 여러 곳에서 예수의 생애를 거의 같은 방

---

66) Mussies, *Morphology*, 334-36. Mussies는 성경 밖의 묵시문학에서 이와 동일한 유의 시제 변화의 예들을 인용한다.

식으로 압축한다(요 3:13; 8:14; 13:3; 16:5, 28; 롬 1:3-4; 딤전 3:16). 그리스도의 죽음과 부활에 초점을 맞추기는 하지만 동일한 유의 압축이 계 1:5, 17-18, 2:8에도 등장한다.

12:5에서는 그리스도의 사역과 죽음을 한 마디도 언급하지 않는다. 이러한 생략의 목적 중 하나는 그리스도의 부활과 승천에서 그의 승리를 부각시키려는 데 있다. 그리스도의 생애를 축약하고 아이로서 그리스도를 묘사하는 일의 일차적인 목적은 그를 교회의 역사적 생애라는 보다 넓은 관점으로 식별하려는 데 있다.[67] 예수는 기독교 운동("그리스도의 몸")의 시작이시다. 그는 그 운동의 믿음의 창시자이시며(히 12:2), "첫 열매"이고(고전 15:23), 여자의 "맏아들"이며(계 1:5; 2:8; 골 1:18), 교회는 그의 몸과 친족이고, 여자의 "남은 자손"이다(자세한 내용은 계 12:17의 주석을 보라. 참조. 롬 8:29; 갈 3:16, 29; 히 1:6과 히 2:17; 12:22-23을 비교하라).

5절에 묘사된 구원은 죽음에서의 절대적인 보호가 아니라 죽은 자들로부터의 부활이다. 처음에는 마귀가 승리한 듯이 보였다. 하지만 부활로 인해 승리는 그리스도에게로 넘어왔다. 예수를 따르는 사람들은 그러한 역설적인 승리가 자신들의 운명이기도 하다는 사실을 알아야 한다(참조. 12:11).[68] 그리스도가 죽은 자들 가운데서 부활하셨다는 사실은 ἁρπάζω("데려가다")라는 단어에 암시된다. 이 단어는 종종 어떤 것을 강제로 가져가는 데 사용되곤 한다.[69] 추측건대, 여기 담긴 사상은 마귀가 그리스도이신 아이를 죽음에 몰아넣음으로써 일시적으로 그를 삼켰지만 부활로 인해 그 승리를 빼앗겼다는 것이다(12:11은 문맥에 그리스도의 죽음을 염두에 두었음을 보여준다).[70] 적어도 하나님이 그리스도를 절대적으로 보호하신다는 일반 사상이 강조된다.

---

67) Feuillet, *Johannine Studies*, 260은 이 견해를 고려한다. 비록 그가 이 자체로 축약을 설명하기에는 불충분하다고 생각하지만 말이다.

68) 참조. Boring, *Revelation*, 158.

69) W. Foerster, *TDNT* I, 472.

70) Mulholland, *Revelation*, 218-19.

그리스도이신 아이의 운명은 시 2:7-9의 암시에 묘사되었다. 이 본문은 하나님의 아들이 세상의 모든 원수를 멸하고 그 후에 온 땅을 다스리는 통치자로 좌정하실 것을 예언한다. 사실 그리스도가 교회의 성공적인 성장에 결정적 사건인 시편의 성취의 시작임을 보이기 위해 "아들"로 언급되셨다. 그리스도의 승천을 언급하는 마지막 어구는 메시아인 하나님의 아들에 관한 시 2:7-9의 예언이 성취되기 시작했음을 암시한다. 계 19:15은 시 2:7-9의 예언이 시대의 마지막에 그리스도 안에서 완전히 성취될 것이라고 주장한다. 여기서 시작된 성취는 그리스도가 시편에 언급된 예언자적 권위를 이미 "아버지로부터 받았다"고 주장하는 계 2:26-28에 의해 천명된다(시 2:7-9의 사용에 대해서는 계 2:27의 주석 참조). 그리스도의 탄생과 승천 사이의 기간은 건너뛰었다. 그리스도가 승천할 때 이전보다 더 공식적인 의미에서 통치하기 시작하셨기 때문이다. 그가 탄생하신 목적이 바로 통치하는 데 있었다. 일반적으로, 고대 근동에서 왕의 생일은 자신의 탄생 목적을 이루기 위한 그의 성숙함과 등극을 기념하는 날이었다. 시 2:7은 하나님이 "낳으실 아들"을 언급한다.

신약은 그리스도가 왕으로 탄생하신다는 이 예언이 그가 세례를 받으시는 때에 처음 성취되기 시작했다가(마 3:17; 눅 3:22), 그의 부활과 승천에서 성취되었다고 이해한다(행 13:33; 히 1:2-6; 5:5). 요한도 다른 곳에서 시 2:7의 성취를 비슷하게 표현했다. 키들과 케어드는 12:2의 탄생 용어를 그리스도의 죽음과 부활에만 한정함으로써 정도를 넘는다.[71] 아이의 승천을 시 2편과 그 승천이 하나님의 "보좌"로 가는 것이라는 주장으로 설명하는 것은 5절에서 우선적으로 염두에 둔 것이 그리스도의 탄생이 아니라 그의 부활이라는 점을 분명하게 확증한다.

문맥으로 미루어볼 때 이 성취의 시작은 고대 사회에서처럼 용이 다시금 패배했다는 것을 의미한다. 이번에는 그 패배가 그리스도의 부활과 승천으로 발생했다. *Odes Sol*. 22:1-6(1절: 하나님은 "나를 높은 곳에서 내리시기

---

71) Kiddle, *Revelation,* 221-23; Caird, *Revelation,* 149-50.

도 하시고, 저 아래 [깊은] 곳에서 높이시기도 하신다")은 5절과 그 문맥에 근접한 병행이며, 요한이 여기서 언급하는 것이 예수의 과거 구속사역을 가리키며 미래의 강림을 가리키지 않는다는 점을 더욱 확증한다. 그리고 계 12:5에서처럼, 그리스도의 승천은 마귀의 패배와 직접 관련이 있다(*Odes Sol*. 22:5: "그는 내 손으로 일곱 머리를 가진 용을 타도하셨고 용의 후손을 멸하도록 나를 그의 근본에 두셨다"는 내용은 창 3:15을 암시한다). 이것 역시 *Odes Sol*. 22장의 다음 행에서 설명된다. 하나님은 "그곳에 계셔서 나를 도우신 분이시며, 당신의 이름이 모든 곳에서 나를 둘렀나이다"(22:6). 그렇다면 계 12:6에서처럼 하나님이 예수를 따르는 사람들을 보호하신다는 사실이 즉시 서술된다. "주님의 오른팔이 악한 독을 멸하셨으며, 주님의 손이 주님을 믿는 사람들을 위해 길을 평평하게 하셨다"(22:7). 이러한 보호는 "거룩한 자들의 거처가 된" 교회의 넘어뜨릴 수 없는 나라에서 찾을 수 있다(22:12). *Odes Sol*. 22장은 계 12장에 대한 가장 초기의 해석 중 하나다.

여자가 "아들을 낳으니"라는 표현은 사 7:14과 66:7과 미 5:3-4을 다시 상기시킨다(12:2의 주석 참조).[72] 구체적으로 사 66:7에 대한 암시가 분명하게 드러나는데, 계 12:2, 5(ὠδίνουσα…τεκεῖν…καὶ ἔτεκεν υἱὸν ἄρσεν)과 사 66:7(ὠδίνουσαν τεκεῖν…καὶ ἔτεκεν ἄρσεν; 이 어구는 8절에서 반복되며, ἄρσεν이 τὰ παιδία로 대체된다) 사이에 언어적 유사성이 있다는 점과, 계 12:5에서 "아들"과 "남자"라는 두 단어가 결합된 것으로 미루어볼 때 계 12:5은 적어도 부분적으로라도 MT의 사 66:7과 66:8에 존재하는 밀접한 병행에 근거한다는 사실이 그 이유다.

사 66:7	사 66:8
시온은 진통을 하기 전에 해산하며 고통을 당하기 전에 남아(*zākār*)를 낳았으니.	시온은 진통하는 즉시 그 아들(*bēn*의 복수형)을 순산하였도다.

72) BAGD, 110은 사 66:7을 선호한다.

단수형 "남아"와 복수형 "아들들" 모두 이스라엘을 언급하는 것이 분명하다.

사 66:7의 암시를 가리키는 또 다른 내용이 있다. 사 66장의 예언에는 하나님이 이스라엘을 포로에서 회복하실 때 예루살렘이 다시 아이를 낳고(사 66:8-14), 새 창조가 일어난다는(66:22; 65:17-23) 등 비유적인 묘사가 있다. 요한이 이사야서의 회복과 새 창조에 관한 예언을 여기서 암시한 것은 계 12장 후반부(14절 주석 참조)의 회복 약속과 계 21:1에 있는 사 65:17의 새 창조에 대한 훨씬 더 분명한 암시를 예상한다. 이사야서의 국가적 약속은 여기서 한 개인인 그리스도에게 적용된다. 그리스도는 이상적인 이스라엘이고, 시 2편의 왕위 등극의 인용이 암시하듯이, 이스라엘의 왕으로서 그 나라를 대표하기 때문이다(*Midr.* 시 2.9을 보라. 이 본문은 시 2:7의 "아들"과 단 7:13의 "인자"를 이스라엘로 해석하고 그 둘을 출 4:22의 하나님의 "장자"인 이스라엘 나라와 동일시한다). 사실 시 2편의 언급은 계 2:26-27에서 그리스도와 신자 모두에게 적용된다(참조. 1:5-6, 9; 5:5-12에서 그리스도와 신자의 왕 노릇을 언급함). 더욱이 여자가 "도망"가서(ἐξέφυγε) 성공적으로 아들을 출산한 것으로 묘사한 부분(사 66:7)은 계 12:6에서 "여자가 도망가(ἔφυγε)" 자기 자손의 안녕을 확실하게 한다(12:13-17)는 이미지를 가장 잘 설명한다.

문법적 일치를 무시하는 요한의 전형적인 스타일은 남성형 υἱόν 다음에 남성형이 예상되는 곳에서 중성 형용사인 ἄρσεν이 이어지는 것으로 다시 나타난다. 요한계시록 여러 곳에서 관찰했듯이, 불규칙적인 문법은 구약 본문의 실제 단어를 반영하고, 독자들을 놀라게 하여 그들이 좀 더 쉽게 이사야서 본문에 주의를 집중할 수 있도록 하기 위함이다(비슷한 예인 1:4; 1:5; 1:10-11; 2:13; 2:20의 주석 참조). 요한이 부주의해서 문법적인 혼동을 일으키지 않았다는 사실은 남성형 τὸν ἄρσενα를 정확하게 사용한 12:13을 보면 분명해진다.[73)]

73) 참조. Torrey, *Apocalypse*, 51과 BDF §136은 난해한 중성형 ἄρσεν이 사 66:7 LXX을 암시할

반면에 ἄρσεν이 사용된 것을 문법적인 모순으로 이해하지 않고 "아들"과 동격으로 사용된 명사로 간주하는 사람들이 있다.[74] 페케스는 이렇게 생각하는 근거를 ἄρσενα가 명사로 사용된 12:13에서 찾는다. 하지만 이 단어는 12:5에서 중성으로 사용되었는데, 12:13에서는 남성으로 사용된 이유가 무엇인지, 그리고 12:13에서처럼 명사적으로 사용될 때 관사가 없이 사용되는 것이 정상적인지에 대한 대답을 제시하지 못한다. 이 외에도 드문 경우로 υἱός와 ἄρσην이 결합된 다른 예에서 ἄρσην은 남성 형용사이며, υἱός에는 "아이", 즉 "사내아이"라는 일반적인 의미가 있다.[75]

고대나 현대를 막론하고 과거 주석가들은 "사내아이"를 교회의 일부분이나 교회 전제 또는 하나님의 백성과 동일시해왔다. 그리고 그가 휴거된 것은 하나님의 보호를 받는 형태를 대표한다고 말한다. 이렇게 생각하는 논리적인 근거는 계 12:5에 인용된 시 2:9의 예언이 계 2:26-27의 교회에 적용되었다는 데서 찾는다.[76] 또 다른 근거는 단 12:1-2에 미가엘이 메시아가 아닌 이스라엘 나라를 대신해 싸울 것이라고 예언되었다는 데서 찾는다. 그래서 계 12:7은 그리스도의 재림 직전에 이스라엘만을 대신해 싸우는 미가엘을 언급하는 것으로 종종 잘못 이해되곤 했다.[77]

목적으로 사용되었다고 독자적으로 결론을 내렸다.

74) 이러한 의견을 주장하는 다른 사람들을 열거한 Fekkes, *Isaiah and Prophetic Traditions*, 183-84.

75) Tob. 6:12(시나이 사본); M-M, 79에 인용된 CPR 28.12; LSJ, 1847에 인용된 PSI 9.1039.36(3개의 사례 모두 Fekkes, *Isaiah and Prophetic Traditions*, 184에 인용되었다. 그리스어(*Thesaurus Linguae Graecae*)에서는 단지 3개의 다른 언급이 있을 뿐이다. Hippolytus, *De Antichristo* 60.8과 61.10. 모두 계 12:5을 인용하며, ἄρσενα를 형용사로 이해하면서, 중성을 남성으로 바꾼 2차적인 본문 전통을 따라 υἱὸν ἄρσενα를 보유한다. 또한 Theodoret, *Interp. Jer.* 81.616.34. *Theodoret*은 υἱὸς ἄρσην("사내아이")으로서 렘 20:15(MT: "사내 아들"; LXX: ἄρσεν)을 인용한다. 여기서 ἄρσην은 형용사로 기능한다.

76) Corsini, *Apocalypse,* 215; Lang, *Revelation*, 201; Seiss, *Apocalypse*, 296-303을 보라. 교부들의 지지를 열거한 자료로는 Feuillet, *Johannine Studies*, 258; Brütsch, *Offenbarung* II, 65-66을 보라.

77) Lang, *Revelation,* 198.

6절 6절은 구약성경과 유대교 및 초기 기독교의 풍부하고 다양한 배경으로 가득 차 있다. 여자는 아들을 낳은 후 용을 피해 도망간다. 여자는 용에게 죽지 않으려고 도망간다. 이것은 기원후 66년에 로마가 예루살렘을 포위했을 때 그리스도인들이 벨라 지역으로 도피한 것(Eusebius, *H. E.* 3.5)이나 그리스도인이 된 유대인 남은 자들이 장차 있을 대 환난으로부터 보호받는 것과 같은 단순히 문자적인 도피를 가리키지 않는다.[78] 1절과 2절에 언급되었듯이, 여자는 신앙 공동체를 대표한다. 지금 그 공동체는 구약 시대에 속한 공동체가 아니라 그리스도의 부활 이후에 형성된 메시아 공동체이다. 여자는 땅에 있는 하나님의 참 백성을 대표하는 까닭에 이제 땅에 거하고 하늘에 있지 않다. 여자는 보호를 받으려고 광야로 피한다. "거기에 천이백육십 일 동안 그를 양육하기 위하여 하나님이(ἀπό) 예비하신 곳이 있기" 때문이다. ἀπό는 수단으로 취하는 것이 가장 좋지만, "하나님**에게서 오는**"이라는 개념도 포함할 수 있다.[79] 여자는 보호를 받을뿐더러 계속 존재할 수 있도록 "양육"도 받는다.

이러한 하나님의 보호와 지원은 "천이백육십 일" 동안 계속된다. 이것은 그 기간 동안 하나님이 그의 비가시적이고 파괴될 수 없는 성전인 교회를 보호하고, 진행되는 박해와 상관없이 교회에게 증언할 능력을 주신다는, 11:2-3에서 언급된 기간과 같은 기간이다(11:1-6의 주석 참조). 하나님은 교회가 땅에 존재하는 기간 내내 교회에게 하늘의 도움을 주신다. 땅은 용이 하늘에서 쫓겨난 이후 용이 활동하는 영역이기 때문이다(7-12절에 서술된 대로 말이다). 11장에 묘사된 기간은 사탄의 압박이 강력해지므로 극에 달한다. 이 기간 동안 하나님의 보호가 그치고 교회는 전멸하는 것처럼 보인다(11:7ff.의 주석 참조). 마찬가지로 12:6에 제시된 보호와 양육은 하나님을 경배하는 공동체가 계속해서 땅에 존재할 것이라는 확증이며, 교회가

78) 전자의 견해를 지지하는 사람들 목록은 Brütsch, *Offenbarung* II, 80을 보라. Walvoord, *Revelation,* 191은 후자의 입장을 고수한다.

79) Moule, *Idiom-Book,* 74; MHT III, 258.

증인의 기능을 수행할 수 있도록 한다(12:11, 17). 장래 이스라엘을 위해 "하나님에 의해 예비된[ἑτοιμάζω의 과거 분사] 곳"은 7장의 144,000이 인침을 받는 일과 아울러 보호를 가리키는 또 다른 은유다(7:4, 8; 9:4의 σφραγίζω에 관한 설명을 보라).

5절에서 그리스도의 부활이 다뤄졌는데, 그 후 6절에서 교회 시대를 건너뛰고 바로 그리스도의 재림 직전에 있을 이스라엘의 회개와 대 환난의 때로 직행한다는 견해는 개연성이 없다.[80] 이 견해대로라면 교회가 아닌 이스라엘이 광야에서 용을 피할 피난처를 찾는다는 의미다. 이러한 시간적인 간격이 있다고 주장할 만한 증거는 없다. 이러한 시간적 틈은 해석가가 종말에 대해 미리 가지고 있던 생각을 본문에 적용할 때야 가능해진다. "자연스러운" 본문 독법은 6절을 5절 직후에 이어지는 상황으로 이해하는 것이다. 1:5과 1:6(또한 9절 참조), 1:12-20과 2-3장, 5:5-14과 6:1-11, 7:10-11과 7:13-14의 관계처럼, 10절과 11-17 사이에 존재하는 병행을 보면 이러한 독법이 정당하다는 것이 입증된다.

처음 출애굽 배경에 비춰본 종말론적 출애굽

여자가 광야로 도피한 것은 일차적으로 이스라엘이 애굽에서 나온 사건(처음 출애굽), 그리고 예상되는 종말론적 출애굽을 가리키는 집합적 암시다. 특히 종말론적 출애굽은 이스라엘이 훗날 포로에서 회복되는 동안 발생할 것으로 기대되었다. 첫째, 출애굽은 이스라엘이 애굽에서 나와 광야로 도망하고 거기서 야웨의 보호와 양육을 받았던 때를 가리킨다(출 16:32; 신 2:7; 8:3, 15-16; 29:5; 32:10; 수 24:7; 느 9:19, 21; 시 78:5, 15, 19; 136:16; 호 13:5). 동일한 패턴으로 광야로 도망하는 예는 계 11:5-6에서 교회를 상징하는 엘리야

80) Walvoord, *Revelation,* 191-96과 Lindsey, *New World Coming,* 161-66이 주장하듯이 말이다.

(왕상 17; 19:3-8)와 모세(출 2:15; Josephus, *Ant*. 2.256)의 경우에서 관찰된다. 이와 비슷하게, 이사야와 다른 예언자들은 "이스라엘이 배교하고" "사탄을 섬긴다"는 이유로 "광야로…물러갔다"(*Asc. Isa*. 2:7-11; 비교. *Assumption of Moses* 9:1, 6). 구약의 충성된 사람들은 "광야에서 유리하였다"(히 11:38). 마 2:15은 예수의 부모가 헤롯을 피해 도망가고 그 후 이스라엘로 다시 돌아온 것을 출애굽과 연결한다. 출애굽과 함께 이러한 광야에서의 순례와 관련된 본문들도 계 12장에 반영되었을 것이다.

하지만 계 12:14과 6절이 병행이라는 사실에서 출애굽 배경이 분명히 존재한다는 사실이 드러난다. 여자를 광야로 데려갔던 "독수리의 두 날개"(14절)는 출애굽 이후 광야에 체류하는 동안 하나님이 이스라엘을 돌보셨던 상황을 암시한다. 신명기에는 "광야"(ἔρημος)가 하나님이 이스라엘을 약속의 땅, 즉 하나님이 거하시는 "곳"(τόπος)으로 인도하시는 길이었다(신 1:31; 9:7; 11:5).

여자가 광야로 피한 일은 이스라엘이 믿음으로 주님께 돌아와 다시 광야에서 보호받고 양육을 받는다는 것을 예상한 종말론적 출애굽 또는 종말론적 회복을 상기시킨다(사 32:15; 35:1; 40:3; 41:18; 43:19-20; 51:3; 렘 31:2; 겔 34:25). 호 2:14-15(16-17)은 종말적인 광야 대망을 "이스라엘이 애굽 땅에서 올라오던 날"에 비교한다. 이 호세아서 본문은 하나님이 마지막 때(*Midr. Rab*. 출 2.4; *Sifre* 신 313)와 메시아가 돌아오시는 날(*Midr*. 룻 5.6, *Midr*. 아 2.9 §3; *Pesikta Rabbati* 15.10; *Pesikta de Rab Kahana* 5.9)에 다시 이스라엘에게 가까이 오신다는 유대교의 소망의 기초 중 하나가 되었다. 쿰란 공동체는 이 예언들이 그들의 광야 공동체 안에서 성취되기 시작했다고 믿었다(1QM 1.2-3; 1QS 8.12-15; 9.18-21; 4QpPs[a]). 에세네파는 예루살렘에 있는 사람들의 배교로부터 스스로를 보호하려고 광야로 도망갔다(예. 1QS 8.12-15).

시 23편과 78편에서 언급된 "원수의 목전에서" 광야에 식탁이 차려진 것은 유대교 문헌에서 하나님이 유대인들을 돌보시고 "그들에게 평화를 세우시는" "메시아 시대"를 가리키는 하나의 모델이 되었으며, 시 77(78):19-20(μὴ δυνήσεται ὁ θεὸς ἑτοιμάσαι τράπεζαν ἐν ἐρήμῳ, "하나님이 광야에 식탁을 예비하실 수 있을까?")은 계 12:6(εἰς τὴν ἔρημον, ὅπου ἔχει ἐκεῖ τόπον ἡτοιμασμένον ἀπὸ τοῦ θεου ἵνα ἐκεῖ τρέφωσιν αὐτήν, "광야로 도망하매 거기서…그를 양육하기 위하여 하나님이 예비하신 곳이 있더라")의 배경이 될 수 있다. 시 22(23):5 LXX의 본문은 이렇다. "주께서 나를 괴롭히는(θλιβόντων) 자들 앞에서 내 앞에 상을 예비하셨으니"(몇몇 사본은 καταδιωκοντων이라고 기록한다).[81] 이 두 시편을 해석한 유대교 주해 전통은 하나님이 상을 준비하신 것이 그가 백성에게 필요한 것으로 채우시고 "그들에게 평화를 세우시는" 메시아 시대를 가리키는 패턴의 하나로 이해했다. *Midr*. 시 23:5; *Midr*. *Rab*. 출 50.5과 25.7; *b*. *Yoma* 76a도 시 23:5을 하나님이 이전에 광야에서 이스라엘을 돌보신 것을 메시아 시대에 이스라엘에게 먹을 것을 공급하시는 패턴의 하나로 적용한다. *Midr*. *Rab*. 출애굽기 본문은 이것을 설명하면서 시 23;5과 78:19을 분명히 연결한다. *Midr*. *Rab*. 민 21.21은 시 23:5의 해당 부분을 "장차 올 세상"에만 적용하는 반면에, *Mekilta de Rabbi Ishmael*, Vayassa 4.30-32은 시편 본문을 광야 경험에만 적용한다.

유대교 문헌들은 이 모든 구약의 종말론적 본문들과, 특히 이스라엘의 출애굽 광야 경험을 예표론적으로 해석한 부분에 기초하여 메시아가 종말에 광야에서 그의 백성을 모으실 것이라는 신앙을 발전시켰다(*Tanchuma Jacob* 7b; *Leqach Tob* 민 24:17;[82] 마 24:24-26; 행 21:38). 미래를 내다보는 이런 시각이 요세푸스의 작품에 반영되었다. 요세푸스는 1세기의 메시아 운동을 광야 및 출애굽 주제와 분명하게 동일시한다(*War* 2.259-62; 7.438; *Ant*. 20.168-72; 참조. *Ant*. 20.97-99; *War* 6.351-52). 열심당과 이와 비슷한 운동가들이 광야와 연결된 것은 아마도 이런 메시아 대망에 속하는 내용일 것이다(*War* 4.508; 2.433, 508). 훗날에 모세 역시 광야에 등장하여 그의 백성을 약속의 땅으로 인도할 것이다.[83] 행 7:38은 모세가 이스라엘과 함께 "광

---

81) "적대적인 의미로 '쫓아가다'"(BAGD, 410). καταδιωκοντων에 대해서는 Holmes-Parsons LXX 본문 비평 각주에 있는 소문자사본 66과 284을 보라

82) G. Kittel, *TDNT* II, 659에 의해 인용됨.

83) Ginzberg, *Legends of the Jews* II, 302, 373.

야 교회"에 있었다고 언급한다. 이 "교회"는 틀림없이 초기 교회에 의해 예표론적으로 이해되었을 것이다. 행 7:37에 교회가 "하나님이 너희를 위하여 너희 형제 중에서 나와 같은 예언자 하나를 일으킬 것이라"는 모세의 예언과 연결되었기 때문이다. 세례 요한은 이 예언들, 특히 사 40에 의거한 예언의 성취의 시작을 선언했다(마 3:3; 11:7; 막 1:3; 눅 3:4; 요 1:23; 사 40장을 암시한 계 12:14의 주석 참조. 광야에 살았던 요한과 비슷한 인물인 바누스[Bannus][Josephus, *Vita* 11] 참조).

예수도 이 종말론적인 대망을 친히 성취하기 시작하셨다. 그는 사역하시기 전과 사역하시는 동안 "광야에서" 성령의 보호 아래 사셨던 이상적인 이스라엘을 대표하는 인물이셨다(마 4:1; 눅 1:80; 4:1; 막 1:12). 예수는 옛 이스라엘이 실패했던 광야의 시험을 이기셨다(마 4:1-11 = 막 1:12 = 눅 4:1-13; 참조. 막 1:35; 눅 4:42; 5:16). 유대인들이 예수를 죽이려고 모의하기 시작하자, 그는 "거기를 떠나…광야 가까운 곳으로 가셨다"(요 11:53-54). 이와 비슷하게, 예수는 다가오는 환난 기간에 그의 제자들이 예루살렘 성을 떠나 농촌과 같은 덜 문명화된 지역과 산으로 갈 것이라고 예언하셨다(마 24:15-26; 막 13:14-22; 눅 21:20-24).

계 12:6에는 메시아 공동체가 메시아가 승천한 이후 광야에서 하나님의 종말론적인 보호를 경험하기 시작한 것으로 그려졌다. 메시아 공동체는 세상에서 환난을 경험하지만, 그들이 하나님과의 언약 관계에 있으므로 영적 보호와 양육을 받는다. 메시아 공동체가 보호받는 것은 그들이 그들을 대표하시는 신적 영웅의 죽음과 부활에 동일시되기 때문이다(참조. 롬 6:3-11; 고후 5:14-15). 그러므로 "그리스도 안에서" 그들의 외적인 몸은 박해로 인해 상처를 입을 수 있지만(참조. 고후 4:16; 12:7; 살전 2:18), 그들 내부에 있는 영적인 인격은 "하나님 안에서 그리스도와 함께 감춰졌다"(골 3:3).

시험과 보호의 장소인 광야

세상에서 환난을 당하는 동시에 하나님의 보호를 받는다는 이 2중적 실체는 계 12:14-16의 병행 어구에서 더욱 명확히 드러난다. 여기서 여자는 다시 광야로 도망가서 그곳에서 세 때 반을 머무는 것으로 묘사되었다. 계 12:14-16에서도 6절에서처럼 광야는 용의 맹습으로부터 보호받는 장소다. 광야 자체는 보호해주지 못하지만, 그곳은 하나님의 보호가 있는 비가시적인 장소다. 심지어 광야에서도 성도들을 박해하려는 용의 노력은 그들 공동체를 위협한다. 하지만 하나님은 그곳에서 성도들을 보호하신다. 그 보호는 물리적인 보호가 아니다. 하나님은 영적인 속임으로부터 성도들을 보호하신다. 광야는 본질적으로 11:1의 성소와 13:5-6의 장막과 동일한, 또 다른 이미지다. 세 경우 모두 "세 때 반" 동안 공격을 받으며, 영적 보호를 가리키는 은유들이다. 그래서 여자는 11장의 "두 증인"에 해당하는 장면이다. 두 증인과 여자는 몸으로는 고난을 당하지만 영으로는 광야와 장막에 의해 보호를 받는다.[84)]

광야의 2중성은 구약성경과 계 17장에서도 제시된다. 구약성경에서 광야는 추적하는 애굽 사람들로부터 이스라엘이 보호받은 장소였을 뿐만 아니라, 사람이 살지 못하는 죄나 악 또는 심판의 장소이기도 했다. 그곳은 사나운 짐승들과 악한 영들만이 거하는 곳이었다(레 16:10; 사 13:20-22; 34:10-15; 렘 9:10-12; 12:10-12; 50:39-40; 애 4:19; 겔 6:14; 29:5; 욜 2:3; 3:19; 말 1:3; Tob. 8:3(B); 마 12:43; 눅 11:24).[85)] 신약성경은 이스라엘의 광야 경험을 분명하게 죄의 시기라고 밝힌다(행 7:39-43; 고전 10:1-13; 히 3:7-4:7). 광야의 이런 측면은 계 17:1-9에서도 반영되었다. "광야"에서 음녀가 일곱 머리와 열 뿔을 가진 붉은색 짐승을 타고 앉아 있다(본문은 요한계시록에서 12:6 이외에 ἔρημος가 사용된 유일한 곳이다). 음녀는 "땅에 거하는 자들"을 속이고(17:8), 속임을 당하지 않는 성도들을 박해하는(6, 9절) 배교한 세상 공동체를 대표한다. 그러므로 광야는 적대적인 세상 속에서 성도들이 보호를 받는 장소다. 이스라엘처럼 교회도 "광야에서" 우상숭배와 음행의 유혹에 직면

84) Prigent, *Apocalypse*, 191.

85) "광야"의 2중 언급에 대해서는 Ginzberg, *Legends of the Jews* VII, 112을 보라.

한다(민 25:1ff.; 31:16; 계 2:20의 주석 참조). 하지만 그들은 그러한 유혹을 이기기 위해 양육을 받기도 한다(2:17).

신 8:14-16은 이스라엘의 광야 경험의 2중적인 성격을 요약한다. "여호와는…너를 인도하여 그 광대하고 위험한 광야 곧 **불뱀**이 있는 땅을 지나게 하셨으며…**광야**에서 **만나**를 네게 먹이셨나니, 이는 다 너를 낮추시며 너를 시험하사 마침내 네게 복을 주려 하심이었느니라." 이 본문은 요한에게 예표론적인 중요성을 다분히 가진 본문으로 다가왔을 것이며, 요한이 광야를 2중적으로 이해하는 관점의 배경이 되었을 것이다. 그래서 *Sifre* 신, Piska 313은 신 8:14-16을 호 2:14(16)과 결합하여 마지막 날과 연관된 것으로 보며, "광대하고 위험한 광야"를 다니엘의 "네 나라" 및 "악한 영들"(하나님이 그의 백성을 이들로부터 보호하신다)이라고 밝힌다. 그리고 *Midr. Rab.* 레 13.5은 신 8:15의 "위험한(무시무시한) 광야"를 단 7:7의 "무시무시한 넷째 짐승"과 연결한다. 단 7:7은 요한이 계 12:3에서 이후 광야에서 여자를 박해하는 용을 묘사하려고 사용한 본문들 중 하나다. 또한 *Midr. Rab.* 레 13.5은 신 8:15의 "불뱀"과 "전갈"을 각각 이스라엘을 박해한 메대와 그리스라고 밝히며, 그들을 단 7:2에서 예언된 제국과 동일시한다. 이전에 하나님은 "이스라엘 앞에 웅크리고 있는 불뱀"을 두렵게 하시고 이스라엘을 "해하지 못하게" 하심으로써, 이스라엘이 광야를 "안전하게" 지나게 하셨다(*Midr. Rab.* 출 24.4과 *Midr. Rab.* 민 23.1은 신 8:15을 해석한다). 계 12:6은 교회를 위해 동일한 일을 행하시는 하나님을 묘사한다.

"세 때 반"의 배경

"세 때 반", 즉 3년 반은 단 7, 9, 12장에 예언된 환난의 때로 알려져왔다. 환난의 때는 그리스도의 승천 때 시작되어 재림 때까지 계속된다. 요한이 이 기간을 언급한 곳 중에서 계 12:6이 가장 분명하게 이 기간의 시간적인 한계를 밝혀준다(비교. 11:2-3; 13:5). 의심의 여지없이 여기서 한정된 기간은 그리스도의 부활부터(5절) 재림까지 확장된다(14:14-20). 이것은 리시가 내린 결론과 비슷한 결론이다. 리시는 11:8에 인용된 그리스도의 죽음이 11:2에서 언급된 기간의 시작점이라고 주장한다(그리스도의 죽음이 13:5에 언급된 것과 동일한 기간을 시작하는 것에 대해서는 13:3의 주석 참조).[86] 우리는 앞에서 이 기간이 땅의 영역에서는 신자들에게 해를 가하는 때이지만, 동시에 하나님의 장막의 영역에서는 그들을 보호하는 때라는 것을 보았다(특히 이 기간을 자세히 논의한 11:1-2의 주석 참조).

세 때 반 또는 본문과 14절에 언급된 42개월 역시 42년[87] 또는 42단계의 이스라엘의 광야 방황을 반영한다(민 33:5-49).[88] 본문에서 출애굽 문맥을 가장 중요하게 염두에 두고 있기 때문이다(4절과 11:1-2의 주석 참조). *Pesikta Rabbati* 1 역시 이스라엘의 광야 기간을 이스라엘이 미래에 올 메시아를 기다려야 했던 기간에 비교한다. 엘리야가 3년 반가량 이스라엘에 심판을 내리는 사역을 한 것도 암시되었을 수 있다. 호세아는 이스라엘이 광야 생활을 할 것을 예언했는데(호 2:14[16]), 이것은 유대문헌에서 다니엘이 예언한 미래의 3년 반 동안의 시련과 연결되었다(*Midr. Rab.* 민 11.2; *Midr. Rab.* 룻 5.6; *Midr. Rab.* 아 2.9 §3; *Pesikta Rabbati* 15.10; *Pesikta de Rab Kahana* 5.8). 이 미드라쉬 본문들은 광야를 거쳐 갔던 이 기간을 3년 반의 마지막 부분과 동일시한다. 이 기간은 메시아가 광야에서 다시 이스라엘을 인도하시지만, 나중에는 숨겨져서 이스라엘이 광야에 있는 동안 메시아를 기다려야만 하는 기간이다.[89] 이 미드라쉬 본문 중 네 개는 모세의 부재와 그 후 애굽으로 돌아온 것을 메시아의 숨겨짐과 그 후에 다시 오시는 것에 비교한다. *Targ. Pal.* 출 12:42 역시 "모세가 광야 한 가운데에서 왔듯이, 왕이신 메시아도 로마의 한 가운데서 오신다"고 말한다. 로마는 계 11:8과 14-18장에서 그리스도가 십자가에 달리셨고 그리스도인들이 증언하던 "큰 성"으로 밝혀진다(종말에 메시아의 숨겨짐에 대해서는 *Targ.* 미 4:8; Justin,

86) Rissi, *Time and History*, 40-41.
87) Farrer, *Revelation*, 132, 149; Court, *Revelation*, 116.
88) Kiddle, *Revelation*, 230; Morris, *Revelation*, 164.
89) 동일한 것을 주장하는 *Pesikta Rabbati* 49b을 인용하는 SB II, 284-85.

Dialogue 110을 보라). 이 주해 전통들은 메시아의 승천 이후 교회가 3년 반 동안 광야에서 방황한다고 언급한 계 12:5-6과 비슷하다.

일부 유대인들은 안티오코스 에피파네스가 박해하는 3년 반 동안 예루살렘을 떠났다. 이것은 다니엘의 예언의 부분적인 성취다. 그들은 "광야 은밀한 곳으로 내려갔으며" 이방인 원수들은 "그들의 뒤를 쫓았다." 유대인들이 배반하기를 거절하자, 죽임을 당했다(1 Macc. 2:27-38; 또한 1 Macc. 1:53; 2 Macc. 5:27; 6:11). 이후에 "경건한 자들의 회당을 사랑했던 사람들"은 폼페이우스 장군이 이끄는 로마 군대가 침입하는 동안 예루살렘을 "떠나 광야에서 유리했다"(*Pss. Sol.* 17:18-19). 다니엘서의 예언은 로마가 예루살렘을 포위한 3년 반 동안 유대인 교회가 예루살렘을 떠나 펠라로 도망함으로써 다시 성취되었다(참조. Eusebius, *H. E.* 3.5). 특별히 주목할 만한 것은, 그 기간에 발생한 이 사건과 이와 유사한 사건들이 일어날 것이라는 예언(마 24:15-24; 막 13:14-20)이 다니엘서에 나오는 "멸망의 가증한 것"을 설명하면서 시작한다는 사실이다. 확장된 그 기간 동안, 교회는 구약시대에 광야에 있었던 이스라엘과 안티오코스 당시의 유대 지역처럼 시험을 받고 박해를 받지만 영적으로는 보호를 받는다. 이것 역시 다니엘서에 나오는 예언의 지속적인 성취다.

영적 장막인 광야의 피할 "곳"

그리스도인들이 마귀로부터 안전하게 보호를 받는, 광야에 있을 "곳"(τόπος)은 하나님의 보이지 않는 영적 장막이다. 그곳은 다니엘서(8:11-13; 9:27)에서 세 때 반 동안 공격의 대상이라고 말하는 곳이기 때문이며, 계 11:1-2, 12:14, 13:5-6에 표현된 사상이기 때문이다. 신약의 여러 곳에서 τόπος는 "성전"과 동의어다. LXX에서 이 단어는 "성막"을 가리키는 일반적인 동의어로 사용되었다. 이 사실은 "광야"의 성격이 보호를 받는 장막과 긴밀하게 연결되었음을 보여준다. 하지만 엄밀히 말해서 거룩한 "곳"은 광야에 인접한 곳이 아니라 "광야"**에** 있었다. 마 24:15에는 단 8:11 LXX 에서 그러하듯이, 단 9:27의 "멸망의 가증한 것"이 "거룩한 곳"(ἐν τόπῳ ἁγίῳ)에 있다고 한다. 요한계시록에서 세 때 반이 암시된 다니엘서의 동일 본문에서 사용된 τόπος는 계 12:6, 14에서 τόπος가 제의와 관련되었다고 보는 것을 더욱 자연스럽게 한다(아래 제시된, LXX과 신약성경에서 τόπος의 사용을 성막 및 단 8:11의 사용례와 비교한 통계를 참조하라). 요한은 "장막"을 "광야"와 동일시했을 것이다. 예루살렘 "성소"(ἁγίασμος)는 바벨론(단 9:17 Theod.)과 안티오코스 에피파네스(1 Macc. 1:39)에게 공격을 받은 후에 "광야"(ἔρημος)와 같이 되었기 때문이다(1 Maccabees에서는 성막의 황폐화가 다니엘서에서 성막 및 성도들이 세 때 반 동안 시련을 당하는 것과 동일시되었다).

6절 후반부의 내용을 소개하기 위해 ὅπου("어디")를 사용한 점은 제의 "장소"의 **비가시적인 측면**을 더욱 부각시킨다. 요한계시록의 여러 곳에서 그 단어는 하나님의 보호를 받는 곳이든지(특히 12:14; 14:14과 아울러 11:8의 주석 참조), 사탄의 위험이 있는 곳이든지(2:13; 20:10; 17:3과 17:9을 비교하라), 늘 상징적이고 영적인 영역을 소개한다. 17:3에서 선견자는 "성령에 이끌림을 받아" "광야"의 장소를 볼 수 있었다. 그 후 17:9에서 광야에 거주하는 붉은색 짐승의 정체를 밝히는 영적인 해석이 ὅπου로 소개된다. 앞에서 언급한 본문들에서도 ὅπου는 12:6과 비슷하게 문맥에 맞춰 사용되었고, 12:6의 의미를 밝힌다.

코트는 12:6, 13-16이 유대교 학자들이 기원후 70년에 예루살렘이 멸망될 때 하나님의 계획에 따라 유대교를 회복하려고 야브네로 도망간 것을 언급한다고 주장한다.[90] 이것은 앞에서 묘사했듯이, 이 구절들에 등장하는 여자를 영적으로 하나님의 보호를 받는 참 신자들과 동일시하는 증거를 볼 때 개연성이 없는 주장이다.

영지주의 문서인 *Apoc. Adam* 5.78-82은 조명자(illuminator)에 대해 다음과 같이 주장한다. "그의 모친의 품속으로 왔다", "새가 와서 태어난 아이를 낚아채" 데리고 갔다, "그는 새에게 양육을 받았다", "그는 광

90) Court, *Revelation*, 118-21.

야로 이끌려가서 그곳에서 양육을 받았다", "귀신들이 아이와 그 어머니를 찾았다." 여기서 반복되는 언급은 아이가 "물로" 왔다는 것이다. 후기 영지주의 문서인 이 본문은 아마도 계 12장을 발전시켰든지, 아니면 계 12장에 해당하는 유대교적 배경을 발전시켰을 것이다. 어쩌면 둘 다일 수도 있다.

12:6, 14에서 τόπος가 보호하는 장막을 암시한다는 것은 LXX과 신약성경에서 그 단어의 사용례를 개관하면 알 수 있다. 그리스어 구약성경에서 τόπος는 그 자체로나 형용사와 함께 사용되어("거룩한 곳"처럼) 성전을 가리키는 데 종종 사용되곤 한다(히브리어 *māqôm*을 번역한 것으로, 성전을 가리키는 경우가 40번, 약속의 땅을 가리키는 경우가 10번, 그리고 성소와 연결되어 약속의 땅을 가리키는 경우가 20번이다). 2-4 Maccabees에서는 τόπος가 성전과 관련하여 형용사를 동반하든지 동반하지 않든지 20번 정도 사용되었다.[91] 마 24:15은 단 9:27의 "멸망의 가증한 것"이 "거룩한 곳"(ἐν τόπῳ ἁγίῳ)에 있다고 언급한다. LXX의 단 8:11은 가증한 사건을 묘사하면서 "그곳과 희생제사를 없애버렸고 거룩한 곳이 황폐해질 것이다"라고 말한다(ἐξήρθη ὁ τόπος αὐτῶν καὶ θυσία...ἅγιον ἐρημωθήσεται). LXX의 광범위한 사용례에 더하여, 요한계시록의 세 때 반이 암시한 동일한 다니엘서 본문에서 사용된 τόπος에 의하면, 계 12:6, 14에서 τόπος가 제의적으로 등장하는 것이 더더욱 자연스러운 것임을 볼 수 있다. 마 24:15 이외에 형용사를 동반한 τόπος와 동반하지 않은 τόπος 모두 요 4:20, 48; 행 6:13-14, 21:8a, b에서 예루살렘 성전을 지칭한다.

Vitae Prophetarum 12:12-13에는 성막 입구에 있는 "두 기둥머리가 천사에 의해 증거의 장막이 처음 세워진 광야로 옮겨질 것이다. 주님은 광야에 세워진 두 기둥머리로 마지막 때에 인정을 받으실 것이다. 두 기둥은 뱀의 추격을 받는 사람들에게 빛을 비춰줄 것이다"라고 기록되었다.

---

91) LXX 자료에 대해 비슷한 결론을 내린 H. Koester, *TDNT* VIII, 195-99, 204-5도 보라.

계 12:6은 요 14:2-3과 병행이다. "내 아버지 집에 거할 곳이 많도다. 그렇지 않으면 너희에게 일렀으리라. 내가 너희를 위하여 **거처를 예비하러**(ἑτοιμάσω τόπον) 가노니, 가서 너희를 위하여 **거처를 예비하면**(ἑτοιμάσω τόπον) 내가 다시 와서 너희를 내게로 영접하여 나 있는 **곳**(ὅπου)에 너희도 있게 하리라." 이어지는 문맥에서 예수는 "아버지의 집"과 "있는 곳"이 아버지와 예수가 제자들과 함께 있기 위해 성령으로 오시는 모든 곳이라고 설명하신다(14:16-24; 15:26-27; 16:7, 13-16). 환난과 연결지어서 보면 이 병행은 중요한 병행이다. 제자들은 성령이 계신 곳에 있음으로써 인내할 수 있고, 핍박으로 인해 타협하고자 하는 유혹이 찾아올 때 이길 수 있다.

ὅπου에 뒤이어 등장하는 덧말 ἐκεῖ는 셈어의 영향 때문일 것이다(또한 12:14의 주석 참조). LXX에서 그와 같은 덧말은 히브리어 구문 *ʾăsher lô*의 영향으로 등장한다(히브리어의 *ʾăsher*는 불변사다. 그래서 그 단어의 수와 격과 성은 이어지는 명사에 의해 밝혀진다).[92] 하지만 이러한 덧말의 예들은 비 셈어 그리스 문헌에도 있다.[93]

하나님이 문장의 주어("그가 양육하신다")로 생각되는 단수 동사를 예상하는 까닭에, 복수형 τρέφωσιν("그들이 양육한다")은 어색하다. 복수형은 10:11과 16:15에서 사용된 복수형처럼, 하나님을 언급하는 완곡어법일 것이다. 이것은 앞에서 하나님이 암시된 주어인 신적 수동태가 사용된 것으로 입증된다(ἡτοιμασμένον, "예비된"). 톰슨은 비인칭 또는 불확정 능동태 3인칭 복수형의 동사가 가끔 셈어 문체를 반영하는 수동적 의미를 지닐 수 있다고 주장한다. 비록 톰슨이 초기 그리스의 광범위한 시기에서도 그러한 사용례들을 주목하지만 말이다. 그는 계 12:6의 τρέφωσιν을 그러한 사용례 중 하나로 인용한다. 이것은 하나님이 암시된 주어일

---

92) Zerwick and Grosvenor, *Grammatical Analysis* §202; 참조. Robertson, *Grammar*, 722-23; Mussies, *Morphology*, 177; 그리고 S. Thompson, *Apocalypse and Semitic Syntax*, 111-12에 인용된 문헌들.

93) Robertson, *Grammar*, 723.

가능성을 시사한다(또 다른 예로 2:24과 8:2을 들 수 있다).[94] 만일 그렇다면, 그 동사는 요한계시록 여러 곳에서 사용되었듯이, 분명한 "신적 수동태"의 의미를 지녔을 것이다(예. 6:2, 4, 8의 δίδωμι). 이 표현은 "그가" 또는 "그들이"와 같은 부정대명사로 가장 잘 번역되며 일반적이고 확정되지 않은 의미를 지닐 것이다.[95] 이 경우, 강조는 양육의 사실에 있고, 양육자에게 있지 않다.

그리스도와 성도들은 죽음과 부활로 말미암아 사탄을 이기고 승리하며 메시아의 나라가 시작된다(12:7-12)

7절　　요한은 1-6절과 7-12절의 논리적 연결을 분명하게 하지 않는다. 두 단락 간의 연결은 두 본문이 가까이 있다는 점만 아니라 7-12절이 3절에서 시작한 환상의 연속이라는 사실에서도 확인된다. 3절과 7절에 사용된 단어들을 비교해보자. ὤφθη ἄλλο σημεῖον ἐν τῷ οὐρανῷ, καὶ ἰδού...καὶ ἐγένετο πόλεμος ἐν τῷ οὐρανῷ("하늘에 또 다른 이적이 보이니…하늘에 전쟁이 있으니").

7-12절은 마귀와 그의 사자들이 미가엘 및 그의 사자들과 하늘에서 전쟁을 벌여 패한 이야기다. 본문에 묘사된 행동은 1-6절에서 기록된 지상의 사건들과 맞물려있는 하늘의 대응 사건이다. 이것은 전형적인 묵시문학의 문체이며, 단 10:13, 21과 12:1, 그리고 후기 묵시문학에 이미 선례가 있다(*1 En*., 4 Ezra, *2 Bar*., 1QM; 참조. 2 Macc. 5:1-14; Josephus, *War* 6.297-99). 이곳에는 선한 천사와 악한 천사가 각각 이스라엘과 악한 나라들을 대표한다(사탄과 그의 사자들을 언급하는 다른 곳은 *Test. Asher*. 6:4; *2 En*. 29:5; 마 25:41을 보라).

---

94) S. Thompson, *Apocalypse and Semitic Syntax*, 18-22.
95) Mussies, *Morphology of Koine Greek*, 231.

유대교 문헌에서는 이스라엘이 애굽에서 탈출하는 동안 애굽의 수호천사들이 심판을 받았고 이스라엘의 천사들은 홍해에서 심판을 행했다고 이해했다.[96] 이러한 천사들 간의 전쟁이 세상이라는 광야를 통해 새로운 이스라엘의 출애굽을 다시 시작하기 위해 일어난다는 것은 적절하다. 땅에서 성도들과 세상 간에 전쟁이 있으면, 이에 상응하는 하늘 차원의 전쟁이 있다. 이미 요한계시록에서 우리는 1-3장의 천사들과 4-5장의 장로들이 교회를 대표하는 천상의 대리자들이라는 것을 보았다(1:20의 주석 참조). 우선적으로 다니엘서에서 이해한 대로 그들의 대표자적인 특성과 관련해 아래의 고찰에 비춰볼 때, 요한의 관점에서 천사들은 교회의 중보자로 간주될 수 있다.

7절은 다니엘서에 언급된 미가엘과 인자가 바사와 헬라의 사악한 천사들과 벌이는 전쟁의 천상적 이미지를 발전시킨다(단 10:13, 21; 참조. 단 10:16 Theod., 6, 18 LXX, 18 Theod.). 다니엘서에서 미가엘은 인자와 밀접하게 연결되었으며, 둘 다 이스라엘의 천상적 대표자들로 제시된다(참조. 각각 단 12:1; 8:11 LXX, Theod.과 7:13-27). 그러므로 미가엘과 인자는 단 10:20-21에서 함께 악한 군대를 대적하여 이스라엘을 위해 전쟁을 벌이는 것으로 설명된다. 하지만 미가엘과 인자는 동일한 천상적 존재가 아니다. 10:16 Theod.에서 "인자 같은 이"(ὁμοίωσις υἱοῦ ἀνθρώπου)는 미가엘과 구별되기 때문이다. 또한 "인자"는 신적인 존재로 묘사되거나(단 7:13 MT과 7:13 LXX을 비교하라), 구약성경 여러 곳에 등장하는 야웨의 천사와 동일한 존재다(단 10:5-6, 16). 이러한 구별은 요한계시록에 그대로 옮겨졌다(1:13-18; 2:18; 10:1의 주석 참조).

---

96) *Midr. Rab.* 출 9.9은 출 7:16-18의 물에 내린 재앙을 이스라엘에게 적대적인 백성을 대표하는 천상적 존재들(즉 나일 강의 신)에게 내린 심판으로 해석한다(사 24:21은 이런 해석을 지지한다. "여호와께서 높은 데에서 높은 군대를 벌하시며 땅에서 땅의 왕들을 벌하시리니"; 또한 *b. Sukkoth* 29a에 출 12:12을 주석한 것을 참조하라). 이와 비슷하게, *Midr. Rab.* 출 23.15은 애굽 사람들과 그들의 수호천사 모두 홍해에서 심판을 받았다고 주장한다(참조. Ginzberg, *Legends of the Jews* III, 25; VI, 6-8). 홍해에서 하나님의 심판을 실행한 자는 이스라엘의 수호천사들이었다(*Mekilta de Rabbi Ishmael,* Beshallaḥ 3.95-98; 5.30-36, 50-53).

미가엘은 이 "인자"가 사악한 천사들과 싸우는 것을 돕는다. 이에 근거하여 우리는 이렇게 결론을 내릴 수 있다. "인자"가 그러하듯이 미가엘은 이스라엘을 대표하는 천상적 대리자다. 그러나 단 10:20에 비춰볼 때 미가엘은 "인자"보다 열등한 존재이다. 여기서 요한계시록과 다니엘서의 연결은 떨어진 별이 이스라엘의 고난을 가리키는 은유(참조. 계 12:4)이고 미가엘이 마지막 때에 이스라엘을 "포로에서 구원할" "주재"(ἀρχιστράτηγος)라고 말한 단 8:10-11에서 확증된다(8:11의 "주재"는 12:1 Theod.의 "큰 군주 미가엘"[Μιχαὴλ ὁ ἄρχων ὁ μέγας]과 동일 인물일 것이다).

이처럼 단 12:1은 이스라엘의 종말론적 구원자인 미가엘을 소개한다. 이 본문은 유대교 문헌에서 미가엘을 이스라엘 또는 야곱의 수호천사로 묘사한 글들이 나오게 된 원천이다.[97] *1 En*. 90:14; 1QM 13.9-10; 17.5-8; *Test. Levi* 5:7; *Test. Dan* 6:1-7은 미가엘을 이스라엘의 적들과 싸우고 하늘에서 그들을 대표하는 이스라엘의 종말론적 수호천사로 묘사한다. *Assumption of Moses* 10:1-2에서 미가엘은 마지막 때에 사탄과 그의 동맹군을 멸한다. 이와 비슷하게 *Test. Levi* 5:7; *1 En*. 20:7; *2 En*. 22:6, 33:10은 미가엘의 보호자 역할을 온 땅의 의인들에게까지 확장한다. 그리고 *Testament of Solomon* 1:6에서는 미가엘이 솔로몬에게 인장 반지를 주며 그에게 "모든 귀신을 옥에 가두는" 힘을 부여한다.

다니엘서에서처럼 계 12:7에서도 미가엘은 이스라엘을 대표한다. 그는 단 10:20에서 그랬듯이 그리스도이신 "인자"와 동일하게 관련이 있다. 계 12:1-5은 땅에서 예수에게 일어난 일을 주로 설명한다. 다니엘서에서처럼 미가엘은 "인자"와 연합하여 싸운다(참조. 계 1:13). 하지만 지금 그리스도는 땅에서 새로운 이스라엘을 위한 전쟁을 수행하신다. 반면에 미가엘은 하늘의 영역에서 싸운다. 그래서 7절은 십자가와 부활에서 이기신 그리스도의 승리에 해당하는 하늘의 대응을 설명한다. 다른 말로 하면, 그리스도의 부활과 통치의 시작은 미가엘과 그의 사자들이 마귀와 그의 사자들을 이김으

97) 예. Ginzberg, *Legends of the Jews* VII, 312.

로 하늘에 즉시 반영된다. 땅에서 행하신 그리스도의 구속 사역은 하늘에서 미가엘의 승리의 결과를 이루어내었다.[98] 7a절의 "미가엘과 그의 사자들이 싸워야 했다"라는 번역이 더 낫다. 하늘에서 미가엘이 연루된 일은 땅에서 그의 대리자의 사역으로 촉발된 직접적이고 거침없는 반사적 행동이었기 때문이다(이 어구의 번역의 어려움에 대해서는 아래 내용 참조). 미가엘이 예수가 지상에서 행하신 행동을 하늘에서 반영한 것은 적절하다. 예수는 그의 인격으로 이상적 이스라엘을 대표하시기 때문이다. 참 이스라엘을 대신하는 미가엘의 행동은 분명히 단 12:1과 연결된다. 이 본문은 미가엘이 종말론적인 환난 때 이스라엘을 멸망에서 보호하려고 "일어날" 것을 예언한다.

사탄의 군대의 멸망은 단 10:20과 단 7:21의 똑같은 단어로써 묘사된다.

단 10:20과 단 7:21	계 12:7-8
단 10:20 Theod.: ἐπιστρέψω τοῦ πολεμῆσαι μετὰ τοῦ ἄρχοντος Περσῶν ("내가 다시 와서 바사의 통치자와 전쟁을 수행할 것이다"). 단 7:21 Theod.: τὸ κέρας ἐκεῖνο ἐποίει πόλεμον μετὰ τῶν ἁγίων καὶ ἴσχυυεν πρὸς αὐτούς("그 뿔이 성도들과 더불어 싸울 것이며 그들을 이길 것이다").	Μιχαὴλ...τοῦ πολεμῆσαι μετὰ τοῦ δράκοντὸς καὶ ὁ δράκων ἐπολέμησεν... καὶ οὐκ ἴσχυσεν("미가엘…이 용과 더불어 싸울 새 용…도 싸우나 이기지 못하여").

단 10:20은 전쟁을 벌이는 "인자"를 언급하지만, 미가엘은 이 전쟁에 인자와 함께 참여한다. 다니엘서 본문에 등장하는 바사와 그리스의 "통치자"는 사탄과 동일시되었다. 계 11:7은 이미 단 7:21을 암시했고, 13:7 역시 동일하게 암시할 것이다. 두 절 모두 성도들을 괴롭히는 짐승의 공격을 언급한다. 여기서 단 7:21의 용어는 용의 패배에 적용된다. 단 7장 전체의 문맥

98) Caird, *Revelation*, 153-55은 미가엘과 그리스도 사이의 이러한 대표성이 있는 관계를 제시하지만, 요한계시록 외의 증거는 다루지 않는다. 위에서 단 7:13ff.; 10:13, 20-21; 12:1을 논의한 것은 Caird의 해석에 배경과 이유를 제공한다(비슷한 해석이 기독교 후기 문서인 *Asc. Isa*. 7:9-12에 반영되었다).

은 짐승과 같은 나라들의 최종적인 패배를 염두에 두었다. 마귀의 패배를 묘사하기 위해 성도들을 이긴 마귀의 승리를 설명하는 데 사용된 다니엘서의 용어만큼 적절한 용어가 어디 있겠는가? 그래서 마귀는 이 패러디로써 모독을 당한다. 7절의 하늘의 싸움은 마지막 날에 일어난다고 다니엘이 예언한 땅과 하늘에서의 전쟁의 시작을 묘사한다(단 7:21; 8:10; 12:1). 이것은 후기 유대교 전통의 특징적인 대망이다(*Sib. Or.* 3.796-808; 참조. 다니엘서와 관련된 것 같은 2 Macc. 5:1-14). 계 12장 전체에서 여자, 용, 뱀, 광야, 독수리의 날개, 그리고 그밖에 모든 묘사가 분명히 상징적이듯이, 여기 천사들의 전쟁 역시 그러하다. 12장 나머지 부분은 마귀가 그리스도의 부활로 말미암아 패배한 방법과 7절의 상징적인 의미를 자세히 설명한다.

대표자인 그리스도와 미가엘의 관계. 앞에서 제시한 것과 비슷한 대표자 관점의 해석은 후기 기독교 문헌인 *Asc. Isa*. 7:9-12에 반영된다. 여기서 사탄과 그의 군대가 개입된 하늘 전쟁의 환상이 소개되고, 이후 그리스도가 사탄을 멸하려 오신다는 주장이 이어진다. 두 사건 모두 "위에서처럼 땅에서도, 하늘에 있는 것의 형상은 이곳 땅에서도 적용된다"는 원리에 비교된다. 이와 비슷한 대표자 관점 사상은 Josephus, *War* 6.297-99에도 반영되었다. 요세푸스의 글에는 예루살렘을 파괴한 로마인들에 해당하는 천상적 대응체인 하늘의 군대가 등장한다.

비슬리-머리는 요한이 가지고 있었던 천사 중보자 사상이 독특하며, 기독교 신학과 불일치하는 유대교적 관점을 무의식적으로 반영했다고 주장한다.[99] 하지만 앞에서 제시했듯이 특히 다니엘서의 배경에 비춰 이해한다면, 천사 중보자가 교회를 위해 대표자적인 구속사 기능을 수행한다는 사상을 거부할 이유는 없다.

ὁ Μιχαὴλ καὶ οἱ ἄγγελοι αὐτοῦ τοῦ πολεμῆσαι의 **문법적 난해성**. 소유격 관사를 동반한 부정사 τοῦ πολεμῆσαι는, 종종 그러하듯이, 시작된 어구의 결과를 의미한다. "하늘에 전쟁이 있었다. 그래서 미가엘과 그

99) Beasley-Murray, *Revelation,* 201.

의 사자들이 싸웠다." 좀 더 일반적으로 로버트슨은 전형적인 사용례와 비교하여, 이 구조를 "πόλεμος와 설명적인 동격"에 있는 "느슨한 부정사 구문"으로 이해한다. 반면에 모팻은 이 구조를 "구문론적인 모호함"의 한 예라고 주장한다.[100)] 포터는 로버트슨과 맥을 같이하면서 이 구조를 "초기와 후기 고전 그리스어에서 오랫동안 인정된" 독립 부정사의 폭넓은 범주에 속하는 것으로 분류되는 "엄격하게 독립적인" 부정사라고 명명한다.[101)] 하지만 굿윈이 제시한 대다수의 예들은 말했거나 기록된 것의 특질을 규명하는 입말과 글말에 사용된 관용적인 삽입구에 속한다.[102)] 일례로 헤로도토스(Herodotus)는 매우 구체적으로 절대 부정사를 사용하는데, 종종 관용어적 표현에서 사용하며, 주로 "자신의 방법에 관한 **일반적인 의도**"를 방법론적으로 주장할 때나 정보의 자료를 평가하면서 그 앞에 직면한 문제를 언급할 때, 또는 "**구체적인** 정보를 **얻는** 데 관여된 문제들을 단순히 **사실대로 진술**"하려 할 때 사용한다.[103)] 포터가 인용한 수많은 예는 인사를 표현하는 관용어들이다. 틀림없이 관용어에 속하지 않는 독립 부정사의 예가 있을 것이다. 하지만 과연 이것들이 그리스어가 사용되던 시대의 전형적인 사례였느냐가 문제다. 이것을 결론적으로 증명할 수 있기 전에 좀 더 많은 자료가 제시되고 평가되어야 한다. 계 12:7에 사용된 부정사는 앞에서 주목했듯이 이렇게 특수하거나 관용어적인 표현들의 한 부분으로 등장하지 않는다.

그러므로 12:7의 구조가 예외적으로 폭넓은 그리스어 문체를 반영하거나 느슨한 표현이라고 할 수는 있지만, 이러한 설명은 정상적인 목적격 대신 부정사의 주어로서 사용된 특이한 주격(ὁ Μιχαὴλ καὶ οἱ ἄγγελοι)을 충분히 설명하지 않는다. 모울은 이것이 요한의 "세련되지 못

---

100) Robertson, *Grammar,* 1066; Moffatt, "Revelation," 426.

101) Porter, *Verbal Aspect,* 377.

102) Goodwin, *Syntax,* 310-13, Porter의 글에 인용됨. 마찬가지로 Smyth, *Greek Grammar,* 447.

103) Stork, *Infinitive in Herodotus,* 107; 비교. 89-108(Porter가 인용함).

한 그리스어"(barbarous Greek)를 반영한다고 설명한다.[104] 하지만 이것은 일반 규칙을 입증하는 예외적인 구성일 수 있다. 이런 면에서 이상한 구문은 특이할 정도로 생생한 환상을 문자적으로 묘사하려는 시도의 결과일 수 있다.[105] 사본들 중에서는 πολεμῆσαι 앞에 소유격 관사 τοῦ가 생략된 것들이 있다(𝔓[47] ℵ 𝔐). 이것은 문법을 단순화함으로써 난제를 부드럽게 하려는 시도일 수 있다.

또한 이것은 주어 앞에 부정사와 함께 사용된 접두사 "라메드"(*le*)를 사용하는 히브리어 관용어를 반영한 구조로도 볼 수 있다. 사실 이러한 예에서 LXX은 소유격 관사를 동반한 부정사 앞에 주격 형태의 주어를 문자적으로 재생한다(예. 호 9:13; 시 24[25]:14; 대상 9:25; 전 3:15). LXX의 관용어가 필요성이라는 개념을 전달하듯이, 개중에는 동일한 뉘앙스가 여기에 포함된다고 주장한다. "미가엘과 그의 사자들이 전쟁을 **해야만 했다**."[106] LXX에 사용된 이런 예들 외에 여러 곳에서 부정사와 결합된 τοῦ는 "라메드"를 부정사로 번역한다. 동일한 아람어 구조가 빈번히 발생하고, 동일한 구조가 고대 그리스어와 헬레니즘 그리스어에서 발견되지만 말이다.[107]

하지만 만일 그 구조를 설명적 부정사로 이해한다면, 이러한 주격 역시 문법적으로 얼마든지 설명할 수 있다. 여기서 부정사에 결합된 γίνομαι는 ἔρχομαι, ἐξέρχομαι, ἀνίστημι 같은 동사의 좀 더 개인화된 3인칭 복수 형태로 그 구절 전반부에서부터 반복된다(예. ἐγένετο πόλεμος ἐν τῷ οὐρανῷ, ὁ Μιχαὴλ καὶ οἱ ἄγγελοι αὐτοῦ [ἦλθον] τοῦ πολεμῆσαι; 계 14:15의 수많은 사본에서는 소유격 관사를 동반한 부정사가 ἔρχομαι의 설명적 또는 보충적인 기능을 한다). 또는 스위트가 제안하듯이, ἐγένετο는 7절의

---

104) Moule, *Idiom-Book,* 129.

105) Farrer, *Revelation,* 146.

106) Charles, *Revelation* I, 322; Mussies, *Morphology,* 96; S. Thompson, *Apocalypse and Semitic Syntax,* 60-63; BDF §400.7-8; 참조. Moule, *Idiom-Book,* 129.

107) 참조. S. Thompson, *Apocalypse and Semitic Syntax,* 61과 Robertson, *Grammar,* 1066.

전반부 ὁ Μιχαὴλ 바로 앞에서 반복되었을 수도 있다. "하늘에서 전쟁이 벌어졌다. 그곳에서 미가엘과 그의 사자들이 일어나 전쟁을 벌였다(there arose war in heaven; there arose Michael and his angels to make war)."[108] 암시되었지만 표기되지 않은 동사가 있다는 사실은 신약성경 전반에서 그러하듯이 요한계시록에서 전형적인 일이다.[109] 동사를 보충하려고 제안된 두 예 중에서 어느 것을 따르든지 주격이 어색해지지는 않는다. 주격은 암시된 동사인 ἦλθον이나 ἐγένετο의 주어로 작용하며, 그 후에 그 동사를 완성하는 부정사가 이어지기 때문이다.[110]

개연성 있는 설명은 앞에서 찰스를 비롯하여 여러 사람들이 주장한 견해, 즉 소유격 관사를 동반한 부정사가 일반적으로 관용어적인 히브리어와 LXX에 나타난 셈어를 반영한다고 보는 견해일 것이다. 하지만 셈어 문체는 요한이 받은 일반적인 셈어의 영향 때문이 아니라, 좀 더 정확히 말하면 단 10:20[Theod.]을 구체적으로 암시했기 때문인 것 같다. 여기서도 Theod.은 "라메드"와 부정사가 결합된 어구를 소유격 관사를 동반한 부정사로 번역했다. 이것은 ἐπιστρέψω τοῦ πολεμῆσαι("내가 전쟁하러 다시 올 것이다")라는 어구에서 앞에 있는 동사 "다시 오다"를 설명하거나 보충하는 역할을 한다.

이와 마찬가지로, 부정과거 ἴσχυσεν과 결합된 οὐκ("그들은 강하지 못했다" 또는 "그들은 이기지 못했다")가 이런 점에서 요한에게 영향을 준 셈어 문체의 광범위한 영향을 반영하는 것으로 간주될 수 있을지 모르지만,[111] 구체적으로 말하면 이 어구는 단 7:21을 분명하게 암시한 결과다. 두 경우 모두 구약 본문에서 사용된 단어들이 보존되었다. 그러나 어쩌

---

108) Swete, *Apocalypse,* 153.

109) 생략에 대해서는 BDF §§479-83을 참조하라.

110) Charles, *Revelation* I, 322; S. Thompson, *Apocalypse and Semitic Syntax,* 62에 반대함. Thompson은 계 4:11; 5:3; 9:6; 12:2을 다룬 Hoskier의 다양한 이문 목록 중에서 주격이 소유격 관사를 동반한 부정사의 주어인 점에 주목한다.

111) S. Thompson, *Apocalypse and Semitic Syntax,* 40-41이 주장하듯이 말이다. 이와 비슷한 견해를 가진 Charles, *Revelation* I, 324-25도 참조하라.

면 다니엘서 배경을 강조하고 독자들에게 그 점을 환기시키려고 약간은 어색하거나 특이한 구문이 만들어졌을지도 모른다.

8절 8절의 처음 부분은 7절에서 시작된 사탄의 종말과 관련한 다니엘서의 묘사를 완성하며, 8절의 나머지 부분은 다니엘서에 의거하여 상황을 개략적으로 묘사한다. 마귀와 그의 군대가 패배함으로써 나타난 직접적인 결과는 "다시 하늘에서 그들이 있을 곳을 얻지 못한" 것(οὐδὲ τόπος εὑρέθη αὐτῶν ἔτι ἐν τῷ οὐρανῷ)이다. 이것은 단 2:35 Theod.과 거의 같은 어구에 근거한다. 이 본문에서는 **후일에** 있을 사악한 세상 나라들의 멸망의 직접적인 결과가 예언적으로 묘사되었다(τόπος οὐχ εὑρέθη αὐτοῖς; 참조. 단 2:28, 45). 단 2장에서는 "돌" 하나가 세상 역사의 마지막 네 나라를 대표하는 신상을 강타한다. 그곳에서 돌은 하나님 나라의 권세와 동일시된다(단 2:44). 많은 주석가는 그 돌을 마지막 때에 억압하는 나라들을 대신하는 단 7장의 인자와 동일시한다. 초기 유대교 문헌들은 돌을 하나님의 원수들, 특히 로마를 이기는 장차 오실 메시아와 동일시했다(4 Ezra 13:6-8; *Midr. Rab*. 창 63.8; 자세한 내용은 계 1장 주석의 결론을 보라). 예수는 자신을 배척한 유대인들을 그가 장차 심판할 불경건한 나라들과 동일시하시면서, 돌에 관한 예언이 자신의 사역에서 성취되기 시작한다고 이해하셨다(눅 20:17-18). 예수 그리스도는 단 2장의 돌이시다.

그리스도의 부활은 하늘에서 미가엘의 승리를 이루는 데 직접적으로 작용하며, 단 2장의 이미지는 이 사실이 절대적이고 보편적인 심판임을 보여준다. 단 2:35 Theod.과 계 12:8b에 반영된 이 구절에 대한 암시의 요점은 하나님 나라와 그의 백성을 향한 대적 계획이 결정적으로 좌절되었다는 것이다(*2 Bar*. 36:6, 10은 단 2:35 Theod.을 동일한 방법으로 암시한다). 예수가 시 2편을 성취하면서 여러 나라들을 이기신 것은 단 2장의 성취로 미가엘이 이러한 나라들의 천상적 대표자들을 하늘에서 이긴 것으로 제시되었다. 시 2편 암시로 **땅**에서 그리스도를 통해 성취되었다고 묘사한 부분에 상응하는 **하늘**의 성취를 지칭하려고 단 2장에 호소한 일은, 두 본문에 사용된 이미지가 분명하게 동일하다는 점을 고려하면 적합하다. 시 2편에서 메시아는 철장으로 "나라들을 부수시며", 단 2장에서는 돌 하나가 "온 땅을 부순다." 이 두 구약 예언들의 병행을 보면, 계 12:7-12이 그리스도의 부활 때 땅에서 일어난 사건에 상응하는 하늘의 상황을 그린다는 우리의 견해는 힘을 얻는다. 12:8b은 결정적인 패배가 시작되었음을 보여주고, 단 2:35 Theod.을 동일하게 암시한 내용은 이 세대의 마지막과 최후의 심판 때 그 예언이 성취됨을 명시하려고 20:11에 반복되었다. 그러나 만일 이 예언된 심판이 여기서 단지 시작하기만 한다면, 그것이 어떤 절대적이고 보편적인 심판이 될 수 있겠는가? 뒤따라오는 몇 절이 어떻게 그렇게 되는지를 설명할 것이다.

9절 마귀와 그의 사자들이 "하늘에서 그들이 있을 곳을 얻지 못한지라"라는 내용이 무엇을 의미하는지 설명이 계속된다. 하나님의 군대는 용과 그의 사자들을 하늘에서 땅으로 내쫓았다. 마귀가 내쫓기는 장면은 그가 그의 죄로 인해 심판을 받고 있음을 암시한다. 그는 불의하게 "별들을 땅으로 던졌"기 때문이다(4절).[112] 마귀는 하늘에서 완전히 쫓겨난 것일까? 아니면 한정된 의미에서만 그런 것인가? 우리는 10절이 후자에 무게를 실어준다고 주장할 것이다. 9절의 중요성은 그것이 용을 묘사한다는 점에 있다. 용은 창 3:1, 14에서 마귀적인 인물과 동일시된 "옛 뱀"으로 불린다. 비슷한 방식으로 *Sib. Or.* 5.29은 네로를 "무서운 뱀"과 동일시하며, *b. Sota* 9b과 *b. Sanhedrin* 29a은 마귀를 각각 "태초의 뱀"과 "옛 뱀"이라고 칭한다.

계 12:9 역시 하나님 백성의 옛 원수를 "마귀라고 하고 사탄이라고도 하는" 자라고 밝힌다. 마귀와 사탄은 각각 "참소하는 자"와 "대적하는 자"를 의미한다. 창 3장은 마귀가 **참소**와 **속임**이라는 두 기능을 행한 자로 언급한다. 마귀는 하나님이 창 2:16-17에서 아담과 하와에게 명령하신 것이 사실이 아니며(창 3:1, 4), 하나님이 그들에게 선악을 알게 하는 나무의 실과를 따먹지 말라고 하실 때 속이려는 동기가 있었다고 주장한다(창 3:4-5). 이렇

112) D. C. Chilton, *Days of Vengeance,* 314.

게 마귀는 하나님의 성품을 모함하고, 뱀은 이 모함을 이용하여 여자와 남자를 속인다(계 12:9의 ὁ ὄφις ὁ ἀρχαῖος…ὁ πλανῶν["옛 뱀, 곧 참소하는 자"]과 창 3:13의 ὁ ὄφις ἠπάτησέν["뱀이 속였다"]를 비교하라. 각 사람의 이름 앞에 관사가 반복된 것은 전형적인 관용어를 반영한 것일 수 있다[113]).

타락 후 뱀과 그의 사자들은 사탄이 에덴동산에서 시작했던 것을 범세계적으로 행한다(참조. *Jub.* 11:5; *1 En.* 54:6; *2 En.* 7, 18). 9절은 뱀을 "온 천하를 꾀는(미혹하는) 자"로 부르고, 10절은 그를 하나님의 백성을 참소하는 자로 언급한다(*Life of Adam and Eve* 33에는 "원수, 하와를 속였던…마귀"라고 언급된다). 12장의 나머지 부분과 요한계시록의 나머지 부분은 그리스도의 죽음과 부활이 속이는 마귀의 역할을 축소하고 참소하는 그의 역할을 극적으로 무력화하는 결과를 가져왔다고 계시한다. 이러한 축소와 무력화는 미가엘과 그의 사자들이 마귀와 그의 사자들을 하늘에서 던진 장면이 지니는 의미다. 마귀가 잃은 "장소"는 이전에 하나님께로부터 부여받아 잃어버릴 때까지 참소하는 특권을 가진 곳이었다(자세한 내용은 10b절 주석 참조).

그럼에도 마귀는 교회 시대에 그의 종들을 통해 속이는 사역을 계속한다.

요한은 뱀 이미지가 일곱 교회가 위치한 소아시아에서 이교 신들을 묘사하는 그림에 매우 널리 퍼져 있던 이미지이기 때문에 그 이미지를 선택한 것 같다. 예를 들어, 뱀 이미지는 아스클레피오스, 디오니소스, 제우스 등 중요한 세 제의와 관련이 있었다. 이것은 요한이 마귀를 뱀으로 묘사한 것이 이교의 종교와 그들의 신을 향한 비판으로 작용했음을 암시한다.[114]

계 12:9에서 "마귀와 사탄"의 "참소하고" "대적하는" 2중적 개념이 구약의 본문 전통을 반영하고 있듯이, 욥 1-2장의 LXX은 히브리어의 *šatan*을 "마귀"로 번역한다(διάβολος; 참조. 벧전 5:8). LXX에서 슥 3:1의 본문 전통은 "사탄"과 "마귀"를 바꿔가며 사용한다.

---

113) Robertson, *Grammar,* 777.

114) Bauckham, *Climax of Prophecy,* 195-97.

마귀가 사람들을 이용해 교회 안에서 계속 속이는 일에 대해서는 다음을 보라. 계 2:20, 13:14, 18:23, 19:20, 20:3, 8, 10, 마 24:4-5, 11, 24, 고후 2:11, 11:13-15, 엡 4:14, 5:6, 딤후 2:24-26, 벧후 2:2-3, 13-15, 요일 2:26, 4:6, 요이 7절.

계 12:9과 비슷하게, *Jos. Asen*. 12:9은 마귀를 이렇게 지칭한다. "보라! 야수 옛 사자가 나를 박해한다." 사 27:1 LXX에는 계 12:9의 ὁ δράκων ὁ μέγας, ὁ ὄφις와 비슷한 τὸν δράκοντα ὄφιν(2번)이라는 어구가 있다.

10절 요한은 "하늘에서 큰 음성을 들었다." 10절은 요한이 7-9절에서 본 환상을 분명하게 해석한다. 이러한 공식적 해석 기능은 καὶ…ἐν τῷ οὐρανῷ("또…하늘에," 1, 3, 7절에도 있음)라는 어구로 구성된 여러 단락에서 네 번째 반복으로 표시된다. 이는 찬송이 내러티브와 환상들을 해석하거나 요약하는 환상-해석 패턴을 따르며 요한계시록 여러 곳에 나타난다.[115] 4:1-7과 4:8-10, 5:5과 5:6-14, 14:1과 14:2-5, 15:2과 15:3-4, 17:1-6과 17:7-18을 보라. 7:1-8과 7:9-17에서처럼 가끔은 요한이 본 것이 요한이 앞 단락에서 들은 것을 해석하기도 한다. 그래서 12:10-12의 찬송은 7-9절을 해석하며 미가엘이 행한 일은 그리스도가 땅에서 행하신 것에 상응하는 천상적 반영임을 분명히 보여준다. 10-12절은 (부활의 결과로 얻은) 그리스도의 "권세"와 "피"가 뱀을 이기고 그를 하늘에서 내쫓았다고 선언한다.[116]

"큰 음성이 있어 이르되"(λέγοντες φωνὴ μεγάλη)라는 어구의 형식들은 요한계시록에 반복해서 등장한다. 이런 어구에 소개되는 음성은 늘 하늘에서 나오고, 그 음성의 주인공은 하나님이나 그리스도 또는 천사일 수

115) Sweet, *Revelation,* 198; A. F. Johnson, "Revelation," 517.

116) 그리스도 강림의 목적이 사탄의 목적을 무효화하려는 데 있다는 사실은 마 12:28-29; 요 12:31; 16:11; 행 10:38; 고후. 4:4-6; 엡 6:10-18; 요일 3:8; 4:4; 5:19에서도 천명되었다. 또한 하나님이 마귀와 그의 계획을 멸한다는 종말적인 기대에 대해서는 1QH 3.29-36; *Test. Jud.* 25:3; *Test. Levi* 18:12; *Asc. Isa.* 7:9-12을 보라.

있다(1:10-11; 7:2-3; 8:13; 11:12; 14:7, 9, 18; 16:1, 17; 18:2; 19:17; 21:3; 비교. 5:2; 10:3; 14:15). 이 어구는 하늘에 있는 허다하게 많은 죽은 성도와 동일시될 수도 있다(6:10; 7:10; 11:15; 14:2-3; 19:1; 비교. 19:6). 여기서 그 음성은 하늘에 있는 천사와 사람들 모두에게서 나왔을 가능성이 있다(5:12에서처럼). 그러한 사건은 요한계시록에서 드물다. 천사들은 늘 명령이나 심판의 선언 또는 구속을 내리는 반면에, 사람들은 찬양한다. 본문에서는 사람들이 드리는 찬양의 형식과 내용의 문제를 다룬다. 찬양의 처음 세 행은 특히 11:15과 병행이다. 11:15에도 하나님이 나라를 세우신 것을 두고 하나님을 찬양하는 허다한 성도들이 있다. 그래서 여기서 "음성"은 하늘에 있는 허다한 성도들의 음성과 동일시되어야 한다. 이것은 그 음성이 "우리 하나님"을 언급할 뿐만 아니라 "우리 형제들"도 언급한다는 사실에서도 확증된다. 19:10과 22:9에서 천사들이 스스로를 성도들의 "형제들"이라고 천명하기에, 12:10의 찬양의 발원지 역시 천사일 수 있다고 주장하는 사람들이 있다. 하지만 19:10과 22:9은 천사들이 요한과 그의 형제들의 "동료 종들"이라고 언급할 뿐이다. 더욱이 천사들은 묵시문학에서 성도들의 "형제들"이라고 언급된 적이 한 번도 없다. 그렇지만 그 음성은 허다한 천사들에게서 나왔을 수는 있다. 12:10은 6:9-11과 동일시될 수 있는데, 6장에서는 "큰 음성"의 발원지가 여전히 땅에서 고난을 받는 "그들의 동무 종들과 형제들"과 구별된 죽은 성도들이라고 분명히 언급된다.[117)]

그리스도의 승천과 마귀가 하늘에서 내쫓긴 사건의 의미(3-9절)는 오랫동안 기다려왔던 예언된 메시아 나라가 이제 시작된 것으로 설명될 수 있다(시 2편과 단 3장; 12:5, 7의 주석 참조). "우리 하나님의 구원과 능력과 나라와 또 그의 그리스도의 권세가 나타났으니"(하나님 또는 "주님"과 "그의 그리스도"의 결합이 구약성경에서는 시 2:2에만 등장한다). 이 진술은 계 4:11, 5:12-13, 7:10, 11:15에서 하나님 나라의 이미와 아직을 나타내는 문구

---

117) 위에 언급한 문제에 대해서는 Charles, *Revelation* I, 327-28과 Lohmeyer, *Offenbarung*, 103을 보라. 하지만 Charles와 Lohmeyer는 그 음성을 순교자들에 한정한다.

의 발전이다. 이 문구 중 처음 두 개는 하나님 나라의 시작된 형태를 강조한다. 7:10은 하나님 나라의 시작과 절정의 형태를 총체적으로 언급하며, 11:15은 절정의 측면을 강조한다. 12:10은 그 나라의 시작 국면을 강조한다. 이 구절은 그리스도의 부활 직후 시대에 적용되는 그 부활의 효과를 해석하고 있기 때문이다. 4:11과 5:12-13에 언급된 하나님 나라 문구는 여기서 초점이 그 나라의 시작 단계를 시작한 그리스도의 부활에 있음을 확증한다. 문장을 소개하는 ἄρτι("이제")는 성취의 시작 측면을 강조한다(이러한 ἄρτι의 사용은 바울의 νῦν이나 νυνί["이제"]의 사용과 동일하다. 예. 롬 3:21, 26; 고후 5:16; 6:2; 엡 3:5, 10).

그러므로 10절은 단지 미래의 나라를 예상하는 것이 아니라, 그 나라가 그리스도의 죽음과 부활 직후에 시작된 사실을 축하한다.

10절 후반부는 그 나라가 어떻게 시작되었는지, 구체적으로 그리스도의 죽음과 부활로 인해 사탄이 하늘에서 쫓겨났다는 의미가 무엇인지를 설명한다. 이 문제는 더 자세히 설명할 필요가 있다.

그리스도의 구속 사역으로 사탄이 어떻게 하늘에서 쫓겨났는가?

그리스도의 죽음과 부활로써 사탄이 하늘에서 쫓겨났다는 것은 사탄이 그리스도의 재림 직전인 최후의 환난이 시작될 때 쫓겨난다고 이해하는 사람들의 결론과 상충된다.[118] 사탄과 그의 군대가 처음 창조 때 떨어졌듯이(사 14:11-16; 겔 28:12-19[?]; 벧후 2:4; 유 6; *1 En*. 9-10; 86; *2 En*. 7; 18; 29:4-5; *Life of Adam and Eve* 12:1; 16:1; *Pirqe de Rabbi Eliezer* 13), 사탄은 두 번째, 즉 새 창조가 시작될 때 떨어질 것이 분명하다(1:5; 3:14의 주석 참조; 비교. 고후 5:14-17; 갈 6:15). 계 20:1-3은 사탄이 쫓겨난 결과 중 하나가 마귀가 이전에 만국 가운데서 미혹하던 일이 상당히 감소되는 것이라고 설명한다.

118) 예. Glasson, *Revelation*, 77.

12:9은 마귀를 "온 천하를 꾀던" 자라고 칭함으로써 이전의 사역을 암시하기 시작한다. 하지만 10절은 이 내용을 더 이상 발전시키지 않는다. 그 대신에 또 다른 결과를 강조한다. 마귀가 하늘에서 "쫓겨났다"는 사실이 다시 반복된다. 그런데 지금은 그 마귀가 "우리 형제들을 참소하던 자 곧 우리 하나님 앞에서 밤낮 참소하던 자"로 불린다. 그의 참소는 중단되지 않고 계속되어왔다.

본문의 묘사와 욥 1:6-11, 2:1-6, 슥 3:1-2에 언급된 사탄의 묘사에 근거하여, 하나님은 마귀에게 그의 백성의 죄를 "참소"하도록 허용하셨다고 결론을 내릴 수 있다. 구약의 본문들은 사탄이 성도들이 신실하지 못하다고 참소하며 그들이 하나님의 구원과 은혜의 복을 받을 자격이 없음을 내비치는 것으로 묘사한다(슥 3:1-5, 9; 비교. *Midr. Rab.* 민 18.21). 또한 마귀의 참소에는 하나님의 성품이 부패했다는 고발도 암시된다. 예를 들어, 사탄은 욥 1장에서 하나님께 하나님이 욥을 번성하게 하시지 않았거나 그에게 그렇게 많은 복을 주지 않으셨다면 욥이 충성하지 않았을 것이라고 말한다. 태고적에 하늘에서 처음 내쫓겼을 때처럼, 마귀는 고소할 특권을 가지고 있지 않았지만 하늘에 계속 거한다(엡 2:2; 3:10; 6:10-17).

계 12:11에 비춰볼 때, 10절의 참소는 성도들이 구원에 참여한 것이 적법하지 않음을 겨냥한 것 같다. 마귀의 참소는 죄에 대한 형벌로 반드시 영적 사망이라는 판결을 내려야 하고 구원의 상을 주어서는 안 된다는 정확한 전제에 근거한다. 이러한 고발은 마땅히 받아야 할 심판을 받지 않은 성도들을 겨냥했다. 그리스도가 죽으시기 전까지 마귀는 송사에서 유리한 위치에 있었다고 할 수 있다. 하나님이 구약의 모든 죽은 성도를 그들의 죄에 맞는 형벌을 가하지 않고 그의 구원하시는 임재 안으로 들어오게 하셨기 때문이다. 사탄은 이러한 불평을 제기할 만했고, 하나님은 이를 허용하셨다. 사탄이 제기한 불평에는 어느 정도 진실이 있었기 때문이다. 하지만 그리스도가 죽으시기 이전에라도 마귀의 송사는 불의하다. 마귀가 고소하고 심판하기 원한 백성의 죄는 그의 속임에 의해 저질러진 것이었기 때문이다. 그래서 마귀는 9-10절에서 "속이는 자"와 "참소하는 자"로 명명된다.[119] 그러므로 구약의 성도들은 이러한 고소의 위험으로부터 보호를 받았다(*1 En*. 40:7; 40:9-1:2).

그리스도의 죽음과 부활로 인해 마귀는 이전에 하나님께로부터 받았던 이러한 특권을 빼앗겼다. 그리스도의 죽음은 하나님이 믿음으로 구원을 받은 모든 사람의 죗값을 받아내는 심판이었기 때문이다. 죄가 없으신 그리스도는 성도들을 위협했던 진노를 자신이 대신 짊어지셨다. 그래서 성도들은 장차 임할 최후의 진노에서 구원받을 수 있었다. 그리스도는 흠이 없으신 대속의 "어린 양"이셨다. 그는 "죽임을 당하사 온 땅에서 사람들을 피로 사서 하나님께 드리셨다"(5:6-9). 그리스도는 "그의 피로 그들의 죄[의 형벌]에서 그들을 해방하셨다"(1:5). 예수는 그의 죽음으로 다른 사람들을 사망에 던져 넣는 마귀의 권세를 무력하게 하셨으며(히 2:14), 친히 이 권세를 취하셨다(계 1:18). 그러므로 마귀에게는 더 이상 성도들을 고발할 어떤 근거도 없어졌다. 성도들이 마땅히 받아야 할 형벌은 마침내 그리스도의 죽음으로 깨끗하게 정리되었기 때문이다. 롬 3:21-26에 이와 비슷한 사상이 있다. 하나님은 구약의 성도들이 마땅히 받아야 할 형벌을 그리스도의 죽음에서 실행될 때까지 연기하셨다. 그래서 "이제 그리스도 예수 안에 있는 자에게는 결코 정죄함이 없"으며(롬 8:1), "능히 하나님이 택하신 자들을 고발"할 사람은 아무도 없고, "심지어 천사들이나 정사들이나…능력도" 정죄하지 못한다(롬 8:33-34, 38). 성도들은 "온 종일 죽음에 넘겨지고 있지만" "그리스도 예수 안에 있는 하나님의 사랑에서 우리를 끊을" 수 있는 법적 고소를 영원히 "능히 이긴다"(롬 8:36-37, 39; 많은 주석가는 요한계시록 이곳과 롬 8장 사이에 밀접한 병행이 있음을 바르게 지적한다). 계 12:11에 "우리 형제들이 어린 양의 피와 자기들이 증언하는 말씀으로써 그[사탄]를 **이겼으니**(ἐνίκησαν) 그들은 죽기까지 자기들의 생명을 아끼지 아니하였도다"라고 언급된 내용이 정확히 이런 의미다. 그리스도인들이 땅에 있는 법정에서 불의하게 고소를 당하고 유죄 판결을 받은 일은 역설적으로 그들이 사

119) Sweet, *Revelation*, 199.

탄에게 법적으로 이겼다고 하늘에서 선언했음을 나타낸다.[120]

사탄이 하늘에서 떨어졌다는 것을 이렇게 이해하는 것은 눅 10:18에서 사탄이 하늘에서 떨어졌다고 언급한 것에 비교할 수 있다. "사탄이 하늘로부터 번개같이 떨어지는 것을 내가 보았노라." 눅 10:17, 19-20은 이 주장을 제자들이 귀신을 내쫓음으로써 사탄을 주관하는 권세를 갖기 시작했다는 의미로 설명한다. 하지만 20절은 예수가 본 환상의 의미가 결국 제자들의 "이름이 하늘에 기록되었다"는 것이라고도 말한다. 다른 말로 하면, 마귀가 하늘에서 떨어진 것은 예수를 따르는 사람들의 구원이 사탄의 위협에서도 안전하다는 의미이며, 그들이 가진 귀신을 내쫓는 능력은 마귀의 패배, 그리고 그들의 구원이 안전하다는 것을 시사한다.

계 12:10에 묘사된 사탄의 떨어짐은 요 12:31-33과 독특한 관련이 있다. 예수는 그가 "들리게 되는 것"과 그의 죽음이 시작된, 마귀에 대한 심판을 결정적으로 시행함을 의미한다고 예언하신다.

요 12:31-33	계 12:10
νῦν...νῦν ὁ ἄρχων τοῦ κόσμου τούτου ἐκβληθήσεται ἔξω("이제…이제 이 세상의 임금이 쫓겨나리라"; 비교. 요 16:11).[121]	ἄρτι...ἐβλήθη ὁ κατήγωρ("이제…참소하던 자가 쫓겨났고").

이 병행 어구들은 계 12:7-10의 이미지가 그리스도의 죽음과 부활의 의의를 설명하고 먼 미래에 있을 사건들은 언급하지 않는다는 점을 더욱 확증해준다.

계 12:10에서처럼 신약성경에서 κατηγορέω("참소하다")가 22번 등장한 것 중에서 17번 가량은 유대의 법정이나 로마의 법정 앞에서 부당하게 고소를 당하는 사람을 언급한다(참조. 예수와 바울은 각각 복음서와 사도

120) A. Y. Collins, *Apocalypse*, 88.
121) 참조. *Johannine Studies*, 278

행전에서 고소당했다). 슥 3:1-6은 "사탄이 그[하나님]의 오른쪽에 서서 그[여호수아]를 대적하는" 상황을 묘사한다. 제사장인 여호수아가 그의 죄로 인해 심판을 받아야 한다고 고소하지만 하나님은 여호수아가 그의 택함을 받은 자라고 선언하심으로써 그 고소를 기각하신다. 여호수아의 더러워진 옷은 벗겨지고, 그는 순전한 옷으로 갈아입는다. 이것은 "그의 죄가 없어졌다"는 것을 의미했다. 슥 3장과 맥을 같이하여, 그리스도의 죽음과 부활은 신자들을 고소하는 마귀의 참소를 결정적으로 기각한다(계 12:10-12). 그 결과 어린 양의 피가 "그들을 죄에서 해방하며"(1:5), 그들을 샀으며(5:9), "생명책"에 그 이름이 기록된 사람들의 옷을 빨아 희게 했다(7:14; 3:4-5).

앞에서 논의했듯이, 어린 양의 죽음은 자기 백성을 위해 하나님의 진노를 대신 짊어지심으로써 그동안 하나님의 존전에 나아가는 것을 막았던 하나님의 진노를 제거하는 것으로 가장 잘 이해할 수 있다. 이것은 구약의 제사제도, 특히 대 속죄일에 근거한다. 대 속죄일은 백성을 대신하여 하나님의 진노를 받아 그들로부터 하나님의 진노를 제거하는 희생제물이 이스라엘 대신 속죄물로 드려진 날이다. "속죄" 사상만이 요한계시록의 해당 본문에 포함되었는지 아니면 "화해" 개념도 포함되었는지를 결정하는 논의는 여기서 더 자세하게 다룰 수는 없다. 현재로서는 두 개념 모두 의도했다고 결론을 내리는 것으로 만족하자.[122)]

Targ. Pal. 민 29:1-2은 티슈리 월 첫 날이 "고소하러 오는 사탄을 방해하기" 위해 이스라엘에게 "나팔을 부는 날"이었다고 주장한다. 그날에 불에 태운 희생제물은 사탄의 고소를 이기고 백성에게 하나님의 은총을 가져다준다. *3 En.* 26:12은 사탄이 로마와 바사의 악한 천사장들과 함께 이스라엘의 죄를 판에 기록하고 그것을 스랍들을 통해 하나님께 드려 "이스라엘을 세상에서 멸하게 하시도록 하는" 장면을 묘사한다. 하지만

---

122) 신약성경에서 그리스도의 죽음에 담긴 이 2중 사상을 지지하는 논의는 Morris, *Apostolic Preaching of the Cross*를 보라.

스랍들은 그 판을 태우고 하나님께 바치지 않는다.

계 12:10-11, 17은 제사장의 품성을 가진 메시아가 "아담을 위협했던 칼을 제거하고…벨리알을 묶을" 유대인들의 소망을 언급한 *Test. Levi* 18:2, 10-19:1과 비교될 수 있다. 메시아는 "그의 자녀들에게 악한 영들을 밟을 권세를 줄 것이며" 그를 따르는 자들은 "그의[주님의] 율법대로 행하라"고 권함을 받는다.

사탄을 참소자로 묘사한 유대교의 법정적 배경과 계 12:10의 관련성

12:10에서 사탄의 고소하는 역할이 강조된 것은 7-10절의 천사들의 전쟁이 서로 대적하는 두 변호인들 간에 벌어지는 법정 논쟁을 가리키는 상징이었다. 한쪽 변호사가 논쟁에서 지고 불법적인 전략을 이용했다는 사실이 판명되어 변호사 자격을 박탈당하는 내용이다.[123] 욥 1:6-11과 2:1-6 그리고 슥 3:1-2에서 사탄이 고소자로서 수행한 역할 외에, 마귀는 초기 유대교에서 법적인 "고소자" 역할을 가진 존재로 등장한다(*Jub.* 1:20; 17:15-16; 18:9-12; 48:15-18; *1 En.* 40:7; *Test. Levi* 5:6; *Test. Dan* 6:2). 그리고 미가엘은 하늘 법정에서 사탄이 제기한 고소에 맞서 이스라엘의 변호자 역할을 했다(*Test. Levi* 5:6; *Test. Dan* 6:1-6). 이 문제를 논의하는 데 매우 적절한 본문인 *Midr. Rab.* 출 18.5에서 미가엘과 사탄은 각각 "법정에 있는 중재자와 기소자"로 비교된다. "둘은 서로 번갈아가며 자기의 입장을 말하며, 각자의 말을 다 했을 때 중재자는 자신이 승리했음을 안다. 그는 재판장에게 판결을 내릴 수 있도록 재판장을 칭송하기 시작한다. 그리고 기소자가 뭔가 말하려고 할 때 중재자는 그에게 이렇게 말한다. '조용히 있으시오! 재판장의 고견을 들어봅시다.'" 이 미드라쉬 본문의 다른 뚜렷한 특징은 이 본문에 "하나님이 미가엘과 가브리엘의 손을 빌려 이 세상에서 행하신 것처럼, 미래에도 그들을 통해 행하실 것"이 천명되었다는 점이다. 그리고 단 10:21과

123) Caird, *Revelation,* 154-56.

12:1(두 본문 모두 계 12:7에 암시되었다)은 이 내용을 지지하기 위해 인용되었다. 또한 적절한 것은 유 8-9절에 미가엘과 마귀 간의 법적인 관계와 *b. Yoma* 77a 및 *Pesikta Rabbati* 44에 이스라엘의 의로움을 변호하려고 미가엘이 법정 증인으로 참석하고 있다는 사실이다. 이 세 본문 모두 하늘 법정에서 사탄의 고소에 맞서 미가엘이 이스라엘을 변호한다는 문맥으로 이해하는 것이 가장 좋다.

유대교 문헌에 따르면, 미가엘의 역할은 마지막 때에 마귀의 적대감(1QM 13.10-13; 1QS 3.18-25; *Test. Dan* 6:1-6)과 여러 나라들의 고소(*Midr.* 시 20.3; *Midr. Rab.* 룻, 서문 1)로부터 이스라엘이 진리와 정의를 위한다는 사실과 관련해 변호해야 했듯이, 계 12장에서 동일한 역할이 그에게 부여되었다. 사탄이 법적으로 패한 것은 "이제 도래하기" 시작한 나라의 본질에 속한다. 마귀와 그의 군대들을 실제로 심판하는 것은 역사의 절정에서야 임한다(계 18장; 19:20-21; 20:10-15). 종종 인용되는 케어드의 비유를 빌려 표현하자면, 미가엘은 "실제로 전쟁을 수행하는 야전 사령관이 아니라, 하늘의 지도에서 사탄의 군기를 제거할 수 있는 참모 장교다. 실제 승리는 갈보리에서 이미 이루어졌기 때문이다.[124] 하지만 이렇다고 해서 법정의 판결 이후에 천사의 세력들 사이에서 벌어지는 실제 전투를 배제할 필요는 없다.

Jub. 48:10-19에서 출애굽 때 이스라엘이 애굽에게 승리할 수 있었던 본질적인 이유가 사탄이 "결박되고 옥에 갇혀 그들을 참소할 수 없었다"고 기록된 것은 우연일 수 없다. 사실, 앞에서 인용한 *Midr. Rab.* 출 18.5은 미가엘과 마귀의 전쟁을 법정 투쟁이라는 비유를 통해 이해하며 이스라엘의 출애굽 문맥에서 이 문제를 다루고 있다. 하나님의 천사들은 상대를 이렇게 결박했다. 출 15:4에 대한 *Mekilta de Rabbi Ishmael*, Shirata 2.115-19은 계 12:9-10의 패턴 및 용어와 놀라울 정도로 비슷하다. 애굽의 악한 천사는 출애굽의 승리 때 바다에 던져진 것으로 묘사되며, 이후에 이스라엘은 "찬양을 부른다." 악한 천사는 "높은 곳에서 아래로 쫓겨났다." 그 후에 그

124) Caird, *Revelation,* 154; Sweet, *Revelation,* 199.

미드라쉬는 이것을 하나님이 "하늘에서 떨어질 계명성"과 함께 "나라들의 수호천사들을 먼저 심판하고 난 후에야 그 나라들을 심판하실" 미래와 비교한다. 유대교 전통은 일반적으로 이스라엘을 대적하는 애굽의 배후에 귀신들이나 악한 천사들이 있었다고 믿었다(예. *Testament of Solomon* 25; *Midr. Rab.* 출 9.11; 15.1). CD 5.18-19은 모세와 아론의 배후에 "빛의 왕"이 있었지만, 벨리알이 "얀네와 얌브레를 일으켜" 모세와 아론을 대적하게 했다고 이해한다. 출애굽 사건이 벌어지는 동안 미가엘이 하늘에서 하나님 우편에 있었고(*Pesikta Rabbati* 46; 비교. *Targ. Pal.* 신 32:8-10), 이스라엘의 소송을 제기하여 애굽의 멸망을 가져왔다(*Pirqe de Rabbi Eliezer* 48)고 묘사된 것은 우연 같지가 않다. 이 외에도 출 15:18을 해석한 팔레스타인 탈무드에는 이스라엘이 이렇게 말한 내용이 기록되었다. "와서 우리의 구원자의 머리에 위엄의 관을 씌우자.…그 나라의 관은 그의 것이며, 그는 이 세상에서 만왕의 왕이시다. 그의 나라는 장차 세상에 올 나라이며 영원하다." 유대교 전통에서 천사가 사탄의 고소를 이긴다는 것과 사탄이 바다에 던짐을 당한다는 것, 그리고 출애굽 때 하나님 나라를 칭송하는 찬양을 불렀다는 이 3가지 사상에서, 계 12:10, 12이 이미 6절에 암시된 마지막 날의 출애굽을 반영하며, 이 패턴은 14-16절에서 정형화된 형식으로 발전했다는 사실이 나타난다.[125]

앞에서 이미 살펴보았던(12:7의 주석 참조) *Asc. Isa.* 7:9-12에 언급된 이와 비슷한 이미지는 12:7-10의 전쟁 장면이 법정 싸움 은유라는 사실을 더욱 암시한다. "싸움" 이미지는 "사탄의 말"에 의해 더욱 직접적으로 설명되기 때문이다. "그리고 우리는 하늘로 올라갔다. 그곳에서 우리는 사마엘(Sammael)과 그의 군대를 보았다. 그리고 그곳에서 **큰 싸움과 사탄의 말이 있었다**.…그리고 위에서 그러하듯이 땅에서도 그러하다. 하늘의 모습이 어떠하든지 땅에 그대로 반영되기 때문이며, 그[메시아]는 사마엘을 멸할 것이다."

몇몇 사본에는 ὁ κατηγορῶν αὐτούς(𝔓⁴⁷ A 051 𝔐ᴬ) 대신에 ὁ

125) McNamara, *New Testament and Palestinian Targum*, 223-26.

κατηγορῶν αὐτῶν이라고 기록한다(א C 1006 1611 1841 2053 2329 2344 2351 𝔐[K]). 필경사들이 원래의 목적격을 앞에 등장한 이와 비슷한 소유격 구문(ὁ κατήγωρ τῶν ἀδελφῶν)에 동화시키려고 한 것으로 보인다. 설령 이 부차적인 독법이 원본이라고 해도, 그것은 목적격 소유격으로 이해될 것이다.[126)]

11절 이제 그리스도가 땅에서 행한 일(5, 10절)과 미가엘이 하늘에서 행한(7-9절) 결정적인 구속사적 승리는 땅에서 고난을 당하는 그리스도인들이 역사 내내 뱀을 이기는 승리의 기초라는 것이 밝혀진다. 구체적으로 καί(일반적으로 "그리고"로 번역됨)는 10절이 11절의 근거임을 가리킬 수 있다. 또는 11절이 10절의 결과를 의미할 수 있다. 그리스도의 피로써 얻은 승리가 성도들이 땅에서 얻은 승리의 근거만이 아니라, 미가엘이 하늘에서 얻은 승리의 근거임에 틀림없다. 11절은 12장 전체, 특히 7-12절의 목적을 요약한다. "단 하나의 목적은…땅에서 사탄의 특성을 지닌 악을 마주하는 사람들에게 그것이 경험적으로는 그렇게 보이지 않아도, 실제로는 패배한 세력이라는 것을 확신시키는 데 있다."[127)] 그리스도인들은 뱀이 자기들의 영혼과 싸워 이미 패배하였으며 그 후에 비로소 그들의 몸과 전쟁을 시작한 것이라는 점을 확신할 수 있다.[128)] 이것은 요한계시록의 주요 주제들 중 하나다. 즉 그리스도인들의 고난은 사탄의 승리가 아니라 사탄을 이기는 성도들의 승리의 표다. 그들은 자신의 고난으로 동일시된 십자가의 승리를 믿기 때문이다.[129)]

마귀의 참소가 하나님께 영향을 끼쳤다면, 하나님의 백성은 다 그분의

---

126) A사본에서 앞에 단 1번 등장하는 κατήγωρ와 또 다른 독법인 κατήγωρος에 관해서는 B. Metzger, *Textual Commentary*, 747-48를 보라.

127) Ladd, *Revelation*, 171.

128) Farrer, *Rebirth of Images*, 142.

129) A. F. Johnson, "Revelation," 517.

존전에서 쫓겨났을 것이며, 마지막 날 절정에 도달할 최후 심판의 고통을 경험하기 시작했을 것이다. 그러나 마귀는 하늘에서 쫓겨났다. 그가 고소한 내용에 근거가 없어졌기 때문이다. 하늘에서 성도들의 지위는 그리스도가 십자가에서 고난을 당하심으로써 마침내 타당성을 인정받았다. 과거·현재·미래의 모든 신자는 "어린 양의 피로 그[마귀]를 이겼다." 예수의 죽음은 신자들이 "이길 수" 있도록 하는 궁극적 근거다. 하지만 "그들이 증언한 말씀 때문에" 이겼다는 두 번째 선언은 복음의 말씀을 믿은 그들의 믿음의 증언이 그들이 예수의 죽음으로 구원의 혜택을 얻고 실존적으로 "이긴" 두 번째 근거임을 가리킨다. 신자들의 증언이 그들의 "이김"이 성취된 근거일 뿐만 아니라 그 수단이기도 하다는 사실이 여기에 암시되었다고 할 수 있다. 어떤 것의 근거를 나타내기 위해 목적격과 함께 사용되는 διά는 13:14에서처럼 수단이라는 의미에 매우 가깝기 때문이다.[130] 성도들의 이김의 이 두 번째 근거는 구약의 성도들을 먼저 염두에 둔 것이 아니라, 새 시대에 살며 예수를 따르는 사람들을 염두에 두었다. 이러한 초점은 신약 교회의 박해받는 충성된 사람들을 언급하는 병행 어구에서 분명하게 드러난다(1:9; 6:9; 19:10; 20:4).

계 12:17 역시 박해 받는 그리스도인들을 "예수의 증언을 붙든 사람들"로 지칭한다("하나님의 말씀과 예수의 증언"을 자세히 논의한 1:9의 주석 참조). 그곳에서 소유격 어구가 지녔던 문제와 동일하게, 여기서도 τὸν λόγον τῆς μαρτυρίας αὐτῶν에서 αὐτῶν이 목적어 소유격인지("그들을 향한 하나님의 증언의 말씀") 아니면 주어 소유격인지("그들이 [예수에 대해] 증언하는 말씀") 결정하기는 어렵다. 이곳과 17절 모두에서 두 뉘앙스가 다 의도되었을 것이다. 비록 이곳에서는 다른 사람들에게 자신들의 주님에 관해 증언하는 그리스도인들에게 강조점이 있지만 말이다.[131]

---

130) I. T. Beckwith, *Apocalypse*, 627; M. Stuart, *Apocalypse* II, 259은 수단을 더 선호하고, 이러한 의미를 지닌 διά+목적격의 다른 예들을 제시한다.

131) Satake, *Gemeindeordnung*, 110-11. 반면에, Lohmeyer, *Offenbarung*, 103은 이것을 목적격어 소유격으로 이해한다. 17절의 주석 참조.

그리스도인들이 어떻게 마귀를 “이겼을까?” 그들은 그리스도의 죽음으로 말미암아 그들을 대적하는 마귀의 참소가 사실이 아니라는 선언을 받았다. 그러므로 그들은 궁극적인 심판에서 제외된다. 사탄이 아무리 참소했어도 “둘째 사망”은 그리스도인들에게 해를 가할 수 없다. 사탄과 세상이 그리스도에게 내린 유죄 판결이 그리스도의 부활로 말미암아 역전되었듯이, 그리스도를 따르는 사람들 역시 그리스도의 부활과 동일시됨으로써 그들에게 내린 판결이 역전될 것이다. 이런 방법으로 “이기는 자들은 둘째 사망의 해를 받지 않을 것이며”(2:11) “둘째 사망이 그들을 다스릴 권세가 없다”(20:6). 어린 양은 적어도 부분적으로는 그의 부활로 인해 죄 있다고 선언되지 않고, “합당하다”고 선언되셨다. 그리스도인들의 경우에서도 마찬가지이다(참조. 5:6-12; 3:4; 7:14). 사실 3:21은 그리스도의 “이김”, 즉 그의 부활을 신자들의 “이김”과 동일시하며, 두 경우 모두 νίκαω라는 동사를 사용한다(1:9과 14:13을 비교. 여기서 신자들은 그리스도의 고난과 동일시된다).

더욱이 그리스도는 사탄의 손아귀에서 놀아나는 지상의 꼭두각시들에게 부당하게 고소를 당하셨다. 하지만 그는 부활로 말미암아 하늘 법정에서 신원함을 받으셨고 천상의 기소자로서 마귀의 권세와 능력을 제거하실 수 있었다(참조. 1:18). “내가 전에 죽었었노라. 볼지어다! 이제 세세토록 살아 있어 사망과 음부의 열쇠를 가졌노니.” 교부들이 견지했던 속죄의 “속전” 사상이 옳다면,[132] 하나님의 경륜에서 마귀 역시 인간에게 내린 사망 선고의 집행자였다. 사탄은 자신의 지위를 잃었다. 자기가 계속 지적한 처벌의 대가가 치러졌기 때문만이 아니라, 예수를 불의하게 고소하고 처형했기 때문이다. 따라서 그가 하늘에서 쫓겨난 것은 그의 불의함에 대한 심판이기도 하다(참조. 요 12:31-32; 14:30; 16:11; 비교. 골 2:15).

11절 후반부는 “이김” 개념을 더욱 발전시킨다. “그들은 죽기까지 자기들의 생명을 아끼지 아니하였도다.” 이것은 그리스도인들이 박해에도 굴하

132) G. Aulén, *Christus Victor: An Historical Study of the Three Main Types of the Idea of Atonement* (New York: Macmillan, 1961)를 보라.

지 않고 인내로써 그리스도를 증언했다고 말하는 소극적 방법이다. 끝까지 믿음 안에서 인내하는 것은 "끝까지 이기는 것"과 용에게 패배를 안겨주는 것이다(계 12:11, 17을 13:3과 *b. Kiddushin* 29b에 비교하라. 이 유대교 문헌은 "머리 일곱 개를 가진 용으로 변장한" 마귀에게 위협을 받을 때 계속해서 기도한 랍비를 소개한다. 랍비가 기도할 때마다 "머리 하나가 떨어졌다"). 그리스도인들이 믿음을 유지한다면, 그들은 죽음과 부활로 이루신 그리스도의 이김과 동일시되며 그 이김에 참여한다.[133] 참 "이기는 자"의 표시는 자기 땅에서의 안위보다 자기 주님을 더 사랑하는 것이다(마 16:24-26). 그리스도인들의 "이김"의 지속되는 특징은 2-3장에서 각각의 편지 마지막에 반복되었다.

전치사 ἄχρι ("~까지")는 이기는 자들이 "자기들의 목숨을 사랑하지 않았다"는 전반적인 태도를 설명한다. 그 전치사는 시간("죽음의 때까지") 또는 범위("죽음의 지경에 이르기까지")를 의미할 수도 있다. 11절이 순교자와 같은 선택된 집단만을 묘사한다고 주장하는 사람들은 첫 번째를 선호한다.[134] 다른 사람들은 후자를 선택하면서 이것을 모든 신자의 고난을 가리키는 비유적 표현으로 이해한다. 그중에 일부분은 죽임을 당할지도 모른다. 하지만 반드시 모든 사람이 그래야 하는 것은 아니다. 물론 문맥만이 의미를 결정할 수 있다. 두 선택이 다 가능할 수도 있겠지만, ἄχρι가 신자들이 당하는 고난의 범위를 가리킨다는 두 번째 견해가 더 낫다. 적어도 다음 4가지 이유에서다. (1) 문맥에서 충성된 모든 사람이 일반적으로 언급되는데, 특히 10절에 있는 전 포괄적인 어구인 "우리 하나님의 구원과 능력과 나라와 또 그의 그리스도의 권세가 나타난"을 볼 때 이 어구에 해당하는 사람들은 순교자들 그 이상이다. (2) 10절에 언급된 용의 참소하는 활동은 어떤 특정한 집단에 한정되지 않고 구원의 복에 참여하는 모든 사람을 대상으로 한다. 9절에 용이 "온 천하"를 대상으로 속이는 일을 한다고 언급했듯이 말이다. (3) 2:10의 병행 어구에는 죽음이 포함되었지만 그것이 옥에 갇힌 사

133) 참조. Beasley-Murray, *Revelation,* 204.
134) 예. A. F. Johnson, "Revelation," 517.

람들이 다 죽는다는 의미는 아니다. "마귀가 장차 너희 가운데에서 몇 사람을 옥에 던져 시험을 받게 하리니 너희가 십 일 동안 환난을 받으리라. 네가 죽도록(ἄχρι) 충성하라." 또 다른 병행 어구인 행 22:4도 동일한 해석을 암시한다. "내[바울]가 이 도를 박해하여 사람을 죽이기까지(ἄχρι) 하고 남녀를 결박하여 옥에 넘겼노니." (4) 요한계시록의 또 다른 중요한 병행 어구들은 11절이 모든 그리스도인을 가리키고 순교자와 같은 특별한 부류를 가리키는 것이 아니라는 결론의 가능성을 더 높여준다. 1:9에서 요한은 자신이 "하나님의 말씀과 예수의 증언"으로 인해 고난을 당했다고 주장한다. 하지만 그는 처형당하지 않았다. 요한은 일곱 교회에 있는 **모든** 신자가 "예수 안에 있는 환난과 나라에 참여한 동료들"이라고 인정한다. 이처럼 6:9, 11의 죽임 당한다는 표현은 다양한 방법으로 고난을 겪는 모든 신자에게 비유적으로 적용된다고 보는 것이 가장 좋다. 20:4-6은 모든 신자가 첫째 부활에 참여한다고 주장하며, 그들이 다 "예수를 증언함과…하나님의 말씀"을 지켰음을 암시한다(비교. 19:10). 이것은 2-3장의 "이기는 자"가 교회 안에 있는 모든 사람을 가리키고 어떤 특정한 집단을 가리키지 않는다고 일찍이 내린 결론과 부합한다(2:26-29; 6:9의 주석 참조). 같은 사상이 12:11의 "이기는 자" 개념에도 포함되었음이 틀림없다. 이러한 분석은 요한계시록의 여러 곳(다시 6:9의 주석 참조)과 신약성경(예. 마 10:38-39: "자기 십자가를 지고 나를 따르지 않는 자도 내게 합당하지 아니하니라.…나를 위하여 자기 목숨을 잃는 자는 얻으리라")에서 희생을 당한다는 순교적 표현의 비유적 사용례와도 일치한다.

계 6:9과 12:11 사이의 어구의 병행과 사상의 연결은 그리스도인들이 고난으로써 사탄을 이기는 승리를 규명하는 데 더욱 도움이 될 것이다.

6:9	12:11
τὰς ψυχὰς τῶν ἐσφαγμένων διὰ τὸν λόγον τοῦ θεοῦ καὶ διὰ τὴν μαρτυρίαν ἣν εἶχον("하나님의 말씀과 그들이 가진 증거로 말미암아 죽임을 당한 영혼들이").	διὰ τὸν λόγον τῆς μαρτυρίας αὐτῶν καὶ οὐκ ἠγάπησαν τὴν ψυχὴν αὐτῶν ἄχρι θανάτου("자기들이 증언하는 말씀으로써…그들은 죽기까지 자기들의 생명을 아끼지 아니하였도다").

12:11에서 신자들의 고난은 역사가 끝나기 전에 더 많은 고난이 있을 것이라는 6:11에 언급된 하나님의 칙령에 대한 부분적인 성취이다. 성도들은 그들의 고난이 하나님의 계획에 속할 뿐만 아니라, 역사의 끝과 사탄을 이긴 승리의 절정에 더 가깝게 이르게 하는 그리스도의 승리에 속한 것임을 확신할 수 있다.[135]

12절 하늘에 거하는 성도들은 모든 천상적 존재에게 "즐거워하라"고 명령한다. 그리스도의 나라가 세워졌고, 마귀가 하늘에서 참소하는 지위를 상실했으며, 성도들이 마귀의 참소를 이길 수 있다는 것이 그 **이유**(διὰ τοῦτο)다. 비록 즐거워하라고 한 대상이 모든 천상적 존재이지만, 성도들이 지금 구원을 향유하는 까닭에 그 명령은 수사적으로 성도들 자신("하늘에서 장막을 치고 있는 사람들")을 겨냥한 것이기도 하다. 하늘에 있는 신자들을 "장막을 치고 있는 사람들"(those tabernacling)이라고 묘사한 것은, 동일한 동사(σκηνόω)가 하늘 성전에 거하는 하나님이나 신자들을 주어로 삼은 것에서 분명하게 나타나듯이, 성도들이 하늘 성전에 거하는 자들임을 상기시킨다(7:15; 13:6; 21:3의 주석 참조; 12:6, 12-14과 *1 En*. 39:4-8을 비교하라).

"하늘"(οὐρανός)이라는 단어는 요한계시록에서 50번 이상, 그것도 이곳을 제외하고는 늘 단수 형태로 등장한다. 하늘들에게 즐거워하라(εὐφραίνεσθε οὐρανοί)고 촉구하면서 이곳에서만 복수가 등장하는 이유는 이 어구가 하나님의 구원하시는 나라가 임하고 악한 자들이 심판 받을 때 하늘들에게 즐거워하라고 비유적으로 권하는 일련의 구약의 예언들을 상기시키고자 하기 때문이다(LXX의 신 32:43; 대상 16:31; 시 95[96]:11; 사 44:23; 45:8; 49:13에서 εὐφραίνω["즐거워하라"]의 명령형이 οὐρανοί["하늘들"]과 함께 사용된 예를 보라. 단 3:59 LXX, Theod.에는 세 사람이 불에서 구원을 받았을 때 이렇게 반응한다).

한편 땅에는 화가 있을 것이다. 마귀가 땅으로 "쫓겨났기" 때문이다. 마귀가 이제 그의 모든 수고를 땅에 거하는 사람들 사이에서 혼란을 야기하

---

135) 참조. Kraft, *Offenbarung*, 169.

는 데 집중할 것이므로 화가 선언되었다. 마귀는 더 이상 하늘에서 피해를 입힐 수 없게 되었다. 몇몇 사본에서 "땅" 앞에 τοις κατοικουσιν("거하는 사람들")을 덧붙여 해석한 것은 필경사가 이 어구가 불신자들만을 언급한다고 해석했음을 의미한다. "땅에 거하는 자들"은 요한계시록의 여러 곳에서 불신자들을 가리키는 전문 용어이기 때문이다. 하지만 요한은 여기서 그 표현을 사용하지 않으려고 조심한다. 요한이 오직 또는 주로 불신자들을 염두에 두지 않았기 때문이다.

오히려 마귀의 분노는, 11절과 13-17절에서 분명하게 표현되었듯이, 그리스도인들에게 표출된다. 마귀가 땅에서 행하는 파괴적인 일의 잠재적인 동기는 그가 하늘에서 지위를 상실하게 되어 "크게 분노"했다는 사실이다. 하지만 무엇보다도 그의 분노를 폭발시킨 직접적인 원인은 그가 땅에서 파괴하는 일을 할 수 있는 시간이 "얼마 남지 않았다"는 깨달음이었다. 개중에는 여기서 화가 이 단어가 등장하는 12-13장의 문맥과 더불어 8:13, 9:12, 11:14에 언급된 "셋째 화"라고 주장하는 사람들이 있다.[136] 그러나 12장은 성도들을 향한 마귀의 화를 다루지 불신자들을 겨냥한 화가 아니다. 마운스는 이러한 대조로 인해 12절이 "셋째 화"를 언급할 가능성은 낮다고 바르게 주장한다. 셋째 화는 경건하지 않은 사람들에게 내리는 심판이기 때문이다(8:13의 주석 참조).[137] 게다가 셋째 화는 이미 11:15-19의 일곱째 나팔에서 성취되었다.

"얼마"(조금)라는 표현은 하나님 나라의 임박한 절정과 사탄의 최종적 패배의 대망을 가리킨다. 1세기의 그리스도인들은 그리스도의 임박한 재림을 기대했으면서도, 성부 하나님만 "그날과 그 시"를 아신다는 사실을 인정했다(마 24:36; 행 1:7). 12절 마지막에 언급된 화에는 요한이 사탄에게도 동

---

136) Bousett, *Offenbarung,* 297, Aus, "Relevance of Isaiah 66:7," 254, Sweet, *Revelation,* 202, 그리고 더 일반적으로, Charles, *Revelation* I, 314과 Farrer, *Revelation,* 140에서 주장하듯이 말이다.

137) Mounce, *Revelation,* 244. I. T. Beckwith, *Apocalypse,* 627-28과 Brütsch, *Offenbarung* II, 91 역시 12:12이 "셋째 화"가 아니라고 주장한다.

일한 임박한 관점이 있다고 이해했음이 나타나 있다. 임박한 소망으로 인해 그리스도인들이 선한 일을 할 동기부여를 받듯이, 사탄도 악한 일을 할 동기부여를 받아 마지막 때가 이르기 전에 최대한 피해를 주고자 한다. 이 "얼마"의 기간은 11:2-3, 12:6, 14, 13:5에 언급된 세 때 반 및 10:6-7의 "지체"와 동일한 기간이다.[138] 단 7-12장과 계 11:2, 13:5에서 세 때 반은 하나님의 백성이 원수에게 종말론적인 박해를 받는 기간이다(11:1-2의 주석 참조). 이러한 관점에서 12:6, 14은 하나님의 백성이 궁극적으로 보호를 받는다고 천명한다. 그러므로 본문의 "얼마"는 세 때 반처럼 비유적인 기간이다.

여기서 마귀가 땅에 분을 내는 기간인 "얼마"(ὀλίγον καιρόν)는 땅에 남은 교인들이 고난을 당하고 역사가 절정에 도달하는 동안 이미 죽은 신자들이 하늘에서 기다리는 "잠시"(χρόνον μικρόν)와 동일한 것 같다(6:11). 마귀의 분노가 신자들을 향하는 까닭에 그들은 고난을 받는다. 이러한 연결은 앞에서 관찰한 12:11과 6:9 사이에 어구적 병행이 있다는 사실에서 더욱 확증을 받는다(11절 주석 참조). 두 본문 모두 그리스도인이 증언의 말씀 때문에 죽는 것을 묘사한다. 두 본문에서 고난은 같은 기간에 발생한다. 12절의 기간은 20:3의 "잠깐"(χρόνον μικρόν)과 동의어이기도 하다. 다시 말해서, 6:9-11의 하늘에 있는 죽은 성도들은 그들의 남은 형제들이 고난을 받다가 죽은 후 하늘에서 왕 노릇 하는 자신들과 합류할 때까지 그곳에서 승리의 왕 노릇을 한다(20:4-6). 이것은 마귀가 무저갱에 갇힌 시간과 동일한 시간이다. 이 기간에 마귀는 박해를 통해 인침을 받은 성도들의 몸은 해할 수 있지만, 그들의 영혼은 해할 수 없다. 사실 12장은 비록 마귀가 "풀려나" 교회를 대적한다고 하더라도, 그는 교회의 영적이고 천상적인 운명을 궁극적으로 해할 수 없다는 점을 보여준다(20:1-6의 주석 참조).[139]

---

138) Rissi, *Time and History,* 23-25.

139) 20:3-6을 다르게 해석하기는 하지만, 6:11; 12:12; 20:3에 언급된 기간이 같은 기간임을 주장한 Hailey, *Revelation,* 277-78을 참조하라.

그리스도가 마귀를 이기셨으므로 하나님은 마귀의 분노와 화로부터 메시아 공동체를 보호하신다(12:13-17)

13절 13절은 6절과 12절이 끝난 곳에서 시작한다. 6절은 성도들의 공동체가 하나님이 예비하신 피난처로 도망간다는 사실만을 이야기하고, 용이 공동체를 박해한 일과 관련해서는 아무것도 설명하지 않는다. 12절은 용이 그리스도의 탄생, 특히 그가 궁극적으로 등극하는 것을 저지하지 못한 결과로 하늘에서 자신의 지위를 잃은 것을 두고 분노한다고 설명한다. 이제 13절은 용이 성도들을 박해함으로써 그의 분노를 표출하는 장면을 보여준다.

동사 διώκω는 여기서 "박해하다"[140] 또는 "뒤쫓다"[141]라고 번역할 수 있다. 이 단어가 어떻게 번역되든 상관없이, 두 의미가 다 염두에 있다.[142] 마귀는 지금 모든 노력을 다해 하나님의 백성을 이전보다 더 강하게 박해한다. 그가 이처럼 노력을 기울이는 것은 그가 이전에 가졌던 하늘의 특권을 잃어 화가 났기 때문이다(7-12절). 공격의 대상은 "사내아이를 낳은 여자"다. 여자가 "사내아이"와 동일시된 까닭에 용은 여자를 박해한다. 교회는 마귀를 내쫓은 그리스도와 동일시되었다. 그러므로 용과 그의 대리인들 역시 여자를 공격한다(예. 마 5:11; 10:22; 24:9; 요 15:18-21; 행 9:4-5; 벧전 4:14; 계 1:9; 14:13). 이것은 13-17절에 암시되었듯이, 특히 초기 유대교인들로 구성된 교회와 그 후의 유대인과 이방인으로 구성된 교회를 가리킬 수 있다.

12장 도처에서 발견되는 출애굽 주제는 용이 하나님의 백성의 뒤를 쫓는 장면에 반영되었을 것이다. 바로는 구약의 용에 비유되곤 하기 때문이다(3절 주석 참조). 더 나아가 *Midr. Rab.* 출 15.15은 바로와 애굽 사람들과 더불어 애굽의 악한 수호천사가 이스라엘의 뒤를 쫓았다고 주장한다.

---

140) NASB, KJV, BAGD, 201.

141) NIV, RSV, NEB, JB.

142) 참조. Swete, *Apocalypse,* 157.

14절 이제 14절은 6절의 핵심 내용을 다시 서술한다. "그 여자가 큰 독수리의 두 날개를 받아 광야 자기 곳으로 날아가 거기서 그 뱀의 낯을 피하여 **한 때와 두 때와 반 때**[= 3년 반]를 양육 받으매." 여자가 순례하는 목적은 위협하는 "뱀의 존재"로부터 보호처를 찾으려는 데 있음이 더 분명해졌다. 다니엘서에서 유래한 환난 기간인 3년 반의 암시는 교회가 이 땅에 있는 전체 기간에 다시 적용된다(11:2-3; 12:6의 주석 참조).

몇몇 사본에는 빠져 있지만($\mathfrak{p}^{47}$ א 1854 2329 2344 2351 $\mathfrak{M}^{K}$), αἱ δύο πτέρυγες τοῦ ἀετοῦ τοῦ μεγάλου("큰 독수리의 두 날개")라는 어구에 들어 있는 관사 3개는 요한의 독자들 사이에서 잘 알려져 있는 출애굽기와 신명기에서 온 구약의 이미지를 가리킨다고 이해할 수 있다. 주석가들 중에는 관사를 일반적인 것이라고만 이해하고("어떤 큰 독수리의 두 날개") 사람들에게 알려진 구약의 어떤 암시를 가리키는 것은 아니라고 주장하는 사람들이 있다.[143]

하지만 여자가 "큰 독수리의 두 날개로 광야[ἔρημος] 자기 곳[τόπος]으로 날아가 거기서…양육 받"았다는 말은 구약의 두 장면을 암시한다. 첫째, 이 이미지는 하나님을 광야에서 이스라엘을 보호한 독수리로 묘사한 내용을 반영한다. 구체적으로는 출 19:4("내가 어떻게 독수리 날개로 너희를 업어 내게로 인도하였음을")과 신 1:31-33("광야[ἔρημος]에서…사람이 자기의 아들을 안는 것같이 하나님 여호와께서…너희를 안으사 이곳[τόπος]까지 이르게 하셨느니라"), 그리고 신 32:10-12("그를 광야[ἔρημος]에서…보호하시며…마치 독수리가…그의 날개를 펴서…날개 위에 그것을 업는 것같이 여호와께서 홀로 그를 인도하셨고 그와 함께한 신이 없었도다." 비교. 신 33:12; 시 103:5-7)를 암시한다. 잘 알려진 이 이미지는 다윗이 하나님의 날개로 박해자와 비방하는 사람들에게서 자기를 보호해주시기를 기도함으로써 출애굽 상징을 반복해서 암시한 시편에서도 입증된다. 이것은 계 12:13-17의 "여자" 역시 필요로 하는

143) 예. Alford, *Greek Testament*, 672; I. T. Beckwith, *Apocalypse*, 629; Robertson, *WordPictures*, 396; Mounce, *Revelation*, 245.

보호다(예. 시 17:8ff.; 36:7-8; 63:1-2, 7; 91:4, 11-13; 또한 시 57:1; 61:4). 특히 계 12:14-17에 유익한 시편은 다윗이 "언약 공동체" 중에서 일어난 "간교한 사람"이 그를 "기름보다 유하"지만 "뽑힌 칼" 같은 말로 압제하는 일에서 보호해주시기를 기도한 시 54(55)편이다(54:3, 12-15, 21, 22). "나는 말하기를 만일 내게 비둘기같이 날개가 있다면 날아가서 편히 쉬리로다. 내가 멀리 날아가서 광야에 머무르리로다. 내가 나의 피난처로 속히 가서 폭풍과 광풍을 피하리라 하였도다"(시 54:6-8).

Midr. 시 48.4 역시 하나님이 미래에 이스라엘을 구속하심을 독수리가 자기 새끼를 날개에 실어 광야를 지나 옮기는 것에 비교한다. *Pss. Sol.* 17:18-27에는 계 12:5-6, 13-14과 같은 복합적인 사상이 나타나 있다. "경건한 사람들의 회당을 사랑한 사람들은 참새가 둥지에서 날아가듯이, 그들[기원전 63년 폼페이우스의 예루살렘 침공]로부터 피하여 도망갔다. 그들은 해를 당하지 않고 구원을 받기 위해 광야에서 유리하였다." 그 후에 계 12:5에서처럼, 시 2:8-9에 근거하여 메시아가 미래에 로마의 권세를 부술 것이라고 예언되었다. "그는 죄인을 질그릇처럼 파괴할 것이며, 철장으로 그들을 산산이 부수리로다."

하나님을 보호하는 독수리로 묘사한 출애굽기와 신명기의 이미지를 암시한 것과 더불어, 계 12:14 역시 미래에 이스라엘이 바벨론에서 두 번째 출애굽을 하는 동안 "광야를 거쳐"(사 40:3) 그들의 땅으로 돌아오는 과정에 "독수리처럼 날개를 가지고 높이 오를 것"을 예언한 사 40:31을 상기시킨다. 사 40:29-31 LXX은 하나님이 "주린 자에게 힘을 주시며" "그들이 걷고 주리지 않을 것"이라고 말함으로써 힘과 관련한 이 장면을 보충한다(*1 En.* 96:2은 사 40:31을 역사의 끝에 환난을 겪은 의인들에게 하나님이 주실 위로에 적용한다). 이와 같이 하나님은 세상의 광야를 유리하는 동안 출애굽 가운데 있는 교회에게 힘을 공급하시고 교회를 양육하신다.

기대되는 이러한 자양분은 요한이 요한계시록을 기록할 때 적어도 죽은 신자들에게 이미 적용되기 시작했다. 신자들은 인내에 대한 상으로서 "만나"를 약속받았기 때문이다(2:17의 주석을 참조하라. 참조. 출 16:32; 신 8:16; 요

6:31, 49. 요 6:31, 49에는 "광야"에 있던 이스라엘 백성에게 "만나" 또는 "빵"을 주셨다고 분명하게 언급된다). 사실 요 6:31-58은 그리스도 자신의 임재가 약속된 종말론적 만나의 첫 성취라고 말한다. 계 12:14은 교회 안에서 동일한 만나에 대한 대망과 회복에 관한 예언의 성취를 묘사하는 것으로 이해해야 한다. 이사야서의 회복 예언들은 한 번도 완전히 성취된 적이 없었기 때문이다. 하나님이 친히 그의 백성 사이에 지속적으로 임재하시는 것이 바로 자양분이다. 그의 임재는 박해와 고난 중에서 그들에게 확신과 힘을 준다. 첫 번째 출애굽에서 하나님은 이스라엘을 토라로 붙드시고 성막에 임재하심으로써 이스라엘을 "보호하고 지키셨다"(*Midr. Rab.* 민 2.6의 신 32:11 해석을 보라). 계 12장에 서술된 출애굽에서 하나님은 다시 그의 말씀과 임재를 통해 그의 백성을 보호하신다.

유대교 해석 전통은 출 19:4과 신 32:10-12의 독수리 비유를 하나님이 이스라엘에게 성막과 토라를 주셔서 그들이 하나님 곁에서 경배하게 하시는 것으로 해석했다. 성막과 토라는 그들을 구별하여 우상숭배로부터 보호하는 장치다(출 19:4; 신 32:10-12에 대한 *Targ. Onk., Targ. Pal., Targ. Neof.*). 계 12:14은 하나님이 다시 "그의 백성을 자신에게 가까이 이끄"셔서 그들이 고난 속에서도 살아남고 우상숭배의 위협에서 보호받음을 보여준다(참조. 13장). 하나님의 백성이 있는 "곳"은 바로 하나님의 보호하시는 말씀과 임재의 장막이 거하는 광야의 보호받는 장소다. 이것은 하나님이 날개로 보호하시는 것을 하나님의 성막과 동일시하는 시편의 여러 언급들로써 더욱 강조되었다(시 36:7-8; 61:4; 63:2, 7; 91:1, 4, 10. 자세한 내용은 계 12:6의 주석 참조). 말씀의 보호하는 기능으로 말미암아 교회는 새로운 토라와 그리스도에 관한 말씀을 증언하며 충성되게 있을 수 있다(11, 17절).

출애굽 패턴과 계 12:14에 있는 패턴 간의 유사성은 *Midr. Rab.* 출 20.6의 묘사에서 더욱 부각된다. "큰 뱀인 바로"는 이스라엘의 뒤를 쫓아왔고, 이스라엘 백성은 "마치 한 마리 새처럼 그 앞에서 도망했으며" "다른 곳에 정착했다."

보호와 위협의 장소인 "광야"와 영적 성전인 "장소"와 "세 때 반"의 광범위한 배경에 대해서는 계 12:6의 주석을 참조하라.

사본 1611 1854 2351 𝔐[K]에서 가정법과 함께 사용된 οπως("~하려고") 구문은 목적을 더욱 강조한다. 하지만 οπως는 ὅπου(관계부사 "where")로 오독됐을 수도 있고, 좀 더 개연성 높은 것은 6절의 ἵνα 절과 동화시키려고 변경됐다는 견해다.

Assumption of Moses 10:8은 광야에서 이스라엘을 하나님의 날개로 인도했다는 예표론적 해석을 천명하는 것 같다. 클레멘스의 번역을 대략 이렇게 옮길 수 있다.[144] "오 이스라엘아! 그때에 너는 행복할 것이며, 너는 독수리의 목과 날개 위에 오를 것이다. 그러면 독수리의 날들은 성취될 것이다." J. 프리스트(Priest)도 이 번역이 신 32:11-13과 사 40:3와 병행인 것을 보고 최근에 이 번역의 요지에 동의하면서 그것을 마지막 때에 적용했다.[145] 더욱이 문맥상 *Assumption of Moses* 10:8의 사건들은 계 12:14의 문맥에 언급된 동일한 사건들과 함께 역사의 끝에 일어날 사건들이다. 하나님의 "나라가 등장하고…사탄이 더 이상 존재하지 않게 되면, 천사장으로 지명된 천사[미가엘]의 손이 채워질 것이며, 그는 그들[이스라엘]의 원수에게 복수할 것이다"(*Assumption of Moses* 10:1-2; 비교. 계 12:7-12).

초기 유대교 역시 이스라엘이 여전히 포로기에 있었고, 두 번째 출애굽의 회복 예언이 아직 완전히 성취되지 않았다고 이해했다(예. *1 En.* 89:72-90:5; *Bar.* 1:15-3:8; CD 1.5-8; *2 Bar.* 77; 78:7; 4 Ezra 13:40-51; *Tob.* 13:16-.14:7 [BA]; *Targ.* 사 53:12). 계 12:14처럼 신약의 다른 부분들은 이사야의 회복 예언이 그리스도의 죽음과 부활 그리고 교회에서 성취되었음을 암시한다. 이것은 하나님의 백성의 포로 생활이 기원후 1세기까지

---

144) E. Kautsch, *Apokryphen und Pseudepigraphen des Alten Testaments* (Tübingen: Mohr, 1900).

145) *OTP* I, 932-33; 하지만 *APOT* II, 422에서처럼 몇몇 사람은 (신 33:29; 수 10:24; 1QM 12.11; 19.3과 같은 맥락에서 독수리의 날개가 후일에 이스라엘이 "올라타고" 로마를 패배시킴을 가리킨다고 이해한다.

계속되었다고 생각했음을 보여준다(예. 고후 5:14-7:1; 엡 2:1-17).[146]

영지주의 문헌인 *Apoc. Adam* 5.78-83(요한계시록보다 늦게 기록되었을 것이라고 추정됨)에는 메시아적인 인물을 언급하면서 이렇게 기술되어 있다. "그가 어머니 품으로 왔다.…그리고 새 한 마리가 와서 태어난 아이를 높은 산으로 데리고 갔다. 그는 하늘의 새에게 양육을 받았다.…그는 처녀의 태에서 났다.…광야로 이끌려가 그곳에서 양육을 받았다." 그러고 나서 8:1에 이런 내용이 있다. "그러면 그의 이름을 받게 될 사람들, 그의 후손은…그 세력을 대항해 싸울 것이다." 이 본문은 계 12장이 인용한 동일한 전통에서 유래한 것이든지, 아니면 요한계시록 자체에 의존했을 것이다.[147]

ἀπὸ προσώπου τοῦ ὄφεως라는 어구는 히브리어에서 "때문에"를 의미할 수 있는 "미페네이"(*mippěnêy*)를 유추하여 "뱀 **때문에**"라고 번역할 수도 있지만, "뱀의 임재로부터"라고 번역하는 것이 가장 좋다. 예를 들어 호 10:15에서 "미페네이"는 원인의 의미로 등장하며, LXX에서는 그 단어를 "때문에"와 같은 의미를 가진 ἀπὸ προσώπου로 번역됐다.[148] 여기서 어느 번역이 최상인지와 상관없이 여기에 표현된 사상은 여자가 도망간 것이 뱀이 거기 있었기 때문이라는 것이다.

15절 마귀가 교회를 박해하는 일은 뱀이 홍수로 여자를 떠내려가게 하려고 그의 입에서 물을 토하는 그림으로 재연되었다. 여자를 공격하는 목적은 교회를 없애려는 것이다("물에 떠내려가게 하려 하되"). 이것은 문자적인 홍수를 말하는 것이 아니다(Josephus, *War* 4.433-36에는 기원후 68년에 요단강이 넘쳐 유대인들이 로마 군대를 피해 도망가지 못했고 그 결과 대량 살육이 있었다고 보도된다). 이 장면은 요한이 누군가의 입에서 무기가 나온다고

---

146) Beale, "Old Testament Background of Reconciliation"을 보라. 유대교와 바울의 관점에서 포로 생활이 1세기까지 계속되었다는 것에 대한 자세한 설명은 Scott, "Restoration of Israel"; Wright, *Climax of the Covenant*, 141-48을 보라.

147) 참조. A. Y. Collins, *Combat Myth*, 69.

148) Newport, "Semitic Influence on the Use of Some Prepositions," 328-30; 비교. Charles, *Revelation* II, 330. Charles는 원인으로 번역하기를 더 좋아한다.

묘사한 다른 비유들처럼 비유적인 그림이다. 이 비유적인 무기는 그리스도와 그의 일꾼들이 죄인들을 심판하거나(1:16; 2:16; 3:16; 11:5; 19:15, 21; 비교. 3:16), 마귀와 그의 졸개들이 사람들을 속일 때(9:17-18; 16:13) 사용하는 말(words)을 가리킨다. 3:16에는 그리스도의 심판의 경고가 "내 입에서 너를 토하여 버리리라"고 묘사된다.[149] 반면에 마귀가 경건한 교회를 멸하고 자기 소유로 삼으려고 "뒤에서 그 입으로 물을 강같이 토한다."

물이 넘친다는 비유는 구약성경에서 적어도 3가지 사상을 가리킨다. (1) 한 나라를 정복하려고 세력을 뻗치는 군대(단 11:10, 22, 26, 40). 종종 이것은 하나님의 심판을 암시하기도 한다(시 88:7, 17; 사 8:7-8; 17:12-13; 렘 46:8; 47:2; 51:55; 호 5:10; 비교. 사 10:22; 59:19; 미 1:4; 나 1:8). (2) 좀 더 일반적인 하나님의 심판에 대한 언급(시 32:6; 90:5). (3) 원수에게 박해당하는 하나님의 백성과 그들을 구원하시는 하나님(삼하 22:5; 시 18:4, 16; 46:3; 66:12; 69:1-2, 14-15; 124:4-5; 144:7-8, 11; 사 43:2). 원수의 박해가 계 12:15에 반영되었음이 분명하다. 시 18:4에서 다윗은 사울이 자기의 뒤를 좇는 것을 "벨리알[개역개정에는, "불의"-역주]의 창수가 나를 엄습하였으며"라고 분명히 묘사한다. 시 143(144):7-8, 11도 주목할 만한 본문이다. 이것은 하나님이 다윗을 "많은 물(ὑδάτων πολλῶν)"에서 구원해주시기를 구하는 기도다. 이것은 "속임과 거짓"을 말하는 사람을 표현하는 묘사다. 마찬가지로 시 31(32):6의 ἐν κατακλυσμῷ ὑδάτων πολλῶν("홍수가 범람")은 불경건한 자들이 가하는 박해를 가리킨다.

물이 넘친다는 표현은 쿰란에서도 속임을 동반한 박해를 가리키는 상징적 표현이었다. 우리는 성도들의 공동체와 불경건한 자들의 공동체를 각각 대표하는 아이 밴 여자들과 관련해 이미 이 사실을 1QH 3(11).8-12에서 보았다. 이 본문에는 불경건한 자들의 공동체의 압제가 의인들을 물에 빠뜨리기 위해 "부푼 파도"로 반복해서 묘사됐다(12:4의 주석 참조). 쿰란의 그 이미지가 15절에서도 계속 반영되었다. 1QH에서 물이 넘치는 것은 "혼동의 바

149) LSJ, 541은 ἐμέω가 "말의 홍수를 가리키는 비유적 표현"일 수 있다고 서술한다.

람"으로 지혜 있는 자들의 "지혜를 멸하려" 위협하는 압제와 속임을 언급하는 것으로써 이해된다. 지혜 있는 자들은 폭풍 속에서 가라앉기 직전에 있는 배에 비유된다(3[11].7-16; 6:22-24을 보라). "**벨리알의 급류는** 모든 높은 둑을 넘어 흘러온다"(3[11].29; 참조. 8.14-15). "속이는 모든 사람은 **많은 물**(*mayim rabbim*)의 요란한 소리처럼" 의인들에게 "포효한다." "그리고 그들은 **많은 물**의 요란한 소리처럼 고함을 지른다"(*mayim rabbim*; 2[10].16, 27). **다메섹 문서는** "조롱하는 사람이 일어나 설교로써 이스라엘에게 거짓의 물을 넘치게 하고 그들을 길이 없는 광야에서 길을 잃게 만드는" 때를 묘사한다(CD 1.14-15, 이 본문에서 악한 자는 예루살렘의 대제사장을 가리킨다). 이 본문은 하나님의 백성의 사악한 숙적이 광야에서 그들을 물에 떠내려가게 하려는 일을 계 12장과 공통적으로 묘사한다는 점에서 중요하다. 이것은 압제의 본질적인 요소가 언약 공동체 안에서 속임의 형식을 취한다는 사실을 더욱 지지한다.

유대교의 다른 문헌들도 아 8:7의 "많은 물"과 넘치는 "강들"을 "우상숭배자들"과 "세상의 여러 나라들"로 해석했다. 그들은 "그[하나님]와 이스라엘 사이에 있는 사랑을 훔치려고 모이지만" 성공하지 못한다(*Midr. Rab.* 민 2.16; *Midr. Rab.* 출 49.1; *Midr.* 시 15.4; 비슷하게 *Targ.* 아 8:7). 동일한 *Midr. Rab.* 본문들은 사 8:7의 τὸ ὕδωρ τοῦ ποταμοῦ τὸ ἰσχυρὸν καὶ τὸ πολύ("흉용하고 창일한 큰 하수")와 사 17:13의 ὡς ὕδωρ πολὺ ἔθνη πολλά ὡς ὕδατος πολλοῦ βίᾳ καταφερομένου("열방이 충돌하기를 많은 물이 몰려옴과 같이")를 같은 방법으로 해석한다.

그러므로 구약성경과 유대교의 홍수 비유 사용과 요한계시록의 입 비유 사용은 뱀의 입에서 나오는 홍수 이미지가 속임과 거짓 교훈으로써 교회를 멸하려는 뱀의 시도임을 묘사한다. 15절은 마귀가 자신의 본성에 맞게 "온 땅"을 속이려고 했듯이 계속해서 교회를 속이려 함을 드러낸다(12:9; 마 24:24; 눅 22:31; 요 13:2; 고후 2:11; 11:3, 13-15; 딤전 2:14; *Jub.* 1:20; *1 En.* 69:4). 9절은 마귀를 "옛 뱀, 곧…속이는[꾀는] 자라"고 칭함으로써 이러한 특성의 첫 번째 표현을 에덴에까지 추적한다. 이것은 15절에서 마귀를 "뱀"이라고 반복적으로 언급한 것으로써 다시 제시된다. 이 명칭은 이곳에서 속임의 활동을 강조하며, 그 속임이 뱀이 토하여낸 강으로 묘사한 비유의 초점임을 더욱 확증한다. 뱀이 말로 처음 여자(하와)를 속였듯이, 그는 마지막 날의 여자(교회)를 말의 홍수로 속이려고 한다. 사탄의 하수인들인 거짓 교사들과 타협하는 사람들, 귀신들은 교회를 속이고 사망에 이르게 하려고 교회에 잠입한다(참조. 2:14-16, 20-22; 3:15-17; 비교. 롬 16:17-20; 딤전 4:1; 5:15; 딤후 2:23-26). 2-3장은 요한이 편지를 쓰고 있는 일곱 교회가 이미 마귀의 속임의 홍수(2:2, 14, 20), 거짓 고소(2:9; 3:9), 유혹 및 박해(2:10, 13)를 경험하기 시작했음을 보여주었다. 2-3장에서 이러한 문제가 언급된 곳이 어디든지 간에 마귀가 그 도시에서 그의 "회당"(2:9; 3:9)과 "보좌"(2:13) 또는 "깊은 것"(2:24)을 가지고 있다고 언급되었다는 사실은 단순한 우연이 아니다.[150] 12장 이후 요한계시록의 나머지 부분에서도 짐승(13:14; 19:20)과 바벨론의 음녀(18:23; 참조. 13:11-17; 16:13; 비교. 13장, 17-18장)에 의해 자행되는 사탄의 박해와 속임의 문제에 초점이 맞춰질 것이다.

15절의 물에는 적어도 3가지 사상과 관련하여 구약성경의 암시가 포함되었다. (1) 출애굽에서 이스라엘이 광야로 안전하게 도피하려는 시도는 홍해에 가로막혀 위기에 봉착했지만, 하나님이 해결하셨다(참조. 출 1:22. 여기서 히브리인 영아들은 아기를 나일 강에 던지라는 바로의 명령 때문에 위기를 맞았다). (2) 둘째, 마지막 출애굽에서도 바다와 강은 다시 하나님의 백성에게 위험거리가 될 것이다. 하지만 하나님은 바다와 강을 말리실 것이다(사 42:15; 43:2; 44:27; 50:2). (3) 단 9:26 Theod.은 이스라엘이 미래에 환난을 받는 동안 그들의 종말론적 원수가 "그 성읍과 성소를 파괴할 것이며…홍수(κατακλυσμός)에 의해 끊어짐을 당할 것"을 예언한다("끊어짐을 당하다"라는 동사의 주어 문제와 관련해 아래 설명 참조). 요한의 출애굽기와 단 9:26에 대한 암시는 앞에서 동일하게 두 배경을 결합한 암시들과 맥을 같이한다(11:2, 6의 주석, 특히 "마흔두 달"에 관한 설명을 보라). 단 9:26이 여기에 등장하게 된 것은 결코 우연이 아니다. 12:14에서 "세 때 반"의 환난이 이스라엘과 단

150) 참조. Kiddle, *Revelation,* 239.

7:25, 9:27, 12:7의 성전이 겪을 동일한 기간의 환난을 복합적으로 암시하기 때문이다(참조. 단 8:11-13). 이 기간 동안 단 7:25은 7:24의 열 뿔이 있는 짐승과 연관된 한 왕이 "지극히 높으신 성도들을 **속일 것**"이라고 말한다(이 번역에 대해서는 아래 참조). 사실 우리는 심지어 12:6, 14에서도 영적인 성전 사상이 광야에서 양육을 받고 "삼 년 반" 동안 지속되는 속임과 박해로부터 보호를 받는 "곳"이라는 이미지의 배경이 됨을 보았다.

단 7:25의 속임 사상은 아람어 본문에는 언급되지 않고 Theod.과 같은 그리스어 본문의 수많은 증거에 포함되었다. Theod.의 증거 본문들은 παλαιώσει("그가 괴롭게 할 것이다") 대신에 πλανησει("그가 속일 것이다")라고 읽는다(36-770 C′ 46 239 590 Aeth Arab Arm Hippol Polychr).

계 17:1-2, 8, 15에서 ὑδάτων πολλῶν("많은 물")은 음녀와 짐승을 따르는 속임 당한 무리들을 가리킨다. 이 무리들이 광야에서 짐승 위에 앉아 있는 음녀(17:3)와 짐승의 물의 거처(13:1-2)와 연관되었다면, 그들의 속임 또한 짐승의 영향에 연관된다(17:1ff.의 주석 참조). 무리들을 "많은 물"과 동일시한 것은 아마도 이들이 짐승의 속임이라는 넘치는 물에 잠기게 되었기 때문일 것이다. 또한 가능성 있는 것은 17:1의 물을 12:15과 동일시하고, 12:15의 홍수의 물은 박해 또는 속임의 형태로 교회를 대적하려는 사람들의 노력을 묘사한다는 몇몇 주석가들의 결론이다.[151] 그러므로 17장의 묘사에 ποταμός("강")와 ποταμοφόρητος("강물에 휩쓸리다")라는 분명한 홍수 비유가 등장하지는 않지만, 12:15-16과 17:1-3은 서로 연결될 수 있다. 두 비유는 광야 장면과 물이 많은 장면을 결합하며, 두 본문에서 두 비유는 매우 유사한 사상을 의미한다.

17장의 물의 의미와 달리 계 17:1, 15이 암시하는 본문인 렘 51:13에서는 "많은 물"이 풍성한 번영을 의미한다. 한편 *Targ.* 렘 51:42에서는 동일한 비유인 "많은 물"이 바벨론을 정복하는 한 나라를 가리킨다(이

151) 12:15 논의 앞부분에 언급된 구약 본문들을 보라. 또한 이 견해를 지지하는 사람들 목록은 Düsterdieck, *Revelation*, 353을 보라. 예. Hengstenberg, *Revelation* I, 579-80.

와 비슷한 *Targ*. 렘 46:7-8 참조). 그 본문에는 바벨론을 "황폐하고 마른 땅"으로 묘사하는 내용이 바로 따라온다. 렘 28(51):42 LXX은 이와 비슷하게 바벨론을 대적하는 "나라들"을 "바다"와 "바다 물결"에 비유하고, 그것을 "올무"로 언급한다(28[51]:41). 구약성경과 유대교 문헌에서 이스라엘의 홍해 경험과 광야 이야기를 거의 동일시할 정도로 관련짓는 것은 우연이 아닌 것 같다(시 106:9; *ARN* 30a; 신 8:15과 결합된 *Mekilta de Rabbi Ishmael*, Vayassa 1.50-55에서도 비슷하다).

첫 번째 출애굽과 두 번째 출애굽에 관련된 구약의 배경과 단 9:26에 등장하는 위협적인 물은 위에서 구체적으로 박해와 속임으로 정의했다. 앞에서 홍해와 바다 용(12:16의 주석 참조)이 동일시되고 단 9:26-27에 등장하는 인물과 적그리스도가 동일시되었던 까닭에 이런 사상이 쉽게 생겨났을 것이다. Wis. 10:18에 따르면, 하나님은 이스라엘을 "많은 물을 지나게 하여"(δι' ὕδατος πολλοῦ) 애굽에서 인도하셨다. 그리고 *Targ*. 사 43:2은 이렇게 기록한다. 이스라엘이 "갈대 바다를 통과할 때…바로와 애굽 사람들은…강의 물처럼 많았다." 그러나 "그들은 이스라엘을 이기지 못했다"(*Mekilta de Rabbi Ishmael*, Beshallaḥ 3.8-19에는 바로가 한 말이 기록되었다. "나는 물로 그들을 멸하려고 계획을 세웠다. 그리고 지금 바알스본[신]이 그들을 물로 멸하려는 나의 결정을 승인하셨다"). 바로는 다른 사람들을 정복하려고 "바다에 거주하며 그의 뿔인 강으로 들이받는 커다란 용"으로 알려졌다(겔 29:3; 32:2[LXX]). 이러한 본문들은 홍해에서의 경험을, 앞에서 논의한 시 144:7-8과 계 17장, 쿰란 문서에서 언급한 박해와 속임의 "많은 물"에 연결시킨다.

단 9:26 Theod.은 종말론적 원수가 "성읍과 성소를 멸할 것이며…그들은 홍수(κατακλυσμός)로 끊어질 것이라"고 예언한다. 마지막 동사의 주어를 두고 논의가 있지만, 문법적으로는 "그 성읍과 성소"를 주어로 보는 것이 타당하다. Theod.에서는 그럴 가능성이 분명히 있고, MT에서도 이렇게 생각하는 것이 이치에 맞는 선택이다. "그가 그 성읍과 성소를 무너뜨리려니와 그의 마지막은 홍수에 휩쓸림 같으리라." 따라서 "성소"

가 남성 대명사 어미(-ô)와 일치하는 것으로 보아, 우선적으로 "성소"를 염두에 두었을 것이다. 2차적으로는 "그 성읍"이 포함될 수도 있지만 말이다.[152)]

또한 12:15의 배경이 되는 것은 팔레스타인 광야의 지형과 기후일 것이다. 광야에는 강바닥이 수개월씩 메마른 채 있고 수면이 수십 센티미터의 비로 채워져 갑작스럽게 홍수가 나기도 한다.[153)]

16절 홍수를 삼키는 땅은 출애굽과 이스라엘의 광야 생활에 대한 암시다. 애굽 사람들이 홍해를 통해 이스라엘을 추적할 때 "땅은" 애굽 사람들을 "삼켰다"(출 15:12). *Targ. Pal.* 출 15:12은 MT를 확장하여, "땅이 그 입을 벌렸고 그들을 먹어버렸다"고 반복한다. 이후 광야에서 "땅은 그 입을 벌려" 모세의 지도력에 반발했다는 이유로 고라와 다단과 아비람의 가족을 "삼켰다." 이들 가족은 모세가 혼자서만 모든 권력을 독점했다고 비난했다. 모세가 스스로를 지도자로 임명하고 아론을 이스라엘의 대제사장으로 임명했다는 것이 그 이유였다. 게다가 그들은 이스라엘 백성에게 애굽으로 돌아가자고 부추겼다. 이것은 모세를 통해 말씀하신 하나님을 의심하는 행동이었다. 하나님이 친히 아론과 모세를 임명하셨고, 이스라엘에게 약속의 땅으로 들어가라고 명령하셨다(민 16:12-14; 참조. 신 11:5-6; 시 106:17). 이것은 보호의 땅에서 이스라엘을 자기 백성으로 창조하시는 하나님의 구속 계획을 좌절시키려는 시도였다. 반역자들은 애굽과 동일시되어 애굽 사람들이 멸망당한 것처럼 멸망할 것이다.

두 경우 모두 하나님은 자기 백성을 세우고 보호하신 것을 대적하는 자들을 땅이 삼키게 하셨다. 요한계시록의 암시는 교회를 세우시고 양육하시는 하나님의 보호를 비유적으로 언급한다. 하나님은 마귀에게서 기원한 박해와 유혹하는 교훈에 직면한 교회를 타협의 유혹으로부터 보호하신다.

---

152) 선행사에 대한 다양한 선택 문제는 Keil, *Daniel,* 363-64; Montgomery, *Daniel,* 384; Lacocque, *Daniel,* 197을 보라.

153) Buchanan, *Revelation,* 287.

다단과 아비람은 하나님의 진리를 "속이고", 하나님을 "모독하고", "이스라엘을 잘못된 길로 이끎"으로써 하나님의 예언자적 권위에 대적했다(*Midr. Rab*. 민 18.10, 12, 20; *b. Baba Bathra* 74a). 이런 방식으로 용은 복음의 예언적 진리를 대적한다.[154]

이사야서와 시편은 주님이 홍해를 가르고 애굽을 물에 빠뜨림으로써 이스라엘을 구원하셨을 때 악한 용을 부수어 이기셨다고 묘사한다. "라합을 저미시고 용을 찌르신 이가 어찌 주가 아니시며, 바다를, 넓고 깊은 물을 말리시고 바다 깊은 곳에 길을 내어 구속받은 자들을 건너게 하신 이가 어찌 주가 아니시니이까"(사 51:9, 10). "주께서 주의 능력으로 바다를 나누시고 물 가운데 용들의 머리를 깨뜨리셨으며 리워야단의 머리를 부수시고 그것을 사막에 사는 자에게 음식물로 주셨으며"(시 73:13-14; 또한 시 89:10; 사 30:7 참조. *Mekilta de Rabbi Ishmael*, Beshallaḥ 5.6-9에서 용은 홍해에서 "여러 조각으로 잘렸다"). 흥미로운 점은 겔 29:3과 32:2-3에서 바로가 바다 용과 동일시되었다는 사실이다.

바다는 이스라엘의 안전에 장애물로 이해되었다. 그 장애물이 제거되어야 이스라엘이 하나님의 "거룩한 처소"(출 15:13 LXX), 그가 "예비한 곳(ἕτοιμον)"으로 나아갈 수 있다. 그가 "예비한(ἡτοίμασαν) 성소는 [그의] 손으로 예비하신(ἡτοίμασαν) 곳"이다(출 15:17). 포로생활에서 돌아오는 종말론적인 출애굽 때에 하나님은 "물에서" 통치한 "용의 머리를 부숨"으로써 다시금 이스라엘이 "물에 떠내려가지" 않게 하실 것이다(*Test. Asher*. 7:3). 그리고 이곳에서 출애굽 구원을 암시한 것은 다시 한 번 하나님이 그의 백성을 보호하고 구원하시며, 뱀을 멸망시키실 것을 시사한다. 출애굽에서처럼 이곳에서도 하나님이 자기 백성을 보호하시는 목적은 교회를 "하나님이 **예비하신**(ἡτοιμασμένον) 광야 그 [거룩한] 곳으로" 인도하시려는 데 있다(12:6, 14).

16절에 언급된 하나님이 바다 괴물을 이기신 장면은 예레미야서에서 하나님이 이스라엘을 바벨론에서 회복시키려고 바벨론을 심판하

154) J. M. Ford, *Revelation*, 203.

신다는 묘사에 기인하기도 했다. "바벨론의 느부갓네살 왕이…큰 뱀 같이 나[이스라엘]를 삼키며…나를 쫓아내었으니…보라! 내[야웨]가…그의 바다를 말리며 그의 샘을 말리리니"(렘 51:34-36).

17절 용은 교회를 멸하려는 노력이 물거품으로 돌아가자 크게 분노했다(마 16:18). 하지만 그는 하나님의 백성을 없애려는 시도를 그치지 않는다. 17절과 앞에 있는 절들의 관계는 요한계시록에서 가장 어려운 문제 중 하나다. 문제가 없이는 해결도 없는 법이다.

17절은 13-16절을 반복하는 요약으로 취급하는 것이 가장 좋다. 그렇다면 17절은 1-5절과 10-12절에서 언급된 여자의 맏아들이신 그리스도와 구별되는, 교회 전체를 구성하는 고난받는 개인들을 묘사한다고 볼 수 있다. 하지만 13-16절이 17절의 신자들과 대조 관계에 있는 그리스도를 가리킬 수는 없다. 13-16절은 그리스도가 아니라 교회의 박해를 언급하는 6절의 반복과 확장이기 때문이다. 가장 개연성이 높은 견해는 베크위스와 래드의 견해다. 즉 6절과 13-16절의 여자는 하늘의 관점에서 보는 "이상적인" 교회의 고난을 묘사하고, 17절은 "땅에 있는 하나님의 백성"의 관점에서 고난을 묘사한다는 견해다.[155)]

이 견해는 특히 4가지 이유에서 개연성이 있다. (1) 1절과 2절에서 여자는 "하늘에" 있고 천상적인 옷을 입은 것으로 제시되며, 그 후에 땅에서 아이를 가진 여자로 제시된다(6, 13-16, 17절). (2) 19:7-9에 이와 비슷한 관련성이 있다. 그리스도의 신부는 구원받은 허다한 성도들 전체로 정의된다. (3) 마찬가지로 시온의 여성 이미지는 구약성경에서 늘 많은 이스라엘 백성으로 설명된다(12:2을 논의하면서 인용한 모든 구약성경 구절, 그리고 사 49:14-25; 50:1; 51:1-3, 16-20; 겔 16장; 호 4:4-5을 보라). 사실 12:2을 주석하면서 관찰했듯이, 시온은 사 54:1-3, 61:9-10, 65:9, 23, 66:7-10, 22에 등장하는

155) I. T. Beckwith, *Apocalypse,* 619-20, 628, 630; Feuillet, *Johannine Studies,* 281; Holtz, *Christologie der Apokalypse,* 107; Ladd, *Revelation,* 167, 174; Krodel, *Revelation,* 246; 비교. Robbins, *Revelation,* 154-55; Sweet, *Revelation,* 203-5.

"후손"(σπέρμα)이 있는 여자로 이해된다. (4) 여자와 대조 관계에 있는 17-18장의 음녀 역시 개인들로 구성된 공동체를 대표한다.

여전히 12:2과 12:5의 배경으로 삼을 수 있는 본문은 시온을 해산의 고통으로 "사내아이"를 출산하는 어머니로 언급한 사 66:7-10, 22일 것이다(66:7; 본문 간의 비교는 5절 주석 참조). 놀랍게도 그 다음 절(사 66:8)도 시온을 "진통하는 즉시 자기 아들을 순산"한 여자로 언급함으로써 동일한 사상을 말한다(여기서 MT에 "아들"이라고 되어 있는 이 단어는 LXX에서 "자녀들"[τὰ παιδία]로 번역되며, 66:22에서는 분명히 σπέρμα["후손"]와 동일시된다). 시온에서 태어난 동일한 자녀들을 암시하는 복수형 "자녀들"과 집합적인 "후손"(씨)이 단수형 "사내아이"와 동일시된 것은 사내아이와 여러 후손을 가진 예루살렘의 여자를 가리키는 계 12장의 현상과 같다.[156] 한 가지 더 주목할 만한 것은 사 66:7의 시온이 낳은 후손인 "사내아이"를 시온의 "왕"으로, 사 66:8의 "아들들"을 "백성"으로 해석한 타르굼 전통이다.

우리의 설명이 옳다면, 계 12:17을 이렇게 이해하는 관점은 천상적인 교회 전체와 지상의 교회 전체의 대조로 이해하는 것이 가장 좋다. 그래서 "여자의 남은 자손"은 여자의 구약 백성(1-4절)과 신약의 후손(13-16절 = 17절)을 대조하거나, 그리스도이신 후손(5, 13절)과 그리스도와 동일시된 많은 후손 전체를 대조하기도 한다(13-16절 = 17절;[157] 참조. 계 1:5; 롬 8:29; 갈 3:16, 29; 골 1:18; 그리고 히 1:6을 히 2:17; 12:22-23과 비교하라).[158] 이러한 대조는 *2 Bar*. 36-41에서도 병행이 발견되며 이 본문의 지지를 받는 것 같다(자세한 내용은 아래 참조).

17절에서 "여자의 남은 자손"이 5절과 13절의 그리스도와 연결된다는 견해는 개연성이 높다. 1-16절 전체에서 오직 이 세 구절에서만 처음에 태어난 후손을 언급하기 때문이다. 이처럼 개인과 자손들 간의 대조는 17절

---

156) Fekkes, *Isaiah and Prophetic Traditions,* 185도 같은 내용을 주목했다.

157) Bratcher, *Translator's Guide,* 104; Brütsch, *Offenbarung* II, 102.

158) 참조. Hailey, *Revelation,* 280.

이 창 3:16을 암시한다는 사실로써 지지받는다. 요한은 창 3:16에 언급된 하와의 메시아 후손에게 개인적 의미와 집단적 의미가 다 있다는 점을 보았을 것이다(유대교의 해석에서도 그렇다. 성경에서 공동체적 대표자 사상을 대체적으로 설명한 1:20의 주석 참조). 그래서 13-17절의 요지는 이것이다. **땅에서** 박해를 받고 있는 **하나**의 천상적인 교회는 멸망할 수 없다. 그 교회는 하늘에 있으며 영적으로 결코 멸망하지 않기 때문이다. 하지만 개인적으로 교회를 구성하는 **많은** 사람이 땅에 있는 위험에서 물리적으로 고난을 받을 수는 있다. 계 11장과 관련해서 본다면 여자는 영적으로 침입할 수 없는 성전의 안뜰에 상응하고, 여자의 "후손"은 물리적인 해를 받기 쉬운 바깥뜰에 해당한다.[159]

키들 역시 여자가 신자들 전체, 곧 보편교회를 가리키고, 후손은 믿음의 공동체에 속한 개인들을 가리킨다고 주장한다. 하지만 키들은 그 후손을 극단적으로 박해를 당하는 한정된 집단, 특히 순교자로 제한한다. 그러므로 사탄이 비록 교회 전체를 이길 수는 없더라도(13-16절), 개개인 성도들과 전쟁을 벌여 그들을 물리적으로 이길 수 있다고 한다(17절).[160] 키들의 입장에는 3가지 문제가 있다. (1) 키들이 주장하는 대로라면, "남은 자들"은 순교자들이거나 또는 그 정도로 극단적인 고난을 당하지는 않지만 교회 안의 다른 사람들과는 구별되는 고난을 당하는 사람들이어야 한다. 하지만 13-16절에 따르면, 박해를 당하는 그 집단은 17절의 집단과 동일하게 박해를 받는다(13절의 "그가 박해하는지라"와 17절의 "더불어 싸우려고"를 주목하라). (2) 우리는 죽음과 박해의 장면이 교회 내의 모든 사람의 고난의 정도를 가리키는 비유적 표현이라고 주장했다(11절과 6:9의 주석 참조). (3) 17절에서 박해받은 집단은 순교자라고 구체적으로 언급되지 않고, 단지 "하나님의 계명을 지키며 예수의 증거를 가진 자들"로만 묘사된다. 이는 모든 참 신자의 특징이다.

---

159) Sweet, *Revelation,* 204을 따름.

160) Kiddle, *Revelation,* 239-40. Kiddle의 견해는 몇몇 사람이 조심스럽게 지지한다. Swete, *Apocalypse,* 160; Caird, *Revelation,* 159; Lenski, *Revelation,* 386-87; A. F. Johnson, "Revelation," 519.

베크위스와 래드의 선택이 궁극적으로 선호되는 입장이기는 하지만, 가능성이 있는 대안은 12장의 이야기가 진행되면서 계시된 시간적인 단계 4가지가 있다는 견해다. (1) 그리스도 이전에 살았던 메시아 공동체(1-4절), (2) 언약 공동체 안에 출현하신 그리스도(5절), (3) 그리스도의 승천 직후에 등장하는 박해받는 메시아 공동체(6, 13-16절), (4) 박해받는 공동체의 마지막 단계(17절) 등. 세 번째 단계를 교회 시대 전체로(11:1-6과 병행), 그리고 네 번째 단계를 역사의 끝으로(11:7-13과 병행) 볼 수 있다. 이 시간적인 구도는 17절을 이해하는 타당한 해석에 근거하는데, 17절이 사실상 6, 13-16절에서 자기 후손의 일부분인 신자들을 암시적으로 대표하는 여자와, 17절에 등장하는 그 여자의 남은 후손을 구별한다는 것이다. 이것은 6, 13-16절에서 묘사된 집단이 17절에 묘사된 집단과 **구별된다**는 것을 의미한다.[161]

따라서 6, 13-17절은 교회의 초기 단계에 교회를 재빨리 멸하려고 공격하기 시작할뿐더러, 교회가 존재하는 동안 지속적으로 공격하는 마귀를 묘사한다.[162] 여자와 그의 후손 간의 회화적인 구별은 초기 유대인 교회와 그 교회가 이후에 유대인과 이방인으로 구성되면서 성장한 모습 사이의 구별을 나타낼 수도 있다. 하지만 유대인 교회와 이후 이방인 교회 간의 구별을 의도하지는 않았다.[163] 교회는 계속해서 유대인 중의 남은 자들을 포함했기 때문이다. 또한 초기 이방인 교회와 이후 역사에서 마지막 수년간의 혹독한 환난기를 살아가는 유대인 남은 자 144,000 사이의 구별도 존재하지 않는다.[164] 그리고 동일한 기간에 존재하는 국가 전체와 그 국가 안에 있는 남은 자들 사이의 구별도 존재하지 않는다.[165]

---

161) 13-16절 및 17절과 더불어 5-6절이 최종 재림 직전에 각기 다른 세 그리스도인 집단을 포함하는, 시간적으로 연속적인 세 사건을 이야기한다는 Lang의 견해는 개연성이 거의 없다. Lang, *Revelation,* 197-219.

162) Farrer, *Revelation,* 150; Preston and Hanson, *Revelation,* 94.

163) Charles, *Revelation* I, 299, 332과 Glasson, *Revelation,* 75-78이 주장하듯이 말이다.

164) Seiss, *Apocalypse,* 319의 입장처럼 말이다.

165) Walvoord, *Revelation,* 196이 주장하듯이 말이다.

후손을 "하나님의 계명을 지키며 예수의 증거를 가진 자들"이라고 묘사한 것은 열려 있는 결론이며, 유대인과 이방인들이 포함되었음을 가리킨다. 사실, 요한계시록 어디에서도 요한이 교회 안에서 국가적 구별을 강조했음을 분명하게 나타내는 곳은 없다.[166] 본문의 묘사는 모든 세대에 걸쳐 땅에 있는 모든 교회가 어떻게 마귀의 공격에 대항하는지를 암시할 개연성이 많다(Ladd와 Beckwith의 견해). 물론 17절이 역사의 마지막 단계에 있는 교회의 후손이 어떻게 사탄의 압제에 맞서는지를 묘사할 가능성은 있지만 말이다. 마찬가지로, 만일 "싸우려고 하다"라는 표현이 11:7에서처럼 단 7:21을 암시한다면, 12:17은 교회 시대 내내 이스라엘이 종말론적인 박해를 받을 것이라는 예언을 묘사한다. 비록 여기서 묘사하는 시간대가 (11:7에서처럼) 역사의 맨 끝을 염두에 두었을 가능성도 다분하지만 말이다. 용은 여자를 공격하는 대신에 "여자의 남은 자손"을 공격한다. 6절과 13-16절에서 현저하게 나타나는 주제인 교회의 천상적이고 패하지 않는 특성은 17절의 시야에서도 사라지지 않았다. 교회는 (하늘에 있는) 여자의 "남은 자손"으로 불리기 때문이다. "남은 자손"이라는 어구는 6, 13-16절과 17절에 언급된 집단들 간의 연속성을 보여준다. 둘 다 하늘에 있는 여자와 관련되기 때문이다.

교회는 예수와 동일한 증언을 한다. 우리는 이미 1:2의 주석에서 "예수의 증거"가 의도적으로 모호한 어구라고 결론을 내렸다. 이 어구는 "예수가" 교회에게 주신 "증거"(testimony from Jesus)이기도 하고 동시에 교회가 전하는 예수에 대한 "증거"(testimony to Jesus)이기도 하다.[167] 이 어구는 예수가 하나님을 증언하심에 초점을 맞추는데, 그것은 또한 교회가 되풀이해야 할 일이기도 하다.[168]

교회는 "어린 양의 피"뿐만 아니라 "그들의 증언의 말씀으로"도 그들을

---

166) Holtz, *Christologie der Apokalypse,* 106.

167) Kraft, *Offenbarung,* 171 비교. 그러나 Kraft는 전자의 뉘앙스를 강조한다.

168) Sweet 교수와 개인적으로 대화할 때 그는 이렇게 해석했다. Sweet, *Revelation,* 59, 205.

참소하는 자들을 "이겼다"(12:11). 하나님이 교회를 은혜롭게 돌보시고 양육하시기에 교회는 계속해서 하나님과 예수께 충성할 수 있다. 이것이 "성도들의 인내"다(14:12). 성도들이 인내하면 무저갱의 임금은 패한다. 그 임금은 자신의 어두움의 나라에서 통치할 신하를 잃게 되기 때문이다. 이것은 원 출애굽 패턴에서 한층 더 고조된 또 다른 요소다. 출애굽 당시 이스라엘은 하나님께 순종함으로써 홍해와 광야를 지나는 동안 보존함을 받았다. 이러한 사상은 출애굽에 관한 유대교 주석 전통의 초기 단계인 Wis. 19:6-7에서 입증된다. 이스라엘은 "그들이 받은 특별한 계명들을 따르고 있었다. 그래서 하나님의 자녀들은 해를 받지 않고 보존될 수 있었다. 구름이 이스라엘 위에 드리웠다.…물이 있었던 곳에 마른 땅이 나타났다.…급류가 흐르는 시내에서 푸른 들로 갔다."

계 12:17 역시 하나님이 여자의 후손, 즉 개인인 메시아와 집합적인 후손이 뱀의 머리를 치명적으로 부술 것을 예언하신 창 3:15의 약속의 부분적인 성취다. *Targ. Neof.* 창 3:15은 "후손"을 공동체적으로 해석한다. "여자의 아들들이 율법의 계명들을 지킬 때…왕이신 메시아의 날에…그 아들들은 너의 머리를 상하게 할 것이다. 그들이 계명들을 버릴 때, 너는 그들의 발꿈치에 상처를 낼 것이다"(이와 비슷한 *Targ. Pal.*과 *Targ. Jer. Frag.*).[169] 계 13:3에는 짐승의 머리 하나가 "죽은 것"으로 묘사되었다. 그리스도의 사역 때문만이 아니라, 그리스도를 따르는 사람들의 충성스러움 때문에도 죽은 것이다(12:11, 17). 박해와 속임과 타협에 대항할 때마다, 마귀는 계속해서 패할 것이다(12:11에 언급되었듯이 말이다. 롬 16:17-20). 반면에 창세기에 대한 암시에는 교회의 박해가 하나님의 손에 의해 예언적으로 결정되었음이 나타난다. 창 3:15에는 뱀이 여자의 "후손"을 "상하게 할 것"이라고 예언되었기 때문이다. 창 3장의 배경은 우리가 15-16절과 관련하여 내린 결론, 즉 "뱀"이 박해뿐만 아니라, 에덴동산에서 그랬듯이 속임수를 이용하여 "여자"를 다시 대적할 것이라는 우리의 결론을 확증해준다. 이것은 태초에 일어

169) Sweet, *Revelation,* 205을 따른다.

났던 것을 모델 삼아 마지막 때에 일어날 것을 보여주는 한 예에 불과하다 (9절 주석 참조. 여기서 "뱀"은 창 3장에서 유래했다).[170]

그럴 법하지만 개연성이 거의 없는 것은 12:17이 말씀과 성례로써 영적인 후손을 출산하고 양육하는 어머니인 교회와 그 교회에 속한 개인들이 후손이라는 점을 염두에 두었다는 생각이다.[171] 이러한 교회론적이고 성례전적인 견해는 요한계시록이나 여자를 시온으로 이해한 선례가 있는 구약성경에서도 분명하게 발견되지 않는 견해다.

2 Bar. 36-41의 "숲과 포도와 샘과 백향목" 환상과 그 해석, 그리고 그 본문과 계 12:5-17 사이의 병행에서 우리는 메시아인 후손과 메시아와 동일시된 신자들로서의 후손 간의 대조에 대한 지지를 볼 수 있다. 단 7장의 나라들은 "마지막 때"에 멸망될 것이라고 한다. 그래서 단 2:35에 언급되었듯이, 그들의 "장소는 알 수가 없다"(*2 Bar.* 36). 그 후에 하나님의 메시아는 그 나라들의 지도자를 심판하고 "내[하나님]가 택한 곳에서 찾을 나의 남은 백성을 보호할 것이다"(39-40장). 이 피난처는 "당신[하나님]의 율법의 멍에"를 기꺼이 받아들인 충성된 사람이 "당신의 날개 아래에 있는 피난처를 찾아 도망한" 곳이라고 한다(41장).

신자들은 거짓을 분별하고, 그들의 믿음을 굳게 붙들기 위해 마귀와 그와 동맹을 맺은 세상 통치자들이 선전하는 거짓 예배에 참여하지 말라는 권면을 받는다(12:18-13:18)

계 12:18-13:18은 시간적으로 12:13-17과 병행하고 교회를 박해하는 사탄의 공격의 특성을 좀 더 자세히 설명한다(몇몇 영어 번역 성경은 12:18을 13:1에 속하게 한다). 마귀는 패하였지만, 여전히 성도들을 압제할 수 있다.

---

170) Minear, "Far as the Curse Is Found"는 창 3:15-20을 12장 전체를 지배하는 본문으로 이해한다. 특히 여자에게 내린 저주(출산의 고통)와 사탄과 그의 후손에게 내린 저주, 그리고 여자의 후손(개인이며 메시아)과 뱀과 뱀의 후손 사이의 적대감에 관련하여 말이다.

171) Düsterdieck, *Revelation,* 360.

12:18-13:18 역시 마귀의 박해하려는 의지를 실행하는 인물들을 묘사한다. 이 인물들은 땅에 있는 정치적·경제적 권세들이다. 13장에서 요한은 다니엘서, 특히 단 7장에 의거하여 상황을 묘사한다.[172)]

초기 교부들은 13장의 적그리스도의 정체를 두고 많은 논란을 벌였다. 개중에는 그를 세상 역사의 마지막 단계에 임할 한 개인으로 본 사람들이 있다(*Didache* 16; Justin, *Dialogue* 32; Irenaeus, *Adversus Haereses* 5.25-30. 또한 Hippolytus, Tertullian, Victorinus와 최근에는 Ladd와 Walvoord도 이 견해를 취한다). 이 견해는 적그리스도를 그리스도에 대응하는 한 개인으로 보는 논리적 이해에 의해 지지받는다. 하지만 다른 사람들은 적그리스도를 신약시대부터 교회 시대 내내 반복해서 거짓 교훈을 부추기는 악한 영으로 본다(요일 2:18, 22; 4:3; 요이 7; Polycarp, *Philippians* 7; Tertullian, *Against Marcion* 5.16; 참조. *Barnabas* 4). 종교개혁 당시 루터와 칼뱅과 그밖에 다른 종교개혁자들은 로마 가톨릭 교회를 적그리스도의 화신으로 간주했다.

두 해석은 상충되지 않는다. 요한계시록과 신약성경(특히 요한1서와 요한2서)의 문맥에서 적그리스도는 1세기 이후 줄곧 거짓 교훈과 박해를 부추기는 공동체적인 영으로 나타났다. 하지만 그는 마지막 때가 이르기 전 미래의 언젠가 하나님의 백성을 대적하는 지도자로서 자신을 한 개인으로 나타날 것이다.[173)]

마귀는 교회를 박해하고 불경건한 자들을 속이려고 그의 뜻을 실행하는 국가에게 권세를 부여한다(12:18-13:8)

12:18은 새로운 환상을 소개하는 13:1의 εἶδον("내가 보니")과 함께 봐야 한다. 12:18과 13:1이 연결되었음을 분명히 하려고 몇몇 중요한 사본에는 12:18에도 "내가 보니"가 있다. 이것은 비록 12장에서 13장으로 넘어가는

---

172) 자세한 비교는 Beale, *Use of Daniel*, 229-48을 보라.

173) 계 13장 해석사를 개관한 A. F. Johnson, "Revelation," 521-22을 보라. 13장의 배경으로 제안된 다양한 유대교 문헌을 논평한 Ernst, *Gegenspieler*, 136-37을 보라. Ernst는 이러한 자료들을 판단할 수 있는 표준이 시시각각 변한다고 바르게 결론을 내린다.

좋은 해석이기는 해도, 최상의 독법은 아닌 것 같다. 바다 모래 위에 서 있는 용은 요한이 13장의 환상에서 본 내용의 시작이며 앞에 있는 12장 환상의 결론이 아니다. 접속사 καί는 12:13-17의 사건 이후에 발생하는 사건들을 소개하는 것이 아니라, 12장에 있는 환상 이후에 발생하는 환상을 소개한다. 13장을 분석하면, 역사적인 시간 범위가 12장, 특히 12:6, 13-17과 병행한다는 것이 드러날 것이다. 용은 그의 뜻을 땅에서 실행할 조력자들을 불러내려고 "바다 모래 위에" 자리를 잡는다. 두 조력자들은 용이 나왔음직한 동일한 지옥의 물에서 부름 받는다. 12장에서 용이 행한다고 묘사된 것은 13장에서 용이 그의 부하를 통해 실제로 실행한다.

사본들 중에는 ἐστάθη("그가[용이] 서 있었다") 대신에 εσταθην("내가 서 있었다")으로 표기된 것도 있다. ἐστάθη가 우월한 사본의 지지를 받기 때문에 원본이다(비록 𝔐은 εσταθην을 지지하고 신약성경의 다른 본문에서보다 요한계시록에서는 더 나은 증거 본문이지만, 여기서는 𝔓[47] ℵ A C 1854 2344 2351이 더 우월하다). 2차적인 독법은 잘못 들었기 때문에 발생했든지, 필경사가 이 단어 다음에 나오는 τήν의 ν를 해당 단어의 끝에 있는 것으로 읽었기 때문이든지, 아니면 13:1의 동사 εἶδον과 어울리게 하려는 의도 때문일 것이다.[174]

1절 13장의 두 짐승에 대한 묘사는 하나님을 대적하는 사탄의 특성을 지닌 두 짐승을 구약 본문에서 유일하게 그린 욥 40-41장 LXX에 부분적으로 근거한다.[175] 주석가들은 욥기 본문을 인용하지만 그 본문을 논의하거나 그 본문과 요한계시록의 관계를 거의 발전시키지 않는다.[176] 이 두

---

174) 참조. B. M. Metzger, *Textual Commentary*, 748.

175) Kline이 그의 논문 "Trial by Ordeal," 90-91과 "Job," 488에서 제시한 다른 견해를 주목하라. 그는 욥 40-41장에 언급된 베헤못과 리워야단이 한 짐승을 지칭하는 두 이름이라고 결론을 내린다. 짐승은 사탄의 대리인이 아니라 욥을 대적하는 하나님의 투사라고 한다.

176) 여기에 인용된 욥기는 Rahlfs가 편집한 LXX과 MT 판본들의 장 구분을 따랐다. MT에서 "베헤못"은 40:5-24(불가타 역과 LXX의 몇몇 판에서는 40:10-19)에 묘사되었다. MT에 "리워야단"에 해당하는 바다 용은 40:25-41:26에 기술되었으며, 이것은 영어 번역 성경(과 한국어 번역 성경-역주)에서는 41:1-34에 해당한다(불가타 역과 LXX의 몇몇 판에서는 40:20-41:25).

짐승은 계 13장 전체에 반영되었는데, 특히 LXX의 내용이 반영되었다. 그 중에 한 짐승은 하나님에 의해 "칼"로 살육될 땅의 "짐승"(θηρίον, 욥 40:15-24)이다(40:19 MT; 비교. 계 13:10, 14). 다른 짐승은 "그의 입으로 싸움"(40:32)을 벌이는 바다의 "용"(δράκων, 욥 40:25)이다. "그의 입에서는 타는 횃불과 불꽃"이 나온다(41:11, 13). "땅에 그와 같은 것은 아무것도 없다"(41:25). 그래서 두 짐승 모두 마귀의 성품을 받았고, "천사들에게 조롱받기 위해 만들어진 것"으로 묘사되었다(40:19; 41:25 LXX).[177]

욥기 본문은 하나님이 태고적에 용을 이기신 승리를 암시한다(참조. 40:32 LXX; 또한 *Midr. Rab.* 출 15.22). 하지만 이것은 미래에 일어날 전쟁을 암시하기도 한다(40:19, 23-24 LXX; 41:25 LXX). 두 짐승이 지속적으로 반항적인 태도를 취하기에 전쟁은 불가피하다(41:33-34 MT). 그 짐승이 패했다고 해도 그는 굴복된 상태에서 계속 존재한다(욥 7:12; 암 9:3; 참조. *Apoc. Abr.* 10; 21). 역사의 시작은 역사의 끝에 반드시 반복된다는 가정 하에, 유대교는 욥기에서 암시된 대망을 정형화했다.[178] 계 12:1-11은 이 유대교 전통 역시 반영한다. 그 전통은 하나님이 창조의 다섯째 날 리워야단을 창조하여 바다에 있게 하셨고, 베헤못을 창조하여 땅에 거하게 하셨다고 주장한다(*1 En.* 60:7-10; 4 Ezra 6:49-52; *2 Bar.* 29:4; *b. Baba Bathra* 74b-75a; *Pesikta de Rab Kahana*, suppl. 2.4). 이 두 짐승은 악의 세력을 상징하며, 최후의 심판 때 멸망하게 될 것이다(*2 Bar.*; *Midr. Rab.* 레 13.3; 그리고 *b. Baba Bathra* 74b에 명시적으로 언급되었고, 앞에서 인용한 세 본문에는 암시되었다).[179]

소아시아에 살고 있는 사람들은 "바다에서" 나온 것이라면 어떤 것이든지 이국적인 것으로 보았고, 땅에서 나온 것이라면 무엇이든지 토종이라고

177) 욥 40장의 마귀적인 두 존재를 자세히 설명한 Day, *God's Conflict,* 62-87을 보라.

178) 참조. Day, *God's Conflict,* 82; 하지만 욥 40-41장에 등장하는 짐승들을 다르게 분석한 Kline, "Trial by Ordeal," 90을 보라.

179) 후기 유대교 문헌에서 두 짐승을 언급한 예는 Ginzberg, *Legends of the Jews* V, 26-27, 43-46을 보라.

생각했기 때문에, 이 전통이 요한계시록의 이곳에 사용되었을 수 있다. 다시 말해서, 첫째 짐승을 처음으로 표현한 것 중 하나는 로마였다. 로마의 총독들은 거듭 바다를 통해 에베소로 왔다. 로마의 배들은 소아시아 해안 저 멀리 수평선에 나타날 때 말 그대로 바다에서 올라오는 것처럼 보였다. 둘째 짐승은 본토의 정치와 경제를 관할하는 당국자들을 나타냈다.[180)]

1-2절은 단 7:1-7을 창조적으로 재작업한 결과다. "바다에서 나오는 짐승"과 그의 머리에 있는 "열 뿔"은 각각 단 7:2-3과 단 7:7, 20, 24에 기초하고 있다. 많은 사람이 "일곱 머리"를 다니엘 시대 이전의 고대 근동의 바다 괴물 신화를 언급하는 것으로 이해한다(*CTA* 5.I, 1-3; 3.III, 37-39; 참조. 또한 욥 40-.41; 시 74:13-14; 89:10; 사 27:1; 51:9; *Odes Sol*. 22:5에 언급된 머리가 일곱 개인 리워야단을 보라). 일리가 있는 견해이기는 하지만, 더 나은 견해는 "일곱 머리"를 단 7장의 네 짐승들의 머리를 구성하는 것으로 보는 것이다.[181)] 다니엘서에 등장하는 짐승들의 다른 특징들이 2절에서 짐승에게 적용되었기 때문이다(고대 근동의 이미지는 부차적으로 염두에 두었을 것이다). 이 이외에도 "열 뿔"에 있는 "열 왕관"은 다니엘서의 네 짐승을 가리킨다. 그 짐승들의 "열 뿔"은 "열 왕"으로 해석되었다(단 7:24). 마찬가지로 "신성 모독하는 이름들" 역시 넷째 나라와 연결된, 단 7:8ff.에서 신성 모독하는 인물과 관련된다(참조. 계 13:5-6). 계 13:1의 본문 전통 중 한 부분(syr Σ[Hoskier, *Text of Apocalypse*, 333을 보라])에는 바다에서 나오는 짐승에게 "이(teeth)"가 있다는 내용이 덧붙여졌는데, 이것은 그 짐승을 다니엘서의 넷째 나라와 동일시한 필경사의 해석을 반영한다. 용이 권세를 짐승에게 준 것 역시 단 7:1-7에 대한 창조적인 재작업에 속한다. 다니엘서 본문에도 권세를 준다는 어구가 발견되기 때문이다(단 7:4, 6 Theod.과 MT; 자세한 내용은 아래 13:4-5, 7, 14-15의 주석 참조).

---

180) Ramsay, *Letters,* 103-4.

181) Hengstenberg, *Revelation* II, 20; Farrer, *Revelation,* 152; Ernst, *Gegenspieler,* 132; Kraft, *Offenbarung,* 175; Prigent, *Apocalypse,* 201.

그러므로 짐승을 묘사한 내용 중 몇몇 측면은 고대 근동의 신화를 암시한 데서 유래했을지 모르지만, 13:1-7의 바다짐승에 대한 묘사는 주로 단 7장에서 왔다. 케어드의 말을 빌려 표현하면, 다니엘서가 기록된 이후 "유대교 저자나 기독교 저자 중 어느 누구도 다니엘서 이외에 이 신화의 렌즈를 사용할 수 있었던 사람은 없었다."[182] 그 신화가 이스라엘 안에서 언급될 경우 논쟁적으로 언급되었다. 13:1-7의 짐승이 단 7장을 주로 모델로 삼았다는 사실은 앞에서 12:3-4의 용을 비슷하게 묘사한 것을 분석한 것으로써 지지받는다. 12장의 용에 대한 묘사는 주로 단 7-8장에서 가져왔다. 마찬가지로 유대교의 리워야단과 베헤못 전통이 포함될 수 있지만, 그것이 우선적인 영향을 준 것은 아니다. 콜린스는 리워야단과 베헤못 전통과 관련된 유대교 전통이 상당한 영향을 끼쳤을 것이라고 본다. 하지만 이것은 케어드의 논평에 비추어 조절돼야 할 것이다.[183]

바다짐승 이미지는 예외 없이 구약성경 전체에서 하나님의 백성을 박해하는 악한 나라를 대표하기 위해 사용된다(증거 본문들은 12:3의 주석 참조). 이것은 단 7장에서도 마찬가지다. 계 12장의 용은 세상에 속한 지상 나라들 뒤에 있는 궁극적인 세력으로 이해되었다. 그리고 이곳에서 용에게 적용된 뿔과 머리에 관한 동일한 다니엘서의 이미지가 용의 하수인을 묘사하기 위해 바다에서 나오는 짐승에게도 적용된다. 이것은 짐승의 열 뿔(단 7:7)을 열 왕으로 해석한 단 7:24에서 분명해진다. 짐승의 뿔 위에 있는 "열 왕관"은 이 언급이 땅의 왕 또는 왕들을 가리킨다는 점을 확증한다(12:3의 주석 참조). 뿔은 전형적으로 권세를 가리키는 상징이다(예. *1 En*. 90:6-18, 37-39; 계 5:6). 용의 뿔과 머리를 설명한 것처럼, 여기서도 **일곱** 머리와 **열** 뿔이라는 수는 용의 압제하는 권세의 온전함과 범세계적인 영향력을 강조한다. 이런 이해는 19:17-19의 귀신들의 머리가 압제하는 권세를 표현한다는 사실로써 지지를 받는다. 여기에 하나를 더 추가하면, 일곱 머리와 열 뿔

182) Caird, *Language and Imagery,* 229.
183) A. Y. Collins, *Combat Myth,* 164-66.

이 보편적인 의미를 가진다는 점은 5:6에서 어린 양의 일곱 뿔로 표현된 범세계적인 통치로써 드러난다.

"일곱"과 "열"이라는 수의 주된 비유적인 의미로 인해 머리와 뿔은 1세기든지 혹은 그 이후든지 일련의 구체적인 통치자들과만 동일시될 수는 없다(17:3-12의 주석 참조. 여기서 "머리"는 "왕"들과 동일시된다).[184] 용에게도 머리에 왕관이 있고(12:3) 짐승도 뿔에 왕관이 있다는 사실은 용에게 궁극적인 통치가 있어서 바다에서 나온 짐승을 통해 그의 뜻을 실행하려고 한다는 점을 보여준다.[185] 13:1-2의 바다짐승이 용의 어두운 본거지인 물(바다)에서 나오는 장면은 그 짐승이 용과 동일한 마귀적 특성을 지녔다는 것과 마귀 편에 있는 존재라는 사실을 보여준다(바다를 용의 본거지인 깊은 물로 묘사한 구약의 언급들은 12:3의 주석 참조). "바다"(θάλασσα)는 영적 악의 저장소인 "무저갱"(ἄβυσσος)과 동의어다. 악한 영들이 하나님의 주권 아래 이곳에 갇혀 있다(9:1의 주석 참조). 하지만 악의 어두운 영역은 믿지 않는 사람들을 망라한다. 그래서 그 짐승은 중생하지 못한 수많은 사람의 기원이 땅에 있다는 것을 알려준다고 할 수 있다. 이와 비슷하게 17:15에는 수많은 배교자가 짐승과 연관되어 음녀가 앉아 있는 "많은 물"로 표현되었다.

왕관은 바다에서 나온 짐승이 "많은 관들"을 쓴 "만왕의 왕이요 만주의 주"이신 참된 통치자를 대적하면서 자신이 주권과 보편적인 권세를 지녔다고 거짓 주장하는 것을 상징한다(19:12, 16). 이 유사성에는 짐승과 그리스도를 대조하려는 의도가 보인다(13:1과 17:3, 13:7-13과 1:5, 17:14과 19:12-16 대조).[186] 신성 모독의 전형은 하나님이 아닌 아무에게나 신성을 부여한 것이다. 소아시아의 지역 제의에서 그랬듯이 로마의 황제 숭배 제의에서도 이런 일이 자행되었다. 소아시아에서는 신전들이 로마와 아우구스투스에게 헌정되었으며, 동전에는 황제의 신적 이름이 새겨졌다. 도미티아

184) A. F. Johnson, "Revelation," 524도 보라.
185) Hendriksen, *More than Conquerors,* 177.
186) 참조. Beasley-Murray, *Revelation,* 199.

누스는 자신을 "우리 주와 우리 하나님"이라고 부르도록 요구했다고 한다 (Suetonius, *Domitian* 13).

요한 당대에 바다에서 나온 짐승은 로마와 동일시되었을 것이다. 이것은 유대교 문헌에서 단 7장의 넷째 짐승이 로마와 동일시된 것에서 확증된다(*Midr. Rab.* 창 44.17; 76.6; *Midr. Rab.* 출 15.6; 25.8; *Midr. Rab.* 레 13.5; *b. Abodah Zarah* 2b; *b. Shebuoth* 6b; *Mekilta de Rabbi Ishmael*, Bahodesh 9.30-36; *Pesikta Rabbati* 14.15; *Pesikta de Rab Kahana* 4.9; *Pirqe de Rabbi Eliezer* 28; 다니엘서 본문을 구체적으로 인용하지 않은 문헌들로는 *Tanch.* 창 12.13; *Midr.* 시 11.5; 18.11; 80.5-6; *Targ.* 슥 4:7[코덱스 f]; 6:5; 마 24:15; 눅 21:20; 비교. 4 Ezra 12:10; *2 Bar.* 39:5ff.; *Assumption of Moses* 10:8; Josephus, *Ant.* 10.203-10; 10.272-78; *Pss. Sol.* 2:25은 로마의 통치자를 "용"이라고 밝힌다). 종종 로마는 "에돔" 또는 "바벨론"으로 언급된다(*Sib. Or.* 5.137-61). 요한도 특히 17장에서 "바벨론"을 로마를 포함하는 은유로 사용했을 것 같다.

사본상의 증거는 단수형 "이름"(ὄνομα)과 복수형 "이름들"(ὀνόματα)을 두고 정확히 반으로 나뉜다. 원래 단수형이었는데 복수형 ὀνόματα βλασφημίας("신성 모독의 이름들")이라는 독법이 나오게 된 것은 17:3 (ὀνόματα βλασφημίας)과 병행하기 때문이든지, 바로 앞에 있는 복수형 τὰς κεφαλάς의 영향 때문일 것이다.[187] 단수와 복수의 차이로 인해 의미가 크게 변하지는 않는다.

2절 단 7:3-8에서 사자와 곰과 표범과 "무시무시한" 짐승이 세상에 차례로 등장하는 네 제국을 나타내지만, 계 13:1-2에서 이 네 이미지는 모두 한 짐승에게 적용된다. 여기에 로마가 넷째 짐승이라는 점이 함의되었을 것이다. 다니엘이 예언한 이 넷째 짐승은 단 7:4-6에 언급된 앞의 세 짐승보다 더 힘이 세고 무섭다(다니엘서의 넷째 나라를 구체적으로 암시한 것에 대해서는 계 13:1의 주석 참조). 네 짐승을 하나로 합친 것은 이 (바다에서 나온) 짐승이 몹시 사나운 존재라는 것을 강조한다.

---

187) B. M. Metzger, *Textual Commentary*, 748.

네 짐승이 바다에서 나온 짐승에게서 통합된 것은 1세기에 로마의 지나친 권세를 의미할뿐더러, 여기서 묘사된 압제하는 짐승의 시간적 초월성을 의미하기도 한다.[188] 앞에서 1절을 주석하면서 설명했듯이, 일곱 머리는 단 7장의 네 짐승 모두의 머리를 종합한 것이기도 하다. 이는 네 짐승을 하나로 묶는 또 다른 비유적 방법이다. 이것은 지난친 압제와 시간적 초월 사상을 강조한다. 단 7장의 네 짐승의 나라가 수백 년간 지배했듯이, 17:10-11에 언급된 것처럼, 기원후 1세기를 지배했던 제국이 장차 나타날 다른 억압적인 나라들에 관한 징후를 가지고 있다. 단 7장에 비춰볼 때, 로마 제국은 수세기를 초월했고, 역사의 절정에 이를 때까지 하나님의 백성을 압제하는 모든 세상 권세를 대표한다.[189] 흥미로운 것은 어떤 사본 전통에는 2절의 짐승이 "그리스 사람들의 갈색 곰과 바사인들의 사자와 바벨론인들의 왕"의 집합으로 묘사되었다는 점이다.[190] 요한이 보기에 "혼란스러운 짐승을 최근에 구현하고 있는 것은 로마였다. 하지만 그는 로마를 과거의 모든 이교 제국을 물려받은 자로 이해한다." 그리고 요한은 악한 영이 로마 이후의 다른 세상 제국들을 지배할 수 있도록 로마에게 영감을 불어넣는다고 본다.[191] 용과 짐승에는 과거와 현재와 미래의 세상 제국들이 포함된다. 부분적으로 욥 41장의 바다 용을 염두에 있다는 사실로 인해 우리는 이런 결론을 내릴 수 있다. 용은 역사가 시작될 때 패했지만 역사의 마지막 때까지 계속해서 반란을 일으킬 것이기 때문이다(13:1의 주석 참조). 유대교 문헌에서도 다니엘의 넷째 나라는 단지 한 나라만이 아닌 그 이상의 나라를 가리키는 것으로 이해했다.

짐승의 초시간적인 특성은, 이미 주목했듯이, 구약성경에서 **동일한 바다 괴물 이미지**를 사용하여 수백 년에 걸쳐 차례로 등장하는 악한 나라들을 대표하게 한다는 사실로도 입증된다(참고자료는 12:3의 주석 참조). 우리

---

188) Pieters, *Lamb, Woman and Dragon,* 220-21.
189) Hengstenberg, *Revelation* II, 79-80; Hendriksen, *More than Conquerors,* 177.
190) Hoskier, *Text of Apocalypse* II, 335.
191) Caird, *Language and Imagery,* 229.

가 계 12:3을 분석한 것에 따르면, 바다 괴물을 언급하는 이 구약 본문들은 요한이 단 7장과 더불어 염두에 두었던 본문들이다. 구약성경에서 바다짐승은 압제하는 나라뿐만 아니라, 여러 나라들 배후에 있고 차례로 등장하는 세상 제국에 나타나는 악한 영적 제도를 상징한다. 단 7:12에 따르면 처음 세 제국 중 하나가 멸망하면 그들의 악한 영적 생명이 이후에 따라오는 나라에 계속 존재한다고 한다. "그 남은 [처음 세] 짐승들은 그의 권세를 빼앗겼으나 그 생명은 보존되어 정한 시기가 이르기를 기다리게 되었더라." 더욱이 바사와 그리스, 로마 등 세 나라에 상응하는 나라가 하늘에 있다는 주장은 이 나라들이 다 하늘에 있는 악한 세력들의 꼭두각시였음을 암시한다(참조. 단 10:20; *Pesikta de Rab Kahana* 9).[192]

사탄의 사악함은 앗수르, 이집트, 바벨론, 바사, 헬라, 소돔, 로마 등 여러 나라를 통해 표현됐다. 이러한 악의 체계는 미래의 세상 나라에서도 계속해서 나타날 것이며, 이 땅의 경제적·사회적·종교적 구조에서도 그 악을 표출할 능력이 있다.[193]

바다에서 나온 짐승을 12:3의 (일곱 머리, 열 뿔, 왕관을 가진) 용처럼 묘사한 것은 그가 용과 같이 초역사적인 성품을 지녔음을 확증한다.[194] 그래서 "일곱"과 "열"은 압제하는 권세의 혹독함과 그 권세의 범세계적인 영향력을 가리킬 뿐만 아니라, 이 권세가 휩쓸 동안 적그리스도의 권세를 가진 온전한 핵심요원과 전 포괄적인 시간대를 상징하기도 한다. 짐승의 활동은 일시적으로 용의 활동과 나란히 간다. 사실, 12:3은 짐승이 심지어 그리스도의 부활 이전에도 용과 함께 존재했음을 보여준다.[195] *Test. Abr.* 19:5, 7 역시 용과 일곱 머리를 가진 짐승의 초시간적인 특성을 입증한다. 아브라함

192) 기원전 제3천년기 고대 에슈누나의 도시인 텔 아스마르에서 출토된 인장반지에는 신들에 의해 머리 넷이 잘려 나갔지만, 나머지 머리 셋은 용이 주는 생명력으로 인해 여전히 건재한 용의 모습이 새겨져 있었다. 용은 살육을 당한 머리에게 생명의 원천이었다(Heidel, *Babylonian Genesis,* 108과 도표 16).

193) A. F. Johnson, "Revelation," 525.

194) 참조. Hengstenberg, *Revelation,* II, 14, 32-33, 93.

195) 참조. Hengstenberg, *Revelation,* II, 14, 32-33, 93.

은 환상 중에 "불타는 일곱 머리를 가진 용들"을 보았다. 이것은 "사망"이 모든 계층의 사람을 하데스로 보냄으로써 세상을 황폐케 만드는 "일곱 시대"를 대표한다고 해석되었다.

계 13장의 적그리스도 형상의 초시간적이고 다각적인 측면은 요한 서신의 지지를 받는다. 여기서는 적그리스도의 순전한 종교적 출현이 미래에 나타날 뿐만 아니라 이미 지금 나타났다고 언급된다. "적그리스도가 오리라는 말을 너희가 들은 것과 같이 지금도 많은 적그리스도가 일어났으니"(요일 2:18). "거짓말하는 자가 누구냐? 예수가 그리스도이심을 부인하는 자가 아니냐? 아버지와 아들을 부인하는 그가 적그리스도니"(2:22). "예수를 시인하지 아니하는 영마다 하나님께 속한 것이 아니니 이것이 곧 적그리스도의 영이니라. 오리라 한 말을 너희가 들었거니와 지금 벌써 세상에 있느니라"(4:3). "미혹하는 자가 세상에 많이 나왔나니 이는 예수 그리스도가 육체로 오심을 부인하는 자라. 이런 자가 미혹하는 자요 적그리스도니"(요이 7). 하지만 요한1서의 적그리스도는 계 13장의 적그리스도와 어떤 면에서 다르다는 것 또한 사실이다.

계 2:9에 의하면, 종교 제도를 전적으로 사용하는 능력이 짐승에게 있다는 것이 분명하다. 여기서 믿지 않는 유대인들의 박해가 짐승과 그를 따르는 자들에게만 사용된 단어인 "신성 모독"이라고 묘사된다(13:1, 5, 66; 16:9, 11, 21; 17:3).[196] 그리고 2:9의 유대인들은 짐승의 경우처럼 최종적으로 사탄에게 사주를 받는다(그들은 "사탄의 회당"이다). 이 유대인들과 로마는 박해할 뿐만 아니라, 예수를 부인함으로써 참되신 왕을 "모독한다." 짐승은 기독교적 제도든 아니든 간에, 종교적 제도를 통해 자신의 모습을 드러낼 것이다.

용은 이 제국에게 권세를 주어 자신의 능력을 행사하게 한다. 이것은 참 하나님을 부인하고 그럼으로써 (롬 13:1-7에 묘사된 것처럼) 국가를 향한 하나님의 본래 의도를 왜곡하는 능력이다. 그러한 통치자들은 짐승과 같은 통치자라고 묘사된다. 그들은 하나님이 그들에게 정하신 인간 통치의 표

196) A. F. Johnson, "Revelation," 525.

준 아래로 떨어졌기 때문이다(단 4장과 7장). 서로 동의어인 "능력과 보좌와 권세" 중 2개는 "그의"(αὐτοῦ)라는 인칭대명사가 붙어 사탄의 권세가 직접 전가된 것을 강조한다. 비록 사탄이 고소할 수 있는 그의 법적 권리를 잃었다고 해도(12:7-12), 그는 여전히 그의 계략을 능동적으로 실행한다(2:9; 20:3, 8; 고후 2:11; 11:13-15; 엡 2:2; 6:10-16; 딤후 2:24-26; 벧전 5:8; 요일 4:6; 5:19; 요이 7).

다양한 유대교 주해 전통은 다니엘서의 넷째 나라를 초시간적인 나라로 이해했다. 4 Ezra 12:12-13에서 하나님이 넷째 나라가 그리스라고 다니엘에게 말씀한 해석이 틀리지는 않았지만, 지금 그 나라가 로마와 동일시될 수 있다고 선견자에게 말씀하신다. *Midr. Rab.* 창 76.6은 단 7:8의 넷째 나라의 뿔들을 다양한 제국에 적용한다. 예컨대 오다에나투스(Odaenathus)의 통치 아래 있는 동방의 팔미라-로마 왕국, 바벨론, 바사(메데), 그리스, 로마 등이다. 같은 미드라쉬에는 단 7:2ff.가 "세상에서 통치하고 있는 모든 나라가 이스라엘을 증오하고 그들을 지배한다고 우리에게 말한다"라고 서술한다. 단 7:7의 열 뿔은 *Midr.* 시 75.5에 의하면 "세상의 [이교도] 국가가 다니엘서에 묘사된 짐승들을 상징하며, 악한 자들의 뿔이 존속하는 한, 이스라엘의 뿔은 뽑힌 채로 있다"는 증거로 여겨진다. 랍비 전통 중 한 곳에는 홍수에서 유일하게 살아남은 애굽 사람이 바로였는데, 그가 나중에 니느웨와 바벨론의 왕이 되었으며, 안티오코스와 티투스와 유스티니아누스가 되었다고 언급한다. "세상 마지막 때까지 그는 천 개의 이름을 가질 것이다. 이스라엘의 원수도 이스라엘처럼 영원하다."[197]

3절 요한은 이제 짐승의 머리 중 하나가 상처를 입은 것을 본다. 언급 되지는 않았지만 틀림없이 하나님이 짐승에게 "상처"(ἡ πληγή)를 입히셨을 것이다. 요한계시록 여러 곳에서 πληγή(보통 "재앙"으로 번역됨)는 하나

197) Snaith, *Studies in the Psalter,* 105에서 인용. 19세기 말과 20세기에 짐승을 해석한 여러 견해를 개괄한 A. Y. Collins, *Combat Myth,* 198-99을 보라.

님이 가하시는 징벌이기 때문이다(이런 의미로 11번 등장하고, 8:12에는 동족 동사가 사용됐다). 하나님 백성의 큰 강적의 머리에 상처가 난 것은 창 3:15을 반영한다. 특히 계 12:17과 함께 살펴보면 더욱 그렇다(*Targ. Neof.* 창 3:15과 관련하여 계 12:17의 주석 참조).[198] 13:14은 짐승의 머리를 상하게 한 것이 칼(μαχαίρη)이었다고 부연한다. 이것은 사 27:1을 연상시킨다. "그날에 여호와께서 그의 견고하고 크고 강한 칼(τὴν μάχαιραν)로 날랜 뱀 리워야단 곧 꼬불꼬불한 뱀 리워야단을 벌하시며 바다에 있는 용을 죽이시리라"(비교. 욥 40:19). 사 27:1이 이미 12:3, 9에 반영되었다는 사실은 그 본문을 주석하면서 내린 결론, 즉 짐승이 받은 "치명타"는 사 27장의 첫 성취인 그리스도의 죽음과 부활로 말미암았다는 결론을 한층 더 강화해준다(12:7-12의 주석 참조). 시 74:13("주께서 주의 능력으로 바다[괴물들의 머리]를 치시고 물 가운데 용들의 머리를 깨뜨리셨으며")과 합 3:8-15("여호와여 주께서…바다를 향하여 성내심이니이까…주께서 주의 백성을 구원하시려고, 기름 부음 받은 자를 구원하시려고 나오사 악인의 집의 머리를 치시며 그 기초를 바닥까지 드러내셨나이다")도 여기에 반영되었을 것이다. 이 본문들은 출애굽의 승리를 언급하는 본문들이지만, 자기 백성의 원수를 이기신 하나님의 모든 승리를 좀 더 광범위하게 언급하기도 한다. 그래서 이 본문은 그리스도의 구속의 승리에 쉽게 적용될 수 있었다.

요한계시록 여러 곳에서 "칼"은 종종 현재(1:16; 2:12, 16)와 미래(19:15, 21)에 예수가 자기 원수들에게 행하시는 심판을 의미한다. 이 경우, 이 단어는 ῥομφαία이고 13:14에 있는 것처럼 μάχαιρα가 아니다.[199] 이와 비슷하게 예수도 13:14에서 짐승을 치는 칼을 휘두르는 분이시다. 짐승의 머리 하나는 그리스도의 죽음과 부활로 인해 "죽게" 되었다. 12:5, 10-12과 함께 1:5과 5:9도 이 사실을 증언한다(그리스도의 죽음과 부활로 마귀가 패했음을 천명하기 위해 신약의 병행 어구들이 인용된 12:10-12의 주석 참조). 이것은 본문에

198) 또한 Sweet, *Revelation*, 210을 보라.

199) 참조. Minear, *New Earth*, 252-53.

서 염두에 두고 있는 패배가 악한 성품을 지닌 역사적인 인물(네로나 다른 인물)에게 내린 심판보다는 십자가에서 마귀를 이긴 승리를 가리킬 가능성이 더 많음을 의미한다. 이 패배의 결과는 그리스도를 따르는 사람들의 신실함으로 지속된다(12:11, 17; 롬 16:17-20). 신자들이 박해와 속임과 타협에 맞설 때, 마귀와 그의 하수인들은 계속해서 패한다. 2차 세계대전 때 연합군이 공격 개시일에서 결정적으로 성취한 승리를 그 후에도 계속 이어갔듯이 말이다(12:11에 언급된 것과 같다; 롬 16:17-20).

그 상처는 치명적인 것처럼 보였으며, 실제로 치명적이었다. 하지만 마귀는 그의 하수인을 통해 계속 활동함으로써, 요한에게는 마치 그가 그리스도의 죽음과 부활 때 받은 치명타를 극복한 것처럼 보이게 했다. 마귀와 그의 군대는 패했음에도 불구하고 계속 존재한다. 짐승의 "머리 중 하나가 죽게 되었지만, 그 죽게 되었던 상처가 나았다"(ἡ πληγὴ τοῦ θανάτου의 θανάτου는 설명적 소유격이다). 거의 모든 영어 번역본에서는 ὡς ἐσφαγμένην을 조건적인 뜻으로 번역한다(예. NASB와 Moffatt에는 "마치 죽은 것 같이"[as if it had been slain]; KJV와 Douay에는 "그가 상처를 입어"[as it were wounded]; RSV와 NIV에는 "치명적인 상처를 입은 것처럼 보였다"[seemed to have a mortal wound]로 번역한다[NEB, NRSV, JB도 동일하게 번역됨]). 하지만 이 번역은 자칫 짐승이 단지 죽은 것처럼 보였고 실제로는 죽지 않은 것으로 잘못 이해될 가능성이 있다. "죽임을 당해"(as slain)가 훨씬 나은 번역이다. 이 어구는 5:6에 묘사된 어린 양을 의도적으로 패러디한 것이다. 5:6과 거의 동일한 어구인 ἑστηκὸς ὡς ἐσφαγμένον은 "죽임을 당한"(standing as slain)으로 번역될 수 있다(5:6의 주석 참조). 5장과 13장에서 모두 실제로 죽고 패한 장면이 그려졌다. ὡς는 요한계시록 여러 곳에서 그러하듯이, 요한이 본 어떤 것을 소개하는 환상 문체에 속한다(4:6; 8:8; 9:7; 15:2; 19:6).[200] 이 단어는 요한이 하늘에서 일어난 환상을 본 것을 지상의 용어로 개략적으로 묘사하려는 시도다.

그리스도의 부활은 그리스도의 죽음이 단지 그래 보였을 뿐임을 암시

200) 참조. Bauckham, *Climax of Prophecy*, 432.

하지 않듯이, 짐승의 회복은 실제로 치명타를 받지 않았다는 의미가 아니다. 그리스도가 실제로 죽고 부활하셨듯이, 짐승은 치명타를 받았으며 그것을 극복했다. 짐승의 회복은 13:12에 다시 언급되었고 13:14에서 강조된다. 이 역시 짐승의 회복을 부활로 암시함으로써 5:6의 어린 양과의 병행을 강조한다. 짐승의 회복을 설명하려고 2:8에서 예수의 부활을 묘사할 때 사용된 어구 καὶ ἔζησεν("살아나신")이 사용되었다(또한 1:18 참조; καὶ ἔζησεν은 20:4에서는 성도들의 부활에 사용된다).

하지만 어린 양의 회복과 짐승의 회복 사이에는 차이가 있다. 어린 양은 실제로 부활로써 죽음의 패배를 이기셨지만, 짐승의 지속적인 존재는 그의 실제 패배에 대한 반전이 아니다. 우리는 마귀의 패배가 성도들을 참소하고 그들을 정죄하는 권한의 상실을 의미한다는 사실을 살펴보았다(12:7-12의 주석 참조). 마귀와 짐승들이 13장에서 "권세"를 가진 것으로 반복적으로 언급되었지만, 그들에게는 성도들을 지배할 권세가 없고 다만 하나님이 그들에게 주신 것만을 발휘할 뿐이다.

그렇지만 용과 짐승은 자신들의 권세가 없어졌다는 사실을 속임수로 가리려고 한다. 12:10-12은 용이 패한 후에도 "잠간 동안" 패배한 분노를 표현하는 것을 허락받음을 묘사한다. 그러나 상황을 돌려놓는 데는 전혀 도움이 되지 않는다. 13:3ff.에 동일한 상황이 그려진다. 17:8도 짐승이 죽음에서 "올라온다는 것"은 궁극적으로는 멸망당하기 위해서 올라올 뿐임을 말한다. "네가 본 짐승은 전에 있었다가 지금은 없으나 장차 무저갱으로부터 올라와 멸망으로 들어갈 자니." 제2차 세계대전의 비유가 특히 이 본문에 적절하다. 그리스도가 마귀를 이기신 것은 공격 개시일과 같다. 그리고 그 후에 마귀(와 그의 종인 짐승)가 존재한다는 것은 연합군의 피할 수 없는 진격에 맞서 독일군이 저항하는 것과 같다. 4-7절에 언급된 짐승의 사악한 행위들은 1세기 이후 어떤 미래의 환난에 국한되지 않고, 그리스도의 죽음과 부활부터 재림에 이르기까지 계속됨을 묘사한다.[201)]

---

201) Kiddle, *Revelation,* 241-42과 그밖에 미래주의적 입장에 있는 주석가들에 반대함.

짐승의 소생은 부분적으로 기원후 68년에 일어난 네로의 자살을 반영했을 가능성이 있다. 그 후에 내전이 발생했고, 사람들은 로마의 미래에 대해 의혹을 제기했다.[202] 네로의 죽음으로 짐승이 죽임을 당한 것처럼 생각될 수 있다. 로마가 그리스도인들을 박해하는 일이 극적으로 줄어들었기 때문이다. 베스파시아누스는 다시 한 번 제국을 견고하게 했다. 그 결과 로마의 용은 회생한 것 같았다. 로마의 회복은 네로가 실제로 죽지 않고 파르티아의 어딘가에 숨어 있으며, 다시 한 번 통치권을 되찾으려 한다는 소문에 의해 강화되었다.[203] *Asc. Isa.* 4:2-14은 마지막 때에 충성된 사람들을 박해할 원수를 네로와 동일시한다.[204]

그리스와 아시아를 비롯한 여러 곳에서는 심지어 자신이 네로라고 주장하는 사기꾼들이 등장하여 활개를 쳤다. 그들 중 몇 사람은 잠시 사람들의 환심을 사기도 했다(Tacitus, *Historia* 1.2, 78; 2.8-9; Suetonius, *Nero* 57; Dio Cassius 66.19.3; 전설의 여러 형식에 대해서는 *Sib. Or.* 3.63-75; 4.119-39; 5.93-107, 363-77을 보라).[205] 실제로 오토 황제는 백성이 네로의 이름으로 그를 환호하면서 맞이했을 때 그 이름을 수용했으며, 심지어 공식적인 문서에 네로의 이름을 사용했다는 보고도 있다(Suetonius, *Otho* 7). 디온 크리소스토모스(*Orations* 21.10)는 트라야누스의 재위 기간에 네로가 아직까지 살아있다는 믿음이 존재했음을 보여준다. 로마 제국의 사탄적 차원은 유대인들이 네로를 마귀적인 인물로 여겨(*Sib. Or.* 3.63-73; *Asc. Isa.* 4:2-4) 그를 "뱀"으로 묘사했다(*Sib. Or.* 5.29)는 사실에서도 분명히 드러난다. 로마의 짐승은 도미티아누스 치하 또는 그 후에 그리스도인들을 향한 압제와 박해가 다시 발생하기 시작했을 때 비로소 고침을 받은 것 같다.[206]

---

202) 참조. Caird, *Revelation,* 164-65.

203) 네로 환생 전설의 여러 형식을 입증하는 광범위한 일차 자료와 그것을 분석한 Bauckham, *Climax of Prophecy,* 414-50을 보라.

204) Bauckham, *Climax of Prophecy,* 425-29을 보라.

205) 자세한 자료와 논의는 Bauckham, *Climax of Prophecy,* 413-14을 보라.

206) Hendriksen, *More than Conquerors,* 177-78; Hailey, *Revelation,* 286; Eusebius, *H. E.* 3.18.4; Suetonius, *Domitian* 12(유대인과 그리스도인이 포함되었을 것이다); *1 Clement*

대부분의 주석가들은 짐승을 주로 네로와 동일시하기를 선호한다. 하지만 3절을 일차적으로 네로의 운명과 전설로 좁혀 이해하게 되면 문제가 발생한다. 가장 중요한 문제는 네로의 죽음과 부활이 계 13장과 17장의 묘사와 정확히 일치하지 않는다는 데 있다. 13:3, 12, 14에 언급된 재앙과 같은 칼의 상처는 하나님이나 그리스도에 의해 난 상처이며, 네로에 관한 전설에서 요구하는 자해가 아니다. 사실 상처에서 회복된 것은 짐승이지 머리만이 아니다. 하지만 네로의 죽음은 제국에 치명타가 아니었다. 반대로 그것은 로마의 힘을 보여주는 사건이었다. 그는 로마의 원수와 도망자의 신분으로서 죽었기 때문이다. 전대의 불명예스러운 지도자가 받은 공격은 제국에게 치명적인 상처가 못된다. 더욱이 4절에서는 짐승이 회복되자 전우주적인 경배와 권세를 얻게 되었다고 한다. 하지만 네로의 환생 소문으로 인해 로마를 숭배하거나 로마의 권세를 존경하는 일은 일어나지 않았다. 그 소문은 제국에 위협으로 간주되었기 때문이다.[207)]

실제로 13장의 짐승의 묘사와 요한계시록 여러 곳에 있는 그리스도에 대한 묘사 사이에는 많은 병행 어구가 있어서, 요한이 짐승을 어느 한 황제나 심지어 역사의 어느 한 시점에 존재했던 특정 제국보다는 그리스도의 적수로 밝히려고 한 것이 분명하다. 그리스도와 짐승 모두 (1) 칼을 가졌고, (2) 이마에 그들의 이름을 가진 추종자들이 있으며(13:16-14:1), (3) 뿔이 있고(5:6; 13:1, 11), (4) 죽임을 당하고(5:6; 13:3, 8: σφάζω), (5) "모든 족속과 방언과 백성과 나라"를 지배하는 권세를 가지고 있으며(5:9; 7:9; 13:7; 17:12, 15), (6) 온 세계 사람들에게 경배를 받는다(참조. 5:8-14; 13:4, 8).[208)] 그밖에

1; Bruce, *New Testament History,* 412-14. 1세기 말엽의 박해의 성격을 논의한 Caird, *Apostolic Age,* 156-80; Pliny, *To Trajan* 10.96; 본서 서론의 "그리스도인들의 박해"와 "요한계시록의 구조와 계획"을 보라. 네로 전설을 잘 요약한 Minear, *I Saw a New Earth,* 248-49을 보라. 짐승을 네로라고 주장하는 Collins는 Minear의 주장을 언급하지 않았다. A. Y. Collins, *Combat Myth,* 157-206.

207) 짐승을 네로와 동일시하는 것을 반대하는 이 주장에 대해서는 Minear, *I Saw a New Earth,* 250-51; 같은 저자, "Wounded Beast," 96-101을 보라. 참조. Morris, *Revelation,* 167.

208) Bauckham, *Climax of Prophecy,* 434.

여러 병행 어구들이 있다(아래 "13장의 구성" 단락 참조). 그리스도와 짐승 사이의 이러한 병행 어구들은 성경 이외의 자료에 있는 짐승과 관련된 병행 어구들보다 더욱 가깝다. 이 병행 어구에는 짐승이 그리스도와 그 백성의 최고 원수로 설정되었다. 짐승의 묘사에 적합한 유일한 인물은 마귀다. 그는 역사 내내 그가 택한 하수인을 통해 반복해서 활동한다.[209] 그러므로 하나님의 주요 대적자가 자신의 종말에 이르게 될 때면, 마치 짐승이 패한 것처럼 보일 것이다. 하지만 그는 다른 형태로 다시 일어나 역사의 끝까지 계속 활동할 것이다. 이처럼 마귀가 소생하는 것을 보면 마치 그리스도가 마귀를 결정적으로 이기지 못하신 것처럼 보인다. 하지만 마귀의 이런 활동은 궁극적으로 그에게 "권세를 주시는" 하나님의 손 아래 있다.

그리스도와 짐승을 묘사하는 두 본문 간의 병행 관계는 그리스도의 숙적이 어느 한 역사적 인물이나 사건에 한정될 수 없다는 데 그 중요성이 있다. 이 말은 그리스도의 통치가 전체 교회 시대를 아우르듯이, 그의 궁극적인 적수인 마귀와 그의 종들의 악한 활동 역시 동일한 시간대를 아우른다는 의미다. 이러한 분석은 역사의 끝에 이전보다 더 강력하게 마귀의 모습을 띠고 올 적그리스도의 출현 가능성을 열어둔다. 이러한 절정에 달한 악의 표현이 한 개인으로 나타날지 아니면 제도로 나타날지는 단정하기 어렵다. 아마도 역사 내내 그러하듯이, 종말에 나타날 개별 독재자는 그가 대표하는 나라나 제도와 구별되지 않을 것이다(단 7:17, 23에서처럼 말이다).

다양하고 초시간적이지만 적그리스도의 최후 모습을 이해하는 이러한 관점은 요한의 서신(계 13:2의 주석 참조)과 살후 2:1-12에 있는 적그리스도와 관련된 "이미와 아직"의 개념에 의해 지지를 받는다. 살후 2:1-12에서는 "불법의 사람"이 미래의 언젠가 올 것이라고 예언한다. 그러면 그리스도께서 그와 그를 따르는 사람들을 심판하실 것이다. 하지만 "불법의 비밀"은 바울 당대에 거짓 교훈의 형태로 "이미 활동하고 있었다"(살후 2:2-3, 7). 계 13장의 적그리스도는 이교도의 정치·종교적 측면과 거짓 기독교의 측

---

209) 앞에서 언급한 병행 어구에 대해서는 Minear, *I Saw a New Earth*, 252-56을 보라.

면을 다 가지고 있었다. 둘 다 다니엘이 기대했던 하나님의 종말론적 대적자와 결합되었다(단 11:30-37의 타당성에 대해서 아래 "13장의 구성" 참조). 이런 의미에서 3a절은 어떤 역사적 인물의 문자적인 죽음과 부활을 묘사할 수 없다.[210]

그러므로 바다에서 나온 짐승의 소생은 교회를 박해하는 국가나 세계 제도나 사회적인 구조의 계속적으로 반복되는 흥망성쇠와 연결시키는 것이 더 낫다. 마귀는 비록 그리스도에 의해 결정적으로 패했다고 하더라도 지속적으로 하나님의 백성을 괴롭게 하도록 사주하기 때문이다. 이 광범위한 역사적 해석은 단 7장에 등장하는 네 나라의 흥망성쇠가 혼합된 이미지에 의해 지지를 받는다. 이 이미지는 한 짐승에게 적용되며 그의 시간적인 초월성을 암시한다(13:2의 주석 참조). 유대교 문헌은 단 7장의 넷째 짐승을 로마에게와 이따금씩 일반적인 나라들에 적용했다(앞에서 1절을 주석하며 언급한 문헌들 참조). 그래서 2절에서 다니엘서에 등장하는 네 짐승을 한 짐승에게 모두 적용한 것은 그가 로마 이상의 것을 포함하는 실체이며 로마 제국이 다스리던 시대를 넘어 확장될 수 있음을 의미한다.[211] 이런 사실에 비춰볼 때, 3a절이 로마 제국이 쇠락하고 그리스도의 재림 직전에 다시 소생할 것을 가리킨다고 할 수 없다.[212]

짐승의 생애가 그리스도의 부활 직후에 시작한다는 것은 짐승의 상처가 그리스도의 죽음과 부활로 입은 상처라는 이해로 시사된다. 보컴은 그의 최근 저서에서 짐승의 생애가 그리스도의 죽음과 부활에 대한 패러디라는 것을 증명했고, 그럼으로써 짐승의 주권의 회복과 증강을 보여준다고 주장한다.[213] 17:7-8 역시 짐승의 생애를 그리스도 생애에 대한 패러디로 묘사한다. 하지만 거기서는 그 패러디의 초점이 그리스도와 짐승의 최종적

---

210) 비교. Seiss, *Apocalypse,* 325-26과 Lindsey, *New World Coming,* 177. Seiss와 Lindsey는 미래의 적그리스도와 관련해서만 이렇게 주장한다.

211) 이에 동의하는 W. Foerster, *TDNT* III, 134-35을 보라.

212) Walvoord, *Revelation,* 199-200.

213) Bauckham, *Climax of Prophecy,* 429-40.

인 운명에 맞춰져 있다. 그리스도의 마지막 강림은 그의 나라가 세워지는 결과를 가져올 것이다. 반면에 짐승의 최후의 강림은 그의 결정적인 멸망을 초래할 것이다(17:8, 10-11의 주석 참조).

그러므로 13:3에서 짐승의 상처가 나은 것은 짐승이 무저갱에서 다시 나와 결과적으로 멸망으로 들어가는 일과는 다른 사건이다. 13장에 언급된 짐승의 활동들은 17:8ff.에서 그가 멸망으로 들어가게 되는 행동을 하기 전에 발생한다. 이것은 다음의 사실을 주목하면 알 수 있다. (1) 짐승이 그리스도의 죽음과 부활을 패러디하는 까닭에, 13장에 언급된 짐승의 생애에서 일어나는 사건들은 그리스도의 죽음과 부활 사건과 동일한 기간에 연결될 가능성이 많다. 이러한 시간의 연결은 하나님이 부활 후 예수에게 권세와 보좌를 주시는 것(2:28; 3:21)과 용이 짐승이 치명적인 상처에서 회복한 직후 그에게 권세와 보좌를 주는 것(13:2) 사이에 존재하는 병행으로 더욱 확증된다. 두 사건 간의 병행은 그리스도와 짐승이 각각 부활 직후에 범세계적인 경배를 받는다는 사실로도 더욱 강조된다(5:8-14; 13:4, 8). (2) 13장에서 "열 왕"과 연합하여 움직이는 짐승의 활동은 "삼 년 반" 동안 일어난다(13:5). 반면에 17장에서 짐승의 활동은 불과 "한 시간" 동안만 지속될 뿐이다. 2개의 시간 지시어들이 비유적이라고 해도, 후자는 확실히 전자보다 짧은 기간을 가리킨다. (3) 16:2에서는 13장에 언급된 짐승의 회복 직후에 발생하는(13:14-17), 짐승의 우상을 세우고 짐승에게 경배하는 자들을 표시하는 일이 동방의 왕들이 유브라데를 넘어 도착하는 사건보다 앞선다(16:12).

학자들 중에는 네로의 귀환에 관한 획일적이라고 여겨지는 전설의 영향으로 13장과 17장에 묘사된 짐승의 활동들이 동일하다고 이해하는 사람들이 있다. 하지만 보컴은 요한의 묘사가 그런 전설에 지배받지 않았다고 설득력 있게 주장한다. 요한 자신의 문학적·신학적 목적이 짐승을 묘사하는 데 주도적으로 작용했기에, 네로의 전설을 어느 정도 활용했는지와 상관없이 요한은 그 전설을 자신의 용도에 맞추었다고 한다. 실제로 보컴은 적어도 두 형태의 전설이 존재했고, 하나는 13절에 다른 하나는 17절에 각각 적용되었다고 주장한다. "기독론적인 패러디라는 주제는 요한이 구성한 것이 그리스도의 **역사**와 병행을 이루는 짐승의 역사임을 나타낸다."[214] 주제적으로뿐만 아니라 아마도 시간적으로도 그랬을 것이다. 둘 다 죽음과 부활과 재림을 경험한다.

하지만 용은 자기의 패배를 "온 땅이 짐승을 보고 놀라워할" 정도로 분명히 승리한 것처럼 기가 막히게 위장한다. 이 보편적인 표현은 예외없이 모든 사람을 언급하는 것이 아니라, 믿지 않은 사람들의 온 세상을 가리킨다. 참된 하늘 성전에 속하지 않는 사람들(11:1-2; 12:1, 6, 14)과 하나님의 인침의 보호를 받지 못하는 사람들(7:1-4)은 짐승의 주장에 확신을 얻어 그의 편이 된다. 17:8에서도 "땅에 거하는" 불경건한 자들은 짐승이 죽었다가 기적적으로 회복한 까닭에 "놀랍게 여겼다"고 한다. (일반적으로 "놀라다" 또는 "경악하다"라고 번역되는) θαυμάζω는 여기서 "존경하다"라는 의미이며, 다음 절(4, 6절)에 등장하는 "경배하다"와 거의 동의어다.[215] 7-17절에 비춰볼 때, 이 단어는 "그 사람이 가지고 있는 이점을 존경하고 흠모하다"라는 뉘앙스를 풍긴다. 짐승을 존경하지 않는 사람들은 경제적으로나 정치적으로 고난을 받기 때문이다(LXX에서 이 단어의 의미와 비교하라. 그 경우 이 단어는 ὠφελείας χάριν이라는 어구와 함께 등장한다).[216]

ἐθαυμάσθη ὅλη ἡ γῆ는 몇몇 사본에서 주어인 ὅλη ἡ γῆ와 함께 능동태로 기능하는 수동태 동사의 문법적 난제를 완화하려고 εθαυμασθη εν ολη τη γη로 바뀌었다(예. 𝔐A). 그래서 "온 땅이 놀랐다" 대신 "[짐승은] 온 땅에 의해 놀람을 받았다"가 된다.[217] ἐθαυμάσθη ὅλη ἡ γῆ ὀπίσω τοῦ θηρίου는 아마도 "[그들이] 짐승을 보고 놀라 그의 뒤를 따랐다"를 가리키는 함축적인 표현일 것이다.[218] 17:8의 좀 더 온전

214) Bauckham, *Climax of Prophecy,* 437.
215) BAGD, 352.
216) BAGD, 352.
217) 여기서 능동태의 의미를 지닌 수동태에 대해서는 Robertson, *Grammar,* 817-18을 참조하라.
218) BDF, §196a.

한 형식이 암시하듯 말이다(θαυμασθήσονται οἱ κατοικοῦντες ἐπι τῆς γῆς... βλεπόντων τὸ θηρίον, 17:6도 마찬가지이다). ὀπίσω(=*mēʾaḥărê*)가 셈어 형식의 *merĕʾôt*(=βλέπουσα)의 변형이라[219]는 추측은 가능할 수 있지만 설득력은 없다.

가능성은 있지만 개연성이 없는 것은 ἐθαυμάσθη ὅλη ἡ γῆ ὀπίσω τοῦ θηρίου를 "온 땅이 짐승의 등장으로 인해 완전히 파괴되었다"라고 번역한 것이다.[220] 이 구절에 바로 이어 προσεκύνησαν("그들이 경배하였다")이라는 단어가 2번 사용되어 3b절의 사상을 이어가며, ἐθαυμάσθη에 경배 사상이 포함되었음을 암시하기 때문이다. 더욱이 완전한 파괴는 4절에서 짐승이 죽었다가 다시 소생한 사건에 반응한 행동으로는 적합하지 않다. 한편으로는 경배의 마음을 가진 놀라움의 사상이 잘 어울린다(사실 ὀπίσω τοῦ Σατανᾶ는 딤전 5:15에서 "사탄을 따르다"를 의미한다. 그래서 ὀπίσω τοῦ θηρίου는 여기서도 동일하게 번역될 수 있을 것이다. 또한 요 12:19; 행 5:37에서 ὀπίσω의 동일한 사용례를 보라). 이것은 17:8에 의해 확증된다. 여기서 동사의 수동태는 짐승의 회복을 "보고" 표현한 경배의 놀라움이다. 요한이 17:6-7에서 능동태 동사를 사용했다고 하여, 능동적인 의미를 나타내는 본문에서 수동태를 사용할 수 없는 것은 아니다.

나는 앞의 3절에서 내린 결론의 주요 윤곽과 관련해 존슨과 본질적인 면에서 동의하는데, 특히 그 짐승의 등장이 다양하고 초시간적이지만 역사의 최후에 등장한다는 점과 관련해서 그렇다.[221]

4절 "용이 짐승에게 권세를 주므로" 3절에 언급된 불경건한 자들 무리의 동맹은 이제 용을 경배하는 자들로 표현된다. "경배"는 동맹과 찬양을 보여주는 한 방법이다. 용이 권세를 짐승에게 주었다는 사실이, 땅에서 마귀가 그의 능력을 특별한 방법으로 짐승(로마 등등)에게 집중한다는 것을

---

219) Charles, *Revelation* I, 351과 MHT II, 476이 이렇게 주장한다.

220) S. Thompson, *Apocalypse and Semitic Syntax,* 12-13.

221) A. F. Johnson, "Revelation," 526-27. 짐승의 머리 하나가 죽었다가 다시 회복되는 것을 밝힌 다른 여러 견해들을 개관한 Pieters, *Lamb, Woman and Dragon,* 231-37을 보라.

강조하려고 다시 언급되었다. 권세의 이전을 의미하는 어구는 단 7:6에 근거한다. 다니엘서 본문에서는 셋째 짐승에게 땅에서 지배하고 박해하도록 권세가 주어진다(본문의 ἔδωκεν τὴν ἐξουσίαν τῷ θηρίῳ["그가 짐승에게 권세를 주고"]와 단 7:6 Theod.의 τῷ θηρίῳ καὶ ἐξουσία ἐδόθη αὐτῇ["그 짐승에게와 그에게 권세가 주어졌다"]를 비교하라).

허다한 무리들이 짐승을 경배한다. 짐승이 누구와도 비교할 수 없는 존재라고 생각하기 때문이다. 그들은 경배하면서 이렇게 외친다. "누가 이 짐승과 같으며 누가 능히 이와 더불어 싸우리요?" 사탄의 비교 불가능성을 표현하는 이 말은 역설적이게도 구약성경에서 야웨에게 적용된 표현을 사용한 것이다(특히 출 8:10; 15:11; 신 3:24; 사 40:18, 25; 44:7; 46:5; 시 35:10; 71:19; 86:8; 89:8; 113:5; 미 7:18을 참조). 이것은 사탄이 하나님을 흉내 내려는 행동이다. 이 모든 구약 본문에서 야웨의 비교 불가능성은 거짓 신과 우상들과 논쟁적으로 대조된다.[222] *B. Gittin* 56b은 이 본문들을 로마의 지도자 티투스에 대해 논쟁적으로 사용한다. 티투스가 기원후 70년에 성전을 더럽혔기 때문이다. 그러므로 짐승을 경배하는 사람들의 입에서 나온 "비교 불가하다"는 표현은 신성 모독의 완벽한 전형이다. 이것은 다니엘서에 등장하는 마지막 때에 자신을 하나님보다 더 높이려고 하는 교만한 왕을 가장 잘 표현한다(단 8:11, 25; 11:36-37). 짐승이 "전쟁을 수행함"에 있어 비교 불가능하다는 것은 단 7:8(LXX)과 7:21(LXX, Theod.)에서 성도들과 그 뿔이 싸움을 벌이는 일을 반영한다고 간주할 수 있다(또한 단 8:10-13, 22-25; 11:31ff.). 짐승이 가지고 있는 죽이는 권세는 범세계적으로 그를 경배하는 동기가 된다.[223]

사본들 중에 𝔓[47] 2344은 땅의 거주자들이 아니라 짐승이 "용에게 경배했다(προσεκύνησαν 대신에 προσεκύνησεν)"고 한다. 단수형은 어쩌면 원본일 수도 있지만, 적은 수의 사본상의 지지를 받기에 2차적인 본문일

---

222) 참조. Labuschagne, *Incomparability of Yahweh*; Prigent, *Apocalypse,* 204.

223) Swete, *Apocalypse,* 165.

개연성이 더 높다. 이런 독법은 청각 착오 때문에 발생했을 것이다.

5절 1-4절에 언급된 다니엘서의 짐승과 그가 권세를 받았다는 사실은 5-8절에서 더 발전된다. 반복되는 암시의 요점은 하나님을 빙자한 원수의 손에 이스라엘이 박해를 받을 것이라는 예언이 그리스도의 죽음과 부활 때에 시작되었고 교회의 박해로써 계속 성취되고 있음을 보려주려는 데 있다.

"마흔두 달", 즉 3년 반 동안 말로써 자기의 권세를 표현하는 짐승은 단 7:6, 8, 11, 20, 25을 집합적으로 암시한다. 예를 들어보자.

단 7:6, 8 LXX	계 13:5
γλῶσσα ἐδόθη αὐτῷ···στόμα λαλοῦν μεγάλα ("그는 방언과…과장된 말을 하는 입을 받고").[224)]	ἐδόθη αὐτῷ στόμα λαλοῦν μεγάλα ("과장되고…말하는 입을 받고").

짐승의 권세는 그의 말로써 표현된다. 상당히 많은 암시가 다니엘서 본문에서 글자 그대로 왔을 뿐만 아니라, 신성 모독하는 입과 관련한 세 요소, 권세를 주는 어구(계 13:5과 단 7:6, 14 LXX에 반복적으로 사용된 ἐδόθη αὐτῷ["그가 받았고"]; 비교. 7:25 Theod.), 마지막 때의 기간에 정해진 기간은 구약성경에서 다니엘서에서만 등장하는 독특한 어구다. 안티오코스 에피파네스가 다니엘서 예언의 첫 성취자였을 것이며, 요한계시록 본문에 등장하는 인물은 또 다른 성취자다(참조. 1 Macc. 1:24: ἐλάλησεν ὑπερηφανείαν μεγάλην["그는 매우 교만하게 말했다"]). 그렇지만 단 7:8, 11, 20, 25에서 하나님을 거슬러 과장스럽게 말하는 대적자에 대한 언급은 넷째 나라와 관련이 있는 교만한 뿔을 가리킨다. 요한은 이것이 로마와 로마의 후계자들을 예언한 것으로 보았다.

"마흔두 달"이 단 7:25b(와 단 12:7)에 근거한다는 사실은 이 어구가 다른 다니엘서의 암시들과 밀접히 연결되었고, 계 12:6, 14b과 일찍이 11:2-3에

224) 단 7:6 Theod.에는 ἐξουσία(γλῶσσα, "방언" 대신) ἐδόθη αὐτῷ("그가 권세를 받고")로 되어 있다. 참조. 단 11:36.

서 다니엘서에 등장하는 기간을 분명히 암시한다는 사실로 미루어볼 때 분명하다. 앞에서 그 기간을 가리키는 이 세 언급들은 그리스도의 죽음과 부활로부터 역사의 절정까지 이르는 기간을 아우른다. 마찬가지로 앞에서 12:12과 13:3을 분석한 것에서 알 수 있듯이, 13:5의 기간 역시 같은 시간대를 가리킨다. 13:3은 비유적인 기간의 시작이 짐승을 "죽임 당하게 한" 그리스도의 죽음과 부활임을 밝힌다. 12:7-12을 살펴본 결과, 그리스도의 구속 사역이 마귀와 그의 하수인들에게 치명타를 가했음이 확증된다. 그러므로 11:2-3, 12:6, 14b, 13:5에 언급된 사건들은 시간적으로 동시대에 발생한다.

이 구절들에서 하나님이 짐승이 가진 권세의 궁극적 원천이시라는 사실은 8절에서 짐승에게 경배하는 사람들의 수가 예정되었고 그들의 시간도 제한되었다는 사실에 의해 암시된다(같은 암시가 단 7장의 권세를 부여하는 어구에서 발견된다). 마귀가 아니라 하나님만이 때와 시간을 정하신다. 마귀는 하나님 나라를 거슬러 행동하는 시간을 "삼 년 반"으로 제한하고 싶지 않을 것이다.[225]

짐승의 말은 자신을 하나님 위에 높이고 모든 것(참조. 13:3b-4; 단 7:25; 8:10-11; 11:36)과 그의 속이는 활동을 두고 경배를 요구하는 오만함을 가리킨다. 속임의 영향은 3b절에서 암시되었고("온 땅이 놀랍게 여겨"), 13장 전체에서 발전되었다. 더욱이 그의 말은 신성 모독적이다. 그의 말을 "신성 모독"이라고 칭하는 것은 속임 사상을 한층 더 강조한다. 신성 모독에는 참되신 하나님의 이름을 비방하거나 훼손하는 것이 포함되기 때문이다.[226] 단 7장과 11장의 암시는 자기주장만 아니라 속임도 강조한다(참조. 단 8:10-11, 23-25). 단 7:25의 내용은 이렇다. "그가 장차 지극히 높으신 이를 말로 대적하며 또 지극히 높으신 이의 성도를 괴롭게 할 것이며 그가 또 때와 법을 고치고자 할 것이며 성도들은 그의 손에 붙인 바 되어 한 때와 두 때와 반 때를 지내리라"(Theod.의 παλαιώσει ["그가 괴롭게 할 것이다"]

---

225) Beasley-Murray, *Revelation*, 213.

226) βλασφημία의 이런 뉘앙스에 대해서는 BAGD, 143을 보라.

대신에 πλαινησει["그가 속일 것이다"]의 증거에 대해서는 12:15의 주석 참조). 마찬가지로 단 11:32, 36은 "그가…악행하는 자를 부드러운 말로 타락시킬 것이나"라고 주장한다(MT; Theod.은 11:32의 "부드러운 말"을 "속임수"라고 해석한다). "그 왕은…비상한[부푼] 말로 신들의 신을 대적하며"(참조. 단 7:25 Theod.). 그러므로 짐승은 용의 의지를 수행하여 교회를 속임수로 "떠내려가게" 한다(12:15-16의 주석 참조).

보통 "행하다"라는 뜻으로 사용되는 ποιέω는 단 8:12, 24, 11:28, 30, 39 Theod.에서 독재자의 박해 행위를 가리키기 위해 사용된 ποιέω를 반영한다. א에는 ποιῆσαι 다음에 ο θελει가 덧붙여졌다("그가 원하는 것을 행하려고"). 이것은 본문의 짐승이 단 8:4, 11:3, 16, 36 Theod.에 묘사된 종말론적 대적자와 비슷하다는 것을 보여준다. LXX은 이 모든 본문에서 "자기의 뜻대로 행할" 폭군적인 통치자를 언급한다(ποιήσει κατὰ τὸ θέλημα αὐτοῦ). 단 11:36과의 병행 어구가 특히 눈에 띈다. "그 왕은 자기 마음대로 행하며 스스로 높여 모든 신보다 크다 하며 비상한 말로 신들의 신을 대적하며 형통하기를."

단 7장과 스스로 높이는 뿔은 8장에서 동일한 나라를 가리키는 비유가 아니다. 단 7장에서 뿔은 넷째 나라와 연결되지만, 8장에서는 셋째 나라와 연결된다. 넷째 나라는 장차 올 나라이고 로마 제국에서 성취되기 시작할 것이다. 반면에 넷째 나라는 안티오코스 에피파네스에게서 처음으로 성취되었다고 말할 수 있다. 단 7장에 등장하는 네 짐승 모두 계 13:1-2에서 언급된 짐승 하나에 통합되었듯이, 두 이미지는 계 13:4에서 통합된다.

짐승의 "과장된 말"이 속이는 말이라는 결론은 통치자들이 "입으로 엄청난 것을 말한다"고 언급하는 *Assumption of Moses* 7에 의해서도 지지를 받는다(단 7:8, 20에 근거함). 그곳에서 이 표현은 이스라엘을 압제하는 통치자들의 속임수를 강조한다. "불경건한 자들이 다스릴 것이다. 위선자들과…가난한 자들의 재산을 삼키는 자들은…자기들이 공의에 근거하여 그렇게 한다고 호언장담한다. 하지만 실제로는 가난한 자들을 멸하고…속이고, 본심이 탄로 나지 않도록 자신을 숨긴다."

6절 단 7:25은 짐승이 가진 권세의 효과를 묘사하려고 다시 6a절에서 언급된다(참조. 단 11:36 LXX). 단 7:25과 계 13장 모두 하나님을 비방하고 자신을 하나님과 동일시하며(13:4, 6에 암시됨), 단 8:10, 25과 11:36의 경우처럼 성도들을 박해하는 종말론적인 악마에 대해 언급한다(참조. 단 8:11, 13; 또한 *Asc. Isa.* 4:6; *Sib. Or.* 5.33-34; *Assumption of Moses* 8:5). 짐승이 "하나님의 이름을 비방한다"는 것은 스스로 신성시하여 하나님을 비방함을 의미한다(로마 황제들이 그랬듯이 말이다. 참조. Suetonius, *Domitian* 13). 이런 비방에는 하나님의 이름이 기록되어 있는 그리스도인들을 고소하거나 박해하는 행동도 포함된다(3:12; 14:1; 22:4; 비교. 7:3).

τὴν σκηνὴν αὐτοῦ("그의 장막")와 τοὺς ἐν τῷ οὐρανῷ σκηνοῦντας("하늘에 거하는 자들")는 각각 단 8:10-13에 언급된 "성소"와 하늘의 "천군"을 상기시킨다. 마지막 때의 폭군은 "스스로 높아져서 군대의 주재를 대적하며 그에게 매일 드리는 제사를 없애버렸고 그의 성소를 헐었"다(단 8:11). 이 배경은 계 13:6의 어색한 독법인 "그의 장막"이 접속사도 없이 "하늘에 사는 자들"로 바로 설명되는 것을 이해하는 데 도움이 된다. 단 8:10-11에서처럼 여기서도 하늘에 있는 성도들을 대적하는 행동은 땅에 있는 성도들까지 포함한다(이와 비슷하게 바울은 교회 전체를 하늘에 앉아 있는 것으로 보았다[엡 2:6; 골 3:1]; 다니엘서의 문맥을 논의한 본서 12:4의 주석 참조). 요한이 단 8:10-13을 염두에 두었다는 사실은 자연스러운 일이다. 앞장에서도 같은 본문을 언급했기 때문이다(12:4, 9, 13).

성도들을 하늘의 장막과 동일시하는 것은 11:1-2에서 동일시하는 것과 거의 같다. 11장에서는 땅에 사는 참 신자들이 비가시적이고 파멸되지 않는 하나님의 성소와 동일시된다(12:6, 14의 주석 참조). 13:6의 본문 전통 중에는 "하늘에 거하는 자들"을 "하늘에 거하는 그의 택함을 받은 자"라고 번역한 것도 있다(arm 3).[227]

227) 참조. Hoskier, *Text of the Apocalypse* II, 342.

명사 σκηνή("장막")와 동사 σκηνοῦν("거하다" 또는 "장막을 치다")이 함께 등장하는 유일한 다른 본문은 이 단어들이 같은 순서로 언급된 21:3이다. 거기서는 하나님의 임재가 새 땅에 사는 그의 백성과 함께 있다는 것이 요지다("하나님의 장막이 사람들과 함께 있으매 하나님이 그들과 함께 계시리니"). 동일한 환상의 뒷부분에서 이 장막의 실체가 있는 영역은 "성전"(ναός)이라고 밝혀진다(21:22). 7:15에서 σκηνοῦν은 21:3과 같은 요지를 전달하려고 성전(ναός)과 연결되어 사용된다("그가 그들 위에 장막을 치시리니").[228] 13:6에서는 11:1-2과 맥을 같이하여, 땅에 있는 성도들이 짐승이 박해하는 가시적인 목표물임을 밝힌다. 성도들이 박해를 받는 것은 그들이 하늘 시민이라는 사실에 충실하여 이 땅의 시민으로서 요구되는 것에 복종하지 않기 때문이다.[229] 어떤 면에서 이미 하늘에 있는 성도들에게 직접 공격이 가해진다는 사실은 7장의 병행과, 짐승의 배후에 있는 사탄의 세력이 고소자의 지위에서 떨어졌을 때 "하늘과 그 가운데 **거하는**(σκηνοῦντες) 자들"이 기뻐하는 것으로써 입증된다(12:12).[230] 그러므로 땅에 사는 성도들과 이미 죽어 주님과 함께 있는 자들 모두 13:6의 "하늘에 거하는 자들"을 구성한다.

짐승의 적개심과 극단적인 교만은 단 7장과 8장에 묘사된 교만한 지를 반영한다.

C사본에는 καὶ τὴν σκηνὴν αὐτοῦ("과 그의 장막")가 생략됐다. 필경사가 이 어구 바로 앞에 있는 αὐτοῦ를 건너뛰어 다음에 등장하는 αὐτοῦ서부터 계속 썼기 때문이다. 𝔓[47]에는 글을 부드럽게 하려고 τοὺς σκηνοῦντας("사는 자들을")가 생략되었다. 그래서 𝔓[47]에 따라 본문을 읽으면, "하늘에 있는 그의 장막"이라고 읽게 된다.

베스파시아누스와 티투스는 모두 하나님을 모독하고 성전을 훼손함으로써 성전을 공격한 것으로 알려졌다(*b. Gittin* 56b에는 티투스가 "하늘을

228) W. Michaelis, *TDNT* VII, 377.
229) Caird, *Revelation,* 167.
230) Michaelis, *TDNT* VII, 377-78. 본서 12:9-10, 12의 주석 참조.

모독하고 모욕했다"고 기록되었다. 참조. *Sifre* 신, Piska 328).

7a절 이제 초점은 다시 단 7장의 예언(예. 7:8 LXX, 21 MT과 Theod.)과 "뿔"의 박해 활동에 있으며, 짐승의 동일한 활동이 성취되기 시작하여 온 땅에 있는 모든 부류의 사람에게 영향을 준다는 것을 보여준다. ποιῆσαι πόλεμον μετὰ τῶν ἁγίων καὶ νικῆσαι αὐτούς("성도들과 싸워 이기게 되고")는 계 11:7을 거의 반복한 것이고 단 7:8b(LXX), 21에 근거한다. 악한 왕이 "입으로 큰일을 말했다"라는 주장에 이어 그리스어 단 7:8은 그 폭군이 "성도들과 싸움을 벌였다"는 내용을 바로 덧붙인다. 같은 패턴이 여기서 반복된다. 단 7:8, 21은 이스라엘을 박해하고 이길, 땅에 있는 마지막 나라와 관련한 예언이다. 그 후에 박해자들은 심판을 받을 것이고 성도들은 세상 나라를 상속받을 것이다(단 7:22-27). 요한은 이스라엘과 관련된 다니엘의 예언이 마지막 날 세상이 교회를 박해하는 것 가운데서 성취되었다고 해석한다. 요한은 그 성취가 그리스도의 죽음과 부활과 함께 시작되었다고 이해한다(본문 비교와 더 자세한 논의는 11:7의 주석 참조).

단 13:5-7a에 언급된 다니엘서 본문이 안티오코스 에피파네스가 이스라엘을 박해하고 성전을 모독한 행동을 원래 암시했다면, 여기서 묘사된 인물 역시 교회를 박해하는 안티오코스와 같은 종말론적인 인물일 것이다. 하지만 다니엘서의 본문이 안티오코스 이후의 나라를 언급한다면, 요한은 그 본문이 성취되는 시작을 여기서 묘사한다.

가장 훌륭한 사본상의 증거들 대부분에 καὶ ἐδόθη αὐτῷ ποιῆσαι πόλεμον μετὰ τῶν ἁγίων καὶ νικῆσαι αὐτούς("또 권세를 받아 성도들과 싸워 이기게 되고"; 𝔓[47] A C 2053 𝔐[A])가 생략되었다. 하지만 생략이 좋은 독법은 아니다. 생략은 본문 전통의 초기에 발생했다. 필경사의 눈이 7절을 시작하는 첫 어구인 καὶ ἐδόθη αὐτῷ부터 시작하여 이 절 중간에 있는 동일한 어구로 건너뛰었을 것이다.

7b-8a절 짐승의 적대 행위는 온 땅의 모든 부류의 사람에게 영향을 준다. 용은 짐승과 더불어 범우주적인 경배를 받는다. 남성형 αὐτόν("그를/그에게")이 8a절에서 가장 좋은 독법이라면, 용은 경배의 일차적인 대

상이다. 만일 남성형 또는 중성형 αυτω("그에게")가 선호된다면, 짐승이나 용 중 어느 하나가 초점이 될 수 있다(후자의 경우는 ℵ 051 1006 1611 1841 2053 2344 𝔐[A]). 짐승은 절대 권력 때문에 경배를 받는다(5절부터 ἐδόθη αὐτῷ ἐξουσία ["그에게 권세를 주고"]가 반복되는 것을 주목하라).

단 7:14의 암시와 함께 단 7장의 영향은 계속된다. 단 7:14은 "인자"가 주권적인 권세를 받아 범우주적인 예배를 받는다고 묘사한다. 두 본문을 비교해보자.

단 7:14b	계 13:7b-8a
καὶ ἐδόθη αὐτῷ ἐξουσία καὶ πάντα τὰ ἔθνη τῆς γῆς...καὶ πᾶσα δόξα αὐτῷ λατρεύουσα (LXX: "그에게 권세를 주고, 땅의 모든 나라…또 모든 영광이 그를 섬기니라"). καὶ αὐτῷ ἐδόθη ἡ ἀρχὴ...καὶ πάντες οἱ λαοί φυλαί γλῶσσαι αὐτῷ δουλεύσουσιν. Ἡ ἐξουσία αὐτοῦ (Theod.: "그에게 통치권을 주고…모든 백성과 족속과 방언이 그를 섬길 것이라. 그의 권세는…").	καὶ ἐδόθη αὐτῷ ἐξουσία ἐπὶ πᾶσαν φυλὴν καὶ λαὸν καὶ γλῶσσαν καὶ ἔθνος καὶ προσκυνήσουσιν αὐτὸν πάντες οἱ κατοικοῦντες ἐπὶ τῆς γῆς ("각 족속과 백성과 방언과 나라를 다스리는 권세를 받으니…이 땅에 사는 자들은 다 그 짐승에게 경배하리라").

권위의 부여 어구는 LXX 본문에 더 가깝고, 보편성의 표현은 Theod.과 더 잘 어울린다.

단 7:14이 다시 암시되었다는 사실은 자연스럽다. 단 7장 문맥이 13:1-7a에서 요한의 사상을 지배하는 패턴으로 작용하며, 이 패턴의 일부분은 7b-8절에 계속 반영되기 때문이다. (1) 주권적인 권세를 준다(단 7:14a). (2) 땅에 있는 모든 경배하는 사람을 지배하는 권세다(단 7:14b). (3) 이 모든 것이 우주적인 "책"과 직결된다(단 7:10b). προσκυνέω("경배하다")가 사용된 것은 λατρεύω("섬기다," 단 7:14b LXX)나 δουλεύω("섬기다," 단 7:14b Theod.)을 반영했을 수 있다. 물론 경배가 단 3:7의 προσκυνέω의 사용에 영감을 받았을 가능성도 있다. 단 3:7에서는 느부갓네살이 모든 백성더러 그가 세운 신상에게 경배하라고 명령한다(Theod.: πάντες οἱ λαοί φυλαί γλῶσσαι προσκυνήσουσιν ["모든 백성과 족속과 각 언어를 말하는 자들이 다 경배하니라"]; 비교. LXX; 단 3, 6, 7장과 본문상의 유사성에 대해서는 아래 참조).

이 본문들을 비교하면, 단 3, 6, 7장이 요한이 인유한 본문의 출처를 동일하게 제공한다고 결론지을 수 있다. 하지만 단 7:10-14과 계 13:7b-8에서만 발견되는 앞서 언급한 3중 패턴과 계 13:1-7a에서 지배적인 단 7장을 볼 때, 단 7:14이 가장 강력하게 영향을 주는 구절이다.

단 3, 6, 7장 사이의 유사성은 중요할 수 있다. 이 유사성은 거짓 경배와 참 경배를 묘사하려고 다니엘서에서 동일한 언어가 사용되었음을 보여준다. 요한은 이 사실을 주목하여 거기서 역설적인 함의를 이끌어 내었을 것이다. 요한이 실제로 그랬든지 그렇지 않았든지 간에, 그는 짐승이 권세를 받은 것(단 7:6, 17 Theod., MT)과 인자가 권세를 받은 것(단 7:14 LXX, MT)을 설명하려고 같은 어휘를 사용하면서 둘 사이에 역설적인 연결성을 보았을 것이다. 요한은 이러한 점을 인식하여 짐승이 이기려고 하지만 그것이 인자의 최종적인 승리를 역설적으로 패러디하고 있음을 보이려고 단 7:14의 어휘를 짐승에게 적용했을 것이다. 짐승이 성도들을 이기고 범우주적인 경배를 받는 권세는, 인자가 짐승을 이기는 승리와 그의 권세와 범우주적인 찬송을 받도록 하는 동일한 근원(궁극적으로 하나님)에서 온다. 그러므로 요한이 조롱이나 문학적인 장난을 사용했다는 점은 단 7:6과 14절의 권세 어구를 나란히 놓고 비교해보면 알 수 있다. 짐승이 받은 권세와 경배는 인자가 받게 될 승리의 역설적이고 조롱조인 전주곡에 불과하다. 그 역설은 단 7:27a의 "성도들"이 권세를 받는 것과도 연결되었을 것이다(이 사상의 발전에 대해서는 17:14의 주석 참조).

전후 문맥에 다른 역설적인 요소가 포함되었다는 사실로 미루어보면, 이러한 역설이 의도되었을 가능성을 높여준다. 계 13:3에서 첫째 짐승은 5:6에서 묘사된 메시아이신 어린 양의 죽음과 부활을 상기시키는 용어로 묘사되었다(비교. 13:14). 이것은 4a절에서 하나님의 비교 불가능성에 대한 구약의 표현을 역설적으로 사용한 것으로 이어지고, 8b절에서 어린 양을 언급함으로써 강조된다. 11절에서 두 번째 짐승은 "뿔 가진 어린 양"이다. 이것은 5:6의 어린 양의 뿔을 즉각 상기시킨다. (이와 비슷하게 MT와 Theod. 단 7:21이 12:7-8에서는 거꾸로 용에게 적용된다. 원래는 짐승이 이기려고 시도한다고 말하는 단 7:21을 이렇게 사탄에게 적용했지만, 지금은 그의 패배에 적용했다.) 어쩌면 13:7b-8a은 5:6-10과 역설적으로 대조하려고 의도되었을 것이다. 단 7:14의 이러한 사용은 유대교 묵시문학의 여러 곳에서 단 7-8장을 역설적으로 사용하는 일반적으로 동일한 패턴과 일치한다(*1 En*. 90:9-12; *Test. Jos*. 19:6; 4 Ezra 13:1-3).[231] 요한은 그의 독자들에게, 역사의 궁극적인 결과와 독자들 자신의 운명과 관련하여 그들을 격려하려고 단 7장의 문맥에 주의를 환기시킨다. 독자들은 비록 국가로부터 압제를 당하고 있지만, 궁극적인 승리자가 될 것이며 인자와 함께 영원히 다스릴 것이다.

13:7에서 사람들을 가리키는 4중 문구는 창조된 온 땅의 구원받지 못한 모든 백성을 보편적으로 가리키며,[232] 단 7:14에서는 전 포괄적인 범위를 의미하며, 계 5:9과 7:9에서도 전체 교회 시대 동안 우주 전체에 있는 구원받은 사람들에게 사용된다. 이렇게 보편적인 지역적·시간적 의미는 8절 후반부에 의해 확정된다. 여기서는 믿지 않는 무리들이 온 세상이 창조되기 전부터 영생을 얻지 못하도록 정해졌다고 한다. 본문에서는 믿지 않는 사람들의 무리 전체를 염두에 두었고, 단지 역사의 짧은 한 시대에 속한 사람들만을 염두에 두지는 않았을 것이다. 이것은 13장의 내용을 초역사적으로 적용할 수 있음을 시사한다.

동사 δίδωμι("주다")는 여러 곳에서 ἐξουσία("권세")와 αὐτός("그")의 한 형태와 함께 발견된다(Sir. 17:2; 30:11; 45:17; 1 Macc. 1:13; 10:6; 마 10:1; 막 6:7; 눅 9:1; 요 1:12; 5:27; 17:2; 참조. 마 21:23; 막 11:28). 하지만 δίδωμι의 수동태가 ἐξουσία와 함께 사용되는 것은 계 6:8, 9:3, 13:5, 7의 독특한 점이다(단 7:14을 암시하는 듯이 보이는 마 28:18은 예외다). 계 13:5b에서

231) Beale, *Use of Daniel*, 74ff., 90ff., 141ff., 320ff을 보라.
232) 참조. Morris, *Revelation*, 169.

ἐδόθη αὐτῷ ἐξουσία("그에게 권세를 주고")는 단 7:6, 14의 복합적인 암시에 속한다(참조. 단 7:8, 20; 몇몇 사본에서 계 13:7a의 ἐδόθη αὐτῷ 뒤에 ἐξουσία를 더한 것은[233] 필경사의 눈이 5절의 동일한 어구로 돌아가는 시각적 착오를 일으킨 까닭에 발생했을 것이다). LXX에서 δίδωμι의 수동태를 가진 이 구조는 단 7:14만의 독특한 구문이다. 거의 같은 문장이 단 5:7 LXX, 7:6, 27 Theod.에 등장한다. δίδωμι의 수동태를 가진 이와 비슷한 문장은 단 7:4, 6(LXX), 11, 12, 22(LXX), 25(Theod.)에서도 발견된다. 증거를 놓고 보면, 계 13:7b의 권세를 준다는 문장은 다니엘서, 특히 단 7:14에서 왔다고 봐야 한다.

단 7:14b에서 λατρεύω("섬기다" LXX)와 δουλεύω("섬기다" Theod.)는 히브리어 *pĕlaḥ*("섬기다, 존경하다")의 번역이다. 요한 역시 이 히브리어를 προσκυνέω로 번역했을 것이다. LXX에서 λατρεύω는 거의 전적으로 경배의 맥락에서만 사용되었고, δουλεύω 역시 그런 문맥에서 종종 사용되었지만 더 광범위한 의미의 폭을 지녔다. 이 용어들은 다니엘서 여러 곳에서 "경배"의 뉘앙스를 지닌다(단 3:7-19, 95-96; 6:27 LXX에서 λατρεύω와 προσκυνέω의 동의어적 용례를 비교하라. 단 6:28 LXX에서 δουλεύω와 προσκυνέω가 동일하게 결합된 것을 주목하라). 포드는 계 13:7b-8a이 단 3:5-6을 "반영하는 것"으로 이해한다.[234] προσκυνέω 역시 단 3:7보다는 단 7:14과 계 13:7b-8a에 더 유사한 어법으로 단 6:26-28 LXX에 등장한다(πᾶσι τοῖς ἔθνεσι καὶ χώραις καὶ γλώσσαις τοῖς οἰκοῦσιν ἐν πάσῃ τῇ γῇ...πάντες... προσκυνοῦντες καὶ λατρεύοντες...αὐτῷ προσκυνῶν καὶ δουλεύων; 참조. 단 3:95-96).

요한이 다니엘서의 4중 어구를 사용하고 그것을 단 7:13ff.에 연결시킨 것에 대해서는 5:9의 주석을 참조하라. 또한 단 4:1과 6:26 Theod.(비교. LXX)에서 πᾶσι τοῖς λαοῖς φυλαῖς [καὶ] γλώσσαις("모든 백성과 족속

---

233) Hoskier, *Text of the Apocalypse* II, 343을 보라.
234) J. M. Ford, *Revelation*, 223.

과 방언")에 τοῖς οἰκοῦσιν ἐν πάσῃ τῇ γῇ("온 땅에 거하는 사람들에게")가 덧붙여진 것을 참조하라. 이렇게 덧붙여진 어구는 다니엘서에서 보편성을 나타내는 어구를 만드는 데 기여했을 것이다.

칠튼은 그의 과거주의적 견해로 인해 보편성을 나타내는 어구를 이스라엘 땅의 믿지 않는 유대인에게만 한정한다. 동일한 이유로 칠튼은 13-17절에 등장하는 둘째 짐승과 그 짐승을 경배하는 사람들을 각각 이스라엘의 지도자들 및 회당과 동일시한다.[235] 이것은 13장의 우상숭배 사상을 온전히 영적으로 해석해야만 가능할 수 있다. 모든 사람이 1세기 유대인들의 특징이 카이사르와 그의 형상에 경배하지 않는 데 있다고 동의하기 때문이다.

8b절 참 성도들은 어린 양과 함께 궁극적인 승리를 확신할 수 있다. 그들의 이름이 "어린 양의 생명책에 기록되었기" 때문이다. 단 7장의 문맥을 염두에 두었기에 지금 단 7:10의 "책"이 초점의 대상이 된 것은 놀라운 일이 아니다. 하지만 단 7:10은 8절의 책을 단 12:1-2 Theod.과 시 68(69) LXX에 있는 책들에 연관시킨다. 어휘가 이 두 본문에 더 가깝다. 다니엘서의 두 본문이 전면에 부각된 것은 두 본문의 문맥이 모두 종말론적인 박해를 다루는 까닭이다(계 5:1-9의 주석 참조. 우리는 거기서 단 7장과 12장의 "책"의 결합을 보았다). 시 68(69):29(28) 역시 경건한 자들을 박해하는 사람들에게 내리는 심판을 묘사하는 문맥에서 주신 말씀이다("그들을 생명책에서 지우사 의인들과 함께 기록되지 말게 하소서"). 이 시편은 요한계시록의 이 부분에서 부각되는데, 이 시편만 "생명"(악한 자들은 이 "생명"으로부터 배제된다)과 연관된 "책"을 언급하기 때문이다. 하지만 이 내용은 단 12장에서 분명히 암시되었다(단 12장과 시 69편에 등장하는 "책"을 개념적으로 어떻게 구약의 문맥과 요한계시록과 관련시킬 것인지를 둘러싼 골치 아픈 문제에 대해서는 3:5의 주석 참조).

"생명책"이라는 어구는 요한계시록에 5번 더 등장한다(3:5; 17:8; 20:12, 15; 21:27). 매 경우 그 어구는 여기서처럼 구원이 결정된 성도들을 가리키

---

235) D. C. Chilton, *Days of Vengeance*, 334, 338-44.

는 비유다. 그들의 이름은 역사가 시작되기 전에 영원한 새 예루살렘의 명부에 기입됐다. 이 사실은 21:27에 분명히 천명되었다. 13:8과 17:8과는 다르게 시간이 시작되기 전을 가리키는 어구가 생략되었지만 말이다. 13:8과 17:8에서는 "창세 이후로"라는 어구로써 예정 사상이 표현되었다. 성도들이 **역사가 시작되기 전에** (생명)책에 기록되었다는 것은 짐승을 경배하는 자들은 거기에 기록되지 못했다는 사실을 암시한다.

소유격 "생명의"(τῆς ζωῆς)는 그 책의 특성 또는 목적을 의미한다. 그 책은 하나님의 영원한 도성에서의 안전을 나타내는 그림이다. 그리고 소유격은 어떤 유의 안전이 제공되는지를 분명히 밝혀준다. 성도들은 영원한 **생명**의 보호를 받는다. 이 책은 불경건한 자들의 죄를 기록한 "책들"과 대조를 이룬다(20:12-13). 의인을 가리키는 "생명책"과 악한 자들의 심판을 가리키는 "책들" 등 두 부류의 책이 언급된 것은 단 12:1-2과 7:10에 근거한다.

여기서 핵심 교훈은 이것이다. 온 땅에서 짐승을 경배하는 무리들은 그들의 이름이 "생명책에 기록되지 **않았기** 때문에" 짐승에게 경배한다. 그들은 그 책에 이름이 기록된 사람들에게 해당하는 영생의 보호를 받지 못했기 때문에 짐승을 경배하도록 속임을 당했다. 그들의 운명은 생명책에 이름이 기록되지 않은 거짓 예언자들의 운명과 똑같다(겔 13:9: 거짓 예언자들은 "이스라엘의 집에 등록되지 않을뿐더러 이스라엘 땅에도 들어가지 못할 것이다").

마지막 어구인 "창세 이후로"는 그리스도의 죽음이 시간이 시작되기 전에 결정되었다는 설명일 수도 있다("세상이 창조되기 전에 죽임을 당하신 어린 양"; 벧전 1:19ff.; 참조. *Assumption of Moses* 1:14. 여기서 모세는 "세상이 창조되기 전에" 중보 사역을 준비했다고 한다). 또는 이 어구는 불경건한 자들을 심판하신다는 창조 이전의 결정을 천명할 수도 있다. "세상이 창조되기 전…그들의 이름은 생명책에 기록되지 않았다." 첫 번째 번역이 더 유용하다. 어린 양의 죽음에 관한 진술 바로 다음에 창조 전이라는 시간을 나타내는 표현이 등장하기 때문이다. 그리고 이 둘 사이가 열두 단어로 떨어져 있기에,[236] 시

236) Caird, *Revelation,* 168; Mounce, *Revelation,* 256.

간을 나타내는 결론적인 어구는 "기록되었다"와는 어울리지 않는 것 같다. 이 어구가 어린 양의 죽음이 결정되었음을 가리키는 묘사라면, 그것은 택함을 받은 사람들이 "창세 전에 그 이름이 생명책에" 기록되었음을 강하게 암시하는 17:8을 보충한다.

그러나 13:8은 "그의 이름이 생명책에 기록되지 않았다"(ὧν οὐ γέγραπται τὸ ὄνομα ἐπὶ τὸ βιβλίον τῆς ζωῆς)는 내용에 창조 이전을 암시하는 문구가 바로 이어지는 17:8처럼 동일한 섭리를 가리킬 수 있다. 그런데 만일 13:8이 이런 경우라면, 시간을 암시하는 어구가 그것이 수식하는 어구와 분리된 이유는 무엇인가? 그것은 "생명의 책"을 더 묘사하기 위함이다. "죽임당한 어린 양의"는 소유의 소유격이거나, 어린 양을 "책"과 연결된 "생명"의 기원으로 밝힐 수도 있다(이 소유격은 21:27에도 동일하게 기능한다). 이 어구는 3절과 11절에 있는 비슷한 묘사와 대조를 이룬다. 사람들은 "죽임을 당한" 짐승과 짐승처럼 생긴 어린 양을 따르는 까닭에 "죽임을 당한 어린 양"이신 그리스도를 저버린다. 짐승들에게 충성하는 사람들은 자기들이 "생명책에 기록되지 않았다"는 사실을 스스로 증명하는 셈이다. 그러므로 어린 양은 그들을 짐승들의 속임으로부터 영적으로 보호하지 않으신다. 참 신자들은 자기들의 영혼이 어린 양의 책에 의해 안전하므로 사탄의 폭풍을 무사히 헤쳐 나갈 수 있음을 확신한다. 이러한 안전은 창세 전에 하나님의 백성이 그리스도의 죽음과 동일시되는 일이며, 이는 그들이 그리스도의 부활의 생명과도 동일시됨을 의미한다. 이 부활의 생명은 하나님의 백성을 영적인 죽음과 궁극적인 속임으로부터 보호한다(참조. 5:5-13). 아무도 그들에게서 이 생명을 빼앗을 수 없다.

구문론적인 문제를 어떻게 해결하든지 간에 이런 결론을 내릴 수 있다. 생명책이 그리스도와 관련이 있기에, 구약의 성도들을 비롯한 모든 사람의 구원은 그리스도의 유일한 구원 행위에 의존한다고 말이다.[237]

덧말인 οὗ...αὐτοῦ 구문은 히브리어 *ʾăsher...lô*를 반영한 셈어의 췌언

237) Hengstenberg, Revelation II, 43.

법일 것이다.[238] 비록 히브리어 배경이 없는 그리스어 저술에 몇몇 예가 나타나는 것을 볼 때 이러한 췌언법이 셈어의 영향을 받지 않고도 얼마든지 발생할 수 있음을 보여주기는 하지만 말이다.[239] 같은 현상이 12b절에서도 발생한다. 단수형 οὗ(RSB와 NASB에서 "모든 사람"이라고 번역됨)는 예상 밖의 등장이다. 이 단어는 앞에 있는 복수형 πάντες οἱ κατοικοῦντες("거하는 모든 자들")를 이어가기 때문이다(몇몇 필경사들은 단수형 οὗ를 복수형 ων으로 바꿨다[𝔓[47] א P 046 051 1006 1611 1841 2329 *pc* 𝔐 lat]). 소수의 사본들만(C 1854 2053 *pc* Ir[lat] Prim) 단수로 되어 있다(A 사본은 관계대명사도 생략한다). 그래서 외적 증거를 보면 복수형에 비중이 더 있지만, 단수형이 πάντες 구문을 수식한다면 그것이 더 난해한 독법이다. 다음 이유로도 단수형이 더 난해한 독법으로 간주될 수 있다. 17:8에서 13:8b에 있는 것과 같은 어구가 보다 넓은 문장의 한 부분으로 등장하며 거기에 복수형 ων이 사용됐기 때문에(이 본문에 관계대명사에 해당하는 이문은 없다), 필경사가 원래의 단수형을 복수형 ων에 맞추려고 했을 수 있다. 하지만 미가엘스는 좀 더 멀리 있는 αὐτόν("그를")을 단수 관계대명사의 선행사로 보기를 선호한다. 이렇게 하면 문법적인 문제가 해결된다. 그럴 경우 본문은 짐승이 생명책에 기록되지 못했다는 의미를 가진다.[240] 이것은 가능성이 있지만, πάντες가 여전히 선행사로 선호될 수 있다. 관계대명사에 가장 가까이 있기 때문이다. 대부분의 영어 번역 성경은 관계대명사가 πάντες 구문을 수식하는 것으로 본다. 하지만 만일 미가엘스가 지적하는 것처럼 단수 αὐτόν이 단수 관계대명사 οὗ를 지칭하는 유일하고 분명한 선행사라는 사실이 옳다면, 이문인 ων은 난해한 독법이 될 것이고, 외적·내적 증거 둘 다 놓고 볼 때 원본으로 선호된다. 원문인 단수형이 복수형을 수식하는 이유는 짐승에게 경배하는 각 사람의 개인적 책임에

---

238) MHT III, 325; IV, 21; Zerwick, *Biblical Greek*, §201; Mussies, *Morphology*, 177.
239) Robertson, *Grammar*, 722.
240) Michaels, *Revelation*, 92-93.

초점을 맞춘다는 데 있을 것이다.[241)]

하나님의 주권과 예정, 성도의 견인, 책임, 회개 등을 둘러싼 골치 아픈 신학적인 긴장들에 대해서는 이러한 문제들을 둘러싼 다양한 관점을 대표하는 참고문헌들을 소개한 9:20의 주석을 참조하라.

참 신자들은 믿음으로 인내하기 위해 거짓 경배에서 참 경배를 분별하라는 권함을 받는다(13:9-10)

9절 1-8절의 시나리오는 미래의 어느 때에만 일어나는 것이 아니라 일곱 교회 가운데서도 일어나는 일이다. 요한은 그 시나리오의 현재적 관련성을 2장과 3장의 매 편지의 결론에서 독자들에게 주어진 권면의 말로써 강조한다. "귀 있는 자들은 들을지어다!"(이 권면에 대해서는 2:7 끝에서 다룬 내용을 보라)

9-10절은 신자들이 1-8절에서 묘사된 속임과 박해의 상황에서 가져야 할 반응을 설명한다. 아시아의 교회들은 영적으로 무기력한 상태에 있었고, 타협하며 우상숭배에 개방적이기 시작했다. 사 6장과 공관복음과 요한이 일곱 교회에 보낸 편지에서 묘사한 것처럼, 그 권면은 요한의 메시지가 언약 공동체에 속한 일부 사람을 일깨우는 반면 공동체 안의 다른 사람들은 여전히 암흑 가운데 머물게 둔다는 사실을 암시한다. 들으라는 명령의 2중적인 측면은 8절에서 논의한 땅에 거하는 자들과 성도들의 2중적인 운명과 맥을 같이한다. 들을 귀가 없는 사람들은 권면을 받고도 마음이 더 완악해질 것이다. 하지만 귀를 사용하라는 명령은 참 신자들에게 다수 사람들이 현실에 타협하여 안주하며 살고 있는 상태에 대해 정신이 번쩍 들게 하려는 의도로 주어졌다. 영적 현실에 자각이 생긴 사람들은 요한계시록에서 주어진 하나님의 계시를 깨닫고, 그들이 수용하려고 하는 것이 사탄적 특성을 지닌 이교 제도라는 사실을 감지할 것이다.

10절 9절의 권면은 앞에 있는 절들을 언급할 뿐만 아니라 이어지는

---

241) Mounce, *Revelation*, 256.

칙령도 가리킨다. "사로잡힐[것으로 정해진] 자는 [반드시] 사로잡혀 갈 것이요, 칼에 죽을 자는 마땅히 칼에 죽을 것이니." 이것은 렘 15:2과 43:11을 풀어 쓴 것이다. 예레미야는 이스라엘에게 하나님이 그들을 "포로"로 잡혀가게 하고 그들의 불신앙과 죄의 대가로 "칼"에 고난을 당하도록 결정하셨다고 예언한다.

대부분의 주석가들은 이 구약성경이 어떻게 신자들의 인내에 적용될 수 있는지를 이해하지 못하는 것 같다. 그중에는 요한이 그 의미를 바꾸었거나,[242] 인용문이 교회의 박해자들에게 내린 징계를 언급하는 것이라고[243] 믿는 사람들이 있다. 하지만 주요 예언자들을 인용한 많은 본문은 충성된 남은 자들도 포로로 잡혀가는 벌을 받을 것이라고 천명한다. 특히 겔 14:12-23에 이 사실이 분명히 밝혀져 있다. 사실 겔 15:1과 겔 14:14, 20에 구약 역사에서 잘 알려진 성도들마저 심판에 관한 한 하나님의 마음을 바꿀 수 없다는 사실이 언급된 것에 비춰볼 때, 두 본문이 비슷한 주제를 담고 있다는 점은 분명하다. 두 본문은 또한 이스라엘에 네 가지 화가 닥칠 것이라고 결정을 내린다. 그리고 렘 15:3에는 이 화가 재서술되면서 겔 14:12-23에서처럼 "들짐승"이 언급된다. 렘 15:3 LXX에 언급된 τὰ θηρία τῆς γῆς("땅의 짐승들")는 요한의 마음을 렘 15:2로 끌게 만드는 요인이 되었을 것이다. 계 13장의 문맥에 짐승이 복수형으로 언급되었고, 계 13:11이 ἄλλο θηρίον ἀναβαῖνον ἐκ τῆς γῆς("다른 짐승이 땅에서 올라오니")라고 말하기 때문이다. 에스겔서에서 인용한 본문은 고난으로 불신자들을 심판하고 신자들을 정결케 한다는 그 본문이 원래 지닌 2중적 사상과 함께 계 6:2-8에서 사용되었다(6장 주석의 서론과 6:8의 주석 참조).

본문에서 강조하는 내용은 6:2-11에서처럼 악한 자들에게 내리는 심판이 아니라 하나님의 백성의 고난이다. ἀποκτείνω("죽이다")의 부정사형 역시 6:8과 6:11에서 신자들의 고난을 묘사한다. 13:10은 그 주제를 계속하며,

---

242) 예. Beasley-Murray, *Revelation,* 214.

243) 예. Mulholland, *Revelation,* 227.

성도들을 향해 그러한 박해를 받는 동안 충성되게 인내하라고 권하는 내용을 여기에 더한다.[244] 사실 우리는 6:8에서 "죽이는" 일을 수행하는 "짐승들"이 11:7과 13장에 언급된 박해하는 짐승들을 예상하는 것 같다고 주장했다. 감옥과 사형은 불신자들에게 닥치는 화의 일부분이 아니라[245] 그리스도인들에게만 적용되는 심판이다(이러한 심판은 비유적으로 언급되기는 하지만 1:9; 2:10; 6:9; 11:7; 12:11; 17:6; 19:2; 20:4에 언급되었다).

13:9의 권면은 2장과 3장의 일곱 편지에서 독자들에게 타협하지 말고 그들의 믿음으로 인해 받는 고난을 잘 견디라고 권하기 위해 반복해서 사용되었다(예. 2:10). 독자들은 그런 분별력을 가지고 감옥에 "갇히든지" 아니면 "칼"에 죽임을 당하든지, 그들에게 닥친 운명을 견디기 위해 강해져야 한다(13:10). 독자들은 영적 통찰로 인해 "하나님의 뜻대로 고난을 받게 되며" "옳은 일을 행함으로써 신실한 창조주께 그들의 영혼을 부탁한다"(벧전 4:19). 그리스도인들은 국가에 순종해야 한다. 국가는 하나님이 정하신 것이기 때문이다(롬 13:1-7; 벧전 2:13-17). 하지만 국가가 자신에게 부여된 한계를 넘어 국가를 경배하라는 종교적 요구를 할 때 그리스도인들은 복종해서는 안 된다. 하지만 그리스도인들은 국가에 이런 식으로 협조하지 않는 대가로 주어지는 징벌에 순응해야 한다(벧전 2:18-20에 암시된 대로 말이다).

10절의 결론은 10절 상반절의 주장이 신자들의 고난을 언급하고 있음을 확증한다. "성도들의 인내와 믿음이 여기 있느니라"는 앞의 주장을 공식화하고 해석한 결론이다. 이 선언은 10절을 7절과 연결한다. 7절에는 "성도들"의 이름이 마지막으로 언급되었다. 10절은 신자들이 칼로 "그들과 싸우고 이기려고 하는" 짐승을 향해 가져야 할 반응을 제시함으로써 7절을 더욱 발전시킨다. 신자들은 그러한 박해가 그들을 타협하게 만들려는 마귀의 의도라는 사실을 아는 까닭에(9절) 믿음에 더 굳게 서야 한다.

10절의 결론에서 발견되는 문구는 14:12에서 확장된 형식으로 반복

244) Heil, "Fifth Seal," 236.
245) Caird, *Revelation,* 169-70.

된다. "성도들의 인내가 여기 있나니 그들은 하나님의 계명과 예수에 대한 믿음을 지키는 자니라." 이 문구 역시 13:1-8에서처럼 성도들의 충성이 짐승이나 그 우상에게 경배하지 않는 것임을 주장한다(14:9-11). 요한처럼 성도들도 옥에 갇힐 수 있다. 하지만 그들은 충성되게 고난을 "견뎌야" 한다(1:9과 이곳에서 동일한 ὑπομονή가 사용되었다). 그러한 인내는 요한이 환난 중에도 "나라" 안에서 다스리고 있음을 의미하는데, 이는 독자들에게도 동일한 의미를 갖는다. 일곱 교회에 보내는 매 편지의 결론에 "귀 있는 자는"이라는 권면은 "이기는 자"(τῷ νικῶντι)라는 언급 바로 앞에 놓이거나 그 언급 바로 직후에 이어진다. 거기서 이 두 어구는 서로 결합하여 세상에서 패배하는 가운데에도 인내하는 일이 영적 승리임을 이해하도록 격려하는 역할을 한다(본서 2:7ff.과 2:26-28의 주석 참조). 같은 사상이 여기서도 10절의 인내하라는 격려와 함께 9절의 권면에 의해 전달된다. 요한계시록에서 사람들과 관련해 "믿음"(πίστις)이나 "충성된"(πιστός)이라는 표현은 전부 다 박해에 직면하여 인내하는 믿음과 관련된다(1:5; 2:10, 13, 19; 14:12; 17:14; 3:14에서도 그럴 것이다).

직설법 ὑπάγει와 부정사 ἀποκτανθῆναι("죽임을 당할")는 종종 9절 끝에서 결론적인 명령형과 병행하여 명령의 의미를 지니는 것으로 이해된다.[246] 하지만 이 동사들은 9절에서 믿는 독자들에게 이해하도록 주어진 칙령에 속하는 단순한 직설법의 의미를 지니는 것으로 이해하는 것이 가장 좋다.[247] 렘 15:2과 43:11과 같은 구약의 배경이 이러한 칙령이 직설법으로 번역될 수 있음을 지지한다.

B. Baba Bathra 8b은 렘 15:2을 충성된 이스라엘에게도 영향을 주는 화로 해석한다. "포로 생활은 모든 사람의 고난을 포함한다." 이 탈무드 본문 역시 렘 15:2을 인용하고 거기에 "성도들의 죽음은 여호와 보시기에 귀하다"라고 주석을 달았다. 이 주장은 예레미야서 본문을 신자들

---

246) Mussies, "Greek of Revelation," 337.

247) S. Thompson, *Apocalypse and Semitic Syntax,* 120도 그렇게 생각한다.

의 인내에 더욱 연결하며, 계 14:13과 눈에 띌 정도로 비슷하다. "지금부터 주 안에서 죽는 자들은 복이 있다." 이것은 13:10 끝에 나오는 권면을 부연하고 반복한 내용이다.

이 절의 이문들은 확장이나 문법적 변경, 또는 이 둘 다를 적용함으로써, 구문론적으로나 신학적으로 덜 어색하게 하려는 시도 때문에 발생했다. 사본들 중에는 εἰς αἰχμαλωσίαν 앞에 εκει가 더해진 것이 있다("만일 누구에게 포로가 있다면," 051* 𝔐[K]). 동사를 덧붙여 어구를 부드럽게 하는 것 이외에, 이러한 변경은 첫 번째 쌍을 두 절 모두에 동사를 가지고 있는 두 번째 쌍과 병행하도록 하려는 필경사의 바람을 반영한다. 어떤 사본들은 첫 번째 어구를 "만일 누군가 포로로 삼는다면"(αἰχμαλωτίζει, 104) 또는 "누군가 포로로 끌고 간다면"(απαγει, 2351 gig vg[cl] sy Ir[lat] Prim)으로 바꾸었다. 이는 쌍을 이루는 어구로써 자신의 죄로 인해 벌을 받는다는 것을 표현하기 위해서다. 가장 개연성이 높은 독법은 가장 짧고 난해한 이문이다. 그래서 εἴ τις εἰς αἰχμαλωσίαν, εἰς αἰχμαλωσίαν ὑπάγει("사로잡[혀 가기로 결정된] 자는 사로잡혀 갈 것이요," A 2351 *pc* lat sy sa Ir[lat])이든지, 아니면 εἴ τις εἰς αἰχμαλωσίαν, ὑπάγει("사로잡혀 가기로 [결정]된 자는 [그리로] 갈 것이요," 𝔓[47] ℵ C 051 𝔐 bo Bea)이든지, 둘 중 하나이다.

A 사본만 εἴ τις ἐν μαχαίρῃ ἀποκτανθῆναι αὐτὸν ἐν μαχαίρῃ ἀποκτανθῆναι("칼에 죽을 자는 마땅히 칼에 죽을 것이니")라고 읽는다. 첫 번째 수동태 부정사는 수많은 사본에서 미래 능동태 또는 현재 능동태에 δεῖ가 이어지는 독법으로 바뀌었다(δεῖ. εἴ τις ἐν μαχαίρῃ αποκτεινεῖ, δεῖ αὐτὸν ἐν μαχαίρῃ ἀποκτανθῆναι, 𝔓[47vid] C 051* [2053] 2329 2351 𝔐[A] lat sy[h] Ir[lat]; 이와 비슷하게 ℵ* 1006 1611 1841 1854에서는 αποκτεινει, δει라고 되었다). "누군가 칼로 죽일 것이라면, 그는 반드시 칼에 죽을 것이라." 첫 번째 쌍과 마찬가지로, 이러한 변화는 "눈에는 눈 원리"를 표현하려는 동기에서 비롯된다. 비록 이번에는 마 26:52에 의해 영감을 받았겠지만 말이다. "칼을 가지는 자는 다 칼로 망하느니라." 그러므로 A 사본의 독법은 설명

하기 더 어렵고 그래서 원본으로 선호된다.[248)]

어찌 되었든지 간에 앞에서 언급된 독법 중 2개 모두, 특히 두 번째 쌍이 있는 독법은 렘 15:2에 동화된 것일 수 있다(ὅσοι εἰς μάχαιραν, εἰς μάχαιραν̀...και ὅσοι εἰς αἰχμαλωσίαν, εἰς αἰχμαλωσίαν, 칼을 받을 자는 칼로 나아가고…포로 될 자는 포로 됨으로 나아갈지니라).[249)] 이것은 이 구절이 성도들이 고난을 당하는 동안(10a절) 인내하는 것(10c절)을 확언한다는 의미일 수도 있다. 성도들을 박해하는 자들이 그들의 죄를 따라 심판을 받게 된다는(10b절) 확신을 가지고서 말이다. 하지만 전후 문맥에는 원수 갚음의 사상이 없고 충성된 자들의 박해만 있을 뿐이다. 더욱이 본문을 렘 15:2에 동화시키고 있는 필경사는 동사를 생략함으로써 예레미야서 본문에 더 집착했을 것이다. 필경사가 예레미야서보다는 마 26장의 말씀에 더 친숙하여 요한계시록의 본문을 마태복음에 동화시켰을 가능성도 있다. 찰스는 A 사본의 독법이 원문에 더 가깝다고 생각한다. 이것은 필경사에게 친숙하지 않은 히브리어 관용어를 번역한 것이기에 필경사가 변경시키려는 유혹을 많이 받았을 것이라는 게 그 이유다.[250)] 렘 15:2의 암시는 A 사본의 독법과 쉽게 어울릴 수 있고 그 독법의 배경에 자리 잡았을 것이다.

국가는 정치적·종교적·경제적 동맹자들에게 권세를 부여하여 교회를 박해하고 불경건한 자들을 속이게 한다(13:11-17)

11절 이 새로운 단락에서 요한은 또 다른 짐승 환상을 본다. 11-17절은 1-8절과 동일한 상황을 제시하지만 지금은 국가의 동맹자인 둘째 짐승

---

248) Schmid, *Geschichte des griechischen Apokalypse-Textes* II, 139-40; Lohse, *Die alttestamentliche Sprache des Sehers Johannes,* 125-26; Lohmeyer, *Offenbarung,* 112; Satake, *Gemeindeordnung,* 31-32; Prigent, *Apocalypse,* 207. 또한 매우 가능성이 있는 것은 051$^{v.l.}$ 𝔐^{K}을 비슷한 의미로 읽는 것이다. 이 사본들에는 첫 번째 부정사 다음에 δεῖ가 삽입되었고 두 번째 ἐν μαχαίρῃ 어구가 생략되었다.

249) Vos, *Synoptic Traditions,* 104-9은 10b절의 동화를 가장 능숙하게 주장한다.

250) Charles, *Revelation* I, 355.

에 초점을 맞추고 있다. 또한 단 7장에 새롭게 초점을 맞춘다. 13:1에서처럼 이 환상도 올라오는 짐승의 이미지로 시작한다. 이 짐승은 단 7장, 특히 7:17의 짐승들의 집합이다. "네 큰 짐승은 세상에 일어날 네 왕이라"이다(참조. 7:3a, 4b, 5a).

일반적으로 받아들여지듯이, 이 이미지 역시 5:6의 메시아이신 어린 양에 대한 패러디이고 어린 양과 역설적으로 관련이 있다.[251] 둘째 짐승도 뿔을 가진 어린 양이다. 하지만 5장의 메시아이신 어린 양이 뿔을 일곱 개 가진 것에 비해 왜 이 짐승은 두 개만 가졌을까? 그 이유 중 하나는 11:3-4에 등장한 두 증인과 두 촛대와 두 감람나무를 흉내 내려는 데 있다.[252] 하지만 두 뿔은 단 8장의 악한 통치자를 반영하기도 한다. 그래서 둘째 짐승을 "어린 양처럼 두 뿔을 가졌다"고 묘사한 것은 단 8:3 MT에서 왔다. "두 뿔을 가진 숫양"(단 7:7 LXX도 참조하라. εἶχε δὲ κέρατα["그에게 뿔이 있어"]). 이 짐승은 첫째 짐승처럼 마귀의 온전한 권세를 가지고 말을 한다. "그는 용처럼 말을 하더라." 둘째 짐승을 다니엘서의 짐승 같은 나라들 및 요한계시록의 용과 동일시하는 일은 요한이 이 짐승을 로마 국가와도 동일시함을 암시한다.

땅에서 올라온 이 짐승은 사탄, 적그리스도, 로마 황제의 대제사장직, 로마 가톨릭 교회(종교개혁자들이 그랬음), 그리고 거짓 교사들 등과 다양하게 동일시되어 왔다.[253] 짐승은 주로 종교적인 역할을 한다. 그는 나중에 "거짓 예언자"로 반복해서 불린다(16:13; 19:20; 20:10). 참 예언자는 백성이 하나님을 경배하도록 인도해야 하지만, 이 예언자는 백성이 국가를 경배하게 인도한다. 이 짐승은 많은 모습을 지니고, 교회 안에서 거짓 예언자들과 종종 동일시될 뿐 아니라 가끔 국가와 동일시될 수도 있다(2:2, 14-15, 20-24). 짐승의 특성을 지닌 거짓 예언자가 교회 안에 출현했다는 것은 구약성경에서도 암시된다. 구약시대에는 거짓 예언이 거의 늘 언약 공동체

251) Beale, *Use of Daniel,* 302을 보라.

252) Kiddle, *Revelation,* 255.

253) 둘째 짐승의 정체에 대한 개관은 A. F. Johnson, "Revelation," 529-30을 보라.

안에서 일어났다.[254] 이러한 사실은 거짓 예언자와 적그리스도(거짓 메시아)가 신자들의 공동체 안에서 나올 것이라는 그리스도의 예언에 의해서도 강조된다(마 24:5, 11과 병행 어구). 예수는 거짓 예언자들을 짐승에 비유하시면서, "거짓 예언자들"이 "양의 옷을 입고 오나, 속에는 노략질하는 이리"라고 말씀하셨다(마 7:15). 양의 옷을 입은 이리의 이미지는 교회 울타리 안에 있는 반역자를 의미한다. 짐승이 진리를 대변한다고 스스로 공공연하게 주장하고 겉모습은 어린 양처럼 해를 끼치지 않을 것처럼 보여도, 그 속에 있는 사탄의 품성은 용의 권세를 가진 말을 통해 드러난다. 이것은 아담과 하와로 하여금 죄를 짓게 유혹하고 속이는 사탄의 말을 반영한다(참조. 계 12:9).[255]

그러므로 이 이미지와 배경은 언약 공동체 내부에 있는 속임수를 암시한다. 첫째 짐승이 큰 소리로 말하고 하나님을 대적한 반면에, 둘째 짐승은 첫째 짐승의 주장을 그럴 듯하고 설득력 있게 만든다. 교회 안에 있는 거짓 교사들은 모든 것이 로마의 제의에 어느 정도 결부된 문화의 우상숭배 제도와 타협하라고 권한다(2장의 니골라당과 거짓 사도와 이세벨을 참조하라).[256] 이런 의미에서 둘째 짐승에 내재해 있는 악을 감지하려면 통찰력 있는 그리스도인이 되어야 한다.

발람과 같은 이교도 예언자들도 구약의 신앙 공동체에 영향을 주었다. 발람에 상응하는 이교도적이고 거짓 기독교적인 대응 인물들이 그러하듯이 말이다(2:14).

Midr. 시 18.11은 로마를 그 "음성이 뱀과 같이 나갈" 다니엘서의 넷째 나라와 동일시한다. 이미 주목했듯이, "어린 양처럼 뿔이 두 개인" 둘째 짐승은 단 8:3 MT("두 뿔 가진 숫양")을 암시하는 것 같다. 단 8:3에 있는 뿔 가진 숫양은 아마도 메데와 바사 제국(단 7장의 둘째 나라)을 가리

---

254) Van der Waal, *Search the Scriptures,* 89, 100.

255) I. T. Beckwith, *Apocalypse,* 639.

256) 참조. Topham, "Hanniqola 'îtēs."

키는 것 같다. 그러므로 단 7장의 넷째 나라의 뿔 가진 짐승과 단 8장의 둘째 나라의 뿔 가진 숫양은 각각 계 13장에 등장하는 첫째 짐승과 둘째 짐승의 모델이다. 요한의 관점에서 단 7장의 넷째 짐승은 계 13장의 첫째 짐승을 직접 예견한다. 반면에 숫양에 대한 예언은 계 13장의 둘째 짐승과 같이 하나님의 백성을 박해할 후대의 폭군을 가리키는 예표론적 패턴일 것이다.

12절 둘째 짐승은 이제 첫째 짐승과 같은 편인 것으로 분명하게 언급되기에, 짐승이 국가와 동일시되고 있음이 확증된다. 둘째 짐승은 첫째 짐승의 권세를 행사한다. 이것은 둘째 짐승이 첫째 짐승 "앞에서" 이 권세를 행사한다고 언급함으로써 강조된다. 이 권세는 사탄에게서 오기도 한다(13:4의 주석 참조). 둘째 짐승은 이 권세를 사용하여 "땅과 땅에 사는 자들을 처음 짐승에게 경배하게 한다."

사본 051과 𝔐에서 미래 직설법 προσκυνήσουσιν을 부정과거 가정법 προσκυνήσωσιν으로 바꾼 것은 ἵνα 뒤에 통상적으로 가정법이 오도록 수정한 2차적 시도다.[257)]

13절 둘째 짐승이 거짓 모방자라는 생각은 13절에서 이어진다. 그의 행위는 "큰 이적"을 행함으로써 예언자적 권위를 입증했던 모세의 행동을 역설적으로 반영하는 것으로 묘사된다(예. 출 4:17, 30; 10:2; 11:10). 심지어 출애굽기(7:11)에서는 바로의 마술사들이 "그들의 마술로 그와 같이 [동일한 이적을] 행했다." 이것은 하나님이 "표적과 큰 기사를 행하신" 것으로 찬송을 받으시는 다니엘서에서 다시 강조된다(단 4:37a LXX: ποιῆσαι σημεῖα καὶ θαυμάσια μεγάλα["표적과 기이하고 놀라운 일을 행하려고"]와 계 13:13a: ποιεῖ σημεῖα μεγάλα["그가 큰 이적을 행하여"]를 비교하라. 마찬가지로 단 4:2; 6:28 Theod.을 보라). 짐승이 사람들 앞에서 하늘에서 불을 내려오게 한 것은 엘리야가 자신이 예언자임을 증명한 사건을 상기시킨다(왕상 18:38-39; 왕하 1:10-14). 계 20:9b은 하나님이 "하늘에서 불을 내려서" 성도들의 원수를 "삼

257) MHT III, 100.

키게" 하신다고 말한다. 계 11:5은 참 기독교적 예언자들을 "입에서 불이 나와서 그들의 원수를 삼켜버리는" 것으로 묘사한다(또한 눅 9:54). 계 11:5에서 불은 죄인들을 단죄하고 심판하는 하나님의 참된 말씀의 선포를 상징한다.

그러므로 짐승은 진리의 대변인으로 자처하지만 실제로는 거짓 예언자와 거짓 교사다. 다수 사본 전통은 13a절을 "**속임수로**(εν πλανη) 불이 하늘로부터 내려오게 하려고 큰 이적을 행하되"라고 번역함으로써 이 사상을 확장하여 해석한다.[258] 이것은 그리스도가 마 24:24에서 예언하셨던 내용이다. "거짓 그리스도들과 거짓 예언자들이 일어나 큰 표적과 기사를 보여 할 수만 있으면 택하신 자들도 미혹하리라"(또한 마 7:15; 24:5, 11; 살후 2:9; 벧후 2:1-3; *Asc. Isa.* 4:4-10; *Sib. Or.* 3.63-70; *Apoc. Elijah* 3:1, 5-17). 이 예언은, 마 7:15에 있는 내용과 함께(계 13:11의 주석 참조), 짐승의 속임이 외부의 이교적 영향에서만 비롯되는 것이 아니라, 이교 종교와 타협하는 특정한 형태가 그리스도인들에게 정당하다고 가르치는 내부의 위선자들 중에서도 일어남을 암시한다. 마태복음의 이 예언을 발전시킨 바울에게서 우리는 이 사실을 확증한다(살후 2:3-12).

"거짓 사도"에 의해 야기되는 내부의 위협이 암시되었다는 점은 둘째 짐승의 권세가 그리스도의 사도의 자격을 모델로 삼았다는 사실에서 분명히 드러난다. (1) 짐승은 사역과 권세에서 그의 주군의 계승자다(계 13:12a; 참조. 행 1:1-11). (2) 그가 자기의 주군을 경배하라고 다른 사람들을 설득하려는 시도는 그의 주군의 부활과 불가분 연결된다(계 13:12b, 14b; 참조. 행 2:22-47). (3) 그는 그의 권세를 구체적으로 보여주려고 이적을 행한다(계 13:13; 참조. 행 2:43; 5:12; 15:12).[259] 아마 여기에는 2:2의 "거짓 예언자"가 의중에 있었을 것이다. 이처럼 내부에서 비롯된 미혹의 위기는 외부에서 오는 이방인 군대들이 두 전선에서 언약 공동체를 공격한다는 단 11:30-37의

258) Hodges and Farstad, *Greek New Testament,* 764; Hoskier, *Text of Apocalypse* II, 352을 보라.

259) Wall, *Revelation,* 172-73.

예언과 연결된다. 그들은 믿음을 타협하지 않는 성도들을 박해하고, 공동체의 몇 사람을 설득하여 참 하나님을 따르지 못하게끔 유혹하는 반면에, 나머지 사람들에게는 자신들이 공동체의 일원인 체하면서 하나님께 드리는 충성을 타협하고 우상숭배를 강요하는 국가에게 충성하도록 유도한다. 이러한 타협과 변절을 다니엘은 "외식"(단 11:34; 단 11:30-37의 적절함에 대해서는 아래에서 논의할 "13장의 구성"을 보라)이라고 명명한다. 기독교 교사라고 하는 사람들이 하나님의 말씀 대신 주변 문화를 기초로 삼을 때, 그들은 하나님과 그리스도의 통치를 궁극적으로 대적하게 되는 규칙과 믿음으로 살라고 권함으로써 언약 공동체를 영적으로 타락시킨다.[260)]

ἵνα는 ὥστε처럼 결과를 의미하는 것 같다.[261)] 물론 ἵνα가 "큰 이적"이 무엇인지를 설명하면서 ὅτι처럼 설명적으로 사용될 수도 있지만 말이다.

14절　구약의 예언자들과, 하나님의 행위에서 빌려온 수많은 특성과, 요한계시록의 여러 곳에서 하나님과 어린 양과 그리스도인들을 설명하는 것으로써 두 짐승을 묘사하는 까닭은 무엇인가? 이는 참 예언자들이 사용하는 방법과 유사한 방법으로 짐승들이 그들의 신적 권위를 정당화하고 있음을 알리는 데 그 까닭이 있다(고후 11:13-15). 이 사실은 "그가 받은바 이적을 행함으로 땅에 거하는 자들을 미혹하며"에서 분명히 표현된다. 계 2-3장과 단 7-12장에 비춰볼 때, 미혹은 교회 안팎에서 일어났다고 이해해야 한다. 몇몇 사본은 "그가 땅에 거하는 나의 것[τους εμους]을 미혹했다"고 읽는다. 이것은 미혹의 초점이 교회 안에서 일어났다는 초기 해석을 나타낸다(051 2377 𝔐^{K}). 참 예언자들은 "주님 앞에서" 그들의 영감과 사명을 받는다(11:4). 이처럼 거짓 예언자는 그가 "짐승 앞에서" 행할 때 영감과 사명을 받는다.[262)]

"땅에 거하는 자들"은 이적에 의해 짐승의 권세에 대한 확신을 갖는다.

---

260) Wall, *Revelation,* 173.

261) 참조. Robertson, *Grammar,* 998.

262) Kiddle, *Revelation,* 254-55. 11:4의 주석 참조.

땅에 거하는 자들은 미혹을 받아 "(바다에서 나온) 짐승을 위해 우상을 만들라"는 (땅에서 올라온) 짐승의 **명령**을 받아들인다(λέγων을 "지시, 명령, 요구"의 의미로 이해할 수 있음에 대해서는 10:9, 11; 행 21:21을 보라). 14c절의 결론적인 명령은 15절에서 분명히 언급된 단 3장을 예상한다. 단 3장의 배경 역시 λέγων이 "명령"의 의미로 사용되었음을 가장 잘 설명해주는 본문이다. 단 3:4 Theod.에 사용된 λέγεται는 느부갓네살이 "세운" "신상"을 향해 경배하라고 백성에게 요구하는 말에서 "명령"의 의미가 분명히 담겨 있다(이것은 아람어 ʾ*āmar*, "말하다"를 번역했다. LXX에는 παραγγέλλεται ["명령하다"]가 있다. 단 2:12, 46; 5:29; 6:16에 ʾ*āmar*가 동일한 의미로 λέγω로 번역되었다). 우상에게 경배하라는 명령은, 소아시아에 있는 백성과 교회에게 카이사르의 형상을 신적인 존재로 존경하라는 압박을 부분적으로 암시한다. 기원후 1세기 말엽까지 요한계시록의 편지에 언급된 모든 도시에는 카이사르의 신성에 헌정된 신전이 있었다. 첫 신전은 기원전 29년에 세워졌다(2:9-10, 12-13의 주석 참조). 일찍이 칼리굴라 황제는 자신의 신성에 헌정하는 신전을 세웠으며, 심지어 예루살렘 성전의 지성소에도 자신의 우상을 세우려고 했다(Josephus, *Ant.* 18.261-62; *War* 2.184-87; Philo, *Legatio ad Gaium* 184-96, 346-48). 두 짐승은 미혹을 통해 마귀와 협조한 죄로 심판받을 것이다(19:19-20; *1 En.* 54:6).

1-11절에 나타난 다니엘서의 영향에 비춰볼 때, 14a절에서 "속이는" 짐승은 "자신의 영향을 사용하여 속이려 하고"(단 8:25 MT) "악하게 행하는 자들을 부드러운 말로 불경건으로 돌이키게 할"(단 11:32 MT) 마지막 때의 왕을 반영하는 인물일 것이다. 또한 짐승이 "받아 행하는 이적"은 단 7장에서 권세를 부여하는 패턴의 반복이다.

(바다에서 나온) 짐승을 묘사하는 결론적 어구인 그가 "칼에 상하였다가 살아났다"는 것은 이와 비슷한 두 표현(13:3, 12)인 짐승의 "죽게 되었던 상처가 나은"의 확대된 반복이다. 14절의 부정과거를 동작의 시작으로 보는 "그가 생명을 얻게 되다"라는 번역은[263] 2:8과 20:4의 지지를 받는다. 이 두

263) MHT III, 71.

본문에서 "죽게 되었던 상처"라는 어구를 분석하면, 그리스도의 죽음과 부활이 마귀와 그의 하수인들인 두 짐승을 "죽인" 것으로 표현한다고 결론을 내릴 수 있다(13:3, 5, 12의 주석 참조).

15절 자주 반복되는 단 7장의 "권세를 주는" 문장이 다시 등장한다(참조. 특히 단 7:6b LXX: τῷ θηρίῳ καὶ γλῶσσα ἐδόθη αὐτῷ["짐승에게…그리고 말하는 것을 받았더라"]; 단 7:4b). 14절에서 언급된 둘째 짐승의 "큰 이적을 행하는" 능력과 그 짐승이 지금 첫째 짐승의 우상에게 "생기를 주어" 말하게 하는 능력은 복화술과 거짓 번개, 그밖에 이와 유사한 현상들을 비롯한 다양한 거짓 마술을 상기시킨다. 이런 것들은 실질적으로 요한 당대의 신전들과 심지어 로마 황제 및 총독의 법정에서도 사용되었다.[264] 귀신들이 우상의 배후에 있다고 생각되었기에 "이적"에는 귀신의 행위도 포함되었을 것이다(9:20의 주석 참조).[265] "그 짐승의 우상에게 생기를 주어"는 첫째 짐승의 우상(즉 황제의 신상)이 참 신, 즉 그 우상의 배후에 있어서 명령을 내리는 참신을 대표함을 둘째 짐승이 설득력 있게 보여주었다는 점을 비유적으로 천명하는 방법이다. 이것은 마술적인 속임을 포함할 수도 있지만 좀 더 광범위하게는 우상이 참 신을 대표한다고 백성을 설득하는 것을 가리킨다(Wis. 14:18-21에서처럼 말이다). 지금까지 살펴보았듯이, 13장의 초시간적인 특성으로 인해 "우상"은 카이사르의 우상만을 언급한다는 좁은 이해를 넘어, 어느 시대든지 하나님의 진리를 대신하는 모든 것이 포함된다.

짐승을 "우상에게 경배하지" 않는 자들을 죽이는 자로 묘사한 것은 단 3장에서 자기 신상에게 절하지 않으면 죽임을 당할 것이라고 명령한 느부갓네살의 명령으로부터 영감을 받았다. 1 Macc. 1:44-60과 2 Macc. 6:1-9 역시 단 7-8, 11장의 예언들과 관련하여 단 3장의 영감을 받았다

---

264) Scherrer, "Signs and Wonders"; G. Kittel, *TDNT* II, 388; Ramsay, *Letters*, 98-103; 행 13:6-12; 16:16; 19:19; pseudo-Clement, *Recognitions* 3.47; *Homilies* 2.32; Justin, *Apology* I 26; Irenaeus, *Adversus Haereses* 1.23; Lucian, *Alexander* 24-33; *De Syria Dea* 10; Eusebius, *H. E.* 2.13.1-4; Theophilus, *Ad Autolycum* 1.8을 보라. 전통에 따르면 마술사 시몬은 신상에 생명을 부여했다고 한다.

265) 참조. Scherrer, "Signs and Wonders."

(1 Maccabees는 심지어 다니엘서에 등장하는 "멸망의 가증한 것"이라는 어구까지 언급한다). 사실 다니엘의 세 친구는 신상에게 경배하기를 거부하여 불로 처형당했지만 하나님이 그들을 구하셨다. 다니엘서에 대한 암시를 선택한 것은 요한계시록의 저자가 우상숭배의 문맥을 묘사하고 있다는 더욱 확실한 증거다. 16절에 짐승의 지배를 받은 다양한 부류의 사람들이 언급된 것 역시 단 3:2-7에서 느부갓네살의 신상에 절하기를 요구받은 사람들로 이루어진 집단을 반영한다.

다니엘의 세 친구처럼, 그리스도인들은 마지막 날의 바벨론과 로마로 부터 카이사르의 우상에게 경배하라는 억압을 받고 있다. 죽임을 당한 사람도 있고, 16-17절에서 계시된 것과 같은 다른 방법으로 고난을 당하는 사람들도 있다(예. 1:9; 2:9-11의 주석 참조). 13:9-10에 있는 권면에 비춰 볼 때, 다니엘의 세 친구가 불 가운데서 그랬듯이, 그리스도인들도 인내해야 한다는 암시를 받는다. 단 3장과 같지만 그보다 규모가 더 큰 이유는 그리스도인들이 인내한 결과로 받는 상이 영원한 고통에서 건짐을 받고 그리스도와 함께 높아지는 것이기 때문이다. 이와 비슷하게, 초기 유대교 문헌들은 단 3장의 불타는 용광로 일화를 성도들이 박해를 견딘다면 사망에서 하늘로 구원받고 부활하게 된다고 격려하는 모델로 사용했다(*4 Macc.* 13:9-18[17]; 16:21-25; 참조. pseudo-Philo 6:16-18은 단 3장의 이야기를 아브라함의 고난과 물리적 구원에 적용한다). 그래서 *3 Macc.* 6:6ff.에는 "우상을 섬기기보다는 자기들의 목숨을 불에 던진 바벨론에 있는 세 친구들"을 구원하셨듯이, 믿음을 위해 고난을 견디는 유대인들을 구원해달라는 기도가 기록되었다.

프라이스는 이렇게 결론을 내린다. "황제의 거대한 신상과 더불어 에베소에서 세워진 도미티아누스의 지방 제의는" 신자들이 짐승의 우상을 경배하지 않아 죽임을 당한다는 계 13장 묘사의 배경이라고 말이다. 지나치게 확신에 차 있기는 하지만 프라이스가 한 말은 정당한 것 같다. "이것이야말로 [계 13장] 해석에 어울리는 지형학적·시대적 상황이다." 특히 에베소의 이 사건은 "수많은 도시가 순차적으로 봉헌한 사실로 입증되었듯이, 그 지역 전체가 참여했다."[266] 프라이스는 이와 같이 전 지역에서 대규모로 참여한 것 때문에 그리스도인들도 순응하도록 요구하는 강한 압박을 흔치 않게 받았을 것이라고 추론한다(아래 Price의 분석을 수정한 최근 논의를 보라. 전반적으로 기존 입장을 여전히 지지한다).

에베소의 주요 사건과 이와 비슷한 다른 사건들이 여러 곳에서 다양한 규모로 진행된 사실도 요한이 이 장에서 단 3장의 사드락과 메삭과 아벳느고를 암시한 이유를 파악하게 해주는 설명이 될 수 있다. 세 사람은 느부갓네살이 만든 거대한 신상에 절하기를 거부했다(특히 단 3:12, 18 LXX에 따르면 말이다). 에베소의 이 사건과 그로 말미암아 야기된 박해는 다니엘의 세 친구를 첫 순교자와 박해받는 그리스도인들의 모델로 이해하고, 바벨론 왕의 신상을 로마 황제의 우상의 원형으로 보는 영감을 초기 교회에게 제공했을 것이다. 사실 이렇게 동일시한 2세기 초(로마의 카타콤)와 3, 4세기의 증거가 있다.[267]

프라이스의 결론은 소아시아의 문화가 점점 더 황제 숭배에 대한 충성을 공공연하게 표현하도록 요구했다는 사실로써 확증된다. 그리고 각 지역의 시 당국자들은 마을과 도시의 주민들에게 제국의 종교를 다양하게 지원하도록 법으로 규정했다.[268] 이런 일은 특히 도미티아누스의 시대 이후로 계속 발생했다. 이러한 비공식적인 문화적 압박과[269] 공식적인 시 당국의 강요는 주로 축일과 절기로까지 확대되었다. 축일은 통상적으로 황제의 생일이나 황제가 한 도시를 방문하는 것과 관련이 있지만,[270] 사적인 연합이나 길드의 축제와도 연결되었다.[271] 축일의 행사는 신전과 시민센터 등 어디서나 열렸다. 도시는 축제 행렬이 최종 목적지에 도달할 때까지 그 행렬이 통과하는 집마다 바깥에 있는 제단에 제사를 드리라고 요구했다. 실제

266) Price, *Rituals and Power,* 197-98.
267) Price, *Rituals and Power,* 199.
268) Price, *Rituals and Power,* 78-124, 155-66, 207-22을 보라.
269) Price, *Rituals and Power,* 17.
270) Price, *Rituals and Power,* 101-26.
271) Price, *Rituals and Power,* 209.

로 버가모와 그밖에 다른 도시들에서는 이러한 시의 명령이 존재했음을 암시하는, 제국의 제의에 활용되는 제단이 많이 발견되었다.[272] 그러므로 도시들이 "모든 시민이 시와 제국의 제의에 참여하도록" 지시하는 것은 분명히 흔한 일이었다.[273] *Asc. Isa.* 4:8, 11도 가까운 시일에 네로가 돌아올 것을 기대하며 우상숭배를 강요할 것임을 예언하는 기원후 1세기 말엽의 동일한 상황을 반영한다. "세상의 모든 사람들이 그에게 제사할 것이며…그는 모든 도시에 자신의 신상을 세울 것이다."[274]

이런 배경에 비춰볼 때, 그리스도인들이 우상숭배의 특성을 지닌 종교적·정치적 충성을 공동체적으로 표현하는 행사에 참여하기를 거부할 경우, 이런 공적인 축일에 그리스도인들을 향한 대중적 압제와 적개심이 있었을 것이라는 사실은 충분히 납득할 수 있다. 이러한 당대의 지역 상황은 요한이 계 13장에서 묘사한 내용과 광범위한 규모로 일어나는 현상에 대한 서술을 뒷받침할 만한 합법적 근거를 제공한다. 이것이 당대의 삶이 움직이는 것으로 보였던 방향이었고, 또 실제로 그렇게 움직였다.[275] 사실 계 13:14-15의 묘사는, *Asc. Isa.* 4:8처럼, 마을과 도시에서 강요된 황제 숭배의 형태가 비록 선별적이기는 했지만 증가 일로에 있지 않았다면, 미래에 일어날 일로 표현할 수 없는 내용이었을 것이다. 그러한 황제 숭배가 전체 대중들 사이에서 합법적으로 행해졌는지, 단순한 애국심의 표현으로 행해졌는지는 알기 어렵다. 아마도 두 가지 요인 모두 어느 정도 작용했을 것이다.

찰스는 요한계시록 본문이 우상에게 경배하지 않는 사람들 모두가 죽임 당할 것을 말한다고 결론짓는다.[276] 하지만 이 이야기만으로는 순교가 널리 행해졌다고 단정할 수 없다. 짐승의 명령이 어떻게 집행되는지가 자

---

272) Price, *Rituals and Power,* 112, 121.

273) Price, *Rituals and Power,* 114.

274) Bauckham, *Climax of Prophecy,* 428; Knibb, "Martyrdom and Ascension of Isaiah," 162을 보라. 제국의 여러 신상들 사용을 비롯한 황제 숭배의 특성에 대해서는 Botha, "God, Emperor Worship and Society"를 보라.

275) Bauckham, *Climax of Prophecy,* 447.

276) Charles, *Revelation* I, 360-61, 369-70.

세히 설명되지도 않았을뿐더러, 요한이 실제로 모든 신자들이 죽임을 당할 것이라고 분명히 주장하지도 않기 때문이다.[277] 또한 요한계시록에 반영된 재림의 소망에 따르면, 성도들 중에 예수가 재림하시면 살아서 예수를 만날 것이라고 믿는 사람들이 있었다.[278] 군 복무를 하고 있거나 정치적 지위를 가지고 있는 그리스도인들은 황제 숭배를 강요하는 특별한 요구에 직면했다(예. Dio Cassius 67.14; Eusebius, *H. E.* 3.32-35; 참조. Suetonius, *Domitian* 15을 보라). 국가의 적으로 비난받았던 그리스도인들은 동일한 요구에 직면했다(참조. Pliny, *To Trajan* 10.96).[279] 이러한 요구를 거절한 사람들은 대개 모두 사형 당했다. 안디바(계 2:13)와 그밖에 여러 사람들이 이미 죽임을 당했듯이 말이다(6:9, 11; 12:11; 20:4에 암시되었다. 물론 이들 본문에는 죽음이 비유적으로 표현되기도 했다).

확실한 것은 모든 신자가 이런 상황에 처했던 것은 아니라는 점이다. 많은 유대인이 느부갓네살의 신상에게 절하지 않았지만 불타는 용광로에 던져진 사람들은 단 3장의 청년 세 명에 불과했듯이 말이다.[280] 계 2-3장에 기록되었듯이, 로마가 통치하는 지역 의회가 복종하지 않은 사람들 모두에게 이런 처형을 내렸던 것은 아니다. 요한 역시 모든 교회가 이런 가혹한 형벌을 당할 것이라고 예상했던 것은 아니다.[281] 각 지역에서 제국의 제의를 시행하려는 열정 때문에 많은 박해가 있었던 것은 분명하다. 하지만 이러한 박해가 소아시아 전역에서 감지되지는 않았던 것 같다.

그렇지만 어떤 형태의 고난이 충성된 사람들 대다수에게 영향을 줄 것이라는 암시는 있다. 요한계시록 여러 곳에서 "사망"은 고난을 가리키는 비유적 표현이었다(6:9의 주석 참조). 소아시아 교회들의 이런 상황은 일반적으로 그리스도의 재림 때까지 모든 교회에 해당된다. 일곱 교회에 보낸 편

---

277) Marshall, "Martyrdom and Parousia."

278) Marshall, "Martyrdom and Parousia."

279) 참조. Cullmann, *State in the New Testament,* 78-79.

280) 1세기 교회에게 행해진 로마의 박해에 대해서는 Caird, *Apostolic Age,* 156-80을 보라.

281) Caird, *Revelation,* 177.

지에서 한 교회의 역사적 상황은 대체로 다른 여섯 교회에게도 해당되듯이 말이다(2:7ff.에서 "교회들"이라고 복수형이 사용된 것에 주목하라). 13장의 초역사적인 특성은 16-17절을 모든 시대에 적용하고 보편화할 근거가 된다.[282]

사본상의 증거는 미래 직설법 ποιησει 대신 부정과거 가정법 ποιήσῃ를 선호한다(ℵ 2329 2351 *al* vg[mss]). 몇몇 필경사들이 του ποιησαι가 앞에 등장하는 어구 ἵνα καὶ λαλήσῃ와 동격이라고 생각하여 가정법을 더했을 수도 있지만 말이다(𝔓[47vid]). 반면에 이 어구는 형식적으로는 δοῦναι와 동격이며 그래서 사망을 결정하는 장본인은 짐승이지 우상이 아니다.

단 3장의 느부갓네살의 신상이 "거대한 용"으로 알려진 것은 우연이 아닌 것 같다(*Midr. Rab*. 창 68.13). *Midr. Rab*. 아 7.9 §1에서는 느부갓네살이 다니엘을 설득하여 "신상에 절하게 했"던 이유가 그 신상이 "실물"이고, 그것이 "나는 주 너의 하나님이다"와 같은 놀라운 것을 말할 수 있었기 때문이라고 설명한다. 로마 황제 트라야누스는 느부갓네살의 신상에 절하지 않은 단 3장의 세 유대인과 스스로를 비교한 사람들을 박해했기에 "느부갓네살의 후손"이라고 불리기도 한다(*Midr. Rab*. 전 3.16 §§ 1-17).

프리센은 최근의 조사에서 에베소에 세워진 조각상이 도미티아누스(81-96년에 통치함)의 것이 아니라 그의 바로 직전 황제인 티투스(79-81년)의 것이라고 결론을 내렸다.[283] 하지만 프리센의 분석에 따르면, 1세기 말에 에베소는, 세바스토이 신전과 목욕탕-체육관 복합 건물이 건립되었다는 사실로 드러나듯이, 황제 숭배가 가장 활발히 성행했던 곳이다. 더욱이 황제 숭배의 동일한 과정이 같은 기간에 전 지역에서 활성화되었다. 프리센은 티투스에게 헌정된 거대한 조각상 건립을 비롯하여 1세기말 제국의 제의의 기초가 되었던 이러한 발전의 축적된 결과가 바로 요한이 계 13장에서 논쟁점으로 삼은 것이라고 결론을 내린다.

282) 1세기 교회에게 행해진 로마의 박해에 대해서는 Caird, *Apostolic Age,* 156-80을 보라.
283) Friesen, "Ephesus."

16-17절 모든 자에게 "그 오른손에나 이마에 표"를 받기를 요구한 것은 순종하지 않는 노예나 군인들(Herodotus, *Pericles* 26; Herodotus 7.233)과 다양한 종교의 여러 신들에게 충성하는 자들(Lucian, *De Syria Dea* 59; Herodotus 2.113)에게 낙인을 찍거나 문신을 하던 고대의 행위를 암시할 수 있다.[284] 만일 여기서 노예의 낙인을 염두에 두었다면, 짐승에게 경배하는 사람들은 짐승의 소유로 이해된다. 만일 군인들이나 종교적인 헌신자들의 낙인을 염두에 두었다면, 경배자들은 짐승의 충성된 추종자들로 간주된다.[285] 그 표는 국가가 누구에게나 요구되는 우상숭배에 복종하는지를 확인하는 방법을 가리키는 비유적인 언급이 분명하다. 여기서 말하는 표가, 나중에 디오클레티아누스(Diocletian)와 데키우스(Decius) 치하에서 박해를 받았을 때처럼, 황제에게 충성하고 국가가 요구하는 제의와 제국의 종교에 참여한 사람들에게 발급해준 확인증일 가능성도 있다.[286] 본문에 묘사된 내용은 심지어 1세기 후반에 모습을 갖추기 시작한 숭배행위나, 요한이 미래의 어느 시점에 발생할 것이라고 예상했던 정책을 묘사한다.

표 받기를 거부하는 사람들은 "매매를" 할 수가 없었다. 이것은 그리스도인들에게 경제적 조치가 취해졌음을 암시하는 2:9과 6:5-6을 가리킨다. 2:9에서 그리스도인들은 무역조합의 신들과 카이사르의 신상에 경의를 표하기를 거부했다는 이유로 물질적으로 "궁핍해"졌다고 한다(2:9-11, 14, 20-21의 주석 참조). 그리스도인들에게 가해진 박해와 심지어 순교는 요한의 시

---

284) 참조. O. Betz, *TDNT* VII, 658-62; C. Schneider, *TDNT* IV, 635-36.

285) 참조. Barclay, "Great Themes V: Revelation xiii," 293-94; Charles, *Revelation* I, 363.

286) 디오클레티아누스와 데키우스 재위 기간에 국가가 요구하는 제의에 참여한 사람들에게 발급된 확인증을 입증하는 파피루스 증거에 대해서는 Ramsay, *Letters,* 110-11, 437; Hunt and Edgar, *Select Papyri* II, 352-55; Workman, *Persecution in the Early Church,* 138을 보라. 이 박해를 논의한 Workman, *Persecution in the Early Church,* 92-113을 보라.

Judge, "Mark of the Beast," 160은 (에베소와 같은) 소아시아의 여러 도시들의 시장에 들어가기 전에 황제에게 제사드릴 것을 요구받은 사람들을 배경으로 봐야 13:16-17이 가장 잘 이해될 수 있다고 주장한다. 각 사람은 제사를 드리고 난 후 자신의 팔목이나 이마에 표를 받았을 것이다. Judge는 "그러한 요구가 이 당시에 실제로 적용된 증거는 없다"는 점을 인정한다.

대 이후에도 지속될 것이었다(Eusebius, *H. E.* 5.1.56). 새 창조에서는 성도들이 이러한 박해를 당하지 않을 것이다(7:16-17).

χάραγμα("표")는 비즈니스 계약에 쓰인 황제 인장과 동전 앞면에 있는 로마의 통치자 화상에 사용되었다.[287] 만일 이 배경이 계 13장을 기록할 때 의중에 있었다면, 이것은 표가 국가의 종교적 요구에 따르는 사람들에게만 주어진 정치적·경제적 "인증"임을 암시한다는 비유적 사상을 강조한다. 흥미로운 것은 이그나티우스(*Magnesians* 5)가 요한이 "표"를 사용하는 방법과 같은 방법으로 동전 비유를 사용한다는 점이다. "두 종류의 동전이 있다. 하나는 하나님께 속한 것이고 다른 하나는 세상에 속한 것이다. 각각은 그 위에 새겨진 표가 있다. 불신자들에게는 이 세상의 표가 새겨져 있는 반면에, 사랑받는 신실한 사람들에게는 예수 그리스도로 말미암는 하나님 아버지의 표가 있다." 그럴 가능성은 없겠지만, 만약 계 13:16-17의 "표"를 문자적으로 취한다면, 그것은 그리스도인들이 경제적 거래를 하지 못한다는 의미다. 그들이 경제적 거래의 통상적이면서도 우상숭배적인 수단을 사용하기를 거부하기 때문이다.[288] "짐승의 이름"과 "그의 이름의 수"인 "이마의 표"(17절)는 참 신자들의 "이마에 쓴 하나님의 이름"이 있는 7:3-8의 "인"에 대한 패러디이며 그것에 반대되는 것이다(14:1; 22:4; 3:12).

참 신자의 이마에 있는 인이나 이름이 눈에 보이지 않는 것이기에, 불신자의 손목이나 이마에 있는 "표" 역시 눈에 보이지 않는다. 이 둘이 영적 성격에 있어서 병행이고 서로 비교할 목적으로 제시되었다는 사실은 바로 뒤따라오는 하나님과 그리스도의 이름이 "성도들"의 이마에 쓰였다는 언급에서 분명히 나타난다(14:1). 예수를 믿는 사람들은 그와 동일시되며 그의 이름의 능력으로 최후의 속임에서 보호를 받는다(22:4이 분명히 밝히듯 말이다). 신자들이 짐승과 동일시되기를 거부하면 고난을 받을 것이고 심지어 죽임

---

287) Deissmann, *Light from the Ancient East,* 345; *Bible Studies,* 240-47. Deissmann이 서술하는 인장 중 2개는 그 위에 도미티아누스의 이름이 새겨져 있다.

288) A. Y. Collins, *Apocalypse,* 96.

을 당하기도 한다. 하지만 그들은 마침내 영생의 상을 받을 것이다(20:4). 그리스도를 믿지 않는 사람들은 짐승과 동일시되는 사람들이며 마귀의 권세 휘하에 있고 짐승의 속임을 피할 수 없다(자세한 내용은 2:17의 주석 참조). 그들이 짐승과 동일시됨으로써 이생에서는 일시적 번영을 누릴 수 있을지 몰라도, 그들은 마침내 영원한 사망의 심판을 받을 것이다(14:9-11의 주석 참조).

표는 그리스도와 짐승을 따르는 사람들 모두 그들의 지도자들의 형상(즉 특성)으로 인침을 받는다는 것을 의미할 수도 있다.[289] 그 표가 역사적으로 정확히 어떤 부류의 사람들을 지시하는지는 분명치 않지만, 중요한 것은 그것이 사탄적 특성을 지닌 짐승과 영적으로 동일시된다는 점이다.

이름의 표가 비유적인 것이며 문자적인 것이 아니라는 사실은 짐승의 이마에 "모독하는 이름들"이 있다는 사실에서 분명히 드러난다(13:1). 이것은 지상에서 신적인 왕 됨을 주장하는 거짓 주장을 비유적으로 암시한다. 마찬가지로 짐승에게 경배하는 사람들의 이마에 짐승의 이름을 쓴 것이 있다는 말은, 자신이 신적인 왕임을 주장하는 짐승이 모독적인 주장에 짐승의 표를 받은 사람들이 경의를 표했다는 사실을 강조한다. 신자들의 이마에 인을 치고 거기 하나님의 이름이 있다는 것은 그들이 하나님의 소유인 것과 영적인 보호를 받는다는 것을 의미했다. 마찬가지로 사탄의 이름과 그 표는 마귀에게 속한 사람들이라는 것과 영원한 심판을 받게 됨을 의미한다(동일하게 짝을 이루며 등장하는 표가 *Pss. Sol.* 15:6-9; Ignatius, *Magnesians* 5:2; 사 44:5 LXX에서도 발견된다. 사 44:5은 마지막 때에 하나님의 영을 받는 사람마다 "그의 손에 '나는 하나님의 것이라'는 내용이 기록될 것이라"고 한다). 예루살렘에 있는 의인들의 "이마"에 있는 하나님의 표는 멸망으로부터 보호하며 그것이 없는 사람은 정죄를 받는 것처럼(겔 9장), 여기서도 그러하다("인"을 자세히 논의한 7:2-3의 주석 참조). 만일 세례가 "인"과 밀접하게 관련이 있다면,

289) χάραγμα에 "표"나 "인침"만이 아니라 "형상"이라는 의미도 있다는 점에 대해서는 BAGD, 876을 보라.

짐승에게 충성하는 구체적인 표시를 염두에 두었을 것이다.[290] 하지만 과연 이러한 연관이 있는지는 확신할 수 없다.

하나님은 이스라엘에게 그들이 지속적으로 하나님께 헌신하고 충성해야 한다는 것을 상기시키기 위해 토라가 "네 손의 기호와 네 미간의 표"가 되어야 할 것이라고 말씀하셨다(출 13:9; 또한 출 13:16; 신 6:8; 11:18). 그래서 유대인들은 성경의 일부분을 담은 성구 상자를 이마와 위팔에 부착한다. 신약성경에 해당하는 것은 하나님의 비가시적인 표 또는 이름이다(7:2-8의 주석 참조). "이마"는 이상적인 헌신을 표시하며, "손"은 그 헌신의 실천적인 작용을 나타낸다. 이처럼 구약의 신앙 공동체 안에 있다는 표시에 대한 모방으로서 짐승에게 경배하는 사람들의 이마와 손에 표시한 짐승의 표는 그들이 짐승에게 충성하고 지속적으로 또한 전심으로 헌신함을 가리킨다.

둘째 짐승은 **대체적으로** 첫째 짐승과 함께 로마 국가와 동일시될 수 있다(11절 주석 참조). 하지만 그는 로마 국가와 동일하지는 않다. 11-17절은 둘째 짐승이 소아시아의 문화를 비롯하여 로마 문화의 정치·종교·경제 체제를 포함한다는 것을 보여준다. 이 모든 것은 황제 숭배와 연결된다. 심지어 무역조합의 수호신들은 제국의 제의와 결부되어 숭배되었다(2:9-21의 주석 참조). 따라서 그리스도인들이 우상숭배의 압박을 피할 수 있는 사회적 영역은 존재하지 않는다. 실제로 국가는 문화의 종교적·경제적·사회적 측면과 밀접하게 연결된다.

요한의 시대에 둘째 짐승의 구체적인 표현은 일차적으로 주요 성으로부터 모여든 정치적 대표자들로 구성된 지방 의회였다. 제국의 종교에 종사하는 제사장들도 이 지배 집단에 포함되었을 것이다. 이 의회는 로마 시대 이전부터 존재했고, 로마는 그들을 통해 지역 통치를 수행했다. 바다에서 나온 외부 짐승은 둘째 짐승에게 집단적으로 속한 그 지역의 당국자들을 통해 통치했다.[291]

---

290) Roloff, *Revelation,* 165.

291) 참조. Caird, *Revelation,* 171.

ℵ* C 1611 *al* vg[mss] sy co Ir[lat] Prim에 17절의 καί("과")가 생략된 것은 16절과 17절의 관계를 오해한 데서 빚어졌다. 몇몇 필경사는 ἵνα μή가 δῶσιν에 의존한다고 믿어, καί가 불필요하다고 간주했다. 하지만 ἵνα μή는 16절 초반에 있는 ποιεῖ에 의존하며, καί는 ἵνα δῶσιν과 대등하게 기능하며, 둘째 짐승이 사람들에게 행하도록 하는 두 번째 내용을 소개한다.[292)]

가정법 δύνηται("~하게")는 최상의 사본(𝔓[47] ℵ A C 1841 2351 *al*)의 지지를 받는다. 하지만 051과 𝔐에는 어려운 이문인 직설법 δυναται("할 수 있다")로 기록되었다.

3 Macc. 2:28-32은 계 13:15-17과 매우 유사한 본문이며, 소아시아의 그리스도인들의 상황을 이해하는 데 많은 빛을 비춰준다. 사악한 그리스 왕은 다음과 같은 칙령을 내렸다. "그들[유대인들]의 성전으로 들어가는 것은 제사를 드리지 않는 모든 사람에게 배척당하는 것이며, 모든 유대인을 일반 사람들로 등록하고, 저항하는 사람들을 강제로 체포하여 죽음에 처넣고, 이렇게 등록된 사람들에게 디오니소스를 상징하는 담쟁이 잎으로 그 사람을 표시하며, 이러한 제한된 권리를 주어 구별하라.…누구든시 그[디오니소스] 제의에 입문한 사람들[이교도들]의 공동체에 들어가도록 선택한다면, 그들은 알렉산드리아 사람들과 동일한 [경제적·정치적] 권리를 가져야 한다.…몇몇 [유대인]은…주저하지 않고 왕에게 복종했으며, 장차 그로부터 지대한 영예를 받을 것으로 예상했다. 하지만 더 고상한 정신을 가진 대다수의 사람들은 자기들의 종교의식을 준수했으며, 그들이 평온하게 살 수 있도록 돈을 냄으로써 등록을 피하려고 했다."

스위트는 계 13:4-17의 가장 초기 해석 중 하나로 *Asc. Isa*. 4:1-13을 올바르게 인용했다. 이 본문은 계 13:4-17의 많은 부분을 의역한다.[293)]

---

292) B. M. Metzger, *Textual Commentary,* 751.

293) Sweet, *Revelation,* 218.

보컴은 *Asc. Isa.*와 계 13장이 공통의 전통에 의존했다고 주장한다.[294] 이것은 가능하기는 하지만 개연성은 없다. 흥미로운 것은 *Asc. Isa.* 본문이 계 13장에 언급된 교회 공동체의 남은 자들만 끝까지 충성할 것이라고 이해했다는 점이다. "연합하여 사랑하는 자[그리스도]를 받아들이는 대다수의 사람들을 그[벨리알 = 적그리스도]가 돌이켜 자신을 좇게 할 것이다"(*Asc. Isa.* 4:9).

참 신자들에게 믿음으로 인내하기 위해 참 경배와 거짓 경배를 분별하라고 권면한다(13:18)

18절은 숫자 666의 정체와 의미를 둘러싼 일반적인 불일치로 인해 요한계시록 전체에서 가장 논쟁적인 구절 중 하나로 꼽힌다.

666

15:2(비교. 20:4)은 이 수가 13:1-8에서 묘사된 첫째 짐승의 수이지, 11-16절에서 묘사된 둘째 짐승을 가리키는 수가 아님을 분명히 보여준다. 그간 진행되어온 666에 대한 해석은 일반적으로 3가지 범주로 분류된다.[295] (1) 로마 제국 시절부터 현재까지 게마트리아로 다양한 세계 지도자들의 이름에 해당하는 수를 계산하고 그들을 짐승과 동일시하는 방법, (2) 수를 연대기적으로 이해하거나 짐승의 재위 기간을 암시한다고 이해하는 방법, (3) 수가 적그리스도, 적그리스도적인 세력, 또는 둘 다를 가리킨다고 보는 방법 등.

게마트리아를 이용한 설명

고대 세계 언어에서는 글자 하나하나가 수를 가리켰다. 예를 들어 그리

---

294) Bauckham, *Climax of Prophecy*, 425-28.
295) 참조. Schaff, *History of the Christian Church* I, 843-53.

스어 알파벳의 처음 9개의 글자는 1부터 9를 나타낸다(α = 1, β = 2 등등). 게마트리아는 그 수에 해당되는 낱말의 총수로 단어나 이름을 표현하는 방법이다. 예를 들어 *Sib. Or.* 1.325은 예수를 888(I = 10, H = 8, Σ = 200, O = 70, Y = 400, Σ = 200)로 나타낸다.[296)]

현대의 많은 학자는 666을 네로와 동일시하려고 시도해왔다.[297)] 그러나 이것은 그리스어로 셈을 해서는 얻을 수 없고, 그리스어의 *Nerōn Kaisar*를 히브리어로 666이 되게 만들어야 가능하다. 이것으로 616이라는 수를 가진 본문 전통이 설명될 수 있다(C 사본).[298)] 필경사는 네로라는 이름의 라틴어 형태에서 영향을 받아 의도적으로 그 수를 616으로 바꾸었을 것이다. 히브리어의 낱말(*nrô qsr*)을 음역하면 616이 된다.

히브리어(*nrôn qsr*)로 음역한 네로 이름의 그리스어 형태는 666이 된다(눈 = 50, 레쉬 = 200, 와우 = 6, 눈 = 50, 코프 = 100, 사멕 = 60, 레쉬 = 200). 하지만 이 셈은 코프 다음에 요드를 뺀 불완전한 히브리어 철자 *qsr*에 근거한다. 그러한 철자가 유대의 사본[299)] 하나와 탈무드로 입증되었다고 몇몇 사람은 주장한다.[300)] 하지만 사본 단편에서 요드를 포함했을 것으로 짐작되는 단어의 한 부분이 없어졌다. 그 단어는 단지 *Neron* 다음에 코프로 시작할 뿐이다. 사멕과 레쉬가 이어지는 철자(*q*[*sr*])일 수 있다. 하지만 얼마든지 다른 낱말들로 보충될 수도 있다. 그런데 만일 깨진 단어가 *qsr*였다면(그럴 가능성이 있다), 공백이 충분하지 않아 요드를 삽입할 수 있는 여지가 없다. 찰스와 그밖에 다른 사람들은 *qsr*의 요드를 동

296) 1세기에 나온 다른 예들에 대해서는 Deissmann, *Light from the Ancient East,* 275-77을 보라.

297) 이 입장을 견지하는 사람들을 개괄한 Gentry, *Before Jerusalem Fell,* 199-200을 보라.

298) 거의 모든 사본이 "육백육십육"을 지지한다. 이것이 본문의 원래 독법일 가능성이 많다. "육백십육"은 그리스어 수 ξ를 ι로 혼동한 결과일 수도 있다(χξζ = 666, χιζ = 616). 이문인 616은 칼리굴라(가이우스 카이사르)를 짐승과 동일시하려는 시도로 설명될 수도 있다(O. Rühle, *TDNT* I, 463; Mounce, *Revelation,* 264을 보라). "육백육십오"라고 표기한 좋은 사본 하나(2344)도 있다. 이것은 필경사가 χξζ를 실수로 χξϵ로 썼기 때문일 것이다.

299) Hillers, "Scroll from Murabbaʿat."

300) Charles, *Revelation* I, 367; 참조. B. M. Metzger, *Textual Commentary,* 752.

반한 철자와 동반하지 않은 철자의 증거로 재스트로우(Jastrow)의 사전을 인용한다. 하지만 뷰캐넌이 지적했듯이, 재스트로우는 요드를 동반한 철자의 예만을 제시했다. 실제로 탈무드, 미쉬나, 토세프타, 탄나임 미드라쉼의 용어 색인을 확인해보면, 요드를 동반한 철자만 발견된다.[301] 네로와 연관 짓는 것은, 묵시문학과 세속적인 문헌에서 초기 저술가들이 네로를 "짐승"으로 언급한다는 사실을 보면, 가능할 수 있다. 그리고 "짐승"에 해당하는 히브리어 단어를 셈하면 666이 된다.[302]

상당히 매력적이기는 하지만, 666이라는 수를 네로의 이름과 동일시하는 것에는 앞에서 언급한 것 외에도 몇 가지 문제가 있다. (1) 네로와 동일시하는 일은 그리스어를 사용하는 요한의 독자/청중들이 히브리어와 게마트리아 체계를 알아야 한다는 것을 전제한다. 물론 독자들 중에는 헬레니즘 유대교 출신의 그리스도인들이 있었지만 말이다.[303] (2) "카이사르 네로"라는 이름을 선택하는 것은 네로를 주장하는 관점에 있어 너무도 안이하다. 네로를 가리키는 칭호와 이름이 많이 있었기 때문이다. (3) 외국 이름을 히브리어로 음역할 때 모음에 해당하는 낱말을 삽입하거나 뺄 때, 다양하게 변화를 주는 데 상당한 재량이 있었으며, 시그마(Σ)에 해당하는 가능성 있는 선택이 3가지나 될 정도다.[304] 그리고 왜 요한이 히브리어 형식 대신 그리스어 형식을 사용하지 않겠는가? *Gaios Kaisar*와 *Kaisar Theos*라는 이름의 그리스어 형태는 각각 616에 해당하지만,

---

301) Buchanan, *Revelation,* 345-46. 나는 유대의 사본 단편을 분석하면서 Buchanan의 글을 의존했다. 짐승을 네로와 동일시하는 견해를 변호하는 전형적인 예는 M. Stuart, *Apocalypse* II, 452-59; Charles, *Revelation* I, 364-68을 보라. 가장 최근에 철저하면서도 설득력 있는 변호는 Bauckham, *Climax of Prophecy,* 384-452과 Gentry, *Before Jerusalem Fell,* 193-219을 보라. Bauckham과 Gentry는 666이라는 수와 관련된 상징적인 의미도 생각한다. 하지만 쿰란 증거에 문제가 있다는 사실과 탈무드, 미쉬나, 토세프타, 탄나임 미드라쉼에서는 자료가 빈약하다는 점을 인식하지 못했다.

302) Bauckham, *Climax of Prophecy,* 398, 409-10.

303) 하지만 Bauckham은 유대교와 기독교 묵시문학 여러 곳에서 게마트리아가 사용되었기 때문에 요한과 그의 독자들이 게마트리아를 이해하는 지식이 있었음을 가장 설득력 있게 주장했다. Bauckham, *Climax of Prophecy,* 384-407.

304) Farrer, *Rebirth of Images,* 257.

616은 원래의 독법이 아닌 것 같다(앞의 각주 298을 보라). (4) 가장 초기의 교부들은 네로와 동일시하는 해석을 알지 못했다.[305] (5) 요한이 그의 독자들에게 "그 수를 세어보라"고 권했을 때, 지적이고 수학적인 솜씨를 요구한 것이 아니라, 악을 피하기 위한 도덕적인 분별을 요구하고 있었다(아래 내용 참조).

율리우스부터 베스파시아누스에 이르기까지 황제들의 이름의 첫 글자의 숫자적 가치를 더하면 666이 된다는 것이 또 다른 해결책으로 제시되곤 한다(K ["Caesar"] = 20, Σ = 200, T = 300, Γ = 3, K = 20, N = 50, Γ = 3, O = 70). 이러한 시도는 율리우스 카이사르에서 시작하여 비슷한 방식으로 황제들을 열거하는 *Sib. Or.* 5.12-42에서 동기부여를 받았다. 이런 식으로 설명하는 방법의 문제는 갈바는 포함시키지만 오토와 비텔리우스는 생략한 일의 정당성을 설명할 수 없다는 데 있다.

또 다른 해결책은 666이 동전에 등장하는 도미티아누스의 그리스 칭호의 축약 형태(A.KAI.ΔOMET.ΣEB.ΓE.)를 계산한 결과라는 것이다. 이 제안은 앞에서 설명한 계 13장의 "표"와 앞뒤가 맞는다. 이 제안의 약점은 5개의 칭호가 다 등장하는 동전이 없다는 것이다.[306]

하팅스펠트는 (이 문제를 해결하는) 열쇠가 놀랍게도 *Kaisar Domitianus* 라는 이름의 히브리어 음역에서 계산하는 것에 있다고 믿는다. 그 이름을 계산하면 616이 되며, 이것은 666이 나중에 발달되어 나온 원본으로 간주된다.[307]

666과 동일시되는 다른 이름들은 로마 제국과 동의어일 수 있는 Teitan(Titus?)과 Lateinos다.[308] 20세기에는 게르만 카이사르(German

305) 이러한 반대에 대한 반응은 Gentry, *Before Jerusalem Fell,* 203-8을 보라.

306) 이 요약된 관점을 확장하고 평가한 Caird, *Revelation,* 174-76을 보라.

307) Hartingsfeld, "Die Zahl," 196-201. Hartingsfeld를 비평한 Prigent, *Apocalypse,* 215을 보라.

308) Alford, *Greek Testament* IV, 683; 고대·중세·현대 주석가들이 밝힌 수많은 이름에 대해서는 다음 문헌을 보라. Schaff, *History of the Christian Church,* I, 841-53; M. Stuart, *Apocalypse* II, 452-59; Barclay, "Great Themes V: Revelation xiii," 295-96; Rissi,

Kaiser)와 히틀러도 666과 동일한 것으로 계산되었다. 설득력이 없는 내용이기는 하지만 최근의 흥미로운 제안 중에는 다음과 같은 것들이 있다. (1) 그리스어 *ho Nikolaites*(2:6, 15의 "니골라당")를 히브리어로 음역하면 666이 된다.[309] (2) 666을 히브리어 낱말로 쓸 경우, 그 단어는 "너는 파괴해야 한다"라는 의미가 된다.[310] (3) 베스파시아누스의 전설을 요약하는 로마의 동전 위에 기록된 단어들의 숫자의 합이 666이다.[311]

문학적인 문맥에서 666의 주경학적 분석

요한계시록에서는 언어와 수가 비유적인 방법으로 사용되고 있는 까닭에, 666을 어느 개인의 이름을 문자적으로 계산하려는 모든 시도는 난제에 부닥친다. 게마트리아를 이용하여 문제 해결을 제안했던 많은 시도 중에 궁극적으로 만족할 만한 것은 하나도 없었다. 666을 만들 수 있는 이름들이 고대와 현대에 너무나도 많이 있기 때문이다.[312] 상당히 많은 제안이 있었다. 이름을 수로 바꾸는 것은 쉽지만 어떤 수에서 바른 이름을 추론하기는 어렵기 때문이다.[313] 새먼은 주석가들이 (자신이) 원하는 이름을 666과 동일시하기 위해 사용해왔던 3가지 "규칙"을 요약한다. "첫째, 만일 고유명사가 그것 자체로 666을 만들 수 없으면, 칭호를 더한다. 둘째, 이름의 총수를 그리스어에서 찾을 수 없으면, 히브리어나 라틴어를 가지고 시도한다. 셋째, 철자에 너무 신경 쓰지 않는다.…그것이 어떤 열쇠로도 열 수 있는 자물쇠라면, 어느 한 열쇠가 그 자물쇠에 꼭 맞는다는 사실로부터 많은 것을

Time and History, 76; J. M. Ford, *Revelation*, 215-17; Sanders, "Number of the Beast." 1560년부터 1830년에 이르기까지 영국에서는 백 명도 넘는 사람이 666의 장본인으로 제안되었다. Brady, *Contribution of British Writers*를 보라. 19세기와 20세기 독일계 해석을 요약한 Ernst, *Die eschatologischen Gegenspieler,* 141-45을 보라.

309) Topham, "Hanniqola 'ītēs."

310) Oberweis, "Rätselzahlen."

311) Baines, "Number of the Beast."

312) 앞의 내용과 O. Rühle, *TDNT* I, 462-64을 보라.

313) Caird, *Revelation,* 174.

추론할 수는 없다."[314]

그러므로 어마어마하게 많은 수의 모순되는 해결들로 인해 문자적인 셈법은 바른 해석을 낳을 수 없다는 반대의견이 제기될 수밖에 없다.[315] 만일 그 수를 이러한 셈법으로 어떤 통치자와 동일시하려고 한다면, 다른 숫자들이 요한계시록 곳곳에서 사용된 방법과는 대조되는 드문 예외가 될 것이다. 요한계시록에서 여느 다른 수가 그런 방식으로 사용되고 있다는 증거는 없다. 모든 수에는 비유적 의미가 있으며, 어떤 영적 실체를 상징하고, 어떤 종류든 문자적인 게마트리아 셈법을 포함하는 경우는 없다(예. 이십사 장로, 일곱 인, 144,000, 세 때 반, 두 증인, 일곱 머리, 열 뿔 등). 이것은 13:18에 바로 이어 등장하는 그리스도와 하나님의 이름이 "이마에 기록된" 144,000의 성도에 대한 환상으로 지지된다(14:1). 이 구절이 여기에 놓인 것은 짐승의 이름과 주님의 이름을 대조하려는 데 있음을 보여준다. 실제로 그러하듯이 주님의 이름이 순전히 영적인 실체를 상징한다면, 짐승의 이름 역시 그러하다. 이것은 짐승의 수에도 해당된다. 짐승의 수는 짐승의 이름과 동의어이기 때문이다.

문자적으로 계산되는 히브리어나 그리스어의 게마트리아 체계가 여기서 예외적으로 사용되고 있다면, 요한은 "그리고 히브리어(또는 그리스어)로 환산한 그의 이름의 수는 666이라"와 같은 내용을 기록하여 독자들에게 경각심을 주었을 것이다. 실제로 요한이 독자들에게 여러 곳에서 히브리어나 그리스어 이름에 주의를 환기하려 했을 때, 그는 분명히 그 이름 앞에 "히브리어로" 또는 "그리스어로"라는 어구를 붙였다(9:11; 16:16).[316] 요한이 그의 작품이 로마 관료의 손에 들어갈 경우 당하게 될 박해를 피하려고 어느 황제를 비밀스럽게 밝히는 것 같지는 않다. 그는 이미 유배 중에 있고 더 심한 고난을 두려워하지 않는다. 또한 요한은 그의 독자들이 박해를 받지

---

314) Salmon, *Historical Introduction,* 230-31(Salmon의 견해는 Bruce, "Revelation," 1616-17이 따른다); O. Rühle, *TDNT* I, 462-64.

315) A. F. Johnson, "Revelation," 534.

316) 참조. Hailey, *Revelation,* 298.

않도록 보호하려고 하지도 않는다. 그는 독자들이 죽음에 이를 정도로까지 충성된 증인이 되도록 그들을 준비시키고 있기 때문이다.

더욱이 요한은 여러 곳에서 ἀριθμός("수")를 늘 셀 수 없는 무리를 가리키는 비유적 의미로 사용한다(5:11; 7:4, 9[동족 동사]; 9:16[2번]; 20:8). 이런 경우, 수는 셈을 목적으로 언급된 것이 아니다. "수는 육백육십육이니라"는 말은 요한이 수를 비유적으로 사용한다는 사실에 예외가 되지 않는 것 같다. 7이라는 수는 완전함을 가리키며 요한계시록에서 반복된다. 하지만 666은 이곳에만 등장한다. 이것은 3중적인 6이 요한계시록 전체에서 신적인 7과 대조되고 불완전함과 미완성을 암시함을 시사한다. 더욱이 다음 절에 언급된 성도들의 수 144,000이 하나님의 백성의 완전한 수를 상징하는 비유로 기능한다면(14:1의 주석 참조), 앞 절에 있는 666과 의도적으로 대조되어 짐승과 그의 백성은 본질적으로 불완전하다는 것을 가리킨다.

"6"이라는 수에 불완전함이라는 의미가 있다는 사실은 시 90:4을 통해 창 1장의 7일을 세상 역사의 7천 년으로 해석한 여러 문헌에서 입증된다(*Barnabas* 15; Irenaeus, *Adversus Haereses* 5.28.3; 비교. *b. Sanhedrin* 97a). 여섯 번째 천 년은 적그리스도의 때이며, 바로 이어서 메시아의 승리의 천 년 통치가 시작된다(참조. *Barnabas* 15).[317] 세계 역사를 이렇게 연대기적으로 계산하는 배경에 의거하여, Irenaeus(*Adversus Haereses* 5.28.2)는 666을 "육천년 간 일어났던 전체 배교의 기간의 집약"으로 이해했다. "육"을 이렇게 이해하는 것은 여섯째 인, 여섯째 나팔, 여섯째 대접에도 존재한다. 이 모든 것은 짐승을 따르는 자들에게 내리는 심판을 묘사한다. 각 시리즈에서 일곱째는 그리스도의 나라의 절정을 그린다. 각 시리즈는 일곱째가 없이는 불완전하다.[318]

찰스는 상징적인 견해로는 왜 6이 3개가 사용되고 1개나 2개가 사용되지 않았는지를 설명할 수 없다고 주장한다. 6 하나만으로도 불완전성을 가

---

317) 참조. Sweet, *Revelation,* 218.
318) Boring, *Revelation,* 162-63.

리키는 상징적인 사상을 전달하기에 충분한데 말이다.[319] 하지만 6이 3번 반복된 것은 타락한 인간들 사이에서보다 짐승에게 불완전함과 실패가 있음을 강조하려는 데 목적이 있다. 성경에서 3이라는 수는 완전을 암시한다. 예를 들어, 계 1:4-5에서 3은 하나님의 신격의 완전함을 가리킨다. 삼위의 하나님은 13장 이곳(과 16:13)에서 용과 짐승과 거짓 예언자에 의해 패러디된다.[320] 그러므로 3번 반복된 6은 짐승에게서 발견되는 죄악된 불완전함의 완전성을 가리킨다. 짐승은 비록 하나님의 완전함을 성취하는 것처럼 보여도 불완전함으로 요약된다. 6이 3번 반복된 것은 삼위 하나님의 7이 3번 반복된 것의 패러디이다. 다시 말해서 짐승은 하나님과 그리스도와 진리의 예언적인 영을 흉내 내려 하지만(참조. 19:10) 성공하지 못한다. 짐승은 하나님을 형상화하고 하나님 위에 자신을 높이려는 시도를 완성할 수 없다. 종종 "7"이 마귀나 짐승의 철저한 악의 특성과 혹독한 박해, 보편적인 압제를 강조하려고 그들에게 적용되기도 한다(예. 12:3; 13:1; 17:3, 9-11). 13:18에 777 대신 666이 사용된 것은 3-14절에서 짐승이 그리스도나 예언자를 흉내 내는 가짜라는 사실을 반복해서 강조하려는 데 그 이유가 있다. 사탄적인 특성을 지닌 두 짐승이 속임으로써 진리를 성공적으로 흉내 내는 것처럼 보여도, 그들은 내부적으로 철저하게 악한 자로 남으며, 그들이 흉내 내고 있는 신적인 성품에 못 미친다.

15:2은 666이 문자적으로 이해되지 않음을 더욱 드러낸다. 여기서 동일한 수("그의 이름의 수")가 짐승 및 그의 우상과 동일시되었기 때문이다. 짐승의 수와 짐승의 이름은 이미 13:17에서도 동일시되었다. "누구든지 이 표를 가진 자는…이 표는 곧 짐승의 이름이나(ἤ="다시 말해서" 또는 "이것은 ~과 같다") 그 이름의 수라."[321] 사람이 하나님의 질서를 왜곡했을 때 그런 인간을 묘사하는 방법 중 하나는 그를 짐승으로 묘사하는 것이다(13:2의 주석 참

319) Charles, *Revelation* I, 369.
320) 자세한 내용은 J. F. Drinkard, *HBD,* 711-12을 보라.
321) Swete, *Apocalypse,* 174; 참조. Charles, *Revelation* I, 364; Lenski, *Revelation,* 410-11.

조). 이는 인간이 하나님의 계획에 미치지 못했기 때문이다. 666은 이러한 짐승의 특성을 지닌 불완전함을 묘사하는 또 다른 이미지다. 이런 관점에서 그리스어의 θηρίον("짐승")에 해당하는 히브리어 수의 값이 666이라는 것이 우연일까?[322] 신자들이 짐승의 속임에 맞서 성공적으로 저항할 경우, 그들은 인격화된 불완전함인 짐승의 이름이 지닌 본질과 동일시되는 것을 피할 수 있다. 어떤 이의 이름과 동일시된다는 것은 그의 성품에 참여하는 것과 같다(2:17의 주석 참조). 하나님의 인이나 이름이 보이지 않고 영적인 실체를 가리키며 모든 참 신자들에게 기록되었기에, 짐승의 수(13:17에서는 표와 이름)도 불신자들에게 동일하게 적용된다.

두 짐승은 하나님의 순전한 공동체에 속하지 않은 사람들을 속이는 데 성공한다. 하지만 그리스도의 인과 이름으로 보호를 받는 그리스도인들은 그러한 미혹에서 궁극적으로 보호받는다. 그래서 18절은 그리스도인들에게 거짓에 참여하지 말라는 권면으로 시작한다. 그리스도가 그들에게 거짓에 맞설 수 있는 능력을 주셨기 때문이다. 이러한 반응이 11-18절의 주요 목적이다. 이를테면 성도들은 11-17절에 서술된 짐승의 미혹과 불완전성을 통찰하는 영적 "지혜와 총명"을 가지라고 권면을 받는다. 이 결론적인 권면은 1-9절의 결론적 권면과 병행을 이룬다(두 본문 모두 영적 통찰을 가리키는 비유인 동사 ἔχω와 파악하라는 명령[ὧδε…ἐστίν…과 함께 표현됨]을 포함한다). 9절은 신자들에게, 동화하도록 유혹하는 사탄적이고 짐승적인 제도의 속임을 영적으로 분별하도록 권면하려고 "귀가 있거든 들을지어다"라는 비유를 사용한다. 18절의 권면("그 수를 세어 보라")에도 동일한 의미가 있다. 예외가 있다면 세어볼 수 있는 지혜의 비유가 귀 비유 대신 사용되었다는 점이다. 세어봄으로써 지혜를 행사하라는 권면을 문자적으로 본다면, "귀 있는 자는 들을지어다"라는 권면을 신체의 귀로써 들으라는 말도 안 되는 방식으로 이해해야 한다. 그러므로 18절에서 요한은 탁월한 지혜를 행사하라고 촉구하는 것이 아니라, 독자들에게 타협으로부터 자신을 보호하기 위

---

322) U. Wilckens, *TDNT* IX, 416-17; Krodel, *Revelation,* 259.

해 악한 영적 실체들을 혼신을 다해 분별하라고 촉구한다. (두 권면 사이에 존재하는) 문학적 병행은 11-17절이 1-8절과 동일한 상황을 언급한다는 것을 확증한다. 여기서는 로마가 아니라 로마의 동맹국에 초점이 있지만 말이다.

지금까지 논의해온 것에 따르면, 짐승의 수가 한 개인적인 적그리스도를 가리키기보다는 집단적으로 이해돼야 함을 시사한다. 이것은 ἀριθμὸς γὰρ ἀνθρώπου ἐστίν이라는 어구에 의해서도 더욱 암시된다. 이것은 "그것은 어느 [구체적인] 사람의 수다"라고 개인적으로 번역될 수도 있고, 더 낫게는 "그것은 인간의[또는 "인간들이 갖는"] 수다"라고 포괄적으로 번역될 수도 있다.[323] 이 구절과 가장 가까운 21:17에 의하면 포괄적인 번역이 선호된다. 21:17에는 ἀνθρώπου가 포괄적으로 언급되었다. 새 예루살렘의 벽을 측량했더니, "사람의 측량(μέτρον ἀνθρώπου)[대로] 백사십사 규빗이니, 즉 천사[에 의해 사용된] 측량이라."(다른 번역들과 대조하여 이 번역을 지지하는 자세한 내용은 21:17의 주석 참조). 다른 곳에서 관사 없이 사용되는 ἄνθρωπος와 ἀνήρ 두 단어는 인간을 총칭하는 숙어일 수 있다(참조. 신 3:11 LXX과 사 8:1 LXX).

콜린스는 21:17이 13:18을 해석하는 열쇠라는 것을 부정하지만(자신의 견해를 지지하기 위해 다른 구절을 인용한다) 그의 주장은 설득력이 없다.[324] 하지만 병행 어구인 "사람의 수"와 "사람의 측량"뿐만 아니라 그 어구들이 비슷하게 적용되는 짐승의 수와 천사의 측량이라는 표현에 비춰보면, 21:17과 13:18을 연결할 수 있다.[325] 개중에는 21:17이 사람의 측량을 천사의 측량에 관련시키는 까닭에, 13:18이 마귀적 권세를 당대 로마의 인간 독재자에 연관시킨다고 주장하는 사람들이 있다.[326] 혹은 또 다른 견해로, 천사들처럼 하나님의 영광의 존전에서 완전해진 사람과 하나님의 영광에 미치지 못한 불완전한 인간을 대조하는 데 강조점이 있을 수 있다(21:17에서

---

323) 참조. Mussies, "The Greek of Revelation," 82.
324) A. Y. Collins, *Combat Myth,* 200.
325) Bauckham, *Climax of Prophecy,* 398.
326) 참조. Reicke, "Die jüdische Apokalyptik," 189-91.

수의 의미에 대해서는 해당 본문 주석 참조).[327)]

또 다른 비슷하고 유용한 가능성은 13:18이 인간적이고 타락한 관점에서만 실체를 이해하려는 헛된 인간의 불완전함을 언급한다고 할 수 있다(바울의 κατὰ σάρκα["육체대로"] 사용처럼). 이는 21:17의 천사로 대표되는 하나님의 관점과 대조된다. 사실 21:17을 분석해보면 이 마지막 선택이 가장 잘 어울린다. 21:17의 초점은 세상적이고 인간적인 측량으로만 보이는 것에 대해 하나님과 천사의 해석을 제공하고 있기 때문이다.

21:17에는 "사람의"(ἀνθρώπου)에 관사가 생략되었다. 이것은 그 측량이 일반적인 측량 체계를 가리키며 어떤 내밀한 측량을 가리키지 않는다는 것을 의미한다. 마찬가지로 13:18에 관사가 생략된 것 역시 일반적인 사람을 암시하며, 내밀한 셈 방법으로만 분별할 수 있는 어떤 특별한 개인을 가리키지 않음을 시사한다. 그러므로 두 구절에서 ἀνθρώπου는 설명적이거나 특성을 나타내는 소유격이며, 이 어구는 "인간적인 수"(a human number, RSV) 또는 "인간의 수"(a number of humanity)로 번역해야 한다. 그것은 타락한 인간에게 공통적인 수다.[328)]

이런 포괄적인 이해는 짐승이 타락한 인간의 바다에 지상적인 기원을 두었다는, 13:1부터 일관되게 이어져온 사상이다(17:15의 주석 참조). 짐승은 중생하지 못하고 하나님에게서 멀리 떠나 있으며 하나님의 형상에 도달할 수 없고 늘 그러려고 애쓰기만 하는 인간의 최고 대표자다. 인간은 엿새 날 창조되었다. 하지만 일곱째 날의 안식이 없이는 아담과 하와는 불완전하고 미완성이었을 것이다. 3중의 6은 그 짐승과 그를 따르는 자들이 인간을 향한 하나님의 창조 목적에 미치지 못함을 강조한다. 신자들은 타협하지 않도록 주의해야 한다. 비단 로마 황제와의 타협뿐만 아니라, 국가의 모든 측면, 즉 우상숭배적인 문화의 종교와 경제와 사회의 측면들과도 타협하지

---

327) 또한 Bauckham, *Climax of Prophecy*, 398도 참조하라.

328) 13:18과 21:17 사이의 가능한 추가 연결점을 설명한 Bauckham, *Climax of Prophecy*, 398-400과 본서 아래 내용 참조.

말아야 한다. 이런 것들은 다 타락한 인간성을 전형적으로 보여준다.

이 설명으로 18절의 어법이 수를 역사적인 한 인물의 이름과 동일시해야 함을 요구한다고 하며 상징적인 견해를 거부하는 반대 입장의 기가 꺾였다.[329] 어떤 사람들은 요한이 네로를 염두에 두었을 뿐만 아니라 숫자에 상징적인 의미도 있다고 믿는다. 이것은 상당히 가능성이 있는 견해다.[330] 가장 설득력이 있는 것은 보컴의 견해다. 보컴은 요한이 한 개인에게 초점을 맞추려는 목적에서가 아니라, 그리스도의 죽음과 부활과 재림에 병행하는 일련의 황제들의 역사를 구성하려고 네로 전설을 사용했다고 주장한다. 그래서 네로와 제국의 권력은 그리스도와 하나님께만 속하는 것을 장악하려 하여 적절한 한계를 넘어버린 일체의 국가들을 가리키는 상징이다.[331] 이것이 타당한 분석이라면, 이 분석은 그 숫자를 1세기 황제에게만 적용함으로써 그 숫자의 상징적인 의미를 제한하지 않는다. 그 숫자는 뒤따라오는 통치자들에게 얼마든지 적용할 수 있다. 네로, 도미티아누스, 스탈린, 히틀러와 같은 사람이 짐승을 나타내는 역사적 인물의 최고의 예가 될 수 있다.

"짐승의 수"를 이해하기 위해 "지혜"(σοφία)와 "총명"(νοῦς)이 필요하다는 것의 배경에는 마지막 때의 환상과 사건들을 이해하기 위해 다니엘서에서 요구한 "지혜"(*sākal*)와 "총명"(*bîn*)이 있다고 이해하는 것이 가장 좋다. 특히 히브리어의 이 두 단어가 단 11:33과 12:10에 함께 등장한 것으로 미루어볼 때, 요한계시록 이 본문에서 σοφία와 νοῦς가 동일한 의미로 사용되었음이 분명하다. (1) 성도들은 악한 왕이 야기한 (2) 환난의 마지막 때의 사건들을 (3) 이해하기 위해서 영적인 통찰이 필요하다. (4) 악한 왕은 성도를 박해하며, (5) 다른 사람들을 속여 자기가 주권을 가지고 있음

329) Krodel, *Revelation,* 258이 주장하듯이 말이다.

330) 예. Moffatt, "Revelation," 434; Boring, *Revelation,* 163-64; A. Y. Collins, *Apocalypse,* 97.

331) Bauckham, *Climax of Prophecy,* 444-52. 666의 상징에 대해서는 Bauckham, *Climax of Prophecy,* 394-407을 보라.

을 인정하도록 하고 그들이 그 속임수를 퍼뜨리도록 확신을 준다. 더욱이 (6) 다니엘서와 요한계시록에서 이 메시지는 환상을 통해 예언자에게 전달된다.[332] 만일 성도들에게 이런 통찰이 있다면, 그들은 속임을 당하지 않을 것이다.

17:9(ὧδε["여기"]와 σοφία["지혜"]와 νοῦς["총명"]가 사용됨)의 동일한 반응은 13:18의 의미와 정확하게 일치한다. 17:9은 그리스도인들에게 다른 "땅에 사는 자들"(17:8)처럼 짐승의 속임에 넘어가지 말라고 권한다. 또한 이 본문은 그들에게 로마의 속임(17:9-10의 주석 참조)에 관하여 17:7-8부터 계속된 사상인 짐승의 "일곱 머리"의 상징적인 의미를 파악하라고 권하기도 한다. σοφία("지혜")는 13:18과 17:9 외에 5:12과 7:12에서만 등장한다. 여기서 "지혜"는 구속사를 계획하고 실행하는 어린 양의 능력을 표현하는 데 사용되었다. 13:18과 17:9의 권면 내용은 이것이다. 신자들은 다니엘이 예언한 바, 하나님의 지혜로운 계획을 알고 하나님을 사칭하는 자들과 그들을 선전하는 자들을 분별할 수 있는 "지혜"를 가져야 한다는 것이다.[333] 17:9의 권면이 일곱이라는 수의 비유적인 의미를 깨닫는 것을 언급하기에, 13:18에서 권면과 수 역시 이와 동일하게 이해해야 한다. 요한은 성도들에게 영적이고 도덕적인 분별을 권하지, 복잡한 수학 문제를 해결할 수 있는 지적 능력을 권하는 것이 아니다. 영적인 그리스도인들뿐만 아니라 불신자들도 수학 문제를 풀 수 있는 정신적 능력이 얼마든지 있다.

그러므로 신자들은 666을 악한 통치자들과 타협하는 제도뿐만 아니라 거짓 예언자들에게 영적으로 적용함으로써, 그들이 유혹하는 자라는 것과 불완전한 자임을 알게 될 것이다. "신성 모독이 있는 곳은 어디서나 짐승의 이름이 발견된다."[334] 그리스도인들은 적그리스도의 영이 가장 예상하지 못한 곳에서 자신을 드러낼 수 있다는 사실을 알아야 한다. 심지어 교회

332) σοφία와 νοῦς의 결합된 사용에 영향을 준 다니엘서 배경에 대해서는 Beale, "Danielic Background for Revelation 13:18 and 17:9"을 보라.

333) Ruiz, *Ezekiel,* 207.

334) Minear, *New Earth,* 260.

에서도 그러하다(요일 2:18, 22; 4:1-3; 요이 7). 단 11:30-39의 예언은 이미 언약 공동체 내부에서 나온 반역자들이 불경건한 국가와 동맹을 맺을 것임을 경고했다. 신자들은 이러한 속임이 나타나는 것을 분별하기 위해 영적으로 깨어 있어야 한다. 하나님의 지혜가 없는 사람은 미혹을 전혀 예상하지 못한다. 그러므로 역사적인 한 개인만을 밝히려고 노력하며 숫자 666을 문자적으로**만** 셈하려는 해석적 접근은 반드시 거부되어야 한다.

4 Ezra 12:37-38은 단 12:10을 암시하면서 참 성도들이 바다에서 나온 단 7장의 짐승이 야기한 마지막 때의 시련 가운데 **진리**를 분별하려면 "지혜"와 "총명"이 필요하다고 주장한다. 같은 내용이 *2 Bar.* 28:1에도 언급된다. 여기서는 "리워야단이 바다에서 올라올 것이라"는 내용과 직접 연결하면서 마지막 환난과 관련하여 지혜와 총명이 언급된다(비교. *2 Bar.* 29:1-5). 4 Ezra 14:13-17에서 저자는 "지혜로운 사람들에게 썩어질 인생을" 사랑하지 말고 "죽을 수밖에 없는 것에 마음을 쓰지 말라고 교훈한다." 아마도 계 13장과 동일한 유의 경제적 박해를 염두에 두었기 때문일 것이다. 4 Ezra 14을 읽는 독자들은 이러한 분별이 필요하다. "진리와…거짓이 가까이 있고 [단 7장의 짐승인] 독수리가 이미 서두르고 있기 때문이다." 이 병행 어구들은 다니엘서가 그 배경에 있음을 확증하며, 계 13:18의 권면이 거짓 중에서 진리를 분별하는 데 있지, 한 구체적인 악한 인물을 콕 집어내는 데 있는 것이 아니라는 주장을 지지한다. 하지만 한 개인이 역사의 어느 특정한 기간에 악의 화신으로 등장할 수 있으며, 그리스도인들에게는 이러한 인물로 야기되는 위험을 분별하는 영적 지혜가 필요하다.

요한의 독자들에게 영적 통찰이 있다면 그들은 끝까지 충성할 것이며, "짐승과 그의 우상과 그의 이름의 수를 이기고 벗어날" 것이다(15:2). 짐승의 우상에게 경배함으로써 짐승과 동일시되는 것은 666으로 상징된 짐승의 불완전함과 동일시되는 일이다. 15:2에 언급된 이김은, 비록 NEB와 JB에서 13:18을 지적인 명민함의 관점에서 이 문제에 접근하며 번역하기는 했지만, 지적인 명민함을 통해 수수께끼를 해결한다고 해서 게임에서 이긴 것으로 이해해서는 안 된다(JB: "명민함이 여기 필요하니, 명민한 자는 그 짐승의 수

를 해석해 보라").[335]

이레나이우스는 앞에서 우리가 666이라는 수에 관해 주장한 것과 동일한 결론을 내린 첫 번째 사람인 것 같다(*Adversus Haereses* 5.29-30).[336] 짐승의 수를 그리스어로 표현하는 것이 우리가 사용하는 숫자 "666"만큼 상징적으로 강한 인상을 주지 않는다고 주장하는 사람들이 있다.[337] 하지만 이레나이우스가 지적하듯이, 그 수는 여전히 개념적으로 3번 연속되는 6의 반복(육백, 육십, 육)을 전달하거나 의미한다. "'그 수는 육백육십육이다.' 이 말은 백이 여섯, 십이 여섯, 일이 여섯으로 구성되었음을 의미한다." 더욱이 각각의 수가 시작될 때 ἕξ("6")가 반복된 것은 6이 3번 반복되었다는 인상을 남기고 상징적인 사상을 전달하기에 매우 적합하다.[338]

몇몇 주석가들이 제안했듯이, 단 3:1이 666에 반영되었다는 가능성은 이 수를 이해하는 상징적 관점을 더욱 지지한다.[339] 바벨론 왕이 세운 신상은 높이가 60규빗이며 너비가 6규빗이었다. 계 13:15에서 이 우상을 분명히 암시한다는 사실은 다니엘서에 등장하는 신상을 묘사하는 다중적인 6이 불경건한 세상 권력과 종교의 상징으로 이해되었으며, 13:18에서 짐승을 다중적인 6과 동일시하는 동기부여를 추가로 제공했을 가능성을 높여준다. 이런 식으로 동일시하는 것은 느부갓네살의 신상이 용이었으며 말을 할 수 있었다는 유대교 전통에 의해 한층 강조된다(13:15의

---

335) 위에서 지적한 내용 중 어떤 부분에 대해서 나는 특히 Lenski, *Revelation,* 410-17; Minear, *New Earth,* 256-60과 의견이 일치함을 알게 됐다. A. F. Johnson, "Revelation," 534은 Minear의 입장을 따른다.

336) 이와 비슷한 방식으로 666이 상징적이라고 주장하는 학자들은 다음과 같다. Hengstenberg, *Revelation* II, 71-72; Mauro, *Patmos Visions,* 424-27; Torrance, *Apocalypse Today,* 86-87; Morris, *Revelation,* 174; Walvoord, *Revelation,* 210; Sweet, *Revelation,* 215, 218; Mulholland, *Revelation,* 239; Seiss, *Apocalypse,* 347-48; P. E. Hughes, *Revelation,* 154-55.

337) 이것은 Gentry, *Before Jerusalem Fell,* 208이 제시한 견해다.

338) 나중에 언급한 견해에 대해서는 Bauckham, *Climax of Prophecy,* 394을 보라.

339) 예. Irenaeus, *Adversus Haereses* 5.29; Hengstenberg, *Revelation* II, 72.

주석 참조). 왕상 10:14에 언급된 솔로몬이 축적한 금 666달란트 역시 요한이 666을 언급할 때 염두에 있었을 수도 있다. 666달란트는 솔로몬이 그의 왕권의 정상에 오른 직후에 언급되었다. 이러한 위대함을 이야기한 후에 열왕기상은 바로 이어서 솔로몬이 금과 말과 전차와 외국인 아내를 더 취하고 우상숭배에 연루됨으로써, 왕에게 요구된 일련의 하나님의 법(신 17:14-17)을 어떻게 어겼는지를 소개한다(왕상 10:14-11:13).[340] 그래서 열왕기상에서 유래한 666은 우상숭배와 경제적인 악으로 말미암은 왕직의 왜곡을 상징하는 수의 탁월한 예가 되었을 것이다.

666은 게마트리아로 계산한 "예수"라는 이름의 숫값인 888의 대조로 의도되었을 수도 있다. 이것은 예수가 한 주의 여덟 번째 날에 무덤에서 부활하셨다는 사실로 강조된다. 이것은 한 주의 첫째 날이 여덟째 날로 간주되었다는 사실에 근거한다. "8"은 계 17:11에서 그리스도의 부활을 패러디하는 짐승의 회생을 언급하기 위해 사용된다. 6 역시 예수가 십자가에 못 박히셨고 마귀가 승리한 것처럼 보인 한 주의 여섯째 날을 상기시킬 수 있다.[341]

이와 비슷하게 수많은 주석가는 고대 세계에서 삼각수의 중요성을 논한다(예. 4+3+2+1=10이므로, 10은 4의 삼각수다). 666은 삼각수의 삼각수다. 36은 8의 삼각수이고 666은 36의 삼각수이기에, 666은 8과 관련이 있다. 그러므로 개중에는 666이 17:11의 "여덟째" 짐승을 언급하는 또 다른 방법이라고 믿는 사람들도 있다.[342]

---

340) Farrer, *Rebirth of Images,* 256-57.

341) Farrer, *Revelation,* 158-59.

342) 예. Farrer, *Revelation,* 159; Bauckham, *Climax of Prophecy,* 390-97; Colson, "Triangular Numbers in the NT"; D. C. Chilton, *Days of Vengeance,* 345-52을 보라. 이들은 또 다른 가능성들도 논한다. 13:18과 21:17이 연결될 수 있는 요소를 더 자세히 논한 Bohak, "Greek-Hebrew Gematrias"와 특히 Bauckham, *Climax of Prophecy,* 398-400을 보라. 예를 들어 Bohak과 Bauckham은 짐승의 수와 천사의 수가, 이 둘 모두 그리스어를 히브리어로 음역하여 히브리어 글자의 가치를 더하는 게마트리아 방법을 사용한다는 점에서, 서로 연결된다고 주장한다.

13장의 구성

계 13장은 다니엘서의 영향에 따라 구성되었다. 이것은 뮐러가 관찰한 단 7장과 계 13장에서 반복되는 3중적인 신학 패턴에서 분명히 드러난다.[343] (1) 대리인이 앞으로 나온다. (2) 능력이 대리인에게 주어진다(이로써 그는 "권세를 받는다"). (3) 권세를 받은 결과가 묘사된다. 예를 들어 "인자"가 ① 하나님의 보좌 **앞으로 나아가고**(단 7:13), ② 그에게 **권세가 주어지며**, ③ 그 결과 "모든 백성과 나라와 방언이 그를 섬기며", 그는 영원한 나라를 소유한다(7:14).

동일한 3중 패턴을 앞에 있는 단 7:3-6의 짐승들 환상에서도 볼 수 있다. 첫 번째 요소인 앞으로 나아감은 모든 짐승이 바다에서 나오는 장면에서 발견된다(7:4a, 5a, 6). 그 후에 각각의 경우 그 짐승들에게 무언가가 주어진다. 7:4b, 6c에서 짐승들이 권세를 받는 장면은 인자가 권세를 받는 것을 묘사하는 데 사용된 용어로 설명된다. 사실 7:6c과 7:4a에서 권세를 받는다는 것을 묘사하려고 사용된 어구들은 거의 동일하다. 이것은 다니엘서 자체에서 패러디나 역설을 제시할 의도를 암시하며, 다니엘서에 등장하는 둘째 짐승이 권세를 받는 장면과 비슷하다. 그 권세가 비록 말하는 형태를 취하기는 하지만 말이다(7:5b). 3중 패턴의 셋째 부분은, 처음 세 짐승들의 경우에 분명하게 표현되지 않았지만, 그들이 받은 권세를 사용한다는 사실을 암시한다. 하지만 넷째 짐승이 권세를 받은 **결과**는 자세히 설명된다(7ff.절).

계 13장에서 동일한 3중 패턴을 맨 처음 볼 수 있는 구절은 1-8절이다. 짐승은 앞으로 나와(1-2a절), 용(2b, 4a절)과 하나님(5a, 5b, 7a, 7b절)으로부터 권세를 받는다. 이 구절에서 하나님이 궁극적인 권세의 기원자시다(5절 주석 참조. 동일한 암시를 단 7장의 권세 부여 어구에서 발견할 수 있다). 마귀가 아니라 하나님만이 때와 시간을 정하신다. 세 번째 요소인 권세를 받은 결과

---

343) Müller, "Formgeschichtliche Untersuchungen," 108-11. Müller가 지적한 내용 중 몇몇은 우리가 수정했다.

는 3b, 4, 6, 8절에서 제시된다. 동일한 3중 패턴이 13:11-17에 반복되었다. (1) 다른 짐승이 나오고(11절), (2) 첫째 짐승에게서 암시적으로 권세를 받으며(12a, 14a절), (3) 권세를 받은 결과가 서술된다(12b-17절). 이 패턴의 두 번째와 세 번째 요소는 15a절과 15b절에서 반복된다.

뮐러는 단 7장에서 가져온 이 문학적 패턴을 계 13장에서 주목했지만, 그는 그가 주목한 내용이 계 13장에서 어떤 문학적이고 해석학적인 중요성을 지녔는지에 대해서는 조사하지 않았다. 계 13장 전체에 사용된 단 7장의 3중적인 권세 부여 구조는 우리가 앞에서 내린 결론인 계 13장이 주로 단 7장에 따라 형성되었다는 사실을 뒷받침해준다.

이 사실에 비춰볼 때, 12, 14, 15절에서 결합된 이 권세 부여 어구와 짐승의 보편적인 경배는 7b-8a절에서 역설적으로 사용된 단 7:14을 발전시킨 것일 수 있다. 더욱이 사탄이 권세를 준다는 개념과 사탄적인 인물들이 우주적으로 경배를 받는다는 개념의 결합은 다니엘서의 이러한 역설적인 이해를 통해 이해하는 것이 가장 좋다. 과거의 주석가들이 주목했듯이, 용과 바다짐승과 땅짐승은 성부와 성자와 성령과 대립하는 삼위일체를 이룬다. 성자가 성부로부터 권세를 받듯이(2:27; 3:21), 바다에서 나온 짐승은 용에게서 권세를 받는다. 그리고 성령이 성자를 영화롭게 하듯이(요 16:14), 둘째 짐승은 첫째 짐승을 경외하며 영화롭게 한다(계 13:12-15).[344] 삼위일체에 대한 패러디는 하나님의 삼위일체에 해당하는 777을 모방하지만 거기에 부족하고 미치지 못하는 666으로도 암시된다(13:18).[345] 다니엘서와 특히 요한계시록에서 패러디의 요점은 사탄의 성품을 지닌 짐승들이 속임을 통해 성공적으로 진리를 가장하는 것처럼 보여도, 그들은 늘 악하고 그들이 모방하는 하나님의 성품에 도달하지 못한다. 이런 패러디는 짐승들이 신성 모독적으로 흉내내는 일을 조롱한다. 이것은 그들이 참 하나님의 손에 의해 심판받는 근거가 된다(단 7:11, 22, 26-27; 계 6:2; 14:14; 19:11-21).

---

344) 예. Bruce, "Revelation," 1616.

345) Torrance, *Apocalypse Today,* 86-87.

계 13장에 언급된 구약 암시 중 3분의 2가량이 다니엘서에서 왔다. 요한이 당대의 교회 상황을 서술하면서 이처럼 많이 다니엘서를 인용하는 이유는 어디에 있을까? 그 이유는 요한이 다니엘처럼 배교와 타협과 혼합주의를 비평하고 있기 때문이다. 소아시아의 그리스도인들이 살고 있는 세상 제도는 하나님이 세상을 주관하시는 방식을 사탄이 패러디한 것이다. 타락한 제도는 신성을 주장하는 통치자들의 신성 모독과 황제 숭배의 요구와 이교 사회의 여러 제도들과 타협하라는 요구에 묵인하는 소위 그리스도인들이라는 사람들의 배교로 특징지어진다(2:9, 14, 20-21의 주석 참조).

이교 사회를 따르는 사람들은 "거룩한 언약을 배반하는 자들"이며(단 11:30), "외식하는 자들"이라고 불린다(단 11:34b). 그들은 다니엘이 예언한, 자기를 신성시하고 사람들을 속이는 왕에게 충성한다(참조. 단 7:25 LXX, Theod. 8:23-25; 11:30-39; 12:4 LXX). 또한 다니엘서에 예언된 것처럼, 속임은 언약 공동체나 교회 바깥에서만 오는 것이 아니라 내부에서도 온다. 이것은 단 11:32 Theod.에 의해 더욱 강조된다. 여기서는 악한 왕 대신 유대인들 중 배교하는 자들이 충성된 사람들을 "유혹하는" 사람들이다(참조. 계 2:9, 17, 20-21; 3:9).

단 11:33-35의 "마스킬림"("지혜 있는 자들")처럼, 그리스도께 끝까지 충성하고 짐승에게 경배하지 않은 사람들 중 많은 사람이 죽임을 당할 것이다. 다니엘서와 요한계시록에서 끝까지 충성된 사람들은 참 하나님을 얄팍하게 모방하는 것을 통찰할 수 있는 "지혜와 총명"이 있기에 그렇게 한다. 그러므로 요한은 다니엘이 예언한 배교와 속임과 박해가 자신의 시대에 발생하기 시작했다고 이해한다. 요한이 이 시대의 그리스도인들에게 이 사실을 알릴 때, 그들은 무엇보다도 미혹을 주의해야 한다. 그리스도인들은 궁극적으로 하나님이 그들의 믿음이 참된 것인지를 시험하려고 속이는 짐승들을 보내는 분이심을 깨달아야 한다(6:2, 8의 주석에서 주장했듯이 말이다). 마찬가지로 이스라엘의 역사에서 하나님은 거짓 예언자들을 보내어 이스라엘이 자신을 사랑하는지를 "시험하셨다." 거짓 예언자는 "이적과 기사를 보이고…다른 신들을 우리가 따라 섬기자고 말한다"(신 13:1-3; 참조. 신 13:6-8; 계

13:13-14). 앞에서 주목했듯이 하나님은 짐승들의 행동 배후에 계신 궁극적인 힘이시다. 우리는 이 사실을 5a절의 정해진 기간과 8절의 짐승에게 경배하는 사람들의 수가 정해졌고 권세를 준다는 어구에서 추론할 수 있다.

13장에 나타난 과거 시제에서 현재와 미래 시제로의 전환의 중요성에 대해서는 7:16-17과 11:3, 13의 주석을 참조하라.

하나님은 역사의 마지막에 신자들에게 상을 주시고 짐승과 그를 따르는 사람들을 심판하심으로써 그의 영광을 이루신다(14:1-15:4)

14장은 또 다른 환상 순환(cycle)의 마지막을 표시한다. 이 주기는 그리스도의 탄생에 대한 기대를 담은 12장에서 시작하여 최후의 심판 내용을 담은 이곳에서 끝난다. 앞에서도 보았듯이, 12:1부터 15:4에 이르는 단락의 개요가 다양한 주석가들에 의해 다르게 제시되었지만, 환상을 소개하는 반복되는 도입 어구인 "내가 보니"(καὶ εἶδον)와 "보라"(καὶ ἰδού)를 따라 나누는 것이 가장 좋다. 일곱 난락 또는 일곱 "이적"이 관찰된다. (1) 뱀과 여자와 그의 후손의 전쟁(12장), (2) 바다에서 나온 짐승에 의한 박해(13:1-10), (3) 땅에서 올라온 짐승에 의한 박해(13:11-18), (4) 시온 산에 서 있는 어린 양과 144,000(14:1-5), (5) 세 천사의 복음과 심판 선포(14:6-13), (6) 인자가 땅의 곡식을 수확함(14:14-20), (7) 성도들이 바다짐승을 이긴 것과 그들의 승리의 노래(15:2-4; 12장 주석 서론 참조). 이러한 구분이 더 나은 것은 이것이 다른 어느 구분보다 요한계시록 여러 곳에서 관찰되는 "맞물림" 기술에 적합한 까닭이다. 일곱째 단락인 15:2-4은 다음에 등장할 일곱 대접 시리즈의 삽입구 역할을 하는 15:1의 서론 뒤에 온다. 그 서론은 15:5에서 다시 시작된다.

12-13장 대부분은 사탄과 그의 두 짐승이 이끄는 불신앙의 세력에게 고난당하는 신자들의 박해를 다룬다. 이 세력은 자기들을 따르게 하려고 많은 사람을 속인다. 이제 14장은 15:2-4과 함께 박해를 받는 신자들이 받게 될 최후의 상과 짐승 및 그를 따르는 사람들이 받게 될 최후의 심판을

보여준다. 상과 심판은 이 두 실체의 다양한 측면을 강조하고 좀 더 충분히 표현하기 위해 반복된다. 이 단락은 성도들이 짐승을 이기고 하나님의 영광을 찬양하는 것으로 끝난다(15:2-4). 하나님은 짐승을 심판한 분이시며 성도들에게 능력을 주셔서 짐승을 이기게 한 분이시므로 영광을 받으신다.

그러므로 12-14장과 15:2-4절에 서술된 모든 것은 하나님의 영광이라는 최종 결과를 이루는 데 그 목적이 있다. 동일한 계획이 4-5장과 일곱 인, 일곱 나팔 단락(6-11장)에서도 관찰되었다. 14:1-20과 15:2-4은 마지막 때 일어날 전체 사건들을 시간적인 순서에 따라 제시하는 가운데 삽입된 예변법이 아니라, (6:12-17; 8:1; 11:15-19에서 그랬듯이) 실제 미래에 일어날 최후의 심판과 상을 기대한 또 다른 예언적 서술로 이해하는 것이 가장 좋다. 크로델은 이것이 "환상들의 순서가…시간적인 순서와 동일시되지 않는다는 또 다른 표시"라는 점을 주목한다.[346]

하나님과 그리스도가 신자들과 함께 계심으로써 신자들은 어린 양과 궁극적으로 동일시되며, 자신들의 구원과 인내하는 의를 보장받는다(14:1-5)

1절 14:1의 어린 양이 13장의 짐승에 바로 뒤이어 병기된 것은 두 진영을 대조하려는 데 있다. 대조의 핵심은 예수가 13:11의 거짓 어린 양 및 첫째 짐승과는 대조적으로 충성의 대상이 되어야 하는 참 어린 양이심을 강조하려는 데 있다.

요한은 어린 양이 시온 산에 "서" 계신 것을 본다(분사 ἑστός는 정동사 기능을 한다).[347] 어린 양이 시온 산에 있다는 것은 그의 참되심을 강조한다. 시온 산은 구약성경에서 하나님의 참된 도시를 가리키는 이름 중 하나이

346) Krodel, *Revelation,* 268. 14:1-20과 15:2-4이 광범위한 연대기적인 묘사를 중단하고 이어지는 여러 장에서 설명될 절정에 도달한 마지막 때의 사건들을 삽입구를 이용하여 미리 보여주는 예변법으로 이해하는 사람들은 다음과 같다. Charles, *Revelation* II, 26-27; I. T. Beckwith, *Apocalypse,* 661; Moffatt, "Revelation," 435, 442; Rist, "Revelation," 477; Harrington, *Revelation,* 187-88, 193; Ladd, *Revelation,* 188-89, 203; Boring, *Revelation,* 168-69.

347) Mussies, *Morphology,* 325, 350.

기 때문이다(*ṣiyyôn*이라는 단어는 구약성경에 약 155회 등장한다). 시온이라는 명칭이 죄와 심판의 장소를 가리키는 경우는 거의 없다. 죄와 심판을 언급하기 위해 사용되는 용어는 "예루살렘"이라는 용어다. 시온은 하나님이 성전에 계심을 표현하고, 하나님의 백성을 가리키는 용어로 사용된다. 하지만 시온은 일반적으로 하나님이 세우시고 마지막 날에 통치하실 성읍을 가리킨다. 이러한 시온 이해는 하나님이 성전에 계심과 하나님의 백성이라는 두 개념을 다 포괄하고 확대한다.[348)]

"시온"과 구별하여 "시온 산"이라고 그 명칭을 다 명기한 예는 구약성경에서 19번밖에 되지 않는다. 그중에서 적어도 9번은 하나님의 이름이나(하나님의 이름을 위하여 또는 그의 이름으로 부름을 받은 남은 자) 하나님의 주권적인 통치, 또는 둘 다와 연계하여 구원받는 남은 자를 가리킨다(왕하 19:31; 사 4:2-3; 10:12, 20; 37:30-32; 욜 2:32[=3:5]; 옵 17, 21; 미 4:5-8; 시 48:2, 10-11; 74:2, 7; 추가 참고문헌과 논의는 아래 내용 참조).

마지막 날에 하나님은 "나의[하나님의] 거룩한 산 시온에서" 그의 "메시아와 왕을 세우실" 것이다. 그때에는 메시아가 불경건한 자들을 심판하고 그를 경외하는 사람들을 위해 피난처가 되실 것이다(시 2:6-12). 이러한 구약 본문에 근거하여, 4 Ezra 13:25-52(비교. 36절)와 *2 Bar*. 40에는 "아들"과 "메시아"가 마지막 때에 "시온 산"에 서서 불의한 자를 심판하고 남은 자들("남은" 자들 또는 "나머지" 사람들)을 "변호"하거나 "보호"하실 것이라고 기록한다. 4 Ezra 13에는 남은 자들이 열 지파에서 올 것이라고 한다. 144,000이 "땅"과 "사람들"에게서 모이고(계 14:3-4), 열두 지파에서 모인다고(계 7:4-8) 한 것처럼 말이다.

이러한 구약과 유대교의 배경에 비추어볼 때, 계 14:1의 "시온 산"은 하나님이 "땅에서 속량함을 받은 144,000", 즉 남은 자들과 함께 거하시고 그들에게 안전함을 제공하는 마지막 때의 성읍으로 이해해야 한다. 이것은 그리스도가 역사 내내 땅에 있는 그의 백성과 함께 계신다는 상징일 가능

348) G. Fohrer, *TDNT* VII, 300, 312-17.

성이 있다(참조. 3:12).[349] 흥미로운 것은 야웨가 시온 산에서 이스라엘을 구원하신다는 구약의 예언들이 신약성경 여러 곳에서 교회 시대 동안 성취되기 시작했다고 이해된다는 사실이다(행 2:16-21; 13:33; 히 1:1-5; 계 2:26-27; 12:5). 여기서도 성취가 시작된 마지막 때에 대한 이해가 전달된다는 것은 1-5절이 13장에 있는 짐승과 짐승을 경배하는 자들에 대해 언급된 내용과 대조된다는 사실을 관찰함으로써 지지를 받는다. 짐승을 경배하는 자들은 동일한 교회 시대 동안 **땅에** 거한다. 그래서 시온은 교회 시대 동안 성도들이 갈망하는 이상적인 천상의 성일 수 있다(갈 4:25-27; 히 12:22-23). 그러므로 여기에는 그 성에 서 있게 된, 죽었고 영광을 얻은 성도들이 염두에 있을 것이다. 이것은 어린 양에 대한 모든 언급이 그가 하늘에 계심을 묘사한다는 사실에서 지지를 받는다(구원받은 무리들과 함께 말이다. 7:9-14). 더욱이 요한계시록의 다른 곳에서 그리스도가 자기 백성과 함께 연결될 때에는 그의 예언의 말씀을 통해서만 그렇게 된다.[350]

하지만 14:1은 메시아가 최종 절정 직전인 마지막 때에 원수를 이기시는 곳인, 땅에 있는 시온을 언급할 수도 있다(*2 Bar.* 40:1; 4 Ezra 13:35-39에서처럼). 예를 들어 왈부어드는 그리스도의 천년 통치의 중심이 되는 곳이 옛 땅에 있는 성이라고 생각한다.[351] 세 번째로 가능성이 있는 것은 시온을 "하늘에서 내려와" 옛 창조를 파괴한 후 새 창조의 일부분이 될 새 예루살렘과 동일시하는 것이다(21장). 아마도 가장 균형 잡힌 이해는 "이미와 아직"의 시간 이해를 가지고 시온을 이해하는 것이다. 이것은 7:9-17과 부합한다. 그 환상은 과거와 현재와 미래가 혼합되어 있다(7:16-17의 주석 참조).[352]

"새 이름"이 종말론적인 시온과 반복해서 결합된 것은 우연이 아니다. 그 성은 다양한 새로운 이름이 붙여질 것이다(사 62:2; 65:15 LXX; 비교. 56:5). 이 이름은 다 회복된 성읍의 새로운 특성을 표현한다. 일례로, "나의 기쁨

---

349) Rissi, *Time and History,* 90; Hailey, *Revelation,* 301-2; Krodel, *Revelation,* 261.
350) Satake, *Gemeindeordnung,* 40-41.
351) Walvoord, *Revelation,* 214-15.
352) 시온의 위치를 두고 다양한 저자들의 관점을 열거한 Brütsch, *Offenbarung* II, 151을 보라.

이 그에게 있다"(사 62:4), "그 성읍은 버림을 받지 않는다"(사 62:12), "여호와의 보좌"(렘 3:17), "우리의 의이신 여호와"(렘 33:16), "여호와가 거기에 계신다"(겔 48:35) 등이다.[353] 이러한 구약의 배경은 보호한다는 의미인, 신자들에게 기록된 하나님의 이름이 하나님이 자기 백성과 함께 계심을 비유적으로 말하는 방법임을 암시한다. 앞에서 "새 이름"(2:17의 주석 참조)과 인(7:2-3)에 대해서도 같은 결론을 내렸으며, 이것은 22:4에서 더욱 분명히 밝혀질 것이다. "그의 얼굴을 볼 터이요, 그의 이름도 그들의 이마에 있으리라"(참조. 21:3). 마찬가지로 3:12에서는 그리스도가 이기는 자에게 이름을 기록하신다고 말씀함으로써 보호와 안전을 강조한다. "내가 하나님의 이름과 하나님의 성 곧 하늘에서 내 하나님에게서 내려오는 새 예루살렘의 이름과 나의 새 이름을 그이 위에 기록하리라." 이것은 "이기는 자"를 "나의 하나님의 성전에" 움직이지 않는 "기둥이 되게 하겠다"는 말과 비유적으로 동일하다.

시온은 하나님이 이스라엘의 성전 보좌에 앉아 계신 곳이기도 하기에, 어린 양이 시온에 계신다는 것은 그가 우주의 보좌에 앉을 유일한 참 권리자이심을 보여준다. 어린 양과 더불어 "그의 아버지"가 언급된 것은 장차 시 2:6-9이 성취되는 데 있어 그리스도가 시온 보좌의 유일하게 적법한 상속자이심을 더욱 확증한다. 사실 행 13:32-35, 히 1:2-5, 계 2:26-28, 12:5은 시 2편 본문을 그리스도의 부활과 계속되는 통치에 적용한다(메시아의 미래의 부활과 관련해 *b. Sukkoth* 52a에서도 이렇게 이해한다).

144,000의 이마에 기록된 그리스도의 이름과 아버지의 이름은 불신자들의 "이마에" 기록된 "짐승의 이름"과 대조를 이룬다(13:16-17). 144,000이라는 수는 하나님의 참 백성의 완전함을 의미한다. 이와 반대로 짐승을 따르는 사람들의 이마에 있는 666이라는 수는 인류를 향한 하나님의 계획을 성취하는 데 있어 그들의 불완전함을 의미한다. 7:4-9에서 언급된 것처럼, 144,000은 역사의 끝에 모일 유대 민족의 남은 자들이나 교회의 남은 자

353) 추가 구약 본문은 G. Fohrer, *TDNT* VII, 315을 보라.

가 아니다. 오히려 그들은 온 시대를 통틀어 존재하는 하나님의 백성의 총합이며, 참 이스라엘로 이해된다(이 비유의 의미를 자세히 논한 7:4-9의 주석 참조).[354] 찰스는 그 집단을 부활한 신자들의 무리 전체로 이해하며,[355] 보컴은 그들을 그들의 증언으로 말미암아 나중에 더 많은 사람들을 회심으로 인도할 남은 자들 중 "첫 열매"와 동일시한다.[356] 하지만 이 수를 신자들의 선택받은 집단으로 제한하는 것은 그 수가 내포하는 완전함의 비유적 의미를 희석한다.

"144,000" 앞에 관사가 없다고 해서 이 집단이 관사가 있는 7:4-9의 집단과 구별되는 집단이라는 의미는 아니다.[357] 요한계시록 전체에서 이미지들은 반복되며, 이후에 관사 없이 등장하는 경우가 종종 있다(1:13; 14:14의 "인자"; 13:16-17; 14:9의 "표"; 4:6; 15:2의 "유리 바다" 17:1의 "음녀"와 17:3의 "여자"; 17:3의 "짐승"을 비교하라).[358] 앞에 있는 것을 언급하는 관사가 여기서는 필요하지 않다. 이 장면에서 다른 여러 특징이 7:4-9을 충분히 분명하게 가리키기 때문이다.

4 Ezra 2:33-48(기원후 3세기 중엽)은 계 7:1-17의 내용을 해석하며 풀어쓰는데, 7:3-8의 "인침을 받은" 자들과 7:9ff.의 "허다한 무리"를 "시온"의 이방 시민들이라고 이해했다. 놀라운 것은 4 Ezra 2:38-40에 "인침을 받은 자들의 수"가 "시온[의]…**충만한** 수"라고 언급되고, 41절("너희 자녀들의 수가…**꽉 찼다**")에서 그 사상을 반복하고 있다는 점이다. 에스라는 이 "허다한 무리"를 "셀 수 없었다"(42절). 144,000은 교회를 참 이스라엘로 칭하는 숫자다. 이 해석은 144,000을 완전함을 가리키는 비유적인 수로 이해한 초기의 해석이다. 4 Ezra 2장이 계 14:1-4의 주석이기도 하다는 사실은 "하나님의 아들"과 "시온 산"에 서 있는 "허다한 무리"를 언급한 부분과, 그 무리

354) I. T. Beckwith, *Apocalypse,* 647-54.
355) Charles, *Revelation* II, 4.
356) Bauckham, *Climax of Prophecy*, 291-92.
357) Hailey, *Revelation,* 302-3.
358) I. T. Beckwith, *Apocalypse,* 650.

들이 "주님을 찬송"한다고 언급한 것에서 분명해진다(42, 47절). 실제로 계 22:4은 "이마에 그의 이름이 있는" 사람들이 역사 내내 구원받은 공동체 전체라고 주장한다. 이것은 *Apoc. Elijah* 1:9에서도 확증된다. 이 문헌은 마지막 때 하나님의 백성의 전체와 관련하여 이렇게 기록한다. "내가 나의 이름을 그들의 이마에 기록하리라." 그리고 *Testament of Solomon* 17:4도 비슷한 내용을 암시한다. 두 본문 모두 이마에 있는 이 이름의 힘이 신자들을 악의 세력의 속이는 영향에서 보호한다고 언급한다. 계 14:1에서도 이마에 있는 이름은 14:8-11에 암시된 것과 같은 기능을 하는 것 같다. 이마에 짐승의 표를 갖고 짐승에게 경배하는 사람들은 영원한 불로 심판받을 것이다.

그리스도인들의 이마에 있는 그리스도의 이름과 하나님의 이름은 7:1-8에서 언급된 144,000의 이마에 있는 인과 동일하다. σφραγίζω("인을 치다")는 "진짜임을 입증하다"와 "~의 소유라고 지정하다"를 비롯하여 "보호"의 의미를 지닌다. 그러므로 "인"이나 "이름"은 성도들에게 환난을 받는 동안 인내할 힘을 준다. 이러한 인내는 그들의 믿음의 고백이 진짜라는 것을 입증하며, 그들이 참으로 하나님께 속했음을 보여준다. 인은 충성의 상징이다.[359] 하지만 그것은 신자들이 먼저 어린 양에게 충성할 수 있도록 힘을 주신 하나님의 능력을 강조하기도 한다. 인을 하나님의 이름과 동일시하는 일은 불신자들의 이마에 있는 짐승의 "표"(=인)가 "짐승의 이름"과 동일시되고(13:17), 14:9-11에서도 "그의[짐승을 경배하는 자의]…이마에 있는 표"가 "그의[짐승의] 이름의 표"라고 불린다는 사실에 의해 확증된다. 그리고 2:17에서 보았듯이, 하나님의 이름과 동일시하는 것은 그리스도가 자신을 백성에게 계시하고, 그들이 그의 이름을 고백할 때 실제로 시작한다. 이런 일이 발생할 때, 하나님의 백성은 새로운 영적 지위를 가지며, 그들은 "그의 이름을 부인하지 않는…능력"을 받고(3:8-10) 최후의 환난을 견딘다(참조. 3:8-10; 2:13a). 그러므로 인은 참 이스라엘이 감당하도록 의도되었던

359) Mounce, *Revelation*, 269.

증인의 역할을 수행할 수 있는 힘을 144,000에게 준다(사 42:6-7; 49:6; 51:4-8).[360] 그러므로 하나님의 "이름"과 "인"은 구원받은 공동체 안에서 참 회원의 표시다. 이것이 없이는 영원한 시온에 들어갈 수가 없다. 이런 의미에서 공동체의 일부분만이 아니라 구원받은 공동체 전체가 여기에 묘사되었다.

헤르마스(*Similitudes* 9.16-17)는 "하나님의 아들의 이름"을 "하나님의 아들의 인"과 동일시한다. 7장의 "인"과 이곳의 "이름"을 동일시하는 주장에 대해서는 7:2-3의 주석을 참조하라.

종종 하나님의 이름과 하나님의 주권적인 통치와 관련하여, "시온 산"이 남은 자들의 구원과 연결되었음을 보여주는 앞에서 언급한 본문들 이외에, 사 24:23 역시 계 14:1-3과 관련하여 중요한 본문이다. "만군의 여호와께서 시온 산과 예루살렘에서 왕이 되시고 그 장로들 앞에서 영광을 나타내실 것임이라"(비교. 사 2:2-3). 특히 남은 자들의 구원과 관련하여 시온이 "거룩한 산"으로 명시적으로 또는 암시적으로 언급될 때 동일한 사상이 전달된다(옵 17; 욜 3:16-17; 습 3:9-20; 슥 8:2-7; 참조. 시 99편; 욜 2:1-17; 사 11:9; 27:12-13; 56:7-8; 57:13; 66:19-20; 렘 38:7, 11-12 LXX; 겔 20:40-41). 구약성경에서 "시온 산"보다도 "시온"을 언급하는 구절들은 남은 자들의 구원을 분명하게 말하지는 않는다. "시온 산"이라는 어구가 등장하는 경우는 남은 자들의 구원과 산성에서 보호받는다는 점을 강조할 때다. 시 48:2-14, 125:1-3에서는 이 명칭과 관련하여 안전의 측면이 강조된다(또한 새 창조의 영원한 상태와 관련하여 *Jub*. 1:28-29; 4:26도 참조하라. 시온은 "피난처의 성읍"으로 알려졌다; 참조. 슥 2:14[10]-16[12] LXX; *Jos. Asen*. 15:7; 17:6). 시 3, 15, 43편은 피난처라는 동일한 의미를 가진 "거룩한 산"을 암시한다.

또한 시온 산은 하나님이 아브라함의 "장자"를 뿔을 가진 "양"을 통해 구원하신 곳이기도 하다. 그렇게 함으로써 하나님은 아브라함에게 많은 후손이 있을 것이라는 약속의 성취를 보증하셨다(*Jub*. 18:7-16). "첫 열

360) Sweet, *Revelation*, 147.

매"를 다시 시온 산에서 드릴 것이라는 확신(*2 Bar.* 10:10)은 계 14:4에서 뒤바뀐다.

필경사가 이 어구 다음에 나오는 τό로 건너뛰면서 τὸ ὄρος로 시작한 까닭에 𝔓[47] 051 1854 𝔐[A] sa에는 τὸ ἀρνίον ἑστὸς ἐπί가 생략되었다.

"여호와의 성결"이라는 인(σφραγῖδος)이 아론의 "이마에" 새겨졌다. 아론이 "여호와 앞에 지속적으로 받으실 만한" 이스라엘의 제사를 드리기 위해서 말이다. 시온 산의 남은 자들의 이마에 있는 표 또는 인은 그들을 주님 앞에 "처음 열매"로 지속적으로 받으실 만하게 한다.

2-3절 144,000은 "수금을 연주하고" 노래를 부름으로써 하나님을 찬송한다. 후기 유대교 문헌들은 하나님이 메시아 시대와 "장차 올 세상에서" 수금과 "새 노래"로 찬송 받으실 것을 내다보았다(*Midr. Rab.* 민 15.11과 *b. Arakhin* 13b). 수금을 타는 사람들과 "새 노래를 부르는" 하늘의 천군 이미지는 요한계시록에서 5:8-9과 15:2-3에만 등장한다(15:2-3에서는 "모세와 어린 양의 노래"라고 표현된다). 두 곳에서 이 이미지는 구원받은 성도들이 "승리"에 반응하여 부른 노래임을 암시한다(5:5과 15:2에 νικάω가 사용됨). 이 승리는 5장에서는 죄를 이긴 승리이고, 15장에서는 "짐승과 그의 우상과 그의 이름의 수를 이긴" 승리다. 시온에서 축하하는 이 마지막 때의 찬송은 구약성경에 예언되었다(사 35:10).

그러므로 계 14:2-3의 이미지는 하나님이 성도들을 위해 죄와 짐승을 이기신 승리를 기념하여 하나님을 찬송하는 구원받은 성도들을 묘사한다. 비록 짐승을 이기는 승리가 13:13에 와서야 비로소 분명하게 언급되지만 말이다. 죄로 인한 심판과 짐승을 이긴 승리는 "사다"(또는 속량하다)라는 비유를 통해 2번 언급된다(ἀγοράζω, 3-4절). 이 단어는 5:9에서 죄의 심판을 이긴 승리에도 사용되었다; "[어린 양은] 일찍이 죽임을 당하사 각 족속과 방언과 백성과 나라 가운데에서 사람들을 피로 사서 하나님께 드리시고."

그러므로 요한이 지금 2절에서 "들은" 것은 그가 1절에서 본 것을 해석한다(환상을 해석하는 "듣다" 패턴과 그 반대 패턴에 대해서는 5:5-7; 12:10의 주석 참조). 1절에서 우리가 마지막 날에 관련된 구약성경과 유대교의 배경에 비춰 살펴본 것이 지금 표현되었다. 시온 산은 세상 전역에서 구원받은 남은 자들이 하나님께 피난처를 얻고 하나님이 이기신 원수들로부터 구원받은 곳이다(시 2:6-12; 4 Ezra 13:25-52; *2 Bar.* 40). 승리와 구원의 절정이 마침내 임했다.

구약성경에서 "새 노래"는 늘 원수를 이기신 하나님의 승리를 찬양하는 표현이었다. 가끔은 그의 창조 사역을 기억하는 감사가 포함되기도 했다(시 33:3; 40:3; 96:1; 98:1; 144:9; 149:1; 사 42:10). 유대교 문헌은 시 33:3, 98:1, 144:9, 149:1, 사 42:10의 "새 노래"를 구속함(*Midr.* 시 1.20)과 이스라엘의 부활(*Midr.* 시 104.23)과 넷째 나라가 패함(*Midr.* 시 18.5)에 뒤따라 올 메시아의 강림의 때에 적용한다(*Midr. Rab.* 출 23.11; *Midr. Rab.* 민 15.11; *Tanch.* 창 1.32; *b. Arakhin* 13b). 이제 "새 노래"는 다시 불린다. 하지만 그 노래는 규모가 더 크고 또한 마지막으로 불리는 새 노래다. 그렇다면 1-5절은 전체 세대의 교회를 이상적으로 묘사한 것일 뿐만 아니라, 교회가 완전히 구속함을 받게 될 때인 종말의 때에 초점을 맞춘다.

그 음성은 너무도 커서 하늘 곳곳에 두루 메아리친다. 그 소리는 "많은 물소리"와 "큰 우렛소리"에 비유된다. 거의 같은 표현이 하나님이 "큰 음녀"를 심판하신 후에 있을 그의 승리의 통치를 언급하는 19:6에도 등장한다.

14:2	19:6
ἤκουσα…ὡς φωνὴν ὑδάτων πολλῶν καὶ ὡς φωνὴν βροντῆς μεγάλης("내가 소리를 들으니 많은 물소리와도 같고 큰 우렛소리와도 같은데").	ἤκουσα…ὡς φωνὴν ὑδάτων πολλῶν καὶ ὡς φωνὴν βροντῶν ἰσχυρῶν("내가 들으니…많은 물소리와도 같고 큰 우렛소리와도 같은 소리").

두 경우에서 우리는 성도들이 하나님의 통치와 짐승을 이기신 것을 찬송하는 동일한 사상을 발견한다(14:8에서는 바벨론의 패배가 전면에 부각되고, 14:11에서는 "연기가 영원히 올라간다"는 심판 이미지가 부각된다). 19:2-6의 노래는 14장의 노래를 확장한 것일 수 있다.[361)]

361) Jörns, *Das hymnische Evangelium,* 124-25.

합창 소리가 이처럼 큰 이유는 그 소리가 "모든 나라와 족속과 백성과 방언에서 나온, 이루 셀 수 없는 허다한 무리들", 곧 그리스도께 "속량함을 받은 사람들"(5:9)이 부르는 찬송이기 때문이다. 음성이 이처럼 큰 것은 그 소리가 무수히 많은 군중에게서 나온 소리이기 때문이며, 그 군중이 단지 문자적인 144,000이 아니라 온 세대에 걸쳐 구원받은 충만한 수인 까닭이다. 5:8-10에서는 네 생물(그룹들)과 장로들이 "새 노래"를 부르는 반면에, 여기서는 구원받은 무리들이 새 노래를 부른다. 이것은 네 생물과 장로들이 하늘에서 성도들을 대표한다는 분명한 증거다(4:4-6의 주석 참조. 개중에는 14:2-3의 노래를 천사들이 부른다고 생각하는 이들도 있다).

그리스도로 말미암아 구원받은 자들만이 그들이 소유하고 있는 하나님의 "새 이름"을 알 수 있는 것처럼(2:17), 그리스도의 구속함을 경험한 사람들만이 "새 노래를 배우고" 부를 수 있다.

요한이 "하늘에서" 나오는 노래를 들었다는 말은 구속함을 받은 자들이 이제 시작되고 절정에 도달한 새 시온에 거주하는 것으로 묘사되었다고 일찍이 내린 결론과 상충되지 않는다. 새 노래는 하늘의 천사들이 먼저 부른 다음 구속함을 받은 사람들이 그것을 배워 불렀을 것이다. 하지만 14:2-3과 15:2-3이 유사하기 때문에 구속함을 받은 사람들이 하늘의 노래를 만든 장본인일 수 있다. 이 경우 새 노래의 천상적인 기원은 요한이 하나님의 계시를 감지한 틀인 환상과 청각 계시의 틀에 속할 수 있다. 그래서 "하늘"은 지정학적인 언급이 아니라 계시가 나오는 또 다른 차원을 가리킨다. 또한 하늘은 시온 산을 표현하는 또 다른 언급(1절)이거나 절정에 도달한 천상의 예루살렘뿐만 아니라, 절정에 도달하기 이전의 천상의 예루살렘을 가리킬 수도 있다(21:2, 10ff.처럼 말이다).

분사 κιθαριζόντων("수금을 타는")은 정동사로 기능하며, 그래서 3절에서는 정동사인 ᾄδουσιν("그들이 노래하다")이 분사의 내용을 잇는다. 정동사와 분사가 함께 등장하는 것은 셈어 문체일 것이다.[362] (이와 비슷한

362) Charles, *Revelation* II, 7; S. Thompson, *Apocalypse and Semitic Syntax*, 67.

셈어 구문에 대해서는 2:2, 9, 20; 7:14; 15:2-3을 보라). 이런 구조는 고전 그리스어에서도 입증된다.[363]

환상을 이야기하면서 1절의 과거 시제(εἶδον)가 현재 시제(ᾄδουσιν)로 바뀐 것은 과거에 본 환상을 기억하여 지금 그의 마음의 눈으로 보고 있음을 가리킬 수 있다(자세한 내용은 7:16-17의 주석 참조).[364] 반면에 현재 시제는 역사적인 현재일 수 있기에 시간상의 변경이 반영되지 않았을지도 모른다.[365]

ἡ φωνὴ ἣν이 어떤 사본 증거에서는 φωνην으로 바뀌었다. 앞에 있는 어구의 φωνήν과 일치시키려고 그랬을 것이다(𝔓47 2053 𝔐A). 이어지는 어구에서 φωνην은 수금을 타는 일이 앞에 φωνην이 2번 등장하는 부분과 일치된다는 점을 분명히 하려고 삽입되었을 것이다(𝔓47 2053).

3절의 결론 어구인 "땅에서 **속량함을 받은**"(*οἱ ἠγορασμένοι ἀπὸ τῆς γῆς*)은 완료의 의미가 구속 행위의 완성과 그 결과 성도들의 구속함을 받은 상태를 암시하는 형용사적 용법의 완료 분사로 시작한다. 물론 구속함을 받은 결과적 상태가 가장 많이 염두에 있다.[366] 완료된 행위는 4절의 ἀγοράζω의 과거 시제 형태에 의해 암시될 수도 있다.

4a절 이제 "땅(사람 가운데)에서 속량함을 받은"이라는 표현(3절)의 3중 묘사가 이어진다. 각각의 묘사는 3절 끝에 있는 οἱ ἠγορασμένοι를 가리키는 οὗτοι("이들은")로 소개된다. 세 번째 묘사는 이 어구가 3절의 결론과 더불어 수미상관을 이루어 "사람들 중에서 속량함을 받은" 사람들이라는 표현을 반복한다. 여기 중간의 두 묘사는 참으로 구속함을 받은 모든 사람이 드러내는 특징을 강조한다.

첫째, 그들은 "여자와 더불어 더럽히지 아니하고 순결한(동정을 유지한)"

363) MHT, II, 428-29. Porter는 분사가 정동사로 변환되는 동일한 현상을 "호메로스에서 파피루스에 이르기까지" 얼마든지 찾을 수 있다고 주장한다. Porter, *Verbal Aspect,* 140. Mussies, *Morphology*, 327은 본문에 이러한 조합이 있음을 부정적으로 평가한다.

364) Mussies, *Morphology,* 334.

365) S. Thompson, *Apocalypse and Semitic Syntax*, 36, 47-50.

366) Fanning, *Verbal Aspect,* 159-60.

자들이다. "더럽히다"와 "순결한(동정을 유지한)"의 의미에 대해서는 열띤 논쟁이 벌어져왔다.

문자적인 견해. "순결한(동정을 유지한)"이 독신으로 사는 그리스도인 남자들의 집단[367)]이나 독신으로 사는 그리스도인 남녀를 문자적으로 언급한다고 보는 사람들이 있다(참조. 마 19:12).[368)] 이 견해의 문제점 중 하나는 성경 어디에도 결혼 관계 안에서 행하는 성관계를 죄라고 한 곳이 없다는 데 있다.[369)] 더욱이 만일 144,000이 하나님의 백성 전체를 가리키는 상징이라면, 그것은 요한이 전체 교회에게 독신을 요구했다는 의미일 텐데, 이것은 개연성이 없다.[370)]

이 구절은 결혼을 했든지 그렇지 않았든지 간에 문자적으로 성적 부도덕만을 피한 사람들을 좀 더 일반적으로 가리키지도 않는다. 여전히 지나치게 문자적인 해석이기는 하지만 요한이 의도한 의미에 가장 가까운 견해는 캐링턴의 견해일 것이다. 그는 (비록 좀 더 비유적인 이해에 열린 마음을 가지고 있지만) 본문이 이교의 신전과 우상숭배와 연결된 성적 제의에 참여하지 않은 그리스도인들을 염두에 두고 있다고 제안한다.[371)]

비유적인 견해. 케어드는 4절의 상징법이 전쟁에 나가기 전에 의식적 정결함을 유지해야 했던 이스라엘의 군인들에 기초한다고 주장한다(예. 신 23:9-10; 삼상 21:5; 삼하 11:8-11; 1QM VII.3-6; 다른 목적으로 이러한 정결을 요구하는 경우도 있다. 출 19:15; 레 15:16-18). 케어드는 지금 기독교적인 전쟁에서 본질적인 힘은 어린 양을 본받으면서 자신을 희생하는 데 있다고 결론을 내린다.[372)] 가능한 견해이긴 하지만, 이것은 본문의 상징법의 본질적 부분

367) Moffatt, "Revelation," 436; Kiddle, *Revelation,* 267-70; Glasson, *Revelation,* 85; Lindijer, "Die Jungfrauen."

368) Alford, *Greek Testament* IV, 685-86; A. Y. Collins, *Apocalypse,* 99-100; 같은 저자, *Crisis and Catharsis,* 129-31.

369) Ladd, *Revelation,* 191.

370) Krodel, *Revelation,* 263.

371) Carrington, *Meaning of Revelation,* 237.

372) Caird, *Revelation,* 179. 비슷한 견해를 가지고 있는 Harrington, *Revelation* (Sacra Pagina), 147도 보라.

이면서 주도적 비유인 "순결한"(동정을 유지한)을 잘 설명하지 못한다(도입 어구가 γάρ로 설명되는 점을 주목하라).

보컴은 케어드의 생각을 더욱 발전시켜 1절의 144,000과 4-5절에 묘사된 사람들이 역설적인 성전(聖戰)에서 싸우는 그리스도인들을 묘사한다는 가장 개연성이 높은 견해를 제시했다.[373] 하지만 케어드와 보컴은 불필요하게 144,000을 참 교회의 남은 자들이라고 제한한다. 그럼에도 14:1에 언급된 144,000과 7:4-8에서 언급된 144,000이 서로 연결되는 것을 보면, 거룩한 전쟁 사상은 어느 정도 입증된다. 거룩한 전쟁에 나가는 군인들 개념이 7:4-8에 분명히 나타나는 까닭이다. 거룩한 전쟁 주제는 이후에 14:4("어린 양이 어디로 인도하든지 따라가는[ἀκολουθέω] 자")과 19:14 사이의 병행 관계에서 더욱 확증을 얻는다. 19:14은 그리스도인들을 그들의 군사적·메시아적 지도자를 따라가는 군대로 묘사한다. "하늘에 있는 **군대들이 희고 깨끗한** 세마포 옷을 입고 백마를 타고 그[그리스도]를 **따르더라**."[374]

마지막에 분석한 것에 의하면 παρθένοι("순결한 자")를 여러 면에서 세상과 타협하지 않은 모든 참 성도들을 가리키는 비유로 이해하는 것이 나을 것이다. 그들은 정혼한 처녀로서 절개를 지켰기 때문이다(19:7-9; 21:2; 고후. 11:2에서처럼 말이다).[375] 물론 이것은 앞에서 144,000이 참 신자들 모두를 가리킨다고 결론지은 것이 옳다면 해당되는 경우다.[376] 사타케는 성도들이 그리스도 주변에 있다는 본문(7:9, 17; 19:8-9)에서만 늘 144,000이 구속함을 받은 공동체 전체를 가리킨다는 점에 주목한다.[377] 만약 144,000이 완전함을 가리키는 비유적인 수라면, 왜 "순결한 자"도 이러한 비유적인 방법으로

---

373) Bauckham, *Climax of Prophecy,* 229-32. 비슷한 견해를 가지고 있는 Valentine, "Temple Motif," 306-14도 보라.

374) Valentine, "Temple Motif," 312.

375) 비유적인 견해를 어느 정도 지지하는 학자들에 대해서는 Brütsch, *Offenbarung* II, 157을 참조하라.

376) F. Hauck, *TDNT* IV, 736-37; J. M. Ford, *Revelation,* 245; Devine, "Virgin Followers of the Lamb."

377) Satake, *Gemeindeordnung,* 44.

언급되지 않았을까? 브뤼취는 144,000이 비록 구속함을 받은 공동체 전체를 가리키는 환유법으로서 독신자 집단을 문자적으로 언급할 수 있다는 가능성을 언급하지만, 우리의 견해에 동의한다.[378] 예루살렘과 "예비된 신부" 장면이 모두 21:2에서 교회 전체를 가리키는 비유적 표현이라는 사실에 비춰볼 때, 여기서도 "순결한 자"를 전체를 포괄하는 상징으로 해석해야 한다는 주장이 힘을 얻는다.

이 비유적인 견해는 예루살렘이 구약성경에 근거한 신부일뿐더러(21:2의 주석 참조) "처녀"라는 단어가 구약성경에서는 이스라엘 국가에 반복해서 적용되었다는 사실로써 한층 강조된다("이스라엘의 처녀"와 이와 비슷한 어구들이 등장하는 본문은 다음과 같다. 왕하 19:21; 사 37:22; 렘 14:17; 18:13; 31:4, 13, 21; 애 1:15; 2:13; 암 5:2). 많은 본문에서 "처녀"를 뜻하는 히브리어는 LXX에서 παρθένος로 번역되었다. 이 본문의 또 다른 배경일 수도 있는 본문은 렘 31장일 것이다. 이스라엘의 회복을 예언한 렘 31장의 문맥에서 이스라엘의 정결케 된 미래를 가리키려고 동일한 단어가 3번 사용되었는데, 그 문맥은 계 14:1-4의 주제와도 비슷하다. (1) 이스라엘은 그들이 받을 구원을 "큰 소리로 노래해야" 한다(렘 31:7). (2) 그들이 하나님과 함께 있게 될(6절) "시온의 높은 곳에서 기쁜 소리를 외쳐야 한다"(12절). (3) 그들은 "남은 자"로 구원을 받았다(7절). (4) 그들은 하나님의 "장자"다(9절; 아래에 "장자"와 "첫 열매"를 연결한 내용 참조). 적어도 여기에서 이스라엘을 "처녀"로 지칭하는 폭넓은 배경을 염두에 두었을 수 있다는 점은 구약의 이스라엘이 우상숭배로 더럽혀짐(아래 설명 참조)이 계 14:4의 "더럽히다"라는 단어의 배경이 된다는 사실과, 동일한 사상이 곧 14:8-11에서 다루어진다는 사실에 의해 더욱 시사된다. 이 외에도 전후 문맥을 고려할 때, 14:4에서 새 이스라엘을 넌지시 암시하는 "처녀"는 비유적으로 표현된 바벨론과 음행하도록 유혹을 받는 상황(14:8)에 잘 어울린다.

παρθένοι는 앞에서 언급한 οὗτοι와 ἠγορασμένοι에 일치하려고 남성

378) Brütsch, *Offenbarung* II, 157-58.

형으로 표현되었다. 이것은 구약성경에서 이스라엘 열두 지파의 대표자들이 남자였기 때문에[379] 여성형인 "144,000"을 남성형으로 변경한 것일 수도 있다(1QS^a 2.11-17은 메시아가 쿰란에 와서 "이스라엘 지파들의 우두머리가 그 앞에 앉을" 때 시 2:7이 성취될 것이라고 기록한다). παρθένοι는 "큰 음녀"와 (비유적인 면에서) 불법적인 성관계를 하지 않은 사람들을 묘사하는 장면에 속하는 남성형이기도 할 것이다(17:1). "큰 성 바벨론이여! 모든 나라에게 그의 음행으로 말미암아 진노의 포도주를 먹이던 자로다"(14:8). 또한 제국과 지역의 우상숭배를 하지 않는다는 사상도 포함된다. 바벨론을 음녀라고 비유적으로 묘사한 것이 14:1-4 바로 다음인 14:8과 17:1-5에서 더욱 발전되었다는 것은 여기서 묘사하는 순결한 성도들에 대한 묘사가 비유적이라는 사실을 보여준다.[380] 14:8의 음녀 비유는 4절의 음행한 "여자들"(γυναικῶν)의 발전이며, 순결한 그리스도인들은 그들과 더불어 스스로를 더럽히지 않았다. 음행한 "여자"(γυνή)와 "음녀"(πόρνη) 두 비유는 14:4, 8의 장면의 연속인 17:1-9, 15-18에서 반복적으로 동일시된다. 알포드는 γυνή가 14:4에서는 복수형이고 17장에서는 단수라는 사실을 근거로 이러한 연관성에 반대한다.[381] 하지만 이것은 요한계시록에서 이미지의 공동체적인 성격(예. 12:1; 19:7; 21:9에서 γυνή는 확실히 공동체적인 의미로 사용된다)과 17:5에서 여자인 바벨론이 "음녀들의 어머니"로 묘사되었다는 점을 간과한 생각이다.

구약성경에서 이스라엘의 우상숭배와 정치적·경제적 행위들은 "음녀"로 묘사되었다(겔 23장; 이와 비슷한 렘 3:1-10; 참조. 호 1:2). 이스라엘의 우상숭배는 "가증한 것"이라고도 표현된다(사 65:4; 렘 23:15; 51:4; 1 Esdr. 8:80[83]에 μολύνω, μόλυνσις, μολυσμός 등이 사용됨). 요한계시록에서도 일찍이 황제숭배나 무역조합의 우상숭배와 같은 우상숭배 제도에 참여하지 않은 그

---

379) Rissi, *Time and History,* 91.

380) M. Stuart, *Apocalypse* II, 293; G. Delling, *TDNT* V, 836.

381) Alford, *Greek Testament* IV, 686. 몇몇 소문자사본(예. 792 986 2065 2305)과 역본과 교부들의 증거에는 4절에 복수형 대신 단수형 γυνη("여자")가 사용된다. 이것은 14:8을 17장과 연결하려는 초기 시도를 반영한 것일 가능성이 있다.

리스도인들과 관련하여 "부정함"을 조심하라고 말한 적이 있다(2:9, 13-15, 20의 주석 참조. 3:4과 14:4의 μολύνω; 3:4-5의 주석 참조). 동일하게 2:14, 20-22의 πορνεία("음행")는 주로 이교도의 신들과 영적 음행을 하도록 유혹받는 신자들을 가리키는 비유다(2:14의 주석 참조). 18:3, 9, 19:2에서 πορνεύω와 그 단어의 동족 명사 역시 비유적으로 사용되었다. 아마도 여예언자 "이세벨이라는 여자"와 은밀하게 영적 간음을 저지르는 것 역시 14:4의 "여자"와 더불어 더럽히지 않는다는 언급에 포함될 것이다.[382]

마찬가지로 바울은 신자들에게 "뱀의 속임"과 왜곡된 복음을 피하라고 경고함으로써 그들을 "정결한 처녀"(παρθένον ἁγνήν)로 그리스도에게 드리기를 원한다. 사탄은 "거짓 사도…자기를 그리스도의 사도로 가장하는 자들"을 통해 교회에 왜곡된 복음을 소개한다(고후 11:2-4, 13-15). 또한 παρθένος는 Ignatius, *Smyrneans* 13:1에서 충성된 그리스도인을 가리키는 비유적 의미로 사용되었다. Hermas, *Similitudes* 9.11-16에서는 "하나님의 아들의 이름을 가지고" 있는 사람들이 성령의 열매를 맺는다. 그 열매는 순결한 덕이기에 비유적으로 "처녀"라고 불린다(이런 의미로 παρθένος가 사용된 예를 제시한 아래 설명 참조).

요한계시록의 일곱 교회는 바울의 고린도 교회처럼 우상숭배의 형태를 따르라고 부추기는 사람들의 갑작스러운 등장을 경험했다. 묵인하는 일은 그리스도를 부인하고 또 다른 것에 충성하는 것이다. 이것은 영적 음행이다. 14:1-5에 묘사된 집단이 13:11-18에 언급된 짐승을 경배하는 사람들과 대조를 이룬다는 것 역시 처녀 사상이 비유적임을 암시한다. 짐승을 따르는 사람들이 우선적으로 음행의 죄를 짓기보다는 우상숭배를 했기 때문이다. 그러므로 어린 양을 따르는 사람들은 그에게 충성하고 짐승의 우상에게 경배하지 않는 것으로 먼저 특징지어진다. 그리고 여자로 더불어 더럽히지 않는다는 말은 이러한 충성심을 묘사하는 한 가지 방법이다.[383]

---

382) Schüssler Fiorenza, "Followers of the Lamb," 132; Wall, *Revelation,* 180.
383) Boismard, "Notes sur l'Apocalypse," 163-64; J. M. Ford, *Revelation,* 244.

필론은 "더럽혀지지 않은 진정한 동정"과 "동정의 덕"(παρθένοι ἀρετοί)을 가지고 있는 남자와 여자의 단수와 복수에 παρθένος를 사용한다. "하나님이 이들과 대화"하시기 때문이다(*De Cherubim* 49-52; 참조. *Quaestiones et solutiones in Genesin* 4.99). 쉬슬러 피오렌자는 *De Cherubim* 49-50에 있는 "처녀"의 남성형이 하나님의 백성을 가리키는 비유이며, 계 14:4에서 사용된 것의 선례라고 주장한다.[384] 필론의 *Quaestiones et solutiones in Exodum* 2.3, 46에서는 모세가 시내 산으로 올라오라고 하나님께 부름을 받은 것이 "두 번째 출생"과 "신적인 출생"으로 언급되었다. 이것은 "항상 순결한 본질에 맞추어…발생했다"고 한다. 이와 비슷한 παρθένος의 또 다른 초기 사용례는 *Jos. Asen.* 4:9에서 발견할 수 있다. 여기서 요셉은 음행하지 않았다는 의미에서 "하나님을 경외하며 자기 절제를 잘하고 동정을 잃지 않은 사람"(ἀνὴρ θεοσεβῆς καὶ σώφρων καὶ παρθένος)으로 언급된다.[385]

4b절 참으로 구원받은 사람들의 두 번째 특징은 우상숭배 하는 세상에 동화되지 않고 그리스도와 하나가 되는 것이다. "그들은 어린 양이 어디로 인도하든지 따라가는 자"다. 이것은 신자들이 예수를 "따라가야" 한다는 공관복음의 다양한 가르침을 암시한다(마 8:19; 10:38; 막 8:34; 눅 9:57; 벧전 2:21-22).[386] 현재 분사구 οἱ ἀκολουθοῦντες는 성도들이 과거 땅에 살 때 예수를 "따르는" 그들의 특징을 가리킨다. 이것은 세상으로 "더럽혀지지" 않은 그들의 과거 생활양식(4a절)과 과거에 이루어진 그들의 구원받은 상태와 병행을 이루기 때문이다. 죽임을 당하신 어린 양처럼 성도들은 자신의 목숨을 하나님께 제사로 드렸다(참조. 롬 12:1). 그들은 예수의 교훈을 따르고 그의 구속 사역에 동참했을 뿐만 아니라 고난과 박해 중에서도 그의 충

---

384) Schüssler Fiorenza, *Revelation: Vision of a Just World*, 88.

385) 여기에 언급된 내용과 이와 비슷한 언급에 대해서는 M-M, 494을 보라. 참조. J. M. Ford, *Revelation*, 242; 유대교와 초기 교회에서 "처녀"의 다른 사용례는 J. M. Ford, "Virgin"을 보라. 이 단어를 남자에게 비유적으로 적용한 예는 BAGD, 627을 보라.

386) Vos, *Synoptic Traditions*, 136-44.

성됨을 본받는다. 복음서와 바울 서신에서처럼, "그리스도를 따른다"는 사상은 순교에 제한되지 않고, 그에게 헌신하기 위한 일반적인 고난의 광범위한 범위를 포함한다(6:9; 12:11의 주석 참조).

성도들은 "사람 가운데에서 속량함을 받아 처음 익은 열매로 하나님과 어린 양에게 속한 자들"이다. 수동태와 함께 사용된 여격 τῷ θεῷ καὶ τῷ ἀρνίῳ는 "하나님과 어린 양에 의하여"처럼 수단을 표현할 수 있다. 하지만 하나님과 어린 양이 구원받은 자들을 "처음 열매"로 받으시는 것으로 이해하는 게 더 낫다. 여격이 동사에 바로 이어지지 않고(네 단어의 간격이 있음), 본문이 5:9과 병행이라는 것이 그 이유다. 어린 양은 백성을 "사서(또는 속량하여) 하나님께 드리셨다." 물론 속량함을 받은 것이 구속자이신 어린 양의 "피에 의해" 일어난 것도 사실이긴 하지만 말이다. 몇몇 사본이 14:4에서 ἠγοράσθησαν 앞에 υπο Ιησου라는 어구("예수에 의해")를 덧붙인 것은 5:9의 영향 때문일 것이다(051 1611 2351 𝔐ᴷ sy^{h}).

성도들을 "처음 열매"로 드린 것은 그리스도인들이 주님께 드려지는 제물이라는 사상의 발전이다. 구약성경에서 추수의 "처음 열매"는 성소에서 하나님께 드려 그들이 특히 하나님께 속했음을 보여주고, 하나님이 모든 것의 주권적인 소유사이심을 상징했다. "처음 열매"를 드리는 것은 만물의 주인이신 하나님의 주권적인 공급하심에 의해 나머지도 곧 거둬들이게 됨을 미리 보여주기도 한다. 이러한 방법으로 하나님의 백성은 추수의 나머지도 그들의 매일의 필요에 사용될 수 있게 하나님께 거룩한 것으로 구별했다. 동일하게 LXX에서 ἀπαρχή는 성막에서 하나님께 "처음 열매"를 드리는 제사의 예물을 가리킨다. 찰스는 LXX에서 ἀπαρχή가 종종 "예물"을 가리키는 다양한 히브리어를 번역한다는 사실을 강조한다. 이 중에 많은 예가 각 문맥에서 "처음 열매"라는 개념을 염두에 두었지만 말이다.[387]

"처음 열매"(ἀπαρχή)는 신약성경 여러 곳에서 새로운 회심자들과 관련

---

387) Charles, *Revelation* II, 6-7. 앞에 언급한 ἀπαρχή의 용례들을 개괄한 HR I, 118; C. Brown, *DNTT* III, 415-17; G. Delling, *TDNT* I, 484-86을 보라

하여 동일한 함의를 지니며, 장차 회심할 사람들 중 먼저 회심한 사람들을 가리킨다(롬 1:5; 고전 16:15; 고후 2:13의 이문[異文]). 이 단어는 종말에 주어질 큰 기업의 첫 증거로 성령을 언급할 때도 사용된다(롬 8:23). 이와 비슷하게 이 단어는 모든 그리스도인의 부활의 시작인 그리스도의 부활에 사용되고(고전 15:20, 23), 새 창조가 시작되었음을 보여주는 성도들에게도 사용되었다(약 1:18, 이 뉘앙스는 롬 8:23과 고전 15:20, 23에도 있다). 롬 11:16은 "처음 열매"라는 단어를 믿음의 후손들의 조상인 구약의 족장들을 가리키려고 사용하는 것 같다(참조. 롬 11:28).

계 14:4에서 ἀπαρχή는 역사의 끝에 살고 있는 그리스도교 순교자들의 작은 무리를 가리킬 수 있다. 이들은 나중에 더 많은 신자가 엄청나게 모여들 것을 미리 보여준다.[388] 이는 14:14-20의 추수에서 언급된다. 처음 열매를 설명하는 것 중에 개연성이 거의 없는 몇 가지 견해는 다음과 같다. 처음 열매가 초기 교회의 유대교 출신 그리스도인들이며 이방인 회심자들이 그 뒤를 따른다는 견해,[389] 처음 열매가 유대교 출신 신자들 중 남은 자들이며, 이후에 모든 나라[390] 또는 여러 나라 중에 많은 사람[391]의 구원이 이어질 것이라는 견해, 또는 신약 성도들이 그 뒤를 따르게 될 구약의 성도들이라는 견해 등이 있다.[392]

가장 개연성이 높은 견해는 이 단어가 마침내 신자들이 온전하고 최종적인 구원을 받게 될, 온 세대에 걸쳐 구원받은 신자들의 총수를 의미한다는 견해다.[393] 이것은 14:1-5의 집단이 하나님의 참 백성의 완전수와 참 이스라엘을 대표하는 7장의 집단과 동일시된다는 사실로 지지를 받는다(7:4-9의 주석 참조). 이것은 요한이 "처음 열매"라는 단어를 사용할 때 염두에 두었을 법한 구약의 비유적 표현의 범위를 좁히는 데 도움이 된다.

---

388) Caird, *Revelation,* 180, 190-91과 앞에서 언급한 Bauckham의 저서.
389) Quispel, *Secret Book,* 85.
390) Walvoord, *Revelation,* 216; Seiss, *Apocalypse,* 354.
391) Lindsey, *There's a New World Coming,* 187.
392) Corsini, *Apocalypse,* 265-66.
393) Ladd, *Revelation,* 192.

처음 열매를 이해하는 이 총체적인 개념은 렘 2:2-3과 맥을 같이한다. 이 본문에서는 애굽에서 구속함을 받은 이스라엘 국가 전체를 "여호와를 위한 성물, 곧 그의 소산 중 첫 열매"라고 부른다(Philo의 글에서 렘 2:3의 이스라엘은 나라 전체가 애굽에서 나온다고 언급된다. Philo, *Spec. Leg.* 4.180, 여기에 ἀπαρχή가 사용됨; *Midr. Rab.* 출 31.9; 49.2; *Midr. Rab.* 레 36.4; *Midr. Rab.* 민 2.13; 4.1; 10.2; *Pirqe de Rabbi Eliezer* 2, S 30; *Tanna de-be Eliyyahu*, 85과 133; 비교. 이와 비슷한 *Tanch.* 창 1.10; *Midr. Tanch.* 창 1.3). 렘 2:2-3은 계 14장과 관련이 있다. 계 8-11장과 15-16장이 출애굽 주제에 강하게 의존하고 있는 까닭이다. 왕하 19:30-31은 이렇게 기록한다. "유다 족속 중에서 피하고 남은 자는…위로 열매를 맺을지라.…피하는 자는 시온 산에서부터 나오리니." Sir. 24:9은 "세상의 태초에[ἀπ' αρχῆς]"(어느 한 이문에는 ἀπαρχή["처음 열매"]) 다른 피조물보다 "지혜"가 먼저 창조되었다고 언급한다. 지혜는 "시온에 세워지고…존귀한 사람들에게 뿌리를 두었으며"(10절), 존귀한 사람들은 "새 곡식 때의 힛데겔 강과 추수 때의 요단 강처럼…지혜로" 충만했다(25-26절). 구약성경에서 이스라엘 국가 전체는 "처음 열매"와 관련이 있는 개념인 하나님의 "장자"라고 불렸다(출 4:22; 렘 31:8ff.; 참조. 호 11:1).[394)]

이 배경은 이스라엘을 신앙 없는 여러 나라들과 구별되는, 하나님을 위한 거룩한 백성으로 돋보이게 한다. 특히 렘 2장과 겔 20:40에서 이 점을 염두에 두었다. 이 중에서 겔 20:40은 이스라엘을 마지막 때에 시온에서 하나님이 받으실 "첫 열매"와 연결한다. "이스라엘 온 족속이 그 땅에 있어서 내 거룩한 산 곧 이스라엘의 높은 산에서 다 나를 섬기리니 거기에서 내가 그들을 기쁘게 받을지라. 거기에서 너희 예물과 너희가 드리는 첫 열매와 너희 모든 성물을 요구하리라." 렘 2:3에 따르면, "이스라엘은 여호와를 위한 성물 곧 그의 소산 중 첫 열매(ἀπαρχή)이니 그를 삼키는 자면 모두 벌을 받

394) M. Tsevat, *TDOT* II, 121-27을 보라. 히브리어 *bikkûrîm* = "처음 열매", 그리고 *bĕkôr* = "처음 난 아들"인 점을 주목하라. LXX에서는 ἀπαρχή가 πρωτότοκος와 동의적 병행법으로 발견된다("처음 난 아들" 출 22:28[29]; 신 12:6, 17; 느 10:35-37[B]; 시 77[78]:51; 104[105]:36; 겔 44:30). 자궁의 첫 자녀는 추수의 첫 열매와 동일하기 때문이다.

아 재앙이 그들에게 닥치리라." 여기서 이스라엘은 이스라엘을 대적하고 심판받은 다른 나라들과 구별된, 구속함을 받은 자로 묘사된다. 약 1:18("피조물 중에 우리로 한 첫 열매가 되게 하시려고")처럼 계 14장은 새 창조에서 새 예루살렘(= 시온 산)을 기업으로 받는 택함 받은 백성이 "처음 열매" 또는 새 창조 나머지의 시작임을 확언하지만, 구원을 받게 될 더 많은 사람을 기대하지는 않는다.[395] 그들은 처음 열매이며 그들을 대표하는 머리이신 예수와 동일시되었기 때문이다(참조. 계 1:5; 3:14; 골 1:18; 고후 5:17).[396]

계 14장에서 신자들은 **세상 끝에 있을** 하나님의 추수의 "처음 열매"이며(14-20절),[397] 심판받을 믿지 않는 나라들과 구별된다. "처음 열매"의 추수 배경은 모든 그리스도인의 구속에서 기인하며, 비유적으로 불의한 자들의 심판에 적용된다(계 11:11-13은 성도들이 세상 끝에 먼저 부활하고 그 후에 하나님이 회개하지 않는 자들을 심판하신다는 동일한 패턴을 따른다). 구약에서 구속함을 받은 나라가 그랬듯이, 새 이스라엘은 우상숭배로 더럽혀진 나머지 사람들과 구별되어 하나님께 드려지는 거룩한 예물이다. 구약성경은 "처음 열매"를 거두고 "남은 것들"은 평범하거나 더러운 것으로 여겼다. 마찬가지로 지금 구속함을 받은 사람들은 부정하고 평범하고 더러운 나머지 사람들과 특별히 구별된다. 이러한 관점에서 "처음 열매"는 4a절의 "여자로 더럽히지 않은 사람들"이라는 이미지의 사상을 이어간다. 첫째, 하나님은 믿는 자들을 추수하는 사역("땅에서" 또는 "사람들 중에서" 속량하시는 사역)을 완성하신다. 그 후에 그는 14:14-20에 서술된 불신자들을 심판하심으로써 추수를 최종적으로 완성하신다(비록 14:14-16은 구원받은 자들의 추수를, 17-20절은 구원받지 않은 사람들의 추수를 가리킬 수 있지만 말이다). 하나님은 먼저 알곡을 가라지로부터 분리하고 그다음에 가라지를 멸하심으로써 마지막 추수를 행하신다.

---

395) 앞에서 언급한 Caird와 Bauckham에 반대함.

396) Milligan, *Revelation*, 245. 약 1:18의 주석은 P. Davids, *The Epistle of James* (NIGTC; Grand Rapids: Eerdmans, 1982), 90을 보라.

397) Beasley-Murray, *Revelation*, 223-24.

구약성경에서 가끔씩 나타나듯이, "처음 열매"가 하나님께 구별된 제사로서 **더 이상 추수할 것이 없는** 하나님의 백성 전체만을 가리킬 가능성도 있다. 이러한 사상은, 예컨대 구약성경에서 곡식, 땅(겔 48:8, 10, 20 LXX), 사람(렘 2:3) 등과 관련하여 표현된다. 마찬가지로 여기서 "처음 열매"는 약 1:18에서처럼 하나님의 백성 전체를 암시할 수 있다.[398]

14:3-4에 ἀγοράζω("구속하다")가 2번 사용된 것으로 보아 구원받은 성도들의 완전수가 의중에 있다고 결론을 내릴 수밖에 없다. 요한계시록에서 이 단어가 구원론적인 의미로 사용된 다른 유일한 경우는, 택함 받은 집단 하나가 아니라 **모든** 그리스도인의 구원을 언급하는 5:9이다. 사실 14장에서는 두 표현이 5:9과 비슷한데, 신자들이 구속함을 받은 영역이 동일하다.

5:9	14:3, 4
ἠγόρασας…*ἐκ πάσης φυλῆς καὶ γλώσσης καὶ λαοῦ καὶ ἔθνους* ("각 족속과 방언과 백성과 나라 가운데에서…사서").	οἱ ἠγορασμένοι *ἀπὸ τῆς γῆς* ("땅에서 속량함을 받은 자들") ἠγοράσθησαν *ἀπὸ τῶν ἀνθρώπων* ("사람 가운데에서 속량함을 받아").

매 경우 ἀγοράζω 다음에 ἐκ나 ἀπό와 보편적인 지시대상이 따라온다. 세 구절 모두 구원을 받지 않은 허다한 사람들 중에서 구원받은 모든 세대의 신자들의 총수를 처음 열매라고 언급한다. 보컴은 충분한 논증을 제시하지 않고 5:9도 남은 자들만의 구속을 언급한다고 주장한다(5:9ff. 주석, 특히 5:13의 우주적 예배의 묘사를 보라).[399] 14:1-4에서 마주치는 난제들 이외에, 5:9ff.의 내용을 제한적으로 이해하는 보컴의 해석에 또 다른 중요한 장애물은 본문이 종말론적인 의미에서 절대적이고 온전한 어린 양의 대속 사역을 묘사한다는 점이다. 이는 5:11-13에서 전 우주가 드리는 찬송에서 절정으로 묘사된다.

---

398) I. T. Beckwith, *Apocalypse*, 649.

399) Bauckham, *Climax of Prophecy*, 289-91.

οὗτοι οἱ ἀκολουθοῦντες τῷ ἀρνίῳ ὅπου ἂν ὑπάγῃ("이 사람들은 어린 양이 어디로 인도하든지 따라가는 자며")는 동사 "~이다"가 내포된 셈어 어구일 가능성이 있다. 그 동사는 어색한 문장을 부드럽게 하고 그것을 4a절과 5b절의 εἰσιν("그들은~이다")과 조화를 이루게 하려고 필경사가 나중에 더했다(051 2351 𝔐[K]).

시 73[74]:2은 이렇게 말한다. "**옛적부터 얻으시고 속량하사**(ἐκτήσω ἀπ' ἀρχῆς) 주의 기업의 지파로 삼으신 주의 회중을 기억하시며 주께서 계시던 시온 산도 생각하소서." 참조. 계 14:1, 4, τὸ ἀρνίον ἑστὸς ἐπὶ τὸ ὄρος Σιὼν...οὗτοι ἠγοράσθησαν ἀπὸ τῶν ἀνθρώπων ἀπαρχή("어린 양이 시온 산에 섰고…이 사람들은…사람 가운데에서 속량함을 받아 처음 익은 열매…이니").

𝔓[47] ℵ *pc* t Prim Bea의 4절 독법은 ουτοι ηγορασθησαν απο των ανθρωπων απ αρχης("이들은 처음부터 사람들 가운데에서 속량함을 받은 사람들이다")로 되어 있다.[400] 이러한 이문은 필경사가 ἀπαρχή를 απ αρχη로 잘못 읽었기 때문에 발생했을 것이다. 시편과 놀라울 정도로 유사한 이문의 독법은 우연일 수 있지만, 구약 본문의 어휘를 잘 알고 있어서 의도적으로 이렇게 변경했을 개연성은 적다. 그렇다면 이것은 "시온 산"에 대한 언급과 더불어 원래부터 시편을 암시했을 것이다. 만일 그렇다면 απ αρχης는 신자들이 구원론적으로 "**태초부터**" 속량함을 받았음을 암시한다. 이것은 "죽임을 당한 어린 양의 생명책에 창세 이후로 이름이 기록되지 못한"(13:8) 불경건한 사람들과의 적합한 대조다. 4 Ezra 2:33-48에 반영된 계 7:1-17과 14:1-4에 대한 주석(14:1의 주석 참조)은 인침을 받은 신자들의 이루 셀 수 없는 "충만한 수"를 "**태초부터** 부름을 받은 사람들"과 "거룩하게 된 자들"로 언급한다. 그러므로 4 Ezra는 𝔓[47]의 독법이 초기에 존재했음을 보여주는 증거일 수 있다. 만일 이러한 독법이 원본이

400) 그밖에 이러한 독법을 지지해주는 소문자사본에 대해서는 Hoskier, *Text of Apocalypse* II, 372을 보라.

라면, (앞에 기술된) 케어드와 보컴의 해석은 더욱 개연성이 없게 된다. 그들의 해석은 "처음 열매"(ἀπαρχή)라고 읽는 것에 거의 전적으로 근거하고 있기 때문이다.[401)]

5절 구속함을 받은 참 성도들이 어린 양을 따르기 때문에 그들은 어린 양의 성품을 가지고 있다. 이미 우리는 그리스도와 같은 고난을 암시하려고 그들이 그리스도처럼 죽임을 당했다고 묘사되었음을 살펴보았다(5:6; 6:9). 성도들은 어린 양이 보이신 희생의 모범이 그들을 어디로 인도하든지 그를 "따랐다." 이제 사 53:9에 대한 암시가 그리스도인의 헌신의 희생적 특성을 더욱 강조한다. 그들은 예수처럼 "충성된 증인"이며(참조. 1:5; 2:13), 그래서 "그들의 입에 거짓(ψεῦδος)이 없다." 성도들은 "[참] 유대인이라고 말하지만 사실은 거짓말하는" 사람들과 대조된다. 그리스도를 부인하면서도 여전히 하나님의 참 백성이라고 고백하는 유대인들은 거짓말하는 자들이다. 그들은 참으로 "사탄의 회당"에 속한 사람들이다(2:9; 3:9).[402)]

여기서 요한이 염두에 두고 있는 것은 단순히 일반적인 충성됨이 아니라, 짐승과 "거짓 예언자"로부터 믿음에 타협하고 우상숭배의 거짓을 따르라는 압박을 받을 때도 예수를 꾸준하게 증언하는 성도들의 온전함이다(13:10, 18; 14:9-12). 만일 그리스도인들이 조금이라도 우상을 숭배하여 짐승에게 충성심을 표현하지 않는다면, 그들은 고난을 받을 것이다.[403)] 비슷한 맥락에서 요일 2:22도 다음과 같이 말한다. "거짓말하는 자…예수가 그리스도이심을 부인하는 자가 아니냐. 아버지와 아들을 부인하는 그가 적그리스도니." 렘 13:25과 23:14, 32에는 우상숭배를 통해 속이는 거짓 예언자에게 ψεῦδος가 사용된다. 또한 이 단어는 우상숭배 자체를 언급하기도 한다(사 44:20; 렘 3:23; 참조. 사 57:4-5). 요한계시록에서 "거짓 예언

---

401) 우리가 앞에서 관찰했던 "처녀"라는 명칭이 구약성경에서 이스라엘에게 반복해서 적용되었다는 점은 Buchanan이 J. B. Smith, *Revelation of Jesus Christ,* 209을 인용하며 즉석으로 주석한 내용에 영향을 받았다. Buchanan, *Revelation,* 532, n. 7.

402) 참조. Schüssler Fiorenza, "Followers of the Lamb," 133.

403) Mulholland, *Revelation,* 244.

자"(ψευδοπροφήτης, 16:13; 19:20; 20:10)와 어울리는 사람은 "거짓말쟁이"로 불리며, 심판에 직면할 것이라고 말한다(21:8, 27; 22:15의 ψεῦδος).

여기서 성도들의 온전함을 언급하는 어구들은 사 53:9에 예언된 메시아적 성품을 가진 종의 품성을 암시한다. "그 입에 거짓이 없으며." 이것이 부각되는 것은 이 단어가 "도살장으로 끌려가는 어린 양"으로서 종을 언급한 직후에 등장하는 까닭이다(사 53:7). 성도들은 이 두 메시아적 특성을 다 반영한다. 사 53:9은 이러한 방식으로 벧전 2:22에 암시되었다. 이것은 계 14장에서 이 단어가 이렇게 사용되었다고 해석하는 것을 확증한다. 벧전 2:22에서 구약의 암시는 그리스도인들에게 이교도인 "왕"과 "주인"으로 인해 겁을 먹지 말고 인내하며 믿음을 고백하고(벧전 2:13, 18), 고난을 당하더라도 그리스도의 발자취를 따르라는 권고에 속하는 말씀이다. "그리스도도 너희를 위하여 고난을 받으사 너희에게 본을 끼쳐 그 자취를 따라오게 하려 하셨느니라. 그는 죄를 범하지 아니하시고 그 입에 거짓도 없으시며"(참조. 벧전 2:19-23; 3:14-17).

성도들에게 거짓이 없다는 표현은 사 53장을 암시한 습 3장의 암시이기도 하다.[404]

이사야와 스바냐	계 14:5
사 53:9: ἀνομίαν οὐκ ἐποίησεν οὐδὲ δόλος ἐν τῷ στόματι αὐτοῦ("그는 강포를 행하지 아니하였고 그의 입에 거짓이 없었으나"). 습 3:13: καὶ οὐ μὴ εὑρεθῇ ἐν τῷ στόματι αὐτῶν γλῶσσα δολία("입에 거짓된 혀가 없으며").	καὶ ἐν τῷ στόματι αὐτῶν οὐχ εὑρέθη ψεῦδος("그 입에 거짓말이 없고").

습 3:11-14은 요한계시록의 언어와 비슷한 언어를 사용한 것과 더불어,

404) 이 결론은 최근에 Fekkes가 확증해주었다. Fekkes, *Isaiah and Prophetic Traditions,* 191-92.

하나님을 가리켜 남은 자를 구원하시는 분이라고 말한다. 하나님은 마지막 날에 그의 "거룩한 산" 및 "시온"과 동일시되실 것이다. 구약성경에서 이미 "종"이 남은 자들과 동일시된 것 같다. 계 14:1-5은 부분적으로 스바냐서와 이사야서의 예언의 성취를 묘사한다. 성도들은 사 53장의 예언의 성취에 포함된다. 그들을 위해 죽으셨고 거짓말이나 불의가 없으신 메시아적인 어린 양이 그들을 대표하셨기 때문이다.

어린 양이 자기에게 제기된 고소에 대해 결백하셨듯이, 그의 발자취를 따르는 성도들도 그러하다. 벧전 1:16, 18-19은 계 14:4-5과 비슷한 복잡한 사상을 반영함으로써 이 내용을 뒷받침한다. "내가 거룩하니 너희도 거룩할지어다.…헛된 행실에서 대속함을 받은 것은 은이나 금같이 없어질 것으로 된 것이 아니요, 오직 흠 없고(ἄμωμος) 점 없는 어린 양 같은 그리스도의 보배로운 피로 된 것이니라"(참조. 히 9:14에서 희생 제물이신 예수는 "흠이 없으시다"[ἄμωμος]). 그러므로 요한계시록은 여기서 절대적인 도덕적 완전함이 아니라 사 53:7-9의 요점인, 성도들을 거슬러 유죄 판결을 내린 세상의 판단과 관련하여 그들의 무죄를 언급하고 있다(참조. 사 53:8-9: "그는 곤욕과 심문을 당하고 끌려갔으나…그는 강포를 행하지 아니하였고").

ἄμωμος는 나중에 덧붙여진 것이 아니다. 이것은 4절에서 죽임을 당하신 어린 양과 처음 열매로 시작된 희생 이미지의 연속이기 때문이다. LXX은 정결함으로 인해 하나님이 기쁘게 받으시는 제사를 표현할 때 ἄμωμος를 자주 사용한다. 이 단어는 신약성경에서 그리스도의 죽음을 가리키는 희생의 비유(히 9:14; 벧전 1:19)와 하나님이 받으시는 신자들의 삶(엡 1:4; 5:27; 골 1:22; 유 24)에 적용된다.

εἰσιν 앞에 γάρ를 삽입한 것은 5절의 뒷부분을 4절의 γάρ 구문과 일치시키려는 시도에서 비롯되었다($\mathfrak{P}^{47}$ א [051] 1 1006 1611 1841 2329 2351 $\mathfrak{M}^{K}$과 그밖에 몇몇 역본). γάρ가 없는 이문은 갑작스럽기에 더 어려운 독법이다.

4 Ezra 2:42-48에 있는 계 14:1-4의 해석은 5절이 성도들의 충성된 증언을 언급한다는 해석을 입증한다. "나 에스라는 시온 산에 있는 허다

> 한 무리를 보았다.…그들은 모두 주님께 찬송을 부르고 있었다.…이들은 하나님의 이름을 고백한 사람들이다.…그들은 세상에서…하나님의 아들을 시인했으며…주님의 이름을 위하여 용감하게 섰다."

하나님은 반그리스도교적인 세력에게 충성하는 세상 제도와 세상 나라들을 심판하실 것이다. 그러나 압제 중에도 인내한 충성된 사람들에게는 영원한 상을 주실 것이다(14:6-13)

첫째, 믿지 않는 세상에게 심판의 경고가 선언된다(6-7절). 세상 제도와 그것을 따르는 자들은 그 경고에 주의를 기울이지 않을 것이며, 따라서 역사의 끝에 최후의 심판을 받게 될 것이다(8절). 이 최후의 역사적인 심판은 최후의 영원한 심판의 전조다(9-11절). 하지만 이 경고의 목적은 참 신자들이 그리스도께 끝까지 충성하고 영원한 상을 받도록 하는 것이다(12-13절).

6절 καὶ εἶδον("또 [내가] 보니")은 12:1에서 시작된 중요한 단락의 다섯 번째 단락을 시작한다(앞의 네 단락은 각각 12:1; 12:17-13:1; 13:11; 14:1에서 시작한다). 이 다섯 번째 단락의 시간은 1-5절의 초점인 절정의 시간 직전이다. 여기서 초점은 두 집단의 최후를 대조하려고 구속함을 받은 자들에게서 이제 구속함을 받지 않은 사람들에게로 넘어간다(6-11절). 환상은 세상에게 전할 "영원한 복음을 전하는" 천사와 관련된 환상이다. 그 천사는 일차적으로 은혜의 복음이 아니라 심판의 복음을 전하는 전달자다. 그는 믿지 않는 세상에 복음을 선포한다. 그의 선언은 은혜를 주기보다는 복음의 심판적인 측면을 강조한다. 심지어 LXX의 이사야서에서는 "복음선포"가 구원의 상황에서뿐만 아니라 불경건한 자들을 심판하는 상황에도 해당된다(사 40:9; 52:7; 61:1; 그리고 특히 60:6-14을 보라).[405]

εὐαγγέλιον("복음") 앞에 관사가 생략된 것은 문체적 변화만을 반영하는지 모르지만, 마운스에 따르면 거기에는 진노를 강조하려는 의도가 있다.[406]

---

405) Roloff, *Revelation*, 174-75은 불경건한 자들에게 내린 심판을 계 14:6의 배경으로 이해한다.
406) Mounce, *Revelation*, 273.

그럴 가능성은 있다. 신약성경 다른 곳에서 εὐαγγέλιον 앞에 통상적으로 관사가 오기 때문이다. 이것은 예외 없이 그리스도 안에서 주어지는 은혜를 나타낸다. 롬 1:1에서만 관사가 생략되었다. 이 본문은 구원의 은혜를 염두에 두고는 있지만 이어지는 문맥에서는 진노가 강조된다(1:16ff.; 1:18ff.을 발전시키는 2:16에서는 εὐαγγέλιον 앞에 관사가 온다). 이 견해에 대해 한 마디를 하자면, 요한계시록 이곳에서 관사가 생략된 것은 여기가 εὐαγγέλιον이 요한계시록에서 명사 형태로 등장한 첫 번째 경우라는 사실에 기인한다. 하지만 이와 같은 어원의 동사는 이미 10:7에 등장했고 14:6에서 명사와 함께 다시 등장한다.

여기서 복음이라는 단어의 의미는 궁극적으로 전후 문맥으로 결정해야 한다. 천사는 다른 복음을 전하는 것이 아니라, 바울이 롬 1:16ff., 고후 2:14-16, 행 17:18-32에서 강조했듯이, 복음을 저버릴 경우 초래하게 되는 결과를 선언한다. 문맥의 표식 2개가 심판에 초점이 있음을 암시한다. 첫째, 우리는 일찍이 단 12:7에 대한 암시가 있는 계 10:7에서 동사 εὐαγγελίζω("복음을 전하다")의 첫 번째 등장에 구원과 심판이 다 포함되었음을 보았다.[407] 10:7에 사용된 복음의 2중적 특성은 요한이 먹은 책의 단맛과 쓴맛에 의해 상징되기도 한다. 10장에 언급된 책의 내용은 11:1-13에서 확장된다. 거기서도 심판이 핵심 주제(11:4-6)와 이야기의 절정(11:11b, 13)이었다. 가장 중요한 것은 6절에서 선언된 복음에 적어도 심판적인 측면이 포함되었음이 14:8-11에서 강조된다는 사실이다. 실제로 이어지는 구절은 심판적인 측면을 강조한다. 14장은 최후 심판에 관한 두 묘사로써 절정에 이른다(14:14-20). 이 본문은 6절에 소개되고 10-11절에서 자세하게 설명된 심판의 어조를 부각시킨다. 여기서 "복음"은 불변하고 영원히 유효하기에 "영원한(αἰώνιον) 복음"으로 불린다.[408] 이것은 10-11절에 심판이 "세세토록"(εἰς αἰῶνας αἰώνων) 계속될 것으로 묘사하는 부분을 예상한다.

---

407) Düsterdieck, *Revelation*, 395-96.
408) G. Friedrich, *TDNT* II, 735.

이 천사와 그가 전하는 "복음"의 진노적 특성은 8:13에서 세 화를 전한 전달자와 비슷하다는 것으로써 암시된다.[409] 두 경우 모두 "큰 음성으로"(8:13: λέγοντος φωνῇ μεγάλῃ; 14:7: λέγων ἐν φωνῇ μεγάλῃ) "공중에 날아가면서"(8:13: πετομένου ἐν μεσουρανήματι; 14:6: πετόμενον ἐν μεσουρανήματι) 그 메시지를 전하는 것으로 묘사된다. 천사들은 땅에 거하는 믿지 않는 자들에게 선포한다. 8:13에서는 "땅에 사는 자들"(τοὺς κατοικοῦντας ἐπὶ τῆς γῆς)로, 그리고 여기서는 "땅에 거주하는 자들"(ἐπὶ τοὺς καθημένους ἐπὶ τῆς γῆς)로 표현되었다. 두 어구는 동의어인 것 같다. 그리고 8:13의 어구는 요한계시록 전체에서 믿지 않는 우상숭배자들을 가리키기 위해 사용된다(자세한 내용은 3:10; 6:17의 주석 참조). 요한계시록에서 이 어구의 또 다른 사용례(11번)는 불신자들만이 아니라 심판을 받거나 속임을 당하는 사람들을 가리킨다. 이는 이들이 하나님을 거슬러 적대적 위치에 있는 집단이라는 점을 암시한다(참조. 3:10; 6:10; 8:13; 11:10a, 10b; 13:8, 12, 14a, b; 17:2, 8). 14:6에서 "사는 자들"을 "거하는(앉은) 자들"로 대체한 것은 하나님의 가치 체계에 대항하여 세상적인 가치 체계에 헌신하는 영원하고 자기 확신적인 특성을 더욱 강조한다(17:1과 18:7에 언급된 바벨론과 관련하여 "앉아 있다"는 것도 아마 이 점을 강조하는 것 같다).[410] 마찬가지로 19:17에서 심판을 선언하는 천사는 "공중에 날아가는"(πετομένοις ἐν μεσουρανήματι) 진노의 새들에게 "큰소리로"([ἐν] φωνῇ μεγάλῃ λέγων) 메시지를 선언한다.

천사가 선포하는 대상을 부가적으로 묘사한 내용이 6절 마지막에 제시되고, 이것은 설명적인 καί로 소개된다. καὶ ἐπὶ πᾶν ἔθνος καὶ φυλὴν καὶ γλῶσσαν καὶ λαόν("곧 모든 민족과 종족과 방언과 백성에게"). 이 서술은 이들이 중생하지 못한 군중, 즉 복음선포에 호의적으로 반응하지 않을 대다수임을 더욱 확증한다. 사람들을 가리키는 동일한 보편적 문구가 10:11 이후부터 우상숭배자들인 세상의 모든 사람을 가리키려고 사용되었다(10:11;

409) Milligan, *Revelation,* 248.
410) Milligan, *Revelation,* 248-49.

13:7의 주석 참조). 보편적인 공식의 동일한 의미가 17:15에도 등장한다. 하지만 요한계시록 앞부분에서 동일한 어구는 사람들 중에서 **구원받은** 사람들을 가리키는 데 사용되었다(5:9; 7:9의 주석 참조. 구속받은 사람들 또는 불경건한 사람들과 관련한 이 공식의 보편적 특성에 대해서는 5:9의 주석 참조).

천사를 우선적으로 진노의 전달자로 이해하는 이러한 견해는 마 24:14에서 예수가 하신 말씀의 부분적 암시일 수 있다는 점에 의해서도 지지를 받는다. "이 천국 복음이 모든 민족에게 증언되기 위하여 온 세상에 전파되리니 그제야 끝이 오리라."[411] 마 24장의 문맥에서 선포는 온 세상의 다수의 회심을 일으키지는 않는다. 세상의 대다수는 복음을 대적할 것이다(24:9). 계 14:6-17의 문맥에서처럼(13:1-18; 14:9-13), 거짓 예언자들이 일어나고, 심지어 믿음의 공동체 안에서도 배교가 증가할 것이다(마 24:10-12, 15, 23-26). 마태복음과 요한계시록에서 택함을 받은 자들은 그들의 믿음을 유지만 하는 일에도 무척이나 애써야 한다(마 24:13, 22-24; 계 13:9-10, 18; 14:12). 마 24장에서 선포의 목적은 믿지 않는 세상에게 책임을 묻고 심판의 기초로서 기능할 "증언"(μαρτύριον)을 하는 데 있다. 계 11:3-13에서 "두 증인"도 동일한 기능을 했다(11:3의 μάρτυς와 11:7의 μαρτυρία). 너욱이 마 24장과 계 11장에서 "증언"이 끝나면, 최후의 심판이 온다. 같은 사상이 계 14:6에도 들어 있을 것이다.

"영원한 복음"은 카이사르의 일시적인 복음과 의도적으로 대조되었을 것이다.[412] 아우구스투스의 탄신일에는 아시아 지역의 도의회가 모여 축하했다. 그의 출생이 "세상에 복음이 시작되었음을 표시하고" 새 시대가 임했다고 말이다. 그래서 천사는 세상을 향해 로마라고 하는 짐승의 거짓 복음에 충성하지 말고 그리스도의 참 복음에 충성하라고 경고한다.[413] (Josephus, *War* 4.656에서는 이 단어가 베스파시아누스가 황제로 등극

411) Vos, *Synoptic Traditions*, 152-57.
412) Cerfaux, "L'Évangile éternel," 676.
413) Krodel, *Revelation*, 266-67.

할 때도 사용됐다.) 이러한 해석은 다음과 같은 문맥에 의해 지지받을 수 있는데, 여기서 복음의 내용은 부분적으로 짐승에게 "경배하는 것"(9절)과 대비되는 참 하나님께 "경배하는 것"(7절)으로 이루어진다.

몇몇 사본(𝔓[47] ℵ 𝔐 sa Vic)에 ἄγγελον 앞에 있는 ἄλλον("다른")이 생략된 것은 두 단어의 처음 세 글자가 유사하기 때문에 의도하지 않게 발생한 생략일 것이다. 몇몇 사본에서 8절과 동일한 단어를 분명 고의성 없이 생략한 것을 보면, 이럴 개연성이 더 많아진다. 또 다른 견해로는 몇몇 필경사가 10:9 이후에 천사라는 언급이 없는 까닭에 "다른"이라는 단어를 어색하다고 느껴 생략했을 수 있다는 것이다.[414)]

𝔐[A]는 καθημένους 뒤와 ἐπὶ τῆς γῆς 앞에 τους κατοικουντας를 첨가한다. 반면에, A 051 *pc*와 몇몇 판본에서는 καθημένους를 κατοικουντας로 대체한다. 이것은 천사가 선포하는 대상이 믿지 않는 우상숭배자들이라고 분명히 밝히려는 필경사의 시도다(해당 어구를 이런 식으로 이해하는 것과 관련해서는 3:10; 6:17; 13:8, 12, 14의 주석 참조). 찰스는 사본 상의 증거가 없는데도 필경사가 복음선포가 틀림없이 긍정적인 함의만을 전한다고 믿고, 부정적 의미를 지니는 κατοικουντας 대신 더욱 긍정적 의미를 지니는 καθημένους로 변경했다고 생각한다.[415)] 하지만 καθημένους를 κατοικουντας로 대체한 것은 6절에서 이 어구가 계 14:8-10에 계속 이어지는 렘 32(25):15-30에 대한 암시의 시작이기 때문이다(비교. 29절: ἐπὶ τοὺς καθημένους ἐπὶ τῆς γῆς; 30절도 그렇다).[416)] 소문자사본 86에서 렘 32:29 LXX의 이문이 τους κατοικουντας로 된 것은 필경사들이 이 어구를 혼동한 일이 요한계시록을 앞서며, 심지어 요한계시록 이문의 원천일 수도 있음을 보여준다. 또한 051 𝔐 sy[h]에 첫 단어 ἐπί가 생략된 것은 동사 εὐαγγελίζω 다음에 오는 통상적인 신약의 구조가 10:7에서처럼 단순

414) 이를 확증한 B. M. Metzger, *Textual Commentary,* 753을 보라.

415) Charles, *Revelation* II, 12-13.

416) 예레미야서의 영향에 대해서는 Kraft, *Offenbarung,* 193-94을 보라.

목적격이라는 사실에 영향을 받았기 때문이다.[417)]

7절 7절이 6절에서 선포된 복음의 내용만을 가리키는지, 아니면 그 외의 내용을 담고 있는지는 분명하지 않다. 7절은 복음 선언의 결론으로도 작용한다. 7절의 주제는 심판이다. 이것은 6절의 복음 선언이 7절과 동일한 사상을 부각시킨다는 점을 확증한다.[418)] 이것은 성도들에게는 "복음"이다. 이 소식은 짐승과 궁극적으로 사탄이 우두머리로서 지배하는 불경건한 제도의 멸망을 의미하고, 따라서 그리스도의 부활로 시작되었고 12:7-10에서 선언된 사탄의 최후의 멸망을 의미하기 때문이다.[419)] 장차 하나님이 악을 정복하시고 그의 주권을 결정적으로 완성하신다는 것이 바로 복음이다.[420)] 10:7의 복음(εὐαγγελίζω)의 선언에도 동일한 사상이 담겨 있다. 그 본문에서도 일차적으로 말하는 것이 성도들의 고난에 이어 그들을 박해한 자들의 심판이기 때문이다. 하나님이 결국 그의 명성을 보호하시는 까닭에 그리스도인들은 위로를 받을 수 있다. 복음에 대한 적절한 반응은 "하나님을 경외하고 그에게 영광을 돌리는 것"이다. 그 반응은 명령으로 서술되었다. 구약성경과 신약성경에서 신자들과 불신자들은 모두 하나님께 영광을 돌린다. 불신자들은 마지못해 그렇게 하지만 말이다(14:7과 비슷한 표현이 사용된 11:13의 주석 참조). "하나님께 영광을 돌리라"는 명령은 불의한 자들(수 7:19 LXX; 삼상 6:5 LXX; 사 24:15; 렘 13:16; 참조. 말 2:2; 행 12:23)과 의인들(시 22:23; 115:1; 사 42:12; 요 9:24; 참조. 롬 4:20; 계 4:9) 모두에게 주어진 명령이다.

그러므로 계 14:7은 난제를 제기하는데, 과연 이 명령이 순전한 회개를 낳기를 기대하는 명령인지, 아니면 하나님의 임박한 심판의 실재를 인식하라는 표시로 적대적인 사람들을 자극하는 포고령(빌 2:9-11)인지에 대한 문제이다. 전자일 가능성이 높다. 요한계시록에서는 하나님을 경외하고 하나

417) Schmid, *Geschichte des griechischen Apokalypse-Textes* 2, 78.

418) Stuhlmacher, *Das paulinische Evangelium* I, 213-14; U. B. Müller, *Messias und Menschensohn,* 191.

419) I. T. Beckwith, *Apocalypse,* 655-56; Sweet, *Revelation,* 225.

420) Cerfaux, "L'Évangile éternel."

님께 영광을 돌리는 것이 함께 언급될 경우, 늘 참 성도들이 주어로 등장한다(15:4. 11:13의 주석에서 이를 수정한 것도 참조). 더욱이 "영광"은 요한계시록에서 하나님의 영적 공동체에 속한 사람들만이 하나님께 드리는 것이다(12번). 이와 비슷하게 하나님을 "경배하는 것" 역시 항상 참 신자들이나 천사들에 의해서만 수행된다(12번). "짐승에게 경배하는" 사람들(9절)은 회개하고 "창조자를 경배하라"는 권고를 받는다.

요한계시록에서 이와 가장 가까운 병행 어구는 11:13이다. "그 남은 자들이 두려워하여 영광을 하늘의 하나님께 돌리더라"(ἔμφοβοι ἐγένοντο καὶ ἔδωκαν δόξαν τῷ θεῷ τοῦ οὐρανοῦ). 이 본문은 동일한 난제를 제시한다. 하지만 우리는 증거의 무게를 고려할 때, 11:13의 두려워하고 영광을 돌린다는 언급을 회개로 이해할 것이 아니라, 하나님의 주권을 인정할 수밖에 없음을 가리키는 것으로 보아야 한다고 결론을 내렸다(11:11, 13의 주석 참조). 이 결론은 본문에 사용된 어구가 부분적으로는 단 4:34을 암시한다는 관찰에 근거한다. 다니엘서에서 바벨론 왕은 하나님의 심판을 경험한 **후에** 하나님께 영광을 돌렸다(참조. 단 4:37 Theod.: "내가 하늘의 왕을 영화롭게 한다"[δοξάζω τὸν βασιλέα τοῦ οὐρανοῦ]). 바벨론 왕은 회개하고서 이스라엘의 믿음을 받아들인 것이 아니라 하나님의 주권을 고백할 수밖에 없도록 압도된 것이다. 앞의 14:6에서 심판의 전달자가 언급되었다고 결론을 내린 것에 비춰 볼 때, 14:7은 11:13과 같은 방법으로 이해해야 한다.

이것은 14:6-8 역시 느부갓네살을 다룬 단 4장에 나오는 일련의 표현에 기초한다는 사실을 인식함으로써 분명하게 확증된다.[421] (1) 천사가 느부갓네살에게 "지극히 높으신 분에게 영광을 돌리라"고 명령했다(δὸς δόξαν τῷ ὑψίστῳ, 단 4:34 LXX). (2) 왕은 네 부분으로 구성된 우주를 만드신 분에게 찬양을 돌린다(αἰνῶ τῷ κτίσαντι τὸν οὐρανὸν καὶ τὴν γῆν καὶ τὰς θαλάσσας καὶ τοὺς ποταμούς, 단 4:37 LXX). (3) 요한계시록의 천사가 보편성을 나타내

421) Beale, "Reconsideration of the Text of Daniel," 541-42; 비교. Altink, "I Chron. 16." Altink는 대상 16:8-36을 배경으로 제안하려 한다.

는 4중 문구를 통해 사람들에게 선포한 것은 다니엘서에서 반복적으로 등장한 동일한 문구에 근거한다(단 4:1 Theod., 37b LXX; 5:9의 주석 참조). (4) 마지막 날의 심판의 때로 "시간"(ὥρα)이 사용된 것은 구약성경에서 유일하게 다니엘서에만 등장하는 같은 단어가 반복해서 종말론적으로 사용된 사실에 근거한다(17:12의 주석 참조). 다가오는 바벨론 왕의 심판의 때를 "시간"이라고 불렀다(단 4:17a LXX). 계 14:7의 "그의 심판의 시간이 이르렀음이니"(ἦλθεν ἡ ὥρα τῆς κρίσεως αὐτοῦ)라는 어구에 가장 근접한 다니엘서의 병행 어구는 단 11:45 LXX에 있다. "그의 마지막 시간이 임할 것이다"(ἥξει ὥρα τῆς συντελείας αὐτοῦ). 이것은 하나님의 마지막 때에 실행될 원수에 대한 최후 심판을 언급한다(또한 겔 7:7; 22:3 참조). (5) 마지막에 있는 중요한 공통 어구는 단 4:30(LXX과 Theod. = 4:27 MT)의 "큰 바벨론"이다(단 4장을 역시 암시하는 계 14:8과 그 주석 참조).

Testament of Solomon 17:4에서 계 14:6-7과 병행인 흥미로운 어구가 발견된다. 여기서 그리스도가 "곧 재림"하시는 때에 한 귀신은 "하늘과 땅의 하나님을 경외하라"는 명령을 듣는다. 동일한 기간에 귀신은 "이마에 기록된" 그리스도의 "표"를 가지고 있는 사람들을 해할 수 없다(참조. 계 14:1).

앞에서 다니엘서의 배경을 평가한 것에 대해 반대할 수 있는 주장 하나는, 단 4장의 이야기가 느부갓네살의 인간성과 이성과 주권의 회복으로 마무리된다는 점이다. 이것은 계 11:13과 계 14장에 언급된 천사가 선포한 복음의 긍정적 결과를 암시하지는 않는가? 11장과 관련하여 이 질문에 이미 부정적인 대답을 제시했으며(11:13의 주석 참조), 지금 그 대답에 더 자세한 이유를 제시할 수 있다.

① 단 5:21은 느부갓네살이 "지극히 높으신 하나님이 사람 나라를 다스리시"는 줄을 알았다는 것만을 주장한다. 하지만 그가 이스라엘 사람이 되었다거나 유일신을 두려워하는 사람이 되었다는 사실에 대해서는 어떤 언급도 하지 않는다. 이것과 맥을 같이하여, *Lives of the Prophets* 4:13-16은 단 4:34(= 4:31 MT)을 언급하면서 느부갓네살이 권력을 되찾은 후에 이스라엘의 종교로 "개종하지" 않았다고 주장한다. 느부갓네살이 바벨론의 신

들을 경배하는 것을 포기했을 것 같지 않다. 그는 아마도 야웨를 그런 신들 중 하나로 추가하는 데 그쳤을 것이다. 하나님이 느부갓네살에게 내리신 심판은 굴욕을 당한 왕으로 하여금 그 자신이 아니라 하나님이 땅에서 벌어지는 일들의 참된 주권자라는 사실을 인정하도록 하는 것 이외에 다른 선택이 없게 하는 것이었다. 동일한 일이 마지막 때에 불경건한 자들에게도 일어날 것이다. ② 바벨론의 최후의 심판으로 결론지어지는 불경건한 반역의 기간(계 17:12-18의 주석 참조)과 "큰 성 바벨론"의 최후의 심판(18:10, 17, 19의 주석 참조)을 설명하려고 단 4장의 "시간"(ὥρα)이 요한계시록에서 사용된 것은 다니엘서가 회개가 아니라 최후의 심판을 가리키는 선례로 사용됐음을 보여준다. 구체적으로 계 18장에는 느부갓네살의 굴욕이 마지막 때의 불경건한 자들의 회개를 가리키는 것이 아니라, 하나님의 진리와 주권을 마침내 어쩔 수 없이 인정한 것을 가리키는 예표로 제시되었다.

16:9에서 "하나님께 영광을 돌리지" 않고 회개하지 않은 사람들은 마지막 날에도 그렇게 할 것이다. 그러므로 "영광을 돌리라"는 명령이 "회개하라"와 동의어일 수 있지만,[422] 16장과 14장에서 우리가 관찰한 것에 의하면, 이 어구는 하나님의 진리와 세상을 다스리시는 그의 주권을 인정하는 것을 더 강조한다. 14:7의 명령은 재림 이전의 모든 세대에 적용되는 명령이 아니라, 최후의 심판 전에 그 심판을 시작시키는 포고다. 바로 이어지는 ὅτι 구문은 심판이 시작되었기에 그 명령이 주어졌다고 설명한다. 최후의 심판이 다가오면 회개의 때는 지나간다. 이 명령을 받은 사람들은 심판의 시간이 이르기 **전에** 영광을 돌리라고 경고를 받는 것이 아니다. 그들은 그 시간이 임했기 "때문에"(ὅτι) 그렇게 해야 한다. 지금까지는 배반하는 영으로 인해 꿈적도 않던 사람들이 하나님이 그들을 심판하실 주권자시며 그들을 심판하심으로써 스스로 영화롭게 되는 분이심을 **고백하게 되는** 때는 "그의 심판의 시간이 **임하였을**" 때뿐이다. 불경건한 자들은 하나님을 그들의 심판자로만 아니라 그들의 전능하신 창조자로 인정할 것이다(우주 전체를 가리키

422) Lohmeyer, *Offenbarung*, 124이 이렇게 주장한다.

는 4중 어구의 구약적 배경에 대해서는 5:13의 주석 참조). 그래서 천사는 땅에 거하는 자들에게 심판을 피하기 위해 회개하라고 말하는 것이 아니라, 마침내 그들이 그들을 지으신 전능한 손을 인정하라고 포고하는 것이다.

이러한 분석은 요한계시록의 다른 모든 곳에서 "경배하다"(προσκυνέω)가 하나님(또는 그리스도)이나 짐승에게 자발적으로 경배하는 것을 묘사하는 데 사용된다(약 24번)는 상당히 어려운 문제에 봉착한다. 하지만 그 단어는 "존경하는 마음으로 환영하다" 또는 "~앞에 부복하다"라는 의미를 가질 수 있다. 이것은 우리가 앞에서 내린 결론인 하나님을 강제적으로 인정한다는 의미와 일관성이 있다.[423] 그리고 15:4에는 자발적인 경배와 비자발적인 경배 사상을 모두 포함할 수 있다.

하지만 억지로 두려워하고, 영광을 돌리고, 경배한다는 사상이 궁극적으로 만족스럽지 못하다면, 14:8의 천사는 참 회개를 위한 최종적 포고를 발하는 것으로 보아야 한다. 바로 이어지는 문맥에 따르면, 사람들이 그의 선포에 주의를 기울이지 않는다는 사실이 드러난다. 그렇다면 천사의 말은 불신자들에게 피조물을 경배하는 우상숭배로부터 돌아서서 창조자를 경배하라는 권고일 것이다.[424] 하나님은 만물의 창조자시다. 이 사실은 사람들이 피조물 대신에 창조자를 예배해야 하는 동기가 된다. 8절은 행 14:15의 내용과 비슷하다. "여러분에게 복음을 전하는 것은 이런 헛된 일을 버리고 천지와 바다와 그 가운데 만물을 지으시고 살아 계신 하나님께로 돌아오게 함이라." 행 14:18은 청중들이 계속해서 우상숭배적인 태도를 지속했음을 보여준다. 이런 태도는 계 14장에서도 예상하는 내용이다. 여기서 복음을 받는 대상인 "각 나라"(πᾶν ἔθνος, 6절)는 8절과 18:3의 "모든 나라들"(πάντα τὰ ἔθνη)과 동일하다. 이들은 바벨론이라고 하는 음녀의 미혹과 진노의 포도주를 마셨기 때문에 그와 함께 심판을 받게 될 것이다. 그들은 바벨론이 무너졌다고 "울고 슬퍼하며" 자신들이 겪을 고통의 그림

---

423) 참조. BAGD, 716.

424) Prigent, *Apocalypse,* 226.

자인 바벨론이 처한 "고통"을 "두려워"하는 사람들과 동일한 사람들이다 (18:9-10, 15, 19). 우상숭배 제도와 타협할지도 모르는 심각한 상황에 처한 신자들은 이 경고에 주의를 기울임으로써 그들이 진정으로 충성하는 것이 무엇인지를 보여준다.

도입 어구의 λέγων은 6절의 천사를 묘사하는 목적격 ἔχοντα와 조화시키려고 λέγοντα로 바뀌었다(𝔓[47] 051 1611 2053). λέγων이 히브리어의 불변화사인 *lēʾmōr*를 번역한 것일 수 있기 때문에 주격일 가능성이 많다.[425] 더 개연성이 높은 것은 LXX에서는 히브리어를 번역할 때마다 전형적으로 그리스어의 주격으로 번역했을 것이라는 추측이다(4:1; 5:11-12; 11:1, 15; 14:6. 4:1의 주석 참조). 이것은 독자/청중들에게 7절의 배경을 단 4장의 그리스어 구약성경에서 찾아야 한다는 점을 보여주기 위한 LXX의 전형적인 개정일 수 있다(단 4장에 대한 앞 논의 참조). λέγων이 단 4장 암시를 소개하는 것은 적절하다. λέγων은 느부갓네살에게 "지극히 높으신 분에게 영광을 돌리라"는 천사의 명령(단 4:34 LXX)과 거의 같은 명령을 분명하게 소개하기 때문이다.

단 4:34 LXX	계 14:6-7
ἰδοὺ ἄγγελος εἷς ἐκάλεσέ με ἐκ τοῦ οὐρανοῦ λέγων, Ναβουχοδονοσορ δούλευσον τῷ θεῷ...*δὸς δόξαν τῷ ὑψίστῳ*("보라! 한 천사가 하늘에서 나를 불러 이르기를, '느부갓네살아, 하나님을 섬기고…지극히 높으신 분에게 영광을 돌리라'고 말했다").[426]	*εἶδον ἄλλον ἄγγελον*...*ἐν μεσουρανήματι*...*λέγων* ἐν φωνῇ μεγάλῃ, φοβήθητε τὸν θεὸν καὶ *δότε αὐτῷ δόξαν*("또 보니 다른 천사가 공중에…그가 큰 음성으로 이르되 '하나님을 두려워하며 그에게 영광을 돌리라'").

두 본문이 매우 근접한 병행 어구라는 사실은 λέγων이 단지 일반적

425) MHT, II, 454; III, 315; 참조. Zerwick, *Biblical Greek*, §14.
426) 단 4:37a LXX은 ἀπὸ τοῦ *φόβου αὐτοῦ* τρόμος εἴληφέ με(**"그를 두려워함**에 사로잡혀 떨었다")로써 34절을 확대한다. 단 4:14 Theod. 역시 ἐφώνησεν ἐν ἰσχύι("그[천사]가 크게 외쳤다")라는 어구를 유지한다.

인 LXX 문체의 향상이 아니라, 실제로 단 4:34을 암시한 것일 수 있음을 보여준다. 그러므로 λέγων이 목적격보다는 주격인 더 정확한 이유는 구약을 암시할 때 구약의 문법 형태를 정확하게 유지함으로 "구문적인 부조화"를 이루어 청중/독자로 하여금 암시에 주의하게 하려는 데 있다.

8절 환상 중에 "또 다른 천사가" 심판을 선언하며 뒤를 따른다. 이것은 6-7절에서 소개된 먼저 등장한 천사의 선언에 심판의 특성이 있음을 더욱 분명히 보여준다. 바벨론은 모든 나라를 감염시켜 첫째 천사의 복음선포에 주의할 수 없게 했다.[427] "무너졌도다! 큰 성 바벨론이여!"는 바벨론의 우상들이 무너졌다는 주장(사 21:9b)과 동일한 사 21:9a에서 인유했다. 여기서는 13장과 바로 이어지는 14:9, 11이 보여주는 것처럼 세상의 우상숭배 제도의 멸망도 의중에 있다.

이사야서의 암시는 또 다른 구약의 언급과 합쳐진다. "큰 성 바벨론"은 단 4:30(Theod, LXX; 4:27 MT)에서 왔다. Βαβυλὼν ἡ μεγάλη는 구약성경의 다른 곳에서는 등장하지 않는다. 다니엘서에서 그 명칭은 왕이 스스로를 영화롭게 하는 표현이며, 그는 이로 인해 심판을 받게 된다. 이제 마지막 때의 바벨론이 그의 종국을 맞이한다. 반복해서 사용된 동사 "무너졌다"(ἔπεσεν 2 번)는 마치 바벨론의 멸망이 이미 발생한 것처럼 그 성의 미래의 멸망을 표현하는, 히브리어의 예언적 완료와 같이 기능하는 부정과거다.[428] 이처럼 부정과거가 미래적 의미로 사용된 것은 바벨론이 받을 미래 심판 예언의 확실성을 강조한다(참조. 창 41:32).[429] (반복되는 사 21:9b에서는 완료 능동태 정동사가 이곳의 부정과거와 같은 기능을 한다.) 반복은 강조를 표현하며, 16:19과 18장에서 좀 더 폭넓게 묘사한 바벨론의 멸망을 예상한다(18장 역시 동일한 2중적 표현으로 바벨론의 멸망을 묘사하기 시작한다).[430]

---

427) Wilcock, *I Saw Heaven Opened*, 134.

428) Fanning, *Verbal Aspect*, 273-74.

429) 참조. Mauro, *Patmos Visions*, 446; Robertson, *Word Pictures*, 411.

430) BDF §493.1에 따르면, 반복은 강조를 의미하지 않고 단지 들은 것의 기록을 의미한다. 하지만 이것은 예언의 확실성을 강조하는 일의 궁극적 의미를 간과한 설명이다.

바벨론은 이스라엘이 포로 중에 어쩔 수 없이 숙이고 살아야만 했던 불경건한 세상 권력이었다. 이스라엘의 거룩한 자들은 바벨론의 종교적 행습을 따라하지는 않았지만, 타협의 유혹은 받았다. 그들은 하나님께 충성할 때, 압제하는 사람들에 의해 시련을 겪었다(단 1-6장 참조). 로마 제국이 지배하는 불경건한 사회적·정치적·경제적 제도로 인해 신자들은 이스라엘이 바벨론 치하에 있었을 때와 같은 상황에 처하게 되었다. 바벨론이 처음 성전을 허물고 이스라엘을 포로로 잡아갔듯이, 로마도 예루살렘의 성전을 파괴하고 이스라엘을 추방했기 때문에 유대교의 몇몇 종파들 사이에서 "바벨론"이라고 불리게 되었다(*Midr. Rab.* 민 7.10; *Midr.* 시 137.1, 8; 비교. *Targ.* 애 1:19).[431]

그러므로 요한계시록의 이 본문에서 로마와 모든 사악한 세상 제도들은 상징적으로 "큰 바벨론"을 이름으로 취하게 된다. 실제로 바벨론을 상징적으로 해석한 것은 바벨론이 틀림없이 "영원히 황폐하게 될 것"이며 "다시는 일어나지 못하리라"라는, 역사 속의 바벨론에 내려진 하나님의 심판 예언들로 확증된다(렘 28:39 LXX; 렘 50:39-40; 51:24-26, 62-64; 또한 사 13:19-22).

많은 사람이 불경건하고 세속적인 질서의 종교적이고 우상숭배적인 요구를 그대로 따른다. 이런 요구를 따르는 일은 "모든 나라에게 그의 음행으로 말미암아 진노의 포도주를 먹이던 자"인 바벨론과 동일시되는 것으로 설명된다. τοῦ θυμοῦ("정욕의/진노의")와 τῆς πορνείας("음행의")는 모두 원인, 목적, 또는 결과의 소유격으로 취해야 한다. **"그와 더불어 음행할 목**

431) *2 Bar.* 11:1; 33:2; 67:7; 79:1; 벧전 5:13; *Midr. Rab.* 레 6.6; 4 Ezra 3:2, 31(특히 12:10ff., 31ff. 내용과 관련하여 단 7:4에서 인용한 바벨론을 가리키는 독수리 비유가 로마에 "넷째 나라"로 적용되었다); *Sib. Or.* 5.140-43, 434. *Sib. Or.* 4.119, 138-39은 "이탈리아"와 "로마"에서 도망가 "유브라데 강"을 건너는 왕을 언급한다. 5.143에서 발견되는 분명한 병행 어구는 "바벨론에서 도망할" 한 왕을 언급한다(5.137-42을 보라). 5.159-61은 "바벨론과 그로 인해 히브리인들의 많은 충성된 성자들과 참된 백성이 죽은 이탈리아 땅"의 심판을 암시하는 어구를 통해 로마와 바벨론을 동일시한다. *Midr. Rab.* 아 1.6 §4은 로마를 "바벨론 로마"라고 언급한다. *b. Pesahim* 118b과 *Midr. Rab.* 전 5.7에 표기된 "로마의 큰 성읍"은 "바벨론의 큰 성읍"을 반영할 것이다(참조. 단 4:27). *Pesikta Rabbati* 14에 있는 "큰 성"은 로마를 가리킨다. 또한 1QpHab 2.11-12; *b. Sanhedrin* 21b을 참조하라. 유대교 문헌에서 바벨론과 로마를 동일시하는 것을 뒷받침하고 가장 중요한 유대교 본문을 논의한 Hunzinger, "Babylon als Deckname für Rom," 71-76을 보라.

적으로 정욕을 불러일으키는[또는 "정욕으로 이끄는" 또는 "정욕에 도달하게 하는"] 포도주"(비교. NIV: "모든 나라에게 그의 음행의 **미치게 하는 포도주**(the maddening wine)로 취하게 하였다").[432]

τῆς πορνείας αὐτῆς의 αὐτῆς가 관계의 소유격("그와 더불어 행한 음행")이라는 사실은 17:2에 비춰보면 분명하다. 17:2에서는 τοῦ οἴνου τῆς πορνείας αὐτῆς("그녀의 음행의 포도주")가 μεθ' ἧς ἐπόρνευσαν("그들이 그녀와 더불어 음행하였다")과 동의적 병행법이다(같은 동의적 병행법이 18:3에도 등장한다. 비록 단어는 약간 다르지만 말이다). 나라들이 바벨론과 연합하면 그들의 물질적 안전이 보장된다(참조. 2:9, 13; 13:16-17). 바벨론과 연합하지 않으면 그 보장이 제거된다. 이러한 안전은 저항하기에는 너무 큰 유혹이다. 그러므로 사역 동사("그가 마시게 했다")는 경제적 안정을 유지하기를 원한다면 나라들이 "마실" 수밖에 없고, 로마와 사회의 우상숭배적인 요구에 협조할 수밖에 없다는 것을 의미한다.[433]

바벨론이 자원하는 신하들에게 지상에서 번영과 복지를 약속하는 것은 세상 대다수의 주민들이 빠지고 싶어 하는 중독이다. 일단 거기에 빠지면 그 취기로 인해 바벨론의 파괴적인 영향에 저항하려는 모든 열망은 제거되고, 바벨론이 궁극적으로 안전을 제공하지 못한다는 사실을 볼 눈이 어두워지며, 진정한 안전의 원천이신 하나님을 보지 못하고, 다가오는 심판을 두려워하는 감각이 없어진다(영적 눈이 먼 것을 가리키는 비유인 술 취함에 대해서

---

432) 이 두 번역 외에 BAGD, 365은 θυμός에 πορνεία를 수식하는 형용사적인 기능이 있다고 제시한다. "그의 격정적인 음행의 포도주." τῆς πορνείας는 형용사적 소유격으로 τοῦ θυμοῦ를 수식할 수도 있다. "음란한[또는 부정한, 음탕한] 격정의 포도주"(RSB; Zerwick and Grosvenor, *Grammatical Analysis,* 764). 이 번역은 NIV와 더불어 주도적인 소유격이 의존적인 소유격 앞에 온다는 일반적인 규칙에 좀 더 충실하다(BDF §168; MHT III, 218). 이 어구는 이렇게 번역할 수 있다. "그가 행한 음행에 적합한 [하나님의] 진노의 포도주"(NEB 난외주; Minear, *I Saw a New Earth,* 111; Beasley-Murray, *Revelation,* 225). 하지만 이 번역은 10절의 병행 어구를 너무도 노골적으로 예상한 번역이고, Caird와 Preston 및 Hanson처럼 이것이 하나님의 "허용적인" 진노라고 주장함으로써 본문의 내용을 정당화시키지 못하는 결과를 낳는다. Caird, *Revelation,* 185; Preston and Hanson, *Revelation,* 102.

433) 참조. Prigent, *Apocalypse,* 227. Bratcher, *Translator's Guide,* 117에 반대함.

는 사 29:9을 보라). 이와 동일한 사상의 결합의 예를 호 4:11-12에서 찾을 수 있다. "**음행과 묵은 포도주와 새 포도주**(πορνείαν καὶ οἶνον καὶ μέθυσμα)가 마음을 빼앗느니라. 내 백성이 나무에게 묻고 그 막대기는 그들에게 고하나니 이는 그들이 음란한 마음에 미혹되어 하나님을 버리고 음행하였음이니라." 눈에 띄는 것은 우상숭배가 계 14:8 사상의 중심에 있다는 사실이다.

나라들이 바벨론에 대해 도취할 정도로 격정적이라는 경제적인 해석은 18장, 특히 18:3에 분명히 나타난다. 여기서 "(그들이) 바벨론과 더불어 행한 음행"이 "그 사치의 세력으로 치부하였다"는 것과 동일한 것으로 표현되었다. 이외에도 18:9은 "그들이 음행한 것"을 "그와 함께 [감각적으로] 사치하며 살았던" 것과 연결한다. 같은 맥락에서 18:3과 18:9에 각각 등장하는 στρῆνους와 동족 동사는 "사치" 또는 "감각적임"의 의미로 번역될 수 있다.[434] 분명한 것은 불경건한 사람들이 바벨론을 사랑한 이유는 바벨론이 경제적인 번영을 제공할 수 있다는 믿음에 있다(18:11-19). 바벨론의 멸망을 두고 나라들이 "울고 애통해하는 것"은 바벨론의 멸망이 그들의 임박한 종말을 의미한다고 "두려워"하는 데 그 이유가 있다(18:9-10, 15, 19). 나라들은 처음에는 바벨론의 멸망으로 닥칠 자신들의 경제적 붕괴를 두려워한다(18:11, 19). 하지만 경제적 침체보다 훨씬 더 궁극적인 붕괴가 가까이 왔다. 현 세계에서 경제적 비극을 경험하고 있는 사람들은 경제적 비극이 하나님에 의한 세상의 최종적인 붕괴와 보편적 심판의 선구자라는 경고로 받아들여야 한다. 따라서 그들은 하나님 앞에서 자신들의 위치를 주의하고 잘 살펴야 한다.

나라들이 바벨론을 향해 가진 격정을 경제적 관점으로 이해하는 것은 "아시아"를 정죄하는 내용을 담고 있는 4 Ezra 15:46-50, 63에서도 확증된다. 그 이유는 다음과 같다. "아시아는 바벨론[= 로마]의 화려함과 영광에 참여하였기 때문이다.…너는 너의 딸들을 음행으로 치장했으며…가증스러운 음녀를 본받았다.…너의 힘의 영광은 시들 것이며…그들은 너의 부를

434) 18:3의 주석과 BAGD, 771을 보라.

강탈하고 너의 용모의 영광을 파괴할 것이다."

케어드는 바벨론의 멸망과 남을 속이는 영향력이 제거되자 이전에 미혹을 당했던 (전부는 아니더라도) 많은 나라가 믿게 되고 구원을 받을 수 있을 것이라고 주장한다. 바벨론이 망한 이후에 불신앙 가운데 있는 사람들에게도 믿을 기회가 주어진다는 것이다.[435] 하지만 요한계시록 어디에도 이러한 사상을 공공연하게 또는 분명하게 권하는 곳은 없다. 바벨론의 영향력은 역사 끝까지 확장되며 사람들은 마지막까지 바벨론에게 속지 말라는 권고를 받아야 한다(18:3-4과 요한계시록의 이와 비슷한 내용뿐만 아니라 9절에 암시되었고 12절에 표현된 권고를 주목하라). 바벨론이 심판받을 때, 그의 영향 아래 있던 모든 사람도 심판받는다(18장 주석 참조). 바벨론이 멸망할 때 많은 사람에게서 속임의 영향력이 제거된다면, 왜 사람들에게 바벨론과 짐승에게 속임을 당하지 말라고 권고했겠는가? 이런 대답이 나올 만하다. 요한계시록 전체는 사람들에게 최후 심판이 임하기 전에 하나님과의 관계에서 그들의 위치를 파악하고 결정하도록 촉구한다고 말이다. 하지만 이런 대답은 너무 일반적이고, 요한이 믿지 않는 사람들 대다수가 회개할 것이라고 생각했다고 판단할 수 있는 이유를 보장하지 않는다.

8절의 술 취함 비유는 렘 51:7-8에서 왔다. "바벨론은 여호와의 손에 잡혀 있어 온 세계가 취하게 하는 금잔이라. 뭇 민족이 그 포도주를 마심으로 미쳤도다. 바벨론이 갑자기 넘어져 파멸되느니라." 여기서 취하여 미치는 것은 바벨론의 압제 정책의 공포에 기인한 것으로 보인다(합 2:15-16). 이것은 렘 25:15-16에서도 입증된다. 이 본문 역시 요한이 암시한다. "너는 내 손에서 이 진노의 술잔을 받아가지고…그 모든 나라로 하여금 마시게 하라. 그들이 마시고 비틀거리며 미친 듯이 행동하리니 이는 내가 그들 중에 칼을 보냈기 때문이니라." 렘 25:15(LXX은 32:15)도 계 14:10에 암시된 까닭에, 예레미야서에 사용된 용어를 이곳에서 차용했을 수 있다. 계 14장에서는 세상의 종교적 요구에 따르지 않음으로 가

---

435) Caird, *Revelation,* 184-86.

해지는 세상 제도의 압제를 술 취함 비유에 포함시킨다. 이와 비슷하게 1QpHab 11.2-6에는 쿰란의 의의 교사가 "포로로 있는 곳에서" 악한 유대의 종교제도로 인해 박해받는 것을 가리키려고 합 2:15의 술 취함 이미지가 사용된다. 요한이 말하고 있는 압제는 공포를 조장하여 바벨론을 따르도록 하는 결과를 낳는다. 또한 술 취함은 임박한 멸망을 막을 수 없거나 멸망이 다가오는 현실에 대해 무감각한 인사불성의 상태에 있는 사람들을 묘사한다.[436]

(기원후 1세기 말로 추정되는 문서인) *Sib. Or.* fragment 3, 39-42은 포도주로 취함이 "왕이신 하나님을 아는" "신중한 마음"이 결여되고 미혹을 받아 우상을 숭배하는 일과 연결된다는 사실을 뒷받침한다(참조. *Sib. Or.* fragment 3, 33-34, 45). 이 본문이 계 14:8과 관련된다는 점은 다음 사실에서 분명하게 나타난다. (1) 포도주를 마셔 취하게 된다는 것은 "순수하고 강하며 독하고 섞이지 않은 심판으로 가득한 잔"을 가리키며, 속임으로 취한 것 자체를 "심판"으로 이해하는 것이다. 이것은 계 14:10에서 사용된 용어와 무척 비슷하다. "그도 하나님의 진노의 포도주를 마시리니 그 진노의 잔에 섞인 것이 없이 부은 포도주라." (2) 계 14:8, 10b처럼 *Sib. Or.* 본문은 시 75:8, 렘 25:15, 51:7을 암시한다. (3) *Sib. Or.* fragment와 계 14:8 모두 이어지는 문맥에서 죄인들에게 내린 심판은 영원한 불이다(참조. 계 14:10b-11과 *Sib. Or.* fragment 3, 43-44. *Sib. Or.*에는 이렇게 기록되었다. "불타는 화염이 너에게 임하며, 너는 하루 종일 영원히 횃불에 탈 것이다").

8절을 경제적 관점에서 해석하는 것은 사 23:15-18에 의해서도 지지를 받는다. 본문에는 열국에 미치는 두로의 경제적 지배가 음행으로 묘사된다. 열국의 부(富)로 이익을 얻은 두로는 "기생의 품삯"을 받는 "음녀"로 묘사된다(참조. 사 23:1-18; 나 3:4에는 니느웨도 동일하게 묘사되었다). 마찬가지로 겔 15:1-36은 이스라엘이 정치적·경제적으로 다른 나라에

436) 참조. M. Stuart, *Apocalypse* II, 297ff.

의존하고 있는 것을 음행과 이 나라들로부터 감염된 우상숭배로 묘사한다(참조. 겔 16:33-34).

$\mathfrak{P}^{47}$ ℵ* 1006 1841 1854 *pc* sy^{ph}에는 ἄλλος 다음에 있는 ἄγγελος가 각 단어의 앞 세 글자와 마지막 두 글자가 비슷하기 때문에 우연히 생략되었다. 마찬가지로 덜 중요한 몇몇 사본(69 *pc* a vg Vic)에는 δεύτερος가 탈락되었다. 마지막 낱말 ος가 ἄγγελος의 ος와 혼동을 일으켰기 때문이다. 우수한 사본상의 증거(예. [C] ℵ^{2} 051 1611 2053 2344 𝔐^{A}; 순서는 다르게 기록되었지만 A와 𝔐^{k}도 참조)와 요한계시록 여러 곳에 사용된 문체, 즉 요한계시록에서 ἄλλος와 더불어 형용사도 사용된 경우 그 형용사는 명사 다음에 등장하는 문제를 고려할 때, ἄλλος ἄγγελος δεύτερος를 원본이라고 보는 것이 가장 좋다(6:4; 10:1; 15:1; 특히 14:9).[437]

몇몇 사본에는 두 번째 ἔπεσεν이 생략되었다. 필경사가 첫 번째 ἔπεσεν을 쓴 후 두 번째 ἔπεσεν을 지나쳐 Βαβυλών으로 갔기 때문이다(ℵ C 1854 2053 𝔐^{k} bo^{pt}). 혹은 이 단어가 생략된 것은 사 21:9의 LXX 사본의 영향 때문일 가능성도 있다. LXX(Rahlfs 판)에는 "바벨론이 무너졌다"라고 표기된 반면에, B 사본에는 "무너졌다"는 단어가 2번 반복되는 MT과 부합되는 독법이 들어 있기 때문이다(렘 51:8 MT 역시 "바벨론이 무너졌다"고만 되어있다). 몇몇 사본상의 증거에는 ἡ μεγάλη ἣ 다음에 나오는 ἣ가 생략되었다($\mathfrak{P}^{47}$ ℵ^{2} 051 𝔐 gig Spec Prim). 그 단어가 μεγάλη 앞에 있는 ἡ 다음에 또 등장하는 것은 중복이라고 생각했거나, 아니면 그것이 바른 자리에 있지 않다고 판단했기 때문일 것이다. ἣ와 어울리는 동사는 이 구절 나중에야 등장하기 때문이다.

$\mathfrak{P}^{47}$ ℵ^{2} (1854) *pc* Prim에 있는 πεπτωκαν("그들이 무너졌다")은 비슷한 단어인 πεπότικεν("취하게 하다")으로 오해됐다. 그러면 나라들이 "바벨론의 음행의 진노를 마시게" 된 것이 아니라, "바벨론의 음행의 진노의 포도주로 인해 멸망하였다"로 읽히게 된다.

---

437) Metzger, *Textual Commentary,* 753.

9절 셋째 천사가 환상에 등장한다. 그 천사도 처음 두 천사처럼 심판을 선언한다. 그는 만일 사람들이 짐승에게 끝까지 충성한다면 거짓 예언자가 신자들에게 포고한 것(13:15)보다 더 지독한 죽음을 맞이할 것이라고 선언한다.[438] 현재 시제 προσκυνεῖ("경배하다")와 λαμβάνει("받다")는 6-8절의 심판의 경고를 무시하고 계속해서 짐승에게 경배함으로써 10-11절에 서술된 그에 상응하는 벌을 받게 되는 것을 의미한다.[439]

8절처럼 여기서 천사의 선언은 7절에서 언급된 심판의 특성을 더욱 자세히 설명한다. 9절이 7절을 설명한다는 사실은 7절과 9a절에 다 등장하는 도입 어구 λέγων ἐν φωνῇ μεγάλῃ("큰 음성으로 이르기를")에 암시된다. 반면, 8절에는 요약 형태인 λέγων("이르기를")만 등장한다. 4중적인 조건("만일") 어구는 짐승에게 충성하는 사람들을 묘사하는 13장의 4중 어구의 요약이다(13:4, 8, 12, 15-17의 주석 참조).

현재 시제 προσκυνεῖ와 λαμβάνει가 미래적인 의미를 지닌 것으로 볼 수도 있지만,[440] 더 개연성이 있는 것은 이 동사들이 순수한 현재형이라는 점이다. 이는 필경사들 중에 이 단어를 미래 시제로 바꾸려고 시도한 사람이 한 명도 없다는 것과 뒤따라오는 미래 시제 βασανισθήσεται가 짐승에게 경배하는 자들에게 미래에 내려질 심판을 묘사하고 있다는 사실로써 암시된다. 이것이 역사의 끝에 살아 있는 미래 세대에게만 해당하는 심판이라고 볼 수도 있을 것이다. 하지만 앞에서 13장을 분석한 것에 의하면, 짐승에게 경배하는 일은 역사 기간 내내 일어난다고 이해해야 한다.

ἐπί("위에")는 소유격을 취할 수도 있고 목적격을 취할 수도 있다. 하지만 의미는 같다.[441]

10절 "그러면"의 의미를 지니는 καί는 짐승에게 경배하는 일의 결

438) Mounce, *Revelation,* 274.
439) Mounce, *Revelation,* 275.
440) S. Thompson, *Apocalypse and Semitic Syntax,* 33이 이 입장을 취한다.
441) Robertson, *Grammar,* 601.

과를 서술하는 귀결절을 소개한다.[442] 경제적 안전을 유지하려고 그리스도보다는 짐승에게 더 큰 헌신을 표현하는 사람들은 심판을 받을 것이다. 그 심판은 그들이 범한 죄에 걸맞은 심판이다. 8절은 나라들이 바벨론의 포도주를 마셔서 바벨론의 경제적·종교적 제도에 동조하길 바라게 되었다는 의미다. 그러므로 그 나라들이 기꺼이 바벨론을 위하여 "진노의/격노의 포도주를"(ἐκ τοῦ οἴνου τοῦ θυμοῦ) 마셨기에, 하나님도 "눈에는 눈"의 원리를 보여주시기 위해 그들에게 "그의 진노의 포도주를 마시게"(πίεται ἐκ τοῦ οἴνου τοῦ θυμοῦ) 하실 것이다. τοῦ θυμοῦ("진노의")는 τοῦ οἴνου("포도주의")를 수식하고 포도주 비유의 의미를 설명하는 동격 소유격이다("포도주", 즉 "진노." 물론 14:8의 "진노의 포도주"[wrathful wine]에서처럼 "진노"가 형용사일 수 있지만 말이다). 포도주를 쏟아서 취하게 한다는 장면은 백성이 철저하게 심판을 받아 극심한 고난을 받게 되는 하나님의 진노가 발휘되었음을 의미한다(시 60:3; 75:8; 사 51:17, 21-23; 63:6; 렘 25:15-18; 51:7; 참조. 욥 21:20; 옵 16). 가끔 술에 취해 인사불성이 되면 육체적 죽음과 파멸로 끝나기도 한다(렘 25:27-33; 옵 16; 계 18:6-9). 요한계시록 이 본문에서 이 이미지는 특히 시 75:8, 렘 25:15, 51:7의 단어 사용에 영향을 받은 것 같다. 이 본문 모두는 유대교 주해 전통에서 "미래에 마시게 될" 악한 자들에게 적용되었다(*Midr. Rab.* 창 88.5; *Midr.* 시 11.5; 75.4; 비교. *Midr. Rab.* 창 16.4).

바벨론의 포도주에 취한 결과가 강해보이지만, 하나님의 포도주에 비할 바가 못 된다. 열방을 자기에게 복종케 하는 바벨론의 포도주는 단지 한시적이다. 그 효과는 마지막 때에 끝난다. 그러면 불경건한 자들은 하나님의 포도주로 취하게 될 것이다. 그 결과는 한시적이지 않다. 하나님의 포도주는 열방을 하나님의 심판하시려는 뜻에 영원히 복종시킬 것이다(11절 주석 참조). 하나님이 내리시는 심판의 철저하고 지속적인 효과는 "섞은 것이 없이 섞은"이라고 표현된다(κεκερασμένου ἀκράτου; 아래에서 이 흔치 않은 어구의 의미를 설명한 부분 참조). 이것은 모순되는 것처럼 들린다.

442) MHT, II, 422.

하지만 "섞다"는 일반적으로 마시기 위해 술을 준비하는 것을 가리킨다. 이것은 강한 술을 준비한다는 것이다. 이와 대조적으로 8절에 언급된 바벨론의 포도주는 (사 1:22에서처럼) 분명히 희석되었다. 다시 말해서 바벨론의 영향은 영원하지 않다.

이어지는 어구인 "진노의 잔에"는 최후 심판의 결정적이고 심각한 성격을 강조하려고 앞에서 사용한 "그도 하나님의 진노의 포도주를 마시리니"가 반복된다(16:19의 동의어인 "그의 **맹렬한 진노**[τοῦ θυμοῦ τῆς ὀργῆς]의 포도주 잔"도 동일한 의미를 지닌다. 또한 19:15). 마지막 날에 죄인들은 "불과 유황불로 고통을 받을" 것이다. 요한계시록 전체에서 불은 심판을 가리키는 비유다(1:14; 2:18; 3:18; 4:5; 8:5, 7-8; 15:2; 19:12). 가장 중요한 점은 심판의 결과로 나타나는 고난에 있다(9:17-18; 11:5; 16:8-9; 20:10의 주석 참조. 그밖에 이 범주에 속하는 본문은 19:20; 20:9-10, 14-15; 21:8이다). 고통 사상은 이 이미지에 "유황"이 덧붙여짐으로써 더욱 강조된다(9:17-18; 19:20; 20:10; 21:8에 θεῖον과 πῦρ가 함께 등장한다).

불신자들의 마음은 소망 없는 영적 곤경을 알고는 "고통스러워"한다. 그리고 극단적으로 우울해 한다. βασανισμός와 동족인 동사가 14:10-11과 9:5-6에서 같은 의미를 가지고 등장한다(또한 11:10 참조). "고통"은 주로 영적이며 심리적인 고난이다. 이는 요한계시록 여러 곳에서도 최후의 심판 전이나 최후의 심판에 속하는 시련과 관련하여 나타난다(9:5-6; 11:10; 18:7, 10, 15; 18:7, 10, 15; 20:10). 고난의 심리적인 의미는 이 단어들이 "울다"와 "통곡하다"와 함께 사용된 18장에서 강조된다.

고통이 "어린 양 앞"에서뿐만 아니라 "거룩한 천사들" 앞에서도 발생한다는 사실은 심판이 거행될 때 천사들이 단지 거기에 있다는 것만이 아니라, 천사들이 심판을 시행하는 데 참여한다는 점을 암시한다. 천사들이 그 자리에 배석하는 것은 단지 어린 양에게 주의를 집중하려는 데 그 의도가 있을지도 모르지만 말이다. 문제의 핵심은 이것이다. 어린 양을 부인한 사람들은 그 "앞에서" 심판을 받으며 그를 인정할 수밖에 없다는 점이다(6:16처럼 말이다). 유대교 문헌에 악한 자들이 의인들이 받는 상을 본다고

묘사된 것도 이와 비슷한 목적을 지닌다.[443]

τοῦ οἴνου…τοῦ *κεκερασμένου ἀκράτου ἐν τῷ ποτηρίῳ*는 앞의 경우에서처럼 "잔에 **섞은 것이 없이 섞은**…포도주"라고 번역될 수 있다. 이 경우 κεκερασμένου ἀκράτου를 "포도주"를 수식하는 형용사적 소유격으로 취하여 "희석하지 않은 것으로 섞은", "완전히 독하게 섞은"[444] 또는 "순수한 포도주로만 섞은"이라는 의미가 될 것이다.[445] 그렇다면 이 어구는 렘 32:15 LXX(τὸ ποτήριον τοῦ οἴνου τοῦ ἀκράτου "섞지 않은 포도주 잔")과 시 74[75]:9[8] LXX(ὅτι ποτήριον ἐν χειρὶ Κυρίου, οἴνου ἀκράτου πλήρες κεράσματος, "섞이지 않은 포도주로 가득히 섞은 잔이 주의 손에 있으므로"; 이와 비슷한 *Pss. Sol.* 8:15[14]; *3 Macc.* 5:2 참조)의 암시다.

앞에서 요한계시록 여러 곳에서 불이 심판, 특히 심판의 결과로 나타나는 고난을 가리키는 비유로 사용되었다고 언급한 것 이외에, 17:16과 18:8은 지상에서의 파멸을 언급한다. 이는 구약성경에서 "불과 유황"의 비유가 종종 "연기"와 함께 사용되어 치명적인 심판을 가리키는 것과 비슷하다(창 19:24, 28; 신 29:23; 삼하 22:9[여기서는 "유황" 대신에 "숯불"이 사용됨]; 시 11:6; 사 30:27-33[33절에 "여호와의 진노"가 더해짐]; 34:9-10; 겔 38:22; *3 Macc.* 2:5; 비교. 욥 18:15-17). 영원히 지속되는 최후의 심판으로서 내리는 불에 대해서는 *1 En.* 91:9; 1QS 2.6-18; 4.12-14을 보라.

단수형 βασανισθήσεται는 앞에 등장하는 단수형 πίεται에 동화된 것일 수도 있고, 그 단어의 복수형(A 1006 1841 *pc* vg^ms co Tyc에서)이 11절의 복수 대명사와 동사에 동화된 것일 수도 있다. 사본상의 증거는 단수

443) *1 En.* 108:14-15; Wis. 5:1-5; *2 Bar.* 51:5-6; 4 Ezra 7:85; *Midr.* 시 23.7; *Midr. Rab.* 레 32.1; *Midr. Rab.* 전 7.14. 묵시문학에는 악한 자들이 의인들 앞에서 불로 영원히(사 66:22-24; *1 En.* 27:2-3; 비교. *1 En.* 21) 심판을 받을 것이라는 유대인들의 신앙이 반영된다(*1 En.* 48:9; 62:12; 108:14-15; Wis. 5:1-14; 4 Ezra 7:93; *Targ.* 사 33:17). 심지어 이러한 신앙도 기쁨에 찬 복수를 강조하지 않고, 이전에 불의한 자들이 부인한 진리에 주의를 환기하는 데 집중한다.

444) BAGD, 33.

445) Douay.

형을 선호한다.[446)]

11a절 10절 결론과 더불어 11절에 묘사된 장면은 에돔에 내리신 하나님의 심판을 서술하는 사 34:9-10에서 가져온 것이다. "에돔의 시내들은 변하여 역청이 되고 그 티끌은 **유황**이 되고 그 땅은 **불붙는 역청**이 되며 **낮에나 밤에나** 꺼지지 아니하고(οὐ…εἰς τὸν αἰῶνα χρόνον) 그 **연기가 끊임 없이 떠오를 것이며 세세에** 황무하여 그리로 지날 자가 영영히(εἰς χρόνον πολύν) 없겠고." 이사야서는 죄로 인한 에돔의 역사적 멸절을 묘사한다. 하나님의 심판에 의해 멸망하면, 에돔은 다시 일어나지 못할 것이다. 마찬가지로 마지막 때에 불신자들의 심판은 절대적이고 완전한 심판이 될 것이다.

사 34장처럼 본문에 서술된 장면은 땅에 사는 짐승을 경배하는 자들의 마지막 세대가 역사적으로 멸망하는 장면일 수 있다. 만일 그렇다면 이사야서의 묘사는 에돔으로부터 믿지 않는 모든 불신자에게 이르기까지 보편화되었다(비교. 14:6, 8). 이와 비슷하게 유대교 문헌들은 사 34:10의 묘사를 로마에 대한 심판에 적용한다(*Targ.* 사 34:9; *Midr. Rab.* 출 9.13; *Midr.* 시 18.11).

하지만 개연성이 없더라도 가능성이 있는 것은 여기서 요한계시록이 교회 시대 동안 짐승이 다양한 모습으로 주도하는 불경건한 세상 제도에 충성한 모든 불신자가 역사 내내 최후 심판을 받는다고 말한다는 것이다. 요한계시록의 경우 이사야서의 보편화는 더욱 급진적이다. 10절의 πίεται("그가 마시다")에서처럼, 11절에서 ὁ καπνὸς τοῦ βασανισμοῦ αὐτῶν …ἀναβαίνει, καὶ οὐκ ἔχουσιν ἀνάπαυσιν으로써 마지막 심판을 현재 시제로 묘사한 내용은 미래를 가리키는 것으로 이해할 수 있다. "그들의 고난의 연기가…올라가리로다.…그들은 쉼을 얻지 못하리라." 여기서는 9-10절과 구조적·개념적 교차대구를 형성하려고 조건절과 귀결절의 통상적 순서가 역순으로 되었다. 9-10절에는 조건절이 통상적인 구문론의 순서로 등장한다. 여기서는 귀결절인 "연기가…올라가리로다.…그들은 쉼을

446) Schmid, *Geschichte des griechischen Apokalypse-Textes* 2, 105.

얻지 못하리라" 다음에 9절의 조건문과 동일한 내용이 이어진다. "짐승과 그의 우상에게 경배하고 그의 이름의 표를 받으면." 이 내용을 풀어 쓰면 이렇게 표현할 수 있다. "[만일] 그들이 짐승에게 경배하고…표를 받으면, 고난을 당할 것이며 쉼이 없을 것이다."[447)]

하지만 최후 심판의 성격에 대해서는 신학적 논쟁이 있다. 여기서 묘사된 것이 불신자들이 멸절되어 그들의 존재가 영원히 없어진다는 의미인가? 아니면 이 본문은 절대적인 멸절을 포함하지 않고 불신자들이 영원히 고난을 당하는 멸망을 가리키는가? 사 34장의 문맥은 전자의 관점을 지지할 수 있다. 거기서 에돔의 역사적인 멸절이 묘사되기 때문이다. 사 34장에 영원히 연기가 올라간다는 이미지는 죄를 멸하시는 하나님의 징계를 상기시킨다. 이 메시지는 대대로 선포되는 메시지다(Wis. 10:6-7을 보라. 참조. 창 19:28의 소돔). 이와 마찬가지로 좀 더 확장된 유 7절에서는 소돔이 "영원한 불의 형벌을 받음으로 거울/표본이 되었느니라"라고 말한다. 그러므로 "밤낮" 쉼이 없다는 것 역시 사 34:9에 그 배경을 둔다. 여기서 "밤낮"은 연기처럼 소멸된 에돔의 지속적인 결과를 언급한다. 특히 계 14:11에서 "밤낮"(ἡμέρας καὶ νυκτός)은 (동일한 어구의 목적격 구문처럼) 시간의 기간이 아니라 시간의 종류, 다시 말해서 끊이지 않는 활동의 시간을 가리키는 질적인 소유격으로 취할 수 있다(막 5:5; 눅 18:7; 행 9:24; 살전 2:9; 3:10; 살후 3:8; 딤전 5:5; 딤후 1:3; 또한 LXX의 시 21[22]:3[2]; 31[32]:4; 41[42]:4[3]; 54[55]:11[10]; 사 34:9; 60:11; 렘 8:22[9:1]; 14:17; 애 2:18).[448)] 쉼이 없는 상황은 고난의 기간이 지속되는 동안 **중단되지 않고 계속**될 것이다. 그 기간의 끝이 있을 것이기는 하지만 말이다. 그러므로 계 14:10-11의 이미지는 영원히 기억되지만, 그럼에도 영원한 고난으로 연결되지는 않는 큰 심판을 가리킬 수 있다.[449)]

하지만 여기서 말하는 심판이 영원하고 지속적인 심판이라는 견해를

447) S. Thompson, *Apocalypse and Semitic Syntax,* 95-96.

448) Robertson, *Grammar,* 495; DM, 77, 93; 비교. BDF §161.2.

449) 이런 주장에 대해서는 Fudge, *Fire That Consumes,* 295-301을 보라.

지지하는 고려 사항 2가지가 있다. 첫째, 20:10의 병행 어구는 "불과 유황이 타는 연못"의 심판에 들어가는 마귀와 짐승과 거짓 예언자를 언급하는데, 거기서 "그들은 밤낮 영원히 고난을 당할 것이다"라고 한다. 이것은 그들의 존재가 영원히 멸절된다는 것을 언급하는 것이 아니라 그들이 영원히 고난을 당할 것이라는 의미다(20:10의 주석 참조). 불경건한 자들은 그들을 대표하는 사탄적인 세 지도자들과 같은 운명에 처하게 될 것이다. 악한 자들의 운명과 사탄적인 대표자들의 운명이 이처럼 동일시되는 것은 구약과 신약에 있는 공동체 대표자 개념에 의해서도 지지를 받는다(1:20의 주석 참조). 14:10-11에 언급된 사람들의 운명을 19:20과 20:10에 언급된 그들의 사탄적인 대표자들의 운명과 동일시하지 않을 만한 정당한 근거는 없다.[450] 불경건한 자들이 그들의 사탄적인 지도자들과 동일한 "불 못"에 던져진다는 것은 이 사실을 더욱 확증한다(20:15; "둘째 사망"에 대해서는 20:6, 14; 21:8의 주석 참조). 더욱이 22:14-15은 악한 자들의 존재가 의인들의 영원한 복과 함께 간다는 것을 암시한다.

둘째, 계 14:10-11의 βασανισμός("고난")는 요한계시록은 물론이고 성경 어디에서도 인격적인 존재의 멸절이라는 의미로 사용되지 않았다.[451] 요한계시록에서는 예외 없이 이 단어를 사람들의 의식적인 고난에 사용한다(9:5; 11:10; 12:2; 18:7, 10, 15; 20:10). 18장에서 이 단어는 바벨론이 지상적인 멸망을 받으면서 겪게 된 의식적인 고난을 암시한다. 바벨론이 땅에서 겪는 고난은 역사적인 제도로서 최종적으로 멸망될 때 끝났다. 신약성경과 LXX 여러 곳에서 사용된 βασανισμός와 인간의 경험을 가리키는 이와 관련된 단어들은 멸절이 아니라 의식적인 고난을 가리킨다(마 4:24; 8:6, 29; 18:34; 막 5:7; 6:48; 눅 8:28; 16:23, 28; 벧후 2:8). 이 어군에서 나온 단어들은 LXX에 대략 백 번쯤 등장하는데, 늘 의식적인 고난을 언급한다.[452] 죽음을

450) Fudge, *Fire That Consumes,* 301-7이 시도하려 했듯이 말이다.

451) Fudge, *Fire That Consumes,* 307에 반대함. Fudge는 이 단어를 "생명이 없는 황폐함"으로 정의한다.

452) HR I, 191-92.

가리킨다고 볼 수 있는 겔 32:24, 30은 예외일 수 있다. 하지만 죽은 자들이 죽음 이후에도 고난을 받는 가운데서 존재하는 것처럼 묘사된다(참조. 겔 32:20, 31). 성경에서 단 한 번 이 단어가 사람이 아닌 다른 것에 사용된다(마 14:24). 하지만 심지어 이것도 막 6:48의 사용과 병행일 수 있다.

그러므로 ὁ καπνὸς τοῦ βασανισμοῦ("고난의 연기")는 혼합된 비유이며, "연기"는 실제적이고 지속되며 영원하고 의식적인 고난을 포함하는 하나님의 심판을 영원히 기억나게 한다. 초기 유대교와 기독교 문서는 영원한 고난이라는 동일한 개념을 불로 표현한다(다음 단락을 보라). 소유격 τοῦ βασανισμοῦ는 연기의 기원("[그들의] 고난에서 나오는 연기")이 아니라 연합 또는 관점("[그들의] 고난에 대한 기억")을 표현한다. 연기의 비유적인 의미가 기억이라는 것은 사 34장의 배경만이 아니라 계 8:4에 의해서도 확증된다. "성도의 기도인 향연이…하나님 앞으로 올라가는지라." 여기서 연기는 성도들의 기도를 묘사하며, 연기가 계속해서 올라간다는 것은 하나님께 그들의 기도를 계속해서 기억하시도록 하는 것을 의미한다.

Jub. 36:9-11은 하나님이 소돔을 불태우신 일을 죄인들의 땅을 불태우는 것과 그들의 "정죄"에 직접 연결한다. 이 정죄는 항상 "진노와 고난과…재앙과 질병으로 영원히 재개된다"(하지만 *Jub*. 30:4에서 "고난"은 땅에서의 죽음 직전에 겪는 고난을 가리킨다). *4 Macc*. 9:9은 악한 안티오코스가 유대인 성도들을 죽였기 때문에 "불에 의해 영원히 고난을"(αἰώνον βασάνον διὰ πυρός) 당할 것이라고 선언한다. 마찬가지로 *4 Macc*. 10:11은 폭군과 관련하여 이렇게 포고령을 내린다. "너는 불경건하고 살인을 자행했기에 **끝없는 고난**(ἀκαταλύτους…βασάνους)을 당할 것이다." *4 Macc*. 12:12은 "하나님의 복수로 영원한 불과 고난(αἰωνίῳ πυρὶ καὶ βασάνοις)이 너[안티오코스]를 기다리고 있다. 이 고난이 영원히(εἰς ὅλον τὸν αἰῶνα) 너를 붙들고 있을 것이다." *4 Macc*. 12:18[19]은 왕에게 이렇게 천명한다. "그러나 네가 살아 있을 동안이나 죽을 때나, 그[하나님]가 벌하실 것이다." "영원한 고난"(ἐν αἰωνίῳ βασάνῳ)이 불법을 행하는 자들을 기다린다(*4 Macc*. 13:15). 이 본문들은 계 14장과 관련이 있는 병행 어

구들이다. 14:9-11에서 심판받는 사람들은 성도들을 박해했고 죽였기 때문이다. 불로써 지속되고 영원하고 의식적인 고난을 당한다는 것에 대해서는 *Apocalypse of Peter* 6-13을 보라. 예를 들어 7장(에티오피아어로 됨)에 이런 내용이 있다. "그들의 심판의 불…우리는 우리가 영원한 고통에 들어갈 것이라는 사실을 몰랐다.…그들은 고통을 느끼며 쉼이 없이 고난을 당한다.…[우리는] 우리가 이런 영원한 심판의 장소에 들어가게 될 것을 믿지 않았다"(그리스어로 된 단편의 32장).

11b절 ἡμέρας καὶ νυκτός("밤낮")을 부사적 용법으로 분류하여 쉼 없음이 중단되지 않고 계속된다는 것을 분명히 하는 질적인 소유격으로 보는 것은 옳다(가끔 이 어구는 "중단되지 않고," "계속해서"와 같은 표현과 나란히 언급되기도 한다. 사 60:11; 렘 14:17; 애 2:18; 딤후 1:3). 고난의 기간이 계속되는 한 쉼은 없을 것이다.[453)]

쉼 없음 자체가 의도됐지만, 시간 사상이 생략된 것은 아니다. 사 34:9-10에는 ἡμέρας καὶ νυκτός("밤낮")가 εἰς τὸν αἰῶνα χρόνον("끊임없이"), εἰς γενεάς("세세에"), εἰς χρόνον πολύν("영영히")과 나란히 언급되며, 거기서 "밤낮"이 시간의 긴 기간을 암시하기도 한다는 것을 의미할 수 있다. 문맥을 볼 때 적어도 이 어구는 **오랫동안 지속되는** 에돔에 내린 심판을 **중단하지 않고** 기억함을 언급한다. ἡμέρας καὶ νυκτός의 유일한 다른 용례는 사 60:11과 62:6(목적격으로 사용)이다. 두 본문 모두 새 예루살렘의 영원한 복을 언급한다. 60:11에서 이 어구는 몇 절 뒤인 60:15에 등장하는 "영원한 아름다움과 대대의 기쁨"과 개념적으로 병행이다(62:6은 "내가 너의 성벽 위에 파수꾼을 세우고 그들로 하여금 주야로 계속 잠잠하지 않게 하였느니라"라고 기록한다).

이와 마찬가지로 계 14:11에서 ἡμέρας καὶ νυκτός("밤낮")는 앞에 등장한 εἰς αἰῶνας αἰώνων("영원히")과 병행으로, 중단되지 않는 오랜 기간의 쉼 없음을 표현한다. 이러한 사실은 20:10에서도 분명히 드러난다. 여기서

453) Fudge는 그 기간이 영원히 지속되지 않는다고 주장한다. Fudge, *Fire That Consumes*, 299-300.

는 마귀와 짐승과 거짓 예언자의 고난의 강도와 기간을 설명하면서 ἡμέρας καὶ νυκτός("밤낮") 다음에 바로 εἰς τοὺς αἰῶνας τῶν αἰώνων("영원히")이 이어진다. 요한계시록에는 εἰς τοὺς αἰῶνας τῶν αἰώνων("영원히")이 12번 더 등장하는데, 늘 영원함을 가리킨다(예. 하나님이나 그리스도의 영원한 존재, 하나님이나 성도들의 영원한 통치 등; 19:3은 14:11과 병행이다). 특히 20:10에 언급된 심판의 영원한 기간을 묘사하는 표현은 22:5에서 성도들의 통치의 영원한 기간을 묘사하는 동일한 어구와 균형을 이루는 것 같다.

이러한 분석은 ἡμέρας καὶ νυκτός("밤낮")가 20:10에서 영원토록 지속되는 중단되지 않는 행위를 언급한다는 사실뿐만 아니라(앞의 내용과 20:10의 주석 참조), 동일한 의미가 7:15과 4:8에 강하게 암시된 사실로도 지지받는다(아래 내용과 4:8의 주석 참조). 7:15에서 이 어구는 세상 끝에 새롭게 창조된 세상에 있는 하나님의 성전에서 성도들 전체가 드리는 예배에 사용된다. 그 표현은 성도들이 이전에 땅에 있는 동안 겪었던 고난으로부터 얻은 천상적인 해방을 폭넓게 묘사한 것의 일부분이다(그래서 14:13과 병행을 이룬다). 이러한 예배와 해방은 영원히 계속될 것이다(7:15-17의 주석 참조). 7:15이 겔 37:26-28을 암시한다는 것은 영원한 관점을 확증한다. "내[하나님]가 그들과…**영원한** 언약이 되게 하고…내 성소를 그 가운데에 세워서 **영원히** 이르게 하리니 내 처소가 그들 가운데에 있을 것이며…내 성소가 **영원토록** 그들 가운데에 있으리니."

"그들의 고난의 연기가 세세토록 올라가리로다"는 단지 과거의 심판뿐만이 아니라 지속적인 심판 또한 상기시킨다. 그것은 완성된 멸망의 연기가 아니라 "그들의 고통의 연기"다. 고통의 특성은 멸절이 아니라 쉼이 없음이라고 11절 후반부에서 설명된다. 실제로 멸절은 일종의 쉼 또는 짧은 최후 심판의 괴로운 고통에서의 해방이다. 그러므로 연기는 쉼 없음이라는 영원히 지속되는 고통을 계속해서 상기시키는 비유다.

쉼 없음이 무한한 시간 동안 계속된다는 사실은 요한계시록에서 ἀνάπαυσις("쉼")와 동족 동사인 ἀναπαύω의 다른 두 사용에서 분명히 드러난다. 본문에서 불과 두 절 다음에 있는 14:13에서, 불신자들이 경험하게 될 쉼이 없음과는 반대로, 신자들은 죽을 때 영원한 "안식(쉼)"을 얻는다고 한다(6:11에는 죽은 성도들이 "아직은 잠시 동안" 쉰다고 언급되었다. 하지만 그것은 우선적으로 원수를 갚아달라고 간구하는 애타는 부르짖음을 그치는 것을 가리킨다).

더욱이 짐승을 "경배하는 자들"을 묘사하는 καὶ οὐκ ἔχουσιν ἀνάπαυσιν ἡμέρας καὶ νυκτός("밤낮 쉼을 얻지 못하리라")는 4:8의 표현을 그대로 사용한 반복이다. 4:8에서 이 어구는 하늘의 네 생물(그룹들)이 쉬지 않고 드리는 영원한 예배에 사용된다. 네 생물은 적어도 겔 1장 때부터 계속해서 예배해 왔다(자세한 내용은 4:8-9의 주석 참조. 이 천상적인 존재들의 영원한 예배는 *1 En*. 39:12-40:5에 분명하게 기술되었다. 비교. 61:10-12). 하나님이 살아 계시는 한(영원히 사신다, 4:9-10), 네 생물(그룹들)은 하나님을 예배한다.

10-11절에 묘사된 심판은 불경건한 자들이 스스로 초래한 것이거나 저절로 계속되는 것이 아니라,[454] 14-20절에 분명히 서술되었듯이, 하나님과 어린 양이 내리신 심판이다(또한 6:12-17; 11:18; 16:17-21; 18장; 19:2, 11-21).

끝없이 쉬지 못하는 징벌은 *1 En*. 63:1-6의 지지를 받는다. 이 본문에는 불경건하고 죽은 왕들이 "심판의 천사들에게 잠시만이라도 숨"을 돌릴 수 있게 해달라고 간청하면서 이렇게 애걸한다. "쉴 수 있게 해주십시오." 그들은 "잠깐 동안만이라도 쉬게 해달라"고 청원했지만, "어두움 속에서…영원히…쉴 수 없었다"고 한다. *1 En*. 102-3에도 이와 비슷한 내용이 있다. "너희 죄인들은 영원히 저주를 받을 것이며, 너희에게는 평화가 없을 것이다"(102:3). "그들[죄인들]이 받고자 하는 것이 무엇이며, 그들이 영원히 보고자 하는 것은 무엇인가? 보라! 그들도 죽었고 그 이후 영원히 빛을 보지 못할 것이다"(102:8). "의 안에서 죽은 너희 영혼들은 살아 기쁨을 누릴 것이다. 그리고 그들[악한 자들]의 영혼들은 소멸되지 않고, 위대하신 분 앞에서 세상의 모든 세대 동안 잊혀지지 않을 것이다. 그러므로 그들의 비천함을 더 이상 두려워하지 말라"(103:4).[455]

454) Preston and Hanson, *Revelation,* 102-4에 반대함.
455) E. Isaac in *OTP* I, 83-84의 번역은 그 행 전체가 의인들에게 집중되었음을 암시하기는 한다.

"너희 영혼들은 극심한 심판이 있는 어두움과 쇠사슬과 불타는 화염 속으로 들어갈 것이다. 큰 심판이 세상의 모든 세대에 임할 것이다. 평화가 없을 것이므로 너희에게 화가 있도다"(103:8). *Sib. Or.* 2.305-8에 이런 내용이 있다. "많은 불이 타고 있는 중에서 그들은 죽음을 원하겠지만, 죽음이 그들을 피하리로다. 이 사람들에게 더 이상 죽음이나 밤이 쉼을 주지 않으리라." 4 Ezra 7:35-44에는 이렇게 기록되었다. "범죄자의 행위들은 잠을 자지 않는다. 그러면 고통의 구덩이가 나타나고…게헨나의 용광로가 모습을 드러내리라.…[불경건한 자들은] 그곳에서 불과 고통을 겪으리니…심판의 날이 임하여…모든 사람들이 [그들에게] 결정된 것을 보게 되리라. 그리고 그 **기간은 마치 수년의 한 주 같으리라**"(마지막 어구는 영원을 언급하는 것이 아니라면 매우 오랜 시간을 가리키는 비유적 표현이다). 이와 비슷한 내용을 담고 있는 본문은 사 66:24, 마 25:41, 46, 막 9:47-48, *1 En.* 10:6-22, 22:10-13, *2 Bar.* 44:12-15, 51:2, 6, *Sib. Or.* 2.284-310이다. *1 En.* 91:9과 1QS 2.6-18, 4.12-14은 "영혼 멸절설" 또는 "영원한 심판" 사상에 적합할지도 모른다. 중간 상태 동안 불신자가 당할 의식적인 고통에 대해서는 4 Ezra 7:75-87, 93-94을 보라.

비록 εἰς αἰῶνας αἰώνων이 영원을 언급하지 않고 길지만 불확정적인 시간을 언급하는 것으로 이해된다고 하더라도, 이것은 전형적인 "영혼 멸절주의"의 견해를 위한 여지를 남기지는 않는다. 그 견해는 전형적으로 최후 심판의 "고통"과 "쉼 없음"이 짧게 지속되고, 이후에 절대적인 멸망으로 마무리된다는 입장을 고수한다.

10-11절에 언급된 영원한 심판 사상은 두 절에 묘사된 이미지가 단지 경고를 위한 수사학적 기능을 하고 미래 심판의 상태에 대한 어떤 교리적 사상을 전달하지 않는다는 주장으로 희석되어서는 안 된다.

12절 이제 참 성도들에게 그리스도께 충성함으로써 받는 일시적인 고난 속에서 인내하라는 권면이 주어진다. 이는 그들이 짐승에게 충성함으로써 받게 되는 영원한 심판을 피하고 영원한 상을 받도록 하기 위함이다(13절). 6-11절의 경고는 신자들에게 인내하라고 동기를 부여할 목적으로 주어졌다. 그래서 12절은 13:10과 13:18의 이와 비슷한 권면과 아울러 6-12절의 요점이다.[456] 14:9-13은 13:11-18의 패턴을 따른다. 13:11-18에는 짐승과 그의 형상에 경배하는 자들, 그들의 이마와 손에 표를 받는 자들이 언급되고, 이어서 신자들의 인내하는 믿음, 즉 짐승에게 속임을 당하지 않게 하는 믿음이 언급된다. 마찬가지로 14:12-13은 14:9-11을 따른다.

이 두 본문이 이런 식으로 연결되었다는 사실은 13:18과 14:12-13을 소개하는 ὧδε...ἐστίν("~가 여기 있나니") 문구에서 분명히 드러난다. 본질적으로 동일한 패턴은 9-10절을 소개하는 ὧδε...ἐστίν을 동반한 13:1-10에서도 등장했다. 각각의 경우 이 문구는 그리스도교적인 믿음을 요약하는 긴 문장에 속한다(13:10: "성도들의 인내와 믿음이 여기 있느니라"; 13:18: "지혜가 여기 있으니"; 14:12a: "성도들의 인내가 여기 있나니"). 13장에서는 앞에 있는 문맥 또는 뒤에 있는 문맥이 요약된 진술을 결정한다. 13:10b에서 믿음은 영적인 귀를 가지고 듣는 것과 짐승에게 타협하지 않음으로 찾아온 고난을 받아들일 수 있는 것으로 정의된다(13:9-10a). 13:18a에서 믿음은 짐승의 악하고 죄 있는 성품을 분별하며 속임을 받아 그를 따르지 않도록 할 수 있는 지혜로 정의된다(17:9의 ὧδε 문구도 마찬가지다).

13:10과 13:18에서 정의한 충성됨과 악을 분별함, 타협하기를 저항함은 14:12a에서 믿음을 요약할 때 염두에 둔 내용이다. 만일 지혜가 행사되면 지혜가 하나님의 심판을 막을 것이라는 사상도 포함된다. 하나님의 심판은 그리스도인들이 박해를 당하는 것보다도 더 좋지 않은 고난이다. 성도들을 박해하는 사람들에게 심판이 임할 것이라는 사실 역시 그리스도인들에게 인내를 위한 동기부여가 된다. 이러한 동기부여는 복수로 말미암아 일어나는 것이 아니라, 심판으로써 그리스도인들이 참되다는 것이 드러나고 하나님의 의로운 이름이 인정받기를 갈망하는 데서 일어난다. 하나님의 이름은 그간 짐승과 그의 편에 있는 자들에게 모독을 받았기 때문이다(자세한 내용

---

456) 참조. Krodel, *Revelation*, 260, 269. Krodel은 12절을 이 단락의 "문학적 초점"으로 이해한다.

은 6:10의 주석 참조). 심판이 인내의 동기부여가 된다는 것을 염두에 두었다는 것은 14:13, 18과 6:9-11에서 원수를 갚아줄 것을 구하는 성도들의 기도가 밀접하게 연결되었다는 사실에서 분명히 드러난다.

14:12에서 믿음은 "하나님의 계명과 예수를 믿는 믿음을 지키는 것"으로 정의된다. 이것은 12:17b에서 박해받는 그리스도인들을 묘사한 것과 거의 동일하다. "그 여자의 남은 자손 곧 하나님의 계명을 지키며 예수의 증거를 가진 자들." "하나님의 계명"은 믿음이 있는 사람들이 충성스럽게 붙드는 옛 언약과 새 언약의 객관적 계시를 총체적으로 언급한 어구다. "예수의"(Ἰησοῦ)는 기원의 소유격이다. 그래서 τὴν πίστιν Ἰησοῦ는 "예수에게서 나오는 믿음"이라고 번역하는 것이 가장 좋다(비록 "예수를 믿는 믿음"이라는 목적어 소유격도 가능하고 대부분의 주석가들이 선호하는 견해이기는 하지만 말이다[457]). 이것은 구체적으로 예수에게서 기원하는 객관적인 복음 전승을 언급한다. 이것은 앞에 있는 "하나님의/하나님에게서 오는 계명"(τὰς ἐντολὰς τοῦ θεοῦ; 참조. 1:9)과 병행을 이룬다.

동일한 의미를 지니는 이 단어가 등장하는 2:13에 비춰볼 때, πίστις가 그리스도교 믿음의 교의적 내용을 언급한다는 것(참조 유 3)이 분명하다. 사실 "예수의 믿음을 지킨다"(οἱ τηροῦντες...τὴν πίστιν Ἰησοῦ)는 말은 2:13의 "나의 믿음을 저버리지 않았다"(οὐκ ἠρνήσω τὴν πίστιν μου)와 같은 뜻이다. 이 병행 어구와 12:17에 있는 병행 어구에서 소유격 "나의"와 "예수의"는 (목적어 소유격과 기원의 소유격으로) 의도적으로 모호하게 표현되었을 것이다. 여기서도 동일하게 모호한 것 같다(12:17; 1:2의 주석 참조. 비록 1:9에서는 이 어구의 초점이 목적어 소유격에 있었지만 말이다). 그러므로 "예수에게서 나오는 믿음"과 "예수를 믿는 믿음" 둘 다 포함되었을 수 있다. 두 번째 소유격("예수의 믿음")의 모호함은 특히 예수를 "충성된 증인"이라고 명명한 1:5과 3:14의 유비에 근거해 볼 때 그것이 주어 소유격("예수가 가진 믿음")이라는 여지를 남긴다. 주어 소유격 사상이 포함되었다면, 12절의 요점

---

457) Robertson, *Word Pictures*, 413.

은 그리스도인들이 세상의 불경건한 삶의 규범을 신뢰하라는 유혹에 직면하여, 그리스도가 그의 아버지께 충성하신 것을 닮아야 한다는 것이다.[458] 13:10과 이곳에 있는 ὑπομονή("인내")는 짐승의 미혹과 타협하라는 유혹에 맞서는 데 필요한 것이 순간적인 믿음이 아니라 지속적으로 깨어 있어 **인내하는** 믿음이라는 사실을 강조한다. 신자들은 지상에서 복지를 보장받기 위해 타협하려는 유혹에 방심하지 말고 맞서야 한다.

소유격 이문인 των τηροντων("지키는 사람들의," ℵ 1006 1611 1841 *pc*)은 본문 앞에 나오는 소유격 τῶν ἁγίων("성도들의")과 조화시키려는 시도다. 주격이 원본이며, 성도들은 순종하는 사람들이라는 데 초점을 맞추려고 주격으로 기록되었다.

13절 그리스도인들이 어린 양에게 충성한다면, 그들은 지금 고난을 당하지만 이후에 영원한 안식의 상을 받을 것이다. 인내하려는 열망은 심판에 대한 경고뿐만 아니라(6-11절), 상을 받게 된다는 약속에 의해서도 동기부여를 받는다. 상은 짐승을 경배하는 사람들에게 영원한 쉼이 없다는 사실과 대조를 이룬다(14:11). 8절과 9-11절이 6-7절에서 묘사된 심판을 해석하며 설명하듯이, 13절도 12절에서 인내하는 믿음을 진술한 내용을 확장한다(8, 9절의 설명 문구와 같은 φωνῆς...λεγούσης["음성이 나서 이르되"]에 암시된 것처럼 말이다). "기록하라"는 명령형은 13절이 12절 사상의 연속임을 확증한다. 명령형은 요한계시록의 환상 단락 여러 곳에서 이런 식으로 작용한다(19:9; 21:5; 비교. 10:4). 특히 γράψον+μακάριοι οἱ("기록하라. ~하는 자는 복이 있도다")가 등장하는 19:9과 비교하면 좋을 것이다.

만일 신자들이 죽음에 직면해서도 인내한다면(12절), 그들은 "복이 있을" 것이다. 여기에는 순교자로서 죽임을 당한 사람들이나 자연적 원인으로 죽은 사람들이 포함된다. "주안에서 죽는 자들"에 강조가 있지, 어떻게 죽었는지에 강조가 있는 것은 아니다. 다른 원인으로 죽는 사람들도 순교자들처럼 복을 받을 것이다. 그들도 그들 나름대로 우상숭배에 동참하라

---

458) J. P. M. Sweet와 개인적으로 대화를 나눌 때 그가 언급했던 내용이다.

는 압박에 저항했기 때문이다(6:9과 12:1의 주석 참조). 명사구 μακάριοι οἱ νεκροί("죽는 자들은 복이 있도다")는 셈어 문체를 반영한다. 동사("~이다")가 생략된 것은 복의 지속적인 상태를 강조하려는 데 있다.[459] 이 성도들에게 복이 있는 이유는 그들이 믿음으로 "주님"과 동일시되었다는 데 있다(12절; ἐν κυρίῳ["주 안에서"]는 영역의 여격이다. 비록 원인적인 측면도 포함될 수 있지만 말이다. 1:9의 주석 참조). 그리스도는 그의 인내로 인해 죽음 이후에 상을 받으셨다. 그리스도인들도 그럴 것이다. 그리스도는 그리스도인들의 공동체적 대표자이시기 때문이다(이 개념에 대해서는 1:20의 주석 참조. 이와 비슷한 의미를 지니는 영역적 또는 공동체적인 여격이 고전 15:22과 살전 4:16에 등장한다).

이 복을 성령님께서 선언하셨다는 점에서 그리스도인들은 복을 실제로 받게 된다고 확신할 수 있다. 이어지는 ἵνα("~라는 것")는 복의 내용을 소개한다.[460] 이생에서 "쉴 수 있는 안전"을 찾지만 다음 생에서는 찾지 못하는 박해자들과 타협하는 사람들과는 다르게(8, 11절), 지금 압제의 "수고"를 견디는 그리스도인들은 이후에 "안식의 복"을 받을 것이다(Wis. 4:7에도 이런 내용이 있다. "의인이 죽음으로 저지당할지라도 그는 '안식'[ἀνάπαυσις]할 것이다"; 또한 사 57:1-2; *2 Bar*. 85:9; *b. Ketubim* 104a). 계 6:9-11의 병행 어구에 의하면, 14:13은 단지 일반적인 의로운 일을 암시하는 것이 아니라, 압제 아래에서 견디는 충성스러운 행위를 가리키는 것이 분명하다. 6:11에서 "쉼"(동사 ἀναπαύω)은 "흰 옷"을 준다는 것과 더불어 시련 중에도 믿음으로 인내한 신자들에게 주어지는 사후의 상이다. "쉼"이 영원하다는 것은 11절의 악인들이 영원히 쉬지 못한다는 대조에서와, 7:13-15과 21:2-7에서 그리스도인들에게 삶의 폭풍에서 기간을 알 수 없는 안식을 주시겠다는 약속에서 분명히 드러난다. 6:11에서 "쉼"이 일시적인 것처럼 보일 수 있지만, 7:13-15, 21:2-7과 함께 14:13은 그것이 영원한 상의 시작이라는 사실을 보여준다.

γάρ("왜냐하면")는 근거 절을 소개한다. 설령 γάρ 대신 δε("그리고," 051과

459) 참조. S. Thompson, *Apocalypse and Semitic Syntax*, 83-85.

460) 참조. Robertson, *Grammar*, 992.

𝔐)가 원본이라고 하더라도, 13절의 마지막 문장은 여전히 앞에서 언급한 내용의 논리적인 근거로 작용하는 것 같다. 마지막 문장은 백성이 쉬게 될 것을 암시한다. 그들은 박해에도 아랑곳하지 않고 "하나님의 말씀과 예수의 믿음을 지키느라" 인내했기 때문이다(12절). κόπος("수고")는 막연한 선행이 아니라 "역경과 어려움과 난제"를 견딘 믿음이다.[461] 이것이 신약성경 전체에서 이 단어의 전형적인 의미다(적어도 18번 중에 13번이 이런 의미로 사용된다). 마지막 어구에 있는 ἔργα는 κόποι와 동의어다. 그러므로 두 단어 모두 압제를 받는 중에 지킨 믿음의 행위를 언급한다(12절. ἔργον의 이러한 뉘앙스에 대해서는 2:9, 13; 2:26; 3:8의 이문을 보라). 그리스도인들이 주님의 존전으로 마침내 옮겨갈 때, 그리스도인의 존재의 고통은 사라질 것이다(7:16-17; 21:4과 맥을 같이함). 사람들은 그들의 "행위"에 근거하여 심판을 받거나 상을 받을 것이다. 행위는 그들의 내적 믿음의 숨길 수 없는 표다(참조. 2:23; 22:12).

6-13절의 요지는 충성된 자에게 상을 준다는 것이다. 이 단락은 상을 주제로 마무리한다. 6-11절의 심판 주제의 의도는 신자들에게 장차 임할 심판을 받지 않으려면 세상 제도나 짐승과 타협하지 말라고 경고하는 데 있다. 비유적으로 말하면 힘든 수고가 "그들의 행위를 따른다." "그들은 자기 행위의 기록을 가지고 간다"(NEB; 아래 제시한 초기 유대교와 기독교 문헌에 있는 동일한 사상 참조). 이 기록으로 그들은 하나님의 법정 앞에 섰을 때 "안식"을 받을 만한 사람이라는 것을 입증 받게 될 것이다(하늘의 "안식처"와 관련하여 *1 En*. 38:2과 4 Ezra 7:75-77, 90-96을 참조). 사람들은 이 기록에 근거하여 심판을 받거나 무죄 선고를 받을 것이다(*1 En*. 41:1-2). 믿음이 행위를 동반할 경우에만 상을 받는다는 것을 강조하기 위하여, "행위"는 그들이 받을 상을 (환유법적으로) 표현한다(참조. 22:12).[462] 그러므로 신자들은 그들의 "수고가 주 안에서 헛되지 않을 줄" 알기 때문에 "견실하며 흔들리지 말고 항

461) BAGD, 443.

462) 참조. Hengstenberg, *Revelation* II, 158.

상 주의 일에 더욱 힘쓰는 자들이 되"어야 한다(고전 15:58).

22:14의 ἵνα와 더불어 사용된 동일한 복 선언 문구는 이곳의 ἵνα와 같은 선언적 또는 설명적 기능을 한다. 이처럼 ἵνα의 다소 특이한 기능으로 인해 𝔓[47]의 필경사는 이 단어를 ὅτι로 바꾸었다. ἵνα와 ὅτι 모두 마 5:3-10의 μακάριοι ὅτι와 맥을 같이하여 "왜냐하면"이라는 의미로 해석될 수 있지만 말이다.[463)]

"쉼"은 단 12:13과 연결될 수 있다. 다니엘은 목숨이 다할 때까지 인내한다면 그(와 단 12:12에 암시된 대로 다른 성도들)는 쉼(안식)을 얻을 것이라는 약속을 받는다. MT과 Theod.에 따르면 다니엘이 죽음을 맞을 때 그는 "가서" 최후의 부활 때까지 "안식"(ἀναπαύου)에 들어가라는 명령을 받는다. LXX은 다니엘이 죽을 때 즉시 "안식"에 들어가라는 명령을 받을 뿐만 아니라, 이외에도 "네가 평안히 쉬다가 끝날에는 네 영광을 누릴 것임이라"라는 약속을 받는다고 기술한다. 이것은 쉼을 부활의 상태까지 연장한다. 계 14:13의 안식이 다니엘서의 약속과 관련이 있다는 것은 인내하라는 14:12의 문구에서도 암시된다. 이 문구는 13:18에서 문구를 통해 권면한 내용을 이어간다. 우리가 앞에서 보았듯이, 두 본문 모두 단 11-12장의 인내와 분별 주제에 근거한다(13:10, 12의 주석 참조). 계 14:13의 문맥에서처럼 *Jos. Asen.* 8:11은 이렇게 기록한다. 하나님이 새롭게 창조하신 사람들은 더 이상 "우상에게 복을 빌지 않고, [하나님의] 축복의 잔을…마시고, 영원히 안식과 생명에…들어갈" 것이다.

만일 ἀπ' ἄρτι를 복에 대한 첫 진술의 결론으로 이해한다면, 본문은 이렇게 번역할 수 있다. "**지금부터** 주 안에서 죽는 자들은 복이 있도다." 이것은 이전에 죽었지만 복을 받지 못할 다른 성도들과 구별하여, 복

463) BDF §369.2; MHT III, 100. MHT III에는 이어지는 동사와 함께 ἵνα의 명령적인 의미가 제안되었다(102; IV, 151; 비교. Zerwick, *Biblical Greek,* §415; Porter, *Verbal Aspect,* 437). 원인적 의미에 대해서는 Moule, *Idiom-Book,* 145, 207; Zerwick, §414. Zerwick, §414; S. Thompson, *Apocalypse and Semitic Syntax,* 97-99; Burton, *Syntax,* §218은 연속적·최종적·결과적 의미도 제안한다. Thompson 역시 가정법 대신에 미래 직설법과 결합된 ἵνα가 히브리어의 문체를 반영했을지도 모른다고 주장한다. Thompson, 97-99.

을 받기 시작할 고난 속에 있는 어떤 집단을 암시할 수 있다. 하지만 ἀπ' ἄρτι의 결론적인 역할은 단순히 신자들에게 복된 쉼이 시작되는 때가 바로 죽음의 순간이라는 것을 표현하는 데 있을지도 모른다.[464] 이 사상은 죽을 때 의인들이 받을 상을 표현하는 4 Ezra 7:92-99로 입증된다. "그들은 쉴 것이다.…그들은 지금부터…쉼을 이해할 것이다." 요한은 그리스도인들에게 이 일반적인 진리를 상기시켜주어야만 했다. 그리스도인들이 당하는 박해가 너무 강렬하여 그들이 자신들의 지상적 삶을 보존하는 데에 초점을 맞추려는 유혹을 받을 수 있기 때문이다. 요한의 권면으로 신자들은 그들의 미래의 삶의 복을 생각하는 데 직접적인 도움을 받았다. 또는 ἀπ' ἄρτι에는 모든 그리스도인의 쉼의 기초인 그리스도의 구속 사역의 "지금"을 언급하는 내용이 포함될 수 있다(12:10a의 주석 참조).[465] 이 독법은 이렇게 번역된다. "**지금**[세대의 구속사적인 전환의 때]**부터** 주 안에서 죽는 자들은 복이 있도다." ἀπ' ἄρτι의 결론적인 기능은 예언적으로 절정, 곧 쉼이 없는 상태로 들어가는 불신자들의 최후 심판과 대조적으로(11절) 모든 성도가 그들의 인내로 인해 완전한 쉼을 경험하기 시작하는 때(12절)를 가리킬 수도 있다.

하지만 만일 ναί("확실히," $\mathfrak{P}^{47}$ ℵ* 2053 *pc*에는 생략됨)가 나중에 삽입된 것이라면, 앞에 있는 ἀπ' ἄρτι는 원래 ἀπάρτι("확실히, 분명히")였을 수도 있다. 이것은 쉼의 복을 어떤 특정한 집단에게만 한정한다고 결론짓지 않고, 성령께서 쉼의 복을 말씀하셨다는 주장을 소개하는 역할을 한다.[466] 파러는 ναί가 원본이 아니라고 믿지만 여전히 새로운 문장을 시작하는 것으로 ἀπάρτι보다는 ἀπ' ἄρτι를 선호한다. "주안에서 죽는 자.… 성령이 말씀하시기를 지금부터 그들은 쉬라."[467]

---

464) Farrer, *Revelation,* 164; Krodel, *Revelation,* 271.

465) 참조. Rissi, *Time and History,* 29-30; Beasley-Murray, *Revelation,* 227; Prigent, *Apocalypse,* 230.

466) BDF §12.3; BAGD, 81.

467) Farrer, *Revelation,* 164. NEB도 비슷하다. ναί를 원본으로 봐도 Farrer의 견해는 가능하다.

죽은 성도들이 사후 하늘에서 "그들의 행위의 기록을 취한다"는 사상은 유대교와 기독교의 문헌에서 유비를 찾을 수 있다. Lohmeyer, *Offenbarung*, 127에 인용된 *Pss. Sol.* 9:6-9, 딤전 5:24-25, *Barnabas* 4:12, *1 En.* 61:8, *2 Bar.* 14:12, 24:1, 4 Ezra 7:35-36, 8:33, *m. Aboth* 6:10, *Midr. Rab.* 창 9.7, *Midr. Rab.* 전 2.24, 5.15 §1, 8.11 §1, *Ginzā* 23:17ff.을 보라.

불신자들은 마지막 때 하나님의 철저한 심판을 분명히 받을 것이다(14:14-20)

14절 14-20절은 12:1부터 15:4에 이르는 일곱 단락 중 여섯 번째 단락에 해당한다. 여섯째 인처럼 이 여섯째 환상은 역사의 끝에 있을 심판을 묘사한다. 그다음에는 최후의 심판을 서술하는 일곱 번째 단락이 이어진다(15:2-4; 비교. 8:1, 3-5).

14:6-13은 신앙을 고백하는 그리스도인들에게 경고로서 다가오는 극적인 심판을 선언했다. 그 심판은 이제 실제로 발생하는 것으로 묘사된다. 심판자는 "구름 위에 앉으신 인자 같은 이"이시다. 이것은 단 7:13의 암시이고 마 24:30의 해석학적 전통 안에 있다. 이 전통은 통상적으로 인자의 강림을 구속과 심판에 연결시킨다. 마 24장에서 예수는 자신이 인자로서 구름을 타고 오며 심판과 구원을 실행할 것이라고 예언하신다(마 24:27-51; 또한 막 13:26; 눅 21:27. 비록 이 모든 본문과 특히 마 26:64과 막 14:62에서는 이스라엘의 심판이 부각되지만 말이다).[468] 단 7:13을 또 암시하는 계 1:7에서 예수가 "구름을 타고 오신다"는 것은 구원하러 오시는 것으로 언급되었다(1:7의 주석 참조). 그리고 계 1:13-20은 인자를 심판자의 품성을 지니신 교회의 주님으로 묘사한다("인자"의 구약과 신약의 배경은 1:13의 주석 참조; 정의의 품성에 대해서는 1:14-16의 주석 참조). 하지만 본문의 문맥인 14:15-20에 따르면, 인자의 역할 가운데 14:14에서 염두에 두고 있는 것이 심판하는 역할뿐임이 암시된다.

이 천상적인 인물은 "머리에 금관"을 쓰셨다(분사 ἔχων은 정동사로 기능

---

468) 예. France, *Jesus and the Old Testament,* 140-42, 231-39.

한다).[469] 관은 그가 자기 백성의 왕이심을 밝혀준다. 그 백성은 그와 함께 왕 노릇 하며, 그들 역시 "금관"을 쓴다(4:4, 10; 참조. 2:10; 3:11; 12:1). 인자가 쓰신 관은 그의 원수들에게도 왕이 되신다는 사실을 상기시킨다(19:12). 이어지는 구절에 따르면 그의 손에 있는 "날카로운 낫"은 심판을 가리키는 비유다.

인자를 비롯하여 14:6-20에는 천상적 존재 일곱이 있다. 이에 근거하여 인자가 천사라고 결론을 내리는 사람들이 있다. 다른 존재들이 "천사들"로 불리며, 그가 17-18절에서 어느 한 천사가 수행한 기능을 행하신다는 것을 그 이유로 든다.[470] 이것은 가능성은 있지만, 반드시 그렇게 결론을 내릴 필요가 없는 견해다. 인자는 천사와 같지 않기 때문이며, 1:7, 13-20에서 본문과 똑같은 표현(ὅμοιον υἱὸν ἀνθρώπου)으로 단 7:13의 인자를 신적 권한을 지니신 그리스도로 묘사하기 때문이다.[471] 더욱이 공관복음의 종말론적 강화와 그밖에 여러 본문에서 인자가 구름을 타고 온다는 언급은 늘 그리스도를 가리킨다(마 24:30; 막 13:26; 눅 21:27; 또한 마 26:64; 막 14:62; 4 Ezra 13:1ff.에는 메시아로 언급됨). 비록 개연성이 없기는 하지만, 본문의 인자는 인자를 위해 행동하는 그리스도의 대표 천사일지도 모른다고 생각할 수는 있다(12:7-10에서 하늘에서 그리스도의 지상 행동을 대표하는 미가엘처럼 말이다).

심지어 그리스도를 천사라고 부르는 것이 반드시 신학적으로 문제시되지는 않는다. 10:1의 "힘센 천사"는 구약성경의 "야웨의 천사"에 해당하는 그리스도로 보이기 때문이다(10:1의 천사 역시 그리스도의 대리인일 가능성이 있다). 구약성경에서 하나님만이 구름을 타고 하늘이나 땅에 오시며, 단 7:13도 이 패턴의 예외는 아니다(10:1의 주석 참조). 이것은 본문에 등장하는 인물이 신적인 그리스도라는 결론을 강화한다.

1854과 $\mathfrak{M}^{A}$는 καθήμενον ὅμοιον을 καθήμενος ὅμοιος로 바꾸었다.

---

469) 참조. S. Thompson, *Apocalypse and Semitic Syntax,* 109-10, 133.

470) Kiddle, *Revelation,* 276-77; U. B. Müller, *Messias und Menschensohn,* 195-97.

471) Holtz, *Christologie der Apokalypse,* 129-30. 여기서 Holtz는 두 입장을 지지하는 문헌을 인용한다.

필경사가 "구름 위에 앉으신" 분을 묘사할 때 주격이 가장 적합한 자리에 목적격 구문이 있는 것이 부자연스럽다고 느꼈기 때문이다(이와 비슷한 𝔓⁴⁷ 참조). 이와는 다르게 ἔχων에서 εχοντα로 바뀐 것은 주격을 앞에 있는 목적격 καθήμενον ὅμοιον과 동화시키려는 시도에서 발생했다(𝔓⁴⁷ ℵ* 1006 1841 2053 2329). 하지만 주격이 원본이다. 이것은 목적격이 주격으로 바뀌면서 느슨하게 덧붙여졌거나 초점을 바꾸려는 것 때문에 빚어졌다.[472] 또는 이것은 분사의 독립적 사용으로 이해할 수도 있다.

주격이 원래의 독법임을 지지하는 더 나은 이유는, 독자에게 앞에 등장하는 어구 전체에 초점을 맞추고 그것을 단 7:13의 "인자"와 연결시키도록 하려고 "구문론적인 부조화"를 만들어냈기 때문이다. 계 1:6과 10:2에서 καὶ ἔχων(문자적으로 "그리고 가지고 있는")은 하늘의 인물들을 묘사한 것을 따른다. 첫 번째 묘사는 단 10:6과 7:13에 근거한다. 여기서 동일한 원리가 적용된다. 비록 순서는 ἔχων καί이지만 말이다. 이 세 경우 모두 주격 분사는 선행사의 격과 일치하지 않는다. 본문과 1장에서 선행사는 다니엘서에 등장하는 인자이고, 10장에서 선행사는 천사의 모습을 한 천상적인 실체다. 이들을 우리는 그리스도와 동일시해왔나(10:1-2의 주석 참조). 이 본문들에서 예외적인 문법 구조를 설명할 수 있는 그럴 듯한 이유는 구약의 암시에 주의를 환기시키려는 데 있다. 그래서 14:14의 예외적인 사용은 정확한 구약 인용을 표시하거나, 1:15-16과 아마도 10:1-2을 상기시키거나, 앞에 언급했던 세 본문 모두를 주목하게 하려고 사용된 셈어 문체로 설명하는 것이 가장 좋다(1:16과 10:2의 불규칙 변화 ἔχων을 심도 있게 논한 10:2의 주석 참조).

1:13에서처럼 필경사들은 여기서도 원래 목적격 ὅμοιον에 동화시키려고 기록된 목적격 υἱόν을 여격인 υιω로 바꾸었다(𝔓⁴⁷ C 051 1006 1611 1841 2053 𝔐ᴬ lat sy). ὅμοιος 뒤에는 여격(또는 소유격)이 올 것을 예상하기 때문이다.

472) Robertson, *Grammar,* 414.

보스는 계 14:14이 인자의 강림에 관한 공관복음의 다양한 주장을 묘사한다고 주장하면서 본문이 단 7:13에 직접적으로 의존한 것을 부정한다(예. 마 13:24-43; 26:64; 막 13:26ff.과 병행 어구들; 14:62).[473] 콜린스는 보스의 견해에 반대하면서, 14:14-20에서 요한계시록의 저자는 복음서 전통과는 독립된 여러 자료들에 직접 영향을 받았다고 주장한다(예. 단 7:13; 욜 4:13; 유대의 묵시문학 전통).[474] 계 14:14-20을 구성하는 데 있어 복음서 전통과 구약성경 및 유대교 전통이 상당히 많은 영향을 끼쳤다는 사실을 인정하는 것이 더 나은 것 같다.

15-16절 "또 다른 천사"가 지금 등장하여 인자에게 명령한다. 14절의 인자가 메시아라면, ἄλλος("또 다른")는 이 천사를 6-9절에서 등장한 세 천사와 나란히 놓는다. 하지만 14절이 천사를 묘사한다면, ἄλλος는 그 천사를 인자와 나란히 놓는다.[475] 천사의 명령은 인자에게 (명령할) 권세가 있음을 암시하며, 인자가 천사에게 종속되었다고 할 수 있다. 하지만 단지 하나님께 기능적으로 복종한다는 것만을 염두에 두었을 것이다. 천사는 하늘 성전에 있는 하나님의 보좌에서 나온 하나님의 메시지를 전달하기만 할 따름이기 때문이다.[476] (하나님의 임재를 가리키는 비유인 ναός에 대해서는 3:12; 7:15; 11:19; 21:22을 보라. 11:1-2의 주석 참조. 16:17에는 "큰 음성이 성전에서 보좌로부터" 난다고 한다. 또한 16:1). 그리스도는 심판을 시작할 시간을 틀림없이 하나님께 통보받으셨을 것이다. "그날과 그때는 아무도 모르나니 하늘에 있는 천사들도, 아들도 모르고 아버지만 아시"기 때문이다(막 13:32; 행 1:7).[477]

이와 마찬가지로 살전 4:16은 예수가 다시 오실 때 그의 강림을 알리는 "호령과 천사장의 소리"를 언급한다. 개중에는 그리스도가 지금 심판의 때

473) Vos, *Synoptic Traditions,* 146-47.

474) A. Y. Collins, "'Son of Man' Tradition," 562.

475) ἄλλος가 "한 번 더" 또는 "다시"라는 시간적인 의미를 지닌 단순한 문학적 지시어라는 Lohmeyer의 개연성 없는 주장이 옳다면, 이 견해가 성립될 수는 없다. Lohmeyer, Offenbarung, 123.

476) Prigent, *Apocalypse,* 234.

477) Holtz, *Christologie der Apokalypse,* 132-33; Wilcock, *I Saw Heaven Opened,* 136.

를 아신다고 결론을 내리는 사람들이 있다. 그리스도가 하늘에서 아버지와 함께 계시기에 그 시간에 관한 지식을 얻을 필요가 없다는 것이 그 이유다. 만일 그렇다면 여기서 인자는 천사라고 간주하는 것이 가장 좋을 것이다.[478] 하지만 그리스도가 하늘에 계시고 천상적 신분이 있다고 해서 반드시 마지막 때의 시간을 안다는 것을 보장하지는 않는다. 그는 하늘에 계시지만 여전히 아버지의 권위에 복종하시기 때문이다(실제로 요 5:27, 30에는 예수가 마지막 심판에 대하여 "내가 아무것도 스스로 할 수 없노라. 듣는 대로 심판하노니"라고 주장하시는 "인자"로 서술되었다. 참조. 요 5:19-30). 더욱이 그는 자신의 제한된 지식을 "하늘에 있는 천사들의" 지식과 동일시하신다(막 13:32). 그래서 그리스도가 하늘에 계시다는 것 자체가 이와 관련한 충분한 지식을 가지고 계시다는 사실을 암시하는 것 같지는 않다. 막 13:32의 핵심은 아버지 이외에는 아무도 마지막 때가 임하는 시간을 알지 못한다는 데 있다.

여기서 명령을 내리는 천사가 "성전에서" 나오듯이, 14:18에는 또 다른 명령하는 천사가 "제단에서" 나온다. 이는 두 천사가 하늘 보좌에서 나온다는 말이다(8:3과 9:13의 주석 참조. 두 본문에서는 "제단"이 하나님의 보좌 또는 하나님 자신 바로 앞에 있다고 한다. 같은 내용이 6:9에도 암시되었다). 실제로 요한계시록에서 천사들이 궁극적으로 그들 자신에게로부터 기인하는 메시지를 선포한 적은 없다. 그들은 늘 하나님의 뜻을 나타내는 메시지를 전달하는 자들이다.

인자가 행하는 심판이 추수를 거두는 비유로 묘사되었다. 인자는 추수하라는 명령을 받는다. "땅의 곡식이 다 익어 거둘 때가" 되었기 때문이다. 하나님이 매해 추수 때를 결정하시듯이, 그는 마지막 때가 도달하고 사람들의 죄가 찼기 때문에 심판을 시작해야 하는 때를 정하셨다(참조. 창 15:16; 단 8:23; 살전 2:16).

17-20a절 추수 이미지는 장면이 확장되는 것을 제외하고는 15-16절부터 거의 같은 용어로 반복된다. 천상적 존재가 날카로운 낫을 가지

---

478) Morris, *Revelation,* 184.

고 하늘에서 내려오고, 곡식이 익었기 때문에 하늘 보좌로부터 천사에게 그의 낫을 가지고 땅을 추수하라는 명령이 내려지며, 천상적 존재는 그 명령에 순종한다. 이 내용은 각기 다른 두 심판을 비슷하게 서술한 것이 아니다. 두 서술이 마지막 심판이 진행되는 동안 각각 인자와 여섯째 천사의 행동을 묘사한다고 이해할 수 있지만 말이다. 이러한 관점에서, 첫째 추수(15-16절)는 신자들과 불신자들이 포함되고(참조. *Apocalypse of Peter* 6), 둘째 추수(17-20절)는 불신자들에게만 초점을 맞춘다고 주장하는 사람들이 있다.[479] 다른 이들은 첫째 추수가 마지막 때에 택한 자들을 모으는 것을 가리키며, 둘째 추수 또는 포도 수확기는 악한 자들의 심판을 묘사한다고 이해한다(이 문제와 관련한 특별한 논의는 아래 참조).

두 단락에 약간의 차이가 있어서 가끔 두 종류의 다른 추수가 있다고 이해되기도 한다. 첫 번째 단락에서 인자가 등장하고 두 번째 단락에서 포도주를 밟는 유혈 이미지는 각각 구원과 심판 이미지를 암시하는 것으로 이해된다. 부분적으로는 계 14:15-20의 배경이 될 수 있는 2중 추수 역시 예수의 교훈에서 언급된 추수의 2중적 측면으로 지지받는다(마 3:12; 13:24-30; 막 4:26-29; 비교. 마 24:27-31).[480] 추수의 2중적 측면은 4 Ezra 4:28-35과 *2 Bar*. 70:2에서도 발견된다. 신약의 다른 성경과 구약의 몇몇 본문에서 추수는 의인들을 모으는 것만을 언급하기도 한다(사 27:12; 호 6:11; 마 9:37-38; 눅 10:2; 요 4:35-38).

막 4:26-29은 계 14장과 가장 유사한 본문이다(아래 비교한 것을 보라). 하지만 마가는 신자들을 모은다는 것을 분명히 언급하지 않는다. 마 13장에 있는 확장된 병행 어구에 그 내용이 암시되었다고 할 수 있겠지만 말이다. 계 14:4에 "처음 열매"가 언급된 부분에서 더 많은 택함 받은 백성이 나중에(즉 15-16절에) 모이게 될 것이라는 사실을 기대할 수 있을 것이다. 신약성경 다른 곳에서 추수 비유를 사용할 때 이런 식으로 언급되기도

---

479) 참조. I. T. Beckwith, *Apocalypse,* 662-64.
480) Vos, *Synoptic Traditions,* 144-52.

한다(14:4의 주석 참조). 흥미로운 것은, "처음 열매"와 "추수"가 구약성경에서 긍정적인 방식으로 서로 직접 연결되었다는 사실이다(출 23:16; 34:22; 민 18:12; 렘 2:3. 마지막 세 본문에는 "추수의 첫 열매"라는 어구가 약간 변형된 모습으로 등장한다). 이러한 관찰에서 우리는 13:4과 14:1-16의 처음 열매와 추수를 동일한 것으로 이해할 가능성의 근거를 얻는다.

하지만 "처음 열매"의 배경은 15-16절에서 심판을 위한 추수의 가능성도 열어준다. 처음 열매가 하나님의 택함 받은 백성(3-4절)을 모으는 것을 가리키고, 그런 후 "흔히 쓰이는"(심판받는) 나머지가 뒤따라온다는 사상이 있기 때문이다. 4절에서 "처음 열매"가 온 세대에 걸쳐 온전한 구원을 받는 그리스도인들이라고 밝히는 것은, 구원을 언급하는 병행 어구절 5:9과 더불어, 14:4을 심도 있게 논의하여 내린 우리의 결론을 확증한다. 적어도 이 말은 14-20절이 14:4에서 설명한 것을 확장한다는 것을 의미한다. 이 확장은 14-16절의 그리스도가 모으신 "처음 열매"와 17-20에서 나머지 사람들의 심판을 반복함으로써 이루어진다.

14:14-16과 14:17-20의 두 기사가 같은 심판을 서술한다고 생각할 수 있다.[481] 그리고 이것은 천상적인 두 존재의 행동 패턴과 동일한 이미지로 암시된다. (1) "또 다른 천사"가 "성전" 또는 "제단에서" 나오며, (2) 또 다른 천상적인 실체에게 "너의 낫을 휘둘러" 추수하라고 "큰 소리로" 명령한다. (3) 추수가 "익었기 때문이다." 18절에서 명령하는 천사는 심판의 명령과 연결된다(아래 6:9과 8:3-5과의 관계에 대한 설명 참조). 이것은 15절의 천사 역시 심판의 전달자임을 암시한다. 더욱이 명령이 하늘 성전이나 제단에서 나올 때마다 그 명령들은 늘 심판을 선포한다(예. 6:1-5; 9:13; 16:7, 17).

14:14-16과 14:17-20 둘 다 추수 이미지를 사용하면서 욜 4:13에 의존했다는 사실은 이러한 결론을 더욱 강조한다. 요엘 본문은 심판 사상만을

481) 예를 들어 이렇게 주장하는 학자들은 다음과 같다. Hendriksen, *More than Conquerors,* 187-88; Rist, "Revelation," 475; Morris, *Revelation,* 185-86; U. B. Müller, *Messias und Menschensohn,* 194; Mounce, *Revelation,* 279-83; A. F. Johnson, "Revelation," 542-44; A. Y. Collins, *Apocalypse,* 105.

다루며, 계 14장에서처럼 "낫"(δρέπανον)으로써 추수가 비유적으로 언급된 구약의 유일한 본문이기 때문이다. 더욱이 심판 사상은 구약성경(렘 51:33; *2 Bar*. 70:2)과 복음서에서 추수 비유에 포함된다. 이외에도 추수를 암시하는 "낫을 휘두른다"는 말은 구약성경에서 단 한 번 등장하며(속 5:1-3 LXX), 거기서 이 행동은 임박한 심판을 묘사한다.

14:15에서 ὅτι ἦλθεν ἡ ὥρα θερίσαι("추수할 때가 이르렀다")는 14:14-16이 심판만을 포함한다는 또 다른 단서다. 첫째, 이 어구는 14:7의 이와 비슷한 어구를 발전시킨 것일 것이다. "이는 그의 심판의 시간이 이르렀음이니"(ὅτι ἦλθεν ἡ ὥρα τῆς κρίσεως αὐτοῦ; 두 절에서 동일하게 등장하는 ὅτι ἦλθεν ἡ ὥρα를 주목하라). 그러므로 15절의 "추수하다"는 7절의 추상적인 심판 사상을 비유하는 것으로 보인다. 그리고 7절이 분명하게 열국에게 내려질 최후 심판을 다루기에, 15절 역시 그럴 가능성이 있다(마찬가지로 19절은 10절을 발전시킨다). 아르메니아어 역본(4판은 제외)에서는 16절의 마지막 어구를 "땅에 거하는 모든 자들을 추수하였다"라고 번역한다. 이것은 불신자들에 대한 심판을 가리킨다(3:10; 6:17; 13:8, 12, 14에 대한 주석 참조). 요한계시록에서 ὥρα는 본문 이외에 9번 더 등장하는데, 항상 불신자들에 대한 심판, 특히 여러 나라와 큰 성 바벨론의 최종적인 정죄와 관련하여 언급된다(3:3; 11:13; 14:7; 18:10, 17, 19; 3:10; 9:15은 불신자들이 겪기 시작한 최종 환난을 언급한다. 심지어 17:12-13은 17:17에 비춰볼 때 심판의 기간을 말한다).

하지만 14:15-20에 같은 심판을 설명하는 동일한 기사가 2번 등장하는 이유는 무엇인가? 이러한 2중 기사는 심판의 혹독함과 절대적인 특성을 강조한다. 그 심판은 20절의 광범위한 피 흘림으로 절정에 이른다. 더욱이 단락이 반복되는 점은 인자가 천사로 대표되었다고 앞에서 제안한 것과도 어울린다. 17-19절의 여섯째 천사는 15-16절의 인자와 동일한 행동을 수행하기 때문이다.

15-16절이 의인의 구원을 묘사하든지 악인의 심판을 묘사하든지 간에, 17-20절이 악인의 심판을 묘사한다는 사실만은 분명하다. "불을 다스리는 권세를 가진 천사"와 결합된 "제단" 장면은 매우 독특하기에 8:3-5과 관련

이 있는 게 틀림없다. 거기서 "금 제단" 근처에 있는 "천사"는 "제단의 불을 담아다가 땅에 쏟는다"(요한계시록에서 24번 등장하는 "불"[πῦρ]은 심판을 23번 묘사한다. 14:10의 주석 참조). 8:3-5이 나팔을 신호로 시작되는 심판들을 소개하는 장면이므로, 동일한 유의 장면이 여기서 감지된다. 더욱이 8:3-5과의 관계는 8장에서처럼 14장에서도 심판이 8:3-4과 6:6-11에서 묘사한 성도들의 기도에 대한 응답임을 암시한다.[482]

17-20절이 심판과 관련된 내용을 다룬다는 결론은 "포도주 틀을 밟는" 이미지가 구약성경에서 예외 없이 심판을 비유한다는 사실에 의해 더욱 지지를 받는다. 본문 이외에 요한계시록에서 이 이미지가 사용된 유일한 본문인 19:15에서 "포도주 틀을 밟는다는 것"은 악한 나라들에 내리는 하나님의 심판을 가리킨다(14:20의 ἐπατήθη ἡ ληνός["포도주 틀이 밟히니"]와 19:15의 αὐτὸς πατεῖ τὴν ληνὸν τοῦ οἴνου τοῦ θυμοῦ τῆς ὀργῆς τοῦ θεοῦ["그가 친히 하나님의 맹렬한 진노의 포도주 틀을 밟겠고"]를 비교하라). 14:10의 "하나님의 진노의 포도주"(τοῦ οἴνου τοῦ θυμοῦ τοῦ θεοῦ)와 14:19의 "하나님의 진노의 포도주 틀"(τὴν ληνὸν τοῦ οἴνου τοῦ θυμοῦ)은 19:15의 동일한 어구와 함께, 14:19-20이 14:10의 심판 주제만을 발전시키고 있음을 보여준다. τοῦ θυμοῦ τοῦ θεοῦ는 바로 앞에 있는 상징인 "하나님의 진노를 가리키는 큰 포도주 틀"을 추상적으로 정의하는 동격소유격이다.[483]

앞에서 언급했듯이, 복음서와 계 14장의 추수 이미지는 욜 4:13(LXX)의 이미지를 발전시킨 것이다. "낫을 들어라! 추수가 익었음이니라. 오라! 밟아라. 포도주 틀이 찼느니라. 포도주 통이 넘친다. 그들의 악함이 큼이니라." 구약성경에서 여기서만 추수 이미지와 포도주 틀 이미지가 함께 등장하며, 이 두 이미지는 모두 심판을 의미하는 비유적 이미지다. 요엘서 본문은 계 14:14-20에서 이와 동일한 2중적 묘사의 모델이다. 욜 4장의 LXX에서 복수

482) 많은 주석가가 이렇게 생각한다. 예. Charles, *Revelation* II, 23; Hendriksen, *More than Conquerors,* 188; Mounce, *Revelation,* 281; A. F. Johnson, "Revelation," 543.

483) Lenski, *Revelation,* 450.

형 "낫들"(δρέπανα)을 요한이 두 낫으로 적절하게 발전시켰다고 볼 수 있다(이 점을 자세하게 논한 아래 참조). 그러므로 요엘을 모델로 삼은 추수의 2중성이 요한의 원래 의도였음이 분명하다.[484] 그래서 2중성은 후대에 삽입된 본문 때문에 발생했다고 생각해서는 안 된다.[485] 욜 4:13이 악한 나라들에 내릴 하나님의 심판의 예언이므로, 동일한 심판 주제가 계 14장의 두 비유에서도 표현된다.[486]

이러한 결론은 요한이 요엘의 심판의 추수를 구원의 이미지로 변경했다고 믿는 스위트의 평가와 반대다(*Midr. Rab.* 아 8.14 §1 역시 욜 4:13을 긍정적으로 취하여 이스라엘의 구속을 언급하는 것으로 본다).[487] 해링턴은 "요엘서 본문이 아니라 요한의 본문이 우리의 해석을 결정한다"는 사실에 근거하여, 계 14:14-20의 추수가 구원을 비유하며 포도주 틀은 전형적인 심판을 묘사한다고 주장한다.[488] 하지만 이것은 요한계시록의 주도적인 경향을 간과한 생각이다. 요한계시록은 구약을 창조적으로 발전시키지만, 그럼에도 요한계시록 본문이 암시하는 구약 본문의 문맥적인 의미에 유기적으로 꾸준히 상응하는 방식으로 그렇게 한다(본서 서론의 "요한계시록의 구약 사용"을 보라).

하나님이 불경건한 자들을 멸하신다는 것은 익은 곡식을 짓밟고 포도를 포도주 틀에서 짓이기듯이 철저하다. 사 63장과 욜 4장의 사용과 관련하여 우리가 내린 결론은 후기 유대교에서도 병행하는 부분을 찾을 수 있다. *Midr.* 시 8.1, 8.8은 (계 14:18-20에 암시된) 사 63:2의 포도주 틀 이미지를 네 나라에 대한 심판에 적용하고, 거기서 한 걸음 더 나아가 욜 4:13을 인용함으로써 그 심판을 설명한다(*Midr.* 시 8.8에는 심판에 곡과 마곡도 포함된다). 역사 내내 죄를 쌓는 일은 역사의 마지막 세대에서 절정에 도달하여 불경건함이 진노를 받을 수밖에 없도록 무르익는다(참조. 창 15:16; 살전 2:16).

---

484) 최근에 Fekkes, *Isaiah and Prophetic Traditions,* 193에서 입증되었다.

485) Charles, *Revelation* II, 19에 반대함. 참조. U. B. Müller, *Messias und Menschensohn,* 192.

486) Kiddle, *Revelation,* 285-95에 동의함.

487) Swete, *Apocalypse,* 190.

488) Harrington, *Revelation* (Sacra Pagina), 155.

"인자와 같은 이"가 14-16절에는 소개되는 데 반해 왜 17-20절에서는 소개되지 않았는지는 분명하지 않다. 하지만 그는 15-18절의 천사와 같은 인물로 어느 정도 간주될 수 있다. 인자와 천사가 각각 "또 다른 천사"라는 표현 직후에 소개되기 때문이다. 인자를 포함하여 14:6-20에는 완전함을 반영하는 일곱 명의 천상적 인물이 등장한다.

14:14-16과 14:17-20은 각각 구원과 심판을 묘사하는가? - 자세한 논의

최근에 보컴은 14:14-16이 마지막 때에 택함 받은 자들을 모으는 것을 가리키고, 14:17-20은 심판을 묘사한다는 견해를 가장 강력하게 주장했다.[489] 그는 이 견해를 찬성하는 이유를 몇 가지 제시한다.

첫째, 보컴은 14:19에 하나님의 심판만을 가리키는 비유가 포함되었다고 결론을 내린다. 이것은 "하나님의 진노의 큰 포도주 틀"이 14:8의 포도주 비유만 아니라, 무엇보다도 14:10의 "그도 하나님의 진노의 포도주를 마시리니 그 진노의 잔에 섞인 것이 없이 부은 포도주라"를 반영한다는 것이다. 14:4의 "처음 열매"는 이후 15-16절에서 다룰 택한 자를 더 많이 모은다는 사상을 예기할 수도 있다. 이것은 처음 열매 비유가 종종 신약성경 여러 곳에서 사용된 방법에 속한다(14:4의 주석 참조). 구속의 처음 열매와 심판의 포도주 암시는 각각 14-16절과 17-20절에서 언

489) Bauckham, *Theology of the Book of Revelation,* 94-98; 같은 저자, *Climax of Prophecy,* 290-96. Bauckham은 14-16절과 17-20절의 두 이야기를 이렇게 이해하는 경향이 최근 학자들 사이에서는 거의 발견되지 않는다고 믿는다. 하지만 이런 이해는 다음과 같은 학자들에게서 지지를 받는다. Alford, *Greek Testament* IV, 691; Swete, *Apocalypse,* 189-92; Holtz, *Christologie der Apokalypse,* 133-34; Farrer, *Revelation,* 167; Ladd, *Revelation,* 198; Wilcock, *I Saw Heaven Opened,* 136; Prigent, *Apocalypse,* 233-34; Aune, "Revelation," 1314; Krodel, *Revelation,* 272-73; Mulholland, *Revelation,* 251-56; P. E. Hughes, *Revelation,* 165-66.

급될 동일한 비유의 주제들을 예상한다. 비록 요한이 이런 식으로 분명하게 연결하지는 않았지만 말이다. 덧붙여 말하면, "처음 열매" 이미지는 남은 자들이 전체의 구원을 기다린다는 사상과 이와 비슷한 여러 구속적인 의미를 가진다. 실제로 그 이미지는 신약성경 여러 곳에서 구속의 긍정적인 의미에서만 사용되었다(예. 고전 15:20, 23; 자세한 내용은 14:4의 주석 참조). 그렇지만 "처음 열매" 장면은 계 14:15-16에서는 심판을 가리키는 것 같다. 그 사상은 하나님의 택함 받은 자들을 모으고(3-4절) 그 뒤에 (심판을 가리키는) "흔히 쓰이는" 남은 자가 이어지는 것 같기 때문이다. 앞에서 보았듯이, 14:1-5의 근접 문맥에 의하면 요한은 후자를 염두에 둔 것 같다.

둘째, 보컴은 15-16절의 "거두는" 이미지가 포도를 거두어 포도주 틀로 밟는 이미지와 구별된다고 주장한다. 그는 "거둠"이 구원을 의미하는 것이 틀림없다고 우긴다. 거두는 것은 종말론적인 문맥을 비롯하여 성경에서 예외 없이 구원을 가리키기 위해 사용되었으며(막 4:29; 요 4:35-38), "추수"는 일반적으로 구원과 관련이 있다는 것이 그 이유다. 보컴은 마 13:30, 39-42을 계 14:15-16과 비교하기에는 부적합하다고 간주하지만, 오히려 그 반대다. 다음과 같은 이유에서다. (1) 마태복음 본문에서 "추수"는 분명히 불신자들을 모으는 것을 언급하기 위해 사용된다(특히 13:39-41). (2) "추수하는 자들"인 "천사들"은 심판을 위해 악한 자들을 "모은다"(13:40-42). (3) 그 일은 "세상 끝에" 일어난다. (4) "인자"의 권세 아래에서 말이다(13:39-42). 더욱이 "거둔다"는 것은 여러 곳에서 심판과 연결된 이미지다. 비록 하나님이나 그의 대리자들이 추수하는 자들이라고 구체적으로 언급되지는 않았지만 말이다(욥 4:8; 잠 22:8; 렘 12:13; 호 8:7; 갈 6:7-8). 마찬가지로 "추수하는" 것은 심판 장면이 될 수 있다(렘 51:33; 미 4:12-13; 마 3:12; 눅 3:17; "타작"이 구체적으로 언급되었다는 이유로, 보컴은 이 모든 본문을 계 14:15-16에 적용할 수 없는 것으로 간주한다. 하지만 추수의 요소가 여전히 포함되었다).

셋째, 보컴은 단 7:13-14의 "인자"가 백성을 그의 전 세계적인 나라로 유일하게 영접하는 인물이며, 계 14:14-16의 "인자"가 똑같은 역할을 하시는 분이라고 주장한다. 하지만 이 결론은 다음과 같은 이유에서 문제가 있다. (1) 심판하는 역할이 단 7장의 "인자"와 연결된다. 심판은 그가 대표하는 "성도들을 위해 주어진다"고 언급되기 때문이다(단 7:22). 또한 단 7:13-14 바로 앞에 있는 구절들(7:9-12)은 넷째 짐승에게 심판을 선언한 법정 장면을 묘사한다. (2) 초기 유대교와 기독교의 해석은 다니엘서의 "인자"를 구원할 뿐만 아니라 심판하시는 분으로 분명히 이해했다(*1 En.* 36-71; 4 Ezra 13; 복음서 전체의 사용례 참조).[490] (3) 보컴은 예수를 계 1:13의 "인자"로 보며, 촛대 역할을 적극적으로 감당하는 교회를 긍정적으로 통치하시는 왕으로만 이해한다. 하지만 교회가 촛대로서 빛을 발하지 않고 그리스도의 종에게 요구되는 삶을 살지 않는다면, 그가 불신자들처럼 교회를 심판하신다는 것은 분명하다(예. 2:5; 3:15-16). 특히 2:12, 16과 2:18, 22-23, 26, 27은 그리스도를 1:13-16에 언급된 "인자"의 특성을 지니신 분으로 묘사하며, 그 특성들이 심판 사상을 암시한다고 이해한다.

넷째, 보컴은 낫으로 추수하는 이미지와 포도주 틀을 밟는 이미지 **모두 욜 4:13**에서 분명히 심판을 의미한다는 사실을 인정한다. 하지만 그는 요한이 요엘을 암시하기는 했어도 요엘의 의미를 바꾸어 추수를 구원이라는 긍정적인 의미로 사용했다고 결론을 내린다. 추수가 구약성경과 신약성경에서 구원 이미지로 더 전형적으로 사용됐다는 것이 그 이유다. 이것이 보컴의 제안의 주된 취약점이다. 요한은 구약성경을 일관성 있게 문맥의 의미를 살려 사용하기 때문이다. (이 주석 내내 주장했듯이) 요한은 구약 본문을 창조적으로 발전시키는 상황에서도 그 본문의 문맥적인 의미를 주목한다. 보컴은 욜 4:13을 동일하게 곡해한 선례로 막 4:29을 인용한다.[491] 마가가 요엘서를 **의식적으로** 암시하지 않았으면

---

490) France, *Jesus and the Old Testament*, 135-50, 169-71을 보라

491) Gundry도 마가복음 본문에서 요엘이 동일하게 사용된 것을 주목한다. R. H. Gundry, *Mark: A Commentary on His Apology for the Cross* (Grand Rapids: Eerdmans 1993), 222-26.

서도 요엘서의 언어들을 사용했을 수는 있다. 하지만 마가복음의 경우야 어떠하든지 간에, 요한이 요엘서의 문맥을 의식했다는 사실이 적어도 4가지 요인에 의해 암시된다고 생각한다. (1) 요한은 요엘서에서 곡식 추수뿐만 아니라 포도주 틀을 밟는 것도 인용한다. (2) 욜 4장이 마지막 때 하나님과 함께 있는, 이스라엘의 구속함을 받은 남은 자들을 위한 피난처로서 "시온 산"을 반복해서 강조하기 때문에, 요한은 욜 4장에 부분적으로 매력을 느꼈을 것이다(욜 2:32; 4:16-17, 21. 이것은 욜 2:32을 암시할 가능성이 있는 계 14:1의 비슷한 장면과 공통적이다). (3) 계 14:19-20과 *Targ.* 욜 4:13은 포도주 틀을 밟는 비유를 엄청난 양의 피를 쏟는 것으로 해석한다. (4) 욜 4:13 LXX처럼 계 14:14-20은 낫만 아니라 복수형인 낫들도 언급한다(자세한 내용은 아래 참조).

14:14-19의 구약 배경에 대한 자세한 분석

계 14:14-19의 구약 배경의 정확한 어휘에 대해서는 욜 4:13a LXX을 보라.[492]

욜 4:13a LXX	계 14:15b, 18b
ἐξαποστείλατε δρέπανα ὅτι παρέστηκεν ὁ τρύγητος("너희는 낫들을 휘둘러라. 거둘 때가 이르렀기 때문이다").	πέμψον τὸ δρέπανόν σου καὶ θέρισον, ὅτι ἦλθεν ἡ ὥρα θερίσαι, ὅτι ἐξηράνθη ὁ θερισμὸς τῆς γῆς("당신의 낫을 휘둘러 거두소서. 땅의 곡식이 다 익어 거둘 때가 이르렀음이니이다"). πέμψον σου τὸ δρέπανον...καὶ τρύγησον τοὺς βότρυας τῆς ἀμπέλου τῆς γῆς, ὅτι ἤκμασαν αἱ σταφυλαὶ αὐτῆς("네…낫을 휘둘러 땅의 포도송이를 거두라. 그 포도가 익었느니라").

492) LXX의 바티칸 사본(B)에서만 욜 4:13이 LXX의 3:13과 동일하다.

막 4:29도 욜 4:13을 인용한다. ἀποστέλλει τὸ δρέπανον, ὅτι παρέστηκεν ὁ θερισμός("낫을 대나니 이는 추수 때가 이르렀음이라"). "낫"의 복수형(δρέπανα)이 사 2:4, 욜 4:10, 미 4:3에도 등장한다. 하지만 그곳에서는 추수 은유와 연결되지 않고 전쟁을 준비하거나 혹은 전쟁이 끝나고 평화를 준비하는 문맥에서 등장한다. 사 18:5에도 계 14:18-19에서처럼 포도 추수 은유로 심판을 묘사하며 "낫"의 복수형이 등장한다. 사 18장과 함께 계 14:14-19의 배경에 있을 법한 구약 본문은 렘 28:33 LXX(=51:33. "바벨론 왕의 집들은 타작마당과 같은지라.…추수 때가 이르리라")과 렘 32:30 LXX("주께서 그의 성소에서 말씀하시며…이들은 마치 포도를 거두는 사람들처럼 대답할 것이라"(B 사본)이다.

욜 4:13b πατεῖτε διότι πλήρης ἡ ληνός("너는 [포도를] 밟아라. 포도주 틀이 꽉 찼느니라")와 계 14:20a ἐπατήθη ἡ ληνὸς…καὶ ἐξῆλθεν αἷμα ἐκ τῆς ληνοῦ("포도주 틀이 밟히니, 틀에서 피가 나서")도 비교하라. 포도주 틀을 밟는 것과 관련하여, 애 1:15 LXX(ληνὸν ἐπάτησεν κύριος: "주께서 포도주 틀을 밟으셨다")와 사 63:2-3 LXX("어찌하여 네 옷이 포도즙 틀에서 밟힌 것처럼[πατητοῦ ληνοῦ] 붉으냐?…**나는 밟은 포도즙으로 배부르니**[πλήρης καταπεπατημένης] 내가 노함으로 말미암아 무리를 **밟았고**[κατεπάτησα]…그들의 **선혈**[αἷμα]이 땅에 쏟아졌느니라")도 보라.

14:19의 문법적 문제

계 14:19에서 ληνός("포도주 틀")는 여성형이지만 남성형 수식어(τὴν ληνὸν …τὸν μέγαν)를 가졌다. 본문 전통은 이 문법적인 난제를 수정하려는 필경사의 시도를 반영한다. 특히 א 1006 1841 1854 2053 *al* gig sy^{ph}에는 여성형인 τὴν μεγάλην으로 되어 있다. 몇몇 사본에서는 τὸν μέγαν을 바로 앞에 있는 τοῦ θυμοῦ τοῦ θεοῦ를 수식하게 하려고 του μεγαλου로 바꾸어 "하나님의 큰 진노" 또는 "크신 하나님의 진노"가 되게 했다($\mathfrak{P}^{47}$ 1611 *pc*). 몇몇 사본에서는 μέγας가 생략되었는데(예. 181 424 468), 아마도 앞의 어느 단어와도 격이 일치하지 않기 때문이거나 ληνός와 분리되었기 때문에 그랬을 것이다. 아니면 두 이유가 다 해당될지도 모른다.

주석가들은 이 문제를 설명하려고 다양한 해결책을 내놓았다. 무시스는 요한이 τὸν μέγαν과 함께 그것을 남성형으로 변경한 것은 "그 어군의 더 중요한 요소"와 일치시키기 위한 것이었다고 주장한다.[493] 만일 그렇다면, 그 단어는 τοῦ θυμοῦ나 τοῦ θεοῦ에 일치된다. 렌스키는 동격 어구를 강조하려는 목적 때문에 형용사 "큰"이 여성형 대신에 남성형(τὸν μέγαν)이라고 제안한다.[494] 반면 베크위스는 저자가 앞에 등장하는 소유격을 수식하는 τὸν μέγαν을 목적격으로 했으며, 이는 동격으로 표현된 상징의 의미에 초점을 맞추려는 데 그 까닭이 있다고 추측한다.[495] 성(gender)의 구별이 약화되는 것은 히브리어 문체를 반영한 것으로 설명될 수 있다.[496]

여성형은 성경에 있는 전형적인 구조다. 비록 ληνός가 사 63:2에서처럼 드물게 남성형일 수도 있지만 말이다(앞의 논의 참조).[497] 이것은 계 14:19의 τὸν μέγαν의 성에 영향을 주었을 수도 있다(창 30:38, 41에도 ληνός의 남성형이 포함되었다). 사실 스튜어트는 19절 끝에 있는 τὸν μέγαν에 생략된 남성 명사 ληνόν이 있어야 한다고 주장한다. 그래야 마지막 문장이 앞에 있는 τὸν μέγαν을 설명하는 문장이 된다.[498] 이것은 LXX의 이사야서의 사상에 한층 더 가깝다. τὸν μέγαν이라는 어구는 사 63:2의 남성형 ληνός를 수식하는 것 같다. 러플린은 여성형 τὴν ληνόν에 남성형 τὸν μέγαν[ληνόν]이 따라오는 구조는 사 63장의 히브리어 본문에서 등장하는 패턴, 즉 여성형 *pûrâ*("포도주 틀") 뒤에 남성 대명사 어미

493) Mussies, *Morphology,* 139.

494) Lenski, *Revelation,* 450.

495) I. T. Beckwith, *Apocalypse,* 664.

496) E. Kautzsch and A. E. Cowley, *Gesenius' Hebrew Grammar* (Oxford: Clarendon, ^{2}1910), §§110, k; 135, o; 144, a; 145, p, t, u.

497) Robertson, *Grammar,* 253도 보라.

498) M. Stuart, *Apocalypse* II, 303.

m("그들")이 따라오는 것과 비슷한 패턴으로 구성되었음을 주목한다. "내가 **포도주** 틀을 밟았고…내가 나의 분노로 **그들을** 밟을 것이라." 그러므로 문법적 부조화는 요한의 독자들이 암시를 더욱 쉽게 인지할 수 있도록 하려는 목적일 수 있다.[499] 요한이 이사야서의 "포도주 틀" 이미지에 "큰"을 첨가한 것은 비슷한 강조형 형용사를 첨가한 초기의 주해 전통에 근거했을 수 있다. 예를 들어 사 63:3a LXX의 "배부르다, 가득 차다"(πλήρης)를 주목하라. LXX에서 사용된 표현 방식은 3a절을 2절에서 시작된 질문에 속한 것으로 읽을 수 있게 한다. "어찌하여 네 옷이 포도즙 틀을 밟는 자와 같으냐? [그것은] 밟은 포도즙으로 가득 찼느니라." 타르굼은 이 구절을 이렇게 번역했다. "어찌하여 고통이 포도주 틀의 포도즙처럼 **분출**하는가? 보라 포도주 틀에서 밟힌 포도처럼 살육이 **늘어날** 것이다."

18절의 ἐφώνησεν 뒤에 이어지는 λέγοντες는 셈어의 직접화법 문구를 다시 쓴 덧말이다.

20b절　　20절의 결론적 진술, 즉 포도주 틀을 밟아 **"성 밖에서 그 틀이 밟히니 틀에서 피가 나"**왔다는 말은 이해하기 어렵다. 여기서 성(πόλις)이 큰 성 바벨론이라면(요한계시록 여러 곳에서 이런 식으로 10번 사용됨), 밟는 행위는 성도들에게 가해지는 박해일 것이다.[500] 그렇다면 이 어구는 11:2b과 병행인데, 여기서 "거룩한 성을 짓밟는다"는 것은 배교한 도시 예루살렘 밖에서 그들의 주님처럼 박해받는 그리스도인을 가리킨다(참조. 히 13:11-14). 하지만 만일 14:20의 "성"이 참되고 거룩한 성이라면(요한계시록 여러 곳에서 이런 식으로 15번 사용됨), 밟는 행위는 의로운 성도들의 종말론적인 거룩한 성 밖에서 불신자들에게 내려지는 심판이다. 그렇다면 그 성은 역사의

499) Laughlin, *Solecisms,* 13.
500) Caird, *Revelation,* 192.

끝에 그들의 새로운 삶터에 있는 이상적인 성도들의 총회 또는 14:1-5에서 묘사된 성도들의 총회의 절정으로 이해할 수 있다.

그 "성"을 성도들로 구성된 참된 성, 그리고 심판으로써 불신자들을 짓밟는 것으로 밝히는 마지막 견해가 가장 좋은 이유는 3가지다. (1) 이미 앞에서 주목했듯이, 19절의 마지막 어구는 10절에 언급된 하나님의 진노의 포도주 이미지의 연속이다. 같은 이미지가 지금 포도주 틀을 밟는 것으로 계속되고 있다면, 이것은 불신자들에게 내려지는 심판을 가리킨다. (2) 20절의 처음 부분은 사 63:2-3과 함께 욜 4:13b에 근거한다(앞에서 제시한 본문 비교 참조). 포도주 틀을 밟는 행위를 그린 구약의 두 본문은 믿지 않는 나라들에 내려지는 심판 장면이다.[501]

(3) 암시된 이사야서 본문의 문맥은 성과 밟는 행위의 의미를 밝히는 데 추가적인 도움을 준다. 사 60-62장은 시온의 마지막 때의 구원과 보호를 강조하며, 이 단락의 마지막 구절은 이 내용을 재서술한다(62:12). 그래서 사 63:1-6은 시온의 보호와 하나님의 백성을 압제한 나라들에 내리는 하나님의 심판을 대조한다. 이것은 60:12에서 언급한 여러 나라에 내리는 심판을 다룬 앞 단락의 작은 주제를 재서술한다. 60:12과 63:1-6에서 여러 나라의 멸망은 거룩한 성의 "문들"이 신실한 자들을 위해 열려 있을 것이라는 주장(60:11; 62:10) 직후에 제시된다. 그러므로 열국의 파멸은, 비록 이런 식으로 서술되지는 않았다고 하더라도, 성 안이 아니라 성 밖에서 발생한다. 이것이 바로 요한이 "성 밖에서" 포도주 틀을 밟는다고 언급할 때 상기하기를 원했던 점일 수 있다.

이러한 분석은 성도들을 압제하는 믿지 않는 대적자들이 "사랑하는 성" 밖에서 심판을 받는다고 묘사한 계 20:8-9에 의해서도 입증된다. 이와 마찬가지로 21:27 및 22:15에 대조되는 21:8은 불경건한 자들의 심판의 자리가 하나님의 영원한 성 밖에 있다고 밝힌다. 이것은 하나님의 백성의 새로

---

501) Fekkes 역시 구약의 두 본문이 심판과 관련이 있으며 동일한 사상이 계 14장에서 계속된다고 결론을 내린다. Fekkes, *Isaiah and Prophetic Traditions,* 192-96

운 마지막 날의 성에서 그들이 보호받음을 가리키는 14:1의 시온 산에 관해 내린 결론과도 어울린다. 예언자들이 예언했듯이 시온 밖에서는 파멸만 있을 것이다. 예를 들어 슥 14:2-5, 12-16은 반역하는 나라들이, 다른 본문에서 그러하듯이, 예루살렘 가까운 곳에서 패할 것이라고 주장한다(예. 단 11:45; 4 Ezra 13:34-39; *2 Bar*. 40:1-3; *Sib. Or*. 3.667-97; 1QM 7.3-4; *Midr. Rab*. 아 2.2 §5).

아마도 요한이 염두에 두었던 가장 중요한 본문은 욜 4:2, 11-12, 14일 것이다. 이 본문은 하나님이 "여호사밧 골짜기" 근처 예루살렘 바깥에서 "주변 나라들"을 심판하실 것이라고 서술한다. 이러한 사상의 존재는 분명하다. 이 문맥에서 계 14:14-20의 모델인 욜 4:13은 곡식 추수와 포도주 틀이 밟히는 포도 추수로 심판을 묘사하기 때문이다. 성의 "문 밖에서" 자기 백성을 위해 하나님의 심판을 받으신 메시아를 믿지 않는 사람들(히 13:12)은 "성 밖에서" 그들에게 내리는 하나님의 심판을 받을 수밖에 없다.[502] *Pesikta Rabbati* 14에서 이 내용의 병행 어구가 발견된다. 여기에는 이렇게 서술되었다. 하나님은 단 7:11의 넷째 나라(로마)를 심판하실 것이며, "제사장처럼 [이스라엘]에 도움을 베푸실 것이며, 에돔[즉 로마]을 진영 밖으로 끌어내[민 19:3]…거기서 죽일 것이다."

계 19:15은 사 63:2-6을 마지막 때에 땅에 사는 악한 자들이 멸망하는 장면에 적용한다. 이것은 이곳 14:20에 동일한 시나리오가 있음을 더욱 확증한다. 19:15에 언급된 패배 직후, 온 세대에 걸쳐 죽은 모든 악한 자들에 대한 심판이 있을 것이다(19:20; 20:11-15; 21:8; 참조. 14:9-11). 이와 비슷한 방식으로 후기 유대교 문헌들은 사 63:1-6의 포도주 틀 이미지를 곡과 마곡에 행한 심판뿐만 아니라, 로마에 내리는 하나님의 미래의 심판에도 적용한다.[503]

---

502) P. E. Hughes, *Revelation*, 167.

503) 로마: *Midr. Rab*. 창 16.4; 65.12; *Midr. Rab*. 출 15.16; *Midr. Rab*. 레 13.5; *Midr. Rab*. 전 11.3; *b. Berakoth* 58a; *Midr*. 시 8.1; 60.3; *Pesikta de Rab Kahana*, suppl. 6, part 5; *Tanna de-be Eliyyahu*, p. 26. 곡과 마곡과 함께 로마: *Midr*. 시 68.13; *Pesikta de Rab*

구약성경에서처럼 계 14장에서도 추수와 포도 수확 두 이미지는 죄인들에게 내리는 하나님의 철저하고 결정적인 심판을 의미한다. "말굴레까지" 차오르는 피는 전쟁을 비유하는 용어이며, 심판의 참혹하고 절대적인 특성을 과장하여 강조하는 기능을 한다. 이 묘사를 단순히 "피가 문자적으로 튀겨 온 지역을 뒤덮는 것"으로[504] 이해하여 전쟁 장면을 문자적으로 해석하려 한다면 그 장면의 과장법을 놓치게 된다. 전쟁과 말들에 결합된 이러한 살육 장면은 그리스도의 재림으로 시작된 최후의 심판 장면이며, 말과 연결된 불경건한 자들의 멸망을 서술한 19:17-18과 병행이다. 이 심판의 최종성은 *1 En*. 100:3-4에 의해서도 지지를 받는다. "가슴까지 차오른 죄인들의 피 속에서 말들이 걸으며, 전차는 그 높이에 잠기리라. 그날에 천사들이 비밀스러운 곳으로 내려와 죄를 지은 사람들을 다 한 장소로 모으며, 지극히 높으신 분이 죄인들 중에서 심판을 행하시려고 심판의 날에 일어나리로다." (자세한 내용은 *1 En*. 100장의 적실성에 대한 아래 논의 참조).

피가 그 성에서 "천육백 스타디온"(대략 300km)까지 퍼졌다는 것은 중요하지 않은 숫자다. 비록 이것이 두로에서 애굽 국경에 이르는 팔레스타인의 대략적인 길이(1,664 스타디온)와 관련이 있기는 하지만 말이다.[505] 어찌 되었든지 이 숫자는 예루살렘 밖에서 벌어지고 있는 여러 나라의 멸망의 범위를 과장해서 강조한다. 그 숫자는 4의 제곱과 10의 제곱을 곱한 수이며, 4와 10 모두 요한계시록 여러 곳에서 완전함을 가리키는 비유다. 그러므로 1,600은 완전하고 범세계적인 심판을 가리키는 비유일 것이다.[506] 또한 그 숫자는 전통적으로 심판을 가리키는 수인 40의 제곱수로 생각할 수도 있다.[507] 필경사들 중에는 이 숫자를 1,200으로 바꾼 사람들도 있다

Kahana 22.

504) Walvoord, *Revelation,* 223이 이렇게 생각한다.

505) 참조. Beasley-Murray, *Revelation,* 230.

506) 다음 주석가들이 이렇게 생각한다. Hengstenberg, *Revelation* II, 171-72; Hendriksen, *More than Conquerors,* 188; Morris, *Revelation,* 186; Mounce, *Revelation,* 283; Roloff, *Revelation,* 179.

507) Hengstenberg, *Revelation* II, 171-72; Farrer, *Revelation,* 168; and Beasley-Murray,

(ℵ* 203 506 sy^{ph}). 1,200이 완전함을 가리키는 상징적 사상을 더 잘 전달한다고 생각했기 때문인 것 같다.[508] 성을 기점으로 멀리 떨어진 거리를 가리키는 ἀπό("1600 스타디온[의 거리]에")는 특이한 표현이지만 선례가 없는 것은 아니다.[509] 측정하는 거리의 관점은 대량 살육의 범위를 강조하려고 피가 퍼져나간 가장 먼 지점에서 바라본다.

따라서, 비록 14-16절이 성도들의 구속을 묘사하는 것일 수 있지만, 17-20절이 신자들의 순교를 묘사하며 신자들에게 초점을 맞추는 장면이기도 하다는 케어드의 주장은[510] 설득력이 없다.[511] 케어드와 비슷하게, 핸슨과 브루스는 여기서 그리스도의 죽음이 암시된다고 이해한다.[512] 이와 마찬가지로 푀이예는 14-16절의 추수 이미지와 특히 18-20절의 포도 수확 이미지가 순교자들의 고난으로 계속되는 그리스도의 고난을 가리킨다고 이해한다.[513]

케어드의 견해를 약간 변경한 이러한 견해들은 케어드의 견해를 비평한 것과 동일한 이유로 설득력이 없다. 케어드의 주장의 강점 중 하나는 ἄμπελος(18-19절의 "포도")가 틀림없이 교회를 가리키는 비유라는 점이다. 이 단어는 이방인들의 심판을 묘사하는 장면으로 사용된 적이 없고, 그리스어 구약성경에서 이스라엘을 가리키는 전형적인 상징이었기 때문이다(시 79[80]:9[8]-14[13]; 사 5:1-7; 렘 2:21; 호 14:8; 이스라엘의 번영과 관련하여 사 36:16; 미 4:4; 슥 3:10[11]; 8:12; 말 3:11). 하지만 포도 이미지는 배역한 이스라엘의 심판 장면에도 사용되었다(욜 1:7, 12; 사 7:23; 32:12; 렘 6:9; 8:13; 애 2:6; 겔 15:6; 17:6-10; 19:10-14).[514] 포도 장면은 심판받는 범죄한 나라들을 묘사

Revelation, 230.

508) B. M. Metzger, *Textual Commentary,* 755.

509) BAGD, 87. Newport, "Semitic Influence in Revelation," 254-55은 히브리어 *min*과의 병행에 근거하여 "의 거리까지"라고 이해하기를 선호한다.

510) Caird, *Revelation,* 192-94. Sweet, *Revelation,* 232은 Caird의 입장을 따른다.

511) A. F. Johnson, "Revelation," 543이 Caird를 평가한 것에 동의함.

512) Hanson, "Studies in Texts (Rev. 14:20)"; Bruce, *Revelation,* 1618.

513) Feuillet, "La moisson et la vendange de l'Apocalypse."

514) Carrington은 이것을 근거로 계 14:17-20이 기원후 70년의 이스라엘의 심판을 언급한다고 주장한다. Carrington, *Meaning of Revelation,* 254-61.

할 수도 있다(창 49:11[참조. *Targ*.]; 시 80:8-13; 사 16:8-9; 24:7; 렘 31:32 LXX; 비교. 신 32:32-34). 문자적으로 열매를 맺지 못하는 것은 심판을 의미하기도 한다. 이방 나라들과 이스라엘 모두에게 해당되며 "포도를 밟는" 이미지를 포함하는 더 비유적인 장면이 발견되기도 하지만 말이다.

앞에서 관찰했듯이, *1 En*. 100이 계 14:20과 비교하기에 적절하다는 것은 계 14장에 다음과 같은 병행 어구가 있다는 사실에서 또한 분명해진다. 계 14:20 앞의 몇 절처럼, *1 En*. 100 바로 앞에 이런 내용이 있다. (1) "우상에게…경배하는" 자들은(99:6-7; 참조. 99:9, 14; 비교. 계 14:9) (2) 심판 때에 "쉼이 없으리라"(99:14; 비교. 계 14:11). (3) 충성된 사람들은 주변에 있는 우상숭배자들에게 미혹을 당하지 않기에 "복 있는 사람"으로 지칭된다. 충성된 사람들은 "지혜의 말씀을 받아 그 말씀을 깨닫는다"(99:10; 비교. 계 13:18; 14:12-13).

최후의 심판과 관련하여 계 14:20b의 사상과 동일한 흐름에 있는 문헌들은 다음과 같다. (1) *Sib. Or*. 3.667-84. "저주받은 왕들이 각자 자기의 왕좌를 성읍 주변에 원을 이루어 놓으며…심판이 그들 위에 임하리라.…바위는 피로 흘러내리고, 내린 격류로 평지에 홍수가 나리라." (2) 2 Esdr. 15:35. "칼에 찔려 흘린 피는 말의 배 높이나 사람의 넓적다리 또는 낙타의 무릎까지 이르리라." (3) Jerusalem Talmud *Taanith* 4:5에는 유대인들이 베타르에서 하드리아누스에게 패한 것을 언급하면서 이렇게 말하는 대목이 있다. "이제 그들은 말이 코 높이만큼 피에 잠길 때까지 [유대인들]을 살육하고 있었다. 그리고 피로 인해 무게가 40세아(원래 부피 단위인 1세아는 7.3리터-역주)인 바위가 굴러가고, 피는 4밀(약 4.4km-편집자 주)을 흘러 바다로 들어갔다. 만일 베타르가 바다 근처에 있다고 추측하고 싶다면, 사실 그곳은 바다에서 40밀 떨어져 있다"(이와 비슷한 묘사를 *b. Gittin* 57a에서 찾을 수 있다).[515] 9세기의 것으로 알려진 *Apoc. Dan*. 4:8에는 콘스탄티노플(비잔티움)을 언급하면서 이렇게 말

515) SB III, 817을 보라.

한다. "일곱 산으로 형성된 [성]의 거리에는 말들이 물에 빠지고 피에 익사할 것이다." *Targ.* 사 63:2은 이렇게 기록한다. "산들이 죽임을 당한 자들의 피로 붉어지고 평지에서는 포도주 틀의 포도처럼 피가 쏟아지는 이유는 무엇인가?"[516]

Targ. Jer. Frag. 창 49:11과도 비교하라. "그[메시아 왕]는 왕들을 살육하고…살육당한 그들의 피로 강은 붉게 물들 것이다.…그의 옷은 피에 적셔지며 그는 포도주 틀의 포도즙처럼 되고…그의 산들은 포도로 붉게 되며 그의 포도주 틀은 포도주로 붉게 될 것이다." 사 16:8-9 LXX에는 이렇게 기록되었다. "주님은 그의[모압의] 포도를 짓밟으신다.…내가 너의 추수와 포도를 밟으리라." 이스라엘이 받을 징벌과 관련하여 사 5:1-7을 보라. 또한 렘 6:9에 묘사된 이스라엘의 심판을 보라. "포도를 따듯이 그들이 이스라엘의 남은 자를 말갛게 주우리라. 너는 포도 따는 자처럼 네 손을 광주리에서 자주자주 놀리라."

과거주의적 해석은 14:14-20을 1세기 예루살렘의 멸망을 언급하는 것으로 해석한다.[517] 하지만 온 땅이 심판의 초점이라는 사실은 6-7절과 욜 4:13의 암시와 사 63:2-6의 암시(15-20절)에서 분명하게 드러난다.

앞에서 14장을 분석한 것에 따르면, 14장의 단락들은 엄격한 시간 순서를 따르지 않는다는 것이 드러난다.[518] 1-5절은 영원한 복의 시작을 묘사한다. 6-7절은 회개하라고 경고한다. 8절은 역사의 끝에 있을 심판을 언급한다. 9-11절은 심판의 영원한 결과를 설명한다. 12-13절은 현재 인내하라고 권한다. 14-20절은 다시 역사의 마지막에 있을 심판을 언급한다.

---

516) 이와 비슷한 회화적인 다른 본문은 G. Bornkamm, *TDNT* IV, 256을 보라.

517) 예. Carrington, *Meaning of the Revelation,* 256; D. C. Chilton, *Days of Vengeance,* 371-77을 보라.

518) Lang, *Revelation,* 243에 반대함.

성도들은 하나님과 어린 양에게 영광을 돌린다. 하나님과 어린 양의 비교할 수 없는 품성은 구원을 이루시고 심판을 시행하심에 나타났다(15:1-4)

12:1에서 7중 시리즈가 시작된 이래로 14:20에 이르기까지 여섯 환상만 제시되었다. 앞에서 언급했듯이(12장 주석의 서론 참조) 일곱째 환상은 15:1이 아니라 15:2-4에 등장한다. 일곱째 환상은 15:1에서 일곱 대접을 가진 천사를 소개하는 것으로 잠시 중단된다. 이 새로운 심판 시리즈는 5절에 와서야 다시 시작된다. 그러므로 대접 심판의 서론은 앞의 7중 시리즈 단락의 여섯째 단락(14:14-20)과 일곱째 단락(15:2-4) 사이에 놓인다.

그래서 어떤 이들은 15:2-4이 1절부터 시작된 대접 심판의 서론을 이어간다고 보며, 12-14장의 환상과는 연관되지 않은 것으로 생각한다. 이것은 요한계시록을 미래주의적으로 보는 이해에 속한다. 하지만 대접 심판은 16:1에서야 비로소 시작하고, 15:1의 대접 심판 서론은 5-8절에서 계속되기 전에 2-4절로 인해 분명히 중단된다.

2-4절을 가장 잘 설명한 것은 그것이 12:1-14:20의 결론 및 대접 심판 서론의 일부분으로 작용한다는 것이다. 앞에서 우리는 요한계시록의 주요 단락들 사이의 전환부에 앞의 단락을 마무리하면서 동시에 이어지는 단락을 소개하는 "맞물림" 기능이 있다는 것을 관찰했다.[519] 1절 내용이 5-8절에서 이어지지만 서로 떨어져 있기에, 2-4절은 12:1-14:20을 마무리하고 일곱 대접을 소개하는 삽입구 역할을 한다.[520] 전환은 문학적·주제적으로 기능한다.

하지만 맞물림이라는 이러한 문학적 문체는 정확히 어떤 방법으로 마무리하고 소개하는가? 15:2-4이 최후의 심판을 마무리하는 장면이면서 동시에, 그 심판에 앞서 일어나는 일시적 환난의 시작을 묘사한다는 주장은 확실히 비논리적이며 개연성이 없다.

15:2-4의 맞물림 기능 중에는 14:6-13에 선언되고 14:14-20에서 발생

519) 참조. A. Y. Collins, *Combat Myth*, 16-19.
520) Wilcock, *I Saw Heaven Opened*, 139-41.

하는 것으로 묘사된 최후의 심판을 재개하는 기능이 있다. 2-4절의 노래는 14:6-11, 14-20의 심판에 표현된 하나님의 의로우심을 찬양한다.[521] 하지만 본문은 성도들의 원수에게 내려진 심판과 불경건한 자들을 이긴 성도들의 승리에 초점이 맞춰져 있다. 더욱이 15:2-4은 14:1-5에 서술된 성도들의 구원받은 위치에 대해 부연한다. 그래서 인내하라는 권면과 상에 대한 약속을 중간에 두고, 심판 단락(14:6-11, 14-20)을 둘러싸며 수미상관을 이룬다.[522] 요지는 수미상관과 중간부분을 형성하는 단락에서 발견된다. 이것은 모두 성도들의 구원과 승리를 다룬다.

15:2-4이 맞물림 기능을 함과 그것이 심판 주제를 다시 시작한다는 점은 8:3-5에 의해 더욱 지지된다. 8:3-5은 삽입구 역할을 하면서 15:2-4과 정확히 일치하는 맞물림 기능이 있고, 이어지는 일곱 나팔 심판을 시행할 일곱 천사(8:2)를 서론적으로 언급하는 내용이 그 앞에 놓여 있다. 일곱 천사들이 있다는 것은 8:6에서 다시 반복되고, 그들의 역할은 8:7ff.에서 서술된다. 그러므로 8:3-5은 8:1의 최후 심판 장면을 계속 묘사함으로써 뒤따라오는 재앙 시리즈 서술의 시작을 잠정적으로 중단한다.

하지만 15:2-4의 맞물림 삽입구가 15:5에서 시작되는 내용과 어떻게 연관되는가? 8:3-5에서처럼 여기서도 맞물림은 주제의 문학적 연결을 암시한다. 이것은 하나의 일곱 시리즈에서 다음 일곱 시리즈로 전환하는 기능을 한다. 출애굽 배경은 대접 심판과 모세 및 어린 양의 노래를 주제적으로 연결한다. 일곱 대접은 출애굽 재앙을 모델로 삼았고, 15:3-4의 노래는 홍해의 승리(출 15장) 이후 모세의 노래를 모방한 것이 분명하다. 12:1-14:20 단락을 마무리하는 게 15:2-4의 새롭고 최종적인 출애굽 승리 내용은 16장에서 최후 승리에 이르는 마지막 날의 출애굽 재앙을 다루는 동기가 된다. 그러므로 15:2-4의 삽입구는 우선적으로 14:14-20의 최후 심판 주제의 연속이며, 부차적으로 이어지는 대접 시리즈를 문학적으로나 주제적으로 앞

---

521) A. Y. Collins, *Apocalypse,* 107.
522) 교차대구 구조에 대해서는 Krodel, *Revelation,* 260, 276-77을 보라.

단락과 연결시킨다.

1절은 일곱 대접 재앙의 공식적인 서론의 시작이며, 15:5-16:21의 서론적인 요약으로 작용한다(17:1과 유비를 이룸).[523] 1절을 여는 어구는 중요한 새 단락의 시작을 표시하기에 적합한 어구다. 이것은 12:1-3에서 시작하는 첫 어구와 거의 동일하다.

12:1-3	15:1
καὶ σημεῖον μέγα ὤφθη ἐν τῷ οὐρανῷ...καὶ ὤφθη ἄλλο σημεῖον ἐν τῷ οὐρανῷ("하늘에 큰 이적이 보이니… 하늘에 또 다른 이적이 보이니").	καὶ εἶδον ἄλλο σημεῖον ἐν τῷ οὐρανῷ μέγα("또 하늘에 큰 다른 이적을 보매").

요한은 "마지막 일곱 재앙을 가진 일곱 천사"를 본다. 이것은 바로 앞에 있는 "하늘에 큰 이적"을 더 자세히 설명하는 것이다. πληγὰς ἑπτὰ τὰς ἐσχάτας는 "마지막인 일곱 재앙"(NASB, RSV, JB) 또는 "마지막 일곱 재앙"(KJV)으로 번역할 수 있다.

전형적인 미래주의적 관점에서 보면, 일곱 대접은 일곱 인과 일곱 나팔 단락에서 묘사된 사건들 다음인 역사의 끝에 온다. 그렇다면 ἔσχατος("마지막")는 일곱 대접이 일곱 인과 일곱 나팔의 화가 발생하고 난 후 역사에서 발생할 마지막 재앙임을 가리킨다.[524] 개중에는 일곱 나팔이 일곱째 인의 내용이라고 믿듯이, 일곱 대접을 일곱째 나팔 또는 셋째 화의 내용으로 봄으로써 이 이론을 약간 다르게 표현하는 사람들이 있다.[525]

이와 같은 미래주의적 관점이 가능성이 없지는 않으나, ἔσχατος("마지

523) I. T. Beckwith, *Apocalypse,* 673; Kiddle, *Revelation,* 300; Beasley-Murray, *Revelation,* 234.

524) Rissi, *Time and History,* 47.

525) Seiss, *Apocalypse,* 368; I. T. Beckwith, *Apocalypse,* 669-71; Walvoord, *Revelation,* 225-26; Ladd, *Revelation,* 203; Kraft, *Offenbarung,* 201; Mounce, *Revelation,* 284; A. F. Johnson, "Revelation," 545-46.

막")는 요한이 본 환상의 순서를 가리키지, 반드시 역사적으로 발생할 시간적 순서를 가리킬 필요가 없을 가능성이 더 많다. 이것은 일곱 대접이, 요한이 일곱 인과 일곱 나팔 환상(과 어쩌면 12-14장의 환상들)을 보고 난 후 보았던 7중 환상의 (뒤따라오는 장들에서 더 자세한 환상 장면으로 설명되는) 마지막 공식적인 시리즈라는 의미다. 그러므로 일곱 대접은 역사의 마지막 사건으로 일어난다고 이해해서는 안 된다.

이 해석은 대접 환상을 "또 이 일 후에"(καὶ μετὰ ταῦτα)라는 어구로 다시 소개하는 15:5의 지지를 받는다. 요한계시록 전체에서 "이 일 후에"라는 어구는 요한이 환상을 본 순서를 지시하지 반드시 그 환상이 역사적으로 발생할 시간적 순서를 지시하는 것은 아니다(4:1; 7:1, 9; 18:1; 19:1. 4:1의 주석 참조). 그래서 5절은 단지 일곱 대접이 요한에게 제시된 환상들의 순서에서 마지막에 발생했다는 것만을 주목한다. 5절이 1절에서 소개되기 시작한 동일한 환상을 다시 소개하기 때문에, "또 이 일 후에 내가 보니"(5절)를 "또 내가 다른 이적…마지막 일곱 재앙을 보니"(1절)와 병행으로 이해하는 것이 이치에 맞다. ἔσχατος("마지막")는 아마도 μετὰ ταῦτα("이 일 후에")와 동의어일 것이다. 그래서 "또 내가 마지막 일곱 재앙을 보니"라는 도입 어구는 5절의 계속되는 서론에서 "또 이 일 후에 내가 보니"로 설명된다. 이렇게 하여 1절 역시 일곱 대접이 선견자가 본 공식적인 7중 환상에서 마지막을 차지한다고 천명한다.

일곱 대접은 시간상 14장에 묘사된 내용 이전으로 돌아가서, 최후 심판 때 절정에 도달할 온 세대에 두루 나타나는 화들을 더욱 자세히 설명한다. 이것을 암시하는 지시어 중 하나는 최후의 심판이 일곱 인의 끝(6:12-17; 8:1)과 일곱 나팔의 끝(11:15-19), 그리고 가장 근접한 14:8-11(바벨론과 그를 따르는 자들에게 내린 최후의 징계)과 14:14에서 발생하고 있다고 이미 묘사했다. 일곱 대접과 일찍이 등장한 심판 시리즈 사이에 시간적인 중첩이 있음을 암시하는 또 다른 표시는, πληγή("재앙")라는 단어가 여섯째 나팔 화(9:20)와 넷째 대접(16:9), 1세기 독자들이 이 책의 경고에 주의하지 않으면 그들의 삶 가운데 내려질 수 있는 재앙(22:18)에도 사용되었다는 점이다.

하지만 "마지막"은 요한이 본 환상에서의 순서를 지시하기보다는 역사의 마지막 사건들을 가리키는 구속사적인 언급일 수도 있다. 그래서 "마지막 일곱 재앙"은 하나님이 애굽에 내리신 열 재앙과 관련이 있을 수 있다.[526] *Pesikta de Rab Kahana* 7.11은 하나님이 애굽에 보내신 것과 동일한 재앙을 로마와 곡에게도 보내실 것이라고 천명하며, 이 내용을 "하나님이 전자[애굽]를 징계하신 동일한 도구를 이용하여 후자[로마]를 징계하실 것이라"라는 말로 소개한다. *B. Hullin* 92a은 출애굽 때에 애굽이 "비틀거림의 잔"을 마셨으며 역사의 끝에 다시 "모든 나라가" 그럴 것이라고 천명한다("재앙"과 "잔"의 동일성에 대해서는 15:7-8의 주석 참조). 이스라엘이 다시 구원을 받게 되는 역사의 마지막 때 세상에게 출애굽 심판이 선언될 것이다(미 7:10-17; *Targ. Jon.* 슥 10:9-12; 1QM 11.9-11; 14.1; *Apoc. Abr.* 29:15-16; 30:1-8). 신 4:30, 8:16, 31:29(비교. 32:20)에 따르면, "마지막 날에"(ἐπ' ἐσχάτων τῶν ἡμερῶν) 이스라엘은 애굽에 내린 재앙의 패턴에 따라 심판을 받을 것이다(31:29은 31:30의 모세가 부른 "노래"라는 언급 바로 앞에 있다. 또한 계 15:1과 15:3을 비교하라).

이런 구약성경과 유대교의 선례는 계 15:1의 "마지막"의 본질적인 사상을 가장 잘 이해할 수 있는 예표론적·종말론적 배경을 제공한다. 이 배경에 비추어볼 때 개연성이 있는 것은 요한계시록의 재앙들이 애굽의 재앙이 발생했던 예전과 대조되어 마지막 날에 발생한다(그래서 "종말론적인 일곱 재앙"이다)는 것이다. 요한과 신약의 저자들은 마지막 날이 그리스도의 초림과 더불어 시작되었고 그의 재림 때 절정에 도달할 것이라고 믿었다(4:1의 주석 참조). 그래서 대접 재앙은 그리스도의 초림부터 재림에 이르는 마지막 날을 아우르는 전 과정으로 확장된다. 16장은 대접 재앙이 애굽에 내린 재앙에 예표론적으로 상응하는 재앙임을 보여준다. 이는 홍해 이미지와 15:2-4의 문맥에서도 그러하다. 유대교 문헌과 기독교 문헌에서 출애굽 재앙은 인류의 이후 세대에 임할 재앙의 예표로 이해되기도 했다(Irenaeus는

---

526) Mauro, *Patmos Visions,* 457.

그 재앙이 마지막 때에 다시 발생할 것으로 이해했다. Irenaeus, *Adversus Haereses* 4.30.4; 출애굽 재앙은 Josephus, *Ant*. 2.14.1에서 예표론적으로 온 세상의 불신자들에게 확장되어 적용되었다; *Test. Dan* 5:8; *Midr. Rab*. 출 11.2; 12.4, 7; 14.3; 참조. 암 4:10).

또한 "마지막"의 중요성에 있어서, 나팔이 우선적으로 불신자들에게 경고하는 데 목적이 있는 반면에, 이 대접 재앙은 **온 세대 내내** 마지막에 오며, 경고가 이미 거부되었기 때문에 회개할 여지를 전혀 남기지 않는다고 이해하는 사람들이 있다.[527] 이 견해는 가능한 견해이긴 하지만 받아들일 수는 없다. 나팔은 경고만 하는 것이 아니라 그 자체로 불신자들을 강퍅하게 하고 심판받도록 하는 화이기 때문이다(앞의 8-9장 주석 참조). 또 다른 견해는 "마지막"이 일곱 인과 나팔에 계시된 진노가 어떻게 그 목표에 도달했는지를 설명한다는 것이다.[528] 이것은 어느 정도 장점이 있다. 대접 심판은 다른 7중 시리즈와 다르게 하나님의 심판의 목적(짐승에게 경배하고 성도들을 박해하는 사람들을 심판하는 것)을 좀 더 분명하게 서술하기 때문이다(16:2, 5-7, 19).

대접은 제시된 환상의 순서에 있어 "마지막"이다. "이것으로써 하나님의 진노가 끝나기 때문이다." 일곱 대접은 일곱 인과 나팔에 묘사된 하나님의 진노를 보충하고 상세히 설명한다. 하나님의 진노가 "완전히 표현되었다"[529]거나 **"완성에 도달했다"**(ἐτελέσθη; JB "exhaust," NEB "consummated," RSV "ended," NASB "finished," KJV "filled up")라고 말할 수 있는 것은 바로 이러한 대접 재앙으로 징계가 상세히 설명되기 때문이다. 하나님의 진노를 충분하게 묘사한 내용은 모든 대접 환상이 하늘 캔버스에 채색될 때 마칠 것이다. 대접은 나팔(과 궁극적으로는 인)과 주제적·시간적인 면에서 대체로 병행된다. 이것은 두 재앙이 비슷하다는 것으로 입증된다(자세한 내용은 본서 서론에서 요한계시록의 구조를 이해하기 위한 대안들을 논의한 "요한계시록의 구

527) Hendriksen, *More than Conquerors,* 190; Morris, *Revelation,* 187.
528) Beasley-Murray, *Revelation,* 234.
529) Bratcher, *Translator's Guide,* 124.

조와 계획"을 보라).

하지만 앞에서 언급한 τελέω의 뉘앙스들 중에서 1절 끝에 있는 표현을 지칭하는 것은 하나도 없다. 그 뉘앙스들은 모두 "완성"이라는 사상을 중심에 두고 있다. ἐτελέσθη는 은유적인 방법에서 "채워지다"(is filled up)로 번역될 수 있으며, 15:7 및 21:9과 병행이다.

> 15:1b: "하나님의 진노가 이것[일곱 대접]으로 마치리로다(채워지리로다, filled up)"
> 15:7b: "하나님의 진노를 가득히 담은(full) 금 대접 일곱"
> 21:9: "일곱 대접을 가지고 마지막 일곱 재앙을 담은(full of)"

15:7b과 21:9에서 이 표현은 하나님의 진노의 액체(아마도 포도주)로 채워진 대접을 가리키는 은유적 표현이다. 세 본문이 병행이라는 사실에서 우리는 15:1의 마침(τελέω)이 15:7과 21:9의 "가득히 담음"(γεμέω)과 동일하다는 것을 알 수 있다. 이것은 14:10의 "진노의 포도주"로 채워진 하나님의 "진노의 잔"을 더욱 발전시킨 것이다. 15:1의 은유의 결과적인 의미는 일곱 대접이 하나님의 가득 찬 진노를, 화(禍)를 다룬 이전의 어느 환상보다 더 강렬한 방법으로 묘사한다는 점에서 "마지막"이다. 이 결론은 앞에서 논의한 τελέω의 첫 번째 견해와 크게 다르지 않다. τελέω를 이런 식으로 은유적 관점으로 보는 것에 반대 의견이 있다면, 그것은 요한계시록에서 이 단어가 7번 사용된 것 중에서나 신약성경 어느 곳에서도 이처럼 은유적인 사상을 전달하는 곳이 없다는 사실에 있다. 하지만 근접 문맥이 의미를 확정하는 데 늘 결정적이어야 한다.

부정과거 ἐτελέσθη는 미래를 표현하는 히브리어의 예언적 완료처럼 기능한다. 그래서 마치 하나님의 진노가 이미 발생한 것처럼 절정의 상황을 묘사한다.[530] 부정과거의 미래적 사용은 그 사건의 예언적 확실성

530) Fanning, *Verbal Aspect*, 273-74.

을 강조한다.

2절 이 구절은 12:1에서 시작된 광범위한 단락의 일곱째이면서 결론적인 단락을 시작한다. 이 구절에서 대접 소개가 중단되고, 14장에서 다뤄진 최후 심판 주제가 다시 시작된다. 2-4절은 하나님 나라의 도래를 예언한 것이며, 19-21장에서 시간적으로 제시된 하나님 나라를 단순히 기대하거나 예상한 것이 아니다.[531] 14:14-20은 최후의 심판을 묘사했으며, 15:2-4은 그 장면을 기반으로 짐승의 멸망이 완료되었다는 사실과, 성도들이 그 승리의 결과를 향유하며 하나님께 찬송하는 것을 서술한다. 4절에 의하면, 단번에 "주의 의로우신 일[심판]이 나타났으매 만국이 와서 주께 경배한"다고 한다(여기에 사용된 표현의 절정적인 특성에 대해서는 4절 주석 참조).

"불이 섞인 유리 바다 같은 것"(ὡς θάλασσαν ὑαλίνην)은 솔로몬 성전의 물두멍의 반사광과 거룩하게 구별된 하나님의 천상적 영광을 암시할 수 있다(자세한 내용은 4절 주석 참조). 하지만 가장 중요하게 염두에 둔 것은 새로운 출애굽과 연관이 있는 홍해의 천상적 유비다. 불이 섞인 유리 바다 같은 것을 홍해와 동일시하는 일은 본문에 바로 이어서 모세의 새 노래가 언급된 부분으로 확실히 입증된다. 이것은 출 15장의 모세의 노래에 상응하는 마지막 날의 노래다. 더욱이 유대교 주해 전통에서 홍해가 "유리 바다"가 된다라고 묘사된 것은 우연 같지 않다(아래 참고 자료와 논의 참조). 출애굽 분위기는 1절의 "재앙"이라는 단어에서도 감지된다. 이것은 애굽의 재앙(16장)과 이후에 언급된 "증거 장막"(5절)을 모델로 삼은 것이 분명하다.[532]

이 외에도 "바다"는 여기서 우주적인 악을 의미한다. 바다는 구약성경과 요한계시록 여러 곳에서 종종 같은 뉘앙스를 지니기 때문이다(자세한 내용은 4:6의 주석을 보라. 참조. 13:1; 21:1). 구약성경에서 홍해는 악한 바다 괴물의 주거지이기도 하다. 이 사실은 여기에 이러한 배경이 있다는 점을 더욱

---

531) Ladd, *Revelation,* 203에 반대함.
532) Caird, *Revelation,* 197.

확증한다. 비록 이 본문에서 짐승(국가와 그 동맹국들)이 바다 괴물인 애굽 왕의 대형(對型)이기는 하지만 말이다(참조. 사 51:9-11; 시 74:12-15; 겔 32:2). 요한은 바다의 혼동케 하는 힘이 하나님의 주권에 의해 이제 잔잔해진 것을 본다. 계 5:5ff.은 죽음과 부활로 말미암은 그리스도의 승리가 악의 세력을 이겼고, 4:6에 묘사되었듯이 마귀의 혼돈스러운 물의 거처를 잠잠케 한 것으로 표현한다(자세한 내용은 5:6b의 주석 참조). 바다에 "불"(πῦρ)이 있다는 것은 (벧전 1:6-7; 4:12에서처럼) 성도들의 불같은 시험을 가리키거나, 성도들이 거룩하게 되는 세례를 묘사하는 불같은 바다를 의미하지 않는다.[533] 어디에서도 이런 식으로 분명하게 언급된 곳은 없다. 요한계시록에서 불과 바다는 늘 각각 심판과 악의 이미지로 사용되었지, 성도들의 시험이나 세례를 의미한 적이 없다.

2절의 장면은 바다가 어린 양이 짐승을 심판하신 장소가 되었음을 보여준다. 이것은 13:13을 제외하고는 πῦρ가 요한계시록에서 하나님의 심판만을 가리키는 은유라는 사실에서 분명히 드러난다(23번 등장. 14:10의 주석과 아래 내용 참조). 유리 바다에 있는 불 이미지는 이미 4:5-6에서 암시되었다. 거기서 "보좌 앞에 켠 등불 일곱"과 "보좌 앞에 수정과 같은 유리 바다"가 언급되었다. 바다와 연관된 켠 등불(불타는 횃불) 역시 심판을 가리키는 은유다(불과 불이 함께 섞여 있고 하늘에서 공존하는 것에 대해서는 *y. Rosh Hashanah* 58a; *Midr. Rab.* 창 4.7을 보라). πυρί는 수단을 의미하는 여격이다. "불로 섞인…바다."[534] 이와 비슷하게 단 7:10은 하나님의 보좌 앞에 있는 하늘의 "불의 강"(ποταμὸς πυρός)을 묘사한다. 그 주변에는 수많은 천사가 서 있다. 단 7장의 이 장면은 하나님이 "짐승"을 심판하기로 결정하셔서 "짐승이 죽임을 당하고 그의 시체가 상한 바 되어 타오르는 불에 던져진" 것을 가리킨다(단 7:11; 계 4:6에 언급된 "유리 바다"의 단 7장의 배경은 4:6의 주석 참

---

533) Farrer, *Revelation,* 171, 173.

534) MHT III, 240; 비교. 21:16; 참조. Robertson, *Grammar,* 529. Robertson은 그것을 "연합과 수단의" 여격("함께")으로 언급한다.

조). 단 7장의 성취로 어린 양이 "이기셨다는 것은" 성도들이 바다에 있는 짐승을 "이기는" 길을 놓으신 일이다. 이는 15:2의 초점이기도 하다. 성도들이 승리하는 이유는 오직 어린 양이 정복하셨고 그들로 하여금 그가 바다에서 취하신 승리에 참여하도록 하셨다는 데 있다(자세한 내용은 4:6과 5:5-6, 9-10의 주석 참조). 그러므로 어린 양이 15:3에서 찬송을 받으시는 것은 그가 자기 백성의 대적자들을 심판하여 자기를 따르는 자들에게 세상을 이기는 궁극적인 승리를 주신 까닭에 있다.

성도들은 박해를 받는 중에서도 인내하는 믿음을 가졌고 그 믿음을 세상과 타협하기를 거부하였기에 어린 양의 승리에 참여할 수 있다(12:11을 직접적으로 발전시킨 것임). 이것이 바로 그들이 "짐승과 그의 우상과 그의 이름의 수를 이기고 벗어났다"는 어구의 의미다. 단 3:12, 28ff.에 소개된 왕의 신상 앞에 절하기를 거절한 신실한 세 젊은이들이 그랬듯이 말이다(2절에 3중적으로 언급된 짐승과 그의 우상과 그의 수를 충분히 설명한 13:15, 17-18의 주석 참조). τοὺς νικῶντας ἐκ라는 어구는 "[스스로 구별함으로써] 이기고 벗어난 자들"의 함축적인 표현일 수 있다.[535] 세상의 눈에는 성도들이 패한 것 같아 보여도, 성도들은 그들의 믿음을 지키고 타협을 강요하는 사람들과 구별됨으로써 영적인 승리를 **얻었다**. 혹은 그 표현은 단순히 "이긴 승리"(victory over)를 의미할 수도 있다.[536] "그의 이름의 수"를 이긴 승리는 성도들이 자기들의 구원에서 떨어지도록 미혹하는 짐승의 동맹군들에 저항했음을 강조하려고 포함되었다("수"의 의미와 관련하여 13:18의 주석 참조). 현재 시제를 무시간적으로 취할지[537] 아니면 미래로 취할지는 이곳의 장면

535) MHT III, 260. 참조. BDF §212.

536) Aune는 이 표현이 라틴어 표기를 반영한 것으로 이해한다. Aune, "Latinism." 이와 비슷하게 이 어구는 좀 더 문자적으로 "~로부터 승리하게 된"으로 번역할 수 있다(I. T. Beckwith, *Apocalypse*, 674; 또한 Newport, "Use of *Ek* in Revelation," 227 참조. Newport는 "이기다"[prevail over]라고 번역하기를 선호한다). Charles는 분사 νικῶντας("이기는")를 셈어 관용어와 일치하는 (완료시제 정동사와 동일한 것으로 여긴다. Charles, *Revelation* II, 33; 또한 MHT II, 429.

537) Sweet, *Revelation*, 239.

이 참된 성도들의 전형적인 특성을 묘사하는지, 아니면 그들의 최종 승리의 사실을 묘사하는지에 달렸다(14:4-5과 7:9-17에 있는 동일한 문제를 주목하라). 3-4절에서 성도들이 하나님의 결정적인 행위를 찬양하는 절정에 비춰 볼 때 두 번째 견해가 가장 좋다.

성도들이 "유리 바다에 서 있다"는 것은 그들 자신도 바다에서 나온 짐승과 전쟁을 치렀고 믿지 않는 세상에서 싸웠음을 보여준다(17:15을 보라. 여기서 "물들"은 세상에 있는 불경건한 사람들의 무리로 정의된다). ἐπί 및 목적격과 함께 사용되는 ἵστημι는 3:20과 7:1에서처럼 "가에(at/by) 서다"(NIV, "beside")로 번역될 수 있는 반면에, 동일한 구조가 11:11, 12:18, 14:1에서는 "위에(on) 서다"로 번역되었다. 여기서 "위에"(on)는 바다의 평평한 수면을 가리킨다.[538] 이것은 천사가 "바다에 서 있는"이라고 표현한 10:5, 8로 더욱 암시된다. 10장에서는 소유격이 ἵστημι 및 ἐπί와 사용되기는 하지만, 요한은 목적격과 소유격을 구별하지 않았을 것이다.[539] 이는 8:3보다는 10:5, 8을 15:2과 더 나은 병행 어구로 만든다.

이와 마찬가지로 성도들이 바다에서 나온 짐승과 전쟁을 치른다고 묘사한 것은 그 전쟁이 바다에서 벌어졌음을 시사한다. 이것은 바다(홍해) 가에 서서 그들을 위해 이루어진 승리를 지켜보기만 했던 옛 이스라엘과 대조된다. 성도들의 무기는 짐승과 그 연합군들이 미혹의 물로 없애려고 했던(12:15-16의 주석 참조) 성도들의 불같은 충성된 증언이었다(11:3-7의 주석 참조). 성도들은 14:1-5에 묘사된 구속함을 받은 자들 전체와 동일한 집단이다. 그들도 손에 수금(거문고)을 들고 있기 때문이다. 이 결론은 이 집단을 순교한 이스라엘의 남은 자들과 동일시하는 왈부어드의 결론과 상반되며,[540] 이 집단을 일반적으로 문자적인 순교자들로 제한하는 찰스의 결론과

538) 참조. Mounce, *Revelation,* 286.

539) 이것은 15:2의 "에, 가에"(at, by)를 지지하려고 Farrer가 제안한 견해다. Farrer, *Revelation,* 171.

540) Walvoord, *Revelation,* 227.

도 상반된다.[541]

성도들은 이제 하늘에서 하나님의 보좌 앞에 서 있다(4:6에 따르면, 하나님의 보좌 앞에는 땅에 있는 바다와 비슷한 하늘의 대응물이 놓여 있다). 아마도 그들이 서 있다는 것(ἑστῶτας)에는 부활 사상이 포함되었을 것이다. 이 본문이 4:6, 5:5-9과 연결되었기 때문이다. 불, 이김, 수금, 구원의 노래와 결합된 유리와 같은 바다의 일반적인 개념에 주목하라. 계 4-5장에서는 이런 모든 것 가운데 어린 양이 서 계신다(ἑστηκός). 거기서 어린 양이 서 있다는 것은 그의 부활을 표현한다(7:9의 서 있다는 동일한 사상에 대해서는 7장 주석의 서론을 보라. 자세한 내용은 15:3의 주석 참조). 성도들이 "이기고 벗어났다"라고 말한 것은 그들을 하나님의 백성 전체와 더더욱 동일시한다. 이김은 진정으로 교회에 속한 모든 사람의 특징이기 때문이다(2-3장의 일곱 교회에게 보낸 각 편지의 결론 참조).

성도들이 들고 있는 수금은 성도들이 3-4절에서 드릴 찬송에 사용될 악기다. κιθάρας τοῦ θεοῦ 어구에서 θεοῦ는 특히 5:8, 14:2, 대상 16:42과의 유비에 비춰볼 때 목적격이다("하나님께 연주하기 위한 수금").[542]

"유리 바다"가 출애굽의 홍해와 결합된 것에 대해서는 *Mekilta de Rabbi Ishmael*, Beshallaḥ 5.15(출 14:16-21)과 *ARN* 30a을 보라. 홍해에서 행해진 이적 중 하나는 바다가 엉기고 유리그릇처럼 보였다는 것이다(출 15:8에 근거하여. "깊은 바다가 엉기었나이다").[543] *ARN*은 유리 중앙에 불이 있었다는 내용을 덧붙인다. 또한 출 15:8에 근거하여 *Midr.* 시 136.7에는 바다가 "유리처럼…결정체를 이룬" 것처럼 보였다고 기록한다. 하늘에 있는 바다에 대해서는 *Test. Levi* 2:7(a); *2 En.* 3:3을 참조하라. 바다 이미지는 겔 1:22에 근거했을 수도 있다. "수정 같은 궁창의 형상이 있어." 이것은 본문의 유리와 같은 바다에 비교될 수 있다(4:6의

541) Charles, *Revelation* II, 32.
542) Robertson, *Word Pictures,* 418을 따름.
543) 참조. McNamara, *New Testament and Palestinian Targum,* 203-4.

주석 참조).

앞에서 주목했듯이, 13:13의 경우를 제외하고는 요한계시록에서 πῦρ는 거의 틀림없이 늘 하나님의 심판을 가리키는 비유다. 개중에는 4:5이 심판을 표현하는 것이 아니라, 심판 은유가 분명히 드러나는 8:5에 다시 등장하는 동일한 은유들과 결합되고 부분적으로 시내 산 현현에서 사용된 분명한 심판 은유 시리즈의 결론이라고 주장하는 사람이 있을지도 모른다. 그래서 4:5의 "일곱 영"의 묘사에 속하는 "불"은 그 영들을 심판과 결합한다. 또한 1:14과 2:18에서 "불"이 분별만을 가리키는 은유라고 주장할 수 있을 것이다. 하지만 이러한 분별이 2:23에서 심판과 떼려야 뗄 수 없게끔 연결되었다는 점은 분명하다. 그리스도는 안에 있는 모든 생각을 아는 분이시다. 그가 전지(全知)하시다는 것은 죄를 심판할 수 있는 무흠한 재판장으로서의 자격을 갖추셨음을 의미한다.

13:17의 영향 때문에 ἐκ τοῦ ἀριθμοῦ τοῦ ὀνόματος αὐτοῦ("그의 이름의 수를") 앞에 εκ του χαραγματος αυτου και("그의 표와")가 삽입된 사본이 있다(051 𝔐ᴬ). 13:17에는 두 어구가 동일한 순서로 함께 등장한다.

분사(2절)가 3절의 정동사로 바뀐 것을 주목하라. 그리고 이러한 현상에 대해서는 14:3의 주석을 참조하라.

3a절 이스라엘이 바로로부터 구원받은 후 바닷가에서 하나님을 찬송했듯이, 교회는 그들을 대신하여 짐승을 물리치신 하나님을 찬송한다. 하나님의 옛 백성처럼 하나님의 새 언약의 백성은 "모세의 노래"를 불러 하나님을 찬송한다. 그들의 노래는 구원의 찬송이며 출 15:1-8의 노래처럼 하나님의 품성을 칭송하는 노래다. 종종 구약성경 전체에서 모세가 "하나님의 종"으로 불리곤 하지만, 본문의 "하나님의 종" 칭호는 출 14:31에서 왔다. 출 15장의 노래 바로 앞에 그 칭호가 있기 때문이다. 여기서 노래는 어린 양의 사역으로 이룩된 훨씬 더 큰 구원에 관한 내용을 담고 있다. 따라서 그 노래는 모세의 노래일뿐더러 어린 양의 노래이기도 하다. (*Midr. Rab.* 출 24.3은 이렇게 말한다. "그들[이스라엘]이 노래를 발하자 바다에서 그들의 죄가 사함을 받았다.")

이것은 별개의 두 노래가 아니라 하나의 노래다(설명적 καί를 주목하라, "즉", "심지어").[544] 성도들은 홍해의 승리가 지향했던 것의 예표론적인 성취인 어린 양의 승리를 찬송한다(이런 승리는 신 32:44에서 호세아, 즉 여호수아도 "모세의 노래"를 함께 불렀다고 말함으로써 강조된다). *Midr.* 전 1.8, *Midr.* 시 145.1, 149.1에는 출 15:1의 바다의 노래가 장차 올 세대에 성도들이 부를 "새 노래"와 연결된다(참조. *Targ.* 아 1.1).[545] 다른 유대교 문헌에는 이스라엘의 노래하는 자들이 새 시대에서 출 15:1의 노래를 한 번 더 부르기 위해 부활함을 의미한다고 천명한다(*b. Sanhedrin* 91b; *Mekilta de Ishmael*, Shirata 1.1-10). 이것은 계 15:2-3이 부활 장면임을 시사하는 단서가 될 수 있다.[546] 이와 비슷하게 Wis. 19:6-9은 이스라엘이 바다를 건넌 일이 이스라엘이 하나님을 "찬송한" 이유인 그들의 새 창조라고 말한다. 나는 성도들이 유리 바다 위에 "서 있음"(ἑστῶτας)으로써 부활을 가리키려고 한 15:2에 부활 장면이 있을 가능성이 있으며, 이는 어린 양이 분명히 유리 바다에(또는 위에) "서 있"(ἑστηκός)는 부활의 묘사와 매우 비슷하다고 주장했다. 어린 양과 성도들 모두 "이겼다"는 것에는 부활이 포함된다(5:5과 15:2에서 νικάω 참조).

신 32장도 "모세의 노래"로 불리며(신 31:19, 22, 30; 32:44), 심판을 묘사하기에 출 15장의 암시에 포함된다. 여기서 여러 나라와 더불어 배교한 그리스도인들에게 내려지는 심판을 염두에 두었듯이, 우상숭배로 배교한 이스라엘 백성에게 내리는 진노가 신 32장의 초점이다. 신 32장의 노래는 하나님이 이스라엘을 박해한 원수 나라들을 징벌하고(43절: "주께서 그 대적들에게 복수하시고") "자기 백성을 위하여 속죄하실"(43절; 참조. 41-43절) 것이라는 극적인 사상으로 마무리된다. 동일한 사상이 계 15:2-4에도 포함되었다(6:9-11과 8:3-5에서 비롯된 원수 갚음 주제가 14:18에서 반복되었고 15:7에서 다시

---

544) Satake, *Gemeindeordnung*, 94도 보라.

545) 더 자세한 내용은 Ginzberg, *Legends of the Jews* III, 34-35; VI, 11을 보라.

546) Borowicz, "Canticum Moysi(s) et canticum agni"도 보라.

반복될 것이다). 15:3-4의 노래는 5:9-10과 14:3의 "새 노래"와 동일하다. 노래하는 자들은 어린 양의 구속 사역으로 인해 그를 찬양하는 동안 동일하게 수금을 들고 있다(참조. 5:8; 14:2). 15:3-4의 노래가 "새 노래"라는 것이 분명한 것은, 성도들이 옛 "모세의 노래"만이 아니라 지금까지는 불려지지 않았던 "어린 양의 노래"를 부르는 까닭에 있다.[547] 그러므로 그 노래는 하나님만 아니라 어린 양도 칭송한다. 5:9-10 역시 어린 양의 구속 사역으로 인해 그를 찬송하기 때문이다(14:3에도 이 내용이 암시되었다).

"어린 양의"(τοῦ ἀρνίου)는 목적어 소유격일 수 있다. "어린 양께 드리는 노래."[548] 하지만 앞에서 이와 병행되는 소유격이 주어 소유격일 개연성이 높으므로("모세가 부른 노래"), 이 두 번째 소유격 역시 주어 소유격일 수도 있다. "어린 양이 부른 노래." 중요한 영어 번역 성경이 그렇게 하듯이, 이 어구를 모호한 채로 남겨두는 것이 가장 좋을 것이다. "모세의 노래…어린 양의 노래."

팔레스타인 타르굼 단편(파리 사본 110)에는 출 15:8에 유월절 나흘 밤을 노래했다는 내용이 삽입되었다(다른 *Targ. Pal.*에는 같은 내용이 출 12:42에 삽입되었다). 이러한 삽입은 유대교적 해석에 출 15장을 새 시대에 있을 승리와 부활의 유형으로 보는 해석이 더해졌음을 암시한다. 새 시대에 구원받은 사람들이 이 승리와 부활을 모세와 메시아 앞에서 찬송할 것이다. 넷째 밤에 드리는 찬송은 이런 내용이다. "넷째 밤은 세상이 구원받기로 정해진 때가 이르게 될 때다. 철 문빗장이 부러질 것이며, 악한 행위는 끝나고, 모세가 광야에서 나오고, 왕이신 메시아가 로마에서 오실 것이다. 한 사람이 양떼 앞에서 인도하고, 다른 사람이 양떼 앞에서 인도할 것이다.…이스라엘의 자녀들은 '이 세상과 올 세상에서 주님만이 유일한 왕이시다'라고 노래할 것이다."[549] *Midr. Rab.* 출 23.5-

547) Kraft, *Offenbarung,* 201.
548) P. E. Hughes, *Revelation,* 170.
549) McNamara, *New Testament and Palestinian Targum,* 210-11에 있는 번역을 인용함.

6은 출 15:1의 모세의 노래를 "메시아 시대"에 구원하신 하나님을 노래하고 찬송하는 이스라엘과 연결한다.

드무어와 반 스탈다윈-쉴만은 삼상 17장의 토세프타 타르굼 단편이 초기의 아크로스틱 시(매 행을 히브리어 알파벳 순서로 시작하는 시-역주)를 대표한다고 주장한다. 그들은 이 시를 "어린 양의 노래"라고 칭하고, 이것이 계 15:3의 "어린 양의 노래"의 배경이라고 주장한다. 2개의 주요한 병행이 추론된다. (1) 다윗은 어린 양으로서 이긴다. (2) (계 13:2의 짐승처럼) "사자"와 "곰"과 같은 짐승으로 묘사된 골리앗을 이긴다.[550] 두 본문을 연결하는 축적된 증거로 16개나 되는 다른 병행 어구들이 제시되었다. 그 병행 어구들은 흥미롭기는 하지만 의문의 여지가 많다. 이 타르굼의 해석 전통이 부분적으로 계 15:3의 배경이 되었을 가능성은 있겠지만, 그 제안이 개연성이 있는 것으로 고려되기 전에 더 적합한 증거가 제시되어야 한다.

3b절 노래의 실제 내용은 출 15장에 그 기원을 두지 않고 하나님의 품성을 칭송하는 구약 전체의 여러 본문에 기원을 둔다(직접화법을 소개하는 히브리어적 형식으로서 ᾄδουσιν 다음에 이어지는 덧말 λέγοντες를 주목하라). 첫 번째 출애굽을 해석한 후대의 구약 해석은 첫 번째 출애굽보다 더 큰 규모로 발생할 새로운 출애굽을 설명하고, 2절에서 묘사된 하나님의 구속과 내포된 심판을 찬송하려고 사용됐다. 요한이 염두에 둔 출 15장의 모세의 노래의 틀은 바로 이러한 후대의 해석으로 채워진다.

노래의 첫 번째 행은 하나님의 "크고 놀라우신 일"(μεγάλα καὶ θαυμαστὰ τὰ ἔργα σου)을 찬양한다. 적절하게도 이것은 이스라엘이 장차 받을 심판이 애굽에 내린 재앙의 패턴대로 될 것을 예언한 신 28:59-60 LXX의 암시다. "그때에 주께서 너희 재앙을 더 크게 할 것이다…**크고 놀라운**(μεγάλας καὶ θαυμαστάς) 재앙을…또 주님은 너희가 두려워한 애굽의 모든 악한 고통

550) De Moor and van Staalduine-Sulman, "Aramaic Song of the Lamb."

을 너희에게 임하게 할 것이며, 그 고통은 너희를 떠나지 않을 것이다."[551] 또한 시 110(111):2-4 LXX도 여기에 반영된다. 이 본문은 하나님이 홍해에서 이스라엘을 구원하셨을 때 행하신 "크신 일"(τὰ ἔργα)과 "놀라운 행위"(τῶν θαυμασίων)로 인해 하나님께 영광을 돌린다(참조. 시 110[111]:6, 9. 시 85[86]:9-10 LXX의 적절성에 대해서는 15:4의 주석 참조). 이 시편 자체는 출 34:10을 암시하고 있을지도 모른다. 출 34장에서 하나님은 열국들에게 "그들이 [이스라엘에게] 주님이 행하시는 큰[θαυμαστά] 일을 볼 것이라"고 약속하신다(또한 출 15:11: 하나님은 "영광 중에 기이한[θαυμαστός] 일을 행하시는 분"이시다). 추측컨대 동사 "~이다"가 내포된 명사구는 시 110:2-3에 있는 이와 비슷한 명사절의 영향을 받아 구성되었을 것이다. 이것은 전형적인 히브리어 명사구 문체를 나타낸다.

찬송을 받으시는 분은 "주 하나님 곧 전능하신 이"(κύριε ὁ θεὸς ὁ παντοκράτωρ)이시다. 그는 그가 택한 백성의 역사적인 일을 주관하는 절대적인 주권자이시기 때문이다. λέγει κύριος ὁ παντοκράτωρ라는 문구는 학개, 스가랴, 말라기와 같은 예언자들에 의해 하나님의 백성의 역사를 주권적으로 인도하시는 하나님을 지칭하려고 반복해서 사용되었다. 이것이 요한계시록 여러 곳에서 이 어구가 가지는 의미다(자세한 내용은 1:8의 주석 참조).

출애굽 세대의 하나님이 "그 일이 참되고" "그의 모든 길이 의로운" 분으로 찬송을 받으셨듯이(신 32:4), 그는 다시 같은 이유로 이와 동일하게 찬송을 받으신다. 신 32장의 노래는 31:30에서 "노래"로 소개되고, *b. Taanith* 11a에 의해 "올 세상에서" 받게 되는 심판과 상에 적용된다. 이것은 신 32장이 계 15:3의 "노래" 배후에 있는 본문이라는 더욱 확정적인 증거다(Pseudo-Philo 19:4은 신 32:1에 하나님이 "세상 끝을 계시하셨다"는 사상이 들어있다고 천명한다). 암시된 동사 "~이다"와 함께 사용된 명사구 δίκαιαι καὶ ἀληθιναὶ αἱ ὁδοί σου("주의 길은 의롭고 참되다")는 신 32:4의 명사구 ἀληθινὰ τὰ ἔργα αὐτοῦ...καὶ πᾶσαι αἱ ὁδοὶ αὐτοῦ κρίσεις...δίκαιος...

551) Jörns, *Das hymnische Evangelium*, 129.

κύριος("그의 일이 진실하고 그의 모든 길은 공의로우시고…주님은 의로우시도다.")를 반영한다. 계 15:3의 하나님의 "의롭고 참된 길"은 "크고 놀라우신 일"과 병행이며, 하나님의 주권적인 행위가 막연한 힘이 아니라 그의 의로운 성품의 도덕적 표현임을 보여준다. 그리스도를 통하여 행하신 하나님의 구원은 그분이 자신의 정의를 어떻게 나타내시는지를 극명하게 표현했다. 그리스도를 믿는 사람들은 그리스도의 피로 그들이 받을 심판의 죗값을 지불받았다(1:5-6; 5:9; 7:14; 12:11). 하지만 하나님의 공급하심을 저버리는 사람들은 그 죄로 인해 징벌을 받을 것이다(참조. 롬 3:19-30). "주 하나님, 곧 전능하신 이"라는 표현 다음에 바로 "참되고 의롭다"가 이어지는 것은 16:7에 같은 순서로 다시 등장한다. 거기서 "주 하나님, 곧 전능하신 이"라는 어구는 불의한 자들을 심판하시는 하나님의 공의로우심을 부각시킨다(19:2에서도 "참되고 의롭다"에 동일한 초점이 맞춰진다). 16:7과 19:2 사이의 병행은 15:3에서 발견되는 αἱ ὁδοί σου("주의 길")를 각각 αἱ κρίσεις σου("주의 심판")과 αἱ κρίσεις αὐτοῦ("그의 심판")로 대체함으로써 심판을 강조한다. 그러므로 15:3의 여기 두 어구에도 동일하게 심판에 강조가 있다.

마무리하는 칭호인 "만국의 왕이시여"는 "주 하나님 곧 전능하신 이"와 병행이다. "만국의 왕"은 하나님의 백성이 마주하게 되는 만국에 대해서도 하나님이 주권자이시므로 하나님이 자기 백성의 역사를 주권적으로 인도하실 수 있음을 더 자세히 설명한다(호격 "이시여"로서 기능하는 "왕" 앞에 놓인 관사를 주목하라). 이 칭호에 표현된 사상은 11:15-18에서 열국을 다스리시는 하나님의 통치에 적용된다. 여기서 하나님은 "이 세상 나라를 다스리고(βασιλεύω)," "열국"을 지배하기 시작하셨다고 한다(*Targ*. 렘 15:18에는 출애굽의 하나님이 "왕의 왕"으로, 또한 "온 세상의 면류관"을 가지신 분으로 묘사된다). 여기 "만국의 왕"이라는 칭호는 그리스도를 암시할 가능성이 많다. 그가 "땅의 임금들의 통치자"(1:5)와 "만주의 주요 만왕의 왕"으로 불리시기 때문이다(17:14; 19:16; 심지어 11:15의 사상은 그리스도에게 속한 것 같다).

이문 αδοντας는 2절의 분사들이 3절에서 정동사로 갑자기 변한 것을 부드럽게 하려는 시도다. 분사와 동사의 주어는 다 동일하게 복수형이다

(ℵ 2062 *pc*과 몇몇 역본 및 교부들). 2절의 분사와 3절에 이어지는 정동사의 조화에 대해서는 14:2-3의 주석 참조. 과거 시제(εἶδον, 1절)에서 현재 시제(ᾄδουσιν)로 바뀐 것에 대해서는 14:3; 7:16-17의 주석 참조.

시 110(111):2-4 LXX의 표현을 더 완벽히 반영한 것을 주목하라. μεγάλα τὰ ἔργα κυρίου...μεγαλοπρέπεια τὸ ἔργον αὐτοῦ καὶ...μνείαν ἐποιήσατο τῶν θαυμασίων αὐτοῦ("주님의 일들은 크며…그의 일은 엄위로우시며…그의 놀라운 일을 기억하게 하나이다").

시 85(86):10 전체가 4절에 인용되었으므로, 이 본문도 찬송의 첫 문장에 포함될 수 있다(참조. μέγας εἶ σὺ, καὶ ποιῶν θαυμάσια ["주는 크시며, 놀라운 일을 행하시나이다"]; 4절이 출애굽과 연결되었음에 대해서는 4절 주석 참조). Tob. 12:22 (BA)에는 앞에서 언급한 어느 것보다도 더 유사한 어구가 있다. Tobit 본문은 시 110편과 85편을 반영하고는 있지만 출애굽을 직접 언급하지는 않는다(이와 비슷한 단 9:4 Theod. 참조). Tob. 3:2, 5(BA)에도 신 32:4만큼 계 15:4에 근접한 단어들이 있으며, 신명기를 암시하는 것 같긴 하지만 출애굽을 언급하지는 않는다(비교. 시 144[145]:17). 시 138(139):14과 창 24:27도 참조하라.

필경사들은 ὁ βασιλεὺς τῶν ἐθνῶν("만국의 왕")을 βασιλευς των αιωνων("영원하신 왕")으로 오독했다("영원하신 왕": $\mathfrak{P}^{47}$ ℵ^{*2} C 1006 1611 1841 *pc* vg sy sa). "만국의 왕"이 4절에서 계속되는 더 광범위한 구약 인용에 속하기에 원본이다. 비록 어느 필경사가 구약 인용에 맞추려고 "영원하신 왕"을 "만국의 왕"으로 바꾸었을 가능성이 없지는 않지만 말이다.[552] 딤전 1:17의 "영원하신 왕" 때문에 후기 필경사가 "나라들"을 "영원"으로 수정했을 것이다.[553] αγιων("성도들")은 몇몇 증거에서 발견되며(예. 296), 다른 두 이문들은 그것을 우연히 오독한 결과일 수 있다. 하지만 αγιων은 사본상의 증거가 빈약하기에 다른 두 이문들 중 하나를 오독한 것일

552) Sweet, *Revelation*, 240이 주장하듯이 말이다.

553) B. M. Metzger, *Textual Commentary*, 755.

가능성이 많다(296 2049).[554] 이어지는 문맥은 이곳에서처럼 열국에 초점이 맞춰져 있다. 하나님의 영원성이나 성도들과 하나님과의 관계는 직접적인 관심의 대상이 아니다. 이 사실로 인해 "영원"과 "성도들"이 어려운 독법이 되고, "만국"보다 선호된다고 주장할 수 있겠지만 말이다.

4a-b절 3b절에 묘사된 주권자의 크고 참된 행위는 백성이 하나님을 두려워하고 영화롭게 하는 이유로 작용한다. 3절의 마지막 어구("만국의 왕")와 함께 이 절을 시작하는 진술은 렘 10:7을 상기시킨다.

렘 10:7	계 15:3b-4a
"이방 사람들의 왕이시여! 주를 경외하지 아니할 자가 누구리이까?"	"**만국의 왕이시여! 누가 주의 이름을 두려워하지 아니하며** 영화롭게 하지 아니하오리이까?"

두 본문의 수사적 질문에 암시된 대답은 **모든** 사람이 하나님을 참 신으로 인정한다는 것이다. 그들이 그의 크고 의로운 행위를 목격하기 때문이다. 따라서 모든 사람은 하나님께 경배해야 한다.

예레미야는 "참 하나님"만 경배를 받으셔야 한다고 주장하면서(6-7절의 "주와 같은 이가 없나이다"라는 문구를 주목하라), 이스라엘의 비교할 수 없는 하나님을 인간과 우상에 대조한다(렘 10:1-16). 또한 여기서 사용된 용어에는 노래하는 성도들이 "짐승"과 "그의 우상"이 아니라 어린 양과 하나님만이 참된 경배의 대상임을 알고 있다는 사실이 암시되었다. 하나님과 어린 양이 짐승을 이기신 이유가 바로 이것이다. 하지만 속임을 당하고 있는 땅에 거하는 자들은 하나님을 거짓되게 모방한 것들에게 경배했다(15:2; 13:3-18). 그들은 "[참] 하나님의 이름을 비방하며 또 회개하지 아니하고 주께 영광을 돌리지 아니하"였다(16:9).

하나님은 "그만이 거룩하시기에(ὅτι)" 참된 경배를 받으셔야 한다(4절의

554) 하지만 Hoskier, *Text of Apocalypse* II, 401-3은 이것을 최상의 독법으로 택한다.

세 ὅτι절 중 첫 번째임). μόνος ὅσιος 어구에는 2인칭 단수 동사 εἶ가 암시되어 있다. 그래서 이 어구는 "오직 (주님만) 거룩하시다"라고 번역될 수 있다. 동사가 생략된 것은 하나님의 거룩하신 품성을 강조하려는 데 목적이 있다. μόνος("오직")는 ὅσιος("거룩한")와 함께 예레미야서의 암시와 뒤따라오는 암시에 시사된 "비교할 수 없음"이라는 주제를 부각시킨다. 하나님만이 그의 모든 신적 속성에 있어 피조물과 "구별되신다"(구약성경에서 "거룩"은 전형적으로 비단 도덕적인 순수함만이 아니라 하나님을 그의 피조물과 구별하는 신적 속성의 총체를 강조한다). 실제로 계 16:5에서는 하나님의 거룩하심(ὅσιος)의 근거(ὅτι)는 공식적으로 도덕적인 순수함이 아니라, 하나님의 유일무이한 심판하는 능력에 있다고 말한다.

4절에 사용된 대부분의 용어는 주로 시 86:9-10에 근거한다.

시 86:9-10	계 15:4
"주여! 주께서 지으신 모든 민족이 와서 주의 앞에 경배하며 주의 이름에 영광을 돌리리이다. 무릇 주는 위대하사 기이한 일들을 행하시오니 주만이 하나님이시니이다."	"주여! [누가] 주의 이름을…영화롭게 하지 아니하오리이까. 오직 주만 거룩하시니이다.…만국이 와서 주께 경배하리이다."

이미 계 15:3에서 "크고 놀라운 일"은 시 86편을 반영했거나, 지금 4절에서 그 시편을 회상하도록 촉발했을 것이다. 예레미야서 본문처럼 시편의 묘사는 하나님이 거짓 신들과 대조하여 얼마나 비교할 수 없는 분이신지를 더 자세히 설명한다. 시편의 사용에는 참 하나님의 패러디인 짐승과 그의 우상과는 다른 하나님과 어린 양의 탁월함이 더욱 강조된다. 구약성경에서처럼, 지금도 참 경배는 오직 주님과 그의 메시아만을 향해야 한다.

시 86:10 이외에, 시 86:8에 있는 "주여! 신들 중에 주와 같은 자 없나이다"라는 문구를 주목하라. 사 2:2의 종말론적인 예언도 여기에 반영되었을 것이다. "모든 나라가 시온으로 오리라."

마지막 때에 열국이 하나님께 경배하러 시온으로 몰려온다는 예언적인 주제는 구약성경 여러 곳에 등장한다(사 2:3; 49:22-23; 60:14; 66:23-24; 미 4:2; 슥 8:20-22; 14:16. 슥 14:16에 시 86:9-10과 비슷한 표현이 등장한다).

가정법 φοβηθῇ("두려워하다")는 δοξάσει("영화롭게 할 것이다")와 병행 어구로서 미래적으로 기능한다.[555]

4c절 4절의 두 번째 ὅτι는 근거 절을 소개하지 않지만,[556] "따라서"(so that)로 번역해야 한다. ὅτι의 이러한 연속적인 표현은 마땅히 하나님께 경배를 드려야 할 근거를 선언하는("따라서"의 의미를 지닌 ὅτι의 연속적 또는 결과적 뉘앙스에 대해서는 4a절을 보라) 첫 번째 ὅτι절(4b절)에 표현된 하나님의 비교할 수 없는 거룩하심의 결과를 나타낸다.[557] 하나님의 유일무이한 거룩함의 결과는 만국에서 온 백성이 그것을 인정하고 하나님께 경배하러 물밀듯이 온다는 것이다. 이것이 바로 하나님을 경외하고 영화롭게 해야 한다는, 4절에서 반복된 주요 사상이다. 그러므로 하나님의 비교할 수 없는 구별됨(4b절)은 만국이 하나님을 두려워하고 영화롭게 하며(4a절) 그를 경배하러 모여드는(4c절) 이유다. 마지막 두 어구는 병행이다.

"만국"은 많은 사람이 경배한다는 사실을 강조하기 위해 사용된 세상 **전체**로써 세상의 한 부분을 대신하는 어법(환유법)이다. 이것은 5:9, 7:9ff.,14:3과 맥을 같이한다. 전체로써 부분을 가리키는 것은 다른 곳에서(5:9; 7:9; 13:7; 14:8; 18:3, 23) πᾶς("모두")가 ἔθνος("나라")와 함께 등장할 때 표현하고자 하는 의미인 것이 분명하다. 여기에 열거한 본문들의 의미는 예외 없는 "모두"가 아니라 구별이 있는 "모두"를 가리킨다. 그렇지 않다면 어떤 구절들은 예외 없이 모든 사람이 구원받는다고 하며, 다른 구절들은 예외 없이 모두가 속임을 당하거나 심판을 받는다고 주장하는 것이 된다. 하지만 실제로 그렇지 않다는 것은 분명하다(롬 10:18; 골 1:6; 살전 1:8).

예레미야서와 시편 본문에 반영된 하나님의 비교할 수 없음이라는 사

---

555) Schmid, *Geschichte des griechischen Apokalypse-Textes* 2, 224을 따름. Schmid는 δοξαση(א 1006 1611 1841 2062 𝔐[K])를 φοβηθῇ에 부차적으로 동화시킨 것으로 이해한다.

556) I. T. Beckwith, *Apocalypse*, 675-76에 반대함.

557) 참조. BAGD, 589.

상은 3-4절에 우연히 등장하지 않았다. 하나님의 비교할 수 없음이라는 사상은 출애굽 구원을 소개하는 내러티브에 처음으로 등장한다(출 15:11; 신 33:26-27). 렘 10장과 시 86편을 비롯하여 "~과 같은 자 누구인가"라는 문구의 사용은 늘 출애굽 사건을 반영한 것이다.[558] 그렇다면 이 개념은 계 15:3-4의 해석의 틀이 되며, "모세의 노래"를 언급함으로써 3a절에서 처음으로 분명히 강조된 출애굽 사건에서 자연스럽게 영감을 받았다. 후기 유대교 문헌(*Midr*. 시 66.1과 *Tanch*. 창 6.17)에서 시 86:9-10을 우주적인 경배와 하나님의 비교할 수 없음이라는 주제로 출 15장과 연결한 것은 초기 유대교 전통을 반영한 것일 수 있다. 비록 요한이 처음으로 두 본문을 연결했을 가능성을 배제할 수는 없지만 말이다.

4절은 첫 번째 ὅτι절과 시적으로 병행인 세 번째 ὅτι절로 마무리되며, 사람들이 하나님을 "두려워하고 영화롭게 해야" 하는 이유를 제시한다. 4절에서 첫 번째와 세 번째 ὅτι절은 원인 절이며 성도들이 찬송하는 핵심을 지지한다. 이를 테면 하나님은 두려워하고 영화롭게 해야 할 분이시라는 것이 2-4절 전체의 핵심이다. 신자들의 승리는 하나님을 더욱 찬송하게 한다. 불신자들을 심판하는 것이 그러하듯이 말이다. 4절은 하나님이 경외의 대상이심을 천명한다. 그가 비교할 수 없는 분이기 때문일 뿐만 아니라 "주님의 심판이 나타났기 때문"이기도 하다.

하나님이 그의 비교할 수 없음을 계시하신 방법 중 하나는 사람들을 의롭게 심판하시는 것이다. 여기에는 하나님의 백성의 대적자들을 정죄함으로써 백성의 원수를 갚아주는 것도 포함된다. 이는 6:9-10에서 원수 갚음을 구하는 성도들의 기도에 대한 응답으로, 하나님의 "의로운 일"(δικαιώματα)을 결정적으로 "나타낸다"(참조. 단 7:22; 계 20:4; 구약성경에서 δίκαιος 어군에는 원수 갚음과 의로운 정죄, 이 두 의미가 있다).

4절은 구약의 출애굽을 상기시키는 또 다른 본문으로 적절하게 마무리한다. 이번에는 시 98:2이다.

558) 이것을 보여주는 Labuschagne, *Incomparability of Yahweh*를 보라.

시 98:2	계 15:4c
"여호와께서…그의 공의를 뭇 나라의 목전에서 명백히 나타내셨도다."	"주의 의로우신 일이 나타났으매 만국이 와서 주께 경배하리이다."

시 98:1은 출 15:1, 6, 12의 찬송을 시작하는 말을 따른다. "새 노래로 여호와께 찬송하라…그의 오른손과 거룩한 팔로 자기를 위하여 구원을 베푸셨음이로다." 시편은 "새 노래"를 노래하는 자들에게 계 5:8, 14:2-3 **그리고 15:2-3**에서처럼 수금을 연주하라(5절)고 권한다. 이 시편은 출애굽을 언급함으로써 하나님이 "의로 세계를 판단하시며 공평으로 나라들을(개역개정에는 "그의 백성을"로 번역되었음-역주) 심판하시리로다"라는 최종적 주장의 근거를 마련한다(시 98:9). 같은 사상의 전환이 계 15장에도 있다. 거기서 첫 번째 출애굽의 "노래"는 마지막 때 일어날 출애굽의 전반적인 모델로 작용한다.

3-4절에서 사용한 구약성경은 임의로 선택한 것이 아니라 첫 번째 출애굽 주제와 나중에 구약성경에서 발전된 그 주제에 영향을 받아 인용한 것이다. 이것은 15:2에서 계속되는 마지막 날의 홍해에 지나지 않는다. 하나님과 어린 양이 행하신 구원과 심판의 비교할 수 없는 행위를 찬송하는 것이 2-4절의 요지다.

주석가들 중에는 하나님을 경배하러 오는 나라들에 강조점을 두는 것은 문제가 있다고 주장하는 사람들이 있다. 요한계시록 여러 곳에서 나라들은 완악하고 배역하는 것으로 묘사된다는 것이 그 이유다.[559] 하지만 이렇게 일관성이 없다고 보는 것은 구약의 예언에서 동일한 긴장이 있음을 간파하지 못한 데 기인한다. 요한은 열방 중에서 많은 사람이 심판을 받기도 하지만, 동시에 많은 사람이 구원을 받기도 한다는 구약의 예언자적 소망을 반영한다(예. 사 40-65장). 요한은 다른 문맥에서 심판과 구원 모두를 함의하는 "나라와 족속과 백성과 방언들"이라는 문구를 사용한다(5:9;

559) 참조. Rist, "Revelation," 479.

7:9; 10:11; 13:7; 14:6; 17:15). 두 함의가 다 포함될 수 있지만, 둘 중에 하나만 15:4에 있는 것 같다. 역사가 절정에 도달할 때, 모든 사람은 자발적으로든 강제적으로든 하나님의 영광을 인정하게 될 것이다.

예배에 내재된 동일한 두 의미는 사 45:23-25의 2중적 개념을 암시하는 빌 2:9-11에 등장한다. 하지만 계 15:3-4의 찬양이 심판을 이야기하는 주요 단락 사이에 끼어있다는 사실은 본문의 강조가 불경건한 나라들을 심판하시는 하나님의 의로운 행위에 있음을 시사한다. 하나님의 심판에 강조점이 있다는 것은 신 32장과 특히 출 15장에 있는 모세의 노래의 광범위한 구약 문맥에 의해 지지받는다. 출 15장은 이스라엘의 구원을 이루기 위해 이스라엘의 원수를 심판한다는 내용을 강조한다. 구약의 문맥에서 렘 10장 본문은 하나님이 두려움의 대상이신데도 이스라엘과 열방이 하나님을 두려워하지 않음을 강조한다. 이러한 까닭에 이스라엘과 열방은 심판을 받게 될 것이다. "하나님을 두려워하고 그를 경배하라"(14:7)는 천사의 경고를 무시하는 사람들도 마침내 그렇게 심판받을 것이다.[560)]

보컴은 계 15:3-4에서 구약 암시가 출 15:1-18의 주제를 보충하려고 어떻게 사용되었는지를 잘 분석했다.[561)] 그는 요한의 구약 사용의 요점이 "새로운 출애굽의 의미가 하나님이 원수들을 심판하심으로써 자기 백성을 구원하시는 사건에서 나라들이 참되신 하나님을 인정하게 되는 사건으로" 바뀐 것에 있다고 결론을 내린다. 하지만 이것은 타당한 것 같지 않다. 계 15:3-4에서 사용된 몇몇 구약 암시에 절대적 보편주의의 요소가 있다는 것은 사실이지만, 앞에서 주목했듯이 이 본문들은 모든 사람의 예외 없는 구원을 가리키지 않고, 구별된 모든 사람의 구원을 언급한다. 이 본문에 절대적인 보편주의가 있다면, 그것은 하나님을 기꺼이 경배하는 신자들과 하나님이 참된 주권자 되심을 인정할 수밖에 없

560) Caird, *Revelation*, 198-99의 견해와 대조됨. Caird는 나라들의 회심만이 15:4의 요점이라고 주장한다.

561) Bauckham, *Climax of Prophecy*, 296-307.

는 불신자들과 관련하여 언급된다. 계 15:3-4에 암시된 어느 구약 본문도 구원과 심판의 2중성이 최종적인 구원으로 귀결되어야 한다고 명시하지 않는다. 요한의 구약 사용이 출 15장과 신 32장과 같은 본문에서 심판 사상을 씻어내 버렸다고 보는 것은 개연성이 적다. 구원을 야기하는 심판이 두 본문의 근본 사상이기 때문이다. 보컴은 그리스도의 희생적 죽음의 직접적인 결과가 어느 한 백성에게 구원이 되었듯이, 구속함을 받은 사람들이 ("처음 열매"로) 그리스도의 희생에 순교로써 참여하는 것 역시 다른 믿지 않는 사람들 모두를 하나님께로 향하도록 한다고 주장한다. 이것은 가능한 생각이긴 하지만, 요한계시록 어느 곳에서도 분명하게 표현되지는 않았다. 더욱이 15:2-4에서 성도들의 희생적 죽음을 그리스도의 죽음과 분명히 동일시하더라도(2절에 있을지도 모른다), 나머지 모든 인류가 필연적으로 구원을 받는 것도, 최후의 심판이 없는 것도 아니다(Bauckham의 제안에서 핵심구절인 11:11-13에 대한 주석 참조. 여기서 나는 Bauckham의 견해를 더 자세히 분석하여 답변했다).

결과를 나타내는 부사절에 가정법 대신 미래 시제의 정동사 ἥξουσιν ("그들이 올 것이다")과 προσκυνήσουσιν("그들이 경배할 것이다")가 사용된 것은 당대 그리스어의 다양한 관용구를 반영했을 수도 있지만, 히브리어 미완료형의 결과적 부사절에 해당할 수도 있다. 이런 경우 기계적으로 미래로 번역될 수 있다(가정법으로 바꾼 사본 전통의 증거는 없다. 도입부의 ὅτι가 원인 절로 이해되었기 때문일 수도 있지만 말이다).

15:5-16:21: 일곱 대접 심판

하나님은 초림과 재림 기간에 불경건한 자들이 박해하고 우상을 숭배한 까닭에 그들을 징벌하시며, 마지막 날에 완전히 심판하신다.

일곱 대접 심판을 다시 소개함(15:5-8)

5절 대접 심판의 서론은 1절에서 시작했으며, 지금 다시 시작한다(12:1-15:4의 7중 환상과 대접 환상 전체의 관계, 그리고 구체적으로 7중 환상과 15:1, 5-8의 관계에 대해서는 15장 주석의 서론 참조). καὶ μετὰ ταῦτα εἶδον("또 이 일 후에 내가 보니")은 새로운 환상의 시작을 표시하며, 이 경우에는 새로운 환상 시리즈의 시작을 의미한다(도입 어구에 관해서는 15:1의 주석 참조). 5절은 선견자가 1절에서 보기 시작한 일곱 천사 환상을 전개한 것이다. "일곱 천사"와 "일곱 재앙"(6절) 앞에 있는 관사는 1절에서 언급한 같은 두 어구를 가리키는 관사이며, 1절의 내용을 다시 시작하고 전개한다는 것을 표시하는 공식적인 지시어다.[1)]

요한은 일곱 천사를 보기 전에 "하늘에 증거 장막의 성전이 열린" 것을 본다.[2)] ναὸς τῆς σκηνῆς는 동격 소유격 어구다. "성전, 즉 장막."[3)] 성전은 "증거의 장막"이다. 성전은 광야에서 이스라엘과 함께 있었던 성막에 해당하는 하늘의 대응물이다. 이는 2-4절의 출애굽 문맥의 연속이다. σκηνῆς τοῦ μαρτυρίου, "증거의 장막" 또는 "증거의 [하나님의] 거처"(예. 출 38:26; 40:34 LXX과 행 7:34)는 그리스어 구약성경에서 자주 등장한다(대략 140번 등장하고, 출애굽기에서 신명기까지 130번 등장한다). 여기서 "증거"는 모세가 성막의

---

1) DM, 141; Robertson, *Grammar,* 762.

2) Charles는 성전이 닫혀 있고, 일곱 천사들이 5절에서 다시 열릴 때까지는 그곳으로부터 나올 수 없다는 이유로, 1절을 삽입구로 취급한다. Charles, *Revelation* II, 30-31. 하지만 이 입장은 15장을 너무 엄격하게 시간적인 순서로 읽는 데 근거한다.

3) NIV, JB, and I. T. Beckwith, *Apocalypse,* 678이 이렇게 번역했다. Good News Bible은 본문을 "성전과 그 안에 있는 거룩한 장막"이라고 번역했다.

법궤에 넣었던 십계명을 가리킨다(출 27:21; 40:24과 관련하여 출 16:34; 25:21; 31:18; 32:15; 비교. 24:12; 34:29). 그러므로 주님의 율법은 그의 공의로운 뜻을 계시하는 주님의 증거다.[4] 성막과 장막은 하나님이 이스라엘 백성 "중에 거하시기" 때문에 이스라엘 진영 중앙에 놓였으며(출 25:8), 그들에게 모세를 통해 계속해서 하나님의 뜻을 계시했다(출 25:21-22; 행 7:44).[5] 성막과 법궤는 하나님의 자비를 대표하기도 한다. 대속의 동물 제사가 그곳에서 드려져 이스라엘의 죄를 대속했고 그 나라를 주님과 화목하게끔 했기 때문이다. 하지만 이제 요한에게 장막은 하나님의 자비를 더 이상 증언하지 않고, 이어지는 대접 재앙의 근원으로서 계 15:5에 소개된 심판을 증언한다.[6]

15:5의 "증거"에는 율법뿐만 아니라 자신 안에서 "하나님의 구약의 계명들"을 요약하신 "예수의 증언"도 포함된다(12:17의 주석 참조).[7] 이 사실은 요한계시록의 다른 곳에서 μαρτυρέω 어휘군(17번 사용)이 전적으로 예수에 관한 증언 또는 예수에게서 나오는 증언에만 사용되었다는 사실로 암시된다. 요점은 이것이다. 하나님은 그의 증언을 거절하는 사람들을 징벌하려고 땅에 심판을 보내심으로써 그의 의로운 뜻을 하늘 거처로부터 곧 계시하실 것이다.

장막을 여는 것과 관련된 어구는 11:19의 어구와 거의 같다.

11:19	15:5
καὶ ἠνοίγη ὁ ναὸς τοῦ θεοῦ ὁ ἐν τῷ οὐρανῷ("이에 하늘에 있는 하나님의 성전이 열리니").	καὶ ἠνοίγη ὁ ναὸς τῆς σκηνῆς…ἐν τῷ οὐρανῷ("하늘에 증거 장막의 성전이 열리며").

두 본문에 하늘 성전이 열리는 이미지는 주요 환상 단락(여기서는 12:1-15:4과 16장)을 포함하고 소개한다. 11:19에서는 하나님이 최후의 심판을 행

4) 참조. C. Schultz, *TWOT*, 649-50.
5) H. Strathmann, *TDNT* IV, 482-85.
6) 참조. Lindsey, *There's a New World Coming*, 202-3.
7) 참조. Sweet, *Revelation*, 241.

하려고 등장하심을 강조하기 위해 성전이 열린다. 여기서는 동일한 심판 주제가 존재하지만, 최후의 심판으로 연결되는 여러 심판이 대접 재앙에 포함된다. 앞에서는 "하나님의 성전"(11:1, 2)이 비유적으로 "증언"하는 예언자들의 형태로 땅에 있다고 언급되었다(11:3, 7). 이것은 불신자들에게 임한 심판의 형식이었다(11:5-6). 지금은 예언자들이 땅에서 행하는 증언과 심판의 천상적인 기원이 의중에 있다.

6절 요한은 성전이 열린 후에, 1절에 소개된 일곱 천사가 성전에서 나오는 것을 본다. 1절에서처럼 천사들에게는 "일곱 재앙"이 들려 있다. 틀림없이 일곱 천사는 16절에서 이어지는 일곱 대접 심판을 시행하라는 명령을 받았을 것이다. 천사들은 실제로 15:7에서야 비로소 대접을 건네받기 때문이다.[8] 우리는 "가진"(ἔχοντες) 뒤에 14:18에서처럼 "~에 대한 권세를"(ἐξουσίαν ἐπί)이 뒤따르는 것으로 이해해야 한다. 14:18에서는 "불을 다스리는(ἔχοντες ἐξουσίαν ἐπί) 다른 천사가 제단으로부터" 나온다.

이곳 15:6과 다른 곳에서 대접 심판은 "일곱 재앙"으로 불린다(ἑπτὰ πληγάς, 15:1, 6, 8; 21:9). 요한계시록 이외에 그리스어 성경이나 히브리어 성경에서 이 단어가 유일하게 등장하는 곳은 레 26:21이다. "내가 너희의 죄대로 너희에게 **일곱 재앙**(πληγὰς ἑπτά)을 내릴 것이라"(*Targ. Pal.* 레 26은 "일곱 재앙"이라는 어구를 4번 반복한다). 레 26장은 인 심판의 처음 4개를 구성하는 데 작용했다(6장 주석 서론 참조).[9]

레위기 본문 역시 하나님이 우상숭배 때문에 보내실 재앙(화)을 다룬다(레 26:1, 30, 31). 백성이 충성하지 않을 경우 하나님이 이스라엘을 "일곱 배"나 심판하실 것이라는 내용이 4번 반복된다(18, 21, 24, 28절). 각각의 진술은 이스라엘이 앞서 등장한 화에도 아랑곳하지 않고 회개하지 않는 경우 점점 더 혹독해지는 심판을 연속적으로 소개한다. 하지만 회개한다면 복을 받을

8) Hengstenberg, *Revelation* II, 185도 참조하라.

9) Moffatt, "Revelation," 442과 Kraft, *Offenbarung*, 201도 레 26장을 15:1, 6에 소개되고 16장에서 발전된 일곱 대접 재앙을 구성하는 데 영향을 끼친 것으로 이해한다.

것이라는 약속도 주어진다. 그렇다면 이 재앙은 참 신자들에게 회개를 촉구하고 배교하는 이스라엘 백성에게는 마음을 강퍅하게 하는 경고의 심판이다. 이러한 배경이 대접 재앙의 배경에 포함된다면, 대접 재앙에 인용된 고통들은 정결케 하고 징계할 뿐만 아니라, 회개하라는 경고로도 작용한다. 하지만 우상숭배를 회개하지 않으므로 연속해서 더 심한 시험이 있다는 데 강조가 있다. 모든 심판은 최후의 심판으로 끝난다. 레위기에서처럼 요한계시록 전체에서도 7개의 심판은 많은 혹독한 심판을 가리키는 비유이며, 문자적인 일곱 화를 가리키지는 않는다. 시 79:12은 이스라엘을 박해하는 나라들을 "칠 배"나 심판하시는 하나님을 언급한다. 거기서 7이라는 수는 분명히 비유적인 수로 사용되었다. 시편의 배경이 계 15장의 이곳에 반영되었을 것이다. (11:9에서처럼) 이 시편을 암시하는 계 6:10을 발전시킨 계 16:6에 동일한 시편의 어구들이 눈에 띄기 때문이다.

짐승은 13장에서 그리스도의 죽음과 부활로 인해 "죽음의 재앙"을 받았다고 언급된다(13:3, 12, 13). 대접 심판은 그리스도가 짐승을 이김으로써 시작된 결정적인 결과를 계시하며, 그 심판은 최후의 심판이며 짐승과 짐승을 따르는 사람들에게서 절정에 달할 것이다.[10]

6장 주석의 서론에서 우리는 레 26장의 7중 심판 4개가 요한계시록의 가장 중요한 특징이 되는 일곱 심판 4세트의 모델이 되었음을 살펴보았다(10:3-4의 "일곱 우레"를 이 4세트 심판의 하나로 본다. 비록 어떤 이유에서 그것이 분명하게 언급되지는 않지만 말이다). "일곱 대접"의 배후에 있으면서 레 26장 배경을 강조하는 또 다른 배경은 다른 유대교 본문들일 것이다. *Test. Ben.* 7:1-5에는 궁극적으로 벨리알이 죄인들에게 행사하는 "일곱 악"이 언급된다. 이것은 가인에게도 선언되었던 "7배의 복수"와 동일하다. 각각의 악은 "재앙"으로 불린다(참조. *Targ. Onk.* 창 4:15). 심판 횟수의 비유적인 성격은 "라멕은 70번씩 7번 [악으로] 심판받았다"로 강조된다(*Test. Ben.* 7:4). *M. Aboth* 5:11은 "세상이 범한 일곱 종류의 주요 범

10) Mulholland, *Revelation*, 263.

죄로 인해 7가지의 심판이 임한다"고 (비유적으로) 선언한다. 그 심판에는 계 16장에서처럼 불의, "거짓 맹세", "하나님의 이름을 모독함", "잘못된 경배", "피 흘림" 등이 있다. Sir. 40:1, 8에는 이와 비슷하게 "모든 육체에게…큰 고통이 있을 것이며…죄인에게는 7배나 더할 것이다"라고 선언되었다.

15:6에서 ἔχοντες 앞에 등장하는 두 번째 οἱ는 덧말로 간주되어 𝔓[47] א P 046 051 1006 1854 2053 2062에서 생략되었다.

𝔐[K]에는 천사들이 "성전에서" 나왔다는 분명한 언급이 생략되었다.

"일곱 천사"와 그들의 의복과 관련된 본문상의 문제

일곱 천사들은 "맑고 빛난 세마포 옷을 입고 가슴에 금띠를 띠"고 있었다. 이 묘사는 1:13의 인자의 의복과 거의 같다. 이것은 일곱 천사가 인자와 동일하고 심판을 수행하면서 인자의 대리인들로 행동하고 있음을 암시할 수 있다. 일곱 천사와 인자를 이처럼 동일시하는 것은 이러한 공통된 묘사가 LXX과 Theod.의 단 10:5, 16에서 언급한 인자의 의복을 암시한다는 사실로 강조된다(이 사실은 계 14:14에서 그리스도를 대신하는 천사를 가리키면서 "인자와 같은 이"라고 언급한 것도 암시한다).

단 10:5	계 1:13과 15:6
ἀνὴρ ἐνδεδυμένος βαδδιν καὶ ἡ ὀσφὺς αὐτοῦ περιεζωσμένη ἐν χρυσίῳ ("한 사람이 세마포 옷을 입었고 허리에는 순금 띠를 띠었더라").	1:13: υἱὸν ἀνθρώπου ἐνδεδυμένον ποδήρη καὶ περιεζωσμένον πρὸς τοῖς μαστοῖς ζώνην χρυσᾶν("인자 같은 이가 발에 끌리는 옷을 입고 가슴에 금띠를 띠고"). 15:6: ἄγγελοι…ἐνδεδυμένοι λίνον καθαρὸν λαμπρὸν καὶ περιεζωσμένοι περὶ τὰ στήθη ζώνας χρυσᾶς("천사가…맑고 빛난 세마포 옷을 입고 가슴에 금띠를 띠고").

15:6에서 λίνον("세마포") 대신에 λίθον("돌")이라고 읽는 것을 진지하게 고려해보아야 한다. 이 독법은 $\mathfrak{P}^{47}$과 א을 비롯하여 여느 사본보다 일반적으로 우월한 A C 2053 2062의 지지를 받는다($\mathfrak{P}^{47}$과 א은 여기서 λίνον의 또 다른 철자 표기이며 λίνειος의 축약형인 λίνουν으로 읽는다. λίνον을 지지하는 다른 사본들로는 P 051 1 1006 1611 1859 2020 2042 2065 2073 2075 2076 2077 2081 2138 2432과 몇몇 역본과 교부들의 글이 있다).[11] 개중에는 λίνον이 더 어려운 독법라고 주장하는 사람들이 있다. 그 단어는 신약성경에서 거의 등장하지 않는 단어이며, 다른 곳에서 요한이 "세마포"를 표현하기 위해 βύσσινος라는 단어를 사용한다는 점을 이유로 든다. 하지만 λίθον은 이보다 더 난해한 독법이다. 19:8과 19:14에서 병행인 단어들을 보면, "돌" 대신에 "세마포"(βύσσινος)가 등장하기 때문이다. 19:8의 περιβάληται βύσσινον λαμπρὸν καθαρόν과 19:14의 ἐνδεδυμένοι βύσσινον λευκὸν καθαρόν을 비교하라. 어느 한 필경사가, λίθον이 드물게 사용되는 단어라는 사실에 근거하여 원래의 λίνον을 λίθον으로 바꾸기보다는, 15:6을 19:8, 19:14과 더 병행되게 하려고 원래 본문에 있었던 예외적인 독법인 λίθον을 βύσσινος와 동의어인 λίνον으로 변경했을 수도 있다.

ἐνδεδυμένοι λίθον("돌을 옷으로 입은")은 하늘의 지위에서 떨어진 수호천사(또는 아담?)의 의복 착용을 묘사하는 겔 28:13(λίθον…ἐνδέδεσαι, "너는 돌로 단장하였다")을 암시한 것일 수 있다. 동일한 에스겔서 본문이 계 17:4, 18:16, 21:19-21에 다시 암시된다. 어느 필경사가 겔 28장의 영향으로 "세마포"를 "돌"로 변경했을 가능성이 있다.[12] 하지만 이것은 개연성이 부족하다. 겔 28:13은 계 19장과 단 10:5의 병행 어구와 비교하면 너무 모호한 본문이다(참조. 겔 9:2. 단 10:6에는 돌로 온 몸을 두른 천상적인 존

---

11) 이외에 본문을 지지하는 다른 사본들에 대해서는 Hoskier, *Text of the Apocalypse* II, 407-8을 보라.

12) Lohmeyer, *Offenbarung,* 132; Kraft, *Offenbarung,* 202-3.

재가 묘사된다. 이것은 에스겔서와 함께 부가적인 영향을 끼쳤을 것이다).

메츠거는 λίνον이 원본이며, λίθον은 음역하는 과정에서 생긴 오류의 결과라고 주장한다.[13] 또한 메츠거는 λίθον은 의미가 통하지 않으며, 겔 28장과의 병행이 피상적이라고도 주장한다. 하지만 λίθον은 천사의 의복을 묘사하는 것으로는 제격이다. 겔 28장에서 돌(보석)은 천사가 입은 옷의 일부분이었으며, 다른 곳에서 천사의 옷은 돌 같은 모습을 하고 있다고 묘사된다(겔 9:2; 단10:5-6; 계 1:13; 그리고 15:6의 마지막 어구). 또는 "돌"이 대제사장의 흉배를 암시할 수 있다.[14] 이 내용과 계 1:13 및 단 10:5과의 관련성에 비춰볼 때, 계 15:6의 천사들은 제사장적인 천사들로 이해해야 한다. 겔 28장에 언급된 천상적인 존재는 분명히 겔 1장과 10장의 "그룹들"과 연결된다. 에스겔의 그룹들은 계 4-5장과 15:7을 비롯하여 요한계시록 여러 곳에 등장하는 네 짐승(그룹들)의 모델이다.

또한 몇몇 이들은 "돌"이 "순결한"(καθαρός) 것으로 묘사되는 것이 특히 적절하지 않은 까닭에 λίθον이 원래의 독법이 아니라고 주장한다.[15] 하지만 이것도 설득력이 없다. καθαρός는 요한계시록 여러 곳에서 깨끗한 옷만 아니라 보석(귀중한 돌)의 완벽한 투명함을 묘사할 때도 사용되기 때문이다(21:18, 21). 출 25-39장 LXX에서는 καθαρός가 "금"(χρυσίον)에 대해서 19번, 대제사장의 에봇에 있는 금과 관련해서 4번 사용되었다(출 28:8[B], 13-14; 36:22). 이것은 계 15:6의 "깨끗한 돌"에 반영되었을 수 있다. 출애굽기에서 καθαρός와 χρυσίον이 함께 사용된 나머지 15번은 다양한 제사용 물건을 언급한다(또한 대하 3:4-5, 8; 4:20-21에 5번 등장한다).[16] 마찬가지로 동일한 형용사가 LXX에서 적어도 4번 "금"과 함께 사용되었다(대하 9:15; 욥 28:19; 단 2:32[A B]; Tob. 13:17[16]). 그리고

---

13) Metzger, *Textual Commentary,* 756. 또한 Sweet, *Revelation,* 241.

14) Mounce, *Revelation,* 289.

15) Schmid, *Geschichte des griechischen Apokalypse-Textes* 2, 92; B. M. Metzger, *Textual Commentary,* 756; Lenski, *Revelation,* 460; Kraft, *Offenbarung,* 202; Prigent, *Apocalypse,* 241.

16) HR, 699을 보라.

χαλκός("구리," 대하 4:16)와 함께 1번 사용되었다. Tob. 13:17(16)에서는 λίθῳ ἐντίμῳ("보석")가 χρυσίῳ καθαρῷ("순전한 금")와 나란히 등장한다. καθαρός("순전한")는 성경 이외의 문헌에서 금속을 언급하는 데도 사용되었다.[17] 계 15:6에서 이 단어와 함께 등장하는 형용사 λαμπρόν("밝은")은 옷만 아니라(19:8) 보석에도 적용된다(22:1: "수정같이 맑은 생명수의 강"; 비교. 21:11: "그 성의 빛이 지극히 귀한 보석 같고 벽옥과 수정같이 맑더라").[18]

그러므로 λίθον으로 읽는 것은 난해하기는 하지만 원본이라고 할 수 없을 정도로 난해하지는 않다. 찰스는 λίθον이 *sēs*의 잘못된 음역이라고 제안한다(아마도 Epis. Jer. 72에 있는 μάρμαρος처럼 말이다. 이것은 λίθος로 번역될 수 있지만[에 1:6], βύσσινος로 번역되어야 했다(창 41:42; 출 28:39에서처럼). 이것은 계 19:8, 14에서는 정확하게 번역된 것 같다.[19] 이 제안은 가능성이 있기는 하지만 더 나은 증거가 없다면 추측으로 남아야 할 것이다.

7절 다음 환상에서 "네 생물[참조. 4:6] 중 하나가 영원토록 살아 계신 하나님의 진노를 가득 담은 금 대접 일곱을 그 일곱 천사들에게" 준다. 대접 이미지는 부분적으로 구약성경에서 왔다. 거기서 "대접"은 성막이나 성전 제단에서 제사장이 제사를 드리는 것과 관련하여 (30번쯤) 언급되었다. 대접은 아마도 희생제물의 재와 기름을 담는 데 사용되었을 것이다. 이 대접은 종종 "증거의 장막"과 직접 연결되기도 했으며(출 38:23-26; 민 4:14-15; 7:13-89), 때로는 "금 대접"으로 언급되기도 했다(대상 28:17; 대하 4:8, 21). 이제 천사 같은 제사장이 하늘에 있는 증거 장막의 제단에서 대접을 가지고

---

17) BAGD, 388.
18) 계 4:3과 21:11ff.의 보석이 하나님의 영광스러운 찬란함에 비교되는 까닭에 Michaels는 15:6의 원본 "맑고 빛난 돌을 입고"가 "일곱 천사가 하나님의 영광으로 옷 입었다고 말하는 방식"일 수 있다고 주장한다. Michaels, *Interpreting Revelation,* 83.
19) Charles, *Revelation* II, 38-39.

사역한다. 제단은 여기서 언급되지는 않았지만 암시되었으며, 16:7에서는 대접 심판과 분명하게 결합된다. 이처럼 대접이 제단과 연결된 것은 대접 심판이 원수를 갚아달라는 성도들의 기도에 하나님이 응답하신 것이라는 사실을 보여준다(8:3-5의 주석 참조).

이러한 연결은 5:8에서 "하나님의 진노를 **가득 담은 금 대접**"과 성도들의 기도를 대표하는 "향으로 **가득한 금 대접**" 간에 어휘가 유사한 것으로써 확증된다. 두 상황이 유사하다는 사실은 원수를 갚아달라는 성도들의 기도(5:8을 6:9-11; 8:3-5과 비교하라)가 지금 대접 심판으로 충분히 응답받고 있음을 넌지시 내비친다.[20] 대접의 파괴적인 성격은 "재앙"(6, 8절)과 "하나님의 분노가 가득한"이라는 어구로 강조된다.

"대접" 이미지는 부분적으로 사 51:17, 22에서 유래하기도 했다. 이사야서 본문에서는 "[하나님의] 진노의 잔"이라는 어구가 2번 등장하며, 이전에는 죄를 범한 이스라엘에게 이 잔이 부어졌지만, 지금은 이스라엘을 "괴롭히던 나라들," 특히 바벨론에 부어질 것이다. 계 16장에서도 진노의 대접은 바벨론과 그곳에 거주하는 사람들에게도 부어지며, "잔"으로도 불린다(16:19. 14:10에서도 그렇다. 잠 23:31 LXX에서는 φιάλη["대접," 본문에 등장]와 ποτήριον이 동의어로 사용된 것에 주목하라). "대접"(*qeba'ath*)이라고 번역된 사 51:17, 22의 용어는 "잔"이나 "대접"이라는 뜻의 아시리아어에서 차용한 단어다. 이 단어는 구약성경에 등장하지 않고, 다만 이사야서에는 그 단어 바로 뒤에 따라오는 동격 소유격 "잔"(*kôs*)이라는 단어와 함께 2번 등장한다. *pĕyāyli*("대접")는 *Targ*. 사 51:17, 22에 사용된 그리스어(*phialai*)에서 차용한 단어다. 그리스어 φιάλη는 "대접" 또는 "잔"을 의미할 수 있다.[21] 여기서 대접은 죄인들을 심판할 하나님의 진노를 상징한다.[22]

8절 15장의 결론적인 진술은 재앙 환난이 궁극적으로 일곱 천사나

---

20) Ladd, *Revelation*, 207; Mounce, *Revelation*, 289.

21) LSJ, 1930; M-M, 668.

22) Beasley-Murray, *Revelation*, 231-32을 따름. 참조. Sweet, *Revelation*, 241.

네 생물에게서 오는 것이 아니라 하나님으로부터만 온다는 사실을 강조한다. 여기서 언급된 존재들은 하나님의 심판의 계획을 수행하는 조력자들이다. 이 환상은 성전이 "하나님의 영광과 능력으로 말미암아 연기가 가득 차" 있는 것으로 묘사되었다는 점에서 하나님의 임재에 초점이 맞춰져있다(출 40:34-35; 왕상 8:10-11 LXX; 대하 5:13; 사 6:1, 4 LXX에서처럼 말이다). 여기서 묘사된 내용은 땅에 있는 성전에서 하나님의 임재를 묘사하는 이와 비슷한 구약의 묘사를 집합적으로 반영했을 것이다. 비록 본문에서는 "세마포 옷을 입은" 한 천사가 하늘 성전에서 네 명의 그룹에 가까이 있고 "성전은 구름으로 가득하고 하늘 법정은 여호와의 영광으로 빛난다"는 겔 10:2-4에 초점이 있겠지만 말이다. 겔 10장의 장면은 심판의 선언을 소개하며, 이것은 계 15장의 비슷한 환상에 훨씬 더 가깝다. 요한은 겔 10장과 사 6:1, 4을 혼합하는 것 같은데, 사 6:1, 4에는 동일한 신현 언어가 있고 하늘 성전에서 심판의 선언을 소개하는 천상적인 존재들의 장면을 담고 있다(참조. 겔 43:5; 44:4). 실제로 사 6:1과 6:4은 구약성경에서 성전이 "연기"로 가득하다고 말하는 유일한 본문이다(다른 본문에서는 "영광"이나 "구름"이 사용되었다).[23)]

하나님의 임재는 진노를 표현하는 데 있어 너무도 황공스럽기에 천상적인 존재들도 하나님 곁에 설 수 없다. 일곱 천사들의 제사장적 속성은 그들이 입은 옷에 의해서만 아니라(1:13; 15:6의 주석 참조), 방금 전에 언급한 구약의 본문들(출애굽기, 열왕기, 역대기)이 하나님의 영광 중에 설 수 없는 제사장들을 언급한 사실에 의해서도 암시된다. 구약성경과 요한계시록에서 하나님이 가까이 할 수 없는 분으로 언급된 것은 그의 계시된 임재의 경외감 때문이다.[24)] 그래서 "성전에 능히 들어갈 자가 없더라"에 있는 καί("그리고")는 결과를 의미한다. "성전에 하나님의 영광과 그의 능력이 가득 차

23) Fekkes, *Isaiah and Prophetic Traditions,* 200.
24) 참조. I. T. Beckwith, *Apocalypse,* 679.

서, 성전에 능히 들어갈 자가 없더라."[25] 하나님이 친히 심판을 행하시므로 그가 "일곱 천사의 일곱 재앙"을 통해 그 일을 "완수하기까지는 아무도 성전에 들어갈 수 없다." 하나님이 심판을 행하기로 결정하시면, 아무도 하나님의 손을 막을 수 없다(비교. 단 4:35).[26] 이 결론적인 선언이 중재의 때가 지났음을 의미한다는 제안은 일반적으로 옳다.[27] 하지만 중단된 것은 세상의 구원을 위한 중재가 아니라 성도들을 박해하는 자들에게 원수를 갚아달라는 성도들의 탄원이다(7절에도 암시됨). 이것은 더 이상 필요가 없다. 하나님이 성도들의 기도에 응답하고 계시기 때문이다.

계 15:8-16:21은 겔 9:1-10:6을 부분적인 모델로 삼았다. 여기서 일곱 천사들은 이마에 하나님의 보호 표시가 없는 모든 사람을 심판한다(겔 9:2에 등장하는 서기관은 일곱 천사 중 한 명이며, 10:1-6에 따르면 심판에 참여한다). 천사들이 받은 심판하라는 명령과 관련해서 말하면, "여호와의 영광이 그룹에서 올라와 성전 문지방에 이르니 구름이 성전에 가득하며 여호와의 영화로운 광채가 뜰에 가득하였다"(10:4).[28]

뷰캐넌은 계 14-15장을 문자적으로 이해하여, 이 장에 있는 내용을 1세기말 팔레스타인에서 일어난 역사적 사건들과 동일시하며, 여러 절을 비유적으로 해석하는 주석가들에게 반론을 제기한다.[29] 뷰캐넌의 접근은 다음과 같은 몇 가지 난제에 부딪힌다. (1) 그의 견해는 14:4이 수정됐다는 가설을 전제한다. (2) 그의 접근에 맞지 않는 본문들은 후기의 교정본이라고 여겨 제거된다.[30] (3) 뷰캐넌은 요한계시록의 핵심이 원래 유대 문서로 기록되었다고 가정한다.[31] (4) 본문들 중에는 일관성 없

25) Minear, *New Earth,* 130.

26) 참조. Mounce, *Revelation,* 290. 비록 Mounce가 이것을 최후의 심판으로 해석하지만 말이다.

27) Harrington, *Revelation,* 198; Bruce, "Revelation," 1619.

28) 참조. Kraft, *Offenbarung,* 203.

29) Buchanan, *Revelation,* 348-402.

30) Buchanan, *Revelation,* 362.

31) Buchanan, *Revelation,* 366.

이 비유적으로 이해되는 것도 있다(예. 바벨론 = 로마; 14:20의 피의 양은 문자적이 아니라는 등). (5) 15:2의 "승리"와 15:3의 승전가의 내용은 1세기에 로마인들과의 전투에서 유대인들이 구원받은 것을 언급한다고 이해한다.[32] 하지만 요한계시록의 본문은 광대한 구속사적인 함의를 지니면서 (유대인만이 아니라) 하나님의 참 백성을 대적하는 사람들을 이긴 극적인 승리를 전달한다. (6) 1:1에 언급된 요한계시록의 표제적 진술은 비유적인 자료가 요한계시록의 장르를 주도함을 천명한다(1:1의 주석과 본서 서론의 "상징 해석"을 보라).

일곱 나팔과 일곱 대접

일곱 대접 재앙은 15:1, 5-8에서 소개되었다. 16장은 이 각각의 화(禍)의 내용을 설명한다. 많은 주석가는 일곱 나팔이 일곱 대접과 다른 심판이라고 주장한다. 나팔 재앙의 처음 4개가 자연에만 영향을 미치는 것으로 보이는 반면에, 대접 재앙의 처유 4개는 악한 사람들에게 영향을 미치고, 나팔 재앙의 처음 6개가 효과 면에서 부분적인 것으로 언급된 반면에, 대접 재앙은 보편적인 효과를 가진 것처럼 보인다는 것이 그 이유다. 또 다른 차이점은 여섯째 인과 여섯째 나팔 다음에 설명하는 삽입구가 있는 것과 달리, 여섯째 대접 이후에는 삽입구가 없다는 것이다.

하지만 일곱 나팔과 일곱 대접 사이의 유사성은 차이점을 능가하고도 남는다. 저자가 병행 환상을 기계적으로나 사진을 찍듯이 동일하게 표기하는 것은 상식을 벗어나는 일이다. 처음 네 나팔을 자연에 내리는 재앙에 국한하는 것은 그 기사를 매우 문자적으로 이해하는 것이다. 앞에서 보았듯이, 네 나팔 재앙은 배역한 사람들에게 내리는 심판을 상징한다(특히 기근이 그렇다. 8:6-12의 주석 참조). 나팔 재앙에서 매우 비유적인 방법으로 서술

32) Buchanan, *Revelation*, 393-94.

된 것이 대접 재앙에서는 보다 더 직접적으로 서술된다.[33] 더욱이 둘째 나팔과 셋째 나팔은 사람들에게 영향을 끼친다고 분명하게 언급되었다. 반면에 둘째 대접에는 이러한 분명한 언급이 없다(8:9-11에 있는 "배"와 "많은 사람들이 죽었더라"). 나팔이 부분적인 영향을 주고("삼분의 일") 대접이 보편적인 영향을 준다는 것이 두 재앙을 동일시하기에는 그 동일성이 부족함을 시사할 수도 있겠지만, 반드시 그런 것은 아니다. 오히려 영향의 범위가 다르다는 것은 단지 나팔이 동일한 시기에 온 세상을 강타하는 광범위한 심판 과정에 속한다는 사실을 암시할 수 있다. 그러므로 효과 면에서 다르다고 해서, 나팔을 다른 심판이나 또는 대접보다 시간적으로 이전에 시행되는 심판으로 볼 필요는 없다.

일곱 나팔과 일곱 대접은 다 같은 순서로 재앙을 제시한다. 재앙은 (1) 땅과 (2) 바다와 (3) 강과 (4) 해와 (5) 어두움 속에 있는 악한 자들의 영역과 (6) 유브라데(그리고 귀신들로 사악한 사람들에게 영향을 주는 것)와 (7) 최후의 심판 순서대로 세상에 내린다("번개와 음성과 우레와 지진"과 "큰 우박" 등 같은 이미지를 사용함). 나팔과 대접이 놀라울 정도로 유사하다는 사실은 두 재앙 모두 출애굽 재앙을 모델로 삼은 결과다. 두 시리즈에서 각각의 화는 여섯째 나팔을 제외하고는 출애굽 재앙을 암시한다. 더욱이 각각의 시리즈에서 일곱 천사들이 일곱 재앙을 시행한다.

그러므로 나팔 시리즈와 대접 시리즈는 문자적으로, 주제적으로 그리고 시간적으로 병행이다(자세한 논증은 서론의 "요한계시록의 구조와 계획"을 보라).[34] 두드러진 유사성으로 인해, 두 시리즈가 다르다고 주장하려는 사람들은 그러한 주장에 대한 증거를 제시해야 할 책임이 있다.[35]

두 재앙 사이의 병행을 다음과 같이 제시할 수 있다.[36]

---

33)) Sweet, *Revelation,* 242을 보라.

34) 이 결론에 동의하지 않는 Ladd, *Revelation,* 209을 보라.

35) 유사성을 인정하지만 두 시리즈가 본질적으로 병행이 아니라고 결론을 내리는 I. T. Beckwith, *Apocalypse,* 672-73, 690을 보라.

36) Beasley-Murray, *Revelation,* 238-39을 변경하여 채용했다.

<table>
<tr><td>첫째 나팔: 우박과 불과 피가 땅에 떨어짐. 땅 삼분의 일이 불에 탐.</td><td>첫째 대접: 대접이 땅에 부어짐. 짐승의 표를 가지고 그의 우상에게 경배하는 사람들에게 독한 종기가 남.</td></tr>
<tr><td colspan="2">이것은 출 9:22ff.(나팔)과 9:8ff.(대접)에 상응한다.</td></tr>
<tr><td>둘째 나팔: 불붙는 산이 바다에 떨어짐. 바다의 삼분의 일이 피가 되고, 바다 생물의 삼분의 일이 죽음, 그리고 모든 배의 삼분의 일이 부숴짐.</td><td>둘째 대접: 대접이 바다에 부어짐. 바다는 피가 되고 바다에 있는 모든 생물이 죽음.</td></tr>
<tr><td colspan="2">이것은 출 7:17ff.에 상응한다.</td></tr>
<tr><td>셋째 나팔: 불붙는 별(쑥)이 강과 샘 삼분의 일에 떨어짐. 그 물이 써서 많은 사람이 죽음.</td><td>셋째 대접: 대접이 강과 샘의 근원에 부어짐. 그 물들이 피가 됨.</td></tr>
<tr><td colspan="2">이것은 출 7:17ff.에 상응한다.</td></tr>
<tr><td>넷째 나팔: 해와 달과 별의 삼분의 일이 타격을 받음. 밤 삼분의 일과 낮 삼분의 일이 어두워짐.</td><td>넷째 대접: 대접이 해에 쏟아짐. 사람들이 불로 태움을 입음.</td></tr>
<tr><td colspan="2">이것은 출 10:21ff.(나팔)과 9:22ff.(대접)에 관련이 있다.</td></tr>
<tr><td>다섯째 나팔: 무저갱을 엶. 해와 공기가 연기로 어두워지고, 거기서부터 메뚜기가 나와 하나님의 인이 없는 사람들에게 고통을 줌.</td><td>다섯째 대접: 대접이 짐승의 왕좌에 부어짐. 그의 나라가 어두워지고 사람들이 아파함.</td></tr>
<tr><td colspan="2">이것은 출 10:4ff.(나팔)과 10:21ff.(대접)에 상응한다.</td></tr>
<tr><td>여섯째 나팔: 유브라데에 결박되어 있던 네 천사와 이만만이나 되는 마병대가 풀려남. 그들은 사람 삼분의 일을 죽임.</td><td>여섯째 대접: 대접이 유브라데에 부어짐. 강이 말라 동쪽에서 왕들이 건너옴. 귀신의 개구리들이 세상의 왕들을 속여 아마겟돈에서 싸움을 위하여 모이게 함.</td></tr>
<tr><td colspan="2">이것은 출 8:2ff.(대접)에 상응한다.</td></tr>
<tr><td>일곱째 나팔: 하늘에서 큰 음성이 하나님과 그리스도의 나라의 도래를 선언함. 번개와 우레와 지진과 우박이 일어남.</td><td>일곱째 대접: 대접이 공중에 부어지고 하나님의 보좌에서 큰 음성이 나와 “되었다”고 선언함. 번개와 우레와 전례가 없는 지진이 일어나고, 엄청나게 큰 우박이 떨어짐.</td></tr>
<tr><td colspan="2">이것은 출 9:22ff.과 시내 산 신현(출 19:16-19)에 상응한다.</td></tr>
</table>

나팔과 대접 사이에 일대일 대응은 없다. 하지만 두 재앙은 총체적으로 같은 기간에 발생하는 하나님의 심판의 동일한 계획에 속한 것으로 간주하기에 충분할 정도로 비슷하다. 일반적으로 말해서 처음 여섯 나팔과 처음 다섯 대접은 그리스도의 부활과 그의 재림 사이의 시간을 다룬다. 반면에 마지막 나팔과 마지막 두 대접은 최후의 심판을 서술한다. 15:1의 "마지막 일곱 재앙"은 일곱 인과 일곱 나팔 이후 역사의 끝에 발생하는 심판을 가리키는 것이 아니라, 선견자가 본 공식적인 7중 환상의 순서에서 일곱 인과 일곱 나팔 다음에 마지막으로 오는 일곱 대접을 가리키는 것으로 이해해야 한다. 일곱 대접이 이전의 화 환상에 제시된 사상을 완성한다는 의미에서, 일곱 대접은 "마지막"이다. 이것은 대접 심판을 6-14장에서 묘사된 일련의 심판 이후에 발생하는 것으로 볼 필요가 없다는 의미다. 일곱 대접은 시간적으로 되돌아가서 교회 시대 내내 나타나는 화들을 좀 더 자세히 설명하고 최후의 심판으로 절정에 도달한다.

그래서 이러한 반복은 요한이 나팔로 설명하기 시작한 하나님의 종말론적인 출애굽 심판의 범위와 적용을 더욱 자세히 설명한다. 나팔 환상은 불완전한 즉석 사진에 비유할 수 있으며, 대접 환상은 좀 더 세밀하게 찍은 사진에 비유할 수 있다. 두 나팔만 심판받은 사람들을 불신자라고 밝혔지만, 일곱 대접 중 6개는 고통당하는 사람들이 불신자라고 밝힌다.

나팔처럼 대접 재앙은 단순한 경고가 아니라 심판으로 이해하는 것이 더 낫다. 이 결론은 출애굽 재앙이 일곱 대접의 문학적·신학적 모델이라는 관찰에 근거한다(자세한 내용은 8장 주석의 서론과 특히 출애굽 배경과 관련한 신학적 분석 참조). 경고의 기능은 불신자들 중 아무도 "회개하지 않았다"고 언급하는 16:9, 11에서 표현된다. 만일 일곱 대접이 출애굽 재앙을 문학적인 면에서만 모델로 삼았다면, 그 재앙은 단순한 경고로 볼 수도 있을 것이다. 하지만 출애굽 재앙의 신학이 대접 재앙을 구성하는 공식적 배경이 되었다면, 대접은 궁극적으로 사람들을 더욱 강퍅하게 하는 심판으로, 하나님의 의로운 심판과 하나님의 유일하심 및 비교할 수 없는 전능하심을 증명한다고 이해해야만 한다(16:5-6). 이 재앙들로 인해 마음의 완악함이 드러나고 불경건한 자들이 그러한 강퍅함 때문에 심판을 받는다는 것이 입증된다. 그들의 불경건함은 우상숭배와(16:2) 끝까지 회개하지 않음과(16:9, 11) 성도들을 박해하는 것(16:6)으로 표현된다.

일곱 나팔처럼, 일곱 대접은 성도들이 자기들을 박해하는 사람들을 심판해달라고 6:9-11에서 탄원한 기도에 대한 하나님의 응답이다. 일곱 대접이 6:9-11과 연결된다는 것은 16:5-7에 "제단", "거룩하신" 하나님, "참된" 하나님의 심판이 언급된 것에서 분명하게 드러난다. 일곱 대접이 6:9-11과 연결되었다는 것은 왜 대접이 단순한 경고가 아니라 궁극적으로 심판, 즉 "진노의 대접"(16:1; 참조. 15:1)인지를 설명한다. 대접 재앙의 심판을 받는 사람들은 자신을 짐승과 동일시하고 어린 양과 동일시하지 않는 까닭에 심판을 받는다. 요한은 여러 곳에서 이러한 사람이 짐승의 미혹에 영향을 받기로 정해졌다고 서술한다(13:8b과 17:8의 주석 참조). 그래서 그들은 어린 양이 아니라 짐승을 경배하고, 고질적으로 회개하지 않으며 하나님의 백성을 박해하는 데 참여한다(이와 관련해서 난해한 본문 중 하나인 22:10-11의 주석 참조).[37] 이러한 해석적 결론은 하나님의 주권과 인간의 책임과 회개를 둘러싼 신학적 긴장을 수반한다(이에 대해서는 9:20의 주석 참조).

이 모든 잠정적 심판은 일곱째 대접의 크고 마지막인 심판에서 절정을 이룬다(16:17-21). 출애굽 재앙은 구약성경에서 예표론적으로 폭넓게 이해되어 포로기 중에 있는 이스라엘의 죄악 된 세대에 적용되고, 유대문헌에서는 온 땅에 있는 불신자들과 역사의 마지막에 살 불경건한 사람들에게 예표론적으로 적용되었다(본서 8:12의 주석 뒤에 이어지는 "처음 네 나팔의 결론"을 참조하라. 흥미로운 것은 신 7:15이 출애굽 재앙을 이스라엘을 미워하는 미래의 모든 사람에게 폭넓게 적용한다는 점이다. 하나님은 "모든 질병을 네게서 멀리 하사 너희가 아는 애굽의 악질에 걸리지 않게 하시고 너를 미워하는 모든 자에게 걸리게 하실 것이라"). 마찬가지로 여기서도 출애굽 재앙은 처음 다섯 대접에서 그리스도의 초림과 재림 사이에 살고 있는 모든 불경건한 사람들에게 예표론적으로 적용되었

37) 참조. A. Y. Collins, "History-of-Religions Approach," 371-72.

고, 마지막 두 대접에서 역사의 마지막을 사는 악한 사람들에게 적용되었다. 모든 일곱 심판의 결과와 목표는 하나님의 비교 불가능성과 죄인들에게 내리는 의로운 심판을 보여주는 것만 아니라, 궁극적으로 하나님을 영화롭게 하는 데 있다(15:8; 16:9; 참조. 11:13, 15-16; 15:4; 19:1-7). 숫자 7은 비유적이며, 단순히 구체적인 화 7개를 언급하는 것이 아니라 악한 사람들에게 내려지는 이 심판의 온전함과 혹독함을 가리키기도 한다(자세한 내용은 15:6의 주석 참조).

앞의 몇 장은 용의 등장(12장)과 짐승(13:1-10)과 거짓 예언자(또는 둘째 짐승, 13:11-18), 마지막으로 바벨론(14:6-11)을 묘사했다. 16장은 이 악역들의 활동을 역순으로 보여주는 단락을 시작한다. 바벨론이 먼저 언급된 것은 그들의 종말을 설명하려는 데 목적이 있다(16:17-21; 17-18장). 이어서 짐승과 거짓 예언자(19:17-20), 마지막으로 용을 언급한다(20:10). 이러한 역순은 요한계시록에서 시간적 순서에는 관심이 없음을 의미한다. 네 원수들은 동시에 제거된다. 그들의 멸망을 묘사함에 있어 동일한 단어와 구약 암시가 반복되는 것에 분명하게 나타나듯이 말이다(예. "전쟁을 위하여 모으다"; 16:14; 19:19; 20:8의 주석 참조).

대접을 쏟으라는 명령(16:1)

"큰 음성"이 일곱 천사에게 "하나님의 진노의 일곱 대접을 땅에 쏟으라"고 명령한다. 그 음성은 천사 또는 그룹 중 하나, 또는 그리스도 혹은 하나님의 음성이다. 그 음성이 그리스도나 하나님에게서 나왔다는 것은 6:6에서 암시되었다. 거기서 "음성"이 보좌에서 나와 네 생물(그룹) 중 하나에게 명령한다(참조. 9:13). 여기서는 하나님이 화자라는 사실이 하나님이 하늘 성전에 계신 분으로 방금 전에 언급되었다는 사실(15:5-8)과 사 66:6의 암시로써 입증된다.[38] "목소리가 성전에서부터 들리니 이는 여호와께서 그의 원수

38) Holtz, *Christologie der Apokalypse*, 132.

에게 보응하시는 목소리로다"(이 본문은 *Midr.* 시 18.11에서 로마에 내리는 심판에 적용되었다).

LXX에서는 "하나님의 진노를 쏟는다"(ἐκχέω+θυμός)는 어구가 언약을 파기한 사람들이나 하나님의 백성을 박해한 사람들에게 내리는 심판을 암시하기 위해 사용된다(겔 14:19; 렘 10:25; 이와 비슷한 내용은 시 68[69]:25[24]; 습 3:8에서도 발견된다).[39] 예를 들어, 렘 10:25과 계 16:1 사이에 있는 단어의 유사성을 주목하라.

렘 10:25	계 16:1
ἔκχεον τὸν θυμόν σου ἐπὶ ἔθνη("족속들[나라들]에게 주의 분노를 쏟으소서").	ἐκχέετε τὰς...φιάλας τοῦ θυμοῦ τοῦ θεοῦ εἰς τὴν γῆν("하나님의 진노의 대접을 땅에 쏟으라").

이 문구는 쏟는 행위의 파괴적인 효과를 **비유적으로** 표현하려고 이따금씩 "불"과 함께 사용되기도 한다. 이 사실은 대접을 비유적으로 해석해야 한다는 점을 한층 더 강조한다(렘 7:20; 애 2:4; 4:11; 겔 22:21-22; 30:15-16; 습 3:8; 또한 시 78[79]:5-6. 겔 21:36-37[31-32]은 θυμός 대신 ὀργή로 대체했다. 넷째 대접에도 재앙의 영향으로 "불"이 사용되었다). 확실히 각각의 천사가 대접을 쏟는 것은 문자적인 행위가 아니라 하늘에서 하나님의 심판을 시행한다는 것을 의미하는 은유적인 행위다(참조. *Midr.* 시 104.3). 각각의 화(禍)의 첫 시행이 은유적으로 묘사되었다면, 이어지는 그 화의 효과를 묘사한 것 역시 은유적일 것이다. 이러한 비유적인 견해는 출애굽 재앙 중 하나를 신학적인 은유로 이해한 Wis. 15-17장과 맥을 같이한다(8:12의 주석 참조). 대접 재앙 하나하나를 더 자세히 연구해보면 비유적인 분석이 강조된다.[40]

---

39) 이 견해에 본질적으로 의견의 일치를 보이는 학자들은 Kraft, *Offenbarung,* 204-5; Prigent, *Apocalypse,* 243; Roloff, *Revelation,* 188이다.

40) Seiss, *Apocalypse,* 370-84; Walvoord, *Revelation,* 231-42; Lindsey, *There's a New World Coming,* 204-16에 반대함. Seiss와 Walvoord 그리고 Lindsey는 일곱 대접 재앙을 모두

시 79:6, 12은 부분적으로 계 16:1의 의미를 설명하는 비유적 해석의 근거가 되어왔다. "주를 알지 아니하는 민족들과 주의 이름을 부르지 아니하는 나라들에게 주의 노를 부으소서…주여! 우리 이웃이 주를 비방한 그 비방을 그들의 품에 칠 배나 갚으소서." 계 16:6에는 시 79:3이 암시되는데, 두 본문에서는 의인의 **피를 흘리면** 동일한 방식으로 심판을 받는다고 한다. 하나님이 그의 진노를 쏟는 것으로써 말이다. 더욱이 계 6:10은 나팔 화(9:14의 주석 참조)와 최후의 심판(8:3-5)을 시작하려고 시 79:5, 10을 암시했다.

본문의 배경인 또 다른 내용은 제단 바닥에 제사장이 희생 동물의 피를 "쏟는"(ἐκχέω) 행위다. 이것은 "제사장은…성막 앞에서…피를 일곱 번 뿌릴지니라"와 2번 연관된다(레 4:6-7과 4:17-18; 참조. 제단에 피를 쏟는 것[ἐκχέω]은 레 4:7, 25, 30, 34; 8:15에도 있다).[41] 희생제물의 피를 쏟는 것이 죄의 더러움으로부터 성막을 정결케 하는 것을 의미했듯이, 대접을 쏟는 것 역시 심판을 통해 죄의 더러움으로부 땅을 깨끗이 하는 행위다. 레위기적 배경은 계 15:5-16:1, 7의 성전 이미지와 대접 환상의 성전 이미지로 한층 강조된다(15:7의 주석 참조).

ἐκ τοῦ ναοῦ("성전에서")가 𝔐[A]에 생략되었다. 아마도 음성의 출처를 가리키는 지명이 ἤκουσα μεγάλης φωνῆς("내가 큰 음성을 들었다")나 이와 비슷한 어구 다음에 이어지는 곳에서 늘 εκ του ουρανου("하늘에서")가 등장한다는 사실 때문에 의도적으로 생략됐을 것이다(10:4, 8; 11:12, 15; 12:10; 14:2, 13; 18:4). 필경사는 "성전"의 언급이 원본이라고 보기엔 너무 이상하다고 생각했음이 분명하다. 몇몇 필경사들은 ἐκ τοῦ ναοῦ를 εκ του ουρανου로 대체함으로써 이 절을 아예 다른 병행 어구들에 공공연히 동화시켰다(42 ℵ* Bea). 동일한 이유에서 16:17에서 많은 사본은 ἐξῆλθεν φωνὴ μεγάλη ἐκ τοῦ ναοῦ("큰 음성이 성전에서부터 나서")라는 어구에서

문자적으로 이해한다.

41) J. M. Ford, *Revelation,* 265.

ναοῦ를 생략하든지, 아니면 ουρανου를 덧붙이든지 했다. 동일한 현상이 21:3에서 "내가 큰 음성을 들으니"와 이에 뒤따라오는 "보좌로부터"에 나타난다. 메츠거는 1절에 있는 이문 εκ του ουρανου가 ναοῦ를 ουρανου의 축약형으로 오해한 결과라고 제안한다.[42] 또는 τουναου가 ουρανου의 오기(誤記)일 수 있다. 특히 ουρανου가 다른 곳에서 자주 등장하기에 더 예상됐을 것이다.

처음 다섯 대접: 하나님은 중간기 동안 박해와 우상숭배를 한 불경한 자들을 심판하신다. 그들은 땅에서 누린 안전을 빼앗긴다(16:2-11)

첫째 대접: 하나님은 세상 제도에 속한 우상숭배자들에게 고난을 주신다(16:2)

첫째 천사가 심판을 시작한다. 심판은 우상을 경배하는 사람들을 심판하기 위해 임한다("짐승의 표를 받은 사람들과 그 우상에게 경배하는 자들"). 대접을 쏟는 것과 "짐승의 표"가 비유적이듯이(13:16-17; 7:2-3의 주석 참조), "악하고 독한 종기가 나는"(ἕλκος κακὸν καὶ πονηρόν) 첫째 대접의 효과 역시 비유적으로 이해해야 한다. 첫째 대접의 효과는 애굽에 실제로 내린 재앙 중 독종(수두의 일종-역주)에 근거한다(출 9:9-11). 이것은 신 28:27, 35에서 "심한 종기"(ἕλκει πονηρῷ)로 요약되었다. 범죄에 해당하는 심판이 내려진다. 우상숭배의 표를 받은 사람들은 심판의 표를 받아 벌을 받을 것이다.[43] 애굽에 내린 재앙의 "종기"는 고통을 유발했다. 여기서 종기는 고통의 어떤 형태를 가리킨다. 아마도 다섯째 나팔의 영적이고 심리적인 "괴로움"(βασανισμός)을 포함할 것이다(9:4-6, 10의 주석 참조).

이와 마찬가지로 초기 유대교 문헌에는 애굽에 내린 종기 재앙이 "괴로움"을 야기한다고 묘사된다. Josephus, *Ant.* 2.304은 종기 재앙을 하나님이 "악한"(πονηρίαν) 애굽 사람들을 "악한 것[κακοῖς]"으로써 "괴롭게

42) Metzger, *Textual Commentary,* 757.

43) 참조. Beasley-Murray, *Revelation,* 240.

하신"(βασανίσαι) 때라고 언급한다. "이제 그들의 몸에는 심한 종기가 생겼다"(δεινῶς...εξηλκοῦτο). 필론은 애굽 사람들이 "몸만큼이나 그 이상으로 영혼의 고통도 받았는데, 지속되는 종기[ἕλκος]로 인해 머리부터 발끝까지 긁지 않을 수 없었다"고 서술한다(Philo, *Conf.* 1.127-28). *Pesikta Rabbati* 17.8은 애굽 사람들이 겪은 종기 재앙은 로마에도 내릴 것이라고 언급한다.

월은 욥 2:1-10이 "독한 종기"의 배경이라고 제안한다.[44] 하지만 욥은 의로움 때문에 고난을 당했지, 우상숭배나 하나님을 거역한 까닭에 고난을 당하지 않았다. 더욱이 "독한 종기"라는 용어는 출애굽 재앙을 묘사하는 곳에도 등장하며, 출애굽 재앙은 계 16장 전체에서 염두에 둔 것이 분명하다.

둘째 대접: 하나님은 세상 제도를 경제적으로 심판하신다(16:3)

둘째 대접과 둘째 나팔(8:8-9)이 병행이라는 사실이 눈에 띈다. 나팔은 바다를 쳤고 "바다의 삼분의 일이 피가 되고 바다 가운데 생명을 가진 피조물들의 삼분의 일이 죽고 배들의 삼분의 일이 깨"졌다. 이와 마찬가지로 둘째 대접도 바다를 쳤고 "바다가 곧 죽은 자의 피같이 되니 바다 가운데 모든 생물이 죽"었다. 두 본문 모두 출 7:17-21에 근거한다. 모세가 나일강을 피로 변하게 하자 그곳에 있는 물고기가 죽었다(계 8:8-9과 16:3처럼, Philo, *Conf.* 1.100은 출 7:17-21의 재앙의 효과를 확장하여 사람들의 죽음을 포함시킨다).

그러므로 둘째 나팔과 둘째 대접은 같은 심판을 다룬다. 다른 점은 나팔이 부분적인 효과를 다루는 반면에 대접은 전체적인 효과를 다룬다는 점이다. 둘째 대접에서 부분적으로 적용될 수 있었던 것이 초림과 재림의 중간기 내내 종종 보편적으로도 적용될 수 있음이 나타난다. 이를테면 경제적인 재앙은 종종 온 땅에 두루 확대되며 단지 일부분에만 미치지 않

---

44) Wall, *Revelation,* 196-97.

는다. 바벨론이라는 세계 제국이 둘째 나팔로 인한 화의 대상이었듯이, 세상에서 짐승의 나라와 결합해 있는 바벨론은 둘째 대접이 주는 고난의 대상이다(8:8-9의 주석 참조). 실제로 14:8, 10과 15:7, 16:1의 연결이 암시하듯이, 대접은 일반적으로 바벨론에 내린 심판과 연결된다. 일곱째 대접은 특히 16:19에서 14:8, 10과 연결된다. "큰 성 바벨론이 하나님 앞에 기억하신 바 되어 그의 맹렬한 진노의 포도주 잔을 받으매."

둘째 나팔에서 나타났듯이, 둘째 대접에서 사용된 비슷한 이미지로 인해 기근과 경제적 박탈이 암시된다. 물론 더욱 심각하고 광범위하게 적용되었지만 말이다. 방금 전 16:2에 언급된 "짐승의 표"는 본질적으로 경제적인 함의를 지닌 13:16-17에서 처음으로 등장했다. 둘째 대접은 계 18장에서 번성하는 해양업의 원천인 "큰 성 바벨론"의 멸망과 비유적으로 병행하든지, 아니면 그 멸망을 예견한다. 그 결과 "바다"에 의지하여 생활하던 모든 사람이 빈곤하게 된다(18:17, 19). 그러므로 여기서 경제적인 암시는 18장에 비춰 이해하는 것이 좋다.

πᾶσα ψυχὴ ζωῆς ἀπέθανεν는 "**살아 있는** 모든 영혼이 죽었다"라고 번역할 수 있다(ζωῆς를 질적인 소유격 또는 형용사적 소유격으로 취함). 이것은 해상 경제에 의존한 사람들의 죽음이나 고난을 가리킬 수 있다. 둘째 나팔 심판에는 바다에서 "**생명**을 가진"(ψυχάς) 피조물의 죽음이 포함되었다. 하지만 우리가 이미 살펴보았듯이 둘째 나팔의 묘사의 요점은 바다의 재난과 총체적인 기근 상황을 부각시키는 데 있다. 이로 인해 사람들이 고난을 당하고 죽음에 이른다. 사람들의 죽음은 16:3의 요지인 듯하다. 특히 요한계시록에서 ψυχή라는 단어의 사용례에 의하면, 8:9에서 전문적으로 사용된 것을 제외하고는 사람들을 가리킨다(6:9; 12:11; 18:13, 14; 20:4). 바벨론의 종말은 "전염병과 애통과 기근"의 결과로 나타나는 "재앙"으로 언급된다. 그러므로 16:3에서 바다가 "피"로 바뀌었다는 것은 적어도 부분적으로는 불경건한 세상의 경제적 삶을 지탱하는 제도의 종말을 가리키는 비유적 표현이다.

불경건한 사람들을 가리키는 비유적 표현으로서 "바다"는 이러한 상징적인 해석에 매우 민감한 요한계시록에서 θάλασσα의 다른 사용례(24번)와 맥을 같이한다(18:17, 19, 21에서는 예외다).[45] 분명한 것은 17:1의 "많은 물"이 땅에 있는 모든 불신자를 묘사한다는 사실이다(17:15). 더욱이 12:18에서 사탄이 "바다의 모래에" 서 있다는 것은 악한 나라들에 행사하는 사탄의 주권을 가리킬 수 있다. 20:8에서 불경건한 나라들이 "바다의 모래"에 비유되고 있기 때문이다. 13:1의 짐승이 나온 바다는 많은 나라를 가리킨다. 16:3을 이렇게 상징적으로 이해하는 것은 4절에서 "강과 물 근원"이 피가 된 것을 불경건한 자들에게 내린 하나님의 심판이라고(5-6절) 분명하게 비유적으로 해석한 것으로도 지지받는다. 3절의 "피"를 불경건한 자들의 고난을 가리킨다고 이해하는 것은 전후 문맥(2, 8-11절)과 요한계시록 여러 곳에서 "피"(αἷμα)가 예외 없이 악한 자들이나 그리스도와 성도들의 고난을 가리키기 위해 사용되었다는 사실에 의해 입증된다(악한 자의 고난에 대해서는 11:6; 14:20; 19:13; 비교. 6:12; 8:7-8; 그리스도와 성도들의 고난에 대해서는 1:5; 5:9; 6:10; 12:11; 17:6; 18:24; 19:2을 보라).

Josephus, *War* 3.522-31에 묘사된 것처럼, 3절의 화를 고대 해전에서의 피 흘림을 반영한다고 이해하는 사람들이 있다. "누구나 호수 전체가 붉게 물들여진 것과 시체들로 뒤덮인 것을 볼 수 있었다. 한 사람도 도망하지 못했다." 이런 이해가 가능하지만, 3절은 일반적인 고난을 묘사할 개연성이 더 많다. 물론 전쟁의 결과가 이러한 일반적인 고난의 한 부분이 될 수 있는 것은 확실하다.

사본 051 2344 𝔐^{A}와 여러 역본에서는 ὁ δεύτερος("둘째") 다음에 αγγελος("천사")가 덧붙여졌으며, 서론적인 순서 이후 4, 8, 10, 12, 17절에서도 동일하게 삽입되었다. 이것은 대접을 쏟는 존재가 16:1에 소개된 천사들이라는 것을 밝히려는 시도다. 그런데 이 단어가 왜 2절의 ὁ πρῶτος 다음에 발견되지 않는지는 신비다.

구문론적으로 관사 τά가 어색한 위치에 놓여 있기 때문에 수많은 사본상의 증거들은 그 관사를 των으로 바꾸든지(1006 1841 *pc*), 아니면 아

45) 이러한 상징을 주창하는 Hengstenberg, *Revelation* I, 419-20; II, 193을 보라.

예 생략했다($\mathfrak{P}^{47}$ ℵ $\mathfrak{M}$ latt sy^{ph} co).

셋째 대접: 하나님은 그의 백성을 박해하는 자들을 경제적으로 심판하신다 (16:4-7)

4절 셋째 대접은 셋째 나팔과 병행한다(8:10-11). 셋째 나팔로 인해 "강들의 삼분의 일과 여러 물 샘"이 파괴되었으며, "물의 삼분의 일이 쓴 쑥이 되매 그 물이 쓴 물이 되므로 많은 사람이 죽"었다. 이와 비슷하게 셋째 대접은 "강과 물 근원에 쏟"아졌고, 강과 물 근원이 "피가 되었다."

두 본문 역시 나일 강에 내린 재앙에 근거한다(출 7:17-21; 시 78:44. 8:10-11의 주석 참조). 따라서 셋째 나팔과 셋째 대접은 동일한 심판을 다룬다. 차이가 있다면 셋째 나팔은 부분적인 효과를 내고, 셋째 대접은 전체적인 효과를 낸다는 점이다. 이것은 셋째 나팔의 부분적인 경제적 화가 때로는 초림과 재림 사이의 기간에 온 땅에 두루 확장될 수 있음을 암시한다. 바벨론이 셋째 나팔 재앙의 대상이었듯이(8:10-11의 주석 참조), 성도들을 박해하는 사람들이 대접 심판으로 인해 고난을 당한다(16:6). 이 심판은 이렇게 박해하는 **모든** 사람에게 임한다. 게다가 8:10-11에 있는 화처럼, 대접 재앙으로 말미암은 화는 기근을 암시한다. 기근이 좀 더 광범위한 고난을 야기하기는 하지만 말이다.

둘째 대접처럼, 셋째 대접 역시 18:8, 10-19에 묘사된 것과 같은 혹독한 경제적 고난을 언급하는 것 같다. 두 본문 모두 동일한 출애굽 재앙에 근거하며 물이 피로 변하는 것을 말하기 때문이다(16:3의 주석 참조). 두 대접에서 "피"는 죽음만 아니라, 실제로 죽음으로 이어질 수 있는 총체적 고난을 가리키는 비유다. 그러므로 셋째 대접은, 둘째 대접처럼, 18장에서 번창하는 해상 무역의 근거지인 "큰 성 바벨론"의 멸망을 묘사한 것과 비유적 병행이든지 혹은 그것을 예상한다. 바벨론이 멸망하자, 이 무역에 근거하여 삶을 영위했던 모든 사람은 궁핍해진다(18:10-19). 16:6의 성도들의 고난과 이 대접(셋째 대접)에 묘사된 불경건한 자들의 고난을 경제적으로 해석하는 것은 16:6과 18:24 사이의 똑같은 표현에 의해 지지받는다. 이에 따르면, 불경건한 세상은 "성도들과 예언자들의 피"(αἷμα ἁγίων καὶ προφητῶν, 18:24에서는 이 어구가 역순으로 되었다)를 흘린 것으로 인해 심판을 받는다(16:6; 18:20). 이 표현의 배후에 있는 것은 아시아의 여러 교회가 경험했던 일종의 경제적 심판이었을 것이다(2:9의 주석 참조). 여기에는 투옥과 심지어 죽음을 비롯한 다양한 고난이 포함된다(2:9-11의 주석 참조).

몇몇 사본에서는 단수형 ἐγένετο("그것이 되었다" 또는 "일어났다") 대신에 복수형인 εγενοντο("그들이 되었다")로 기록되어 있다(𝔓[47] A 1006 1611 1841 1854 2053 2329 *pc* it sy co). 단수형이 더 어려운 독법이기 때문에 선호된다. 필경사가 피가 된 물의 다양한 집합체와 조화시키려고 단수형을 복수형으로 고쳤을 것이라는 것은 납득할 수 있다. 하지만 원래 복수형이었던 것을 더 어려운 단수형으로 바꾼 동기는 알기 힘들다. 단수형을 "되었다"라고 번역하면 이 단어의 난제가 해결된다.

5절 물을 피로 바꾼 대접을 들고 있던 천사는 "물을 차지한 천사"(τοῦ ἀγγέλου τῶν ὑδάτων)로 불린다. 여기서 "물을 차지한"은 소유격이며, 물을 지배하는 천사의 주권을 표현한다.

5-6절의 천사의 선언에는 셋째 대접의 해석이 제시된다. 천사는 하나님이 "의로우시다"라고 선언한다.[46] 하나님의 의로움은 그가 "만물을 심판"하셨다는 사실에 근거한다(ὅτι, "왜냐하면"). 이것은 셋째 대접이 하나님의 심판임을 나타낸다. 하지만 근거 절 전에 천사는 1:4, 8, 4:8, 11:17에서 이미 언급된 3중적인 이름으로 하나님을 묘사한다.[47] 그런데 지금은 처음에 등장했던 문구의 세 번째 부분인 "장차 오실 이"라는 종말론적 칭호가 "거룩하신 이"로 대체되었다. (몇몇 사본에는 ὅσιος["거룩하신"] 앞에 καί("그리고")가 삽입되었다[𝔓[47] 1006 1841 2053 2062 2329]. 이것은 5절의 단어를 앞에 등장한 3중

46) 구약에서 하나님의 의로우심에 대해 의문을 제기하는 상황에서 하나님의 의로우심을 변호하는 표현으로 δίκαιος εἶ가 사용된 예에 대해서는 Staples, "Rev XVI 4-6"을 보라. Staples는 이 문구를 고대 그리스 문맥에서 이해하는 것이 가장 좋다고 주장하는 Betz, "Apokalyptik"를 바르게 반대한다. 중간 입장에 대해서는 A. Y. Collins, "History-of-Religions Approach"를 보라.

47) BDF §143; Robertson, *Grammar,* 414.

형식과 동일시한 초기 전통을 보여준다). 칭호가 대체된 이유는 "거룩하신 이"가 "장차 오실 이"로서, 종말론적 심판을 실행하기 시작한 것에 나타난 하나님의 유일한 주권을 가리키기 때문이다. "거룩하신"(ὅσιος)은 앞에 있는 "의로우신"(δίκαιος)과 동의어일 것이다. 따라서 근거 절은 하나님의 "의로우심"뿐만 아니라 "거룩하심"도 강조한다(두 단어가 동의적 병행법에 사용된 예는 신 32:4 LXX; 시 144[145]:17; 참조. 렘 38:23 LXX을 보라).

하나님은 종말론적 심판을 시행하기 시작하심으로써 친히 의롭고 거룩하심을 보이기 시작하셨다. 하지만 이것은 셋째 대접이 그리스도의 재림 직전이나 재림 때에만 발생한다는 것을 의미하지는 않는다. 신약성경 전체, 특히 요한계시록에서는 마지막 날과 그 날에 수반되는 심판이 그리스도의 죽음 및 부활과 더불어 시작됨을 보여주기 때문이다(본서 서론의 "요한계시록의 구조와 계획"과 4:1의 주석 참조). 11:17에서 3중 문구 셋째 부분의 변경이 "최후의 심판"을 묘사하는 데 사용된 것은 사실이다. 하지만 16:6의 문맥은 셋째 대접이 최후의 심판을 묘사하기보다는 최후의 심판으로 이어지는 심판을 묘사하고 있음을 보여준다.[48]

3중 형식의 사용에는 심판 행위가 역사를 주관하시는 하나님의 주권을 보여주는 또 다른 증거라는 것이 암시된다. 이것은 요한계시록과 성경 및 유대교 문헌 여러 곳, 심지어 이교 세계에서 이 문구가 차지하는 신학적 중요성 때문이다(1:4, 8의 주석 참조).

"전에도 계셨고 지금도 계신 거룩하신 이"라는 문구는 구약성경에서 세상 나라의 적대감이 고조에 달한 상황에서도 자신의 백성을 구원하시는 하나님의 능력에 특히 초점이 맞춰져 있다. 그 문구는 이와 동일하게 셋째 대접과 연결해서 사용되었다. 셋째 대접은 하나님의 이름을 옹호할 뿐만 아니라, 세상 제도에 의해 죄인으로 심판받은 그의 백성을 옹호하는 심판이기 때문이다. 이러한 사상이 여기에 담겨 있다는 사실은 ὁ ὅσιος("거

48) McNamara, *New Testament and Targum,* 101에 반대함. McNamara는 11:17과 16:5에서 문구의 셋째 부분이 변경된 것을 하나님 나라의 절정을 가리키는 것으로 이해한다.

룩하신 이")와 κρίνω("심판하다")가 결합된 것에서 그 단서를 찾을 수 있다. 이것은 6:10에서 거의 동일한 결합어로 하나님을 서술한 것을 반영한다. 6:10은 박해받는 성도들이 하나님께 친히 원수를 갚아주시고 그들을 박해한 자들을 심판해주시기를 간구하는 기도다. 지금 여기서 6:10을 염두에 두었다는 사실은 이어지는 16:6-7에서 더욱 분명해진다. 그러므로 셋째 대접의 화는 6장에 언급된 성도들의 간구에 대한 하나님의 응답에 속한다.[49] 이것은 일곱 대접을 일곱 나팔과 더욱 동일시할 만한 근거다. 일곱 나팔이 6:9-10에 있는 성도들의 간구에 응답하는 화이기 때문이다(8:3-5; 9:13의 주석 참조). 5-6절의 해석에는 4절에서 피로 변한 강과 물들이 하나님의 백성을 박해한 사람들에게 내리는 심판의 비유적 표현이라는 것이 나타나 있다.

NIV는 "물들의 천사"(angel of the waters)를 "물들을 **책임지고 있는** 천사"(angel **in charge of** the waters)라고 번역했다. 이것은 7:1의 "땅의 네 바람을 붙잡고 있는" 천사들과 14:18에서 천사들이 가진 "불을 다스리는 권세"에 비교될 수 있다. 이와 비슷하게 *1 En.* 66:2은 홍수 때 "물들의 권세를 주관하는…천사들"이 있었다고 말한다. *B. Baba Bathra* 74b은 "바다의 천사"를 언급하며, *b. Gittin* 68b은 "바다의 왕"인 천사를 암시한다. *Sib. Or.* 7.34은 "강들을 붓는" 천사들에 대해 이야기를 하며, *2 En.* 19:4은 "강들과 대양들을 다스리는 천사들"을 언급한다. *Jub.* 2:2; *1 En.* 20:1-7, 60:11-24, 75:3, *2 En.* 4-6, 19:1-6, *Sib. Or.* 7.33-35, 그리고 *Targ.* 왕상 19:11-12에는 자연의 다양한 요소들을 맡고 있는 일련의 천사들이 열거된다. *1 En.* 40:9; *2 Bar.* 6-9도 참조하라. *Midr.* 시 104.3은 죄인들과 의인들을 비롯하여 "사물 하나하나에는 그것을 맡고 있는 천사가 있다"고 말한다.

6절 도입의 ὅτι("왜냐하면")는 하나님의 성품과 관련하여 5절에서 언급한 선언의 두 번째 근거를 소개한다. 이것은 첫 번째 근거와 분리된 것

49) Heil, "Fifth Seal," 237.

이 아니라, 그 내용을 좀 더 자세히 설명하는 근거다. 하나님의 의로우심과 거룩하심(5절)은 "범죄에 해당하는 심판"의 원리에 따라 박해자들에게 내리는 심판에 근거한다. "왜냐하면 그들[불경건한 자들]이 성도들과 예언자들의 피(αἷμα)를 흘렸으므로 당신 **역시** [또는 "마찬가지로": καί] 그들에게 피(αἷμα)를 마시게 하신 것이 합당"하다. 여기에 6:10과의 추가적인 연결점이 있다. "땅에 거하는 자들을 심판하여 우리 피(αἷμα)를 갚아." 여기서 악한 자들에 의해 피가 흘려진 것과 천사들에 의해 악한 자들에게 진노가 내리는 것에 ἐκχέω가 사용된 것은 하나님이 범죄에 적합한 심판을 내리신다는 원리를 강조한다. 여기서 피의 심판은 4절에서 물이 피로 변한 화와 동일하다. 5-6절은 4절을 해석하며 설명한 것이다.[50]

6절에서 "피"가 악인과 성도들과 관련하여 언급된 것은 단순한 문자적 죽음이 아니라 고난의 정도를 가리킨다(자세한 내용은 6:9-10; 12:11의 주석 참조). 이 비유적인 해석은 6절에 사용된 어휘의 배경이 될지도 모르는 사 49:26에 의해 지지받는다. "내가 너를 억압하는 자들에게…자기의 피에 취하게 하리니 모든 육체가 나 여호와는 네 구원자요 네 구속자요 야곱의 전능자인 줄 알리라"(*Midr. Rab.* 레 33.6은 이 본문을 "장차 올 때"에 나라들에 임할 최후 심판에 적용한다). 이스라엘의 "억압"은 단순히 죽음만이 아니라 총체적인 고난을 가리킨다. 피를 마시는 것은 죽음이 아니라 죽음을 비롯한 모든 종류의 고난을 가리키기 때문이다. 사람들은 셋째 대접의 심판 아래 고통스러워한다. 그들이 하나님의 백성에게 고난을 가했기 때문이다. 이것은 이사야서의 배경에서만 아니라 본문에 반영된 시 78(79): 3, 10, 12에서도 분명히 드러난다(16:1의 주석 참조). "그들의[이스라엘의] 피를 예루살렘 사방에 물같이 흘렸으나 그들을 매장하는 자가 없었나이다.…우리의 목전에서 이방 나라에게 주의 종들을 피 흘린 것에 복수하소서.…주여! 우리 이웃이 주를 비방한 그 비방을 그들의 품에 칠 배나 갚으소서."

종말에 바벨론을 망하게 하는 짐승에게서 보듯이(17:16-18), 계 16:6의

---

50) Satake, *Gemeindeordnung*, 48.

심판에는 자기들끼리 싸워 서로 피를 흘리는 박해자들이 포함된 것 같다.[51] 사실, 바벨론의 심판이 16:6에 묘사된 심판과 연결되었다는 것은 바벨론에 대한 심판 묘사의 일부분인 17:6, 18:24, 19:2에 비슷한 "피" 이미지가 사용된 사실로 분명히 드러난다.

"합당하니이다"라는 선언은 6절 처음에 있는 "성도들과 예언자들"에게 적용될 가능성이 있다.[52] 만일 그렇다면, 이 선언은 불의한 박해에 직면한 성도들과 예언자들의 무죄를 가리킨다. 그들을 탄압하던 사람들은 이러한 이유로 심판을 받아 마땅하다. 하지만 불의한 박해자들 자신이 마지막 어구의 주체일 가능성이 더 많다. 그들이 그 어구에 더 가까운 선행사이기 때문이다. 하나님(4:11)과 어린 양(5:9, 12)과 그를 따르는 자들(3:4)이 복을 받기에 "합당한"(ἄξιος) 것처럼, 박해자들도 심판을 받기에 "합당하다"(ἄξιος). 그러므로 6절의 마지막 어구는 앞의 어구에 표현된 하나님의 심판의 정의로움을 강조한다. 박해자들은 성도들의 피를 흘렸으며, 그래서 그들 자신의 피를 흘려야만 한다.

하나님은 같은 심판의 원리를 보여주시려고 애굽에서 이렇게 물을 피로 바꾸셨다(*Midr. Rab.* 출 9.10). 애굽에 내린 피 재앙은 로마에 다시 내릴 것이다(*Pesikta Rab Kahana* 7.11; *Tanchuma wāʾērāʾ* 16).[53] 여기에는 레 17:4도 염두에 있는 것 같다. "피 흘린 자로 여길 것이라. 그가 피를 흘렸은즉(ἐκχέω)." 심판의 이러한 역설적인 원리는 Wis. 11:16을 반영한다. 이 본문은 우상숭배를 한 애굽 사람들에게 내린 재앙들을 다시 설명하는 다음 장을 소개한다. "누구나 자신이 범한 그 죄로써 심판받는다"(참조. 창 9:6). *Sib. Or.* 3.311-13은 바벨론(=로마)에 대해 이렇게 천명한다. "그때에 너는 이전에 선하고 의로운 사람들의 피를 흘렸듯이, 과하게 피를 마시게 될 것이다. 그들의 피가 지금도 저 멀리 하늘을 향해

51) Morris, *Revelation,* 194.

52) 참조. P. E. Hughes, *Revelation,* 174.

53) *Tanchuma* 참고문헌에 대해서는 Schlatter, *Das Alte Testament in der johanneischen Apokalypse,* 85을 보라.

부르짖고 있다." 이 표현이 눈에 띄는 것은 요한계시록에서 로마를 포함하는 바벨론이 적어도 계 16:6에 언급된 심판의 대상이기 때문이다(16:17-21; 17:6; 18:24; 19:2).

계 16:6의 출애굽 배경은 지혜서에서 ἄξιος를 심판받아 "마땅하다"는 의미로 똑같이 사용한 것에서도 감지된다. 애굽 사람들은 "메뚜기와 파리"(16:9)와 "어두움" 재앙을 받아 마땅했다. 애굽 사람들은 "빛난 것들이 다 없어졌고"(18:14), 홍해에서 마지막으로 심판을 받았다(19:4). 매 경우 ἄξιος가 γάρ나 ὅτι에 덧붙여져 애굽 사람들이 심판을 받아 "마땅한" **까닭**에 심판을 받고 있다고 설명한다(그들은 이스라엘을 압제했다). 심판을 받아 "마땅한"이라는 뜻을 지닌 ἄξιος의 일반적 의미에 대해서는 눅 12:48, 23:15, 41, 행 23:29, 25:11, 25, 26:31, 롬 1:32을 참조하라. 계 16:6에 반영된 "눈에는 눈"이란 심판의 원리와 매우 가까운 본문은 Wis. 11:5-7이다. 여기에는 이렇게 기록되었다. 나일 강이 "더러운 피로 가득한 것은 어린 아이들을 살해하라고 내린 명령에 대한 심판이 분명하다." 계 16:6의 "그들은 합당하다"라는 어색한 어구 때문에 몇몇 사본에는 도입 어구 οπερ (= υπερ), αρα 또는 γαρ를 더하여, 처음 ὅτι절이 마지막 절의 근기가 됨을 분명히 표현한다(א 2053 2062 2329 vg^{mss}). 지혜서에 반영된 출애굽 전통은 이러한 추가를 하게끔 한 원인이 될 수 있다.

16:6의 "성도들과 예언자들"은 기독교 공동체 전체를 가리킨다.[54]

7절 또 다른 천사 혹은 그리스도의 선언이 제단에서 나온다. 16:1에서 이와 비슷하게 소개된 무명의 화자는 하나님일 것이다(비록 14:18에서는 한 천사가 제단에서 나와 심판을 선언하지만 말이다). 16:5b에서 이미 관찰했듯이, "제단"과 하나님의 "심판"이 "참되고 의롭다"는 말이 함께 언급된 것으로 보아 이 내용과 6:9-10의 연결이 더욱 분명해진다. 6:10의 ὁ ἅγιος καὶ ἀληθινός, οὐ κρίνεις("거룩하고 참되신 대주재여…심판하지 아니하시려나이까")와 이곳의 ἀληθιναὶ καὶ δίκαιαι αἱ κρίσεις σου("심판하시는 것이 참되시

54) Satake, *Gemeindeordnung*, 49.

고 의로우시도다")를 비교하라. 분사 "말하다"가 단수형이지만, 그 음성은 요한이 6:9-10에서 공의를 부르짖은 순교자들의 영혼의 공동체적 선언을 대표한다(*Apocalypse of Peter*[Akhmimic] 25에서도 이런 식으로 사용했다). "제단"(θυσιαστήριον)이라는 단어가 언급된 곳은 6:9의 "제단"에 대한 언급을 발전시키고, 제단 아래에 있는 사람들의 심판 탄원을 언급한다(8:3-5; 9:13; 14:18; 또한 6:9을 발전시킨 11:1의 주석 참조. 비록 11:1의 초점은 희생될 성도들의 운명에 있고, 부차적으로 박해의 결과로 오는 심판에 있지만 말이다).[55]

선언을 소개하는 ναί("그렇습니다", "실제로", "확실히")는 5-6절에서 묘사된 하나님과 관련한 천사의 선언을 강조한다.[56] 5절에서 주목한, 심판으로써 하나님의 의로우심과 거룩하심 그리고 주권(비교. 3중 형식)을 입증한 것은 하나님의 전능하심과 진리(7b절)를 입증하는 일과 동일하다. 이것은 7절 마지막에서 의로운 것(δίκαιος)으로 다시 요약된다. 결론적으로 하나님의 품성을 "의로움"으로 마무리한 것은 5절의 같은 주장(δίκαιος)과 함께 수미상관을 이루며, 이로써 하나님의 심판이 그의 의로우심을 드러낸다는 사실을 강조한다.

구약성경과 요한계시록 여러 곳에서 "주 하나님 곧 전능하신 이"(κύριε ὁ θεὸς ὁ παντοκράτωρ)라는 명칭은 역사에서 일어나는 자기 백성의 모든 일을 주관하시는 하나님의 절대 주권을 암시한다(1:8과 15:3b의 주석 참조).

출애굽 세대의 하나님이 "그가 하시는 일이 참되고 그의 모든 길이 의롭다"고 찬양을 받으셨듯이(신 32:4), 그는 마지막 날의 출애굽 재앙을 시행하시는 것과 관련하여 다시금 인정을 받으신다. 사실 계 16:7의 같은 어구(κύριε ὁ θεὸς ὁ παντοκράτωρ, ἀληθιναὶ καὶ δίκαιαι)는 이미 15:3에서 등장했었다. 거기서 이 어구는 모든 세대의 절정 때에 대(大) 출애굽의 한 부분으로서 나타나는 하나님의 심판과 구원을 가리킨다.

암시된 동사 "~이다"와 함께 사용된 명사절 ἀληθιναὶ καὶ δίκαιαι

55) 참조. Mounce, *Revelation,* 296.

56) BAGD, 533.

αἱ κρίσεις σου("심판하시는 것이 참되시고 의로우시도다")는 신 32:4 LXX의 명사절을 반영한다. ἀληθινὰ τὰ ἔργα αὐτοῦ καὶ πᾶσαι αἱ ὁδοὶ αὐτοῦ κρίσεις…δίκαιος καὶ ὅσιος Κύριος("그의 일은 참되며, 그의 모든 길은 심판이니이다.…주님은 의로우시고 거룩하시도다." 이와 비슷하게 신 32:4을 암시했다고 생각되는 단 3:27 LXX도 참조하라. 하나님과 그의 행위를 묘사하는 세 단어가 결합된 시 118[119]:75, 137-138도 참조하라). 신명기와 계 16:7에서 심판을 행하시는 하나님의 주권적 행위는 그의 의로우신 품성을 나타내는 도덕적 표현이다(16:7의 똑같은 어구인 ἀληθιναὶ καὶ δίκαιαι αἱ κρίσεις는 19:2에서도 같은 초점이 있다).

넷째 대접: 하나님은 불경건한 자들을 그들의 우상숭배로 인해 심판하신다 (16:8-9)

8절 넷째 천사가 그의 대접을 해에 쏟자, 해가 "불로 사람을 태웠다." "불로 태우는" 권세는 천사에게 "주었든지" 아니면 해에게 "주었다"고 이해할 수 있다. 재앙을 주관하시는 하나님의 주권은 신적 수동태인 "주었고"(ἐδόθη)라는 어구로 표현된다. 심판을 행하시는 하나님의 권세가 16:9에 분명히 제시되었다. "이 재앙들을 행하는 권세를 가지신 하나님." 이 사실을 상기하는 것이 중요하다. 각각의 대접 심판의 시작이 비유적이므로("그가 그의 대접을 ~에 쏟으매"), 각 심판의 결론적인 효과 역시 비유적이다(16:1의 주석 참조). 실제로 LXX에서 하나님에게서 비롯되는 "진노를 쏟는다"는 문구는 파괴를 비유하는 "불"을 종종 동반한다(여기에 해당하는 참고 본문인 16:1의 주석 참조).

그러므로 8절에서 사람들을 불로 태운다는 말은 문자적이지 않을 것이다. 비유적인 해석 방식은 구약성경과 유대교에서 발견되는 유사한 이미지의 패턴으로도 지지받는다. 구약성경과 유대교에서 하늘 광원들의 일정한 패턴이 방해받는 것은 대부분의 경우 언약적 심판을 상징한다. 우주적 변경이라는 상징은 사람들이 하나님의 도덕법을 (주로 우상숭배를 통해) 변경했기 때문에 받는 심판을 나타낸다(참고문헌은 8:12의 주석 참조).

9절 넷째 대접의 결론적인 효과는 강조를 위해 여기서 반복된다.[57] 이 화는 지상적 안전의 빼앗김을 비롯한 고난을 포함한다. 아마도 경제적인 면에 초점이 있을 것이다. 이러한 사실은 7:16에 역순으로 된 같은 이미지가 구원받은 자들이 세상에서 겪지만 하나님의 보좌 앞에 있을 때 해방될 곤경을 묘사한다는 사실에서 분명히 드러난다.[58]

계 7:16	계 16:8-9
οὐδὲ μὴ πέσῃ ἐπ' αὐτοὺς ὁ ἥλιος οὐδὲ πᾶν καῦμα("해나 아무 뜨거운 기운에 상하지도 아니하리니").	ἐξέχεεν...ἐπὶ τὸν ἥλιον, καὶ ἐδόθη αὐτῷ καυματίσαι τοὺς ἀνθρώπους ἐν πυρὶ...ἐκαυματίσθησαν...καῦμα μέγα("그가…해에 쏟으매 해가 권세를 받아 불로 사람들을 태우니 사람들이 크게 태움에 태워진지라").

실제로 7:16에서 사용된 이미지에는 경제적 고통의 중단이 포함되었다. 계 7:16이 암시하는 사 49:10도 같은 경우다("그들이 주리거나 목마르지 아니할 것이며 더위와 볕이 그들을 상하지 아니하리니"). 신 32:24 MT은 언약에 불순종하는 사람들에게 내리는 저주에 백성이 "불타는 열에 태워질" 것도 포함되고, 이것이 경제적인 함의가 있는 "기근으로 말미암아 폐허가 되는" 화와 직결된다고 설명한다.

여섯째 나팔과 상당히 유사하게 이 대접 재앙으로 인해 사람들은 신성모독을 하고 회개하지 않는다. 여섯째 나팔과 넷째 대접의 유사성이 눈에 띈다. 9:20-21의 ταῖς πληγαῖς ταύταις, οὐδὲ μετενόησαν...οὐ μετενόησαν("이 재앙에 [죽지 않고 남은 사람들은]…회개하지 아니하고…회개하지 아니하더라")과 16:9의 τὰς πληγὰς ταύτας καὶ οὐ μετενόησαν("이 재앙들[을 행하는 권세를 가지신 하나님의 이름을 비방하며], 또 회개하지 아니하고")

57) ἐκαυματίσθησαν...καῦμα μέγα는 "그들은 참혹하게 탔다"(they were severely burned)라고 번역하는 것이 가장 좋다. καῦμα는 내용을 가리키는 동족 목적격으로 이해된다(참조. Mussies, *Morphology*, 99).

58) 참조. Caird, *Revelation*, 203.

을 비교하라. 두 본문 간의 유사성은 16:8-9(πῦρ, "불"에 주목하라)의 "타는" 이 9:17-18의 "세 재앙, 곧 불과 연기와 유황"(τῶν τριῶν πληγῶν τούτων...ἐκ τοῦ πυρὸς καὶ τοῦ καπνοῦ καὶ τοῦ θείου)과 같은 고통이라는 점이다. 11:5-7에 따르면, 9장과 16장에서 불 재앙은 두 증인이 교회 시대 동안 믿지 않는 적대자들에게 부었던 "불"에 비교될 수 있는 비유적인 화다. 11:5-7에서 "불"은 미래의 최종 심판을 위한 토대가 되기도 하는, 박해자들에게 내리는 영적 심판의 형태다. 재림 이전에 행해지는 넷째 대접의 이 심판은 "바벨론"의 최후 심판을 예상한다. 그 심판 역시 "불에 태움을 입는" 심판이 될 것이다(16:8의 καυματίζω+ἐν πυρί와 17:16 및 18:8의 κατακαίω+ἐν πυρί를 비교하라).

그들은 넷째 대접 재앙으로 겪은 고난으로 인해 "하나님의 이름을 비방했다." 이 비방(즉 신성모독)은 참 하나님의 이름을 저항하며 비방하고 명예를 훼손하는 행위다(13:5-6의 주석 참조).[59] 하나님의 "이름"은 그의 품성과 됨됨이를 대표한다.[60] 타락한 사람들은 자기들이 하나님의 손 아래에서 경험하는 심판이 보복이라며 하나님의 성품에 대해 거짓말을 한다. 비방은 그들 자신이 경배하는 거짓되고 짐승의 품성을 가진 신과 같이 되었음을 보여준다. 16장 이외에 여러 곳에서 "비방"은 짐승에게만 속하는 속성이기 때문이다(13:1, 5, 6; 17:3).[61] 이러한 연결은, 16:9, 11, 21의 우상숭배자들처럼 짐승이 하나님의 "재앙"으로 타격을 받은 후에만 하나님을 비방하기 시작한다는 사실로써 한층 더 강조된다(13:3-6). 여기서 비방은 비방하는 사람들이 받는 고통이 하나님에게서 오는 주권적 심판이라는 사실을 부인하는 데 초점이 맞춰져 있다.

따라서 타락한 사람들은 "하나님에게 재앙을 주관하는 권세가 있다"는 사실을 부정한다. 복수형 "재앙들"(τὰς πληγάς)이 사용된 것으로 보아, 넷째

59) 참조. BAGD, 143.

60) Eichrodt, Von Rad, Jacob의 구약신학에서 하나님의 이름과 관련된 항목을 보라.

61) Caird, *Revelation,* 202.

대접이 목표로 하는 화의 대상들은 앞에 등장한 대접과 이후에 소개될 대접에 의해 촉발된 심판에 의해서도 고통을 겪는다는 암시를 받는다. "그들이 회개하지 않고 주께 영광을 돌리지 아니 한다"는 것은 그들이 하나님의 영광스러운 품성을 인정하지 않는다는 것을 의미한다(9:20과 비슷하게 δοῦναι ["주다"]는 결과의 부정사다). 이것은 이전에 그들이 하나님의 이름을 비방했다는 언급을 강조한다(하나님의 "영광"은 종종 구약성경에서 그의 "이름"과 동의어로 사용되곤 한다. 예. 사 48:9-11). 9:20과의 병행은 이 백성이 자기들이 우상숭배한 것을 회개하지 않는다는 사실을 더욱 암시한다.

계 16:8-9처럼 출 9:23과 신 32:24의 "불" 재앙이 영적인 차원의 심판과 관련된 내용을 포함한다고 제시한 유대교 문헌은 *Targ. Onk.*와 *Targ. Neof.* 신 32:24, *Targ. Pal.* 신 32:24, *Midr. Rab.* 출 12.4이다. 애굽 사람들도 우박이 섞인 불(*Midr. Rab.* 출 12.4)과 불타는 종기(*Pesikta de Rab Kahana* 7.11)에 의해 "태움을 입었다."

다섯째 대접: 하나님은 완악한 우상숭배자들을 심판하시며 그들이 하나님과 회복할 수 없는 상태로 분리되었음을 보여주심으로써 고통 받게 하신다(16:10-11)

10절 다섯째 대접의 내용은 "짐승의 왕좌"에 부어진다. 왕좌는 자신의 영역을 다스리는 짐승의 주권을 가리킨다. 따라서 다섯째 대접은 짐승의 통치 능력에 영향을 준다. 이 심판의 결과는 "그의 나라가 어두워졌다"는 데 있다. 넷째 나팔처럼 이 화 역시 출 10:22에 근거한다. 여기서 하나님은 애굽에 어두움을 내리셨다. 애굽 사람들에게 내린 재앙은 부분적으로는 바로로 육화되었다고 믿은 태양신 라(Ra)를 겨냥한 것이었다. 재앙이 바로에게 임한 까닭은 그가 하나님의 명령에 불순종하고 이스라엘을 압제하며 애굽의 우상숭배 제도에 충성한 데 있다.

로마는 하나님의 계명에 불순종하고 하나님의 백성을 박해했기 때문에 애굽에 내린 이 재앙의 형식으로 고난을 받을 것이다(*Midr. Rab.* 출 9.13; 18.12; *b. Sukkoth* 29a; *Pesikta de Rab Kahana* 7.11). "짐승의 왕좌"라는 어구는 2:13의 "사탄의 권좌"와 동일시될 수 있다. 그곳에서 권좌는 로마 정부와 황실 숭배의 중심지인 버가모를 지칭한다. 이곳은 궁극적으로 사탄의 통솔 아래 있었다. 여기서도 이와 비슷한 화가 성도들을 압제하고 우상숭배를 강요하는 세상 통치자들을 향한다는 점은 적절하다(13:1-7의 주석 참조). 여기에는 통치자들과 그들의 동맹국들을 거스르거나[62] 국가에서 정치적이고 종교적인 힘을 제거하려는 내부적 배반이 포함될 수 있다.[63]

출 10:23은 어두움이 너무 심하여 애굽 사람들이 시각적으로 서로 분리되었다고 말한다("아무도 자기 형제를 보지 못했다"). Wis. 17장은 애굽에 내려진 이 재앙을 참 하나님으로부터 영적으로 분리되는 것을 상징하고(2절. 그들은 "영원한 섭리에서 쫓겨났다"), 애굽 사람들을 기다리고 있는 지옥의 영원한 흑암을 상징한다고 이해한다(20[22]절; 출 10:22에 대한 *Midr. Rab.* 출 14.2). 어두움으로 인해 공포와 두려움이 야기되었다(Wis. 17-18장). 영적 괴로움이 고조되었으며, 애굽 사람들은 자신들이 처한 비참함을 돌아보자 "어두움보다 더 큰 중압감에 짓눌렸다"(Wis. 17:21).

계 16:10에서는 어두움이 동일하게 비유적인 중요성을 지닌다. 어두움은 불경건한 자들이 하나님에게서 분리되었음과 그들이 행한 박해와 우상숭배가 헛것이라는 것을 상기시키기 위해 정해진 모든 사건을 가리키는 비유적 표현이다. 애굽 사람들에게 일어났듯이, 이 어두움은 괴로움을 유발하며 "아파서 자기 혀를 깨물고"라고 비유적으로 표현되었다. 하나님은 짐승을 따르는 모든 사람에게 그들이 영적으로 어두움 속에 있으며 하나님에게서 분리되었고, 영원한 어두움이 그들을 기다리고 있다는 사실을 깨달음으로써 괴로움과 공포의 시간을 갖게 하신다. 다섯째 나팔 재앙으로 인한 "어두움" 역시 영적이고 심리적인 "고통"을 야기했다(9:5-6의 βασανισμός와 Wis. 17:12[13]에서 어두움 재앙을 묘사하며 사용된 βασανός를 비교하라). 다섯째 나팔 역시 짐승의 영역에 고통을 가한다("오직 이마에 하나님의 인침을 받지 아니한 사람들만 해하라," 9:4). 다섯째 나팔에 등장하는 마귀적 특성을 지

62) Kiddle, *Revelation,* 321-22.
63) Caird, *Revelation,* 204-5.

닌 전갈이 다섯째 대접의 "고통"을 행사하는 주범일 것이다. 9:1-11의 화처럼, 16:10의 "고통"(πόνος) 역시 땅에 있는 모든 형태의 안전이 제거되는 일과 연결될 수 있다. 이로 인해 악한 자들은 그들에게 영적 안전이 없다는 사실을 알게 된다(21:4에 분명히 드러나듯이, πόνος는 땅에서 경험할 수 있는 모든 형태의 고난을 가리키는 "고통" 또는 "괴로움"을 가리킨다). 여기서 말하는 역사 속에서 받게 되는 심판은 최후 심판의 전주다. 불신자들은 "바깥 어두운 데로 쫓겨날" 것이고, 거기서 "슬피 울며 이를 갈 것이다"(마 8:12; 22:13; 25:30).

"어두움"은 벧후 2:17과 유 13에서 말하는 타락한 사람들이 받을 심판의 영역을 가리키는 비유이기도 하다.

출 10:22의 배경을 설명한 것과 지혜서에서 이 배경을 주석한 것, 우주적 혼돈을 다룬 광범위한 구약과 유대교 신학에 대해서는 본서 8:12의 주석을 참조하라. 사 8:21-22에는 혹독한 기근이 죄를 범한 이스라엘에게 임할 것이라고 언급된다. "기근"은 "앞을 볼 수 없는 어두움"(LXX)과 "애통함", "심판의 고통과 어두움과 환난과 괴로움"과 동일시된다. 기근의 희생자들은 "분노하며 얼굴을 위로 들고 자기들의 왕과 하나님을 저주"한다. 요한계시록의 처음 세 나팔과 둘째와 셋째 대접에는 기근의 화가 암시되었으며, 넷째 대접에도 같은 심판이 포함되었을 수가 있다. 이것은 혹독한 경제 상황이 악한 자들로 하여금 그들의 영적 빈곤함을 돌아보고 절망하게끔 하려고 하나님이 내리신 재앙임을 의미한다.

이와 마찬가지로, 렘 13장에서 이스라엘은 하나님이 "어두움을 일으키시기 전, 발이 어두운 산에 거치기 전에, 빛이 사망의 그늘로 변하여 침침한 어두움이 되게 하시기 전에" "하나님께 영광을 돌리라"(그러나 그들은 그렇게 하지 않는다)는 명령을 받는다(16절). 어두움은 "고통"을 야기하며(21절) 이스라엘에게 닥칠 포로생활로 해석된다(19-20절). 어두움은 심지어 "왕좌에 앉은…왕들"도 강타했다(13절과 16절을 비교하라). 이 심판은 우상숭배로 인해 임한다(10, 13절). 미 3:5-6에 따르면, 어두움은 거짓 예언자들에게 임할 것이다. 이것은 그들이 하나님의 계시에서 분리되었음을 비유적으로 암시한다. "너희가 밤을 만나리니 이상을 보지 못할 것이요, 어두움을 만나리니 점치지 못하리라 하셨나니, 이 예언자 위에는 해가 져서 낮이 캄캄할 것이라."

출 10:21ff.에 언급된 흑암 재앙은 *Midr. Rab.* 레 6.6과 *Pesikta Rabbati* 17.8에서 "큰 성 로마"의 멸망에 적용되고, *Midr. Rab.* 출 14.3, *Midr.* 시 22.3, 27.1에서는 마지막 때의 심판에 적용되었다.

1QS 3.20-21과 4.11에서는 "어두움의 천사"가 믿지 않는 사람들에게 "어두움의 길"을 다니고 "비방하는 혀"를 갖게 한다.

11절 10절의 고통은 짐승의 부하들의 마음을 부드럽게 하는 것이 아니라 오히려 강퍅하게 하여 하나님을 향한 적개심을 더 강하게 한다. 9절에서처럼 그들은 하나님이 그들에게 심판하시는 것을 보복하려고 하나님의 성품에 대해 거짓말을 함으로써 "하나님을 비방한다." 바로의 경우에서처럼, 재앙의 궁극적인 결과는 상대를 더욱 강퍅하게 하는 데 있다. "그들은 그들의 행위를 회개하지 아니하더라." οὐ μετενόησαν ἐκ τῶν ἔργων αὐτῶν은 히브리어 *šûb min*("돌이키다")을 반영했을 수 있다. 그래서 이 어구는 단순한 정신적 비타협보다는 굳어진 죄의 **생활습관**에 초점을 두고 "그들이 자기들의 행위**에서 돌이키지** 않았다"라고 번역할 수 있다.[64] 짐승의 부하들은 이제 하나님이 그들이 당하고 있는 고난의 원인자라는 사실을 알게 된다. 하지만 이것으로 인해 그들의 마음이 부드러워져서 뉘우치는 것이 아니라, 다만 그들의 창조자를 대항하여 원통함을 쏟아놓는다. 몇몇 사람들이 평가하는 것과 다르게,[65] 이곳과 16장 전체(9, 11, 21절)에서 회개하지 않는 것은 한 번 더 기회가 있거나 돌이킬 수 있는 것이 아니라, 완악해진 바로와 애굽 사람들의 신학적 패턴에 따라 회복 불가능한 상황이다(8:6-11:19을 다루기에 앞서 언급한 "나팔 심판의 구약 배경"과 16:11의 주석 후반부를 참조하라).

초기 유대교 전통은 애굽 사람들이 재앙을 받았음에도 회개하지 않는 태도를 고치지 않아 마침내 정죄를 받았다고 이해했다. "고침을 받지 않은"

---

64) 히브리어와 LXX의 병행 표현을 논한 Newport, "Use of *EK* in Revelation," 226-27을 보라.
65) Sweet, *Revelation,* 243-48.

애굽 사람들은 "그것[재앙]을 보자…그 심판이 하나님이 하실 만한 심판이고, 이전에는 그들이 알기를 거부했던 그가 참 하나님이신 것을 인정했다. 그래서 그들에게 극심한 정죄가 임했다"(Wis. 12:26-27). 애굽의 남은 자들이 실제로 회개했고 이스라엘과 함께 애굽에서 나왔지만, 대다수의 사람들은 이스라엘의 하나님을 의뢰하기를 거부했다.

같은 원리가 요한계시록의 나팔과 대접의 화에서 다시 작용한다. 회개한 세상의 남은 자들은 그들이 하나님께로부터 인침을 받았기 때문에 회개한다(7:1-4; 14:1-2). 나머지 사람들은 믿지 않는다. 인침을 받지 않고 짐승에게만 충성하고, 짐승의 표를 즐겨 받기 때문이다(13:8, 16-17; 이것과 "완악함"을 연관을 짓는 데 있어 제기될 수 있는 신학적 문제에 대해서는 아래 내용 참조).

"그들이 회개하지 않은" 죄악 된 "행위"에는 우상숭배와 점술과 음행은 물론이고 (분명히 그리스도인들을 목표로 한) 살인과 도둑질도 포함된다. 이러한 악들은 16:11과 9:20의 축자적인 병행으로 암시된다. 9:20에는 다음과 같은 악들이 열거된다.

9:20	16:11
οὐδὲ μετενόησαν ἐκ τῶν ἔργων τῶν χειρῶν αὐτῶν("남은 사람들은 손으로 행한 일을 회개하지 아니하고").	οὐ μετενόησαν ἐκ τῶν ἔργων αὐτῶν ("그들의 행위를 회개하지 아니하더라").

마찬가지로, 2:22의 ἐὰν μὴ μετανοήσωσιν ἐκ τῶν ἔργων αὐτῆς("만일 그의 행위를 회개하지 아니하면")는 회개하지 않으면 "큰 환난"을 초래할 것이라는 경고와 함께 **우상숭배**에서 회개할 필요를 언급한다(2:20-22). 회개하지 않는 사람들이 받는 고난은 "고통"이라는 반복된 언급으로뿐만 아니라, 첫째 대접 재앙부터 반복된 "고통/아픔"으로도 묘사되었다. 이러한 묘사는 넷째 대접의 묘사와 함께(9절, "이 재앙") 다섯째 대접으로 인해 고난을 당하는 사람들이 앞서 언급된 대접들로부터도 상처를 입었을 가능성을 제시한다. 물론 그 역도 성립된다.

주석가들 중에는 스위트(Sweet)처럼 11절이 회개하지 않을 때 수반되는 회복 불가능한 상태를 공식적인 문학적 방법으로 표현한다고 생각하는 사람들이 있다. 이러한 맥락에서 요한은 그의 독자들에게 공식적으로 두 개의 어울리지 않는 장면을 시편의 이와 비슷한 2중적 묘사를 따라 제시했다고 한다. 구원하려고 모든 사람을 모으는 것(예. 계 15:3-4)과 계 16장의 이곳에 제시되었듯이 불경건한 나라들 전체를 멸하는 것이 바로 그것이다. 명백히 조화되지 않는 두 사상은 논리적으로나 신학적으로 분석해서는 안 된다. 되돌이킬 수 없는 회개의 거부를 공식적으로 표현하는 것은, 독자들에게 사는 길을 택하라고 동기부여하기 위해 두 길의 결말을 독자들 앞에 수사적으로 놓아두는 것으로 이해해야 한다.

이러한 수사적 분석은 부분적으로 옳다. 16장에 나타난 요한의 의도는 독자들에게 그들이 그동안 어떤 식으로 타협했든, 그러한 삶에서 회개하라고 촉구하려는 데 있기 때문이다. 하지만 이것을 근거로 요한이 그가 말한 내용의 신학이 수사적 효과를 증진시키기 위해 비유적인 방식으로만 기능하도록 의도했다고 결론을 내리거나 전제할 필요는 없다. 더욱 그럴 듯한 설명은 이것이다. 요한은 자신의 신학적 진술을 진지하게 생각하며, 이것이 그의 수사적 목적을 더더욱 뒷받침했다고 말이다. 요한이 가졌던 미래에 있을 심판을 믿는 믿음은 독자들에게 영적 무감각에서 깨어나도록 자극을 주고 회개를 촉구하는 데 수사적으로 작용한 신학적 실체들 중 하나다.

더욱이 요한은 전체의 구원과 전체의 심판이라는 양립할 수 없는 2가지를 제시하는 것 같지 않다. 예를 들어 15:3-4의 보편적 표현은 특히 구약적 배경에 비추어볼 때, 예외 없이 모든 사람을 가리키는 것이 아니라, 여러 나라들 중에 구별되는 모든 사람을 가리킨다고 이해하는 것이 가장 좋다. 하나님의 주권과 책임, 회개하지 않음의 문제에 대해서는 9:20과 거기서 특별히 논의하면서 인용한 자료들을 보라.

여섯째 대접과 일곱째 대접: 악한 세상 제도에 임할 최후의 심판 (16:12-21)

여섯째 대접: 하나님은 마지막 때에 불경건한 세력들을 결정적으로 심판하시려고 그들을 모으신다(16:12-16).

12절 여섯째 대접의 화는 바벨론에게 내린 하나님의 심판과 이스라엘의 회복을 묘사한 것에 따라 묘사되었다. 이것 자체는 출애굽 때 홍해를 마르게 한 것을 패턴으로 삼았다(출 14:21-22과 사 11:15; 44:27; 50:2; 51:10을 비교하라. 참조. 수 3:16; 4:23). 구약성경은 이 심판으로 유브라데 강도 마를 것이라고 예언한다(사 11:15; 44:27; 렘 50:38; 51:36; 참조. 슥 10:11). 그 예언은 고레스가 강물의 방향을 바꾼 것으로써 성취되었다(참조. 사 44:27-28). 그 결과 고레스의 군대가 강을 건너 아무도 예상하지 못하게 바벨론으로 침입해 바벨론을 패배시켰다(Herodotus 1.190-91; Xenophon, *Cyropedia* 7.5.1-36). 하나님이 경건한 자들을 구원하시는 방법(즉 물을 마르게 함)은 가끔 불경건한 자들을 심판하시는 수단으로 사용되었다(Wis. 11:5과 16:24에서 출애굽 재앙을 설명하며 밝힌 원리에 따르면 그렇다).[66] 하나님은 "동방"(사 41:2), 즉 "해 뜨는 곳"(사 41:25 LXX; 사 46:11)에서 오는 고레스와 그의 장군들을 "일으켜" 바벨론을 심판하셨다. 하나님은 "그[고레스]의 길을 곧게" 하셨다(αἱ ὁδοὶ αὐτοῦ εὐθεῖαι, 사 45:13; 렘 50:41; 51:11, 28은 하나님이 바벨론을 대항하도록 예비하시는 "왕들"을 언급한다). 고레스가 쟁취한 승리로 인해 이스라엘은 바벨론에서 해방된다(사 44:26-28; 45:13).

계 16:12에서 동방과 유브라데 근처로부터 왕들이 온다는 것은 하나님이 죄를 범한 이스라엘을 유브라데 강 건너편에 있는 북방의 원수들로 심판하신다는 구약의 예언을 상기시킨다(관련 본문에 대해서는 9:14의 주석 참조. 이스라엘의 관점에서 유브라데는 동방에 있을 뿐만 아니라 북방에도 있었다). 홍해를 건너지 못했던 고대의 애굽 사람들과는 달리, 이 왕들은 말라버린 강바

66) 참조. Sweet, *Revelation*, 248.

닥을 비유적으로 건너올 것이다. 하지만 그들의 여정은 바로의 군대가 경험했던 심판보다 훨씬 더 큰 심판으로 절정에 달할 것이다.

구약성경에서 하나님은 구원을 위해서든 심판을 위해서든 늘 물을 마르게 하는 분이시다. 그러므로 악한 군대가 이전에 하나님의 백성을 멸하려고 했던 것이 하나님의 주도 아래(허락이 아니다) 일어났듯이, 그들의 최종적인 패배(16:14, 16) 역시 하나님의 주도 아래 일어난다.[67]

요한은 이 패턴을 예표론적으로 이해하여 그것을 보편화했다. 바벨론은 이제 세상의 제도를 대표한다(유대교 문헌에 일반적으로 제시되었듯이 말이다. 14:8의 주석 참조). 14:8과 관련해서 이미 살펴보았듯이, 바벨론에 대한 이러한 상징적 해석은 역사상 실존한 바벨론에 하나님의 심판이 내린다는 예언을 통해 의심의 여지없이 보장된다. 이 예언은 바벨론이 "영원히 황폐하게 될 것이며" "다시 일어나지 못할 것이다"라고 말한다(렘 28:39 LXX; 50:39-40; 51:24-26, 62-64; 또한 사 13:19-22). 문자적인 해석을 하더라도 이러한 상징적 동일시는 유효하다.[68] 계 14:8은 바벨론이 "모든 나라에게 그의 음행으로 말미암아 진노의 포도주를 먹이던 자"라고 주장한다(이 나라들은 "모든 나라와 족속과 방언과 백성" 사이에 살고 있는 사람들로 묘사된다). 출애굽과 특히 역사상 실존한 바벨론의 몰락에서처럼, 유브라데가 마른 것은 마지막 날의 바벨론이 다시금 멸망될 것을 미리 보여주는 전주에 해당한다.

바벨론이 보편화되고 상징적인 의미를 지니는 것처럼(11:8; 14:8의 주석 참조), 유브라데 역시 현대의 이라크나 시리아나 터키에 있는 유브라데를 지정학적으로 가리키는 문자적인 의미가 아니라, 분명히 비유적이고 보편적인 의미를 지니는 것으로 이해해야 한다. 여전히 유브라데라는 언급을 문자적으로 이해하는 사람들이 있지만 말이다.[69] 이것은 바벨론의 성품을 지닌 음녀가 "많은 물 위에 앉아 있다"라고 한 17:1에 암시되었다. 물

---

67) Hengstenberg, *Revelation* II, 208-9.

68) 예. Seiss, *Apocalypse,* 397-400; Lang, *Revelation,* 299-305; Dyer, "Identity of Babylon in Revelation 17-8."

69) 예. Walvoord, *Revelation,* 236; Lindsey, *Late Great Planet Earth,* 81-82.

위에 앉아 있다는 것은 "유브라데와 그 물"을 가리키는 또 다른 방법이다(16:12). 17:1의 "많은 물"은 17:15에서 "백성과 무리와…나라와 방언들"이라고 비유적으로 해석된다. 17:15-18은 16:12을 구체적으로 설명한다. 17장은 바벨론에게 내려진 여섯째와 일곱째 대접 심판을 자세히 기술하기 때문이다(17:1). 유브라데를 비유적으로 해석하는 것은 둘째 대접과 셋째 대접이 가리키는 새로운 출애굽 재앙에서 "바다"와 "강"과 "물"이 비유적으로 사용된 것에 의해서도 제시된다.[70] 이뿐만 아니라 요한계시록 여러 곳에서 유브라데는 **용과 짐승 또는 그를 따르는 사람들과도 연결**된다(16:3-4의 주석과 12:15, 16; 13:1; 15:2; 17:1, 15의 주석 참조).

미래주의자 입장에 있는 주석가들 중에는 바벨론이 마지막 때의 로마를 상징한다고 인정하는 사람들이 있다. 이것은 요한계시록과 바로 이 본문을 해석하면서 유브라데와 동방에서 오는 왕들을 문자적으로 이해하는[71] 그들의 전형적인 문자주의적 접근과 모순된다.

그러므로 유브라데 강물이 마른다는 것은 온 세상에서 바벨론의 종교를 지지하는 허다한 사람들이 어떻게 바벨론을 배반하게 되었는지를 묘사하는 장면이다. 바벨론에 환멸을 느낀다는 것은 바벨론에 대한 심판과 최후의 심판을 가리키는 전주다. 17:16-18은 악한 세상 제도의 정치적 팔 역할을 하는 "동방의 왕들"이 경제적·종교적 팔을 배반하고 그를 멸할 것이라고 말한다. 동일한 본문에, 바벨론의 멸망은 "동방의 왕들"이 바벨론의 수많은 경제적·종교적 추종자들에게 그에게 충성하는 것을 단념하라고 설득하는 것과 더불어 시작한다는 사실이 암시되었다.[72]

바벨론과 유브라데 강뿐만 아니라, 고레스와 그의 동맹들 곧 "온 땅에 거주하는 왕들"로 확장될 수 있는 "동방에서부터 오는 왕들"도 비유적으로 보편화된다(16:14; 참조. 17:18). 같은 현상이 20:8에도 등장한다. 여기서 "전

---

70) 참조. Prigent, *Apocalypse,* 246.

71) 예. Lindsey, *There's a New World Coming,* 189-90과 Walvoord, *Revelation,* 240-41을 보라.

72) LaRondelle, "Biblical Concept of Armageddon," 27-30의 견해를 따름.

쟁을 위하여 모인"(16:14의 주석 참조), 전통적으로 북쪽에서 오는 원수들인 "곡과 마곡"은 "땅의 네 구석에 있는 나라들"로 설명된다. 만일 16:4의 "강과 물"이 피로 변한 것이 비유적인 표현이라면, 16:12의 "강"과 "물"이 마른 것 역시 비유적인 표현이어야 한다(16:4의 주석 참조).

"큰 강, 유브라데"(ἐπὶ τὸν ποταμὸν τὸν μέγαν τὸν Εὐφράτην)라는 어구는 일찍이 여섯째 나팔에서 발견된다(9:14, ἐπὶ τῷ ποταμῷ τῷ μεγάλῳ Εὐφράτῃ). 9장에서는 네 천사가 마귀의 하수인들을 통해 사람 삼분의 일을 죽이려고 놓임을 받는다. 그 화는 초림과 재림 사이의 전 기간을 망라하는 것 같다(9:14-19의 주석 참조). 만일 그렇다면, 여섯째 나팔에는 여섯째 대접에서 절정에 이른 심판의 패턴이 들어있는 셈이다. 반면에 여섯째 나팔은 여섯째 대접과 시간적으로 병행일 수 있다.[73] 두 경우 모두 마귀가 불신자들을 속임을 언급한다. 여섯째 나팔은 최후 심판의 전주를 관조하는 천상적 관점에 초점이 맞춰진 반면에, 여섯째 대접은 지상에서 드러나는 효과에 초점이 맞춰져 있을 수 있기는 하다. 하지만 여섯째 나팔의 효과는 "사람 삼분의 일"에 한정되는 데 비해, 여섯째 대접은 "온 땅에 거하는 왕들"(16:14)과 불신자들 전체(17:8, 15; 그리고 16:2, 6-7, 10에는 암시됨)에게 영향을 미치는 까닭에, 이 둘을 엄격히 동시간적인 것으로 보기도 어렵다.

Targ. 렘 51:36, 41-44에는 계 16:12과 전반적으로 병행하는 어구가 제시된다. 그 본문에는 바다와 강, 유브라데가 마른다는 것이 비유적으로 해석되었기 때문이다. "나는 그 **바다**[MT "넓은 강"]를 **마르게** 할 것이다.…온 땅의 칭송을 받는 바벨론은…나라들 가운데서 황폐하게 되었다.…**한 왕이 바다**[MT "넓은 강"]**의 물처럼 많은 군대를 이끌고 바벨론을 치러 올라왔다**.…바벨론의 도시들은…**마른 땅**이 되었고…백성은 다시는 그에게 복종하지 않을 것이다." 특히 눈에 띄는 것은 앞에서 제시한 계 16:12의 해석과 비교하여 "마른 땅"과 "백성은 다시는 그에게 복종하지 않을 것이다"가 연결된다는 점이다. 계 16:12에서 유브라데 강이

73) 참조. A. Y. Collins, *Apocalypse*, 114.

마른 일은 대적하는 왕들이 군중들을 충동질하여 바벨론을 배반하게 함을 말한다. 또한 바벨론의 "물이 마를 것"(렘 50:38)이라는 예언과 "여러 왕이 충동을 받아 땅 끝에서 일어나리니…무사같이 각기 바벨론을 대항하여 대열을 갖추었도다"(렘 50:41-42)라는 예언이 연결된다. 4QpNah fragments 1과 2의 3-9행에는 나 1:4a("그[하나님]는 바다를 꾸짖어 그것을 말리시며")을 인용하고, "바다"를 "모든 깃딤"으로 해석하며, 바다를 말리는 것을 비유적으로 "깃딤을 지면에서 없애기 위해 내리는 심판"으로 이해한다. 그런 다음 이와 비슷하게 나 1:4b("모든 강을 말리시나니")을 인용하고는 이것이 깃딤과 그들의 모든 지도자들의 통치의 종말을 가리킨다고 해석한다.[74)]

사이스와 랑과 다이어는 바벨론이 "영원히 황폐해질 것"이며, "대대로 다시는 사람 사는 곳이 되지 못할 것이며", "다시는 일어나지 못할 것이라"(렘 28:39 LXX; 50:39-40; 51:24-26, 62-64; 사 13:19-22)는 예언이 완전히 성취된 적이 없다고 주장한다. 그들은 바벨론이 다만 더 작아지고 하찮은 존재가 되었으며, 거의 전멸되었지만 완전히 멸망하지는 않았고 역사 내내 존재했다고 주장한다. 그래서 그들은 이 구약의 예언들이 최종적으로 성취되기 위해서, 특히 요한계시록에 묘사된 바벨론에 대한 예언에 비춰볼 때, 바벨론은 틀림없이 거대한 규모로 다시 부흥할 것이라고 결론을 내린다.[75)] 만일 마치 고대 바벨론이 있던 자리가 다시는 사람이 사는 곳이 되지 못할 것이라고 말하는 것처럼 구약의 예언을 지나치게 문자적으로 이해한다면, 이 견해는 가능할 수 있을 것이다. 지나치게 문자적인 해석의 분명한 예로 다이어는 바벨론의 돌이 다시는 건축에 사용되지 못할 것이라는 예언자 예레미야의 예언(렘 51:26)이 아직 성취되지 않은 것은, 고대 바벨론 도시 근처 동네에 사는 사람들이 그 도시

---

74) García Martínez, *Dead Sea Scrolls Translated,* 195에서 번역한 것임.

75) Seiss, *Apocalypse,* 397-400; Lang, *Revelation,* 299-305; Dyer, "Identity of Babylon," 444-46.

의 돌들을 자기들의 집을 짓는 데 재사용하였고, 심지어 19세기까지 그렇게 했다는 것을 제시한다.[76] 이러한 해석이 지니는 한 가지 문제는 렘 51:26이 앞에서 바벨론을 비유적으로 "멸망의 산"에 비교한 사상의 연속이라는 데 있다. 이 구절에서 하나님은 이렇게 말씀하신다. "너로 불 탄 산이 되게 할 것이니[25절] 사람이 네게서 집 모퉁잇돌이나 기초 돌을 취하지 아니할 것이요, 너는 영원히 황무지가 될 것이니라." 여기서 묘사된 비유는 산이 더 이상 건축을 위한 돌을 제공하지 못할 것을 말한다. 이 비유를 문자적으로 이해한다고 해도, 바벨론 도시의 건물에서 나온 벽돌이 건축에 다시 사용되지 못한다는 것이 아니라, 바벨론이 결정적으로 심판받을 것이라는 데 이 장면의 요점이 있다. 이러한 방식으로 다이어가 제시한 여러 다른 설명들은 이와 비슷한 해석적 부적절함으로 인해 흠이 잡힌다.

바벨론의 부활을 이처럼 문자적으로 이해하는 것은 2가지 이유에서 개연성이 없다. 첫째, 바벨론의 멸망을 다룬 예언들은 세부적인 것 하나하나까지 문자적으로 이해해서는 안 되고, 요지가 역사상의 바벨론이 하나의 제국으로서 하나님의 심판을 받을 것이며, 이제는 세상의 제국이 아니라는 것과 다시는 세계적 제국으로 부상하지 못할 것이라는 것을 천명하는 데 있다. 둘째, 만일 엄격하게 문자적으로 이해하는 것이 올바른 해석적 접근이라면, 다음과 같이 (어쩌면 심지어 Seiss와 Lang, Dyer보다 더 정확하게) 해석할 수 있을 것이다. 이사야의 예언과 예레미야의 예언은, 유력한 초강대국으로서 역사상의 바벨론이 절대적으로 심판받을 것과 언젠가는 바벨론 제국이 그 지위를 잃거나 국가로서의 존재를 상실하여 "바벨론 제국"이라는 공식적이며 정치적인 이름으로 다시 부흥하지 못할 것을 예언한다고 말이다. 다른 이름과 사람들로 구성된 또 다른 초강대국이 동일한 자리를 점령할 수는 있지만, 다시는 옛 "바벨론"과 공식적으로 연결성을 가지는 "바벨론"이라고 불리는 우월한 나라가 될 수

76) Dyer, "Identity of Babylon," 446-49.

없다. 그렇다면 설령 엄격하게 문자적인 해석 관점을 가지고 이 문제를 접근했다고 하더라도 바벨론이 재기할 수 있다는 생각은 개연성이 거의 없는 것으로 고려해야 한다.

이 외에 덜 중요한 논증을 사이스와 랑 그리고 다이어가 제시했으나, 대부분은 구약의 예언을 엄격하게 기계적·문자적으로 해석해야 하는지, 어느 정도 비유적으로 해석하는 것을 허용해야 하는지와 관련된 내용이다. 놀라운 것은 렘 51:8에 제시된 바벨론의 갑작스런 멸망 예언이 고레스의 침공으로 성취되지 않았을뿐더러 아직도 성취되지 않았다는 다이어의 주장이다.[77] 단 5:30-31을 비롯하여 몇몇 고대 자료들에는 바벨론이 고레스에 의해 갑작스럽게 멸망되었다고 기록한다.[78] 사이스와 랑뿐만 아니라 다이어는 앞서 묘사한 논증에서 지정학적인 실체와 지리적인 실체를 전반적으로 혼동하거나 잘못 혼합한다.

ℵ P 051 1854 2053 2062 2344 𝔐[K]에는 Εὐφράτην("유브라데") 앞에 있는 관사가 생략되었다. 이것은 우연이든지(아마도 필경사가 μέγαν 앞에 있는 τόν을 보고 시각적 착오를 일으켰기 때문인 것 같다), 아니면 이 어구를 9:14의 관사 없는 구조("큰 강 유브라데에", ἐπὶ τῷ ποταμῷ τῷ μεγάλῳ Εὐφράτῃ)와 일치시키려는 시도 때문에 빚어졌을 것이다.

개중에는 "동방에서 오는 왕들"이 네로가 파르티아인들을 이끌고 귀환하여 로마 제국을 무너뜨릴 것이라는 신화적인 두려움을 가리킨다고 이해하는 사람들이 있다.[79] *Sib. Or.* 4.115-39은 이러한 기대를 언급한다. "이탈리아로부터 한 위대한 왕이…보이지 않게 피신하여…유브라데 강을 건너고…파르티아인들의 땅을 넘을 것이다.…그리고 전쟁을 하러 서쪽으로 올 것이며, 로마로부터 추방된 사람들이 무수한 사람들과 함께 강력한 칼을 휘두르며 유브라데를 건너올 것이다." *1 En.* 56:5-7에

77) Dyer, "Identity of Babylon," 444.

78) 예. Goldingay, *Daniel,* 106-8을 보라.

79) 예. Charles, *Revelation* II, 46; Glasson, *Revelation,* 92.

따르면, 천사들이 "파르티아인들"의 "왕들을 충동하여" 성도들의 "성읍"을 공격할 것이지만 그들은 격파될 것이다. 만일 요한계시록의 이곳에서 네로에 대한 대망이나 좀 더 일반적인 *1 Enoch*의 예언을 염두에 두었다면, 이 예들은 재사용되어 유비론적으로 좀 더 발전된 형태로 역사상 최후의 전쟁을 위해 세상의 왕들을 실제로 모으는 데 적용된다.

만다교 문헌에는 유브라데가 영들의 세계와 인간의 세계를 구분 짓는 경계였다고 한다.[80)]

7:2과의 유비로, "동방에서 오는 왕들"을 그리스도가 원수를 격파하려고 인도하는 선한 천사들과 동일시하는 사람들이 있다.[81)] 하지만 더 가까운 유비는 9:14ff.이다. 여기서는 마귀의 성품을 가진 마병대가 유브라데를 넘어온다. 이 본문과 마지막 때에 하나님의 백성을 공격하러 모이는 악한 나라들과 관련한 구약의 반복되는 예언(16:14의 주석 참조)과 더불어, 12, 14, 16절에서 언급된 왕들은 악하다고 보아야 한다. 왈부어드는 증거도 제시하지 않고 12, 14, 16절의 왕들을 별개의 두 집단으로 이해한다. 전자는 문자적으로 동방에서 오는 집단들이고, 후자는 땅 전역에서 오는 집단이라고 한다.[82)] 칠튼 역시 "유브라데"와 "동방에서 오는 왕들"을 문자적으로 이해하며, 후자를 기원후 70년에 예루살렘과 벌인 전쟁과 연결시켜 유브라데를 넘어 오는 로마 군대의 추가 병력이라고 밝힌다.[83)]

13절 12절은 여섯째 대접을 요약하는 진술이며, 심판이 천사들의 활동으로 하늘에서부터 시작된다는 것을 보여준다. 13-16절은 화를 집행하는 지상의 보조 하수인들을 설명하고 그 화의 목적을 천명함으로써 여섯째 대접을 구체적으로 설명한다.

---

80) Lohmeyer, *Offenbarung,* 135을 보라.

81) LaRondelle, *Chariots of Salvation,* 114-21; D. Ford, *Abomination of Desolation,* 268, 301-3.

82) Walvoord, *Revelation,* 236.

83) D. C. Chilton, *Days of Vengeance,* 408.

여섯째 대접을 쏟자 성도들의 거대한 대적 셋과 악한 세력들의 지도자들이 행동을 개시한다. 이들은 용과 짐승과 거짓 예언자이며, 각각 사탄과 사탄의 정치적 제도, 그 제도를 지원하는 종교적 보조자를 대표한다. 이것은 요한계시록에서 "거짓 예언자"(ψευδοπροφήτης)가 등장하는 첫 번째 예다. 이 단어는 13장의 둘째 짐승의 속이는 역할을 요약한다. 그가 세상에 출현한 목적은 사람들을 속여 첫째 짐승에게 경배하게 하는 데 있다(13장, 특히 13:12-17의 주석 참조). 신약의 여러 곳에서 "거짓 예언자"는 속이기 위해 예외 없이 **이스라엘의 언약 공동체나 교회** 내부에서 거짓을 말한다(마 7:15; 24:11, 24; 막 13:22; 눅 6:26; 행 13:6; 벧후 2:1; 요일 4:1). 이러한 사실은 계 13:11-17에 묘사된 둘째 짐승의 활동이 외부에서만 아니라 교회 내부에서도 이루어진다는 결론을 더욱 확증한다. 이것은 16:14-16에 의해 더욱 확실해진다(특히 15절에서 성도들에게 타협하지 말라고 권한 것을 보라).

세 등장인물의 속이는 영향력은 은유적으로 묘사되었다. 악한 3인조는 "개구리 같은 세 더러운 영"을 뱉는다. 한 명당 하나씩 말이다. 그들이 "더러운"(ἀκάθαρτος) 영들이라는 것은 그들의 미혹의 특성을 암시한다. 17:4의 ἀκάθαρτα와 18:2-3의 ἀκαθάρτου는 바벨론의 속이는 음행과 연결되며(14:8의 주석 참조), 21:27의 "속된"(κοινόν)에서도 동일한 연결이 제시된다. 바벨론은 "귀신의 처소와 각종 더러운 영이 모이는 곳"이며 각종 더러운 짐승들이 모이는 곳이다(18:2; 살전 2:3에서 ἀκαθαρσία는 "오류 또는 속임"의 동기가 되는 것으로 제시된다).

이 바벨론의 영들은 우상숭배를 하라고 사람들을 속인다. 더러운 개구리와 우상숭배가 결합된 것은 17:4에 암시되었다. 여기서 바벨론은 "그의 **음행**(πορνεία)의 더러운 것들로 가득했다." 이는 **우상숭배**와 관련한 미혹을 가리킨다(πορνεία에 우상숭배의 의미가 있는 것에 대해서는 2:14, 20에서 동사 πορνεύω의 사용을 다룬 내용 참조). 여기서 개구리는 같은 방법으로 바벨론과 연결된다. "더러운 영"이 귀신들을 가리킨다는 점은 신약성경 여러 곳에서 이 어구가 이런 의미를 지닌다는 사실로 입증되며(복음서와 사도행전에서 20번쯤 등장), 16:14에서 분명히 밝혀진다.

개구리의 이 화는 출애굽의 개구리 재앙을 상기시킨다. 개구리는 앞에서 등장한 대접과 나팔이 출애굽 재앙을 부분적으로 모델로 삼은 것과 같은 맥락에서 제시되었다. 사실 LXX에서 βάτραχος("개구리")는 출애굽 재앙을 묘사하는 곳에서만 등장한다(출 8:2-11[15]; 시 77[78]:45; 104[105]:30; Wis. 19:10; 또한 출애굽 기사를 다루는 Josephus, *Ant.* 2.296-98; Philo, *De Sacrificiis Abeli et Caini* 69; Philo, *De Migratione Abrahami* 83; *Conf.* 1.103-6, 144). 개구리는 무해한 것처럼 보이지만 애굽 사람들을 "멸망시키고"(시 78:45), "부패하게 하고"(시 77[78]:45 LXX), "삼켰다"(*Ant.* 2.296). 이와 마찬가지로 지금 그 개구리는 지혜로운 모사처럼 보이지만, 영적으로 타락시킨다. 요세푸스는 애굽에 등장한 개구리를 "소름끼치는 [나쁜] 점액"으로 묘사한다(*Ant.* 2.297). 개구리의 작고 기괴한 모습은 더럽고 속이는 영들을 묘사하기에 적합하다. LXX과 요세푸스와 계 16:13에서 개구리를 더럽다고 묘사한 것은 레 11:9-12, 41-47과 일관성이 있다. 레위기에는 개구리가 "더러운" 짐승으로 간주되었고, 사람이 개구리를 만졌을 때에는 반드시 정결케 할 필요가 있었다.

개구리가 속이는 영을 나타내기 위해 선택된 것은 부분적으로 개구리가 개골거리는 동물이라는 데 그 까닭이 있다. 개구리의 소리는 크지만 의미가 없다. 여기서 세 악한 하수인들의 입과 관련하여 개구리와 개구리의 개골거리는 소리는 속임으로 야기된 혼돈을 의미한다(유대교에서 출애굽의 개구리 재앙을 해석한 것에 대해서는 아래 내용을 보라). 속임의 영향을 묘사하려고 개구리가 선택된 것은 애굽의 마술사들이 속임수로 모방할 수 있었던, 애굽에 내린 2개의 재앙 중 하나였다는 데 또 다른 까닭이 있을 것이다(출 8:7). 이 맥락에 따라, 필론(Philo, *De Migratione Abrahami* 83)은 궤변론자들을 이렇게 평가했다. 그들은 "하나님의 말씀을 거슬러 사기를 벌이며" "땅에 개구리를 올라오게 하려고 주문을 외워" 스스로를 속인 애굽의 마술사에 비교된다고 말이다. 개구리 재앙은 하나님이 애굽에 행하신 "이적"과 연결되기도 한다(계 16:14의 σημεῖον과 시 77[78]:43-45; 104[105]:27-30을 비교하라. 참조. Wis. 19:8-10). 여기서도 개구리는 "표적을 행한다"(14절). 궁극적으로는 하나님의 손 아래에서 말이다(출애굽 재앙 모델과 16:14b의 주석에서 설명할 구약의 배경에 비춰볼 때 하나님의 감독하심이 분명하게 나타난다). 역사상의 개구리 재앙은 이제 속이는 영들에게 상징적으로 적용된다. 이 암시는 요한계시록에서 문자적인 출애굽 재앙을 새로운 상황에 적용하고 영적으로 해석한 가장 분명한 예 중 하나다.

개구리와 전갈은 종종 파괴를 자행하는 동물로 이해되었다(*Midr. Rab.* 창 10.7; *Midr. Rab.* 출 10.1; 15.27; *Midr. Rab.* 민 18.22). 유대교의 어느 종파에서는 개구리가 물어서 야기된다는 고통으로 인해 개구리 재앙이 가장 혹독한 출애굽 재앙으로 간주된다(*Tanna de-be Eliyyahu*, 41; 참조. *Midr. Rab.* 출 10.1). 개구리의 개골거리는 소리 역시 애굽 사람들에게 "혼란을 야기했으며"(*Pesikta de Rab Kahana* 7.11; *Pesikta Rabbati* 17.7), 그들의 "말"은 애굽 사람들에게 해를 입혔다(*Midr. Rab.* 출 10.6; 15.27; 참조. *Pesikta Rabbati* 49:8). Philo, *On Dreams* 2.259-60에서는 출애굽 재앙의 개구리가 "거슬리는 소리를 발해 듣는 자들에게 고통을 주었"다고 말하며, 개골거리는 소리를 "규탄하는 말과…무식하고 영혼 없는 말"에 직결한다. 개구리 소리는 "생각이 없고 의미가 없고 규율이 없는 말"이다. Philo, *De Sacrificiis Abeli et Caini* 69에서는 출애굽의 개구리가 "본질이 빠져 있는 영혼 없는 소음과 황량한 소리를 내는 의견과 추측"을 상징한다. *B. Sanhedrin* 67b은 출애굽의 개구리 재앙을 언급하면서 "개구리 한 마리가 다른 개구리들에게 개골거리자, 개구리들이 나왔다"고 묘사한다. 이것은 계 16:12-16에서 멸망케 하는 자들을 모으는 개구리의 역할과 비슷하다.[84] *Pesikta de Rab Kahana* 7.11은 하나님이 개구리로 애굽 사람들을 심판하신 것처럼, "에돔…즉 [로마]도 그렇게 하신다"고 주장한다. 이 사실이 눈에 띄는 이유는, 계 16:1, 13-14처럼 개구리 재앙을 로마에 비유적으로 적용하고 사 66:6의 하나님의 심판의 목소리와 직접 연결되는 것으로 분명히 이해하는 까닭이다.

13절을 시작하는 어구인 "용의 입"이 필경사가 시각적 오류로 인해

84) 또한 Ginzberg, *Legends of the Jews* II, 349을 참조하라.

처음 ἐκ("에서")를 지나쳐 이어서 등장하는 ἐκ로 옮겨 거기서부터 계속 글을 써나가는 바람에 생략되었다(ℵ* C *pc* vg^mss). 다른 사본에서는 필경사가 두 번째 ἐκ에서 세 번째 ἐκ로 건너 뛰는 시각적 오류를 범하여, 두 번째 ἐκ 어구("짐승의 입에서")가 생략되었다(ℵ* 2053 2062 *pc*).

Hermas, *Vision* 4.1에서는 선견자가 "바다 괴물과 같은 거대한 짐승과 그의 입에서 나오는 불타는 메뚜기"를 본다. 이 환상은 "장차 올 대환난의 한 가지 유형"과 선견자가 하나님을 믿는 믿음 때문에 피했던 "대 환난"을 가리키는 것으로 설명된다. 하지만 하나님은 충성되지 못한 사람들에게는 "그의 재앙을 보내신다"(참조. *Vision* 4.2). 이것은 계 9:2-10의 귀신과 같은 메뚜기를 16:13-14의 귀신과 같은 개구리와 동일시한 계 16:13-14의 초기 해석일 수 있다.[85]

14a절 도입 어구인 εἰσὶν γάρ("왜냐하면 그들은")는 13절의 "더러운 영"과 "개구리"의 정체를 설명하는 분명한 해석을 소개한다. 소유격 어구 πνεύματα δαιμονίων은 설명적 소유격("귀신같은 영")이든지 동격 소유격("귀신인 영")이다. 다른 곳에서 귀신은 세상의 우상숭배 제도의 본질과 연결된다(9:20; 18:2-3; 고전 10:20-21; 비교. 계 2:20, 24). 애굽의 개구리 재앙은 개구리로 대표되는 부활의 여신 헤크트(Heqt)에 부분적으로 대항하는 것이었다.[86] 속이는 활동을 개구리와 같은 것으로 묘사한 것은 적절하다. 악한 3인방은 짐승이 다시 살아났다는 사실로 사람들을 속이고 있기 때문이다(13:1ff.의 주석 참조). 출애굽기의 개구리를 귀신처럼 묘사한 이유는 거짓 신과 우상들의 배후에 귀신이 있다는 성경의 평가에 부분적으로 근거한다(9:20의 주석 참조).

어느 한 전통에 따르면, 애굽의 마술사들도 귀신의 도움을 받아 개구리를 불러들일 수 있었다고 한다.[87] 여신 헤크트 이외에, 애굽의 신

85) 참조. Charles, *Revelation* II, 47.
86) J. J. Davis, *Moses and the Gods of Egypt,* 108.
87) Ginzberg, *Legends of the Jews* II, 350.

들인 나우, 아몬, 이시스 등은 개구리로 상징된다.[88] Artemidorus, *Oneirocrita* 2.15은 꿈 해석과 관련하여 "개구리들은 거짓말쟁이들을 상징한다"고 주장한다.

조로아스터교의 문헌에 따르면, 아리만 신은 가끔 도마뱀과 같은 "악한 영"으로 둔갑하여 개구리들을 온 땅에 퍼지게 한다. 아리만은 땅에 기근과 질병 등을 가한다. 만일 누군가 머리 3개가 있는 귀신의 영인 아지 다하카를 죽이면, 귀신이 뱀과 전갈과 개구리 떼를 풀어놓을 것이라고 경고하기도 한다.[89] 앗수르에서는 개구리가 압수 신과 관련하여 언급된다.[90]

호 12:11의 MT은 우상숭배의 "제단이…밭의 고랑 옆에 쌓여 있는 돌무더기 같다"고 말한다. 심마쿠스 역은 "돌" 대신에 "개구리"로 대체한다. "밭의 바닥에 있는 개구리(βάτραχοι)같이." 이것은 아마도 길갈에 있는 우상숭배용 제단이 부정하며 속이는 예배 제도에 속한다고 해석한 것일 것이다. 이러한 이해와 일관성이 있는 것은 LXX과 Theod.에서 12:12(11)의 전반부가 "거짓"(ψευδεῖς) 제단에서 제사를 드리는 사람을 언급한다는 점이다. 호 12:9, 13에 출애굽이 암시된 것은 우연이 아닌 것 같다. 흥미로운 것은 개구리가 앗수르의 종교적 제의에서 속죄제물로 사용되었다는 점이다.[91] 또한 Plutarch, *Dinner of the Seven Wise Men* 21과 *Oracles at Delphi* 12에서 개구리는 이교의 신들이나 종교와 밀접히 연결된 것으로 보인다.

14b절 이 귀신들은 "이적을 행한다(ποιοῦντα σημεῖα)." 이 이적은 13장의 속이는 자들의 일과 동일시된다. 무엇보다도 이 영들은 둘째 짐승 또는 거짓 예언자의 행위와 연결되었다. 이들의 일은 13:13과 19:20에 각각 ποιεῖ

---

88) De Vries, *Dictionary of Symbols and Imagery*, 204-5.

89) *Bundahish* 3.9; 18.2-6과 28.1을 3.15과 비교하라. 또한 *Fargard* 5.36; 14.5(Rist, "*Revelation*," 485을 따름 참조.

90) Ebeling, "Frosch."

91) Ebeling, "Frosch."

σημεῖα("그가 이적을 행하더라")와 ὁ ποιήσας τὰ σημεῖα...ἐν οἷς ἐπλάνησεν τοὺς λαβόντας τὸ χάραγμα τοῦ θηρίου καὶ τοὺς προσκυνοῦντας τῇ εἰκόνι αὐτοῦ("표적을 행하던 거짓 예언자…이는 짐승의 표를 받고 그의 우상에게 경배하던 자들을 표적으로 미혹하던 자라")로 묘사되었다. 여기서 속임은 "여러 왕들"을 겨냥한다. 이와 마찬가지로 출애굽 재앙에서 개구리가 왕에게 처음으로 영향을 미쳤다고 하며(출 8:3-4), 시 104[105]:30 LXX에는 애굽의 "왕들"이 개구리로 인해 타격을 받았다고만 언급한다.

계 16:14의 왕들은 "온 천하"(τῆς οἰκουμένης ὅλης)에서 왔으며 단지 어느 한 지역에서만 온 것이 아니다. 요한계시록과 요한 문헌의 여러 곳에서 이와 동일하거나 유사한 표현은 전 포괄적인 의미를 지니기 때문이다(3:10; 12:9; 비교. 13:3; 요일 2:2; 5:19). 사실 "동방의 왕들"은 "온 천하에 거하는 왕들"과 동의어일 수 있다. 보편적인 결과는 "땅의 왕들"과 우상숭배를 하는 "땅에 거하는 자들"이 속임을 받는다고 말하는 13:13과 19:19-20에서도 분명히 드러난다. 9:14ff.의 내용에서 유추해볼 때, 16:12, 14의 왕들은 귀신의 속성을 지닌 존재들일 수 있다.[92] 하지만 좀 더 개연성이 있는 제안은 이들이 불경건한 세계 제도의 정치적 권력자들이라는 견해다. 실제로 "땅의 왕들"은 요한계시록 여러 곳에서 땅에 속한 정치라는 의미로 반복해서 사용되었다(1:5; 6:15; 17:2, 18; 18:3, 9. 이 본문들은 우상숭배를 하는 바벨론과 연합한 왕들을 언급한다). 13-14절이 나타내듯이 이 땅의 왕들은 귀신과 동일시되기보다는, 귀신의 군대의 영향 아래 모인 세상의 왕들을 가리키는 것 같다.

개구리가 사람들을 속이는 목적은 "하나님 곧 전능하신 이의 큰 날에 있을 전쟁을 위해 그들을 모으는 데" 있다. 같은 표현이 19, 20절에도 등장한다. 이 본문들은 각각 재림하시는 그리스도를 대항하기 위해 왕들을 모으는 짐승과 용을 언급한다.

---

92) Lohmeyer, *Offenbarung*, 135-37.

19:19; 20:8	16:14
19:19: τοὺς βασιλεῖς τῆς γῆς... συνηγμένα ποιῆσαι τὸν πόλεμον("땅의 임금들…이 모여…전쟁을 일으키다가"). 20:8: τὰ ἔθνη...τῆς γῆς, τὸν Γὼγ καὶ Μαγώγ, συναγαγεῖν αὐτοὺς εἰς τὸν πόλεμον("땅의 사방 백성 곧 곡과 마곡을 미혹하고 모아 싸움을 붙이리니").	τοὺς βασιλεῖς τῆς οἰκουμένης ὅλης... συναγαγεῖν αὐτοὺς εἰς τὸν πόλεμον("온 천하 왕들…을 전쟁을 위하여 그들을 모으더라").

여기에 언급된 내용은 19장과 20장에서 모두 같은 사건을 가리킬 것이다. 곧 짐승의 군대와 그리스도의 군대가 역사의 끝에 맞대결한다는 내용이다. 전쟁을 언급하는 이 세 본문들은 구약의 예언, 특히 슥 12-14장은 물론이고 습 3장에도 근거한다. 이 구약 본문들은 하나님이 역사의 마지막 전쟁을 위해 나라들을 이스라엘로 모으실 것을 예언한다(아래 내용 참조).

16:14, 19:19, 20:8 등 세 본문에서 "전쟁" 앞에 관사가 사용되었다(τὸν πόλεμον). 이 본문들이 구약성경에 예언된 "[잘 알려진] 종말론적 전쟁"을 언급하기 때문이다.[93] 20:7-10은 이 "전쟁"이 사탄의 군대가 성도들을 대항하여 마지막으로 공격해오는 것임을 보여준다. 그러므로 이 전쟁은 11:7의 전쟁과 같은 "전쟁"이다. 그 전쟁 또한 "짐승"이 땅에 있는 모든 신자를 없애려고 노력하는 전쟁이기 때문이다(11:7-10의 주석 참조). 이 사실에 비춰볼 때, 정관사는 앞에 언급된 것을 가리키는 관사이기도 하다. 구약의 예언만이 아니라 계 11:7에서 처음에 관사 없이 묘사한 최후의 전쟁을 가리키기도 하는 관사 말이다.

그 전쟁이 "하나님의 큰 날에 있을 전쟁"으로 불리는 것은, 그 전쟁이 하나님이 불의한 자들을 결정적으로 심판하실 전쟁임을 보여준다. 이것이 욜 2:11과 습 1:14에 언급된 "하나님의 큰 날", 특히 욜 2:31에 예언된 종말론적 심판의 의미다. 마찬가지로, 계 6:17에서 사용된 비슷한 어구에도 같은 의미가 있다. "그들의 진노의 큰 날"(ἡ ἡμέρα ἡ μεγάλη τῆς ὀργῆς αὐτῶν). 나라

93) Mussies, *Morphology,* 188.

들은 속임을 받아 자기들이 성도들을 없애기 위해 모였다고 생각한다. 하지만 궁극적으로 그들은 단지 예수의 손을 통해 마땅히 받을 심판을 받기 위해 하나님에 의해 모이게 된 것이다(19:11-12).[94)]

전쟁을 위해 왕들을 모으는 구약 배경에 대해서는 슥 14:2을 보라. ἐπισυνάξω πάντα τὰ ἔθνη ἐπὶ Ιερουσαλημ εἰς πόλεμον. 이와 비슷한 슥 12:3-4도 참조하라. "천하만국이 그것을 치려고 모이리라. 여호와가 말하노라. 그날에…." 그리고 14:13-14도 참조하라. "그날에 여호와께서 그들을 크게 요란하게 하시리니…사방에 있는 이방 나라들의 힘이 심히 많이 모여질 것이요." 눈에 띄는 것은 슥 13:2 LXX에 "거짓 예언자들과 더러운 영"(τοὺς ψευδοπροφήτας καὶ τὸ πνεῦμα τὸ ἀκάθαρτον)이 나라들을 모으는 같은 시간에 이스라엘에서 활동할 것이라고 언급된 점이다. 거짓 예언자들의 활동은 우상숭배를 조장하고(13:2) 이스라엘을 미혹하여 진리를 속이는 것이다(*Targ.* 슥 13:2에는 "속이는 예언자와 더러운 영"으로 표현된다). 유대교에서는 슥 13:2의 "더러운 영"을 귀신과 동일시한다(*Midr. Rab.* 민 19.8; *Pesikta de Rab Kahana* 4.7; *Pesikta Rabbati* 14.14). 마지막 때에 이스라엘과 싸우려고 원수의 군대가 모이는 것과 관련해서는 계 20:8에 암시된 겔 38:2-8과 39:2을 보라. 또한 LXX의 욜 4:2, 9, 12(3:2, 9, 12), 미 4:11-12, 시 2:2도 참조하라. 네로 대망과 연결하여 *Asc. Isa.* 4:2ff.은 이렇게 주장한다. "벨리알이 그 왕의 형태를 하고 올 것이며, 그와 함께 이 세상의 모든 권세가" 와서 교회를 박해할 것이다. 하지만 그리스도가 오셔서 그들을 심판하실 것이다. 비교. *Sib. Or.* 3.663: "하지만 다시 열국들의 왕들은 스스로 이 땅[이스라엘]에 몸을 던질 것이다."

사본 $\mathfrak{P}^{47}$ 051 1854 $\mathfrak{M}^{A}$에는 πόλεμον 앞에 관사 τόν이 생략되었다. 이것은 아마도 관사가 없는 슥 14:2의 어구와 조화시키려는 바람 때문으로 보인다(앞에 언급한 스가랴서의 어휘를 보라. 또한 왕상 22:15 LXX도 보라). 계 20:8에서도 051 1854 $\mathfrak{M}^{A}$에는 관사가 생략되었다. 부차적인 변경을 입

94) Beasley-Murray, *Revelation,* 244-45.

증하는 이러한 내적 증거 외에 나머지 사본 전통은 관사를 포함한다(예. ℵ A C 2053 2062 2344. 이 사본들은 관사가 생략된 것을 지지해주는 최상의 사본들인 𝔓[47]과 1854보다도 더 훌륭한 사본이다).[95] 그래서 관사를 생략하는 일은 사본 전승의 초기 단계에서 일어났을 것이다(𝔓[47]은 3세기의 것임).

4 Ezra 13:8-11 역시 시온에서 벌어질 메시아를 대적하는 역사의 최종적인 전쟁을 설명하면서 슥 14:2을 (위에 언급된 구약 본문들과 더불어) 암시한다. "셀 수 없을 정도로 **많은 사람들이** 그를 대항하여 **전쟁을 벌이려고 모였다**." 4 Ezra 13:34-35은 이것과 거의 축자적으로 일치한다. "셀 수 없이 많은 **무리가 모여**…그를 대항하여 **싸움을 벌일 것이다**." 이 전쟁이 벌어질 때, 하나님은 그의 백성의 남은 자들을 다시 모으실 것이다. "[유브라데] 강의 샘들을 억제하여 그들이 건널 수 있게 함으로써" 말이다(13:47). 그때에 하나님은 "모인 나라들의 무리들을" 멸망시키심으로써 "남아 있는 백성을 보호하실 것이다"(13:49). 계 16:12, 20:7-10 참조. 4 Ezra 13장과 병행되는 유대교 문헌으로는 *1 En*. 56:5-8을 참조하라.

계 16:14과 슥 3:8 LXX을 비교하라. "모인 나라들에게 나의[하나님의] 심판이 있을 것이다. 그들에게 모든 불같은 분노를 퍼붓기 위해 왕들을 모을 것이다."

왕상 22:22-23, 30-31 LXX은 눈에 띄는 병행 어구다. 하늘 보좌 앞에서 귀신이 이렇게 말한다. "내가 가서 아합의 모든 예언자들의 입에 거짓 영이 되리이다." 이로 인해 왕은 "전쟁에 나가게" 되고, 죽임을 당한다. 계 16:14에는 살후 2:3-12의 "불법의 사람"도 포함된다. 그는 그리스도의 재림 직전에 사람들을 속인다. 마찬가지로 마 24:24과 막 13:22의 거짓 예언자들도 참조하라.

사본 중에는 ἐκπορεύεται 대신에 부정사 εκπορευεσθαι를 보유한 사본이 있다. 단수형 동사가 앞에 있는 복수형 주어와 어울리지 않는 것처럼 보였기 때문이다(𝔓[47] ℵ* 051 1006 1841 𝔐[A]).

95) 더 자세한 내용은 NA[26], 53을 보라.

15절 삽입구의 권면은 신자들에게 주어진 것이다. 그리스도는 예기치 않은 때에 "도둑같이" 오실 것이기에, 한 음성이 신자들에게 그리스도의 마지막 나타나심을 기다리며 깨어 있으라고 권한다(3:3의 주석과 거기에 도둑과 관련한 말씀의 성경적 배경을 보라). 전후 문맥에 비춰볼 때 이 권면은 돌발적인 듯하고 이 문맥과는 어울리지 않는다고 생각될 수 있다. 하지만 자세히 살펴보면 이 권면은 13:9과 14:12의 권면과 같은 기능을 한다는 것을 알 수 있다(몇몇 사람이 추측하듯이 나중에 삽입된 것이 아니다). 20:8에 의하면 "전쟁"은 먼저 성도들을 겨냥한 것이고, 같은 사상이 16:14(17:14; 20:8; 슥 14:2ff.; 4 Ezra 13; *1 En*. 56:5-8에 비춰볼 때 19:19에도 있다. 16:14의 주석 참조)에도 암시되었다. 짐승이 신앙 공동체 전체를 없애려고 시도할 때가 올 것이다(11:7과 20:8-9). 이러한 맹습은 "하나님의 큰 날"에 일어날 것이며, 어느 때나 임할 수 있다. 신자들은 그런 일이 발생할 때 믿음을 굳게 잡고 타협하지 않을 준비가 되어 있어야 한다(NEB는 15절을 "그날은 바로 내가 도둑 같이 오는 날이다"[That is the day I come like a thief]라고 소개한다. JB도 이와 비슷하다).

신자들이 "깨어 있는" 방법은 "자기 옷을 지키는 것"이다. 자기 옷을 지키는 것을, 옷을 벗고 누워 있지만 누군가가 훔쳐 갈지 몰라 자기 옷을 지키느라 깨어 있는 사람의 이미지를 표현하는 것으로 해석하는 사람들이 있다.[96] 더 그럴듯한 설명은 이 도둑 은유가 복음서 전통에서 취한 것으로, 물건을 훔치는 것을 암시하는 것이 아니라, 다만 그리스도의 재림이 예상 밖에 혹은 갑작스럽게 이루어진다는 것만을 전하려고 사용되었다는 견해다. 따라서 "이 장면은 밤에 놀랄 일이 발생할 때, 잠을 자고 있다가 옷을 벗은 상태로 발견되는 사람과 달리, 깨어 있어 옷을 다 갖춰 입은 사람을 묘사하는 장면이 틀림없다."[97] 요한계시록과 특히 16장의 문맥에서 "깨어 있다"는 것과 "자기 옷을 지킨다"는 것은 짐승을 경배하라는 마지막 공격의

96) Farrer, *Revelation*, 177-78.

97) Bauckham, "Synoptic Parousia Parables," 171.

압박에 직면해서도 순응하기를 거부하는 것이다(3:4-5의 주석 참조).

신자가 이처럼 자기 옷에 마음을 쓴다면, 그는 "벌거벗고 다니지 않을" 것이며, 사람들에게 "그의 부끄러움을 보이지 않을" 것이다. 이것은 3:18에서 사용된 이미지와 동일한 이미지를 발전시킨 것이다. 3:18에서 "벌거벗은 수치를 보인다"는 말은 하나님이 우상숭배에 참여했다고 이스라엘과 다른 나라들을 비난하실 때 사용된 은유였다(겔 16:36. 이에 대해서는 아래를 보라. 또한 겔 23:29; 나 3:5; 사 20:4). 야웨는 그들이 거짓 신들과 음행했음을 보이려고 비유적으로 우상숭배자들의 치마를 올릴 것(즉 심판으로 그들의 도시를 황폐하게 할 것)이다. 그러므로 계 16:15의 결론적인 언급은 그리스도가 재림하실 때 심판을 받지 않기 위해(ἵνα) 최후의 박해에 맞서 용감하게 저항하는 것을 가리킨다. 우상숭배를 거부하지 않으면, 심판으로 말미암아 그들은 우상숭배와 타협했음이 탄로나 부끄럽게 될 것이며, 그들은 바벨론의 "음녀"와 동일시될 것이다. 바벨론의 음녀는 우상숭배로 인해 심판을 받아 "망하게 되고 벌거벗게 되었다"(17:16). "옷"은 "어린 양의 혼인 잔치"에 참여하는 데 필요한 "성도들의" 타협하지 않는 "의로운 행위"를 상징한다(19:8-9). 반면에 "벌거벗음"은 의의 결핍을 상징한다.[98]

15절은 소아시아의 독자들에게 적절하다. 15절은 일반적으로 모든 교회에도 해당되는 일곱 편지 중 두 편지에서 가져온 권면을 혼합했다(참조. 3:6, 22). 교회에 속한 사람들은 16:12-16에 묘사된 상황이 언제 어느 순간에라도 발생할 수 있다는 것을 예상해야 한다.

도둑과 관련한 말씀의 배경에 대해서는 마 24:43, 눅 12:39-40, 살전 5:2, 4, 벧후 3:10을 보라. 특히 살전 5:2, 4, 벧후 3:10에는 계 16:14에서처럼 "주의 날"이 언급되었으며, 그리스도의 재림에 초점을 둔다. 15절의 권면은 계 3:3-5을 발전시킨 것일 수도 있다. 여기서 그리스도는 "내가 도둑 같이 오리라"라고 말씀하신다. 깨어 있는 사람들은 "자기 옷을 더럽히지 않고" "흰옷을 입을 것이라"고 언급된다. 살전 5:2(비교. 5:4)와

98) 참조. Sweet, *Revelation*, 249.

마 24:42-43에는 "주의 날"을 가리키는 "도둑" 은유("그날이[그가] 도둑 같이 이르리라")로 ἔρχομαι의 3인칭 단수가 사용되었다(또한 벧후 3:10을 보라. 이 본문에는 ἥκω의 3인칭 단수가 사용된다). 몇몇 사본에는 계 16:15의 ἔρχομαι의 1인칭 단수가 이전의 신약 전통과 조화를 시키느라 3인칭 단수 ἔρχεται로 변경되었다(א* *pc* sy^ph Prim Bea).

베트슈타인[99]에 의해 일반적 병행으로 인용된 겔 16:36-39이 계 16:15에 암시되었을 것이다. 에스겔서(참조. LXX)와 요한계시록 사이에 다음과 같은 언어적·주제적 유사성이 존재한다. (1) 우상숭배로 인해 음녀가 된 이스라엘(겔 16:20-21, 35), (2) 이스라엘의 "부끄러움이 드러날 것임"(16:36), (3) 하나님은 "사방에서 [나라들을] 모아 너를 대적하게 할 것임"(16:37; 비교. 계 16:14, 16), (4) "그리고 그들은 너의 부끄러움을 볼 것임"(16:37), (5) 이스라엘은 "옷을 벗을" 것임(16:39), (6) 이스라엘은 "몸을 드러내게 될" 것임(16:39). 겔 16장은 새 언약 공동체의 신자들에게 이스라엘처럼 타협하는 우상숭배의 죄를 반복하지 말라고 경고하기 위해 암시되었다. 이 경고에 주의하지 않는 사람들은 이스라엘과 같지만 한층 더 심한 처지에 빠지게 될 것이다. 그들은 불경건한 나라들과 함께 그리스도의 손에서 최후의 심판을 받을 것이다.

성전 파수꾼에게 주는 경고를 배경 삼아 15장을 이해하는 사람들이 있다. 파수꾼들이 경비하는 동안 잠을 잔다면 그들의 옷은 빼앗겨 불에 태워진다는 배경이다(*m. Middoth* 1.2).[100] 15:5-16:1, 7에서 사용된 성전 이미지에 비춰보면 이 견해는 가능할 수 있겠지만, 주된 배경은 3장에서 병행되는 두 권면에서 찾아야 한다.

16절 14절의 사상이 계속된다. 귀신의 영들은 왕들을 속여 전쟁이 발생할 "곳으로 그들을 모았다." 전쟁의 결과는 17:14, 19:14-21, 20:7-10에 서술된다. 여기서 용과 짐승의 군대들은 그리스도와 하나님께 멸망당하는

---

99) Wettstein, *Novum Testamentum Graecum* II, 818.

100) Gill, *Revelation* 3, 328; Carrington, *Meaning of the Revelation,* 265을 보라.

것으로 묘사되었다. 전쟁이 벌어지는 장소는 "아마겟돈"이라고 불린다. "바벨론"과 "유브라데" 같은 지명처럼, "아마겟돈" 역시 어떤 구체적인 지역을 가리키는 것이 아니라[101] 전 세계를 가리킨다. 이스라엘에서 므깃도와 그 근처에 있는 산과 관련이 있는 전쟁은 온 땅에서 성도들과 그리스도를 대적하여 일어나는 마지막 전투를 가리키는 예표론적인 상징이 되었다.

"아마겟돈"이 문자적인 지역이 아니라는 사실은 역사의 마지막 전쟁을 예언한 구약 본문에 예외 없이 예루살렘 성과 시온 산 가까운 곳 또는 그 곳을 둘러싸고 있는 산들이 언급된 것을 보면 분명해진다(구약 본문 구절은 14절 참조).[102] 하지만 므깃도 평지는 예루살렘에서 북쪽으로 이틀이나 걸어가야 도착할 수 있는 지역이다. 더욱이 요한은 14:20과 20:8-9에서 그 전쟁이 예루살렘 바깥에서 일어난다고 언급한다. 구약의 언급들을 예표론적으로 보편화하고 문자적인 지리 용어 대신에 영적인 용어로 언급하고 있지만 말이다. 앞에서 주장했듯이(14절 주석 참조), 만일 20:8이 16:14처럼 같은 사건을 언급한다면 20:9은 "아마겟돈"을 "(하나님이) 사랑하시는 성"인 예루살렘과 아마도 시온 산으로 정의한다. 20:8과 19:17-19 사이의 병행 어구들은 겔 38-39장을 암시한다. 이 본문의 문맥에는 이스라엘의 마지막 원수들이 "이스라엘의 산들"에서 이스라엘을 대적하며 전쟁을 벌일 것이 예언되어있다(겔 39:2, 17).

"아마겟돈"을 비유적으로 이해해야 함은 므깃도에 "산"이 없다는 사실에서도 분명해진다. 비록 구약시대에도 므깃도 성이 "텔"(tell, 고대 유적이 쌓여 만들어진 언덕—편집자 주) 위에 현저히 자리 잡고 있었을 텐데 말이다. 히브리어 *har*는 종종 언덕 위에 있는 주거지에 사용되었기 때문에 텔을 가리킬 수 있다. 비록 *gib'â*가 "언덕"을 가리키는 통상적인 단어이고, *har*는 일반적으로 "산"을 의미하지만 말이다.[103]

---

101) Lindsey, *Late Great Planet Earth*, 163-65이 이렇게 주장함.
102) 참조. S. Talmon, *TDOT* III, 446; Torrey, "Armageddon," 240-46.
103) Talmon, *TDOT* III, 429-34을 보라.

히브리어로 "아마겟돈"(*har-mĕgiddô*)은 "므깃도의 산"이란 뜻이다. "기손" 강이 므깃도 평지와 가까워서 가끔 "므깃도의 물"이라고 불리는 것처럼(삿 5:19, 21), 갈멜 산도 므깃도 평지 또는 므깃도 성 근처에 있기에 "므깃도 산"이라고 불렸을 법하다. 하지만 구약성경이나 유대문헌 어디에도 갈멜 산이 "므깃도 산"이라고 언급된 곳은 없다.[104] 이러한 이유로 계 16:16에서 Μαγε(δ)δων이라고만 읽는 사본이 있다("마게돈"-1611 2053 2062 𝔐K와 몇몇 역본들). 왕상 14:2(LXX)은 이스라엘이 블레셋과 싸워 승리하기 전에 "사울이 막돈(Μαγδων)에 있는…언덕 꼭대기에 앉았다"고 한다. 현재 위치의 고대 도시는 텔이지만, 예전에는 그러한 작은 언덕을 산으로 여기지 않았을 것이다. 현대의 히브리 고고학자들 중에는 고대 므깃도 성의 텔을 "하르 므깃도(*har-Megiddo*)라고 부르는 사람들이 있다.

만일 Ἅρ가 *har*보다 히브리어 *ʿîr*("도시")를 음역한 것이라면, 요한은 여기서 "므깃도 성"만 언급하고 있을 뿐이다.[105]

계 16:16의 최상의 사본에서는 Ἅρ 다음에 이어지는 단어가 Μαγεδών이다. 이 단어는 삿 1:27(LXX A), 대하 35:22에서 히브리어 mĕgiddô를 지칭하기 위해 사용되었다. 이 단어는 Josephus, *Ant.* 8.151의 몇몇 사본에서도 등장한다. 계 16:16의 2차적 이문인 Μαγεδδων은 수 12:21(LXX A)과 왕하 9:27 LXX의 몇몇 사본에서도 발견된다.[106]

케어드는 므깃도가 "자르다, 공격하다, 또는 약탈하다"라는 뜻을 가진 어근에서 파생되었을 수 있다고 주장한다. 그럴 경우 "아마겟돈"의 의미는 "약탈하는 산" 또는 "공격의 산"이 될 것이다. 이 의미는 슥 12:11에 의해 지지받을 수 있다. MT의 "므깃도의 평지에서"는 LXX 전통에서 "나무를 베어내고 있는 평지에서" 또는 "[석류 숲]을 베어낸 평

---

104) 참조. J. Jeremias, *TDNT* I, 468.
105) Charles는 Hilgenfeld의 견해를 인용한다. Charles, *Revelation* II, 50,
106) Fekkes, *Isaiah and Prophetic Traditions,* 203과 거기 인용된 자료들을 보라.

지에서"로 번역된다(407 534 사본).[107] 베크위스는 여기서 여러 원수 나라들이 "이스라엘의 산"에서 종말론적으로 패배할 것이라고 기대한 에스겔서의 예언이 암시되었다고 한다(겔 38:8-21; 39:2-17; 또한 단 11:45; 슥 14:1-5; 욜 2:32; 3:17과 3:2, 9-16을 비교하라).[108] 찰스는 이 명칭이 예루살렘과 그 근처를 가리키는 히브리어 *har-migdô*("그의 열매가 풍성한 산") 또는 *'ar-ḥemdâ*("탐스러운 도시")에서 왔을 것이라고 제안한다.[109] 존슨은 그 명칭이 히브리어 *magēd*("군대를 모으는 장소")에서 유래했다고 주장한다. 여기에 접미사 *ô*를 첨가하면 "군대를 모으는 그의 장소"라는 의미가 된다. 이것은 16:14의 "전쟁을 위하여 그들을 모으더라"라는 문장과 거의 같다.[110] 그밖에 히브리어 글자 ע이 종종 그리스어의 γ로 음역되므로, 이 명칭이 *har mô'ēd*("총회의 산." 사 14:13에 근거했을 것이다)에서 유래되었다고 주장하는 사람들도 있다. 그래서 "하르 모에드"는 'Αρ-μωγέδ로 음역되고, 그런 다음 사본 전통에서 좀 더 친숙한 'Αρμαγεδών(="아마겟돈")으로 바뀌었다고 생각한다.[111] 리시는 이 견해를 견지하고, 사 14:13에서 바벨론 왕이 교만하여 스스로 높아지려하는 것과 이에 따른 그의 멸망에 연관시킨다. 만일 "총회의 산"으로 읽는 것이 옳다면, 이 견해는 앞에서 언급한 존슨의 제안과 동일한 중요성을 지닌다. 하지만 이 주장은 본문을 둘러싼 추측(본문의 증거가 없는 모음과 자음 독법)에 근거하며 앞뒤 문맥에서 지지를 받지 못한다.[112] 하르 모에드

107) Caird, *Revelation* 207. LaRondelle은 LXX의 번역이 계 16:16의 아마겟돈이라는 명칭에 심판에 의한 멸망이란 의미가 있음을 지지한다고 주장한다(하지만 슥 12:11의 그리스어 역 사본 48[txt] 719 763[txt] 86은 MT을 따른다). LaRondelle, "Etymology of *Har-Magedon.*"

108) I. T. Beckwith, *Apocalypse,* 685.

109) Charles, *Revelation* II, 50.

110) A. F. Johnson, "Revelation," 552.

111) Torrey, "Armageddon"; Rissi, *Time and History,* 84-85; Loasby, "Har-Magedon"; J. M. Ford, *Revelation,* 274.

112) A. F. Johnson, "Revelation," 552; Fekkes, *Isaiah and Prophetic Traditions,* 202-4. "*har mô'ēd*" 제안이 앞뒤 문맥의 지지를 받지 못한다는 반대에 유일한 예외는 M. G. Kline, "Har Magedon: The End of the Millennium"에서 발견된다. Kline은 전후 문맥과 넓은 문맥과의 유기적인 병행 어구를 제시한다. "아마겟돈"의 유래를 궁극적으로 "*har mô'ēd*"에서 찾아야

는 "아마겟돈"이라는 명칭의 근원이라고 믿기에는 형태에 있어 너무 거리가 먼 것 같다('Αρμαγεδών 대신에, 'Αρμωηδ나 'Αρμωγηδ가 예상된다).[113]

앞에서 주목했듯이, 히브리어의 "아마겟돈"(*har-mĕgiddôn*)은 "므깃도의 산"을 의미한다. 므깃도는 의로운 이스라엘 백성이 사악한 나라들의 침략을 받은 곳이다(삿 5:19; 왕하 23:29; 대하 35:20-22. 마지막 두 본문은 "유브라데 강"과 연결된다. 참조. 왕하 9:27). 사사기 본문은 계 16:16에 가장 개연성 높은 구약의 예표론적인 패턴을 제공한다. 여기서 하나님은 무방비 상태에 있는 이스라엘을 억압한 힘센 원수를 이기시기 때문이다(참조. 삿 4:3; 5:8).[114] 계 16:12-14, 16처럼, 삿 4:7의 유사한 표현을 주목하라. 여기서 하나님은 이스라엘에게 그가 "야빈의 군대 장관 시스라와 그의 병거들과 그의 무리를 기손 강으로 이끌어" 그들에게 "넘겨주리라"고 예언하신다. 그리고 삿 5:19도 참조하라. "왕들이 와서 싸울 때에 가나안 왕들이 므깃도 물가 다아낙에서 **싸웠으나**[ἐπολέμησαν]"(또한 *Midr. Rab.* 민 23.7도 참조하라). 또한 대하 35:20-22에도 눈에 띄는 표현이 등장한다. "애굽 왕 느고가 유브라데 강가의 갈그미스를 치러 올라왔으므로 요시야가 나가서…므깃도 골짜기에 이르러 싸울[τοῦ πολεμῆσαι] 때에." 종말에 나라들이 예루살렘을 공격하는 것 역시 요시야가 므깃도에서 패한 사건에 어느 정도 비교된다(슥 12:1-14). 이 사건은 그 근경에서 일어난 아합의 패배와 더불어 유대교에서 거의 격언이 되다시피 한 사건이다(*Targ.* 애 1:18; *Targ.* 슥 12:11; *b. Megillah* 3a; *b. Moed Katan* 28b). 그리고 만일 아마겟돈이 근처에 있는 갈멜 산과 연관이 있다면(이 점에 대해서는 바로 아래 내용 참조), 그 명칭은 아합과 이세벨이 통치하는 동안 바알의 예언자들을 물리친 엘리야의 승리를 넌지시 상기시키는 암시일 수

한다는 견해가 맞는다면, Kline의 요한계시록의 문맥 분석은 상당히 개연성이 있다.

113) Day, "Origin of Armageddon," 317.

114) Düsterdieck, *Revelation,* 423; Hendriksen, *More than Conquerors,* 196; Morris, *Revelation,* 200.

도 있다(왕상 18:19-46).[115)]

므깃도 근처에서 발생한 사건들을 기록한 앞서 인용한 모든 본문은 계 16:16의 배경이 되는 본문일 가능성이 많다. 따라서 요한이 이 지명을 언급한 것은 그 장소를 둘러싼 예표적·예언적 내용과 연관지으려 했음이 분명하다. 일례로 하나님의 백성을 억압한 왕들의 패배(삿 5:19-21), 거짓 예언자들의 멸망(왕상 18:40), 잘못 인도함을 받은 왕들의 죽음과 이에 따른 애통함(왕하 23:29; 대하 35:20-25), 그리고 "그들이 찌른" 사람과 직접 연관하여 "예루살렘을 대적하러 온 모든 나라들"이 미래에 멸망되고 이스라엘의 모든 지파들이 애통할 것이라는 예상 등이 있다(슥 12:9-12).[116)]

최근 J. 데이는 다음과 같은 점증적인 근거로 슥 12:11이 계 16:16에서 사용된 "아마겟돈"의 정확한 근거라고 주장했다. (1) 슥 12:11은 하나님이 마지막 때 불경건한 나라들을 멸하시는 것과 관련하여 묵시문학적 문맥에서 계 16:16에 앞서 "므깃도"가 등장하는 유일한 본문이다. (2) 슥 12:11은 히브리어 철자로 "므깃도"를 *mĕgiddô*가 아니라 *mĕgiddôn*으로 표기하는 유일한 구약 본문이기도 하다. LXX에 계 16:16에서 발견되는 것과 정확하게 일치하는 그리스어 형식을 가진 몇몇 예가 있기는 하지만(앞에서 다룬 부분 참조), 데이는 계 16:16이 그 명칭이 히브리어에 의존했다고 구체적으로 밝히고 있음을 지적한다. "그 장소는…**히브리어로** 아마겟돈이라고 한다." (3) 슥 12:11은 계 1:7에 인용되었으며, 요한은 요한계시록 여러 곳에서 스가랴서를 분명히 암시한다(계 6:2-8에서 슥 6장을, 계 11:4에서는 슥 4장을, 계 21:25과 22:3에서는 슥 14:7-8을 암시했다). 그리고 계 16장 자체에서 같은 스가랴 문맥을 암시한다고 볼 만한 다른 예가 있다(계 16:13에서 슥 13:2; 16:18-19에서 슥 14:4-5; 16:14에서 슥 14:1-2이 그것이다. 이 암시들 중에서 첫 번째와 세 번째 암시의 개연성에 대해서는 계 16:14의

---

115) Shea, "Location and Significance of Armageddon."

116) D. Ford, *Abomination of Desolation,* 303과 LaRondelle, "Etymology of *Har-Magedon*"은 Farrer, *Revelation,* 178을 따름.

주석 참조). (4) 계 16:16의 지명에서 "산"이라는 용어는 겔 38:8, 39:2, 4, 17의 영향을 받은 것이다. 이 본문 역시 요한이 마지막 전쟁을 묘사하는 부분에 암시되었으며(계 19:17-21; 20:7-10), 역사상 최후의 갈등이 "이스라엘 산"에서 일어날 것이라고 예언한다. 슥 12장과 겔 38-39장을 이처럼 한 본문에 통합하는 것은 요한이 요한계시록 여러 곳에서 구약의 여러 본문을 하나로 만드는 경향을 보인 것과 같은 맥락이다(예를 들어 사 6장의 스랍과 겔 1장의 네 생물이 계 4장에서 융합되었으며, 겔 47장과 슥 14장이 계 22:1-3에서 융합되었다).[117)]

데이의 주장은 개연성이 있다. 하지만 그렇다고 해서 그것이 앞에서 언급한 사사기, 열왕기상, 열왕기하, 역대기하의 "므깃도" 본문들을 배제하지는 않는다. 슥 12:11에 초점이 있을 것이고, 다른 본문들은 보충적으로나 부차적으로 의중에 있었을 것이다.[118)]

일곱째 대접: 하나님은 최후의 심판으로써 불경건한 세상 제도를 심판하신다 (16:17-21)

17절 일곱째 대접은 아마겟돈 전쟁의 뒤를 이어 부패한 세상 제도의 최종적인 멸망을 묘사한다. "공중"(ἀήρ)에 쏟아진 대접은 나팔들과 이전 대접들에 내포되어 있으며 16:21의 "우박 재앙"으로 암시된 출애굽 재앙 이미지의 일부분이라고 이해하는 것이 가장 좋다(참조. 출 9:22-34). 필론은 애굽의 우박을 다른 시련과 함께 "하늘과 공중(ἀήρ)의 재앙"이라고 부른다(*Conf.* 1.129; 참조. 1.114, 119-20). 이미 계 9:2에 출 10:15이 암시되었다. 거기서는 "땅을 어둡게" 한 많은 메뚜기가 언급된다. 계 9:2은 그 상황을 이렇게 묘사한다. "해와 **공기**가 그 구멍의 연기로 말미암아 어두워지며." 또한 출 10:21에서 하나님은 모세에게 "하늘을 향하여 네 손을 내밀어 애굽 땅 위에

---

117) Day, "Origin of Armageddon."
118) 아마겟돈 해석의 역사를 더 자세하게 논의하고 개괄한 Paulien, "Armageddon"; Day, "Origin of Armageddon"을 보라.

흑암이 있게 하라"라고 말씀하신다. 계 9:2에서 "공기"는 귀신과 결부된다(엡 2:2에서 "공중"은 사탄이 통치하는 영역이다). 계 9:2에서처럼, 여기서도 "공기"가 영향을 받았다는 것은 심판을 암시한다. 넷째, 다섯째, 여섯째 대접에서처럼, 여기서 심판은 용과 짐승이 통치하는 불신자들의 영역에 내려진다. 특히 16:10에서 대접을 "짐승의 왕좌에 쏟으니 그 나라가 곧 어두워"졌다.

"큰 음성"이 "성전"과 그 안에 있는 "보좌에서" 나왔다(사본상의 문제에 대해서는 16:1의 주석 참조). 그 음성은 그리스도의 음성이든지 하나님 또는 네 생물의 음성일 것이다(א 2027 *pc*는 그 음성을 하나님의 음성이라고 분명히 밝힌다). 만일 그 음성이 네 생물에게서 나왔다면, 그들은 단지 하나님의 명령을 전달하는 것에 불과하다. 짐작컨대 16:1에 비춰볼 때 그 음성은 하나님의 음성이든지 그리스도의 음성일 것이다. 특별히 그 음성이 보좌에서 나왔다는 것이 그 이유다.

선언의 내용은 "되었다"(γέγονεν)이다. 이 선언은 15:1에 서술된 일곱 대접의 목적이 역사적으로 실현됨을 나타낸다. "하나님의 진노가 이것[일곱 대접]으로 **마치리로다**(ἐτελέσθη)." 이 선언은 그리스도가 이루신 십자가에서의 구속과 정반대다(요 19:30에 있는 "다 이루었다"는 선언과 비교하라). 이에 비춰볼 때 여기서의 선언은 심판의 마지막 절정을 가리킨다. 이것은 16:18-21에서뿐만 아니라 21:3-6에서도 입증된다. 계 21:3-6에도 같은 어구인 "보좌에서 큰 음성이 나서"(φωνῆς μεγάλης ἐκ τοῦ θρόνου λεγούσης)에 이어 다시 "이루었도다(되었다)"(γέγοναν)가 등장한다. 21장의 초점은 악한 자들에게 내리는 최후의 심판과 옛 우주의 붕괴, 그리고 새 창조에서 하나님의 백성이 온전히 받는 구원에 맞춰져 있다(참조. 계 21:1-8).

18절 "번개와 음성들과 우렛소리와 큰 지진"은 최후의 심판을 표시하는 이미지다. 이 어구는 시내 산 신현을 묘사하는 출 19:16-18에 대부분 근거한다. 구약성경과 유대교 문헌에는 계 4:5, 8:5, 11:19에서처럼 최후의 심판을 표시하는 동일한 출애굽 이미지가 암시되었다(8:5의 주석 참조). 6:12에서 "큰 지진이 나며"는 최후의 심판을 설명하는 또 다른 묘사다. 출애굽 언급은 앞서 언급된 출애굽 암시와 맥을 같이하며, 이는 처음 여섯 대접의 패턴을 이룬다.

폭풍과 지진과 같은 우주적 붕괴를 묘사하는 것들이 이제 예표적으로 우주 역사의 끝에 있을 최후의 심판에 적용된다. 이러한 심판이 점증적으로 적용되었다는 사실은 "(그 지진이) 얼마나 큰지 사람이 땅에 있어 온 이래로 이같이 큰 지진이 없었더라"라는 어구로 표현된다. 여기에 사용된 용어들은 의심의 여지없이 단 12:1에서 가져온 것이다. "그때에…환난이 있으리니 이는 개국 이래로 그때까지 없던 환난일 것이며"(LXX과 Theod. 비교). 다니엘서는 하나님의 "백성이 구원받고" 다시 살아나 생명을 얻게 되지만, 악한 자들은 다시 살아나 "수치를 당하여서 영원히 부끄러움을 당하게 되는" 역사의 마지막 때에 있을 "환난"을 묘사한다(단 12:1-2). 계 16:18이 단 12장과 연결되었다는 분명한 사실은 이 본문이 최후의 심판과 현존하는 우주의 끝을 묘사한다는 사실에서 알 수 있다. 더욱이 다니엘서의 암시가 적절한 것은 다니엘서에서 사용된 어휘 그 자체가 출 9:18, 24을 예표적으로 적용한 것이라는 사실에서 뚜렷이 드러난다. 예를 들어 출 9:18의 내용은 이렇다. "이맘때면 내가 무거운 우박을 내리리니 애굽 나라가 세워진 그날로부터 지금까지 그와 같은 일이 없었더라"(출 10:6, 14; 11:6에서 다른 두 재앙도 이와 비슷한 표현으로 묘사된다). 요한도 이 우박 재앙을 염두에 두었다. 계 16:21에 우박 "재앙이 심히 큼이러라"라는 말로 마무리되기 때문이다.

출애굽기와 다니엘서에서 사용된 비교할 수 없는 환난에 대한 문구는 여러 문헌에서도 발견된다. 마 24:21, 막 13:19, 1QM 1.11-12, Josephus, *War* 5.442, 6.428-29(참조. 1.4), 1 Macc. 9:27, *Assumption of Moses* 8:1. 마지막 두 본문은 안티오코스 에피파네스가 이스라엘을 박해한 일을 다루며, 쿰란의 전쟁문서(1QM)는 하나님이 종말론적인 원수를 패하게 하신 것을 암시한다.

19절 18절에서 언급된 지금까지 유례가 없던 큰 지진의 결과가 여기서 설명된다. 지진에 대한 묘사는 성경에서 최후의 심판 때 하나님의 종말적인 등장에 동반된다는 파국적인 지진에 따라 묘사되었다(학 2:6; 슥 14:4; 히 12:26-27). 심판의 대상은 "큰 성…큰 성 바벨론"과 그와 연합한 "나라들"이라고 분명히 밝혀진다. 바벨론 왕이 스스로 높아져 하나님께 반항함으로써 심판받았듯이(단 4장), 마지막 날의 바벨론도 같은 이유로 심판받을 것이다("큰 성 바벨론"의 명칭과 관련한 단 4:30의 배경에 대해서는 14:8의 주석 참조). "만국의 성들도 무너졌다"는 것은 최후의 심판의 우주적 범위를 묘사한다. 비단 로마나 어떤 거대한 악한 도시만 섬멸당하는 것이 아니라, 세상의 모든 문화적·정치적·경제적·사회적 중심지들도 그렇게 된다.[119] 만국의 도시가 무너지는 것은 그들이 바벨론의 세상 제도에 동참한 데 그 까닭이 있다. "만국의 도시들"은 "큰 성 바벨론"이 무엇인지를 규정한다. 실제로 "큰 성" 자체는 악한 세상 제도인 "큰 성 바벨론"이다(이러한 주장을 지지하는 11:8과 14:8의 주석 참조).

최후의 심판에 대한 묘사는 14:8, 10을 발전시킨 것이다. 여기서 "큰 성 바벨론"은 무너졌고, 그와 동맹을 맺는 나라들은 "하나님의 진노의 포도주를 마실 것"인데, 그것은 "잔에 섞인 것이 없이 부은 포도주"다. 구약성경에서 포도주를 부어 취하게 한다는 말은 백성을 완전하고 철저하게 심판하여 극심한 고난을 받게 하는 하나님의 진노를 촉발한다는 의미다(구약의 충분한 배경에 대해서는 14:8, 10의 주석 참조). 이제 바벨론도 "그의 분노의(또는 "맹렬한") 진노의 포도주 잔"을 마신다(19:15에서처럼 τῆς ὀργῆς는 형용사적인 소유격으로 이해된다. 좀 더 포괄적인 내용은 18:6 참조). 이 어구에 있는 마지막 두 소유격은 동격을 나타내는 소유격으로 이해하는 것이 가장 좋다. "그의 맹렬한 분노인 포도주 잔." 심판의 주요 부분은 16:6에서 이미 드러난 원리, 곧 바벨론의 심판이 그가 행한 범죄와 일치한다는 데 있다. 과거에 바벨론이 멸망했듯이, 장차 그 역시 멸망될 것이다(참조. 11:18b). 이렇게 19절은 17-21절과 함께 바벨론의 멸망을 설명하는 서론(14:8)을 확장시킨다. 이 내용은 17:1-19:10에 자세히 설명된다.

"큰 성"은 예루살렘, 로마, 또는 불경건한 세상 제도와 동일시되어 왔다. 여기에는 예루살렘과 로마, 그밖에 다른 모든 악한 사람들의 집단

119) 참조. Swete, *Apocalypse*, 211.

이 포함된다.[120] 앞에서 여러 번 주장했듯이(11:8과 14:8의 주석 참조), 세 번째 견해가 선호된다. 주석가들 중에는 일관성이 없이 16:9의 "큰 성"을 예루살렘과 동일시하고 본문의 "큰 성 바벨론"을 로마와 동일시하는 사람들도 있다.[121] 하지만 "큰 성"은 예루살렘이 아니라 바벨론으로서 로마(악한 세상 제도의 표징)를 가리킬 가능성이 더 높다. 같은 어구가 17:18, 18:16, 18, 19, 21에서 보편적 상징인 바벨론을 분명하게 언급하기 때문이다. 성경과 유대교 문헌에서 "큰 성"이 예루살렘을 의미하는 경우도 있고 로마를 언급하는 경우도 있다. 유대교 문헌에서는 로마를 의미할 때가 거의 대부분이다(11:8과 14:8의 주석 참조). 유대교 문헌에서 "바벨론"은 전형적으로 로마를 가리킨다(14:8의 주석 참조). "큰 성"의 멸망을 기원후 1세기 예루살렘의 멸망과 동일시하는 것[122]의 문제 중 하나는 예루살렘의 멸망에 대한 묘사가 다른 나라들의 멸망과 함께 등장하며, 그런 묘사들은 모두 20:11, 8:5, 11:19처럼 우주의 최종적이고 극적인 멸망과 심판의 일부분이라는 데 있다(20:11, "땅과 하늘이 그 앞에서 피하여 간데없더라"[16:19, "각 섬도 없어지고 산악도 간데없더라]. 8:5과 11:19, "번개와 음성들과 우레와 지진과 큰 우박이 있더라"). 이러한 극적이고 결정적인 우주적 사건들은 기원후 70년에 발생하지 않았다.[123]

캐링턴은 세 부분으로 갈라진 성을 티투스가 예루살렘을 포위하는 동안 예루살렘 내부에서 서로 싸웠던 유대교의 세 분파와 동일시한다.[124]

20절 심판의 절대성은 우주의 파괴 장면으로 계속 드러난다. "각 섬

120) Ruiz, *Ezekiel,* 265-71, 281, Buchanan, *Revelation,* 428-32을 보라. Buchanan은 다양한 견해를 주장하는 주석가들을 인용한다.

121) 예. Ruiz, *Ezekiel,* 271, 282-89; Buchanan, *Revelation,* 428-32. Carrington, *Meaning of the Revelation,* 267-75은 두 명칭 모두 1세기의 예루살렘을 문자적으로 지칭한다고 주장한다.

122) Buchanan이 대표적이다.

123) Buchanan은 이것을 여전히 1세기와 바로 직후에 있었던 심판들을 묘사하는 것으로 봄으로써 극적인 용어를 부드럽게 한다. Buchanan, *Revelation,* 441.

124) Carrington, *Meaning of the Revelation,* 266.

도 없어지고 산악도 간데없더라"(6:14의 주석 참조). 6:14과 20:11에서 거의 동일하게 묘사한 장면 역시 심판 날에 있을 땅의 결정적이고 우주적인 파괴를 암시한다. 세상에 속한 것들이 "발견되지 않았다"(οὐχ εὑρέθησαν)는 말은 18장에서 동일하게 묘사하고 3번 반복한 바벨론의 최종적이고 결정적인 멸망을 예상한다(18:21, 22에는 οὐ μὴ εὑρεθῇ라고 묘사되고 18:14에는 이와 비슷하게 묘사된다).[125]

6:14, 20:11과 16:20에서 눈에 띄는 병행 어구가 발견된다.

<table>
<tr><th>6:14</th><th>16:20</th></tr>
<tr><td>πᾶν ὄρος καὶ νῆσος ἐκ τῶν τόπων αὐτῶν ἐκινήθησαν("각 산과 섬이 제 자리에서 옮겨지매").</td><td rowspan="3">πᾶσα νῆσος ἔφυγεν καὶ ὄρη οὐχ εὑρέθησαν("각 섬도 없어지고 산악도 간데없더라").</td></tr>
<tr><th>20:11</th></tr>
<tr><td>ἔφυγεν ἡ γῆ καὶ ὁ οὐρανὸς καὶ τόπος οὐχ εὑρέθη αὐτοῖς("땅과 하늘이 그 앞에서 피하여 간데없더라").</td></tr>
</table>

유대교 묵시문학에서 산이 붕괴된다는 것은 우주의 끝을 가리키는 표지였다(*1 En.* 1:6; *Assumption of Moses* 10:4; *Sib. Or.* 8.234-35).

21절 애굽에 내린 우박 재앙이 되풀이되었다. 하지만 이번에는 우박이 한 나라만을 강타한 것이 아니라 하나님을 대적하는 세상 전역을 강타한다(비교. 출 9:19-35). 20:9에서 박해하는 나라들 위에 "불이 하늘로부터 내리"듯이, 우박이 믿지 않는 사람들에게 "하늘로부터 내린다." 이것 역시 결정적인 심판을 암시한다. 두 장면은 같은 사건을 묘사하는 것 같다. 유대교 전통에 따르면, 애굽에 내린 우박 재앙은 "대접"과 "잔"으로 떨어졌다(*Midr. Rab.* 아 3.11 §1; *Midr. Rab.* 민 12.8. 후자는 "대접"을 가리키는 단어로 "피알스"[phials]를 사용하는데, 이것은 요한이 "대접"이라는 의미로 사용한 φιάλη와 같다).

125) Ruiz, *Ezekiel,* 281.

하지만 출애굽 재앙에서 우박 재앙은 마지막이 아니다. 대접 재앙에서 우박이 마지막에 제시된 까닭은 무엇일까? 보컴은 출 9장의 우박 재앙이 계 16:18에 암시된 출 19장의 시내 산 신현을 둘러싼 우주적 현상과 결합되었기 때문이라고 주장한다. 우박 재앙은 시내 산 현상과 함께 계 16:17-21에서 마지막에 놓였는데, 신현이 출애굽기에서 좀 더 극적인 사건이었고 재앙들 이후에 언급된다는 것이 그 이유다. 몇 가지 이유에서 우박은 시내 산 신현과 연결되게 되었고, 그래서 신현과 함께 마지막에 자리하게 되었다. 아마도 우박이 시내 산 이야기와 연결된 것은 요한이 염두에 두었을지도 모르는 수 10:11의 아모리 족속을 강타했던 우박 때문일 것이다. 이처럼 수 10장은 여러 재앙들 이후에 소개되며, 출애굽과 관련된 구원의 전체 계획에 속하는 것으로 이해되고, 그 이후 이어지는 가나안 땅 정복에 초점을 둔다. 따라서 수 10장과 출 19장은 요한계시록 이곳의 대접 재앙 이야기에서 우박이 등장하는 위치에 영향을 주었다. 또한 본문의 우박 이야기는 우박과 지진이 종말론적인 원수에게 임하는 심판의 최종 단계임을 표시하는 겔 38:19-22의 영향을 받기도 했다.[126] 이것은 출애굽 패턴이 종말론적인 사건의 예표가 되는 것으로 이해한 유대교의 주해 전통과 매우 유사하다. 예를 들어 *Apoc. Abr.* 30은 출애굽기에서 모델로 제시된 열 재앙이 마지막 날에 이방인들에게 임한다고 이야기하면서, 시내 산 신현을 언급하며 마무리한다.[127]

심판으로 고통스러워하는 사람들은 마지막까지 하나님을 "비방한다." 재앙이 하나님의 손에서 나왔기 때문이다. 그러나 17-21절의 장면이 6:12-17에서처럼 최후 심판의 시작을 묘사할 가능성이 있다. 그렇다고 해서 이것이 반드시 우박 심판 이후에도 살아남는 사람이 있다는 의미는 아니다. 오히려 6:15-17에서 최후의 심판이 시작되고 진행되는 동안 사람들이 숨

126) Bauckham, "Eschatological Earthquake," 228.

127) Bauckham, "Eschatological Earthquake," 228. 유대교에 나타난 모세 오경의 시내 산 이야기를 종말론적으로 해석한 Betz, "Eschatological Interpretation of the Sinai-Tradition"을 보라.

으려 애쓰듯이, 그들이 우박 재앙으로 인해 죽임을 당하는 동안 비방한다는 의미다(6:14과 16:20의 병행 참조). 16:9, 11과 대조적으로, 여기서는 비방과 함께 회개를 언급하지 않는다. 이것은 종말이 임했음을 암시한다. 이제 회개의 여지가 남지 않았다.[128] 17-21절이 역사 가운데 일어나는 마지막 심판의 시작이며, 17-19장은 심판 후에 이어지는 시간적인 전개를 제공하는 것으로 이해할 수 있다.[129] 하지만 17-19장은 16:17-21에서 이미 서술한 최후의 심판을, 같은 시간적이며 보충적인 관점에서 제시한다고 이해하는 것이 가장 좋다.

그 재앙을 애굽에 내린 우박 재앙과 동일시하는 것은 계 16:21과 출애굽기 이야기 모두 우박이 "매우 크다"라고 두 번씩이나 언급하여 우박의 혹독함과 커다란 크기를 강조한다는 사실에서 더욱 분명히 드러난다. χάλαζα μεγάλη...μεγάλη ἐστὶν ἡ πληγὴ αὐτῆς σφόδρα("큰 우박이…그 재앙이 심히 큼이러라")와 출 9:18, 24의 χάλαζαν πολλὴν σφόδρα...χάλαζα πολλὴ σφόδρα("무거운 우박…우박이 심히 크니"; 또한 Josephus, *Ant.* 2.304-5)를 비교하라. 수 10:11을 참조하라. "여호와께서 하늘에서 큰 우박 덩이를…내리시매." 요한은 우박 하나의 크기가 "한 달란트"라고 말한다. 고대에 달란트의 무게는 21kg에서 60kg까지 다양했다(참조. Josephus, *War* 5.270).

겔 38:19-22에서 하나님이 이스라엘의 원수를 마지막 때에 멸하신다는 내용도 계 16:18-21에서 염두에 두었을 수 있다. "그날에 큰 지진이…일어나서…모든 산이 무너지며…모든 성벽이 땅에 무너지리라.…큰 우박덩이가…비를 내리듯 하리라." 실제로 유대교 문헌은 겔 38:19-22을 출애굽 재앙과 함께 인용하며 출애굽 재앙이 마지막 날에 있을 심판 때 불신자들에게 내릴 재앙의 예표라고 설명한다(구체적으로 로마에 적용한다. *Midr. Rab.* 출 12.2, 7; *Mekilta*, Beshallaḥ 6.30-35; *Pesikta*

128) A. Bengel을 따르는 Mauro, *Patmos Visions,* 479.
129) 예. Alford, *Greek Testament* IV, 703.

Rabbati 17.8; *Pesikta de Rab Kahana* 7.11). 마찬가지로 *Sib. Or.* 3.680-92은 겔 38:22을 최후의 심판과 우주의 붕괴를 묘사하는 데 적용한다. "그는 산을 부술 것이며, 불로써…모든 사람을 심판하실 것이다.…하늘에서 유황과 바위와 통탄할 만한 우박이 떨어질 것이다." Wis. 5:22ff.을 비교하라. 여기에는 최후의 심판 날에 불경건한 왕들을 심판하기 위해 "분노의 우박이 석궁에서 발사되듯이 떨어질 것"이라고 기록되었다. 또한 겔 13:11-13도 참조하라. 여기서 예언자 에스겔은 하나님이 거짓 예언자들을 심판하시며 "폭우를 내리고" "큰 우박덩어리"를 보내신다고 2번 언급한다.

17:1-19:21: 바벨론과 짐승이 받을 최후의 심판

계 17:1-19:10은 바벨론의 심판을 예언한 여섯째 대접과 일곱째 대접에 관련된 총체적인 해석 논평이다(문학적 구분에 대해서는 본서 서론의 "요한계시록의 구조와 계획" 참조). 그간 여기서 분명한 모순을 발견한 사람들이 있다. 1절에는 환상의 요점이 음녀에 대한 심판이라고 언급했는데, 17장에서는 한 절(17:6)만 바벨론에 대한 심판을 언급한다는 것이다.[1] 하지만 17:1-19:4의 넓은 문학적 단위의 두드러진 주제가 음녀에 대한 심판이라는 사실을 인식하면, 이러한 모순은 사라진다.[2] 17장에서 짐승과 관련한 내용이 많은 지면을 차지한 것은 음녀와 짐승의 관련성을 제쳐놓고는 그 여자의 중요성과 권세를 충분히 이해할 수 없기 때문이다. 그러므로 짐승 역시 충분히 이해해야 한다. 더욱이 17장은 바벨론을 멸망에 이르게 한 원인이 무엇인지를 강조한다(16:12-13의 내용을 발전시킴). 짐승과 그와 연합한 자들의 멸망도 언급되었지만 말이다(16:14-21의 내용을 발전시킴). 그렇다면 18:1-19:4은 17:3에서 시작된 환상의 연속으로서 바벨론의 멸망 자체에만 초점이 맞춰졌다(16:14-21 내용과 17:1에 선언된 요점을 발전시킴). 멸망을 완벽하게 묘사하는 내용이 공식적으로 18:1에서 시작한다는 점은 18:3에 17:2이 반복된 것에서 분명히 드러난다.

세상의 경제적·종교적 제도 및 동맹 국가의 영향과 이들의 멸망 (17:1-18)

환상의 서론: 천사는 요한이 세상의 우상숭배적인 경제·종교 제도를 심판하는 환상을 볼 것이라고 선언한다(17:1-3a)

---

1) Charles는 이것을 자료를 사용했다는 증거로 이해한다. Charles, *Revelation* II, 55.

2) I. T. Beckwith, *Apocalypse,* 695.

1절 17장의 환상을 계시하고 그것을 해석하는 천사(참조. 7-18절)는 "일곱 대접을 가진 일곱 천사 중 하나"다. 이것은 17장이 여섯째 대접과 일곱째 대접을 확장한 것임을 처음으로 시사한다. 실제로 마지막 두 대접에서만 설명되었지만, 일곱 대접을 가진 천사 중 하나가 대접 심판의 의미를 설명하는 것은 적합하다. 천사는 선견자에게, 이어지는 환상의 요점이 "많은 물 위에 앉은 큰 음녀[바벨론]에게 내리는 심판"이라고 선언한다(πόρνης["음녀"]를 목적어 소유격으로 취함). 바벨론이 받게 될 종말론적 심판의 묘사는 렘 51:13(=28:13 LXX)에서 취한 것이다. 여기서 예레미야는 역사상의 바벨론에게 내려지는 절대적인 심판을 예언했다. "그의[하나님의] 진노가 바벨론을 멸하시려고 향하사…많은 물가에 사는 바벨론 주민들을 향한 것이라"(렘 28:11-13 LXX). 바벨론에 대한 심판은 하나님을 위해 **증언한** 사람들의 **피**를 흘린 박해자들을 **심판**해달라고 간구하는 성도들의 기도(6:10)에 반응하시는 하나님의 응답에 속한다. 이와 비슷하게 17:1-6에도 심판과 증언과 피를 가리키는 단어들이 조합되어 등장한다. 이것은 두 본문 사이에 어떤 연관성이 있음을 암시한다.[3)]

바벨론을 "음녀"로 상징화하는 것은 음녀가 사람들을 그리스도에게서 멀리 떨어지게 하려고 꾀거나 미혹한다는 사실을 암시한다.[4)] 이곳과 3, 9, 15절에서 음녀가 "앉았다"고 묘사된 것은 그의 능력으로 많은 사람과 짐승을 통제할 수 있음을 의미한다. 18:7에 이 사실이 확증된다. 여기서 바벨론은 "나는 여왕으로 앉았다"라고 말하는 것으로 언급되었다. 적어도 음녀가 앉은 것은 그 여자가 세상 및 짐승과 동맹을 맺었음을 시사한다.

κάθημαι가 요한계시록 전체에서 하나님과 그리스도와 성도들과 악한 행위자들을 언급하면서 예외 없이 주권의 의미로 사용되고 있는 것에 미루어볼 때(17장 이외에 28번 가량), 앉음이 주권을 함의한다는 점은 분명하다. 물론 6:2-8에서 마귀 같은 존재들이 말 위에 앉은 것은 우선

3) Heil, "Fifth Seal," 237-38.
4) 참조. Hendriksen, *More than Conquerors,* 201.

적으로 주권을 암시하지 않고, 단지 말을 탔다는 것만을 묘사할 수도 있지만 말이다. 이들이 말 위에 앉는다라는 표현 외에 말 위에 있는 것을 달리 어떻게 묘사하겠는가?

여신 로마(Roma)와 모신(Magna Mater, "신들의 위대한 어머니")이 바벨론 음녀 이미지의 배후에 있다는 주장은 가능성은 있지만 증명하기는 어렵다.[5] 설령 그렇다고 해도 이들은 음녀의 등장을 설명하는, 가능성 있는 많은 배경들 중 하나일 뿐이다. 보브리는 윗면에 베스파시아누스의 초상이 있고 아랫면에 로마의 일곱 언덕에 앉아 있는 여신 로마가 부조된 동전이 있음을 지적한다.[6]

2절 바벨론에 대한 심판의 근거 중 하나는 땅의 임금들이 그와 더불어 "음행했고" 여러 나라도 음녀의 부도덕한 영향 아래 있었다는 데 있다. 이처럼 1절과 2절 사이에 암시된 논리적 관계는 18장에서 공식화된다. 여기서 바벨론에 대한 심판(18:2)은 여러 나라와 임금을 취하게 하고 그들에게 음행하게 한 것(ὅτι)에 근거한다(18:3). 임금들과 나라들이 "음행"을 따른 것은 문자적으로 부도덕한 행위를 한 것이 아니라, 불경건한 땅의 질서에 속하는 종교적이고 우상숭배적인 요구에 순응한 것을 비유적으로 가리킨다. 그들이 바벨론을 따른 일은 "땅에 사는 모든 자가 그 **음행의**[음행으로 "인도하는" 또는 음행을 "야기한"] 포도주에 취하였다"는 진술로써 설명된다 (14:8에서처럼 τῆς πορνείας, "음행"을 원인, 목적 또는 결과의 소유격으로 취함).

14:8의 주석에서 주목했듯이, πορνείας αὐτῆς는 관계의 소유격이다("그와 음행하다"). 이는 μεθ' ἧς ἐπόρνευσαν("그들이 그와 음행하였다"; 참조. 18:9)과 τοῦ οἴνου τῆς πορνείας αὐτῆς("그의 음행의 포도주")의 병행에서 명확하게 드러난다. 동일한 동의적 병행법이, 단어가 약간 변경되었지만, 18:3에도 등장한다. 나라들이 바벨론과 연합함으로써 그들의 물질적 안전을 보장받

---

5) Rist와 Court는 로마가 그 배경이라고 주장한다. Rist, "Revelation," 488-91; Court, *Myth and History*, 148-53.

6) Beauvery, "L'Apocalypse au risque de la numismatique."

는다(참조. 2:9, 13; 13:16-17). 이런 연합이 없었다면 그들의 안전은 없어졌을 것이다. 이렇게 안전을 보장하는 기회는 너무나도 커서 거부하기가 어렵다(14:8의 주석 참조). 바벨론이 자원하여 복속하는 신하에게 약속한 땅에서의 번영은 대부분의 세상사람들이 빠져들고 싶어하는 중독성 있는 유혹이다. 일단 마시게 되면, 취기로 인해 멸망하는 바벨론의 영향을 거부하려는 모든 욕망이 사라지고 만다. 취하게 되면 바벨론이 궁극적으로 안전하지 못하고 하나님이 진정한 안전의 원천이시라는 사실을 볼 수 있는 눈이 감기고, 다가오는 심판을 두려워하지 않도록 마음이 마비된다(취함이 영적 눈멂을 가리키는 은유라는 것에 대해서는 사 29:9을 보라). 이러한 동일한 사상들의 혼합이 호 4:11-12에서도 발견된다. "**음행과 묵은 포도주와 새 포도주**(πορνείαν καὶ οἶνον καὶ μέθυσμα)가 마음[깨달음]을 빼앗느니라. 내 백성이 나무에게 묻고 그 막대기는 그들에게 고하나니 이는 그들이 음란한 마음에 미혹되어 하나님을 버리고 음행하였음이니라." 여기서 눈에 띄는 것은 우상숭배가 요한계시록에서도 핵심이라는 점이다. 요한계시록 여러 곳에서 πορνεία와 πορνεύω는 우상숭배와 연결된다(2:14, 20-21; 9:21; 또한 14:8의 주석 참조). 본문과 14:8의 "그의 음행의 포도주"라는 어구가 신에게 하듯 카이사르에게 포도주를 바치도록 종종 요구되는 황제 숭배를 암시할 수 있을까?[7]

17:2에서처럼 음행과 취함을 가리키는 같은 어구가 경제적 번영을 가리키는 용어와 동일시된 18:3, 9-19에 의하면, 바벨론에 취하려는 나라들의 욕망과 임금들의 음행하려는 욕망은 경제적으로 해석될 수 있다. 나라들은 바벨론이 그들에게 경제적 번영을 제공해주기 때문에 바벨론에 충성했다(18장과 17:2 사이의 이러한 병행을 상세히 설명한 14:8의 주석 참조). 18:3a-b에는 어구들의 순서는 다르지만 17:2의 자구가 거의 동일하게 반복된다. "그 음행의 진노의 포도주로 말미암아 만국이 무너졌으며"(18:3a)와 "땅의 왕들이 그와 더불어 음행하였으며"(18:3b)는 "땅의 상인들도 그 사치의 세력으로 치부하였도다"(18:3c; 또한 18:9)와 병행이다. 18장에서 나라들이 바벨론의

7) Quispel, *Secret Book*, 95은 긍정적으로 답변한다.

멸망을 보고 슬퍼하는 것은 바벨론의 멸망이 그들에게 닥친 경제적 파멸을 의미할지 "두려워하는" 까닭에 있다.

17:2의 음행을 이처럼 경제적으로 해석하는 것은 사 23:17b의 암시에 의해 확증된다. 두로는 "지면에 있는 열방과 음란을 행"했다.[8] 사 23:17에서 "음행하다"(*zanâ*)라는 동사는 불경건한 경제적 동맹국과 관련하여 "외국 나라들과의 부적절한 성관계"를 암시한다. 여기에는 어느 정도의 우상숭배도 포함된다.[9] LXX은 *zanâ*를 ἔσται ἐμπόριον("가게가 될 것이라")으로 번역함으로써 죄악된 경제 관계를 부각시킨다. 구약성경의 모든 음녀 비유들 대부분이 이스라엘을 언급하며, 사 23장에서 두로를 언급하는 본문은 어구 면에서 계 17:2과 가장 가깝다. 요한계시록의 이곳에서 두로를 염두에 두었다는 것은 계 18장에서 두로에 내린 심판 선언을 하는 겔 26-28장이 반복해서 언급된다는 사실과, 계 18:23에서 사 23:8이 구체적으로 암시되었다는 것에서 분명하게 드러난다. 적어도 이것은 완전하지는 않지만 이방 나라도 음녀를 해석하는 데 포함되어야 함을 보여준다.

그러므로 바벨론은 그 나라와 관련 당국자들과의 동맹 가운데 팽배한 경제적·종교적 제도이며 역사 내내 존재한다. 물론 고대 세계에서 음녀들이 자기 몸을 바치고 돈을 받고 성관계를 한다는, 일반적으로 알려진 사실은 단지 바벨론의 음행의 경제적 특성을 두드러지게 할 뿐이다.

음녀의 정체를 밝히는 문제에 대해서는 17:16의 주석을 참조하라. 겔 27:27에 경제적으로 번영한 두로에 내린 예언적인 심판은 *Pesikta de Rab Kahana* 4.9에서 로마에 적용된다.

사 23:15-18에서 음행을 경제적으로 해석한 것에 주목하라. 여기서 두로가 여러 나라에게 경제적으로 우월하다는 것이 "음녀"(πόρνη)라는 명칭으로 묘사되며, 두로가 여러 나라의 부요함에서 받은 유익은 "음녀의 삯"을 받는 것으로 묘사된다(참조. 사 23:1-18). 니느웨는 나 3:4에서 동

---

8) Kiddle, *Revelation,* 341; Fekkes, *Isaiah and Prophetic Traditions,* 211-12.
9) Fekkes, *Isaiah and Prophetic Traditions,* 211-12.

일한 방식으로 간주된다. 니느웨와 두로는 음녀다. 두 도시는 여러 나라를 경제적으로 지배하고 우상숭배로 그들에게 영향을 끼쳐 그 나라들을 멸망하게 하고 부정하게 했다.

경제적인 강조와 함께 우상숭배가 포함되었다는 사실은 사 23:18에서 분명해진다. 여기서 두로가 벌어들인 불의한 이익은 이전처럼 다른 거짓된 헌신의 대상에게 주는 대신 미래에 "거룩히 야웨께 돌릴" 것이다. 구약성경에서 이스라엘이 음녀로 언급된 것 이외에, 두로와 니느웨만 음녀로 언급된 이유 중 하나는 두 도시가 하나님과 언약 관계에 있었지만, 그 후 우상숭배로 돌아감으로써 하나님께 충성하지 않았다는 데 있다(왕상 5:1-12; 암 1:9; 욘 3:5-10).[10] 이와 비슷하게 겔 16:1-36은 이스라엘이 열국을 정치적·경제적으로 의존한 것으로 묘사한다. 또한 이스라엘은 그 나라들로부터 음녀로서 우상숭배의 영향을 받았다(참조. 겔 16:33-34. 34절에는 πορνεύω가 μετὰ σοῦ와 함께 등장한다["~와 음행하다" 또는 "~의 음행을 좇다"][11]).

3a절 그 천사는 요한이 환상을 볼 수 있는 다른 차원으로 옮기려고 "성령으로" 그를 "데리고 광야로 갔다." ἐν πνεύματι는 수단과 영역의 여격이다. "성령 안에서 그리고 성령에 의하여." 이것은 에스겔의 예언자적 사명을 반복하여 표현하는 비슷한 형식에 근거한, 예언자적 사명을 나타내는 문구다(예. 겔 2:2: "그 영이 내게 임하사 나를 일으켜 내 발로 세우시기로"; 이와 비슷한 겔 3:12, 14, 24; 11:1; 43:5). 매 경우 에스겔은 죄를 범한 이스라엘에게 심판을 선언하는 예언자적 권위와 함께 사명을 받는다(43:5은 예외). 예언자는 그의 메시지가 하나님에게서 왔음을 강조하려고 성령에 사로잡힌다. 이와 비슷하게 요한이 성령의 영역으로 옮겨졌다는 것은 그의 예언자적 사명과 권세를 강조한다(1:10; 4:2과 특히 동일한 방식으로 에스겔의 사명을 암시한 21:10

---

10) D. C. Chilton, *Days of Vengeance,* 424.

11) 두 번째 의미에 대해서는 Newport, "Semitic Influence on the Use of Some Prepositions," 331-32을 보라.

참조). 그리고 에스겔서에서처럼 17:3ff.에서 요한이 받은 영감된 메시지는 심판의 선언이다.

선견자가 "광야로" 이끌려갔다는 것은 사 21:1-2을 암시한다. 거기서 하나님으로부터 환상(사 21:10)이 예언자 이사야에게 계시되는데, 그 환상은 "**광야**에서 온 것으로" 묘사되었다(계 17:3에서처럼 ἔρημος가 사용됨). 이것이 이사야서 본문을 암시하고 우연히 선택한 표현이 아니라는 점은 사 21:1-10이 바벨론에 대한 심판 환상이라는 사실에 의해서만 아니라, 사 21:9의 "무너졌도다, 무너졌도다, 바벨론이여"라는 어구가 계 18:2과 17-18장 내용을 미리 내다본 14:8에 등장한다는 사실로도 입증된다. 이사야서와 요한계시록에서 광야는 환상의 중심이다. 비록 이사야서에서는 환상이 광야에서 오는 반면에, 요한계시록에서는 예언자가 환상을 보려고 광야로 이끌려가긴 했지만 말이다.

베크위스는 광야에 대한 언급이 묵시문학에서 흔히 있는 일이라고 주장한다. 고독한 장소는 선견자들이 환상을 받는 전형적인 장소이기 때문이다. 더욱이 요한은 여러 곳에서 자신이 환상을 받을 때 땅에(1:9-10), 바다와 땅에(10:8ff.), 하늘에(4:1), 바닷가에(13:1), 그리고 산꼭대기에(21:9-10) 있다고 말한다. 다양하다는 것을 제외하고는 환상을 받는 장소가 다르다는 것에 큰 의미는 없는 듯하다.[12)]

베크위스의 견해는 대체적으로 옳다. 하지만 그의 관찰에 근거하여 환상을 받는 장소, 특히 광야에 부가적인 신학적 중요성이 있을 수 없다고 결론을 내린 것은 너무 성급하다. 광야가 출애굽 이후와 마지막 때 모두 하나님의 백성을 위한 보호의 장소일 수 있지만, 그곳은 뱀과 같은 사나운 동물과 악한 영들의 주거지이기도 하다. 광야는 죄와 심판과 성도의 박해의 장소다(자세한 내용은 12:6의 주석 참조). 앞에서 살펴보았듯이, 사 21장에 대한 암시는 17:3의 "광야"의 부정적인 함의를 확증한다. 특히 사 21장의 문맥은 계 17장의 문맥처럼 바벨론의 멸망을 예언한다. 더욱이 계 14:8과 18:2(비

---

12) I. T. Beckwith, *Apocalypse*, 692.

교. 사 21:9)의 바벨론 심판 선언에서 사 21장의 예언에 사용된 단어들이 반복되었다는 것 이외에, 사 21:1은 전혀 다른 광야 이미지와 바다 이미지를 독특하게 혼합했으며("해변 광야에 관한 경고라"), 이 이미지를 바벨론과 연결시킨다(MT와 다양한 LXX의 증거들 참조). 마찬가지로 계 17:1, 3은 이상하게도 바벨론을 광야에 있으면서[13] "많은 물 위에 앉은" 것으로 묘사한다(17:1-3). 계 17장과 눈에 띄게 유사한 점이 이것이다. 후기 유대교 문헌은 사 21:1의 "바다와 광야"를 "독사와 날아다니는 뱀"이 이스라엘을 공격하러 올 장소(*Mekilta de Rabbi Ishmael*, Vayassa 1.50-59)로 보며, 단 7:3의 짐승의 나라들이 이스라엘을 압제하러 일어날 곳으로 해석했다(*Midr. Rab.* 아 3.4, §2; *Midr.* 시 80.6).

17장의 전체 환상은 이렇게 "광야"의 영적인 차원에서 등장한다. 그곳에서 음녀가 "일곱 머리와 열 뿔이 있는 붉은색 짐승" 위에 앉아 있다. 요한계시록의 다른 곳에서 "광야"가 사용된 유일한 본문은 "일곱 머리와 열 뿔을 가진 붉은 용"(12:3과 17:3 비교)이 광야에서 하나님의 백성을 박해하는 12:6, 14이다(12:13-17). 18장에서 바벨론에 대한 심판과 관련된 내용은 그가 귀신의 영들만 거주하는 광야와 같은 곳이 되었다는 것이다(사 21:9의 암시로 소개되는 18:2. 바벨론이 "광야"가 되는 심판을 받을 것이라는 사실은 사 13:21; 14:23 LXX; 렘 50:12-13; 51:26, 29, 43에서도 천명되었다). 17장의 음녀는 "땅에 거하는 자들"을 속이고(8절) 성도들을 박해하는(6절) 배역하는 세상 공동체를 대표한다. 광야는 요한이 바벨론(17:15-17)과 짐승 및 그와 연합한 자들(17:13-14)의 심판을 증언한 곳이기도 하다. "광야"는 "크고 높은 산"을 하늘과 연관시키는 21:9-10의 어린 양의 아내와 대조되어 악한 뉘앙스가 있음이 제시되었다. 특히 크고 높은 산은 요한이 하늘에서 내려오는 하나님의 도시를 볼 수 있는 곳이기 때문에 광야의 악한 뉘앙스가 두드러진다.

1절의 "많은 물"이 3절의 "광야"와 직접 연결되었다는 것은 지리적으로 모순되는 것처럼 보일 것이다. 하지만 이것은 상징적인 지형이다. 이미

13) Harrington, *Revelation* (Sacra Pagina), 174은 반대한다.

12:15-16에서 넘치는 강이 광야에 등장했었다. 12장과 18장에서 교회를 박해하는 자들이 물과 연결된 것은 물이 악과 악의 거주지를 가리키는 은유이기 때문이다("바다"의 같은 의미에 대해서는 4:6; 13:1; 15:2; 21:1의 주석 참조). 앞에서 보았듯이, 17:3a에 암시된 사 21:1 MT가 "해변 광야에 관한 경고라"는 어구로 시작하는 것은 우연이 아니다(다양한 LXX 사본에는 "해변 광야에 관한 환상[ὅραμα]이라"로 되어 있다).

요한이 광야로 옮겨진 것은 그곳이 영적으로 안전한 장소이며 세상의 위험에서 분리되는 곳이기 때문일 수도 있다(12:6, 13-17의 주석 참조). 광야에서만 "큰 성"의 악으로부터 보호받을 수 있으며, 오직 그곳에서만 바벨론 성을 잘 볼 수 있다. 그래서 바벨론의 속임을 피할 수 있다.[14] 요한은 광야에 있어야만 음녀와 짐승의 참된 영적 색깔을 감지할 수 있다. 그곳은 메시아 공동체와 연합하여 살며 모든 것을 그 공동체의 관점에서 평가할 수 있는 곳이기 때문이다.[15] 하지만 심지어 그곳에서도 요한은 짐승과 여자의 환상을 보고 "놀랐다"(θαυμάζω, 17:6-7). 같은 동사가 불신자들이 짐승을 경배하며 칭송할 때 사용된다(13:3; 17:8).[16] 이러한 사상의 흐름을 따라, 요한은 비록 짐승과 여자에 감탄할 뻔했지만, 광야의 안전한 곳에 있었기 때문에 실제로 짐승을 경배하지 않도록 보호를 받았다. 만일 요한이 여자와 짐승에게 매료되었다면, 그의 독자들은 얼마나 쉽게 유혹을 받았겠는가. 성도들이 너무 쉽게 유혹을 받지 않도록 요한이 악한 자들을 그렇게 기괴하게 묘사해야 했다는 점은 이해할 만하다.[17]

12:6과 12:13-17에서처럼, "광야"는 긍정적 함의와 부정적 함의를 다 지닌다.

---

14) Morris, *Revelation,* 205.

15) 참조. Wall, *Revelation,* 206.

16) 예를 들어 Harrington은 17:6-7에서 요한이 감탄한다는 견해를 지지한다. Harrington, *Revelation* (Sacra Pagina), 174.

17) "광야"와 "감탄"을 이렇게 해석하는 Farrer, *Revelation,* 184; Kiddle, *Revelation,* 341; Caird, *Revelation,* 213-14; Wilcock, *I Saw Heaven Opened,* 160을 보라. Wilcock에 대해서는 17:6-7의 주석 참조.

이스라엘이 "혐오스러운 것을 좇는 음녀"와 같다는 이미지와 더불어 광야를 둘러싼 긍정적·부정적 함의에 대해서는 겔 20장을 보라.

계 17:3, 7, 9-10은 짐승의 "일곱 머리와 열 뿔"을 묘사하면서 단 7:4-7, 20, 24을 암시한다. 이것은 무척 흥미롭다. 유대교 문헌 역시 광야를 단 7장의 짐승들과 연결시키기 때문이다. *Sifre* 신, Piska 313은 신 8:14-16을 마지막 날과 관련이 있는 것으로 이해하여, "크고 두려운 광야"를 다니엘서의 "네 나라"와 "악한 영들"과 동일시한다. *Midr. Rab.* 레 13.5은 신 8:15의 "무서운 광야"를 단 7:7의 "무서운 넷째 짐승"과 연결한다.

환상과 선견자의 반응: 요한은 바벨론과 연결된 적대적인 경제적·종교적 제도의 위압적인 모습에 놀라며 혼란스러워 한다(17:3b-6)

3b절 요한은 "붉은 빛 짐승을 탔는데 그 짐승의 몸에 하나님을 모독하는 이름들이 가득하고 일곱 머리와 열 뿔이 있는" 것을 본다(이러한 묘사를 충분히 논의한 12:3과 13:1-2의 주석 참조). 짐승의 묘사는 13:1과 거의 자구가 동일하다. 그래서 동일한 짐승이 여기서 다시 묘사된다. 둘 사이에 약간의 다른 점이 있기는 하지만, 에른스트가 둘을 완전히 동일시하기에는 의심쩍은 것이 있다며 제시한 이유들[18]은 불충분하다. 13장과 17장은 짐승의 이력과 관련하여 다른 이야기를 하는 것 같다(17:11의 주석 참조).

본문과 13:1에서 사용된 단어들은 단 7:3-7, 20, 24을 암시한다. 머리와 뿔은 하나님의 백성을 박해하는 악한 나라들이 가지고 있는 권세의 충분함을 나타낸다. 단 7장에서 머리와 뿔의 비유적 의미가 이러했기 때문이다(예를 들어, 단 7:7에 언급된 넷째 짐승의 열 뿔은 단 7:24에서 "열 왕"으로 분명히 밝혀졌다). 짐승의 "붉은색"(κόκκινος)은 그 짐승을 "붉은 용"과 동일시하는 데 좋은 근거다(12:3, πυρρός; 비교. 13:1에서는 짐승이 동일한 단 7장 암시에 의해 처음으로 용과 동일시된다). "붉은"은 용과 짐승을 왕의 옷과 연결시키며, 그래서 붉은 색은 그들이 가진 왕의 직분과 연결된다. 하지만 붉은 색은 특히 12:3에

18) Ernst, *Die eschatologischen Gegenspieler,* 155.

서는 용의 박해를, 17:3에서는 짐승의 박해를 암시한다(13:3; 17:4, 6; 6:4, 9-11의 주석 참조). 13:1에서처럼 "모독하는 이름들"은 자신이 보편적인 주권을 가졌다고 주장하는 짐승의 거짓 주장을 가리킨다(βλασφημίας를 묘사, 질, 또는 규정의 소유격으로 이해함). 이러한 주장은 하나님과 그리스도께만 해당된다(예. 17:14; 19:16 참조).

여자는 짐승과 밀접하게 연결되긴 하지만 짐승과 동일시해서는 안 된다. 여자가 짐승을 타고 있다는 것은 그가 국가와 연합체라는 의미다. 여자는 국가와 함께 일하는 불경건한 세상의 측면, 즉 세상의 사회적·문화적·경제적·종교적 측면 등을 나타내는 것이 틀림없다. 이 문맥에서 그들이 함께 실행하기로 마음을 같이한 일은 그리스도인들을 박해하는 일이다. 이것은 여자와 짐승이 모두 "붉은" 색이라는 것에서 암시되고(17:3b-4), 13장과 17:6, 18:24, 19:2에서 분명히 서술되었다. 여자와 짐승은 서로 온 땅에 있는 불경건한 군중을 속이는 일에 연관되었다(14:8; 17:2, 8).

사본들 중에는 분사를 선행사인 중성형 θηρίον("짐승")에 일치시키느라 남성형 ἔχων("가지고 있다") 대신 중성형 ἔχον으로 표현한 것도 있다(051 𝔐). 남성형 ἔχων은 짐승으로 상징된 남성 인물을 가리키려는 시도일 수 있다. 그 인물은 이어지는 문장의 주어다.[19] 다른 사본들 중에는 θηρίον의 목적격과 일치시키려고 남성 주격인 ἔχων 대신에 남성 목적격인 εχοντα로 표기한 것도 있다(א P 2053[com] 2062[com]).

반면에 남성 주격인 ἔχων과 κέρατα δέκα를 동반한 θηρίον은 단 7:7 LXX을 반영했을 가능성이 있다. θηρίον...εἶχε...κέρατα δέκα("한 짐승…열 뿔이 있는"). 만일 그렇다면, 주격 분사는 단 7:7의 더 완전한 어구를 암시하는 것의 일환일 것이고, 분사는 다니엘서의 정동사 εἶχε를 자구적으로 반영하는 기능을 하든지, 아니면 적어도 다니엘서의 단어 형태와 상관이 있는 것으로 인식되었을 것이다. 주격 분사는 다니엘서에 언급된

19) Ruiz, *Ezekiel in Apocalypse*, 321에 반대하는 Mussies, *Morphology*, 138. Ruiz는 중성 ἔχον이 원본이라고 생각한다.

동사에 상응하는 것으로 보기에 가장 적합하다. 이는 그 단어가 부사로서 기능할 경우 그것이 전형적으로 사용되는 방식이다. 만일 분사가 직접적인 동사로서 기능한다면, 이 어구는 독립적인 문장이 된다. "그에게는 일곱 머리와 열 뿔이 있었다." 흥미로운 사실은 단 7:7 LXX에서 유관 어구가 새로운 문장으로 시작한다는 점이다. 우리는 요한계시록 전체에서 요한이 종종 정동사로서 기능하는 분사를 사용하는 것을 보았다. 이것은 아람어의 사용을 반영했거나 셈어 문체 또는 LXX 어법에 따른 것일 가능성이 크다. 실제로 우리는 10:2에서 ἔχων이 규칙을 벗어나 동사로 사용되었으며, 그 구절(과 1:15-16)에서 불규칙적인 사용이 구약에 대한 암시(계 1:15-16에 암시된 단 10:6)와 1:15-16의 같은 단어에 주의를 집중시키려는 의도가 있다고 결론을 내렸다. 같은 현상이 17:3에서도 발생한 것 같다. 눈에 띄는 것은 1:16과 10:2에서 필경사들이 불규칙 분사를 단 7:7의 εἶχε와 거의 같은 εἶχεν으로 바꾸었다는 점이다.

사본들 중에는 목적격 ὀνόματα("이름들") 대신에 소유격 ὀνομάτων으로 된 것도 있다. "가득하다" 다음에 소유격이 오는 것이 정상이라고 생각했기 때문일 것이다(051 2344 𝔐^A).

고대 근동에서 신이 동물을 타고 있는 이미지가 3절의 사상에 부분적으로나마 포함되었을 것이라는 주장은 가능성은 있지만 증명할 수는 없다.[20]

4절 여자를 묘사하는 것으로 보아 그 여자가 그리스도인들을 박해하는 일에 국가와 공모하는 세상의 경제적 세력을 나타낸다는 것은 분명하다(경제적인 초점에 대해서는 14:8; 17:2의 주석 참조). "그 여자는 자주 빛과 붉은 빛 옷을 입고 금과 보석과 진주로 꾸미고." 여자가 입은 옷을 이렇게 묘사한 것은 18:15에서 축자적으로 반복된다. 여기서는 여자를 17:5의 "큰 성 바벨론"과 비슷하게 "큰 성"으로 언급한다. 여자가 입은 옷을 묘사하기 위해 18:16과 17:4에서 사용한 단어들은 18:12에서 무역 상품들 목록에 있

---

20) 참조. Ruiz, *Ezekiel in Apocalypse*, 323.

는 것들이다(참조. 18:12-14). 그러므로 그 여자를 번창하는 무역 제도와 동일시하기 위해 그가 이러한 상품들로 옷 입었다고 묘사된다. 그 여자는 경제적 번영을 유지하는 문화의 상징이다. 1세기에 그 문화는 로마였다. 초기 유대교 문헌에 가끔씩 로마가 "바벨론"으로 언급된 것을 상기할 필요가 있다(14:8의 주석 참조. 바벨론은 비기독교 비문에서도 로마를 가리키는 명칭으로 등장한다).[21] 로마의 멸망은 1세기말 세상에서 벌어진 무역의 붕괴를 의미했을 것이다.

값비싸고 매력적인 의복은 음녀들이 다른 사람들을 유혹하는 데 사용하는 외적 매력을 반영한다(렘 4:30: 음녀 이스라엘은 "붉은색 옷을 입었고 금 장신구로 치장했다"). 바벨론은 경제적 매력으로 유혹하려 한다. 그의 의복은 왕의 의복을 반영한다. 우리는 12:3과 17:3에서 용과 짐승의 붉은 색이 그들의 박해하는 특성을 의미한다는 것을 보았다.[22] 마찬가지로 음녀의 "자주" 색은 음녀가 왕족과 관련되었음을 의미할 뿐만 아니라, 특히 그의 박해하는 특성을 의미하기도 한다. 음녀는 왕의 권세를 가진 용과 짐승과 결탁하여 박해한다.[23] 음녀의 왕적인 권세는 17:18과 18:7에서 다뤄진다. 반면에 그가 박해자라는 것은 17:6(이 여자가 "성도들의 피와 예수의 증인들의 피에 취한지라")과 18:24("예언자들…의 피가 그 성 중에서 발견되었느니라"; 또한 19:2)에서 아주 분명하게 전면에 부각된다. 예레미야가 음녀 이스라엘이 "붉은 옷을 입었다"라고 설명하고(렘 4:30) 그들의 "옷단에는 죄 없는 가난한 자를 죽인 피가 묻었다"고 서술한 것은 우연이 아닌 것 같다(렘 2:34). 마찬가지로 이사야는 신실하지 못한 이스라엘을 "음녀"로 묘사한다. 그들의 죄는 "주홍 같고…진홍 같다." 이것은 "살인"을 나타낸다. 그들의 "손"에는 "피가 가득하고" 그들의 "포도주 상인의 포도주에는 물이 섞였다"(사 1:15-22). 통찰력이 있는 사람은 17:4의 바벨론 왕족에 속한 붉은 색에서, 박해하는 짐

---

21) Swete, *Apocalypse,* 226.

22) M. Stuart, *Apocalypse,* II, 321은 짐승의 붉는 색이 그의 피비린내 나는 특성을 의미한다고 이해한다.

23) Düsterdieck, *Revelation,* 430.

승처럼 음녀가 진정 붉은 피를 흘리는 박해자라는 것을 볼 수 있을 것이다.

값비싼 장신구로 치장을 하고 "세마포 옷을 입은" 이 여자의 매력에 주의해야 한다(18:16). 그 여자가 제공할 수 있는 것은 "가증한 물건과 그의 음행의 더러운 것들"뿐이다. 음녀는 "귀한 보석"과 "진주"와 "금"으로 장식하고(21:2, 9-23) "빛나고 순전한 세마포"로 옷 입은 성으로 묘사된 어린 양의 아내와 대조된다. 이것은 각각 하나님의 임재의 영광스러움과 "성도들의 옳은 행실"을 나타낸다(19:8. 17:4과 21:19 간의 거의 축자적인 병행을 주목하라. "금으로 입힌" 또는 "귀한 보석으로 장식한";[24] 12장의 여자와의 대조는 아래 내용 참조).

여자는 손에 "가증한 물건과 그의 음행의 더러운 것들이 가득한 금잔을" 가졌다. 이것은 바벨론이 여러 나라에게 그의 포도주로 취하게 한다는 14:8과 17:2의 은유를 반복한 것이다. 이 은유는 바벨론이 자기를 따르는 신하들에게 땅에 속한 번영과 복지를 보장하는 약속을 상징한다. 그 약속은 그들을 취하게 한다. 취기로 인해 그들은 바벨론이 악한 존재이며 궁극적으로는 안전하지 않음을 볼 수 있는 눈이 감겼으며, 하나님이 장차 그들을 심판할 분이시며 진정한 번영의 유일한 참 기초라는 것을 알지 못하도록 미혹을 당했다(14:8; 17:2의 주석 참조). 이것은 렘 51:7-8을 부분적으로 암시함으로써 잘 표현되었다. 여기서 역사상의 바벨론은 "**여호와의 손에 잡혀 있어** 온 세계가 취하게 하는 금잔"에 비유되었으며, "뭇 민족이 그 포도주를 마심으로" 미친 곳이다. 그 후에 렘 51:8에서는 "바벨론이 갑자기 넘어져 파멸되"었다고 선언한다(이 내용은 17:1b에 암시된 렘 51장을 이어서 암시한다). 이 포도주는 바벨론의 손에서 직접 온 것이지만, 궁극적으로는 바벨론 자신의 멸망이 그러하듯이 하나님의 손에서 온 것이다.[25] 같은 내용이 계 17장에도 있다(17:16-17의 주석 참조. *Targ*. 렘 51:7은 잔을 하나님의 손에 있는 것으로 이해하지 않고, 단지 값비싼 금잔을 치켜세우는 것을 바벨론의 죄의 기고만장함에 비유하기만 한다).

---

24) 참조. Sweet, *Revelation*, 254.
25) 참조. P. E. Hughes, *Revelation*, 183.

취함의 영향에는 백성을 속여 그들이 우상에게 경배하는 것을 묵인하도록 한 것이 포함된다는 사실도 주목할 필요가 있다(14:8; 17:2의 주석 참조). 이러한 이해는 17:4의 결론적인 어구("금잔을 가졌는데 가증한 물건과 [심지어] 그의 음행의 더러운 것들이 가득하더라")에 의해서 확증된다. 요한을 비롯하여 구약성경과 신약성경 모두 우상숭배의 배후에 귀신이 있다고 생각한다는 사실을 기억해야 한다. 그래서 16:13-14에서 "더러운"(ἀκάθαρτος)은 마귀와 짐승과 거짓 예언자에게서 나오며 속이는 귀신에게 사용되었다. 18:2에서는 같은 단어가 앞에서 "귀신들"이라고 명명된 다양한 종류의 "부정한 영"에게 사용되었다. 18:2에서 "큰 성 바벨론"은 "귀신의 처소와 각종 더러운 영이 모이는 곳과 각종 더럽고 가증한 새들이 모이는 곳"과 동일시된다("더러운"[ἀκαθάρτος]의 동의어들 역시 21:27과 살전 2:3의 속임에 직접 연결된다). 그러므로 요한계시록 여러 곳에서 "더러운"이 우상숭배와 연관이 있다는 사실은 17:4의 문맥이 우상숭배를 다룸을 더욱 암시한다.

더 자세한 표현인 "그의 음행의 더러운 것들"(τὰ ἀκάθαρτα τῆς πορνείας αὐτῆς)은 바벨론이 우상숭배의 영향과 연관이 있음을 한층 더 강조한다. πορνεία("음행")와 πορνεύω("음행하다")는 요한계시록 곳곳에서 우상숭배를 가리키는 비유적 표현들이다(2:14, 20-21; 비교. 9:21. 14:8; 17:2의 주석 참조). 17:4에서 부가적 언급인 "가증한 물건"(βδελυγμάτων)이 우상숭배와 연결되었다는 것은 의심의 여지가 없다. 이것은 LXX에서 우상이나 우상에게 바치는 제물을 가리키는 일반적인 용어 중 하나이기 때문이다(전체 122번 중 적어도 47번이 이런 의미로 사용됨). 더욱이 LXX은 "가증한 것"을 πορνεία와 이와 동족인 동사의 비유적 사용과 동일시하며, 이 모든 것은 우상숭배적인 측면을 시사한다.

경제적 요인들과 우상숭배 사이의 연결은 요한계시록의 여러 곳과 1세기의 소아시아에서 입증된다(예. 2:14, 20-22의 주석 참조).[26] 관례적으로 무역조합마다 회원들이 로마의 황제 이외에도 경의를 표하는 수호신들이 있

---

26) Hemer, *Letters,* 여러 곳.

었다. 그리스도인들은 이러한 경의를 표하는 데 참석하지 않는다면, 경제적으로 따돌림을 당하고 무역을 할 수 없게끔 제지를 당했다. 17장의 음녀는 정치적인 국가와 종종 같이 가는 사회의 이러한 종교적·경제적 면을 나타낸다. 바벨론 음녀는 일반적으로 돈을 받고 성관계에 종사한 창녀를 모델로 삼았다. 특히 경제적인 이득을 얻으려고 우상에게 경배한(="음행한") 음녀 같은 이스라엘을 모델로 삼기도 했다(자세한 내용은 아래 설명을 보라).

교만(5절 주석 참조)과 지나친 경제적 풍요로움, 박해 및 우상숭배로 특징되는 문화의 어떠한 제도나 진영은 바벨론에 속한다.[27]

렘 4:30에서 이스라엘을 유혹하는 음녀로 묘사한 것 이외에 겔 16:10ff.의 내용도 비교하라. *Test. Jud.* 13:5에서 가나안인이었던 밧슈아(Bathshua)의 아버지는 유다를 유혹하고 "음행"하도록 "밧슈아를 금과 진주로 치장했다"(14:1-15:2). 이것 말고도 다른 유혹이 있었다. 밧슈아가 유다에게 "포도주를 부었고"(13:5), "속이는 영이 그의 마음을 공격했기"(14:8) 때문이다. 이 복잡한 사상들이 계 14:8과 17:2, 4에 그려진 바벨론 음녀에 대한 영적인 묘사를 이해하는 구체적인 배경이다.

Targ. 겔 23:40은 MT의 "너[음녀 이스라엘]는 그들을 위하여 목욕하며 네 눈썹을 그리며 스스로 단장하고"를 "너는 장사할 준비를 갖추었고 시장의 감독관들을 임명했다"라고 해석한다. 이것은 음녀가 우상숭배와 연관된 불경건한 경제적 활동을 가리키는 은유임을 암시한다(17:2의 주석 참조. 또한 계 17:16에 암시된 겔 23:11-45도 보라).

LXX이 통상적으로 대제사장의 의복을 "금과 자색과 붉은색과 세마포와 보석"으로 장식한 것으로 묘사한 것은 우연이 아니다. 이것은 계 17:4과 18:16에서 바벨론 음녀의 의복을 묘사하던 것과 같은 단어들이다. 이것의 의의에 대해서는 18:16의 주석을 참조하라.

17장의 부도덕한 여자는 21장의 신부와 대조되며, 12장에서 영광스러운 옷을 입고 박해받는 어머니와 대조되는 박해받는 "어머니"(17:5, 16)

---

27) A. F. Johnson, "Revelation," 555.

이다.[28] 하지만 12장의 어머니는 구원을 받았고, 17장의 어머니는 멸망을 받았다. 전자는 "하늘에" 그의 안전을 두었고(12:1), 후자는 많은 무리와 "땅의 임들들"에게 그의 안전을 두었다(17:15, 18).[29]

LXX에서 "가증스러운 물건"(βδέλυγμα)을 "음행"(πορνεία)의 명사 및 동사 형태의 비유적 사용과 동일시한 것에 대해서는 렘 13:27, 겔 6:9, 11ff.; 20:28-30, Wis. 14:11-12을 보라. 이 중에 Wis. 14:11-12에는 이렇게 기록되었다. "**우상들**은…백성의 영혼에 **가증한 물건**과 **걸림돌**이 되었으며, 지혜가 없는 사람들의 발에 올무가 되었다.…우상을 계획하는 것은 **음행**의 시작이었다." 여기서도 요한계시록에서처럼 제의에 참여하는 일이 미혹의 특성을 가진다는 사실을 강조하는 것이 눈에 띈다(호 4:16-17 LXX). 히브리어로 "가증한 것"과 "음행"의 동일한 결합이 등장하는 겔 16:22을 참조하라. 계 2:14 역시 우상이 속이는 "걸림돌"이라고 한다.

요한이 묘사한 바벨론의 잔에 들어 있는 내용물과 비슷한 것은 Tacitus, *Annals* 15.44이다. 타키투스는 로마를 "세상의 혐오스럽거나 수치스러운 모든 것이 다 모여 있는 곳이며 유행의 집결지"라고 언급한다. 타키투스는 여기에 자신이 "치명적인 미신"이라고 부르는 기독교도 포함시켰다. 이것 역시 요한이 "가증한 것과 음행의 더러운 것들"이라고 표현한 용어로 우상숭배(=거짓 종교)에 초점을 맞추었다는 점을 보여주는 증거가 될 수 있다. 물론 요한은 분명 타키투스가 기독교를 평가한 것에 동의하지 않겠지만 말이다.

목적격 τὰ ἀκάθαρτα("더러운 것들")는 βδελυγμάτων("가증한 것들")을 따라 소유격이어야 하지만, ἔχουσα("가지고 있다")의 목적어로 여겨졌을 것이다.

몇몇 사본에는 πορνείας αὐτῆς("그의 음행") 대신에 πορνειας της γης("땅의 음행")로 된 것도 있다(1611 1854 2030 2053 2062 2329 MK gig.; א

28) Seiss, *Apocalypse,* 386.
29) Bruns, "Contrasted Women," 459-60.

과 몇몇 번역본에는 αυτης και της γης를 가지고 있다). 이 이문은 관계의 소유격("땅과 음행함")으로 이해하는 것이 가장 좋다. 17:2과 18:3에 "땅의 임금들이 그녀와 행음하였다"고 천명되었고, 또 다른 독법인 πορνείας αὐτῆς("그의 음행") 역시 관계의 소유격으로 취하는 것이 가장 좋기 때문이다. 이 이문이 원본일 가능성이 있다. 좋은 사본의 지지를 받으며 예레미야서를 훨씬 더 분명하게 암시해주기 때문이다(참조. 렘 51:7-8, "바벨론은 여호와의 손에 잡혀 있어 온 세계[τῆς γῆς]를 취하게 하는 금잔이라"). 하지만 이것은 아마도 부차적으로 추가된 것일 가능성이 더 많다. πορνείας αὐτῆς가 더 나은 사본의 지지를 받으며, 필경사가 그 구절을 예레미야서나, 또는 계 17:2의 τῆς γῆς와 τὴν γήν에 더 일치하도록 수정하려 했을 수 있기 때문이다.[30] 메츠거는 της γης를 필경사가 αὐτῆς를 우연히 잘못 필기함으로써 발생한 것으로 이해한다.[31]

5절 그 여자가 어떤 존재인지는 그의 이마에 기록된 이름으로 매우 자세히 알려진다. 요한계시록에서 이마에 기록된 이름은 사람들의 진정한 특성과 그들의 궁극적 관계를 알려준다. 그들이 하나님과 관계가 있는 사람인지(7:3; 14:1; 22:4), 사탄과 관계가 있는 사람인지(13:16; 14:9; 20:4) 말이다. 마찬가지로 음녀의 "이마에 기록된 이름"은 그가 유혹하고 우상숭배를 하는 자임을 드러낸다. 음녀는 나중에 그 이름을 통해 짐승 편에 있는 자로 밝혀진다. 이러한 여자의 묘사에는 이마에 두른 띠에 자기 이름을 기록했다는 로마 창녀들의 행습이 반영되었을 수 있다. 이것을 입증하는 문헌의 정당성에 대해서는 의심의 여지가 있지만 말이다(Seneca, *Controversiae* 1.2.7은 예외다). 공동체적으로 어린 양의 신부를 구성하는 사람들과 "그들의 이마에 어린 양의 이름"이 있는 사람들(22:4)이 음녀와 특히 대조된다.

그 이름의 처음 부분은 이미 14:8에서 단 4:27 MT(=LXX과 대부분의 영

30) 두 번째 견해는 Mounce가 주장한 견해다. Mounce, *Revelation*, 309.
31) Metzger, *Textual Commentary*, 758.

어 번역본에서는 4:30)의 암시로 이해됐던 "큰 바벨론"이다. 여기서 "큰 바벨론"은 왕의 권력과 영광의 범위를 반영한다. 단 4장에서 큰 바벨론은 왕의 자화자찬에 해당하는 이름이다. 그는 이 때문에 곧 심판을 받는다. 마찬가지로 마지막 때의 바벨론은 교만과 악으로 인해 심판받기 직전에 와 있다. 바벨론이 계 17:1, 5에서 "큰" 이라고 불리는 것은 어느 한 시대에서 가지는 권세의 범위만 아니라, 모든 시대를 아우르는 그의 영향력과 악명 높음을 언급한다(17:1에서 μεγάλη["큰"]는 Good News Bible에서 "유명한[famous]"으로 번역되었다).

칭호 앞에 붙은 "비밀"(μυστήριον)은 이것이 다니엘서를 배경으로 하고 있음을 확증한다. "비밀"이 느부갓네살의 교만과 그 후에 그가 받은 심판을 소개하는 말로 단 4:9(Theod.)에도 등장하기 때문이다. 더욱이 "비밀"은 그리스어 구약성경에서 단 2:18-19, 27-30, 47 LXX, Theod.(그밖에 구약성경에서는 거의 등장하지 않음. 앞의 계 1:20; 10:7의 주석 참조)에서만 종말론적인 의미를 지니며 등장한다. 계 17:5에서도 "비밀은 종말론적인 내용과 결합된다. 음녀 환상의 우선적인 주제가 그리스도의 재림 직전에 있을 바벨론의 멸망이기 때문이다(비교. 17:10-18). 실제로 "비밀"은 이미 1:20과 10:7에서 종말론적인 함의로 사용되었다. 10:7과 17:5 모두, 예언되었고 하나님의 말씀대로 성취될(또는 성취되고 있는) 비밀을 명시적으로 언급한다(참조. 17:17).

17:7에서 "비밀"은 천사가 8-18절에서 설명하는, 여자만 아니라 짐승이 가리키는 상징의 감춰진 의미를 다시 언급하기 위해 사용된다. 비밀의 계시는 지금까지 하나님의 계획 속에 감춰진 종말론적 사건들을 계시할 뿐만 아니라, 그 사건들이 해결되는 예상치 못하거나 역설적인 방법을 계시하기도 하다. 1:20과 20:7의 "비밀"에는 이스라엘의 훗날에 세워질 나라와 악한 제국들의 멸망을 다룬 다니엘의 예언이 성취되기 시작하는 예상치 못한 방법이 포함된다. 두 본문 모두에서 μυστήριον 사상은 종말론적인 나라가 역설적으로 그리스도와 그의 백성의 고난을 통해 시작된다는 데 있다(1:5-6, 13-14과 1:20을 비교하라. 1:20의 주석과 1장 주석의 결론 참조). 17:8-18 역시 "비

밀"이라는 용어로 설명되는데, 그 비밀이 악한 나라가 멸망하기 시작하는 예상치 못한 방법을 계시하기 때문이다. 그 나라는 서로를 대적하다가 그리스도가 재림하시기도 전에 자멸하기 시작할 것이다. 악한 제도의 정치적인 진영은 종교적·경제적 진영을 공격하여 멸망시킬 것이다. 구약의 예언은 시대의 마지막에 이르는 사건들을 이처럼 자세히 내다보지 못했다.

17:5의 결론에서 "큰 바벨론"인 여자는 "땅의 음녀들과 가증한 것들의 어미"라고도 묘사된다. 4절에서처럼, "가증한 것"과 "음녀"(= 음행을 행하는 자)의 혼합은 우상숭배를 가리킨다(17:4의 주석 참조). 여기서 여자가 우상숭배자들의 "어미"라고 불린 것은 그가 우상숭배 제도를 지배하는 영향력과 영감을 주었음을 의미한다. 우상숭배는 경제적 문제의 핵심이다(렘 27:12 LXX[B]는 바벨론을 "너를 낳아 번성케 하고" 심판을 받는 "어미"라고 칭한다). "음녀들의 어미" 역시, 짐승이 그의 머리와 뿔에 관련되듯이, 그 여자가 음녀들과 관련됨을 시사한다(17:9-12의 주석 참조). 그 여자는 역사 내내 불경건한 경제와 종교 제도들과 문화의 여러 측면으로 자신을 표현한다.

그 여자가 시간을 초월하는 인물이라는 사실은 역사 속에서 줄곧 존재하는 짐승을 타고 있다는 것(17:8-13의 주석 참조)과 그 여자가 12장의 사내아이를 낳은 여자와 어린 양의 신부(19:7-8; 21:2, 10)와 대조된다는 사실에서도 드러난다. 사내아이의 어미인 여자는 광야에 있었고, 어린 양의 신부는 하나의 성으로 묘사되었다.[32] 이러한 대조는 17:1과 21:9-10의 환상을 소개하는 문구가 눈에 띄게 같다는 사실에서도 분명히 드러난다. 둘 사이에 존재하는 병행에는 유혹하는 음녀의 모든 거짓 매력이 폭로되고 심판을 받을 때, 그리스도의 신부의 순결함과 참된 아름다움이 계시된다는 것이 암시된다.[33] 어미 바벨론은 배역하는 자녀를 낳는 반면에, 12장의 어미는 신실한 자손을 낳는다. 12장의 여자와 19장과 21장의 신부는 역사 내내 존재하는 교회를 대표하므로, 이에 대응하는 음녀는 역사상 줄곧 사탄의

---

32) 참조. A. F. Johnson, "Revelation," 556.

33) Mounce, *Revelation,* 307.

영향을 받는 경제적·종교적 제도들을 대표한다.[34] 음녀는 하나님의 성과 대조되며 불경건한 큰 성을 대표한다. 그의 중심에서 경제적이고 종교적인 제도들이 퍼져 나온다. 12장의 여자는 교회를 출산했으며, 17장의 여자는 교회를 박멸하려고 시도한다.[35]

음녀와 12장의 여자와 19장과 21장의 신부를 이처럼 대조한 것에서 바벨론의 종교적 측면이 경제적 측면만큼이나 두드러진다는 사실이 드러난다(이러한 대조를 좀 더 자세히 보려면 17장 주석의 결론을 참조하라). 12, 19, 21장에 등장하는 여자들이 다 순전히 종교적인 실체들을 대표하므로, 바벨론 역시 본질적으로 종교적인 실체임이 틀림이 없다. 하지만 경제적 특성을 덜 강조하는 것은 옳지 않다. 경제 역시 꾸준히 염두에 있음이 분명하며(17:2의 주석 참조), 종교적 제도와 더불어 중요한 요소를 차지하기 때문이다.[36]

신약성경 여러 곳에서 "비밀"에는 구약 예언이 반대로 또는 역설적인 방법으로 성취되었거나(롬 11:25; 16:25-26; 고전 2:7; 15:51), 가끔은 다니엘서와 관련하여(마 13:11; 막 4:11; 눅 8:10; 엡 3:3-4, 9; 살후 2:7) 예상치 못한 방식으로 성취되었다는 의미가 있다. 이 점을 더 자세하게 설명한 Beale, *John's Use of the Old Testament in Revelation*, ch. 3을 보라.

여기서 "비밀"이 실제로 음녀의 칭호 자체에 속하는 것인지 아니면 "기록되었으니"와 함께 칭호를 소개하는 것인지는 큰 문제가 되지 않는다. 어느 것이든지, "비밀"은 계시의 추가적 해석이 필요한, "큰 바벨론"의 감춰진 의미를 서술한다.

아우니는 17:5에서 음녀의 "비밀"을 신비로운 이름을 가진 로마의 신이나, 그 신의 이름이 로마(Roma)라는 단어를 거꾸로 쓴 아모르(Amor, "사랑")였다는 대중적인 생각에 비추어 이해하는 것이 가장 좋다고 제안한다. 아우니는 요한이 여기서 아이디어를 얻어 로마를 참 사랑의 반대

34) D. Ford, *Abomination of Desolation,* 269.

35) Kiddle, *Revelation,* 344.

36) 비교. 종교적 측면을 과도하게 강조하는 Seiss, *Apocalypse,* 387-91.

인 음녀로 묘사했다고 추측한다.[37)]

린지는 일관성이 없게 17장의 "바벨론"이 지리적 도시인 로마뿐 아니라, 현대 이라크에 문자적으로 재건된 미래 도시를 가리킨다고 믿는다. 반면에 사이스는 이라크의 부흥을 가리킨다고 주장한다.[38)] 문자적 견해를 평가한 14:8과 16:12의 주석을 참조하라.

6절 우상숭배자들이 요구하는 경제적인 복지에 복종하지 않는 사람들은 경제적 제도 그 자체, 즉 "큰 바벨론"에 의해 박해를 받을 것이다. 요한은 그 여자를 "성도들의 피와 예수의 증인들의 피에 취했다"고 묘사함으로써 이것을 표현한다(18:24; 19:2에도 이렇게 표현되었다). 여기서 신자들 두 집단을 염두에 두었을 수도 있지만, καί는 설명적인 것("심지어")으로 취하는 것이 가장 좋다.[39)] 그래서 진정한 "성도들"은 "예수의 증인들"인 사람들이다. "예수의"는 목적어 소유격("예수를 증언하는")이다.[40)] 또한 이 어구는 소유의 소유격일 수 있다. 이것은 하나님을 증언하는 예수의 증언의 확대된 의미로서 성도들이 소유하고 있는 "예수의 증언들"이다(1:2과 6:9 비교). 그래서 성도들은 예수의 증언을 재생한다(12:17과 20:4에 대한 sweet의 입장에 의거한다).[41)] 실제로 소유격 구문은 대상의 의미와 소유의 의미가 다 포함되도록 하려고 의도적으로 모호하게 됐을 수 있다.

여자가 그리스도인들의 "피로 취했다"는 말은 4절의 "가증한 물건과 그의 음행의 더러운 것들이 가득한" 잔의 내용물에 성도들의 피(즉 박해)가 비유적으로 포함되었음을 암시한다. 그 여자는 특히 이것(성도들의 피)으로 취했다.[42)] 취함은 바벨론이 그리스도인들을 대상으로 주로 박해 행위를 했음을 강조하며, 또한 바벨론이 박해로써 표현한 흥청거림과 기쁨을 암시한다.

---

37) Aune, "Revelation," 1315.

38) Lindsey, *New World Coming,* 232-35; Seiss, *Apocalypse,* 397-404.

39) Satake, *Gemeindeordnung,* 116-17.

40) Holtz, *Christologie der Apokalypse,* 23과 Vassiliadas, "Translation of *Martyria Iēsou.*" Vassiliadas의 "순교"가 반드시 포함되어야 한다는 견해는 불필요하다.

41) Sweet, *Revelation,* 205, 289.

42) Schüssler Fiorenza, *Revelation,* 96-97.

같은 방식으로 4 Ezra 15:46-54은 "아시아"가 "바벨론의 화려함에 참여했고", "늘 나의 택한 사람들을 죽이고, 네가 취할 때 즐거워하고 손뼉을 치며, 그들의 죽음을 대화의 주제로 삼음"으로써 부분적으로 바벨론을 흉내 냈다고 언급한다.

성도들에게 가해진 박해는 무역에서 따돌림 시키는 형태를 띤다. 만일 어느 한 그리스도인이 모든 우상숭배를 거절한다는 것이 밝혀지면, 국가는 유배를 보내든지(1:9), 옥에 가두든지(2:10), 또는 사형을 시키는(2:10, 13) 방식으로 박해했을 것이다. 비록 1세기말에 로마의 관료들에 의한 기독교 박해가 지속되지도, 계획적으로 이루어지지도 않은 것 같지만 말이다(자세한 내용은 아래 참조). 박해의 모든 형태에는 피 흘림이라는 언급이 포함된다(6:4, 9-11; 12:11의 주석 참조).

요한은 크게 놀람으로 환상에 반응한다.

요한의 반응이 단 4장 LXX에서 바벨론 왕의 임박한 심판을 전하는 천사의 계시에 다니엘이 반응한 것과 비슷하다는 것은 우연이 아니다. 계 17:6의 ἐθαύμασα...θαῦμα μέγα("내가 크게 놀랐다")와 단 7:17a의 σφόδρα ἐθαύμασα("내가 매우 놀랐다")와 4:19a의 μεγάλως δὲ ἐθαύμασεν("그가 크게 놀랐다")을 비교하라. 자세한 내용은 17:7의 주석을 참조하라.

피에 취했다는 은유는 LXX의 사 34:5-7, 49:26, 렘 26:10(= 46:10 MT)에서 발전된다. 하지만 이 본문들에 있는 피로 취했다는 은유는 악한 자들에게 내리는 하나님의 심판을 묘사한다. 그곳에 사용된 이미지는 여기서 반대로 적용되었다. 이는 계 16:6에서 밝히는 대로, 바벨론이 그 자신의 죄로 인해 받게 될 심판을 보여주려는 데 그 목적이 있다(사 49:26을 암시한 계 16:6의 주석 참조). *1 En*. 62:12에는 악한 압제자들에 대한 심판을 설명하려고 사 34장과 렘 26장 본문이 암시되었다.

뒤스터디에크는 로마에 적용된 "시민들의 피로 취했다"와 같은 고대 작가들이 사용한 여러 표현을 열거한다.[43] "피를 마시는 것"은 고대

43) Düsterdieck, *Revelation,* 431.

세계에서 압제를 가리키는 관용어였다(Josephus, *War* 5.343-44; Philo, *Leg. Alleg.* 3.202). 요한은 여기서 네로가 그리스도인들을 박해한 사건과 그 이후 계속된 박해를 염두에 둔 것으로 보인다(네로의 박해에 대해서는 Tacitus, *Annals* 15.44을 보라). 다우닝은 1세기 말 소아시아에서 그리스도인들을 향한 큰 규모의 소송은 없었다고 개연성 있는 주장을 편다.[44] 그의 입장을 수정한 내용은 본서 서론에서 다룬 "교회의 상황과 요한계시록의 목적과 주제"를 보라.

환상 해석 서론(17:7)

해석의 서론에서 요한은 국가와 연합한 사악한 경제와 종교 제도의 위용을 두려워하고 번민하며 부러워한다고 책망을 받는다. "왜 놀랍게 여기느냐?"라는 천사의 질문은 선견자가 이전에 본 환상으로 놀랐듯이(1:17), 단순히 범상치 않은 환상에 왜 놀랐느냐고 묻는 것이 아니다. 오히려 이 질문에 몇 가지 생각이 떠오른다. 이 질문은 수사적 질문으로 이해하는 것이 가장 좋다. 여기에 암시된 대답은 책망이다. 같은 "놀람"이라는 언어가 단 4:17a, 19a LXX에서 두렵고 번민하는 일에 대해 사용된다(두 본문의 병행에 대해서는 6절 주석 참조. 단 4:19 Theod. 비교). 아람어는 "간담이 서늘해지다"(*shěmam*, 단 4:16 MT)라는 개념을 표현한다.[45] 단 4장의 무서운 환상에 "다니엘은…간담이 서늘해졌으며…그의 생각은 번민으로 가득 찼다." 여기서 "간담이 서늘하다"라는 개념은 충격과 공포의 의미로 이해해야 한다. 요한은 방금 짐승과 여자의 무서움과 그리스도인들을 박해하는 것과 관련하여 본 악몽 같은 환상을 두려워해서는 안 된다. 요한의 마음을 번민케 했던 것은 짐승의 모독하는 주장과 그가 행한 혹독한 박해에서 오는 충격 및 두려움이었을 것이다. 흥미로운 것은 *Midr. Rab.* 아 3.4 §2은 이것을 다니엘이 단 7:1-14의 환상을 보고 단 7:15에서 동요하는 반응을 보인 이

44) Downing, "Pliny's Prosecutions of Christians."
45) 참조. S. Thompson, *Apocalypse and Semitic Syntax,* 12.

유로 이해한다.

그래서 선견자의 반응은 그가 본 환상에 당혹하고 놀란 것이다. θαυμάζω라는 단어는 신약성경 여러 곳에서 이런 의미를 지니는 경우가 있다(마 27:14; 막 12:17; 15:5; 눅 1:21; 4:22; 요 3:7; 행 2:7; 13:41). 요한의 당혹감은 이해할 만하다. 천사는 요한이 "음녀가 받을 심판"을 보게 될 것이라고 선언했는데(1절), 요한이 본 것은 모두 피에 굶주린 음녀의 위엄과 음녀가 짐승과 공모하는 데 성공하는 장면이다.[46] 이와 관련하여 7절의 θαυμάζω에는 "놀람"의 의미가 포함될 수도 있다.[47] 환상 내용이 분명하지 않은 점이 요한이 놀라는 중요한 근거가 된다는 것은 여기서 천사가 짐승과 여자 환상의 감춰진 의미("비밀")를 설명할 것이라고 말한다는 점에서 분명하게 드러난다(단 7:16에서도 분명하게 할 필요가 있다고 강조한다).[48] 천사는 짐승과 여자가 받을 심판을 설명한다. 이로 인해 (1:18의 설명에서처럼) 환상의 내용은 더욱 분명해지고 위로를 준다.

17:3a의 주석에서 관찰했듯이, 주석가들 중에는 θαυμάζω가 여자에 대한 요한의 "감탄"을 가리킨다고 이해하는 사람들이 있다. 그 동사가 지니는 "칭송하다, 감탄하다"와 같은 뉘앙스는 17:8과 13:3에서 입증될 수 있다(13:3; 17:3, 8의 주석 참조). 만일 그렇다면, 천사의 질문은 여자에 대해 감탄하지 말라는 은근한 책망일 것이다. 천사가 19:10과 22:8에서 선견자를 책망하며("그렇게 하지 말라"), 자기에게 경배할 것이 아니라 하나님께 경배하라고 꾸짖은 것처럼 말이다.[49] 이러한 견해를 지지할 만한 또 다른 근거는 바벨론이 종교적으로 충성된 것처럼 가장하고 나타난 것에서 찾을 수 있다. 바벨론은 21장에 언급된 그리스도의 신부인 성과 거의 같은 옷을 입었다(17:4. 또한 18:16과 19:8 비교). 신부의 세마포가 19:8에서 "성도들의 옳은 행실"로 정의되어 요한은 순간적으로 바벨론이 전부 나쁜 것이 아니라 그

46) Swete, *Apocalypse,* 218.
47) M-M, 284.
48) Düsterdieck, *Revelation,* 431-32.
49) Ruiz, *Ezekiel,* 339.

에게 어느 정도 매력적인 영적 특성이 있다고 생각하게 되었을 것이다. 이러한 인상을 갖게 되었을 가능성을 높여주는 것 중에 하나는 구약성경에서 대제사장이 "금과 자주색과 붉은 색과 세마포와 보석"으로 단장했다고 묘사된다는 사실이다. 마치 음녀 바벨론(17:16의 주석 참조)과 그리스도의 신부인 성처럼 말이다(21:18-21). 그래서 요한은 일견 영적으로 매력 있게 보이는 것에 순간적으로 사로잡혀 음녀의 완전하고 진정한 불경건함에 대해 눈이 멀었을 수 있다.

실제로 바벨론 여자를 묘사하는 표현 중에는 구약성경에서 이세벨을 묘사한 내용에서 유래한 것이 있다(17:16의 주석 참조). 이에 따르면 이세벨은 거짓 그리스도인과 동일시된다. 이세벨은 이미 2:20에서 거짓 교사들 집단을 가리키는 모델이었다. 요한이 번민했던 이유 중 하나는 한 인물 속에 죄악된 모습과 의로워 보이는 모습이 섞여 있다는 것이었다. 천사가 17:8-18:24에서 바벨론의 사악함을 계시하고 그가 받을 최후의 심판을 알려주자 처음에 매료되었던 요한의 마음은 확실히 사라졌다.

비록 요한의 반응(θαυμάζω)에 감탄이 포함되었을 수 있다는 점을 고려해야 한다고 해도, 다음과 같은 이유에서 요한의 반응이 충격, 두려움, 번민이었다고 보는 것이 더 낫다.

(1) 이것이 여기에 암시된 단 4장의 문맥적 의미다. 단 4장에서도 "큰 바벨론"의 왕(단 4:30[=27 MT])은 "짐승"에 비교된다(단 4:13[16]). 계 17:6-7에서 단 4장을 염두에 두었다는 것은 앞에서 보았듯이 축자적인 암시에서만 아니라, 계 17장 전체에 반영된 단 7장 및 단 4장의 분명한 암시에서도 명백하게 드러난다. 특히 본문 바로 앞 17:5에 우리가 주목한 "비밀"과 "큰 바벨론"이라는 언급이 있다(17:12의 "한 시간"과 17:14의 그리스도의 칭호는 단 4장에서 왔다).

(2) 만일 요한이 반응하는 환상에서 등장하는 인물들이 영광스러운 모습으로만 묘사되었다면, 요한은 순간적으로 그들을 칭송하려는 유혹을 받았을 것이다. 하지만 실상 그들은 "감탄"하기에는 너무도 공포심을 자아내는 모습으로 묘사된다. 짐승은 "하나님을 모독하는 이름들이 가득했으

며”(17:3), 여자의 손에 들린 잔에는 “가증한 물건과 그의 음행의 더러운 것들이 가득”했다(17:4). 여자는 “땅의 음녀들과 가증한 것들의 어미”라고 불리며(17:5), “성도들의 피와 예수의 증인들의 피에 취하였다”(17:6).

(3) 17:6-7에서 묘사된 요한의 반응은 19:10과 22:8에 언급된, 그가 잘못 표현한 감탄과 비교해서는 안 된다. 이 본문들에서 요한은 두려운 인물이 아니라 영광스럽고 선한 천사를 본 것에 반응하고 있기 때문이다. 요한은 그 천사를 보고 순간적으로 지극히 존경하지 않을 수 없었을 것이다.

(4) 요한이 음녀에 대해 경배의 의미로 감탄하려는 유혹을 받았다는 주장은 개연성이 거의 없다. 천사는 환상이 시작될 때 요한에게 그 환상이 바벨론이 받을 심판과 관련된다고 일러주었기 때문이다(17:1).[50]

만일 요한이 그 당시 감탄하기보다는 두려워하고 번민했다면(6-7절), 동사 θαυμάζω는 8절에서 다른 의미를 전달한다. 요한의 두렵고 번민하는 반응은 불경건한 세상이 짐승을 칭송하는 것과 대조된다. 같은 동사의 사용 간에 밀접한 문맥적 연결이 있기는 하지만, 이처럼 다르게 나타나는 까닭은 두려움의 반응이 단 4장을 암시하고, 칭송의 반응은 단 4장의 암시에 속하지 않는다는 데서 찾을 수 있다.

그렇지만 최종적으로 이 모든 사실을 고려해볼 때, 요한이 바벨론 여자에게 어느 정도 매료되었음 직하다는 것을 완전히 배제할 수는 없다. 그러므로 요한의 반응에는 아마도 공포와 번민과 함께 감탄도 있었을 것이다. 이것은 우리가 θαυμάζω에 너무 많은 무게를 부여해도 된다는 의미는 아니다. 하지만 문맥에 비춰볼 때, 요한이 “놀랐다”는 것에는 두려움과 번민과 감탄이라는 복합적인 감정이 포함되었을 것이다. 이 단어를 “경이로워했다”(awestruck)라고 번역하는 것이 좋을 것이다.

흥미롭게도 BAGD, 352은 θαυμάζω가 놀람이나 경탄의 행위가 “좋은 의미인지 나쁜 의미”인지는 “문맥이 결정한다”고 말한다. 바울은 “거짓 사도요 속이는 일꾼이니 자기를 그리스도의 사도로 가장하는 자들”

50) D'Aragon, *Revelation*, 487.

에 대해 언급하면서, "이것은 이상한 일이 아니니라, 사탄도 자기를 광명의 천사로 가장하나니 그러므로 사탄의 일꾼들도 자기를 의의 일꾼으로 가장하는 것이 또한 대단한 일이 아니"라고 말한다(고후 11:14-15). 요한이 이러한 실체에 대해 경각심을 더 가졌다면, 그는 순간적으로 그 여자에게 매료되지는 않았을 것이다.

다니엘서의 배경과 짐승을 묘사한 것의 의미에 대해서는 12:3, 13:1-2, 17:3의 주석을 참조하라. "비밀"에 대해서는 1:20, 10:7, 17:5의 주석을 참조하라. ἐρῶ σοι τὸ μυστήριον...τοῦ θηρίου("내가 짐승의 비밀을 네게 이르리라")와 단 2:27 Theod., λέγει τὸ μυστήριον("그가 비밀을 말씀하신다")과 단 7:23 LXX, ἐρρέθη μοι περὶ τοῦ θηρίου τοῦ τετάρτου("넷째 짐승에 관하여 내게 말했다")를 비교하라.

짐승에 대한 해석: 사탄의 성품을 지닌 바벨론과 그 동맹국은 마지막 때에 그리스도에게 심판을 받는다. 그때가 되면 이들은 그동안 세상을 속였던 사기꾼이라는 것이 드러날 것이다(17:8-14)

8a절 1:8, 4:8, 11:16, 16:5에서 이미 등장했던 하나님을 설명하는 3중적인 묘사가 짐승을 조롱하려고 짐승에게 적용된다. 부정적인 "지금은 없으나"와 "올라와"를 덧붙인 것은 그리스도의 죽음과 부활을 패러디한 것이다(비교. 1:18a; 2:8에 언급된 예수의 죽음과 부활의 3중 형식). 짐승이 "지금 없다"는 말은 그가 그리스도의 죽음과 부활로 패배한 결과가 지속되고 있음을 가리킨다("죽음"이 "지금은 없다"와 같은 부정적 표현으로 언급된 13:3의 주석 참조).

공식의 셋째 부분("멸망으로 들어갈 자니")의 결론은 11:17("전능하신 이여 친히 큰 권능을 잡으시고 왕 노릇 하시도다")과 16:5("이렇게 심판하시니 의로우시도다")에 표현된 신적 공식의 셋째 부분의 변형과 역설적인 대조를 이룬다. 하나님(또는 그리스도)의 종말론적인 강림이 그의 승리와 대적자들의 심판과 그의 통치를 이루는 반면에, 짐승은 종말론적으로 와서 주권을 행사하려고 하지만 결국 그가 패배하고 심판을 받는 것으로 절정에 이르게 될 뿐이다. 짐승의 출현이 하나님의 최종적 강림과 대조될 뿐만 아니라 예수의 최종적 강림과도 대조된다는 사실은 예수가 자신의 재림과 관련하여 반복해서 선언하신 것에서 분명히 드러난다. "내가 오리라"(참조. 3:11; 16:15; 22:7, 12, 20).[51] 17:8의 마지막 부분에서 3중 형식이 반복된다. 하지만 그 문구의 세 번째 내용은 παρέσται("장차 나올")라는 단어 하나로만 제시된다. 이것은 신약성경 전체에서 동족 명사인 παρουσία로써 언급되는 그리스도의 재림과 역설적인 대조를 강조할 가능성이 있다. 실제로 동일한 역설이 살후 2:8-9에서 의도되었을 수 있다. 거기서 παρουσία는 그리스도와 단 11:36과 12:10에 예언된 불의한 사람의 강림을 언급한다.

그러므로 하나님의 영원성을 가리키는 3중 형식을 짐승에게 적용하는 것은 **참되고** 영원한 존재와 그의 세력을 이겨보려는 짐승의 헛된 노력을 조롱하려고 의도되었다. 하나님께 해당하는 3중 형식을 짐승에게 적용한 것은 짐승의 존재가 역사의 처음부터 끝까지 확장된다는 것을 암시하기도 한다. 하지만 그 문구의 마지막 부분에서는 하나님의 존재와 분명한 대조가 드러난다. 역사 내내 행사되던 짐승의 주권은 끝날 것이다.

그 공식의 셋째 부분의 좀 더 긴 형태인 "올라와 멸망으로 들어갈"은 단 7장에서 가져온 어구다. 단 7장에서는 종말론적인 짐승이 역사 속에 등장한 후 멸망될 것이라고 3번 예언적으로 묘사되었다(3, 11, 17-18, 23, 26절). 계 17:8a에서는 이 반복되는 묘사가 집단적으로 암시되었다. 천사는 짐승의 멸망에 관한 단 7장의 예언을 더 설명한다. 이 암시는 짐승의 종말과 그것의 역설을 강조한다. 단 7장에도 이미 암시된 내용은 짐승이 같은 방식으로 인자를 패러디한 역설이기 때문이다(13장 마지막에 있는 "13장의 구성"을 보라).

3중 형식의 셋째 부분은 계 11:7에서 단 7:3, 21이 사용된 것을 발전시킨 것이다. 거기서 "무저갱으로부터 올라오는 짐승이 그들과 더불어 전쟁을 일으켜 그들을 이긴다." 그러자 교회는 철저하게 파괴된 것처럼 보인다. 본문과 11:7에서 짐승이 나온 무저갱은 짐승의 마귀적인 기원과 힘을 암시

---

51) Bauckham, *Climax of Prophecy*, 435.

한다(9:1-2, 11; 비교. 20:1-3, 7).[52] 마지막 때에 잠시 동안 짐승이 교회 공동체 전체를 이긴 것처럼 보이지만, 그의 승리는 오래 가지 못할 것이다. 그 후 그는 곧바로 "멸망으로 들어간다"(ὑπάγει, 미래적 현재).

3중 문구는 20:1-10의 사탄의 경력과 관련이 있다. 두 본문 모두 같은 사건을 언급한다. 하지만 각각 짐승의 관점과 사탄의 관점에서 묘사한다. 20장에서 사탄은 과거에 존재했으며(20:1 = "이전에 있었다가"), 지금 "무저갱"에 갇혔고(20:1-3 = "지금은 없으나"), "반드시" 미래에 무저갱에서 "잠시 동안" 올라올 것이며(20:3, 7-9 = "장차 나올"; 비교. 17:10), 멸망으로 들어갈 것이다(20:9-10).[53]

짐승과 그와 연합한 자들은 성도들을 이긴 뒤에 "어린 양과 더불어 싸우려니와 어린 양이 그들을 이기실 것이다"(17:14a 역시 단 7:21의 역설적인 재적용이다). 그리고 이전에 짐승에게 패한 자들은 다 마침내 짐승을 영원히 이기시는 어린 양과 동행할 것이다(17:14b). 교회 시대 동안에 짐승이 성도들에게 계속 가하는 박해가(13:3ff.) 몇몇 사람에게는 짐승이 그의 죽은 것 같은 상처에서 분명히 "나음을 얻"은 것으로 보이지만, 그가 역사의 마지막 단계에서 행하는 박해는 더욱 극심할 것이다. 짐승은 교회 전체를 근절하려 할 것이다.

짐승이 그리스도를 흉내 내는 것이 마지막에 가서는 가짜라는 사실이 드러날 것이다. 그리스도는 부활로써 "영원히 살아계시는 분"이 되었지만(1:18), 짐승은 부활(소생)로써 "멸망"에 들어갈 것이다. 어린 양과 짐승의 최종적인 차이를 구별하는 데에는 하나님의 지혜가 필요하다(17:8b-9a).[54]

현재 부정사 ἀναβαίνειν("올라오다")은 11:7의 현재 분사 ἀναβαῖνον("올라오다")과 함께 짐승이 역사 내내 무저갱에서 올라오는 것을 보여주는 것 같다.[55] 하지만 다음 관찰에 의하면 두 동사 모두 미래를 가리키

52) I. T. Beckwith, *Apocalypse*, 697.

53) Mulholland, *Revelation*, 280도 참조하라.

54) Wilcock, *I Saw Heaven Opened*, 162.

55) Rissi, *Time and History*, 83; A. F. Johnson, "Revelation," 558; Mounce, *Revelation*,

는 것이 틀림없다. (1) μέλλει("~하려 하다")가 17:8a의 부정사 앞에 등장하며 미래를 의미한다. (2) 부정사는 3중 형식의 세 번째 부분에 등장하며, 세 번째 부분은 세 문구에서 항상 미래를 가리킨다(1:4, 8; 4:8; 11:17; 16:5. 마지막 두 곳에는 예언적 완료가 사용되었다). (3) 11:7과 17:8은 모두 예언적 완료의 의미를 가진 미완료와 직접적인 미래가 사용된 단 7:3, 17 Theod.의 암시다. (4) 11:7과 17:8은 20:3, 7과 병행이다. 20장에서는 용이 역사의 마지막에 "무저갱"에서 올라올 것이라고 언급되었다.

τὸ θηρίον…εἰς ἀπώλειαν ὑπάγει("짐승은…멸망으로 들어갈 자니")와 단 7:11 LXX, τὸ θηρίον, καὶ ἀπώλετο("짐승, 그리고 그가 멸망되었다")를 비교하라. 또한 단 7:17 LXX을 비교하라. 계 17:8a에서 짐승은 "무저갱에서 올라온다." 그리고 단 7:3에서 짐승들은 "바다에서 올라온다." *Midr.* 시 11.5; *Midr. Rab.* 레 7.6; *Midr. Rab.* 민 11.1; *Pesikta Rabbati* 14.15; *Pesikta de Rab Kahana* 4.9에서는 단 7:11이 로마의 심판에 적용되었다.

8b절 지구상에 있는 무리들이 역사 끝에 짐승의 부활(소생)에 "놀랄 것이다." "놀라다"(θαυμάζω)는 13:3ff.의 내용에서 분명히 드러나듯이 경배의 의미가 있는 "감탄하다"라는 의미를 지닌다. 13장의 "짐승을 보고 **놀라다**"라는 말은 이어지는 내용에서 짐승을 "경배"하는 것을 가리키는 단어로 발전된다(이 단어의 의미를 다른 관점에서 이해하는 입장들을 소개한 13:3ff.의 주석 참조). 여기서 경배도 염두에 두었다는 사실은 "놀라는" 사람들을 묘사하는 부분에서 뚜렷이 나타난다. 그들은 요한계시록에서 불신하는 우상숭배자들을 가리키는 전문 어구인 "땅에 사는 자들"이다(예. 6:10; 13:8, 14의 주석 참조). 13:8, 14에서처럼 여기서도 그들은 미혹을 당해 짐승을 경배한다.

---

312. 참조. Caird, *Revelation,* 216과 A. F. Johnson, "Revelation," 558. Caird와 Johnson은 이 어구에 이어지는 17:8a의 "그가 올라와 멸망으로 들어가다"라는 어구의 현재 시제 역시 짐승이 역사 내내 가지는 특성을 가리킨다고 주장한다.

짐승에 관해 그들을 속이는 구체적인 내용은 짐승이 이전 생활("있었고")의 끝에 패했지만("지금은 없으나"), 그 패배에서 회복한 것처럼 보인다는 데 있다("장차 무저갱으로부터 올라와"). 이것 역시 짐승이 13:3에서 무리들을 속이는 방법이다. "그의 머리 하나가 상하여 죽게 된 것 같더니 그 죽게 되었던 상처가 나으매 온 땅이 놀랍게 여겨 짐승을 따르고." 17:8의 마지막 어구는 짐승이 패배에서 회복한 것처럼 보여 짐승을 따르는 사람들이 속임을 당한다는 점을 강조하려고 17:8a의 3중 형식을 재서술한다. 짐승이 회복된 것처럼 보였던 패배는, 그리스도의 십자가와 부활을 통한 짐승과 그 세력의 패배다(13:3의 주석 참조). 1세기에 사탄적 특성을 지닌 국가("짐승")와 문화는 그리스도의 승리에 영향을 받지 않은 것처럼 보였다. 그들의 번영이 계속되었고 하나님의 백성에게 가해지는 박해가 조금도 누그러들지 않고 계속되었기 때문이다. 이러한 상황은 그리스도의 재림 때까지 지속될 것이다. 재림 때 짐승이 하나님의 백성에 대해 얻은 성과는 이전보다 한층 더 큰 것처럼 보일 것이다. 그리스도의 재림 직전까지도 짐승은 교회에 대해 마침내 그리고 결정적으로 승리한 것처럼 보일 것이다. 하지만 짐승의 그럴싸한 성공은 17:10에 나타나 있듯이 오래 가지 못한다. 짐승의 성공은 "잠시" 지속될 뿐이다. 그리스도는 이 시점에 재림하셔서 마귀와 그의 군대가 십자가에서 패배했다는 것을 결정적으로 보이실 것이다. 그리스도는 역사의 끝에 사탄의 군대를 이기고 물리적인 승리를 쟁취하심으로써 십자가에서 영적 승리를 거두셨음을 실제로 증명하실 것이다.

"땅에 사는 자들"은 짐승의 미혹에 저항할 수 없다. 그들의 "이름이 창세 이후로 생명책에 기록되지 못하였기" 때문이다. 짐승을 경배하고 짐승에게 속임을 당하는 같은 이유가 13:8에 제시된다. "생명책에 기록되었다"는 말은 다른 곳에서 신자들을 가리키는 은유다. 그들의 구원의 생명은 보장되었다. 생명책에 기록되지 않았다는 것은 불신자들을 가리키며, 그들은 그러한 안전의 혜택을 받지 못했다(3:5; 13:8; 20:12; 21:27의 주석 참조; 단 7:10; 12:1-2; 시 68[69]:29 암시의 배경과 적절성에 대해서는 3:5과 13:8의 주석 참조). 13:8에서는 본문에서처럼 이러한 안전 또는 안전의 결여가 역사적인 시간이 시작되기 전, 이를테면 "창세 이후로" 결정되었다고 한다.

책에 기록된 사람들은 어린 양에 의해 보호를 받는다. 이 사실은 13:8과 21:27에서 입증된다. 여기서 소유 또는 기원의 소유격인 τοῦ ἀρνίου("어린 양의")는 "생명책"을 수식한다. 소유격은 의도적으로 모호하게 된 것이며 두 가지 뉘앙스를 다 포함할 수 있다. 어린 양은 생명을 주시고 또 생명을 받은 자와 받지 못한 자들 모두에게 주권을 행사하는 분이시다(자세한 내용은 13:8의 주석 참조). 여기서는 그 책의 구원의 보호를 받지 못할 사람에게 강조가 있다.

분사 βλεπόντων("보다")은 부사적으로 사용되어 "그들이 놀랐다"를 수식할 수 있다. 그렇다면 이 단어는 놀람의 원인을 가리키는 소유격 절대형일 것이다(비록 소유격 절대형이 정상적으로는 정동사와는 다른 주어를 취하지만 말이다). 또는 관사가 없더라도, 분사는 앞에 있는 분사의 명사적 용법인 "땅에 사는 자들"을 수식할 수 있다. 이 경우 βλεπόντων은 주격이어야 하지만 일치되지 않고 소유격이 되었다. 그런 경우 소유격 형태는 "땅에 사는 자들"이라는 어구의 선행사인 ὧν의 격에 동화되었다고 간주될 수 있다. 분사가 부사로 사용되었든지 명사로 사용되었든지 간에, 정동사와 관련해서는 궁극적으로 원인의 의미를 지닌다. 땅에 사는 자들은 짐승을 보았기 때문에 놀랐다.

9a절 이들과는 다르게, 책에 기록된 사람들은 어린 양에 의해 영적으로 보호를 받는다. 그래서 그들은 짐승에게 속임을 당하지 않으며 또 짐승에게 경배하지 않는다. 그들의 보호는 "지혜 있는 뜻(understanding)"을 가진 것으로 나타난다. 이러한 지혜는 짐승의 거짓을 분별하고, 생명책에 기록된 사람이 미혹을 당해 짐승을 따르지 않도록 막아준다.

9a절은 종말론적인 환난의 때에 참 성도들이 악한 왕에게 속임을 당하지 않기 위해 영적 "총명"과 "지혜"가 필요하다는 다니엘서의 예언을 발전시킨 것이다. 악한 왕은 하나님 위에 자신의 주권을 높이고 자신을 인정하지 않는 하나님의 백성을 박해한다(단 11:33; 12:10; 본문의 배경에 대해 자세히

논한 13:18의 주석 참조).[56] 요한이 17:3 환상에서 본 짐승은 다니엘서에 예언된 악한 국가적 세력이다. 요한과 그의 교회들은 다니엘의 예언적인 경고를 상기해야 했다. 예언을 지속적으로 회상함으로써 교회는 늘 깨어 있을 수 있다. 그래야만 성경에 무지하여 경계심을 잃고 짐승의 미혹을 받는 교회 안의 많은 사람들처럼 속임을 당하지 않을 것이다.

총명과 지혜가 있는 사람들은 9b-18절에 묘사된 짐승과 여자에 관한 환상을 천사가 설명해줄 때 인지적·영적으로 이해할 수 있다. 천사의 설명은 "부르심을 받고 택함을 받은" 사람들의 마음에 다니엘의 예언을 강조하려고 그 예언을 좀 더 자세하게 발전시킬 것이다(17:14).

참 성도들이 생명책에 그들의 이름이 기록된 까닭에 이미 보호를 받고 있다면, 왜 그들이 짐승에게 경배하지 말라는 경고를 받고, 속임을 당하지 않으려면 지혜가 있어야 한다는 권면을 받는지 질문할 수 있다. 신학적으로 그리고 하나님의 관점에서 볼 때, 하나님이 마지막 때에 그분의 택한 자들을 구원하시는 계획에는 종말 이전에 경고와 권면을 하는 것과 그들이 하나님의 보호의 은혜에 근거하여 이에 적극적으로 반응하는 일이 포함된다고 대답할 수 있다. 좋은 예가 마 24장에 있다. 여기서는 믿는 자들에게 구원받고(마 24:13) 그리스도의 재림을 기다리며 깨어 있기 위해서는 환난을 견디라고 권한다. 하지만 마태는 하나님이 역사의 중간 상황을 정하셔서 택한 자들이 마침내 구원을 받도록 하실 것이라고 주장한다. "그 [환난] 날들을 감하지 아니하면 모든 육체가 구원을 얻지 못할 것이나 그러나 택하신 자들을 위하여 그 날들을 감하시리라"(마 24:22).

인간적인 관점에서 볼 때, 벧후 1:10은 권면과 그 권면에 순종하는 일이 참으로 택함을 받은 사람들에게 구원의 보증을 심어준다고 천명한다. "그러므로 형제들아! 더욱 힘써 너희 부르심과 택하심을 굳게 하라. 너희가 이것을 행한즉 언제든지 실족하지 아니하리라." 바울도 동

56) Beale, "Danielic Background."

일한 진리를 전한다. 예를 들어 고전 10:12의 권면("그런즉 선 줄로 생각하는 자는 넘어질까 조심하라")은 하나님의 능력을 주시는 힘으로써 행해야 한다(10:13). 그리고 그것이 수행될 때, 신자들의 확신은 증가하며 그들의 믿음이 참되다는 것이 증명된다.[57] 이와 마찬가지로 빌 1:6과 2:12-13을 비교하라.

사실 계 22:11에서는 교회의 거짓 회원들에게 그들의 죄 안에 계속 머물라고 권면하고, 참되고 택함을 받은 신자들에게는 계속 의를 행하라고 권한다. 이러한 권면들은 계 17:9a의 배경이기도 한 단 12:10에 근거한다(자세한 내용은 2:7과 22:11의 주석 참조). 택함을 받은 남은 자들은 불신 공동체의 영적 가사상태를 어느 정도 본받게 될 가능성이 있다. 하지만 하나님은 택함을 받은 자들에게 예언적 권면을 통해 그들의 영적 무기력에 충격을 줌으로써 불신자들과 영원히 동일시되는 일에서 그들을 건지신다. 하지만 참으로 배교하는 사람들에게는 예언적인 권면이 단지 그들의 마음을 강퍅하게 할 뿐이다. 17:14에서 종말론적 원수에게 최종 승리를 거두신 어린 양과 동일시된 사람들을 "부르심을 받고 택하심을 받은 자들"이라고 언급한 것은 적절하다(참조. 벧후 1:10).

9b절 천사는 지금 짐승의 "일곱 머리"를 해석한다. 천사는 먼저 일곱 머리를 "일곱 산"이라고 밝힌다. 산은 종종 로마의 일곱 언덕과 동일시되며, 그래서 로마 제국으로 해석되곤 한다.[58] 사실 ὄρος는 "산"뿐만 아니라 "언덕"을 의미한다. 하지만 요한계시록에서 이 단어는 늘 "산"을 의미하며 힘을 비유적으로 가리키기 위해 사용되었다(7번).[59] 이러한 용례는 로마의 "언덕"을 가리키는 문자적인 언급을 넘어 비유적인 의미로 "나라들"을 가리킨다. 특히 8:8과 14:1에 비춰볼 때 그러하다. 구약성경과 유대문헌에서 산들은 나라들을 상징한다. 예를 들면, 사 2:2, 렘 51:25, 겔 35:3, 단 2:35, 45,

57) Volf, *Paul and Perseverance,* 120-30.

58) I. T. Beckwith, *Apocalypse,* 707-8; Kiddle, *Revelation,* 349-51; Caird, *Revelation,* 218-19; Boring, *Revelation,* 183.

59) Minear, *New Earth,* 235-36.

슥 4:7, *1 En*. 52; *Targ*. 사 41:15이다.

그래서 "일곱 산"은 일곱 명의 왕 또는 일곱 나라를 가리킬 수 있으며, 이렇게 식별하는 것은 이어지는 어구 "또 일곱 왕이라"에 의해 확증된다 ("왕"과 "나라들"을 서로 바꿔가며 사용하는 것에 대해서는 단 7:17, 23을 보라). 이러한 동일시는 네 짐승(= 네 나라)의 머릿수 전체가 일곱임을 가리키는 단 7:4-7에서도 확증된다. 단 7장 역시 계 13:1의 일곱 머리의 원천이다. 여기서 나라를 대표하는 왕들을 염두에 두었다는 사실은 단 7:17 LXX("큰 짐승들은 네 왕들이다")와 7:23("넷째 짐승은 넷째 나라가 될 것이다")에 비춰볼 때 분명하다.

13:1과 17:3에서 일곱 머리를 가진 짐승으로부터 은유적인 변화가 있다. 13:3에는 짐승이 머리를 가지고 있는 것으로 묘사되었는데, 17:3에서는 짐승이 곧 머리라고 묘사되었다. 17:3에서는 여자가 짐승 위에 앉아 있다. 그런데 여자는 지금 머리/산 위에 앉아 있다. 이처럼 짐승을 머리/산/왕과 동일시하는 것은 "머리"가 권세를 암시하는 11절에서 분명히 밝혀지는데, 여기서 머리는 압제하는 권세를 의미한다(9:17-19과 같은 비유적 의미다). 이 사실은 그 머리에 있는 "신성모독하는 이름들"(13:1)로 인해 더 강조된다. 13:1의 장면은 하나님께만 충성하겠다는 사람들을 탄압하는 왕들을 묘사한다.

"일곱"이라는 수는 한 시대의 왕의 수를 가리키는 문자적인 수가 아니라 구약성경, 특히 단 7장과 요한계시록에서처럼 충분하거나 완전한 수를 가리키는 비유적인 수다. 요한계시록에서는 17:3-11 이외에 "일곱" 또는 "일곱째"가 약 45번 등장한다(예. 1:4, 20; 4:5; 5:6; 12:3; 13:1-2). 이 모든 것은 분명히 비유적 표현이다. 12:3과 13:1-2에서처럼 탄압하는 세력의 편만함이 여기서 강조된다. 그러므로 일곱 산과 왕들은 1세기나 다른 세기의 특정한 일곱 왕이나 나라보다는, 온 세대에 걸쳐 두루 등장하는 세상 정부의 탄압하는 힘을 가리킨다. 이들은 교만하여 하나님의 특권을 가졌다고 주장하며, 하나님의 백성이 악한 나라의 거짓 주장에 복종하지 않을 때 그들을 박해한다. "일곱 머리"를 이처럼 광범위하게 밝히는 것은 단 7:3-7에 의해 확증된다. 여기서 네 짐승의 일곱 머리는 수세기를 아우르는 특징적인 제국들을 가리킨다(이 점에 대해서는 아래 참조).

이러한 비유적 관점은 12:3과 13:1-2과 관련하여 우리가 일찍이 내린 결론에 의해 지지받는다. 앞에서 우리는 일곱 머리와 열 뿔을 가진 용과 열 뿔을 가진 짐승은 역사 내내 존재하고 역사 끝까지 있는 세상 나라들을 상징한다고 결론 내렸다. 설령 요한이 자신의 시대가 역사의 끝일 수 있다는 가능성에 주의하고 있었다고 하더라도 말이다(참조. 1:3; 22:10, 20).

17장의 이곳에서 왕들을 시간을 초월하여 등장하는 존재들로 이해해야 한다는 사실은 다음 내용을 고려하면 분명해진다. (1) 단 7:4-7의 일곱 머리를 가진 나라들이 바벨론부터 역사의 마지막까지 역사의 전 범위를 아우르듯이, 계 17장의 일곱 머리를 가진 짐승 역시 역사의 전 세대를 아우른다. 특히 요한은 다니엘서의 네 제국의 특징들을 다른 네 짐승이 아니라 짐승 같은 한 등장인물에 적용한다. (2) 구약성경 전체에서 바다에서 나온 짐승의 이미지는 수세기를 아우르는 각기 다른 악한 나라들을 상징한다. (3) 짐승의 권세는 어린 양이 행사하시는 권세와 완전히 반대된다(17:14). 그래서 짐승은 단순히 어느 한 시대에 땅의 권세를 행사하는 것이 아니라 "큰 용과 옛 뱀"이 오래 전부터 가졌던 주권을 행사한다(12:3, 9과 13:1-3 비교). (4) 신약성경 여러 곳에서 같은 개념을 견지한다는 점은 요한 서신에서 분명히 나타난다. 여기서 다니엘서에 예언된 종말론적 대적자는 역사의 마지막에만 나타나는 것이 아니라 이미 교회 내에 거짓 교사로서 모습을 드러낸 실체다(요일 2:18, 22; 4:4; 요이 7; 또한 살후 2:3-10). (5) 유대교 문헌도 단 7:3-7과 같은 견해를 가지고 있다(이 모든 논증의 설명을 위해서는 12:3과 13:1-3의 주석 참조).[60]

물론 요한 당시 짐승의 구체화된 모습은 로마였다. 로마의 일곱 언덕은 요한에게 비유적인 수 "일곱"을 사용하도록 부분적으로 영향을 주었을 수

---

60) W. Foerster, *TDNT* V, 487; Minear, *New Earth*, 237-38; A. F. Johnson, "Revelation," 558-61은 17:9-10의 일곱 머리를 역사 내내 있는 악한 정치적 통치를 가리키는 비유로 해석한다.

있다.[61]

ὄρος가 "산"인지 "언덕"인지에 대한 어휘적 모호성 때문에 이 단어가 부차적으로 로마의 언덕을 가리킬 수 있다. 로마는 고대 세계에서 "일곱 언덕에 세워진 도시"로 널리 알려졌다(예. Virgil, *Aeneid* 6.782-83; *Georgics* 2.535; Martial, *Epigrams* 6.64; Cicero, *Ad Atticum* 6.5; *Sib. Or.* 2.18; 11.113-16; 13.45; 14.108).[62] 이러한 대중적인 생각과는 달리, 로마에는 8개 또는 아마도 9개의 언덕이 있는 것으로 알려졌다.[63] 계 17장의 일곱이라는 상징적인 수에 포함될 수 있었던 것은 로마가 일곱 언덕을 가진 도시로 **알려졌기** 때문이다. Hermas, *Similitudes* 27-30에는 "열두 산"의 이미지가 온 세계에 있는 "열두 나라"를 상징한다. 12라는 수 자체도 그리스도를 믿는 모든 사람의 완전수를 나타낸다. 이러한 초기의 사용례는 계 17:9의 일곱 산을 1세기뿐만 아니라 역사 내내 그리스도와 그의 백성을 대적하는 악의 완전함과 충만함으로 해석하는 비유적 이해를 더욱 강조한다.

덧말인 ὅπου…ἐπ' αὐτῶν("위에 있는")은 어미변화를 하지 않는 *ʾăsher*에 접미 대명사 또는 *lô*와 같은 대명사가 이어지는 셈어 구조를 반영한다.[64] 이러한 구조가 셈어에 속한 언어에서 발생하는 것은, 불변화사가 문법적으로 사람이나 장소나 사물을 가리키지 않기에 대명사로 설명할 필요가 있기 때문이다.[65]

10절 비록 이 절과 뒤따라오는 절을 1세기의 로마의 여덟 황제나 수세기를 아우르는 연속적인 세계 제국과 구체적으로 동일시하는 사람들

---

61) 주석가들 중에는 일곱 산을 로마의 일곱 황제와 동일시하는 사람들이 있다(17:10의 주석 참조). 하지만 그들은 일곱이라는 수를 악한 통치의 완전함을 가리키는 비유적인 수로 보기도 한다. 마치 1-3장의 일곱 교회가 역사상의 교회이지만, 완전함, 즉 보편적인 교회를 가리키기도 하는 것처럼 말이다. 참조. Gentry, *Before Jerusalem Fell,* 162-63.

62) 더 자세한 문헌은 Swete, *Apocalypse,* 220; Lohmeyer, *Offenbarung,* 143, Brütsch, *Offenbarung* II, 239; Gentry, *Before Jerusalem Fell,* 149-50을 보라.

63) A. F. Johnson, "Revelation," 563에 따르면 그렇다.

64) MHT II, 434.

65) 참조. Mussies, *Morphology of Koine Greek,* 177.

이 있기는 해도,[66] 이 절은 9절에서 논의한 짐승의 초시간적인 특성과 그의 일곱 머리를 비유적으로 이해해야 한다는 점을 확증한다. 같은 이유에서 8-11절은 단순히 네로의 환생 신화에 적용될 수 없다(자세한 논의는 아래 참조).

그러므로 본문의 여러 묘사를 1세기의 특정한 사건들에 일치시키려고 자료설이나 삽입설을 주장하는 것은 불필요하다.[67] 예를 들어 개중에는 10절이 베스파시아누스 시기나 그 이전의 황제 시대에서 온 자료에 속하며, 요한이 도미티아누스가 다스릴 때 그 자료를 이곳에 삽입했다고 주장하는 사람들이 있다.[68]

하지만 네로는 이 본문의 사상을 밝히는 좋은 예로 작용한다. 엘리야의 영이 세례 요한으로 재등장한 것과 비슷하게, 네로는 살다 죽었으며 그 후 도미티아누스 때 재등장했다(마 11:14; 막 9:13; 눅 1:17; 계 11:3-6).[69] 즉 로마의 작가들이 도미티아누스를 네로와 비교한 것에 분명히 나타났듯이,[70] 도미티아누스는 네로와 같은 특성을 지녔다.[71] 비록 아시아에서는 그렇게 생각하지 않았겠지만 말이다. 이처럼 악의 중지와 재등장은 역사 내내 주기적으로 발생한다. 네로와 같은 사람은 역사의 끝에 또 다시 일어날 것이며,[72] 요한의 관점에서 볼 때, 그런 인물이 요한의 세대에 등장했는지도 모른다.

---

66) 일곱 왕을 역사적으로 존재했던 로마의 황제들과 구체적으로 동일시하려는 시도를 개괄한 Beckwith, *Apocalypse,* 704-6; Farrer, *Revelation,* 32-35; Caird, *Revelation,* 217-18; J. M. Ford, *Revelation,* 289-91; Sweet, *Revelation,* 256-58을 보라. 이러한 동일시의 문제점들은 아래 내용 참조.

67) Charles, *Revelation* II, 58-59, 67ff.; Rissi, *Time and History,* 75-82; 같은 저자, *Future of the World,* 2-6, 27. 앞에서 평가한 이론들의 개요는 I. T. Beckwith, *Apocalypse,* 709-11을 보라. 그리고 Beasley-Murray, *Revelation,* 249-50; A. F. Johnson, "Revelation," 557을 참조하라.

68) 이 견해를 고수하는 학자들 목록은 I. T. Beckwith, *Apocalypse,* 705을 보라.

69) Swete, *Apocalypse,* 221.

70) M. Stuart, *Apocalypse* II, 328; Morris, *Revelation,* 208; I. T. Beckwith, *Apocalypse,* 700, 703-4.

71) 참고문헌(예. Juvenal iv.37ff.; Martial, *Epigrams* 11.33)에 대해서는 Swete, *Apocalypse,* 221을 보라.

72) Lilje, *Last Book,* 227.

천사는 9절에 언급된 왕 중에 5명이 과거에 "망하였고", 하나는 지금 존재하고, 다른 하나는 아직 이르지 아니하였다고 말한다. "망하다"(동사는 πίπτω)는 그들이 죽었다는 의미일 것이다. 하지만 그들이 어떻게 죽었는지는 구체적으로 언급되지 않았다.[73] 이렇게 세 부분으로 묘사된 것은 8절에서 짐승에게 적용되었던 역설적인 3중적 표현을 반영한다. 그것은 하나님의 3중적 이름을 패러디한 것이다(1:8; 4:8; 11:16; 16:5). 하나님을 가리키는 3중적 이름이 역사 내내 그의 존재를 가리키기에, 그 문구를 짐승의 머리에 적용한 것 역시 짐승의 초시간적인 존재를 시사한다. 그러므로 일곱 왕은 역사 전반에 걸쳐 등장하는 왕들을 가리키는 비유적 표현이다. 짐승은 바로 이 왕들을 통해 행동한다.

오래 전 짐승에게 속했던 다섯 왕은 죽임을 당했다. 이런 의미에서 짐승은 "지금은 없다"(8, 11절). 하지만 그가 패배했더라도 그는 계속 살아 있다(그가 "있다", 8절). 여섯째 머리가 여전히 살아 있기 때문이다(10절). 그리고 일곱째는 아직 그 모습을 드러내지 않았다. 머리 둘은 궁극적으로 남아 있다. 하지만 그것들도 다른 머리들처럼 죽임을 당하게 될 것이며, 마지막 머리는 역사의 끝에 죽임을 당할 것이다(자세한 내용은 13:1-3과 17:8a의 주석 참조).

요한이 여섯째 머리의 배후에 있고 현재 통치하고 있는 특정한 황제를 어느 정도 염두에 두었다면, 그는 독자들에게 이것을 분명히 밝힐 필요가 없었을 것이다. 독자들도 그가 누구인지 분명히 알았을 테니까 말이다. 그러므로 독자들도 황제들을 어디서부터 세어야 하는지 알 필요가 없었다. 요한은 황제의 수를 세는 일에는 관심이 없었을 것이다. 일곱 왕이 있었다고 말하는 이유는 일곱이 전체를 가리키는 수였기 때문이다. 만약 요한이 수를 세기 시작했다면, 어느 황제부터 시작했는지 확신할 수 없다(아래 내용 참조).

17:10에서 요한의 우선적인 관심은 독자들에게 포악스런 일곱 통치자들의 마지막 때까지 얼마나 남았는지를 알리는 데 있다. 요한은 독자들에

73) W. Michaelis, *TDNT* VI, 161-66.

게 나머지 한 황제의 짧은 통치가 있고 나서야 비로소 로마의 탄압이 그칠 것이라고 말한다. 로마의 탄압은 모든 불경건하고 억압적인 세력을 가리킨다. 다른 곳에서 그랬듯이 요한은 교회에게 마지막 날이 멀지 않았으며 곧 임할지도 모른다고 말한다. "다른 하나", 즉 일곱째는 **"아직 이르지 아니하였다."** 이것은 다른 곳에서와 마찬가지로 가까운 시일에 일어날 것으로 기대한다고 이해해야 한다. 그래서 임박함이 표현되었다. 하지만 현재와 미래의 끝 사이에는 가늠할 수 없는 간격이 있다(6:11. 이 점에 대해서는 6:11; 12:12; 22:6-7, 12의 주석 참조).[74]

짐승(8절)과 일곱 왕(10절)에게 3중 형식이 비슷하게 적용되었다는 사실은 일곱 왕이 짐승과 공동체적으로 동일시되었음을 암시한다. 이러한 동일시는 이어지는 몇몇 절에서 더욱 전개된다. 로마의 고대 짐승이 당대에 나타난 것 이외에, 또 다른 출현이 미래에 있을 것이다. 그것은 "아직 이르지 않았으나, 이르면 반드시 잠시 동안 머물 것이다." 여기서 말하는 잠시 동안은 역사의 최종 단계를 주도하는 "잠시 동안"이다. 이것은 처음 여섯 "머리들"(=나라들)이 오랫동안 지속될 것을 의미한다.[75] 지상의 최종적인 악의 화신이 이르게 되면, 악은 지속적인 통치를 할 수 없게 될 것이다. 악은 단지 잠시 동안만 머무를 뿐이다. 악이 임한다는 것은 20:3b에도 묘사된다. 역사의 끝에 용은 "잠간 동안 간힐 것"이다(참조. 20:7-10; 이러한 시간적 표현은 인간의 관점에서 임박함을 가리킬 수도 있지만, 6:11과 12:12에서처럼 하나님의 관점에서는 그렇지 않다). 이 병행 어구에는 다시 용과 짐승의 유대감이 나타난다. 세상의 모든 나라를 다스리는 하나의 전 포괄적인 사탄의 영 때문에, 세상의 많은 악한 나라들은 "[하나의] 세상 나라"로 언급될 수 있다.[76]

네로 전설의 주요 증거와 자세한 논의는 13:3의 주석을 참조하라. 찰스는 본문에서 말하는 것이 네로의 환생 신화뿐이라고 주장한다.[77] 코트

---

74) 이 문단은 Bauckham의 논의를 따랐다. Bauckham, *Climax of Prophecy*, 406-7.
75) 참조. Mauro, *Patmos Visions*, 489.
76) 참조. Ladd, *Revelation*, 230.
77) Charles, *Revelation* II, 67-87. 또한 Court, *Myth and History*, 126-33. 비교. Kiddle,

는 13:3의 주석에 인용된 네로 이론을 평가한 미니어의 비평에 충분하게 반응하지 못한다.

뷰캐넌은 약간 주저하면서 일곱 머리가 단지 로마의 하수인으로서 로마의 일곱 언덕과 관련이 있는 헤롯가의 일곱 왕들이라고 주장한다. 하지만 그가 이런 견해를 주장하기 위해 제시한 증거는 설득력이 없다.[78)]

일곱 머리를 로마의 일련의 일곱 황제들과 동일시하는, 보다 대중적인 형태가 지닌 문제들은 구체적으로 다음과 같다.

(1) 어느 황제부터 계수하기 시작할 것인가? 카이사르 아우구스투스, 율리우스 카이사르, 아니면 적그리스도의 특성을 지닌 첫 번째 황제 칼리굴라인가? 아우구스투스의 선임자인 율리우스 카이사르를 첫 번째 공식적인 황제로 간주하는 사람들이 있다. 이것은 지배적으로 인정받는 견해는 아니지만 1세기 말에 널리 퍼진 견해라고 할 수 있다.[79)] 설령 이것이 우세한 견해라고 해도, 문학적인 문맥에서 이것이 요한의 견해였음이 증명돼야 한다. 실제로 요한은 티베리우스(또는 칼리굴라)로부터 시작하는 것이 더 적합하다고 생각했을지도 모른다. 이 두 사람은 그리스도의 죽음과 부활로 시작된 새 시대가 시작될 때 통치했기 때문이다(자세한 내용은 아래 참조).

Revelation, 345-55. Bauckham, *Climax of Prophecy,* 384-452에는 "네로 환생" 신화와 그것이 계 13장과 17장에 끼치는 영향이 광범위하게 논의되었다.

78) Buchanan, *Revelation,* 454-56.

79) Gentry는 이러한 견해를 지지하는 문헌들을 인용한다. Gentry, *Before Jerusalem Fell,* 154-58. 예를 들어 Suetonius, *Lives of the Twelve Emperors, Deified Julius* 76; Josephus, *Ant.* 18.29-35; *Sib. Or.* 5.12-14; 4 Ezra 11-12; 그리고 아마도 *Sib. Or.* 8.135-38. Gentry가 인용한 다른 문헌은 의심의 여지가 있다. 이를테면 *Sib. Or.* 11.261ff.은 분명하지가 않고, *Barnabas* 4:4은 단 4:24을 단지 인용만 했고 나라들이 어떤 나라들을 가리키는지 논평하지 않았으며, 율리우스가 로마의 첫 번째 황제임을 확실하게 입증하지 않는다는 점이다. Dio Cassius, *Roman History* 5에는 율리우스 카이사르가 언급되지 않았다. 비록 4.17(=Zonaras 7.14)에 율리우스가 다른 "독재자들" 중 하나라고 언급이 되었지만 말이다. Gentry는 "로마 제국이 아우구스투스 치하에 제국으로 설립되었으며, 아우구스투스부터 시작하는 황제들 목록이 여럿 있다"는 사실을 인정한다. Gentry, *Before Jerusalem Fell,* 154(Tacitus, *Annals* 1.1, 특히 *Histories* 1.1에 비춰볼 때 그러하다).

네로가 여섯 번째 왕이라는 주장을 반박하는 중요한 논증은 계 11:7과 20:1-9에 하나님의 백성의 마지막 역사적 원수, 즉 일곱 번째 왕이 이전의 어느 통치자들보다도 광범위하고 더 혹독하게 박해할 것이라고 말한다는 데 있다(11:7; 20:1-9과 아울러 17:8a, 10-11의 주석 참조). 17:10-11에 묘사된 여섯째 왕은 덜 탄압하는 자로 묘사된다. 이러한 묘사는 1세기 로마 황제들 중에서, 그리고 그를 바로 계승했던 어느 통치자들보다 가장 지독한 박해자로 악명 높았던 네로에게는 적합하지 않다. 요한의 관점에서 볼 때 율리우스 카이사르가 첫 번째 황제이고 네로가 여섯 번째라는 견해를 심도 있게 비평적으로 평가한 본서 서론의 "네로 환생 신화"와 "초기 저작설"의 "일곱 왕들" 항목을 보라. 거기서 이 견해를 반대하는 중요한 문맥적 논증을 제시했다. 이 논증들 중에서 가장 중요한 것은 요한이 창조적으로 수용한 2가지 형태의 네로 환생 전설은 네로의 운명 후 수년 뒤에 발전했다는 것이다. 만일 네로가 여섯 번째 왕과 동일시된다면, 요한계시록의 후기 저작설이 힘을 얻는다.

(2) 황제들을 다 셀 것인가? 아니면 황제 숭배를 강요하는 사람들만 셀 것인가? 또는 잠시 동안만 통치했던 갈바와 오토와 비텔리우스는 제외한 모든 황제를 셀 것인가(아래의 논의 참조)? 만일 황제로 간주할 수 있는 모든 사람을 포함시키고 요한계시록이 네로가 통치하는 동안에 기록되었다면, 세어야 할 황제들이 너무 많을 것이다(7명 또는 8명 이상이다. 아래 열거한 황제들 목록을 보라). 모든 황제가 다 포함되고 요한계시록이 도미티아누스 황체 치하에 기록되었다고 하더라도 마찬가지다.

(3) 몇몇 해석자들이 주장하듯이, 네로가 운명하고 베스파시아누스가 로마에서 정권을 잡을 때(69년 12월 21일)까지 그 사이에 18개월간 짧게 통치한 갈바와 오토와 비텔리우스를 목록에서 제거해야 하는가? 고대의 저자들 중에서는 이들을 합법적인 황제로 간주한 사람들이 있다(예. *Sib. Or.* 5.35; Josephus, *War* 4.491-96; 4 Ezra 12:20ff.).[80] 하지만

80) J. A. T. Robinson, *Redating the New Testament,* 243 역시 Tacitus, *Historia* 1.49에

Suetonius, *Vespasian* 1은 이 세 사람의 통치를 "찬탈"이라고 지칭하며, 이들을 "황제"라고 부르는 것이 타당한지 의문을 제기하는 것처럼 보인다.[81] 브루스는 세 황제의 통치가 동쪽 지역에서는 그다지 의미가 없었다고 주장한다. 그곳에서는 "기원후 69년 7월 1일 알렉산드리아에서 베스파시아누스가 황제로 공포된 이후 그의 권세가 막강했다." 더욱이 요세푸스는 2년 전에 베스파시아누스가 로마의 황제 자리를 계승할 것으로 예측했다.[82] 그럼에도 세 명이 짧게 통치한 것을 배제하는 이유로 제시된 과거의 몇몇 주장은 많은 사람에게 설득력 있게 받아들여지지 않았다.

(4) 계 17:11에 따르면, 역사적으로 여덟 번째 황제가 어떻게 일곱 왕 중에 하나가 될 수 있겠는가? 역사적인 황제들과 동일시하는 문자적인 방법에 기본적으로 비유적 의미를 더하지 않는다면 말이다.

(5) 개중에는 계 17:9-13이 단 7장에 근거한 4 Ezra 11-12장의 환상과 일반적으로 병행한다고 제시하는 사람이 있을 것이다. 거기서 선견자는 머리 3개와 날개 12개가 있는 독수리 한 마리를 본다. 이것은 로마 황제들의 계승을 언급할 수 있다. 물론 이렇게 동일시하는 것에 대해 논쟁이 있고 숫자 12가 단순히 전체를 상징할 수 있기는 하다.[83] 하지만 비록 머리 3개가 역사적인 황제들의 계승을 가리킨다 하더라도, 이것이 요한의 의도라는 의미는 아니다.[84]

존슨은 일곱 머리를 로마의 황제들과 동일시할 경우 맞닥뜨리게 되는 문제를 잘 요약한다. 그는 로마 황제들의 순서를 아우구스투스, 티베리우스, 칼리굴라, 클라우디우스, 네로("망한" 다섯 왕들), 베스파시아누스("지금 있는" 자), 그리고 티투스("아직 이르지 아니한 다른 하나")라고 밝

호소한다. 하지만 이것은 분명하게 지지하는 자료는 아니다.

81) J. A. T. Robinson, *Redating the New Testament,* 243은 Suetonius가 이 세 사람을 그의 *Lives of Twelve Caesars*에 포함시킨다고 지적한다.

82) Bruce, "Revelation," 1621.

83) 참조. Caird, *Revelation,* 219; Charles, *APOT* II, 612-13.

84) A. F. Johnson, "Revelation," 563.

힌다.[85] 만일 황제의 순서가 네로부터 시작된다면, 그 순서는 네로, 갈바, 오토, 비텔리우스, 베스파시아누스("망한" 다섯 왕들), 티투스("지금 있는" 자), 그리고 도미티아누스("아직 이르지 아니한 다른 하나")가 된다.

스트로벨, 프리장, 콜린스, 울릭센은 칼리굴라부터 계산해야 한다고 주장한다. 요한의 관심이 그리스도의 생애를 둘러싼 구속 사건에 이어지는 새 시대에 있으며 칼리굴라는 예수의 죽음과 부활 이후 세력을 잡게 된 첫 번째 황제라는 것이 그 이유다. 칼리굴라가 출발점으로 적합한데, 예루살렘 성전에 세워진 그의 동상은 유대인들에게 안티오코스 에피파네스가 저지른 유사한 만행을 상기시켰을 것이기 때문이다. 이렇게 칼리굴라 역시 적그리스도의 특성을 지녔으며, 필론과 요세푸스 모두 칼리굴라의 통치가 유대인들의 마음에 남긴 지속적인 인상에 대해 증언한다.[86] 네로의 통치 이후 세 황제의 짧은 통치를 다시 제거하면, 도미티아누스는 여섯 번째 왕이 된다. 하지만 이 이론은 왜 세 황제의 짧은 통치를 계산하지 않는지, 또는 그리스도의 죽음 이후에도 2, 3년 통치를 계속한 티베리우스로부터 왜 시작하지 않는지를 적절하게 설명하지 못한다. 울릭센만 열 뿔을 칼리굴라로 시작하는 로마의 황제 10명과 동일시하면서 갈바와 오토와 비텔리우스의 통치를 포함시킨다. 그러면 도미티아누스는 아홉 번째 왕이 된다. 울릭센은 요한계시록이 여섯째 머리이며 아홉째 왕인 도미티아누스 치하에 기록되었다고 결론을 내린다.[87]

요한계시록의 저작 시기를 도미티아누스 시대로 고집하는 다른 사람들은 요한이 전형적인 묵시문학가로서 그의 작품을 예언처럼 보이게 하려고, 마치 그가 과거에 살고 있는 것처럼 요한계시록을 기록했다고 주

85) A. F. Johnson, "Revelation," 559. 이 견해는 Charles, *Revelation* II, 69; Swete, *Apocalypse,* 220-21도 지지한다. 여덟째 왕은 가끔 도미티아누스(예. Swete, *Apocalypse,* 221)와 동일시되곤 한다.

86) Strobel, "Abfassung und Geschichtstheologie der Apokalypse"; Prigent, *L'Apocalypse,* 254-55, 261; A. Y. Collins, *Crisis and Catharsis,* 63-64; Ulrichsen, "Die sieben Häupter."

87) Ulrichsen, "Die sieben Häupter."

장하지만 설득력이 부족하다.[88] "요한"이 전형적인 묵시문학가의 가명이라는 증거는 없다. 그리고 요한은 2장과 3장에서 긴박성을 가지고 글을 썼는데, 이는 과거로부터 온 허구적인 저자와는 어울리지 않는다.[89]

황제의 수를 제시하는 다양한 구성은 다음과 같다.[90]

통치 시기	황제	계 17:10에서 가능한 통치자의 순번				
기원전 49-44년	카이사르	1	1			
기원전 31-기원후 14년	아우구스투스	2	2	1	1	
기원후 14-37년	티베리우스	3	3	2	2	
기원후 37-41년	칼리굴라	4	4	3	3	1
기원후 41-54년	클라우디우스	5	5	4	4	2
기원후 54-68년	네로	6	6	5	5	3
기원후 68-69년	갈바	7		6		
기원후 69년	오토	8		7		
기원후 69년	비텔리우스			8		
기원후 69-79년	베스파시아누스		7		6	4
기원후 79-81년	티투스		8		7	5
기원후 81-96년	도미티아누스				8	6

일곱 왕을 세상에 등장한 황제들과 구체적으로 동일시하려는 시도의 성과가 좋을 수는 있다. 그것이 구체적인 네 제국을 나타내는 단 7:3-7의 "일곱 머리"와 좀 더 일치하기 때문이다. "망한" 첫 다섯 왕은 이집트, 앗수르아, 바벨론, 바사, 헬라와 동일시되고, 로마는 "지금 있는" 왕이고,

88) 예. Glasson, *Revelation,* 99.
89) Sweet, *Revelation,* 257.
90) Lund가 약간의 수정을 가하여 제시한 것처럼. Lund, *Revelation,* 188.

그 후에는 아직 알려지지 않은 나라가 온다.[91]

하지만 이 견해는 다음과 같은 이유에서 궁극적으로 만족스럽지 못한 견해다. (1) 이 견해에 따르면 단 7장의 나라들은 요한계시록의 나라들과 다르다. (2) 요한이 일곱 머리를 **하나**의 짐승과 같은 인물에게 적용한 것은 구별되는 여러 나라가 아니라 하나의 초시간적인 실체를 가리킨다(12:3; 13:1-3; 17:9a의 주석 참조). (3) 이런 식으로 세계의 여러 나라를 문자적으로 세는 것은 요한계시록에서 수, 특히 7을 비유적으로 사용한다는 사실과 어울리지 않는다(17:9의 주석 참조). (4) 역사상 존재했던 여섯째와 일곱째 나라는 음녀가 소멸되었는데도 어떻게 살아남을 수 있으며 음녀의 심판을 두고 애통해할 수 있을까(18:9)? (5) 역사적으로 17:11에 근거해볼 때, 여덟째 나라가 어떻게 일곱 나라 중 하나가 될 수 있었을까?[92] (6) 그 이론은 로마 제국 시대 이래로 있었던 다양한 주요 세상 제국들을 설명하지 못한다.

일곱 왕을 세상의 나라들과 동일시하는 헨드릭슨의 설명이 더 개연성이 있다. 헨드릭슨은 일곱째 나라가 로마 제국과 역사의 마지막 사이에 있는 모든 나라를 가리키는 집단적 상징이라고 말함으로써 앞에서 열거한 반대에 답변한다.[93] 일곱 교회가 실제 있었던 일곱 교회를 가리키지만 동시에 보편적인 교회를 상징했듯이, 일곱 머리와 일곱 산은 역사상 존재했던 일곱 나라나, 로마의 모든 황제를 비유적으로 대표하는 로마의 일곱 황제를 가리킬 수 있다. 로마의 모든 황제는 역사 내내 존재하는 모든 나라를 상징한다.

11절 짐승의 출현에서 마지막 단계는 그다지 오래 지속되지 않을 것이다. 짐승이 교회를 속이고 멸망시키려는 목적을 수행하기 전에 자신

91) Hengstenberg, *Revelation* II, 245-46; Seiss, *Apocalypse,* 391-93; Ladd, *Revelation,* 227-29; Walvoord, *Revelation,* 251-54. 이 견해와 이것과 비슷한 견해를 견지한 옛 독일 주석가들을 개괄한 Düsterdieck, *Revelation,* 433-34을 보라.

92) (3)과 (4)에 대해서는 A. F. Johnson, "Revelation," 559-60을 보라.

93) Hendriksen, *More than Conquerors,* 203-5.

이 멸망할 것이기 때문이다. 하지만 그가 멸망했다는 사실이 선언되기 전에, 3중적인 시간으로 묘사된 짐승의 존재가 17:8a과 17:8b에서처럼 공식적으로 다시 서술된다. 반복되는 문구는 8절에 표현된 역설적인 패러디를 한층 더 강조한다. 그런데 지금은 그 공식의 세 번째 부분에서 약간의 변경이 가해졌다. "심지어[또는 "지금"] 그 짐승은 여덟째 왕이니 일곱 왕 출신이라, 그가 멸망으로 들어가리라." 이러한 변경은 짐승을 일곱 머리와 더욱 분명히 동일시한다. 17:9b에서처럼, 머리 은유는 짐승과 관련하여 13:1-3과 17:3을 조금 바꾸었다. 지금 짐승은 머리를 가진 것으로 묘사되지 않고 "일곱[머리]에 속한" 자이며 여덟째 머리와 동일시된다. 요점은 이것이다. 용과 짐승이 역사의 어느 특정한 시기에 권세를 가진 머리 또는 땅의 왕들 중 하나를 통해 그 모습을 드러내는 것은 용이나 짐승의 완벽한 임재에 버금간다.

여덟째 왕에 대한 언급은 이전의 일곱 왕들로부터 계승된 역사적 순서에서 실제의 여덟째 왕을 문자적으로 가리키는 양적인 언급이 아니다. 오히려 "일곱"처럼 "여덟째"에는 비유적인 의미가 있다. "여덟"은 그리스도교 최초기에 큰 중요성이 있었던 것 같다. 6일간의 창조 행위 이후 하나님은 일곱째 날에 쉬셨다. 일곱째 날은 창조 과정을 완성하는 동시에 여덟째 날을 여는 날로 이해되었을 것이다. 이 날에는 새 창조의 정규적인 운행이 시작되었다.[94] 이와 마찬가지로 그리스도는 한 주의 여섯째 날에 죽으시고 안식일에 무덤에서 쉬셨으며, 여덟째 날에 죽은 자 가운데서 다시 살아 나셨다.[95]

그러므로 그 짐승을 "여덟째"라고 부르는 것은 그가 미래에 그리스도의 부활을 흉내 내려는 것을 가리키는 또 다른 방법이다.[96] 이러한 흉내 내기는 이미 짐승을 "죽게 된 것 같더니 그 죽게 되었던 상처가 나은" 것으로 설명함으로써 묘사되었다(13:3. 5:6의 그리스도의 부활과 비교). 숫자 666(13:18)

---

94) Bauckham, *Climax of Prophecy,* 396-97.

95) 여덟째 날이 메시아의 날, 새로운 종말적인 날, 악을 이기는 승리의 날을 가리킨다는 Farrer, *Rebirth of Images,* 70-71을 보라. 또한 Schmemann, *Liturgical Theology,* 60-64을 보라.

96) A. F. Johnson, "Revelation," 560-61.

은 이러한 흉내 내기가 짐승이 의도했던 목표에 이르지 못함을 암시했다. 17:11의 전후 문맥에서 "여덟째"는 앞에 있는 "그가 장차 무저갱으로부터 올라올 것"(8a절)과 "장차 나올"(8b절)과 병행이다. 세 개 모두 하나님의 영원하심을 가리키는 3중적 형식을 반영하는 3중 어구의 세 번째 어구에 속한다. "여덟째"가 이 3중 어구에 속한다는 사실은 그것을 그리스도를 흉내 낸 것으로 이해하는 것이 가장 좋다는 사실을 확증한다.

"여덟째"에는 장차 나올 일곱째 왕이 앞의 여섯 왕처럼 악하지만, 땅에서 다스리고 역사상 다른 왕들을 계승한다는 함의가 있는 것 같다. 이런 의미에서 "그는 일곱 왕 출신이라[또는 일곱 중에 속한 자]"는 말은 그가 "일곱 왕의 후손"이라는 의미다(롬 9:10; 마 1:3, 5-6; 눅 1:27에서처럼 ἐκ τῶν ἑπτά는 관계의 소유격이다.[97] NIV와 RSV는 "일곱에 귀속된다"[belongs to the seven]으로 번역한다). 자식이 부모와 같은 품성을 가진 것처럼, 여덟째 왕은 앞의 일곱 왕과 같이 악한 품성을 가졌다. "여덟째"를 이런 식으로 이해하면, "일곱 중의 하나라"고 번역하는 것(NASB, NEB)은 정확하지 않다는 사실을 아는 데 도움이 된다. 이러한 번역은 여기서 네로의 환생만을 염두에 둔 해석을 반증한다.[98] 이 어구를 보면 여덟째가 실제로 이전의 여러 머리들 중 하나로 이미 존재했다는 사상을 뒷받침할 수 없다. 설령 여덟째 머리에 다른 머리와 같은 품성이 있다고 해도, 그는 사탄의 세력의 더욱 온전한 구현체이고[99] 그의 통치로 인해 역사가 마무리된다는 점에서[100] 그들과는 다르다. 하지만 그 짐승이 역사의 마지막 기간에 자신을 아무리 강하게 나타내 보인다고 하더라도 그의 모든 노력은 헛될 것이다. 그 자신이 멸망될 것이기 때문이다. "그가 멸망으로 들어가리라"라는 문장은 8a절에 있는 3중 형식의 결론을 재서술한다.

짐승은 그리스도의 부활(13:3ff.), 특히 마지막 재림에서 절정에 도달하

---

97) Düsterdieck, *Revelation,* 435.
98) Düsterdieck, *Revelation,* 435.
99) Ladd, *Revelation,* 231.
100) Lilje, *Last Book,* 227.

는 그의 부활의 실재(17:8-9)를 흉내 냄으로써, 많은 사람에게 자기를 따르도록 설득하려 할 것이다. 신자들은 이에 대해 경고를 받아야 하며, 짐승이 미래에 아무도 이길 수 없는 마귀의 권세를 발휘하지 못할 것이라는 사실로 위로받을 수 있다. 여덟째 왕은 비록 사탄의 힘을 새롭고 한층 고조되게 나타낼지는 몰라도, 그리스도의 구속 사역으로 말미암아 결정적으로 죽임을 당한 짐승에게 여전히 속하게 될 것이다. 짐승은 그리스도에게 패했고, 무저갱에 처하게 되었으며, 어린 양을 따르는 사람들이 그에게 경배하기를 거절했지만(즉 "지금은 없으나," 8, 11절), 그는 마치 건재한 것처럼 현재 계속해서 존재하도록 허락을 받았으며, 속이고 박해하도록 허용되었다. 이는 불신자들에게 실제적인 영향을 미친다(즉 "지금 있고," 10절; 17:8a-8b의 주석 참조).[101]

8a-8b절의 "지금은 없으나"와 10절의 "있고" 사이의 명백한 모순은 짐승의 패배와 이미 세워진 그리스도의 나라를 결정적으로 반대하지 못하는 그의 무능력을 강조한다. 비록 여덟째 왕이 미래에 재기하고(8a-8b, 11절), 교회의 왕국에 전례 없는 규모로 적대할 수 있는 것처럼 보여도(11:7; 20:7-9), 그가 과거에 십자가에서 보이지 않게 패배했다는 사실로 인해 "그가 멸망으로 들어갈 것"이라는 확신을 얻는다. 그리고 모든 사람은 그가 멸망하는 것을 보게 될 것이다.[102] 그러므로 13:3ff.에서 언급된 짐승의 분명한 부활과 활동은 짐승의 현재("있고," 17:10)와 미래(8a-8b, 11절)의 존재에 다 적용 가능하다. 존재의 두 국면 사이의 차이는 현재 그가 수행하는 선별적인 속임과 박해 활동이 미래에 그 강렬함과 보편적 규모에 있어 극도로 고조될 것이라는 점을 드러낸다.

실제로 용이 역사 내내 그의 머리들을 시켜 하나님의 백성을 박해했다는 점은 명백하다(12:3과 13:1-2의 주석 참조). 하지만 역사 속에 등장할 마지막 머리는 이전보다 훨씬 더 강력하게 이 일을 수행할 것이다. 몇몇 사람이 주장하듯이, 만일 13:3b-18이 역사의 끝에 있을 보편적 박해를 묘사한다

101) 이 부분에서 나와 동의하는 학자는 Minear, *New Earth*, 242-43뿐이다.
102) 참조. A. F. Johnson, "Revelation," 561.

면, 그것은 17:8, 11에서처럼 짐승이 미래에 어떻게 존재하는지를 동일하게 묘사하는 것이기도 하다. 그렇지만 우리는 13:3에서 짐승이 그리스도의 부활을 패러디한 부분이 그가 권력을 회복한 사실에 초점을 맞춘다고 결론을 내린 데 반해, 17:8-11에서는 그 패러디가 짐승의 마지막 재림에 초점을 맞춘다. 그리스도의 나라를 궁극적으로 완성하는 그리스도의 재림과는 대조적으로, 짐승의 재림은 전례 없는 강도 높은 규모의 박해로 이어지지만, 이로 인해 그는 멸망으로 들어간다. 실제로 13:3-18과 17:8-11은 짐승의 생애가 비록 기독론적인 패러디를 포함하지만, 짐승에겐 다른 일들이 있음을 묘사한다.[103)]

보컴은 짐승을 그리스도의 죽음과 부활의 패러디로 묘사하기 위해 13장에서 네로 전설이 이용된 반면에, 17장에서는 짐승을 그리스도의 재림의 패러디로 묘사하려고 네로 신화의 다른 형태가 채용되었다고 주장한다. 그래서 13장에 언급된 짐승의 소생은 역사의 마지막에 있을 짐승의 "재림"과는 다른 사건을 가리킨다.[104)] 앞에서 11절을 분석한 것에 의하면, 13장에 묘사된 것과 17장에 묘사된 것 사이에 더 많은 유기적인 연속성이 발견된다. (13:3의 주석에서 주장했듯이) 이 두 묘사가 각각 구별되는 구속사적 일화를 가리키는 것으로 볼 수 있는 가능성은 여전히 남아 있기는 하지만 말이다. 가장 좋은 유비는 그리스도의 부활과 그의 재림일 것이다. 이 두 사건은 구별되는 두 사건이지만 동일한 왕권의 계시와 악에 속한 동일한 궁극적인 세력들의 동일한 패배와 동일한 구약 예언의 성취이기도 하다(예. 시 2:9. 계 2:26-27; 12:5을 19:15과 비교하라). 이와 비슷하게 하나님의 백성을 박해하는 종말론적인 원수를 예언한 단 7:21의 예언은 그리스도의 부활 직후 짐승이 하나님의 백성을 탄압하는 것에서 성취되기 시작했으며(13:7), 역사의 마지막에 짐승의 최종적이고 더욱 강력한 박해로써 절정의 성취를 보게 된다(11:7). 17:8a에서처럼 여기서도

103) Bauckham, *Climax of Prophecy*, 429-40이 분명하게 지적한 것처럼 말이다.
104) Bauckham, *Climax of Prophecy*, 437-41.

εἰς ἀπώλειαν ὑπάγει("그가 멸망으로 들어가리라")라는 어구는 단 7:11과 7:17에서 예언된 짐승의 멸망을 암시한다. 한 짐승의 몸의 여러 부분을 상징으로 사용하여 왕들의 흥망을 묘사하는 방식은 단 7:3-8, 17-25에서 유래했다.

보컴은 11절에 등장하는 왕들의 수의 비유적 특성을 강조하려고 "연속적 숫자로 말하기"로 알려진 히브리어 관용어의 적절함을 바르게 주장한다. 연속적 숫자로 말하기는 서로 병행되는 연속적인 두 숫자를 사용하여 문자적이기보다는 예증적이고 대표적인 어떤 것을 가리키는 방식이다(예. 잠 6:16, "여호와께서 미워하시는 것 곧 그의 마음에 싫어하시는 것이 예닐곱 가지이니." 참조. 잠 30:15, 18, 21, 29).[105] 사실 "일곱" 다음에 "여덟"이 이어지는 것은 구약성경에서 이러한 관용어에 속한다(전 11:2). 특별히 주목할 본문 중에 미 5:5이 있다. 여기에는 이스라엘이 열국을 이기고 승리하는 때에 "일곱 목자와 여덟 군왕"이 일어날 것이라는 사실이 예언되었다. 이와 마찬가지로 요한의 숫자 사용은 그리스도의 재림 이전에 몇 명의 황제가 있을 것인지를 문자적으로 셈하는 것이 아니라, 로마의 모든 악하고 적대적인 통치자들과 아마도 로마 이전의 통치자들을 예증적으로 대표하고 상징하는 것 같다. 이들의 극단적인 죄로 인해 마지막 때에 모든 악한 나라들이 최종적으로 멸망에 이를 것이다.

12절 주석가들은 때때로 열 뿔을 로마에 속한 10개의 도(都), 파르티아, 아시아, 팔레스타인 또는 미지의 어느 장소를 다스리는 실제 통치자 열 명과 동일시하곤 했다.[106] 미래주의자들 중에는 열 뿔을 그리스도의 최종 재림 직전에 출현하게 될 로마 제국의 부활로 이해하는 사람들이 있다.[107]

천사는 짐승의 머리를 해석하고 나서 열 뿔의 해석으로 관심을 돌린다. 단 7:4-7이 일곱 머리의 원천이었듯이, 단 7:7-8, 20, 24은 "열 뿔"의 원천

105) Bauckham, *Climax of Prophecy,* 405.
106) Charles, *Revelation* II, 71-72; Brütsch, *Offenbarung* II, 246의 개요를 보라. 로마 제국의 10개의 도에 대해서는 Farrar, *Early Days of Christianity,* 532을 보라.
107) Walvoord, *Revelation,* 254-55.

이다. 다니엘은 뿔들을 왕들과 동일시했으며, 계 17:12도 다니엘의 예언이 어떻게 성취될 것인지를 좀 더 자세히 계시하기 시작하면서 뿔들을 왕들과 동일시한다. 이것이 아직 성취되지 않았다는 사실은 "그들이 아직 나라를 얻지 못하였다"는 말에서 분명히 드러난다.

숫자 "열"은 실제적인 열 왕을 가리키는 것 같지 않고, 오히려 미래 왕들의 큰 권세를 가리키는 비유적 표현인 것 같다("열 뿔"의 비유적인 의미에 대해서는 12:3; 13:1의 주석 참조). 어린 양의 "일곱 뿔"(5:6)이 능력의 충만함을 가리키는 상징이 분명하고, 단 7:7-8, 20을 부분적으로 암시한다는 사실이 17:12을 비유적으로 해석해야 하는 정당성을 더욱 확증한다. "열"이라는 숫자는 "짐승의 능력을 높이는 연합된 많은 주권"을 강조할 수도 있다.[108] 짐승이 영원한 어린 양을 대적하는 초시간적 세력인 것처럼, 열 왕은 모든 시대를 아우른다. 그들이 "부르심을 받고 택하심을 받은 진실한 자들"과 정반대이기 때문이다(17:14; 에스더서의 두 번째 타르굼 서론에는 세상의 모든 역사를 열 왕만이 다스린다고 천명한다).

"열 뿔"이 보편적 능력의 풍성함을 가리킨다는 비유적인 이해는 "열 뿔"이 17:18(과 16:14, 16; 17:2; 18:3, 9; 19:19)의 "땅의 왕들"과 동일함을 시사한다.[109] 이런 동일함은 16:14(참조. 16:16)과 19:19의 "땅의 왕들"과 17:12-14의 "열 뿔과…열 왕"의 병행 사용으로 입증된다. 이 모든 본문은 역사의 최후 전투에서 어린 양과 하나님을 대항하여 싸우는 짐승의 연합군을 언급한다. 더욱이 음녀와 더불어 "음행한 땅의 왕들" 이미지의 구약적 배경(참조. 17:2; 18:3, 9) 역시 그들로 하여금 그녀를 대적하고 그녀를 멸망시키도록 만든다(17:16의 주석 참조. 겔 16장과 23장 비교). 17:12-14의 열 뿔이 땅에 있는 하수인들을 이용하여 일하는 영적이거나 마귀적인 세력들만을 가리키는 것 같지는 않다.[110] 오히려 그들의 진정한 적대자들, 곧 그리스도의 사역

108) A. F. Johnson, "Revelation," 560; 또한 I. T. Beckwith, *Apocalypse,* 700도 보라.
109) W. Foerster, *TDNT* III, 669-71; Prigent, *Apocalypse,* 262.
110) A. F. Johnson, "Revelation," 562.

의 도구가 되는 "부르심을 받고 택하심을 받은 진실한 자들"처럼, 열 뿔은 역사 내내 그리고 역사의 마지막에 사탄과 짐승의 영적 세력들이 사용하는 땅의 하수인들이다.[111] 이것은 12:3에 의해 입증된다. 12:3은 용을 그가 존재하는 수세기 동안 열 뿔을 가진 자로 묘사하며, 거기서 "열"은 "뿔" 이미지와 함께 권세를 가리키는 비유였다. 13:1의 짐승과 관련해서도 같은 결론에 도달한다. 그러므로 열 뿔은 단지 미래에 나타날 용과 짐승의 모습이 아니라, 그들이 존재하는 내내 가지고 있는 특성이다. 결과적으로 열 뿔은 일곱 머리처럼 일련의 로마 황제들에게 제한될 수 없다.

하지만 지금 17장에서는 12:3과 13:1과는 대조적으로, 열 뿔이 일곱 머리 모두에게 분배된 것으로 이해해서는 안 되고 일곱 머리에서만 나오는 것으로 이해해야 할 것 같다. 일곱째 머리와 열 뿔이 아직 이르지 않았기 때문이다. 단 7:7-8, 19-20, 23-24은 이 사실을 입증할 만한 좋은 증거가 될 수 있다. 거기서 열 뿔은 역사의 끝에 올 짐승의 머리에만 있는 것으로 묘사되기 때문이다.

예언이 성취되기 시작할 때, 이 왕들은 "짐승과 함께" 그들의 나라를 다스릴 것이다. 이 왕들은 "왕으로서 권세를 받을" 것이다(미래적 현재로서 λαμβάνουσιν). 그들에게 권세를 주는 암시적인 주체는 짐승이라고 할 수도 있지만, 특히 17:17에 비춰볼 때 더 개연성이 있는 것은 하나님이다. 더욱이 하나님은 요한계시록에서 권세 주는 것을 묘사하는 많은 문장에서 암시된 주어이다(예. 6:2, 4, 8; 7:2; 9:1, 3, 5; 13:5, 7; 16:8).

짐승과 함께 다스리는 왕들의 미래의 통치는 "한 시간 동안"(μίαν ὥραν) 지속될 것이다. 이 기간은 단 4:17a(LXX: ὥρᾳ μιᾷ)을 반영한다. 다니엘서에서 이 어구는 하나님이 느부갓네살 왕을 짐승처럼 만드셨던 기간을 가리킨다. 여기서도 하나님은 메시아를 대적하기 위해 짐승과 연합한 불경건한 왕들의 권세에 대해서도 주권을 가지고 계시다(참조. 13-14절). "한 시간"은 18장에서 "큰 바벨론"이 하나님께 심판을 받은 시간으로 반복된다(18:10,

---

111) 참조. Ernst, *Die eschatologischen Gegenspieler,* 155.

17, 19). 이것은 단 4:17a LXX의 "한 시간"과 단 4:30(=MT)의 "큰 바벨론"을 암시하는 복합적 표현이다. 마찬가지로 계 17:12에서도 이 시간의 초점은 "큰 바벨론"(5절)이 하나님의 일꾼들인 왕들과 짐승을 통해 심판받는 것에 있다(15-17절). 이곳과 단 4장에서 "한 시간"은 단순히 짧은 기간을 언급할 수 있다. ὥρα는 "고대인들에게 알려진 가장 짧은 시간"으로 보이기 때문이다.[112)]

왕을 분명히 "짐승"으로 언급한 곳은 없지만, 단 4:19 Theod.과 단 4:19 LXX 역시 "한 시간"이라는 표현의 배후에 있는 본문일 것이다. 두 본문에서 "한 시간"은 다니엘이 느부갓네살의 심판을 묘사하는 환상을 보고 놀란 시간을 가리킨다.

다니엘서에서 느부갓네살의 짐승과 같은 모습은 단 7장의 짐승들과 관련이 있다(Theod.과 MT의 단 4:16; 5:21; 7:4을 보라. 또한 Theod.의 4:15, 23, 25과 LXX의 4:17a을 참조하라). 이것은 계 17장에서 단 4장의 느부갓네살에 관한 암시와 단 7장의 짐승들에 대한 암시가 결합된 이유 중 하나가 될 수 있다. 단 7장의 뿔들을 로마와 기원후 3세기의 팔미라의 통치자들에게 적용하는 *Midr. Rab.* 창 76.6을 참조하라.

13절 열 왕은 집단적으로 "한 뜻을 가지고" 있었다. 이 공동의 목적은 "자기의 능력과 권세를 짐승에게 **주더라**"란 말로 표현되었다(διδόασιν은 미래적 현재형이다). 열 왕은 단순히 짐승과 함께 다스리는 것이 아니라, 짐승의 권세에 복종하기도 한다. 하나님은 그들을 감동시켜 "그의 목적을 행하는" 분이시며, "자기 뜻대로 할 마음을 그들에게 주사 한 뜻을 이루게 하시고 그들의 나라를 그 짐승에게 주게 하시되 하나님의 말씀이 응하기까지 하신다"(17:17. 17:13과 17:17 두 본문에 사용된 μίαν γνώμην을 주목하라). 하지만 왜 그들은 한 마음이 되어 짐승을 따랐을까?

14절 13절에서 왕들이 강력하게 연합한 목적은 "어린 양과 더불어 싸우려는" 데 있다. 하지만 "어린 양은 그들을 이기실 것이다." 14절의 처음

112) M-M, 702.

두 문장에 사용된 이 전쟁 어구들은 단 7:21에서 왔다.

단 7:21 Theod.; 또한 MT도 참조	계 17:14a
τὸ κέρας ἐκεῖνο ἐποίει πόλεμον μετὰ τῶν ἁγίων καὶ ἴσχυσεν πρὸς αὐτούς("그 뿔이 성도들과 더불어 싸우려니와 그가 그들보다 더 큰 힘을 발휘하셨다").	οὗτοι μετὰ τοῦ ἀρνίου πολεμήσουσιν καὶ τὸ ἀρνίον νικήσει αὐτούς("이들이 어린 양과 더불어 싸우려니와 어린 양은 그들을 이기실 터이요").

다니엘서에서처럼 여기서도 왕이 "뿔"(17:12)로 묘사되었고 왕이 전쟁을 수행한다는 사실을 상기하면, 암시된 연결이 강조된다(비교. 단 7:21에는 뿔이 하나만 언급되었다). 다니엘서 본문의 용어에 변경이 있다. 그렇다고 해서 암시의 정당성이 없어지는 것이 아니라, 이것은 12장과 *1 En*. 90:12, 13b에서 단 7:21을 암시할 때 이미 수행된 역설적인 해석적 변경이다(12:7b-8a과 5:6의 주석 참조). 다니엘서 단어의 마지막 부분은 뒤바뀌었으며 짐승의 승리가 아니라 "성도들"이 승리한 것에 적용되었다.

단 7:21, 계 11:7, 13:7a에서는 짐승이 성도들을 이긴 것을 묘사한 용어가 지금은 짐승과 그의 뿔을 가진 연합군 세력들을 이긴 어린 양을 묘사하는 데 적용된다. 그 용어의 반전은 무작위로 성경을 곡해한 결과가 아니라 역설을 표현하려는 의도다. 단 7:21에서 성도들을 이긴 짐승의 승리에 대한 예언은 역설적으로 짐승 자신의 최종적인 패배의 유형이 되었다. 짐승은 그가 전쟁과 같은 방법으로 탄압하려 했던 것처럼 동일한 방식으로 패배할 것이 틀림없다. 반전된 묘사를 통해 짐승이 자신이 지은 죄로 말미암아 반드시 심판을 받는다는 것이 드러난다.

계 17:14은 13:4의 결론적인 질문인 "누가 능히 이와 더불어 싸우리요?"에 대답한다.[113] 어린 양을 따르는 "부르심을 받고 택하심을 받은 진실한 자들"은 어린 양 편에서 함께 싸운다. 이들은 단 7:21과 계 6:9-11, 12:11,

113) Ruiz, *Ezekiel,* 452.

13:10, 15-17의 박해받는 성도들의 원한이 풀어졌음을 보여주는 사람들이다. 눈에 띄는 것은 단 7:22에 뿔을 가진 짐승이 성도들을 이기려고 한 이후 하나님이 "지극히 높으신 이의 성도들에게 심판을 주신다"고 약속되었다는 사실이다. 이것은 성도들이 마지막 때에 악한 자들을 심판할 것이라는 기대감의 기초가 되었다(고전 6:2; *1 En*. 38:5; 91:12; 참조. Wis. 3:8; *1 En*. 90:19; 95:3; 96:1; 98:12).

어린 양의 승리의 근거(ὅτι)는 "그가 만주의 주시요 만왕의 왕이시다"는 데 있다. 같은 칭호가 신약성경 이전에 성경과 관련된 자료에서 단 2번 등장한다(*1 En*. 9:4과 단 4:37 LXX). 계 17장처럼 *1 Enoch*의 문맥이 (타락한 감시자의) 종말론적인 심판과 관련이 있는 까닭에, 여기서 *1 Enoch*을 염두에 두었을 수도 있다. 하지만 단 4:37 LXX이 더 영향을 주었을 가능성이 많다(자세한 내용은 아래 참조).

바벨론의 왕이 이 칭호로 불렸듯이(아래 제시된 예를 보라), 요한 당시 마지막 때의 바벨론(로마) 왕 역시 이와 비슷하게 불린다. 단 4장에서 이 칭호는 자신의 참된 신적 주권을 증명하시고 "큰 바벨론"의 짐승 같은 왕을 심판하심으로써, 느부갓네살이 그 명칭을 공허하게 패러디한 것임을 밝히신 하나님께 사용되었다. 이제 이 칭호는 예표론적으로 어린 양에게 적용된다. 어린 양은 "큰 바벨론"의 성품을 지닌 짐승을 심판하심으로써 마지막 날에 그의 신성을 입증하신다. 그리고 스스로 신이라고 주장하는 황제 및 그와 같은 다른 이들의 주장을 거짓이라고 폭로하신다.

계 17:14과 *1 En*. 90:12, 13b의 유사성이 눈에 띈다. 두 본문은 다른 다니엘서의 암시와 연결되어 등장하며, 두 본문 모두 단 7:21의 단어 표기를 동일하게 역설적인 방법으로 바꾸었으며, 그것을 멸망될 악한 짐승들과 종말론적인 전투를 벌이는 어린 양 같은 이에게 적용한다.[114]

단 4:37 LXX이 *1 En*. 9:4보다 계 17:14에 더 많은 영향을 주었을 것이다. 다음과 같은 이유에서다. (1) 다니엘서의 단어 표기가 요한계시록

114) *1 En*. 90장 암시를 논의한 Beale, *Use of Daniel*, 71-75을 보라.

의 그것과 더 가깝다(*1 Enoch*에는 ὅτι와 ἐστι가 생략되었다).

단 4:37 LXX	계 17:14b
ὅτι αὐτός ἐστι θεὸς τῶν θεῶν καὶ κύριος τῶν κυρίων καὶ βασιλεὺς τῶν βασιλέων("그는 만신의 신이시며 만주의 주시요 만왕의 왕이시므로").	ὅτι κύριος κυρίων ἐστὶν καὶ βασιλεὺς βασιλέων("그는 만주의 주시요 만왕의 왕이시므로").

1 En. 9:4 자체("만주의 주, 만신의 신, 만왕의 왕")가 단 4:37을 암시할 수도 있다. (2) *1 Enoch*의 어구가 하나님을 지칭하는 것에 속하는 반면에, 다니엘서와 요한계시록에서 그 어구는 악한 왕들의 통치를 제거하는 하나님의 능력의 근거로 이해된다. (3) 거의 동일한 칭호가 LXX의 단 2:37과 3:2에서는 바벨론 왕을 가리키고, 단 2:47에서는 하나님을 가리키는 데 등장한다. 따라서 이 세 본문은 단 4:37 LXX과 함께 요한계시록의 어구 배후에 있는 본문일 수 있다. (4) 계 17:14b의 칭호 다음 15절에서 보편성을 가리키는 다니엘서의 표현이 이어진다. 이 사실이 매우 중요한 이유는 거의 같은 문구들이 단 4:37의 칭호 이후에 반복적으로 발견된다는 데 있다(참조. 단 4:37a, b, c LXX). (5) 마지막으로 단 4장이 그 칭호의 원천이라는 사실은 바로 앞에 있는 문맥인 계 17:1-14a에서 단 4장과 7장이 암시되었다는 관찰로 지지받는다.[115]

뉴포트는 μετά와 결합된 πόλεμον이 "싸우다"를 의미하는 예가 성경 이외의 그리스어 문헌에서는 드물다고 주장한다. 뉴포트에 따르면, 성경 이외의 그리스어에서는 같은 사상이 ἐπί와 결합된 πόλεμον 또는 목적격의 직접 목적어와 함께 사용된 πόλεμον으로 표현되며, μετά와 결합된 πόλεμον은 통상 "~와 연합하여 싸우다"를 의미한다.[116] 하지만 뉴포

115) 자세한 논의는 Beale, "Origin of the Title"을 보라. 여기서 구약성경과 고대 근동에서 나온, 가능성 있는 다른 어구가 주목된다.

116) Newport, "Semitic Influence in Revelation: Some Further Evidence," 249-50.

트는 요한의 단어 사용 방식의 희귀성을 결정적으로 증명할 성경 이외의 자료를 철저하게 검토했다는 충분한 증거를 보여주지 않는다. 심지어 요한의 단어 사용 방식이 성경 이외의 그리스어에서 희귀하다는 사실을 가정한다고 하더라도, 그것이 뉴포트가 주장하듯이 통상적인 구약의 셈어(히브리어나 아람어) 사용을 반영한다는 의미는 아니다. 오히려 요한이 이런 식으로 구성한 까닭은 그가 단 7:21을 정확히 암시(아람어 본문 또는 Theod. 암시)한다는 사실에 있다(앞의 논의 참조). 계 11:7, 12:7-8, 17, 19:19에 대해서도 같은 결론에 도달할 수 있다.

"우리 주와 하나님"(Dominus et deus noster)이라는 칭호와 그밖에 하나님에게 사용되는 칭호들을 도미티아누스에게 적용한 예에 대해서는 Suetonius, *Domitian* 13, Martial, *Epigrams* 5.8, Dio Cassius, *Roman History Epitome* 67.13.4, Pliny, *Panegyric* 33, Philostratus, *Life of Apollonius* 8.4을 보라. 도미티아누스에게 적용되었던 신적 칭호에 대해서는 본서의 서론에서 "후기 저작설"을 논하는 중에 다뤘던 "황제 숭배" 항목을 보라. 여기서 나는 이러한 증거에 단서를 달려고 한 톰슨과 같은 주석가들의 견해를 다루었다.

물과 짐승과 관련한 여자에 대한 해석: 역사의 끝에 하나님은 그 나라와 그 동맹국을 부추겨 경제적·종교적 체제의 안전을 제거하고 멸망시키려고 그 체제에 반대하게 하신다(17:15-18)

15절 천사는 이제 "음녀가 앉은 물"을 "백성과 무리와 열국과 방언들"이라고 해석한다. 다니엘서에서 온 보편성을 가리키는 이 짧은 문구(다니엘서의 언급들에 대해서는 5:9의 주석 참조)는 요한계시록 전체에서 자주 등장한다(5:9; 7:9; 10:11; 11:9; 13:7; 14:6). 단 3-6장에서 이 문구는 바벨론 왕의 신하들을 가리키기 위해 사용되었다(단 3:2 LXX; 4:37a, b, c LXX; 5:19; 6:26 Theod.). 이와 마찬가지로 여기서 이 문구는 바벨론 음녀의 영향 아래에 있는 사람들을 밝힌다. 사 17:12-13 역시 "많은 나라들"을 가리키려고 "많은 물" 은유를 사용한다(참조. 사 8:7; 23:10; 렘 46:7-9; 47:2; 4QpNah fragments 1; 2.4; 3.8).

"많은 물"은 렘 51:13(=28:13 LXX)의 암시였다는 사실을 이미 살펴보았다. 예레미야서에서 "많은 물"은 유브라데 강의 물과 바벨론 도시 주위에 있는 수로와 운하를 가리킨다. 이 물들은 바벨론을 경제적으로 풍요롭게 하는 데 큰 역할을 했으며, 외부의 침략으로부터 보호하는 안전을 제공했다. 지금 물이 가리키는 사람들의 무리는 바벨론의 경제적 무역과 안전의 기초다.

나 3:8에도 물이 애굽과 관련하여 안전에 대한 은유로 사용되었음을 주목하라. 애굽은 "강들 사이에 있으므로 물이 둘렀으니 바다가 성루가 되었고 바다가 방어벽이 되었으며." 렘 51:13과 *b. Taanith* 10a에는 바벨론의 "많은 물"이 바벨론의 "보화"와 직접 연결되며, *Targ*. 렘 51:13에는 바벨론의 "많은 물"이 "바벨론의 보화 창고"로 정의된다.

"많은 물" 은유는 적대적인 나라들을 가리키는 상징이기도 하다(*Targ*. 아 8:7; *Targ*. 사 21:1; *Midr*. 시 93.4-7; *Midr*. *Rab*. 민 2.16; *Midr*. *Rab*. 아 8.7, §1; 또한 *Targ*. 사 8:7["물처럼 수많은 나라들"]). 시 18:16의 "많은 물"은 타르굼에서 "많은 사람들"로 번역되었다. *Targ*. 시 46:4은 히브리어를 "강과 같은 사람들"로 의역했다.[117] 이와 비슷하게 *Targ*. 겔 32:2을 MT와 비교하라.

א* 1854 2329 *pc* Bea에서는 τὰ ὕδατα("물들")가 "물들"을 가리키는 지시대명사인 ταυτα("이것들")로 대체되었다.

16절 "열 뿔"과 짐승은 서로 연합하여 어린 양을 멸하려고 시도하기 전에 먼저 음녀를 멸한다. 음녀의 황폐함을 묘사한 장면은 겔 23:25-29, 47에서 하나님이 배역한 예루살렘에 내리시는 심판 예언의 윤곽을 따른다. "그 남은 자를 **불에 사르며**…또 **네 옷을 벗기며**…그들이 **미워하는** 마음으로 네게 행하여…너를 **벌거벗은 몸**으로 두어서 네 음행의 벗은 몸 곧 네 음란하며 행음하던 것을 드러낼 것이라.…무리가…그 집들을 **불사르리라**." 이와 마찬가지로 겔 16:37-41은 정절을 잃은 이스라엘을 향해 이렇게 예언

117) 시편 구절에 대해서는 Gill, *Revelation*, 338; Walton, *Biblia sacra polyglotta*를 보라.

한다. "내가 너의 즐거워하는 정든 자와 사랑하던 모든 자를 모으되…그들이 네 **누각**(음행의 집)**을 헐며**…네 **몸을 벌거벗겨** 버려두며…**불로** 네 집들을 **사르고**." 심지어 겔 23:31-34은 계 17:4과 매우 비슷하게 음녀가 손에 잔을 들고 그것을 마셔 취하게 되었다고 묘사한다. 이 장면이 겔 23장의 심판을 묘사하지만, 요한이 그 비슷한 점에 끌려서 계 17:4의 암시에 사용했을 것이다. 특히 겔 23장의 이미지가 계 17:4에서처럼 자신이 저지른 죄로 인해 심판받는 음녀를 묘사한다고 볼 수 있는 가능성이 있기 때문이다(겔 23:31-34과 비슷한 시 75:8 참조). 에스겔서의 장면은 하나님이 "내가 그를 벌거벗겨서…그로 광야같이 되게 하며 마른 땅같이 되게…할 것"이라고 이스라엘에게 임할 심판을 예언한 이와 비슷한 구약의 묘사로 보충된다(호 2:3; 또한 렘 10:25; 41:22 LXX; 미 3:3 참조. 니느웨와 관련하여 나 3:4-5, 15을 보라). 이 예언은 바벨론이 예루살렘을 정복했을 때 성취되었다.

이 이미지는 이제 바벨론 음녀의 황폐함에 적용된다. 은유 3개가 결합하여 음녀의 황폐함을 묘사하는 것 같다. 음녀는 바벨론의 옷이 벗겨지듯이 벌거벗게 되고, 매서운 짐승에게 희생되듯이 먹힘을 당하며, 성처럼 불에 탄다.[118] 불경건한 세상 제도의 정치적 진영이 사회적·경제적·종교적 진영의 심장부를 강타하여 그것을 파괴할 것이다. 이런 일이 어떻게 일어나기 시작할 것인가? 바벨론이 통치하는 무리들(15절)은 정치 세력으로 바벨론을 대적할 것이다. 16:12에서 유브라데 강의 물이 마르게 되는 장면은 온 세상에 있는 바벨론의 종교적·경제적 추종자들(17:15에서도 "물"로 묘사되었음)이 어떻게 바벨론을 배반하게 되는지를 묘사한다. "땅의 임금들"(16-18절)은 바벨론의 수많은 경제적·종교적 추종자들에게 바벨론을 배반하라고 부추긴다.[119] 바벨론에게 느끼는 환멸은 (16절에 묘사된) 왕들이 바벨론을 심판하는 서곡이며, 동시에 최후의 심판 그 자체다. 마찬가지로 16:12에서는 땅이 마른 후에 왕들이 습격한다.

---

118) Farrer, *Revelation,* 186-87.

119) LaRondelle, "Biblical Concept of Armageddon," 27-30의 견해를 따름.

17장에 언급된 바벨론을 배반한 왕들과 무리가 왜 18:9ff.에서는 바벨론의 멸망을 보고 슬퍼하는가? 18:9-10의 "왕들"은 17장의 열 왕에 포함되지 않는 다른 통치자들이며, 18:11ff.의 "상인들"은 17:15의 무리에 포함되지 않는 사람들인 것 같다. 두 집단 모두 그동안 바벨론에 충성했으며 바벨론이 멸망하자 그의 심판을 애도했을 것이다. 반면에 18장에서 슬퍼하는 사람들은 17장의 음녀를 배반한 사람들과 같은 사람들일 수도 있다. 그들이 슬퍼하는 것은 그들이 바벨론을 멸망케 함으로써 이제 자신들의 경제적인 근거지를 파괴했음을 깨닫게 되었기 때문이다.

이 멸망의 대상에는 우상숭배를 하는 경제 제도와 협력함으로써 "음행"하고 배교한 교회도 포함된다(2:14, 20-22의 주석 참조). 배교한 교회의 지도자들은 심지어 음녀의 이미지로 언급되었다(2:20-22). 음녀를 따르던 사람들은 "벌거벗은 수치를 당할 것이다"(3:17-18; 16:15). "그들이 그의 살을 먹을 것이라"(τὰς σάρκας αὐτῆς φάγονται)는 표현은 이세벨의 마지막 운명을 상기시킨다. "그들이 이세벨의 살을 먹으리라"(καταφάγονται…τὰς σάρκας Ἰεζάβελ). 이세벨의 멸망은 계 17:17에서처럼 "주님의 말씀"대로 일어났다(왕하 9:36 LXX).[120]

이 외에도 구약의 이세벨과 바벨론 음녀 사이에 병행 어구가 몇 개 더 있다. 이것은 바벨론 음녀를 두아디라 교회의 거짓 예언자인 이세벨과 연결하는 좋은 단서를 제공한다.[121] (1) 구약의 이세벨은 죽기 전에 요한계시록의 음녀처럼 "눈을 색칠하고 머리를 단장했다(왕하 9:30 LXX). (2) 이세벨과 음녀 모두 여왕이다(왕상 16:31; 계 17:1-2, 18; 18:7). (3) 둘 다 백성을 유혹한다(왕상 21:25; 계 17:2; 참조. 계 2:20, 22). (4) 둘 다 음행의 죄를 저질렀다. 특히 참 하나님 대신 우상을 경배함으로써 비유적으로 우상과 죄로 가득한 음행을 저지른다(왕하 9:22; 대하 21:13; 계 17:1-2, 5; 참조. 계 2:20-22; 자세

---

120) Mauro, *Patmos Visions,* 490; D. C. Chilton, *Days of Vengeance,* 439; Ruiz, *Ezekiel,* 367. 이들은 열왕기하 본문과 계 17:16의 연결을 주목한다.

121) 병행 어구 대부분은 고든-콘웰 신학교의 대학원생 H. Okayama의 연구에 기초했다.

한 본문상의 비교와 논의는 계 2:14, 20의 주석 참조). (5) 둘 다 마법으로 백성을 속인다(왕하 9:22; 계 18:23). (6) 둘 다 경제적 번영을 탐한다(왕상 21장; 계 18:11-19). (7) 둘 다 성도들을 박해하고 죽인다(왕상 18:4; 19:2; 계 17:6). (8) 두 경우 모두 남은 자들은 음녀의 죄에 참여하지 않는다(왕상 18:18a; 19:18; 왕하 9:22; 계 17:14b). (9) 하나님은 그 둘에게 그들이 흘린 자신의 종의 피에 대해 복수하신다(왕하 9:7; 계 19:2). (10) 이세벨과 음녀의 멸망은 신속히 발생한다(왕하 9:33-35; 계 18:10, 17, 19). (11) 하나님은 그들을 따르는 사람들을 심판하신다(왕상 18:40; 왕하 10:19; 계 18:9-11; 참조. 계 2:23).

주석가들 중에는 "음녀"라는 언급을 배교한 교회에만 한정하는 사람들이 있다. 특히 겔 23장과 그밖에 앞에서 언급된 구약의 여러 본문이 배교한 이스라엘의 심판만을 다룬다는 것이 그 이유다. 더욱이 배교한 이스라엘은 때때로 구약성경에서 "음녀"로 언급되기도 한다(예. 대하 21:11; 겔 16:15, 17, 28, 35, 41; 23:1-21, 44; 사 1:21; 57:3; 렘 2:20; 3:1; 13:27; 호 2:2-5; 4:12, 15, 18; 5:4; 9:1; 미 1:7). 실제로 계 17장 전체에서 음녀를 묘사한 내용은 이스라엘을 음녀로 묘사한 렘 2:20-4:30에서 가져왔다.[122] 예레미야서 본문에서 유다는 다른 사람들에게 죄를 짓게 하며(2:33) "음녀의 이마"(3:3)를 가진 음녀로 묘사된다(2:20). 음녀의 "옷단에는 죄 없는 가난한 자를 죽인 피가 묻었"으며(2:34), 그녀는 "붉은 옷을 입고" "금장식으로 단장"했다(4:30). 음녀가 사랑한 자들은 그녀를 미워하고 죽이려 한다(4:30).

이스라엘이 음녀라고 불리게 된 것은 비록 그가 믿음으로 야웨와 결혼을 했어도, 우상과 영적 간음을 했기 때문이다. 하지만 예언자들은 다른 불경건한 나라들에 대해서도 "음녀"라는 단어를 사용했다(사 23:15-18; 나 3:4-5. 그러나 4QpNah 3.4[García Martínez, 편집]은 나훔서 본문을 예루살렘의 배교한 지도자들에게 적용했다). "음녀" 은유에는, 종교적이든 경제적이든 정치적이든, 이 모든 것이 혼합된 것이든 간에, 본질적으로 불법적인 관계라는 사상이 담겨 있다. 나 3:4-5과 특히 사 23:15-18에서 니느웨와 두로는 음녀로

122) D. Ford, *Abomination of Desolation*, 270.

불린다. 두 도시가 여러 나라들 사이에서 경제적인 우위를 점하고 우상숭배의 영향을 끼침으로써 나라들을 황폐케 하고 더럽혔기 때문이다(17:2의 주석 참조).[123] 더욱이 계 17장의 음녀는 단 4장의 교만한 이교도의 도시를 가리키는 "큰 바벨론"으로 불린다. **그러므로 바벨론은 이교 세상과 또한 그 세상과 결탁하여 배교한 교회 모두를 지칭한다.**

"큰 바벨론"이 타락한 경제·종교 제도 전체이고 단지 배교한 교회인 것만은 아니라는 사실은 계 14, 16, 18장에서 바벨론을 언급한 것에서 분명하게 드러난다(14:8; 16:18-21; 17:4-6, 18; 18장 주석 참조). 교회의 불신하는 무리들은 내부의 참된 남은 자들을 박해하는 세상에 동조하는 반면에, 다른 곳에서 언급된 박해자들은 광범위한 이교도의 불경건한 정치적 제도와 경제적·종교적 제도에 속해 있다(2:9-10; 6:9-11; 12:11; 13:9-10, 15-18; 17:6; 18:24; 19:2의 주석 참조). 하지만 다른 어느 것보다도 요한의 중요한 관심사는 교회가 불경건한 제도와 함께 심판을 받지 않도록 하기 위하여 이러한 제도에 타협하는 교회에게 경고하는 데 있다.[124] 요한 당시 이교 제도는 단지 로마 사회와 황제 숭배만 아니라 소아시아와 이와 비슷한 지역의 문화도 포함한다. 당대의 문화는 그 지역의 수호신들과 결탁한 이교도 무역소합이 주도했다. 교회내의 배교하는 세력과 폭넓은 적대적 이교 제도 간의 중첩은 18:4ff.에 전제되며, 이곳에서 타협의 유혹을 받는 사람들은 "그곳에서 나오라"는 권면을 받는다. 이것은 이스라엘에게 예루살렘의 회복의 때가 임했을 때 부정한 바벨론에서 나오라고 권면하는 사 48:20, 52:11, 렘 50:8, 51:6을 암시한다.

1세기 및 그 이후 수세기 동안 배교한 이스라엘 역시 바벨론을 구성하지만 그것만이 전부는 아니다.[125] 그렇지만 믿지 않는 이스라엘이 바벨론에 부분적으로 포함된 것은 이스라엘을 음녀로 언급하고 이스라엘에 닥친

---

123) Glasson, *Revelation,* 95.

124) Sweet, *Revelation,* 253.

125) Corsini, *Apocalypse,* 329-38과 D. C. Chilton, *Days of Vengeance,* 421-43에 반대함. Corsini와 Chilton은 배교한 이스라엘만 염두에 있다고 생각한다.

임박한 심판을 가리키는 몇몇 구약 본문의 암시를 설명하는 데 도움이 될 것이다. 더욱이 배교한 이스라엘은 과거와 현재 이교도의 압제자들과 연합하여 신실한 남은 자들을 박해했다(마 21:33-42; 23:29-35; 행 7:51-52; 2:9-10; 3:9의 주석 참조).

그러므로 과거 대부분의 주석가들은 바벨론을 불경건한 로마 문화나 배교한 교회, 또는 배교한 이스라엘과만 동일시하려는 경향이 있었지만,[126] 이러한 동일시가 서로 배타적인 것은 아니라고 이해하는 것이 더 낫다. 그럼에도 로마의 세상 제도가 발휘하는 사악한 종교적·경제적 문화가 초점이고, 그 죄악된 세상 제도만큼 배교한 교회와 믿지 않는 이스라엘도 포함된다.

4 Ezra 15:46-63은 "아시아"가 "바벨론(즉 로마)의 화려함에 참여했으며 너의 딸이 매춘으로 치장하여 그 가증스러운 음녀"를 흉내 내었고, "나의 택한 백성을 죽였으며", 술에 취한 채 그들이 행한 악행을 자축했다고 말한다. 그래서 하나님은 그들로 하여금 "자신의 살을 먹게 했으며 자신의 피를 마시게 하셨다." 그들은 다른 사람들을 시켜 "미워하는 도시를 파괴하게 했으며 그 땅을 불사르게" 했다. 이 언급은 아시아가 로마와 바벨론 음녀의 경제적·종교적으로 불경건한 제도에 속했다는 생각을 뒷받침한다. 아시아는 로마와 함께 심판을 받아 마땅한 죄를 지었다.

유대문헌에서는 바벨론이 부패한 세상 제도를 가리키는 비유로 등장한다(14:8의 주석 참조). 레 21:9은 음녀를 불로 사르는 장면 이해에 도움을 주는 본문일 것이다. 레위기 본문에는 이렇게 기록되었다. "어떤 제사장의 딸이든지 행음하여 자신을 속되게 하면 그의 아버지를 속되게 함이니 그를 불사를지니라." 이것은 특히 "제사장 나라"인 교회 내에서 타협하는 자들이 한 부분을 이루는 바벨론에 적절하게 적용할 수 있는 암

126) 과거의 주석가들 중에 전형적인 사람은 Pieters, *Lamb, Woman and Dragon*, 263-74이다. Pieters는 바벨론이 배교한 교회와 동일시될 수 있는 가능성을 고려하지만, 실제로는 제국의 이방인인 로마를 지칭하는 것으로만 본다.

시가 될 것이다(1:6; 5:10).

이런 점에서 LXX에서 대제사장의 의복과 때로는 성막의 기물들이 "금, 자주색, 푸른색, 세마포, 보석" 등으로 장식되었다고 묘사된 것은 우연이 아니다. 이 용어들은 계 17:4과 18:16에서 바벨론 음녀의 옷을 묘사하는 데 사용된 단어들과 같다(계 17:4과 18:16, 그리고 출 25:3-7; 28:5-9; 28:15-20; 35:6; 36:9-12; 36:15-21 LXX의 χρυσός, πορφύρα, κόκκινος, βύσσος, λίθος[17:4에서는 λίθος가 생략됨]. 그리고 비록 λίθος가 생략되었기는 하지만 출 26:31-32, 36; 28:33-34[29-30]; 31:4; 36:31[32]-32[33]; 37:3-5도 참조하라. 비교. 대하 2:13[14]). 이 재료들 중에는 대제사장의 머리띠에 사용되는 것도 있다. 그것은 "아론의 이마에 영원히 있어서 여호와 앞에 은총을 받게 하려"는 데 그 목적이 있다. 그 머리띠에는 "여호와께 성결"이라고 기록해야 했다(출 28:29[28]-34; 36:31[32]-38[40]). 이것은 계 17:5에서 여자의 이마에 기록된 "땅의 음녀들과 가증한 것들의 어미"라고 쓴 이름과 완벽하게 대조된다. 이러한 배경은 음녀인 도성과 그리스도의 신부인 도성 간의 대조를 강조한다. 그리스도의 도성과 신부는 "각종 보석"과 "금"과 열두 보석으로 "치장"했다. 이것들은 출 28:17-20의 대제사장의 의복을 묘사한 것에 근거한 목록이다(21:18-21의 주석 참조). 이 외에도 겔 16:13ff.은 이스라엘을 "금과 은과…세마포와 비단과 수놓은 옷으로 장식한" 배교한 음녀로 묘사한다. 이것은 계 18:16에 언급된, 바벨론 음녀의 옷에 적용된 구약 본문이다. 출애굽기와 에스겔서의 배경에 비춰볼 때, 음녀는 21장에 묘사된 참 성전과 대조되는 거짓 유대인들의 "사탄의 회당"이다(2:9; 3:9의 주석 참조).

κέρατα("뿔")와 θηρίον("짐승") 두 단어는 중성 독립 주격이다. 반면에 이어지는 οὗτοι("이들")는 남성이다. 남성으로 바뀐 이유는 아마 저자가 뿔과 짐승 이미지 배후에 인격체가 있다고 생각했을 것이라는 데서 찾을 수 있을 것 같다.[127] 또한 흔히 사용되지 않는 독립 주격과 중성에서

127) M. Stuart, *Apocalypse* II, 328.

남성으로 바뀐 예외적인 변경은 구약의 암시(단 7:7)가 있음에 주의를 환기시키는 의도적인 불규칙 문법, 특히 성의 변경일 수도 있다(그러나 이러한 특징이 다니엘서 본문에는 존재하지 않는다). 실제로 17:3에서는 중성을 남성으로 변경하여 같은 구약 본문의 암시가 있음을 시사한 것으로 보인다.

기원후 5세기와 6세기에 고트족과 훈족이 로마 제국을 침략한 사건은 계 17:16에 언급된 마지막 전쟁의 성취가 아니라 실례와 전조에 불과했다. 칠튼은 로마가 예루살렘을 파괴한 것이 계 17:16-17에 묘사된 내용을 성취한 것이라고 주장한다. 로마가 이스라엘을 미혹하여 우상숭배를 하게 했고 그 후 예루살렘을 파괴함으로써 이스라엘을 배반했다는 것이다.[128] 하지만 예루살렘은 한 번도 로마의 우상숭배를 받아들인 적이 없다. 사실 이것이 예루살렘이 멸망당한 주요한 이유다. 더욱이 예루살렘은 로마와 연합할 만한 요소를 다 갖추지도 않았다. 물론 로마와 예루살렘이 궁극적으로 교회를 대적하는 영적 진영에 같이 있었던 것은 사실이다. 하지만 계 17장에 묘사된 내용은 예루살렘이 그간 로마와 한편이 되었던 것보다도 훨씬 더 강력한 영적·정치적·경제적 연합이다.

17절 짐승과 그의 연합군은 바벨론을 타도할 것이다. 하나님이 그들에게 그렇게 하도록 감동하실 것이기 "때문"(γάρ)이다. 하나님은 "자신의 목적을 수행할 마음을 그들에게 주신다."[129] 과거 시제 ἔδωκεν의 의미는 미래 성취의 확실성을 강조하는 히브리어의 예언적 완료의 의미에 해당한다. 열 왕과 짐승이 연합하는 가장 큰 목적은 바벨론을 무너뜨리는 데 있다. 궁극적으로 하나님이 역사 내내(6:1-11; 13:5-10) 그리고 마지막 때에(겔 38:4-13; 슥 14:2) 성도들을 박해하도록 하시듯이, 하나님은 악한 정치 세력들이 바벨론을 공격하여 멸망시키도록 하실 것이다. 하나님은 의인과 불의한 자

128) D. C. Chilton, *Days of Vengeance*, 443.

129) 고대 그리스 세계에서 다양한 당파 또는 나라들의 정치적 협정을 가리키는 전문용어로서 17:13, 17의 μίαν γνώμην("한 목적")에 대해서는 van Unnik, "Μία γνώμη"를 보라

들의 "마음"을 통해 자신의 뜻을 행하신다. 이것은 단순한 신적 "허용"에 그치는 것이 아니라 신적 원인제공으로 이해해야 한다.[130)]

하나님은 "하나님의 말씀이 이루어지도록" 이러한 활동들을 부추기신다. 이것은 계 17장의 예언에만 해당하는 것이 아니라 계 17장이 발전시킨 단 7장의 예언에도 해당한다. 이와 마찬가지로 "하나님의 비밀이 이루어진다"라는 계 10:7의 선언은 구약 예언의 성취, 특히 다니엘서의 예언의 성취의 예기치 않은 형식을 가리킨다. 여기서 예언 성취의 예기치 않은 측면은 (10:7에 언급된 대로) 악한 나라가 부지불식간에 스스로를 대항하여 전쟁을 벌이고 자신의 경제적·종교적 기초를 파괴함으로써 자멸하기 시작할 것이라는 데 있다(예상 밖의 성취와 관련하여 μυστήριον의 사용에 대해서는 17:5, 7의 주석 참조. 또한 17:16의 주석도 보라). 하나님이 부추기셔야만 그들이 그러한 근시안적이고 어리석은 행동을 할 수 있다. 역사의 끝에 하나님은 "사탄이 자기를 거슬러 일어나 분쟁하여 설 수 없고 망하"게 하실 것이다(막 3:26).[131)]

구약의 예언은 세상 마지막에 이르는 사건들을 이처럼 자세히 내다보지는 못했고, 하나님 또는 그의 메시아가 역사의 끝에 극적인 전쟁을 통해 모든 악의 세력을 결정적으로 패하게 하실 것이라는 사실을 대략적으로 기대하기만 했다. 단 2:41-43에 종말론적인 악한 나라가 "분열되는 나라"로 언급된 것은 사실이다. 하지만 이것이 정확히 어떤 의미인지는 분명하지가 않다. 또한 단 11:40-43이 악한 나라들이 서로 전쟁을 벌인다고 언급한다는 것은 사실이다. 하지만 계 17장은 나라들이 서로 대적하거나 심지어 내전을 벌인다고 묘사하지 않는다. 다만 정치적·군사적 진영이 종교적·경제적 진영을 배반하고 멸망시키는 연합된 세상 제도를 대략적으로 묘사할 뿐이다. 그리스도가 오셔서 세상의 연합된 나라를 멸하시기도 전에, 하나님이 역사의 끝에 세상의 연합된 악한 나라로

130) Hengstenberg, *Revelation* II, 263.
131) Wilcock, *I Saw Heaven Opened,* 165.

하여금 내분을 일으켜 스스로 대항하게 함으로써 그 나라를 패하게 하기 시작하신다는 것은 구약의 관점에서 볼 때 예기치 못한 것이었다.

또한 겔 38:21, 학 2:22, 슥 14:13에 근거하여, 구약성경에서 종말론적인 내전이 악의 종말에 속한다고 분명히 계시하며, 그래서 "비밀"의 일부분으로 생각해서는 안 된다고 주장할 수도 있을 것이다(17:17의 주석 참조). 하지만 이 예언들은 단순히 "상대방을 향해 그들의 칼(또는 손)을 드는" 하나님의 원수들을 언급할 뿐이다. 내전의 자세한 내용은 모호하지만, 계 17장에서 좀 더 분명하게 설명된다. 실제로 악한 나라가 자신의 경제적·종교적 능력의 본거지를 파괴한다는 것은 구약성경에서는 역설이며 예고되지 않은 내용이다.

물론 내전은 역사 전반에 걸쳐 일어나며 최후의 내전을 예상한다. 구약성경 역시 역사의 끝에 악의 세력들 사이에 내전이 있을 것을 예상한다(겔 38:21; 학 2:22; 슥 14:13). 계 17:16-17에 따르면, 최후의 내전은 한층 더 높은 단계에서 일어난다. 바벨론이 온 세상에 걸쳐 있는 보편적인 경제적·종교적 제도를 대표하기 때문이다. 이전에 연합한 나라들 사이에 전쟁이 벌어진다는 장면에 기여한 본문은 음녀 이스라엘의 불법적인 연인(우상숭배 하는 나라들)이 이스라엘을 배반하여 멸망시킬 것을 예언한 겔 16:37-41과 겔 23:22-29, 47이다. 계 17:14-16과 같은 패턴을 따라 4 Ezra 13:30-38은 악한 나라들 사이에 내전이 있을 것과 하나님의 아들이 오시면 그들이 서로 연합하여 그를 대항하여 "전쟁을 벌일" 것이라고 예언한다.

사본들 중에는 ποιῆσαι τὴν γνώμην αὐτοῦ("자기 뜻을 행하게") 대신에 ποιησαι την γνωμην αυτων("그들의 목적을 행하게")이라고 된 것이 있다(א[2] 2329 *pc*). 이것 때문에 본문의 의미는, 하나님이 왕들의 마음에 하나님의 목적이 아니라 **그들의** 목적을 행하게 하셨다는 것으로 바뀐다. 이것은 원래 본문이 강조한 악한 행동을 통제하시는 하나님의 주권을 감소시킨다. 필경사들이 하나님의 거룩하신 목적을 짐승을 따르는 사람들의 죄악된 목적과 동일시하는 것이 부적절하다고 느꼈을 게 분명하다.

καὶ ποιῆσαι μίαν γνώμην의 생략은 필경사가 어쩌다가 처음 και를 건너뛰고서 이어지는 και에서부터 복사한 전형적인 예다(A 2329 *pc* latt). δοῦναι τὴν βασιλείαν αὐτῶν에서 δουναι την βασιλειαν αυτω로 바뀐 것(A 1854*)은 이어지는 τῷ를 의도하지 않게 2번 적었기 때문에 발생했다.

하나님이 성도들과 불경건한 자들의 "마음"을 통해 자기 뜻을 행하신다는 사상은, 전자와 관련해서는 대하 30:12, 왕상 10:24, 스 7:27, 느 2:12, 7:5, 렘 32:40을, 후자와 관련해서는 출 4:21, 7:3, 9:12, 10:1, 14:4, 8, 대하 36:22-23, 스 1:1, 행 2:23, 4:27-28을 보라.

느부갓네살의 심판을 예언한 하나님의 말씀의 성취에 ὁ λόγος συνετελέσθη("말씀이 응하기")가 사용되었다(단 4:33 Theod.; LXX에는 [계 17:17과 동일한] τελεσθήσεται가 사용되었음). 이는 계 17:17의 τελεσθήσονται οἱ λόγοι("말씀이 성취되어야 한다")와 비슷하다. 여기서 τελεσθήσονται 대신에 τελεσθωσιν으로 대체된 것(1006 1611 1841 2030 𝔐[k])은 그리 중요하지 않다. 요한계시록의 다른 곳에서 그러하듯이 가정법은 미래처럼 기능할 수 있기 때문이다. 하지만 후기의 필경사들은 가정법이 미래를 말하는 문맥에 적합하지 않다고 생각한 까닭에 가정법을 미래로 바꾸었을지도 모른다.

18절 "그 여자"는 "땅의 왕들을 다스리는 주권을 가지고 있는 큰 성"으로 해석된다. 여자는 역사 내내 세상의 모든 악한 경제적·종교적 제도를 포함한다. 여자는 마귀로부터 권세를 받는다. 여자의 경제적·종교적 영향력은 정치적인 영역("땅의 왕들")에게까지 확장되었었다. 하지만 그들은 충성의 대상을 짐승으로 바꾸고 마지막 때에는 그 여자를 대적할 것이다. "여자"가 세상에 대해 주권을 가지고 있다는 사실은 그가 단순히 믿지 않는 예루살렘이나 배교한 교회만 아니라 더 광범위한 영역에 영향을 끼침을 보여준다. 마찬가지로 18:23에서는 그 여자를 "만국을 미혹한" 자라고 묘사함으로써 여자의 보편적인 특성이 계시된다(또한 14:8; 17:2; 18:3, 9).

Sib. Or. 3.63-82에는 "세바스테 벨리알의 혈통에서"(아마도 로마의 황제 혈통을 가리키는 듯하다) 태어나 백성을 속일 마지막 때의 통치자를 가

리키는 예언이 언급된다. 그가 통치하고 난 후에, "세상은 여자의 통치 아래 있을 것이며 그녀의 모든 명령에 복종할 것이다." 그 여자는 "온 세상을 다스릴 것이다." *Sib. Or.* 8.190-205은 같은 여자를 "로마"와 로마의 독재자들과 네로 신화의 환생 언급(8.170-89)과 직결된 "통치하는 가증스러운 여자"로 언급한다. 때때로 유대 자료들에도 로마가 "로마의 큰 성"으로 언급된다(*b. Sanhedrin* 21b; *b. Pesahim* 118b). 이것은 여자를 로마와 동일시할 수 있는 가능성을 제공한다.

칠튼을 비롯하여 그밖에 다른 과거주의자들은 예루살렘이 "땅의 왕들을 다스리는" 여자라고 주장한다. 하나님께 받은, 왕들을 다스리는 영적인 통치권이 그 여자에게 있다는 점에서 말이다(출 19:6). 그래서 여자가 신실할 때 세상은 평화롭지만, 여자가 미덥지 못할 때 세상에는 혼란이 야기된다고 한다.[132] 하지만 이것은 바벨론과 관련하여 요한계시록에 묘사된 내용을 충분히 고려하지 않은 생각이다. 세상에 미치는 바벨론의 광대한 영적 영향(14:8; 17:1-6; 18:2-3, 9)은 주로 구체적인 경제 용어로 설명된다(18장). 포드가 구약성경과 유대교 문헌(시 48:2-3; 50:2; 사 2:2-4; 애 1:1; 2:15; 미 4:1-3; 슥 14:16-21; *Midr. Rab.* 창 59:5; *Midr. Rab.* 출 23:10)[133]을 제시하며 이 본문들이 예루살렘이 역사 내내 온 세상에 압도적인 영적·경제적 영향을 끼친다는 사상을 지지한다고 주장하는 것은 설득력이 없다. 예루살렘이 기원후 70년 이전 두 세기 동안 가장 미약한 영향력을 행사한 반면, 계 17-18장에 묘사된 바벨론의 멸망이 거대한 능력과 번영에서 일순간의 추락을 말한다는 사실은 과거주의자들의 견해에 치명적이다.

주석가들 중에는 17장의 바벨론을 18장의 바벨론과 구별하려고 하는 사람들이 있었지만 성공하지 못했다.[134]

---

132) D. C. Chilton, *Days of Vengeance,* 443.

133) J. M. Ford, *Revelation,* 285.

134) 예. Walvoord, *Revelation,* 243-67. Walvoord는 전자를 교회적 실재로, 후자를 정치적 세력으로 이해한다. 비교. Edgar, "Babylon." Edgar는 이러한 견해를 바르게 비평하지만 불필요하게도 바벨론을 경제적 세력으로만 한정한다.

"땅의 왕들"은 16:12의 "동방에서 오는 왕들"과 16:14의 "온 천하 왕들", 17:12ff.의 "열 왕들"과 같은 왕일 수 있다. 16:12과 16:14의 왕들이 서로 다르다면, 그럴 가능성이 거의 없지만, 17:12-17과 17:18의 왕들 역시 그러해야 한다.[135]

12, 19, 21장의 여자들과 17장의 여자 사이의 병행하는 부분 및 다른 점들을 요약하면, 바벨론과 하나님의 백성 사이의 대조가 의도되었다는 것이 드러난다. (1) 한 여자는 순전한 신부이자 합법적인 자녀의 어미인 반면, 다른 여자는 부정한 음녀다. (2) 병행되는 도입 어구가 17:1과 21:9-10에서 각각 음녀와 어린 양의 아내를 소개하기 위해 사용된다. (3) 바벨론은 자신의 부패함을 감추기 위해 보석으로 장식하고 "세마포 옷"을 입었다(17:4; 18:16). 그러나 이와 대조적으로 어린 양의 신부는 하나님의 임재의 영광을 반영하는 값비싼 보석으로 장식했고(21:2, 9-23), "성도들의 옳은 행실"을 나타내는 "빛나고 깨끗한 세마포 옷을 입었다"(19:8; 특히 17:4과 21:19을 비교). (4) 두 여자는 박해받는 어머니들이다(17:5, 16; 12장). (5) 12장의 여자는 구원받지만, 17장의 여자는 멸망당한다. (6) 한 여자는 "하늘에서" 보호받는 반면(12:1), 다른 여자는 무리와 "땅의 왕들" 중에서 보호받는다(17:15, 18). (7) 바벨론은 "광야"에서 볼 수 있고, 하나의 "성"으로 언급된다. 12장의 여자와 어린 양도 그러하다(19:7-8; 21:2, 10).

17장에 나오는 구약 암시의 절반 이상이 다니엘서에서 왔는데, 그 대부분이 단 7장에서 왔으며 단 7장에서 온 암시를 개념적으로 보충하려고 단 4장에서도 상당한 양이 왔다. 단 7장은 계 17장의 전반적인 틀을 제공한다. 구조에서만이 아니라 사상에서도 그러하다. 암시들이 다양하리만큼 구약의 문맥과 관련하여 사용되기 때문이다. 이것은 중요하다. 17장의 틀이 요한계시록이 단 7장의 예언적 시나리오를 발전시키고 있음을 한층 더 강조

135) Krodel, *Revelation*, 300.

하는 까닭이다.

이런 점에서 계 17장은 단 7장이 성취될 수 있는 역설적이거나 예기치 않은 방법을 계시한다. 단 2(와 4)장에서 온 μυστήριον("비밀")의 사용은 단 7장(과 단 2장)의 종말론적 성취의 "신비로운" 방법을 강조한다. 여기에는 바벨론이 그의 동맹국의 손에 예기치 못한 방법으로 멸망하는 것뿐만 아니라(17:5, 7, 16의 주석 참조), 죽임 당한 어린 양의 손에 짐승과 그의 연합군이 멸망되는 것도 포함된다. 어린 양은 역사를 이 승리의 절정으로 인도하려고 예상을 뛰어넘어 다시 살아나셨다. 계 17:14에 단 7:21에서 온 용어가 반대로 표기된 것은 이 신비로운 성취를 강조한다.[136]

우상숭배를 하는 세상과 타협하지 않은 성도들은 하나님이 세상을 심판하심에 즐거워한다. 이것은 그들의 믿음이 참된 믿음이며 하나님의 정의와 영광이 나타났음을 보여주기 때문이다. 하나님의 심판은 하나님의 통치의 절정과 자기 백성과의 연합으로 연결된다(18:1-19:10).

천사는 17:1에서 선견자에게 "많은 물 위에 앉은 큰 음녀가 받을 심판을" 보여주겠다고 약속했다. 이 심판은 17장의 단 한 절(17:16)에서만 묘사된 것이 아니다. 천사의 약속은 18장 전체에서 자세히 성취된다. 짐승과 그 연합군이 먼저 17장에서 묘사되어야만 했다. 여자의 중요성과 영향력은 짐승과의 관계를 배제하고는 충분히 이해될 수 없기 때문이다. 17장은 18장의 여자의 멸망을 촉발시킨 것에 초점을 맞춘다(17:16-17은 16:12-13을 발전시킨다). 그 후 18:1-19:6(또는 18:1-9:8)은 바벨론의 심판 자체만을 묘사하는데, 이는 (16:14-21과 17:1에 선언된 요점을 전개하는) 17:3에서 시작된 환상의 연속이다. 바벨론에 대한 심판은 17:16에 간략하게 언급되었으며, 지금

136) 계 17장의 암시를 좀 더 자세하게 검토한 Beale, *Use of Daniel,* 249-67을 보라. 이 견해는 다니엘서의 틀이 두드러진다는 것을 인정하지 않는 Ruiz, *Ezekiel,* 292-378의 견해와 반대다. 하지만 17장에 나타난 다니엘서 영향의 특성과 범위를 수정한 것에 대해서는 Beale, *John's Use of the OT in Revelation,* 2장을 보라.

18장에서는 그 심판의 결과를 폭넓게 묘사한다.[137] 바벨론에 대한 심판이 17장에서 시작한 심판의 연속이라는 사실은 18:3에 17:2의 내용이 축어적으로 반복된 것에서 공식적으로 제시된다. 17장과 18장은 14:8에서 바벨론의 멸망에 대해 처음으로 선언한 것을 함께 발전시킨다. 18:9-19의 애통 단락은 구약성경의 장송곡의 모델을 따랐으며, 바벨론의 임박한 심판에 포함된 저주를 강조한다.[138]

18장에 묘사된 사건들은 시간 순서가 아니라 다음과 같은 방법으로 그 윤곽을 잡을 수 있다. (1) 바벨론의 멸망은 예언된다(1-3절). (2) 하나님의 백성은 바벨론이 멸망되기 **전에** 그와 함께 고난을 당하지 않기 위해 거기서 나오라는 권면을 받는다(4-8절). (3) 바벨론과 연합한 자들은 그의 심판 **후에** 애통해할 것이다(9-19절). (4) 충성된 사람들은 바벨론이 심판을 받았다는 사실로 인해 즐거워할 것이다(20-24절).

19:1-6(여기에 7절과 8절도 포함될 수 있음)은 계속해서 바벨론의 멸망을 강조하며 18장을 결론짓는다. 이 사실에 비춰볼 때 전체 단락의 구조는 다음과 같은 교차대구법으로써 대략적으로 개괄할 수 있다.

A. 성도들에게 바벨론에서 나오라고 권면하기 위한 근거인 임박한 심판 (18 :1-8)

B. 왕들이 바벨론의 멸망을 슬퍼함(18:9-10)

C. 상인들이 바벨론의 멸망을 슬퍼함(18:11-17a)

B′. 선원들이 바벨론의 멸망을 슬퍼함(18:17b-19)

A′. 성도들에게 즐거워하고 하나님께 영광을 돌리라고 권면하는 근거인 임박한 심판(18:20-19:6[8])[139]

137) 참조. A. Y. Collins, "Revelation 18," 189. Collins는 17:1-19:10을 일곱 대접의 중요성을 설명하는 일곱 대접의 부록으로 본다.

138) Aune, *Prophecy in Early Christianity,* 284-85; Keener, *IVP Bible Background Commentary,* 807.

139) 이와 비슷한 교차대구법 배열에 대해서는 Farrer, *Revelation,* 189; Schüssler Fiorenza, *Revelation: Vision of a Just World,* 98-99; Giblin, *Revelation,* 166-71; Bauckham,

이 단락의 논리는 바벨론에 임박한 심판의 선언이 다음과 같은 내용의 근거가 된다는 점에서 점진적으로 움직인다. 성도들에게 바벨론과 함께 심판을 받지 않도록 바벨론에서 나오라고 하는 권면(18:1-8), 바벨론과 연합한 자들은 자신들의 심판을 알게 되어 슬퍼하는 것(9-19절), 성도들이 즐거워하는 것(20-24절), 의로우신 하나님께 극적인 영광을 돌리는 일(19:1-6[-8]). 바벨론과 그와 연합한 자들이 심판받은 핵심적인 이유는 세상의 안전을 믿은 우상숭배에 있다. 이것은 경제적 안정의 근거가 되는 전형적인 무역 상품 목록을 교차대구의 중심부분에 둠으로써 대표적으로 설명된다(18:11-17a). 교차대구 구조는 처음에 소개된(2절) 내용을 마무리 짓는(21-23절) 18장에 의해 재차 강조된다. 바벨론은 심판으로 말미암아 "버려지게 되고 다시는 기억되지 않을" 것이다.[140]

주석가들은 18장의 "바벨론"이 17장의 "바벨론"과 동일시되어야 한다는 점에서 의견이 일치한다. 하지만 개중에는 다음과 같은 차이에 근거하여 두 본문을 구별하려고 한 사람들도 있다. (1) 18장 처음에 등장하는 "이 일 후에"는 바벨론이 이미 멸망한 17장의 사건들 이후에 오는 사건들을 가리킨다. (2) 17장과 18장은 다른 멸망자들이 바벨론을 파괴한다고 묘사한다. (3) 멸망을 두고 서로 다른 반응들이 묘사된다. (4) 바벨론의 정체가 다르게 밝혀진다. 바벨론이 17장에서는 종교적 제도를 가리키는 반면, 18장에서는 상업적 제도로 묘사된다. 하지만 이러한 차이는 표면적이고 두 장에 나오는 바벨론을 구별하는 근거는 아니다. 자세한 대답은 17장과 18장 전체 주석에서 발견된다. (1)에 대해

Climax of Prophecy, 338-43을 보라. Bauckham은 마지막 단락을 19:1에서 19:6 대신 19:8로 확장한다. Bauckham이 제시한 대략적 배열은 다음과 같다. A(18:1-3): 한 천사가 바벨론의 심판을 선언함; B(18:4-20): 하늘에서 나는 음성이 바벨론의 멸망을 예언함; A1(18:21-24): 한 천사가 바벨론의 심판을 선언함; B1(19:1-8): 하늘에서 나는 음성들이 바벨론을 무너뜨리신 하나님을 찬송함. 가능성은 있지만 덜 유용한 또 다른 18장의 교차대구법 배열에 대해서는 Strand, "Some Modalities of Symbolic Usage in Revelation 18"을 보라.

140) Fekkes, *Isaiah and Prophetic Traditions*, 217.

서는 1:19과 4:1의 주석과 본서 서론의 "요한계시록 해석의 열쇠로서 계 1:19의 중요성"을 보라. (3)에 대해서는 18:9과 17:16의 주석 참조.[141]

한 천사가 바벨론이 받을 심판과 그 혹독한 결과를 선언한다. 바벨론은 사람들이 우상을 숭배하도록 미혹한 것으로 인해 심판받을 것이다(18:1-3)

1절 요한계시록 전체에서 μετὰ ταῦτα("이 일 후에")는 선견자의 관점에서 환상을 본 시간적 순서를 언급하며, 역사상 일어나는 사건들의 시간적 순서를 언급하는 것이 아니다(4:1의 주석 참조). 하늘에서 내려오는 천사는 17:1의 환상을 소개한 천사와 같은 천사일 수 있으나 반드시 그렇다고 할 필요는 없다. 그는 "큰 권세"로써 이어지는 심판 메시지의 정당성을 천명한다. 천사 주변에 "영광"이 있다고 결론적으로 언급한 것은 그의 권세를 강조한다(히브리어 *kābôd*는 LXX에서 δόξα로 번역된다. LXX에서 영광은 때때로 하나님의 특별한 성품을 가리키고 종종 하나님의 성품 총체를 암시한다).

이스라엘이 마지막 때에 그들의 땅과 성전으로 회복되는 환상을 에스겔이 보았을 때 하나님 "주위의 영광에서 나오는 빛으로 땅이 환하여졌다"(겔 43:2. 또한 계 18:1-2에서처럼 큰 "소리"와 연결된다). 이 구약 본문은 하나님의 참 백성에게 세상과 구별되어 주님께 돌아오라고 권면하는 것이 주요 주제인 장(章)을 소개하는 데 적절한 암시가 된다(18:4의 주석 참조).[142] 에스겔이 **하나님의 영광**에 대해 말하고 있는 까닭에, 하늘에서 내려오는 천사의 모습은 구약성경에서 "야웨의 사자"의 모습에 비교되는 그리스도의 현현일 수 있다(10:1의 주석 참조). 천사를 묘사한 것은 그리스도의 현현으로 짐작되는 10:1의 광채 나는 천사의 모습을 묘사한 것과 비슷하다. 천사가 그

141) 또한 Dyer, "Identity of Babylon," 316을 보라. Dyer는 17장과 18장의 바벨론을 구별하는 사람들의 관점을 평가하고 바벨론의 정체가 "두 장에서 틀림없이 같다"고 설득력 있게 결론을 내린다. 특히 두 장 모두 같은 궁극적인 심판자(하나님)와 멸망의 수단(불)을 묘사하며, 불경건한 도시인 바벨론의 동일한 특성을 확정한다. 18장에 대한 자료 이론들을 검토하고 그 이론들의 타당성에 반대하는 주장에 대해서는 A. Y. Collins, "Revelation 18," 187-88을 보라.

142) Caird, *Revelation,* 222.

리스도라는 사실은 요한계시록에서 천상적 인물에게 "영광"을 적용하는 경우마다 하나님 또는 그리스도를 가리킨다는 사실로써 확증된다(4:9, 11; 5:13; 7:12; 11:13; 14:7; 15:8; 16:9; 19:1; 21:11, 23에서는 하나님을, 1:6; 5:12-13에서는 그리스도를 언급한다).[143] 그리고 21:23에서는 "하나님의 영광이 [새 예루살렘에] 비치고 어린 양이 그 등불이 되심이라"고 언급한다. 하지만 18:1에 언급된 인물이 신적 영광을 반영하는 평범한 천사일 가능성도 여전히 존재한다.

스위트는 18:1에 있는 암시가 겔 40-48장에 근거하고 21:10에서 시작하는 환상을 예상한다고 주장한다. 그래서 바벨론의 황폐함은 하나님이 새 창조에서 거하심을 준비한다.[144] 이러한 주장은 18:1과 21:23이 겔 43:2을 암시한다거나, 21:23이 18:1에 있는 암시를 발전시킨다는 사실에 의해 확증된다. 어쨌든지 겔 40-48장의 새 성전에 있는 하나님의 영광을 18:1이 암시한다는 것은 계 21:10ff.에서 성전으로서의 도성을 밝히는 하나님의 영광이 충만하게 계시되는 것을 적절하게 예상한다.

2절 천사는 바벨론에 대한 멸망의 선언에 있는 권세를 더욱 강조하며 "힘찬 음성으로 외쳤다"(ἔκραξεν ἐν ἰσχυρᾷ φωνῇ λέγων). 그 내용은 18장 전체에서 소개된다. 이와 마찬가지로 천사가 나타나고 "큰 음성으로 외치는"(φωνῇ μεγάλῃ와 더불어 κράζω, φωνέω 또는 λέγω) 경우마다, 이것은 그 후에 따라오는 권세 있는 선언을 강조한다(7:2, 10; 10:3; 14:7, 9, 15; 19:17). 다른 곳에서처럼 선언의 권세가 여기서도 강조된다. 그 메시지가 구원에 관한 것이든지 사악한 자들의 심판에 관한 것이든지 간에, 메시지가 성취되는 것의 확실성에 관해 독자들을 위로하려는 데 목적이 있다. 천사는 바벨론보다 더 영광스러우며(1절), 바벨론보다 더 강렬한 권세를 가지고 있다. 천사의 영광스러운 모습과 큰 음성은 바벨론에 심취하여 무너질 위기에 있는 사람의 주의를 환기시킨다.[145]

---

143) Mulholland, *Revelation,* 284을 따름.
144) Sweet, *Revelation,* 266.
145) Wilcock, *I Saw Heaven Opened,* 166.

독자들은 하나님이 그들을 박해한 사람들을 심판하실 것이라는 확신에서 위로를 받는다(18:6, 20, 24; 19:2-3의 주석 참조). 14:8에서 시작하여 반복되는 바벨론에 대한 멸망의 선언으로 바벨론에 대한 심판의 확실성이 강조된다("무너졌도다, 무너졌도다, 큰 바벨론이여"는 사 21:9의 암시다. 14:8의 주석 참조). 바벨론에 대한 심판은 불가피하기에 단지 그 결과만 서술될 뿐이다. 심판의 확실성은 과거 시제로 그 결과를 서술함으로써 더욱 강조된다. (히브리어의 예언적 완료의 의미로) 마치 그 멸망이 이미 발생한 것처럼 말이다. 바벨론의 멸망이 미래에 범세계적으로 발생한다는 확신은 옛 바벨론의 멸망이 같은 방식으로 예언되었고 성취되었다는 사실에 근거한다. 요한은 하나님이 과거에 행하신대로 미래에도 계속해서 행하실 것을 믿는다.[146] 과거 바벨론의 멸망에 대한 예언과 성취는 훨씬 더 큰 바벨론의 멸망을 가리키는 역사적 패턴으로 이해된다.

2b절은 바벨론의 황폐한 상태가 그가 받은 심판의 결과라고 설명한다. 여기서 사 21:9을 염두에 두었을 수도 있다. 사 21:9의 내용은 이렇다. "함락되었도다, 함락되었도다, 바벨론이여! **그들이 조각한 신상들이 다 부서져 땅에 떨어졌도다**." 바벨론은 역사 내내 자기에게 충성하는 사람들을 미혹하고 속이려고 우상숭배 뒤에 가면을 쓰고 있었는데, 요한계시록 이 본문에서 하나님의 심판으로 말미암아 바벨론의 마귀 같은 성품이 폭로된다. (2b절 배후에 있는 이사야서 암시와 관련이 있는 본문인) 렘 27:39 LXX은 바벨론이 심판을 받은 후 황폐해진 상태를 묘사하는데, 계 2:20, 24과 9:20에서처럼 우상숭배와 귀신이 거하는 영역을 연관시켜 황폐함을 묘사한다. "우상들이 섬에 거할 것이며, 사이렌[반은 여자 반은 새인 귀신 같은 존재]의 딸들이 그곳에 거할 것이다."[147] 바벨론이 마귀와 짐승과 거짓 예언자와 동일시된 것이 분명해진다. 짐승과 거짓 예언자는 물론이고 바벨론에게도 "더

146) 19:1을 설명한 Ruiz, *Ezekiel*, 487을 참조하라.

147) Swete, *Apocalypse*, 227. Swete는 계 18:2의 "귀신들"이 우상과 관련이 있는 것으로 이해한다. *Test. Jud.* 23:1-2도 보라. 이에 대해서는 18:23의 주석 참조.

러운 영"과 "귀신들"이 있기 때문이다(16:13-14과 18:2 비교).

무엇보다도 계시될 것은 바벨론 심판의 파괴적인 결과다. 궁극적으로 최후의 심판을 받는 것만이 참으로 귀신적인 존재의 운명이다. 황폐함을 묘사한 내용은 사 13:21과 34:11, 14의 바벨론과 에돔에 내린 심판에 대한 묘사와 가장 비슷하다. 이 심판들은 역사의 끝에 내릴 보편적인 바벨론 심판을 예표론적으로 기대한다고 이해된다. 바벨론의 사치스러운 겉모습이 마지막으로 벗겨지면(17:4; 18:16) 바벨론의 뼈대가 드러난다. 그 안에는 귀신과 새와 같은 피조물들만이 거한다. 유대인들은 사 13:21과 34:11, 14에 언급된 피조물들을 귀신으로 이해한다.[148] 이 마지막 계시로 인해 바벨론을 인도하던 세력이 바로 귀신의 영역이었음이 드러난다.

"귀신의 처소와 각종 더러운 영이 모이는 곳과 각종 더럽고 가증한 새들이 모이는 곳이 되었도다"(κατοικητήριον δαιμονίων καὶ φυλακὴ παντὸς πνεύματος ἀκαθάρτου καὶ φυλακὴ παντὸς ὀρνέου ἀκαθάρτου καὶ φυλακὴ παντὸς θηρίου ἀκαθάρτου)는 Bar. 4:35(바벨론은 "오랫동안 귀신들[κατοικηθήσεται ὑπὸ δαιμονίων]이 거주할 것이다")과 사 13:21-22("오직 들짐승들[θηρία]이 거기에 엎드리고 부르짖는 짐승이 그들의 가옥에 가득하며… 귀신들[δαιμονία]이 거기에서 뛸 것이요 사티로스[얼굴은 남자 하반신은 염소를 한 귀신 같은 존재]가 거할 것이며, 고슴도치가 그들의 집에 둥지를 틀 것이라")을 상기시킨다. 사 34:11, 13-14은 "새들이 거기 거하며, 까마귀들이 거기 깃들일 것이다"(κατοικήσουσιν ἐν αὐτῇ ὄρνεα...καὶ κόρακες οἰκήσουσιν ἐν αὐτῇ)가 덧붙여진 것을 제외하고는 거의 같다. 슥 2:14-15, 렘 9:11, 50:39 (27:39)도 참조하라.[149]

---

148) 사 13:21에 대해서는 *Targ.* 사 13:21; *Midr. Rab.* 레 5.1; 22.8; *Midr. Rab.* 창 65.15; *2 Bar.* 10:8을 보라. 사 34:11, 14에 대해서는 *Targ.* 사 34:14; *Pesikta Rabbati* 17.8; *Midr. Rab.* 레 6.6; *2 Bar.* 10:8을 보라. 또한 *Sib. Or.* 8.40-49을 참조하라.

149) Fekkes는 렘 51:37; 사 13:21; 34:14과 더불어 렘 50(27):39이 계 18:2b에 점증적인 영감을 제공했다고 주장한다. 이 본문들은 다 비슷한 용어로써 바벨론의 멸망과 황폐함을 예언한다. Fekkes, *Isaiah and Prophetic Traditions,* 215-17. Fekkes는 예루살렘에 대해 언급하는 4Q179에서 계 17-18장에 묘사된 바벨론 심판과 일치하는 눈에 띄는 병행 어구를 인용한다.

계 14:8에서 사 21:9과 단 4:30(Theod, LXX; 4:27 MT)의 "무너졌도다, 무너졌도다, 큰 바벨론이여"를 인용한 후에 사 34:10(계 14:11)의 암시가 계속된다는 것은 우연이 아니다. 계 14장과 이곳 18:2에서 사 34장은 바벨론이나 그를 따르는 자들이 받은 심판의 상태를 묘사한다. (*Pesikta de Rab Kahana* 7.11-12과 *Pesikta Rabbati* 17은 사 34:11의 심판을 로마에 적용한다.) 단 4장의 "큰 바벨론"이라는 어구를 자세히 분석한 14:8과 17:5의 주석을 참조하라. LXX에서 단 4장을 제외하고 "큰 바벨론"이 등장하는 유일한 곳은 몇몇 사본의 사 21:9뿐이라는 점은 주목할 만하다(LXX 사본 88과 301).

φυλακή라는 단어는 감옥을 가리키지 않고 앞에 있는 어구 "거처"(κατοικητήριον)와 동의어인 것 같다.[150] "감옥"이란 뜻 외에 고대 그리스 세계와 LXX에서 φυλακή의 주된 의미는 "감시" 또는 "경비"다(겔 27:11; 합 2:1).[151] 이 의미는 신약성경에서도 입증된다.[152] 이 사실과 구약적 암시의 배경에 비춰볼 때, 이 단어는 계 18:2에서 "감시의 장소" 또는 "소굴"로 번역하는 것이 가장 좋다. 단 4:25 LXX이 느부갓네살의 심판받는 장소를 φυλακή와 "황무지"로 묘사한다는 것은 이 사실을 확증한다. Theod.에서는 "너의 거처(κατοικία)가 들짐승과 함께 할 것"이라고 기록한다. 단 4:25도 계 18:2이 부분적으로 암시할 수 있다. 단 4:25에는 바벨론 왕의 심판이 묘사되며, 일찍이 계 18:2에서 발견된 "큰 바벨론"이라는 용어가 불과 다섯 절 뒤인 단 4:30에서 등장하기 때문이다.

몇몇 사본에는 이 절에서 몇 개의 어구들을 생략한다. 필경사가 부주의하여 "그리고 각종 ~이 모이는 곳"(καὶ φυλακὴ παντός)에서 같은 단어로 시작하는 다음 어구로 건너뛰었기 때문이다. "각종 더러운 영이 모이

---

150) I. T. Beckwith, *Apocalypse,* 713. RSV와 NEB에는 "haunt"(소굴)로, KJV은 "hold"(짐칸)로, 그리고 JB은 "lodging"(숙소)으로 번역한다. 자세한 내용은 Mounce, *Revelation,* 323을 보라.

151) G. Bertram, *TDNT* IX, 241-44.

152) BAGD, 867-68.

는 곳"이 생략된 사본도 있고(1611 *pc*), "각종 더러운 새들이 모이는 곳"을 생략한 사본도 있다(ℵ C 051 𝔐 a vg sy[ph] bo Bea). "각종 더러운 새들이 모이는 곳"이 생략된 것을 지지하는 좋은 외적 증거가 있다. 하지만 이 어구를 원본으로 간주해야 한다. 필경사의 같은 실수가 여기서 발생했음직하기 때문이다. 비록 그것이 사본 전달의 초기 단계에 발생했겠지만 말이다(A 1611 2329 *al* gig [sy[h] sa Prim]에는 마지막 어구가 포함된다). 슈미트는 세 어구 모두가 원본이라는 점이 각각 부분적으로 사 13:21-22 또는 34:11, 13-14을 암시한다는 사실로써 시사된다고 지적한다. 두 본문 모두에 영, 새, 짐승 등 세 요소가 다 들어있다.[153)]

3절 바벨론이 심판을 받은 이유(ὅτι)는 만국과 통치자들로 우상숭배를 하도록 미혹한 데 있다. 만국이 "바벨론의 음행의 포도주를 마시고" 왕들이 기꺼이 "바벨론과 음행한 것"은 문자적인 음행이 아니라, 바벨론의 종교적이며 우상숭배적인 요구를 받아들였음을 표현하는 비유적 묘사다. 만국과 왕들은 바벨론과 연합함으로써 물질적 안전을 보장받으려 했다(참조. 2:9, 13; 13:16-17).

이 문제를 경제적으로 봐야 한다는 것은 사 23:17b의 암시에 의해 입증된다. 두로는 "지면에 있는 열방과 음란을 행했다." 계 17:2a("땅의 임금들도 그와 더불어 음행하였고") 역시 경제적인 의미로 사 23:17b을 암시한다. 경제적인 해석은 LXX에 의해 더욱 부각된다. LXX은 MT의 "지면에 있는 열방과 음란을 행했다"는 말을 "지면에 있는 열방을 위하여 장터(ἐμπόριον)가 될 것이요"로 대체했다. LXX이 계 18:3("땅의 상인들[ἔμποροι]도 그 사치의 세력으로 치부하였도다")에 훨씬 가깝다. 구약의 모든 음녀 은유 중 대부분이 이스라엘을 언급하는데, 사 23장에서 두로를 가리키는 은유가 요한계시록의 본문에 자구적으로 가장 가깝다. 두로를 가리키는 이 언급을 염두에 두었다는 것은 계 18:9-22에서 두로에 내린 심판을 선언하는 겔 26-28장이 반복

153) Schmid, *Studien zur Geschichte des griechischen Apokalypse-Textes* II, 143-46. Schmid의 견해는 Mounce와 Ruiz가 따른다. Mounce, *Revelation,* 323; Ruiz, *Ezekiel,* 384.

적으로 언급된다는 사실과 계 18:23에 사 23:8이 구체적으로 암시되었다는 점에서 분명히 드러난다.

경제적인 안전을 염두에 두었다는 사실은 결론에서 분명해진다. "땅의 상인들(ἔμποροι)도 그 사치의 세력**으로**[**때문에**] 치부하였도다."[154] τοῦ στρήνους는 설명적 소유격일 수도 있지만("사치스러운 세력"), 기원의 소유격일 가능성이 더 많다("사치에서 나오는 세력"). 이것은 겔 27:12을 상기시킨다. "다시스는 너의 힘의(ἰσχύος) 풍성함 때문에 너와 거래하였음[너의 상인이 되었음, ἔμποροι]이여." (겔 27:33도 참조하라. 두로는 "세상의 모든 왕들을 풍부하게 하였다[ἐπλούτισας]"). 이 본문은 계 18장에서 겔 26-28장을 언급한 많은 사례 중 첫 번째 본문이다.

바벨론에게 종속된 나라나 왕들이 바벨론의 우상숭배에 협조하지 않는 경우 경제적 안전을 박탈당했을 것이다. 이러한 안전은 저항하기에는 너무나도 크다. 그래서 동사 "마셨다"는 경제적 안전을 유지하기 위해 로마 제국 안에서 우상숭배를 하려는 사회의 자원하는 마음을 가리킨다. 일단 그것을 마시면, 독이 퍼져 바벨론의 파괴적 영향에 저항하려는 모든 욕망은 제거되고, 바벨론이 궁극적으로 안전하지 못하다는 것과 하나님이 진정한 안전의 근원이심을 보는 눈이 어두워지며, 감각이 무디어져 다가오는 심판의 두려움을 느끼지 못한다("마시다"의 이러한 비유적 의미에 대해서는 14:8의 주석 참조).

그러므로 바벨론은 백성이 우상을 숭배하고 거짓된 경제적 안전을 찾도록 미혹한 까닭에 심판을 받을 것이다. 로마 제국은 우상숭배에 참여한 사람들에게 팍스 로마나(Pax Romana, "로마의 평화")의 혜택을 제공하겠다고 약속했다. 하지만 실제로 로마에 종속된 나라들과 백성들 대부분은 로마가 그들에게 제공한 것보다 더 많은 것을 로마에게 바쳤다. 이러한 "평화"는 제도로부터 혜택을 받은 엘리트들이 지속적으로 번영을 누릴 수 있게 하는, 주로 정치적·경제적 안정이었다.[155] "땅의 왕들"은 로마에서 정치적 권

154) ἐκ+소유격 = "때문에(because)"라고 설명하는 Robertson, *Grammar*, 598-99을 참조하라.
155) Bauckham, *Climax of Prophecy*, 347.

력을 가지고 있는 사람들만 아니라, 제국의 여러 지역에서 국지적인 통치권을 행사하는 계급에 속한 사람들로 이해하는 것이 가장 좋은 것 같다. 로마의 음녀가 제공하는 혜택을 받는 대가로 지역의 권력자들이 지불하는 대가에는, 그들이 다스리는 지역의 하층 계급에 속한 사람들을 착취하고 자원을 고갈시키는 것이 포함되었다. 이런 상황에서는 지역의 엘리트들이 로마에게서 받는 혜택보다 로마가 받는 혜택이 훨씬 더 많았다.[156] 계 18장에서 드러나게 되겠지만, 바벨론은 자신이 그러하듯이 만국에게 자신이 소유한 경제적 자원을 신뢰하라고 강요함으로써 자신의 자긍심을 표현했다. 이것은 나중에 정죄를 받게 될 우상숭배의 한 형식이다(7절과 23절 주석 참조).[157]

이 논의의 설명과 렘 25:15과 51:7의 배경, 그리고 3a절의 여러 소유격과 πορνεύω("음행하다") 및 πορνεία("음행")의 비유적 의미에 대해서는 14:8과 17:2의 주석을 참조하라. στρῆνος("사치")를 더 자세히 논의한 18:9의 주석을 참조하라. 기원후 1세기에 로마가 세계 무역의 중심지임을 잘 설명한 Aelius Aristides, *Oratio* 26.7, 11-13을 보라.[158] 로마가 얼마나 착취로 악명 높았는지에 대해서는 *b. Kiddushin* 49b과 관련하여 11절의 주석을 참조하라.

포도주가 죄로 가득한 생활에 영향을 준다는 장면과 아울러 음행이 부도덕한 재정적 이득을 가리키는 은유로 사용된 예는 CD 8.4-13에도 등장한다. 여기서 음행은 예루살렘이 로마와 종교적 타협을 감행한 일에 적용된다. "그들은 욕정과 부당한 부로써 자신을 더럽혔다.…그들은 부끄러운 교역을 했으며…부와 이득을 위해 스스로 강해졌다.…그들은 백성[로마인들?]을 멀리하지 않고 의도적으로 방종한 가운데 악한 자들이 가는 길로 행했다. 그들을 두고 하나님은 이렇게 말씀하셨다. '그들의 포

156) Bauckham, *Climax of Prophecy*, 369-72.
157) Caird, *Revelation*, 223.
158) Aristides의 저서 번역은 Behr, *P. Aelius Aristides* II를 보라.

도주는 뱀의 독이다.…뱀은 백성의 왕이며, 그들의 포도주는 그들이 걸어가는 길이다.'"

동사 πλουτέω("치부하다")는 정적인 동사(어떠한 상태로 존재함)다. 하지만 여기서 부정과거 시제는 총체성의 측면을 반영하는 것 같다. 그래서 대체적인 의미를 정적인 의미에서 변형적 의미로 바꾼다. 이런 이유로 부유함의 상태에 들어가는 사건이 여기서 초점이며, 이 사실은 15절과 19절에서도 같은 동사의 부정과거 시제로써 표현되었다.[159)]

필경사들 중에는 실수로 πέπωκαν(또는 πεπωκασιν, "마셨다," 1006ᶜ 2329 *pc* syʰ; P 051 1 2053* *al*에는 단수형 πεπωκεν; 2042 *pc*에는 이 단어와 동의어인 단수 πεποτικεν) 대신에 복수형 πεπτωκα(σι)ν("무너졌다," ℵ A C 1006* 1611 1841 2030 𝔐ᴷ) 또는 단수형 πεπτωκεν("무너졌다," 1854 2053ᶜ 2062 *pc*)으로 기록한 사람들이 있다. 혼동이 발생한 이유는 단어의 유사성 때문이며, "포도주"가 3절이 시작되는 곳에서부터 생략되었다면(A C 1006) 혼동이 가중되었을 것이다. 같은 혼동이 14:8에서도 발생했었다(해당 본문 주석 참조). 슈미트와 메츠거는 "마셨다"가 그것을 둘러싼 어법의 의미와 렘 25장과 51장에서 가져온 이미지를 볼 때 여기서 요구된다고 개연성 있게 지적한다.[160)] 구약적 배경으로 인해 원래의 "무너졌다"에서 "마셨다"로 바꾸는 동기가 되었을 수도 있지만, 후기의 필경사들이 예레미야서 본문을 우선적으로 염두에 두었을 것 같지는 않다. 구약 본문의 문맥 역시 만국이 무너지는 사상을 지지한다. 이것은 슈미트와 메츠거가 생각한 것과 상충될 수 있다. 즉 "마심" 은유 직후에 렘 28:7b LXX(=51:7b MT)에는 "[만국]이 비틀거렸다"고 되어 있다. 그리고 적어도 한 사본(534)에서는 ἐσαλεύθησαν("비틀거렸다")이 ἐπεπεσον("떨어졌다")으로 대체되었다.

---

159) Fanning, *Verbal Aspect,* 93.

160) Schmid, *Geschichte des griechischen Apokalypse-Textes* II, 142; B. M. Metzger, *Textual Commentary,* 760.

천사는 하나님의 백성에게 바벨론이 받을 재앙을 받지 않도록 그 제도에서 나오라고 권한다(18:4-8)

4절 1-3절에서 바벨론이 받을 심판을 보도한 것은 갈팡질팡하는 신자들에게 우상숭배 제도에 참여하지 말고 그들의 믿음을 유지하기 위해 타협하지 말라고 권하는 기초가 된다. 바벨론의 죄와 받을 재앙을 알게 되면 순전한 그리스도인들은 바벨론에게 미혹을 받지 말고 그들의 악한 길에 참여하지 말아야 한다. 찰스는 신자들이 모두 이미 죽임을 당한 까닭에 이 권면이 문맥에 어울리지 않는다고 생각한다.[161] 하지만 그의 견해는 요한계시록 구조의 주기성 이해(cyclic view)에 대한 감각이 결여되어 있으며, 요한계시록의 문자적인 시간 이해에 근거한다. 4절에는 항상 교회 밖에 있었던 불신자들에게 주는 권면이 포함되지 않았다.[162] 오히려 이 권면은 하나님이 이미 "내 백성"이라고 부를 수 있는, 믿음을 고백하는 신앙 공동체 안에 있는 사람들에게 주시는 말씀이다.

바벨론의 길에서 나오라는 권면은 이사야서와 예레미야서에서 반복된 권면, 특히 렘 51:45의 패턴을 따랐다. "나의 백성아! 너희는 그중에서 나와 각기 여호와의 진노를 피하라"(또한 사 48:20; 52:11; 렘 50:8; 51:6도 참조하라). 이 예언자들은 이스라엘더러 회복의 때에 바벨론을 떠나 이스라엘 땅으로 돌아감으로써 바벨론의 우상숭배에서 나오라고 권한다. 요한계시록 이곳에서처럼, 렘 51장과 그밖에 구약의 다른 병행 어구에서 언급되는 바벨론이 반드시 겪을 임박한 심판은 예언자들이 하나님의 백성에게 나오라고 권하는 근거가 된다(특히 렘 51:35-45을 보라). 놀라운 것은 렘 51장의 권면을 끌어내는 심판이 계 18:2의 황폐함이라는 비슷한 은유들로 묘사된다는 점이다. "바벨론이 돌무더기가 되어서 승냥이의 거처와 혐오의 대상과 탄식거리가 되고 주민이 없으리라"(렘 51:37).

계 18:4의 권면이 사 52:11의 권면을 강하게 반영한다는 사실은 이사

161) Charles, *Revelation* II, 96-97.
162) Harrington, *Revelation* (Sacra Pagina), 178이 주장하듯이 말이다.

야서 본문에서 바로 이어지는 문장을 볼 때 분명하다("**부정한 것**[ἀκάθαρτος]을 만지지 말지어다"). 부정한 것은 바벨론의 우상들을 가리킨다. 예레미야서의 권면에도 우상숭배에서 나오라는 권면이 포함된다(렘 51:44, 47, 52). 계 18:4의 권면은 우상숭배를 생각나게 하는 "부정한"(ἀκάθαρτος)이라는 단어로 바벨론을 3중으로 언급한 것에 바로 이어 등장한다(18:2의 주석 참조). 그러므로 4절의 "그의 죄"는 주로 우상숭배와 분명히 관련된다. 4절에서 신원이 밝혀지지 않은 이의 음성은 하나님의 음성("내 백성"을 주목하라)이든지 그리스도의 음성(1절에 이어서 다시 "내 백성"이란 단어에 주목하라), 또는 하나님을 대표하는 천사의 음성일 것이다(예레미야는 "나오라"는 권면을 전달하는 하나님의 대변인이었다).

권면의 내용은 심판이 임하기 전에 거기서 나오라는 것이다. 심판 자체가 하나님의 백성을 세상에서 완전히 구원할 것이기는 하지만 말이다.

바벨론에서 나와야 하는 목적은 "그의 죄에 참여하지 않는" 것뿐만 아니라, 렘 51장에 언급되었듯이 다가오는 심판을 피하려는 데 있다(계 18:4b, "그가 받을 재앙들을 받지 말라"와 렘 51:45b, "그중에서 나와 각기 여호와의 진노를 피하라"를 비교하라). 이사야서와 예레미야서에서 발하는 구별과 창세기에서 아브라함과 롯이 구별되는 일은 물리적·도덕적 도피를 포함하는 반면에, 계 18:4의 나오라는 명령은 도덕적인 도피만을 포함한다. 그리스도인들은 경제생활을 그만두라고 부름을 받는 것이 아니다.[163] 하지만 그들은 타협하지 않는다는 이유로 경제 활동에서 외면당할 수는 있다. 그리스도인들은 **세상에** 증인으로 남아야 하며(11:3-7) 그들의 증언으로 인해 고난을 당하게 될 것이다(6:9; 11:7-10; 12:11, 17; 16:6; 17:6; 18:24). 하지만 그들은 세상에 **속해서**는 안 된다(예. 14:12-13; 16:15). 물리적으로 세상에서 나온다는 것은 세상에 증언하라고 부름을 받은 그리스도인들의 본질과 모순된다.[164] 아우구

163) A. Y. Collins, "Revelation 18," 202에 반대함.
164) 이 권면을 역사적으로 적용한 예들을 개관한 Sweet, *Revelation,* 266을 참조하라. 또한 Ruiz, *Ezekiel,* 397-99을 보라.

스티누스는 "바벨론에서 나오라"는 명령을 "이런 의미에서 영적으로 이해해야 한다. 즉 신앙의 걸음을 옮겨 살아 계신 하나님과 함께 감으로…우리는 불경건한 천사들과 불경건한 사람들의 사회가 함께 어우러져 있는 이 세상의 도시에서 나와야 한다"라고 말했다(*City of God* 18.8; 자세한 내용은 아래를 보라).

권면("**참여하지** 말라")의 한 부분으로 사용된 συγκοινωνέω는 잘 선택한 용어다. 바벨론의 죄에 참여하는 사람은 바벨론처럼 "부정하고"(κοινός), "거룩한 성"에 들어가지 못할 것이기 때문이다(21:2, 10과 대조되는 21:27). 이와 비슷하게 케어드는 "거룩한 성"과 대조적으로(21:2, 10)[165] 18:2에서 "부정한"(ἀκάθαρτος)이라는 단어가 반복된 것은 거룩한 성의 시민들이 구별될 것이며, 사악한 지상적 도시의 죄로 "더러워지지 않으며", "어린 양이 어디로 가든지 그를 따른다"는 점을 주목한다(14:4).[166]

사 52:11은 그리스도인들에게 불경건한 사람들이 표준적으로 가지는 불신앙적 사고에서 구별되라고 권하기 위해 고후 6:17에서 사용된다.[167] 17:16에서 논의한 것에 비춰볼 때, 계 18:4에 반영된 렘 51장의 권면 역시 교회 내부에서 세상 제도에 참여하는 타협자들에게서 나오라는 내용을 포함하기 위해 이와 비슷하게 사용되었을 것이다. 그리스도인들이 권면을 받을 필요가 있다는 점은 요한이 글을 쓸 당시 교회 내부에 타협의 위험이 있었음을 보여준다.

또한 4절의 권면과 경고의 배경이 되는 본문은 천사가 롯에게 "여호와께서 이 성을 멸하실 터이니 너희는 일어나 이곳에서 떠나라(ἔξελθε)"고 한 권면이다(창 19:15; 참조. 창 19:14의 ἐξέλθατε). 구약의 이 배경이 이사야서와 예레미야서의 권면과 혼합되었다는 것은 계 18:5a에 반영된 창 19:13(소돔의 죄악의 "부르짖음이 여호와 앞에 크므로")과 창 18:20("소돔과 고

---

165) Caird, *Revelation*, 223.

166) Roloff, *Offenbarung*, 175.

167) Beale, "Old Testament Background of Reconciliation in 2 Corinthians 5-7"을 보라.

모라에 대한 부르짖음이 크고 그 죄악이 심히 무거우니")에서 분명히 드러난다. 바벨론에서 피함은 소돔을 피하는 것과 같다. 소돔은 계 11:8에서 "큰 성" 바벨론과 상징적으로 같다.

아브라함에게 우르를 "떠나라"(ἔξελθε)고 명령하신 것(창 12:1)과 이스라엘에게 다단과 아비람의 장막에서 "떠나라"고 권한 것(민 16:26),[168] 그리고 그리스도인이 된 유대인에게 유대를 떠나라는 명령(마 24:15-18과 병행 어구)[169] 역시 본문의 배경이 되었을 것이다. *Midr. Rab.* 창 52.11과 *Tanch.* 창, parashah 3.2-3은 하나님이 그렇게 명령하신 이유가 아브라함 주변에 있는 우상숭배의 위험 때문이었다고 천명한다(이와 비슷하게, Philo, *De Abrahamo* 68-70; *Hellenistic Synagogal Prayers* 12:61). *Apoc. Abr.* 8:4-6은 아브라함이 우르를 떠나게 된 근거를 롯이 소돔을 떠난 이유와 유사하다고 제안한다. "데라에게서 나오라.…그 집에서 나오라. 그래야 너는 너의 아비 집의 죄로 죽임을 당하지 않을 것이다.…큰 우레 소리가 임하고 그와 그의 집과 그 집에 있는 세간을 다 불태워 집이 무너질 때 나는 아직 대문 밖을 나서지 못했다." *Jub.* 22:16-19(16절이 사 52:11을 암시할 가능성이 많음)에서는 아브라함이 야곱에게 이렇게 명령한다. "이방인들에게서 나와라." 이 명령은 특히 우상숭배를 하지 말라는 것에 초점이 맞춰 있다. Philo, *De Abrahamo* 66은 이렇게 기록한다. 아브라함이 "[우르에서] 나온 것은 몸보다는 영혼의 이주였다." 이와 비슷하게 계 18:4의 원리와 같은 내용을 반영한 고전 5:9-10도 참조하라.

참 성도들은 그 이름이 책에 기록되어 있기 때문에 이미 보호받고 있다면, 왜 그들이 큰 바벨론과 타협하지 말라는 경고와 권면을 받는지 질문할 수 있을 것이다. 이 질문을 논의한 17:9a의 주석을 참조하라. 거기서 거의 같은 질문을 제기했고 충분히 논의했다.

필경사가 첫 번째 ἵνα("~하기 위해서")를 건너뛰고 두 번째로 옮겨간

168) Swete, *Apocalypse,* 229.
169) Vos, *Synoptic Traditions,* 160-61.

시각적 착오를 일으켰기 때문에 "그가 받을 재앙들을 받지 말라"는 절이 P 051 1854 *al*에 생략되었다.

5절 바벨론은 그러한 "재앙"으로 심판받을 것이다. 왜냐하면(ὅτι) "그의 죄가 하늘에 이르렀기 때문"이다. 다시 렘 51장의 내용이 반영된다. "그 화가 하늘에 미쳤고 궁창에 달하였음이로다"(렘 51:9; 참조. 창 18:20; 19:13). 구약성경과 후기 유대교 문헌에서 "달하다"라는 단어는 공동체의 극단적인 죄를 가리키는 관용어였다(욘 1:2; 스 9:6; 1 Esdr. 8:75; 4 Ezra 11:43). 하나님은 "그의 불의한 행위들을 기억하실" 것이다. 그 행위가 하나님 앞에 이르렀고, 하늘에서 하나님은 그 죄를 기억하시고 심판하실 것이기 때문이다. 렘 51:9에서는 죄의 극단적인 결과를 강조하려고 죄 그 자체가 죄의 결과인 "심판"으로 대체되었다. 바벨론의 죄가 너무도 커서 하나님은 자신의 공의를 유지하기 위해 바벨론에 큰 심판을 내리신다.

하나님이 "불의한 일들을 기억하신다"는 말은 구약 여러 곳에서 발견되는 심판의 표현이다(시 109:14; 호 9:9).

2절에서처럼 5절의 부정과거 동사들은 히브리어의 예언적 완료형과 같은 기능을 한다. 렘 51:9에 대한 암시의 타당성은 18:3에서 렘 51:7을 암시하고 18:4에서 렘 51:45을 암시한 것으로써 입증된다.

6절 "주라"는 명령형은 보복을 행하는 하나님의 인간(20:4) 또는 천사 대리인(16:17ff.; 18:21)에게 주시는 말씀일 수 있다. 인간 집행자들은 렘 27:29 LXX의 암시에 의해서도 시사된다(아래 참조). 특히 계 17:16에 비춰볼 때, 열 왕과 짐승이 그 보복의 대상일 것이다.[170] 또는 여기서의 주체가 "내 백성"일 수도 있다(18:4).[171] 이러한 이해는 20:4에서만 아니라, 시 136:8 LXX(아래 참조)과 계 11:3-6에서도 지지를 받는다. 계 11:3-6에서 예언자적 증인들(즉 하나님의 백성)은 그들을 박해한 사람들에게 최후의 심판 전에 고통을 준다. 궁극적으로 렘 28:24 LXX에 비춰볼 때(아래 참조), 하나님이 복수

170) Swete, *Apocalypse,* 229.

171) Rossing, "Imperatives of Revelation 18:4-6."

명령형이 주어진 대상들 가운데 포함될 것이다. 그가 바벨론을 심판하시고, 그 심판의 집행자들을 보내시는 분이시기 때문이다(참조. 렘 27:15 LXX). 그래서 "그에게 주라"는 말은 명령이 아니라 간청의 명령형이다(눅 17:5처럼 말이다).

5절에서 언급된 하나님의 심판이 이제 더욱 분명하게 밝혀진다. 바벨론이 받을 심판은 그의 죄에 상응하는 심판이다. 이것은 먼저 시 136편을 반영하는 단어들로 표현되었다.

시 136(137):8 LXX	계 18:6a
[μακάριος ὃς] ἀνταποδώσει σοι τὸ ἀνταπόδομά σου ὃ ἀνταπέδωκας ἡμῖν("네[바벨론]가 우리[이스라엘]에게 행한 대로 네게 갚는 자가 [복이 있으리로다]").	ἀπόδοτε αὐτῇ ὡς καὶ αὐτὴ ἀπέδωκεν ("그가 준 그대로 그에게 주라[갚으라]"; NEB는 "pay her back in her own coin"이라고 잘 의역했다).

이와 비슷하게 렘 27:29 LXX(=50:29 MT)은 바벨론에 대해 이렇게 말한다. "그의 행위대로 그에게 갚아주라(ἀνταπόδοτε). 그가 행한 모든 것대로 그에게 행하라." 마찬가지로 렘 28:24 LXX(=51:24 MT)에서 하나님은 이렇게 말씀하신다. "내가 바벨론과 거기에 거하는 모든 사람들에게…그들이 행한 모든 악에 대해 갚아주리라(ἀνταποδώσω)"(참조. 렘 27:15[=50:15]). 이곳 요한계시록에서 역사적 바벨론에 대한 심판은 종말론적 바벨론 제도에 대한 심판을 가리키는 예표가 되었다.

하지만 "범죄에 적합한 심판" 원리는 6절의 결론과 상충되는 것처럼 보인다. 바벨론이 그의 죄에 "두 배"나 되는 심판을 받을 것이라고 언급되기 때문이다. 등가 처벌의 원리에 모순되는 듯한 이 표현은 7절에서 그 원리를 다시 서술함으로써 강조된다. 하지만 클라인은 영어 번역 성경에서 거의 천편일률적으로 번역되는 "갑절"이라는 단어는 부정확하다고 설득력 있게 증명했다. 클라인은 구약성경 전체에서 LXX에 사용된 διπλόω/διπλοῦς에 상응하는 히브리어(*kāpal*/*kepel*)는 "복사하다" 또는 "반복하다"(또한 Kline은 "복사, 쌍둥이, 짝을 맞춤"을 의미하는 명사를 찾아낸다)를 의미한다는 사실을 밝혀냈다. 구약의 사용례에서 "갑절"이 가능할 수는 있겠지만, 요구되지는 않는다. 클라인은 특히 계 18:6이 암시하는 본문(사 40:2; 렘 16:18)과 신약 여러 곳에서 형용사의 두 사용례(마 23:15; 딤전 5:17)에 "복사하다/상응하다"라는 의미가 있음을 확정한다. 따라서 계 18:6 문장은 이렇게 번역해야 한다. "그의 행위에 **상응하게** 주라(διπλώσατε τὰ διπλᾶ). 그가 섞은 잔에도 그에 상응하는 것을 섞으라"(이와 비슷한 은유에 대해서는 14:10의 주석 참조).[172)]

이렇게 번역하면 바벨론이 행한 죄에 상응하는 심판과 관련하여 바로 앞뒤에 있는 모순이 제거되며, 죄에 상당하는 심판의 정도를 가리키는 "행위대로" 심판한다는 문구와 더 잘 어울리게 된다. 이렇게 번역하면, 이미 앞에서 "가득하다"고 묘사된(17:4) 바벨론의 잔에 두 배나 섞으라는 은유의 난제도 완화된다. 그 대신에 "바벨론의 죄는 하나님의 정의의 저울에서 그 죄에 해당하는 무게만큼의 심판과 균형을 이룬다."[173)]

18:6의 각 부분마다 서로 다른 단어나 어군이 2개 있다. 처음 것은 ἀποδίδωμι이고, 두 번째는 διπλο-(이 구절 마지막 부분에 또 하나가 있다)이며, 세 번째는 κεράννυμι이다. 이 단어로써 상응하는 심판 사상을 강조한다. "준…주고…갑절을 갚아주고…섞은…갑절이나 섞어."[174)] 특히 두 번째 부분에 있는 동족 목적격 "상응하는"(τὰ διπλᾶ)은 장차 행해질 심판의 상응성을 강조하기 위해 "상응하게 주다"라는 사상을 강조하며, 이는 정동사에 따라오는 히브리어의 독립 부정사와 같은 강조를 한다(διπλο- 어군의 이와 비

---

172) Kline, "Double Trouble," 177. 또한 Hughes는 "정확한 상응"으로 이해한다. P. E. Hughes, *Revelation,* 191. Beckwith는 "(그에게 갑절을 두 배 되게 하라"는 것이 LXX에서는 "충분한 보응"을 가리키는 관용적 표현이라고 말함으로써 Kline의 관점을 부분적으로 예견했다. I. T. Beckwith, *Apocalypse,* 715. Kline의 견해를 따르는 사람들이 제법 많은데, 그 중에 몇 사람을 소개한다. Lenski, *Revelation,* 519-20; Hendriksen, *More than Conquerors,* 208; Ladd, *Revelation,* 238 ("punishment in full measure"); Sweet, *Revelation,* 269; Krodel, *Revelation,* 303; 또한 Hengstenberg, *Revelation* II, 274-75; Dusterdieck, *Revelation,* 443; J. M. Ford, *Revelation,* 297-98을 참조하라.

173) Kline, "Double Trouble," 177.

174) 참조. J. M. Ford, *Revelation,* 298.

슷한 2중 사용에 대해서는 욥 42:10 LXX 참조).[175]

겔 23:31-35 LXX에서 하나님이 이스라엘에게 심판을 선언하신 것이 계 18:6의 표현에 부분적으로 영감을 주었을 것이다. "내가 그의 잔을 네 손에 두리라.…완전히 취하기 위해 너의 누이의 깊고 크고 가득 찬 잔을 마셔라.…너는 네가 행한 불경건과 음행에 [해당하는 보응을] 받을 것이다(애 4:21도 그렇다. "에돔아…잔이 네게도 이를지니 네가 취하여 벌거벗으리라"). 시 74(75):9(8)에도 비슷한 내용이 들어 있다. "여호와의 손에 잔이 있어 술거품이 일어나는도다. 속에 섞은 것이 가득한 그 잔을 하나님이 쏟아 내시나니 실로 그 찌꺼기까지도 땅의 모든 악인이 기울여 마시리로다." *2 Bar*. 13:6-8은 사악한 나라들에 대해 그와 비슷하게 말한다. 합 2:15-17은 바벨론이 그 지은 죄로 심판받을 것이라 말하며, 그 선언에는 이러한 말이 포함된다. "이웃에게 술을 마시게 하되…수치가 가득한즉 너도 마시고…여호와의 오른손의 잔이 네게로 돌아올 것이라." 잔과 관련하여 자세한 구약적 배경은 14:10과 17:4의 주석을 참조하라. *Midr*. 시 75.4에는 렘 51:7과 25:15이 "장차 사악한 자들"의 심판에 적용되었다.

사본들 중에는 ἀπέδωκεν 다음에 υμιν을 가진 사본이 있다(051 𝔐^{A} gig vg^{cl}). 따라서 6a절을 번역하면 이렇다. "그가 **너희에게** 해준 대로 그에게 주라." 이것은 그리스도인들이 바벨론에게 원수갚을 사람들이라는 의미다. 이것이 요한계시록에서 낯선 사상은 아니지만(비교. 11:5-6; 20:4), 현재의 맥락에서 심판의 주체는 분명히 하나님이시다(8, 20절). 사본상의 외적인 증거 역시 이 이문을 선호하지 않는다.

7절 7절은 "죄에 맞는 심판"의 원리를 재서술한다. "그가 **얼마나**(ὅσα) 자기를 영화롭게 하였으며 사치하였든지 **그만큼**(τοσοῦτον) 고통과 애통함으로 갚아 주라."[176] 바벨론은 그가 영광과 사치를 얻기 위해 죄를 지

175) Mussies, *Morphology*, 99.

176) BAGD, 586은 τοσοῦτον이 ὅσα에 상응하는 방식으로 사용된다고 제시한다.

은 만큼 심판을 받을 것이다. 그의 죄는 교만과 자기만족이다. 그래서 무너질 수밖에 없었다(삼하 22:28; 잠 16:18). 자기영화는 죄다. 영광은 하나님께만 드려야 하는 것이기 때문이다(참조. 계 15:4; 19:1). 18:1의 천사는 바벨론의 거짓 영광과 대조되는 하나님의 참 영광을 반영한다.[177]

6-7a절에서 사용된 언어는 심판하시는 하나님의 공의(저지른 범죄에 해당하는 심판)만을 가리키는 것이 아니라, 죄에 대한 책임을 물으시는 하나님의 주권적인 반응으로서의 심판을 보여주기도 한다. 이것은 구약성경의 동해(同害)보복법(*lex talionis*, "자신이 범한 죄에 따라 심판받음")에 내재된 원리다(예. 레 24:17-22; 참조. 롬 1:24-32).

바벨론이 받을 심판의 근거(ὅτι)가 재서술되었으며(참조. 5a절), 지금은 사 47장에 있는 역사적 바벨론이 받았던 심판 예언의 패턴을 따른다.

사 47:7-8 LXX	계 18:7b
그가 말하기를 "나는 영원히 공주[MT "여왕"]가 될 것이라"; 너는 네 마음에 이것을 깨닫지 못했느니라.…그러나 이제 이 말을 들어라. 너는 사치스러운 자이며 안전하게 앉아 마음에 이르기를 "나는 과부로 앉지 아니할 것이며 애도함을 알지 않을 것이라."[176]	그가 마음에 말하기를 "나는 여왕으로 앉은 자요 과부가 아니라 결단코 애통함을 당하지 아니하리라" 하니.

요한계시록의 여러 곳에서처럼, 역사적 바벨론의 교만과 멸망은 역사의 끝에 범세계적인 바벨론 제도의 교만과 멸망의 예표론적 패턴으로 이해된다. 옛 바벨론이 그랬던 것처럼, 마지막 날의 바벨론 역시 스스로를 그가 양육하는 모든 주민의 어미라고 생각한다. 바벨론 역시 그의 자녀들이 항

177) 참조. Ruiz, *Ezekiel,* 380.
178) 니느웨에 대하여 습 2:14-3:1 LXX(2:14-15 MT)은 이렇게 말한다. "까마귀가 그 현관에 있다.…이는 경멸하는 성이라. 염려 없이 거주하며 마음속에 이르기를 '오직 나만 있고 나 외에는 다른 이가 없다'하더니 어찌 이와 같이 황폐하여 들짐승이 엎드릴 곳이 되었는고."

상 자신을 지지할 것이라는 완벽한 확신을 갖고 있다.[179] 옛 바벨론이 그랬듯이, 마지막 날의 바벨론의 정치적·경제적 안전은 갑자기 없어질 것이다. 그리고 바벨론이 그러한 안전을 자부하고 확신했던 것이 근거가 없으며, 환영에 불과하다는 사실이 드러나게 될 것이다(사 47:9-11; 참조. 렘 50:31-32). 그러한 확신은 반드시 심판을 받아야 할 자아숭배다. 교회는 세상과 함께 심판을 받지 않기 위해 경제적 안전을 신뢰하지 않도록 경계해야 한다. 이것은 특히 라오디게아 교회에서 발생한 일이었다. 그 교회는 스스로 이렇게 말한다. "나는 부자라, 부요하여 부족한 것이 없다"(3:17).[180]

Sib. Or. 5.168-77에는 이사야서나 계 18:7-8에서 묘사된 이것을 쉽게 표현했고, 그것을 로마에 적용하여 로마를 "바벨론"과 직접 연결한다(5.143, 159). "라틴 땅에 있는 부정한 도시…너는 과부로 강가에 앉으리라. 피에 굶주린 마음을 가진 티베르 강이 너를 위하여 슬피 울리라.…하지만 너는 이렇게 말했다. '나는 남들과 다르다. 내게는 황폐함이 이르지 않을 것이다.'…불에 계속 탈 것이다." 보컴이 지적했듯이, "마치 신조처럼, 바벨론은 사람들이 절대로 멸망하지 않을 것이라고 믿은 성이었다. 그런데 그 성이 계 18장에서 무너졌다고 선언된다."[181] "바벨론[=로마]의 화려함에 참여하고," 특히 경제적·정치적으로 "혐오스러운 음녀를 본받은" 아시아의 모든 사람은 "과부"가 될 것이다(4 Ezra 15:46-63).[182]

계 18:7의 논쟁은 영원한 영광과 주권이 있다는 로마의 거만한 주장을 염두에 두었다.[183] 7b절의 에티오피아 역에는 "내가 여왕으로 앉아" 대신에 "나는 항상 통치할 것이다"라고 번역되었다.[184] 4Q179(=4QapocrLam A) fragment 2, line 5는 바벨론의 손에 의해 심

---

179) 참조. M. Stuart, *Apocalypse* II, 332.

180) Sweet, *Revelation,* 267; D. C. Chilton, *Days of Vengeance,* 450.

181) Bauckham, *Climax of Prophecy,* 344.

182) *Sib. Or.*의 영향에 대해서는 *APOT* II, 400을 보라.

183) 고대 세속 문학에 반영된 이러한 주장에 대해서는 A. Y. Collins, "Revelation 18," 201을 보라.

184) Gill, *Revelation,* 843.

판받은 예루살렘을 언급하면서, 바벨론을 "버려진 여자와 같이 망한 만국의 공주"라고 부른다.[185] *Midr. Rab.* 아 1.6, §4은 로마를 "로마 바벨론"으로 언급한다.

8절 7b절에 제시된 정치적·경제적 교만은 바벨론의 갑작스런 멸망의 원인(διὰ τοῦτο)으로 강조된다. 그 멸망은 "하루 동안에 이를 것이다." 이것은 사 47장의 계속되는 예표론적 언급이다. "한 날에 갑자기…이 두 가지 일이 네게 임할 것이라"(사 47:9). 바벨론이 "불에 살라지리니"라고 천명된 것도 그렇다. 또한 사 47:14의 "그들은 다 불에 타리니"도 참조하라.

공의를 집행하시는 하나님의 능력이, 바벨론이 받는 심판의 더 자세한 근거(ὅτι)로 제시된다. 하나님께는 능히 그것을 실현하실 능력이 있으므로 심판은 확실히 일어날 것이다. "그가 불에 살라지리니"라는 말은 17:16의 표현과 거의 축어적으로 반복된다. 이는 짐승과 경제적·종교적 제도를 배반하고 그것을 파괴하려는 짐승의 연합군들을 향한 예언을 발전시킨다. 하나님은 바벨론을 없애려는 마음을 그들에게 집어넣으신다. 그들이 바로 바벨론을 "심판하시는 주 하나님의" 하수인들이다.

사본들 중에서는 원본인 μιᾷ ἡμέρᾳ("하루 동안")를 μιᾷ ὥρᾳ("한 시간에")로 바꾸어 10절과 17절에서 논란이 없는 μιᾷ ὥρᾳ와 일치시키려고 한 사본이 있다(69 *pc* Cyp Spec Prim). 사 47:9의 인용에서 분명히 드러나듯이, 두 표현은 동의어이며 멸망의 갑작스러움을 강조한다.

심지어 본문의 하나님에 대한 묘사는 바벨론에게 임할 하나님의 심판을 예언하는 렘 27:34(50:34 MT)에서 왔다. "그들의 구원자는 강하니…여호와라. 반드시 그들을 심판하시리니"(ὁ λυτρούμενος…ἰσχυρός, κύριος…κρίσιν κρινεῖ; 계 18:8b: ἰσχυρὸς κύριος…ὁ κρίνας). 이 본문에 비춰볼 때, 렘 27:27, 31(50:27, 31 MT)에 "그날이 임하였다"(ἥκει ἡ ἡμέρα)라는, 바벨론이 받을 심판을 반복해서 선언한 것은 사 47:9(ἥξει…ἐν μιᾷ ἡμέρᾳ)과 함께 "**하루 동안에** 그 재앙들이 **이르리니**"(ἐν μιᾷ ἡμέρᾳ

185) García Martínez, *Dead Sea Scrolls Translated,* 402의 번역이다.

ἥξουσιν)라는 어구의 구약적 배경으로 볼 수 있다. 바벨론이 하룻밤에 정복되었다는 역사적 사실이 "큰 바벨론"에 대한 갑작스런 미래의 심판 배후에 있는 예표론적 이미지에 속할 수도 있다(단 5:30을 보라).[186)]

바벨론의 제도에 연합했던 자들이 바벨론의 심판을 애통해할 것이다. 바벨론의 심판은 자신의 멸망을 의미하기 때문이다(18:9-19)

15-19절이 약간 수정된 채 9-11절의 표현을 반복한다는 점에서 9-19절은 수미상관을 이룬다. 이 처음과 마지막 단락은 우상숭배적인 경제 제도와 연합하여 번영을 누렸던 사람들이 애통해한다는 점을 강조한다. 그들은 바벨론이 멸망하는 장면에서 자신들의 경제적 몰락을 본다. 중간 단락인 12-14절은 그들이 잃게 될 경제적인 번영의 대표적 측면들을 부각시킴으로써 그들이 애통해하는 원인을 강조한다.

전체 단락의 요지는 첫 단락과 마지막 단락에 표현된 경제적 손실에서 오는 절망이다. 이것은 18:1-8에서 이야기한 바벨론이 받을 심판에 대한 반응이다. 하지만 그 절망은 심판을 예고하는 내러티브라는 보다 더 큰 문맥 안에서 기능한다.[187)] 더욱이 9-19절에서 미래의 절망을 암시적으로 표현한 심판의 선언은 20절에서 성도들에게 즐거워하라는 명령으로 이어진다. 성도들은 바벨론과 그의 연합군에 대한 심판을 보고 즐거워한다. 그러므로 이 이야기 어느 곳에서도 바벨론을 안타까워하는 연민의 감정은 반영되지 않았다.

겔 26-27장에 언급된 두로가 받을 심판에 대한 예언은 계 18:9-19에서 바벨론이 받을 심판을 예언하는 데 모델이 된다. 비록 그 모델이 18:22까지 확장되지만 말이다. 과거에 두로의 멸망과 두로의 멸망을 애통해했던 사람들은 최후의 거대한 경제적 제도의 멸망을 예언하는 그림자다.

주제 면에서, 이 단락은 땅의 왕들의 애가(9-10절), 땅의 상인들의 애가(11-17a절), 선원들의 애가(17b-19절)로 나눌 수 있다. 겔 27:29-30, 35-

186) Keener, *IVP Bible Background Commentary,* 808.
187) 참조. A. Y. Collins, "Revelation 18," 197.

36에서 같은 세 집단이 두로의 심판에 대해 슬픔을 표현했다.[188)]

9절 4-8절에서 말했던 천사가 다시 나타나 9-20절에서 계속 말한다.[189)] 땅에 있는 통치자들이 바벨론의 멸망에 절망을 표현한다. 이것은 렘 51:8을 반영한다. "바벨론이 갑자기 넘어져 파멸되니 이로 말미암아 울라." 그렇다면 본문에는 계 18:4-8에서 암시된 렘 50-51장이 계속 암시된다. 통치자들이 애통하는 까닭은 그들의 연인을 잃었다는 데 있다. 통치자들은 바벨론과 우상숭배적인 관계를 맺어왔다(그들이 "음행하였고." 이에 대해서는 2:14, 20; 14:8; 17:2; 18:3을 보라). "땅의 왕들"은 이러한 우상숭배에 참여하여 "사치스럽게 살았다." 이것은 겔 27:33을 부분적으로 암시한다(이 본문에 따르면, 두로는 "세상 왕들을 풍족하게 했었다"). 우상숭배와 경제적인 번영 사이에 있는 깊은 관련성은 요한 당대에 소아시아의 현실이었다. 그곳 백성에게는 카이사르와 무역조합의 수호신들에게 충성하는 것이 무역에서 좋은 지위를 유지하는 데 없어서는 안 될 요소였다(특히 2:9-10, 12-21의 주석 참조). 지방과 각 도(都)의 정치 지도자들은 그들의 관직과 높은 지위를 얻었을 때 따르는 경제적 혜택을 유지하기 위해서라도 이 제도를 지지해야만 했다(자세한 내용은 아래 참조).

통치자들은 (5절과 관련하여) "바벨론이 불타는 연기를 보고" 낙담했다. 이 어구에는 사 34:9-10의 에돔의 운명과 창 19:28의 소돔의 운명이 반영되었음을 감지할 수 있다. 이것은 바벨론에 대한 심판이 그들의 절망의 근거가 됨을 다시 강조한다. 통치자들은 바벨론이 망하게 되어 슬피 운다. 그것이 자신들의 경제적 지위와 세력의 손실을 의미하기 때문이다. 바벨론과 같은 범세계적인 경제 권력의 멸망은 틀림없이 땅의 통치자들에게도 영향을 주었을 것이다. "연기"와 "불에 타는"이라는 표현은 경제적 복지를 위해 자신들의 영혼을 팔며 짐승을 따르는 자들에게 내린 최후의 심판을 묘사하

188) Mounce, *Revelation,* 328. 18:9-19의 가능성 있는 또 다른 문학적 구분에 대해서는 A. Y. Collins, "Revelation 18," 194을 보라. 또한 *Targ.* 겔 27:29-30, 35-36을 참조하라.
189) Ruiz, *Ezekiel,* 390-91, 413, 456-57.

는 장면에서 이미 소개되었었다(14:9-11과 13:15-17을 비교하라. 사 34:9-10 역시 14:10-11의 배경이다). 이곳과 14:9-11에 있는 두 심판은 같은 심판에 속한다(14:10b-11a에 있는 창 18:24, 28 암시도 주목하라). 짐승을 따랐던 사람들은 바벨론도 따랐다. 이들은 자신들에게 닥칠 임박한 심판 때문에 바벨론이 받은 심판에 대해 애통해한다.

땅의 왕들은 자신들이 받은 경제적 심판 때문에만 애통해했을 것이다. 그들은 역사의 최후의 시점에서조차 그들이 잃어버릴 것이 물질적 안전보다 훨씬 더 많은 것을 포함한다는 사실을 인식하지 못한다. 장차 그들의 물질이 다 없어지는 것 이외에, 사망이라는 훨씬 더 악한 육체적 · 영적 심판이 그들을 위해 준비되었다. 이 왕들은 17:16에서 음녀를 망하게 한 사람들이든지, 아니면 다른 사람들일 것이다. 이들의 정체가 무엇인지를 확인하는 질문은, 17:16에 언급된 왕들이 제한된 집단인지 땅의 모든 통치자들의 대표인지에 달려 있다. 18:9 이곳에서도 마찬가지인 것 같다(자세한 내용은 17:16의 주석 참조).[190]

동사 στρηνιάω에는 "쾌락을 누리며 살다" 또는 "사치스럽게 살다"라는 개념이 있을 수 있으며, 명사형 στρῆνος에도 같은 의미가 있다.[191] 18:9의 동사가 "부유함으로 '음탕하게 지내다'"는 의미를 가리키고, 18:3의 명사에 같은 2중 의미("음탕함," "사치")가 있다는 것은[192] "땅의 **상인들**(!)이 그의[바벨론의] 부(富)의 세력(δυνάμεως τοῦ στρήνους)으로 치부하였다(ἐπλούτησαν)"고 한 것으로 보아 분명하다. 3절에서는 στρῆνος

190) 대부분의 주석가들은 18:9에 언급된 왕들과 17:16의 왕들을 구별한다. Ladd, *Revelation,* 239; Mounce, *Revelation,* 328; Dyer, "Identity of Babylon," 309-10. 더 자세한 목록은 Ruiz, *Ezekiel,* 416을 보라. Ruiz는 두 본문 사이의 차이를 구약 자료를 일관되게 사용하지 않은 탓으로 돌리는데(419), 그의 견해는 받아들이기 어렵다.

191) BAGD, 771에는 2가지 가능성이 인용된 반면에, LSJ, 1654에는 "간절히 바람" 또는 "오만"을 비롯한 첫 번째 의미만 인용되었다. 그 중에서 "오만"은 왕하 19:28 LXX의 의미인 것 같다. 사 61:6b(심마쿠스 역)은 MT의 "너[이스라엘]는 그들의 부유함(*kābôd*)을 자랑할 것이다"를 "너는 그들의 부(στρῆνος)로 인해 흠모의 대상이 될 것이다"로 번역했다. 여기서 LXX은 "부"(wealth)를 표시하려고 동의어인 πλοῦτος로 표기했다.

192) M-M, 593-94.

가 δύναμις와 πλουτεύω에 직접 연결되기에 "부(富)"로 번역되는 것이 가장 좋다(5:12에 δύναμις πλουτον이 결합하여 등장하는 것을 주목하라). 18:11-19의 경제적인 강조에 의해서도 입증되는 στρηνιάω/στρῆνος의 경제적인 뉘앙스를 확증해주는 18:3의 주석을 참조하라. 부유함으로 자랑한다는 개념도 포함되었을 수 있다.[193] 특히 στρηνιάω는 18:7에서 바벨론이 "자기를 영화롭게 하였다"는 주장과 병행된다.[194]

4 Ezra 15:46-63에는 "아시아"가 바벨론(=로마)의 경제적 부도덕에 협조함으로써 "바벨론의 화려함에 참여했다"고 한다(자세한 내용은 17:16의 주석 참조). 반면에 *Sib. Or.* 3.350-68은 소아시아를 로마의 왕성한 경제적 식욕에 의한 희생양으로 묘사한다. 로마는 이로 인해 심판을 받을 것이다.[195]

10절 분사 ἑστηκότες는 앞에 있는 동사 "그들이 보다"(βλέπωσιν)를 수식하여 부사로 사용되었을 것이다. 물론 이 동사는 좀 더 멀리 있는 9a절의 동사 "그들이 울고 가슴을 치다"(κλαύσουσιν καὶ κόψονται)의 시간적인 수식어로 이해하는 것이 더 낫지만 말이다. 그래서 이 단어는 앞에 있는 시간 부사절인 "그들이 그가 불타는 연기를 볼 때"와 병행이다. 시간을 나타내는 부사절 모두 그들이 슬퍼하는 근거를 제공한다. 왕들은 괴로워했다. "고통이 무서웠기"(βασανισμοῦ αὐτῆς, "그의 고통"은 이곳과 15절에서 목적어 소유격이다) 때문이다. 왕들은 그들이 목격한 멸망이 보기에도 소름끼치는 것이었기 때문에 두려워했을 수 있다. 하지만 그들이 무서워했던, 더 개연성이 큰 이유는 바벨론이 경제적 능력을 상실한 일이 곧 그들 자신의 임박한 손실을 의미한 데 있다. 그래서 Good News Bible은 본문을 이렇게 번역한다. "그들이 그의 고통에 참여하는 것을 두려워했기 때문이다." 두려움이 경제에 초점이 맞춰져 있다는 것은 축어적 병행 어구인 15-16a절에 시사

---

193) Swete, *Apocalypse,* 228; Sweet, *Revelation,* 268.
194) 로마의 방탕과 우상숭배에서 비롯된 사치의 구체적인 역사적 예들에 대해서는 Barclay, *Revelation* II, 200-6과 특히 Bauckham, *Climax of Prophecy,* 350-71을 보라.
195) 이 내용을 자세히 설명한 Bauckham, *Climax of Prophecy,* 378-83을 보라.

된다. 이곳에서 같은 단어들(15절: "상인들이 **그의 고통을 무서워하여** 멀리 서서 울고 애통하여")이 제시된 이후, 이와 같은 거대한 경제 조직이 매우 빠르게 와해될 수 있다는 사실에 놀라움의 표현이 이어진다(17절: "그러한 부가 한 시간에 망하였도다"; 19절도 그렇다).

이어지는 분사 "말하다"(λέγοντες)는 앞에 있는 분사 "서서"(ἑστηκότες)처럼, 앞에 있는 두 동사(9절)를 궁극적으로 수식하는 부사로 사용되었다. λέγοντες는 왕들이 "울고 애통해하면서" 말하는 내용을 설명한다. 또한 이 분사는 신약성경 여러 곳에 있는 내러티브 구절에서 사용되듯이 덧말일 수도 있다. "그는 대답하여 말하기를" = "그는 대답했다. **그리고 말했다.**" 왕들이 애통해하며 탄식한 것은 "화 있도다, 화 있도다, 큰 성, 견고한 성 바벨론이여! 한 시간에 네 심판이 이르렀다"라는 부르짖음이다(16절과 19절에도 2중적 화가 반복된다. 이 배경에 대해서는 16절 주석 참조). 경외감을 표현한 것은 단순히 심판 자체의 혹독함 때문이 아니라 심판이 순식간에 발생했다는 데 그 까닭이 있다("왜냐하면" 다음에 "한 시간에"라는 강세가 놓인 것을 주목하라). 10절의 마지막 어구에는 믿지 않은 왕들이 바벨론의 멸망에서 하나님의 심판하시는 손을 보았다는 사실이 드러난다.[196] 이것이 왕들이 슬퍼하는 근본적 이유일 수 있다. 왕들은 그들이 바벨론의 범죄에 공모한 이유로 같은 심판을 받을 것을 두려워했을 것이다.

바벨론을 "큰"과 "견고한"이라고 부른 것에서 바벨론의 우상숭배적 특성이 더욱 잘 드러난다. 이 단어들은 특히 바벨론(18:8)과 그와 연합한 자들(6:17; 16:14; 19:17[특히 051 𝔐])에게 내리는 하나님의 심판을 묘사할 때 하나님께만 적용되는 단어들이다. 10절과 8절에 거의 같은 어구가 사용되어(10절: ἰσχυρα…κρίσις; 8절: ἰσχυρὸς…κρίνας), 10절과 8절이 의도적으로 대조되었다는 사실이 강조된다.[197] 왕들은 "큰 성"의 "강력함"이 무너진 것을 슬퍼한다. 그 성은 왕들의 정치적 힘의 기반을 제공했다. 상인들과 선원들이

---

196) Morris, *Revelation,* 219.
197) Ruiz, *Ezekiel,* 423.

"큰 성"으로 말미암아 누리던 부를 상실하게 된 일을 슬퍼하는 것 역시 적절하다. 그 성은 그들에게 경제적 힘의 기반을 제공했기 때문이다(18:16, 19).

바벨론에 내린 심판의 신속함에 있는 주안점은 10절의 μιᾷ ὥρᾳ가 17절과 19절에서 반복된 것으로도 강조된다(신속함의 요소에 대해서는 아래 참조). 10절과 19절은 ὅτι("왜냐하면")에 바로 뒤따라오며, 최후의 심판에 대한 언급 전에 등장한다. μιᾷ ὥρᾳ("한 시간 동안")라는 시간 언급은 단 4:17a LXX(ὥρᾳ μιᾷ; 비교. 단 4:19에는 ὥραν μίαν)을 반영했다. 다니엘서에서 이 어구는 다니엘이 왕의 심판에 관한 환상을 본 때를 가리킨다. 계 17:12에서 μίαν ὥραν("한 시간")은 바벨론과 연합했던 자들이 바벨론을 배반하고 그를 멸하는 짧은 시간을 가리킨다(이 어구와 단 4장의 관계에 대해서는 17:12의 주석 참조). 단 4:17a LXX에서 이 어구는 하나님이 느부갓네살을 짐승처럼 되게 하셨던 심판 기간을 가리킨다. 느부갓네살은 하나님이 인간들에 대해 주권을 가지신다는 점을 인정하지 않았고, "가난한 자들에게 자비"를 베풀지 않았기 때문에 그의 "번영"을 빼앗기는 심판을 받았다.

시간의 언급이 단 4장에서 온 것이라는 사실은 단 4:30(27 MT)을 암시하는 계 14:8, 16:19, 17:5의 "큰 바벨론"이라는 어구의 다른 표현이 계 18:10, 21과 직접 연결된다는 점으로 확증된다(14:8의 주석 참조. 그리고 겔 26:17 LXX을 참조하라. "유명한 성읍이여! 네가 어찌 그리 멸망하였는가"). 또한 18:10에서 그 언급은 세상의 제도가 하나님의 심판을 받는 시간을 가리킨다. 세상은 하나님의 심판으로 인해 번영을 상실하고 말 것이다. 단 4장에서처럼 심판을 받게 하는 죄는 하나님의 주권을 인정하지 않는 것(단 4:26[23 MT]; 계 18:7)과 충성된 성도들 및 다른 사람들을 경제적으로 빈곤하게 만든 데 있다(단 4:27[24 MT]; 계 17:6; 18:20, 24; 19:2). 단 4장에서 바벨론 왕이 순식간에 망했다는 구체적인 언급은 역사의 끝에 발생할 범세계적인 경제적·종교적 제도의 멸망을 가리키는 예표가 된다.

9-10절은 겔 26:16-18 LXX의 패턴을 따른다. 이 본문에 의하면, 번창하던 두로의 멸망에 대한 반응으로 두로가 어떻게 심판을 받았는지 슬퍼하며 "모든 왕이…떨며 놀랄 것이며…슬픈 노래를 불러 이를 것이라"(참조.

겔 27:28-32). 이 배경은 요한계시록에 언급된 왕들이 바벨론의 멸망을 보며 슬퍼한 이유가 그들에게 닥친 임박한 경제적 손실 때문이라는 주장의 좋은 증거다. 겔 26:16b LXX은 히브리어 본문에 "그들이 자신의 멸망을 두려워할 것이다"라는 내용을 더한다. 이것은 적어도 본문을 겔 27:33ff.에 비춰 경제적으로 이해해야 함을 시사한다(아래 자세한 설명과 18:9의 주석 참조). 이처럼 (계 18:17-19의 형성에 부분적으로 영향을 준) 겔 27:29-30 LXX에서는 "노를 잡은 모든 자와 사공과 바다의 선장들이…너를 위하여 크게 소리 질러 통곡하고 티끌을 머리에 덮어쓰며 재 가운데에 뒹굴며" 두로와 그와 "무역하던 자들" 및 "밀거래하던 자들"과 함께 "바다 속으로 빠지고 말 것"이라고 서술한다.

겔 26:16과 27:27에서 온 이러한 묘사에는 계 18:9-10에 언급된 애통하는 자들이 단순히 바벨론의 심판과 자신의 경제적 최후 때문에만 우는 것이 아니라, 이미 바벨론이 겪는 것을 본 최후 심판에 그들도 곧 동참하게 될 것이라는 사실로 슬퍼한다는 점이 암시된다. 불신자들이 바벨론의 멸망을 슬퍼하는 것(18:9-10)과 신자들이 같은 사건으로 인해 즐거워하고 하나님을 찬송하는 것(18:20-19:6)을 대조해보면, 슬퍼하는 반응이 바벨론의 심판에 대한 불경건한 자들과 최후 심판을 받을 자들의 특징적 반응이라는 사실이 더욱 드러난다(18:17b-19 주석의 결론 참조).

계 18:9-10을 *Sib. Or.* 14.208과 비교하라. "너에게 화가 있도다. 불타는 도시여! 강한 로마여!"

계 17:12에서처럼 18:10의 "한 시간"의 배경이 되는 본문은 단 4:19 Theod.과 단 4:19 LXX일 것이다. 이 본문은 다니엘이 느부갓네살이 받을 심판을 묘사하는 환상에 놀란 시간으로 "한 시간"(ὥραν μίαν)을 언급한다. 계 18:10의 사본 A 1006 1611 2053 2062 *pc*에는 17:12과 일치시키려는 의도로 ωραν μιαν이라고 표현한다. M-M, 702은 ὥρα가 "고대인들에게 알려진 가장 짧은 시간이었으며", 그 단어가 "우리가 '잠깐만' 또는 '잠시만' 또는 '바로'를 사용하는 것과 같다"고 주장한다.

11절 왕들이 우는 것 이외에, (계 18:9에서처럼 겔 27:30-32을 암시하며) "땅의 상인들이 바벨론을 위하여 울고 애통한다". 상인들이 슬퍼하는 경제적 근거가 이제 분명해졌다. 그들은 "그들의 상품을 사는 자가 없어서(ὅτι)" 운다. 바벨론은 그 동안 상인들이 판매하는 상품의 주요 구매자였으며, 그 결과 그들은 "바벨론으로 말미암아 치부"했다(18:15; 또한 19절). 바벨론이 멸망하고 없어졌다는 것은 상인들의 상품을 구매하는 사람들이 더 이상 없다는 것을 의미한다. 그러므로 상인들은 이타적인 동기에서 바벨론의 멸망을 슬퍼하는 것이 아니라, 바벨론의 손실이 곧 자신들의 임박한 손실을 의미하는 까닭에 슬퍼한다.[198]

상인들이 애통해하는 것이 이타적인 동기에서 비롯되지 않았다는 사실에 영향을 받은 필경사는 "상인들이 그를 위하여 울고"를 "상인들이 자신들을 위하여 울고"로 바꾸었다(1 046 051 𝔐^A *al* - εαυτους, εαυτοις, αυτους, αυτοις).[199]

예언적 내러티브의 미래적 특성과 9절의 미래 시제 κόψονται로 인해 이곳과 9절에 사용된 κλαίω의 현재 시제와 πενθέω의 현재 시제가 미래 시제로 바뀌었다(2030 2329 𝔐^K a vg co). 본문에 원래 있는 현재 시제가 이 장면을 좀 더 생생하게 묘사하는데, 저자는 현재 시재를 미래에 발생할 것처럼 묘사한다(또 다른 이유로 요한이 현재 시제와 미래 시제를 섞어 사용하는 것에 대해서는 7:16-17의 주석 참조). 시제를 바꾼 개연성 있는 이유는 저자가 미래의 사건을 예언하는 과거에 본 환상을 마치 여전히 그의 눈 앞에 있는 것처럼 서술하기 때문일 것이다. "내가 들으니[4절-과거]…그가 말하기를[7절-현재]…그 재앙들이 이르리니[8절-미래]…그가 불에

198) 로마의 광범위한 무역 네트워크와 지나친 사치를 기록한 문헌에 대해서는 Charles, *Revelation* II, 101-1; Mounce, *Revelation,* 329-31; Krodel, *Revelation,* 305; C. R. Smith, "Reclaiming the Social Justice Message"를 보라. 로마의 부와 관련해서는 많은 주석가가 본문을 *b. Kiddushin* 49b과 비교한다. 내용은 이렇다. "열 캅스(*ḳabs*)의 부가 세상에 내려왔다. 아홉은 초기의 로마인들이 취했고, 나머지 하나는 세상이 취했다." *b. Pesahim* 118b은 로마의 위엄을 이렇게 표현한다. "큰 성 로마에 365개의 주요 도로가 있는데, 각 도로마다 365개의 궁전이 있다. 그리고 각각의 궁전마다 365개의 층이 있다."

199) 이문과 사본들의 완벽한 목록은 Hoskier, *Text of Apocalypse* II, 487을 보라.

살라지리니[8절-미래]…그들이 멀리 서서[15절-미래]" 등등. 이와 비슷하게 미래·현재·과거 시제가 혼합된 경우가 15-19절에서도 발견된다.[200]

12-13절 무역 상품의 대표적 목록은 바벨론의 경제 제도가 더 이상 이런 "물품"들을 사지 못함을 보여준다. 이 목록 처음에 제시된 물품들은 17:4에서 바벨론의 경제 제도를 의인화한 것에 적용된다. "세마포"가 거기에 빠져 있고, 다시 18:6에도 빠지게 될 것이지만 말이다.[201] 바벨론이 가진 경제적인 매력으로 인해 왕들과 상인들은 바벨론과 경제 교류를 하게 되었다. 여기에는 무역 제도의 우상숭배적 종교 제도와 협력하는 것이 포함된다(17:1-5의 주석 참조).

상품 목록은 부분적으로 겔 27:7-25에 근거한다. 그곳에는 본문에 열거된 29개 중 15개의 물건이 (계 18:11a, 15에서처럼) ἔμποροι("상인들")와 함께 등장한다. 본문의 앞뒤 문맥에 겔 26-27장이 반복해서 암시된 것은 겔 27장의 이 단락을 염두에 두었다는 증거다. 에스겔서에 열거되지 않은 물건들은 요한 당대에 실제로 거래되던 물건을 반영한다. 그리고 이곳과 에스겔서에 모두 등장하는 상품은 단순히 에스겔서에서 빌려온 것이 아니라, 로마의 무역 제도에 속한 것이기도 하다. 열거된 무역 품목들은 엄선된 것이다. 이들은 로마가 사치하고 죄와 우상숭배에 사용하며 탐닉했던 일종의 사치품들을 대표하기 때문이다.[202]

스튜어트는 상인들의 애통함을 정교하게 묘사한 것이 한 도시의 심판을 표사하는 은유적인 묘사를 완성시키는 문학적 효과를 노리기 때문이라고 주장한다.[203] 하지만 이것은 신빙성이 없다. 심지어 소아시아의 교회들 가운데 중요한 한 집단도 우상숭배적인 무역 제도에 협조하려는 유혹을 받았기 때문이다(2:9, 14, 20-21의 주석 참조). 이러한 타협의 상황에서 볼 때, 지상의 상인들(11-17a절)과 바다의 상인들(17b-19절)의 손실이 왕들의 손실

---

200) Mussies, *Morphology,* 335.
201) Ruiz, *Ezekiel,* 440 역시 이 세 본문에서 동일한 용어를 인지했다.
202) 비교. Bauckham, *Climax of Prophecy,* 366.
203) M. Stuart, *Apocalypse* II, 334, 336.

(9-10절)보다 더 많이 묘사된 것은 경제적으로 타협의 위기에 처한 교회들로 하여금 주의를 끌도록 하려는 데 그 목적이 있다.[204]

12-13절의 목록에 있는 모든 무역 상품은 그것 자체로도 좋고 비싼 상품들이지만, 이것들이 죄악된 용도로 사용된다는 표시는 그 목록의 끝에 노예가 언급되었다는 점에서 숨길 수 없다.[205] 여기에 사용된 용어는 "사람의 몸들과 영혼들"이다. 이것은 "몸들, 심지어 사람의 영혼들"이라고 번역될 수도 있다. 이 어구는 분명히 노예들을 지칭한다. 이 어구는 무역 상품 목록을 마무리하고, 겔 27:13에 의해 확증되기 때문이다. 에스겔서에서는 다양한 무역 상품들 중 "인간의 영혼들"이 언급되고, 그것은 노예를 가리킨다("몸"이 "노예"를 가리키는 예에 대해서는 Tob. 10:11 BA [11] 그리고 2 Macc. 8:11과 당대의 코이네[206]를 보라). 건드리는 계 18:13의 어구를 상품의 "물리적 실체들만"을 가리키는 것으로 이해한다. "몸"(σωμάτων)은 "노예"를 가리키는 그리스어의 관용어를 반영하고, "인간의 영혼"(ψυχὰς ἀνθρώπων)은 노예를 가리키는 히브리어의 관용어(*bĕnephešʾ ādām*)를 반영한다. 단어는 다르지만 의미는 같다.[207] 겔 27:12-24에서 노예는 목록의 맨 처음에 등장하지만, 계 18:12-13에서는 "가치의 내림차순에서 맨 마지막에" 등장하여 "인간의 영혼이 가축과 같은 범주"에 놓인다. 이렇게 요한은 "세상의 그러한 가치관을 고발한다."[208] 소유격 구문과 목적격 구문이 교대로 사용되는 것은 단순히 문

---

204) Bauckham도 소아시아의 교회에게 있는 타협의 요소에 관한 이 마지막 언급을 주목했다. Bauckham, *Climax of Prophecy*, 377. Buchanan, *Revelation*, 489이 "18장에서 독자들에게 소아시아를 환기하는 것이 하나도 없다"고 주장하지만, 설득력이 없다. 계 18장의 수사적 목적은 2-3장의 교회들 안에 일어난 문제에 비춰 이해해야 한다. 12-13절에 열거된 무역 상품과 관련하여 고대 로마의 자료들을 역사적으로 잘 개관한 Bauckham, *Climax of Prophecy*, 350-71을 보라.

205) 참조. Sweet, *Revelation*, 271.

206) 이에 대해서는 M-M, 621을 보라.

207) Gundry, *Sōma*, 26-28.

208) Sweet, *Revelation*, 272.

체적인 다양성 때문이다.[209)]

14절 9-11절에서 언급된 바벨론 심판에 대한 강조를 목적으로 반복되었다. "네 영혼이 탐하던 과일"이라는 어구는 바벨론의 존재의 핵심이 하나님의 영광을 바라는 대신 경제적 부로써 자신을 만족하게 하는 데 집중되었음을 표현한다(7, 23절 주석 참조). 바벨론 제도의 멸망은 바벨론이 상인들에게서 구입한 모든 것의 멸망을 의미한다. 제도와 함께 "이 고가의 빛난 것들이 다 없어졌으므로" 사람들은 바벨론에서 "더 이상 이것들을 다시 보지 못할 것이다."

두운을 맞춘 어구 τὰ λιπαρὰ καὶ τὰ λαμπρά는 일반적으로 "고가의 빛난 것들"로 번역될 수 있다. 두 명사 모두 문자적으로는 "빛난 것들"이라고 번역할 수도 있지만 말이다. 두운을 맞춘 것은 바벨론이 가진 부요함의 거짓 빛남과 영광이 없어질 것을 암시하고, 이것들이 하나님의 종말론적인 백성과 도시와 아들 안에 반사된 참된 신적 영광과 빛남으로 대체될 것을 암시한다(λαμπρός가 15:6; 19:8; 22:1, 16에 이런 방식으로 사용되었다. 마찬가지로 "영광"이 "빛남"과 연결된 21:11, 23-24도 참조하라).

ἡ ὀπώρα σου τῆς ἐπιθυμίας τῆς ψυχῆς는 문자적으로 "너의 열매, 곧 영혼의 바람"이라고 번역되지만, 일반적인 의미는 "네가 탐하는 열매"(NASB, NIV, NEB; 비교. KJV) 또는 "너의 영혼이 바라는 열매"(NRSV)다. 몇몇 사본(1611 2329 *pc* bo)에서는 어색한 σου("너의")가 생략되었고, 다른 사본들에서는 ψυχῆς 다음에 놓였다("너의 영혼의 바람," 𝔐 it vg^{cl} sy^{h}).

마지막 문장은 바벨론에서 더 이상 어떠한 경제적인 부도 발견하지 못할 불특정한 사람들의 집단을 언급한다.[210)] 수많은 사본은 εὑρήσουσιν

---

209) I. T. Beckwith, *Apocalypse,* 716.

210) Robertson이 주장하는 것처럼 강조하기 위한 복합적 부정어 οὐκέτι οὐ μή("결코 이것들을 ~못하리라")를 주목하라. Robertson, *Grammar,* 1165. 이것은 "I'll never, no never, no never forsake"(내가 절대로 결코 어떤 경우라도 버리지 않으리라)라는 영어 찬송의 가사의 힘을 지닌다.

("발견하다")의 3인칭 복수형의 불특정 주어("그들이")를 2인칭 단수인 "너"로 바꿔, 그 부를 더 이상 보지 못할 자가 바벨론 자신이라고 이해했다(ευρησεις, 051 𝔐[A] gig Prim Bea; ευρης, 1006 1841 1854 2030 2329 𝔐[K]). 이렇게 변경함으로써 마지막 문장을 바벨론("너")에게 그의 상실을 설명하는 앞의 두 문장과 조화시키려 했다.

14절은 21b-23a절에서 더 자세히 설명될 내용의 요약 진술이다. 두 본문이 매우 강하게 연결되어 있어서 14절의 위치가 잘못되었고 원래는 21-23절과 함께 있어야 한다고 제안한 사람들도 있다. 예를 들어 로마이어가 이렇게 주장한다. 14절에 2인칭 단수가 어색하게 소개되었고 14절에 소개된 절 형식이 바뀌었다는 것이 그 이유다.[211] 브뤼취는 2인칭 단수가 논란이 되지 않는 10절에도 갑자기 등장하고, 14절의 직접적인 대상이 12-13절의 객관적 무역 상품의 긴 목록과 좋은 실존적 대조를 이룬다고 바르게 답변한다.[212] 더욱이 18장에서 절 형식은 종종 변한다.

15절 9-11절에서 언급되었던 상인들이 바벨론으로부터 부를 얻었다는 것과 "고통을 무서워하며" 멀찌감치 떨어져 서 있다는 것, 그들이 울고 애통한다는 점이 여기에서 반복된다. 반복은 경제 제도에 대한 엄청난 심판과 그 제도에 의존하여 살던 사람들에게 가져온 손실을 강조한다.

16절 상인들의 울부짖음의 첫 번째 부분은 10절에서 왕들이 먼저 탄식한 것과 같다. "화 있도다, 화 있도다, 큰 성이여!" 14-15절에서처럼 반복은 심판의 참상을 강조한다.

인격화된 성의 옷을 묘사한 두 번째 부분은 10절에서 언급된 화의 두 번째 부분("견고한 성 바벨론")을 대체한 것이다. 이제 바벨론의 "강함"(ἰσχυρά)은 그의 부요함으로 정의된다. 그 도시는 여자로 의인화되었으며, 그의 부요함은 그가 입은 옷이라고 비유적으로 묘사된다. 그 옷은 여

---

211) Lohmeyer, *Offenbarung*, 151. Lohmeyer의 견해에 동의하는 사람들에 대해서는 A. Y. Collins, "Revelation 18," 194을 참조하라.

212) Brütsch, *Offenbarung* II, 270.

섯 개의 사치스러운 상품으로 이루어졌으며, 겔 27:12-24의 긴 목록의 패턴을 따른 목록이다. 에스겔서 본문에서 이 목록은 두로가 입은 옷에 은유적으로 적용되었다. "애굽의…가는 베가 네 침상이 되었다"라는 표현도 등장하는 "섬의 청색 자색 베로 옷을 입었다"라는 말이 27:7 LXX에 있다. 계 18:16에 등장하는 품목 6개는 겔 28:13에서 번창하던 두로 왕을 설명하던 비유적 묘사에서 영감을 받았을 것이다. "네가 각종 보석 곧 홍보석과 황보석과 금강석과 황옥과 홍마노와 창옥과 청보석과 남보석과 홍옥과 황금으로 단장하였음이여." *Targ*. 겔 28:13은 보석이 옷에 있었다고 분명히 언급한다. "너의 의복은 모든 종류의 보석으로 장식되었다."[213] 계 18:12-13의 상품들 목록이 부분적으로 겔 27:12-24에 근거한다는 것을 거의 의심할 여지가 없으므로 본문은 겔 28:13에서 영감을 받은 것이 분명하다.

경제 제도의 종교적 측면 역시 여자의 옷을 묘사함으로써 표현되었다. LXX은 반복해서 대제사장의 의복과 성전의 기구들이 "금과 자색, 청색, 세마포, [값비싼] 돌들"로 장식되었다고 서술한다.[214] 단어의 이러한 혼합은 이미 계 17:4과 18:16에서 바벨론 음녀의 옷을 묘사하기 위해 사용되었다("진주"가 LXX의 목록에는 빠져 있고, "세마포"가 계 17:4에 등장하지 않지만 말이다. 자세한 내용은 17:4, 6의 주석과 아래의 설명을 보라). 겔 27:12-14에는 포함되지 않았으나 계 18:12-13에서는 언급된 12개의 물품 중 3개("세마포, 자주 옷, 붉은 옷")는 대제사장의 옷을 묘사하는 LXX에 등장한다(이 물품들은 겔 27:7과 *Targ*. 겔 27:16-24에도 등장한다). 이 사실에 비춰볼 때, 제사장의 옷을 구약성경에서 반복적으로 묘사한 것은 지금 음녀에게 적용된 계 18:12-13의 여러 물품을 선택하는 데 영향을 주었을 것으로 보인다.

이 외에도 타당성이 있는 것은 하나님이 이스라엘을 치장하신 일을 다

---

213) 참조. Rist, "Revelation," 502.

214) 계 17:4(βύσσος는 생략됐지만)과 18:16, 그리고 LXX의 출 25:3-7; 28:5-9; 28:15-20; 35:6; 36:9-12; 36:15-21에서 χρυσός, πορφυρά, κόκκινος, βύσσος, λίθος가 결합된 것을 주목하라. 비록 λίθος는 생략됐으나, 출 26:31-32, 36; 28:33-34(29-30); 31:4; 36:31(32)-32(33); 37:3-5; 대하 2:13(14)을 참조하라.

룬 겔 16:13의 묘사다("네가 금, 은[χρυσίῳ καὶ ἀργυρίῳ]으로 장식하고, **가는 베와 모시**[βύσσινα καὶ τρίχαπτα]를 입으며, **고운 밀가루와 기름**[σεμίδαλιν καὶ ἔλαιον]을 먹음으로"). 그 후에 그는 죄를 지었으며, 그의 "화려함을 믿고 네 명성을 가지고 행음했다"(15절). 하나님이 제사장 나라로 택정하여 그 기능에 걸맞게 장식하신 나라가 스스로 음행했다. 겔 16:13에는 계 18:12-13에 열거된 물품 중 6개가 언급된다. 겔 16:18에서 인용한 6개 중 2개만이 계 18:16의 "큰 성"의 옷을 묘사하는 데 등장하지만 말이다. 그래도 두 본문 사이에 존재하는 병행은 에스겔서의 묘사가 계 18:12-13, 16의 용어에 영향을 줌에 있어서 출애굽기의 용어들을 보충했을 것이다. 이것은 겔 16:23로 확실해지는데, 여기서는 이스라엘이 행한 우상숭배로 인해 예언자가 음녀 이스라엘에게 "화 있도다, 화 있도다"라고 선언한다. 여기서 우리는 계 18:16에 언급된 2중적 화 선언에 영향을 끼친 영감을 볼 수 있다(참조. 겔 16:24-34).[215]

계 18:16은 음녀를 그리스도의 순결한 신부/도성과 대조하기 위해 부정한 음녀/성을 묘사한다(21:1, 10-23; 17:4, 16의 주석 참조). 실제로 어린 양의 신부/도성도 "각종 보석과 금으로 장식했으며", 그곳에 있는 열두 보석 목록은 출 28:17-20에 있는 대제사장의 옷을 묘사한 것에 근거한다(21:18-21의 주석 참조).[216] 출애굽기와 에스겔서의 이미지는 하나님의 참 백성인 순전한 신부가 경제적·종교적 세상의 이교도인 음녀와 대조될 뿐만 아니라, 타협함으로써(즉 음행하여) 이교 제도에 속하게 된 기독교 공동체 출신들과도 대조된다. 이런 배경에 비춰볼 때, 음녀는 21장에 묘사된 참 성전과 대조되어 "사탄의 회당"을 상기시킨다(2:9; 3:9의 주석 참조).

그렇지만 여기서 묘사된 것은 배교한 기독교나 유대교에 관한 것만이 아니다. 여기에는 이교 제도도 분명히 포함된다. 이것은 "바벨론"과 같은 이

215) 또한 Ruiz, *Ezekiel,* 420-21.

216) 계 21:11-21에 열거된 보석 15개 중 9개는 겔 28:13에서도 발견된다. 이것은 불경건한 도시와 천상적인 도시의 대조를 강조하는 것 같다.

교도에게 원래 적용되었던 모든 다양한 구약의 본문을 암시한 18장과 겔 26-28장의 내용들에 의해 입증된다. 배교한 종교가 불경건한 세상과 병합한 제도라는 것을 서술하는 것이 본문의 목표다.

요세푸스는 계 17:4과 18:16에 있는 것과 동일한 5개의 용어로써 출 28장의 대제사장의 옷을 묘사하며, (보석을 제외한) 같은 재료로 성막의 휘장이 만들어졌음에 주목한다(Josephus, *War* 5.232-34). 요세푸스는 이 휘장을 "바벨론의 양탄자"라고 묘사하며, 휘장의 네 색깔이 "우주의 특징이라"고 생각한다(5.212-13). 만일 대제사장의 옷을 이렇게 상징적으로 이해하는 것이 널리 받아들여졌다면, 바벨론-이스라엘 상징이 계 17:6과 18:16에서 바벨론 음녀의 옷을 묘사한 것과 연결될 수 있었을 것이다. 음녀는 배교한 유대인과 그리스도인, 그리고 이교의 특성을 갖춘 보편적이고 불경건한 세상 제도를 대표한다. 설령 우연이라고 하더라도, 이러한 병행은 무척 흥미롭다.[217)]

겔 16:13과 비슷한 본문이 렘 4:30이다. 여기서 이스라엘은 음녀로 묘사되는데, 특히 그 차림새가 음녀의 겉모습처럼 묘사되었다. "네가 붉은 옷을 입고 금장식으로 단장하고 눈을 그려 꾸밀지라도 네가 화장한 것이…." 4Q179(=4QapocrLam A) fragment 1, 2.10-11은 바벨론의 침략 이후 망한 상태에 있던 예루살렘 백성을 "붉은 옷을 즐겨 입고 순금으로 장식한 사람들"로 언급한다. 그들은 "비단과 자주색과 양단으로 옷을 입었다."[218)] 잠 31:21-22에 따르면, 고결한 여자는 "홍색 옷과…세마포와 자색 옷"을 입는다.

죄를 지은 이스라엘에 선포된 2중적인 화에 대해서는 암 5:16 LXX을 참조하라. 합 2:6-17은 바벨론에게 4가지 화를 선언한다. 그는 "자기 소유가 아닌 것을 모으는 자"이며 "빌린 것으로 스스로를 부유하게 하는"

217) D. C. Chilton, *Days of Vengeance,* 429-30, 455-56. Chilton은 *War* 5.212-13과 계 17:4; 18:12이 연결되었다고 본다.

218) García Martínez, *Dead Sea Scrolls Translated,* 402의 번역을 따름.

자다(6절). 또한 그는 "사람들의 피를 흘렸다"(8, 17절). 이러한 행동으로 인해 내려지는 심판은 계 18:6b의 심판과 상당히 유사한 잔 은유로 묘사된다. 계 18:3, 7, 9, 14, 17, 24에서는 바벨론이 멸망한 원인에 대해 비슷한 이유가 제시되었다. 요세푸스(*War* 6.300-309)는 예루살렘의 임박한 멸망을 선포하는 예언자를 이야기하면서 예루살렘에 "화"가 3번 반복된 것을 포함시킨다.[219)]

17a절 10절에서 유래한 화("한 시간에 네 심판이 이르렀다")의 3번째 반복구 역시 경제적으로 해석된다. "그러한 부가 한 시간에 망하였도다"(ἠρημώθη, 겔 26:19의 δῶ σε πόλιν ἠρημωμένην을 따름). 화의 근거(ὅτι)는 바벨론의 엄청난 경제적 번영이 무너진 데 있다. 이 때문에 상인들이 구가한 번영이 곧 멸망하는 것은 필연적이다. 바벨론의 부가 이처럼 신속하게 망했다면, 바벨론을 의지했던 사람들의 부 역시 그렇게 될 것이다("갑자기"를 의미하는 "한 시간"의 중요성과 그 용어의 구약 배경에 대해서는 18:10의 주석 참조). 상인들이 자신들이 받게 될 임박하고 신속한 멸망을 감지한 것이 그들이 당할 화의 진정한 원인이다. 그러므로 화는 이기심에서 비롯된다.

17b-19절 이 단락은 바벨론의 멸망이 그를 의존하던 자들에게 끼치는 해로운 영향을 더욱 강조한다. 그것은 9절부터 애통해한다는 표현이 반복됨으로써 한층 강조된다. "그가 불타는 연기를 보고 외쳐 이르되… 울며 애통하여 외쳐 이르되." 상인들의 물품을 운반하던 다양한 해양 중개상들도 상인들처럼 이기적인 이유로 슬퍼한다. 19절의 결론에서 밝혀졌듯이, 여기서 초점은 부유한 바다 상인들에 맞춰져 있다. 구체적으로는 선주를 가리킨다. "배 부리는 모든 자들이 너의 보배로운 상품으로 치부하였더니."[220)] 그들은 진정한 회개의 표시로서가 아니라 자신들이 당할 심판을 걱

219) 참조. J. M. Ford, *Revelation*, 304. Ford는 이 내용이 요한계시록 본문에 반영되었다고 생각한다.

220) 선주(배 부리는 자)의 정체에 대해서는 C. R. Smith, "Reclaiming the Social Justice Message," 31을 참조하라.

정하며 슬픔의 표현으로 티끌을 자기 머리에 뿌렸다.[221]

여기서도 계속해서 겔 27장의 패턴을 따른다. 겔 27장에서도 해상 무역을 하던 사람들이 티끌을 자기 머리에 뿌렸는데, 두로에 대한 심판이 그들의 생계를 꾸리는 해상 무역의 심판을 의미하기 때문이다.

겔 27:28-33	계 18:17b-19
네 선장이 부르짖는 소리에…노를 잡은 모든 자와 사공과 바다의 선장들이…너를 위하여 크게 소리 질러 통곡하고 티끌을 머리에 덮어쓰며…마음이 아프게 슬피 통곡하리로다. 그들이 통곡할 때에 너를 위하여 슬픈 노래를 불러 애도하여 말하기를 "두로와 같은…자 누구인고? 네 물품을 바다로 실어 낼 때에 네가 여러 백성을 풍족하게 하였음이여 네 재물과 무역품이 많으므로 세상 왕들을 풍부하게 하였었도다."	모든 선장과 각처를 다니는 선객들과 선원들과 바다에서 일하는 자들이[222] 멀리 서서 그가 불타는 연기를 보고 외쳐 이르되 "이 큰 성과 같은 성이 어디 있느냐" 하며 티끌을 자기 머리에 뿌리고 울며 애통하여 외쳐 이르되 "화 있도다, 화 있도다, 이 큰 성이여! 바다에서 배 부리는 모든 자들이 너의 보배로운 상품으로 치부하였더니…."

19절은 10절과 16절의 2중적인 화를 반복한다. "화 있도다, 화 있도다, 이 큰 성이여!" 화의 두 번째 반복구는 16절에서처럼 10절의 "견고한 성 바벨론"을 경제적으로 해석한다. "바다에서 배 부리는 모든 자들이 너의 보배로운 상품으로 치부하였더니." 화의 마지막 문장은 바벨론이 갑자기 망하게 된 것이 슬픔 원인(ὅτι)임을 다시금 강조한다. 그리고 10절과 16-17절에서처럼, 애통함은 자신들의 경제적 손실을 염려한 애통해하는 자들의 이기적인 감정에서 비롯된다(겔 27:26-27은 거대한 경제 도시와 해상 무역을 하는 사람들의 멸망에 좀 더 초점을 맞춘다). 이러한 이기심은 17b-19절의 애통해하는 자들을 바벨론과 궁극적으로 동일시하며, 따라서 바벨론에 대한 궁극적인 최후 심판과도 동일시한다. 상인들이 바벨론이 멸망한 까닭에 매매할 것이

---

221) Brütsch, *Offenbarung* II, 273을 보라.

222) "바다에서 일하는 자들"(τὴν θάλασσαν ἐργάζονται)을 언급한 성경 이외의 문헌은 Wettstein, *Novum Testamentum Graecum*, 830-31을 보라.

없다면, 모든 해상 무역은 그치고 말 것이다. 해상 무역으로 돈을 벌었던 사람들은 모두 직업을 잃을 것이다.

동사 ἔκραζον("그들이 부르짖고 있었다")을 수식하는 부사적 용법의 분사 βλέποντες는 시간의 부사("때") 또는 원인의 부사("그들이 보았기 때문에")일 수 있다. "한 시간"의 의미를 논의한 10절 주석을 참조하라. 또한 "망하였다"(ἠρημώθη)가 겔 26:19의 암시라는 것에 대해서는 17절 주석을 참조하라.

콘첼만은 17b절을 "모든 선장과 상인들과 선원들과 바다에서 일하는 모든 자들"이라고 번역한다.[223] *Derek 'Ereṣ Rabbah* 56a은 겔 27:27("네 사공과 선장과…네 상인")을 "세리들, 압수자들, 착취자들, 그리고 세관장들"에 적용한다.

주석가들 중에는 이처럼 많은 해상 무역을 로마가 수행했음에 이의를 제기하는 사람들이 있다. 로마는 항구 도시가 아니라는 것이 그 이유다.[224] 하지만 로마는 해상 운송이 가능한 강과 항구 가까이에 있었다. 로마는 많은 육상무역의 중심지였으며, 그 물건들은 어느 지점에서든 바다를 건너야 했다. 여기서 만일 로마를 염두에 두었다면, 단지 수도만이 아니라 제국 전체를 생각했을 것이다. 그렇지만 "바벨론"이 로마보다 더 많은 것을 대표하는 까닭에, 두로를 하나의 모델로 사용한 것은(겔 26-27장) 경제적인 우상숭배를 총체적으로 강조하려는 데 있지, 해상 무역에 구체적으로 초점을 맞추려는 데 있지 않다.[225]

바벨론에서 나온 사람들은 바벨론이 받은 심판을 즐거워해야 한다. 바벨론에 대한 심판은 그들의 믿음의 참됨과 하나님의 의로운 성품에 대한 입증을 의미한다 (18:20-24)

223) Conzelmann, "Apk 18:17."
224) 예. Alford, *Greek Testament* IV, 718.
225) M. Stuart, *Apocalypse* II, 338.

이 단락은 하늘과 땅이 바벨론의 멸망에 기쁨의 소리를 발해야 한다고 선언하는 렘 51:48을 암시함으로 시작한다. 또 이 단락은 박해를 한 것이 심판받는 이유들 중 하나라고 서술하는 렘 51:49에 대한 암시로 끝난다. 그러므로 이 단락의 시작과 끝은 이 단락을 주도하는 두 사상을 강조한다.[226)]

20절 "하늘"에 있는 자들과 "성도들과 사도들과 예언자들"은 "즐거워하라"고 권함을 받는다. 하나님이 바벨론을 심판하실 것이기 때문이다. 권하는 자는 여전히 18:1에서 소개된 천사일 것이다. 이런 이유로 20절을 18:1 또는 18:4에서 시작된 단락의 결론으로 보는 사람도 있다.[227)] 권면을 받는 사람들은 하늘과 땅에 있는 사람들이다. 이들은 모든 신자를 대표한다. 천사들도 포함될 수 있겠지만 말이다. 12:12에서 성도들이 사탄을 이긴 승리가 시작된 까닭에 즐거워하라는 명령을 받았듯이, 여기서도 그들은 즐거워하라는 명령을 받는다. 사탄의 제도를 이긴 승리가 절정에 도달했기 때문이다.

그리스도교 공동체의 특수한 집단만이 아니라 신자들 전체가 명령을 받았다는 사실은 렘 51:48을 인용한 것에서 분명히 나타난다. 렘 51:48 역시 이스라엘 공동체 전체에게 말하기 위해 하늘과 땅을 언급한다. "하늘과 땅과 그 안에 있는 모든 것이 바벨론으로 말미암아 기뻐 노래하리니 이는 파멸시키는 자가 북쪽에서 그에게 옴이라." 예레미야가 언급한 "하늘"이 여기서 반복되었다. 하지만 그가 언급한 "땅"은 지금 하나님의 새 백성을 구성하는 "성도들과 사도들과 예언자들"로 대체된다.[228)] 24절에 적어도 구원받은 공동체 전체를 가리키는 어구가 암시되었을 것이다. 거기서는 렘 51:49을 암시하면서 박해받는 사람들을 "예언자들과 성도들과 및 땅 위에서 죽임을 당한 모든 자"로 부른다. 이 권면의 배후에 하나님의 구원하시는 나라와 악인에 대한 심판이 발생할 때 하늘에게 즐거워하라고 비유적으로

226) Kraft, *Offenbarung*, 240은 18:20과 18:24가 예레미야서를 암시한다는 사실을 근거로 두 본문을 연결한다.

227) A. Y. Collins, "Revelation 18," 192-93.

228) Jörns, *Das hymnisch Evangelium*, 141.

권하는 구약의 일련의 예언들도 반영되었을 것이다(구약의 언급에 대해서는 12:12의 주석 참조).

18:20에서 즐거워할 정확한 근거는 ὅτι("왜냐하면")절에 표현된다. 이것은 문자적으로 이렇게 번역할 수 있다. "왜냐하면 하나님이 너희의 심판을 그로부터 행하신 까닭이라." 이 문장은 "하나님이 너희를 위하여 그에게 심판을 행하신 까닭이라" 또는 "하나님이 그가 너희에게 한 심판을 그에게 선언하신 까닭이라"고 이해하는 것이 가장 좋다(아래 내용 참조). 바벨론은 신자들의 피를 흘림으로써 그들을 가혹하게 심판했다(24절). 예언자들과 성도들은 즐거워해야 한다. 바벨론이 심판을 받았기 때문만이 아니라 그 심판이 본질적으로 의롭기 때문에도 그러해야 한다. 이것을 염두에 두면, 6:9-11에서 원수를 갚아달라고 부르짖은 고난받는 성도들이 지금은 즐거워하라고 권함을 받는 하늘에 있는 무리들 중앙에 있다고 보는 것이 가장 좋다.[229] 이것은 19:1-2에 18장의 이야기가 계속된다는 사실에서 확증된다. 19:1-2에서 "할렐루야"의 근거가 6:10을 분명하게 암시하고 있다. "그의 심판은 참되고 의로운지라.…큰 음녀를 심판하사 자기 종들의 피를 그 음녀의 손에 갚으셨도다." 여기서 초점은 바벨론의 고난을 즐거워하는 데 있지 않고 공의를 행하시는 하나님의 심판의 성공적인 결과에 있다. 이로써 그리스도인의 믿음의 진실성과 하나님의 의로운 성품이 증명된다.[230] 하나님은 바벨론이 다른 사람들을 가혹하게 박해한 그대로 그를 심판하실 것이다. 따라서 하나님은 범죄에 걸맞은 심판을 행하신다. "눈에는 눈"의 원리를 따른 심판은 바벨론에게 박해받은 사람들이 바벨론의 심판을 기뻐하라는 명령을 받는 사람들이라는 사실에서 분명해진다. 이러한 공의의 원리는 같은 심판의 원리를 선언함(5-7절)으로 소개된 장(18장)을 마무리하기에 적합하다.

19:1-5과 함께 18:20은 성도들이 6:10에서 자신을 신원해달라고 부르

229) Krodel, *Revelation,* 306.
230) Klassen, "Vengeance," 304도 보라.

짖은 것에 대한 응답의 절정이다. 이 절정은 11:18, 14:18, 15:4, 16:5-6에서 다양한 방법으로 예상되었다. 성도들은 이기적인 복수심에서가 아니라, 성취된 소망, 즉 하나님이 죄를 처벌하지 않은 채로 내버려 두지 않으심으로써 그의 의로운 명예를 변호하셨다는 것과 자기 백성이 옳았고 성도들에게 악을 행한 불경건한 세상이 잘못되었음을 보여주셨다는 사실로 인해 기뻐한다.[231] 이것은 악의에 찬 증인들과 관련한 구약의 율법과 맥을 같이한다. "그 증인이 거짓 증거하여 그 형제를 거짓으로 모함한 것이 판명되면 그가 그의 형제에게 행하려고 꾀한 그대로 그에게 행하라"(신 19:16-19).[232]

심지어 성도들이 즐거워하는 장면은 증인들의 억울한 죽음에 "기뻐하며 즐거워한" 악한 제도의 죄에 상응한다(11:10의 χαίρουσιν ἐπ' αὐτοῖς καὶ εὐφραίνονται와 18:20의 εὐφραίνου ἐπ' αὐτῇ를 비교하라. 19:1, 3-4의 "할렐루야" 참조.).

"하늘"과 땅에 있는 자들에게 주시는 "즐거워하라"는 명령은 부차적으로 사 44:23과 49:13을 반영한 것일 수 있다. 이 본문은 하나님이 자기 백성을 바벨론 포로에서 구원하시는 것에 근거하여 권면한다. 이와 비슷하게 신 32:43 LXX도 하나님이 "자기 아들들의 피에 복수하신다"는 사실에 근거하여 거의 같은 2중 명령을 제시한다(시 95[96]:11은 비슷한 권면을 하나님이 세상을 심판하실 것이라는 사실에 근거한다. 참조. 시 49[50]:4; *Test. Levi* 18:5). 마찬가지로 시 48:4-7, 11의 패턴이 계 18:20의 문맥에 반영되었다. "왕들이…보고 놀라고…떨림이 그들을 사로잡으니…주께서…다시스의 배를 깨뜨리시도다…**주의 심판으로 말미암아 시온 산은 기뻐하고 유다의 딸들은 즐거워할지어다.**"

몇몇 사본에서는 καὶ οἱ ἅγιοι καὶ οἱ ἀπόστολοι καὶ οἱ προφῆται에서 두 번째 καὶ οἱ("그리고 그")가 생략되었다(C 051 2329 𝔐[A] a gig vg[cl]). 따라서 두 단어가 생략된 채로 이 어구를 읽으면, 엡 3:5과 비슷

231) 참조. Mounce, *Revelation*, 332.
232) Caird, *Revelation*, 229-30; Sweet, *Revelation*, 275을 따름.

한 "거룩한 사도들과 예언자들"이 된다(οἶς ἁγίοις ἀποστόλοις αὐτοῦ καὶ προφήταις). 두 단어가 생략된 이유는 방금 전에 καὶ οἱ ἅγιοι("그리고 성도들")라고 쓴 후에 필기하려는 사본의 두 번째 καὶ οἱ를 보고 이미 그것을 썼다고 생각하고는 ἀπόστολοι("사도들")부터 쓴 데 있다. 또한 (엡 3:5의) οἶς ἁγίοις ἀποστόλοις는 개연성이 적은 독법이다. 요한계시록의 다른 곳에서 ἅγιος가 형용사로 사용될 때는 하나님을 가리키는 경우뿐이기 때문이다.[233] 사타케는 "사도들"이 공식적으로 "열두 (사도)"를 가리키는 것이 아니라 초기 그리스도인 공동체 안에 있는 순회 설교자들을 가리킬 가능성이 더 많다고 생각한다(참조. 2:2).[234]

심판의 근거가 20절에 ἔκρινεν ὁ θεὸς τὸ κρίμα ὑμῶν ἐξ αὐτῆς(문자적으로 번역하면 "하나님이 그로부터 너희 심판을 행하셨다")로 표현되었다. 이것은 렘 27:34 LXX(아퀼라 역은 86절)의 사본 전통을 암시한 것일 것이다(δικη δικασεται την δικην αυτων). 의미가 모호하지만 문자적으로 번역하면 "그가 심판으로써 그들의 심판을 심판하실 것이다"가 된다. 이곳 계 18:20b의 문장 역시 요한계시록에서 번역하기 가장 난해한 것 중 하나다. 다음과 같은 의역들이 가능하다. (1) "하나님은 그를 심판하셨으며 너희의 정당함을 입증하셨다."[235] (2) "하나님은 너희를 위하여 그에게 심판을 내리셨다"(ὑμῶν을 유익의 소유격으로 취했음).[236] (3) "그를 심판하시는 중에 하나님은 너희의 대의를 인정하셨다"(NEB). (4) "하나님은 바벨론이 너희에게 내렸던 심판을 그에게 선언하셨다"(ὑμῶν을 목적어 소유격으로 취했음).[237] (5) "하나님은 너희를 위하여 그에게 혹독한 심판을 집행하셨다." (6) "하나님은 너희에게 임한 그에게서 (나온) 심판을 심판하

233) Satake, *Gemeindeordnung*, 56. 하지만 14:10의 사본상의 문제를 참조하라.
234) Satake, *Gemeindeordnung*, 56-57.
235) Lohmeyer, *Offenbarung*, 151.
236) RSV; Good News Bible; BAGD, 236; Zerwick and Grosvenor, *Grammatical Analysis*, 771.
237) BAGD, 451; Caird, *Revelation*, 229-30.

셨다"(ἐξ는 그리스도인들에게 내린 불의한 심판의 출처를 가리킴).[238]

이 번역들 중 마지막 번역은 하나님이 성도들에게 불의한 심판이 행해진 것에 대해 바벨론을 심판하셨다는 의미가 된다. 첫 번째 번역에서 "그(her)"는 ἐξ αὐτῆς("그로부터")를 바르게 번역하지 못한 것이다. 반면에 두 번째와 세 번째 번역에서 "그에게"는 가능한 번역이며 6:10의 병행 어구와 시 118(119):84 LXX, 사 1:24, *1 En*. 100:4, 그밖에 개연성 있는 계 19:2과 왕하 9:7 LXX의 병행으로 지지받는다.[239] 이 병행 어구들 대부분은 "에게" 또는 "사이에"라는 의미로 ἐξ를 이해한다(이것은 히브리어 *min*에 해당한다. 사 1:24: "내가…내 원수에게[사이에] 보복하리라"). 첫 번째와 세 번째 번역에는 ἔκρινεν을 "정당함을 입증"으로 번역했다. κρίνω와 ἐκδικέω를 거의 동의어로 사용한 6:10, 19:2, 왕하 9:7 LXX의 병행 어구에 비춰 볼 때, 이렇게 번역하는 것은 얼마든지 가능하다. 두 번째와 네 번째 번역 역시 가능할 수 있다. 특히 κρίνω와 κρίμα가 늘 재판장으로서 기능하는 권리, 또는 판결을 내리는 사법적 행동, 또는 재판장에 의해 선고된 실제 판결과 관련이 있기 때문이다.[240] 이 어군은 이러한 의미의 범위를 넘어 "정당함을 입증하다"라는 의미를 가리키는 경우는 없다. 네 번째 번역이 매력적이다. 이 문장이 죄에 상응하는 심판을 행하는 것에 초점을 맞추는 문맥에 등장하는 까닭이다(6-8절 주석 참조).[241] 하지만 다섯 번째와 여섯 번째 번역 역시 참고할 만한 것이다.

계 19:2은 이 모호한 문장의 의미를 가장 분명하게 묘사해주는 본문일 것이다. 19:2은 18장의 결론에 속하며, 18:20b처럼 즐거워해야 하는 근거를 ὅτι 절로 제시하기 때문이다. "큰 음녀를 심판하사 자기 종들의 피를 그 음녀의 손에 갚으셨[기 때문이라]."[242]

---

238) M. Stuart, *Apocalypse* II, 337-38.
239) 참조. BAGD, 236.
240) Caird, *Revelation,* 229.
241) Strand, "Two Aspects of Babylon's Judgment Portrayed in Revelation 18"도 참조하라.
242) Prigent, *Apocalypse,* 274도 참조하라.

21절 바벨론에 대한 심판과 그 심판의 엄청난 영향은 9-20절의 두 주제를 강조하기 위해 21-23절에서 다른 방법으로 다시 반복된다. 무엇보다도 그 심판은 20절의 결론에서 제시된 하나님의 심판을 더 자세하게 설명하려고 강조되었다. 그러므로 21-23절은 20b절과 함께 20a절의 즐거워함의 이유로 기능한다.

바벨론에 대한 심판은 은유적으로 "큰 맷돌"을 들어 "바다에 던지는" 천사 환상으로 표현된다. 이 장면은 예레미야가 그의 하인 스라야에게 바벨론에 대한 심판의 예언이 담긴 "책에 돌을 매어 유브라데 강 속에 던지라"고 명령한 렘 51:63에 근거한다. 여기서 천사는 그의 상징적인 행위가 "큰 성 바벨론이 이같이(οὕτως) 비참하게 던져져 결코 다시 보이지 아니"하는 것을 의미한다고 해석한다. 마찬가지로 렘 51(28 LXX):63은 "이처럼(οὕτως LXX) 바벨론이 몰락하여 다시 일어서지 못하리라"는 것을 의미한다고 해석한다(64절).

겔 26-27장의 배경도 사라지지 않고 여기서 렘 51장과 결합된다. 겔 26:12은 두로가 받을 심판을 이렇게 묘사한다. "네 돌들과 네 재목과 네 흙을 다 물 가운데에 던질 것이라." 그리고 26:21은 그 장면을 이렇게 마무리한다. "사람이 비록 너를 찾으나 다시는 영원히 만나지 못하리라"(계 18:21c은 히브리어 본문을 καὶ οὐ μὴ εὑρεθῇ ἔτι로 번역한다). 두로와 바벨론에 대한 역사적인 심판은 세상 나라의 최종적 멸망을 예표론적으로 묘사한다. 이 두 구약의 심판은 느 9:11에서 언급한 홍해에서 행해진 애굽에 대한 심판을 모델로 삼았을 것이다. "돌을 큰물에 던짐같이 쫓아오는 자들을 깊은 물에 던지시고"(참조. 출 15:4-5).

마 18:6에는 계 18:21의 표현과 놀라울 정도로 비슷한 표현이 사용되었다. "누구든지 나를 믿는 이 작은 자 중 하나를 실족하게 하면 차라리 연자 맷돌이 그 목에 달려서 깊은 바다에 빠뜨려지는 것이 나으니라." 요한은 예레미야서와 더불어 이 말씀을 환기하는 것이 분명하다. 계 18:21처럼 마태복음의 말씀에도 "화"가 2번 언급되었고(마 18:7과 계 18:19 비교), 교만하며 속이는 자를 향해 이 말을 하기 때문이다(마 18:4-7과 계 18:3, 7, 23 비교).

교회 안에서 이렇게 속이는 죄를 범하는 사람들(계 2:14, 20)은 바벨론의 운명을 겪지 않으려면 경고를 받아야 한다.[243] 그러므로 렘 51장의 작은 돌이 "큰 맷돌"로 대체된 것은 마태복음의 영향 때문이다.[244]

케어드는 이번이 요한계시록에서 하늘의 전달자가 "힘 센 천사"로 불린 세 번째라는 점을 주목한다. 케어드는 첫 번째 천사(5:2)가 구속의 계획과 관련하여 그리스도의 고난에 관한 커다란 두루마리와 연관되고, 두 번째 천사(10:1)는 구속 계획의 한 부분으로서 교회의 고난을 담고 있는 작은 책을 가지고 있으며, 세 번째 천사는 지금 두 책의 법령적인 내용의 완성을 표시한다고 주장한다.[245] 케어드의 주장은 매력적이다. 바벨론에 대한 심판의 결정적인 이유 하나는 "예언자들과 성도들과 및 땅 위에서 죽임을 당한 모든 자의 피가 그 성 중에서 발견되었"다는 데 있기 때문이다(18:24). 더욱이 두루마리가 언급되지는 않았지만, 계 5장과 10:8에서 사용된 것과 같은 단어인 "책"(βιβλίον)에 돌을 묶었다는 렘 51(28 LXX):63-64의 문맥이 충분히 암시되었다.

계 18:21c과 겔 26:21(LXX 사본 407)의 οὐ μή+εὑρίσκω 구성은 이스라엘을 박해한 악한 사람들에 내리는 하나님의 심판의 결과를 언급하는 시 9(10):36(=9[10]:15 B), 36(37):10, 사 41:12, 1 Macc. 2:63에도 등장한다. 그들을 더 이상 "결코 찾지 못"할 것이다. 이 구성은 다른 곳에서는 거의 발견되지 않는다. 계 18:21에서 부정을 강조하는 οὐ μή는 이어지는 ἔτι에 의해 한층 더 강조된다.

22-23b절 5-7절과 20절은 바벨론에 대한 심판이 바벨론이 행한 죄와 어울린다고 주장했다. 22-23절은 심판이 어떻게 그가 행한 죄에 대해 적합한지를 계시한다. 예레미야서와 겔 26장에서 가져온 본문 하나하나는 계속해서 이 심판의 원리를 묘사하는 데 집중된다. 바벨론의 경제 제도는

243) Sweet, *Revelation,* 274.
244) Vos, *Synoptic Traditions,* 157-59.
245) Caird, *Revelation,* 230-31.

무역조합의 수호신들을 경배하지 않는 사람들을 각종 무역조합에서 퇴출시킴으로써 그리스도인 공동체를 박해했다. 이것은 일반적으로 퇴출된 사람들에게 경제적 지위의 상실과 빈궁함이라는 결과를 안겨주었다(2:9). 실제로 이로 인해 그리스도인 장인들은 시장에서 쫓겨났고, 정상적인 경제적 활동기에 일반적으로 향유할 수 있는 삶의 즐거움을 박탈당했다.

바벨론이 그리스도인 노동자들을 시장에서 제거하고 그들을 박해했듯이, 하나님은 바벨론에게 충성하는 노동자들을 없애실 것이다. "어떠한 세공업자든지 결코 다시 네 안에서 보이지 아니"할 것이라. 실제로 바벨론이 성도들을 박해한 것을 염두에 두었다는 사실은 24절에서 그 주제가 분명히 언급된 것에서 드러난다. 24절은 21-23a절에 묘사된 바벨론을 심판하는 근거의 한 부분으로 작용한다. 24절과의 연결은 그곳에서 "피가 발견되었다(εὑρέθη)"는 갑작스런 주장에 의해 확증된다. 이것은 21-22에서 반복된 "결코 발견되지 아니하리로다"(οὐ μὴ εὑρεθῇ)의 의도적인 언어유희다.[246] 미래에 바벨론에서는 아무것도 발견되지 않을 것이다. 과거에 바벨론에서 피가 발견되었기 때문이다.

이전에 삶의 수단이 신앙 공동체에서 박탈되었듯이, 지금은 바벨론이 그것을 빼앗길 것이다. "맷돌 소리가 결코 다시 네 안에서 들리지 아니하고 등불 빛이 결코 다시 네 안에서 비치지 아니"할 것이다(22-23절). 매일 누리는 경제적 번영이 경제적(2:9; 13:16-17) 또는 정치적 박해(2:9-10; 6:10; 16:6; 17:6)로 인해 하나님의 백성에게서 사라졌듯이, "거문고 타는 자와 풍류하는 자와 퉁소 부는 자와 나팔 부는 자들의 소리가 결코 다시 네 안에서 들리지 아니하고"(18:22), "신랑과 신부의 음성이 결코 다시 네 안에서 들리지 아니"할 것이다(23절). 다양한 종류의 음악가들은 공예를 대표하거나 부유한 사회의 쾌락을 가리키는 은유일 것이다. 성도들에게서 기쁨을 빼앗았던 바벨론은 자신의 쾌락을 빼앗길 것이다.

14b절의 καὶ οὐκέτι οὐ μὴ αὐτὰ εὑρήσουσιν("다시 보지 못하리로다")과

246) A. Y. Collins, "Revelation 18," 199.

21-22절에 반복되는 οὐ μὴ εὑρεθῇ ἔτι("다시 보이지 아니하리로다")는 두 본문을 연결하는 근거다.[247] 14a절의 "값비싸고 빛난 것들이 네게서 다 없어졌으니"는 세상 제도의 경제적 사치를 포괄하는 진술이다. 21-23절은 곧 없어질 이 제도에 속한 대표적 물품들을 열거한다. 14절에서 포괄적으로 진술된 심판의 내용과의 연결성은 21b-23a절에서 열거된 부유한 생활양식의 여러 측면이, 지금 없어지는 삶의 모든 경제적 수단을 대표한다는 사실을 확증한다. 그래서 14b절의 요약 진술은 21-23a절에 더 자세히 설명된다.

바벨론이 행한 박해는 요한 당시에 선별적이었다. 하지만 그는 바벨론이 그리스도인 공동체를 완전히 없애버리려고 할 때를 내다봤다(11:7-10; 20:7-9; 또한 13:16-17도 참조). 마찬가지로 하나님은 교회를 박해하고 박멸하려는 바벨론을 전복시킴으로써 그를 징계하실 것이다.

다른 사람들도 인정하는 14b절과 22-23절 간의 연결에 대해서는 14절 주석을 참조하라. 개중에는 심지어 14절을 21b-22a절과 함께 있어야 할 것으로 보고 잘못된 위치에 놓였다고 생각하는 사람들도 있다.

사 24:8("즐거워하는 자의 소리가 끊어지고")의 암시와 그 문맥은 경제적 손실과 그로 인하여 야기된 부요힘의 전형석인 기쁨이 상실됨(사 24:6: "땅의 주민이 가난하게 될 것이요"; 8절: "수금 타는 기쁨이 그쳤으며")을 강조한다. 사 24:8은 겔 26:13과 결합되었다. "내가 네 노래 소리를 그치게 하며 네 수금 소리를 **다시 들리지 않게 하고**"(οὐ μὴ ἀκουσθῇ ἔτι); 계 18:22a은 οὐ μὴ ἀκουσθῇ ἐν σοὶ ἔτι라고 읽는다.

번영을 잃은 것으로 인해 기쁨을 잃은 것은 계 18:22b-23a에 암시된 렘 25:10에서도 반영되었다. "내가 그들 중에서 기뻐하는 소리와 즐거워하는 소리와 신랑의 소리와 신부의 소리와 맷돌 소리와 등불 빛이 끊어지게 하리니"(이 암시에는 렘 7:34과 16:9도 포함될 수 있다. 이 본문에는 번영의 상실이 기쁨과 관련된 내용과 더불어 결혼 용어로 묘사된다. 렘 33:11도 보라).

---

247) Kraft, *Offenbarung*, 235; Prigent, *Apocalypse*, 272. 두 사람은 14b절의 언어가 22-23절의 언어를 예상하는 것으로 이해한다. 자세한 내용은 아래 설명을 보라.

φωνὴ νυμφίου καὶ νύμφης("신랑과 신부의 음성")라는 표현은 몇몇 사본에서 예레미야서 본문의 패턴에 더 가까운 φωνὴ νυμφίου καὶ *φωνὴ* νύμφης로 확장되었다. 더 많은 사본상의 증거가 짧은 독법을 지지하기에, 덧붙여진 본문은 필경사가 예레미야서의 본문에 일치시키려고 한 것이 분명하다.[248] 하지만 이 이문을 설명할 수 있는 다른 방법이 없을 때에만 암시된 구약 본문에 일치시키려고 했다고 설명해야 할 것이다. 필경사들이 감지하기 힘든 수많은 구약 암시를 다 알고 있었다고 기대하기는 어렵기 때문이다.

예레미야서, 에스겔서, 이사야서에서 온 이 모든 본문은 각각 이스라엘과 두로와 세상 제도의 사치스러운 사회에 대한 심판을 강조한다(세상 제도에 대한 심판은 마지막 때에 일어날 것이다). 예레미야서에 언급된 이스라엘에 대한 심판과 에스겔서에 언급된 두로에 대한 심판은 사 24장에 직접적으로 예언된 온 세상의 멸망을 간접적으로 암시하는 것으로 이해된다.

23c-d절 21절에서 시작된 파괴에 대한 천사의 선언이 계속된다. 천사는 이곳과 24절에서 바벨론이 "던져져 결코 다시 보이지" 않게 될(21절) 3가지 이유를 제시한다(23c절의 ὅτι를 주목하라). 첫째, "왜냐하면" 그 "상인들이 땅의 왕족들(위대한 자들)이기" 때문이다(ὅτι οἱ ἔμποροί σου ἦσαν οἱ μεγιστᾶνες τῆς γῆς). 하지만 이것이 왜 심판을 받을 만한 이유가 되는가? 그 대답은 사 23:8의 암시에 나타나 있다. "그 상인들은 세상의 영광스러운 왕들이다"(οἱ ἔμποροι αὐτῆς *ἔνδοξοι* ἄρχοντες τῆς γῆς; 참조. 사 34:12에서는 οἱ ἄρχοντες와 οἱ μεγιστᾶνες가 병행이다). 계 18:23의 "위대한 자들" 배후에 있는 것은 사 23장의 "영광스러운 왕들"이다. 이것은 상인들과 그들을 지원하는 제도가 하나님이 아니라 스스로에게 영광을 돌렸다는 이유로 심판받는다는 것을 넌지시 알려준다. 상인들은 하나님의 주권적인 권세 아래에서 책임감 있고 도덕적인 신하로 행동하는 대신, 자신의 힘을 과시하며 자신들

248) Schmid, *Geschichte des griechischen Apokalypse-Textes* II, 107; C 2329 syph에만 긴 독법이 있다.

의 위대함에만 관심을 가졌다.[249)]

스스로를 영화롭게 하는 것이 18:23c에서 언급된 정죄의 근거라는 사실은 구약에 대한 암시의 문맥에서도 시사된다. 두로가 받은 심판에는, 상인들이 자신들의 경제적 성취와 권력을 자랑한 까닭에 그들이 타도된 것이 포함된다. "만군의 여호와께서 그것을 정하신 것이라. 모든 누리던 영화를 욕되게 하시며 세상의 모든 영광스러운 것이 멸시를 받게 하려 하심이라"(사 23:9 LXX). 에스겔은 두로에게 이렇게 말한다. "재물로 말미암아 네 마음이 교만하였도다." 이것은 "내가 신이라"고 말하는 것과 동일시된다(겔 28:5, 9). 두로의 경제적인 자기 우상화는 결국 심판의 원인이 되었다. 바벨론이 스스로를 영화롭게 한 탓에 심판을 받은 것은 이미 계 18:7에서 선언되었다. 바벨론의 심판도 자기 상인들이 지나치게 자랑하도록 지지하고 촉진한 결과다(ὕβρις, 사 23:9).[250)]

요한계시록에 따르면, 인간의 제일 되는 목적은 하나님을 영화롭게 하고 그를 즐기는 것이지 자신을 영화롭게 하고 자신의 성취를 즐기는 것이 아니다(예. 4:11; 5:12-13; 7:12; 15:3-4; 16:9; 19:1, 7). 스스로를 영화롭게 하는 사람을 강제로라도 겸손하게 만들기 위해 반드시 심판이 필요하다. 바벨론과 그와 연합한 자들이 스스로를 "위대하다"고 부르는 것은 우상숭배다(11:8; 14:8; 16:19; 17:1, 5, 18; 18:2, 10, 16, 19, 21, 23). 이 칭호는 오직 참 하나님만을 위한 것이다(051과 $\mathfrak{M}^{A}$의 19:17에는 "크신 하나님"; 6:17; 11:17; 15:3; 16:14에는 "큰"이라는 표현이 하나님의 성품과 관련해서 등장한다). 인간을 만물의 중심으로 삼고 하나님을 잊는 것은 가장 큰 죄다.

바벨론이 소멸된 두 번째 이유(ὅτι)는 "[그의] 복술(φαρμακεία)로 말미암아 만국이 미혹되었"다는 사실이다. 바벨론이 심판을 받게 되는 이유는

---

249) Sweet와 개인적 이야기를 나누던 중에 알게 되었다.

250) 유대교 전통에서도 사 23:8에 언급된 두로의 상인들이 성도들을 경제적으로 압제했다고 생각한다(*b. Baba Bathra* 75a; *Targ.* 사 23:12). 그리고 이러한 압제는 바벨론이 심판받는 또 다른 이유로 요한이 이곳에서 염두에 둔 것이다. 유대교 주석가들 중에는 예표론적인 이유에 근거하여 두로를 "사악한 로마"와 동일시하는 사람들이 있다(*Pesikta de Rab Kahana* 7.11; *Pesikta Rabbati* 13.2).

그가 복술로써 만국에게 우상을 경배하도록 영향을 주었다는 데 있다. 여기서 강조점은 마술 행위가 아니라 사람들을 우상숭배를 하도록 속였다는 데 있다. 우상숭배가 암시되었다는 사실은 계 9:20-21과 갈 5:20에 "우상숭배"(또는 "우상")와 "복술"이 직접 연결된다는 데서 입증된다. 또한 이는 18:23의 어구가 사 47:9("네가 무수한 주술과 많은 주문을 빌릴지라도 이 일이 온전히 네게 임하리라")과 나 3:4(니느웨는 "마술에 능숙하여…여러 나라를 미혹하고 그의 마술로 여러 족속을 미혹하느니라")에서 영감을 받았다는 사실을 주목하면 드러난다. 흥미로운 것은 쿰란이 나 2:11(= 2:12 MT)에서 니느웨를 묘사한 내용을 예루살렘에 적용했다는 사실이다. 예루살렘이 행한 복술은 거짓 교훈으로 이스라엘 공동체 안에 있는 다른 사람들에게 영향을 준 것으로 설명된다(4QpNah fragments 3-4, 2.7-9). 나훔은 "복술"(φαρμακεία)을 "음행"(πορνεία)과 동일시한다. MT의 "그가 그의 음행으로 여러 나라를 사고"(3:4)는 타르굼에서 "그의 우상으로 여러 나라를 배반하고"로 번역되었다.

물론 "음행" 역시 구약성경과 요한계시록에서 우상숭배를 지칭하는 일반적 은유다(2:14, 20-21; 14:8; 17:1-2, 4-5; 18:3, 9). 두로가 여러 나라들과 행한 "음행"에는 단지 그 나라들에 대한 경제적 지배만이 아니라 우상숭배를 향한 영향도 포함된다. 특히 고대 세계에서 이 2가지는 일반적으로 떼려야 뗄 수 없었다. 겔 16장에 언급된 이스라엘의 음행에도 동일한 2가지 함의가 있다(17:2의 주석 참조). 그리고 *Test. Jud.* 23:1-2은 이스라엘의 죄를 "불법과 복술과 우상숭배와…신접한 사람과 귀신을 따르는 것…너는 너의 딸들을 창녀로 만들 것이다"와 연결한다. 왕하 9:22 LXX은 이세벨의 소행을 "음행"(= 우상숭배를 하도록 영향을 줌; πορνεῖαι)과 "복술"(φάρμακα)이라고 언급한다. 계 2:20-22에 언급된 이세벨이 행한 이와 비슷한 행위들은 그가 바벨론과 결탁하고 그가 받는 처벌이 18:8에서 바벨론에게 적용된 것과 같은 "사망"인 이유다.[251)]

---

251) 2:20-21과 연결된 점에 대해서는 Sweet, *Revelation*, 275을 보라.

마찬가지로 사 47:9-10은 "복술"을 우상숭배와 관련된 "음행"과 바벨론이 자신을 "신뢰한 것"에 직접 연결한다. "나뿐이라, 나 외에 다른 이가 없다"(실제로 사 47:8-9은 이미 계 18:7-8에서 암시되었다). 사 57:3에는 복술이 창녀가 되는 것과 동일시되었다. 둘 다 우상숭배자들을 가리키는 용어다(참조. 57:5-7). 계 21:8의 φάρμακος("독을 섞는 자" 또는 "마술사")는 "음행하는 자들"과 "우상숭배자들" 중간에 놓였다. 그리고 22:15에는 이 단어 다음에 "음행하는 자들과 우상숭배자들"이라는 표현이 이어진다. 세 단어는 9:20-21에서 불가분하게 연결되었다. 이러한 사용례에는 "복술"이 우상숭배와 음행과 필수불가결하게 연결된다는 사실이 드러난다. φαρμακεία와 이와 관련된 어군은 LXX에서 우상숭배와 관련해서도 사용된다(왕하 9:22 LXX; 대하 33:5-7; Wis. 12:4-7; 미 5:11-12).

다양한 형식으로 등장하는 φαρμακεία 어군의 사용례에 공통적으로 나타나는 "독을 섞다"라는 사상은 18:23에 포함되고, 18:3, 6에서 언급된 섞은 포도주로써 미혹하는 바벨론 은유의 발전일 수 있다.[252]

23절의 첫 번째 ὅτι는 필경사가 뒤따라오는 비슷한 οἱ로 건너뛰는 시각적 오류로 인해 두어 사본(2030 𝔐[K] co)에서 생략되었다. 빈약한 사본상의 증거에도 NIV, NEB, JB은 생략된 독법을 채용했다. 이로써 18장의 결론 어구가 원인을 분명하게 표현으로 것으로 이해하기보다, 앞 문장과의 연결을 좀 더 모호하게 했다. 이렇게 하면서 이 번역 성경들은 아무런 사본학적 근거도 없이 두 번째 ὅτι도 생략했다. 아마도 이것이 인용을 소개한다고 이해한 듯하다. 이것은 개연성이 없는데, 21절에서는 인용을 소개하는 ὅτι가 없을뿐더러 21절과 23a절 사이에서도 그런 예는 발견되지 않기 때문이다.

Sib. Or. 5.159-67은 로마가 심판을 받은 것이 그곳이 "마술"과 "음행"의 도시였으며 "피에 굶주린 마음"을 가지고 있었기 때문이라고 한다(18:24의 주석 참조).

252) BAGD, 854을 보라

바벨론을 부르면서 3인칭(21, 24절)에서 2인칭(22-23절)으로 바뀐 것은 구약성경과 후기 유대교 문헌의 예언적 심판 선언에도 등장하는 문체적 패턴이다.[253)]

24절 바벨론이 심판을 받은 2가지 이유가 23절의 결론에서 제시되었다. 이제 18장 마지막 절에서 세 번째 이유가 소개된다. 24절이 ὅτι("왜냐하면")절로 소개되지는 않지만, 23절 끝에 있는 두 절과 함께 23절의 두 번째 ὅτι는 2중 역할을 수행하여 24절을 소개한다. 하나님은 불경건한 세상 공동체가 충성된 자들의 공동체를 박해했기 **때문에** 세상 공동체를 징계하실 것이다. "예언자들과 성도들과 및 땅 위에서 죽임을 당한 모든 자의 피가 그 성 중에서 발견되었느니라." 타락한 그 세상 도시는 니느웨와 같은 이유로 무너졌다. 니느웨는 "마술에 능숙"하고 "그의 마술로 여러 족속을 미혹했을" 뿐만 아니라, "피의 성"이기도 했다(나 3:1, 4).[254)] 이와 마찬가지로 역사적인 성 바벨론은 "이스라엘을 살육"한 것으로 인해 종국을 맞이했다(렘 51:49a). 렘 51:49b은 "**온 세상**이 바벨론 까닭에 **죽임을 당하여 엎드러지리라**"고 선언한다. 이것은 바벨론이 다른 사람들을 살육했음을 가리키는 것 같고, 아마도 계 18:24b에 등장하는 어구의 근거가 되었을 것이다(겔 24:7과 마 23:35, 37이 부차적으로 반영되었을 것이다. 18:20의 주석 참조). 니느웨와 바벨론, 이 죄악된 두 세상 제국은 장차 전멸될 부패한 세상 제도의 최후를 어렴풋하게 보여주는 것으로 이해된다.

23절의 두 번째 ὅτι절이 24절과 함께 23절의 첫 번째 ὅτι절만을 위한 근거를 제시한다고 할 수 있다.[255)] 이것은 상인들이 바벨론의 복술 및 성도들을 박해한 것으로 인해 "땅의 큰 자들"이 되었음을 의미한다. 그런 경우 첫 번째 ὅτι절만이 21-23b절에서 이야기하는 바벨론이 심판받는 이유를 제공한다. 하지만 23c-24절이 앞의 내용과 별개로 바벨론이 심판받는 이유

---

253) 자세한 내용은 Aune, *Prophecy in Early Christianity,* 285을 보라. Aune는 미 6:9c-15; 암 3:10-11; 사 30:8-14; 호 12:7-9; *Sib. Or.* 3.350-66을 인용한다.

254) 참조. Beasley-Murray, *Revelation,* 269.

255) Swete, *Apocalypse,* 240-41.

3가지를 제시한다고 보는 것이 더 좋다. 속임과 박해는 요한계시록 여러 곳에서 바벨론이 멸망당하는 분명한 근거들이기 때문이다(14:8; 16:5-6; 17:1-2; 18:2-3; 19:2).[256]

24절에 묘사된 내용은 문자적으로 볼 수도 있어서 그리스도인 순교자들을 넌지시 내비친다고 할 수 있지만, 그보다는 죽음을 비롯한 모든 종류의 박해를 가리키는 비유적 표현으로 이해하는 것이 가장 좋다. 그래서 "피"와 "죽음"은 부분으로 전체를 대표하는 비유법이다. 십자가와 목숨을 잃는 것(마 10:38-39; 16:24-25)과 "죽음"과 "도살할 양 같이" 되는 것(롬 8:36)이 모든 종류의 박해를 가리키듯이 말이다(2:26과 6:9-11의 주석 참조. 또한 2:10; 12:11; 16:6; 17:6; 19:2 참조).[257]

눈에 띄는 것은 *Sib. Or.* 3.310-12에 역사적인 바벨론이 심판을 받은 이유가 "이전에 선한 사람들과 의로운 사람들의 피를 흘렸기 때문"이라고 언급된다는 점이다. 이와 비슷하게 *Sib. Or.* 5.160-65도 "바벨론"을 지칭하는 것으로 보이는 "이탈리아"가 불에 타는 심판을 받는 이유가 그 안에서 "많은 거룩한 충성된 히브리인과 참 백성이 죽임을 당했"고 그가 "복술을 탐했기" 때문이라고 단정한다.

18장의 결론

부를 소유한 것 자체가 하나님이 바벨론을 심판하신 이유는 아니다. 오히려 그 원인은 "부의 교만한 사용"[258]과 결국 우상숭배에 버금가는, 곧 부가 가져다 주는 안전을 신뢰한 데 있다.

16-17장과 18장 전체에서 소돔과 고모라, 바벨론, 두로, 니느웨, 에돔, 예루살렘을 묘사한 것은 자신만을 의지하는 불경건한 제도에 적용되었다. 이 모든 구약의 말씀들, 특히 바벨론과 두로와 관련한 말씀들은 지금 로마에

---

256) Stuart와 Beckwith 역시 앞의 것과 별개의 3가지 이유가 제시된다고 이해한다. M. Stuart, *Apocalypse* II, 340; I. T. Beckwith, *Apocalypse,* 719-20.

257) 참조. Satake, *Gemeindeordnung,* 51.

258) Sweet, *Revelation,* 264.

적용되었으며, 원래는 죄를 지은 로마의 전임자들을 향한 말씀이다.[259] 이렇게 많은 시대를 아우르는 여러 악한 나라들의 묘사에서 우리는 요한계시록에 언급된 바벨론이 사탄의 나라 하나가 아니라, 그리스도의 십자가부터 재림까지 모든 세대를 아우르는 범세계적인 타락한 제도라고 결론을 내릴 수 있다.[260] 요한 당시 로마 제국은 이 악한 제도를 대표했다. 18장의 결론적 문장인 "땅 위에서 죽임을 당한 모든 자"는 보편적인 언급이다. "땅"(γῆ)이 어느 특정한 땅에 한정되지 않고, 적어도 로마 제국을 포함하는 것이 틀림없으며, 아마도 온 세상을 가리키기 때문이다.[261] 요한 당시까지 그리스도인들은 박해를 받아왔다. 이스라엘 내에서만 아니라 제국 전체에서 말이다.

마 23:35은 "**의인 아벨의 피로부터** 성전과 제단 사이에서 너희가 죽인 바라갸의 아들 사가랴의 피까지 땅(γῆ) 위에서 흘린 의로운 피"로 인해 예루살렘에 심판이 내린다고 말한다. 여기서 γῆ는 "땅"(즉 이스라엘 땅) 대신 "지구"라고 번역하는 것이 가장 좋다. 여기에는 이스라엘이 한 국가로 형성되기 오래전, 역사가 시작되던 때부터 시작하는 넓은 범위의 시간이 포함된다. 마 23:35에서 예루살렘은 온 세상과 모든 시대에 걸쳐 하나님의 백성을 박해한 것으로 인해 심판을 받게 될 악한 세상 제도를 대표하는 것으로 이해된다. 마찬가지로 계 18:24에서 바벨론은 이제 박해하는 온 세상의 제도를 대표한다.

칠튼은 18:3, 9의 "땅의 왕들"과 18:17의 해상 상인들을 세상 여러 나라에서 온 정치적 지도자와 해상 지도자들과 동일시하지만, 일관성이 없이 18:11, 23의 "땅의 상인들"은 이스라엘의 상인들과만 동일시한다.[262] 하지만 겔 26-27장 배경(9-15, 23절 주석 참조)에 따르면 상인들은 두로 주위의 이교 나라에서 온 사람들로 이해된다. "땅의 상인들"의 범위는 12-13절에 열거된 상품들 목록에 비춰 이해해야 한다. 이 구절은 그 상

---

259) Bauckham, *Climax of Prophecy,* 345.

260) Wilcock, *I Saw Heaven Opened,* 170; A. F. Johnson, "Revelation," 567-69.

261) Morris, *Revelation,* 223. 하지만 D. C. Chilton, *Days of Vengeance,* 445-66에 반대함.

262) D. C. Chilton, *Days of Vengeance,* 445-66.

품들이 지중해 세계와 동양, 인도를 비롯한 먼 곳에서 온 것들임을 밝혀 준다.[263] "땅의 왕들"은 요한계시록 여러 곳에서 보편적인 언급으로 사용된다(18:9 외에 8번이 이런 식으로 사용되었다. 예. 1:5). 칠튼은 이 어구가 18:17에서 해상 상인들을 언급하는 것과 함께 보편적인 언급임을 겨우 인정한다. 그는 온 땅의 정치 지도자와 해상 지도자들이 기원후 70년에 멸망한 이스라엘을 두고 슬퍼했을 만한 그럴 듯한 이유를 제공할 수 없었기 때문이다.

더욱이 γῆ라는 단어는 요한계시록에서 80번 가량 사용되는데, 그중 30번쯤이 온 땅을 분명히 가리키고 이스라엘과 같은 구체적인 지역을 의미하지 않는다(예. 1:5; 5:3, 10, 13; 6:15; 10:6; 14:7; 18:9). 나머지 사용례는 사람마다 요한계시록을 전반적으로 어떻게 이해하느냐에 따라 논란의 여지가 있을 수 있다. 하지만 분명한 언급을 기준으로 논란의 여지가 있는 구절들을 해석하는 것이 최선의 방법이다.

칠튼은 예루살렘 성전을 둘러싼 경제적 부패가 18장의 묘사 전체의 초점이며, 겔 27장에서 인용한 상품 목록은 계 18장과만 유사성을 가진다고 주장한다.[264] 하지만 성전의 경제적 활동들은 1세기 및 그 이후에 지중해 세계의 패권을 주도하지 않았다. 반면에 18장의 묘사는 세계를 지배한 경제 세력을 강조한다. 이스라엘이 그러한 범세계적인 영향력을 가졌던 유일한 때는 솔로몬이 통치하던 짧은 기간이었고, 그때 그 시기는 18장에 묘사된 것처럼 불경건하지는 않았다. 18장 전체에서 관찰되는, 겔 26-27장을 분명하게 암시하는 본문들은 칠튼의 주장에 심각한 의문을 제기한다.

이와 비슷하게 포드는 18:12-13의 상품 목록과 그 문맥에 그려진 경제적인 상태가 예루살렘, 특히 예루살렘 성전의 경제적 상황이라는 배경

---

263) Tacitus, *Annals* 2.33; Swete, *Apocalypse,* 234; Robertson, *Word Pictures* VI, 441; Beasley-Murray, *Revelation,* 267과 겔 27장의 지명들을 보라.

264) D. C. Chilton, *Days of Vengeance,* 448, 454-56.

에 비추어 이해되는 것이 가장 좋다고 제안한다.[265] 하지만 포드는 "국제 무역이 예루살렘에 큰 영향을 끼쳤다"는 것만을 보여줄 뿐,[266] 예루살렘이 (18장이 초점을 맞추는) 지중해 세계의 무역의 중심이었음을 보여주지는 않았다.[267]

바벨론이 받을 심판에 대한 선언은 성도들이 하나님의 왕 되심을 영화롭게 할 근거이기도 하다(19:1-6)

일곱째 나팔을 통해 성도들에게는 상이 선언되고 그들의 원수들에게는 멸망이 선언된다는 2중 주제(11:15-19)가 19장에서 다시 다뤄진다는 것은 특별히 19:5-6에 있는 단어들의 유사성에서 분명히 나타난다. 구체적으로 신자들을 설명하는 3중 묘사(11:18), 하나님의 통치가 시작되었다는 선언(11:15-16), 우렛소리(11:19) 등이 그것이다.[268] 19:1-6(8절까지 확장될 수 있음)은 실제로 18장의 마지막 단락(18:20-24)의 연속이며, 바벨론의 멸망을 강조하는 그 단락의 결론으로 이해될 수 있다.[269]

1절 18장의 요점은 성도들로 하여금 하나님이 바벨론에 내리신 심판을 즐거워하라는 데 있었다. 그 심판은 그리스도인의 믿음과 하나님의 공의의 참됨을 증명하는 것이었다. 19장은 "이 일 후에"라는 어구로 시작한다. "이 일"은 주로 바벨론에 대한 심판 환상, 특히 18:20-24에서 묘사된 내용이다. 18장의 마지막 환상 이후 요한은 "하늘에 허다한 무리의 큰 음성" 같

---

265) J. M. Ford, *Revelation,* 301-2, 305.

266) J. M. Ford, *Revelation,* 305. Ford는 Jeremias를 인용한다. Carrington 역시 계 18장의 경제적 묘사가 예루살렘에 가장 적합하다고 주장한다. Carrington, *Meaning of Revelation,* 291-92.

267) Buchanan, *Revelation,* 479, 481은 예루살렘이 두로와 바벨론, 요한 당시 로마와는 달리, 상업이나 해상 무역의 주요 중심지가 아니었다는 사실을 관찰함으로써 이 비평에 동의한다.

268) Caird, *Revelation,* 233-34.

269) 19:1-6과 18장의 관계에 대해서는 18장 주석의 서론 참조. 18장과 19장 사이에 개연성 있는 주제적 연관성이 있기는 하지만, 19:1-8이 18장과는 구별되는 문학적 단락이라는 주장에 대해서는 Shea, "Revelation 5 and 19," 249-51을 참조하라. 19:1-8에 제의적 용어와 분위기가 있을 가능성에 대해서는 Ruiz, *Ezekiel,* 483-88을 보라.

은 것을 듣는다. 그는 하늘의 허다한 무리가 "할렐루야"라고 선포하는 것을 듣는다. "할렐루야"는 "야웨를 찬송하라"는 의미의 히브리어 단어의 그리스어 음역이다. 하나님은 찬송을 받으셔야 한다. "구원과 영광과 능력이 우리 하나님께 있기" 때문이다("할렐루야"와 그 이후에 이어지는 19:3, 6의 표현 사이의 원인적인 연결을 주목하라. 19:4의 주석 참조). 1절의 감탄 전체의 근거는 18장, 특히 18:20-24에서 묘사된 바벨론에 대한 심판에 있을 것이다. 18:20에서 성도들에게 "즐거워하라"고 권한 것이 이제 19:1-3, 6-7에서 응답된다.[270]

그러므로 천사들도 포함될 수 있겠지만, 19:1-3, 5b-8절의 초점이 역사의 절정에 하나님을 찬송하는 성도들 전체의 총회에 맞춰져 있다(7:10; 12:10의 병행을 보라).[271] 성도들은 하나님께만 찬송한다. 하나님만이 바벨론을 폐하시고, 이런 행위에 대해 영광을 받으시기에 합당하시기 때문이다. 하나님께서 바벨론을 심판하심으로써 자기 백성의 "구원"이 이루어졌고, 하나님의 "능력"이 증명되었다. 할렐루야와 이에 따르는 내용들은 18:9-19의 애통함과 극명하게 대조된다.

존슨은 1-6절에 있는 3중적 "할렐루야"가 할렐 시편(시 113-118편. 특히, 113:1과 115:13)을 암시한다고 주장한다. 이 시편에 출애굽(참조. *b. Pesahim* 117a)이 두드러지게 언급되고, 유대교 문헌에 할렐 시편이 악한 자들의 최후의 멸망과 연결되었다는 것이 그 이유다(*Midr. Rab.* 레 30.5; 비교. *Pesikta Rabbati* 2.1).[272] 더 가능성이 있는 것은 이것이 시 104:35을 암시할지 모른다는 주장이다. 이 시편에서는 하나님이 죄인들을 심판하신 까닭에 그 시편의 결론에서 "할렐루야"가 선포되었다. "죄인들을 땅에서 소멸하시며 악인들을 다시 있지 못하게 하시리로다…할렐루야!"(참조. 시 58:10-11).[273] 시 104:35은 죄인들에 대한 마지막 심판을 언급하는 것으로 이해된다(*b. Berakoth* 9b; 10a; *ARN* 31b; *Midr. Rab.* 레 4.7; *Midr.* 시

270) Jörns, *Das hymnische Evangelium,* 144, 157.
271) 자세한 내용은 Prigent, *Apocalypse,* 278을 참조하라.
272) A. F. Johnson, "Revelation," 569-70.
273) Hengstenberg, *Revelation* II, 291과 Mauro, *Patmos Visions,* 506.

92.10; 103.3; 104.27; *Pirqe de Rabbi Eliezer* 18).

Tob. 13:15-18에는 마지막 때 예루살렘의 거리마다 "할렐루야"를 외친다고 기록한다. 예루살렘 성이 재건되고 "사파이어, 에메랄드, 그밖에 여러 아름다운 보석으로" 장식되었기 때문이다. "너희 벽은…순금으로 덮였고…길은 루비와 오빌의 보석으로…깔려 있다." 이것은 주목할 만하다. 계 19:1, 3, 6의 "할렐루야"를 그리스도의 신부가 부르기 때문인데(7절), 그는 새 예루살렘과 동일시 될 것이기 때문이다(21:2, 9-10). 새 예루살렘의 벽과 도로는 Tobit(21:18-21)에 언급된 아름다운 재료들 대부분으로 이루어졌다. 이것은 19장 이곳의 찬송이 새 예루살렘이 세워질 때 불릴 것으로 묘사됨을 시사한다. *3 Macc.* 7:13에서 이스라엘 사람들은 박해에서 구원을 받고, 배교자들이 심판을 받는 까닭에 "할렐루야"를 외친다. 그들은 "찬송"과 감사의 "감미로운 노래"와 "구원의 잔치"의 노래를 부른다(참조. 7:10-23).[274]

분사 λεγόντων("이르되")은 수와 격에서 모두 φωνήν("소리")과 일치하지 않는 것처럼 보인다. 하지만 복수 소유격은 단수 소유격 ὄχλου πολλοῦ의 복수 사상을 수식할 수 있다. 같은 현상이 6절에서도 발생한다.

2절 2절은 18장의 바벨론에 대한 심판이 1절의 찬송을 발하는 근거(ὅτι)라는 사실을 분명히 밝힌다. 찬송은 "하나님의 심판이 참되고 의롭다"는 사실에 근거한다(참조. 시 19:9; 단 3:27 LXX). 두 번째 ὅτι("왜냐하면")절에서는 염두에 둔 "심판"이 구체적으로 18장에서 묘사된 바벨론에 대한 심판이라는 것을 분명하게 알린다. 하나님은 바벨론을 심판하실 때 자신의 참됨과 공의를 보여주실 것이다.

바벨론은 "땅을 더럽게 한 큰 음녀"이며, 이는 18장부터 심판의 근거로 반복된다. 그는 그의 음행으로 만국을 오염시킨 장본인이다(17:1-5; 18:2, 7-9의 주석 참조). φθείρω는 "도덕적으로 더럽히다"라는 의미이지만,

---

274) Jörns, *Das hymnische Evangelium*, 147 역시 Tobit와 *3 Maccabees*의 언급이 적절하다고 생각한다.

다음 어구에 박해가 언급된 것으로 보아, 여기서는 "망하게 하다"라는 다른 뉘앙스도 포함될 수 있다.[275] 이 단어가 다른 의미를 염두에 두었다는 것은 11:18에서 분명히 드러난다. 11:18에서는 최후에 심판을 받는 원수가 이곳과 동일한 어구인 "땅을 망하게 하는 자들"로 묘사되고 있다(διαφθείροντας τὴν γῆν; 19:2에는 ἔφθειρεν τὴν γῆν). 11:18과 19:2 모두 렘 51(= 28 LXX):25에 의존했다. 이 본문에는 역사적 바벨론이 하나님의 심판을 받는 것을 가리키려고 요한계시록과 거의 동일한 표현이 사용되었다(τὸ ὄρος τὸ διεφθαρμένον τὸ διαφθεῖρον πᾶσαν τὴν γῆν[LXX]). 역사적 바벨론의 멸망은 마지막 날에 일어날 범세계적인 바벨론의 엄청난 멸망의 전조였다.

2절의 마지막 구절은 하나님께서 "큰 음녀를 심판"하시는 것을 하나님의 원수 갚음으로 해석한다. "자기 종들의 피를 그 음녀의 손에 갚으셨도다." ἐκ χειρὸς αὐτῆς("그의 손에서")의 의미는 불분명하다. 이 어구는 문자적으로 "그의 손으로부터"라고 번역되는데, 의미가 어색하다. 이것은 아마도 부분으로 전체를 가리키는 비유적 표현일 것이다. 그래서 "손"은 바벨론 전체를 가리킨다. 요점은 음녀가 하나님의 원수 갚음의 대상이라고 볼 수 있다(ἐκ χειρὸς αὐτῆς는 "그에게" 또는 "그의 손에"라고 이해된다. RSV, KJV, NIV, NEB, NASB에 이렇게 번역되었음. 자세한 내용은 아래 참조).[276]

하지만 여기서 전하고자 하는 사상은 하나님이 "**그의 손으로 흘린** 자기 종들의 피를 갚으셨다"는 것일 수 있다.[277] 이것은 "하나님이 너의 원수의 **손에서** 너를 구원하셨다"라는 표현에서처럼 "~의 손에서"라는 어구가 구약에서 전형적으로 사용된 것으로 암시된다. 여기서 "손"은 압제하는 권세를 가리키는 비유다(구약성경에서 적어도 45번 사용된다). 이것이 본문과 가장 가까운 구약의 병행 어구인 왕하 9:7 MT의 의미다. 하나님은 그가 "**이세벨의**

275) BAGD, 857, 190.

276) "그에게" 또는 "그의 손에"의 의미는 아르메니아어 역본(Arm 2)에 예상되었다. "그는 자기 종들의 피의 복수를 **그에게서 찾았다**"(Hoskier, *Text of Apocalypse* II, 515). 또한 삼하 4:11과 민 31:2 LXX; 왕상 24:13의 ἐκδικέω…ἐκ와, 그리고 시 118(119):84; 사 1:24; 계 18:20의 ἐκ도 참조하라.

277) Lenski, *Revelation,* 537; Lohmeyer, *Offenbarung,* 153; 참조. JB.

손으로부터[= **으로 흘린**] 나의 종 곧 예언자들의 피와 여호와의 종들의 피를 **갚아 주리라**"고 말씀하신다. "이세벨의 손으로부터"를 "이세벨의 손에"라고 번역할 수 있기는 하다(비교. 창 4:11 LXX: 땅이 "네 손에서부터[ἐκ τῆς χειρός σου] 네 아우의 피를 받았은즉"). 요한이 왕하 9:7을 의도적으로 암시했다는 것은 분명하다. 단어도 비슷하고 계 19:2(2:20; 17:16)의 보다 넓은 문맥과 근접한 문맥에서 구약의 음녀 이세벨이 암시되기 때문이다.[278] 이외에 암시되었을 법한 시 78(79):10도 "그 음녀의 손에" 대신 "그 음녀의 손으로 흘린"이라는 번역을 지지한다. "**주의 종들이 흘린 피에 대한 복수**를 우리의 목전에서 이방 나라에게 보여주소서."

6:10의 병행은 19:2의 마지막 문장을 해석하는 두 견해 중 어느 하나로든 이해할 수 있다.

6:10	19:2
κρίνεις καὶ ἐκδικεῖς τὸ αἷμα ἡμῶν ἐκ τῶν κατοικούντων ἐπὶ τῆς γῆς("…땅에 거하는 자들을 심판하여 우리 피를 갚아주지 아니하시기를 [어느 때까지 하시려 하나이까]")	ἔκρινεν…καὶ ἐξεδίκησεν τὸ αἷμα τῶν δούλων αὐτοῦ ἐκ χειρὸς αὐτῆς("…심판하사 자기 종들의 피를 그 음녀의 손에 갚으셨도다")

실제로 19:2은 시 79:10을 암시한 6:10의 부르짖음에 대한 응답이다. "거룩하고 참되신 대주재여! 땅에 거하는 자들을 심판하여 우리 피를 갚아 주지 아니하시기를 어느 때까지 하시려 하나이까?"(16:6과 11:2, 9에도 시 79편이 암시되었다). 이것은 19:2에서도 같은 시편이 암시되었다는 증거다(또한 신 32:43도 암시되었을 것이다). 성도들을 박해한 사람들은 자신들이 하나님의 진리의 증언을 거절했으므로 그렇게 행했다. 하나님의 심판은, 하나님이 진리를 저버린 사람들을 심판하심으로써 자신의 진리를 입증하시기를 6:10에서 간구한 성도들의 간청에 대한 응답이다(시 79:10 사용을 자세히

278) Lohmeyer, *Offenbarung*, 153; Satake, *Gemeindeordnung*, 90; Prigent, *Apocalypse*, 280.

설명하는 6:10의 주석 참조). 6:10의 ἀληθινός와 이곳의 ἀληθής의 사용은 자기 존재의 "참됨"을 증명하시고 그를 부인하는 사람들을 심판하심으로써 의로운 명성을 나타내시려는 하나님의 일반적 관심을 반영한다(6:10을 19:2과 같은 방법으로 발전시킨 6:10과 16:5-7의 주석 참조).

A 사본에서 ἔφθειρεν("더럽게 한[망하게 한]") 대신에 εκρινεν("심판했다")이라고 읽은 것은 필경사의 눈이 바로 앞에 있는 ἔκρινεν("심판했다")으로 되돌아간 시각적 오류 때문에 발생했다.

3절 무리의 두 번째 "할렐루야" 찬송은 1-2절에서 그들이 처음 외친 하나님의 심판이라는 주제를 강조한다. 1절에서처럼 "할렐루야" 다음에 할렐루야 찬송의 근거가 이어지며, 이것은 바벨론에 대한 심판의 최종성을 강조하는 데 그 찬송의 목적이 있음을 보여준다. "그 연기가 세세토록 올라가더라." 여기에 사용된 용어는 사 34:9-10에서 왔다. 여기서 연기가 세세토록 올라간다는 묘사는, 하나님이 죄로 인해 에돔을 징계하신 것이 영원히 기억된다는 것을 알린다.

계 14:11 역시 사 34:9-10을 암시함으로써 짐승을 따르는 사람들에게 내린 하나님의 심판의 영원한 효과를 묘사한다. 여기서 에돔의 멸망은 세상 제도의 멸망을 예상하는 예표론적 패턴으로 이해된다. 세상 제도는 하나님의 심판 후에 다시는 일어나지 못할 것이다. 이사야서의 암시는 14:11에서 불신자 개개인에 대한 영원한 심판을 언급했고 여기서는 바벨론에 대한 심판을 언급하는데, 요한이 이사야서를 다시 암시하는 까닭은 무엇인가? 비슷한 두 묘사 사이의 연결점은 무엇인가? 18:4에서 그 연결이 입증되었듯이, 큰 성과 불가분리로 연결된 불경건한 개인들이 그 성과 같은 운명에 처해야 한다는 것은 지극히 자연스럽다.[279]

그 성에 대한 **영원한** 심판의 묘사는 로마 제국을 지칭하는 명칭들 중 하나이자 신화적 명칭이기도 한 *Roma aeterna*("영원한 로마")를 염두에 둔

279) Fekkes, *Isaiah and Prophetic Traditions*, 208-9을 따름.

공격적 표현일 수 있다.[280)]

Targ. 사 34:9; *Pesikta Rabbati* 17.8, *Pesikta de Rab Kabana* 7.11은 사 34:9을 로마의 멸망에 대한 예표로 이해한다.

완료형 εἴρηκαν("그들이 말했다")은 부정과거의 의미로 사용되었다.

"세세토록"(εἰς τοὺς αἰῶνας τῶν αἰώνων)이라는 어구는 요한계시록 전체에서처럼 중단되지 않는 기간을 가리킨다(13번이 이런 의미로 사용되었으며, 종종 하나님의 영원하신 존재를 가리킨다). 지속적인 기억으로서 연기가 올라간다는 비유적 의미에 대해서는 8:4의 주석을 참조하라. 여기서 연기는 성도들의 기도를 묘사하며, 연기가 계속해서 올라간다는 것은 그들의 기도를 하나님이 줄곧 기억하심을 가리키는 비유다.

4절 이십사 장로와 네 생물(그룹들)이 경배로 화답함으로써 1-3절에서 묘사된 허다한 무리들이 부른 할렐루야 찬송을 승인한다. "그들이 보좌에 앉으신 하나님께 경배하여." 그들의 경배는 찬송의 형식을 취한다. 첫째, 이십사 장로와 네 생물은 1-3절에서의 선언에 승인의 공적 표현인 "아멘"을 말한다. 이와 비슷하게 "아멘"은 여러 곳에서 "신뢰"(히브리어 *ʾāmēn*)의 제의적 표현이고, 가끔 앞의 진술을 강조하기 위해 사용되기도 한다.[281)] 둘째, 그들은 1-3절에서 말한 진리를 비준하려고 "할렐루야"를 반복한다. 이들은 하나님을 찬송하고 영화롭게 하는 근거가 장차 하나님이 바벨론을 심판하시는 데 있다는 선언의 진리를 확증한다. 하지만 좀 더 정확히 말해서, 4절은 심판이 이루어지고 난 후 발생할 미래의 찬송을 예상할지도 모른다(자세한 내용은 6절 주석 참조).

"아멘 할렐루야" 선언은 시 106:48을 반영한다.[282)] 여기에 사용된 어휘는 우연이 아니다. 이곳에서처럼 시편의 "아멘 할렐루야"는 백성이 "압제하던 원수들에게서" 건짐을 받고 그들을 모으신 하나님께 드리는 감사의 한

---

280) Quispel, *Secret Book,* 102.
281) BAGD, 45.
282) Mounce, *Revelation,* 338.

부분으로 기능한다(시 106:42-48과 계 19:1-2, 7-9 비교).

5절 "보좌에서 나는 음성"은 그리스도의 음성일 것이다(6:6; 16:1, 17에 있는 이와 비슷한 표현과 맥을 같이함). 음성이 백성에게 "**우리** 하나님께 찬송하라"고 명령한다는 것은 대부분의 주석가들이 그 음성이 그리스도의 음성이라는 것에 반대하는 근거다. 그리스도가 자기 아버지를 "**우리** 하나님"이라고 칭하는 것이 어색해 보일 수 있기 때문이다. 하지만 요 20:17에서 예수는 "내가 내 아버지 곧 너희 아버지, 내 하나님 곧 너희 하나님께로 올라간다 하라"고 말씀하신다. 우리가 계 19:5에서 예수의 음성을 듣는다면, 그는 여기서 성도들의 즐거움을 확증하고 찬성하며 그들의 위대한 대표자로 서 계신다.[283] 하지만 만일 그리스도가 화자라면, 그는 자신의 신적 존재를 그를 추종하는 인간들과 구별하기 위해 "우리 하나님" 대신에 "나의 하나님"이라고 말했을 것이라고 주장하는 사람들이 있다(요 20:17과 유비됨).[284] 만일 "보좌에서"가 "보좌 주변에 있는 영역에서"로 이해된다면, 이 말은 미가엘이나 네 생물 중 하나에게서 나오는 것으로 이해될 수 있다.[285] 음성의 배후에 있는 화자의 정확한 정체를 여기서 분명하게 하려 하지 않는다고 결론짓는 것이 가장 좋을 듯하다.

1-4절의 문맥에 따르면 찬송의 근거는 하나님이 바벨론을 심판하시는 것이다. 찬송하라고 권함을 받은 사람들은 처음에 "하나님의 모든 종"으로 불린다(시 21[22]:24[23]; 133[134]:1; 134[135]:1, 20 LXX이 집단적으로 암시됨). 그들은 바벨론으로 말미암아 피를 흘린 사람들이다(2절, "자기 종들의 피"). 그들은 자기를 압제하던 사람들을 심판하심으로써 자신의 원수를 "갚아주신" 하나님을 찬송한다(2절). "하나님의 모든 종들"은 그리스도인 공동체 내의 특별한 계급을 가리킬 수도 있지만, 그리스도인들을 총체적으로 칭하는 또 다른 방법으로 이해하는 것이 더 나은 것 같다. 모든 신자는 "종들"이라

283) M. Stuart, *Apocalypse* II, 341-42.
284) Lenski, *Revelation,* 539; Lohmeyer, *Offenbarung,* 154; Mounce, *Revelation,* 338.
285) Swete, *Apocalypse,* 244; Ladd, *Revelation,* 245.

는 이름을 지닌다(2:20; 7:3; 19:2, 5; 22:3; 11:18의 주석 참조). 이런 점에서 이어지는 어구인 "곧 그를 경외하는 너희들아! 작은 자나 큰 자나 다"는 "종들"의 정체를 밝히는 더 분명한 표현이다.

"그의 종들…"을 이렇게 이해하는 입장을 지지해주는 더 자세한 논의는 11:18의 주석을 참조하라. 11:18에서 그리스도교 공동체 전체를 가리키는 비슷한 명칭들이 여기 5절에서처럼 시 115:11의 암시와 함께 등장한다.[286] 만일 "작은 자와 큰 자"가 11:18과 시편에서처럼 "그를 경외하는 자들"을 정의한다면, 이 두 어구가 "그의 종들"을 더욱 정의하는 것으로 보는 것은 논리적이다. 또한 οἱ φοβούμενοι("그를 두려워하는 자들") 앞에 있는 καί의 생략이 원래의 독법이라면, 이렇게 동일시하는 것은 더욱 힘을 얻는다. "그의 모든 종들, 그를 두려워하는 자들, 작은 자나 큰 자나"(א C P *pc* sa bo^{ms}). 만일 καὶ가 유지됐다면(A 051 [0229] 𝔐 latt sy bo), καὶ는 "심지어"(even)라고 번역해야 한다.[287]

찰스는 LXX에서 "하나님을 찬송하라"(θεός와 함께 사용된 αἰνεω)는 종종 *hallēl* YHWH("여호와를 찬송하라"; 대상 23:5; 대하 20:19; 비교. 대상 16:36)의 번역이라는 점에 주목한다. 따라서 이곳에서 그 표현은 1, 3-4, 6절에서처럼 "할렐루야"를 표현하는 또 다른 방법일 수 있다.[288]

6절 1절에서 시작된 이 단락이 여기서 끝난다. 1절의 허다한 무리는 4절에서 하늘 회의와 5절에서 신적 음성으로 승인을 받은 까닭에[289] "많은 물소리와도 같고 큰 우렛소리와도 같은 소리로" 더 크게 외친다. 무리들은 1절과 3절에서 시작한 "할렐루야"를 반복하면서 그것을 반복하는 이유를 제시한다. "왜냐하면 주 우리 하나님 곧 전능하신 이가 통치하기 시작하시도다"(ἐβασίλευσεν은 기동 부정과거다). 이것은 1-3절에서 그들이 처

286) 2절과 5절에 대한 Satake, *Gemeindeordnung,* 38, 90-91을 보라.

287) Metzger는 어느 독법을 선택할지 고민한다. B. M. Metzger, *Textual Commentary,* 761-62.

288) Charles, *Revelation* II, 124.

289) 6절의 집단을 1절의 구원함을 받은 집단과 동일시하는 것에 대해서는 ἤκουσα ὡς φωνὴν μεγάλην ὄχλου πολλοῦ("내가 들으니…허다한 무리의 큰 음성," 1절)와 ἤκουσα ὡς φωνὴν ὄχλου πολλοῦ("내가 들으니 허다한 무리의 음성," 6절)를 비교하고, 14:2의 주석을 참조하라.

음 찬송한 것을 더욱 분명히 해석한다. 특히 하나님이 통치하신다는 사실은 그가 바벨론을 심판한 직접적인 결과다. 하나님은 스스로를 가리켜 신이며 왕이라고 사칭한 제도를 폐하는 위대한 행위로써 자신이 모든 능력을 가진 신적 왕이심을 보여주셨다. "세상 나라가 우리 주와 그의 그리스도의 나라가 되어 그가 세세토록 왕 노릇 하시리로다"(11:15). 19:6b이 11:15의 발전이라는 사실은 11:17절 중 일부가 축자적으로 다시 진술된 것에서 분명히 드러난다.

11:17	19:6
κύριε ὁ θεὸς ὁ παντοκράτωρ…ὅτι εἴληφας τὴν δύναμίν σου τὴν μεγάλην καὶ ἐβασίλευσας("**주 하나님 곧 전능하신 이여**! 친히 큰 권능을 잡으시고 **왕 노릇 하시도다**").	*ὅτι ἐβασίλευσεν κύριος ὁ θεὸς ἡμῶν ὁ παντοκράτωρ*("주 우리 하나님 곧 전능하신 이가 통치하시도다").

구약적 배경. "많은 물소리"는 겔 1:24 MT에 등장하는 네 생물(그룹)이 내는 소리다. 하지만 겔 43:2 LXX에는 같은 히브리어 어구가 "진영[παρεμβολή]의 소리이며 그들의 소리를 배가한 많은 소리"로 해석된다. 이것은 천사를 가리킬 수도 있지만 후대 독자들이 하늘 성도들에게 쉽게 적용할 수 있었을 것이다(*Targ.* 겔 43:2과 *ARN* 18b은 "진영"은 생략하지만, 겔 43:2의 "많은 물소리"를 하늘 존재들의 찬송으로 이해한다). 알렉산드리아 사본과 Theod.의 겔 1:24에도 παρεμβολή가 있지만, 분명히 천사의 음성을 가리키는 것으로 표현된다. 마찬가지로 *Targ.* 겔 1:24은 큰 소리를 천사의 찬송으로 이해한다(이와 비슷하게 *Test. Adam* 1:5). 계 19:6에 기록된 음성들 중에는 역사의 끝에 "성도들의 진(παρεμβολή)"이 틀림없이 포함된다(20:9). 그들은 용과 곡과 마곡의 맹습에서 구원함을 받은 자들이다.

κύριος ἐβασίλευσεν("주가 통치하시도다")는 일련의 시편과 구약의 여러 본문을 포괄하는 암시일 수 있다. 그 본문들은 같은 표현을 가지고 가나안에서 이스라엘의 원수들을 심판하시고 다윗이 예루살렘을 점령했

을 때 절정에 이른 자신의 왕권을 세우신 하나님을 언급한다(시 92[93]:1; 95[96]:10; 96[97]:1; 대상 16:31; 또한 개연성 있는 본문으로는 시 46[47]:3, 8[7]-9[8]; 98[99]:1). 사 52:7("주" 대신에 "하나님"을 사용)과 슥 14:9과 계 19:6에는 하나님이 원수를 멸하신 후 땅에 보편적으로 자기 왕권을 세우실 종말론적 미래를 묘사하기 위해 같은 표현이 사용되었다. 시편은 이러한 미래를 어렴풋이 개괄적으로만 묘사한다.[290] 출 15:17-18 역시 이러한 집합적 암시에 포함된다. 홍해의 승리는 이스라엘이 장차 약속의 땅을 소유하고 거기서 하나님이 다스리신다는 사실의 기초가 된다. 시 46(47):9(8)과 사 52:7은 요한이 염두에 둔 가장 중요한 본문들일 것이다. 구약의 여러 언급 중에서 이 본문들만이 하나님의 이름 앞에 동사를 배치했다. 이사야서가 이런 점에서 가장 두드러지는데, 이사야서 문맥에서 하나님의 다스리심이 종말의 때에 백성을 회복시키시는 것과 더욱 분명하게 연결되기 때문이다.[291] 이사야서에 초점이 있다는 사실은 사 61:10이 계 19:8의 기초가 된다는 사실로도 확증된다.

시제 문제. ἐβασίλευσεν을 불특정한 시대 내내 진행되는 통치로 보는 "무시간적 부정과거"[292]보다는 기동의 부정과거("그가 통치하기 시작하셨다")로 볼 수도 있다. 여기서는 기동의 부정과거가 분명한 것은 11:17에서 하나님의 통치의 절정을 표현한 것에 문학적·주제적으로 연결된다는 점과 그 문맥이 바벨론의 심판을 언급한다는 사실 때문이다. 이것은 하나님의 통치가 심판 이후에 세워진다는 것을 시사한다. 그런데 만약 바벨론에 대한 심판이 모든 세대를 아우르는 하나님의 통치가 분명하게 입증되는 또 하나의 예로 이해된다면, 무시간적인 부정과거도 타당할 것이다. 하지만 이것이 본문의 초점은 아닌 것 같다. 부정과거는 그리스도의 부활에서 시작된 통치의 절정 또는 마지막 결론을 강조하는 완성을 의미할 수도 있다. 또는 그

---

290) 제왕 시편에도 나타난 종말 대망에 대해서는 Ruiz, *Ezekiel,* 497-98을 보라.

291) Smitmans, "Hochzeit des Lammes," 111; 사 52:7 LXX(βασιλεύσει σου ὁ θεός); 또한 시 46(47)편.

292) Porter, *Verbal Aspect,* 334과 Lenski, *Revelation,* 540이 주장함.

통치가 마치 이미 발생했고 그래서 미래의 통치가 확실한 것처럼 강조하는, 예언적 완료의 의미를 지닐 수 있다.[293]

19:1-6이 다가오는 심판과 나라로 인해 하늘에서 부르는 현재의 찬송을 가리키는지 아니면 역사의 절정의 사건들이 발생한 이후에 부를 미래의 찬송을 투사하는 것인지 알기는 어렵다. 전자에 따르면, 2-3, 6절의 과거 직설법("심판했다," "갚았다," "통치하기 시작했다")은 예언적 완료로 이해해야 한다. 반면에 후자의 견해를 따르면, 동사들은 문자적으로 이해할 수 있다. 18:9-19에서 바벨론의 멸망을 두고 불경건한 자들이 애통해하는 미래의 장면을 유추해볼 때, 19:1-6의 찬송은 그 장면의 미래적 대조가 될 수 있다. 어느 것이든 간에 이 단락은 예언적으로 기능한다.

문법 문제. 6a절의 어구(ἤκουσα ὡς φωνὴν ὄχλου πολλοῦ...καὶ ὡς φωνὴν βροντῶν ἰσχυρῶν λεγόντων)는 문법적으로 문제가 있다. 1:10b-11에도 비슷한 구문론 문제가 있는데, λεγόντων의 남성 소유격 분사 형태는 그 단어의 개연성 있는 선행사인 여성 단수 φωνήν과 문법적으로 불일치한다.[294] 설령 분사가 βροντῶν을 수식하는 것으로 간주된다고 해도(이것은 가능성은 있지만 개연성은 없다. 자세한 내용은 1:10b-11의 주석 참조), βροντῶν이 여성이기 때문에 여전히 문법적 불일치의 문제는 남는다. 개연성은 더욱 적지만 ὄχλου가 선행사일 수 있다. 하지만 이것도 일치하지 않는다. ὄχλου는 남성 단수이기 때문이다. 19:1에서 같은 분사가 그랬듯이, 남성 복수 분사가 ὄχλου("무리")의 복수적인 의미와 일치된다고 할 수 있을지 모른다.[295] 그래도 19:1에서 분사가 선행사와 가까운 위치에 있었던 것과 달리, ὄχλου의 위치는 너무 멀어 선행사라고 할 수 없을 것 같다. 또 하나 가능성이 있는 것은

293) M. Stuart, *Apocalypse* II, 342.

294) 이 단어의 불규칙성으로 사본상 이문이 발생했다. 051 𝔐^A에는 목적격 복수 λεγοντας가 있고, 1854 2030 𝔐^K에는 주격 복수 λέγοντες가 있다. 전자의 경우에는 φωνήν과 격의 일치를 유지하려고 노력한 흔적이 보이지만 복수형을 그대로 표현했다. 후자의 경우에는 복수형을 그대로 표현했지만 음성의 초점을 듣는 대상에서 말하는 주체로 바꾸었다.

295) 신약에 있는 이러한 유의 현상의 또 다른 선례는 BDF §134을 보라. 제시된 예에서는 수식어와 선행사가 더 가까이 있기는 하다.

복수형 분사가 앞에 있는 일련의 세 음성을 집합적으로 가리킨다는 것이다(요한계시록에서 φωνή는 통상적으로 분사의 선행사로 사용된다). 하지만 그럴 경우 세 음성과 일치하려면 (φωνή가 여성형이므로) 여성 분사를 기대하게 된다.

남성 복수 분사는 "무리"(남성)와 "물"(중성), "우레"(여성)에서 나오는 음성을 가리키는 것으로 이해할 수 있다.[296] 하지만 φωνή의 일련의 세 소유격 수식어들을 집합적으로 언급하는 경우는 거의 없기에 개연성이 적다. 특히 요한계시록에서는 "음성"(φωνή)이 λέγω와 연결되어 사용될 때에는, 늘 하늘 존재의 음성 또는 알아들을 수 있는 소리를 발하는 존재의 음성이지, 폭포수나 우레 또는 나팔과 같은 구별되지 않는 소리가 아니다. 그리고 요한계시록에서 φωνή가 λέγω의 분사 형태의 선행사로 등장하는 경우, 분사가 선행사와 불일치하는 경우가 3번 있다(1:10b-11; 6:7; 9:13-14). 그러나 그렇게 불일치하는 뚜렷한 이유가 있다. 19:1은 이러한 규칙적인 패턴에서 유일한 예외로 보인다(가능성 있는 이유에 대해서는 아래 참조).

요한계시록 전체에서도 그랬듯이, λεγόντων이 특이하게 사용된 분명한 이유는 이러한 특이한 구문론적 기능으로 구약의 암시에 주의를 환기시키려는 의식적인 노력에 있다(집단적인 구약 인용에 대해서는 앞의 내용 참조). 암시된 구약의 문맥 중 몇몇 곳에서 λέγω의 여러 동사 형태들이 이러한 어구를 소개한다는 것은 우연이 아닐 것이다(대상 16:31: "열국 중에서 '주께서 다스리신다' 그들로 말하게 할지어다[εἰπάτωσαν]." 시 95(96):10: "열국 중에서 '주께서 다스리신다' 말할지어다[εἴπατε]." 사 52:7은 λέγω의 남성 분사를 이용하여 예언을 소개한다. λέγων, Σιὼν βασιλεύσει σου ὁ θεός["시온아, 네 하나님이 다스리실 것이다]." 출 15:1은 λεγόντες를 이용하여 모세의 노래를 소개하며, 15:18에서 그 노래의 결론은

---

296) BDF §141; Robertson, 412에서 복수형 사용을 논의한 것을 보라. λεγόντων이 중성일 가능성은 있는데, 3가지 이유에서다. 동일한 집합적 선행사 또는 구체적 선행사인 ὑδάτων을 동반한다(요한계시록에서 중성보다는 λέγω의 남성 분사가 압도적으로 사용되긴 한다. 25번 중에서 겨우 5번만 중성으로 사용된다. 그 중에 4개는 6:1-7에 있다). 19:1에서 남성형이 분명히 사용됐다. 그리고 앞에서 논의했듯이, 요한계시록에서 분사가 보통 수식하는 선행사는 φωνή다. 실제로 Friberg는 19:6의 λεγόντων을 남성으로 분류한다. Friberg, *Analytical Greek New Testament*, 785.

"여호와께서 다스리신다"로 시작한다). 동일한 구약 본문을 사용한 것에 비춰볼 때, 이러한 분석이 바르다는 것은 19:6b이 발전시키고 있는 계 11:15, 17에서 입증된다. 눈에 띄는 점은 11:15에서 (출 15:18을 비롯한) 구약 암시들이 불규칙적인 λεγόντες에 의해 소개된다는 사실이다. 11:17에서는 규칙적인 λεγόντες가 사용되어 19:6에서처럼 하나님의 통치를 언급하는, 대부분 동일한 구약 본문에 대한 같은 암시를 소개한다. 더욱이 요한은 λέγω의 분사를 불규칙하게 사용하여 1:10b-11, 4:1, 10:4, 8, 14:7에서도 구약이 암시됐음을 환기시킨다. 이에 비춰볼 때, 심지어 19:1의 특이한 λεγόντων도, 소유격 단수인 ὄχλου πολλοῦ의 복수 사상을 수식하기보다는, 동일한 도입 기능 때문에 발생했을 가능성이 많다.

바벨론에 대한 심판과 그 결과 하나님의 통치가 세워지는 것은 하나님의 백성이 의롭다 함을 입증 받는 근거이며 이로써 그리스도와 하나님의 의로운 백성의 연합이 절정에 달하게 된다(19:7-10)

7-10절은 18:1에서부터 시작한 단락의 결론일 수 있다. 하지만 좀 더 개연성이 있는 것은 7-8절이 그 단락의 결론이면서, 9-10절과 함께 앞뒤의 문학적 단락을 이어주는 전환을 이룬다는 견해다(18장 주석의 서론과 본서 서론의 "요한계시록의 구조와 계획" 참조). 또는 7-8절이 18:1에서 시작한 보다 큰 단락의 결론이고, 9-10절만을 전환 단락의 맞물림으로 볼 수 있다.

7-8절. 이 본문은 난해하기에 자세한 주석이 필요하다.

혼인 예복

전통적인 설명

6절의 허다한 무리는 다시 한 번 하나님께 영광을 돌리려고 목소리를 높인다. 그들이 그러한 송영을 올리는 이유는 "어린 양의 혼인 기약이 이르렀고 그의 아내가 자신을 준비하였기" 때문이다. 18:1-19:6에서 서술하듯이,

최대의 적인 바벨론이 제거되지 않고 또 하나님 나라가 완전한 모습을 드러내지 않고는 혼인식이 거행될 수가 없다. 바벨론이 존재하는 동안 신부는 혼인을 준비해야만 했다. 그 준비는 어떻게 이루어지는가? 바벨론의 탄압과 유혹은, 하나님이 성도들의 믿음을 정련하여 그들로 하여금 하늘에 있는 성으로 들어가게 하는 불이었다(이와 비슷한 사상은 2:10-11의 주석 참조. 또한 6:11; 롬 8:28ff.; 벧전 4:12, 19; 빌 1:28-30 참조).

신부의 준비는 8절에 설명되었다. 신부는 "성도들의 옳은 행실"을 상징하는 "빛나고 깨끗한 세마포 옷"을 입었다(8절의 결론적 문장에서 설명적인 γάρ ["왜냐하면"]를 주목하라). δικαιώματα ("옳은 행실")와 δικαιόω 어군에는 다양한 의미가 있기 때문에, 여기서 그 단어의 의미는 전후 문맥과 요한계시록의 여러 곳에서 사용된 그 사용례로 결정해야 한다. 이 "의로운 행실"은 10절의 "예수의 증언을 받은"이라는 어구에 비춰 설명해야 가장 좋다. "증언"(μαρτυρία)은 요한계시록에서 7번, 그것도 대부분 말과 행동으로 예수를 증언하는 문맥에서 등장한다(1:9; 6:9; 11:7; 12:11, 17; 20:4; 하지만 1:2은 예외인 것 같다). 성도들이 증언을 받는다(또는 붙든다)는 것은, 부정적으로 말한다면, 그들이 바벨론에게 충성하지 않고 그에게서 (빠져) 나온다는 것을 의미하기도 한다(예. 18:4).

그러므로 여기서 "증언"의 의미는 혼인식이 거행되기 전에 성도들이 세상의 박해에도 아랑곳하지 않고 그들의 믿음을 보존함으로써 "의로운 행실"을 행하여 준비를 완성했다는 의미다. 이것은 신자들이 흰옷을 받을 것이라고 선언하는 앞의 문장에서 내린 결론과 가깝다. 이렇게 이해하면, 신부가 "자신을 준비한다"(7절)는 것과 하나님이 신부에게 옷을 "주셨다"(8절)는 것, 즉 "그가 옷을 **입도록 그에게 주셨으니**" 사이에 전형적인 신학적 긴장이 존재하는 것 같다(다른 곳에 있는 긴장에 대해서는 레 20:7-8; 빌 2:12-13을 보라).[297] ἐδόθη의 사전적 의미를 약화시켜 그것을 "허락하다, 용인하다"라

297) 콥트어 방언 중 하나인 보하이르어 역에는 아내 스스로 자신을 준비하는 것이 아니라 다른 사람에 의해 준비된다고 번역한다. "그들이 신랑을 위해 신부를 준비했다." 마찬가지로

고 번역함으로써 이 난제를 해결하려고 하는 사람들이 있다(개역개정판도 그렇다—역주).[298] 마운스는 "이것이 그리스도의 의로운 순종에 근거한 바울의 칭의 교리를 부정하는 것이 아니라(롬 5:18-19), 변화된 삶이 하늘에 계신 신랑의 부름에 대한 [의롭다 함을 받은 사람들의] 바른 반응임을 암시한다"고 말함으로써 이 이율배반적인 문제를 해결한다.[299]

마운스의 사상의 흐름이 옳다면, 7-8절은 (비록 완전하지는 않다 하더라도) 선한 행위의 변화된 삶이 의롭다 함을 얻은 사람의 "바른 반응"일 뿐만 아니라, 어린 양과의 혼인식에 들어가기 전에 요구되는 필요한 외적 반응 또는 "표시"임을 암시한다. 신학적으로 이것은 칭의가 영원한 나라에 들어가는 원인적인 필요조건임을 의미하지만, 선한 행위는 비원인적인 필요조건임을 의미하게 된다.[300] 이에 대하여는 롬 2:6-8, 고후 11:2을 참조하라.

γυνή("아내") 대신에 νυμφή("신부")로 대체한 사본이 있긴 하지만 2차적이다(ℵ² gig co Apr). 이렇게 지지하는 사본의 질이 부족하고 필경사가 본문을 이와 병행인 21:2, 9과 조화시키려고 했을 것 같기 때문이다. 21:2, 9에 νυμφή가 있으며, 19:7-8이 이 주제를 예상한다. 페케스는 구약성경과 유대교에서 약혼(또는 정혼)은 결혼의 시작 단계이자 법적인 단계 역할을 한다는 점을 주목한다. 약혼은 결혼 예식으로 완성된다(그는 신 22:23-24과 *Jos. Asen*. 21:1에 사용된 νυμφή와 마 1:18-25을 인용한다. 특히 *Jos. Asen*. 21:1에서는 이렇게 기록한다. "남자가 결혼 이전에 자기 아내[γυνή]와 동침하는 것은 적절하지 않다").[301]

19:10의 "예수의 증언"에서 소유격 "예수의"는 주격의 의미일 수도 있

---

sah1/3과 arm3(참조. Hoskier, *Text of the Apocalypse* II, 521). 아랍어 역에는 "신랑의 배우자가 그를 위해 준비했다"고 번역하며, 에티오피아어 역에는 "아내가 준비되었다"고 번역한다(참조. Gill, 851).

298) Mussies, *Morphology,* 321. 자세한 내용은 아래 참조.

299) Mounce, *Revelation,* 340.

300) 이 구별을 좀 더 자세히 분류한 Logan, "Doctrine of Justification"을 보라.

301) Fekkes, "His Bride," 271.

고("예수가 하신 증언"), 목적격의 의미일 수도 있다("예수를 증언함"). 일찍이 1-12장에서 사용된 예, 특히 12:17을 참조하라.

더 자세한 분석

혼인 예복에 대해 앞서 설명한 것이 옳을 수도 있지만, 이를 더욱 명확히 하기 위해서는 τὰ δικαιώματα τῶν ἁγίων이란 어구를 더 자세히 분석할 필요가 있다. 요한계시록에서 흰옷을 받는다는 것은 예외 없이 **믿음의 인내를 시험한 결과로 나타난 순전함**이라는 사상을 전한다(3:5-6의 주석 참조). 그러므로 앞서 서술된 관점에서 볼 때, 여기서 흰옷은 인내의 "의로운 행위"와 동일시되어서는 안 되고, 그렇게 행동한 것에 대해 내리는 상 또는 그러한 행위의 결과와 동일시되어야 한다. 이에 비춰볼 때, 8절의 마지막 문장은 "고운 세마포는 성도들의 의로운 행위의 **상**(또는 **결과**)"으로 해석하여 풀어 쓸 수 있다. 또 다른 가능성 있는 번역은 "세마포는 **성도들을 올바르다고**(**정당하다고**) **인정한 행위다**"가 될 것이다(여기서 "성도들의"는 주어 소유격["성도들이 수행한 의로운 행위들"]보다는 목적어 소유격으로 취한다). 또 다른 개연성 있는 번역이 있다. "성도들을 위한 의로운 심판".[302)]

그렇다면 흰옷은 (1) (하나님과 바른 관계에 있음을 입증하는 데 필요한 증거로서) 인간의 충성됨 및 선한 행위와, (2) 자기 백성을 위해 원수에게 내리신 하나님의 심판으로 성취된 정당하다고 인정함 또는 무죄를 인정함 등 서로 떼려야 뗄 수 없는 두 실체를 대표한다. τὰ δικαιώματα τῶν ἁγίων은 모호한 채로 남겨두는 것이 가장 좋을 듯하다. "성도들의 의로운 행실"은 "성도들이 행한 의로운 행위"(주어 소유격)와 하나님이 "성도들을 위해 행하신 의로운 행위"(목적어 소유격)를 다 포함한다.[303)]

---

302) Krodel(*Revelation,* 314)은 이 어구가 용서를 표현한다고 이해한다.

303) MHT III, 210: "신약 해석에서 [소유격과 관련해서] 모호한 것이 많이 있다. 종종 소유격은 주격 또는 목적격이 될 수 있다. 더욱이 구문의 정확한 분석으로 해석의 완전성을 희생하지 않는 것이 중요하다. 저자의 마음에서 소유격이 주격과 목적격을 동시에 의미하지 않을 이유는 없다." 마찬가지로 Zerwick, *Biblical Greek,* 36 §25과 일반적으로 Smyth, *Greek Grammar,* 314, §1295을 보라.

δικαίωμα가 등장하는 문맥과 이 단어의 사용례는 성도들을 위해 행하신 하나님의 심판의 결과로 나타난 "정당하다고 인정" 또는 "무죄 인정"이란 의미를 지지한다.[304] δικαιόω("의롭다고 선언하다") 어군은 하나님의 의로운 심판을 가리키며 계 19:8 외에도 6번 등장한다. 이 단어에는 늘 정당함을 인정하다는 뉘앙스가 포함된다(15:3, 4; 16:5, 7; 19:2, 11에 있는 δίκαιος, δικαιοσύνη, 또는 δικαίωμα). 22:11에서 이 어군(δίκαιος와 δικαιοσύνη)은 예외적으로 인간의 의로운 행위에 적용되었다. τὰ δικαιώματα는 그것이 유일하게 예외적으로 사용된 15:4에서 성도들을 탄압하는 자들에게 내리시는 하나님의 종말론적 심판을 가리킨다. 15:4에서 그 단어 바로 앞에는 "주 곧 전능하신 하나님"과 "그의 길은 참되고 의로운지라", 그리고 그의 결정적 심판으로 인해 하나님을 두려워하고 그에게 영광을 돌린다는 언급이 있다(15:3-4). 이곳에서도 마찬가지다(19:6에 "주 곧 전능하신 하나님", 19:2에 "그의 심판은 참되고 의로운지라", 그리고 19:5-7에 하나님을 두려워하고 그에게 영광을 돌린다는 언급. 16:7도 마찬가지이다). 더욱이 15:6에서도 비슷한 옷이 소개된다. 여기서 요한은 "맑고 빛난 세마포 옷"(λίνον καθαρὸν λαμπρόν)을 입은 제사장적인 천사들을 묘사한다. 이들은 탄압하는 사람들에게 진노의 대접을 쏟음으로써 성도들이 의롭다는 것을 입증하는 역할을 수행한다(15:6에 사본상의 문제가 있긴 하다). 그리고 19:11에서 압제받는 자기 백성을 의롭다고 할 목적으로 그리스도가 원수에게 행하신 심판은 *ἐν δικαιοσύνῃ* κρίνει("그가 공의로 심판하며")라는 어구로 표현되었다. 이 의롭게 하는 행위에 그리스도와 동행한 사람들이 19:14에서 "희고 깨끗한 세마포 옷을 입고"로 묘사

---

304) δικαίωμα가 "정당하다고 인정, 무죄 인정"이라는 의미로 사용될 가능성에 대해서는 BAGD, 198; G. Schrenk, *TDNT* II, 222; 그리고 롬 5:16을 보라. 문법학자들은 일반적으로 접미사 -μα가 전형적으로 행동의 결과를 표현한다는 사실을 주목한다. 예를 들어 BDF §109.2; Robertson, *Grammar,* 151. Mealy, *After the Thousand Years,* 79-80은 δικαιώματα가 "일반적으로 '타당한 법적 주장' 또는 '의로운 선언'을 의미하며, 당대의 그리스어에서 '선한 행위'의 의미를 가진 '의로운 행위'는 입증되지 않았다"는 점을 주시한다(그것을 지지하는 예와 자료는 Mealy의 자세한 논의를 보라). Mealy는 계 19:8에서 이 단어가 성도들이 하나님의 법정에서 무죄 인정을 받을 수 있게 하는 성도들의 자격을 가리킨다고 결론을 내린다.

된 것은 우연이라고 할 수 없다. 압제받던 성도들은, 그리스도가 그들이 의롭다는 것을 인정해주실 때 의롭다 함을 받았음을 상징하는 옷을 입고 그리스도와 동행한다. 성도들이 서서 지켜보는 동안 그리스도만이 이 일을 행하셨다. 20:4에도 이 사상이 잘 표현된다. "그들을 위한 심판이 주어졌더라[개역개정: "그들이 심판하는 권세를 받았더라"]."

이 사실에 비춰볼 때, 7절을 시작하는 단어들이 시 118:24과 마 5:12을 암시한다는 것은 우연이 아니다. 두 구절의 요점은 성도들을 의롭다고 인정하시는 하나님을 찬송하는 데 있다(마태복음의 χαίρετε καὶ ἀγαλλιᾶσθε["기뻐하고 즐거워하라"]과 시편의 용어들은 요한의 χαίρωμεν καὶ ἀγαλλιῶμεν["우리가 즐거워하고 크게 기뻐하며"]과 비슷하다. 마찬가지로 대상 16:28, 31도 염두에 두었을 것이다. 이 본문의 전후 문맥[16:8-26]에는 찬송의 의미가 동일하게 있다). 시편에서 하나님은 "버림받은 돌"(왕 또는 이스라엘 혹은 둘 다)을 의롭다고 인정해주셨다. 마태복음 본문은 예수를 위해 박해와 거짓 고소를 견딘 신자들에게 약속된 "하늘에서 주시는 상"이 찬송의 근거임을 밝히는 본문이다. 바벨론은 성도들을 압제하고 거짓으로 고소했다. 성도들은 이제 하늘의 상이 임한 까닭에 즐거워한다.

하지만 계 19:8b에 "성도들이 행한 의로운 행실"이 묘사되었다는 사실도 놓쳐서는 안 된다. 실제로 요한계시록 여러 곳에서 복수 소유격 ἁγίων이 명사를 수식하고 또 그것이 그리스도인들을 가리킬 때는 늘 성도들이 소유한 어떤 것(16:6; 17:6; 18:24; 20:9) 또는 신자들이 수행한 어떤 것(5:8; 8:3-4; 13:10; 14:12)을 언급한다. 이것은 그리스도의 신부인 새 예루살렘이 음녀와 대조된다는 사실에 의해서도 확증된다(17:4과 19:7-8; 21:2, 9-11 비교). 여기에는 신부의 정결함과 음녀의 부정함도 대조되었을 것이다. 이 사실에 비춰볼 때, "성도들의 의로운 행실"(τὰ δικαιώματα τῶν ἁγίων)과 "그[바벨론]의 불의한 일"(τὰ ἀδικήματα αὐτῆς, 18:5)의 대조 역시 포함되었을 가능성이 많다.[305] 더욱이 우리가 22:11에 대해 설명한 것도 기억할 필요가 있다. 거

305) I. T. Beckwith, *Apocalypse,* 727.

기서 δικαιόω 어군은 예외적으로 인간의 의로운 행위에 적용되었다. 마지막으로 19:7에서 신부가 혼인을 위해 "자신을 준비했다"고 분명하게 언급한다.

계 19:8에는 *Targ*. 슥 3:1-5의 독특한 병행 어구가 있다. 슥 3:5-6 LXX에서는 깨끗한 옷과 "정결한 미트라(대제사장이 쓰는 관-역주)"가 대제사장에게 주어졌다. 이것은 그의 죄가 제거되었음을 상징한다. MT의 "값비싼 옷을 입는다"는 *Targ*. 슥 3:4에서 "의(*zākôṯ*)로 옷을 입는다"고 번역되었다. 이것은 죄의 제거뿐만 아니라 주님과의 새로운 관계도 가리킨다(3:5-7). *zākāb*의 복수형은 제사장이 "의로운 행위"를 함을 가리키지 않고 사탄이 죄가 있다고 고소하는 것에서 무죄를 선고받는 것을 분명히 가리킨다(3:1-2). 먼저 언급된 "내가 네 죄를 제거했다"라는 말을 더욱 설명하기 때문이다.[306] 제사장은 그가 실제로 지은 죄에 대해 유죄가 아닌 의롭다는 하나님의 선언을 받았다. 그래서 제사장은 마치 그가 의로운 행위를 한 것처럼 간주된다. 라쉬(Rashi)는 "의로운 행위를 고운 옷과 아름답고 흰 의복"에 비교한다. 이것은 타르굼의 *zkwn*이 "의로운"과 "흰"이라는 사상을 포괄하는 어근에서 왔을 가능성에 근거한다.[307]

실제로 출 25-27장의 LXX은 대제사장의 옷이 "세마포"로 만들어졌다고 반복해서 묘사한다. 그렇다면 계 19:8의 "세마포"에 제사장과 관련한 뉘앙스가 포함되었을 것이다. 특히 제사장과 같은 천사도 "깨끗하고 밝은 세마포"를 입고 있는 슥 3:5-6과 계 15:6에 비춰볼 때 그러하다(15:6에 사본상의 문제가 있긴 하다). 이외에도 겔 44:17에서는 종말론적 성전이 완성되면 제사장들이 "세마포 옷을" 받는다고 한다. 깨끗한 세마포 옷이 적어도 부분적으로는 죄인인 제사장에게 하나님이 주신 의로운 지위와 관련이 있고, 그는 지성소에서 죄를 지은 이스라엘을 대표하기 때문에, 동일한 사상이 계 19:8의 세마포 이미지

306) Jastrow, *Dictionary,* 397은 *zākā*의 이러한 의미를 입증한다.
307) Cathcart and Gordon, *Targum of the Minor Prophets,* 191을 보라.

에도 반영되었을 가능성이 있다(특히 슥 3장 배경에 비춰볼 때 그러하다). 사 61:10이 계 19:8에 사용된 것(이것에 대해서는 아래 참조)을 특히 다음 사실에 비춰볼 때 여기에 제사장적 사상이 포함되었음을 확증할 수 있다. (1) 이사야서의 문맥에서 이스라엘은 "여호와의 제사장…우리 하나님의 봉사자"라고 분명하게 불린다(사 61:6). (2) 아퀼라 역 사 61:10b("신랑이 화관으로 자신을 장식하듯")에는 "면류관을 쓴 제사장으로 사역하는 신랑처럼"으로 되어 있고, 타르굼은 같은 어구를 "자기 옷을 준비한 제사장처럼"으로 읽는다. (3) 사 61:10의 "의의 옷"은 제사장 이미지를 반영한다.

Apocalypse of Peter 13은 성도들이 "의로써 온전해지는" 정당성을 인정받는 장면을 묘사한다. 이것은 천사들이 "영원한 생명의 옷을 그들에게 입혀주는" 일과 동일시된다. 이와 대조적으로 성도들을 탄압하던 사람들은 심판을 받는다. 이에 대해 하나님의 백성은 "하나님의 심판은 의롭고…그의 심판은 선하다"고 말한다. 이는 계 19:2을 암시한다.

구약 배경

"성도들을 의롭게 하는(또는 무죄를 선언하는) 하나님의 행위" 또는 "성도들을 위해 하나님이 행하시는 의로운 행위"를 가리키는 목적어 소유격은 사 61:10의 암시에 의해서도 지지받는다. 사 61:10의 암시는 하나님의 주권적 공급을 강조한다. 신부는 하나님이 그에게 옷을 입게 하셨으므로 자기를 위해 옷을 준비하고 또 그 옷을 입을 수 있다.

사 61:10 MT	계 19:7-8
내가 여호와로 말미암아 크게 기뻐하며 내 영혼이 나의 하나님으로 말미암아 즐거워하리니 이는 그가 의의 옷을[308] **내게 입히시며** 공의의 겉옷을 내게 더하심이 신랑이 사모를 쓰며 **신부가 자기 보석으로 단장함 같게**[309] 하셨음이라.	**우리가 즐거워하고 크게 기뻐하며 그에게 영광을 돌리세.** 어린 양의 혼인 기약이 이르렀고 **그의 아내가 자신을 준비하였으므로 그에게 빛나고 깨끗한 세마포 옷을 입도록 허락하셨으니** 이 세마포 옷은 성도들의 옳은 행실이로다.[310]

이사야서는 하나님이 이스라엘의 종말론적인 회복의 때에 옷을 입히실 사람들이 즐거워할 것이라고 예언한다. 옷을 입는 것은 "구원"과 "의", 즉 포로 생활에서의 구원을 의미한다. "의의 옷"은 "옷, 곧 의"라고 동격 소유격으로 번역될 수 있다. 이와 비슷하게 "의"는 계 19:8에 묘사된 옷을 설명한다.[308] 이사야서에서 신랑과 신부가 옷 입는 것을 묘사하는 어구들은 이스라엘이 구원의 의를 이룬 그들의 행위를 강조하려고 제시된 것이 아니라, 장차 받을 하나님의 구원과 의가 어떤 것인지를 강조하려고 제시되었다. 하나님의 구원과 의는 마치 신부와 신랑이 혼인 예복을 입고 경축하는 새롭고 친밀한 결혼 관계와 같을 것이다. 사 61:10b에 사용된 어구들은 필연적으로 재귀적 뉘앙스를 지닌 것은 아니다. 이 어구들은 단순히 "신랑이 그의 제사장 같은 관을 쓰고, 신부는 장신구를 찰 것이다"라고 번역될 수 있다.[309]

LXX은 사 61:10b의 은유들을 이런 식으로 이해했으며, 심지어 "그가 마치 신랑에게 하듯이 내게 관을 씌우시며, 신부처럼 나를 치장하셨다"라고 하나님의 주도권을 강조한다. 계 21:2은 수동의 의미로 19:7-8을 발전시킴으로써 아퀼라 역 및 심마쿠스 역과 동일하게 이사야서 본문을 이해한다. "내가 보매 거룩한 성 새 예루살렘이…그 준비한 것이 신부가 남편을 위하여 단장한 것 같더라." 이것은 요한계시록 여러 곳에서 "흰옷"을 받는다는 수동의 의미와 일맥상통한다(3:5; 6:11; 3:18의 중간태는 19:8의 비유적 의미와 동일하게 이해된다. 또한 4:4; 7:9, 13 참조). 21:2의 신부는 "어린 양의 아내"로도 불리며(21:9), 새 예루살렘으로 묘사되고, 그 성을 장식한 보석들은 19:8에 언급된 신부의 옷처럼 "깨끗하다"(καθαρός; 21:18, 21; 22:1). 신부가 "빛나고 깨끗한 세마포 옷을 입었다"는 것(19:8)은 바벨론 음녀와 대조된다. 음녀는 "세마포를 입었는데"(18:6), "가증한 물건과 그의 음행의 더러운 것들이 가득한" 잔을 들고 있었다(17:4). 이것은 앞에서 간략히 보았듯

---

308) Fekkes, "His Bride," 273.

309) J. A. Alexander, *Isaiah,* 405.

이, 19:8의 깨끗한 세마포가 성도들 자신이 행한 의로운 행위를 가리킴을 보여준다. 신부인 "여자"(γυνή)는 신앙 공동체를 대표하는 12장의 "여자"가 다시 등장한 것이다(21:9에 다시 등장함).[310]

사 61:10 끝에 있는 결혼 은유가 하나님의 주도로 그분의 종말론적 백성과 함께 시작된 친근한 관계를 상징한다는 것은 동일한 사상을 동일한 신부 및 결혼 은유로써 전달하는 62:1-5에 의해서도 입증된다(호 2:20. "진실함으로 네게 장가들리니 네가 여호와를 알리라"). 하나님이 의를 주신다는 것은 사 61:11에서도 강조된다. "주 여호와께서 공의를…솟아나게 하시리라."

그러므로 계 19:7b-8의 "그의 아내가 자신을 준비하였으므로 그에게 빛나고 깨끗한 세마포 옷을 입도록 주셨으니"는 19:7a의 결혼 은유에 담긴 의미의 연속이다. 19:7의 첫 문장과 이사야서에 계시된 것과 마찬가지로 여기서 강조하려는 요지는 성도들의 수고가 의를 획득하는 데 공헌하는 것은 아니라는 사실이다. 오히려 하나님의 백성은 하나님이 시작하신 그와의 친근한 관계에 들어간다는 것에 은유의 중요성이 있다.[311] 7b절의 "그의 아내가 자신을 준비했다"는 말은 이어지는 "그에게 빛나고 깨끗한 세마포 옷을 입도록 주셨으니"로써 더 자세히 설명된다. 요한계시록 전체에서 ἑτοιμάζω("준비하다")는 **궁극적으로** 하나님의 작정의 결과로 일어나는 사건에 사용되고, 인간의 행위의 결과를 말하지 않는다(가장 두드러지는 것이 21:2이다. "내가 보매 거룩한 성 새 예루살렘이 하나님께로부터 하늘에서 내려오니 그 준비한 것이 신부가 남편을 위하여 단장한 것 같더라"; 9:7, 15; 12:6; 16:12도 그러하다. 또한 8:6의 천사들이 "나팔 불기를 준비하더라"도 참조하라).

신부의 옷은 하나님과 그 백성 사이의 긴밀한 관계의 측면을 묘사하기 위한 "의로운 행위"로 해석된다. 앞에서 주목했듯이, 이 어구에는 박해에도 아랑곳하지 않고 예수를 믿는 인내하는 믿음을 가리키는 것도 포함된다.

---

310) Jörns, *Das hymnische Evangelium,* 155.
311) 참조. Ladd, *Revelation,* 248.

이것은 그리스도와의 친밀한 관계의 절정에 들어가는 조건이다. 하지만 사 61:10-62:5의 의는 이스라엘이 행한 개인적 의의 행위가 아니라, 바벨론 포로기간 동안에 열방에게 학대받은 후 그들을 하나님의 참되고 의로운 백성으로 인정해주시는 이스라엘의 회복이다. 이와 마찬가지로 교회가 땅에 속박되어 사는 동안 그들의 의로운 믿음과 행위가 세상에서는 유죄 판결을 받았지만, 지금은 충성된 증인들의 삶이 하나님과 마침내 연합되는 때에 심판과 구원을 통해 하나님께 의롭다라고 인정을 받는다. 그러므로 흰 세마포는 하나님 앞에서 성도들의 깨끗하고 의로운 상태뿐만 아니라, 하나님과 세상 앞에서 그들이 의롭다고 인정받은 것을 가리키기도 한다. 이사야서의 배경은 전자보다는 후자를 더욱 부각시킨다.

새 예루살렘을 묘사하면서 계 22:1은 몇몇 사본에서 καθαρός에 이어 λαμπρός가 이어진다("생명수의 **깨끗한** 강과 수정 같이 빛난"). 이는 신부를 설명하면서 사전적으로 유사한 두 단어가 결합된 것이며, 계 19:8에서도 발견된다(βύσσινον λαμπρὸν καθαρόν, "빛나고 깨끗한 세마포").

앞에서 논의한 내용과 비슷한 맥락에서 모리스는 τὰ δικαιώματα를 "의의 선고"라고 번역한다. 미니어는 "의롭다고 인정함"을 선호한다. 그리고 "의롭다고 인정하는 행위" 또는 "공동체적으로 의롭다고 인정함"도 복수형을 번역하는 방법이 될 수 있다.[312] 또한 이 어구는 "복수형의 추상적 주어들"일 수 있다. 이것은 "복수형의 구체명사들"처럼 관용적으로 단수로 번역된다("의", "의의 선언", 또는 "의롭다고 인정함").[313] 같은 복수형 어구가 롬 2:26과 계 15:4에서 이처럼 단수로 번역될 수 있다. 계 19:18("[너희는] 왕들의 살과…모든 자의 살을 먹으라")에서 복수형의 구체명

---

312) Morris, *Revelation,* 227; Minear, *I Saw a New Earth,* 143. Düsterdieck, *Revelation,* 453과 Ladd, *Revelation,* 249은 Morris의 번역과 같은 번역에는 복수형이 난제가 된다고 생각한다. 하지만 우리가 뉘앙스를 더한 Morris의 제안은 그런 반대에 대한 답이 될 수 있다. Alford는 복수형이 분배적 의미로 사용되었다고 생각한다. 성도들마다 의로 옷을 입는다는 것이다. 그러므로 많은 성도가 "의"를 가진 집단이 됨을 암시한다고 설명한다. Alford, *Greek Testament,* 725.

313) BDF §§141-42; Robertson, *Grammar,* 408을 보라.

사들이 단수로 번역되었음을 주목하라.

유대교의 주석가들은 일반적으로 사 61:10의 옷을 "온유함과 경외…올바름과 충성됨…공로에 근접한 것"(*m. Aboth* 6.1), 족장들이나 이스라엘의 공로(*Pesikta de Rab Kahana* 22.4; *Pesikta Rabbati* 37.3), 하나님의 영광과 의의 "빛"(*Pesikta de Rab Kahana*, suppl. 6), 또는 순전한 신부와 의식적으로 깨끗한 대제사장의 덕(*Targ.* 사 61:10)으로 정의한다(마찬가지로 시 45:14[13]의 신부의 옷은 *Tanch.* 창, parashah 8.12에서 제사장 옷의 순결함과 연결된 가치를 대표하는 것으로 해석된다). *Midr. Rab.* 아 4.10은 사 61:10("신부가 자기 보석으로 단장함같이")을 인용한 다음에 "그들[이스라엘]이 신부의 장신구들처럼 몸에 두르는 계명들"을 가리킨다고 그 의미를 확장한다.

눈에 띄는 것은 하나님(*Pesikta Rabbati* 37.2) 또는 메시아(*Pesikta de Rab Kahana*, suppl. 6)가 사 61:10의 옷을 입으신다고 언급한다는 사실이다. 이러한 명백한 모순은 이스라엘의 의로움이 궁극적으로 하나님이 가지신 품성이며 믿는 사람들에게 부여하시는 것으로 이해함으로써 해결될 수 있다. 이러한 추측은 사 59:17("공의를 갑옷으로 삼으시며 구원을 자기의 머리에 써서 투구로 삼으시며 보복을 속옷으로 삼으시며")과 61:10("이는 그가 구원의 옷을 내게 입히시며 공의의 겉옷을 내게 더하심") 사이의 병행에서 확인된다.

고대 근동의 문헌과 구약성경에서 옷은 유업을 암시하기도 했다. G. P. Hugenberger, *Marriage as a Covenant*, 199(n. 130)과, 같은 저자, "A Neglected Symbolism for the Clothing of Adam and Eve"를 보라. 이러한 사실이 사 61장과 계 19:7-8에서도 발견된다면, 옷은 의, 구원, 새 창조, 하나님과의 친근한 관계 등 성도들을 의롭다고 인정하는 종말적 유업을 가리키게 된다. 유업 사상을 어느 정도 염두에 두었다는 것은 21:7에 분명히 드러난다. 여기 "그 준비한 것이 신부가 남편을 위하여 단장한 것 같은 하나님께로부터 하늘에서 내려오는 거룩한 성 새 예루살렘"은 적어도 부분적으로는 "이기는 자가 이것들을 **상속으로 받고** 나는 그의 하나님이 되며 그는 나의 아들이 될 것이라"는 말로 설명된다. 이 "유업"은 21:9ff.에 더 자세히 묘사된다.

결론

앞에서 논의한 내용을 요약해보자. τὰ δικαιώματα τῶν ἁγίων은 성도들이 행한 의로운 행위이면서 동시에 그들의 충성된 행위 또는 (더 개연성이 있는) 성도들의 압제자들을 심판하신 하나님의 의로운 행위에서 비롯되는, 성도들이 의롭다고 인정받은 상태를 의미한다(비슷한 내용을 담고 있는 시 58:10-11 참조). 특히 성도들이 행한 의로운 행위와 성도들을 위해 행하신 하나님의 의로운 행위라는 2중 사상이 적어도 다음과 같은 7가지 관찰에 의해 확실시된다.

(1) 요한계시록의 여러 곳에서 흰옷이 이 세상에서의 신실한 행위와 신실한 삶에서 나오는 최후의 상과 동일시된다는 것은 성도들이 땅에 거하는 동안 깨끗한 옷을 소유하고(3:4, 18; 16:15), 그들이 하늘에 들어갈 때에도 흰옷을 받는다는 사실에서 분명히 드러난다(3:5; 6:11; *Asc. Isa*. 7:22에 이 점이 분명히 서술되었다.[314] 또한 4 Ezra 2:38-40은 계 19:7-8을 해석하며 풀어썼다).

(2) δικαιόω 어군은 요한계시록에서 늘 의롭다고 인정함이라는 뉘앙스를 가지고 등장하는 하나님의 의로운 심판과 인간의 의로운 행위(22:11) 둘 다를 가리키기 위해 사용되었다.

(3) 사 61-62장의 의라는 혼인 예복은 하나님이 이스라엘에게 주신다. 세상 앞에서 이스라엘이 하나님의 의로운 백성이었고 지금도 여전히 그러하다는 것을 인정하기 위해서 말이다.

(4) 유대교 해석자들은 사 61:10의 옷이 이스라엘의 의와 하나님의 의로우심을 다 가리킨다고 이해했다.

(5) 계 19:7b에서는 신부가 "자신을 준비했다"고 하고, 19:8에서는 신부

314) 참조. Charles, *Revelation* II, 128.

가 옷을 입을 수 있었던 것이 하나님이 그에게 조건 없이 주권적으로 "주신 것"이라고 한다. 이것은 3:4-5의 내용과 병행인 것 같다. 3장에서는 옷을 희게 하다라는 능동적 의미(4절, "그 옷을 더럽히지 아니한 자 몇 명이 네게 있어 흰 옷을 입고") 다음에 바로 수동적 의미(5절, "이기는 자는 이와 같이 흰 옷을 입을 것이요")가 이어진다.

(6) 호 2:14-20은 하나님이 그의 백성과 "정혼할" 때를 예언한다. "영원히 살되 공의와 정의와…진실함으로 네게 장가들리니." 이것은 "땅에서 나를 위하여 그를 심으리라"와 회화적으로 동일시된다(참조. 사 54:5-8에는 이스라엘이 하나님과 결혼하는 마지막 때의 상황을 묘사하는 비슷한 은유가 있다).

(7) 이와 마찬가지로 엡 5:25은 **그리스도**가 그의 신부인 교회를 위해 자신을 주셨고 정결케 하셨다고 주장한다. 그래서 **신부**(교회)는 마지막 때에 "거룩하고 흠이 없게" 될 것이다.[315] 이와 비슷하게, 바울은 고린도 교회에게 그리스도가 다시 오시는 때에 "내가 너희를 정결한 처녀로 한 남편인 그리스도께 드리려고 중매"했다고 말할 수 있었다(고후 11:2; 참조. *Midr. Rab.* 출 15.31: 이스라엘의 "실제 혼인 예식은 메시아의 날에 거행될 것이다").

결과적으로 성도들은 하나님이 그들을 의롭다고 인정하신 상징으로써 깨끗한 세마포를 입는다. 그들이 박해를 받았지만 땅에서 의로웠기 때문이다. 깨끗한 옷의 온전한 의미는 하나님이 의롭다고 인정해주시는 행위에 원수를 심판하는 것을 포함한다. 이것은 성도들의 믿음과 행위가 언제나 같이 간다는 것을 보여준다. 19:8의 "깨끗한 세마포"에 이처럼 2중적 의미가 있다는 것은 요한계시록 전체의 수사적인 목적에 감탄할 정도로 잘 들어맞는다. 여기에는 신자들에게 그들의 옷을 더럽히지 말고(3:4-5) "벌거벗은 것을 보이지 말라"는 권고가 포함된다(3:18; 16:15). 이 사실은 인간의 책임의 측면을 강조한다. 19:7b에서 강조하는 것이 바로 이것이다. "그의 아내가 자신을 **준비하였으므로**." 하지만 독자들은 하나님이 그들에게

---

315) McDowell, 176-77을 보라.

지금 성령의 능력으로 옷을 입도록 은혜를 주셨다는 사실을 아는 것으로써 그 권면에 순종할 용기를 얻을 수 있다(19:8의 "그에게 주셨고"를 주목하라. 그리고 1:4; 4:5; 5:6과 1:20의 관계에 대해 1:4, 12의 주석 참조). 독자들은 그들의 순례의 길을 마칠 때 개인적으로 그리고 공동체적으로 하나님으로부터 "깨끗한 옷"을 받을 것을 기억함으로써 역시 위로를 얻는다(3:5; 6:11; 7:13-14; 19:7-8). 이 모든 것은 구원의 복의 확대된 단계를 가리킨다. 19:8은 시간적으로 모호하다. 그래서 여기에는 성도들이 역사 내내 옷을 입는 것과 역사가 끝날 때 옷을 입는 것이 다 포함된다. 인간적인 측면에서 보면, 선한 행동은 성도들이 그리스도를 믿는 그들의 믿음을 증언하는 데 초점을 맞춘다. 이것은 10절이 증언에 초점을 맞춘다는 점과, 증언 사상과 흰옷을 입는 것을 직접 연결한 3:4-5에 의해 지지를 받는다(3:14과 3:18 비교).

어린 양을 신랑으로 묘사한 장면이 하나님을 신랑 또는 남편으로 묘사한 구약의 본문에 근거한다는 점에서 어린 양의 신성이 부각되고 강조된다(앞에서 인용한 구약 본문 참조).

7절의 권고의 가정법인 "우리가 즐거워하고 크게 기뻐하며 그에게 영광을 돌리세"를 주목하라. 미래 시제 δωσομεν이 원본이라면(예. א[2] A 2053), 그것은 가정법과 비슷한 의미로 이해하게 된다.

여격을 동반한 ἐδόθη(8절)가 주권적인 공급을 가리킨다는 것은 요한계시록에서 사용된 동일한 수동태 구문에서 지지받는다. 요한계시록에서 이 단어는 선한 것이든 악한 것이든 피조물의 어떤 것도 조건으로 하지 않는 주권과 능력, 또는 그런 것의 주권적인 수여를 언급한다(예. 9:5의 거의 동일한 표현 ἐδόθη αὐτοῖς ἵνα; 또한 6:2, 4, 8, 11; 7:2; 8:2, 3; 9:1, 3, 5; 11:1, 2; 12:14; 13:5, 7, 14, 15; 16:8; 20:4의 주석 참조. 이 모든 본문은 하나님의 작정을 성취하기 위해 행할 능력을 받아 역할을 수행하는 어떤 사람을 가리킨다). 이러한 사실을 고려한다면, 의미를 부드럽게 하려고 ἐδόθη를 "허락하다, 용인하다"라고 번역하는 것은 받아들이기 어렵다.[316]

---

316) Mussies, *Morphology*, 321.

스위트와 해링턴은 의로운 행위 사상이 **성령**께서 신자들 속에서 행한 행위라고 주장한다.[317] 또한 옛 주석가들이 옷 입음을 교회에 전가된 그리스도의 의로운 행위를 나타낸다고 생각한 것도 가능성은 있다.[318] 물론 이 사상이 앞에서 살펴본 하나님과 그리스도가 교회의 압제자들을 심판하심으로써 교회를 위해 행하신, 의롭다고 인정하시는 행위를 강조한다는 문맥에 비춰 이해해야 하지만 말이다. 두 사상은 균형을 유지하며 견지할 필요가 있다.

앞에서 주목했듯이, 겔 44:17에서 제사장들은 종말론적 성전이 온전하게 세워진 이후에야 비로소 "세마포 옷"을 받는다. 이와 마찬가지로 대하 6:41과 시 132:9, 16에서도 제사장들은 "구원" 또는 "의"로 "옷을 입는다." 이 본문들에는 계 19장의 세마포 옷이 하나님이 주도적으로 부여하신 성도들의 구원과 복의 표시임이 더욱 암시되었다. 하나님과의 성화된 관계를 상징하는 새 옷에 대해서는 창 3:21, 35:2, 사 52:1을 보라.

6장과 7장에서 옷의 관련성

6장과 7장에는 19:7-8의 내용과 비슷한 묘사가 있다. 하나님의 백성의 완전수가 그들의 증언을 지킴으로써 자신을 준비했을 때(6:9, 11), 바벨론은 제거되고, 공동체적인 신부는 온전한 흰옷을 받을 것이며(6:10), 혼인 예식이 시작된다. 19:7-8의 옷 입는 것과 관련하여 앞에서 내린 결론에 비춰볼 때, 6:11의 "쉬다"와 결합된 "흰옷" 사상은 성도들이 의롭다고 인정받음을 가리킨다. 그래서 성도들은 자기들에게 내린 세상의 불의한 판결이 번복될 것이라는 것을 확신할 수 있다(14:13의 "쉼" 개념도 같은 사상을 지녔다).

동일한 준비가 7:13-15에도 그려진다. 거기서 흰옷을 입은 자들이 "어린 양의 피에 그 옷을 씻어 희게 하였다"는 것은 성도들이 반대에도 불구하고 자신을 위해 죽으신 어린 양의 죽음을 계속해서 믿고 증언했

---

317) Swete, *Apocalypse,* 247; Harrington, *Revelation,* 225.

318) Gill, *Revelation,* 851; M. Stuart, *Apocalypse* II, 343.

음을 의미한다(자세한 내용은 7:14의 주석 참조). "어린 양의 피"는 그들의 옷을 "씻는" 유일한 수단이다. 하지만 씻는다는 은유 그 자체에는 믿음과 행위로써 스스로를 죽임 당하신 어린 양과 동일시하는 성도들을 언급하는 내용이 포함된다. 이것이야말로 성도들의 믿음이 참되다는 증거다. 7:14의 비유적 의미는 19:7의 "준비하다"와 빛나고 깨끗한 고운 세마포를 "입는다"는 비유적 사상에 해당한다. 이것을 19:8은 "의로운 행실"로 해석한다. 하지만 7:14에서 옷 입음의 비유 다음에 명시적인 결혼 비유가 이어지지는 않는다. 오히려 다른 용어로 비유의 의미를 서술하는 내용이 이어진다. 이를테면 하나님이 자기 백성과 함께 장막을 치신다는 것이 바로 그것이다. 이것은 하나님이 자기 백성과 친밀한 교제를 나누신다는 의미다(결혼 비유로서 시내 산에서 이스라엘 위에 장막을 치신 하나님에 대해서는 아래 참조). 22:14에는 7:14-15과 비슷한 그림이 제시된다. 거기서 "자기 옷을 씻은 사람들"은 새 예루살렘에 들어가려고 그렇게 한다. 하지만 두 본문에서 **공동체적인** 교회의 옷은 그 많은 지체가 인내의 과정을 완수할 때에야 비로소 희게 될 것으로 간주된다.

19:7-8에서 결혼 유비의 의미는 하나님이 자기 백성과 함께하시는 교제의 절정이다.[319] "혼인 잔치"라는 추가적인 요소는 단지 이 사상을 강조할 뿐이다. 식사는 셈어를 사용하는 고대 세계에서 친근하게 교제하는 자리였기 때문이다. 초기 교회의 성만찬에도 이 사상이 반영되었다(고전 11:17-34). 친근한 교제의 의미가 계 19:7-8의 주요 사상이라는 점은 3:18-20에서 분명히 제시된다. 여기서는 타협하는 것을 이기면 흰옷을 입을 것이라는 약속을 한다("그리하여 너희는 옷을 입을 것이다"). 라오디게아 교회는 그리스도와 함께 식사하기 위해서 이 흰옷들이 필요하다. "내가 그에게로 들어가 그와 더불어 먹고 그는 나와 더불어 먹으리라"(3:18, 20의 주석 참조). 동일한 의미가 버가모 교회가 새로운 결혼의 지위를 나타내는 "새 이름"과 함께 받을 "감추인 만나"에도 들어 있다(2:17).

---

319) Charles, *Revelation*, II, 126은 이 결론을 예상했다.

7:14-15과 19:7-8의 배경은 겔 16:8-10이다. 여기서 하나님이 시내 산과 광야에서 이스라엘 위에 장막을 치시는 이미지는 결혼 관계를 의미한다. "내 옷으로 너를 덮어 벌거벗은 것을 가리고…너를 내게 속하게 하였느니라.…내가 가는 베로 두르고." *Pirqe de Rabbi Eliezer* 41에는 시내 산에서 하나님이 신랑과 같고 이스라엘은 그의 신부와 같다고 서술한다. 하나님은 이스라엘을 그의 신방으로 인도하셨으며 시내 산 위에 있는 하늘은 "펼친 장막과 같다"고 언급한다. *Pesikta de Rab Kahana* 22.4에서는 "이스라엘이 시내 산에 서 있었을 때, 신부처럼 옷을 입었다"고 천명한다(마찬가지로 *Midr. Rab.* 신 3.12; *Midr. Rab.* 아 8.5 §1; *Mekilta de Rabbi Ishmael*, Bahodesh 3.117-20(출 19:17을 설명함); 참조. *Tanna de-be Eliyyahu*; *Pirqe de Rabbi Eliezer*, S, p. 29; 렘 31:32; *Midr. Rab.* 출 41.6). *Midr. Rab.* 아 3.11 §2에는 이스라엘이 시내 산에 있는 신랑으로 묘사되기도 했다.

칼을 차고 원수들을 무찌르러 말을 타고 가는 왕을 묘사한 장면은, 빛나는 옷을 입고 그 왕에게 자신을 드리는 신부 이미지와 결합된 것도 있다. 시 45:3-5, 13-14과 계 19:11-16을 보라. 시편에서 겉옷은 신부 "안에 있는 모든 것이 영광스럽다"는 사실을 상징한다(시 45:13). 이것은 계 19:7-8에서 성도들의 의롭고 하나님께 인정받은 상태를 나타내는 "빛나고 깨끗한 세마포" 이미지와 가깝다. 두 본문에는 혼인을 "기뻐하고 즐거워하는" 장면도 들어 있다(시 45:15; 계 19:7). *Targ.* 시 45편은 왕을 종말에 이스라엘 및 회심한 열방과 결혼할 메시아로 밝힌다.[320] 후기 유대교에서 시 45편의 왕을 메시아와 동일시한 것은 의미심장하다.[321]

9절 천사는 요한에게 "기록하라"고 명령한다. 기록하라는 명령은 요한

320) Prigent, *Apocalypse,* 283을 보라.
321) SB III, 679-80을 보라.

계시록 여러 곳에서 발견된다. 그리고 그 명령들은 두 범주로 나뉜다. 첫째, 선견자는 책이나 편지 전체를 기록하라는 명령을 받는다(1-3장과 여러 곳). 둘째, 천사는 요한에게 짧은 메시지를 기록하라고 명령한다. 짧은 메시지는 앞에서 주어진 어떤 내용에 대한 확증이다. 19:9은 14:13, 21:5과 함께 둘째 범주에 속한다.

요한이 기록해야 할 것은 7-8절에서 내린 결론으로 의롭다고 인정받고 하나님과 긴밀하게 교제하는 사람들이 "복이 있다"고 천명하는 것이다. "어린 양의 혼인 잔치에 청함을 받은 자들은 복이 있도다"는 7-8절의 혼인 장면을 비유적으로 해석하여 재서술한 선언이다. 결혼 관계를 이루는 데 있어서 하나님의 주권적 주도권이 "청함을 받은"이라는 단어로 강조된다. 이 단어는 바울의 편지 전체에 있는 선택 사상과 밀접한 관련이 있다(적어도 25번). 계 17:14에서 "부름을 받은 자들"이 "택함을 받은 자들"로도 언급된 것은 "청함을 받은"이라는 단어가 "택함을 받은"과 거의 동의어라는 사실을 확증한다. "잔치"는 결혼 비유에 표현된 친근한 교제 사상을 강조한다. 잔치는 친밀한 식탁 교제의 장이었기 때문이다. 그리스도가 그의 백성과 식사하는 장면은 3:20에서도 찾을 수 있다. 복 받은 상태는 이렇게 하나님과의 교제를 즐기는 상(賞)이다.

9절은 7-8절과는 다른 관점에서 혼인 비유를 제시한다. 7-8절에서 공동체인 교회로서의 신부가 어린 양과 혼인하려하는 것으로 묘사되었다면, 9절에서는 그리스도인 개인들이 혼인 잔치에 참여한 손님으로 묘사된다. 두 장면 모두 그리스도와 신자들의 긴밀한 교제를 묘사한다. 하지만 첫 번째 장면은 교회 공동체에 초점이 맞춰져 있고, 두 번째 장면은 교회의 개개인 신자들에게 초점이 맞춰져 있다. 이와 동일하게 공동체 전체와 개개인으로서의 공동체에 다르게 초점이 맞춰져 있는 경우는 여자와 그의 자손을 다루는 12장에서 발견된다(예. 12:17).[322] 그러므로 19:7-9은 구원받은 자들

322) Kiddle, *Revelation,* 381-82.

의 다른 두 집단에 대해 말하는 것이 아니다.[323)]

결론적 문장인 "이것은 참되신 하나님의 말씀이라"는 7-9a절의 진리를 공식적으로 천명한다. 따라서 9절은 21:5b("또 이르시되, '이 말은 신실하고 참되니 기록하라'")과 상당히 비슷하게 기능한다. 이것은 21:2에서 반복된 19:7-8의 결혼 비유의 진리를 확증한다. 또한 혼인 의복은 보호 사상 이외에(21:4) 하나님과의 친근한 교제로 해석된다(21:2-3). 14:13의 천명("기록하라, 복이 있도다") 역시 중요한 병행이다. 14:13에 선언된 "복이 있도다"는 법적인 상황에서 의롭다고 인정함 또는 상 받음이라는 사상과 관련이 있기 때문이다.

마 22:10-14에 언급된 혼인 잔치 비유가 계 19:9에 반영되었을 가능성이 있다.[324)] 사 25:6-7과 65:13-17에 예언된 하나님이 주도하시는 종말론적인 잔치도 계 19:9(과 *3 En*. 48:10)에 반영되었을 것이다. 예수 역시 장차 임할 종말론적인 잔치를 말씀하셨다(특히 눅 14:15ff.; 마 26:29; 눅 13:29; 22:16-18).

τοῦ γάμου("혼인의")는 몇몇 사본에서 τὸ δεῖπνον("잔치" 또는 "식사") 다음에 생략되었다. 필경사가 γάμου 앞에 있는 τοῦ에서 다음 τοῦ로 건너뛰는 시각적 오류를 범한 것이 그 이유다(ℵ* 1841 𝔐ᴬ gig t bo). 마찬가지로 καὶ λέγει는 필경사가 κεκλημένοι의 접미사 끝에 있는 -οι를 지나쳐 μοι의 -οι로 건너뛰었기 때문에 ℵ* *pc*에 생략되었다.

3절에 있는 절대 과거 "그가 두 번째로 ~하니"(부정과거 완료형)는 9절에서 현재형 "그가 말하기를"로 바뀌었고, 다시 11절에서 과거형("내가 보[았더]니")으로 바뀌었다. 이는 저자가 과거에 본 환상을 다시 이야기하다가 마치 환상이 현재 그의 눈앞에 있는 것처럼 이야기했기 때문일

323) 예를 들어 Walvoord, *Revelation*, 270-73에 반대함. Walvoord는 신부를 교회로 보며, 혼인 잔치에 참여한 사람들을 이스라엘 성도들로 이해한다.

324) Vos, *Synoptic Traditions*, 163-74을 보라. Vos는 이 반영이 타당하다고 주장한다. 또한 마 25:1-13; 눅 12:35-40도 보라.

것이다.[325)]

10절 이 구절은 특별히 앞 단락과 뒤에 이어지는 단락을 하나의 큰 단락으로 묶어주면서 전환적 기능, 또는 맞물림 기능을 한다(19:7-10 주석의 서론 참조). 10절은 17:1(또는 심지어 16:19)에서 시작하는 광범위한 "바벨론 심판" 단락과 특히 18:1에서 시작하는 단락의 결론이다. 동시에 이 구절은 다음 단락인 19:11-21:8의 서론으로 기능한다.

요한은 천사가 9절에서 1-8절의 의미를 확증하는 해석을 해주었기에 천사에게 경배하려고 엎드린다. 이곳과 9절의 화자는 17:1, 18:1 또는 18:21에 소개된 천사일 것이다. 요한이 천사의 해석을 신적인 메시지로 보고 경외심을 갖는 것은 적절하지만, 전달자에게 경배하려는 것은 잘못이다. 전달자는 신적 존재가 아니라 종에 불과하기 때문이다. 이 일화는 요한이 본 환상의 신적 기원을 강조하고 중보자인 천사의 특성과 기능을 바르게 이해하도록 할 목적으로 기록되었다. 환상의 신적 기원을 강조하고 중계하는 천사들의 역할을 약화시키기 위해 천사가 경배받기를 거절한다는 주제는 다른 여러 유대교와 기독교 묵시문학에서도 발견된다(특히 *Asc. Isa.* 7:21; 8:5; Tob. 12:16-22; *Apocalypse of Zephaniah* 6:11-15; *Gospel of pseudo-Matthew* 3; *Cairo Genizah Hekhlot* A/2, 13-18을 보라).[326)] 천사는 요한에게 자기를 경배하지 말고 "하나님께 경배하라"고 명령한다. ὅρα μή는 문자적으로는 "보지 말라"로 번역하는 것이 가장 좋다. 그리고 이것은 구어체로 "하지마"라는 말과 거의 동일하다.[327)] 요한에게 경배하지 말라고 한 또 다른 이유는 천사가 요한과 "예수의 증언을 받은 네 형제들"과 같은 "동료 종"에 불과하다는 데 있다(이 어구에 대해서는 6:9; 12:17; 19:7-8의 주석 참조). 이것은 화자가 영화롭게 된 신자라는 의미가 아니라, 비록 천사이긴 하지만 그 역시 요한과 "예수의 증언"을 선포하는 그의 동료와 같은 하나님의 종이라는 의

---

325) Mussies, *Morphology,* 334.

326) 카이로 게니자 본문의 인용은 Bauckham, *Climax of Prophecy,* 131을 보라. 자세한 내용은 같은 책, 118-49을 보라.

327) MHT I, 178; 참조. *Asc. Isa.* 7:21; 8:5.

미다(분명한 본문은 22:8-9이다). 천사들은 하늘에서 선포하고 신자들은 땅에서 선포한다.

요한은 천사를 1:13ff.과 10:1ff.에서 등장한 경배받기에 합당하며 하늘에서 내려온 신적 인물로 착각했다. 그의 동기가 무엇이 되었든지 간에, 그러한 숭배에 대한 금지는 그리스도인들에게 경고가 된다. 이는 단지 천사에게 경배하지 말라는 경고만이 아니라, 어떤 형태든지 우상숭배를 금하는 경고다(2:14-15, 20-21; 9:20의 주석 참조). 이는 요한의 독자들 사이에서 실제로 문제가 되었다. 하지만 이것은 주로 소아시아에서 몇몇 기독교 공동체들 사이에 존재했던 천사 숭배 의식에 관한 문제는 아닌 것 같다. 요한이 "경배하려고" 엎드린 것은 단순히 우월한 존재에게 보인 존경의 행위로 희석해서는 안 된다.[328] 10절에서 요한은 그 대신 "하나님께 경배하라"고 명령을 받았기 때문이다. 이 본문은 19장 전체에서 심판이 임한다고 묘사된 우상숭배에 얼마나 쉽게 빠질 수 있는지를 보여주는 예다.[329] 10절의 핵심 주제 중 하나는 "진정한 경배 대상을 착각하는 미묘함"인데, 이것은 22:8-9에서도 강조된다. 여기서 요한은 놀랍게도 같은 오류를 반복한다.[330]

10절 끝에 있는 설명적인 γάρ("왜냐하면")는 천사들과 그리스도인 모두가 어떻게 "동료 종들"로 불릴 수 있는지를 분명히 하기 위해 앞에 있는 어구 "예수의 증언을 받은 자들"을 해석하며 설명하는 것을 소개한다. 소유격 절 ἡ μαρτυρία Ἰησοῦ는 주어 소유격과 목적어 소유격으로 이해될 수 있다. "예수에 의한 증언과 예수를 증언." 증언은 처음에 예수에 의해 제시되었고 그 후에 신자들에게 전수되었다. 신자들의 증언은 예수에 관한 증언이다. 베크위스는 이렇게 표현한다. "증언하는 일에 예수의 영이 계심을 의미한다. 그리고 이것은 예수가 신자들 안에서, 그리고 신자들을 통해 증언하심을 의미하는 것이 틀림없다."[331] 주어 소유격은 모든 참 예언은 예수의 말씀과 행

328) Chilton이 이렇게 주장한다. D. C. Chilton, *Days of Vengeance,* 479-80.
329) Caird, *Revelation,* 237.
330) Hailey, *Revelation,* 380.
331) I. T. Beckwith, *Apocalypse,* 729.

위에 그 기원을 둔다는 것을 의미한다. 목적어 소유격은 모든 참 예언은 예수를 증언하는 증거에서 나타난다는 사실을 전한다.[332] 하나님의 참 종들이라면 예수를 증언하며, 이는 예수께 영광이 된다. 이런 까닭에 요한이 천사에게 경배해서는 안 된다. 종들은 자신이든지 천사든지 혹은 그밖에 다른 피조물을 증언하지 않으며 그들에게 존경의 마음을 두지 않는다.[333]

증언은 "예언의 영"으로 정의된다. 이것은 병행 어구인 22:8-9에 의해 지지받는다. 이것은 예언의 영이 성령에 의해 감동을 받은 예언적 증언이라는 의미일 것이며, τῆς προφητείας는 목적어 소유격으로 이해된다. "예언하도록 영감을 불어넣는 성령."[334] 또한 이 어구는 그러한 증언을 하는 사람들이 "예언적인 사람들"로 간주된다는 의미일 수도 있다. 이 경우 πνεῦμα는 집단적 또는 분배적 단수가 되고, τῆς προφητείας는 설명적 소유격이 된다. "예언의 영(들)" 또는 "예언의 영혼(들)", 즉 예언자들.[335] 22:9에서 성령을 언급하지 않고 요한의 "형제들"을 "예언자들"로 지칭한 것은 설명적 소유격에 더 무게를 싣는다. 22:6의 이와 비슷한 어구인 τῶν πνευμάτων τῶν προφητῶν도 그렇다. τῶν προφητῶν은 형용사적 소유격으로 이해하는 것이 가장 좋다("예언적인 영/영혼들의"; 이와 비슷하게 고전 14:32 참조). 이 견해에 따르면 이 어구는 이렇게 번역된다. "예수를(그리고 예수로부터 나온) 증언하는 사람들은 예언적인 사람들이다." 이러한 이해는 모든 주요 영어 성경에 반영되는데, "Spirit"(성령) 대신 "spirit"(영)이라고 표현하거나, "Spirit"의 사

---

332) 참조. Morris, *Revelation,* 228. Ἰησοῦ를 주격과 목적격 둘 다로 이해하는 학자들은 다음과 같다. Beckwith, *Apocalypse,* 729; Swete, *Apocalypse,* 249; Morris, *Revelation,* 228; Boring, *Revelation,* 194(Boring은 기원의 소유격으로도 본다). 주어 소유격으로만 이해하는 사람들(예. Farrer, *Revelation,* 194-95; Beasley-Murray, *Revelation,* 276; Mazzaferri, "Martyria *Iēsou* Revisited")과 목적어 소유격으로만 이해하는 사람들(Bruce, "Spirit," 338; Ford, "Testimony of Jesus," 285; Vassiliadis, "Translation of *Martyria Iēsou*")도 참조하라. μαρτυρία가 순교적인 의미가 있는지에 대한 논쟁은 Ellingworth, "*Martyria* Debate"를 보라.

333) Lampe, "Testimony of Jesus," 254; P. E. Hughes, *Revelation,* 202.

334) Zerwick and Grosvenor, *Grammatical Analysis,* 772; NEB; Caird, *Revelation,* 233.

335) 이와 비슷하게 신약성경 여러 곳에서 복수의 의미를 지니는 집단적 단수 또는 총칭의 단수 또는 분배적 단수로 사용된 πνεῦμα("성령")에 대해서는 BDF §§139-40을 보라.

용을 피하기 위해 이 어구를 풀어 쓴다(NASB, KJV, NIV, RSV, NRSV).[336]

그러므로 하늘의 천사들과 땅의 신자들은 둘 다 예언자적 역할을 한다는 점에서 동료 종들이다. 여기서 예언자들은 특정한 직임이 아니라 요한계시록 여러 곳에서 예언자들로 언급된 사람들과 동일한 집단이다. 요한계시록에서는 교회 전체의 예언자적 역할을 염두에 두었다(11:3, 6, 10; 참조. 16:6).[337] 요한은 이 일반적인 집단에 속해 있다. 하지만 요한 역시 구약의 예언자 직분을 이어가는 좁은 의미의 신약 예언자들과 사도들 계급에 속한다(1:10; 4:1-2; 10:11; 17:1-3의 주석 참조; 비교. 22:9).[338]

Targ. 사 61:1의 "예언의 영"을 참조하라(이 어구는 다음 문헌에도 등장한다. *Targ. Onk.*와 *Targ. Pal.*의 창 41:38; 출 35:31; 민 27:18, 그리고 *Targ. Pal.* 출 33:16, 등등;[339] *Midr. Rab.* 민 15.19). 이러한 배경이 계 19:10에 있다면, 이 어구는 약속된 "예언의 영"의 성취를 암시한다. 예언의 영은 메시아 시대가 임하였다는 증거가 될 수 있으며, 그래서 (계시의 천사적 중보자들[19:10a]과 우상과 그밖에 비슷한 존재들과 대조되는) 예수가 유일하고 참된 예배의 대상임을 증언한다. 이 성령은 마지막 때의 신앙 공동체 안에 살고 있는 모든 사람이 소유할 영이다(욜 2:28-32; 겔 39:29).[340]

---

336) 그러나 "spirit"(영)을 신적인 것으로 해석하는 것은 아르메니아어 역(arm 2)의 10b절 번역을 주목하라. "예수의 증언은 예언자들 안에 계시는 성령이시다"(Hoskier, *Text of the Apocalypse* II, 526). Lampe, "Testimony of Jesus"에 있는 19:10의 결론적 문장을 논의한 유익한 설명을 보라. Lampe는 증언을 우선적으로 믿음을 부정하라는 압박과 박해에 직면하여 신실하게 증언하는 것으로 이해한다.

337) Brütsch, *Offenbarung* II, 294. Brütsch는 이 견해를 지지하는 사람들과 반대하는 사람들을 인용한다.

338) Satake, *Gemeindeordnung,* 58-63. 19:10에서는 교회 전체가 초점이지만 22:9에서는 단지 좁은 의미의 예언자들 계급만을 우선적으로 염두에 두었다고 보는 Satake의 견해는 옳을 수 있다(63쪽과 95쪽에서는 22:9에 더욱 폭넓은 초점을 맞추고 있지만 말이다). 그런데 요한계시록 전체에서 하나님의 말씀을 "지킨다"는 것은 이곳과 22:9에서 좀 더 넓은 대상을 언급하고 있음을 암시한다(1:3; 2:26; 3:3, 8, 10; 14:12). 이 사실은 "예수의 증언을 가진"이라는 어구가 12:17에만 등장한다는 사실로도 지지를 받는다. 이 본문에서 이 어구는 성도들 공동체 전체를 가리킨다(또한 6:9).

339) 더 자세한 타르굼의 언급은 SB II, 129을 보라.

340) J. M. Ford, *Revelation,* 288-91.

그러므로 몇몇 사람이 주장하듯, 19:9b-10이 2차적 주석이며 원본에는 없던 22:6-9의 2중 표기라고 이해하는 견해는 근거가 없다.[341]

그리스도는 자기 백성을 신원하려고 바벨론의 연합군들을 심판하신다. 이렇게 그는 자신의 주권과 약속에 대한 신실함을 나타내신다 (19:11-21)

이 단락에는 역사의 끝에 그리스도가 불경건한 세력을 이기고 심판하신다는 내용이 매우 상세하게 묘사된다. 첫째, 이 단락은 그리스도와 그의 하늘 군대를 묘사하며 그들의 승리를 예상한다(11-16절). 그런 다음 원수의 즉각적 멸망을 선언하며(17-18절), 짐승과 거짓 예언자와 그들을 따르는 사람들의 멸망을 묘사함으로 절정에 이른다(19-21절).

리시는 11-13절에서 그리스도가 어떻게 교회에게 계시되는지를 보여 주는 7가지 특성을 주목하며(7은 성령의 충만함을 나타내는 숫자다), 15-16절에서는 불신하는 세상에 그리스도를 계시하는 심판의 행위 4개를 발견해 낸다(4는 세상의 숫자다).[342] 리시의 구조는 가능성은 있지만 너무 깔끔해서 데이터에 적합하지 않다. 매 단락에서 이러한 특징들은 구원받은 사람들이나 악한 자들에게 국한되지 않기 때문이다. "그가 심판한다"(11절), "그의 눈은 불꽃같고"(12절), "그가 피 뿌린 옷을 입었는데"(13절) 등은 그리스도가 교회 안팎에 있는 불경건한 사람들과 관련된 것을 묘사하는 것으로 이해하는 것이 더 적절하다. 이 표현들을 참된 성도들과도 관련시킬 수 있지만 말이다. 16절에 언급된 그리스도 칭호는 그리스도를 불신자들뿐만 아니라 신자들과도 연결하는 기능을 표현한다(자세한 내용은 11-16절 주석 참조).

17:1-19:3에 묘사된 바벨론의 멸망이 모든 악한 세력의 완전한 패배는 아니다. 사실 17:12-18에서 바벨론을 멸망시키는 데 사용된 하나님의 도구

341) 더 자세한 내용은 Prigent, *Apocalypse,* 284-85을 보라.
342) Rissi, "Erscheinung Christi."

는 짐승과 그의 군대다. 승리가 완료되려면 이 군대도 반드시 멸절되어야 한다. 특히 19:7-9은 하나님이 바벨론을 심판하심으로써 성도들의 의로움을 입증하셨다고 말한다. 하지만 성도들이 세상의 비방과 박해에서 완전히 의롭다고 인정받기 위해서는 교회를 박해했던 다른 사람들도 반드시 심판을 받아야 한다. 무엇보다도 10절의 맞물림 전환에 2번 강조된 "예수의 증언"은 진실한 것으로 이해해야 한다. 바벨론에 대한 심판과 이어지는 짐승과 거짓 예언자, 그들을 따르는 자들이 받는 심판으로 말미암아 이 증언을 했던 사람들이 결국 의롭고 그 증언이 참되다는 것이 입증된다. 증언의 진리를 부정한 짐승과 **거짓** 예언자가 그들의 **속임을 받아** 따랐던 사람들과 함께 받는 심판은 11-21절의 논리적인 절정이고, 하나님의 진리가 옳다고 인정하는 적절한 심판이다(20절).

심판에 사용된 실제 무기가 그리스도의 진리의 말씀이라는 사실은, 이 단락의 목적이 1-6절에서처럼 성도들이 의롭다고 인정받는 근거를 강조하고 성도들이 선포한 진리를 증명하기 위해 7-10절의 근거로 작용하는 데 있음을 시사한다. 이 진리는 불신자들에게는 그리스도가 재림하실 때 최종적으로 그리고 온전히 계시되기까지 비밀로 남는다.[343]

그리스도는 역사의 끝에 악한 군대를 멸하여 악을 심판하신다는 그의 약속을 이루심으로써 그의 주권과 신실함을 계시하실 것이다(19:11-16)

11절 환상을 소개하는 어구("또 내가 보니")는 다른 환상의 시작을 가리킨다. 요한은 먼저 "하늘이 열린 것"을 본다. 이것은 문학적으로 또 다른 중요한 문학적 단락의 시작을 표시하며, 개념적으로는 심판 장면을 소개한다. 겔 1:1과 요한계시록 다른 여러 곳에 등장하는 비슷한 어구에서도 이런 현상이 발견된다(4:1; 11:19; 15:5. 각각의 구절은 하늘에 있는 어떤 것이 열렸다고 말

---

343) 참조. Rissi, *Future of the World*, 37.

한다).

천상의 세계를 들여다 본 후 요한은 "백마와 그것을 탄 자"를 본다. 요한계시록 전체에서 "흰색"은 박해로 시험받은, 인내하는 믿음에서 나온 결과인 순결함에 상응하는 상 또는 순결함 자체를 나타낸다(3:4-5의 주석 참조). 19:7-8에서 논의한 내용은 "흰" 옷을 의의 상징일 뿐만 아니라, 박해를 받는 동안 인내한 사람들을 **신원하는** 상으로 이해함으로써 이 사상을 세련되게 다듬었다. 앞에서 사용된 "흰색" 대부분에는 신원함이라는 개념이 포함될 것이다(예. 인자와 성도들이 행한 충성된 증언이 세상에서는 저버림을 당하고 박해를 받지만, 그 후에 그들은 하나님께 신원함을 받는다. 1:14; 2:17; 3:4-5; 4:4; 6:11; 7:9, 13; 14:14). 특히 14:14과 20:11에서 "흰색"은 신적 거룩함과 순결함뿐만 아니라, 심판을 통해 진리의 참됨을 법적으로 인정한다는 사상도 전한다.

이와 마찬가지로 여기서 흰 말은 이어지는 심판 장면을 소개하면서 신원함이라는 사상을 동일하게 암시한다. 특히 흰색은 7-8절과 밀접히 연결되고, 신원함이라는 사상을 포함하는 14절의 "흰 세마포"와 연결되기 때문이다. 이 의미는 거룩함과 6:2에서 흰 말이 전하는 승리를 통한 신원함이라는 사상으로 지지받는다. 비록 6:2의 그 이미지가 19:11에서 그리스도를 패러디한 것을 의도했을 개연성이 있지만 말이다.

말을 탄 자의 "이름은 충신과 진실"(πιστὸς καὶ ἀληθινός)이다. 이 2중적인 이름은 그리스어로 *3 Macc*. 2:11(πιστὸς εἶ καὶ ἀληθινός)에서만 등장하는데, 그 본문에서 이 이름은 하나님의 신실하심을 바라는 소망을 가리킨다. 이를테면 하나님이 이스라엘의 기도에 대한 응답으로 이스라엘의 박해자를 심판하심으로써 그 이름의 존엄성을 변호하신다는 소망이다(참조. *3 Macc*. 2:9-14). 단어의 동일함과 문맥적으로 유사한 주제에 근거해볼 때, 요한은 여기서 *3 Maccabees*를 암시하는 것 같다. 그리고 이 사실은 그리스도가 신적인 인물이며 공의롭고 신원하는 심판을 행하시는 분이라는 문맥적인 주제를 강조한다. *3 Macc*. 2:22은 심지어 악한 왕을 심판하는 것을 "의로운 심판" 행위(δικαίᾳ...κρίσει)로 요약한다. 이것은 19:11의 결론적 어구에 있는 그리스도에 대한 묘사와 거의 동일하다. "그가 공의로 심판하며"(ἐν δικαιοσύνῃ κρίνει). 그리스도는 그의 이름과 그를 따르는 사람들을 신원하기 위해 악한 자들을 심판하겠다고 약속하셨으며, 이 약속을 이루심으로써 "충신과 진실"이 되실 것이다.[344] 이는 같은 어구가 비록 복수형이기는 하지만 21:5과 22:6에서 사용됨으로 확증된다. 이 두 본문에서 πιστοὶ καὶ ἀληθινοί는 요한계시록의 약속들이 "신실하고 참되다"는 것을 가리킬 뿐더러,[345] 더 정확히는 새 창조(21:5b와 21:1-5a 비교)와 새 예루살렘(22:6과 21:9-22:5 비교)에 대한 예언들의 확실한 성취를 언급한다.

말 탄 자는 "공의로 심판하며 싸우"는 인물로 묘사된다. 이는 신원함이라는 주제를 이어간다. ἐν δικαιοσύνῃ κρίνει는 "그가 의롭게 심판하신다"라고 번역하는 것이 가장 좋다. 이것은 심판이 시행되는 의로운 표준을 천명한다.[346] 이 어구는 하나님이 언약 공동체 안팎에서 환난 받는 자기 백성을 신원하심과 그들의 박해자들에게 내리는 심판을 다루는, 시편에서 즐겨 사용되는 표현에 대한 집단적 암시다(LXX 시 9:9(8); 71[72]:2; 95[96]:13; 97[98]:9의 κρῖνει [또는 다른 동사]…ἐν δικαιοσύνῃ; 사 11:4의 κρῖνει…κρίσιν ["그가 심판(소송)을…심판하실 것이다"][347]). 구약성경에 나타난 하나님의 이러한 심판 행위를 이제 신적 품성을 지니신 그리스도가 그의 백성을 위해 행하신다(시 72편은 그 심판을 "왕의 아들"에게 적용하고, 사 11:4은 그것을 "이새의 줄기에서 나온 [메시아인] 한 가지"에 적용하지만 말이다). 행 17:31 역시 같은 시편 본문을 암시하여 그리스도가 행하실 미래의 심판의 날을 주장한다. "싸움(또는 전쟁)"에 대한 암시는 문자적인 전투가 아니라, 12장에서 천사들의 군대 간에 벌어진 하늘 전투(참조. πολεμέω)에서처럼 법적 싸움과 재판을 가리킨다(12:7-9의 주석 참조).

슥 9:9-10의 한 왕이 말을 타고 나가 승리한다는 예언적 이미지가

344) Rissi, *Future of the World,* 20-22; Ladd, *Revelation,* 253도 참조하라.

345) Rissi, *Future of the World,* 20.

346) 참조. BDF §219 (4).

347) 참조. *Targ.* 사 11:4 ("**진리로** 그가 심판하실 것이며…**신실하심으로** 꾸짖으실 것이다"); 사 11:2, 4을 암시하는 *Pss. Sol.* 17:29. 초기 유대교에서 사 11:4을 사용한 것에 대해서는 1:16의 주석을 참조하라.

마지막 때에 하나님의 백성의 이방인 원수들을 멸한다는 것과 연결된 것은 이곳의 비슷한 묘사를 형성하는 데 부분적으로 영향을 끼쳤을 것이다. 비록 스가랴서에서는 왕이 겸손하여 나귀를 타고 말을 타지는 않았지만 말이다. 롤로프는 스가랴서의 예언과 그 예언이 막 11:1-7과 요 12:14-15에서 성취된 것을 참고할 수는 있지만, "스가랴서의 예언이 마침내 여기서 본래의 의미를 넘어섰다"라고 주장한다. 나귀를 탄 겸손한 메시아는 재림 때 말을 타고 정복하는 능력이 있는 용사가 되신다.[348)]

"충신과 진실"이라는 표현은 3:14에서 그리스도에게 적용된 "충성되고 참된 증인"이라는 어구의 발전일 수 있다. 3:14에서 이 어구의 배경은 사 65:16의 LXX 사본 전통에서 하나님을 지칭하는 비슷한 칭호였다. 여기서 그 이름은 불경건한 자들을 심판하시고, 믿는 자들을 구원하여 그들에게 종말론적 잔치를 베푸시고 환난에서 자유함을 상으로 주시며 새 창조를 이루시는 하나님의 믿음직하심을 가리킨다(참조. 사 65:11-18). 계 3:14-19에서 이 이름은 부분적으로 라오디게아 교회를 책망하시는 그리스도의 증언과, 회개하지 않는다면 그들을 심판하시는 그리스도를 언급한다. 2중적인 이름은 히브리어 성경에서는 단 한 번 등장하는데, 렘 42:5이 그 본문이다. 여기서 2중 이름은 계명에 순종하지 않는 사람들을 심판하심으로써 자신의 증언의 참됨을 입증하시는 하나님과 관련된다(LXX[= 49:5]은 히브리어의 "참됨"을 "의로운"[δίκαιος]으로 번역함으로써 본문의 심판 분위기를 강조한다). 이보다 넓은 병행은 계 22:6에 암시된 단 2:45이다.

καλούμενος("불리다." 개역개정에는 "이름은"으로 번역됨-역주)라는 단어가 몇몇 중요한 사본에서는 생략되었다(A 𝔐[A]). 하지만 이 단어가 원본에 있었다는 것은 그것이 나중에 삽입된 이유에 대한 설명이 부족하다는 것과 좋은 외적 증거에 의해 지지된다(א 2329 [1006] 1611 1841 1854

---

348) Roloff, *Revelation*, 217. 또한 Holtz, *Christologie der Apokalypse*, 168의 논의를 보라.

2053 2062 $\mathfrak{M}^K$).

12절 "그 눈은 불꽃 같고"(οἱ δὲ ὀφθαλμοὶ αὐτοῦ [ὡς] φλὸξ πυρός)라는 은유는 14-21절과 2:18-23에서 분명히 묘사되었듯이 그리스도의 신적 재판장 역할을 상기시킨다. 2장의 핵심은 "인자"이신 예수(1:13)가 다음 사실, 즉 불경건한 자들이 언약 공동체에 속했다고 주장하지만 영적으로는 불경건한 상태에 있어 결국 심판에 이르게 된다는 사실을 항상 아신다는 데 있다(1:14에는 οἱ ὀφθαλμοὶ αὐτοῦ ὡς φλὸξ πυρὸς["그의 눈은 불꽃 같고"], 2:18에는 [ὁ ἔχων] τοὺς ὀφθαλμοὺς αὐτοῦ ὡς φλόγα πυρὸς로 묘사되었으며, 이 어구가 2:23에서는 발전되어 등장한다).[349] 1-2장의 같은 어구와 연결되었다는 사실은 배교하는 자들이 현재의 장면에서 심판받는 자들 중에 있음을 암시한다. 이것은 그리스도의 "입에서 예리한 검이 나온다"는 묘사로 더욱 확증된다(19:15). 이것 역시 교회 안에 있는 불순종하는 자들을 심판하시는 그리스도의 모습과 관련이 있다(1:16과 2:12). 이어지는 문맥에는 언약 공동체 바깥에 있는 불신자들도 심판받는다는 사실이 나타난다(19:16-21의 주석 참조). 심판의 이러한 역할은 단 10:6("그의 눈은 횃불 같고"[οἱ ὀφθαλμοὶ αὐτοῦ ὡσεὶ λαμπάδες πυρός])에 의해서도 강조된다. 요한은 이 어구를 1:14과 2:18에서 "인자"의 눈을 묘사하는 데 사용한다. 단 10장에서도 이러한 눈의 묘사는 심판 사상과 연결된다. 천상적인 "인자"의 일차 목적은(단 10:16 Theod.) "훗날"에(단 10:14) 이스라엘의 박해자들이 심판받을 것이라는 사실(단 10:21-2:13을 보라), 특히 이스라엘을 압제한 사악한 독재자(11:36-45)가 심판받고 그 후에 이스라엘이 구원받을 것이라는 하나님의 계획을 계시하는 데 있다.

말 탄 자의 "머리에는 많은 관"이 있다. 요한계시록에서 "관"을 쓴 다른 인물은 "용"(12:3)과 "짐승"(13:1)뿐이다. 이 관들은 마귀와 짐승이 "만왕의 왕이요 만주의 주"이신 참된 통치자를 대항하며 자신들에게 주권과 보편적 권세가 있다는 거짓주장을 하는 것을 의미한다(참조. 19:16, 19-21). 마귀 및

---

349) 참조. Holtz, *Christologie der Apokalypse*, 122.

짐승에 대한 묘사와 그리스도에 대한 묘사 사이의 유사성과 차이성은 의도적인 대조를 암시한다.

12:3; 13:1	19:12
12:3: καὶ ἐπὶ τὰς κεφαλὰς αὐτοῦ *ἑπτὰ* διαδήματα ("그 여러 머리에 **일곱** 왕관이 있는데"). 13:1: καὶ ἐπὶ τῶν κεράτων αὐτοῦ *δέκα* διαδήματα ("그 뿔에는 **열** 왕관이 있고").	καὶ ἐπὶ τὴν κεφαλὴν αὐτοῦ διαδήματα *πολλά* ("그 머리에는 **많은** 관들이 있고").

이러한 의식적 대조에는 12:1의 "머리에 열두 별의 관"을 쓴 여자와의 자구적인 병치도 포함된다. 용의 머리에 있는 관들은 짐승의 성품을 지닌 자신의 대리자들을 통해 왕권을 주장하는 용의 신성모독적인 모습을 나타내지만, 그것은 그리스도의 참되고 신적인 왕권을 헛되게 흉내 낸 것이다(13:1; 17:3, 7-13과 1:5; 17:14도 대조).

개수가 표기되지 않은 많은 관은 그리스도만이 진정한 우주의 왕이시며 용과 짐승보다 더 크시다는 것을 보여준다. 용과 짐승이 적은 수의 관을 가지고 있다는 것은 시간적으로 제한된 왕권을 시사한다.[350] 그리스도는 당연히 땅에 있는 어느 왕이나 왕들보다도 더 많은 관을 쓰셔야 한다. 그는 "만왕의 왕이요 만주의 주"이시기 때문이다(19:16).[351] 그리스도는 두 짐승을 심판하셔서 짐승을 그에게 걸맞는 지옥으로 처넣으신다(19:20). 6:2에서 언급된 사탄적 특성을 지닌 말 탄 자의 "관"은 그가 패하기 전에 빼앗겨서 하늘의 말 탄 자에게 주어진다. 14:14의 "인자"가 쓰신 "관" 역시 심판에서 그가 맡은 역할을 소개한다. 그리스도인들도 그들의 믿음에 대한 상으로 면류관을 쓸 것이다(2:10; 3:11; 4:4). 이것은 예수가 3:21에서 약속하셨듯이, 그리스도인들이 그들에게 관을 씌워주신 주님과 동일시되었음을 보여준다(2:26-28도 참조). 그리스도인들은 "어린 양이 어디로 인도하든지 따라

350) Caird, *Revelation,* 241; Mounce, *Revelation,* 344.
351) I. T. Beckwith, *Apocalypse,* 732.

가는 사람들"이다(14:4).

말 탄 자의 머리에 있는 "관들"과 그의 비밀스러운 이름에 구약적 배경이 있다면, 그 배경은 사 62:2-3이다. 이 본문은 계 19:13, 16에 암시된 사 63:1-3로 지지를 받으며, 아직 아무도 모르는 "이름"과 "관" 이미지를 이스라엘의 거룩한 자들을 비유적으로 대표하는 예루살렘에 적용한다(사 65:15에서 이스라엘에게 약속된 "새 이름" 역시 염두에 있을 것이다). "이름"과 관은 이사야가 이스라엘 백성이 마지막 때에 갖게 될 것이라고 예언한, 이스라엘과 하나님과의 새롭고 언약적인 관계와 이스라엘의 왕적 지위를 가리킨다. 사 62:2의 "새 이름"은 하나님과 누리는 이스라엘의 새롭고 친근한 "결혼" 관계를 보여준다고 한다(62:4-5. 이 본문 역시 이스라엘을 "신부"로, 하나님을 "신랑"으로 언급한다). *Targ*. 사 62:2은 "주님이" 예언을 성취하실 때, 이전에는 알려지지 않았던 새로운 이름을 "분명하게 하실 것이라"고 말한다.

여기서 그리스도는 친히 그 예언을 성취하시며, 이렇게 하여 참된 예루살렘을 상징하고 그의 종말론적 백성을 대표하신다. 이 사실은 그리스도의 이름을 3:12에서 "하나님의 성"과 "새 예루살렘"에 동일시 또는 적어도 연결한다는 점과, 그리스도의 이름이 2:17에서 밀접한 교제 사상을 의미하는 신자들이 받게 될 "새 이름"과 동일시된다는 사실에 의해 입증된다(22:3-4의 "이름" 사용에서 확증되듯이 말이다). *Odes Sol*. 42:8-9, 20에서 신자들은 그들이 그리스도와 긴밀하게 연관되었음을 증명하려고 그리스도의 이름을 받는다. 이것 역시 계 19:7-9, 12과 매우 유사하게 "혼인 잔치"의 신부와 신랑 간의 관계에 비교된다.

19:12과 2:17 간의 분명한 연결은 몇 가지 사실로 입증된다. (1) 두 본문 모두 사 62:2-3과 65:15을 공통적으로 암시하고 비슷하게 사용한다. (2) 두 본문의 주제는 "이름"이다. (3) 이 이름은 어떤 의미에서 비밀스럽다. (4) 두 본문만이 가지고 있는 독특한 용어의 일치가 있다(2:17, ὄνομα καινὸν γεγραμμένον ὃ οὐδεὶς οἶδεν εἰ μὴ ὁ λαμβάνων["그 위에 새 이름을 기록한 것이 있나니 받는 자 밖에는 그 이름을 알 사람이 없느니라"]; 19:12, ὄνομα γεγραμμένον ὃ οὐδεὶς οἶδεν εἰ μὴ αὐτός["이름 쓴 것 하나가 있으니 자기밖에 아

는 자가 없고"]). (5) 두 본문 앞에 인격적 교제를 표현하는 식사와 관련한 비유적 언급이 있다. 그러므로 여기서 그리스도 이외에는 언급된 이름을 아는 자가 아무도 없다는 것은 사 62장과 65장의 예언이 아직 결정적인 의미에서 성취되지 않았음을 의미한다. 하지만 그리스도의 백성이 그리스도와 함께 누리는 새롭고 절정에 도달한 언약적 결혼 관계에서 예언의 성취를 경험할 때 그리스도의 "이름"은 그의 백성에게 알려질 것이다.[352)]

그러므로 그 이름을 "자기밖에 아는 자가 없다"라는 표현은 그 이름이, 일반적으로 주장하듯, 다른 모든 사람에게 인지적으로 분명하게 밝혀지지 않은 신비라는 의미가 아니다.[353)] 신적 존재의 신비스러운 본질이 핵심이 아니라, 심판을 행하시는 하나님의 행위가 핵심이다.[354)] 이 표현은 유대인들이 성경을 읽을 때 이미 발음하지 않았던 네 글자로 된 단어(YHWH=LXX에서 "주님"으로 번역됨)를 가리킬지도 모른다. 야웨라는 이름이 대제사장의 이마에 있는 금띠에 기록되었듯이, 그 이름이 그리스도의 이마 또는 그의 관에 기록되었기 때문이다.[355)] 예를 들어 Wis. 18:24은 "지극히 높으신 분[=야웨]은 그의 [대제사장] 이마에 있는 관에 기록되었다"고 말한다.

이것이 3:12에서 언급된 그리스도의 "새 이름"을 이해하는 방법일 것이다. 새 이름이 "내 하나님의 이름"이 아니더라도, 그것과 매우 긴밀하게 연결되어 신적 함축을 지닌다.[356)] *Asc. Isa.* 9:5은 이 견해를 선호하는 또 다른 증거를 제공한다. "이것이 너의 주님이신 주 그리스도이시다. 그는 세상에서 예수로 불릴 것이지만 너는 이 몸에서 들어올림을 받을 때에야 비

---

352) Kraft는 여기서 이사야서의 배경이 있다고 인정한 유일한 주석가다. Kraft, *Offenbarung,* 248-49.

353) 예. Swete, *Apocalypse,* 252; G. Kittel, *TDNT* IV, 126; Rissi, *Future of the World,* 23; Mounce, *Revelation,* 345; Hailey, *Revelation,* 382-83.

354) Kraft, *Offenbarung,* 247-48.

355) M. Stuart, *Revelation* II, 346. Farrer, *Revelation,* 198, Prigent, *Apocalypse,* 293 등등은 Stuart의 견해를 따른다.

356) Farrer, *Revelation,* 198.

로소 그의 이름을 들을 수 있다." 후기 유대교 문헌에는 하나님이 "장차 올 때에…메시아의 이름을 새롭게 하실 것이며" 악한 자들이 최후를 맞이할 때, "하나님의 이름이 완성될 것이다"라고 천명한다(*Pesikta Rabbati* 12.9; *Pesikta de Rab Kahana* 3.16. 두 본문 모두 시 9:6-7[7-8]을 암시하며 이어지는 구절은 계 19:11에 반영된다). 짐작건대 여기서 말하고자 하는 바는, 하나님의 성품이 그가 공의를 온전히 행하실 역사의 끝에서야 비로소 완전히 증명되고 계시될 것이라는 점일 것이다. 동일한 내용이 계 19:12의 그리스도의 성품에도 해당되는 것 같다.[357] 11절과 16절에 계시된 이름은 하나님을 가리키는 구약의 명칭들이기 때문에, 계 19:12의 알려지지 않은 이름은 적어도 하나님의 이름을 가리킨다고 봐야 한다.[358] 흥미로운 개념적 병행은 *Gospel of Truth* 38-39이다. 이 본문에는 "아버지의 이름은 아들이다"라는 내용이 반복해서 등장한다. 그 이름은 "비밀"이지만 다른 사람들에게 계시될 수 있다(또한 *Gospel of Philip* 56:4-16).

실제로 구약성경에서 "야웨"라는 이름은 전형적으로 하나님과 이스라엘의 언약관계, 특히 족장들에게 하신 약속들을 성취하는 언약관계를 표현한다. 출 6:3에서는 하나님이 "엘 샤다이"라는 이름으로 족장들에게 자신을 알리셨으나 "여호와라는 이름으로는 그들에게 나를 알리지 않았다"고 말씀하신다. 출 6:3b의 *Targ. Pal.*은 알려지지 않은 이름인 야웨가 계시됨으로써 하나님의 영광의 베일이 걷힌다고 말한다. "나의 이름 예-야(Ye-ya)는 나의 영광을 발견[계시]할 때 그들에게 알려지지 않았다." 족장들은 그 이름을 인지적으로는 이해했지만 언약의 성취자로서의 야웨라는 의미를 경험적으로는 이해하지 못했다. 그러나 출애굽 세대의 이스라엘은 이처럼 좀 더 온전한 의미로 야웨를 알게 될 것이다.[359] 그래서 후일에 하나님이 이스

---

357) Roloff, *Revelation,* 218.

358) Brütsch, *Offenbarung* II, 300-1을 보라. Brütsch는 "야웨" 또는 그밖에 다른 신의 이름과 동일시하는 견해를 지지하는 학자들을 인용한다.

359) 출 6:3을 이런 식으로 이해하는 견해를 지지하는 가장 최근의 주석으로 Sarna, *Exodus,* 31을 보라.

라엘을 회복하고 그의 성품을 더 위대한 방법으로 계시하여 그리스도를 통해 예언을 성취하실 때, 이스라엘은 차원 높은 방법으로 "여호와의 이름을 알" 것이다(출 6:3, 7과 사 49:23; 52:6; 겔 37:6, 13을 비교하라). 악한 나라들도 야웨를 경험하지 못하고 그의 심판하시는 품성만을 경험할 것이다(겔 38:23; 39:6). 출 6장 배경은 예루살렘 타르굼에 의해 요한계시록 이곳에서 부각된다. 예루살렘 타르굼에는 히브리어 출 6:3b의 "내 이름 여호와로는 내가 나를 그들에게 알리지 않았다"가 "하지만 **주의 말씀의 이름**이 그들에게 **알려지지 않았다**"로 번역되었다(또한 Neofiti에는 다른 독법도 있다). 이것은 "알려지지 않은 이름" 다음에 "그 이름은 하나님의 말씀이라"가 이어지는 계 19:12-13과 너무도 비슷하다. 그러므로 출 6장은 계 19:12-13에서 알려지지 않은 이름과 "주"라는 이름, 특히 "하나님의 말씀"과의 상호관련을 뒷받침한다.

그 이름은 그리스도가 쓰신 관에 기록되었을 것이다. "그의 머리에 있는 많은 관"이 바로 앞에 등장하고, 야웨의 이름이 대제사장의 이마에 기록되었으며, "모독하는 이름들"이 짐승의 관에 기록되었기 때문이다(13:1; 참조. 17:3. 이렇게 음녀의 이름은 그의 이마에 있다). 그리고 그리스도의 이름이 신자들의 "이마"에 있는 것도 그 이유가 될 수 있다(14:1; 22:4).[360] 에티오피아어역 성경에는 이렇게 번역되었다. "그리고 그의 관에 이름 쓴 것이 있는데, 그 자신 외에는 아무도 알지 못했다"(몇몇 사본에는 16절에서 그리스도에게 붙여진 이름이 그의 "이마"에 기록되었다고 명시적으로 언급되었다).[361]

주석가들 중에는 그리스도"밖에 아는 자가 없고"라는 주장이 11, 13, 16절에서 그의 이름이 계시되었다는 것과 공식적으로 모순된다고 생각하는 사람들이 있다. 하지만 이 모순은 12절의 표현을 문자적인 추상적 진술로 이해할 경우에만 성립된다. 실제로 11, 13, 16절의 알려진 이름들처럼 알려지지 않은 이름은 문자적 수준이 아니라 상징적 수준에서 찾아야

360) Hengstenberg, *Revelation* II, 320.
361) Gill, *Revelation,* 853.

한다.[362] 음녀의 "기록된 이름"이 처음에는 "비밀"로 불렸다가 즉시 "큰 바벨론"이라고 언급된 17:5에 의해 상징적 접근이 지지받는다. "비밀"은 그 이름이 계속 비밀인 채 남는다는 뜻이 아니라, 그 의미가 그 이름의 구속사적인 중요성에 비춰 밝혀진다는 뜻이다. 1:20과 10:7의 "비밀"에는 이스라엘의 종말론적 나라가 세워지고 악한 나라들이 멸망한다는 다니엘서의 예언이 성취되기 시작했고 또 실제로 성취되는 예기치 못한 방법이 포함된다. 구약 예언의 성취가 절정에 도달할 때에는, 1:20, 10:7, 17:5의 "비밀"은 더 이상 비밀이 되지 않을 것이다.

이름을 안다(또는 그것을 알지 못한다)는 것의 중요성은 성경의 다른 곳에서 찾아야 한다. 구약성경에서 이름을 안다는 것은 그 이름을 가진 사람을 지배한다는 것을 의미한다. 그러므로 여기에 언급된 이름의 비밀스러운 성격은 인지적인 차원에서 이름을 감췄다는 것과는 관계가 없고, 자신의 품성에 인간이 경험적으로 접근하는 데 있어 절대적 주권을 가지신 그리스도를 암시한다.[363] 그리스도는 어떤 사람들에게 구원 관계를 시작하심으로써 자신의 이름(즉 그의 품성)을 계시하신다(2:17; 3:12; 22:3-4; 눅 10:22; 마 16:16-17). 하지만 다른 사람들에게는 심판의 경험을 통해 자기 이름을 계시하시며, 그의 이름의 **구원론적 중요성**은 그들에게 비밀로 남는다(자세한 내용은 2:17의 주석 참조). 참 신자들 "이외에 아무도" 구원의 "새 노래"를 배울 수 없듯이(14:3), 참 신자들만 그리스도의 이름을 알고 경험할 수 있다. 그리스도가 최후의 절정이 임하기 전 이 시대에 자기 이름을 계시하기 시작하시기 때문이다. 그렇지만 신자들조차도 현 시대에는 그리스도의 이름을 온전히 알지 못한다. 그들은 이 세대 끝에 모든 예언이 완성될 때에야 비로소 그의 이름을 온전히 알게 될 것이다.

11-21절과 19:11, 13, 16절의 말 탄 자의 이름의 구약적 배경이 입증

---

362) Beasley-Murray, *Revelation*, 279.

363) Kline은 구약성경에서 "알다"(*yāda*ʿ)가 "소유하다"를 의미할 수 있고 그 의미가 본문에 적용된다고 주장한다. Kline, *Images of the Spirit*, 130.

하듯이, 19:12에서 "이름"의 비유적 강조는 심판을 통해 표현된 그리스도의 성품을 경험하는 데 있다. 실제로 말 탄 자의 이름(즉 그의 품성)은 영원히 비밀인 채로 있지 않고, 그가 심판하러 오실 때(19-21절) "충신과 진실"(11절), "하나님의 말씀"(13절), "만주의 주요 만왕의 왕"으로(16절) 계시된다.[364] 요한계시록 이후에 등장한 유대교 전통은 성경에서 무기를 가지고 싸우시는 하나님을 묘사한 다양한 표현들이 "그의 이름으로 싸우시는" 하나님을 가리키는 비유라고 보았다(*Mekilta de Rabbi Ishmael*, Shirata 4.1-19; 이와 비슷하게 *Midr. Rab.* 민 11.7).

아무도 모르는 이름 하나(단수)가 여러 이름으로 계시될 수 있다는 것은 우리가 엄격히 문자적으로 이해할 경우에만 문제가 된다. 하지만 그 이름의 상징적 특성을 이해한다면 문제는 사라진다. 19:16의 칭호가 12절의 이름을 가장 공식적으로 설명하기 위해 의도되었다는 사실은 도입구의 병행으로 드러난다.

19:12	19:16
ἔχων ὄνομα γεγραμμένον ("이름 쓴 것 하나가 있으니").	ἔχει…ὄνομα γεγραμμένον ("이름을 쓴 것이 있으니").

두 본문의 이러한 연결은 12-16절의 교차대구법으로도 드러난다. (1) 기록되고 알려지지 않은 이름(12절)이 기록되고 알려진 이름에 의해 공식적으로 알려진다(16절). (2) 옷이 피에 흠뻑 젖은 이유(13a절)는 말 탄 자가 포도주 틀을 밟았다는 이미지로 제시된다(15b절). (3) "하나님의 말씀"(13b절)은 그리스도의 입에서 나오는 검에 의해 비유적으로 설명된다(15a절).[365] 교차대구의 중앙부분은 14절이다. 그래서 초점은 성도들에게 있다. 성도들의 믿음과 의가 그리스도의 심판하시는 활동에 의해 참되다고 인정

364) Kiddle, *Revelation*, 385-86; 참조. *Asc. Isa*. 9:5.

365) Kline, *Images of the Spirit*, 130과 이를 추종하는 D. C. Chilton, *Days of Vengeance*, 483-84을 보라.

받을 것이다.

그러므로 "알려지지 않은 이름"의 상징적 의미는 그리스도가 구원과 심판의 약속들을 아직은 절정의 상태로 성취하지 않았다는 데 있다. 하지만 그리스도는 자기를 따르는 자들을 신원하시면서 이 약속들을 성취하러 오실 때 그의 은혜와 공의의 성품(즉 그의 이름)을 모두에게 **철저히** 계시하실 것이다.[366] 모든 사람이 그리스도의 은혜와 공의를 보게 될 것이지만, 오직 그의 백성만 그의 은혜의 충만한 계시를 경험한다. 그러나 그를 대적하던 사람들은 그의 공의를 온전히 경험할 것이다.

한편 19:11-16의 환상은 미래로 투사되어 마치 역사의 마지막에 임할 그리스도의 심판이 이미 현재에 최종적으로 임하고 있는 것처럼 보인다. 반면에 12b절에 "알려지지 않은 이름"이 아직 성취되지 않음을 함의한다고 앞에서 내린 결론은 환상이 아직 역사에서 성취되지 않았음을 이해하는 단서다. 이러한 분석이 옳다면 12b절의 해석의 요점은 그리스도가 심판하러 다시 오실 때 실제로 그의 "이름을 아무도 모른다"거나 어떤 의미에서 자신을 베일로 가리셨다는 것이 아니라, 예언 성취에서 그의 이름을 극적으로 계시하신다는 데 있다.

이와 마찬가지로 "인자"의 "감춰진 이름"은 *1 En.* 69:14-29에서 그가 행할 미래의 심판으로 계시된다. 눅 10:22은 앞에서 해석한 것을 지지한다. "아버지 외에는 아들이 누구인지 아는 자가 없고 아들과 또 아들의 소원대로 계시를 받는 자 외에는 아버지가 누구인지 아는 자가 없나이다." 마찬가지로 요일 3:1을 참조하라. "보라! 아버지께서 어떠한 사랑을 우리에게 베푸사 하나님의 자녀라 일컬음을 받게 하셨는가. 우리가 그러하도다. 그러므로 세상이 우리를 알지 못함은 그를 알지 못함이라."

사본상의 증거들 중에는 ονοματα γεγραμμενα και ("이름들을 쓴 것과")이 더해져 전체 독법이 "또 이름들 쓴 것과 이름 쓴 것 하나가 있으니 자기밖에 아는 자가 없고"로 된 사본들이 있다(1006 1841 1854 2030 $\mathfrak{M}^{K}$ sy^{h}).

366) 12절의 이름을 다양하게 설명한 것은 Mounce, *Revelation*, 344-45을 보라.

이 삽입구는 그리스도의 세 이름이 전후 문맥에 계시되었지만 11절에서는 그리스도께서만 자기 이름을 안다고 주장한 분명한 모순을 설명하려고 의도적으로 삽입한 것이다.

3:12과 19:12에서 이름들은 같은 것을 다르게 말하는 은유적 방법이다. 다시 말해서 두 본문은 다 신적 임재를 함의하고 강조한다.

13절 말 탄 자는 "피 뿌린 옷을 입었다"고 묘사된다. 이것은 사 63:1-3에서 하나님이 열국을 심판하신다는 묘사를 반영한 분명한 암시다. "붉은 옷을 입고…네 옷이 포도즙 틀을 밟는 자 같으냐…그들의 선혈이 내 옷에 튀어 내 의복을 다 더럽혔음이니." 그래서 요한은 하나님이 용사이심을 예언한 이사야서의 예언을 확증하면서 그리스도를 그 신적 용사와 동일시한다. 이사야서에서 용사는 "그의 백성을 대신하여 복수"하고 "구속"을 이루시려고 심판하신다(사 63:4). 같은 목적이 계 19장에도 암시되었다. 그러므로 피로 더럽혀진 옷은 다가오는 심판에서 행사하실 하나님의 공의의 품성을 상징한다.[367] 사 63:2ff.의 암시는 15절에서 다시 등장할 것이다.

"충신과 진실"이라는 이름 이외에(11절), 말 탄 자의 비밀스러운 "기록된 이름"(12절)은 "하나님의 말씀"으로 계시되기도 한다. 이 이름들이 "기록된 이름"을 설명하려는 의도를 지녔다는 것은 이 이름들로 이루어진 수미상관의 형식에서 분명히 드러난다. 기록되고 알려지지 않은 이름은 중간에 있고, 앞뒤에 있는 이름들은 καλέω("칭하다")의 다른 형태들로 소개된다. 그 이름들이 불린 이름이라는 사실 역시 12절의 기록되고 알려지지 않은 이름과 관련하여 계시적 기능을 암시한다. καλέω는 11:8, 12:9, 16:16에서 백성과 장소의 이름을 영적으로 해석한 것을 계시하기 위해서도 사용된다. 여기서는 11절의 이름처럼 "하나님의 말씀"이 재판의 기능을 표현한다. 말 탄 자가 하나님의 말씀으로 심판할 것이기 때문이다(19:15, 21). "하나님의"는 주어 소유격("하나님에게서 나오는 말씀")과 목적어 소유격("하나님에 관한 말씀")으로 이해될 수 있다. 이것은 이어지는 문맥에서 이야기하는 심판 말씀의

---

367) Kiddle, *Revelation*, 384-85.

총체적 내용을 가리킨다. 이 심판으로 예수의 종들이 가진 "예수의 증언"의 참됨이 인정된다(10절. 잠 30:5 참조).

13절이 10절과 연결된 것은 요한계시록에서 4곳에서만 τὸν λόγον τοῦ θεοῦ("하나님의 말씀")가 등장한다는 것으로도 암시된다. 그중에 3곳은 τὴν μαρτυρία Ἰησοῦ("예수의 증언")와 결합하여 등장하고(1:2, 9; 20:4), 나머지 하나는 τὴν μαρτυρίαν("증언")과 직접 연결된다(6:9). 그렇다면 매 경우 "하나님의 말씀"은 "예수의 증언"과 동일시되며, "하나님이 예수의 말씀과 행위로써 자신을 계시하신다"라는 의미다. 네 본문 각각에서 성도들은 "예수의 증언과 하나님의 말씀" 때문에 박해를 받는 사람들로 묘사된다(1:2, 9의 주석 참조). 예수를 "충신과 진실"로(19:11), 그리고 그의 말씀으로 심판하는 분으로(19:15, 21) 묘사하는 것은 그의 강림이 19:10에 언급된 증언을 확증하는 "증언"임을 시사한다.[368]

구약성경에서 "말씀"(LXX에서 λόγος)은 "약속" 또는 "예언" 사상을 지니기도 한다(예. 왕상 8:56 LXX). 요한계시록에 의하면, 바벨론의 멸망은 신구약 성경 모두에서 발견되고 최후의 심판과 관련하는 "하나님의 예언의 말씀"을 "이루는" 행위다(참조. 17:17의 τελεσθήσονται οἱ λόγοι τοῦ θεου). 19:13의 칭호는 구약과 신약의 예언을 성취하면서 하나님의 남은 원수들에게 임하는 그리스도의 최후 심판을 암시하는 것 같다. 이러한 이해는 19:9의 "이것은 하나님의 참된 말씀이라"(οὗτοι οἱ λόγοι ἀληθινοὶ τοῦ θεοῦ εἰσιν)는 진술에서 확증된다. 이 진술은 계 21:5과 22:6에 있는 거의 같은 표현들이 그러하듯이, 우선적으로 구약 예언, 특히 사 61:10의 미래 성취를 가리킨다. 이것은 19:7-9을 19:11-21과 이어주는 여러 다양한 연결 고리들 중 하나다.

"(하나님의) 말씀"(19:9b)은 구약 예언의 확실한 미래적 성취를 가리킨다. 여러 본문 중 계 21:5에서는 사 43:18, 65:17-19, 61:10이, 계 22:6에서는 사 60:19과 단 2:28-45이 암시되었다(21:1-5; 22:5-6의 주석 참조). 계 19:12의 그리스도의 이름이 요 1:1과 연결되었을 가능성은 있지

368) Sweet, *Revelation*, 281에 동의함.

만 확실치 않다. "주의 말씀[*memra*]"은 "주님"을 가리키는 타르굼의 전형적인 우회적 표현이다.[369)]

학자들 중에는 그리스도의 옷에 뿌려진 피가 패배한 원수의 피가 아니라 그리스도 자신의 피[370)] 또는 순교당한 성도들의 피[371)]라고 주장하는 사람들이 있다. 이 견해들 중 어느 하나를 선호하는 주장은 그리스도와 그의 백성이 그들 자신의 피를 쏟음으로써 역설적으로 원수들을 이긴 것으로 해석한다는 다른 곳을 그 증거로 제시한다(예. 5:5-10; 12:11). 하지만 이렇게 피를 전통적인 의미로 이해함으로 성도들을 박해하는 자들에 대한 궁극적이고 최종적인 심판이 배제되어서는 안 된다. 역설적인 이김은 시작된 나라의 특징이다. 반면에 최종적이고 좀 더 문자적으로 이해된 이김 또는 원수를 심판함은 그 나라의 절정을 소개한다(그러나 Caird와 Sweet를 비롯한 몇몇 주석가는 그 나라의 최종 형태를 소개하는 것이 최후의 심판이 아니라 보편적 구원이라고 이해한다).

그리스도 자신의 피가 그의 옷에 뿌려졌다고 주장하는 또 다른 근거는 전쟁이 언급되기 전에 그리스도의 옷이 피로 더럽혀졌다는 분명한 모순을 증거로 든다. 하지만 이것은 여러 곳에서 경고했듯이, 비유적 이미지를 지나치게 기계적으로 이해한 견해다(본서 5:2의 주석과 5:3의 주석 사이에서 "책"에 대해 설명한 단락을 참조하라). 모순되는 것처럼 보이는 것은 예언적 장르의 특성으로 설명할 수 있다. 예언적 장르는 성취의 확실성을 강조하려고 미래의 사건들을 과거나 현재로 묘사하려는 경향이 있다. 본문에서도 이 사실이 해당하는 것은 13절이 사 63:1-3을 암시한다는

---

369) 참고자료는 McNamara, *Targum and Testament,* 101-6; SB II, 302-33을 보라.

370) Preston and Hanson, *Revelation,* 120; Rissi, *Future of the World,* 24; A. F. Johnson, "Revelation," 574; Krodel, *Revelation,* 323; Mulholland, *Revelation,* 301; Boring, *Revelation,* 196-97; Wall, *Revelation,* 231; 그리고 가장 최근에 출판된 Harrington, *Revelation* (Sacra Pagina), 192-93.

371) Caird, *Revelation,* 242-43. 이 견해를 주장하는 다른 사람들은 Brütsch, *Offenbarung* II, 301-2을 보라. Swete, *Apocalypse,* 252에 인용된 글들은 초기 교회를 이처럼 설명한 Johnson의 견해를 예상한다.

사실에서 분명히 드러난다. 여기서 과거와 현재 시제를 사용한 동일한 예언적 언어가 미래적 성취의 확실성을 제시할 목적으로 전체적으로 엮여 있다(63:3: "그들의 선혈이 내 옷에 튀어 내 의복을 다 더럽혔음이니").[372] 미래를 묘사하려고 과거·현재·미래를 섞는 것은 요한계시록 여러 곳과 여기 본문의 문맥에 등장한다(14절 주석 참조). 11-16절의 모든 묘사가 그리스도가 악한 자들을 심판하시면서 행사하시는 성품들을 상징한다는 사실을 상기한다면, 모순처럼 보이는 것들은 사라진다. 이 성품들은 심판 이전에 그리스도가 소유했다(이것은 전제된다)는 데 초점을 맞추려고 언급된 것이 아니라, (내가 11-16절을 논의하며 줄곧 주장하는 것처럼) 심판을 통해 이 성품들이 시행되고 증명된다는 사실을 강조하려고 언급되었다. 예를 들어 그리스도는 그가 약속한 대로 악한 자들을 마침내 심판하실 때 자신이 "충신과 진실"이라는 사실을 보이신다(11절). 마찬가지로 그의 옷이 더럽혀졌다는 것은 문자적인 의미에서 피로 물들여진 옷을 가리키는 것이 아니라, 법적 심판을 행하심으로 표현된 그의 의로운 성품을 암시한다. 11절 마지막 문장에서 분명히 언급하듯이 말이다. 실제로 19장의 가장 중요한 주제는 압제자들에게 내리는 **심판**이지, 압제로 야기된 의인들의 **고난**이 아니다.

19:13에 묘사된 그리스도를 심판자로 이해해야 한다는 것을 지지하는 본문은 *Targ. Pal.* 창 49:11이다. "피에 적신[또는 "굴린," *m'g 'gyn*] 그의 옷은 짜낸 포도즙과 같도다." 이것은 메시아가 원수를 멸하는 상황을 묘사하는 사 63:2의 암시다(*Targ. Neof.*에는 "적시다"라는 같은 동사가 사용되었다). 이 타르굼의 12절은 이렇게 계속된다. "왕이신 메시아의 눈은 깨끗한 포도주처럼 참으로 아름답도다. 그는 의인들의 피 흘림을 차마 보시지 못하는구나." 이것은 놀랍다. 타르굼에서 언급한 눈은 압제받는 자들을 살피시는 메시아의 공의의 성품을 의미하기 때문이다. 이것은 계 19:12에서 예수의 눈을 언급한 것(특히 2절의 "자기 종들의 피"를 뒤따르

---

372) Beasley-Murray, *Revelation,* 280.

는 11절의 "그가 공의로 심판하며 싸우더라")과 같다.[373] 요한계시록에서 "피"는 그리스도나 그리스도인들의 고난, 또는 심판 받는 자들의 고난을 가리킬 수 있다. 또는 "피"는 심판 자체를 가리키는 은유일 것이다. 가장 결정적인 사용은 14:18-20에서 발견된다. 여기서 "피"는 포도주 틀 은유와 함께 사용되며, 분명히 불신자들에 대한 심판을 가리키는 장면이다.

반면에 혹자는 *Targ. Pal.* 창 49:11이 계 19:13의 역설적 독법을 지지할 수 있다고 주장하면서, 계 5:5에 인용된 창 49:11이 계 5:6에 의해 변경되었고, 계 14:20의 "성 밖"이 갈보리를 의미할 수도 있다는 것을 그 이유로 든다.[374]

사 63:1-3은 유대교 주경 전통에서 다양한 것을 언급하는 것으로 해석된다. 일반적 심판(*Targ.* 사 63:1-3; *Midr. Rab.* 출 20.11; *Midr. Rab.* 민 11.7; *Pesikta Rabbati* 40.4; *Midr.* 시 84.1), 특히 로마의 최후 심판(종종 에돔이라는 별칭으로 언급되기도 함. *Midr. Rab.* 창 16.4; *Midr. Rab.* 레 13.5; *Midr. Rab.* 민 14.1; *Midr.* 시 8.1; 60.3; *Pesikta Rabbati* 37.2; *Pesikta de Rab Kahana* 22:5, 부록 6; 참조. *Midr. Rab.* 출 15.16; *Tanna de-be Eliyyahu*, p. 26; *Pirqe de Rabbi Eliezer* S, p. 26), 열국의 심판(*Midr. Rab.* 에 1.6; *Midr.* 시 8.8), 또는 곡과 마곡 심판 등(*Pesikta Rabbati* 37.2; *Midr.* 시 8.8; 68.13; *Pesikta de Rab Kahana* 22.5).

"적시다"는 요한이 사용한 사 63:3 MT의 "뿌리다"와 같다. *Targ. Pal.* 창 49:11 역시 동사를 동일하게 변경하여 사 63:3을 암시한다. 요한계시록의 몇몇 사본에서는 사 63:3 MT 또는 아퀼라 역과 심마쿠스 역 사 63:3의 ῥαντίζω와 일치시키려고 "뿌린"(ρεραντισμενον[P (1006 1841) 2329] 또는 ερραμμενον([(1611) 2053 2062])이 "적신"으로 바뀌었다(A

373) 이와 마찬가지로 McNamara, *New Testament and Palestinian Targum*, 232-33; Mounce, *Revelation*, 345을 보라.

374) Sweet, *Revelation*, 232, 283이 이것을 주장하는 것처럼 보인다. 이에 반해 앞에서 14:18-20을 분석한 내용을 보라.

051 𝔐).[375] βεβαμμένον이 틀림없이 원본일 것이다. ρεραντισμενον이나 ερραμμενον에서 어떻게 βεβαμμένον으로 변경될 수 있는지를 설명할 만한 그럴 듯한 이유를 찾을 수 없기 때문이다.

14절 "하늘에 있는 군대들이" 그리스도를 "따른다." 그들도 그들의 지도자와 같은 이유로 "흰 말"을 타고 있다. 말들의 색깔은 그리스도의 역할이 성도들의 대표자로서 신원하는 데 있음을 부각시킨다. 또는 개연성은 적지만, 성도들이 그리스도와 함께 그들이 신원함을 받는 데 참여함을 계시한다(11절 주석 참조).

이 하늘의 군대가 천사로 구성되었을 가능성이 있다(12:7에서처럼).[376] 신약성경 여러 곳에서 천사들의 군대가 최후의 심판을 집행하기 위해 하늘로부터 그리스도와 함께한다(마 13:40-42; 16:27; 24:30-31; 25:31-32; 막 8:38; 눅 9:26; 살후 1:7; 유 14-15; 참조. *Test. Levi* 3:3; *Apoc. Elijah* 3:4; *1 En*. 102:1-3; *2 En*. 17). 본문의 군대가 천사의 군대라면, 하나님의 백성이 신원함을 받는 일에 의문을 제기할 일이 없을 것이다. 하지만 17:14은 그리스도 자신이 그와 함께 있는 "부르심을 받고 택하심을 받은 진실한 자들"을 대신하는 대표자로서 짐승을 이기시는 분이라는 것을 뒷받침한다. 17:14은 그 군대를 천사들이 아니라 성도들과 동일시하기도 한다. 그리스도와 함께하는 자들이 성도들이며, "만주의 주요 만왕의 왕"이라고 칭함을 받으시는 분도 그리스도이시기 때문이다(19:16에서처럼).[377]

그 군대들이 입은 "희고 깨끗한 세마포 옷"은 의로운 자들이 선포하고 불경건한 자들이 비방한 진리가 지금 옳다고 선언을 받는 중에 있다는 점을 강조한다(이것의 상징적 의미에 대해서는 19:8의 주석 참조). 이러한 상징적 옷은 천사들(15:6; 단 10:5; 12:6; 겔 9:2) 또는 성도들(19:8의 주석 참조) 모두에게 적합하다. 하지만 요한계시록에서는 한 곳(15:6)을 제외하고는 성도들

---

375) Charles, *Revelation* II, 133-34; Prigent, *Apocalypse,* 294-95을 따름. 그리고 Schmid, *Geschichte des griechischen Apokalypse-Textes* II, 115에 반대함

376) Swete, *Apocalypse,* 253.

377) Charles, *Revelation* II, 135.

이 흰옷을 입는다(3:4-5, 18; 4:4; 6:11; 7:9, 13-14). 이곳과 17:14에서 성도들은 그들의 증언이 그들을 탄압했던 자들을 정죄하는 법적 증거가 되는 경우에 한해서만 최후의 심판에 참여한다(심판하는 증인을 이렇게 이해하는 것에 대해서는 마 12:41-42과 이와 병행하는 구절들과 롬 2:27을 보라).[378] 이것은 시 2편의 심판 예언을 그리스도가 성취하신다는 19:15에 의해서도 암시를 받는다. 계 2:26-27에는 성도들도 시 2편의 예언을 성취하는 일에 참여할 것이라고 언급하기 때문이다.[379] 천사와 성도들 모두 여기에 묘사되었을지도 모른다.[380] 흥미로운 것은 *Asc. Isa*. 4:14-17에도 이런 내용이 언급된다는 사실이다. "주께서 그의 천사들과 성도들의 무리와 함께 오실 것이다." 성도들의 무리는 "벨리알과 그의 군대를 게헨나에 처넣기" 위해 "옷을 입었다"(비슷한 내용을 담은 1QM 12.7-9 참조).[381]

요한계시록 이곳과 여러 곳에서 성도들의 옷은 제사장의 옷으로도 이해해야 한다. 천상적 존재들이 입은 것과 같은 옷은 계 15:6, 단 10:5, 12:6, 겔 9:2에서 제사장의 옷인 것이 분명하며, 계 1:13에서 그리스도가 입은 옷과 비슷하다.[382] 7:9, 14-15에서 흰옷을 입은 성도들은 제사장의 기능을 수행한다. 마찬가지로 19:8의 "빛나고 깨끗한 세마포"는 제사장적인 함의를 가진다. 그리스도를 따르는 자들은 그리스도가 심판하실 때 그와 함께하면서 그들 대표자의 제사장적인 특성을 반영한다.

아르메니아어 역본 중에는 그 군대들을 천사와 분명히 동일시하려고 "하늘의 군대들" 앞에 "하늘의 통치자들(또는 통치자)"을 덧붙인 것들도 있다.[383] 다른 사본들은 ἐφ' ἵπποις λευκοῖς("백마를 타고")를 εφιπποι πολλοι("많은 기병")로 오해한 것들도 있다(051* [2344] 𝔐^A).

378) Caird, *Revelation,* 241.

379) Prigent, *Apocalypse,* 296.

380) M. Stuart, *Apocalypse* II, 347.

381) 19:14의 하늘 군대의 정체를 밝히는 다양한 견해를 제시하는 주석가들 목록은 Brütsch, *Offenbarung* II, 304을 보라.

382) 이 견해를 지지하는 자세한 논의는 Kline, *Images of the Spirit,* 47-50을 보라.

383) Hoskier, *Text of Apocalypse* II, 531.

14-16절에서 과거·현재·미래 시제를 번갈아가며 사용하는 것을 주목하라. "그를 따르더라(과거 진행)…나오니(현재)…다스리며(미래)…밟겠고(미래)…있으니(현재)." 환상이 분명히 예언적 성격을 띤 까닭에, 현재 시재는 "미래적 현재형"이거나 아마도 예언적인 "역사적 현재"일 수 있다. 이러한 시제 전환은, 과거에 보았던 미래 사건들을 예언하는 환상을 기록하는 선견자에게 자연스러운 것처럼 보인다.[384] 3절의 현재 시제(ἀναβαίνει ["올라가더라"])와 11절의 과거 시제(εἶδον ["내가 보았다"])도 주목하라.

15절　15절을 구성하는 데 구약 암시 4개가 사용되었다.

사 49:2과 11:4. "그의 입에서 예리한 검이 나오"는 장면(1:16; 2:12, 16의 주석 참조)은 사 49:2에 근거한다. 거기에 있는 비유적 언어는 "종 이스라엘"이 그의 검으로써 이스라엘 나라를 회복하고 열국을 구원하는 그의 사명을 완수하는 능력을 언급한다(*Targ*. 사 49:2은 본문을 이렇게 읽는다. "그는 예리한 검과 같은 그의 말씀을 내 입에 두셨다"). 계 19:15은 이사야서의 예언을 재천명하며, 예수를 "종 이스라엘"과 넌지시 동일시한다(눅 2:32; 행 26:23에서처럼).

이 묘사는 사 11:4을 반영함으로써 완성된다. "그의 입의 막대기로 세상을 치며." 히브리어 본문에서 "그의 입의 **막대기**"는 LXX에서 "그의 입의 **말씀**"으로 해석된다. 이것은 "하나님의 말씀"(계 19:13)이 그리스도가 심판을 수행하는 수단을 가리키는 명칭이라는 생각을 뒷받침한다. LXX 번역에는 히브리어 본문의 다음과 같은 어구의 의미를 더욱 분명히 하려는 의도가 있다. "그의 입술의 기운으로 악인을 죽일 것이며"(참조. 살후 2:8). 4 Ezra 13도 사 11:4을 암시하며 메시아의 심판의 수단을 "율법"의 말씀으로 해석한다. 그 말씀은 "열국과 그들의 악한 생각을 꾸짖을 것이다"(4 Ezra 13:10-11, 37-38).

사 11장을 언급함으로써, 신자들을 탄압하던 자들을 정죄함으로 신자들의 결백을 입증한다는 주제가 다시 부각된다. 사 11:4a의 내용은 이렇다.

384) Mussies, *Morphology of Koine Greek,* 336.

"[그가] 공의로 가난한 자를 [위해] 심판하며 정직으로 세상의 겸손한 자를 위해 판단할 것이며." "공의로 심판한다"는 것 역시 계 19:11에 반영된다. 1:16과 2:12, 16에서 같은 암시가 사용된 것은 19장에서 심판받는 사람들 중에 배교자들이 포함될 수 있다는 점을 시사한다.

Targ. 사 11:4은 LXX을 따라 본문을 이렇게 읽는다. "그는 그 입의 계명으로 그 땅의 죄인들을 치며 그의 입술의 말로 악인을 죽일 것이며." 사 11:4을 다룬 *Midr*. 시 21.3도 이와 비슷하게 본문을 이해한다.

1 En. 62:2에도 사 11:4을 암시하고 그 본문을 "인자"에게 적용한다. "의의 영이 그 입에 부어졌고, 그 입의 말이 모든 죄인을 죽인다." 이 장의 전체 문맥에 의하면, 사 11:4은 문자적 멸망을 묘사하는 데 사용된 것이 아니라, "왕들"에게 유죄를 판결하는 인자의 구두 선언으로 이해된다. 이 선언은 인자가 그의 보좌에 앉아있는 법정 장면에서 벌어진다. 그 후 왕들은 처벌받도록 넘겨져 "인자의 자녀와 그의 택함 받은 자들을 압제한 것으로 인해 복수를 당할 것이다." 인자의 자녀들은 인자와 함께 음식을 먹으며 그들이 의롭다는 표시로 "영광의 옷"을 받을 것이다(*1 En*. 62:11. 62:1-16과 계 19:7-15을 비교하라). 이것은 사 11:4이 계 19장을 구성하는 사상의 동일한 패턴에 엮였음을 나타낸다. 하나님의 "말씀"을 대표하는 "검"의 은유는 히 4:12과 Wis. 18:15-16에서도 입증된다. Wis. 18:15-16은 하나님의 하늘 보좌에서 내려온 하나님의 "말씀"과 "계명"을 애굽 사람들을 징계한 "예리한 검"과 동일시한다. 두 본문에서 사용된 은유에 의하면 하나님의 말씀은 심판의 도구다.

계 19:11에 암시되었을 수 있는 시 45:3-5의 말 탄 자가 찬 검은 *b. Shabbat* 63a에서 "토라의 말씀들"을 가리키는 것으로 설명된다. 이처럼 호 6:5에서는 "내가 예언자들로 그들을 치고 내 입의 말로 그들을 죽였노니"라고 말한다. 한편 악한 자들의 말도 시 56(57):4, 잠 5:3-4에서 "예리한 검"에 비유된다.

사본 1006 1841 1854 2030 2329 𝔐[K]와 몇몇 역본과 교부들의 글에서는 "예리한 검"(ῥομφαία ὀξεά)을 1:16과 2:12(ῥομφαία δίστομος ὀξεῖα)

에 자세히 묘사된 내용과 일치시키려고 διστομος("좌우에")라는 단어를 덧붙인다. 바르티나는 그리스도의 입에서 나오는 검을 품위 없고 납득할 수 없는 것으로 간주하면서 그 검이 틀림없이 상체에 입고 있는 옷의 젖힌 곳에서 나오는 것으로 믿는다.[385] 하지만 이러한 결론은 그 묘사를 비유적으로 이해하지 않고 문자적으로 이해할 경우에만 도달할 수 있다.

시 2:9. 시 2:9 암시로, 사 49장과 11장에 대한 언급으로 시작된 심판의 묘사가 좀 더 자세히 설명된다. 시 2:8-9, 12은 "서로 꾀어 주와 그 그리스도를 대적하자고 하는 세상의 불경건한 왕들"(2절)을 하나님의 "아들"(시 2:7)이 친히 심판할 것으로 예언한다. 요한계시록에 따르면 이 예언은 예수에 의해 성취될 것이다. 시편의 "그가 철장으로 그들을 깨뜨림이여 질그릇 같이 부수리라"는 "그가 철장으로 그들을 다스릴(또는 목양할) 것이라"로 바뀌었다(LXX에도 "목양할 것"으로 번역됨). 요한과 LXX의 번역자, 또는 두 사람 모두 발음기호가 표기되지 않은 히브리어 본문에서 "철장"이 불경건한 나라들에게는 파멸의 상징이었지만 이스라엘에게는 보호의 표시로 사용된 역설을 보았을 것이다(자세한 내용은 계 2:27의 주석 참조). 그래서 "목양하다"(ποιμαίνω = *r'h*)가 선택되었다. 이 단어가 "치다"(*r''*)보다는 분명히 상반되는 두 사상을 더 잘 포괄할 수 있다는 데 그 까닭이 있다. LXX에서 ποιμαίνω가 *r'h*를 번역하기 때문에 이러한 번역은 더욱 용이하게 보인다. LXX에서 ποιμαίνω는 통상적 의미인 "양을 치다(목양하다)"만 아니라, "멸하다" 또는 "파괴하다"의 의미도 지니기 때문이다(미 5:5[6]; 렘 6:3; 22:22; *r'h*는 시 79[80]:2[1]에서 2중 의미를 가졌을 것이다). "파괴하다"가 계 19:15에서 사용된 단어의 일차적 뉘앙스인 것이 분명하다. 거기서 "막대기"는 "입에서 나오는 검"처럼 고소하는 하나님의 말씀을 의미한다. 이것으로써 불경건한 자들은 정죄를 받아 영원한 형벌에 처하게 될 것이다. 심판으로 이어지는 기소 역시 19:21에 암시되었다. "그 나머지는 말 탄 자의 입으로부터 나오는 검에 죽으매." 이것은 사 49:2과 11:4의 반복적인 암시다.

---

385) "Una espada salia de la boca de su vestido."

MT와 LXX, 요한계시록에서 시 2:9과 관련한 본문상의 문제와 해석학적 문제를 철저히 논한 2:27의 주석을 참조하라. 그리고 12:5을 참조하라. *Pss. Sol.* 17:24은 또한 시 2:9을 암시하며("그가 **철장으로** 그들의 모든 실체를 깨뜨리실 것이다"), 역시 그 본문을 "그가 **그의 입의 말씀**으로 경건하지 않은 나라들을 멸하실 것이다"라는 말로 그 본문을 설명한다(참조. *Pss. Sol.* 17:35: "그는 그의 입의 말씀으로 땅을 칠 것이다." 또한 17:36도 참조하라). *Sib. Or.* 8.248은 시 2:9을 "그의 재판정"에서 불경건한 자들을 "심판하실 하늘의 왕"에게 적용한다(참조. 8.223). 그리스도의 말씀에는 구원의 측면을 암시하는 내용은 하나도 없고 오직 심판만 있을 뿐이다.[386)]

사 63:2-6. 마지막으로 말 탄 자가 나라들을 이기고 승리한다는 것은 포도주 틀에서 포도를 밟고 그 즙으로 옷이 더러워진 사람에 비유되었다. 여기에서 사용된 용어들은 하나님의 최후의 큰 심판 행위를 예언한 구약 예언의 계속된 암시다(사 63:2-6). 이는 계 19:13에서 시작되었고 다시 그리스도에게 적용된다. 소유격 τοῦ θυμοῦ("진노의")는 앞에 있는 상징을 규명하는 동격 소유격이다. "포도주 틀, 이것은 하나님의 격렬한[또는 "혹독한"] 진노를 의미한다[또는 "진노다"]"(14:17-20의 주석 참조). 소유격이 수식하는 의존어가 통상적으로 뒤에 놓인다는 규율에 따르면, 16:19에서처럼 τῆς ὀργῆς는 τοῦ θυμοῦ("진노")를 수식하는 형용사적 소유격("맹렬한")이다.[387)]

그리스도는 불경건한 자들에게 유죄 판결을 내리고 그들을 멸망으로 이끄실 것이다. 그들은 포도주 틀에 있는 포도가 철저히 으깨지듯이 멸망할 것이다(이 장면에 대한 자세한 구약 배경은 14:8, 10, 17-19의 주석 참조). 역사 내내 누적되었던 죄는 역사의 마지막 세대에 그 절정에 도달하며, 사악한 자들의 열매가 무르익어 복수의 추수를 하게 될 것이다(참조. 창 15:16; 살전 2:16).

사 63:1-3을 이해한 유대교적 해석은 계 19:13의 주석을 참조하라.

---

386) Swete, *Apocalypse,* 254에 반대함.

387) Robertson, *Grammar,* 503; MHT III, 218; 이와 비슷하게 14:10; 16:19의 주석 참조.

16절 12절의 모호한 이름을 더 충분히 설명하려고 또 다른 이름이 더해진다. 이 이름은 말 탄 자의 옷과 허벅지에 기록되었다. 그 이름은 다른 두 곳 또는 오직 한 곳, 이를테면 허벅지를 가린 옷의 한 부분에 기록되었을 것이다(이 경우 καί는 설명적 용법으로 사용된다. "심지어" 또는 "즉."[388] 참조. 삿 3:16). 허벅지는 용사들이 칼을 차던 전형적인 자리이며(예. 출 32:27; 삿 3:16, 21; 시 45:3), 맹세할 때 손을 넣던 상징적인 자리이기도 하다(창 24:2, 9; 47:29). 그리스도가 악한 자들을 이기시는 것은 하나님이 심판하신다는 약속의 성취가 될 것이다. 그 이름이 옷에 가려져 있었든지, 아니면 환상으로 인한 빛 때문이든지 간에(12절), 요한은 처음에 그 이름을 읽을 수 없었을 것이다. 하지만 옷이 옆으로 젖혀졌거나 말 탄 자가 시야에 더 잘 들어오면서 그 이름이 계시되었다.[389]

그리스도를 가리키는 이름은 "만왕의 왕이요 만주의 주"였다. 이것은 "모든 왕의 궁극적 통치자"라는 사상을 표현하는 칭호다.[390] 이 이름은 단 4:37 LXX에서 취했다. 여기서 이 칭호는 하나님을 가리키는 칭호였으며, 이미 계 17:14에서 그리스도에게 적용되었다. 바벨론 왕이 이 칭호로 잘못 칭함을 받았듯이, 요한 당대의 마지막 때의 바벨론(로마) 왕 역시 비슷하게 칭함을 받았다. 단 4장에서 이 칭호는 참 하나님으로서 자신의 주권을 증명하고 "큰 바벨론"의 짐승 같은 왕을 심판함으로써 느부갓네살이 그 이름을 패러디한 허황된 통치자라는 것을 폭로하신 하나님을 가리킨다. 이제 그 칭호는 예표론적으로 그리스도에게 적용된다. 따라서 하나님이 느부갓네살을 다루시는 것은 예수가 마지막 때에 바벨론을 다루실 것을 예상하는 것으로 이해된다. 이러한 신적 칭호를 받으신 예수는 "큰 바벨론"이라는 칭호를 가진 짐승을 심판하심으로써 역사의 끝에 자신의 신성을 증명하신다. 그리고 예수는 짐승인 황제와 그와 비슷한 다른 사람들이 신이라고 주장하

388) Ladd, *Revelation,* 256.
389) Lilje, *Last Book,* 244.
390) 참조. MHT II, 443.

는 것이 거짓임을 폭로하신다.[391)]

1006 1841 *pc*의 이문 επι το μετωπον("이마에")은 어느 정도 비슷한 단어인 ἱμάτιον("옷")을 μετωπον으로 우연히 혼동하였든지, 아니면 그리스도의 이름을 7:3, 9:4, 14:1, 22:4에서 성도들의 이마에 기록된 이름 또는 표와 의도적으로 연결시키려고 시도한 까닭에 발생했다. 또는 이것은 13:16, 14:9, 17:5, 20:4에 언급된 불신자들의 이마에 있는 사탄의 표나 이름과 논쟁적인 관계에 있음을 암시하기도 한다. 이 이문은 원문은 아니지만, 올바른 해석을 나타낼 수 있다. 성도들은 그들의 대표자인 메시아의 성품과 지위와 동일시된다. 반면에 그리스도가 오셔서 "만왕의 왕이요 만주의 주"라는 이름이 자신에게만 적용됨을 증명하시면, 불경건한 제도에 속한 으스대는 거짓 통치자들은 가짜라는 것이 드러날 것이다.

찰스는 기록된 이름의 위치를 둘러싼 문제를 A 사본에 "그 옷과"(ἐπὶ τὸ ἱμάτιον καί)가 생략되어 그 이름이 허벅지에만 있는 것처럼 보인다고 말함으로 해결한다.[392)] 크라프트는 원문이 수정되었다고 추측한다. 즉 원문이 원래 MHPON("허벅지") 대신에 MITPAN("속옷")이었지만, H을 IT로 혼동하는 바람에 "허벅지"가 "속옷"으로 되었다는 것이다. 그런 다음 크라프트는 16절의 원래 두 어구가 사 11:5에서 발견되는 동일한 유의 병행 어구를 반영한다고 생각한다. "공의로 그의 허리띠를 삼으며 성실로 그의 몸의 띠를 삼으리라."[393)] 이름들은 특정한 인물들을 대표하는 조각상의 허벅다리에 기록된 것으로 발견되었다.[394)]

---

391) Slater는 (나의 논문 "Origin of the Title 'King of Kings and Lord of Lords'"에서 서술한 대로) 내가 계 17:14의 칭호를 분석한 것을 확증하고 이 본문 이외에 19:16을 더했다. Slater, "King of Kings and Lord of Lords." 19:16의 칭호를 단 4장과 연결시킬 수 있는 가능성에 대해서는 이미 1904년에 Salmon, *Historical Introduction,* 550에 의해 제기되었다. Charles는 그의 주석(*Revelation* II, vii)의 "Addenda and Corrigenda"에서 계 17:14의 칭호가 처음에 단 4:34 LXX 또는 *1 En.* 9:4에 등장한 것 같다는 것을 인정했지만, 계 17:14이 단 4장이나 *1 Enoch*에 근거했다고 주장하지는 않았다.

392) *Revelation II, 137.*

393) Kraft, *Offenbarung,* 251.

394) Cicero, *In Verrem Revelation* 2.4.43; Beasely-Murray, *Revelation*, 282을 보라.

한 천사가 마지막 원수의 임박한 멸망을 선언한다(19:17-18)

요한은 "한 천사가 태양 안에 서서 공중에 나는 모든 새를 향하여 큰 음성으로 외쳐 이르"는 것을 본다. 천사의 모습과 선포의 도입 문구는 18:1의 모습과 선포 문구와 같은 용어로 이루어졌다. 이것은 요한계시록의 다른 곳에서는 발견되지 않는 문구다.

18:1-2	19:17
εἶδον ἄλλον ἄγγελον...καὶ ἡ γῆ ἐφωτίσθη ἐκ τῆς δόξης αὐτοῦ, καὶ ἔκραξεν ἐν ἰσχυρᾷ φωνῇ λέγων("다른 천사를…보니…그의 영광으로 땅이 환하여지더라. 힘찬 음성으로 외쳐 이르되").	εἶδον ἕνα ἄγγελον ἑστῶτα ἐν τῷ ἡλίῳ καὶ ἔκραξεν [ἐν] φωνῇ μεγάλῃ λέγων("내가 보니 한 천사가 태양 안에 서서…큰 음성으로 외쳐 이르되").

환상을 소개하는 이 두 본문에만 있는 독특한 단어들의 유사성으로 인해 두 본문이 의도적으로 서로 관련되었다는 것이 드러난다. 이것은 각각의 본문 뒤에 "새"와 관련된 심판 선언이 바로 이어진다는 사실로도 한층 강조된다(18:2과 19:17b 참조). 첫째 천사는 바벨론의 멸망에 대한 자세한 이야기를 소개한다. 둘째 천사는 이전에 바벨론과 연합하여 속임과 박해에 가담했던 짐승과 거짓 예언자의 멸망을 소개한다. 19:11-21에서 이야기된 심판은 18장에서 바벨론의 멸망과 더불어 시작된 적대적이고 불경건한 세상 제도의 멸망을 완료하기 위해 반드시 일어나야 한다.

"하나님의 큰 잔치"에 오라는 초대는 "어린 양의 혼인 **잔치**"에 오라는 초대의 "섬뜩한 패러디"다.[395] 두 잔치의 연결성은 19:9과 19:17 모두에서 εἰς τὸ δεῖπνον("잔치에")이 등장한다는 것으로 제시된다. 이러한 연결은 심판이 구원이라는 동전의 이면임을 암시한다.[396]

천사는 겔 39:4, 17-20에서 곡과 마곡의 패배를 선언한 동일한 이미지

395) Wilcock, *I Saw Heaven Opened,* 185; 참조. Lohse, *Offenbarung,* 94; Beasley-Murray, *Revelation,* 282; Ladd, *Revelation,* 257.

396) Prigent, *Apocalypse,* 298; Roloff, *Revelation,* 220.

를 통해 짐승과 거짓 예언자와 그들의 군대에게 임박한 멸망을 선언한다.

겔 39:4, 17-20	계 19:17-18
"내가 너를 **각종 사나운 새**와 들짐승에게 넘겨 먹게 하리니…**너는 각종 새와 들에게 이르기를 '너희는 모여 오라**…**너희는 사방에서 모여 살을 먹으며**…**용사의 살을 먹으며 세상 왕들의** 피를 마시기를…내가…내 상에서 말과 기병과 용사와 모든 군사를 배부르게 먹일지니라.'"	"공중에 나는 **모든 새를 향하여** 큰 음성으로 **외쳐 이르되 '와서** 하나님의 큰 잔치에 모여 **왕들의 살과 장군들의 살**과 장사들의 살과 말들과 그것을 탄 자들의 살과 자유인들이나 종들이나 작은 자나 큰 자나 모든 자의 살을 먹으라' 하더라"(참조. 19:21b: "**모든 새**가 그들의 살로 **배불리더라**").

식육조(食肉鳥)를 초대하는 것은 장차 임할 멸망의 확실성을 비유적으로 강조한다. 이것이 문자적인 의미라고 하더라도, 일차적인 의미는 같다. 새들이 "공중에 날고 있다"(πετομένοις ἐν μεσουρανήματι)는 내용이 에스겔서의 이미지에 추가되었고, 이로써 이 문장을 문자적으로 취해서는 안 된다는 것을 분명히 한다. 똑같은 문구가 8:13에서 다가오는 심판을 선언하는, 말하는 "독수리"를 묘사할 때도 사용되었기 때문이다. 이러한 연결점을 볼 때, 우리는 독수리가 선언한 셋째 "화"(= 일곱째 나팔)가 여기서 더욱 발전되고 있음을 알게 된다.[397] 겔 39장에 서술된 하나님이 그의 원수를 이기고 승리하신다는 예언은 여전히 성취되기를 기다리고 있지만, 천사는 지금 그리스도를 멸망케 하는 분이라고 밝히고 곡과 마곡을 짐승과 거짓 예언자 및 그들의 군대와 동일시함으로써 그 예언을 갱신한다.

하지만 이 시점에서 에스겔서가 암시되는 이유는 무엇인가? 특히 악한 군대의 종말론적 패배를 다룬 여러 예언 본문(단 2, 7-12장; 슥 14장 등)을 인용할 수 있는데도 말이다. 겔 39장에 묘사된 내용이 포함된 까닭은 그 본문의 핵심이 포로기 동안 하나님이 곡과 마곡을 이기심으로써 이스라엘과 이스라엘의 압제자들에게 그의 "거룩한 이름"을 "알게 하실 것"이라는 데

397) Caird, *Revelation*, 247-48.

있다. 하나님의 이름을 계시하는 목적에는 살육자들에 대한 묘사(39:8-20)를 소개하고(39:7) 마무리하는 것이 포함된다(39:21-25). 하나님의 이름이 계시됨으로써 이스라엘과 박해하는 나라들은 "내가 여호와임을 알" 것이며(39:7, 22, 28), 모든 사람이 하나님의 영광을 인정할 것이다(39:21). 특히 하나님은 이스라엘을 구원하고 이스라엘과 함께 계심으로써 그의 이름을 알게 하실 것이며(39:29), 곡과 마곡을 심판하심으로써 자기 이름을 계시하실 것이다. 계 19:11-16에서도 그리스도의 이름을 계시하는 것과 관련한 동일한 2중 주제가 주요 관심사가 된다. 겔 39장이 암시됨으로써 본문에 이러한 관심이 존재한다는 것이 확증되며, 계 19:19-21에 서술된 패배가 그리스도가 자기 백성을 구원하시고 그들의 압제자들을 심판하시며 그의 이름을 계시하시는 수단이라는 것을 강조한다.

앞에서 지적했듯이 19:9과 19:17에 εἰς τὸ δεῖπνον("잔치에")이 사용된 것은 두 잔치(또는 식사) 간에 연결이 있음을 시사한다. 9절의 잔치는 부분적으로 의롭다고 인정하기 위한 은유며, 17절의 잔치는 의롭다고 인정하는 심판을 가리키는 은유다. 같은 에스겔서 본문을 암시하는 *Midr. Rab.* 레 11.2에도 이와 비슷한 연결이 등장하는 것 같다. "장차…혼인 준비에 참여하는 의인들은" 겔 39:17-20에 예언된 "잔치에 참석할 것이다." 유대교 해석자들도 겔 39:17-19을 로마에 임한 하나님의 심판에 적용한다(*Targ.* 겔 39:16-19; *Pesikta de Rab Kahana* 7.11; *Pesikta Rabbati* 17.8).

명령형 συνάχθητε("모여라")는 051 𝔐ᴬ Prim에 생략되었다. 이 단어가 "오다"라는 단어 바로 뒤에 온 것이 너무 어색하다고 간주했기 때문일 것이다. 반대로 공인본문(TR)은 동사를 보유하긴 했지만 어색함을 없애느라 καὶ("그리고")를 덧붙였다. 위의 동일한 사본들은 실수로 τὸ μέγα τοῦ θεοῦ("하나님의 큰 [잔치]")를 του μεγαλου του θεου("크신 하나님의")로 바꿨다.[398]

398) 이러한 독법을 지지하는 사본들의 수에 대해서는 Hoskier, *Text of Apocalypse* II, 538을 보라.

그리스도는 역사의 끝에 짐승과 거짓 예언자, 이 둘을 따르는 자들을 멸하실 것이다(19:19-21)

19절 심판이 임할 것이라는 선언 이후, 요한은 심판 환상을 본다. 그는 "그 짐승과 **땅의 임금들**과 그들의 군대들이 **모여** 그 말 탄 자와 그의 군대와 더불어 **전쟁을 일으키**"는 것을 주목한다. 이것은 역사의 최후 전투의 서곡을 묘사하기 위해 16:14과 20:8에 사용된 용어를 본질적으로 중복한 것이다.

16:14과 20:8	19:19
16:14: τοὺς βασιλεῖς...συναγαγεῖν αὐτοὺς εἰς τὸν πόλεμον("왕들에게…전쟁을 위하여 그들을 모으더라"). 20:8: τὸν Γὼγ καὶ Μαγώγ, συναγαγεῖν αὐτοὺς εἰς τὸν πόλεμον("곡과 마곡을…모아 싸움을 붙이리니").	τοὺς βασιλεῖς τῆς γῆς...συνηγμένα ποιῆσαι τὸν πόλεμον("땅의 임금들…이 모여…더불어 전쟁을 일으키다가").

그래서 계 19:19은 16:14과 20:8에서처럼 최후 전쟁의 동일한 서곡을 언급한다. 하지만 16:14에서는 귀신들이 "전쟁을 위하여 그들을 모으려고" 온 천하의 왕들을 속이고, 20:7-8에서는 사탄이 "땅의 사방 백성 곧 곡과 마곡을 미혹하고 모아 싸움을 붙이"려고 한다. 두 병행 어구는 여기 19:19에서 수동태("모으다")가 사용된 이유를 설명한다. 왕들과 그들의 군대는 자신들의 힘으로 모이는 것이 아니라 사탄과 귀신의 영향으로 그리 한다. 짐승의 이름이 먼저 언급되었다. 이것은 짐승도 최후의 전쟁을 위해 세상의 세력을 모으는 데 어떤 역할을 하고 있음을 암시한다(16:13-14에서 확인된 것처럼 말이다). 여기서 전쟁은 그리스도와 그의 하늘 군대를 대상으로 일어난다. 하지만 16:14과 20:8에서는 그 전쟁이 하나님과 땅에 있는 하나님의 "성도들과 사랑하시는 성"을 대항해서도 일어난다는 점이 드러난다. 계 19:17-18에 있는, 겔 39장의 곡과 마곡을 멸하는 하나님의 전쟁에 대한 암시가 우연이 아닌 것은 불경건한 왕들과 땅의 각처에서 온 그들의 군대가 20:8에서 비유적으로 "곡과 마곡"으로 밝혀진다는 사실에서 분명히 드러난다. 군대를 "모으는" 직접적인 행위자가 마귀와 그를 조력하는 귀

신들이기는 하지만, 에스겔서는 하나님이 허다한 불신자들의 무리를 모으신 궁극적인 힘이라고 주장한다. 계 16:14, 19:19, 20:8은 겔 38:2-9과 39:2 이외에 다른 구약의 예언에도 근거한다. 특히 슥 12-14장이 이에 해당하고 습 3장도 가능성이 있는 본문이다. 두 본문은 **하나님**이 역사의 최후의 전쟁을 위해 이스라엘에 열국들을 모으신다고 예언한다.

계 16:14, 19:19, 20:8 모두 "전쟁"에 관사가 있다(τὸν πόλεμον). 이 본문들이 구약성경에서 예언된 역사의 끝에 있을 (잘 알려진) 전쟁을 동일하게 언급하기 때문이다.[399] 20:7-10에는 이 "전쟁"이 사탄의 군대가 성도들을 향해 가하는 마지막 공격에 속한다는 사실이 드러난다. 그러므로 이것은 11:7에 언급된 것과 같은 "전쟁"이다. 11:7에서도 "짐승이 그들[성도들]과 더불어 전쟁을 일으키고" 신자들 전체를 땅에서 없애려 할 것이라고 묘사되었다(11:7-10의 주석 참조). 이 사실에 비춰볼 때, 16:14, 19:19, 20:8에 있는 정관사는 앞에 언급된 전쟁을 가리키는 관사일 것이다. 구약의 예언만 아니라 그 자체로 구약의 암시인 11:7도 가리킨다(단 7:21; 자세한 내용은 11:7의 주석 참조).

시 2:2도 본문의 배경이다. 시편에 묘사된 최후의 전쟁을 예언한 장면이 비슷하다. "**세상의 군왕들**이 나서며 관원들이 서로 꾀하여 여호와와 그의 기름 부음 받은 자를 대적하며"(*οἱ βασιλεῖς τῆς γῆς...συνήχθησαν*). 일찍이 계 19:15에서 시 2:9을 분명히 언급했던 내용이 여기에 있는 시 2편의 암시를 더욱 입증한다. 그래서 여기서 왕들은 "말 탄 자", 즉 그리스도와 "더불어 전쟁을 일으킨다." 전쟁의 결과는 예언의 시작 때부터 메시아의 승리로 결정되었으며(시 2:1-12), 계 19장은 이러한 결론을 재확인한다.

슥 14:2, 12:3, 14:13-14은 계 16:14을 기록할 때 요한이 가장 염두에 둔 본문들이다(슥 14:2, ἐπισυνάξω πάντα τὰ ἔθνη ἐπὶ Ιερουσαλημ εἰς πόλεμον["내가 이방 나라들을 모아 예루살렘과 싸우게 하리니"]; *Targ*. 슥 14:2은

399) Mussies, *Morphology*, 188. 몇몇 중요한 소문자사본에는 관사가 생략되었다(1006 1611 1841 2053 2062 2329 2344; 또한 𝔐[A]).

계 19:19에 더 가깝다: "내가 모든 나라를 모아…전쟁하게 하리라"; 이와 비슷하게 슥 12:3, "천하만국이 그것을 치려고 모이리라" 그리고 14:13-14, "그날에 여호와께서 그들을 크게 요란하게 하시리니…[하나님이] 사방에 있는 이방 나라들의 힘을 모으실 것이요"; 참조. *Targ*. 슥 14:14). 유대교 주석가들은 슥 14:2-13의 전쟁에 등장하는 원수들을 로마(*Midr*. 시 18.5)와 곡과 마곡(*Midr*. 시 18.18; *Tanna de-be Eliyyahu*, p. 5)이라고 밝힌다. 계 20:8에 암시된 겔 38:2-8과 39:2에는 군대를 모은다는 것을 언급하려고 συνάγω가 6번 사용된다. 인용된 모든 병행 어구 중에 겔 38:7과 38:8만 계 19:19에서처럼 완료 수동태 분사(συνηγμένη)를 사용한다. 또한 LXX의 욜 4(3):2, 9, 11, 미 4:11-12, 시 2:2, 습 3:8도 참조하라. 4 Ezra 13:5도 (앞에 언급한 관련된 구약 본문과 아울러) 시온에서 메시아와 더불어 벌이는 역사의 최후의 전쟁을 설명하면서 슥 14:2을 암시한다. "**전쟁을 하려고** 이루 셀 수 없는 **허다한 사람들이 모였다**"(4 Ezra 13:8, 34-35에도 거의 같은 단어가 사용됐다). 이 전쟁의 때에 하나님의 "아들"이 "시온 산꼭대기에 서서" 그의 원수들을 이길 것이다(시 2:6-9을 암시하는 4 Ezra 13:35-37). 그때에 하나님은 "모인 여러 나라의 허다한 무리들"을 멸하심으로써 "남은 백성을 보호하실 것이다"(13:49; 참조. 계 16:12-16). 4 Ezra 13과 병행인 유대교 문헌은 *1 En*. 56:5-8; 1QM 15.1-3; 18.1-2이다.

19:19의 "땅의 임금들"은 17:18과 18:9의 "땅의 왕들"과 동일 인물들일 것이다(해당 본문 주석 참조. 또한 17:12-16의 주석 참조).

네로 대망과 관련하여 *Asc. Isa*. 4:2-4은 이렇게 기록한다. "벨리알이 그 왕의 모습을 하고 올 것이며, 그와 함께 이 세상의 모든 권력자가 임할 것이다." 그들은 와서 교회를 박해할 것이지만, 그리스도가 오셔서 그들을 심판하실 것이다. 참조. *Sib. Or*. 3.663, "하지만 다시 만국의 왕들이 이 땅[이스라엘]에 몸을 던질 것이다."

시 2:2에서 다루는 대적은 후기 유대교에서 전형적으로 마지막 날에 하나님과 그의 메시아를 대적하는 곡과 마곡과 동일시된다(*Midr. Rab*. 레 27.11; *Midr. Rab*. 에 7.23; *Midr*. 시 2:2-4; 118:12; *Mekilta de Rabbi*

Ishmael, Shirata 7.60-72; *Pesikta de Rab Kahana* 9.11; *Tanch*. 창 2.24; 참조. *Midr. Rab*. 출 1.1).

20절 실제 심판은 두 부분으로 임한다. 먼저 짐승과 거짓 예언자들이 잡혀 멸망되고(20절), 그런 다음 그들을 따르는 자들이 처형된다(21절).

거짓 예언자와 짐승에 대한 심판이 서술되기 전에 거짓 예언자가 묘사된다. 그는 "그[짐승] 앞에서 짐승의 표를 받고 그의 우상에게 경배하던 자들을 표적으로 미혹하던 자라"(짐승의 우상을 경배하는 것을 설명한 13:13-16; 14:9, 11; 16:2의 주석 참조). 삽입구의 묘사는 독자들에게 두 인물을 심판하는 근거를 상기시킨다. 짐승은 스스로를 신이라고 주장했으며, 거짓 예언자는 다른 사람들에게 박해를 받지 않으려면 그 짐승을 경배하라고 영향력을 행사함으로써 이 주장을 지지했다.

거짓 주장하는 이 둘은 "잡혀 산 채로 유황불 붙는 못에 던져졌다"(이 본문에 의존했을 가능성이 많은 *Asc. Isa*. 4:14에도 비슷한 묘사가 있다). 이것이 최종적이고 절대적인 멸망을 묘사할 가능성은 있다. 하지만 20:10은 이 처벌이 영원히 계속된다는 것을 분명히 밝힌다. "그들을 미혹하는 마귀가 불과 유황 못에 던져지니 거기는 그 짐승과 거짓 예언자도 있어 **세세토록 밤낮 괴로움을 받으리라**"(*βασανισθήσονται ἡμέρας καὶ νυκτὸς εἰς τοὺς αἰῶνας τῶν αἰώνων*, 이에 대해서는 아래 참조). 그들이 "산 채로"(ζῶντες) 불에 던져진다는 부수적으로 보이는 논평은 이처럼 의식을 가진 채 계속해서 처벌을 받음을 시사한다고 할 수 있다. 그렇지 않다면 그 말은 불필요하게 보일 것이다(같은 주장을 동일하게 부수적으로 언급한 민 16:33; 시 55:15을 보라). 심판의 묘사는 실제로 두 인물이 신체적으로 불에 던져진다는 의미가 아니라, 단지 역사의 끝에 짐승과 거짓 예언자와 더불어 집단적으로 역할을 수행하는 모든 사람이 이렇게 처벌을 받게 될 것을 암시할 뿐이다.[400]

20:10이 의식을 가진 채 영원히 지속되는 처벌을 언급하는 것임

---

400) Lenski, *Revelation*, 559-61; Hailey, *Revelation*, 388. 이 둘의 역할을 규정한 13장의 주석 참조.

을 지지하면서, ἡμέρας καὶ νυκτός("밤낮")와 εἰς τοὺς αἰῶνας τῶν αἰώνων("세세토록") 등 두 시간적 어구들이 "불과 유황" 및 "괴로움"과 함께 의식을 가진 영원한 괴로움을 가리키고 시간의 어느 시점에 있을 존재론적 절멸을 가리키는 것이 아니라는 논증(과 구약 배경)에 대해서는 14:10-11의 주석을 참조하라. 20:10, 21:8의 주석도 보라.

처음 내용을 몇몇 사본(A *pc* sa[ms] bo)은 이렇게 읽는다. "짐승과 거짓 예언자와 함께 있는 자들(οι)과 거짓 예언자가 잡혔다"(아르메니아어 역본도 이 독법을 지지한다).[401] 이러한 이문은 필경사의 시선이 και의 마지막 두 글자로 다시 돌아가 그것을 뒤따라오는 οι로 잘못 이해했기 때문에 발생했을 것이다. 아니면 이것이 거짓 예언자를 집단적으로 본 초기의 해석을 반영한 것 같기도 하다.

"불"과 "유황"은 곡과 마곡에 대한 심판을 묘사할 때 사용된 것과 같은 두 단어가 있는 겔 38:22을 반영한다. 곡과 마곡에 대한 심판은 계 19:17b-18, 21b에 분명히 암시되었다. 형용사적 용법으로 사용된 소유격 분사 τῆς καιομένης("불붙는")는 앞에 있는 여성 목적격 τὴν λίμνην("연못")과 성(性)은 일치하지만 격이 일치하지 않으며, 중성 τοῦ πυρός("불의")와는 격은 일치하지만 성이 일치하지 않는다. 이것은 이 단어가 앞의 두 단어를 모두 수식하고 있음을 암시하려고 의도적으로 모호하게 한 것일 수 있을까?[402] 어쩌면 필경사들이 분사가 분명하게 "연못"을 수식하는 21:8에 맞추느라 τῆς καιομένης를 την καιομενην으로 바꿈으로써 모호함을 없애려고 한 것 같다(051 𝔐 gig).

일치의 부재는 완전한 어구에 관심을 갖게 하여, 그 어구가 겔 38장과 특히 단 7:9b-10a과 결합된 단 7:11을[403] 암시한다는 것을 드러내고자 했을 수도 있다.

401) Hoskier, *Text of Apocalypse* II, 541.

402) 참조. Mussies, *Morphology,* 139.

403) 다양한 주석가들이 암시가 있음을 인정했다. 예. Swete, *Apocalypse,* 258; Hailey, *Revelation,* 388.

단 7:9b-11	계 19:20
7:11, *τὸ θηρίον…ἀπώλετο, καὶ…ἐδόθη εἰς καῦσιν πυρός*("짐승이 멸망을 당하고…타오르는 불에 넘겨졌으며"). 7:9b-10a MT, "그의 보좌는 불꽃이요 그의 바퀴는 타오르는 불이며 불이 강처럼 흘러 그의 앞에서 나오며." 7:9b-10a Theod., *πῦρ φλέγον ποταμὸς πυρός*("타오르는 불, 불의 강"). 7:9b-10a 시리아어 역본, LXX 사본 88, πυρ καιομενον ποταμος πυρος("불붙는 불, 불의 강").	ἐπιάσθη τὸ θηρίον καὶ μετ' αὐτοῦ ὁ ψευδοπροφήτης… ἐβλήθησαν οἱ δύο εἰς τὴν λίμνην τοῦ πυρὸς τῆς καιομένης("짐승이 잡히고 그 앞에서 표적을 행하던 거짓 예언자도 함께 잡혔으니…이 둘이…유황불 붙는 못에 던져지고").

계 19:20에서 "불붙는 불 못"은 짐승이 하나님의 보좌 앞에서 처벌 받는다는 것을 표시하려고 단 7:11의 짐승이 처벌 받는 곳과 바로 앞에서 묘사된 하나님의 보좌 앞에 있는 불붙는 강을 결합한 것일 수 있다. 계 20:11-15의 새로운 환상에서 하나님의 "크고 흰" 심판 보좌와 "펼쳐진 책"(단 7:9-10 암시)은 20:10에서 짐승과 거짓 예언자와 함께 마귀가 "던져진" "불 못"과 직접적으로 병치되었다. 다니엘서의 "불의 강"(단 7:10)과 "타오르는 불"(단 7:11)이 "불붙는 불 못"으로 바꾸어 표현된 것은 단 7:9b-10a의 이문인 πυρ καιομενον ποταμος πυρος("불붙는 불, 불의 강")과 τῆς καμίνου *τοῦ πυρὸς τῆς καιομένης*("**불타는** 용광로"), *ἐβληθήσεται εἰς τὴν κάμινον τοῦ πυρὸς τὴν καιομένην*("그가 불타는 용광로로 던질 것이다[동사 형식에 약간의 변형이 있음]")와 같은 절을 볼 때 쉽게 바꾸어 표현될 수 있었을 것이다. 둘째와 셋째는 단 3장에서 3번 이상 반복되었다(둘째는 Theod.의 3:17, 21, 23에서, 셋째는 Theod.의 3:6, 11, 15, 20에서 반복된다. "던지다"라는 동사는 15절과 20절에서 형식이 약간 변형되었다. LXX도 비슷하다).

요한은 단 7:11("짐승이 죽임을 당하고 그의 시체가 상한 바 되어 타오르는 불에 던져졌으며")에서 묘사된 처벌의 분명한 시간적 특성을 20:10과

14:10-11에 비춰 영원한 처벌의 관점에서 해석한다. 이것은 이미 단 12:2("영원한 부끄러움")에서 암시되었던 것이기도 하다.

21절 짐승과 거짓 예언자를 따르던 군대는 "말 탄 자의 입으로부터 나오는 검에 죽임을 당할" 것이다. 이것은 계 19:15부터 반복된 사 49:2과 사 11:4을 암시한다.

"검"은 마지막 전쟁 때 불경건한 군대를 육체적으로 죽이는 실제 수단으로 이해될 수도 있다. 하지만 19:15을 주석하면서 주장했듯이, 그 검은 하나님의 기소하는 말씀을 가리키는 은유로 이해하는 것이 가장 좋다. 그렇다면 검은 죽음의 결정을 나타낸다. 역사의 끝에 검에 의해 실제로 죽는 것은 군대를 영원히 심판받게 하는 정죄의 결정을 가리킬 수도 있다. 이것은 불신자들이 악행으로 인해 고소당하는 20:11-12의 법정 장면에 의해 지지받을 수 있다. 기소 이후 그들이 실제로 처벌을 받는 장면이 20:15에 이어진다. 이것은 19:20과 20:10에서 짐승과 거짓 예언자의 처벌을 반영한다("그들을 불 못에 던지니"). 이것은 마 25:41과 맥을 같이한다. 여기서 최후의 심판은 단순히 예수의 말씀으로 집행된다. "저주를 받은 자들아! 나를 떠나 마귀와 그 사자들을 위하여 예비된 영원한 불에 들어가라"(참조. 마 13:40-42).

계 19:11-21 전체에서 구약의 문맥과 신약의 암시 및 병행 어구들은 압제로 인해 내리는 심판을 언급한다. 마 25:41-46도 그렇다. 학자들 중에는 계 19:11-21이 그리스도가 역사 내내 여러 나라를 회심시키는 것을 묘사하고, 비유적 심판은 2차적으로 강조되었다고 이해하는 사람들이 있다.[404] 하지만 이것은 (앞에서 주장한 것처럼) 이 단락 내내 강조된 심판과 세상 역사의 끝에 발생하는 것으로 묘사된 심판의 극적인 특성에 맞지 않다(20-22장, 특히 20:7-21:8의 주석 참조). 예를 들어 "그[그리스도]의 입에서 나오는 검으로" 적그리스도를 따르는 사람들을 "죽이는 것"이

---

404) 가장 최근에는 D. C. Chilton, *Days of Vengeance,* 481-92이 주장했다. 또한 Swete, *Apocalypse,* 254, 259; Pieters, *Lion, Woman and Dragon,* 275-91도 참조하라.

그들의 회심을 가리킨다는 주장은 계 19:11-19의 의미와 특히 거기서 암시된 시 2:9과 사 11:4 같은 구약의 심판을 암시한 내용에 역행한다. 시 2:9과 사 11:4의 원래 문맥뿐 아니라, 이 본문들이 사용된 계 1:16과 2:12, 16에서는 분명히 심판 주제를 다룬다(사 49:2도 참조).

심판에 초점을 맞추는 이러한 해석은 마지막 때에 "백성의 왕들이 함께" 하나님의 백성을 대항하여 "공격을 시작할 것"이며(시 2:2; 겔 38:2-8; 39:2), 하나님이 그들을 "검"으로 심판하셔서 "들짐승이 그들의 살로 배불릴 것이라"고 말하는 *Sib. Or.* 3.660-700에도 제시된다. 여기에 묘사된 내용은 겔 38:20-23을 암시하는 다른 세 본문으로 보충된다.[405] 본문은 전멸하는 심판의 장면이며, 반역하는 왕들을 구원한다는 것을 전혀 암시하지 않는다.

---

405) J. J. Collins, "Sibylline Oracles," 377을 보라.

20:1-15: 천 년 통치는 교회 시대 동안 시작되었다. 하나님은 사탄의 속이는 능력을 제한하시고 죽임을 당한 그리스도인들을 하늘에서 왕 노릇 하게 하심으로써 그들을 신원하신다. 천 년 통치는 사탄이 교회를 속이는 활동을 다시 시작함과 최후의 심판으로써 마친다.

이 장은 17:1부터 21:8까지 계속되는 큰 문학 단락에 속한다. 이 문학 단락의 첫째 부분들은 다음과 같다. 역사 끝의 바벨론의 멸망 선언(17장), 바벨론의 멸망 묘사, 특히 구원받지 않은 무리들과 구원받은 무리들 모두의 반응(18:1-19:10), 그리고 역사의 끝에 행해지는 불경건한 세상 세력에게 내리는 그리스도의 심판(19:11-21) 등.

주제와 시간 측면에서 20장과 19장의 정확한 관계는 열띤 논쟁의 대상이다. 이어지는 석의를 통해 20:1-6이 교회 시대 전체 과정을 언급하며, 시간적으로는 17-19장에서 다뤄진 최후의 심판 이전에 발생하는 사건을 다룬다는 점과, 20:7-15은 19:11-21에서 묘사된 최후의 심판을 반복하여 묘사한 것임을 주장할 것이다.

이 단락의 의미를 조금이라도 명확하게 보려면, 일차적으로는 요한계시록 전체에서 (본문과) 가장 가까운 병행에, 2차적으로는 신구약 성경의 다른 병행에 비춰 해석해야 한다.

계 20:1-6의 구약 사용을 분석한 아래 논의의 요약은 G. K. Beale, *John's Use of the Old Testament in Revelation*, ch. 6를 보라.

천 년 통치는 교회 시대 동안 만국을 속이고 교회를 멸하려는 사탄의 능력을 하나님이 축소하시고, 신자들의 영혼을 부활시켜 하늘에서 그리스도와 함께 왕 노릇 하게 하시는 것으로 시작된다(20:1-6).

천 년 통치를 이해하는 지배적 견해에는 3가지가 있다. 각각의 관점 내에 여기서 분류할 수 없는 광범위하고 다양한 해석이 있기는 하지만 말이다.[1] (1) 일부는 천 년 통치가 그리스도의 재림 이후에 발생할 것이라고 믿는다. 이 견해는 전통적으로 전천년설로 알려졌다. (2) 후천년설은 천 년 통치가 교회 시대 말기에 발생하고 그리스도의 극적인 강림으로 천 년 통치가 마무리된다고 주장한다. (3) 다른 사람들은 천 년 통치가 그리스도의 부활로 시작되었고 그의 재림 때 끝난다고 믿는다. 이 견해는 무천년설로 불려왔다. 사실 "무천년"이라는 용어는 그 의미가 모호하므로, 이 견해는 좀 더 단순하게 "시작된 천년설"이라고 부르는 것이 더 낫다. 후천년설과 무천년설은 상징적 해석에 따라 본문을 좀 더 일관되게 접근해왔다.

20:1-6을 바르게 이해하기 위해서는 요한계시록의 장르, 특히 1:1의 특징을 기억하는 것이 중요하다. 1:1은 천사를 중개자로 하여 요한에게 전달된 내용이 총체적으로 상징적임을 서술한다. 더욱이 요한계시록 전체에서 반복되는 도입 어구 "내가 보았다"(또는 이와 비슷한 표현들)는 상징적인 환상들을 소개한다(일례로, 4:1ff.; 12:1-3; 13:1-3; 14:1; 17:1-3. 1:1의 주석과 본서 서론의 "상징 해석" 단락을 보라). "내가 보았다"(εἶδον)가 20:1-3과 20:4-6을 소개하는 까닭에, 우리는 1-6절에 적어도 세 단계의 의사소통이 있다고 추정할 수 있다. (1) 환상 단계. 이것은 요한이 그의 환상에서 부활한 사람들과 그 밖에 다른 대상들을 실제로 본 경험으로 구성된다. (2) 지시 단계. 이것은

---

1) 천년설의 세 입장과 각 입장 속 다양한 주장 및 그런 주장을 하는 학자들을 개관한 Brütsch, *Offenbarung* II, 344-58; Walvoord, *Revelation,* 282-90을 보라. 여기에 직접 언급하지 않은 참고문헌과 천년설 입장을 광범위하게 개괄한 Feuillet, *Apocalypse,* 117-19; Schüssler Fiorenza, *Priester für Gott,* 314-15; R. Bauckham, *NDT,* 428-30; Grenz, *Millennial Maze*를 보라. 그리고 최근에 출간된 Mealy, *Thousand Years*에서 좀 더 철저한 참고문헌을 발견할 수 있다(예를 들어 15-58쪽과 특히 36-46쪽에서 Schüssler Fiorenza의 견해를 개괄하고 평가한 것을 보라). 현대에 이르기까지 교회사 전체의 천 년 통치 사상을 개관한 Wainwright, *Mysterious Apocalypse,* 21-87을 보라. 종교개혁부터 1660년까지 천 년 통치 사상에 대해서는 Ball, *Great Expectation,* 157-92을 보라. 특히 후천년설과 관련된 자료는 D. C. Chilton, *Days of Vengeance,* 495-96을, 무천년설에 대해서는 Schnackenburg, *Kingdom,* 340을 보라. 전천년설을 옹호하는 논문은 Bietenhard, *Das tausendjärige Reich*(예. 152쪽)과 그의 초기 교회 개관("Millennial Hope"에 있다)을 보라. 세 천년설 각각의 전반적인 신학적 함의에 대해서는 Grenz, "Significance"를 보라.

환상으로 본 부활한 사람들과 다른 대상들을 구체적이고 역사적으로 밝힌 내용으로 구성된다. (3) 상징 단계. 이것은 환상의 상징들이 지시하는 역사적 대상들의 의미가 무엇인지를 설명한 것으로 구성된다.[2] 요한계시록 대부분을 문자적으로 해석하는 사람들은 그들의 일반적인 접근 방법에서 이 3가지 구별을 공식적으로 인정한다. 하지만 20:1-6을 비롯하여 중요한 부분에서는 그들은 전형적으로 의사소통의 환상 단계와 상징 단계를 지시적 역사 단계로 함몰시킴으로써 두 단계를 무시한다.[3]

20:1-6에서 이러한 구별의 정당성을 가정하고 말한다면, 요한은 일례로 **환상적인** 단계에서 사람들이 부활하여 천 년 동안 사는 생명을 받는 것을 본 까닭에, "천 년", "부활", "생명(또는 살아)" 등의 용어들을 채용한다. 요한이 본 대상들과 그가 듣는 내용은 환상에서 보고 들은 것들이므로, 이들은 **먼저** 문자적으로 이해해서는 안 되고 상징적으로 묘사되고 전달된 것으로 이해해야 한다. 이것이 바로 환상의 **상징적인** 단계이다. 이 환상이 상징으로 가득하다는 사실은 "쇠사슬", "무저갱", "용", "뱀", "잠그다", "인봉하다", "짐승" 등과 같은 단어들의 분명한 상징적 특성만으로도 명확하게 드러난다. 그러므로 "부활"과 "생명(또는 살다)"과 같은 단어들도 그 자체로는 환상적·상징적 묘사가 비유적 의미와 더불어 역사적 지시대상과 일대일로 (문자적으로) 상응하는지, 아니면 간접적으로 비유적 관계에 있는지에 대해서는 단서를 주지 않는다. 매 경우마다 철저한 주석을 통해 결정해야 한다.

전천년주의자들 중에는 21:9-22:5, 14-15이 천 년 통치를 더 자세하게 묘사하는 것으로 보고, 이것이 천 년 통치 이후의 새 창조를 묘사한 21:1-5과 함께 이미 20:4-6에 묘사되었다고 보는 사람들이 있다.[4] 하지만 21:9ff.의 새 예루살렘에 대한 묘사가 20:4-6의 반복이거나 그것이 방

---

2) 이러한 구별은 Poythress가 "Genre and Hermeneutics"에서 분석한 것을 따랐다. 이 문제와 관련해서는 차차 논의할 것이다.

3) 이러한 접근의 실례는 Poythress, "Genre and Hermeneutics," 49ff.을 보라.

4) Beasley-Murray, *Revelation*, 314-18.

금 전 21:1-5에 묘사된 영원한 새 예루살렘과 다르다는 증거는 없다.[5)]

밀리는 전천년설을 참신하게 제시한다. 가장 두드러지는 내용은 다음과 같다. (1) 천 년 동안 모든 성도는 완전히 재창조된 땅에서 왕 노릇 한다(20:4, 5b-6). (2) 천 년이 끝날 때, 사탄은 19:15-21의 죽은 나라들과 함께 갇혔던 곳에서 놓임을 받는다. 그 나라들은 20:5a의 성취로 부활하며, 사탄은 다시 그들을 속여 두 번째로 그리스도를 반역하게 한다(20:5a, 7-8). (3) 그런 다음 사탄과 나라들은 두 번째로 심판을 받는다(20:9-10). 20:10 이후 모든 것은 반복이다. (4) 그래서 20:11-12은 19:11-20:4의 첫 심판을 반복한다. (5) 20:13-15은 이미 20:7-10에 묘사된 천 년 통치 마지막에 있는 두 번째 심판을 묘사하는 다른 이야기다. (6) 21장의 새 예루살렘 장면은 성도들이 하나님과 그리스도와 함께 왕 노릇 하는 것이 확립되는 재림을 반복한다(참조. 19:7-9; 20:4, 5b-6).[6)]

20:1-6과 19:11-21을 비연속적이며 시간적인 관계로 보는 논증

요한계시록과 20:1에서 καί의 사용

많은 사람이 20:1-6과 이어지는 절이 19:11-21의 심판 후에 뒤따라오는 역사적 사건들을 기록한 것이라고 생각한다.[7)] 이 견해를 입증하기 위해 제시된 주요 증거는 19:11-20:15 중간중간에 삽입된 일련의 καί("또") 접속사다. 이 접속사들은 19:11-21에서 역사적 순서를 가리키는 것으로 이해되며, 20:1-15에서 계속되는 같은 접속사 사용이 동일한 역사적 순서를 가리키는 기능을 하고, 그 결과 20장은 (시간적으로) 19장 사건들 이후에 발생할

5) A. F. Johnson, "Revelation," 580도 이렇게 판단한다.

6) 이에 대한 요약과 비평은 Beale, "Review Article: J. W. Mealy, *After the Thousand Years*"를 보라.

7) 예. Tenney, "Rev. 20,1-8," 140-42.

사건들을 기록한 것이 틀림없다고 주장한다.[8]

이 주장을 자세히 분석해보면, 처음에 생각했던 것과 다르게 설득력이 그리 강하지 않다는 것이 드러난다. 첫째, "또"(καί)는 요한계시록 전체에서 역사적 순서나 환상의 순서를 지시할 수 있다. 그 접속사는 주요 문학 단락 사이에서든지 보다 큰 단락 안에 있는 더 작은 자료 단위 간에서든지, 대개 전환 장치로서 환상 순서를 암시한다. 역사적인 순서가 암시된 곳에서 καί 접속사는 전형적으로 절과 절 사이 또는 심지어 구와 구 사이의 전환을 이루는 넓은 단락들 안에서 발견된다. 각각의 전체 문맥에서 어떠한 사용을 염두에 두었는지를 결정해야 한다.

19:11-21에서 καί 사용을 더 자세히 검토해 보면, καί 접속사가 역사적 순서를 상징한다는 주장은 입증을 받지 못한다. 해당 절에서 35번의 καί 접속사 사용 중에서 오직 3번만 분명하게 역사적 시간 안에서의 순서를 암시한다(20, 21a, 21b절에서 καί의 첫 사용례. 아마 14a도 그렇다). 나머지 καί 사용은 오직 환상을 연결하려는 의도로서만 기능한다. 반면에 20장에 등장하는 "또"는 대부분 역사적 순서를 암시한다. 환상 또는 단순한 주제의 순서를 표시하는 예외가 있기는 하지만 말이다(2b, 4b, 6, 8b, 13-14절).

20:1의 "또"는 두 범주 중 어느 것에 속할까? 1절의 "또"가 19:21에 이어 계속되는 역사의 연속적 순서를 나타내는가? 아니면 단지 환상과 환상 간의 일반적 전환으로 작용하는 것에 불과한가? 만일 후자가 사실이라면, 그 환상이 요한계시록의 역사적 구조 어디에 어울리는지를 분명히 하기 위해 반드시 더 예리한 석의 작업이 필요하다. 19:11-20:15의 접속사 사용을 면밀히 조사해 보면, 이 문제는 어느 한 가지 방법으로 해결되지 않는다는 것이 드러난다. 다른 문맥적 증거를 고려해야 한다.

요한계시록에서 "또" 다음에 천사가 내려오거나("또 내가 천사가 하늘에서 내려오는 것을 보니") 올라가는 내용이 이어지는 경우, 그 접속사는 예외 없

---

8) 예. Schnackenburg, *Kingdom,* 340-41; Walvoord, *Revelation,* 289; 같은 저자, "Rev. 20:1-6," 228-29; Mounce, *Revelation,* 352; J. S. Deere, "Premillennialism," 60-63.

이 동시적인 단락을 소개하기 위해 앞 단락의 시간적 진행을 중지하거나(10:1의 주석 참조), 앞 단락보다 이전의 시간으로 되돌아가는 환상을 소개한다(10:1과 20:1에서처럼 각각의 경우 천사가 무엇을 "가지고 있는" 것으로 묘사되는 7:2과 18:1의 주석 참조). 실제로 대다수의 주석가들은 요한계시록을 이해하는 자신의 다른 해석학적 접근과 상관없이 7:2, 10:1, 18:1에서 해당 어구가 이런 식으로 기능하고 있음을 인정하다. 하지만 최근까지 그 어구들을 20:1에 적용한 사람은 아무도 없다.[9] 초기의 사본 전통(소문자사본과 불가타 역본, 시리아 역본, 사히드 역본 증거들과 아울러 $\aleph^2$ 2050)은 모두 ἀλλον을 가지고 있는 앞의 세 병행 본문에 20:1을 일치시키려고 ἄγγελον 앞에 ἀλλον을 덧붙인다. 그러므로 20:1의 도입 어구가 7, 10, 10장의 도입 어구와 같은 기능을 할 가능성이 많다. 20:1의 도입 어구가 19:11-21과 동시적으로 병행하는 환상을 소개하는지 아니면 그것보다 시간적으로 이전에 발생한 환상을 소개하는지는 이어지는 문맥으로 결정해야 한다. 20:1-6이 19:11-21보다 먼저 일어나고, 20:7-15은 19:11-21과 시간적으로 병행이기는 하지만 말이다.

19:17-21과 20:8-10에 반영된 겔 38-39장 암시들

20:8-10에 반복해서 겔 38-39장이 암시된 것(곡과 마곡이 성도들과 더불어 싸움을 벌임)은 20:8-10이 겔 38-39장의 전쟁을 역시 암시하는 19:17-21에 서술된 전쟁의 반복임을 가리킬 가능성이 많다.[10] 두 본문 모두 "그들을 모아 싸움을 붙이리니"라는 다양한 표현을 사용한다(20:8; 비교. 19:19에서는 "모여 전쟁을 일으키다"; 참조. 19:17). 16:12-16은 같은 전쟁을 이야기하고 14절에서는 동일한 표현으로 강조된다(20:8의 표현과 같은 형식이 사용됨).[11] 20:1-6이 20:7-10보다 시간적으로 앞서고, 19:17-21이 20:7-10의 전쟁과 시간

---

9) R. F. White, "Reexamining the Evidence for Recapitulation," 337-43.

10) 확증을 위해 R. F. White, "Reexamining the Evidence for Recapitulation," 326-28과 M. G. Kline, "Har Magedon: The End of the Millennium," 318-22을 보라.

11) Lenski, *Revelation,* 600.

적으로 병행이라면, 20:1-6은 19:17-21의 전쟁보다 시간적으로 앞서 일어난다.

그렇지만 주석가들 중에는 설득력이 부족하게도 미래의 별개의 두 전쟁이 겔 38-39장의 한 예언을 성취하는 것이라고 하거나,[12] 겔 38-39장에 역사적으로 적용 가능한 많은 실례를 가진 신화적 의의를 부여하거나,[13] 19:17-21의 전쟁이 에스겔서 예언의 성취이지만 20:8-10의 전쟁은 에스겔서 본문과는 관계가 없다거나[14] 에스겔서에 등장하는 이미지로 묘사되었지만 공식적인 성취가 아니라고 이해한다. 이렇게 주장하는 사람은 요한이 종종 구약의 원래 문맥과 밀접히 연결시키지 않고도 "매우 자유롭고 쉽게 [구약의] 자료들을 사용"한다는 것을 그 이유로 제시한다.[15]

마지막에 언급한 것과 관련하여, 특히 웹은 요한이 곡과 마곡을 사용했는데, 에스겔서의 예언의 성취라는 구체적인 생각을 가지고 그렇게 한 것이 아니라, 요한이 11:8에서 소돔과 애굽을 언급하고 16:19에서 바벨론을 언급하는 것과 비슷한 방식으로 단지 "하나님의 백성의 원수들"인 세력의 일반적이고 전형적인 의미만을 가지고 그렇게 했다고 주장한다.[16] 이렇게 생각할 수도 있겠지만, 3가지 이유로 그렇게 볼 수 있는 개연성은 적다. (1) 곡과 마곡은 소돔과 애굽과 바벨론과는 다르게 마지막 날에 관한 구체적 예언에 속하며, 그 예언은 성취되지 않았다. 분명한 다른 암시가 없다면, 요한이 에스겔서의 예언을 염두에 두고 거기 등장하는 용어를 사용했다고 이해해야 한다. (2) 천 년 통치의 실재성을 굳게 믿는 대부분의 주석가들은 이미 19:17ff.에서 요한이 겔 39장의 예언을 구체적으로 미래에 성취될 것으로 이해한다는 사실에 동의한다. 분명한 다른 암시가 없다면, 요한이 그

---

12) Kiddle, *Revelation,* 398; R. H. Alexander, "Ezekiel 38 and 39," 168-69; Mealy, *Thousand Years,* 130-33, 187-88.

13) Caird, *Revelation,* 256.

14) Walvoord, *Revelation,* 303; Feinberg, *Millennialism,* 327.

15) Webb, "Revelation 20," 11. Webb이 요한의 구약 사용에 대해 주장한 내용은 본 주석 전체에서 내가 반박하는 견해다(예를 들어, 본서 서론 "요한계시록의 구약 사용"을 보라).

16) Webb, "Revelation 20," 11-13.

가 이해한 겔 39장을 단 일곱 절만에 변경했을 개연성은 적다. 다르게 표현하자면, 나중에 사용된 구약 암시들은 이보다 앞서 분명하게 사용된 같은 구약 문맥의 암시들에 비추어 해석하는 것이 가장 좋다. (3) 마지막으로 요한이 겔 38-39장과 관련된 구체적인 예언-성취를 염두에 두었다는 것은 계 20-21장의 좀 더 넓은 문맥으로 입증된다. 여기 요한계시록의 4중 결론은 겔 37-48장을 반영한다. 하나님의 백성의 부활(계 20:4b; 겔 37:1-14), 메시아 왕국(계 20:4b-6; 겔 37:15-28), 곡과 마곡과 벌이는 최후의 전쟁(계 20:7-10; 겔 38-9), 그리고 회복된 에덴 및 매우 높은 산에 앉아 있는 것으로 묘사된 새 성전과 새 예루살렘에 대한 마지막 환상이 그것이다(21:1-2:5; 겔 40-48장).[17]

다른 학자들은 겔 39:4에서 원수(공격자)들이 "이스라엘의 산 위에 떨어질" 때 멸망하고(또한 39:17) 계 20:9에서는 그들이 "불"로 멸망하는 것을 주목함으로, 겔 38-39장의 전쟁을 계 20장의 전쟁과 구별하려고 했다.[18] 하지만 이러한 관찰은 두 묘사를 구별하기 보다는 오히려 이 두 묘사가 같은 것임을 가리킨다. 겔 38:21(비교. 39:17-21)은 하나님이 "산 위에서" 원수를 검으로 죽이신다고 서술하고(마찬가지로 39:17, "이스라엘 산 위에 희생된"), 38:22과 39:6은 하나님이 같은 원수를 불로 멸하실 것이라고 기록하기 때문이다.[19] 에스겔서의 두 묘사는 하나님이 원수를 멸망시키신다는 동일한 점을 강조하는 각기 다른 두 비유적 방법이다. 사실 에스겔서에서 동일한 전쟁을 두 비유로 묘사한 것은 계 19:17-21과 20:7-9의 두 전쟁에 반영된다. 19:17-21에서는 원수가 검으로 멸망하고, 20:7-9에서는 불로 멸망한다.[20]

또한 곡과 마곡이 겔 38-39장(과 계 19장에서도 분명히)에서는 북쪽에서

---

17) 이 패턴을 주목한 사람들에 대한 참고문헌은 Lust, "Final Events," 179을 보라. 이와 비슷하게 R. F. White, "Making Sense," 543-44.

18) Hoehner, "Evidence from Revelation 20," 258.

19) R. F. White, "Making Sense," 543.

20) R. F. White, "Making Sense," 543.

오는 반면, 계 20장에서는 그들이 땅의 모든 나라와 동일시되는 까닭에,[21] 에스겔서 예언을 계 20장과 구별할 충분한 근거가 없다. 계 19:15은 북쪽에서 오는 나라가 아니라 "나라들"을 총체적으로 그리스도의 대적자로 언급하므로, 그 나라들이 계 20:8의 "나라들"과 구별되는 다른 나라일 필요는 없다.[22] 실제로 19:15의 "나라들"은 나라들을 보편적으로 이해한 사 11:4과 시 2:9에 대한 암시의 한 부분이다. 이사야서는 요한의 "나라들" 대신 "땅"을 언급하며, 시편은 "나라들"을 "땅 끝"과 동일시한다. 그러므로 계 19장이 에스겔서의 전쟁을 암시하고 있다면, 에스겔서의 원수와 관련된 지정학적 언급이 다르다는 사실에 근거하여 계 19장과 계 20장을 구별할 이유는 없다. 요한계시록의 두 이야기는 원수를 보편화하고 있는 것 같다. 하지만 이것을 근거로 요한이 에스겔서를 원래의 문맥적 의도와 상반되게 발전시키고 있다고 결론을 내려서는 안 된다(그 이유를 자세히 논의한 20:8의 주석 참조).

웹은 요한이 요한계시록 여러 곳에서 구약의 다른 예언들이 다양한 차원에서 성취되는 것으로 이해했다는 사실을 관찰함으로써, 두 전쟁이 다양한 성취를 의미한다는 생각을 뒷받침하려 한다. 예를 들어 단 7:13은 계 1:13에서 그 성취가 시작되며(예수의 현재적 통치), 14:14에서 미래의 궁극적 성취가 이루어진다(예수의 최후의 강림으로 심판을 행하심. 자세한 내용은 1:7의 주석 참조). 사 49:2은 예수 안에서 성취되기 시작했고(1:16), 교회가 불충성하고 심판을 받아야 할 때마다 지속적으로 성취될 수 있고(2:12, 16), 그리스도가 심판하러 재림하실 때 완전히 성취된다(19:15, 21).[23] 계 19장과 20장에 있는 겔 38-39장의 암시는 시작된 성취 다음에 최종적 성취가 이어짐을 보여주는 또 다른 예가 될 수 있을까?

이 질문에 부정적으로 대답할 수 있을 것 같다. 19:17-21에 언급된 불경건한 세력의 패배가 완전하고 결정적인 것으로 보이는 반면에, 요한계시록

---

21) Hoehner, "Evidence from Revelation 20," 258에 반대함.

22) R. F. White, "Making Sense," 543. 자세한 내용은 20:8의 주석 참조.

23) Webb, "Revelation 20," 12-13.

에서 성취되기 시작된 구약 예언들의 다른 사례로써는 그러한 최종성을 떠올리기 어렵기 때문이다. 더욱이 다른 예들은 다양한 성취를 보여주지 않고, 시작된 성취가 연장된 기간 동안 지속되며 그 후에 성취가 절정에 이름을 드러낸다. 만일 계 19장과 20장에 있는 겔 38-39장의 전쟁 일화들이 이러한 시작된 성취와 이어지는 절정 패턴을 보여준다면, 19:17ff.의 전쟁이 20:7ff.에서 연속되는 것처럼 묘사한 예가 발견되거나, 전쟁이 연속된다는 것을 입증하는 어떤 분명한 암시가 필요할 것이다. 20:7-10은 19:21이 끝난 곳에서 다시 시작하는 것처럼 보이지 않을 뿐만 아니라, 전쟁의 시작을 묘사하는 19:19처럼 20:8도 전쟁의 시작을 묘사한다. 19:19에서 전쟁의 시작을 묘사하는 표현은 20:8에서 반복된다. 또한 이 표현은 슥 12-14장과 습 3장의 몇몇 본문과 함께 겔 38:2-8과 39:2에 근거한다. 슥 12-14장과 습 3장은 계 16:14과 19:19의 병행 본문 배후에 있는 구약 본문이기도 하다(아래 설명을 보라). 실제로 웹의 분석에 따르면, 16:14에서 묘사된 전쟁이 의미하는 것은 동일한 전쟁의 최종적이고 극적인 3가지 다른 이야기처럼 보이는 것이 한 전쟁의 세 국면 또는 3가지 다른 전쟁을 가리킨다는 것이다. 특히 아래에서 다루게 될 내용을 고려해볼 때, 이러한 분석을 고수하려면 그에 대한 증거를 더 제시할 책임이 있다.

계 19장과 20장의 전쟁을 구별하려는 바로 앞에 있는 대안들 중 몇 개와 일관성이 있는 것은 그 전쟁 중 하나가 귀신의 세력에 대항한 전쟁이고, 다른 하나는 인간의 세력에 대항한 전쟁이라는 제안이다.[24] 예를 들어 학자들 중에는 20:8의 "곡과 마곡"을 9:1-11과 9:13-19에 나오는 군대들과 비슷한 유령과 귀신의 군대로 이해하는 사람들이 있다.[25] 흥미로운 것은 16:13-14의 병행 본문에는 귀신이 개입되어 있음이 묘사되었는데, 그곳에서 귀신들은 자기들이 직접 전쟁을 수행하는 것이 아니라 땅의 임금들을 모아 싸우도록 한다는 사실이다. 그리고 귀신들은 왕들과 동일시되지도 않는다. 그

---

24) Krodel, *Revelation*, 337.

25) Rissi, *Future of the World*, 35-36, 99과 그 곳에 인용된 문헌들.

러므로 19장은 인간 군대와 싸우는 전쟁을 묘사하고 20장은 귀신의 군대와 싸우는 전쟁에 관한 것이라는 주장은 같은 이유로 앞서 제안된 비슷한 주장들과 크게 다르지 않다.

겔 38-39장과 계 19:17-21에서 반복된 부분들 간의 관련성

겔 39장은 겔 38장에서 언급된 전쟁을 반복한다(이를 지지하는 아래 설명 참조). 이 말은 만일 요한이 19:17-21과 20:7-10에서 어느 한 모델을 따르고 있다면, 그는 대체로 인정된 겔 38-39장의 반복 패턴을 따른다는 사실을 의미한다(계 20:4-22:5과 겔 37-48장 사이의 전반적 유사성에 대해서는 20:5-6의 주석 참조). 실제로 반복은 구약의 다른 예언서들뿐만 아니라 에스겔서 여러 곳의 전형적인 특징이다.

대다수 주석가들은 겔 38장의 예언이 39장의 예언이 다루는 전쟁과는 다른 전쟁을 예언한다고 주장한다.[26] 이렇게 주장할 증거는 거의 없다. 예를 들어 밀리는, 겔 39:23-29이 하나님이 이스라엘을 회복하신다는 내용으로 마무리하기에 39장에 언급된 공격이 틀림없이 그 회복의 때 즈음에 발생하는 반면, 38장이 말하는 공격은 이스라엘이 그 땅으로 회복되어 오랜 기간 그곳에서 평화를 향유한 후에 발생하는 까닭에, 겔 38장과 39장을 서로 구별해야 한다고 단순히 말한다.[27] 하지만 38장에서 이스라엘의 회복 후 **오랜** 평화의 기간이 있다고 분명히 제시하는 곳은 없다. 38:8은 "여러 날 후 곧 말년에 네가 명령을 받고 그 땅, 곧 오래 황폐하였던 이스라엘 산[회복된 그 땅]에 이르리니"라고 말하긴 한다. 하지만 "여러 날"과 "여러 해"는 이스라엘의 회복부터 셈한 것이 아닌 것 같다. 이것은 단지 곡이 "말년"(38:16에 사용된 어구와 같음)이라는 일반적인 기간에 이스라엘을 공격할 것을 의미할 뿐이다. 말년은 회복의

26) (Cooke, *Ezekiel*, 407-408에 인용된) 구 자료비평학자들과 최근의 R. H. Alexander, "Ezekiel 38 and 39," 168-69, and Mealy, *Thousand Years*, 130-33, 187-88.
27) Mealy, *Thousand Years*, 130-33, 187-88.

때다. 예언서에서 사용하는 "말년에"(또는 "후일에")와 "이 일 후에" 그리고 이와 비슷한 어구는 전형적으로 이스라엘의 회복과 열국의 심판이라는 총체적인 종말 기간을 가리키는 시간적 도입 어구로 작용한다(일례로, 전자는 단 2:28; 10:14에 등장한다. 동일한 문맥에서 동의어로 사용되며, 둘 다 회복을 가리킨다. 두 종류의 어구는 렘 30:24과 31:33에 있다. 렘 48:47과 49:6; 사 2:2과 1:26; 호 3:5b과 3:5a; 겔 38:16과 38:8에 사용된 패턴은 똑같은 패턴으로 보인다). 이러한 어구들은 보통 바로 앞에 있는 이야기와 순서적·시간적 구별이 있음을 나타내지 않고, 후일에 속한 일반적인 주제를 언급한다. 이 주제는 근접 문맥과 시간적으로 중첩될 수 있다.[28] 그러므로 곡의 공격은 일반적인 회복의 기간과 같은 때쯤 임한다(신약성경 문맥은 그 공격이 그리스도의 구속 사역으로 시작된 참 이스라엘[교회]의 회복의 시대, 곧 초림과 재림 사이의 종말론적 시대 마지막에 발생한다고 분명히 밝히긴 한다).

실제로 최근의 주요한 구약 주석가들 사이에서는 겔 39:1-20이 38장의 반복이며, 38장과 39장이 동일한 공격을 2가지 방식으로 묘사한다는 점에서 의견의 일치를 보인다.[29] 39장 끝 부분에서 언급된 회복은 일찍이 34-37장에 기록된 소망을 불러일으킨다. 이러한 회상은 에스겔서와 그 외 예언서 문학의 특징이다. 대부분은 39:25-29에 있는 포로 귀환 후의 회복에 관한 결론적 논평이 34:1-39:24과 40:1ff. 사이에서 전환 역할을 하며 34-37장에 언급된 같은 주제를 요약하거나 회고한다고 이해한다.[30] 39:1ff.의 내용은 38장 이야기의 연속으로 보는 것이 가장 자연

---

28) 예를 들어 예언서의 "이후에"라는 어구의 사용을 설명한 VanGemeren, "Spirit of Restoration," 84-90을 보라.

29) Cooke, *Ezekiel,* 406-8, 417-18; Wevers, *Ezekiel,* 286, 294; Zimmerli, *Ezekiel,* 298; D. Stuart, *Ezekiel,* 351-63; Allen, *Ezekiel 20-8,* 207-9; 참조. Eichrodt, *Ezekiel,* 521, 527. 이들이 내린 결론은 앞에서 제시한 것과 대체적으로 일치한다. Block은 겔 38-39장을 **하나**의 공격의 연이은 단계들을 묘사하며 문학적 만평으로 해석해야 하는 여덟 장면으로 구성된 문학 단위로 이해하면서, 그 본문이 공격에 앞서는 이스라엘의 회복을 회고적으로 돌아보며 마무리된다고 본다(39장이 38장 및 앞 장들과 더불어 반복된 것에 대해 구체적으로 말한 D. I. Block, "Gog and Magog in Ezekiel's Eschatological Vision," 107, 114-15을 보라).

30) 예. Cooke, *Ezekiel,* 422; Eichrodt, *Ezekiel,* 529; Allen, *Ezekiel 20-48,* 208-9; Block, "Gog

스럽다. 두 장 사이에 밀리가 보고 싶어 하는 일종의 시간적 전위(轉位)를 암시하는 단절은 없다. 밀리는 그의 에스겔서에 대한 설명이 오히려 예언자 에스겔이 "비밀스러운 2중적 제시"를 하는 것으로 보게 한다고 분명하게 인정한다.[31] 38장과 39장을 두 개의 다른 공격으로 보고 싶어 하는 사람이 있다면, 그렇다는 것을 입증할 만한 증거를 제시해야 할 것이다. 겉으로 보면 이 두 공격이 동일하게 보이기 때문이다.

겔 38-39장의 예언이 역사의 끝에 발생할 사건들의 예표론적 패턴인 기원전 2세기의 사건들을 반복한다고 주장하는 사람들도 있다(아래 20:8의 주석 참조).

20:8에 대한 16:12-16과 19:19의 관계

계 16:12-16, 19:19-20, 20:8에는 (앞에서 보았듯이) 전쟁을 위해 군사를 모은다는 동일한 표현만 아니라, 모인 군대들이 전쟁에 참여하도록 **속임을 당한다**는 데 공통점이 있다. 이 사실로 인해 20:8에서 사탄이 만국을 **속여** "모아 싸움을 붙이는" 것은 16:12-16, 19:19에서 만국을 **속이는** 것과 같은 사건이라는 인상을 강화한다. 귀신들은 16장에서는 "아마겟돈 전쟁을 일으키려고 그들을 모았으며", 19장에서는 "땅의 왕들과 그들의 군대가 함께 모여 전쟁을 일으키려" 했다(후자는 직접 언급되지는 않았지만 거짓 예언자의 속이는 활동과 관련이 있다). 그리고 16장에서 아마겟돈 전쟁에 이어 우주의 멸망 묘사가 이어지는 것처럼(16:17-21), 20:7-10에서는 최후의 전쟁에 이어 세상의 멸망 환상이 계속된다. 이것은 두 본문이 동시에 발생하는 사건을 병행으로 묘사함을 암시한다.[32] 학자들 중에는 19:17-21의 패배한 군대를 귀신의 군대와 동일시하고, 20:7의 군대를 귀신의 군대에 대응하며 천 년 통

---

and Magog in Ezekiel's Eschatological Vision."

31) Mealy, *Thousand Years,* 187.

32) R. F. White, "Reexamining the Evidence for Recapitulation," 331-36. 또한 M. G. Kline, "Har Magedon: The End of the Millennium," 218-20도 참조하라.

치 이후 패배하는 인간 군대와 동일시하는 사람들이 있다.[33] 하지만 이렇게 구별할 수 있는 증거는 충분하지 않다. 두 본문은 겔 38-39장을 암시할뿐더러 압제하는 무리들을 "나라들"(τὰ ἔθνη)로 언급하기도 한다(19:15; 20:8). 아래에서 자세히 설명하겠지만 "나라들"(개역개정에는 "백성"으로 번역됨-역주)이 두 본문에서 동일한 실체들이라는 것이 더 개연성이 있다.

19:13-20과 20:3에서 "나라들"의 관계

19장과 20장 사이에 비연속적인 시간 관계가 있음을 암시하는 것이 관찰된다. 20:1-3이 시간적으로 19:17-21에 이어진다면, 모순이 생긴다. "나라들이 19:11-21에서 방금 전에 사탄에게 속임을 받고(16:13-16; 참조. 19:19-20) 재림 때 그리스도에게 멸망을 당한(참조. 16:15a, 19) 후 다시 20:1-3에서 사탄의 속임(미혹)을 받지 않게 보호를 받는다고 말하는 것은 난센스다."[34]

19:17-21과 20:1-3의 시간적 연속성을 선호하는 앞의 논증들과 관련하여, 20:3과 20:8이 나라들 중에서 한 번 더 전쟁하려고 다시 모일 생존자들이 있음을 보여준다고 주장하는 사람들이 있다. 그러나 19:11-21에서 그리스도가 반역한 나라들에게 절대적으로 승리하셨는데(19:21: "그 나머지는 죽으매"), 어떻게 생존자가 있을 수 있는가? 19:15-21의 묘사에 의하면 그러한 생존자는 없다고 대답할 수 있을 것이다.[35] 하지만 또 다른 가능성은 20:3에 언급된 "나라들"이 반역한 세력 중 남아 있는 자들로서 최후의 전쟁에 출정하지 않았고, 속이는 세력이 제거된 지금은 믿음을 가질 수 있게 되었다는 대답이다.[36] 또는 이와 비슷하게 나라들 중에서 악한 자들만 19:19-21에서 멸망되었기에, 20:3의 "나라들"은 나라들 중에서 나온 성도들이라는 것도 생각해볼 수 있다.[37] 천 년 통치가 끝날 무렵에 이 그리스도인들의

---

33) 참조. A. F. Johnson, "Revelation," 587.
34) R. F. White, "Reexamining the Evidence for Recapitulation," 321.
35) Mealy는 Schüssler Fiorenza도 언급한다. Mealy, *Thousand Years,* 90-91.
36) Ladd, *Revelation,* 263; Mounce, *Revelation,* 353.
37) Hoehner, "Evidence from Revelation 20," 252.

후손들은 다시 그리스도와 더불어 싸우라는 속임을 받을 것이다. 하지만 19:21에 기록된 절대적 패배와 19:15의 "나라들"이라는 포괄적인 언급(특히 그 본문의 배경이 되는 시 2:8의 보편적인 함의를 지니는 "나라들"의 관점에서)과 지금까지 분석한 것에 비춰볼 때, 이 2가지 주장 중 하나를 가지고 대답하려는 사람은 자신의 입장이 옳음을 입증할 책임이 있다. 예를 들어 20:3을 제외하고 23번 사용되는 "나라들"(ἔθνος의 단수 또는 복수)이 겨우 4번(15:4[?]; 21:24, 26; 22:2)만, 각각의 문맥에 나타난 대로, 성도들을 가리킨다. 그리고 20:3과 이 네 절들 이외의 다른 사용례에서 "나라들"은 구원받은 사람들과 구별된 사람들을 가리킨다.[38] 그래서 20:3의 "나라들"이 구속함을 받은 백성을 가리킨다고 주장은 할 수 있지만 실제로 그럴 가능성은 적다. 특히 근접 문맥에서 "나라들"은 불신자들을 가리키기 때문이다(19:15; 20:8).[39]

20:7-10의 대적자들은 귀신에 불과한 반면에 19:17-21의 대적자들은 인간이라는 생각 역시 19장의 패배의 극적인 성격과 맞지 않는다. 더욱이 19장과 20장 모두 참전한 원수들을 구별하지 않는다. 두 원수들은 "나라들"(개역개정의 "백성")로 불리며, 겔 38-39장에 예언된 인간 원수들과 동일시된다. 동일한 이유에서 공격자들은 죽은 불신자들의 영혼을 동반하는 귀신들일 수가 없다. 구약성경과 유대교 및 기독교 문헌 어디에서도 이러한 사상을 지지하는 본문이 없는 까닭에, 이것 역시 타당해보이지 않는다.[40]

15:1, 16:17-21과 19:19-21, 20:8-9의 관계

16:16 이후 시작되었지만 중단되었던 줄거리가 19:19-21에서 결론에 이르기에, 19:19-21의 메시아의 진노는 16:17-21에 있는 하나님의 진노의 일곱째 재앙과 일치한다. 이에 근거해 볼 때, 19:19-21의 그리스도의 진노는

38) R. F. White, "Making Sense," 540.
39) R. F. White, "Making Sense," 541.
40) Mealy, *Thousand Years,* 122-23.

15:1에서 하나님의 진노를 마무리 짓는다고 선언한 일곱 대접 재앙들의 시간적인 범위 안에서 발생해야 한다. 19:19-21은 적어도 여섯째 및 일곱째 대접 재앙과 중복된다. 만일 그렇다면 20:9의 불에 태워져 멸망되는 사건 역시 15:1의 "마지막 일곱 재앙"의 시간적인 틀 안에 포함된다. **일곱째 재앙 이후 나라들에게 직접 내리는 하나님의 진노가 있을 수 없다는 것은 일곱째 재앙이 심판하러 오시는 그리스도의 재림과 일치하기 때문이다**. 그러므로 20:8-9은 여섯째 대접과 일곱째 대접 재앙 이후 나라들에게 내린 하나님의 진노의 또 다른 예일 수가 없고, 19:19-21과 동시에 발생하는 사건들이다. 일곱 대접 재앙은 **불경건한 나라들에게 내리는 "하나님의 진노의 마침"**이라고 선언되기 때문이다.[41]

단 7장 구조와 계 19:11-20:6 구조의 관계

학자들 중에는 19:11-20:6이 연속해서 발생하는 사건들을 묘사한다고 주장하는 사람들이 있다. 그것이 단 7장(특히 7:11-27)의 연속적인 시간 패턴을 따르는 까닭에 짐승의 멸망 다음에 성도들의 통치가 이어진다는 것을 그 이유로 든다.[42] 하지만 단 7장은 성도들의 박해와 나라(8절과 13-14절, 19-22절, 23-25, 27절), 짐승의 심판(9-11절, 26절)에 관한 이야기를 반복하는 명확한 반복 구조를 보여준다. 더욱이 요한계시록에서 단 7장의 정확하고 직선적인 시간 이해를 발전시키는 데 관심이 없다는 사실은 계 1:13ff.과 같은 본문에서 분명히 드러난다. 계 1:13ff.의 내용은 단 7:13의 성취의 시작으로 1세기 중엽 교회 안에서 이미 통치하고 계신 인자를 묘사한다. 마찬가지로 5:9-10에는 성도들의 통치를 예언한 단 7:18, 22, 27을 이미 성취하기 시작하는 교회를 보여준다. 또한 다니엘서에서 짐승에 대한 심판보다 앞서는 단 7:10의 "펴진 책"은 계 20:12에서 짐승에 대한 심판 다음에 이어지며

41) White, "Making Sense," 547-48.

42) J. S. Deere, "Premillennialism," 60-61; Townsend, "Is the Present Age the Millennium?" 213. 특히 Deere 참조.

불신자들에게 적용된다. 계 22:5은 다니엘서와 계 20:4-6의 통치 용어를 영원한 상태에 적용한다.

20:3의 "미혹하다"가 19:20이나 12:9만을 언급할까? 아니면 둘 다를 언급할까?

연속적인 시간 관계를 선호하는 또 다른 이유는 20:3에서 발견된다. 이 본문은 사탄이 "**다시**(ἔτι)는 만국을 미혹하지 못하게 하려고" 무저갱에 던져졌다고 한다. 어떤 이들은 "가장 합리적인 ἔτι의 선행사는…짐승과 거짓 예언자의 속이는 사역을 **통하거나 연계하여** 행하는 사탄의 속이는 행위(19:20)"라고 제안한다.[43] 이럴 가능성은 있다. 하지만 설령 그것이 옳다고 하더라도, 자신의 하수인들을 통해 속이는 마귀의 행위는 역사의 끝 이전에 일찍이 짐승과 거짓 예언자가 속이던 기간을 가리킬 수 있다. 교회 시대 내내 있는 속임의 초기 국면은 13장에 서술되었다. 사실, 20:3이 역사의 끝보다는 초기 또는 적어도 더 넓은 속임의 기간을 언급한다는 점은 20:2에서 사탄을 가리키는 칭호가 12:9에서 축어적으로 인용한 표현이라는 사실로 드러난다. 12:9에서 "옛 뱀이요 마귀와 사탄"이라는 이름 뒤에는 "온 천하를 꾀는 자"라는 어구가 바로 따라온다. 12:9에서 속임을 가리키는 어구는 구약시대부터 신약시대까지 계속된 사탄의 속임을 가리킨다(12:9의 주석과 20:4-6의 주석의 서론을 보라).

17-22장의 교차대구법 구조의 함의

17-22장의 넓은 문맥은 대략적으로 같은 시간대의 병행을 보여주며 몇 개의 단락으로 이루어진 교차대구법 구조를 형성한다.[44] 이는 20:1ff.가 19:11-21을 시간적으로 따르지 않았음을 더욱 시사한다.

A 음녀가 받은 심판(17:1-19:6)

---

43) Webb, "Revelation 20," 17.

44) Snyder, "How Millennial Is the Millennium?" 71.

B 하나님의 심판(19:11-16)

C 짐승과 거짓 예언자가 받은 심판(19:17-21; 참조. 겔 39장)

D 사탄이 천 년 동안 갇힘(20:1-3)

D′ 성도들이 천 년 동안 왕 노릇함/심판함(20:4-6)

C′ 곡과 마곡이 받은 심판(20:7-10; 참조. 겔 38-39장)

B′ 하나님의 심판(20:11-15)

A′ 신부가 받은 의롭다함(21:1-22:5; 참조. 19:7-9).[45]

천 년 통치는 만국을 속이고 교회를 멸하려는 사탄의 권세를 하나님이 축소함으로써 교회 시대 동안 시작되었다(20:1-3)

앞에서 설명한 내용에 비춰볼 때, 20:1의 하늘로부터 내려오는 천사는 19:11-21에서 설명된 역사의 최후 심판 이전으로 거슬러 올라가는 환상을 1-6절에서 소개한다. 그 환상의 시간적인 범위는 그리스도의 부활부터 그의 재림까지 확장된다는 것이 드러날 것이다.

천사가 "무저갱의 열쇠와 큰 쇠사슬"을 가졌다는 것은 요한계시록 자체 문맥 안에서 이해되어야 하며, 1-6절의 사건이 그리스도의 부활과 더불어 시작한다는 또 다른 단서를 제공한다. 1장에서 그리스도가 부활로 죽음을 이겼기 때문에(1:18), "무저갱의 열쇠"는 그가 가지고 계시던 "사망과 음부의 열쇠"와 동일한 것 같다. 거기서 "열쇠"는 죽음의 영역을 주관하는 그리스도의 주권을 비유적으로 의미한다. 동일한 "열쇠"가 그리스도가 마지막 때에 죽은 자들을 다시 살리실 뿐만 아니라, 현 시대에 영적 생명을 주시는 권세가 그에게 있음을 보이려고 3장에서 언급된다. 이처럼 생명을 주

45) 앞에서 논의한 것 이외에 19:17-21의 내용이 20:7-10에 반복되었다는 것을 반대하는 자세한 논증은 Hoehner, "Evidence from Revelation 20"을 보라. 또한 Hoehner에 응수한 R. F. White, "Making Sense"를 보라. Aune는 초기 유대교와 고전 15:24-28에 반영되었다고 보는, 역사의 끝 이전에 있을 중간기의 메시아 왕국이라는 사상을 수용하기 위해, 요한이 "어색하게도 최종적인 종말 사건들을 중복했고 그 중간에 일시적인 천 년 통치를 삽입했다"고 주장한다. Aune, "Revelation," 1317.

시는 것에는 마귀가 빌라델비아에서 "사탄의 회당"에 속한 성도들을 더 이상 속이지 못하도록 하여 그들이 진리를 깨닫고 영생을 받을 수 있게 하는 것이 포함된다(3:7-9의 주석 참조). 죽음의 영역을 주관하는 그리스도의 주권은 6장에서도 확대된다. 그리스도가 넷째 인을 떼신 것은 그의 초림과 재림 사이의 기간 동안 "사망과 음부"를 주관하던 사탄의 세력을 복종시키는 그리스도의 궁극적인 권세를 묘사한다(6:8). 마찬가지로 9장의 "무저갱의 뚜껑을 여는 열쇠"는 죽음의 영역에 거하는 귀신의 능력을 다스리는 하나님의 궁극적인 권세를 가리킨다(9:1-2). 귀신의 속이는 권세는 하나님께 제한받기 때문에 "하나님의 인을 받은" 사람들에게 영향을 미칠 수 없다(9:4). 20:1과 놀라울 정도로 비슷한 것은 6:8과 9:1-2 모두 죽음의 영역에서 귀신의 특성을 가진 존재들 위에 권세를 행하는 그리스도의 중보자들인 선한 천사(넷째 생물과 다섯째 나팔 천사)를 묘사한다는 사실이다.

20:1의 "무저갱의 열쇠"는 1, 3, 6, 9장, 특히 교회 시대 동안의 실체들과 관련이 있는 6장과 9장의 열쇠들과 비슷하다. 9:1-2과 20:1의 "무저갱"은 1:18과 6:8의 "죽음과 음부"를 가리키는 동의어인 것 같다(자세한 내용은 아래 내용 참조). 9장의 "무저갱을 여는 것"과 20장의 "무저갱을 잠그는 것" 사이의 이미지가 다르다고 해서, 요한계시록의 "열쇠"가 등장하는 모든 본문을 **일반적으로** 동일시하는 것이 무효가 되지는 않는다. "열다"와 "잠그다" 모두 3:7-9의 "열쇠" 사용에 적용되기 때문이다. 3:7-9에서 이 이미지들은 "사망과 음부"의 영역, 즉 6:8과 9:1-2에서 사탄과 밀접하게 연결되었음을 보여주는 영역을 주관하는 그리스도의 주권과 연결된다. 6:8과 9:1-2에서처럼 20:1-3에서도 사탄의 영역은 중보자 천사에 의해 행사되는 그리스도의 권세 아래에 있다. 지금 20:1에서는 사탄만이 천사의 권세 아래 있지만 말이다("용, 옛 뱀, 마귀, 사탄"이라는 칭호에 대해서는 12:9의 주석 참조). 그러므로 이전의 장들에서 사용된 열쇠 상징에는 20:1에서 사용된 상징과 일반적으로 중첩된 의미가 있다. 각각의 경우에 정확한 적용은 다르지만 말이다.

천사는 마귀를 쇠사슬로 "천 년 동안 결박한다." 바다 괴물과 하나님 사이의 전쟁이 처음 창조보다 먼저 등장한 것처럼 보이듯이, 새 하늘과 새 땅의 창조에서도 그러한 전쟁이 먼저 등장해야 한다(아래에 논의한 Prayer of Manasseh 3을 보라).[46] 많은 논의가 결박과 천 년을 정의하는 데 집중되었다("천 년"의 기간과 관련된 논의는 4-6절 주석 참조). 앞에서 20:1을 그리스도의 초림과 재림 사이의 실체를 다룬 "열쇠" 본문이라고 밝힌 것이 옳다면, 결박과 천 년 통치는 교회 시대 동안 나름의 방식으로 마귀를 억제하고 계시는 그리스도의 권세로 이해하는 것이 가장 좋다.

이것은 사탄의 결박이 그리스도 부활의 직접적인 결과임을 의미한다. 그렇다면 사탄의 결박·내쫓김·떨어짐 등은 그리스도의 죽음과 부활 때 마귀가 결정적으로 패배했음을 동일한 용어("결박하다", "떨어지다" 등등)로 확증하는 신약의 다른 본문에 비춰 이해할 수 있다(마 12:29; 막 3:27; 눅 10:17-19; 요 12:31-33; 골 2:15; 히 2:14).[47] 좀 더 정확히 말하면, 그러한 결박은 그리스도의 사역 중에 시작된 것 같다. 마 12:29, 막 3:27, 그리고 눅 10:17-19과 같은 본문이 이 문제에 초점을 맞춘다. 사탄의 결박은 그리스도의 부활 직후 극적으로 시작했으며, 그리스도의 초림과 재림 사이 대부분의 기간 동안 지속된다. 20:7-9에 따르면, 결박이 풀리는 시점은 그리스도의 재림 직전에 발생한다.

하지만 그 결박을 정확히 어떻게 정의할 것인가? 1:18과 3:7-8에 비춰 볼 때, 사탄이 예수의 부활 이전에 갖고 있었던 죽은 자들의 영역을 주관하는 권세를 더 이상 보유하지 못했다고 말할 수 있다. 메시아가 부활로써 죽음과 사탄을 이기신 까닭에 사탄은 메시아의 권세 아래 있다. 20:3은 마귀가 어떻게 그리스도의 권세 아래 있게 되었는지를 더 자세히 설명한다. 천사가 마귀를 "무저갱에 던져 넣어 잠그고 그 위에 인봉하여 천 년이 차도록 **다시는 만국을 미혹하지 못하게 하였다.**"

가끔 이 사실을 고후 4:3-4, 11:14, 엡 2:2, 딤후 2:26, 벧전 5:8과 같은 본

46) J. M. Ford, *Revelation,* 329.
47) 다른 사람들과 아울러 Hendriksen, *More than Conquerors,* 225-26도 그렇게 생각한다.

문에 근거하여, 1-3절에서 사용된 은유들이 마귀가 땅에 미치는 영향의 완전한 중단을 가리킨다고 결론을 내리는 주석가들이 많이 있다.[48] 하지만 막 3:27(=마 12:29)에서 사탄의 "결박"(δέω)은 그의 모든 행위를 제한하는 것이 아니라, 예수가 마귀와 그의 수하에 있는 귀신들에 대해 주권을 가지고 계시다는 사실을 부각시킨다. 그러므로 은유 그 자체가 아닌 문맥으로 어느 정도의 제한을 의도했는지 결정해야 한다. 사탄이 그리스도의 죽음으로 "쫓겨났다"(ἐκβάλλω)는 것은 사탄을 모든 면에서 제한하는 것이 아니다. 단지 사탄은 쫓겨남으로써 온 땅에서 "모든 사람"이 그리스도께로 가는 것을 막지 못하게 되었음을 의미한다(요 12:31-32). "인봉하다"는 절대적인 감금을 의미할 수 있다. 하지만 이 단어는 단 6:17과 마 27:66에서의 일차적인 의미이기도 한 "주권 행사"라는 일반적 사상을 의미할 수 있다(마 27:66의 문맥은 절대적인 감금과 관련이 있긴 하다). 하나님이 그리스도인들에게 "인을 친다"는 것은 그들을 모든 면에서 보호하신다는 의미가 아니라, 단지 영적이고 구원론적인 면에서 그렇게 하신다는 의미다. 성도들이 다양한 물리적 박해로 인해 고난을 당하기 때문이다(7:3; 9:4의 주석 참조). 바꿔 말하면, 하나님이 사탄을 인봉하신다는 것은 참된 교회가 받은 구원의 안정성에 해를 끼치지 못하게 하신다는 의미다. 그러나 물리적으로 교회에게 해를 끼칠 수는 있다.

우리는 20:1-6과 19:11-21 사이에 시간적인 관계는 없다고 보았다. 이와 더불어 "열쇠"를 설명한 우리의 이해가 옳다면, 그리스도가 마귀로 하여금 "미혹하지" 못하게 억제하신 것은 마귀의 모든 행위를 완전히 제한하는 것이 아니라 단지 속이는 활동만을 억제하신 것이다. 열쇠로 "무저갱"을 열게 되면 마귀는 "이마에 하나님의 인이 없는" 불신자들을 속이고 압제하는 일을 시작한다. 그러므로 20:1-3의 "무저갱"을 잠근다는 것은 사탄과 그의 무리들이 "그들의 이마에 [짐승의] 표를 받지 않은" 사람들을 속일 수 없다

48) 예를 들어 Walvoord는 마귀가 재림 이전 시대 동안에는 결박되지 않음을 보여주기 위해 이 본문들을 인용한다. Walvoord, *Revelation*, 292-93.

는 사상을 전한다. 9:1-10과 20:1-3은 동시에 일어나는 사건이며, 사탄이 속이도록 허용된 사람들과 속이도록 허용되지 않은 사람들을 묘사한다. 나머지 본문은 속이는 것을 금하는 것이 어떤 것인지를 설명한다.

3절은 억제의 목적이 단지 사탄의 미혹에 한정되었음을 강조한다. "**그래서**(ἵνα) 다시는 만국을 미혹하지 못하게 하였는데." 주석가들은 이것이 목적절이라고 인정하지만, 개중에는 1-3a절의 문맥이 억제의 목적을 넓게 보도록 요구한다고 말하며, 사탄의 결박이 모든 면을 포함한다고 주장하는 사람들이 있다.[49] 하지만 사실 3b절의 제한하는 목적절은 1-3절 전체의 요점을 알려준다.

어떤 유의 속이는 활동들이 제약을 받았을까? 이어지는 문맥인 20:7-10이 가장 가까운 대답을 제공한다. 특히 7절은 3절이 끝난 뒤부터 시작한다("천 년이 차도록…그 후에는 반드시 잠깐 놓이리라"와 "천 년이 차매 사탄이 그 옥에서 놓여"). 7-10절에서 사탄이 놓인 이유는 땅에 있는 하나님의 백성의 공동체를 없애려고 "땅의 사방 백성…을 미혹하고 모아 싸움을 붙이"려는 데 있다. 이것은 역사의 끝, 즉 그리스도의 최종 강림 직전에 발생할 것이다. 최종 강림 때 그리스도는 불로 나라들을 멸하실 것이다.

래드는 "사탄을 이긴" 그리스도의 승리가 "단번에 일어난 것이며, 사탄은 그리스도의 죽음과 부활로 그리스도에게 매이게 된 것에서 절대로 풀려나지 못할 것이라"고 주장하면서, 1-3절이 그리스도의 죽음과 부활의 결과와는 관련이 없다고 주장한다.[50] 하지만 이 주장은 본문의 요지를 놓친 것이다. 그리스도는 죽음과 부활로 백성을 사서 그의 교회로 삼으셨다(1:5-6; 5:9-10). 그리스도의 초림과 재림 사이 내내, 사탄은 그리스도가 속량하신 사람들의 "충만한 수"(6:11) 가운데 어느 한 사람도 속일 수 없다. 그들은 "인침을 받았기" 때문이다(7:1-8의 주석 참조). "충만한 수"가 들어온 다음에야 마귀는 역사의 끝에 사는 대다수의 사람들을 속이도록 허락받을 것

---

49) Townsend, "Is the Present Age the Millennium?" 217.
50) Ladd, *Revelation*, 263.

이다. 그는 사람들에게 그리스도의 진리를 보지 못하도록 할 뿐만 아니라 그리스도를 따르는 사람들을 없애려 할 것이다. 그러므로 사탄은 그리스도에게 매인 것에서 풀려나지는 않는다. 사탄이 역사의 마지막에 백성을 속이는 것은 그리스도의 주권적인 계획의 한 부분이다. 3절 마지막에 있는 δεῖ("반드시")는 하나님의 계획의 확실성을 표현한다(1:1; 4:1; 11:5; 13:10[사본상 이문]; 17:10; 22:6). 마귀는 교회를 없애기 위해 마지막으로 시도하지만 실패하고, 오히려 자신이 최종적으로 패배하고 형벌을 받는다. 사탄이 행하는 이 마지막 맹공격은 정확히 천 년 통치가 끝난 직후(3, 7절), 최후의 심판 직전에 "잠시" 동안 벌어진다.

이에 비춰볼 때, 요한계시록의 전반적 문맥과 보다 넓은 성경적 틀을 바탕으로 20장에 분명하게 언급되지는 않았지만 암시된 내용을 보충하는 것은 도움이 될 것이다. 그리스도의 재림 이전의 기간 동안 사탄의 속이는 활동 모두가 2-3절의 결박으로 축소되지는 않는다. 사탄의 속임은 땅에 있는 신앙 공동체 전체를 멸하려고 함께 모인 만국을 미혹하는 것에 해당한다. 그러므로 그리스도가 "그의 교회를 세우실 때…음부의 대문(권세)"이 교회의 성장을 "이기지 못하는" 까닭은 "하나님 나라의 열쇠"가 교회에게 주어져 사탄의 속임을 이기도록 한 것에 있다(마 16:18-19). 하지만 역사의 끝에 미혹을 당한 무리들은 교회를 박해할 것이다. 하나님이 그들을 위해 개입하지 않으신다면, 교회는 없어지고 말 것이다(막 13:19-22; 마 24:21-24). 계 11:7에서 증언하는 공동체와 "더불어 싸워 이기려고 무저갱에서 올라온 짐승"은 마지막으로 사람들을 맹습하여 속이는 마귀의 지상 하수인이다. 이것은 16:12-16과 19:19-21에서도 입증된다. 대부분의 주석가들은 짐승이 그리스도의 재림 직전에 11:7의 무저갱에서 올라온다는 데 동의한다. 짐승이 무저갱에서 올라온 일은 20:3b, 7에서 사탄이 무저갱에서 나온 사건과 동일시해야 할 것으로 보인다. 이것은 사탄이 무저갱에서 나온 사건이 그리스도의 재림 이전에 발생한 사건임을 더욱 확증해준다. 13:1-2에서 짐승이 역사 내내 활동하는 사탄의 권세를 대표했듯이(참조. 12:3), 역사의 마지막에 짐승이 올라온 일은 20:3, 7에서 용이 올라온 사건을 의미한다고 말할

수 있다. 짐승이 또 다시 용을 대표하기 때문이다.[51]

공간적 의미로서 마귀가 "땅에서 쫓겨나" 더 이상 지상에 존재하지 않는다는 식으로 이해하는 것은 잘못이다.[52] 이것은 "무저갱"을 지나치게 문자적으로 보는 해석이다. 요한계시록 전체에서 "하늘"이라는 단어처럼, 무저갱은 공간적으로 땅의 위아래가 아니라, 땅과 나란히 그리고 땅에 존재하는 영적 차원을 대표한다(예를 들어 왕하 6:15-17의 하늘 영역과 엡 6:10-17의 사탄의 영역처럼 말이다. 참조. 고후 10:3-5). 계 6:8은 심지어 말을 타고 온 땅에서 사람들을 죽이는 "죽음과 음부"(=무저갱)의 영역을 묘사하기도 한다(아래 더 자세한 내용 참조). 무저갱은 마귀와 그의 일행이 활동하는 영적 영역을 가리키는 다양한 은유들 중 하나다. 9:1-11에는 "무저갱의 열쇠"를 사용하여 무저갱을 열고 귀신과 같은 피조물을 나오게 함으로써 땅에 있는 불신자들에게 고통을 가하게 하는 천사적 존재(아마도 마귀일 것이다)가 묘사되었다.

마귀의 속이는 행위를 억제하는 것에는, 그리스도의 부활 이후 교회시대 동안 **그가 이전에 행하던 것처럼** 언약 공동체를 속이거나 적대적으로 공격할 수 없다는 것도 포함된다. "무저갱에 던져 넣어 잠그고…**다시는**(ἔτι) 만국을 미혹하지 못하게 하였는데"(몇몇 사본에는 ἔτι가 생략되었다. 자세한 내용은 아래 설명 참조). 사탄의 결박이 모든 면에서 완벽하지 않다는 것은 20:3의 "미혹"(속임)과 관련되어 있으며 창 3:1, 14을 암시하는 20:2의 "옛 뱀"이라는 명칭과도 맥을 같이 한다(12:9의 주석에서 주장함. 12:7-12과 20:1-6 간의 병행에 대해서는 20:4-6의 주석 참조). 뱀은 하나님이 창 2:16-17에서 아담과 하와에게 명령하신 것이 사실이 아니고(창 3:1, 4) 하나님이 그들에게 나무의 열매를 따먹지 못하게 한 것에는 속이려는 동기가 있다고 주장했다(창 3:4-5). 뱀의 미혹으로 아담과 하와는 타락했다. 인류의 첫 대표자들을 공격했던 이 미혹으로 첫 번째 언약 공동체가 무너졌으며, 인류는 주님을

51) Conner, "Rev. 20:1-10"이 제안함.
52) A. F. Johnson, "Revelation," 581에서 분명히 이런 입장을 밝혔듯이 말이다.

위해 땅을 끝까지 정복하라는 사명을 수행하지 못하게 되었다. 이제 인류의 마지막 대표자인 마지막 아담이 처음 타락의 결과를 바꾸셔서, 사람들 사이에서 언약 공동체가 하나님을 위해 땅을 정복하라는 창조 목적을 이루게 되었다. 그러므로 "옛 뱀"을 결박한다는 것은 그를 억제하여 그가 옛 에덴동산에서 이전에 수행했던 속이는 목적을 이룰 수 없게 한다는 의미다.[53)]

실제로 타락 후 뱀과 그의 하수인들은 마귀가 동산에서 행하기 시작했던 것을 범세계적인 규모로 행한다(참조. *Jub*. 11:5; *1 En*. 54:6; *2 En*. 7). 구약 시대에 사탄은 이스라엘의 대다수를 속여 열국에 구원의 빛이 되라는 그들의 임무를 이룰 수 없게 했다(사 49:6). 그 결과 하나님 나라에 대한 복된 소식은 이교 나라에 전파되지 않았고, 열국은 영적 어두움의 상태에 있었다(행 14:16; 17:30). 또한 이스라엘은 자신들이 지은 죄로 인해 이스라엘을 전멸하려는 이방 나라의 탄압을 받아 사탄의 압제에 놓였다. 이러한 전멸 시도는 사탄이 그리스도를 공격하는 것으로 절정에 달했다. 그리스도는 자신 안에 참된 이스라엘의 모든 것을 품으셨다. 사탄은 그의 하수인들이 그리스도를 죽였을 때 마침내 승리한 것처럼 보였다. 그러나 그리스도는 부활하심으로써 사탄이 패하였다는 것을 보여주셨다.

계 12:2-5은 그리스도의 죽음과 부활로 절정에 이른 언약 공동체를 향한 사탄의 압제의 과정을 망원경적인 관점으로 보여준다. 그래서 참 이스라엘이신 예수와 하나가 되는 모든 사람은 열방에 빛이 되라는 사명을 성취하기 시작하며, 사탄이 열국을 덮었던 미혹의 휘장이 걷힌다(참조. 사 49:6; 눅 2:32; 행 13:47; 26:18, 23). 이것은 그리스도의 재림 이전 대부분의 시대 동안 마귀가 복음이 확산되는 것을 멈출 수 없든지,[54)] 복음을 광범위하게 받아들임(=교회)을[55)] 막을 수 없음을 의미한다. 그래서 그리스도는 그를 따르는 자들에게 "모든 족속으로 제자를 삼으라"고 명령하신다(마 28:19).

53) 참조. Prigent, *Apocalypse,* 304.
54) Lenski, *Revelation,* 575-76이 이 점을 강조한다.
55) Hoekema, *Bible and Future,* 228.

복음이 "모든 민족에게 증언되기 위하여 온 세상에 전파되리니 그제야 끝이 오리라"(마 24:14). 하지만 역사의 끝, 즉 그리스도의 재림 직전에, 사탄은 "잠깐" 다시 복음의 전파를 막고 만국을 미혹하도록 허락을 받을 것이다. 특히 그가 이전에 에덴에서 속이고 이스라엘을 대항하며 또 참 이스라엘이신 예수를 십자가에서 공격했듯이, 하나님의 백성을 없애려는 목표를 가지고 만국을 미혹할 것이다(행 4:25-28에 사용된 시 2:1-2과 계 12:5에 사용된 시 2:9 참조).[56] 일찍이 그리스도 개인에게 가해진 치명적인 공격이 그리스도의 몸인 공동체에게도 가해질 것이 분명하다(11:3-12, 특히 11:1-2, 9의 주석 참조).

이것은 사탄이 비밀스러운 방법으로 "이미 활동하고" 있지만 억제되고 있다고 말한 살후 2:6-12과 일치한다. 그리스도의 재림 직전에 그러한 억제가 사라져 사탄이 "거짓 기적과…모든 속임"을 시작할 것이며, 그때 그는 그를 따르는 자들과 함께 심판받을 것이다.[57]

9:1-2과 20:1의 "무저갱"이 1:18과 6:8의 "사망과 음부"와 같은 의미가 있다고 암시한 것 이외에, 롬 10:7에서도 ἄβυσσος가 "죽은 자"(νεκρός)의 영역과 동의어로 사용되었다("누가 무저갱에 내려가겠느냐 하지 말라 하니 내려가겠느냐 함은 그리스도를 죽은 자 가운데서 모셔 올리려는 것이라"). 이와 마찬가지로 Diogenes Laertius 4.5.27에서 ἄβυσσος는 죽은 자들이 있는 곳을 의미한다.

다른 묵시문학도 계 20:1-3과 같은 이미지를 반영한다. *1 En*. 10:4-16에는 악한 천사들을 "결박하여 심판의 때까지" 구덩이에 "던져 넣은" 한 천사가 묘사된다. 그때 "그들은 불이 붙은 무저갱으로 떨어져 고통을 당하고, 옥에 영원히 갇히게 될 것이다." 같은 장면이 *1 En*. 18:11-9:3에서도 발견된다. 최후의 심판 이전에 갇히는 장소가 "깊은 무저갱"과 "옥"이라고 불리는 것만 제외하고 말이다(또한 *Jub*. 5:6-14; *1 En*. 88:1-3; 벧후

---

56) 3절과 7절에 언급된 속임을 이해하는 전천년설의 관점에 대해서는 Ostella, "Deception"을 보라.

57) Wilcock, *I Saw Heaven Opened,* 190.

2:4; 유 6; Tob. 8:3). 이 모든 유대문헌에서 악한 영들이 예외 없이 완전히 결박된 것처럼 보인다는 것은 사실이다. 하지만 그렇다고 해서 같은 실체가 계 20장에도 묘사되었다고 볼 필요는 없다. 실제로 이 모든 본문에서 노아의 홍수 이전이나 홍수 때, 또는 그 이후 구약시대에 갇힌 자는 사탄이 아니라 악한 영들에 불과하다. 심지어 신약성경은 귀신의 특성을 지닌 영들이 완전히 갇혔으나 사탄과 그밖의 영들은 놓임을 받았다고 이해한다(벧전 5:8과 같은 본문들과 대조적인 벧후 2:4; 유 6). *1 En*. 54에는 선한 천사들이 "땅에 거하는 사람들을 미혹의 길로 이끌었던" 사탄의 부하들인 인간과 귀신들을 영원히 "완전한 정죄의 무저갱으로 던질"(53:2) 역사의 끝과 관련된 내용이 기록되었다.

사탄의 결박을 분명하게 언급하는 유대문헌 중 오직 한 본문에서만 그 "결박"이 완전한 것이 아니라고 한다. 사탄에게 속한 "악한 영들"을 결박한 직후에도 성도들을 계속해서 대적하는 세력이 존재하기 때문이다(*Test. Levi* 18:12: "벨리알이 그[메시아]에 의해 결박당할 것이며, 그[메시아]가 그의 자녀들에게 악한 영들을 밟는 권세를 주실 것이다." 이 본문은 눅 10:18-20과 눈에 띄게 비슷한데, 두 본문은 서로 관련이 있는 것 같다). *Jub*. 48:15-17은 귀신들의 왕인 마스테마가 이스라엘을 참소할 수 없도록 억제되었다고 묘사한다. "마스테마는 결박되었고 이스라엘을 **참소할 수 없게 하려고** 이스라엘의 자녀들 뒤에 갇혔다." 그 후 그는 다시 이스라엘을 참소할 수 있도록 "놓임을 받는다." 48:18에도 비슷한 내용이 담겨 있다. 마스테마는 "결박되어서…이스라엘 자녀들을 **참소할 수 없게 되었다**"(참조. 48:9-11).

Gospel of Nicodemus 22:2은 다음과 같이 말한다. 그리스도가 죽임을 당하신 후 "최고 통치자인 사탄을 잡아…그를 천사들에게 넘겨주면서 이렇게 말했다. '쇠로 만든 족쇄로 그의 손과 발을 묶어라.'…그런 다음 그는 사탄을 음부에 넘겨주며 이렇게 말했다. '그를 받아 내가 올 때까지 꽉 붙잡고 있어라.'"

Prayer of Manasseh 3에는 창조 때 악한 혼돈의 세력을 억제하시는 하나님을 언급하는 내용이 있다. 거기에 사용된 표현은 계 20:2-3과 무척 비슷하다. "그[하나님]는 바다를 붙들고 계시며, 바닥이 안 보이는 구덩이를 닫고 봉하셨다." 하지만 완전한 억제를 염두에 둔 것 같지는 않다. 구약성경은 바다 괴물이 여전히 역사 내내 열국들을 난장판으로 만들 수 있다고 묘사하기 때문이다(계 12:3; 13:1의 주석 참조). 그리고 만일 태곳적에 혹은 노아의 홍수 때에 (사탄을 비롯하여) "깊은 구덩이에서 사슬에 묶인 천사들"(벧후 2:4; 유 6)이 그 후에도 계속하여 땅에서 활동하도록 허락되었다면, 계 20장의 결박 역시 이런 맥락에서 이해할 수 있다.

바벨론 신화와 바사 신화에도 몇몇 일반적인 병행 어구가 있지만 계 20:1-3의 사상의 출처는 성경의 전통이다.[58]

유대교 문헌에서 무저갱 및 결박의 이미지에 완전한 결박이라는 의미가 있는 까닭에, 계 20:2-3의 "결박"이 완전한 것이라고 주장하려는 사람들이 있다.[59] 하지만 이러한 주장은 이 이미지들이 귀신들과 관련이 있고 사탄과는 관련이 없다는 것 또는 (앞에서 요약했듯이) 특히 결박이라는 이미지에 완전함이라는 의미가 없다는 것을 고려하지 않은 데서 비롯되었다. 이러한 평가는 요한계시록에서 "무저갱"이나 지하 세계에 완전함이라는 개념이 없을 수 있다는 사실을 인정하지 않은 결과다. 일례로 계 9:1-11이 갇혔다가 놓임을 받고 구덩이에서 올라와 불신자들에게만 해를 끼치는 귀신을 묘사하지만, 9:1-11 내용과 시간적으로 어느 정도 중첩이 되는 6:8은 교회 시대 내내 **땅에서** 신자들과 불신자들 **모두**에게 영향력을 행사하는 (지하 세계 자체와 동일시될 수 있는) "음부"의 사탄적 영역을 묘사한다. 6:8과 9:1-11 사이의 긴장은 구덩이에 갇혔다는 것이 물질세계에 접근하는 것을 막는 영적 세계의 절대적인 지역적 경계가 아니라, 영향력을 완전히 제거함이나 한정된 영향력을 가리키는 **은유적 표현**임을 암시한다.

궁극적으로 문맥에서 매 경우 그 은유의 비유적인 의미를 결정해야

---

58) 참조. Rissi, *Future of the World,* 31.
59) Colwell and Webb, "Revelation 20," 49.

한다. 앞에서 이 단락 전체의 의미를 논하면서 살펴보았듯이, 무저갱과 물질세계는 서로가 서로를 관통하거나 서로 나란히 존재하는 서로 다른 두 차원이다. 그러므로 요한계시록의 사용례에 비춰볼 때, 계 20:1-3에서 "무저갱은 공간적으로 땅과 분리되어 땅에 직접적으로 접촉하는 것이 금지된다"라고 주장하는 것은 오류다.[60] 6:8과 9:1-11의 관계에서 유추해볼 때, 20:1-3에서 사탄이 결박되었다는 말은 20:7-9에 언급된 최종적인 속임 이외에도 사탄의 다양한 속이는 활동을 감안한 것일 수 있다. 20:7-9의 문맥에 비춰볼 때, 20:3의 결박의 특성은 사탄이 땅에 있는 하나님의 공동체인 성도들을 멸하려고 범세계적인 군대를 늘리지 못하도록 억제하시는 하나님의 일시적인 힘으로서 결정되고 정의된다.[61]

LXX과 유대교 문헌에서는 무저갱을 주로 악한 영들이 하나님의 주권 아래 감금된 형벌의 장소로 이해한다. LXX에서 이 영역은 악한 세력을 가리키는 상징이기도 하다(자세한 내용은 9:1의 주석 참조).

사 24:21-22은 계 20:2-3의 배경이며,[62] 예언의 성취도 거기서 발견된다. "그날에 여호와께서 높은 데에서 높은 군대를 벌하시며 땅에서 땅의 왕들을 벌하시리니 그들이 죄수가 깊은 옥에 모임 같이 모이게 되고 옥에 갇혔다가 여러 날 후에 형벌을 받을 것이라." 우리가 앞에서 분석한 것에 비춰볼 때, 이 성취는 그리스도의 죽음과 부활 때 시작되었으며, 그리스도가 역사의 끝에 재림하실 때 절정에 도달한다. 사 24장과 계 20장의 예언적인 연결은 사 27:1에 의해서도 암시된다. 이 본문은 24:21-22에 묘사된 형벌을 더 자세히 설명해주는 것 같다("그날에 여호와께서 찾으리니"에 해당하는 히브리어 어구는 24:21과 27:1에만 등장한다). "그날에 여호와께서 그의 검으로…바다 괴물을 찾으실 것이니"(LXX의 "용, 뱀"은 계 20:2의 "용, 옛 뱀"과 거의 같다). 사 24:21-22과 계 20:1-3, 9-10 역시 우주

60) Colwell and Webb, "Revelation 20," 49이 이렇게 주장한다.
61) Webb, "Revelation 20," 20-21의 주장에도 불구하고 말이다.
62) Kraft, *Offenbarung,* 256.

적인 악의 군대에게 내려지는 두 종말론적 형벌을 각각 담고 있다(계 13:14의 주석 참조. 이 본문에는 그리스도의 부활로 말미암아 짐승이 받은 치명타를 묘사한 것에 사 27:1이 반영되었다. 참조. 12:5, 9). 사 24:21의 "높은 데에 있는 하늘 군대"는 후기 유대교에서 악한 천사들과 동일시되었다(*Midr. Rab*. 출 9.9; *Midr*. 시 82.3; 104.1; *Pesikta Rabbati* 42.9; *Midr. Rab*. 아 8.14 §1; *Mekilta de Rabbi Ishmael*, Shirata 2.115-19. 마지막 두 자료에서는 해당 본문 다음에 사 14:12의 "네가 어떻게 하늘에서 떨어졌는고"가 바로 이어진다).

사본 051 𝔐^A bo에는 ἔτι가 생략되었다. 고의가 아니었을 수도 있지만, 그 독법이 어렵기 때문에 생략했을 것 같다. 만일 사탄이 결박되어 그가 더 이상 속일 수 없게 되었다면, 어떻게 그가 풀려나 다시 속일 수 있단 말인가? ἔτι가 "그러나 아직"이라고 번역되면 가능할 수 있다. "그는 아직은 만국을 속이지 못했다"라고 말이다.[63] 이렇게 ἔτι가 이전 시간에 있는 어떤 것의 연속을 언급하지 않고 절대적인 미래로 사용되는 것이 신약성경에서는 전형적이지 않지만 요한 문헌에는 선례가 있다. 이 선례들 중 특히 눈에 띄는 것은 ἔτι가 χρόνον μικρόν과 직결되었다는 사실이다(요 7:33과 12:35. 마찬가지로 요 13:33과 14:19). 이것은 계 20:3의 경우와 같다. 비록 μικρὸν χρόνον이 ἔτι와 좀 더 떨어져 사용되긴 했지만 말이다. 이러한 뉘앙스는 요한계시록에서 ἔτι가 21번 사용된 것 중 독특하다(예외가 있다면 6:11의 ἔτι χρόνον μικρόν일 것이다. 이 어구는 거기서 "쉬라"는 앞에 언급된 시간을 가리키는 것 같지만 말이다). 20:3에서 ἔτι에 미래적인 의미가 있다면, 지속되던 속임이 잠시 멈출 것이라는 개념은 없을 것이다. 오히려 3절 끝은 마귀가 결박되어 역사의 끝에 있을 것이라고 예언된 범세계적인 미혹을 "아직은" 행할 수 없다는 것만을 천명할 뿐이다. 요한계시록의 용례와 이 단락 전체에서 논의한 것에 의하면 이러한 ἔτι의 미래적 의미는 개연성이 적다.

---

63) 참조. BAGD, 316.

천 년 통치는 죽은 성도들의 영혼이 부활함으로써 교회 시대 동안 시작된다. 그들은 제사장과 왕으로서 그리스도와 함께 영적 죽음을 다스리는 권세를 갖는 하늘의 상태에 들어간다(20:4-6)

삶과 다스림이 20:4-6의 주요 주제들이다. 이것은 천 년 통치의 일차적 요지가 고난받는 그리스도인들의 승리를 증명하는 데 있음을 의미한다. "짐승이 죽인 사람들은 참으로 살 사람들이며…그리스도의 왕 노릇 할 권리를 두고 싸우며 또한 그것을 위해 고난받은 사람들은 마침내 그와 같이 보편적으로 왕 노릇 할 것이며, 훨씬 더 오래 왕 노릇 할 것이다."[64] 비유적인 천 년 통치를 위해서뿐만 아니라 영원히 왕 노릇 할 것이다(22:5). 이것은 딤후 2:11-12과 같은 신약성경의 가르침과 맥을 같이한다. "우리가 주와 함께 죽었으면 또한 함께 살 것이요 참으면 또한 함께 왕 노릇 할 것이요."[65]

뱀이 옥에 갇힌 것은 성도들이 그리스도와 함께 왕 노릇 할 수 있도록 하는 사건이다. 또한 이것은 성도들을 위해 사탄에게 내려진 심판이다. 1-3절의 "천 년"을 교회 시대와 동일시하는 것이 옳다면, 그 기간을 이해하는 동일한 관점이 4-6절에서도 유지된다. 12:7-11 역시 하늘에서 땅으로 초점이 옮겨지는 환상을 제시한다. 그곳에서도 처음 장면은 사탄을 쫓아내는 천사를 묘사하고(7-9절), 그다음에 그의 타락(떨어짐)의 결과가 이어진다. 그 결과는 그리스도(10절)와 그의 백성(11절)의 시작된 왕권이다. 12장과 20장 사이의 병행들은 모든 점에서 같지는 않지만 같은 사건들을 묘사하며 서로가 서로를 해석한다.

12:7-11	20:1-6
(1) 하늘 장면(7절)	(1) 하늘 장면(1절)
(2) 사탄과 그의 군대와 싸우는 천사들의 전쟁(7-8절)	(2) 사탄과 싸우는 천사의 전쟁이 전제됨(2절)

64) Bauckham, *Theology*, 107.

65) Vanhoye, *Old Testament Priests and the New Priests*, 305은 눅 22:28-30과 롬 8:17도 인용한다.

(3) 사탄이 땅으로 내쫓김(9절)	(3) 사탄이 무저갱에 던져짐(3절)
(4) "큰 용, 옛 뱀 곧 마귀라고도 하고 사탄이라고도 하며 온 천하를 꾀는 자"라 불리는 천사의 악한 대적자(9절)	(4) "옛 뱀이요 마귀요 사탄이라고도 하는 용"이라 불리는 천사의 악한 대적자는 "다시는 만국을 미혹하지 못하게" 됨(2-3절). 나중에 온 땅의 나라들을 속이려고 놓임(3, 7-8절)
(5) "자기의 때가 얼마 남지 않은 줄을 알므로 크게 분내어"라는 사탄적 표현(12b절)	(5) 사탄이 옥에 갇힌 이후 "잠깐 놓임을 받음(3절)
(6) 사탄의 멸망과 그 결과로 나타난 그리스도(10절)와 그의 성도들의 나라(11절. "이김" 주제를 주목하라)	(6) 사탄의 타락과 그 결과로 나타난 그리스도와 그의 성도들의 나라(4절)
(7) 성도들의 왕권은 사탄의 멸망과 그리스도의 승리에 근거한 것일 뿐만 아니라 "그들의 증언의 말씀"을 붙들어 심지어 죽기까지 충성한 것에도 근거함(11절)	(7) 성도들의 왕권은 사탄의 타락과 그리스도의 승리에 근거한 것일 뿐만 아니라 "예수의 증언과 하나님의 말씀"을 붙들어 심지어 죽기까지 충성한 것에도 근거함(4절)

두 본문에서 부활은 사탄의 내쫓김과 직결된다. 땅에서 벌어진 그리스도의 부활 사건(12:5)에 대응하는 사건, 즉 하늘의 미가엘(12:9-10, 13)과 "천사"(20:1-3)가 사탄을 하늘에서 내쫓는(βάλλω) 사건이 있다. 미가엘의 행동은 땅에서 일어난 그리스도의 죽음과 부활의 천상적인 결과에 불과하다(12:7-11의 주석 참조). 20:2-5에 언급된 성도들의 부활은 그들이 그리스도의 부활에 참여했음을 말한다. 그리스도의 부활로 성도들은 영적으로 마귀를 이기고 다스리는 권세를 받는다. 20장에서 사탄의 멸망이 대체적으로 12장의 사탄의 멸망과 동일하다면, 무저갱에 갇혔다는 것은 그가 이전에 행하던 그의 속이는 활동을 더 이상 할 수 없게 된 것만 아니라, 하늘 법정에서 성도들을 위해 하나님이 내리신 구원의 판결을 번복할 능력이 없다는 것도 암시한다(12:7-11의 주석 참조). 이것은 20:4의 하늘 법정 이미지로써 확증된다(20:4의 주석 참조).

12:12의 "얼마"와 20:3의 "잠깐"은 서로 다를지도 모르지만 어느 정도 중첩되는 기간일 수 있다. 12장에서 "얼마"는 하나님 나라의 임박한 절정에

대한 기대와 사탄의 최종적인 패배를 가리킨다. 이 임박한 기대는 교회 시대의 전 과정에서 유지된다. 심지어 6:11의 "잠시 동안"도 하늘에서 높임을 받은 신자들의 임박한 기대를 언급한다. 하나님만이 마지막 날과 시간을 아시기 때문이다(6:11). 요한계시록의 전반적인 시간 이해에서는 역사의 절정이 단지 "잠시 동안" 떨어져 있을 뿐이다. 이것이 그리스도인들의 관점에서 조망되었는지(1:1, 3; 22:6-7, 10, 20), 하늘에서 높임을 받은 성도들의 관점에서 조망되었는지(6:11), 사탄의 관점에서 조망되었는지는 상관이 없다.[66)]임박한 종말에 대한 기대로 인해 그리스도인들이 땅에서 선한 일을 할 동기를 부여받듯이, 사탄은 분노하고 악한 일을 할 동기를 부여받아(12:12) 종말이 오기 전에 가능한 한 많이 파괴하려 한다.

20:3, 7-8은 적어도 두 가지 방법으로 12:12의 "얼마 남지 않은" 때의 의미를 더욱 분명히 밝혀준다. 첫째, "얼마 남지 않은" 때는 마귀의 "큰 분노"의 근거를 설명한다. 마귀는 "생명책에 기록되지 못한" 사람들에게 분노하고 그들을 속이며(13:8; 참조. 13:14), 교회 시대 동안 신앙 공동체에게 그의 분노를 표출한다. 하지만 그는 무저갱에 갇히게 됨으로써 더욱 분노한다. 그 후 역사의 끝에 마귀는 마침내 놓임을 받아 교회에게 모든 분노를 쏟아 붓는다. 하지만 그렇게 할 수 있는 시간은 "얼마 남지 않은" 때뿐이다. 그에게 교회를 없애도록 허락된 짧은 시간으로 인해 그는 더욱 분노한다. 12:12에서처럼, 교회 시대 내내 그랬듯이, 사탄의 관점에서 시간은 여전히 짧다. 하나님의 작정의 관점에서 볼 때, 이 시점에서 그 시간은 문자적으로 정말 짧은 시간이다. 그리고 사탄이 비록 역사 내내 가시적인 교회에 해를 가했다고 해도, 지금 그는 교회를 전멸시킬 정도까지 핍박하도록 허락을 받는다. 그래서 20:3, 7-8 역시 20:3의 "잠깐"이 "얼마 남지 않은" 때의 마지막 단계라는 것을 설명함으로써 12:12의 내용을 분명하게 설명하기도 한다. 이것을 다르게 말한다면 12:12의 "얼마 남지 않은" 때가 "세 때 반, 즉 삼 년 육 개월" 또는 그와 동등한 기간(11:2-3; 12:6, 14)에 해당하고, 20:3의 "잠깐"이 세

66) Schüssler Fiorenza, *Revelation: Justice and Judgment,* 46.

때 반의 끝에 발생한다는 것이다(마찬가지로 11:2-3을 11:7의 짐승의 공격과 비교하라). 그러므로 두 기간은 똑같거나 동시에 일어나는 기간을 가리키지 않는다. 다만 두 기간 사이에는 시간적 중첩이 있다.

6절의 왕 노릇 한다는 사상("그들이 그리스도와 더불어 왕 노릇 하리라") 앞에 관사를 동반한 어구 τοῦ θεοῦ καὶ τοῦ Χριστοῦ("하나님과 그리스도의")는 이 곳 이외에 12:10에서만 등장한다. ἡ βασιλεία τοῦ θεοῦ ἡμῶν καὶ ἡ ἐξουσία τοῦ χριστοῦ αὐτοῦ("우리 하나님의 나라와 또 그의 그리스도의 권세"). 이것은 20:1-6을 12:7-11과 동일시하는 또 다른 병행 어구다. 12:10에서 이 어구는 시 2:2을 암시하는데, 이는 그리스도의 부활과 더불어 성취되기 시작했다(12:5의 시 2:9의 암시를 발전시킴). 이것은 20장의 하나님 나라의 시작된 관점을 지지한다. 비슷한 어구가 11:15에도 등장하는데, 이것 역시 시 2:2을 암시하지만, 절정에 도달한 하나님 나라를 언급한다. 요한계시록에서 11:15, 12:10, 20:5-6 이외에서는 하나님과 그리스도가 이런 방식으로 함께 등장하지 않으며, "그리스도" 앞의 관사도 요한계시록의 다른 곳에서는 등장하지 않는다.[67] (다른 주제를 다루는 1:2, "하나님의 말씀과 예수 그리스도의 증거"에서도 하나님과 그리스도가 함께 등장하기는 한다).

20:2의 주격 어구 ὁ ὄφις ὁ ἀρχαῖος(A 1678 1778 2080)는 어법 위반이다. 이 어구는 목적격인 τὸν δράκοντα를 따르기에 목적격이 되어야 하는데 주격으로 등장하기 때문이다. 이러한 불규칙은 호칭의 주격일 수 있다. 하지만 마귀를 가리키는 이러한 명칭에 대한 현존하는 초기 증거가 없는 까닭에 그것이 아닐 가능성은 많다(*Sib. Or.* 5.29은 네로를 "무시무시한 뱀"과 동일시한다. *B. Sota* 9b과 *b. Sanhedrin* 29a은 마귀를 각각 "원시의 뱀"과 "옛 뱀"으로 부른다).[68] 더욱이 ὄφις와 ἀρχαῖος는 신약성경 여러 곳에서 어미변화를 한다.

67) Swete, *Apocalypse,* 262.
68) BDF §143을 주목하라. "명칭들은 대개가 구문이 요구하는 격으로 인용된다."

여기서 주격이 사용된 것은 그 명칭을 12:9의 주격 어구와 일치시키려는 데 있다(ὁ δράκων...ὄφις ὁ ἀρχαῖος). 그래서 이 본문은 12:7-11과 동일시된다.[69] 문법적 불규칙은 독자에게 일찍이 12:9에 등장했던 사탄의 칭호에 관심을 집중하도록 기획되었다. (이것은 분명히 후기 필경사들에게 영향을 주었다. 051 2030 2377 𝔐[K] sy[h]가 그 증거다. 이 사본들은 12장의 표현에 좀 더 동화시키려고 ὁ Σατανᾶς 다음에 ο πλανων την οικουμενην ολην을 덧붙였다). 어법 위반의 이러한 이정표 역할은 요한계시록의 다른 어법 위반과 관련하여 우리가 관찰한 것과 일치한다. 이것은 구약 암시나 요한계시록에서 앞서 등장한 본문을 가리키려는 데 그 목적이 있다.

12:9에서처럼 20:2의 어구는 창 3장을 암시할 수도 있다. 여기서 주격 ὁ ὄφις는 4번(그리고 여격 τῷ ὄφει는 2번) 등장한다. 12:9 역시 창 3장을 암시한다. 20:2의 이곳에서 주격으로 갑자기 바뀐 것은, 바로 다음에 "옛"(ἀρχαῖος, 역시 주격이다)이라는 단어가 덧붙여진 것처럼, 창세기 배경을 좀 더 강조할 수 있다.

웹은 12:7-11과 20:1-6이 같은 사건을 묘사하지 않는다고 주장한다. 2가지 이유에서나. (1) 12장에서 마귀는 하늘에서 잡혀 땅으로 내쫓긴 반면에, 20장에서는 마귀가 땅에서 잡혀 무저갱으로 던짐을 받았다. (2) 땅에서 속이는 마귀의 활동은 12장에서 마귀가 내쫓긴 이후에 더 증가되었다. 반면에 20장에서 속임은 그가 결박된 이후 제한되었다.[70] 웹의 주장에 답하자면, 12장과 20장 간에 존재하는 병행 어구 7개는 앞에서 점차적으로 제시한 두 단락이 같은 사건을 이야기한다는 결론을 확증한다. 두 단락이 본질적으로 동일하다고 해서 모든 은유와 묘사가 반드시 똑같아야 할 필요는 없으며, 어느 정도 다르게 묘사할 것을 기대할 수 있다. 예를 들어 두 장에 묘사된 사탄이 "내쫓김을 받은 것"은 사탄이 참

69) Metzger는 다소 다른 논거를 통해서도 같은 결론에 도달한다. B. M. Metzger, *Textual Commentary*, 764.

70) Webb, "Revelation 20," 24.

된 성도들을 압제할 수 있는 능력을 어떤 면에서 제한받는다는 동일한 실재를 강조하는 역할을 한다. 사탄은 하늘에 계신 하나님 앞에서 더 이상 성도들을 참소할 수 없으며(12장), 땅에서 그들을 효과적으로 속일 수 없다(12장과 20장. 예. 12:9). 제시된 서로 다른 비유는 서로가 서로를 해석하는 역할을 한다.

웹이 제시한 첫 번째 이유에 답변하겠다. 마귀가 땅에서 잡혔는지는 분명하지 않다. 천사가 "하늘에서 내려왔다"고 언급되었지만 말이다. 천사는 비유적으로 낮은 하늘 영역에 있을 것으로 여전히 생각되는 용을 잡았을 가능성도 있다(엡 6:12의 악한 사탄의 군사들처럼 말이다. 그들은 심지어 그리스도의 부활에 의해 패한 후에도 활동한다. 엡 1:20-22을 3:8-10; 2:2과 비교하라). 웹이 제시한 두 번째 이유에 답하겠다. 자세한 증거나 논증을 제시하지도 않은 채 마귀의 속임이 12:8ff.에서 쫓겨난 이후에 증가했다고 말하는 것은 정확하지 않다. 마귀는 12:11-17에서 성도들을 박해한다. 하지만 그리스도의 죽음과 부활의 결과로 인해, 마귀는 여자의 "후손"인 하나님의 참 백성을 속이지 못한다.

바사의 종말론에는 정복되어 일정한 기간 동안 결박되고 그 이후 죽임을 당하기 위해 놓임을 받는 악한 용을 다룬 병행이 있다.[71] 이 병행과의 관련성이 있다면, 그것은 요한계시록과 더 많은 관련이 있는 구약과 유대교 전통을 통한 간접적인 측면에서만 있을 뿐이다.

살후 2:5-12은 계 20:1-3, 7-10과 관련이 있는 바울 서신의 병행 어구일 수 있다.[72]

4절 초점이 무저갱에서 일어난 일(1-3절)에서부터 사탄이 결박된 결과로 이제 하늘에서 일어난 일로 옮겨간다. 4절은 1-3절에서 사탄이 무저갱으로 던져진 사건이 성도들의 공동체에 미친 영향을 묘사한다. 4절의 요지는 사탄이 무저갱에 던져진 것이 사탄에게 내린 심판이며 성도들의 의

71) I. T. Beckwith, *Apocalypse,* 736.
72) Page, "Revelation 20," 40-41.

로움을 입증하는 일임을 설명하는 데 있다. (보좌에 앉은 사람들의 정체성에 대한 질문에 대답한다고 하면) 성도들이 의롭다고 인정받은 것은 그들의 부활 및 보좌에 앉아 그리스도와 더불어 왕 노릇 하는 것으로써 확실하게 증명된다.

1-3절과 4-6절에 언급된 사건들은 "천 년"이라고 언급된 같은 기간에 발생한다. "천"이 문자적인 시간을 가리키는 숫자가 아니라는 것은 다음 사실에 비춰볼 때 분명하다. (1) 요한계시록 여러 곳에서 숫자는 일관성 있게 비유적으로 사용된다. (2) 근접 문맥에서 대부분의 단어들은 비유적 특성을 지닌다("쇠사슬," "무저갱", "용", "뱀", "잠그다", "인봉하다", "짐승" 등). (3) 요한계시록의 대부분은 비유적 어조로 되어 있다(1:1). (4) 구약성경에서 1,000은 비유적으로 사용되었다. (5) 유대교와 초기 기독교 문헌에서 1,000년은 구원받은 자들의 영원한 복을 가리키는 비유였다(마지막 두 요지를 더 자세하게 설명한 아래 내용 참조).

개략적으로 1-6절을 분석해보면, 비유적인 의미가 있음을 볼 수 있다. 1,000은 10의 세제곱이다. 이 숫자가 만일 여기서 비유적으로 사용되었다면 그것은 긴 시대를 가리키며, 최소한 이상적인 시대를 상징한다.[73] 고난받는 성도들이 "열흘" 간의 짧은 시련을 견딘다면(2:10), 그들은 천 년 통치라는 상을 받을 것이다. 날(日)을 해(年)로 길게 함과 더불어 10을 1,000으로 강조한 것은 영원한 영광 이전 중간 상태에서도 현재의 일시적 환난으로 더 큰 영광을 얻게 된다는 것을 시사한다.[74]

마귀가 무저갱에 떨어진 결과 중 첫 번째는 그리스도인들이 보좌에 앉게 되었다는 것이다. 이것은 4절의 결론에 그들이 죽은 자 가운데서 "다시 살아나" 그리스도와 더불어 왕 노릇 할 수 있게 되었다는 것으로 설명된다. 이제 이 부활과 왕 노릇이 물리적·문자적 의미인지 아니면 비유적 의미인지, 그리고 그들이 땅에서 왕 노릇 하는지 아니면 하늘에서 하는지를 분명

73) Ladd, *Revelation,* 262.

74) Kline, "First Resurrection," 373-74.

히 할 필요가 있다. "보좌"에 앉아 있다는 묘사가 실제로 의자에 앉아서 그곳에서 통치를 하는 사람들을 문자적으로 표현하려는 의도가 있는 것이 아니라는 사실은 의심의 여지가 없다. 오히려 이것은 그들이 한 나라를 다스린다고 말하는 비유적인 방법이다.

사탄이 무저갱에 던져진 또 다른 결과는 보좌에 앉은 사람들이 "심판하는 권세를 받았다"(κρίμα ἐδόθη αὐτοῖς)는 데 있다. 하지만 보좌에 앉은 사람들을 그리스도인과 동일시하는 것이 옳았을까? 그들의 정체는 적어도 5가지 다른 방식으로 설명되었다. (1) 그들은 최후의 심판에서 하나님을 도울 순교자들이다.[75] (2) 그들은 심판 때 하나님을 도울 하나님의 모든 백성이다(참조. 눅 22:30; 고전 6:2; 계 2:26-27; 19:14).[76] (3) 그들은 단 7장의 천사 같은 재판관이며, 사탄이 탄압한 성도들을 신원하려고 사탄에게 최후의 심판을 선포한다. 이것은 단 7:9-11과 관련이 있다. "왕좌가 놓이고…심판을 베푸는데…짐승이 죽임을 당하고"(참조. 단 7:26; *Midr.* 시 4.4은 이 심판을 베푸는 재판관을 천사들과 동일시한다). (4) 재판관은 천사들로 구성되었으나, 천사들은 성도들을 대표한다. (5) 이 재판관에는 천사들과 더불어 높임을 받은 신자들도 포함된다. 계 4:4에서 하늘 보좌에 앉아 있는 인물들("장로들")을 묘사한 같은 장면에 높임을 받은 성도들을 집단적으로 대표하는 천사들이 포함되기 때문이다(4:4과 11:16의 주석 참조). 재판관에 신자들도 포함된다는 사실은 20:4 이외에 복수형의 "보좌들"이 요한계시록에서 등장한 본문이 4:4과 11:16뿐이라는 사실에서도 지지받는다. 두 본문에서 보좌에 앉은 자들은 장로들이다(*b. Sanhedrin* 38b은 단 7:9-10의 재판관이 하나님과 천사들과 다윗 계열의 메시아로 구성된다고 이해한다. 반면에 *b. Hagigah* 14a은 보좌에 앉은 분이 하나님과 메시아뿐이라고 이해한다).

보좌에 앉은 자들을 천사들과 함께 높임을 받은 신자들과 동일시한 마

75) Rist, "Revelation," 520; Bratcher, *Translator's Guide,* 167.

76) Mounce는 성도들을 단 7:27의 성도들과 동일시한다. 그런 후 다시 그들을 단 7:26의 "법정(심판)"과 동일시한다. Mounce, *Revelation,* 355. A. F. Johnson, "Revelation," 582도 이와 비슷하게 생각한다.

지막 견해가 선호된다. 비록 그 초점이 일차적으로는 성도들 자신에게 있지만 말이다. 본문에 "그들이(αὐτοῖς) 심판하는 권세를 받았다"고 언급되었는데, 여기서 "그들"은 보좌에 앉은 자들이 성도들임을 가리킨다(단 7:22의 암시를 설명한 아래 내용 참조). "그들"이 선행사 없이 갑자기 등장했을 개연성은 적다.[77]

사탄에게 시작된 심판(1-3절)은 하나님의 백성을 위해 행해졌다. 그 심판은 이미 하늘에 있는 하나님의 법정에서 내려졌을 것이다. 이 사실은 하늘 법정이 성도들과 구별된 단 7:9-27에서 시사된다. 하늘 법정은 성도들을 위해 심판을 선언한다. 하지만 계 20:4에 있는 첫 세 표현은 성도들이 하늘 법정에 속하게 되었다는 사실을 강조한다. 그래서 성도들이 4절과 6절에서 그리스도와 더불어 왕 노릇 한다는 것은 어떤 면에서 심판의 특성을 반영한다. 성도들이 죽어 하늘로 올라가면 그들은 심판의 보좌에 앉으신 그리스도와 함께 원수들에 대해 왕 노릇 한다. 이는 3:21과 2:26-27에서 "이기는 자들"에게 주시는 약속의 시작된 성취다. 이 약속들은 성도들의 최후의 부활에서 완전히 성취될 것이다(3:21: "이기는 그에게는 내가 내 보좌에 함께 앉게 하여 주기를 내가 이기고 아버지 보좌에 함께 앉은 것과 같이 하리라." 마찬가지로 마 19:28; 눅 22:30). 20:4c과 20:6에서 그리스도와 더불어 왕 노릇 하는 사람들이 4a절의 보좌에 앉아 심판하는 사람들이라는 사실은 눅 22:30(=마 19:28)에서도 언급된 내용이다. 눅 22:30에서 예수를 따르는 사람들이 미래에 왕 노릇 하는 것은 심판을 행하는 것으로써 드러날 것이다. "너희로…보좌에 앉아 이스라엘 열두 지파를 다스리게 하려 하노라."[78] 예수를 따르는 자들은 그리스도의 판결에 동의하고 찬송함으로써 실제로 그리스도와 함께 왕 노릇을 한다. 그들의 증언은 역사의 끝에 그리스도가 불경건한 자들을 심판하시는 근거가 된다(19:14의 주석 참조).[79] 이것은 특별

77) 4절에 심판자, 순교자, 타협하지 않은 자 등, 뚜렷이 구별되는 세 집단이 있다고 주장할 수 있다. 두 번째와 세 번째 집단을 위하여 심판이 행해졌다. Lewis, *Millennium,* 57.

78) I. T. Beckwith, *Apocalypse,* 739.

79) 참조. Hoekema, *Bible and the Future,* 230-31.

히 하나님과 관련하여 심판과 왕 노릇 간의 상호 관계가 존재한다는 성경 여러 곳의 내용과 일치한다.[80] 그래서 성도들은 그들이 다스리기 시작하고, 단 7:22의 성취로 역사의 마지막에 결정적으로 실행할 심판을 수행하기 시작하는 것으로 묘사된다(눅 22:30; 고전 6:2; *1 En*. 38:5; 48:9; 95:3; 98:12).

성도들을 천사 재판관들과 집단적으로 동일시하는 것 역시 그들이 하늘 법정에 앉은 것으로 묘사될 수 있는 이유다. κρίμα ἐδόθη αὐτοῖς는 "심판이 그들[성도들]을 위해 [마귀에게] 내려졌다"라고 번역하는 것이 더 낫다(여기서 αὐτοῖς는 이익의 여격으로 이해됨). 이 번역은 본문에 부분적으로 암시된 단 7:22에 의해 확증된다. "성도들의 원한을 풀어주기 위하여 심판이 행해졌다"(τὸ κρίμα ἔδωκεν ἁγίοις가 εἶδον θρόνους과 함께 단 7:22의 암시를 확장하여 단 7:9까지 포함한다.[81] 대부분의 (영어) 번역본과 주석가들은 단 7:22에서 심판이 성도들의 원한을 풀어줄 목적으로 **성도들을 위해** 실행된 것으로 이해한다).[82] 단 7장에서 성도들의 원한을 풀어주는 것은 성도들이 인자와 함께 왕권을 갖기 위한 필수 조건이었다(참조. 7:13-14, 18, 27). 악한 나라들에 내려진 심판으로 말미암아 인자와 성도들에게 왕 노릇 할 길이 열린다(단 7:11-14; 7:18; 7:27). 계 20:4에서처럼 단 7:22에서도 "심판" 다음에 "성도들이 나라를 얻었다"는 내용이 이어진다. κρίμα가 단순히 "심판"을 의미할 수 있지만(17:1), 단 7:22(그리스어 구약)과 계 18:20에서 이 단어의 사용례를 볼 때, 여기서는 "심판하여 원한을 풀어주다"라는 의미를 지닌다고 이해할 수 있다(18:20의 주석 참조. 이곳 이외에 요한계시록에서 κρίμα가 사용된 유일한 본문은 17:1이다).

계 6:9과 20:4에서 순교자를 묘사한 부분들이 서로 분명하게 연결되었다는 사실(아래 설명을 보라)은 이 의미를 확증한다. 6:10은 성도들의 원한을 풀어달라는 공식적인 요청이다("심판하여 우리 피를 갚아 주지 아니하시기를

---

80) F. Büchsel, *TDNT* III, 923, 933-41; V. Herntrich, *TDNT* III, 923-33을 보라.

81) Kraft, *Offenbarung*, 256.

82) 주석가들 중에는 "성도들이 심판하는 권세를 받았고"라고 번역하기를 좋아하는 소수의 사람들이 있긴 하다. 예. Montgomery, *Daniel*, 309-10.

어느 때까지 하시려 하나이까?"). 20:4은 이 처음 간청에 대한 첫 번째 대답이 아니라 이미 6:11에서 흰옷을 입고 "쉬라"는 것에 암시된 대답의 확장이다(14:13에 다시 "쉬라"는 내용이 등장한다). 우리가 분석한 20:4-6의 문맥에 의하면, 본문은 6:10의 탄원에 대한 대답의 절정이 아니다.[83] 그리고 이 확장된 대답은 전혀 새로운 것이 아니다. 성도들은 이미 1:6과 5:10에서 제사장과 나라로 불렸기 때문이다. 하지만 이 초기의 본문을 성도들이 제사장직을 수행하고 그리스도의 왕권을 가졌다고는 하지만, 절정의 시대가 이르기 전까지 그러한 왕권을 실제로 행사하지 않는다고 말하는 것으로 이해하는 사람들이 있다.[84]

단 7장에서 유래한 같은 패턴이 계 20:1-4에서도 분명히 나타난다. 계 20:1-4에 따르면 사탄이 던짐을 받은 일은 심판의 시작이며, 이 심판은 단 7:22의 성취의 시작으로 성도들이 다스리기 시작할 수 있도록 한다. 그러므로 성도들의 보좌는 일차적으로 그들의 왕권을 가리킨다. 이것은 요한계시록 여러 곳에서 "보좌"를 하나님과 그리스도 또는 장로들의 왕권의 상징으로 사용한 것과 맥을 같이한다.[85]

보좌에 앉아 있는 사람들의 정체는, 마귀가 성도들에게 속임 전략을 쓰지 못하도록 억제된 까닭에, 짐승의 우상숭배 제도에 타협하지 않은 사람들이다(1-3절; 시리아어 역, 아랍어 역, 에티오피아어 역 성경은 4a절의 "자들"을 바로 뒤따라오는 "영혼들"과 구별한다[86]). 그들은 처음에 "예수를 증언함과 하나님의 말씀 때문에 목 베임을 당한 자들의 영혼들"로 언급된다. 이 본문과 가장 가까운 병행은 6:9이다. 여기서 요한은 "하나님의 말씀과 그들이 가진 증거로 말미암아 죽임을 당한 영혼들"을 본다. 이들은 박해에도 불구하고 자신의 믿음을 지키다 죽은 신자들이며, 그들의 영혼은 주님께 쉼을 얻으

83) Schüssler Fiorenza, *Priester für Gott,* 324의 주장에 반대함.

84) 예. Schüssler Fiorenza, *Priester für Gott,* 330, 338. Schüssler Fiorenza에 반대하는 본서 1:6과 5:10의 주석 참조.

85) Schüssler Fiorenza, *Priester für Gott,* 304.

86) Gill, *Revelation,* 859을 보라.

려고 하늘로 옮겨졌다(6:9-11의 주석 참조). 20:4-6에서도 같은 유의 장면을 염두에 두었을 것이다.

"영혼"(ψυχή)이 "살아 있는 몸" 대신에 사용될 수도 있지만(8:9; 12:11; 16:3; 참조. 18:13), 여기서 이 단어가 "목 베임을 당한"과 결합된 것은 영혼과 몸의 구별을 나타내기에 가장 적합하다. 이와 거의 똑같은 "죽임을 당한 자들의 영혼"이 분명히 암시하듯이 말이다.[87] 이렇게 영혼과 몸을 구별하지 않으면, "목 베임을 당한 사람들의 몸"이라는 기괴한 장면이 나타난다. 18:13 역시 "사람들의 몸과 영혼"을 구별하는 것 같다(의문의 여지가 있는 롬 2:9의 병행 어구를 참조하라). 몸이 없는 "영혼"이라는 의미는 그것이 땅이 아니라 하늘에 있는 보좌들과 직접 연결된다는 사실에서도 암시된다(아래 설명을 보라). 6:9을 염두에 두었다는 가정 하에, "죽임을 당한 자들"(τῶν ἐσφαγμένων)이라는 어구가 "목 베임을 당한 자들"(τῶν πεπελεκισμένων)로 바뀐 것은 실제로 순교한 사람들만 의미하는 것을 명시할 수도 있다. 하지만 더 개연성이 있는 것은 이 어구가 다양한 종류의 박해를 가리키는 비유라는 사실이다. 1:9과 12:11에서 입증되었듯이, 6:9에서 이 어구는 모든 종류의 박해를 받아 죽음에 이른 것을 가리키는 비유적 표현이다(6:9, 11의 주석 참조). 1:9은 "하나님의 말씀과 예수를 증언하였음으로"라고 말하며, 12:11은 "자기들이 증언하는 말씀으로써"라고 말한다(죽음에 이르는 박해의 정도에 대해서는 2:10의 주석 참조). 적어도 목 베임만을 염두에 둔 것은 아니다. 그리스도인들이 다른 방법으로도 죽임을 당했기 때문이다(예. 십자가 처형).

그러므로 병행 어구인 6:9에 의하면 본문의 장면 역시 땅위에서가 아니라 하늘에서 왕 노릇 하는 죽임 당한 성도들을 묘사하고 있음이 분명하다(7:14-17도 마찬가지다). 그들은 죽도록 충성했다. 순교를 당하든 그렇지 않든 말이다. 20:4에서 보좌가 하늘에 있다는 점은 요한계시록에서 "보좌(들)"(θρόνος)라는 단어의 46번 사용례 중 42번이 보좌가 하늘에 있다고 한

87) Hendriksen, *More than Conquerors,* 230.

것에서도 분명히 드러난다.[88] 나머지 3번은 사탄 또는 짐승의 보좌를 언급한다. 이것 역시 땅에 있는 보좌가 아니라 영적인 차원에 있는 보좌다.[89] 단 7:9의 "보좌들"도 하늘에 있는 것 같다(참조. 단 7:10-13).

보좌에 앉아 있는 사람들을 묘사하는 부가적인 어구들을 두고 논쟁이 있다. "짐승과 그의 우상에게 경배하지 아니하고 그들의 이마와 손에 그의 표를 받지 아니한 자들." 이것은 방금 전에 언급된 탄압을 받는 사람들을 추가로 묘사하는가? 아니면 보좌에 앉아 있는 또 다른 성도들의 집단을 가리키는가? 결정적인 답을 제시할 수는 없다. 두 견해 모두 가능하다(아래 설명 참조). 만일 이어지는 묘사가 처음 집단과 다른 집단을 지칭한다면, 처음 집단을 순교자로, 두 번째 집단을 순교가 아닌 다른 방법으로 죽임을 당한 성도들로 이해하는 것이 가장 좋을 수 있다. 만일 두 집단이 동일하다면, 두 번째 언급은, 6:9과 6:11의 이와 비슷한 어구처럼, "목 베임을 당한 자들"을 비유적으로 정의하는 것이 가장 좋다. 그런데 설령 두 집단이 실제 순교자들만으로 분명히 식별된다고 하더라도, 보좌에 앉아 있는 사람들에게 "심판하는 권세를 주었다"는 처음 묘사는 순교 이외의 방법으로 죽음을 맞은 모든 충성된 사람을 가리킬 수 있다.[90]

어느 경우든 간에, 6:9과 20:4에서 사람들은 어떤 식으로든 죽임을 당했을 것이다. 그중에는 순교를 당해 죽은 사람도 있고, 끝까지 믿음을 지켰지만 자연사한 사람도 있다(참조. 14:13: "주 안에서 죽는 자는 복 되도다"). 20:4에는 실제 순교자들만 언급되었을 수도 있다.[91] 하지만 만일 그렇다면, 그들은 교회 전체를 대표하는 인물들로 묘사되었을 것이다(11장에서처럼).[92] 20:5에서 역사의 끝에 부활할 불경건한 사람들을 "그 **나머지** 죽은 자들"

---

88) Hendriksen, *More than Conquerors,* 230; Morris, *Revelation,* 236을 보라. 22:1-1, 3에서는 보좌가 새 하늘과 새 땅에 있다고 언급한다.

89) 20:4-6의 하늘 장면을 지지하는 주장과 반대하는 주장을 요약한 Gourges, "Thousand-Year Reign"을 보라. Gourges는 전자를 선호한다.

90) 참조. Ladd, *Revelation,* 263.

91) Morris, *Revelation,* 237.

92) Krodel, *Revelation,* 334.

이라고 언급한 것을 보면, 20:4에 언급된 모든 사람은 죽은 자들로 추측된다. 물론 실제 순교자들만이 4절의 초점의 대상이라면, 5절의 "그 나머지 죽은 자들"에는 장차 부활할 믿지 않고 죽은 자들과 함께 믿는 자들도 포함된다.[93)]

이 견해의 문제는 6절에 4절의 첫째 부활에 참여하는 자들이 "둘째 사망"의 해를 당하지 않는다고 언급되었다는 것과, 20:14-15이 순교자들이나 신자들 중 일부에게로 약속을 제한하는 것이 아니라 그 약속을 평생 동안 하나님을 신뢰한 하나님의 모든 백성에게 적용한다는 데 있다.[94)] 사실 첫째 부활에 참여하는 자들이 "제사장"이 되어 "왕 노릇" 한다는 약속은 출 19:6에 근거한 약속이며, 계 1:6과 5:9-10은 이 약속을 성도들 공동체 전체에 적용한다.[95)] 충성된 사람들의 공동체 전체를 언급한다는 사실은 사 61:6을 부분적으로 암시한 것으로써 더욱 확증된다.[96)] 이 본문은 마지막 때에 충성된 이스라엘 사람 **집단 전체**가 "여호와의 제사장이라 일컬음을 받을 것"이라고 주장한다(자세한 내용은 20:5-6의 주석 참조). 5절의 "그 나머지 죽은 자들"은 분명히 "둘째 사망"에서 보호함을 받지 못하게 될 사람들이다. 그러므로 그들은 불신자들이 분명하다. 4절에서 순교자들만을 염두에 두었다면, 다른 그리스도인들의 운명을 설명하는 분명한 언급이 없거나, 그들이 불신자들과 함께 "천 년 통치" 이후에 부활할 것을 기다려야 한다고 암시되든지 둘 중 하나다. 이것은 개연성이 없어 보인다. 순교자들이나 순교보다는 덜한 고난을 겪는 다른 사람들 모두 첫째 부활에서 제시된 소망이 필요했기 때문이다.[97)]

"짐승과 그의 우상에게 경배하지 아니하고 그들의 이마와 손에 그의 표를 받지 아니한 자들"을 묘사하는 표현은 13:15-17에서 처음 발견된다. 여

93) Mounce, *Revelation,* 360에 반대함.
94) A. F. Johnson, "Revelation," 584.
95) Ladd, *Revelation,* 264도 그렇게 생각한다.
96) 참조. Schüssler Fiorenza, *Priester für Gott,* 336-38.
97) 참조. Krodel, *Revelation,* 334.

기서 이 어구는 순교자들만을 지칭할 수 있다(예. 13:15b, "짐승의 우상에게 경배하지 아니하는 자는 몇이든지 다 죽이게 하더라"). 만일 그렇다면, 20:4의 동일한 어구를 사용하면서 순교자만을 염두에 두었을 것이다.[98] 하지만 앞에서 우리는 13:15의 의미를 밝히면서 이 어구가 순교만이 아니라 다양한 정도의 고난을 염두에 두었다고 설명했다. 죽임을 당하는 사람도 있고, 다른 방법으로 고난을 당하는 사람들도 있다.[99] 13:16-17은 믿는 자들에게 가해지는 경제적 제재를 밝힌다. 13장에서 보편적인 순교가 요구된 것은 아니다. 짐승의 명령이 세부적인 면에서까지 시행된다는 것은 언급되지 않았으며, 요한도 모든 신자가 실제로 죽임을 당할 것이라고 분명하게 주장하지는 않는다. 20:4b에 묘사된 사람들은 짐승과 타협하지 않은 사람들이다. 이들은 순교자로만 이해돼서는 안 되며, 13:15-17에서 언급된 사람들과 동일한 방법으로 고난을 당하는 동안 인내하며 다양한 원인으로 "주 안에서" 죽는 사람들로도 이해돼야 한다(참조. 14:13).[100]

4절의 결론은 죽임을 당한 성도들이 **"살아서** 그리스도와 더불어 천 년 동안 왕 노릇" 한다고 천명한다. 동사 ἔζησαν이 뒤따라오는 부정과거처럼 술정적 측면(전체로 이해된 행동)을 표현할 수 있기에 "그들이 살았다" 또는 "그들이 살고 있었다"라고 번역될 수 있지만, 이 단어는 눅 15:32과 롬 14:9뿐만 아니라 계 2:8과 13:14과 비슷하게 기동("살아나기 시작했다"-역주)으로 이해하는 것이 더 낫다.[101] 4절은 왕권의 이미지로 시작하듯이, 같은 이미지로 끝을 맺는다. 사탄이 심판을 받음으로써 성도들이 의롭다고 인정받은 것은 그들이 부활의 생명과 왕권을 받은 것에 있다. 이것이 4절의 주된 의미다. 5-6절은 왕권과 관련하여 부활의 생명의 의미를 설명한다.

모든 표준 영어 번역 성경에서는 "영혼들"(the souls) 앞에 "내가 보

98) Mounce, *Revelation,* 355-56.
99) Garlington, "Revelation 20:1-6," 25을 따름. 이러한 2가지 언급은 17:6에도 등장한다.
100) 20장과 13-14장에 관련하여 우리가 논의한 것을 지지하는 논증과 본문의 배경에 대해서는 Marshall, "Martyrdom and Parousia"를 보라.
101) MHT III, 71을 보라. Fanning, *Verbal Aspect,* 257은 술정적 뉘앙스를 선호한다.

았다"(I saw)를 삽입하고 "내가 영혼들을 보았다"(I saw the souls)라고 번역하여, 이 구절을 요한이 4절 초반부터 본 것의 연속으로 이해한다(사본 1006 1841 [2050] *pc* a Bea도 마찬가지다). 이러한 이해는 앞에 있는 목적격 "보좌들"의 연속인 "영혼"의 목적격 형태(τὰς ψυχάς)에 의해 암시된다. 4절 첫 부분에서 "내가 본"의 대상은 "보좌들"이었다. 이것과 같은 맥락에서, καί를 강조 용법으로 취할 수 있다("**심지어** 목 베임을 당한 자들의 영혼도 [보았다]"). 그래서 "목 베임을 당한 자들의 영혼"은 요한이 본 또 다른 대상이다. 이것은 "권세를 받은" 사람들을 더 자세히 설명해준다.

ὅστις("그들은")는 요한계시록에서 8번 등장하는데, 그중 7번은 앞에서 언급된 것을 자세히 설명한다. 하지만 그 7번 중 단 한 번만 앞에 καί가 있다. 그 유일한 예외가 1:7에 있다. 이 구절의 구문은 앞에 언급된 집단의 하위 집단으로 보이는 사람들을 소개한다("각 사람의 눈이 그를 보겠고 [**심지어**] 그를 찌른 자들도 볼 것이요"). 신약성경 여러 곳에 ὅστις가 수 차례 등장하지만, 그중에서 2번만 그 앞에 καί가 있다. 두 경우의 구문은 앞에 있는 집단과 똑같은 집단을 소개하지는 않는다(마 5:41; 23:12). 이 어구가 충분히 사용되지 않으므로, 다른 곳에서 사용된 이 단어는 계 20:4 이곳의 용례를 밝혀주는 데 크게 도움이 되지 못한다. 대부분의 번역 성경은 여기서 두 집단을 동일시한다(RSV, NRSV, NIV, NEB, KJV, Moffatt, Good News Bible). 몇몇 번역 성경은 두 집단의 관계를 모호한 채로 남겨둠으로써, 두 번째 집단이 첫 번째 집단과 다른 집단일 가능성을 열어두고 있다(NASB, JB, Douay).

ὅστις절이 첫 번째 집단과 구별되는 다른 집단을 묘사한다는 것은 τὰς ψυχάς("영혼들")가 여성이고 οἵτινες("사람들")가 남성이라는 사실을 주목하면 분명해질 수 있다(선행사가 있다면, ὅστις는 선행사와 성과 수가 일치해야 하는 대명사적 형용사다). οἵτινες가 "영혼들"에 의존한다면, 그 단어는 암시된 εἶδον("내가 보았다")의 두 번째 목적어로서 목적격이 되어야 한다. 하지만 격은 다른 집단을 암시하기 위해 변했었을 수도 있다. 그러므로 다양한 문법적인 어법 위반이 있지 않다면, ὅστις는 "목 베임

을 당한 자들"을 수식하는 형용사로 기능하는 것이 아니라, 다른 집단을 가리키는 주격으로 기능한다. 그럴 경우 이 단어는 동사 어구인 οὐ προσεκύνησαν("그들은 경배하지 않았다")의 주어로 기능한다. 하지만 여전히 이 단어는 개념적으로는 암시된 εἶδον("내가 보았다")의 목적어다. 짐작건대 주동사 εἶδον은 4절 초반에 한 번 등장하며 두 번째와 세 번째 목적절 앞에서는 생략되었기 때문에, 저자는 προσεκυνέω의 목적격 분사와 함께 ὅστις의 목적격 형태를 사용하는 대신에 정동사와 함께 주격을 사용하는 하는 것이 더 자연스럽다고 느꼈을 것이다.[102)]

이 모든 사실에 비춰볼 때, οἵτινες는 구별된 다른 집단을 소개하는 것 같다.[103)]

고전 그리스어, 중간기의 유대교 문학과 유대 묵시문학, 필론, 요세푸스 그리고 후기 유대교에서는 "영혼"(ψυχή)이 전형적으로 인간의 생명과 동일한 것 또는 그것과 구별되어 죽음 이후에 몸과 떨어져 존재할 수 있는 어떤 것으로 이해되었다. LXX과 신약성경은 "영혼"을 통상적으로 몸과 연결하여, 근본적으로 생명의 본질로 이해한다.[104)] 그러나 늘 그런 것은 아니다.

웹은 20:4의 "영혼들"이 나중에 몸과 함께 부활하여 보좌에 앉을, 죽임 당한 성도들이라고 주장한다.[105)] 이것은 개연성이 있지만, "영혼들"이 20:4a에서는 이미 보좌에 앉은 사람들을 지칭할 가능성이 더 높다. 특히 보좌에 앉는다는 것이 먼저 언급되고, "영혼들"이라는 언급이 적어도 거기에 앉은 집단 중 하나를 알려주는 목적으로 기능하는 것처럼 보이기

---

102) 이와 비슷하게 Lenski, *Revelation,* 581; J. S. Deere, "Premillennialism," 65은 해당 어구를 여러 곳에서 이와 비슷하게 사용된, 의미에 따른 문법 구조로 이해한다(예. 1:15, 20; 5:6; 11:4, 9; 14:7; 17:3; 19:1을 인용함).

103) 참조. Rissi, *Time and History,* 117.

104) 광범위한 참고문헌을 비롯하여 앞에 언급안 내용을 개괄한 E. Jacob, *TDNT* IX, 608-16; A. Dihle, *TDNT* IX, 633-35; E. Lohse, *TDNT* IX, 635-37; E. Schweizer, *TDNT* IX, 654; G. Harder, *DNTT* III, 676-86; C. Brown, *DNTT* III, 686-87; Gundry, *Sōma*를 보라.

105) Webb, "Revelation 20," 30-32.

때문이다.

웹은 ζάω의 동사나 명사 형태가 LXX과 신약성경에서 ψυχή와 결합되어 사용될 경우에, 일반적으로 나타나는 표현이 "영혼들이 살았다"(21번) 또는 "살아 있는 영혼(들)"(14번)이라는 점에 주목한다. 이것은 거의 늘 물리적인 생명을 언급하며, 중간기 상태의 비물질적인 생명을 가리키지 않는다고 한다.[106] 이런 관찰을 다음과 같이 수정할 필요가 있다. (1) 이러한 용례 대부분은 엄숙한 요청이나 맹세에서 발견되는 숙어적 표현들에 등장한다(예. "네 영혼이 살아 있는 동안"[9번]; 모두 LXX의 삼상, 삼하, 왕하에 등장함). (2) "살아 있는 영혼[들]"이라는 번역은 "살아 있는 피조물[들]"이라고 번역하는 것이 더 낫고, 이는 생물 세계에서 인간 이외의 피조물을 언급한다(13번; 대부분이 창 1, 2, 9장에 등장함). 아담의 창조를 가리키는 창 2:7과 고전 15:45은 예외다. (3) 이 외에 그런 용례는 일반적으로 물리적인 인간의 생명을 9번 언급한다(창 19:19-20; 왕상 21:32 LXX; Judith 7:27; 시 68[69]:33[S]; 118[119]:175; 잠 3:22; 사 55:3; 렘 45:17, 20). 그러므로 이러한 어휘의 조합으로 만들어지는 의미의 범위는 3가지다. 엄숙한 요청 또는 맹세의 비유적 표현, 인간 이외의 피조물, 인간들의 물리적 존재 등이다. 계 20:4은 확실히 엄숙한 맹세나 동물의 창조를 언급하는 문맥에 들어 있지 않다. 더군다나 3가지 의미 범위 중 어느 것도 웹이 계 20:4의 의미라고 주장하는 물리적인 **부활의** 생명을 언급하지 않는다. 사실 바울은 (부활 생명을 가리키는) "생명을 주는 영"과 (부활 이전의 생명을 암시하는) "살아 있는 영혼"을 대조한다. 바울이 창 2:7을 이해한 것에 비춰볼 때, "살아 있는 영혼"은 신약의 공동체에서 부활의 몸을 지칭하기에는 부적절한 언어일 것이라고 결론을 내릴 수 있다. 부활의 생명에는 옛 세상에 속한 물질적인 존재 그 이상이 포함되기 때문이다. 더욱이 웹은 계 20:4의 "영혼"이 중간기 상태의 비물질적인 영혼, 곧 물질적인 부활의 몸에 속하게 될 영혼을 가리킨다고 생각한다.

106) Webb, "Revelation 20," 36-38.

ζάω+ψυχή 조합에서 "영혼"의 의미에 대한 이러한 비물질적+물질적 범위는 요한계시록 이외에는 어디서도 그 선례를 찾기 힘든 용례다. 그렇다면 계 20:4의 앞뒤 문맥에서 어떻게 어휘의 조합을 형성하는지 질문해야 한다(4-6절에서 **부활**을 가리키는 용어와 관련된 어휘적 논의는 20:5-6의 주석 참조).

5-6절 4절은 성도들이 심판을 행하고, 다시 살아나고, 그리스도와 더불어 왕 노릇 하는 것이 1-3절에서 사탄이 결박된 결과라고 천명한다. 이제 이러한 결과들을 "첫째 부활"이라고 해석하고, 거기에 따르는 복을 "제사장"이 되고 "둘째 사망"에서 보호받으며 "왕 노릇" 하는 것으로 밝힌다. "거룩하다"는 것은 신자들의 거룩한 제사장직을 가리킬 수 있다.[107] 그것이 앞에 있는 "복이 있다"와 동의어이고, 성도들이 둘째 사망의 해를 받지 않고 제사장과 왕이 된다는 혜택과 관련이 있다는 점이 더욱 개연성 있지만 말이다. 성도들이 부활했다는 사실은 둘째 사망이 그들을 다스릴 수 없는 이유다. 성도들은 둘째 사망의 어떠한 위협도 이겼다. 이는 성도들이 둘째 사망을 주관할 권세를 가졌다는 말이다.

둘째 사망을 주관하는 권세 또는 이러한 권세의 결과는 "하나님과 그리스도의 제사장이 되어…그리스도와 더불어 왕 노릇 하리라"는 어구로 표현된다. 성도들의 제사장적 지위는 그들이 하나님 앞에서 섬긴다는 것을 의미한다. 반면에 둘째 사망을 당하는 사람들은 하나님으로부터 영원히 분리될 것이다(20:10, 14-15; 21:3, 7-8, 27; 22:14-15의 주석 참조). 왕으로서 성도들의 지위는 그들이 "그리스도와 더불어 왕 노릇 하고" 둘째 사망을 영원히 이기고 승리할 것임을 보여준다(참조. 2:10-11; 3:21). 성도들이 영원 속에서 "세세토록" 왕 노릇 한다는 22:5의 진술은 천 년 통치 기간 동안 시작된 왕 노릇의 연속이며, 마치 두 왕 노릇이 시간상 동일한 것인 양 중첩된 것은 아니다.[108] 마귀가 결박된 것이 천 년간에 한정되듯이, 성도들의 **중간기** 통

107) 참조. Prigent, *Apocalypse*, 312.

108) Schüssler Fiorenza, *Priester für Gott*, 293, 322-23가 주장하듯이 말이다.

치 역시 한정된다. 하지만 그 이후에 영원 속에서 **절정에 도달한** 왕 노릇이 이어질 것이다.[109)]

제사장과 왕이라는 2중 직분의 배경은 출 19:6만 아니라(1:6; 5:10의 주석 참조), 사 61:6에도 근거한다. 사 61:6은 온 나라가 "여호와의 제사장이라 일컬음을 받게" 되는 때에 하나님의 백성의 종말론적 회복을 언급한다.[110)] 사 61:3-6의 타르굼 역은 온 나라가 제사장만이 아니라 "면류관"을 쓴 "참된 왕"이 된다는 내용을 첨가한다. 흥미로운 것은 슥 6:13이 "보좌에 앉아 왕 노릇" 하고 또 "보좌에 앉아 제사장이 될" 메시아적 인물을 언급한다는 사실이다. 이것이 요한계시록에서 그리스도의 2중 역할을 묘사한 것의 배경일 수 있다. 성도들은 바로 이러한 역할에 공동체적으로 동일시된다. 특히 엘리아김에게 다스리는 역할과 제사장적인 역할 모두를 분명하게 부여한 *Targ*. 사 22:21-25도 적절한 배경일 것이다. 사 22장에서 엘리아김에게 부여된 이러한 역할들은 계 3:7에서 그리스도의 역할을 예상하는 유비로 해석되었다.

계 1:6과 5:10에서 성도들은 "**하나님 앞에서** 제사장"으로만 언급되었지만, 여기서 그들은 "하나님과 **그리스도의** 제사장"이 될 것이라고 한다. 이것은 요한계시록 곳곳에서 강조하듯이 그리스도가 하나님과 동등함을 암시한다(5:13-14; 7:9-17).[111)]

1절의 주석에서 살펴보았듯이, 사탄이 갇히고 성도들이 그리스도와 더불어 왕 노릇 하는 "천 년"은 종종 그리스도의 최후의 강림과 함께 시작된다고 이해된다. 그래서 4절에서 다시 살아난 죽은 자들은 그리스도의 재림 때 왕 노릇 하기 시작하고, 5절의 "나머지 죽은 자들"은 천 년 기간이 끝날 때 "다시 살게 된다." 이러한 이해는 그 기간을 문자적인 천 년으로 보기도 한다. 많은 사람이 그 기간을 백성이 하늘이 아니라 땅에서 왕 노릇 하

---

109) Schüssler Fiorenza, *Revelation: Vision of a Just World,* 107에 반대함.

110) 4절의 주석에서 언급한 Schüssler Fiorenza를 참조하라.

111) Vanhoye, *Old Testament Priests and the New Priests,* 302-3; 참조. 계 22:3-4.

는 비유적 기간으로 생각하기도 하지만 말이다. 더욱이 이러한 전천년설적인 견해는 4절의 의인들이 "다시 살아나는 것"과 5절의 불경건한 자들이 다시 살아나는 것을 문자적인 육체의 부활로 해석한다. 반면에 역사적 무천년설은 첫째 부활을 영적 부활로, 둘째 부활을 육체적 부활로 이해했다.

전천년설적 해석을 선호하는 가장 강력한 논증 중 하나는 5a절에 언급된 "그 나머지 죽은 자들"이 다시 살아나는 것이 분명히 육체적인 부활이라는 사실에 근거한다(이 점에 대해서 모든 주석가는 분명히 의견이 일치한다). 5a절의 악한 자들의 육체적 부활이 "그들이 살았다"(ἔζησαν)로 묘사되고 동일한 단어가 5절에서 성도들의 부활에도 사용되었다면, 4절의 부활 역시 반드시 육체적 부활이어야 한다는 것이다. 자주 인용되는 알포드의 금언이 이 사실을 지지하기 위해 동원된다. "**두 부활**이 언급된 한 본문에서, 만일 첫째 부활이 그리스도와 함께 살아나는 **영적인** 부활을 의미하는 것으로 이해되고, 둘째 부활은 무덤에서 나오는 **문자적인** 부활을 의미한다면, 언어의 모든 의미는 사라지며, 성경은 어떤 것에 대한 결정적인 증거로 작용하지 못하게 될 것이다."[112] 마찬가지로 마운스는 이렇게 지적한다. 만일 4절의 "그들이 다시 산다"는 것이 "영적인 부활을 의미한다면…우리는 작은 단락 안에서도 같은 동사를 다르게 해석하는 설득력 있는 이유를 그 문맥에서 찾아야 하는 문제에 봉착한다. 하지만 이러한 이유를 찾을 수가 없다."[113]

4절에 처음 소개된 부활의 문자적 해석을 더욱 지지하려고 ἀνάστασις("부활") 사용에 대한 연구가 제시된다. 4절에 소개된 부활은 5-6절에서 공식적으로 "첫째 부활"(ἡ ἀνάστασις ἡ πρώτη)이라고 불린다. ἀνάστασις는 신약성경에서 41번 등장하며, 눅 2:34과 요 11:25에서 언급된 것을 제외하고는 육체적인 부활을 가리킨다. 그렇다면 이 용어는 계 20:5-6에서 문자적

112) Hoehner, "Evidence from Revelation 20," 254이 호소한 Alford, *Greek Testament* IV, 732.

113) Mounce, *Revelation,* 356.

의미를 지닌 것 같다.[114] 이러한 관점에 따르면, 4절과 5절에서 발견되는 ζάω("살다") 역시 동일하게 문자적으로 이해해야 한다. 실제로 이 단어는 요한계시록과 다른 곳에서 문자적인 의미로 사용된 것을 볼 수 있다.

이러한 문자적 접근과 대조적으로, ἀνάστασις("부활")가 요한계시록에서 20:5-6에서만 발견된다는 것을 아는 것이 중요하다. 더욱이 순서를 나타내는 "첫째"(πρῶτος)가 "부활"과 함께 사용된 예는 구약성경이나 신약성경 어디에서도 등장하지 않는다. 이것은 현재의 문맥에서 사용된 "부활"의 의미를 충분히 이해하려면 "첫째"와 "둘째" 사상을 표현하는 단어를 둘러싼 어휘에 대한 연구가 수행될 필요가 있음을 시사한다(아래 자세한 설명 참조). 이외에도 ζάω("살다")에는 요한계시록과 다른 여러 곳에서 의미의 범위가 상당히 유동적이다(요한계시록 이외에 육체적 부활의 의미에 대해서는 마 9:18; 롬 14:9; 고후 13:4을 참조하라). 요한계시록에서 이 단어는 가끔 육체적 부활(1:18; 2:8) 또는 더 일반적으로는 육체적 존재의 어떤 형태를 언급한다(16:3; 19:20). 하지만 이 단어는 영적 존재라는 비유적인 함의로 더 자주 사용된다. 특히 하나님의 무시간적인 존재의 품성을 언급할 때 그렇다(6번 사용). 3:1에서 동사 ζάω("살다")는 영적 생명을 가리킨다(7:17과 13:14에서는 비유적으로 사용되었을 것이다).

하지만 가장 눈에 띄는 것은 신약성경에서 ἀνάστασις와 ζάω(또는 이 동사의 동족 명사인 ζωή, 생명) 및 그 동의어들은 **동일한 근접 문맥에서** 영적인 부활과 육체적 부활 모두를 지칭하기 위해 서로 교차적으로 사용된다는 사실이다. 롬 6:4-13이 좋은 예다. "그리스도를 죽은 자 가운데서 **살리심**과 같이 우리로 또한 새 **생명** 가운데서 행하게 하려 함이라. 만일 우리가 그의 죽으심과 같은 모양으로 연합한 자가 되었으면 또한 그의 **부활**과 같은 모양으로도 연합한 자가 되리라.…만일 우리가 그리스도와 함께 죽었으면 또한 그와 함께 **살 줄을** 믿노니…**그가 살아 계심**은 하나님께 대하여 **살아 계심**이니 이와 같이 너희도 너희 자신을 죄에 대하여는 죽은 자요, 그리

114) J. S. Deere, "Premillennialism," 71.

스도 예수 안에서 하나님께 대하여는 **살아 있는** 자로 여길지어다.…오직 너희 자신을 죽은 자 가운데서 다시 **살아난 자** 같이 하나님께 드리며"(또한 롬 8:10-11을 참조하라). 마찬가지로 요 5:24-29은 다음과 같은 내용을 담고 있다. "나 보내신 이를 믿는 자는 **영생**을 얻었고 심판에 이르지 아니하나니 사망에서 **생명**으로 옮겼느니라.…죽은 자들이 하나님의 아들의 음성을 들을 때가 오나니 곧 이 때라. 듣는 자는 **살아나리라**. 아버지께서 자기 속에 **생명**이 있음 같이 아들에게도 **생명**을 주어 그 속에 있게 하셨고…무덤 속에 있는 자가 다 그의 음성을 들을 때가 오나니 선한 일을 행한 자는 **생명의 부활**로, 악한 일을 행한 자는 심판의 **부활**로 나오리라."

이러한 관찰로 계 20:4과 20:6에서 같은 단어가 영적인 부활과 육체적 부활을 지칭하기 위해 사용되었다는 것이 증명되지는 않지만, 다른 곳에서는 **같은** 문맥 안에서 2중 의미를 지닐 수 있다는 점이 드러났다. 이로써 앞에서 주목했던 알포드의 글을 인용한 주요한 해석학적 반증은 희석된다. 하지만 주석가들 중에는 20:4-6에서 단어들의 의미가 실제로 서로 교차 사용될 수 있음을 암시하는 것을 주목한 사람들이 있다. 이 관점으로 가장 철저하게 연구를 수행한 사람은 클라인이다.[115] 물론 클라인보다 먼저 이러한 입장을 가진 해석자들이 있긴 했다. 아래의 분석은 클라인의 관점을 요약한 것이다.

6절의 "둘째 사망"은 불신자들의 영적 사망인 것이 분명하며, 의식적이고 영원한 고난을 포함한다(20:10, 14-15의 주석 참조). 반면에 4절에 묘사된 의인들의 사망(예. "목 베임을 당한 자들의 영혼")은 문자적이고 물리적인 사망이다. 그러므로 불신자들의 **둘째 사망**, 즉 영적 사망과 그 특성상 구별되는, 신자들의 **첫째 사망**, 즉 육체적 사망이 있다. 다른 두 종류의 사망이 있다면, 이에 상응하는 부활 역시 다르다는 것은 이치에 맞다. 신자들의 부활은 영적 부활인 반면에, 불신자들의 부활은 육체적 부활이다. 그렇다면 본문은 아래와 같은 교차대구를 반영한다.

---

115) Kline, "First Resurrection."

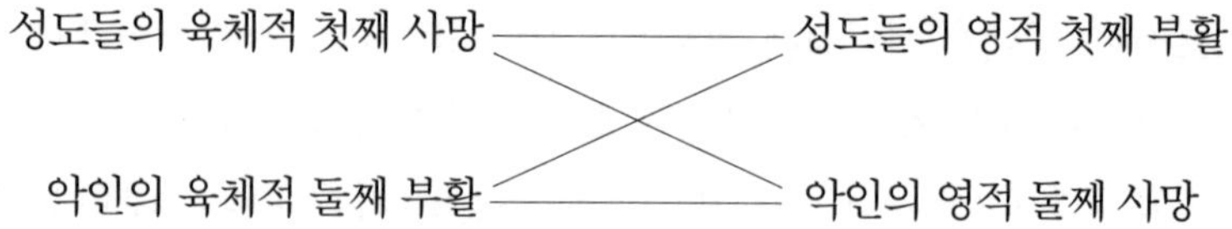

역설적이게도 성도들은 그들의 육체적인 첫째 사망으로 인해 하늘에 있는 영적 첫째 부활로 옮겨지지만, 불경건한 자들은 그들의 육체적인 둘째 부활로 인해 영적인 둘째 사망으로 옮겨진다.

이 해석은 20:6의 사상과 일치한다. 영원하고 영적인 첫째 부활은 영원하고 영적인 둘째 사망의 고통을 당하지 않도록 보호하는 최소한의 조건이다. 악인의 육체적 부활이 보여주듯이 육체적 부활 자체는 둘째 사망의 해로부터 보호해주지를 못한다.

두 부활 사이의 질적인 차이는 21:1의 "첫째" (옛) 창조와 둘째 ("새") 창조 간의 대조로 암시된다. 전자는 절정 이전 또는 불완전한 것이고, 후자는 절정 또는 완전한 것이다. 눈에 띄는 것은 21:4-8에 "[첫째 육체적] 사망"과 "둘째 [영적] 사망" 간의 공식적인 대조가 포함되었다는 사실이다. 육체적 "사망"은 21:4의 "처음 것들이 다 지나갔다"는 문장의 초점이며, 영원한 새 창조의 "새 것"(21:5)에 속하는 "둘째 [영적] 사망"(21:8)과 대조를 이룬다. 21:1과 21:4은 사 65:16-17을 분명히 암시한다. 이 본문에는 "처음 고난" 또는 "처음" 땅과 "새 하늘과 새 땅" 간의 동일한 질적 대조가 등장한다. 사 66:22에서도 질적인 차이 한 가지를 언급하는데, 처음 것은 지나가버리는 반면 "새 하늘과 새 땅"은 영원히 "있을 것"이라고 말한다.[116]

이 입장에 이의를 제기할 만한 반증이 적어도 4개가 있다.[117] 첫째, "**첫째** [육체적] 사망"이나 "**둘째** [육체적] 부활"을 가리키는 공식적인 언급이 없다는 것은 요한이 이러한 개념을 실제로 염두에 두지 않았음을 암시한다

116) Minear, "Cosmology of the Apocalypse"가 대체적으로 이 견해를 지지한다. Minear는 요한계시록 전체에서 "첫째"와 "둘째" 또는 "옛"과 "새"의 구별이 시간적 연속이 아니라 질적 대조를 표현하는 것이며, 일시적이고 영원히 지속적인 것 사이의 대조라고 결론을 내린다.

117) 처음 세 논제는 Michaels, "Response"가 제기한 것이다.

는 주장이다. 만일 그렇다면, 있다고 추측되는 역설적 대조가 분명히 드러나지 않을 것이다. 그러나 이미 주목했듯이, 이 **개념들**은 본문에 분명히 암시되었으며, 21장에는 실제로 "둘째 [영적] 사망"에 대조되는 육체적 사망을 표현하면서 "첫째"라는 언어가 사용되었다.

둘째, "둘째 사망"이 문자적인 것이 아니라 영적인 것이라는 생각은 그 사망의 특성을 너무 많이 제한한다. 여기에는 타락한 사람들의 육체적 부활도 포함되지 않는가? 더욱이 "둘째 사망"을 영적인 사망으로 이해한다면, 이것은 둘째 사망을 겪는 사람들이 언젠가 영적인 생명을 소유했다는 것을 전제하는 오류를 범하지는 않는가? "둘째 사망"을 멸절로 이해하고 영원한 의식적 고통으로 이해하지 않는 사람들은 사망의 영적인 특성뿐만 아니라 육체적 특성도 특별히 강조한다. 이것은 20:4a의 사망과 20:6b의 사망 사이의 대조가 약해지는 것을 의미할 것이다.

하지만 앞에서 우리가 행한 14:10-11의 석의와 20:10에서 살펴보게 될 내용에 비춰보면, "둘째 사망"이 일차적으로 영원한 의식적 고난일 개연성이 많다는 것이 입증된다. 둘째 사망에는 육체적 고난이 포함될 수 있어도, 육체적 멸망은 포함되지 않는다. "둘째 사망"이 논리적으로 반드시 첫 번째 영적인 생명을 전제해야 한다는 것은 필연적인 추론은 아니다. 특히 요한의 의도가 두 생명과 두 사망의 역설적 관계를 표현하려는 데 있다면 말이다. 더욱이 다른 여러 곳에서 영적인 사망은 이전의 영적인 생명을 전제하지 않는다(예. 엡 2:1, 5; 골 2:13).

영적인 첫째 부활 다음에 육체적 둘째 부활이 이어진다는 전제를 반대하는 셋째 내용은 4, 5b-6절의 첫째 부활이 절정 이전의 일시적 패턴, 즉 "옛-새"/"첫째-둘째"의 구속사적 대조에 맞는다고 주장하는 것이 일관성이 없다는 사실이다. 이 부활은 영원히 지속되는 부활의 시작이기 때문이다. 하지만 일관성이 없다는 것은 영혼 부활의 중간기 상태가 실제로 불완전한 상태라는 사실을 이해하면 해결된다. 이 영혼들은 새 하늘과 새 땅에서 최종적이고 절정에 도달할 육체의 부활을 기다리고 있기 때문이다. 영혼의 "생명"의 상태는 영원히 지속될 것이다. 하지만 그것은 몸을 갖지 않은 상태로 지속되지는 않는다.[118] 더욱이 하나님의 존전으로 옮겨간 이 영혼들마저도 그들이 온전한 쉼을 얻기 전에 심판의 구속사적 성취를 기다려야만 한다.

무천년설 입장을 이런 식으로 설명하는 것에 대한 마지막 반론은 중간기 상태가 구약이나 신약성경 어디에서도 "부활"이라고 불리지 않는다는 생각이다. 하지만 이것은 엄격하게 본다면 사실이 아니다(자세한 내용은 아래 설명 참조).[119]

20:4-6의 이러한 분석을 지지하는 또 다른 관찰들

성경과 유대교 문헌에 나타난 "첫째"-"둘째"와 "옛"-"새" 대조

앞서 제시된 분석은 고전 15:22, 42-49의 "첫째 아담"과 "마지막 아담" 그리고 히 8:6-10:9의 "옛(첫) 언약"과 "새(둘째) 언약"과 같이, 성경에 있는 이와 비슷한 "첫째-둘째" 및 "옛-새" 대조와 맥을 같이한다. 첫째 아담은 쇠하고 영화롭지 못한 몸을 가졌으며 죽음을 야기한 반면에, 마지막 아담은 쇠하지 않고 영광스러운 몸을 가졌으며 영생을 가지고 왔다. 첫 언약은 잠정적이며 사망으로 인도하는 반면(히 8:13), 둘째 언약은 영원하며 생명으로 인도한다. 요한계시록이나 고린도전서 또는 히브리서 어느 곳에서도 "첫째"(πρῶτος)는 **종류가 같은** 사물의 순서를 표시하는 서수로 기능하지 않는다.

마찬가지로 학 2:6-9 LXX은 하나님이 "하늘과 땅을 진동케 하신" 후에 "나중" 성전의 영광을 "이전 영광보다" 크게 하시겠다고 선언한다. 같은 맥락에서 *Test. Ben.* 9:2은 "나중 성전이 영광에 있어 처음 것보다 더 탁월

---

118) Kline의 입장에 이의를 제기한 또 다른 반대 내용은 Michaels, "Response"를 보라. 그리고 앞에 언급한 Michaels를 반대하는 답변을 더욱 확장한 Kline, "Reaffirmation"을 보라.

119) Kline의 견해는 Hengstenberg, *Revelation* II, 359; Swete, *Apocalypse,* 263(Prigent, *Apocalypse,* 312이 따름)과 어느 정도 Summers, *Life Beyond,* 86-90; 같은 저자, "Revelation 20," 181-82에 예상되었었다.

할 것이다"라고 주장한다. LXX의 사 43:18-19과 65:16-17에는 πρῶτος와 πρότερος가 "이전의" 옛 창조를 언급하려고 καινός와 대조된다. 옛 창조는 새롭고 영원한 창조로 대체될 것이다(영원의 측면에 대해서는 사 65:19-22과 66:22을 참조하라).

이와 비슷하게 사 43:19을 부분적으로 암시하는 1QH 5(13).11-13에서는 이렇게 기록한다. "그들은 주님의 다스림의 영광을 다시 말할 것입니다.…주님께서는 이전 [일을 끝내시고] 새로운 것을 창조하시며 이전의 언약들을 제거하시고 장차 영원히 있을 것을 세우심으로써, 그들에게 그들이 전에 알지 못했던 것들을 보게 하실 것입니다. 주님은 영원한 하나님이시기 때문입니다.…주님은 끝이 없으시며 영원히 계실 것입니다." 특별히 옛 창조에 속한 일시적 성전과 대조되는 새 창조에 속한 영원한 성전과 관련하여, 동일한 중요성을 가진 "이전-이후"/"첫-마지막"을 채용한 다른 본문들은 다음과 같다. CD(사본 A) 3.19, "주님은 그들을 위해 이전부터 지금까지 존재하지 않았던 확실한 집을 이스라엘에 세우셨다"(4.4의 "마지막 날"과 대조). *Jub*. 1:27-29, "새 창조" 때에 "첫 창조부터 나의 성소가 그들 중에 영원히 세워질 때까지";[120] *1 En*. 14:15-16, "처음 것보다 더 큰 두 번째 집이 있었다.…모든 면에서 그것은 영광과 위엄과 크기에 있어 처음 것을 초월했다"; *1 En*. 90:28-29, "그들은 옛 집을 정리했다.…주님은…처음 것보다 더 크고 더 높은 새 집을 가져오셨다. 그리고 그것을 이미 정리된 첫 집이 있던 자리에 세우셨다. 모든 기둥은 새 것이었고, 장식물들도 새 것이고, 이미 치워버린 첫 옛 집의 것들보다 더 컸다"; Tob. 14:4-5, "그들은 성전을 세울 것이다. 하지만 그것은 불타 버린 처음 것과 같지 않을 것이다"(참조. Tob. 13:13-18).

120) *OTP II*, 54의 번역이다.

"부활" 개념과 관련한 중간기 상태 그리고 성경과 유대문헌의 다른 곳에서 사용된 ζάω 및 ζωή와 관련한 중간기 상태

성경 어디에도 중간기 상태를 가리키는 단어를 "부활"로 번역하거나 ζάω나 ζωή를 그렇게 사용한 곳이 없다고 주장하는 사람들이 있다.[121] 하지만 우리가 앞에서 20:4-6을 분석한 것이 옳다면, 이 본문은 2:10-11과 병행하며, 2:10-11은 죽기까지 인내한 사람들이 "**생명**의(ζωῆς) 관"을 상으로 받는다고 한다. 그들은 "둘째 사망의 해"를 받지 않을 것이다. 추측건대 타당성이 있는 것은 생명의 상이 죽는 시점에서 시작되기에 2:10-11의 초점이 영적 죽음에서 보호받는 영적인 부활에 있다는 점이다(재림 때 육체적 부활이 있다는 점도 의중에 있다. 자세한 내용은 2:10-11의 주석 참조).

육체적 부활 이전의 천상에서의 중간기 상태를 가리키기 위해 "생명"이 사용된 예는 신약성경과 유대교 문헌의 여러 곳에서 발견할 수 있다.

> 눅 20:37-38에서 예수는 하나님을 "아브라함의 하나님, 이삭의 하나님, 야곱의 하나님"이라고 언급한 모세를 인용하신다. 예수는 계속해서 이렇게 말씀하신다. "하나님은 죽은 자의 하나님이 아니요 살아 있는 자의 하나님이시라. 하나님에게는 **모든 사람이 살았느니라**." 하나님이 지금 "죽은 자의 하나님"이라는 것은 족장들이 죽은 이후 그리고 육체적으로 부활하기 전인 지금 살아 있으며, 하나님이 지금 그들의 하나님임을 암시한다. 더욱이 마지막 문장은 ζάω("살다")의 현재 시제를 활용하여, 만일 하나님이 믿음을 가지고 있는 모든 죽은 자들의 하나님이시라면, "[믿음 안에서 죽은] 모든 사람이 [지금] 하나님 [앞에서] 살아 있다"는 실체를 강조한다. 이것은 여기서 예수가 "죽은 자들의 부활이 없다고 말하는" 사두개인들의 주장을 반박하며 말씀하신다는 사실에 의해 확증된다(눅 20:27). 요세푸스(*Ant*. 18.1.4; 또한 *War* 2.8.14)는 사두개인들이 몸의 부활을 부인했을 뿐만 아니라 "영혼이 몸과 함께 멸절한다"고도 주장했다고 말한다. 이것은 예수의 말씀이 사두개인들의 신념을 겨냥하여 하

121) Ladd, "Historic Premillennial Response," 190; Page, "Revelation 20," 37.

신 말씀임을 확증한다.[122] 만일 이것이 눅 20:38의 ζάω("살다")를 바르게 이해한 것이라면, 35-36절의 ἀνάστασις("부활")에는 몸의 부활만 아니라 영혼의 부활 사상도 포함된다.

벧전 4:6은 "인간으로서 육체로는 심판을 받지만(=육체적 죽음), 하나님을 따라 성령으로 사는[ζάω=중간 상태에서 사는 것]" 사람들을 언급한다.[123]

Jub. 23:27-31은 경건한 자들이 누릴 영원한 복을 언급하면서 그 복을 "경건한 자들이 기쁨 가운데 살고…부활하여 큰 평화를 보며…영원히 기쁨으로 즐거워하고…그들의 뼈가 땅에서 안식하고 그들의 영에게 많은 기쁨이 있게 될 천 년"으로 비유한다. 이것은 분명히 "영"의 부활을 언급하는 것이며,[124] 우리가 앞에서 언급한 계 20:4-6과 눈에 띄는 병행이다. 단지 계 20:4-6이 절정 이전의 기간을 가리킨다는 것이 다르다.

계 2장과 20장처럼 *4 Maccabees*에도 ζάω("살다")의 여러 형태로써 육체적 죽음을 통해 하늘의 생명으로 옮겨짐을 묘사한 동일한 역설적 장면이 있다. 마카비 순교자들은 고난을 겪고 죽음을 당하더라도 믿음으로 인내함으로써 "죽음을 이기고 승리"한다(7:3). 이것은 "영생"의 시작으로 언급된다(17:12). 순교자들은 육체적으로는 죽지만, "하나님에 대해서는 죽지 않는다. 그들이…하나님을 대하여 살며"(7:18-19; 또한 16:25), "불멸의 영혼"을 받고, 죽은 족장들과 함께(13:17[16]; 18:23) 하늘에서 모이기 때문이다(17:15-18). *4 Macc*. 17:17-18은 불신자들이 "그들의[순교자들의] 인내를 흠모했다"고 분명히 언급한다. **"이를 통해 그들이 지금 하나님의 보좌에 있고 복된 생명을 살고 있다"**(ζάω는 사용되지 않았지만 동족명사가 17:12에 등장하여 해당 단락을 소개하며 "인내"와 동일시된다). 눅 20:37-

---

122) Hoekema, *Bible and the Future,* 233-34. Marshall, *Luke,* 742-43; Ellis, *Luke,* 237을 보라. Marshall은 위 분석의 개연성을 인정한다. 그리고 Ellis는 38절을 설명한 Hoekema의 견해에 동의한다.

123) Garlington, "Revelation 20:1-6," 27.

124) Charles, *Eschatology,* 240을 따름.

38과 놀라울 정도로 유사하게, *4 Macc*. 7:19과 16:25도 "아브라함과 이삭과 야곱"이 다른 죽은 성도들과 함께 중간기 상태에서 "하나님에 대하여 산다"라고 주장한다(참조. 13:17[16]). *4 Maccabees*의 "생명"에 관한 약속에는 결국 육체의 부활도 포함되는 것 같다. 계 20:4-6, 10에서처럼 영적 생명이라는 상은 탄압하는 독재자가 받을 "불로 인한 영원한 고통"과 대조된다(*4 Macc*. 9:9; 또한 10:11, 15; 12:12; 13:16-17[15-16]). 이 고통은 "하나님의 종들을 죽였"기에 임한다(12:11-12).

2 Macc. 7:8-36도 순교자들의 상을 "영생"으로 "일으킴 받는 것"(ἀνίστημι)과 "생명으로 부활"(ἀνάστασις εἰς ζωήν)하는 것으로 언급한다. 이것은 미래의 육체적 부활을 가리키지만, 이미 죽었으나 아직 육체적으로 부활하지 않은 사람들의 존재도 포함하는 것 같다("지금 짧은 고통을 겪은 사람들은 하나님의 영생의 언약으로 들어왔다"). 최소한 *4 Maccabees*는 2 Maccabees에 언급된 육체적 부활이라는 상을 죽은 순교자들의 하늘로 고양된 상태에 적용한다.

Test. Abr.(교정본 A) 20:9-15과 *Testament of Isaac* 7:1은 하나님 또는 천상적 존재들이 아브라함과 이삭의 영혼을 그들의 몸에서 취하여 그들의 영혼과 함께 "하늘로 올라갔으며"(*Test. Abr*.[수정본 B] 14:7), 그들은 하늘에서 즉시 "끝이 없는 생명"(*Test. Abr*.) 또는 "하나님의 언약의 성취를 영원히"(*Testament of Isaac*) 즐기기 시작했다고 주장한다. *Testament of Isaac* 8:5-6에서는 영혼이 하늘에 올라가는 것이 "천 년의 잔치"와 관련된다. 이것은 미래에 있을 문자적인 천 년의 기간을 암시할 수 있다. 비록 그것이 영혼이 존재하는 중간기 상태나 최종적인 영원한 상태의 시간을 언급하기도 하겠지만 말이다(1,000년을 문자적으로 이해하는 것과 비유적으로 이해하는 것에 대해서는 아래 참조). 후기 문서인 *3 En*. 44:7은 선견자가 세 족장들의 영혼을 본다는 내용과 함께 앞에서 언급한 것과 같은 전통을 발전시킨다. 세 족장들의 영혼은 "하늘로 올라갔으며", 그들의 영적 승천은 "그들의 죽음에서 다시 살아나는 것"으로 언급된다.

*2 Baruch*도 성도들의 "보배로운 영혼들"에 대해 말한다. 하나님은

성도들의 영혼을 마지막 부활 시 그들의 몸과 재결합할 때까지 "보존하시며" "지속시키신다"(30:1-3; 21:9; 85:11-12). 그리고 그들의 영혼은 다시 "아브라함과 이삭과 야곱"과 동일시된다(21:23-24).

Wis. 3:1-8도 죽음 이후의 영혼의 존재를 분명히 입증한다. "의인들의 영혼은 하나님의 손에 있다.…지혜가 없는 사람들의 눈에는 그들이 죽은 것처럼 보이지만…의인들은 평화 중에 있으며…하나님은…그들을 시험하시고 번제로 받으셨다.…의인들은 열국을 심판하며 왕 노릇 할 것이다.…그들의 주님은 영원히 다스리실 것이다." 4 Ezra 7:75-101도 보라.

이그나티우스는 기원후 2세기 초에 그에게 닥친 임박한 죽음을 이런 식으로 표현했다. "내가 하나님을 향해 솟아오르도록(ἀνατείλω) [태양처럼] 이 세상에서 지고 하나님께로 가는 것은 선한 일이다"(*Rom.* 2:2). "하지만 만일 내가 [죽게 된다면], 나는 그리스도 예수에게 속한 자유인이다. 그리고 나는 그 안에서 자유롭게 다시 살(ἀναστήσομαι) 것이다"(4:3). 같은 사상이 베드로와 바울을 언급한 *1 Clement* 5:4, 7에서도 발견된다. *Acts of Andrew*에는 안드레가 "나에게 이러한 운명이 지워졌다. 즉 몸을 떠나 주님과 함께 **사는 것이다**. 나는 주님과 함께 십자가에 못 박히기로 했다"라고 말한 내용이 인용된다. *Acts of Paul*에는 바울이 이렇게 선포한다. "당신이 내 목을 벤다면, 나는 **다시 살아나** 당신에게 나타나서 내가 죽은 것이 아니라 우리 주 예수 그리스도에 대하여 **살았음**을 보여주리라."[125)]

그리스도인들은 죽으면 영적인 부활 상태로 즉시 옮겨진다는 주장에 대한 더 자세한 논의

신자들이 죽으면 즉시 영적인 부활 상태로 옮겨진다는 것은 계 6:9-11에도 암시되었다. 이 본문에서 성도들은 하늘의 제단 아래 있는 신체적인 몸이 없는 "영혼들"로 묘사되었으며, 그들의 동료 신자들의 충만한 수가 땅에서

125) *NTA* II (1965)의 초판, 421, 385의 *Acts of Andrew*. *NTA* II 개정판의 262의 *Acts of Paul*.

죽을 때까지 잠시 "쉬라"는 말을 듣는다. "부활" 이나 "생명"을 가리키는 단어가 사용되지는 않았지만 그러한 개념이 그곳에 있음이 분명하다.

육체적 죽음 이후 "살아나" 또는 "부활하여"로 묘사된 20:4의 "영혼들"은 언뜻 모순되어 보일 수 있다. 영혼은 육체와 함께 죽지 않고 계속 살기 때문이다.[126] 영혼들은 죽지 않기에, 여기서 영혼이 부활했다고 말하는 것은 단순히 **영혼의 존재가 지속**됨을 가리킨다. 이것은 부활이라는 용어의 의미의 범위를 부당하게 사용한 것으로 이해될지도 모른다.[127] 하지만 육체적인 죽음을 통해 영혼이 생명의 더 높은 상태로 옮겨짐을 가리키려고 ζάω와 ἀνάστασις가 사용된 것은 용례의 합법적 범위 안에 있는 것 같다. 특히 땅에서 박해를 받고 패함에도 불구하고 역설적으로 승리한다는 비유적 장면을 묘사하기에 적절하다(참조. 앞에 언급한 *4 Maccabees* 병행 어구). 그리스도인의 몸은 죽음의 저주로 패한 것처럼 보이지만, 그 순간 영혼은 부활하여 하나님의 존전(尊前)에 들어가는 복을 받는다. 영혼이 하늘로 올라가는 것은 "부활"로 이해될 수 있다. 영혼이 하늘로 올라가는 것은 인간이 이미 받은 왕권과 제사장직 그리고 영적 부활의 고양된 단계이기 때문이다.[128]

여기서 비유적으로 묘사된 장면은 영혼이 지상의 몸을 떠나 더 강렬한 복된 상태를 경험하는 곳인 하늘로 올라가는 장면이다. 이는 빌 1:21, 23과 비슷하다. "죽는 것도 유익함이라.…세상을 떠나서 그리스도와 함께 있는 것이 훨씬 더 좋은 일이라"(또한 고후 5:8, "우리가 담대하여 원하는 바는 차라리 몸을 떠나 주와 함께 있는 그것이라"와의 비교). 이렇게 지상의 삶을 떠나 주님과 함께 있는 것을 "부활"이라고 부르는 것이 적합한 것은, 영혼이 이전보다 더 높은 지복의 상태에 들어가 하나님과 그리스도의 직접적인 임재를 경험하는 데 그 까닭이 있다(계 6:9-11; 7:14-17). 그래서 왕과 제사장으로서 성도들의 역할이 강화된다. 그들이 땅에서 인내한 수고는 성공적으로 완

126) M. Stuart, *Apocalypse* II, 360, 474.

127) Düsterdieck, *Revelation,* 473(편집자 논평); Kik, *Revelation Twenty,* 4, 54.

128) 여기 왕권과 제사장직에 대해서는 Vanhoye, *Old Testament Priests and the New Priests,* 300-1을 보라.

수되어 그들은 "쉴" 수 있으며(6:11; 14:13), 의롭다고 인정함을 받고(6:11의 주석 참조; 참조. 19:8) "둘째 사망"에서 보호를 받는다는 더욱 큰 확신을 얻는다. 영혼이 땅에서 하늘로 옮겨지는 것은 "큰 환난에서 나오는 것"으로도 표현될 수 있다(7:14).

또한 어떤 이들은 6:9-11과의 병행이 있음을 직시하지만, 땅에서 이루어질 문자적인 천 년 통치가 6장에서 언급된 고난받는 성도들에게 주시는 특별한 상이라고 주장한다. 이러한 주장이 안고 있는 문제는, 그들이 받은 "옷"과 6:11의 "쉬라"는 권면과 14:13의 죽음 이후에 "쉴 것이라"는 언급이 보여주듯이, 그들이 이미 하늘에서 가지고 있는 "생명"이 특별한 상이라는 데 있다. 이처럼 높임을 받은 성도들이 받는 최후의 상은 역사의 끝에 그들을 박해했던 자들에게 내려지는 궁극적인 심판이다(8:3-5; 14:18; 19:14의 주석 참조). 이것은 그리스도가 사탄을 이기신 것(20:1-3)과 역사 내내 사탄의 하수인들에게 형벌을 내리기 시작한 것(9:13; 16:6-7의 주석 참조)으로써 이미 시작되었다.

앞에서 분석한 것과 20:4-6에 언급된 신자들의 부활의 생명이 영적인 중생이라는 사실 간의 관계

전형적인 아우구스티누스의 관점은 20:4-6에 언급된 신자들의 부활의 생명이 영적인 중생이며, 그래서 땅에 있는 신자들이나 하늘에 있는 신자들이 다 포함된다는 것이다(*City of God* 20.7-10). 이것은 후천년설을 주창하는 몇몇 사람들의 관점이기도 하며,[129] "첫째 부활에 참여하는 복"에 "제사장"과 "왕"이 된 사람들("그들이 왕 노릇 하리로다")이 포함된다는 사실에 근거한 것 같다. 1:6과 5:9-10은 "제사장"과 "왕"이 되는 것이 그리스도가 그들을 위해 행하신 구속 사역의 결과로, 신자들이 죽기 전에 땅에 살아 있는 동안 발생한다고 확언한다.

---

129) Kik, *Eschatology of Victory*, 5-12, 33-57; N. Shepherd, "Revelation 20"; Page, "Revelation 20," 37.

그러므로 20:4b의 다시 산다는 말과 20:6의 제사장이 되어 왕 노릇 한다는 말은 땅에서 시작하는 그리스도인의 중생을 가리키는 것으로 생각하게 된다. 이것은 4c절의 "다시 살아나 왕 노릇 하는" 중생이 4b절의 충성되게 증언하고 짐승을 거부한 일보다 시간적으로 앞섬을 의미한다.[130] 짐승을 거부한 결과로 성도들은 "목 베임을 당하게" 된다(4a절). 본문을 이렇게 이해하면, 세 문장은 매우 자연스러워 보이는 시간적 순서와 완전히 반대로 읽어야 한다. 자연적인 순서대로 본문을 읽으면, 4a절은 죽임을 당한 사람을 언급하고, 4b절은 삽입구로서 왜 그들이 죽임을 당하게 되었는지를 서술하며, 4c절은 그들이 죽임을 당한 이후 그들에게 발생한 일을 말한다. 아우구스티누스의 전형적인 관점은 4절에 묘사된 집단이 두 집단이 아니라 오직 한 집단이라는 것을 가정한다. 또한 만일 이러한 입장이 옳다면, 관계 형용사인 οἵτινες("~한 자들은")가, 4b절에서 그러하듯 4c절보다 앞에 올 것으로 기대하게 된다.

아우구스티누스의 견해가 가능하다고 해도, 지금까지 분석한 것에 따르면, 본문에서는 죽은 신자들만을 염두에 두었을 가능성이 더 크다. 땅에서만 발생하는 중생이 육체적 죽음을 해결한 것은 아니다. 하지만 하늘에 있는 영적 생명이라는 상은 좋은 치유가 될 것이다. 이는 충성된 증언에 표현된 중생의 결과와 인이다. 그러나 하늘에 있다고 묘사된 사람들 역시 "제사장"과 "왕"으로 일컬어진다는 사실은 그러한 하늘에서의 존재가 이미 땅에서 시작된 왕 같은 제사장적 존재의 연속임을 보여준다(1:6과 5:10에 따르면 말이다. 이에 대해서는 해당 본문의 주석 참조). 그러므로 육체적 죽음으로 인해 하늘의 영적 생명으로 옮겨지는 일은 땅에서 경험하는 중생과 구별되는 영적인 부활로 이해해서는 안 된다. 그것은 중생한 실존이 하늘에서 계속 존재하고 고양되는 것으로 이해해야 한다. 여러 곳에서 중생은 영적인 부활로 이해되기 때문이다(예컨대, 앞에서 요 5:24-29; 롬 6:4-13을 다룬 부분을 보라). 아우구스티누스의 관점을 이렇게 이해하면, 이것은 클라인의 입장과

130) R. F. White, "Death and First Resurrection."

잘 들어맞을 수 있다. 중생은 문자적인 궁극적 부활을 지향하는 절정 이전의 국면으로 이해할 수 있기 때문이다.

요한계시록의 4중 결론

요한계시록의 4중 결론은 겔 37-48장의 결론을 반영한다. 하나님의 백성의 부활(계 20:4a; 겔 37:1-14), 메시아의 나라(계 20:4b-6; 겔 37:15-28), 곡과 마곡과의 최후 전쟁(계 20:7-10; 겔 38-39), 새 성전과 새 예루살렘과 관련된 마지막 환상(계 21:1-22:5; 겔 40-48장) 등이다.[131] 구조적인 대구법에 비춰볼 때, 계 20:4의 ἔζησαν("그들이 살아나")이라는 단어는 똑같은 동사(ἔζησαν)가 사용된 겔 37:10(LXX)을 반영한 것으로 이해해야 한다(미래형이 사용되었지만 겔 37:6, 14도 참조하라). 요한이 의도적으로 대구법을 사용했다면, 이 대구법은 계 20:4-6이 영적인 부활을 언급한다는 견해를 지지한다. 겔 36-37장에서 부활(다시 살아남)은 영적인 부활이거나 적어도 비유적인 부활이다.[132] 이스라엘이 바벨론 포로에서 회복하게 되는 것을 가리켜 부활로 묘사한 사실에서 볼 수 있듯이 말이다. 실제로 겔 37장의 경우에서 분명히 나타나듯이, 계 20:4-6의 환상은 몸으로 부활한 죽은 성도들에 대한 장면이지만, 이 장면은 상징적으로 영적인 부활을 언급한다고 볼 수 있다.[133] 이러한 접근법은 몸의 부활을 묘사한 것이 틀림없다는 문자주의자들의 주장을 반대하는 데 있어 부분적인 대답이 될 것이다. 에스겔서의 예언은 보편화되어 교회에 적용되었다. 이것은 20:4-6의 "제사장"과 "나라"와 "왕 노릇"이 출 19:6과 단 7:27을 암시한다는 사실로 입증된다. 이 두 본문은 원래 이스라엘 나라를 언급했으며, 계 1:6, 9과 5:9-10에서 이미 교회에 적용되었다. 지금까지 20:1-6을 분석한 것에 따르면, 이 구절들은 이스라엘 민족이 아니라

---

131) 이러한 패턴을 주목한 사람들에 대한 참고문헌은 Lust, "Final Events," 179을 보라.

132) 이와 비슷하게 지적한 Feuillet, *Apocalypse,* 121; Brütsch, *Offenbarung* II, 340; R. F. White, "Millennial Kingdom-City"를 보라.

133) 이와 비슷하게 설명하는 Pieters, *Lamb, Woman and Dragon,* 293-94, 320. 그런데 Pieters는 겔 37장을 언급하지 않았다. 참조. Gry, *Le millénarisme,* 60.

교회에 적용되어야 한다.

겔 37:10은 교회의 지속적인 존재와 의롭다는 인정과 세상의 포로에서 놓임을 받아 하나님의 존전으로 즉각 옮겨짐을 언급하는 계 11:11에서 이미 비유적으로 사용되었다. 겔 37장처럼 호 6:2(3) LXX은 이스라엘이 포로에서 회복되는 것을 가리키기 위해 부활 용어를 비유적으로 사용한다. ἀναστησόμεθα καὶ ζησόμεθα("우리가 일어나 살리라"). 호세아서 본문에서는, 계 20:4-6에서처럼, 동족 단어들이 동의 대구법으로 사용된다. 겔 37장과 호 6장에서 용어들이 비유적으로 사용된 것은 중요하다. 계 6:9-10과 7:14-17에서 성도들은 세상의 환난으로부터 나온 후 하늘의 복된 상태에 들어가는 것으로 이해되기 때문이다. 세상의 환난은 두 본문에서 포로로 잡힌 이스라엘의 고난으로 묘사된다. 그래서 계 20장에서도 높임을 받은 성도들은 종말에 회복된 이스라엘로 여겨지거나 비유적으로 부활하여 세상의 포로 상태에서 나와 하나님의 존전에 즉시 들어가는 것으로 여겨진다. 하지만 쉬슬러 피오렌자는 설령 요한이 겔 37장을 암시한다고 하더라도, 계 2:8의 동일한 표현과 그 본문의 배후에 있는 기독교 전통에 따라, 요한이 부활을 문자적으로 간주했다고 주장한다.[134]

유대교 문헌들 중에서도 겔 37:10과 호 6:2이 역사의 끝에 죽은 몸의 문자적인 부활을 예언한다고 해석한 것들이 있다(겔 37:10을 다룬 *Tanch.* 창 7.1; *Sib. Or.* 2.221-24; 4.181-82; *Pirqe de Rabbi Eliezer* 33; 또한 Irenaeus, *Adversus Haereses* 5.15.1; 겔 37:1-14 환상의 다양한 부분들을 다룬 *Pesikta Rabbati* 1.6; *Midr. Rab.* 창 14.5; *Midr. Rab.* 레 14.9; *Midr. Rab.* 신 7.6; 호 6:2을 다룬 *Targ.* 호 6:2; *Midr. Rab.* 창 56.1; *Midr. Rab.* 신 7.6; *Midr. Rab.* 에 9.2; *y. Berakoth* 5:2과 *Taanith* 1:1IIB; *Sifre* 신, Piska 329; *Tanna de-be Eliyyahu*, Rabbah, p. 29; 겔 37:5을 이와 동일하게 이해한 *y. Sheqalim* 3:3ᴵ과 *Shabbat* 1:3ᴸ을 보라).

---

134) *Priester für Gott*, 318.

성경 다른 곳에서 마지막 때에 단 하나의 육체적 부활이 있다고 주장한다는 생각

위에서 설명한 4-6절에 대한 이해는 역사의 마지막에 육체적 부활이 **한 번**만 있을 것이라는 구약과 신약 여러 곳에 반영된 견해와 일관성이 있다(사 26:19-21; 단 12:2; 요 5:28-29; 행 24:15; 살후 1:7-10; 참조. 요 6:39-40, 44, 54; 또한 *1 En*. 51:1ff.; 4 Ezra 7:32; 14:35; *2 Bar*. 42:8; *Sib. Or*. 4.179-82; pseudo-Philo 3:10). 이 최종적인 부활은 20:12-15에서 다시 언급될 것이다. 이 본문에는 불의한 자들과 아울러 성도들의 육체적 부활이 포함된다. 20:5a에는 악한 자들의 육체적인 부활만 언급되는데, 그들이 첫째 부활인 영적 부활에 참여하지 못한다는 점을 강조하려는 데 목적이 있다. 20:12-15과 성경 다른 곳의 공통적인 증언에 비춰볼 때, 20:5a의 불신자들의 육체적 부활은 역사의 끝에 있을 모든 사람의 전반적인 육체적 부활에 속하는 것으로 이해해야 한다. 그러므로 이 부활에는 성도들의 육체적 부활이 포함된다는 것이 넌지시 제시된다.

그러므로 육체적 부활이 2번 발생한다고 믿는 전천년설의 주장, 즉 한 번은 천 년 통치 시작 때 그리고 다른 한 번은 천 년 통치의 마지막에 있다는 주장은 성경 여러 곳에 제시된 관점과 모순된다.

"첫째 부활"은 그리스도의 부활과 신자들의 부활을 암시하는가?

6절의 "첫째 부활"은 그리스도 자신의 부활을 가리킬 수 있다. 신자들은 살아 있는 동안과 죽은 이후에 그리스도의 부활에 참여하는데, 본문은 신자들이 죽은 후에 참여하는 부활에 초점이 있다.[135] 이것은 성도들이 "그리스도와 **더불어** 왕 노릇 할 것"이며(4, 6절), "그리스도의 제사장이 되어"(6절)라는 반복되는 주장과 맥을 같이한다. 신약성경 다른 곳에서 신자들은 영적으로 그리스도의 부활과 동일시된다. 이 본문들 대부분이 땅에 살고 있는 신자들을 언급하기는 하지만 말이다(위에 언급한 본문들을 보라. 예. 골 1:18;

---

135) 참조. P. E. Hughes, *Revelation*, 213-16. Hughes는 하늘에 있는 성도들의 부활 존재의 영적 측면을 덜 강조한다. 같은 저자, "First Resurrection"; *Interpreting Prophecy*, 119-22.

3:1-3). 예를 들어 휴즈는 고전 15:16-49에 언급된 "첫 열매"인 그리스도의 부활이 미래에 있을 몸의 부활만 아니라 현재 죽은 성도들에게도 영적인 생명을 준다고 주장한다.[136]

자신의 부활로 인해 그리스도는 "처음"(골 1:18), "처음 난 자"(골 1;18; 계 1:5), "시작"(계 3:14), "첫 열매"(고전 15:20)와 동일시된다. 특히 중요한 것은 계 1:5의 "처음 난 자"라는 언급이다(이것은 3:14에서 "시작[근본]"으로 해석되었다). 그리스도가 처음 난 자가 됨으로써 성도들이 "나라와 제사장"이 되었다(1:6). 그들 전체가 "예수 안에" 있기 때문이다(1:9). 이와 비슷하게 5:6-10에서는 그리스도의 죽음뿐만 아니라 그의 부활도 신자들이 "나라와 제사장"이 되어 "땅에서 왕 노릇 하는" 결과를 낳는다. 마찬가지로 20:6에서는 "첫째 부활에 참여하는" 효과 중 하나가 성도들이 "제사장이 되어…왕 노릇 하는 것"이라고 말한다. 그리스도는 다시 "살아나셨"으므로 1:17과 2:8에서 "처음"이라고 불린다(참조. 22:13). 2:8의 언급은 예수를 따르며 박해를 받는 자들에게 육체적 죽음 이후 "생명의 관"을 얻고 "둘째 사망"으로부터 보호받는 근거를 제공한다. 20:4-6과 병행인 이 본문들은 우연의 일치라고 하기에는 너무도 내용이 유사하며, "첫째 부활"이 성도들이 영적으로 동일시되는 그리스도의 부활임을 암시한다(히 12:23이 비교할 만하다. "하늘에 기록된 장자들의 모임"). "주 안에서" 죽은 결과로 성도들이 누리는 복된 쉼(14:13)은 20:6에 언급된 그리스도의 "첫째 부활에 [영적으로] 참여하는" 죽은 성도들에게 내려진 복 사상과 맥을 같이한다. 성도들이 누리기 시작하는 쉼은 의미심장하다. 그들이 육체적 죽음의 해, 특히 "[영적인] 둘째 사망"의 해를 받지 않기 때문이다.

시편 기자는 이렇게 외친다. "주는 나의 피난처시요 **살아 있는** 사람들의 땅에서 나의 **분깃**이시라"(시 141[142]:6[5], 8[7]). 그리고 또 이렇게 부르짖는다. "여호와는 나의 **산업**과 나의 잔의 소득이시니 나의 분깃을 지키시나이다.…이러므로 나의 마음이 기쁘고 나의 영도 즐거워하

---

136) J. A. Hughes, "Revelation 20:4-6," 295-98.

며 내 육체도 안전히 살리니 이는 주께서 내 영혼을 스올에 버리지 아니하시며 주의 거룩한 자를 멸망시키지 않으실 것임이니이다"(시 15[16]:5, 9-10). 이 두 시편에서 "분깃"이 "생명" 또는 부활 사상과 연결된 것은 계 20:6과 관련하여 볼 때 놀랍다. 특히 시 16편이 행 2장에서 그리스도의 부활에 적용된 까닭이다.

"시작된 종말론"은 20:4-6의 왕 노릇 사상과 관련이 있는가?

어떤 이들은 요한계시록의 그 어느 곳에도 일곱 교회에게 보내는 편지에서 주어진, 이기는 자들에게 주시는 종말론적인 약속들을 성도들이 상속하기 시작한다고 한 곳이 없고, 그러한 약속은 그리스도의 재림 때에만 성취될 것이라고 주장한다.[137] 그러나 특별히 성도들이 죽어 하늘에서 높임을 받을 때에 이러한 종말론적인 약속을 받기 시작한다는 것은 요한계시록의 앞 부분에서 관찰된다(일반적으로 1-5장. 특히 3:11; 4:4, 10과 관련한 1:6, 9; 5:10; 2:10; 그리고 4:4; 6:11과 관련한 3:4-5, 21; 그다음 3:20과 관련한 2:17; 그다음 7:15-17; 21:4과 관련한 6:11; 14:13. 7:15-17은 이미와 아직이 융합된 장면일 수 있다). 그리고 성도들이 죽어 하늘에서 높임을 받는다는 것은 적어도 20:4-6을 성도들이 그리스도와 더불어 종말론적 통치를 시작한다고 이해할 수 있는 가능성을 열어놓는다(이것을 지지하는 참고문헌은 아래를 참조).

앞에서 계 20:4-6과 관련하여 내린 결론들이 대체적으로 옳다면, 그 결론들은 6절이 (계 1:6과 5:10이 암시한 것처럼) 실제로 출 19:6을 암시한 것이 아니라는, 엘리엇이 그의 주장을 뒷받침하기 위해 제시한 이유를 무력화한다. 엘리엇은 주로 20:6에서 하나님 나라가 순교자들에게만 약속되었고 전체 교회에게 약속된 것이 아니라는 것과, 그 나라는 미래의 천 년 통치에 대한 소망에만 해당하며 현재 소유하는 것이 아니라고 주장한다.[138]

---

137) 예. Mealy, *Thousand Years,* 31-32, 82-84, 216-19.
138) Elliott, *Elect and Holy,* 116-18.

5a절("그 나머지 죽은 자들은 그 천 년이 차기까지 살지 못하더라")은 몇몇 좋은 사본에서는 생략되었다. 그 부분이 갑작스러워 부자연스럽게 보였을 수도 있지만, 더 개연성이 있는 것은 필경사가 4절 끝에 있는 ἔτη("년")를 건너뛰고 이어지는 ἔτη로 옮겨갔기 때문일 것이다(א 2030 2053 2062 2377; 또한 𝔐ᴷ sy Vic Bea).

휴즈는 5a절에 있는 ἄχρι("까지")가 천 년 통치 동안의 실재에만 초점을 맞추고 천 년 이후의 변화는 암시하지 않는다고 한다. 그래서 "나머지 죽은 자들"(="영적으로 중생하지 못한 사람들")은 천 년 동안이든 그 이후든 부활의 생명을 경험하지 못한다고 주장한다. 4절에 언급된 살아 있는 사람들과 달리, 5a절의 "죽은 자들"은 천 년 동안과 그 이후 전부 둘째 사망의 권세 아래 있다(6절). 휴즈는 이것이 4절의 부활과 5a절의 "죽은 자" 모두 순전히 영적인 실체라는 주장을 지지한다고 믿는다.[139] 이 이론은 가능할 수는 있지만, 요한계시록 다른 곳(7:3; 15:8)과 이 문맥(20:3)에서 부정과거 가정법과 함께 사용된 ἄχρι는 천 년 이후의 변화를 가리킨다. 따라서 20:13-15에 비춰볼 때, 여기서 악한 자들의 몸의 부활이 묘사되었을 가능성이 높다.[140]

알렉산드리아 사본에는 미래 시제 대신 현재 시제인 βασιλεύουσιν("그들이 왕 노릇 한다")이 있다. 이것은 성도들이 왕 노릇을 시작된 것으로 이해한 초기(5세기)의 해석을 반영한다(알렉산드리아 사본에서 5:10을 동일한 현재 시제로 읽은 것을 보면, 이것이 우연한 실수가 아니라는 점은 분명하다). 사본 2062(13세기)와 1948 사본이 A 사본의 독법을 따랐다.[141] 필경사들이 원래의 미래 시제를 현재 시제로 바꿨을 가능성이 많은데, 1:6과 5:10에 있는 나라와 제사장의 분명한 "이미와 아직"의 측면에 일치시키

139) J. A. Hughes, "Revelation 20:4-6," 301-2. 또한 Kik, *Revelation Twenty,* 53-54도 이렇게 생각한다.

140) 참조. J. S. Deere, "Premillennialism," 68-69.

141) 2062은 Aland and Aland, *Text of New Testament,* 158에서 A 사본과 함께 사본 1 범주로 분류되었다. 이문(異文) 목록은 Hoskier, *Text of Apocalypse* II, 556을 보라.

거나, 20:4의 부정과거 ἐβασίλευσαν("그들이 왕 노릇 하기 시작했다")이 의미한다고 생각된 동일한 시작 사상에 일치시키려고 했을 것이다. 하지만 20:4의 부정과거는 히브리어의 예언적 완료의 의미를 가진 예언적 부정과거로 취하는 것이 가장 좋다.[142] 20:4-6에서 과거·현재·미래를 변경하는 이유에 대해서는 7:16-17의 주석을 참조하라.

다양한 유대교 전통은 세상이 결정적으로 멸망하고 새 하늘과 새 땅이 창조되기 전에 메시아가 현재의 땅에 한 나라를 세우기 위해 역사의 마지막에 임하실 것이라고 믿었다. 메시아 통치의 중간기는 40일에서 7,000년에 이르기까지 폭넓다(아래 설명을 보라). 유대교 전통에서 중간기에 지상적 통치가 널리 존재한다는 것이 요한계시록과 관계가 있다는 점은 의문의 여지가 많다.[143] 복음서와 바울은 메시아 통치의 지상적 개념만을 가르치지는 않으며(예. 마 13장), 메시아 통치가 예기치 않게 시작된 영적인 형태를 가르친다. 하지만 중간기의 영적인 통치는 중간기의 지상 통치를 이해하는 유대교적 관점에 해당하는 기독교적 이해일 수 있다. 개중에는 중간기의 메시아의 지상적 통치의 선례를 고전 15:23-24에서 발견할 수 있다고 주장하는 사람들이 있다.[144]

학자들 중에는 초기 교부들의 주도적인 입장이 전천년설이라고 주장하는 사람들이 있다.[145] 하지만 2세기부터 5세기의 경향을 분석한 것에 따르면, 2세기 초부터 천 년 통치에 대해 혼합된 견해가 있었다는 사실을 알 수 있다. 그리고 전천년설이 광범위하게 받아들여졌지만 주도적인 입장은 아니었으며, 정통파 입장에서 반대가 있었고, 신앙고백으

142) 참조. Elliott, *Elect and Holy,* 115.

143) J. S. Deere, "Premillennialism," 59-60에 반대함.

144) 예. Rissi, *Time and History,* 120-21; Ladd, "Rev. 20," 171. 하지만 이에 반대하는 입장인 Hill, "1 Corinthians 15:20-28"; Page, "Revelation 20," 39-40을 보라.

145) 예. Mounce, *Revelation,* 358; A. F. Johnson, "Revelation," 578; Daniélou, *Theology of Jewish Christianity,* 378-96; Crutchfield, "John and Asia Minor as a Source for Premillennialism"; 그리고 특히 Bietenhard, "Millennial Hope."

로 표현된 적이 없었음을 볼 수 있다.[146)] 문자적인 전천년설을 언급했다고 알려진 가장 초기의 자료는 순교자 유스티누스가 요한계시록을 언급한 본문(*Dialogue* 81; 가능성이 있지만 불분명한 또 다른 자료는 Hippolytus, *Commentary on Daniel* 2.4-5; *Antichrist* 65)과 에우세비오스가 파피아스를 언급한 데서 발견된다(*H.E.* 3.39.11-12).[147)]

전천년설의 신학적인 문제는 영화롭게 되고 새롭게 창조된 몸을 가진 부활한 신자들이 썩어질 몸을 가진 사람들과 함께 옛 창조세계에 살게 된다는 데 있다. 이들 중 많은 사람이 천 년 통치 말기에 불신자가 될 것이며,[148)] 썩지 않으시는 그리스도가 부활하신 후 40일 동안 썩을 몸을 가진 사람들과 함께 거하셨다는 대답[149)]은 흥미롭기는 하지만 충분히 만족스러운 대답은 아니다.[150)]

천 년 통치에 관한 견해들 중에서 가장 기이하고 설득력이 없는 것은 코르시니의 견해다.[151)] 코르시니는 천 년 통치가 구약의 성도들이 하늘에서 왕 노릇 한 구약시대 동안 있었다고 주장한다. 호프바우어와 그밖에 여러 사람들은 대체로 그리스도와 성도들이 역사의 끝이 오기 전에 미래의 언젠가 비가시적으로 통치할 것이라고 주장한다.[152)]

---

146) Kromminga, *Millennium*; Hill, *Regnum Caelorum*; 그리고 Pieters, *Lamb, Woman and Dragon*, 292-327의 간략한 개관을 보라. 교회사에서 "천년" 해석을 개괄한 다른 자료는 Feuillet, *Apocalypse*, 117-18와 Gourgues, "Thousand-Year Reign," 677에 있는 목록을 보라.

147) 자세한 내용은 Daniélou, *Theology of Jewish Christianity*, 378-404을 보라. 초기 전천년설의 증거로 Hippolytus의 글을 제시하는 것의 문제에 대해서는 Hill, *Regnum Caelorum*, 111-20을 보라.

148) Hengstenberg, *Revelation* II, 358.

149) Feinberg, *Millennialism*, 319; Ladd, *Revelation*, 268.

150) 후천년설과 역사적 전천년설 그리고 특히 세대주의적 접근의 문제점들에 대해서는 Hoekema, *Bible and the Future*, 173-222을 보라. Hoekema의 무천년설 논의(223-38)는 위에서 분석한 것에 보충 자료로 읽을 만하다.

151) Corsini, *Apocalypse*, 363-85.

152) Hofbauer, "...et regnabunt." 자세한 내용은 Leahy, "Millennium"에 인용된 R. Garcia, *Summa Isagogico-Exegetica* II를 참조하라.

"천 년"이 문자적인가? 아니면 비유적인가?

학자들 중에는 4-6절 전체가 지상에서 실현될 메시아의 통치를, 구약의 예언을 문자적으로 성취한다고 이해하는 사람들이 있다(시 2편; 사 2:1-4; 4:1-6; 11:1-16; 렘 23:5-8; 겔 37:24-28; 겔 40-48장; 단 2장과 7장; 슥 14장). 문자적인 해석 방법은 천 년 기간을 문자적으로 이해하도록 요구한다.[153] 그러나 이러한 해석적 관점은 논의의 대상이다. 많은 사람은 신약의 저자들이 때로 신약성경에서 구약의 성취를 비문자적으로 이해한다고 주장한다.[154] 더욱이 구약성경의 많은 예언은 옛 세상에서의 천 년이 아니라, 새롭게 창조된 세계에서 문자적으로 성취되는 것으로 이해될 수 있다.[155]

왈부어드는 천 년을 문자적으로 보아야 할 이유가 요한이 환상에서뿐만 아니라(4-5절) 그 환상을 해석하면서도 천 년을 언급한 데 있다고 주장한다(6절. 실제로 5-6절은 해석이다).[156] 하지만 이 견해는 언어의 비유적 표현이 해석에서는 사용될 수 없다고 가정한다. 실제로 7절에서는 3절을 해석하며 "옥"이라는 비유적 표현을 사용한다(14:4의 "처음 열매"도 참조). 뷰캐넌 역시 숫자 1,000을 문자적으로 취한다.[157]

1,000이라는 수가 수량적이든지 시간적이든지, 문자적으로만 사용된다고 주장하는 사람들이 더러 있다.[158] 왈부어드는 요한계시록의 모든 수가 문자적이므로 천 년도 문자적이어야 한다고 주장한다.[159] 하지만 1:1에서 요한계시록 전체와 관련하여 σημαίνω("알게 하다" 또는 "의미하다")가 사용된 것은 독자로 하여금 문자적 표현을 넘어 상징적 의미가 지배함을 예상하도

153) Walvoord, "Millennial Kingdom"; Hoehner, "Evidence from Revelation 20," 248-50.
154) 예. LaRondelle, *Israel of God;* Beale, "Did Jesus and His Followers Preach the Right Doctrine from the Wrong Texts?"
155) 예. Hoekema, *Bible and the Future,* 274-87.
156) Walvoord, *Revelation,* 293.
157) Buchanan, *Revelation,* 518ff.
158) 예. J. S. Deere, "Premillennialism," 70. 하지만 Deere는 증거를 제시하지 않는다.
159) Walvoord, "Rev. 20:1-6," 231. 또한 Hoehner, "Evidence from Revelation 20," 249.

록 하려는 데 있고, 이는 숫자를 포함한다(1:1의 주석 참조). 숫자를 문자적으로 이해해야 한다는 주장과는 다르게, 숫자 1,000은 비유적으로 사용될 수 있다. 실제로 천의 배수가 이미 이런 식으로 사용되었다(5:11; 7:4-9; 9:16; 14:1의 주석 참조). 21:16에서도 그렇게 사용되었듯이 말이다(다른 숫자와 결합된 χιλίας가 비유적 의미로 사용된 11:3; 12:6; 14:20의 주석 참조).

웹은 천 년이 비유적이며 땅에서 **긴 시간** 동안 물리적으로 왕 노릇 하는 성도들을 가리킨다고 주장한다. 천 년이 20:3의 "잠깐"과 대조된다는 것이 그 이유다.[160] 웹은 이러한 결론이 바르다면 무천년설 관점이 20:3-6을 그리스도의 재림을 연기하거나 지체하는 것을 표현하는 것으로 이해하게끔 한다고 주장한다. 그리스도의 재림이 지체되었다는 것은 요한계시록 여러 곳에서 언급된 (예. 6:10-11) 재림의 임박한 기대와 조화될 수 없는 긴장 관계에 있기 때문이다. 1,000이라는 숫자의 비유적 의미가 "긴 시간"일 가능성이 있다는 것은 확실하다. 만일 그렇다면, 1,000은 요한계시록에서 임박함을 알려주는 다른 본문과 긴장 관계에 있을 것이다. 그러나 이것은 무천년설 견해에 치명적이지 않다. 왜냐하면 신약 다른 본문도 그리스도의 재림 이전에 있을 지체를 표현함으로 각각의 문맥에 있는 임박함을 표현하는 본문과 긴장 관계에 있는 것으로 볼 수 있기 때문이다(마 25:5과 24:36-44; 참조 눅 12:41-48; 19:11-13).[161]

반면에 천 년의 주된 의미가 반드시 긴 시간인 것만은 아니다. "잠깐"이 천 년에 바로 이어지며 절정 직전에 있을 매우 짧은 전환기간을 언급하는 것처럼 보이기 때문이다. 실제로 3:10과 17:12은 전환기를 "시간"이나 "한 시간"으로 언급한다. 그래서 천 년은 "짧은 시간"의 며칠이나 몇 달과 대조되어 비유적인 몇 년을 가리킬 수가 있다. "잠깐"과 대조적으로 얼마만큼의 기간을 가리키는지는 "잠깐"의 실제 기간에 달려 있다. 그러므로 20:3-6을 시작된 천 년 통치로 이해하든지 무천년설의 관점에서 이해하든지 간에,

160) Webb, "Revelation 20," 26-29.

161) 자세한 내용은 Hoekema, *Bible and Future,* 109-28을 보라.

20:3-6이 재림의 연기를 명확하게 표현한다고 할 수는 없다. 천 년의 요점은 긴 시간을 가리키는 비유적 표현이 아니라, 고난을 당한 그리스도인들의 궁극적 승리에 있는 것 같다. 이것은 요한계시록에서 다른 큰 숫자들을 사용하는 것과 잘 어울린다. 숫자의 큼은 비유적으로 어떤 함의를 가진다. 예를 들어 새 예루살렘 성의 길이와 너비와 높이는 각각 2,400km("만이천 스타디온")이다. 여기서 표현하려는 것은 물리적 규모가 아니라, 예루살렘 성인 **하나님의 백성의 완전함**을 표현한다(21:12-16, 18-20의 주석 참조). 예루살렘 성벽의 높이는 144규빗이다. 이것은 매우 높은 벽을 가리키는 것이 아니라, 새 창조에서 하나님의 백성의 **절대적인 안전**을 의미한다(21:17-20의 주석 참조). 한편 큰 수는 요한계시록에서 매우 큰 집단을 가리키는 비유일 수 있다(5:11; 9:16). 이처럼 각각의 문맥에 따라 그 의미를 결정해야 한다.

1,000은 구약성경과 신약성경에서 문자적인 시간과 비시간적인 지시어로 사용된다(비시간적인 비유로 사용된 예는 신 1:10-11; 32:30; 수 23:10; 욥 9:3; 33:23; 시 68:17; 50:10; 아 4:4; 사 7:23; 30:17; 60:22 LXX; 단 7:10; 암 5:3이다. 시간의 비유적인 사용의 예는 신 7:9; 시 84:10; 전 6:6; 7:28; *Jub*. 30:20이다). 특히 주목할 만한 본문은 대상 16:15-17(=시 105:8-10)이다. 여기서 하나님의 "영원히 기억할 언약"과 그의 "영원한 언약"은 "그가 천 대에 명하신 말씀"과 동일시된다. 시 90:4과 벧후 3:8에서 "천 년"이 문자적인지 비유적인지에 대해서는 논란이 있다. 후자가 더 개연성이 있다. 초기 유대교 해석자들이 시 90:4을 비유적으로 해석하기 때문이다. Sir. 18:9-11에서는 시 90편의 "천 년"을 "몇 년"으로 대체한다. 한편 *2 Bar*. 48:12-13과 pseudo-Philo 19:13a에서는 각각 "몇 시간과…며칠"과 "이 시대["하늘"을 의미하는 *celum* 대신에 *seculum*으로 읽음]"로 대체한다. 마찬가지로 CD(사본 A) 7.5-6("하나님의 언약은 확실하여 그들이 **천 대 동안**[=영원한 생명] **살 것이다**")과 4QpPs[a] 2.1("**천 대 동안 살** 광야의 개종자들은…영원할 것이다.…[그리고 그들에게 모든 영광이 있을 것이라.]")에서도 비유적으로 이해되었다.

미래의 메시아적 통치의 성격 및 기간과 관련한 수많은 유대교 전통이 있다. 혹자는 메시아적 통치가 전혀 없을 것이라고 추측하기도 한다. 반면에 다른 사람들은 중간기의 통치 기간을 40년부터 365,000년까지 제안했다. 두 랍비만 그 기간을 천 년으로 산출한다. 엘리에제르 벤 히르카누스(기원후 90년경 *Midr.* 시 90.17에서 인용)는 그 기간을 천 년이라고 제안한 가장 초기의 랍비다. 앞선 랍비 전통에서 천 년 통치를 배웠을 수도 있겠지만 말이다. 그보다 늦은 시기에 등장한 랍비는 엘리에제르이다(=b. Jose the Galilean. *Pesikta Rabbati* 1에 인용됨; 참조. *b. Sanhedrin* 97a. 이 문서에는 천 년 통치가 R. Ḳaṭṭina의 가르침에 암시되었다고 이해한다).[162] 사마리아 전통 역시 메시아의 천 년 통치를 고수했다.[163] 메시아의 통치 기간은 천 년 이외에, 60, 70, 100, 365, 400, 600, 2,000, 4,000, 7,000년 등 다양하다(*b. Sanhedrin* 97a-b, 99a; *Midr.* 시 90.17; *Pesikta Rabbati* 1에 반영된 랍비들 견해의 개요를 보라. 랍비들 중에는 7천 년을 메시아가 오실 때까지의 시간으로 계산하는 사람들도 있다). 이 모든 숫자는 문자적인 햇수를 간주한 것으로 생각할 수 있다. 하지만 이 모든 숫자는 10의 배수들이기도 하며, 그래서 완전함을 가리키는 비유일 가능성이 있다. 365과 365,000은 1년 365일 주기를 강조하려는 것임이 틀림없기에 햇수의 완전성을 가리키는 비유적 표현일 것이다. 찰스는 중간기 시대의 메시아적 통치를 이해하는 유대교의 모든 관점에서 통치(왕노릇)는 땅에서 실제로 발생하는 것으로 이해되었었고, 요한도 동일한 견해를 가지고 있었다고 주장한다.[164]

Jub. 23:27-30에서 천 년은 분명히 하나님의 백성의 영원한 축복의 완전함을 가리키는 비유다. "날이 점점 많아져 사람들 사이에서 그들의 날이 천 년이 될 때까지 증가할 것이며, 이전보다 더 큰 연(年)수는 날들의 수다. 늙은 사람이 없을 것이며…그들은 그들의 연수를 다 채우고 평화롭고 즐겁게 살고…영원히 기쁨으로 즐거워할 것이다." 1,000이라는 수는 사 65:22

162) SB III, 826-27; 참조. *b. Sukkoth* 28a.

163) Bailey, "Temporary Messianic Reign," 179-80을 보라.

164) Charles, *Revelation* II, 184-85. Webb, "Revelation 20," 32-33도 그렇게 생각한다. Webb은 계 20:1-3과 20:7-9의 내용이 땅에서 발생하므로 20:4-6도 땅에서 발생하는 것 같다고 주장한다.

LXX을 암시한 *Jub.* 4:29-30에서 유래했다("내 백성의 날들이 생명나무의 수한과 같겠고. 그들이 그 손으로 일한 것을 길이 누릴 것이라"). "아담이 죽었다.… 그는 천 년에서 70년이 모자란 삶을 살았다. 하늘의 증거에서 천 년은 하루[시 90:4]와 같다. 그래서 선악을 알게 하는 나무에 관해 이렇게 기록되었다. '네가 그것을 먹는 날에는 죽을 것이라.' 이러한 이유로 아담은 이 날의 연수를 채우지 못했다. 그는 그 기간에 죽었기 때문이다." *Jubilees*는 에덴에서 시험의 기간("날")의 이상적인 삶이 천 년이었을 것이라고 본다(시 90편에 근거한 *Midr. Rab.* 창 19.8; *Midr. Rab.* 민 5.4; *Midr.* 시 25.8도 그렇다). *Jubilees* 본문은 미래의 메시아적 통치는 아담이 이루지 못한 것을 반드시 성취한다고 결론을 내린다. 왜냐하면 아담은 천 년을 살지 못했고, 사 65:22에서 메시아 시대가 첫 번째 낙원에서 바랐던 이상적인 기간만큼 지속될 것이라고 예언했으며(*Test. Levi* 18:8-13), 시 90:4이 말하는 내용 때문에 그렇다(첫 번째 낙원의 이상적인 천 년 기간을 이해하는 *Jubilees* 전통은 Irenaeus, *Adversus Haereses* 5.23:2에 반영되었다). 적어도 부분적으로는 *Jub.* 23:27-30이 천 년 통치를 비유적으로 이해하는 데 있어 시 90편의 문구에 영향을 받았다. 반면에 순교자 유스티누스(*Dialogue* 81)같은 초기 교회 교부들은 동일한 추론을 사용하여 문자적인 전천년설 관점을 만들어냈다(참조. Hippolytus, *Commentary on Daniel* 2.4-6과 Methodius, *Banquets of the Ten Virgins* 9.1; *Extracts from the Work on Things Created* 9도 그럴 것이다. 이들은 *Barnabas* 15나 Irenaeus의 글과 유사한 해석을 반영했을 수도 있다).[165]

Jub. 23장과 비슷한 문맥에서 *1 Enoch*는 악한 영들과 타락한 자들이 "모든 세대 끝까지 결박되고…그 후에 모든 의인이 도망가서 아이를 천 명을 낳을 때까지 살고, 젊은 시절과 나이가 든 시절 등 그들의 모든 날을 평화롭게 마칠 것이라"고 기록한다(*1 En.* 10:14-17). *Jubilees*와 *1 Enoch* 모두 성도들이 영원히 복된 그들의 날을 "완수할" 것으로 묘사한다(자세한 내

165) 자세한 내용은 Daniélou, *Theology of Jewish Christianity,* 390-96을 보라. 이 문단에서 다룬 논의는 주로 이 책에 근거했다.

용은 *1 En*. 10:22 참조). *1 Enoch*에서는 악한 영들이 "결박되어 있는" 동안 이런 일이 발생한다.

"천 년이 하루와 같다"(시 90:4)에 근거하여, *2 En*. 25-33은 창 1장의 창조의 7일에 호소하며 역사가 동일한 7중 패턴을 따를 것이라고 주장한다. 그래서 역사의 시대를 7천 년으로 간주하고 그 이후에 오는 "여덟째 날"은 분명히 영원을 가리킨다고 생각한다.[166] 같은 전통의 맥락에서 *Barnabas* 15은 역사가 6천 년 동안 지속될 것이라고 생각한다. 6천 년의 마지막에 "주님이 만물을 끝내실 것이다. 그와 함께하는 하루는 천 년을 의미하기 때문이다.…6천 년 만에 만물은 마지막에 이를 것이다.…하지만 내가 만든 [마지막 천 년의] 안식일에, 즉 내가 만물을 쉬게 할 그때에, 나는 여덟째 날의 시작을 만들 것이며, 그날은 다른 세상의 시작이다." 마지막 천 년의 안식일은 여덟째 날의 영원에 합쳐지며, "그날에 예수가 죽은 자 가운데서 다시 살아나셨다." 마지막 천 년은 성도들의 영원한 안식을 가리키는 비유이며, 그리스도가 부활하신 여덟째 날은 단지 영원을 가리키는 비유만이 아니라 성도들의 부활 시대를 가리키는 비유이기도 하다. 이 날에 영원한 즐거움이 시작된다.[167] Irenaeus, *Adversus Haereses* 5.28.3과 5.33-36은 *Barnabas* 15과 동일한 사상의 흐름을 따르는 것 같다. 그의 견해가 일관성이 없고, 그가 전천년설을 고수했다는 것이 일치된 의견이긴 하지만 말이다.

Testament of Isaac 6-8은 "천년왕국의 잔치"에 대해 언급한다(6:13, 22; 8:6). 이것은 죽을 때 시작되는 죽은 자들의 영혼이 즐기는 잔치일 가능

---

166) 시 90편과 창조의 날들이, 세계 역사의 기간과 천년왕국 문제와 관련하여 3, 4세기 교부들에게 어떠한 영향을 주었는지를 개괄한 Wikenhauser, "Weltwoche"를 보라.

167) *Barnabas* 15을 이렇게 보는 견해에 대해서는 Daniélou, *Theology of Jewish Christianity*, 396-401; Kromminga, *Millennium*, 29-40; Ferguson, "Was Barnabas a Chiliast?"를 보라. *Barnabas*를 이해하는 다른 관점들을 논의한 Mealy, *Thousand Years*, 48을 보라. Mealy는 *Barnabas*의 마지막 천 년이 영원한 시대의 **시작**이지만 그것과 공존하지는 않는다고 본다. 이 견해는 개연성이 있다. 사도시대의 교부들로부터 20세기에 이르는 교리를 철저히 개관한 Kromminga, *Millennium*, 여러 곳을 보라.

성이 많다. 이것은 이 영혼들이 죽을 때 8:6의 "천년왕국의 잔치"와 동의어인 듯한 "하늘나라"를 기업으로 받는다는 사실로써 암시된다(6:22; 7:2; 8:5). 사실 이삭의 영혼이 하늘에 갔을 때, 그는 "그의 언약 성취를 영원히" 경험했다(7:2). 아마도 더 개연성 있는 또 다른 견해는 천년왕국이 최종적인 영원한 복일 수 있다는 것이다. 이는 영혼들이 "하늘나라의 영원한 빛 안에서…축하할" 미래의 종말의 때에 시작될 것이다. 이 본문은 전형적인 전천년설을 지지하지 않으며, 오히려 천년왕국이 죽음 이후의 지복을 의미한다는 견해, 또는 Barnabas 15의 사상에 더 잘 들어맞는다.

Apoc. Elijah 5:36-39은 *Barnabas* 15과 비슷한 신학적 경향을 반영할 수도 있지만, 전천년설 사상을 대표하는 것 같다. 이것은 단어의 순서와 영원을 천년왕국과 동일시하는 것에서 암시된다. "그날에…그[그리스도]가 땅을 불태울 것이다. 그는 땅에서 천 년을 보낼 것이다.…그는 새 땅을 창조할 것이다.…그는 그의 성도들과 함께 다스릴 것이다.…동시에 그들은 **항상** 천사들과 함께 있고 그리스도와 함께 천 년을 있을 것이다." "천 년" 뒤에 이어지는 "날"은 시 90편의 문구를 반영했을 수 있다.[168] Justin, *Dialogue* 80-81은 초기 전천년설의 전형적인 형태를 분명히 보여준다. 하지만 그는 "순전하고 경건한 믿음에 속한 많은 사람과 참 그리스도인인 사람들"은 그의 견해에 동의하지 않는다는 것을 인정한다.

계 20장의 천 년 통치는 초기 랍비 전통의 천 년 통치에 대한 이해와 특히 *Jubilees*, *2 Enoch*, *Barnabas*에 반영된 전통과 전반적으로 관련이 있을 수 있다.[169] 만일 그렇다면, 천 년 통치는 문자적인 천 년이 아니라, 세상 역사의 마지막 시대인 긴 시대를 가리킨다.[170] 쉬슬러 피오렌자는 *Jubilees*, *2 Enoch*, *Barnabas*에 있는 전통을 영향력이 있는 것으로 간주하고, 천 년을 시간적으로 이해하기보다는 주제적으로 이해해야 한다고 주장한다.

---

168) Wintermute, "Apocalypse of Elijah," *OTP* I, 753에 암시된 것으로 보인다.

169) Bailey, "Temporary Messianic Reign," 187.

170) Bailey, "Temporary Messianic Reign"; Prigent, *Apocalypse*, 304; 참조. Mounce, *Revelation*, 357-59; 가장 최근의 Snyder, "Millennium," 70-71.

쉬슬러 피오렌자는 천 년이 그리스도와 성도들의 종말론적인 왕 노릇을 강조한다고 본다. 그는 계 22:5 역시 천 년 통치를 언급한다고 생각하지만, 거기에 언급된 왕 노릇을 영원한 왕 노릇으로 이해한다.[171] 한편 요한계시록의 천 년은 *Jub.* 23장이나 *Barnabas*의 영원과 같지 않다.

하늘의 악한 존재들을 결박하는 것과 메시아의 통치 그리고 천 년 기간 등 세 요소는 계 20:1-6 외에 유대교 문헌 어디에서도 함께 등장하지 않는다. 이 요소들은 그리스도의 죽음과 부활이 사탄을 묶음과 성도들이 그리스도와 더불어 왕 노릇 하는 시대를 시작했음을 암시하려고 결합되었다.[172] 20:4-6에서 언급하는 왕 노릇이 중간기의 지상 통치와 관련된 유대교의 일반적인 사상의 영향을 받았다면, 중간기는 이제 교회 시대이며, 왕 노릇은 하늘에서 일어난다. 1:6과 5:10에서는 중생한 사람들이 땅에서도 왕 노릇 한다고 말한다.

사탄은 만국을 다시 미혹하기 위해 놓임을 받을 것이며, 만국은 교회를 없애려 할 것이다(20:7-10)

7절 사탄에게 내리는 초기 심판(1-3절)으로 하나님의 백성에게 생명의 복이 임했음(4-6절)을 강조한 후에, 요한은 지금 7-15절에서 앞의 내용과는 대조적으로 사탄과 그와 연합한 자들에게 임한 "둘째 사망"의 최후 심판을 강조한다. 3절 결론에서 사탄이 천 년의 마지막에 무저갱에서 "풀려날" 것이라고 예고되었다. 이러한 예고가 성취될 것이라는 확신이 지금 주어진다. 1-3절의 "무저갱"은 이제 "옥"으로 지칭되는데, 이는 마귀가 천 년 동

---

171) Schüssler Fiorenza, *Priester für Gott,* 293, 321-24. 계 20장의 천 년 통치와 병행인 유대교 문헌에 대해 철저하지만 간결하게 개요한 SB IV, 799-1015을 보라. 좀 더 구체적으로 SB III, 823-27을 보라(후자는 영어로 Beasley-Murray, *Revelation,* 288에 간략히 요약되었다). 또한 Charles, *Eschatology,* 219-20, 239-40, 270-73, 301-2, 324-37; Bailey, "Temporary Messianic Reign"; Snyder, "Millennium"을 참조하라.

172) Snyder, "Millennium," 70-71.

안 거주한 영역이 (모든 면에서 그런 것은 아니지만) 어떤 중요한 면에서 제지당한다는 사실을 강조하기 위함이다(1-3절 주석 참조).[173)]

7a절은 불확정적인 미래 시간절로 번역될 수 있다.[174)] "언젠가(whenever, ὅταν) 천 년이 차게 될 때." 천 년이 문자적인 기간이 아니라 상징적이고 불확정적인 기간이라면 이러한 번역을 예상할 수 있다.[175)] 하지만 ὅταν을 "할 때"(when)로 번역할 수도 있다.[176)] 추측건대 필경사들이 확정적이지 않은 때를 분명히 하려고 ὅταν τελεσθῇ("차게 될 때")를 μετα("이후에")로 대체한 것 같다(2030 𝔐[K]). 3b절의 τελεσθῇ는 불확정적인 기간을 더욱 암시할 수도 있다.[177)]

8절 3절에서 언급한 마귀가 제지당했던 구체적인 방법이 반복된다. 그는 "만국을 속이지" 못하도록 제지당했지만, 지금은 그의 미혹하는 활동을 재개하도록 허락받았다. 여기에는 진리를 볼 수 없게끔 사람들의 눈을 가리는 일뿐만 아니라, 9절에 분명히 묘사되었듯이, 땅에서 하나님의 백성 공동체를 없애기 위해 만국을 함께 모으는 일도 포함된다.

속임을 당한 사람들은 온 땅에서 나온 백성이다. "땅의 사방"은 지하세계가 그 모습을 드러내거나[178)] 지하세계의 출구가 있는[179)] 세상의 먼 곳을 가리키는 것이 아니다. "땅의 사방"은 온 땅을 언급하는 셈어적인 표현 방식으로서, 부분으로 전체를 표현하는 일종의 제유법이다. 사 11:12과 *Pirqe de Rabbi Eliezer* 18, 겔 7:2(= 이스라엘 온 땅; 계 7:1의 주석 참조; 겔 37:9; 단 7:2 참조)에 나타나 있듯이 말이다. 초기 해석 전통을 대표할지도 모르는 사

173) 사탄의 결박 및 놓임과 관련하여 바사 신화와 고대 근동의 여러 자료에 있다고 간주되는 병행에 대해서는 Moffatt, "Revelation," 471과 Beasley-Murray, *Revelation,* 286을 보라. 하지만 설령 그러한 병행이 요한계시록의 배경이 된다고 해도, 이 자료들은 요한이 직접 의존한 구약성경과 유대교 묵시문학의 렌즈로 재조명되었다.

174) Robertson, *Word Pictures* VI, 460.

175) Morris, *Revelation,* 238.

176) BAGD, 588.

177) Mulholland, *Revelation,* 308.

178) 예를 들어 Rissi, *Future of the World,* 35-36에 반대함.

179) Mealy, *Thousand Years,* 127-30.

본 전통 중에는 "나라들" 앞에 이문 παντα("온")가 있어 이러한 보편성을 강조하는 것도 있다(א 2053^com 2062^com *pc* sy^ph).

이렇게 모인 군대가 하나님의 백성을 대적하는 것은 "곡과 마곡" 및 나라들이 모여서 이스라엘을 대항하여 "전쟁을 일으"킨다고 예언하는 겔 38-39장의 성취로 이해된다. 요한이 나라들이 "모였다"고 표현하면서 사용한 용어는, 계 16:14과 19:19에 있는 병행 어구의 배경이 되는 슥 12-14장 및 습 3장과 함께, 겔 38:2-8과 39:2에서 인용한 것이다. 이 모든 구약 본문은 **하나님**이 역사의 최후의 전쟁을 위해 나라들을 이스라엘에 모으실 것을 예언한다(자세한 내용은 16:14과 19:19의 주석 참조). 이 배경에 비춰볼 때, 16:14, 19:19, 20:8의 "전쟁"(*τὸν πόλεμον*) 앞에 있는 정관사는 이전의 전쟁, 즉 구약에 예언된 최후의 전쟁뿐만 아니라, 계 11:7에서 관사 없이 처음으로 묘사된 마지막 전쟁도 가리킨다.

에스겔서는 "곡과 마곡"을 그들과 연합한 땅의 다른 여러 나라들과 구별한다(38:2-7, 15, 22; 39:4). 하지만 지금 "곡과 마곡"은 모든 "나라들"(개역개정에는 "백성"-역주)과 비유적으로 동일시되었다. 더욱이 "곡과 마곡"과 그들의 연합군은 에스겔서(38:6, 15)에서는 "북쪽 먼 곳에서" 오는 반면에, 지금은 "땅의 사방"인 온 땅 곳곳에서 온다(남쪽의 구스[에티오피아]와 붓도 겔 38:5의 연합군에 포함되지만 말이다).[180] 에스겔서의 예언을 이처럼 보편화한 것에서, 우리는 압제를 받던 이스라엘 역시 겔 38-39장에서 보편적으로 표현되었고, 이스라엘이 계 20:9에서 온 땅에 있는 교회로 이해되는 "성도들의 진과 사랑하시는 성"과 동일시되었다는 사실을 알 수 있다. 이런 보편적 표현은 16:12, 14에서도 등장한다. 여기서는 "동방에서 오는 왕들"이 "온 땅에 거하는 왕들"로 해석된다. 이 사실에 근거하여 두 본문이 같은 사건들을 다루고 있음이 밝혀진다(16:12-16의 주석 참조). 1QM 11.15-16과 4QIsa도 계 20:8처럼 "나라들" 다음에 "곡과 마곡"을 언급하며 둘을 동일시함으로써 에스겔서 예언을 보편적으로 표현한다. 요한은 그 나라(곡과 마곡)가

---

180) Farrer, *Revelation,* 207-8.

이스라엘의 북방에 있지도 않은 붓과 구스를 비롯하여 여러 다른 나라들을 이끌며 대표한다고 이해했으므로, 겔 38-39장에서 언급하고 암시한 모든 침략국을 "곡과 마곡"이라고 언급했을 수도 있다. 이러한 관점은 침략하지만 멸망당할 주된 침략자로 곡이나 마곡을 언급하는 겔 38:14, 16, 18과 39:1, 6, 11의 지지를 받을 수 있다(38:7도 주목하라. "너[곡]는 스스로 예비하되 너와 네게 모인 무리들이 다 스스로 예비하고"). 하지만 여전히 요한계시록 이곳에는 보편적인 표현이 어느 정도 있을 수 있다. 겔 38-39장의 여러 나라들은 기껏해야 두 방향에서만 오는 반면에, 계 20:8에서 그들은 네 방향에서 온다.[181]

요한은 같은 에스겔서의 예언을 이미 16:14-16과 19:17-21에 기록했다. 그 예언이 3곳에 등장했다는 사실은 그 예언이 독립적으로 3번 성취되었다거나 유비적으로 3번 사용되었다는 의미가 아니라, 같은 성취가 다른 세 문맥에 서술되었다는 의미다(본문 비교와 가능성 있는 다른 구약의 배경에 대해서는 16:14과 19:19의 주석 참조). 앞에서 살펴보았듯이, 이것은 16:14, 19:19과 20:8 사이에 존재하는 반복의 증거다(20:1-3 주석의 서론 참조).[182]

모인 나라들의 "수"가 "바다의 모래 같다"고 한 것은 그들의 수가 많음과 성도들을 이길 공산이 크다는 것을 강조한다. 수 11:4, 삿 7:12, 삼상 13:5에도 다양한 시기에 이스라엘을 공격하려고 모인 나라들의 수많은 군대를 가

---

181) 참조. Farrer, *Revelation,* 207-8. Farrer는 계 16:12, 14과 20:8 모두 북동쪽에서 침략하는 에스겔서 내용을 보편적으로 해석했음을 주목했다. Farrer의 관찰에 힘입어 나는 이 단락을 거의 동일한 관점에서 주석했다.

한편으로 D. I. Block은 그의 논문 "Gog and Magog in Ezekiel's Eschatological Vision," 99-100, 102에서 겔 38장이 "온 세상이 이스라엘을 집단으로 공격한다는 인상을 준다"고 주장하는데, 개연성이 높다. 4가지 이유에서다. (1) 겔 38:2-9에 인용된 명칭들은 지리적으로 이스라엘의 근경에 사는 백성을 언급한다. (2) 이스라엘을 공격하러 올라오는 연합군의 전체 수는 일곱에 달한다. 이것은 곡과 관련한 계시(신탁)에서 중요하게 사용되고 완전함을 상징하는 수다. (3) 네 나라(메섹, 두발, 고멜, 도갈마 족속)는 이스라엘의 시각으로 볼 때 세상의 북쪽 끝을 대표하고, 세 나라(바사, 구스, 붓)는 남쪽을 대표하는 상극법적 패턴이 있다. (4) 38:13에 인용된 나라들은 동쪽 끝에서 서쪽 끝까지 세상의 무역로를 지배하던 나라들을 대표한다(이들이 이스라엘을 공격하려고 연합했는지는 불분명하지만 말이다).

182) Lenski, *Revelation,* 591-93, 600.

리키는 동일한 비유가 사용되었다. 계 20:8에서 이 무리들은, 특히 16:13-14에 비춰볼 때,[183] 마귀적 특성을 지닌 군대 및 함께 죽은 자들의 유령[184] 또는 단순히 마귀적 특성을 지닌 존재들[185]로 이해될 수 있다. 흥미로운 사실은 압제자들이 마귀적 특성을 지닌 존재들과 더불어 육체적으로 부활한 불신자들을 포함한다고 보는 사람들이 있다는 점이다.[186] 따라서 8절은 "둘째 부활"을 언급하거나 "천 년이 차기까지 살지 못하는 나머지 죽은 자들의" 몸의 부활을 가리키는 것으로 이해된다.[187]

이와 비슷하게 8-9절의 포위군들을 5a절의 나머지 죽은 자들과 동일시하는 사람들도 있다. 하지만 그들은 5a절에 언급된 부활이 믿지 않은 사람들의 무리만을 포함하는 악의 최종적인 부활(resurgence)을 가리키는 상징이라고 이해한다.[188] 두 견해에서는 이후 20:12-13에 언급된 부활이 첫째 부활이나 둘째 부활과 동일시되지 않고, 신자들과 불신자들 모두의 최종적이고 일반적인 부활과 동일시된다. 흥미로운 것은 캐롤과 피터스가 5a절과 8-9절이 상징적 부활을 의미한다고 이해하는 그들의 통찰에 근거하여, 20:4, 5b-6이 상징적 부활을 언급한다고 주장한다는 사실이다.

하지만 여기서 언급된 무리들은 귀신의 군대가 아니라 온 땅에 있는 적대적인 백성이다. 첫째 이유는 그들이 요한계시록 여러 곳에서 늘 사람들을 가리키는 "나라들(또는 백성)"이라고 밝혀졌다는 데 있다(19:15).[189] 16장에 등장하는 귀신의 성품을 가진 존재들은 나라들이 아니라, 마귀가 하나님과 그의 백성을 최종적으로 공격하려고 나라들을 모으는 수단이다. 이러한 악의 부활(resurgence)을 5a절의 "나머지 죽은 자들"의 부활과 동일시할

---

183) W. Metzger, "Zwischenreich," 114-15; Rissi, *Future of the World,* 35-36, 99.

184) Kraft, *Offenbarung,* 259.

185) 이것은 Schüssler Fiorenza, *Priester für Gott,* 311에 강조된 내용이다. Schüssler Fiorenza는 그의 견해에 동의하는 여러 사람들을 인용한다.

186) Mealy, *Thousand Years,* 120-42이 그렇다. Mealy가 압제자의 정체를 밝힌 것에 따르면, 배교하고 재림 때 죽는 죽은 불신자의 부활이 강조된다.

187) Gill, *Revelation,* 863; U. Smith, *Prophecies,* 748; Mealy, *Thousand Years,* 120-42.

188) Carroll, *Revelation,* 287; Pieters, *Lamb, Woman and Dragon,* 321-23.

189) Gill, *Revelation,* 863에 반대함.

수 있다. 그래서 "사탄의 놓임과 회개하지 않은 자들의 부활"은 "시간에 맞춰서 정확히 차례로" 등장하게 된다.[190] 그러나 첫째 부활(4, 5b, 6절), 둘째 부활(5a, 8절), 그리고 셋째이면서 마지막 부활(12-3절) 등 3개의 부활을 말하는 것은 성경 다른 곳 및 성경의 전통에 모순된다.

20:7-8이 틀림없이 20:5a과 같다고 말하는 것은 과도하게 정확한 시간표가 있다고 주장하는 것일 수 있다. 즉 천 년이 끝날 때 사탄이 풀려난다면(3b절), 그리고 만일 같은 기간의 끝에 나머지 죽은 자들이 다시 살아난다면(5a절), 7-8절은 5a절을 성취하는 것이 틀림없다. 7-8절에 천 년 이후에 발생할 첫 번째 사건, 즉 사탄과 나라들의 반역이 기록되었기 때문이다. 앞에서 살펴보았듯이, 대부분의 전통적인 천년왕국설에 따르면, 5a절에 언급된 부활은 20:11-15과 동일시된다. 이것은 7-9절의 마지막 배교 **직후** 천 년이 끝날 때 발생하는 것으로 이해된다. 그 배교는 매우 간략하게 묘사되어, 바로 이어지는 심판이 **대략** 천 년의 끝에 임하는 것으로 이해된다. 그러므로 전반적으로 일치되는 견해에 따르면, 20:11-15에서 이야기하고 있는 내용이 20:7-9의 사건 이후에 오기는 하지만, 20:11-15의 사건이 천 년이 끝난 후에 일어난다고 말하는 것은 여전히 타당할 수 있다. 이런 식으로 발생할 가능성이 없다고 생각하는 것은 논리적 오류다.[191]

Sib. Or. 3.319에서 "곡과 마곡"은 "구스(에티오피아) 강 중앙에 있는" 사람들과 동일시된다. 이들은 아마도 유대를 박해하던 안티오코스 에피파네스와 연합한 구스의 연합군들일 것이다.[192] 요세푸스(*Ant.* 1.6.1)는 마곡을 흑해 북쪽에서 온 스키티아인이라고 밝힌다. 곡 역시 에돔(*Pesikta Rabbati* 17.8; *Midr. Rab.* 창 98.2에서 로마로 언급된다. 참조. *Targ.* 겔 39:16)과 앗수르 왕 산헤립(*Midr. Rab.* 아 4.8 §3; *b. Sanhedrin* 94a)과 아모

190) Mealy, *Thousand Years,* 124.
191) Mealy의 견해를 심도 있게 비평한 Beale, "Review Article: J. W. Mealy, *After the Thousand Years*"를 보라.
192) 참조. *APOT II,* 384.

스 당시 이스라엘을 위협하던 외국 세력과 동일시된다(암 7:1 LXX).[193] 시 2편에서 "주님과 그의 기름부음을 받은 자(메시아)"를 대적할 것이라고 예언된 "이방"과 "땅의 왕들"은 유대교 문헌에서 전형적으로 곡과 마곡과 동일시되든지 그렇게 식별되었다(유대교 문헌에 대해서는 19:19의 주석 참조. 여기에 *b. Abodah Zarah* 3b; *b. Berakoth* 7b; 10a을 추가할 수 있다. 시 2편을 암시하지 않고 종말론적인 나라들과 대체적으로 동일시한 자료로는 *Targ.* 아 8.4, 7-8; *Midr.* 시 17.10; *Midr. Rab.* 출 15.17; *Midr. Rab.* 레 30.5; *Midr. Sifre* 민 76을 보라). 곡과 마곡은 마지막 때 이스라엘을 대적하는 나라들이 아니라, 겔 38-39장에서처럼, 전쟁을 위해 다른 나라들을 모으는 사람들과 종종 동일시되기도 한다(예. *Targ.* 삼상 2:10; *Midr.* 시 118.12-13; *Tanna debe Eliyyahu,* Rabbah, 5과 25; 참조. *Midr.* 시 8.8).

겔 38:2에 곡이 왕으로 다스리는 "메섹과 두발"은 동(東)아나톨리아 백성을 가리키는 히브리어 이름들이다.[194] "곡"의 궁극적인 자료는 기원전 7세기 리디아의 왕인 기게스(또는 구구)일 개연성이 높다. "마곡"은 "곡의 땅"인 앗수르어 *mā(t) gugu*에서 왔을 것이다.[195] 이 명칭들은 역사적으로 모스크바와 토볼스크 등과 같은 현대 도시와는 아무런 관계가 없다.[196] 이 명칭들은 에스겔서의 원래 문맥과 반드시 동떨어질 필요는 없겠지만, 유대교에서는 하나님의 백성을 위협하는 무시무시한 군대를 가리키는 격언으로 누구에게나 적용 가능한 명칭이 되었을 것이다(오늘날 악한 독재자를 또 다른 "히틀러"라고 부르듯이 말이다).[197] 겔 38:3의 "로스"는 소리와 어원학에 근거하여 "러시아"를 언급한다고 할 수 없으며, 구약

193) 참조. D. Stuart, *Hosea-Jonah,* 370. Stuart는 LXX 번역자에 의해 의도하지 않은 변질이 발생했다고 이해한다. 설령 그렇다고 해도 본문은 "곡"에 대한 해석 전통의 일부가 되었을 것이다.

194) T. C. Mitchell, *IBD* II, 985-86.

195) H. L. Ellison, *IBD* I, 573-74.

196) Mounce, *Revelation,* 362; Alexander, "Ezekiel 38 and 39," 161-62; D. C. Chilton, *Days of Vengeance,* 520-24.

197) Allen, *Ezekiel,* 204-5.

성경에서 수백 번 사용되었듯이, 그 본문에서는 "우두머리"(또는 "왕")로 번역하는 것이 가장 좋다.[198]

실제로 계 20:8에서 곡과 마곡은 다른 나라와 구별되고 숫자로 셀 수 있는 군대인 북쪽에서 오는 개별 국가를 가리키지 않는다. 오히려 에스겔서에서도 암시되었듯이, 곡과 마곡은 이제 사방 여러 곳에서 오는 셀 수 없이 많은 군대를 가진 모든 "나라들"과 동일시되었다.[199] 그러므로 곡과 마곡은 러시아와 같은 20세기의 특정한 어느 나라와도 동일시될 수 없다.

수 11:4-5 LXX은 이스라엘의 원수들을 이와 비슷하게 묘사한다. "그들과 그들의 왕이 나왔으니 해변의 수많은 모래 같고…모든 왕들이 모두 모여 나아와서 이스라엘과 싸우려고…진 쳤더라." 동일하게 삼상(=삼상 LXX) 13:5에도 이렇게 기록한다. "블레셋 사람들이 이스라엘과 싸우려고 모여(συνάγονται εἰς πόλεμον) **올라왔는데**(ἀναβαίνω+ἐπί)…백성은 해변의 모래같이 많더라. 그들이 **올라와**(ἀναβαίνω)…진 치매"(참조. 수 9:2; 삼하[=삼하 LXX] 17:11-13). 이스라엘 역사에서 일찍이 이런 공격을 서술한 내용은 겔 38-39장에 언급된 이스라엘 역사의 끝에 있을 공격 이야기를 형성하는 데 일조했을 것이다(에스겔서와 스가랴서의 병행에 대해서는 계 16:14과 19:19의 주석 참조). 이 구약의 이야기들도 비슷하게 계 20:8-9의 배경에 포함될 수 있으며, 예표론적으로 기능하지 않는다면 유비적으로 기능할 수 있다.

---

198) "곡과 마곡"을 둘러싼 대중적이지만 잘못 분석한 Lindsey, *Late Great Planet,* 59-71. Lindsey의 분석을 정확한 근거에 의거해 비평한 T. Boersma, *Is the Bible a Jigsaw Puzzle,* 106-25과 C. Vanderwaal, *Hal Lindsey and Biblical Prophecy,* 78-80을 보라. Lindsey 같은 세대주의자들은 "곡과 마곡"을 그리스도의 재림 때 그리고 천 년 통치 이전에 하나님의 백성의 원수가 된다는 러시아와 동일시한다. 그러나 요한계시록은 "곡과 마곡"을 천 년 통치 끝에만 나타나는 원수로 언급한다. 이런 이유로 세대주의자들이 천 년 이후 러시아의 위협이 재개할 것이라고 믿어야 할 것처럼 보인다! Aalders, *Gog en Magog,* 166-172과 Boersma, *Is the Bible a Jigsaw Puzzle,* 120-25은 겔 38-39장의 곡과 마곡 예언이 기원전 2세기 안티오코스 에피파네스의 셀레우코스 군대로 성취된 것으로 간주한다. 이들은 역사의 끝에 교회를 없애려고 할 군대를 예표한다.

199) 수도 셀 수 없다는 마지막 언급에 대해서는 앞에 논의한 것과 Metzger, *Breaking the Code,* 93을 보라.

9절 에스겔서에 대한 암시는 9-10절에서도 계속된다. 에스겔서는 "지면에 널리 퍼지고"(겔 38:11, 16 [ἀναβαίνω]; 39:2; *Targ*. 겔 38:9) 하늘에서 내린 불과(39:6), "불과 유황"(38:22)으로 심판받을 무리들과 종말론적 원수들(겔 38:15, 22)과 관련한 독특한 병행 어구를 제공한다. 겔 38:11의 70인역들 중에는 심지어 이스라엘 온 땅을 공격받을 "성"으로 언급한 것도 있다. "내[곡]가…성읍인 그 땅[πολις γη, 198 사본]에…올라올 것이다(ἀναβαίνω+ἐπί)"(라틴어 역본 중 하나[La^w]는 *civitatem*이라고만 읽는다). 계 20:9도 비슷하게 기록한다. "그들이 지면에 올라와 널리 퍼져 성도들의…성을 두르매"(ἀνέβησαν ἐπὶ τὸ πλάτος τῆς γῆς καὶ ἐκύκλευσαν...τὴν πόλιν).

바벨론은 이스라엘을 공격할 때 "자기의 소유가 아닌 장막들을 기업으로 얻으려고 땅의 평지로 다니는 사람들"로 묘사되었다(합 1:6 LXX; LXX 이문[사본 544]은 바벨론 사람들을 "귀신들"과 같다고 표현한다. 이는 Kraft와 Rissi의 견해와 일치한다. 본서 20:8의 주석 참조. Judith 2:20-21과 계 20:8-9을 비교하라). 요한계시록의 이곳에서는 같은 단어로 성도들을 공격하는 종말의 원수를 묘사한다. 구약의 일화는 종말론적인 사건을 예고한다. 단 12:2 LXX에서 "땅의 넓은 곳"(τῷ πλάτει τῆς γῆς)은 (모든 죽은 사람이 묻혀 있는) 온 땅의 모든 지역을 언급한다. 그러므로 계 20:9에서 사용된 거의 똑같은 어구에는 동일한 범세계적인 의미가 있을 가능성이 많다. 특히 11:7-10의 병행(해당 본문 주석 참조)과 이어지는 어구인 "성도들의 진과 사랑하시는 성"이 온 땅에 흩어진 교회와 동일시되었다는 사실에 비춰볼 때 그러하다.[200]

구약성경(특히 출애굽기, 레위기, 민수기, 신명기)에서 "진(陣)"은 이스라엘 열두 지파가 광야에서 성막 주위에 진을 칠 때 사용되곤 했다. 진에 있는 백성은 제의상 정결해야 했다. 하나님의 임재가 그곳에 머물렀기 때문이다(민 5:1-4; 31:19).[201] 구약 본문들 중에서 비교하기에 가장 좋은 본문은 신

200) 마찬가지로 Gundry는 내게 이 어구의 주요성을 환기시켜 주었다. Gundry, "New Jerusalem," 256-57.

201) V. P. Hamilton, *TWOT* I, 300을 보라.

23:14이다. "이는 네 하나님 여호와께서 너를 구원하시고 적군을 네게 넘기시려고 네 진영 중에 행하심이라. 그러므로 네 진영을 거룩히 하라." 쿰란의 전쟁문서는 이스라엘 백성이 광야에서 진을 친 사건을 역사의 끝 이전에 오는 시간에 적용한다. 즉 원수가 참 이스라엘의 진인 광야의 쿰란 공동체를 멸하려고 할 마지막 때에 "하나님의 복"이 거하는 "그의 성도들의 진"을 가리킨다고 믿었다. 하지만 "하나님은 어두움의 모든 자손을 무찌르고…그들을 멸망시키셨다"(1QM 3.5-9). 마찬가지로 1QM 10.1-8은 하나님이 이스라엘의 "진 중앙에 계실 것"이라고 말한다. 그래서 "너희 땅에서 너희를 압제하는 원수와 싸우게 될 때…너희는 너희 하나님 앞에서 기억된 바 될 것이며, 너희 원수들에게서 구원을 받을 것이다."[202]

모세 오경에서 묘사된 진(陣) 이미지가 쿰란 문헌에서처럼 계 20:9에도 적용된다. 예외가 있다면 요한계시록에서는 이스라엘이 아니라 역사의 마지막의 교회가 그 "진"이라는 점이다. 여기서 진이 교회이며 이스라엘 백성이 아니라는 사실은 "성도들의 진"이라는 좀 더 자세한 명칭에서 분명히 드러난다. 구약성경에서 이스라엘 백성을 가리키는 전형적 명칭인 "성도들"(ἅγιος의 복수형)은 요한계시록 전체에서 이방인 출신의 그리스도인들과 유대인 출신의 신자들을 합한 신자들의 총체를 가리킨다(13번 등장. 특히 5:8-9; 13:7-10; 14:12을 보라). 교회는 지금 참 이스라엘이며 장차 참 이스라엘이 될 것이다. 그들 중앙에 하나님의 임재의 장막이 펼쳐질 것이다. 이것은 12:6과 12:14의 장면과 비슷한 장면이다. 이 두 본문에서도 이스라엘의 광야 경험을 묘사한 내용이 여기서처럼 교회에 적용된다.

"성도들의 진"은 "사랑하시는 성(城)"과 동일시되었다. 이로 인해 20:9의 압제 받는 공동체가 교회라고 더 자세히 밝혀진다. 3:12은 유대인과 이방인 등 "이기는" 모든 신자가 "하나님의 이름과 하나님의 성 곧 하늘에서 내 하나님에게서 내려오는 새 예루살렘의 이름"으로 밝혀질 것이라고 한다. 종말론적 신앙 공동체를 묘사하면서 21-22장에서는 동일한 "성"이라는 언급

202) 1QM에 사용된 마지막 때에 대해서는 Fensham, "Camp"를 보라.

이 12번 등장한다. 21:2, 10에서 "하나님께로부터 하늘에서 내려오는 거룩한 성 예루살렘"은 3:12과 분명히 축자적으로 병행한다. 21장의 새 예루살렘의 성곽과 기초에 각각 이스라엘의 열두 지파의 이름과 열두 사도의 이름이 기록되었다고 한 것은 하나님의 새 백성이 다양한 나라의 사람들로 구성되었음을 계시한다. 21:24-26과 22:2에서 그 성에 들어가는 사람들을 "만국"이라고 언급한 것과 22:14, 19에서 성에 거주하는 사람들이 범세계적인 거주민이라는 포괄적인 언급으로 묘사된 것도 같은 사실을 시사한다.

보하이르어(Bohairic) 역에서는 "사랑하는 성" 대신 "**새** 성"이라고 번역했고, 에티오피아 역은 "**거룩한** 성"이라고 번역했다.[203] 두 역본 모두 본문의 성을 21:2에 소개된 새 하늘과 새 땅에 있는 "거룩한 성"과 동일시한다. 이것은 우리가 앞에서 논의한 것, 즉 20:9의 박해받는 성도들의 "성"은 신앙공동체로 구성되고 21:2ff.에서 절정에 도달할 새 창조의 시작을 가리킨다는 점과 맞아떨어진다. 이러한 이해는 갈 4:26과 히 12:22의 하늘에 있는 "예루살렘"의 시작된 실체와 맥을 같이한다.

성도들을 공격하는 나라들은 그들이 성도들을 없애기 전에 하나님께 멸망당할 것이다. "하늘에서 불이 내려와 그들을 태워버리고." 이것은 이스라엘의 원수가 불로 멸망된다는 에스겔서의 예언적 패턴을 따른다(참조. 마곡이 불로 멸망한다고 말하는 *Targ. Pal.* 민 11:26. 이것은 겔 39장을 암시한다. 마찬가지로 1QM 11.16-17에서 하나님은 "하늘 위에서 그들["곡"]과 싸우실 것이다").

불로 이긴다는 표현은 왕하 1:10-14에서 유래한다. 그 본문은 하나님이 불경건한 왕 아하시아의 군대로부터 엘리야를 구원하는 장면을 묘사한다. 계 11:5에 비춰볼 때 이 본문의 인용은 그리 놀랍지 않다. 계 11:5에는 같은 암시가 교회의 예언자적인 심판 역할과 관련하여 등장한다. 문맥도 비슷하다. 11:7에 20:8-9의 공격과 병행하는 내용이 서술되기 때문이다. 하지만 11:5에서는 불이 절정 이전에 있을 심판을 가리키는 비유다. 반면에 20:9에

203) Hoskier, *Text of Apocalypse* II, 560.

서 불은 역사의 마지막에 있을 최후의 심판을 비유적으로 가리킨다. 불을 문자적으로 이해해서는 안 될 것이다. 하지만 불을 어떻게 이해하든지 상관없이 하나님이 백성의 원수를 심판하심으로써 그의 백성을 구원하신다는 것이 본문의 요지다.

"사랑하시는 성"은 시 87:2-3을 반영한 것일 수 있다. "여호와께서…시온의 문들을 사랑하시는도다. 하나님의 성이여"(참조. 또한 시 122:6; 사 66:10; 습 3:14-17). 만일 그렇다면 이것은 "사랑하시는 성"을 보편적인 교회와 동일시하는 것을 더욱 강조한다. 시편은 참으로 하나님의 백성인 이방인들이 시온에서 "출생"하는 것으로 여김을 받는다고 주장하기 때문이다. Sir. 24:11의 "사랑하시는 성"도 눈여겨보라.

원수들의 압제에서 구원해주시기를 기도하는 문맥에서 시편 기자는 하나님께 이렇게 말한다. "**포위된 성**에서 그의 **놀라운 은총**을 내게 보이셨음이로다"(시 31:21). 또한 1 Macc. 10:77-80의 병행도 주목하라. 이스라엘의 원수가 "큰 무리를 지어…평지로 모였으며…그들은 그의 진을 포위했다"(참조. 1 Macc. 3:57-59). 이와 비슷하게 *1 En.* 56:5-8과 겔 38-39장을 암시하는 *Sib. Or.* 3.663-69, 690-91을 참조하라. *Sib. Or.* 5.420은 종말의 성을 "하나님이 사랑하신 성읍"이라고 언급한다. 그 성은 땅의 불경건한 도시들이 불에 타고 난 뒤에 남아 있다. 이 성은 "성도들의 마지막 때" 세워진다(5.432).

사본 중에는 "하늘에서"에 "하나님께로부터"를 첨가한 사본이 있다($\aleph^2$ 051 2030 2329 𝔐 lat $sy^{(ph)}$). 이것은 본문을 왕하 1:12과 더 가깝게 하려는 까닭에 발생했을 것이다. "불이 **하나님께로부터** 하늘에서 내려와 그를 살랐더라." 그 후에 2차적인 표현이 더해진 사본을 복사하는 필경사는 무심결에 "하늘에서"를 생략했다(P 1854 vg^{ms}).[204]

시 11:4-6의 일반적 진리가 계 20:9에 반영되었을 수도 있다. "여호

---

204) Metzger는 "하나님께로부터 하늘에서"라는 이문이 21:2, 10의 "하늘에서 하나님께로부터"라는 어구에 영향을 받았다고 믿는다. Metzger, *Textual Commentary*, 765.

와의 보좌는 하늘에 있음이여…악인에게 그는 불타는 숯불을 비 내리듯 하실 것이며 불과 유황과 태우는 바람이 그들의 잔의 소득이 되리로다."

10절 마귀가 다시 성도들을 공격하기 위해 만국을 속인 자로 부각된다. 그의 속이는 활동이 다시 언급된 것은 그가 그러한 미혹 때문에 심판을 당한다는 것을 보여주려는 데 목적이 있다. 마귀는 "불과 유황 못에 던져지니 거기는 그 짐승과 거짓 예언자도 있어 세세토록 밤낮 괴로움을 받으리라"("불과 유황"의 구약적 배경에 대해서는 14:10의 주석 참조). 마귀는 그의 극악한 동맹자 2명과 함께 또는 그들이 던져진 직후 불에 던져진다. 20:7-10이 19:17-21의 반복일 가능성이 많으므로, 사탄의 동료들이 19장 끝에서 불에 들어간 이후 수세기가 지나서야 마귀가 불에 던져진다고 가정하는 것은 개연성이 적다. 20:10이 짐승과 거짓 예언자가 받은 심판과 관련된 사건들을 반복하는 것으로 보기 위해서는 더 분명한 표현이 있어야 한다고 생각하는 사람들이 있다. 예를 들면, "곡과 마곡의 전쟁 이후, 사탄이 짐승과 거짓 예언자와 **함께** 불 못에 던져졌다"와 같은 표현 말이다.[205] 하지만 이것은 불필요한 기대다. 특히 구약의 예언서에서 반복적인 문체가 이러한 분명한 표현으로 특징지어지지 않을뿐더러, 요한계시록에서도 반복이 그러한 특징을 지니지 않기 때문이다.

사탄의 삼위일체는 "밤낮 세세토록 고난을 당할 것이다"(참조. *Test. Jud.* 25:3: "벨리알은…영원히 불에 던져질 것이다"). 여기서 사용된 용어는 그들이 멸절되는 것이 아니라, 끝없이 영원히 지속되는 고난을 당할 것이라는 의미로 이해하는 것이 가장 좋다(자세한 논의는 14:10-11의 주석 참조). 짐승과 거짓 예언자의 심판이 영원한 고통이 아니라 박해하는 제도를 완전히 종식시키는 것에 불과하다고 주장하는 사람들이 있다. 이 주장은 그들이 인격적인 존재가 아니라 압제하는 제도를 의인화한 것이라는 생각에 근거한다.[206]

---

205) Webb, "Revelation 20," 15-16.

206) Fudge, *Fire That Consumes,* 303, 307. 그러나 Fudge도 20:10이 사탄의 영원한 고통 대신에 멸절을 가리킨다고 보긴 어렵다고 인정한다(304, 307).

짐승과 거짓 예언자의 운명을 이런 식으로 이해할 경우 맞닥뜨리게 되는 결정적 난제는 그 견해가 논리적인 오류를 포함한다는 데 있다. 제도들은 백성으로 구성된다. 따라서 제도가 겪는 것은 그 제도를 구성하는 사람들도 겪는다(짐승과 거짓 예언자의 정체를 밝히는 개인적·공동체적인 정의에 대해서는 13장의 주석과 아래의 자세한 설명을 보라).

하지만 제도들이 의인화될 수 있는 무지나 거짓 자각에서 기인하거나 제도들이 무지와 거짓 자각을 야기할 수도 있다고 주장할 수 있다. 이러한 의인화의 "영원한 고통"은 제도들의 영원한 제거를 가리키는 비유일 뿐만 아니라 그것과 동일시되는 사람들의 고통을 암시한다. 이것은 제도로부터 자유함을 얻은 사람들의 복과 대조된다. 이에 비춰볼 때 짐승과 거짓 예언자의 불경건한 제도들과 동일시된 개인들에게 멸절하는 심판이 있다는 일반적 교훈이 본문의 주된 요지다. 따라서 그 심판이 영원한 고통을 포함한다고 이해하는 것은 비유적인 용어를 지나치게 문자적으로 보는 것이다.

그렇지만 개인들을 좀 더 직접적으로 염두에 두었고 단순히 암시한 것만이 아니라는 사실은 아래의 내용을 고려할 때 분명해진다. 하나님의 백성을 가리켜 영원히 인진함을 얻게 되는 "성"으로 언급할 수 있다면(21:2-4), 하나님의 백성을 압제하는 불신자들은 영원히 고난을 받을 "짐승과 거짓 예언자"로 불릴 수 있거나 적어도 그런 이미지에 포함될 수 있다. 마귀와 짐승과 거짓 예언자에게 적용된 끝없는 고통을 표현하는 표현이 한 개인으로서 마귀에게는 영원한 고통이지만, 짐승과 거짓 예언자에게는 멸절을 의미할 수 있다고 결론을 내릴 만한 근거가 없다(10b절의 "**그들이** 괴로움을 받으리라"라는 표현을 눈여겨보라). 실제로 14:10-11과 20:15에는 믿지 않는 개인들도 불에 던져져 영원히 괴로움을 받는다는 증거가 제시된다. 사실 20:15과 21:8은 불신자들 전부가 마귀와 짐승과 거짓 예언자가 던짐을 받게 될 "불 못"과 동일한 "불 못"의 형벌을 받을 것이라고 분명히 주장한다(D. A. Carson, *The Gagging of God* [Grand Rapids: Zondervan, 1996], 527-28). "불과 유황"은 14:10-11에서 사람들의 고난을 묘사하는 중에 등장한다. 이것은 20:10을 인격적인 존재들의 영원하고 지속적인 형벌과 더더욱 동일시한다. 마 25:41이 이 사실을 입증한다. "나를 떠나 마귀와 그 사자들을 위하여 예비된 영원한 불에 들어가라"(천사들도 인격적인 존재라는 사실을 유념하라).

계 20:10의 "불 못"은 문자적인 장소가 아니다. 사탄은 (그의 천사들과 함께) 영적인 존재다. "불"은 특성상 육체적인 것이 아니라 영적인 형벌이다.[207] "짐승과 거짓 예언자"는 문자적인 표현이 아니라 사람들로 구성된 불신의 제도들을 가리키는 비유다. 심지어 "밤낮"도 문자적인 낮과 밤이 아니라 고통의 **끊이지 않는** 특성을 가리키는 비유다(14:11의 주석 참조). 단도직입적으로 말해서, 심지어 "그들이 **세세토록** 괴로움을 받으리라"라는 표현도 비유적인 표현이다. εἰς τοὺς αἰῶνας τῶν αἰώνων은 문자적으로 "세대의 세대까지"(unto the ages of the ages)로 번역될 수 있거나, 적어도 비유적으로 매우 오랜 시간을 의미한다. 이곳의 문맥과 요한계시록 전체에 의거하여 이것이 한정된 시간인지 끝이 없는 기간인지를 결정해야 한다. 둘 다 그 표현이 끝없는 기간을 의미한다는 점을 분명히 드러낸다(11:15에서는 하나님의 영원한 다스림, 1:6; 5:13; 7:12에서는 하나님의 영원한 능력과 영광, 4:9-10; 10:6; 15:7에서는 하나님의 영원한 생명, 1:18에서는 그리스도의 영원한 생명을 표현함). 특히 22:5에 사용된 성도들의 끝없는 다스림을 가리키는 동일한 시간적 표현에 따르면, 20:10의 어구는 틀림없이 끝없는 기간을 가리킨다.

여기서 "괴로움"은 의식이 있는 고통, 특히 영적이고 심리적인 고통을 가리킨다(자세한 내용은 14:10-11의 주석 참조). 이것이 "짐승과 거짓 예언자"의 이미지로 대표되는 사람들에게 내리는 실제적이고 지속적인 고난이라는 사실은 분명하다. 영원한 형벌이라는 같은 표현이 이 구절에서 **개별적**인 귀신들에게 적용되었고, 거의 동일한 표현이 14:10-11에서 짐승을 따르는 **개인들**에게 적용되었기 때문이다.

"거기는 짐승과 거짓 예언자도"라는 어구에는 동사가 없다. 전천년설 주의자들은 전형적으로 마귀가 그곳에 던져지기 전에 짐승과 거짓 예언자

---

207) Ladd, *Revelation,* 270.

가 천 년 동안 불 못에 있을 것이라고 주장한다. 그러나 셋 모두가 동시에 불에 던져진다고 볼 수 있다. 생략된 동사가 "그들이 던져진다"이든 "그들이 던져졌다"이든 상관없다(마귀와 관련하여 생각할 때 후자는 먼저 등장한 동사와 같을 것이다). 두 사건이 동시적이거나 한 사건 직후에 다른 사건이 이어진다는 것은 우리가 지금까지 20장을 전반적으로 분석한 것과 더불어, 19:20(짐승과 거짓 예언자)과 이곳(마귀)과 20:14-15, 21:8에서의 "불 못" 사용으로 입증된다. 20:14-15; 21:8에서 불 못은 "둘째 사망"이라고 불린다. 즉 이것은 멸망의 절정의 때 그리고 우주의 재창조 때 시작되는 최종적이고 영원한 형벌이다(20:10-15; 21:1-8). "불 못"이라는 표현이 14:10-11에는 등장하지 않지만, 그 본문이 묘사하고 있는 것 역시 동일한 절정의 형벌이라는 것에 대해서는 학자들 사이에서 거의 의견이 일치한다. 왜냐하면 거기서 20:10과 비슷한 표현이 사용되기 때문이다. "불과 유황으로…세세토록…밤낮…고통을 당하리라." 현재의 우주가 멸망할 때까지 첫째 사망(= 육체적 사망)은 발생한다. 첫째 사망을 당하는 모든 불신자는 "사망과 음부"의 영역에 붙들려 있다. 이 영역은 잠정적이고 또 절정 상태에 이르기 전의 웅덩이이며, "둘째 사망"이지 영원할 뿐만 아니라 절정에 도달한 "불 못"으로 대체될 것이다(20:14의 주석 참조). "둘째 사망"은 모든 사람이 육체적으로 죽어야 비로소 시작된다. 천 년 통치의 관점에서 볼 때, 첫째 사망은 (처음) 창조가 멸절되고 갱신될 때 그칠 것이다.

그러므로 짐승과 거짓 예언자가 "불 못"에서 당하는 형벌은(19:20) 영원할 뿐만 아니라 절정에 도달한 심판이며, 마귀(20:10)와 불신자(14:10-11)의 영원하고 절정에 도달한 심판과 동시에 발생한다. 마귀와 불신자에 대한 심판은 천 년 통치가 끝난 후에 임한다. 이들은 다 함께 "둘째 사망"을 겪기 시작한다.

19:20의 형벌을 14:10-11, 20:10, 14-15, 21:8의 형벌보다 오래 전에 발생하는 것으로 해석한다면, "짐승과 거짓 예언자가 '**사망과 음부**'에 던져졌다"라는 표현과 같은 절정이 임하기 전의 상황을 묘사하는 표현을 기대할 수 있다(또는 예를 들어 벧후 2:4과 유 6처럼 "지옥에 던져 어두운 구덩이에 두어

심판 때까지 지키게 하셨으며"라는 표현을 사용했을 것이다).[208]

10절을 문자적으로 번역하면 다음과 같다. "그들을 미혹하는 마귀가 불과 유황 못에 던져지니, 거기는 그 짐승과 거짓 예언자도…." 짐승과 거짓 예언자가 용보다 먼저 불 못에 던져졌다는 가정 하에, 지금까지 본문 끝에 생략된 동사는 "[그들이] 있었다" 혹은 "[그들이] 있다"로 이해해왔다(KJV, RSV, NRSV, NASB). 하지만 삼인칭 복수 형태의 εἶναι가 생략되는 것은 흔치 않은 일이다.[209] 생략의 더 흔한 형태는 앞서 등장한 생략되지 않은 동사의 한 형태가 생략되는 경우다. 이에 비춰볼 때 더 나은 번역은 "거기에 짐승과 거짓 예언자도 던져졌다"이다. 과거 완료 "던져졌다"(NIV, 비슷하게 NEB)는 엄밀히 말해 앞서 등장하는 부정과거와의 병행은 아니며 "던져짐"의 순서가 있다는 인상을 준다. 여기서는 부정과거를 보충한다고 보는 것[210]이 가장 자연스럽다. 그렇다고 해도 마귀가 짐승과 거짓 예언자 다음에 심판을 받는지에 대해서는 대답하기가 어렵다. 실제로 그 질문은 생략된 동사를 어떻게 보충하느냐 만으로는 대답을 찾을 수가 없다. 흥미로운 것은 두에(Douay) 역에서 20:9-10이 다음과 같이 번역된다는 사실이다. "…그곳에서 짐승과 거짓 예언자 둘 다 괴로움을 당할 것이다…." 이런 번역이 가능하기는 하지만 만일 "괴로움을 당할 것이다"가 "짐승과 거짓 예언자"와 어울린다면, 동사 앞에 있는 καί는 분명히 "도"(또는 "역시")로 번역되어야 할 필요가 있다.

208) 20:10에서 미래에서 과거로 그리고 다시 과거에서 미래로 시제가 변환되는 것에 대해서는 7:16-17; 18:11; 19:13-14의 주석을 참조하라. 비교. S. Thompson, *Apocalypse and Semitic Syntax,* 47-49.

209) BDF §128; Steinmann, "Tripartite Structure," 78.

210) Steinmann, "Tripartite Structure," 78.

우주 역사의 끝에 최후의 심판이 있을 것이다: 모든 사람은 다시 살아나 자기 행위대로 심판을 받으며, 죄인은 영원한 형벌에 들어갈 것이다(20:11-15)

11절 "크고 흰 보좌와 그 위에 앉으신 이"에 대한 환상은 계 4:2과 5:7을 상기시킨다. 거기서 하나님은 "보좌에 앉으신 이"로 묘사되며, 이는 단 7:9과 겔 1:26-28을 암시한다. 계 4:2과 5:7뿐만 아니라 이곳에서도 단 7장이 초점의 대상이다. 다니엘서의 다른 곳에 대한 암시와 더불어 단 7:10의 "펼쳐진 책"이 두 문맥에 직접 이어지기 때문이다. 4-5장의 장면은 그리스도로 말미암은 하나님의 시작된 통치를 언급한다. 이 통치는 믿지 않는 세상에 내리는 절정 이전의 심판으로 부분적으로 표현된다. 그 장면은 이전의 모든 심판이 지향하고 모든 심판의 극치인 절정의 심판을 의미하려고 이곳에서 반복된다. 하나님이 보좌에 앉으신 분일 가능성이 많다. 단 7:9의 보좌에 앉으신 분이 "옛적부터 계신 분"이며, 요한계시록 전체에서도 보좌에 앉으신 분은 하나님이시기 때문이다(예. 4-5장; 19:4; 21:5; 참조. 롬 14:10).[211] 하지만 예수가 그 보좌에 앉으신 분이라고 해도 문제될 것은 없다(계 22:1-3; 마 25:31ff.; 요 5:22; 행 17:31; 고후 5:10; 딤후 4:1과 같은 본문에 비춰볼 때 말이다). 누가 보좌에 앉았는지 상관없이, 하나님과 그리스도 모두 최후의 심판을 행하신다(*Sib. Or.* 2.230-44; 참조. 롬 2:16). 보좌가 흰색인 것은 거룩함과 신원함을 의미하는 것 같다. 보좌에서 곧 시행될 심판은 심판하시는 거룩한 하나님으로부터 나오는 심판이다. 이는 죄를 징계할 뿐만 아니라 그의 박해받는 백성을 신원하기 위한 심판이기도 하다(19:8, 14의 주석 참조).

이것은 최후의 심판이다. 그 심판은 10절의 결정적인 심판과 함께 시작하든지 그 심판과 동시에 일어난다. 궁극적으로 용과 짐승과 거짓 예언자와 연합했던 모든 사람은 "둘째 사망"이라는 같은 운명에 처하게 될 것이다. 형벌의 절정은 다음과 같이 우주가 불타는 것으로 표현되기도 했다.

---

211) Mounce, *Revelation,* 364.

"땅과 하늘이 그 앞에서 피하여 간데없더라." 거의 같은 용어가 6:14과 16:20에서 최후의 심판을 묘사하며 이미 사용되었다(특히 구약의 배경과 관련하여 본문 주석 참조). 이것이 마지막 때의 우주적 파멸을 의미한다는 사실은 "새 하늘과 새 땅"이 없어진 "처음 하늘과 처음 땅"을 대체한다고 한 21:1에서 더욱 분명히 드러난다. "그들을 위한 어떤 장소도 발견되지 않았다"(개역개정, "간데없더라"-역주)"는 단 2:35 Theod.에서 유래한 어구다. 거기서 이 어구는 마지막 때에 발생할 악한 나라의 멸망을 가리키기 위해 사용되었다. 계 12:8은 그리스도의 죽음과 부활로 마귀와 그의 군대의 시작된 패배를 강조하려고 같은 본문을 암시한다(12:7-12의 주석 참조). 이제 동일한 다니엘서의 용어가 악한 세상 제도 전체의 완전한 멸망에 적용된다. 이것은 반드시 그렇지는 않겠지만 세상의 물질적 측면들도 포함하는 것 같다(시 102:25-27; 사 51:6; 벧후 3:7, 10, 12도 보라).

20:11에 사용된 용어의 문자적 또는 비유적 특성과 관련된 문제는 6:12-15의 주석을 참조하라.

1 En. 18:8-16에 묘사된 하나님의 흰 보좌와 단 7:9; *1 En*. 14:18-21; *3 En*. 28:6-7에 언급된 보좌 위에 앉으신 이가 흰옷을 입었다는 것은 거룩함과 심판과 신원함을 암시한다.

12절 요한이 "죽은 자들이 큰 자나 작은 자나 그 보좌 앞에 서 있는" 것을 본다는 것은 마침내 불의한 자들**과** 의인들의 최종적인 큰 부활이 발생했다는 것을 전제한다(20:5; 단 12:2; 요 5:28-29; 행 24:15에 비춰볼 때 그렇다). 부활 상태의 존재를 뜻하는 어린 양이 "보좌" 앞에 "서 있다"(5:6)는 말은 여기서 같은 사상을 강조한다. 13절은 부활한 사람들이 하나님의 보좌 앞에 서 있다는 사실을 더욱 분명히 한다.

"책들이 펴있고 또 다른 책이 펴졌으니 곧 생명책이라"는 어구는 단 7:10("책들이 펴 놓였더라")과 단 12:1-2("네 백성 중 책에 기록된 모든 자가 구원을 받을 것이라…영생을 받는 자도 있겠고")를 암시하며 결합한 것이다. 단 7장의 책들은 하나님의 백성을 압제하는 종말론적 박해자의 악한 행위에 초점이 있다. 그 박해자는 그 악한 행위로 인해 심판받을 것이다. 단 12:1-2의 책 역시 종말과 관련이 있지만 그 책은 구원에 대한 이미지다. 그 책에 기록된 자는 생명을 얻지만, 그 책에 기록되지 못한 자들은 최후의 심판을 받을 것이다. 그러므로 요한의 환상은 최후의 심판과 구속에 대한 예언이 성취된다는 확신을 준다. 실제로 그리스도의 죽음과 부활에 의해 심판은 이미 시작되었고, 그 심판은 장차 절정에 이르게 될 것이다(5장 이하의 내용 참조). 5:1-9의 "책이 펴졌다"는 것은 부분적으로 심판의 시작을 언급한다. 하지만 5장의 심판 이미지는 그리스도의 재림 이전과 역사의 끝에 절정에 도달하는 시기 동안 벌어질 심판과 구속의 모든 측면을 포함하는 칙령을 좀 더 전반적으로 함축한다. 최종적인 구원이 부차적으로 포함되기는 했지만 20:12 이곳에서는 종말에 있을 심판이 부각된다("생명책"이나 특히 구약적 배경과 관련해서는 3:5; 13:8; 17:8의 주석 참조). 13:8과 17:8에서처럼 "생명책"은 그곳에 기록되지 못한 사람들에게 주의를 환기시키려고 소개된다.

"죽은 자들이 심판을 받으니"라는 진술은 심판에 초점이 있음을 계시하며, 20:11-15이 일찍이 11:18("죽은 자를 심판하…실 때로소이다")에서 최종적인 형벌을 간략히 서술한 것을 설명한 것임을 보여준다. 11:18 역시 악한 자들의 심판에 초점을 맞춘다. 하지만 하나님의 "종들과 예언자들과 성도들"과 하나님을 "경외하는 자들"에게 주시는 "상"도 포함된다. "작은 자나 큰 자"는 11:18에서 모든 부류의 신자들을 가리키며 19:18에서는 모든 부류의 불신자들에게 사용되었다. 그래서 20:12의 같은 어구는 신자들과 불신자들 모두를 가리키는 포괄적인 언급일 수 있다. 불경건한 자들을 심판하는 근거(κατά)는 "책에 기록된" 그들의 악행에 대한 기록이다. 기록된 책은 하나님의 한결같은 기억을 가리키는 비유적 표현이다. 그 책은 마지막 때에 악한 자들이 행한 악행들을 그들 앞에 제시할 것이다.

하늘에 있는 책에 기록된 죄악 된 행위들과 심판에 대해서는 *1 En*. 81:1-4, 97:6, 104:5-7, *2 En*. 52:15, *3 En*. 30:2, 44:8-9, *Apocalypse of Zephaniah* 3:8-9, 참조. *Asc. Isa*. 9:19-23, *Test. Abr*. 12:7-18, *b. Nedarim* 22a, *m. Aboth* 2:1, *1 En*. 90:20을 보라. 최후의 심판과 우주의 소멸이라는 같은 문맥에서 "행위대로 심판한다"는 표현에 대해서는

Sir. 16:12-14을 보라. 참조. 시 28:4. 구약성경의 관용구인 "행위대로" 심판함을 자세히 설명한 2:23의 주석을 참조하라.

몇몇 사본상의 증거에서는 τοὺς μεγάλους καὶ τοὺς μικρούς("큰 자나 작은 자")가 생략되었다. 필경사가 이 어구 바로 앞에 있는 νεκρούς("죽은 자들")에서 그 단어에 이어지는 비슷한 단어인 μικρούς("작은"; 2030 𝔐ᴷ)로 건너뛰는 시각적 착오를 일으켰기 때문이다.

"크고 작은"(11:18; 대하 15:13; 시 115:13; 렘 16:6)은 신자나 불신자 전체를 가리키는 상극법이다.

"생명책"의 배경이 일차적으로 다니엘서에서 왔다는 것은 단 12:1-2과 더불어 단 7:9을 암시한 *1 En.* 47:3에서 확증된다. "나는 그가 그의 영광의 보좌에 앉으신 날의 머리(시작)를 보았다. 그리고 살아 있는 자들의 책들이 그 앞에 펼쳐져 있었다." 또한 단 7장과 12장을 암시하는 *3 En.* 28:7을 보라. "살아 있는 자들의 책과 죽은 자들의 책이 그 앞에 펼쳐졌다." 마찬가지로 1QM 12.1-4, *b. Rosh Hashanah* 16b, 32b, *Apocalypse of Zephaniah* 3:5-9("살아 있는 자들의 책"과 "인간의 죄를 기록한 책")을 보라. 복의 책과 심판의 책에 대해서는 *1 En.* 104:1-7을 보라. 그리고 "생명책과…멸망당할 자들의 책"에 대해서는 *Jub.* 30:22을 보라. 두 본문 다 단 7:10과 12:2-3을 암시한다. "생명책"에 대한 다른 언급은 *Jub.* 36:10, *1 En.* 108:3, *Testament of Jacob* 7:27, *Jos. Asen.* 15:4을 보라. *Odes Sol.* 9:11-12은 칭의의 책을 언급한다. "이스라엘 자손들의 행위들"을 포함하는 "펼쳐진 책"에 대해서는 *Asc. Isa.* 9:22을 참조하라. 이것은 아마도 단 7:10을 암시한다.

13절 미래의 심판이 재서술되었다. 심판을 받을 사람들은 죽음의 영역에서 부활한("내준") 모든 사람이다. "바다"와 "사망과 음부"는 단지 죽은 자들의 영역을 가리키는 여러 명칭들 중 3개에 불과하다(참조. 1:18; 8:9; 16:3).[212] 부활 이미지는 죽은 자들의 장소가 "다시 죽은 자들을 내놓을 것"

212) Bauckham, "Resurrection as Giving Back the Dead."

을 보여준다.[213] 하늘과 땅이 이미 멸망되었는데(11절) 어떻게 바다가 여전히 존재할 수 있는가? 이는 11절의 표현이 문자적인 것이 아니라면, 전혀 문제가 없다. 만일 그것이 문자적인 표현이라면, 이야기 속의 순서는 시간적 순서가 아니라 반복인 셈이다. 이곳에서는 후자의 경우에 해당하는 것 같다. 하나님이 실제로 우주와 거기에 거하는 사람들을 심판하시기 전에 모든 사람이 부활하여 하나님의 보좌 앞에 선다. 여기서는 초점이 죽은 불신자들에게 있는 것 같다. 하지만 죽은 신자들도 "행위대로 심판을 받는" 사람들 가운데 포함될 가능성이 있다.[214] 모든 사람이 하나님의 표준에 미달한다. 하지만 부활한 성도들은 (15절에 암시된 대로) "생명책"의 심판을 피한다.

"바다"는 악의 영역을 상징하는 것 같다(4:6; 13:1; 15:2). 그 안에서 사탄의 군사들이 활동하고 거기에 모든 불신자가 갇혀 있다. 만일 그렇다면 하나님은 지금 악의 영역에서 권세를 발휘하는 자들에게 붙잡혀 있던 자들을 심판을 위해 놓아주도록 하신다. 하지만 "바다"가 단지 피조물의 일부분을 가리키는 중립적인 의미로 사용된 것이 분명하기도 하다(예. 5:13; 10:6; 14:7; 18:17, 19). 그렇지만 "바다"가 여기서 "죽은 자"와 결합된 것은 부정적인 함의를 준다. 따라서 바다는 악한 세력들이 다스리는 영역을 가리키는 상징일 개연성이 높다. 이러한 부정적 뉘앙스는 "바다"가 "사망과 음부"와 병행한다는 사실에서 확증된다. 6:8에서 이 단어들은 마귀의 권세와 연결된 이미지들이었다. 하지만 설령 그렇지 않다고 하더라도 확실한 것은 그 본문에서 이 단어들이 부정적 함의를 지닌다는 사실이다(6:8의 주석을 보라. 참조. 9:11). 따라서 여기의 "바다"는 21:1에서 악한 함의를 지니는 바다를 예시한다. 새 창조에는 바다가 "다시 있지 않을" 것이다.[215]

여기서의 초점은 죽은 불신자들의 부활에 있지만, *1 En*. 51:1-2, 61:5, 4 Ezra 6:18-29, 7:31-38, *2 Bar*. 24, pseudo-Philo 3:10, *Sib. Or*.

---

213) Bauckham, "Resurrection as Giving Back the Dead," 278.
214) 참조. Michael, "Final Judgment," 200.
215) Bauckham, "Resurrection as Giving Back the Dead," 291.

2.221-37, 4.179-91에서처럼, 성도들의 부활도 여기서 사용된 표현에 암시되었을 것이다.[216] 예를 들어 *1 En*. 51:1-2에는 이런 내용이 있다. "그날에 땅은 자기에게 맡겨졌던 것을 다시 내놓을 것이며, 스올은 그가 받은 것을 다시 줄 것이고, 지옥도 다시 내놓을 것이다.…그러면 그는 그들 중에서 의인과 거룩한 자들을 선택할 것이다." 또한 *Test. Ben*. 10:8, *2 Bar*. 50-1, *Test. Abr*.(교정본 A) 12도 보라.

계 9:11에서 "아바돈"이 사탄적 인물이므로, 이것과 병행인 *1 En*. 51:1과 pseudo-Philo 3:10에서 "아바돈"이 "스올"과 함께 언급된 것[217]은 계 20:13a의 죽은 자들의 영역과 "바다"가 마귀의 권세와 밀접하게 연관되었음을 암시할 수 있다. 마찬가지로 *2 Bar*. 21:23에 있는 이와 비슷한 병행 어구는 "사망의 천사"를 꾸짖는 것과 "스올"을 인봉한다는 어구를 나란히 놓는다.[218]

죽은 신자들이 악한 권세가 통치하는 영역에 포함될 수 있을까? 신자들의 영혼은 주님과 함께 있어도, 그들의 신체적 몸은 마지막 부활 때까지 여전히 사망과 사탄과 옛 세상의 권세 아래 있다는 것이 최상의 대답이다(참조. 고전 15:50-57).

14절 "사망과 음부가 불 못에 던져진다"는 의미가 무엇일까? (1) 그것이 죽음 자체가 영원히 소멸될 것을 의미한다고 해석하는 사람들이 있다. 그리고 21:4이 이를 입증하는 본문이라고 생각한다. "다시는 사망이 없고"(고전 15:54-55과 사 25:8은 이와 관련하여 인용된다).

(2) 또는 이 어구는 영원히 절정에 도달한 상태에서 육체적 죽음("첫째 부활")이 더 이상 없을 것이라고 말하는 비유적 방법일 수도 있다. 영적·육체적으로 끝없는 고통을 포함한 "둘째 사망"만 있게 될 것이다. 사탄과 짐

---

216) 부활을 죽은 자들을 죽은 자들의 장소에서 다시 내주는 것으로 묘사한 *1 En*. 51:1-2; 4 Ezra 7:31-38; *2 Bar*. 21:23; pseudo-Philo 3:10에 대한 논의는 Bauckham, "Resurrection as Giving Back the Dead"를 보라. Bauckham은 계 20:13a을 "널리 퍼진 전통적 문구"을 반영한 것이라고 생각한다.

217) 특히 Bauckham, "Resurrection as Giving Back the Dead"의 번역을 따름.

218) 번역은 *APOT* II, 494을 따름.

승과 거짓 예언자가 불 못에 던져져서 그들의 모든 권세를 상실했듯이, 사망과 음부도 그들의 능력을 완전히 상실한다.[219] "사망과 음부"가 영원히 고통당할 인격적인 존재를 가리키지 않는다는 사실은 그들이 "불 못"에서 "괴로움"을 당한다는 어떠한 언급도 없다는 것으로써 암시된다.

(3) 또한 "사망과 음부"는 용기(容器)가 내용물을 대체하는 환유일 수 있다. 이를테면 사망과 음부가 "불 못"에 던져졌다는 것은 이전에 "사망과 음부"에 **잠시** 결박되었던 불신자들이 불 못에 **영원히** 결박되기 위해 넘겨진다고 말하는 또 다른 방법이다.[220] 이것은 15절의 지지를 받을 수 있다. 이 구절에서는 "불 못에 던짐을 받았다"는 것이 반복되지만, 이는 분명히 불신자들의 심판과 관련한 것이기 때문이다.

(4) 혹은 14절은 절정 이전의 시대에 "첫째[육체적] 사망"을 당한 사람들의 장소인 "사망과 음부"가 끝나고 이제는 그것이 절정 이후의 시대에서 "둘째[영적인] 사망"을 당하는 사람들의 장소인 "불 못"에 합병되든지 아니면 "불 못"으로 대체되었다고 주장하는 것일 수도 있다.[221] 그러므로 임시적인 것 대신에 이제 마지막 심판이 들어온다.[222] 4 Ezra는 같은 개념을 나타낸다. 악인과 의인의 종말론적인 부활의 때에는(7:37; 8:54) "사망은 감춰졌고, 음부는 멀리 도망가며, 부패된 것은 잊힌다"(8:53). 그 후에 의인들을 위해서는 영원한 "낙원"이 이어지지만(7:36; 8:52), 악인들을 위해서는 오직 "고통의 구덩이"와 "게헨나의 용광로"와 "불과 괴로움"만 있을 것이다(7:36-38).

(5) "사망과 음부"가 단지 죽은 자들의 몸을 간직하는 추상적 영역일 수만은 없고 이러한 영역을 주관하는 실제적인 사탄의 세력일 가능성이 있다. 6:8에서 넷째 말 탄 자(와 그의 동료)의 신분을 밝히기 위해 사망과 음부가 함께 등장한다. 그는 인격적인 존재로서 사탄의 하수인인 것 같다.

---

219) Morris, *Revelation,* 242.

220) Mealy, *Thousand Years,* 181도 이렇게 생각한다. 음부를 죽은 자들의 영역으로 이해하는 J. Jeremias, *TDNT* I, 146-49을 보라.

221) 참조. M. Stuart, *Apocalypse* II, 372.

222) Hengstenberg, *Revelation* II, 380.

1:18에 등장하는 같은 명칭 역시 예수께 패배한 사탄의 세력을 언급한다. 불에 던져지는 "사망과 음부"가 괴로움을 당하기 시작하는 인격적 존재들을 나타낸다는 것은 14:10-11과 20:10이 영원한 불로 괴로움을 받는 인격적 존재들에 대해 언급한다는 사실로써 암시된다. 만일 이 견해가 옳다면, 이 견해는 악한 사탄의 세력에 대한 영원한 형벌을 언급한다. 추상적인 제도들이나 영역이 괴로움을 당한다는 것은 불가능하거나 이해하기가 어렵다(이에 대해서는 20:10의 주석 참조).

이 5가지 견해 중 어느 것이나 가능성은 있다. 그렇지만 셋째와 넷째가 더 선호되는 것 같다.

"불 못"은 그곳에 던져진 모든 사람이 의식을 갖고 끝없이 받는 형벌이라고 이미 정의했다(20:10; 14:10-11의 주석 참조). 이제 "불 못"은 "둘째 사망"으로도 표현된다. 이것은 두 번째 육체적 죽음이 아니다. 심판을 받는 불신자들은 이미 육체적으로 죽었고 부활했다(20:5, 12-13). 20:10은 "불 못"의 고통에는 육체적 죽음이 아니라 주로 영적인 고통이 포함된다는 것을 보여준다. 사탄과 그의 사자들은 영적인 존재들에 불과하기 때문이다. 육체적인 고난은 믿지 않는 사람들에게만 해당될 수 있다. 그들이 육체적으로는 죽지 않는 부활의 몸을 소유하고 있지만 영적으로는 고난을 당하기 때문이다.

이러한 지속적인 고난은 비유적인 "둘째 사망"으로 봐야 한다. "둘째 사망"을 비유적으로 이해해야 하는 것은 "불 못"이 명백히 비문자적이라는 사실에서뿐만 아니라, 앞에서 우리가 분석한 20:4-6에 의해서도 지지를 받는다. 이 본문에서는 육체적 부활과 영적 부활, 그리고 육체적 죽음과 영적 죽음이 다 발견된다. 첫째 죽음과 둘째 죽음이 질적으로 다르다는 사실은 21:4, 8에 의해서도 지지를 받는다. 이 본문에서 육체적 죽음은 "간데없어진" "처음 것들"에 속한다. 이것은 "둘째 사망"인 "불과 유황으로 불타는 못"과 대조된다. 21:8에서 "불과 유황"이 언급된 것에 비춰볼 때, "둘째 사망"은 14:10-11과 20:10에서 "불과 유황"으로 영원히 의식을 갖고 괴로움을 당하는 것과 동일시된다.

"둘째 사망"의 한 측면은 하나님의 "성"에 있는 하나님의 임재로부터 영원히 격리되는 것이다. 이런 사망을 당할 악한 사람들은 하늘의 성 밖에 있다고도 언급된다. 반면에 의인들은 그 도시 안에 참여하는 복을 누린다(21:8과 22:15을 비교하라. 또한 21:27; 22:14-15, 19 참조). 하나님으로부터 분리되어 있는 사람들이 영적으로 사망했다고 말하는 본문들은 신약성경 다른 곳에도 있다(예. 눅 15:24, 32; 엡 2:1, 12; 골 2:13).

유대교 문헌에서 "둘째 사망" 개념과 그 어구 자체는 영원한 고통의 형벌을 가리키거나, 좀 더 자주 언급되는, 부활에서 제외되는 일을 가리키는 것 같다. 부활에서 제외된다는 것(이에 대해서는 *Targ*. 신 33:6; 렘 51:39, 57; 사 22:14; 참조 *Pirqe de Rabbi Eliezer* 34; *Midr*. 시 15.6을 보라)[223]은 불신자들이 무덤에 영원히 머물러 있는 것으로 이해될 수 있다. 이러한 이해는 다른 용례와 모순이 된다. 부활에서 제외된다는 것은 의인이 받는 부활의 복에서 제외된다는 의미일 수도 있다. 이것은 불의한 자들의 부활이 끝없는 행복 대신에 영원한 형벌에 처하게 됨을 의미한다고 받아들여질 수 있다(단 12:1-2에서처럼 말이다. 실제로 *b. Sanhedrin* 92a은 신 33:6을 인용하고 그것을 단 12:2을 인용하여 설명한다. 그리고 *Pirqe de Rabbi Eliezer* 34의 결론은 악한 자들이 "심판의 날을 위해 **다시 살아날** 것이지만, 그들은 살지 못할 것이다"라는 말로 마무리된다). 맥나마라는 계 20:14의 어구가 "둘째 사망"과 관련한 유대교의 일반적 이해를 언급한 것이 아니라, 사 65:14-18과 66:22-24 및 그와 관련된 타르굼 전통에서 인용한 것이라고 바르게 해석했다.[224] 맥나마라는 계 20:14의 "둘째 사망"을 언급한지 불과 두 절 다음에 요한이 사 65:17과 66:22(계 21:1)의 새 창조에 대한 예언을 분명하게 암시한다는 사실을 주목함으로써 이 견해를 지지한다. 그리고 같은 암시가 21:4에서도 반복된다. *Targ*. 사 65에도 새 창조에 대한 예언 직전에 "둘째 사망"이 언급된다는 것은 결코 우연이라고 할 수

---

223) McNamara, *New Testament and Palestinian Targum*, 119ff.을 보라.
224) McNamara, *New Testament and Palestinian Targum*, 123-24.

가 없다(*Targ*. 사 65:6, 15). 더욱이 타르굼에서 "둘째 사망"은 "하루 종일 타는 불"과 연결된다(*Targ*. 사 65:5). *Targ*. 사 66:24은 "그들[불경건한 자들]의 영[또는 "호흡"]은 죽지 않을 것이며, 그들의 불은 꺼지지 않을 것이다"라고 결론지음으로써 65:5-6을 발전시킨다(비록 *Targ*. 사 66:24b이 고난에 시간제한이 있음을 제시한다고 이해할 수 있지만 말이다). 이것은 계 20:10, 14-15과 놀라울 정도로 비슷하다. 이 본문에서 악한 자들은 "둘째 사망"으로 정의된 "불 못"에서 영원히 형벌을 받는다. 이사야서의 배경은 둘째 사망의 개념이 끝없는 고난의 형벌을 의미한다는 점을 더욱 지지한다.[225)]

14절의 마지막 어구인 οὗτος ὁ θάνατος ὁ δεύτερός ἐστιν, ἡ λίμνη τοῦ πυρός("이것은 둘째 사망 곧 불 못이라")는 필경사가 바로 앞에 있는 λίμνη τοῦ πυρός("불 못")을 지나쳐 이어지는 λίμνη τοῦ πυρός("불 못")으로 건너뛰는 바람에 여러 사본에서 뜻하지 않게 생략되었다(051 2053[txt] 2062[txt] 𝔐[A] a sin bo Aug).

15절 최후의 심판을 강조하기 위해 "누구든지 생명책에 기록되지 못한 자는 불 못에 던져지더라"가 한 번 더 언급된다(비슷한 내용이 *Targ*. 겔 13:9에서 발견된다. "의인을 위해 기록된 영생 기록에…그들[거짓 예언자들]은 기록되지 못할 것이다"). 이것은 "생명책"에 이름이 등재되어 있는 모든 사람은, 3:5과 21:27에 분명히 언급되었듯이, 최후의 심판을 받지 않는다는 의미다. 이러한 함축된 의미는 단 12:1 LXX의 분명한 진술에서도 보장된다. "**책에 기록된** 모든 사람은 구원을 받을 것이다."

"생명책"이 무엇이기에 그들이 구원받는가? 책을 가리키는 완전한 칭호는 "**죽임당한 어린 양**의 생명책"이다(13:8; 21:27, "어린 양의 생명책"). "어린 양

---

225) Aune, "Apocalypse of John and Greco-Roman Revelatory Magic," 495-96은 둘째 사망과 함께 언급되는 불 못 주제가 초기 애굽 문헌(예. the Book of the Dead)에 등장한다는 것을 관찰했다. 하지만 Aune는 이 애굽 문헌에 있는 병행이나 구약성경, 유대교 문헌, 또는 그리스-로마 문헌에 있는 병행이 계 20:6, 10의 배경이 되지 않으며 그럴 가능성도 없다고 결론을 내린다.

의"는 소유의 소유격 또는 근원의 소유격이다. 책과 관련하여 성도들이 받는 "생명"은 그들이 어린 양의 의로운 행동, 특히 그의 죽음과 동일시된 것에서 나온다. 이 말은 성도들이 어린 양의 부활의 생명과 동일시된다는 의미다(참조. 5:5-13). 성도들은 자기들의 악한 행위로 심판을 받지는 않는다. 그리스도가 이미 성도들을 위해 심판을 받으셨기 때문이다. 그리스도는 성도들을 위해 죽임을 당하셨다(특히 1:5과 5:9; 자세한 내용은 13:8의 주석 참조). 어린 양은 책에 기록되고(3:5) 자신의 의와 죽음과 동일시된 모든 사람을 하나님 앞에서 시인하신다.

"책"은 하나님의 지워지지 않는 기억을 가리키는 비유다. 마지막 때에 하나님께서는 어린 양 안에서 피난처를 찾고 영생을 상속하기로 책에 기록된 사람들을 인정하신다(구약의 배경과 3:5의 주석에서 논의한 것 이외에, 사 4:3과 말 3:16을 보라). 의인들이 그리스도와 동일시된 것 때문에 보좌 앞에서 있는 사람들 중에 들지 않는다고 할 수는 있다. 확실히 그리스도는 서 있는 무리에 들지 않는다. 만일 그렇다면 11-15절 장면의 심판 주제가 더욱 강조된다.

의인들의 구원은 통상적으로 심판의 "책이 펼쳐질 것이라"는 말과 관련해서 언급된다. 이 책에는 악인들의 죄가 기록되었다(*2 Bar*. 24:1; 4 Ezra 6:20-26).

20:11-15에 있는 모든 정동사는 부정과거이며(14절의 해석적 ἐστιν은 예외), 미래가 마치 이미 발생한 것처럼 말함으로써 미래에 발생 할 확실성을 강조하는 히브리어처럼 예언적 완료 기능을 한다.

pseudo-Philo 3:10은 우리가 해석한 계 20:11-15과 무척 비슷하다. 그 본문은 의인과 불의한 자들이 부활할 때 옛 세상이 소멸되고 새 세상이 창조된다고 언급한다. 그때에는 "지옥이 그 빚을 갚을 것이며 심판의 장소가 그에게 맡겨진 것을 돌려주어 내가 각 사람을 그 행위대로 심판할 것이다.…사망은 폐하여지며 지옥은 그 입을 닫을 것이다."

21:1-22:5: 새 창조와 완전히 영광스럽게 된 교회

21:1-8은 요한계시록 전체에서 여섯 번째 주요 단락의 마지막 부분을 결론 짓는다. 21장의 첫 절은 20:11에 이어지는 것으로 추정된다. 20:11에는 "땅과 하늘이 그[하나님] 앞에서 피하여 간데없더라"라고 기록되었다. 20:12-15에서는 우주의 멸망 다음에 심판이 이어지는 반면, 21:1ff.에서는 옛 질서를 대체하기 위한 이전 우주의 소멸 다음에 새 창조가 뒤따라온다. 새 창조라는 주제가 21절을 지배한다. 그렇다고 해서 이전에 등장했던 심판 사상이 잊힌 것은 아니다(8, 27절).

21:9-22:5은 요한계시록의 마지막이면서 일곱 번째 주요 단락이다. 이 단락은 주로 21:1-8을 반복하며, 21:1-8은 일곱 번째 단락을 예상한다. (4장부터 시작하는) 앞의 다섯 단락은 과거와 현재와 미래의 측면에 초점을 맞추었으며, 적어도 각 단락의 일곱 번째 소단락에서는 그리스도가 내리시는 최후의 심판이나 그리스도의 승리가 서술된다. 이 마지막 주요 단락의 목적은 불완전한 교회(1-3장)와 완전하게 된 교회의 대조를 극대화하는 데 있다. 1-3장이 옛 시대 내내 있던 교회의 연약함에 초점을 맞추었다면, 여기서 요한은 교회가 영원토록 완전한 상태를 예견한다.[1] 이곳의 환상 역시 새 예루살렘과 불경건한 바벨론을 대조한다. 교회의 죄 및 바벨론과 대조하는 목적과 전체 단락의 궁극적인 목적은 현재 신자들에게 타협의 시험을 이겨냄으로써 절정에 도달한 교회의 영광에 참여하라고 독려하는 데 있다.

새 창조에서 충성된 자들은 하나님과 긴밀한 교제라는 구원의 복을 경험할 것이다. 그러나 불충성한 자들은 이 복을 받지 못할 것이다(21:1-8)

1) Wilcock, *I Saw Heaven Opened*, 200-3을 보라.

1절 요한이 본 첫 장면은 "새 하늘과 새 땅"이다. 그가 새 우주를 본 이유(γάρ)는 "처음 하늘과 처음 땅이 없어졌"다는 데 있다. 처음 창조가 소멸되었기에, 그것을 대체하기 위해 두 번째 창조가 세워졌다.

두 세상의 질서 사이에는 질적인 구별이 있다. καινός("새")는 통상 시간이 아니라 질적인 면에서 새로운 것을 가리킨다. 전형적으로 νεός에는 시간의 새로움이라는 뉘앙스가 있다. 하지만 두 단어가 이따금 동의어로 사용되는 경우도 있다.[2] "처음"은 영원하지 않고 잠정적이다. 반면에 "두 번째"는 영원히 지속된다. "처음과 두 번째"와 "옛과 새"의 짝을 이루는 대조는 요한계시록 전체와 성경 여러 곳에서 이러한 질적인 구별을 표현한다(20:6의 주석 참조).

이것은 새 창조를 문자적으로 묘사한 것이 아니라 비유적으로 묘사한 것일 것이다(20:11과 6:12-15의 주석 참조). "새" 창조와 "처음" 창조 간의 질적인 대조에 비춰볼 때, 비유적 묘사가 의미하는 것은 단순히 윤리적 갱신뿐만 아니라 우주 구조의 근본적 변형(물리적 요소를 포함함)을 비롯한 급격히 변화된 우주를 암시하려는 데 그 목적이 있는 것 같다. 더욱이 "다시 밤이 없을 것"이다(22:5; 참조. 21:25)라는 어구는 또 다른 차이를 암시하며, 특히 "땅이 있을 동안에는…낮과 밤이 쉬지 아니하리라"는 창 8:22과 대조된다.[3]

불연속성에도 불구하고 새 우주는 옛 우주의 모습을 지니고 그것을 갱신하는 대응체가 될 것이다.[4] 몸이 이전의 자기 정체성을 잃지 않고 부활하는 것처럼 말이다[5](*b. Sanhedrin* 92a-b과 *Midr.* 시 104.24은 미래의 몸의 부활을 더 큰 땅의 "갱신"의 일부분으로 이해한다). 새롭게 됨 또는 갱신을 염두에 두었다는 것은 "내가 만물을 새롭게 하노라"라고 선언한 21:5에서 분명히 드러난다(유대교 문헌도 같은 사상을 담고 있다. 아래 설명을 보라). 21:1, 4-5에 있

---

2) H. Haarbeck, H.-G. Link and C. Brown, *DNTT* II, 669-74; H. Haarbeck, *DNTT* II, 674-76을 보라.

3) 참조. Seiss, *Apocalypse,* 511.

4) Harrisville, *Concept of Newness,* 99-105.

5) Farrer, *Revelation,* 213; Sweet, *Revelation,* 297.

는 이사야서에 대한 암시(아래 설명을 보라)는 이사야서가 새 창조를 완전히 무에서(*ex nihilo*)의 창조가 아닌 옛 창조의 변형을 예언하는 것으로 이해하는 것 같다.[6)]

하지만 새롭게 됨이 옛 우주가 문자적으로 파괴되지 않을 것이라는 사실을 의미하지 않는다. 새롭게 된 몸의 부활이 옛 몸의 파괴를 배제하지 않듯이 말이다. 새 창조가 그리스도의 부활의 패턴을 따른다는 것은 새 창조와 부활 간의 석의적 연결과 고후 5:14-17 및 골 1:15-18의 사 65:16-17에 대한 암시(엡 1:20과 엡 2:6-15 비교), 그리고 요한계시록 자체(1:5; 3:14의 주석 참조)에서 입증된다. 눈에 띄는 것은 바울도 롬 8:18-23에서 부패한 피조물의 새롭게 됨이 "하나님의 자녀"의 부활과 떼려야 뗄 수 없이 연결되었다고 이해한다는 점이다. 실제로 우리가 앞에서 보았듯이, καινός("새")는 이전에 존재하지 않았던 것의 새로움보다는 질적으로나 본질적인 면에서 변화를 우선적으로 의미한다.[7)] καινός의 이러한 용례는 특히 신약성경의 종말론적이거나 구속사적인 전환을 묘사하는 문맥에서 발견된다.[8)]

새 창조에서 요한이 초점을 맞추는 대상은 구원받은 성도들이다. 따라서 21:2-22:5의 환상은 주로 영광스럽게 된 신자들의 공동체를 다양한 비유로 묘사한다. 더욱이 3:14에는 사 43:18-19과 65:17의 새 창조의 예언에 대한 암시가 그리스도의 육체적 부활에서 성취되기 시작했다는 사실이 암시되었다. 같은 맥락에서 계 21:1, 4-5에 있는 같은 이사야서의 암시는 구원받은 공동체에게 적용되었고, 그 공동체가 부활하여 영광된 상태에 있음을 개연성 있게 말한다. 하지만 "**새 하늘**과 **새 땅**"(1절)과 "내가 **만물을** 새롭게 하노라"(5절)라는 어구에서도 분명히 나타나듯이, 새 창조에는 부활한 공동체 그 이상이 포함되어 있다.

이미 살펴보았듯이 처음 세상과 두 번째 세상 간의 질적인 대조는 계

---

6) Black, "New Creation," 15과 그곳에 있는 자료들이 이렇게 본다.
7) Mulholland, *Revelation,* 315.
8) 예. BAGD, 394; Haarbeck, Link, and Brown, *DNTT* II, 669-74.

21:1의 배경이 되었던 사 65:17과 66:22에 의해 강조된다(사 65:17, "내가 새 하늘과 새 땅을 창조하나니 이전 것은 기억되거나 마음에 생각나지 아니할 것이라"; 참조. 66:22). 사 65:16-18에는 포로생활이라는 "이전 환난"이 있었던 "이전" 땅과 "기쁨과 즐거움"만 지속되는 "새 하늘과 새 땅" 간의 질적인 대조가 있다. 사 66:22은 없어진 옛것과 대조하여 "새 하늘과 새 땅"이 영원히 "있을 것"이라는 점이 질적인 차이 중 하나라고 확증한다. 이스라엘이 회복되는 절정의 때에는 새 창조가 있을 것이다. 바벨론에서의 귀환은 미래에 이스라엘에게 있을 회복을 희미하게 보여준 것에 불과했다. 그 당시에는 메시아가 출현하지 않았고, 새 창조 역시 솔로몬의 성전보다 더 큰 성전이 없었으며, 이스라엘이 그 이후에도 수세대 동안 원수의 압제 아래 있었기 때문이다. 계 3:14에 나타나 있듯이, 이사야서의 예언은 이전보다 훨씬 더 급진적인 방법으로 그리스도의 죽음과 부활로써 시작되었다. 이사야서의 예언은 교회 시대 내내 사람들이 그리스도를 믿고 "새 창조(피조물)"가 되었을 때에 이미 시작되었다(고후 5:17; 참조. 고후 4:6;[9] 갈 6:15).

계 21:1은 성취되기 시작한 이사야서의 예언이 미래의 언젠가 절정의 상태로 성취될 것이라고 천명한다. 이 환상에는 종말 이전의 교회 시대의 특징들은 묘사되지 않았다. 여기에 묘사된 상태는 구원받은 공동체 전체에게 영적·물리적인 모든 측면에서, 가시적·비가시적으로 위협을 가하는 모든 형태가 부재함을 강조한다(21:1, 4, 8, 27; 22:3, 5).[10] 그러므로 이 환상은 중생했지만 여전히 옛 땅에 사는 사람들이나, 죽었지만 영화롭게 되어 하늘에서 절정을 기다리는 성도들을 가리키지 않는다. 죽은 성도들은 다가오는 새 예루살렘의 복을 상속하기 시작한다. 하지만 그들은 역사의 끝에 절정에 도달한 유업을 받을 것이다(7:17; 22:17의 주석 참조; 비교. 엡 1:13-14). 계 21:1-22:5은 시작된 실체가 아니라 소망의 절정을 표현한다.

---

9) Beale, "Old Testament Background of Reconciliation in 2 Corinthians 5-7"을 보라.

10) D. C. Chilton, *Days of Vengeance*, 538-45과 Mulholland, *Revelation*, 314-16에 반대함. 이들은 21:1의 환상을 부분적으로 교회 시대를 묘사하는 것으로 이해한다.

옛 세상이 없어졌다는 것은 "바다도 다시 있지 않더라"는 주장으로 묘사되기도 한다. 피조물의 여러 부분들 중에서 바다가 다시 있지 않는 것으로 묘사된 이유는 무엇일까? 이 질문에 대답하기 위한 핵심은 바다의 정체를 정확하게 밝히는 데 있다. 그것은 (1) 우주적인 악의 기원(특히 구약 배경에 비춰볼 때 그렇다. 4:6; 12:18; 13:1; 15:2), (2) 하나님의 백성에게 환난을 야기하는 불신의 배역하는 나라들(12:18; 13:1; 사 57:20; 참조. 계 17:2, 6), (3) 죽은 자들의 거처(20:13), (4) 세상의 우상숭배적 무역 활동(18:10-19), (5) 종종 "땅"과 함께 언급되기도 하고, 옛 창조의 한 부분으로 옛 창조의 총체를 가리키는 제유법으로 사용된 물의 문자적 집합체(5:13; 7:1-3; 8:8-9; 10:2, 5-6, 8; 14:7; 16:3[?]) 등이다.

여기서 바다의 사용은 요한계시록 전체에서 "바다"와 관련된 이 모든 다양한 뉘앙스가 어떻게 새 창조와 관련이 있는지를 요약하는 것 같다. 그러므로 바다는 위의 5가지 의미를 다 포함한다. 즉 새 창조가 도래하면 사탄은 영원히 심판받고 새 창조에서 쫓겨날 것이므로 사탄의 어떠한 위협도 다시 있지 않을 것이다. 배역하는 나라도 사탄과 동일한 운명을 겪을 것이므로 다시 있지 않을 것이다. 새로운 세상에서는 사망이 다시 있지 않을 것이므로 죽은 자들의 거처를 제공할 바다가 있을 여지가 없다. 바닷길을 이용하는 우상숭배적인 무역 행위가 다시 있지 않을 것이다. 문자적인 바다를 어둡고 다루기 힘든 하나님의 피조물의 한 부분으로 이해하는 것도 새 우주에서는 더 이상 적절하지 않다. 새 창조는 평화로 특징지어질 것이기 때문이다. 문자적인 바다는 나라와 나라를 떼어놓았으며, 요한을 그의 사랑하는 교회로부터 분리했다.[11] 하지만 새 창조에서는 이러한 분리가 더 이상 존재하지 않을 것이다. 모든 사람이 서로, 그리고 하나님과 친밀한 교제를 누릴 것이기 때문이다(21:22-26).[12] 불로 형벌을 받은 "못"이 있을 것이다(20:10, 14-15). 하지만 그것은 수수께끼처럼 새 하늘과 새 땅 밖에 있을 것

11) Boring, *Revelation,* 216.
12) P. E. Hughes, *Revelation,* 222.

이다(21:27; 22:15). 하나님의 백성이 거할 새 창조의 영원히 절정에 도달한 모습이 반드시 있게 되듯이, 다른 차원에서 불신자들이 거할 형벌의 영역이 영원히 절정에 도달한 모습도 틀림없이 있을 것이다.

"바다"의 이 모든 의미를 염두에 두고 사 65장에 대한 암시와 이어지는 문맥을 통해 유추할 수 있는 것은, 1절의 "바다"가 영원의 상태에서는 더 이상 존재하지 않을 하나님의 백성을 위협하는 환난을 상징한다는 것이다. "바다가 다시 있지 않다"라는 선언은 21:4에서 다음과 같이 더 자세히 설명된다. "**다시는** 사망이 **없고** 애통하는 것이나 곡하는 것이나 아픈 것이 **다시 있지 아니하리니**." 21:1과 21:4의 거의 축어적인 병행 어구에는 21:4이 21:1을 발전시킨다는 점이 드러난다. ἡ θάλασσα *οὐκ ἔστιν ἔτι* (21:1), ὁ θάνατος *οὐκ ἔσται ἔτι* οὔτε πένθος οὔτε κραυγὴ οὔτε πόνος *οὐκ ἔσται ἔτι* (21:4). 더욱이 두 절 간에 연결점이 있다는 것은 두 절이 각각 옛 질서의 소멸을 표현하는 동일한 문구로 소개되고 마무리된다는 점에서 확증된다. 즉 1절의 "처음 하늘과 처음 땅이 없어졌고"와 4절의 "처음 것들이 다 지나갔음이러라"가 그것이다. 이것은 바다가 우주 전체를 대표하지만 지리학적인 방법으로 그러한 것이 아님을 의미한다. 오히려 바다의 악한 뉘앙스는 이전 세상에서 하나님의 백성을 위협했던 환난의 범위 전체를 은유적으로 가리킨다. 요한이 특히 염두에 두었던 것은 불경건한 세상이 가했던 압제로 야기된 환난이었을 것이다. 만물의 최종적인 질서에서는 눈물을 흘리게 만드는 환난이 다시는 없을 것이다.

이 결론은 사 51:10-11의 반영에 의해 지지를 받는다. 이 본문에서는 홍해에서의 구원 당시 물을 제거한 사건을 절정의 때에 있을 슬픔의 제거와 은유적으로 동일시한다(자세한 내용은 21:4을 보라). 요한계시록의 새 창조에 바다가 없음은 그 안에 바다가 있었던 타락 이전의 우주와 대조하여 그보다 한층 더 고양된 상태를 나타낼 수 있다. "바다"를 문자적으로 이해하든 비유적으로 이해하든 이 점은 사실이다. 물론 앞서 논의한 것에 나타나듯이, "바다"가 옛 세상의 위협을 가리키는 비유일 가능성이 높지만 말이다. 그러므로 새 창조에 문자적인 바다가 존재한다는 사실은 21:1에서 바다가 비유적으로 제외되었다는 것과 모순되지 않는다.

1절과 4b절에 사 65:17이 암시되었고, 4b절에 사 65:19이 암시된 것은 앞의 분석이 옳음을 확증해준다. 사 65:16-19과 51:10-11의 강조는 옛 세상의 물질적 요소가 간데없어졌다는 것이 아니라, 포로기 동안 압제 받은 것으로 인한 "이전의 환난"을 없애시는 하나님의 행위에 있다. 그래서 "사망이 없고 애통하는 것이나 곡하는 것이나 아픈 것이 다시 있지 아니"할 것이다.

계 21:1, 5처럼, 사 65(또는 43)장을 반영하는 유대교 문헌에는 새 창조가 옛 창조의 새롭게 됨 또는 갱신으로도 이해되었다(*Jub.* 1:29; 4:26; *1 En.* 45:4-5; *2 Bar.* 32:1-6; 57:2; 4 Ezra 7:75; *Targ. Pal.*과 *Targ. Jer.*의 신 32:1; *Targ.* 합 3:2. 새롭게 됨을 언급하지만 반드시 이사야서에 대한 암시라고는 할 수 없는 본문은 다음과 같다. *Targ. Onk.* 신 32:12; *Targ.* 렘 23:23; *Targ.* 미 7:14; *b. Sanhedrin* 92b, 97b). 벧후 3:5-7에서 홍수 이후의 새 창조는 이전에 완전히 파괴된 땅의 갱신으로 여겨졌다. 그리고 3:7-13에서 이것은 다가오는 새 우주와 같다고 한다(참조. 마 24:35-39). 같은 이사야서 본문을 암시하면서 옛 세상의 파괴와 새 세상의 창조를 좀 더 일반적으로 언급하는 다른 본문들에는 *1 En.* 72:1, 91:16, *2 Bar.* 44:12, Irenaeus, *Adversus Haereses* 5.36.1도 포함된다.

밀리는 21:1의 바다가 다시 있지 않다는 표현에 있는 다른 여러 의미의 가능성을 인정하지만, 본문에서 가장 염두에 둔 것은 하늘의 바다라고 주장한다(4:6을 제시함). 그는 이것이 이전에는 하나님의 임재를 땅의 영역에서 분리하는 하늘의 베일로 작용했으나, 새 창조에서는 그것이 제거됨으로써 다시는 하나님이 이런 베일에 의해 새 땅에 사는 자기 백성과 분리되지 않게 되었다고 한다.[13] 이러한 이해는 하늘에 있는 바다를 지나치게 문자적으로 이해하고, 요한계시록에서 서로 관련되었을 법한

13) Mealy, *Thousand Years*, 192-212.

일련의 본문에서 증명하지 않고 추론한 것에 근거한다.[14] 만일 밀리가 옳다면 그의 이해는 앞에서 설명한 바다에 관한 결론들을 보충하는 것에 불과하다. 여기서 21:1-4(과 4:6; 12:18-13:2; 15:2; 20:13)에 대해 전반적으로 논의한 것에 비춰볼 때, 밀리는 21:1에서 바다와 관련된 주요 사상이 구약과 요한계시록 여러 곳에 반영된 바다의 악한 특성이라는 결론에 설득력 없이 반박하는 셈이다.[15]

2절 1절에서 옛 것을 대체한다고 묘사된 새 세상은 지금 "거룩한 성, 새 예루살렘"으로 일컬어진다. 이 용어가 다른 이사야서 본문(사 52:1b, "거룩한 성 예루살렘")에서 온 것은 놀랍지 않다. 그 본문은 하나님의 백성이 다시는 포로생활로 고난당하지 않고 영원히 하나님의 임재로 회복될 때를 약속한다(사 52:1-10). 사 52:1의 은유들과 유사한 것으로 보아, 계 21:2b의 암시는 결혼 이미지를 예상한다. "시온이여!…네 힘을 낼지어다. 거룩한 성 예루살렘이여! 네 아름다운 옷을 입을지어다." 이사야서의 은근한 결혼 묘사는 사 61:10에서 발전되는데, 이 본문은 계 21:2의 결혼 장면의 분명한 기초가 된다.

요한이 "거룩한 성"에 "새"를 첨가한 것 역시 이사야서에서 유래한다. 사 62:1-2은 "예루살렘"이 종말론적으로 영화롭게 될 때에 "새 이름으로 불리게 될" 것이라고 언급한다. 그런 다음 사 62:3-5에서 이 새 이름은 이스라엘이 하나님과 누릴 새롭고 친근한 결혼 관계를 의미하는 것으로 설명된다. 그러므로 "새 예루살렘"의 의의를 설명하는 계 21:2의 결혼 은유는 우연이 아니다. 이미 계 3:12에서는 그리스도의 "새 이름"과 동일시되는 것이 "하나님의 이름" 및 "새 예루살렘의 이름"과 동일시되는 것과 본질적으로 같다는 점이 밝혀졌다. 22:3-4과 14:1-4에 표현되었듯이, 이 세 이름 모두 하나님과 그리스도가 마지막 때에 그 백성과 친밀하게 함께하신다는 것을 가리킨다(2:17에서 자세히 논의한 내용과 3:12의 주석 참조). 21:3은 "새 예루살

14) 일례로 논의의 핵심적인 네 연결점을 보라. Mealy, *Thousand Years,* 198-99.
15) Mealy, *Thousand Years,* 202-5.

렘" 및 결혼 장면과 동일한 개념을 암시한다. "보라! 하나님의 장막이 사람들과 함께 있으매 하나님이 그들과 함께 계시리니 그들은 하나님의 백성이 되고 하나님은 친히 그들과 함께 계셔서."

일시적인 우주를 영원한 것으로 교체하기 시작한다는 것은 환상 용어로 이렇게 표현되었다. "내가 보매 거룩한 성 새 예루살렘이 하나님께로부터 하늘에서 내려오니." 이것은 옛 창조를 대체하기 위한 새 창조의 절정에 찬 돌입이다(히 11:13-16에서처럼, 그리고 *1 En*. 90:28-29에 예언된 것처럼 말이다). 요한에게 새 창조는 이미 시작되었다(3:14). 신약성경 다른 곳에서 새 창조는 옛 예루살렘을 이미 대체하기 시작한, 새롭고 보이지 않는 하늘의 예루살렘으로 시작되었다고 한다(갈 4:26-31; 히 12:22; 참조. 빌 3:20; 유대 묵시문학에서도 이렇게 표현한다: 4 Ezra 7:26; 10:25-27, 41-44, 49-55; *2 En*. 55:2; 참조. *2 Bar*. 4:2-7; 4 Ezra 13:36. 마지막 두 인용은 예정된 도시를 언급한다).

사 52장과 62장이 암시된 문맥에 사용된 결혼 이미지가 계 21:2 끝에 등장한다. 그 성은 이제 "남편을 위해 단장한 신부"로 등장한다. 이는 같은 이사야서 본문을 세 번째 암시한 것이다. 사 61:10 LXX에서 시온은 의인화되어 예언적 완료형으로 "그가 신부와 같이 나를 단장하셨다"라고 말한다(사 62:5 역시 이스라엘 백성을 가리키는 은유로 "신부"를 사용한다). 이사야는 동일한 구절의 나머지 다섯 행에서 이스라엘의 종말론적 회복의 때에 야웨가 옷을 입히시는 사람들이 즐거워할 것이라고 말한다. 옷을 입힌다는 비유의 문자적인 의미는 포로에서 구출된 결과로 이어지는 "구원"과 "의"로 설명된다. 이사야서에서 옷을 입은 신랑과 신부를 가리키는 어구들은 이스라엘이 스스로 구원의 의를 성취한 것이 아님을 의미한다. 오히려 이 어구들은 다가오는 하나님의 구원과 의를 받는 것이 신부와 신랑이 혼인예복을 입고 축하하는 새롭고 긴밀한 결혼 관계와 같음을 강조한다. 같은 내용이 계 21:2에서 은유적으로 천명되었으며 21:3에 추상적으로 서술되었다(4 Ezra 10:25-50도 아름다운 여자를 장차 세워질 미래의 예루살렘과 동일시한다).

계 19:7-8은 이미 같은 이사야서 본문을 암시함으로써 하나님이 그의 구원받은 백성과 친밀하시다는 비슷한 요지를 제시한다. 따라서 신부가 성도들을 비유한다는 사실이 더 명확해진다. 구체적으로 19:7-8의 혼인 예복은 성도들이 행한 의로운 행위를 의미할뿐더러, 그들의 믿음의 행위의 결과로 그들의 결백함을 입증 받은 상태(또는 이사야서 문맥에서 예언의 주제였던 압제자들에게 행한 하나님의 심판 행위의 결과로 그들의 결백함을 입증 받음)를 의미하기도 한다. 요한계시록 전체에서 ἑτοιμάζω("예비하다")는 궁극적으로 하나님의 작정의 결과로 발생하는 사건에 사용되지, 인간의 행위에 사용되지 않는다(9:7, 15; 12:6; 16:12; 참조. 천사들이 "나팔 불기를 준비한" 8:6을 참조하라). 여기 21:2에서도 하나님과 그의 백성의 친밀한 하나 됨과 하나님이 그들을 신원하심은 미래에 성취될 것으로 묘사된 예언적 작정이다. "자기 남편을 **위하여** 단장한 신부"의 준비는, 하나님이 자신을 위해 그의 백성을 준비시켰다는 점을 의미한다.[16] 역사 내내 하나님은 자기 백성을 그의 신부가 되게끔 하려고 빚으셔서 그들이 장차 올 시대에 하나님의 영광을 반사하도록 하실 것이다(엡 5:25-27). 바로 이 사상이 계 21장의 나머지 부분에서 발전된다(참조. 고후 11:2).

이스라엘의 최종적인 구원을 묘사한 이사야의 예언은 교회에서 성취되었다. 계 3:12은 빌라델비아 교회 안에 있는 유대교 출신의 그리스도인들과 이방 출신의 그리스도인들을 "새 예루살렘"이라고 밝히기 때문이다. 이 사실은 이스라엘 지파의 이름과 사도들의 이름을 "하나님께로부터 하늘에서 내려오는 거룩한 성"의 일부분과 비유적으로 동일시하는 21:10-14에서 더욱 확증된다. 거룩한 성 예루살렘 자체는 "신부 곧 어린 양의 아내"라고 밝혀진다(21:9). 그러므로 19:7-8에서 혼인 예복을 입고 있는 "성도들" 역시 다인종으로 구성된 교회를 대표한다.

예루살렘 성의 이미지는 실제로 새 하늘에서 하나님과 그 백성이 나누는 교제를 나타내는 비유일 것이다. 개중에는 새 우주가 단지 옛 땅을 윤리적으로 갱신한 것에 불과하다고 이해하는 사람들이 있지만 말이다.

해와 달과 별과 관련지어 모습이 묘사된 계 12:1의 여자는 21:1과

16) ᾧ ἀνδρί는 이익의 여격이다. Robertson, 539; MHT III, 238.

9ff.절에 등장하는 궁극의 신부를 예견한다.[17] 이 사실은 계 12:1의 여자의 배경을 살펴보면 특히 분명해진다. 그 배경에는 애 6장의 새 신부와 사 61-62장에 등장하는 야웨의 종말론적 신부(12:1의 주석 참조. 사 61-62장 역시 계 21장 신부[앞의 내용과 21:12과 22:3의 주석 참조]의 배경에 속한다)가 포함된다. 두 여자는 믿음의 참된 언약 공동체를 대표한다. 하지만 계 12장의 여자는 땅에 있는 동안 고난당했던 공동체를 대표한다. 그들이 궁극적으로 하늘의 정체성을 가지고 있으므로 영적으로는 보호를 받았지만 말이다. 한편 계 21:1ff.에 등장하는 신부는 역사 내내 구속함을 받고 믿음을 가진 공동체의 종말론적인 완성을 대표한다. 그 신부는 결국 어떠한 위험에서도 보호를 받으며 하나님의 완전하고 충만한 임재 가운데 거한다. 그러므로 21장의 새 예루살렘은 역사 내내 구약시대의 참 이스라엘과 신약시대의 교회에서 존재하기 시작했다(신약시대의 새 예루살렘의 묘사에 대해서는 갈 4:21-31과 히 12:22-23이 증언한다).[18]

3절 도입 어구인 "내가 들으니 보좌에서 큰 음성이 나서 이르되"는 일찍이 16:17과 19:5에서 거의 축자적으로 등장했다. 하나님은 심판의 절정을 선포하는 근원자이시며(16:17), 보좌에서 음성이 나와 성도들에게 최후의 심판을 행하시는 하나님을 찬송하라고 촉구한다(19:5). 이곳의 선언은 보좌 주위에 있는 그룹들(네 생물들)에게서 나왔을 것이다. 그 음성은 하나님을 3인칭으로 언급하기 때문이다. 하지만 구약의 예언이 성취되고 있음을 보시고 구약의 예언에 대해 말씀하시는 하나님이 화자일 수도 있다. 이것은 "보좌에 앉으신 이"가 화자인 것이 분명한 21:5로 확증될 수 있다. 더

17) Draper와 Böcher는 12장과 21장의 두 여자를 같은 인물로 생각한다. Draper, "Foundation Stones," 42; Böcher, "Bedeutung der Edelsteine," 27.

18) 계 21:2과 19:7-8에 관련하여 사 61:10의 의미와 본문 비교, 유대교적 해석을 충분히 논의한 19:7-8의 주석을 참조하라. *Pesikta Rabbati,* Piska 37.2과 *Pesikta de Rab Kahana,* suppl. 6.5은 사 61:10의 신랑을 마지막 때에 이스라엘의 유익을 위해 빛을 반영할 왕관을 쓸 메시아라고 밝힌다. *Midr. Rab.* 민 13.2은 사 61:10이 종말적 에덴동산에서 성취될 것으로 이해한다. 이러한 유대교적 대망은 계 21:9ff.의 이어지는 문맥이 21:2 내용을 더 자세히 설명하는 방식을 따른다.

욱이 이것은 16:17과 연결된다. 21:3의 선언이 16:17의 "되었다"(γέγοναν, 여기서는 단수가 아니라 복수임)는 선언과 함께 6절에서 계속되는 까닭이다. 심판에 대한 내용이 의중에 있지만(21:1, 8, 27), 지금은 심판이 아니라 하나님의 백성의 절정에 도달한 복에 초점이 있다.

도입어구인 "내가 들으니…"는 해석적 문구로 기능한다. 그래서 뒤따라오는 인용은 2절에 언급된 거룩한 성과 결혼 장면을 해석한다. 두 장면은 하나님과 그의 백성이 서로 누리게 될 친근한 교제를 묘사하는 것으로 설명된다. 그 해석은 성도들에게 주시는 궁극적인 복을 부각시킨다. 실제로 시내 산과 광야에서 이스라엘 위에 **장막을 치셨던** 하나님의 이미지는 결혼관계를 함의하는데, 그 이미지는 이미 19:7-8에서 어린 양과 그의 신부의 혼인을 이해하는 배경의 일부분이라는 것이 관찰되었다.

겔 40-48장의 성전 언급이 계 21:9-22:5에 나타났다는 사실에 비춰볼 때, 겔 43:7의 약속이 21:3에 반영됨을 볼 수 있다. 종말의 성전은 "하나님이 이스라엘 자손들 사이에 영원히 **거하실**"(κατασκηνώσει) "곳"이다.

하지만 겔 43장에 대한 암시보다 더 구체적인 암시가 감지된다. 하나님과 구속함을 받은 사람들 간의 완전한 교제와 하나 됨에 대한 선언은 몇몇 반복되는 구약 예언의 용어로 만든 표현이다. 이 예언들 중에서 겔 37:27과 레 26:11-12이 가장 중요하다. 두 본문은 하나님이 친히 이스라엘 "중에 거하시"고, 이스라엘 백성은 "그에게 백성이" 되고, 하나님은 "그들의 하나님이 되신다"는 최종적인 회복을 예언한다(자세한 설명과 언급은 아래 내용 참조). 이스라엘에게 주어지는 겔 37:26-28의 동일한 약속은 *Jub*. 1:17에서 인용되었으며("내가 그들 중에 내 성막을 세우리라. 나는 그들과 함께 거할 것이며 나는 그들의 하나님이 되고 그들은 내 백성이 되리라"), *Jub*. 1:21에서는 장차 올 "새 창조"와 동일시되었다. 이미 계 7:15에서 겔 37:27의 이스라엘의 회복에 대한 예언이 유대인 출신의 그리스도인들과 이방인들에 의해 성취된 것으로 이해되었다. 레 26:11-12과 겔 37:26-28은 하나님이 그의 백성 가운데 거하시는 이 최후의 거함을 장차 올 종말론적 성막과 동일시하며, *Jub*. 1:17, 29, 고후 6:16, 계 7:15, 21:3a, 22은 이를 따른다.

고후 6:16은 이런 구약의 예언들이 유대인과 이방인 출신의 그리스도인들 사이에서 시작된 성취를 언급하는 반면에, 계 21:3은 궁극적인 성취를 언급한다(성취와 절정 등 두 시간적 요소를 다 포함하는 계 7:15-17의 주석 참조). 구약의 모든 예언은 하나님이 함께 거하실 단수형의 "백성"(λαός)을 언급한다. 계 21:3은 원래 이스라엘에 초점이 맞춰졌던 예언들이 "모든 족속과 방언과 백성과 나라들"에게서 성취되었다는 사실을 분명히 하려고 단수형을 복수형의 "백성"(λαοί)으로 바꾼다(5:9; 7:9). 슥 2:10-11은 하나님이 그의 백성과 최종적으로 하나가 되는 것과 관련한 동일한 예언을 해석하면서 계 21:3을 대망한다. 그래서 "많은 나라들"을, 구약성경 여러 곳에서 늘 이스라엘을 지칭하기 위해 사용되던 "내 백성"과 동일시함으로써, 참 이스라엘의 경계가 인종적으로 확장되는 것을 예언한다(해당 본문에 대해서는 아래 내용 참조).

스가랴와 요한은 이스라엘에 해당하는 약속의 성취에 이방인들을 포함시킨다. 이스라엘에 관한 약속이 아브라함에게 주어졌을 때, 처음부터 의도한 바가 바로 이것이었기 때문이다. 하나님은 열방이 아브라함의 후손 이스라엘을 통해서만 복을 받을 것이라고 아브라함에게 약속하셨다(창 12:1-3; 17:2-8; 26:24; Sir. 44:21-23; 갈 3:16). 렘 11:4-5의 "너는 내 백성이 되고 나는 너의 하나님이 되리라"는 문구는 아브라함에게 하신 바로 이 약속에 뿌리를 두고 있으며, 이스라엘에게 적용되었다(마찬가지로 신 29:12-13). 겔 47:14 역시 이스라엘이 땅과 성전을 영원히 상속할 것을 아브라함 약속("너희 선조들")에 근거시킨 것은 우연일 수 없다. 겔 47:22-23은 이방인들이 새 성전과 땅이라는 약속된 기업에 참여할 수 있는 유일한 길이 이스라엘에 속하는 것이라고 주장한다. "타국인 곧 너희 가운데에서 자녀를 낳은 자의 기업이 되게 할지니 너희는 그 타국인을 본토에서 난 이스라엘 족속같이 여기고 그들도 이스라엘 지파 중에서 너희와 함께 기업을 얻게 하되." 이방인들이 이스라엘의 신정 통치 사회의 일원이 되는 것으로써 이스라엘의 구약적 약속에 참여할 수 없다는 것은 신약의 분명한 교훈이다. 그렇다면 그들이 어떻게 그 약속에 접근할 수 있는가? 바울(갈 3:16)처럼 요한계시록도 나라들이 예수를 믿음으로써 참 이스라엘의 구원의 복에 참여할 수 있다고 계시한다. 예수는 유대인과 이방인 모두를 위해 죽으셨고 부활하신, 아브라함의 참 후손이며 유일한 참 이스라엘이시다. 이상적인 왕이자 이스라엘 백성인 예수가 대표한 사람은 누구나 참 이스라엘에 속한 것으로 간주되며, 그러므로 그가 받는 복에 참여한다(1:13; 2:17-18; 3:7; 7:4-8; 12:5, 17; 21:27의 주석 참조).

겔 37:27과 43:7에 언급된 하나님의 "장막을 치시는" 임재는, 이 본문의 구약적 문맥에서나 구약의 독자들이 볼 때, 이스라엘 백성 대다수와 제의적으로 구별되었다고 이해했을 것이다. 성전의 규율을 엄격히 지킨 극소수의 사독계 대제사장만이 성전의 "안뜰" 안에 있는 하나님의 임재에 온전히 들어갈 수 있었다. 하지만 지금 계 21:3에서 하나님의 임재는 이스라엘 성전의 물리적 경계에 의해 제한되지 않는다. 모든 믿는 이스라엘 백성뿐만 아니라 모든 "백성"도 장막을 치시는 하나님의 친근한 임재를 경험하기 때문이다. 물리적인 성전이 배타적이며 민족주의적인 제도인 까닭에, 하나님과 이스라엘이 부정한 나라들과 구별되었다는 표시인 이 성전은 요한의 새 예루살렘에 있을 여지가 없다. 새 예루살렘에서 믿음을 가진 유대인과 이방인들이 그리스도 안에서 연합되었을뿐더러 그들이 다 하나님의 임재 앞에서 섬기는 제사장의 지위를 얻었기 때문이다(20:6; 22:3-4).[19] 그러므로 이것은 새 예루살렘에 문자적인 성전이 없다는 첫 번째 단서다. 이 사실은 21:22에서 분명히 서술된다. 이 구절은 물리적 성전이 없는 궁극적인 구속사적 이유가, 구약의 물리적 성전이 늘 지향했던 최종적이고 영원한 성전의 형태가 하나님과 그리스도라는 데 있다고 말한다.

하나님은 레 26:11, 겔 37:27, 슥 2:10, 8:8 LXX에서 친히 "이스라엘 중에 거하시겠다(장막을 치시겠다)"고 약속하신다(참조. 또한 겔 34:30; 36:27). 하나님은 이스라엘의 성도들이 "그에게 ["내"] 백성"이 될 것이

19) 앞에 있는 생각에 영감을 준 Vogelgesang, "Interpretation of Ezekiel in Revelation," 84-85을 보라.

며, 그는 "그들의 하나님"이 되실 것이라고 말씀하신다(레 26:12; 렘 24:7; 30:22; 31:1, 33[=38:33 LXX]; 32:38; 겔 11:20; 34:30-31; 36:28; 37:23, 27; 슥 8:8; 13:9에는 "내 백성"이라고 표현됨. 이스라엘을 언급하지만 회복을 다루는 문맥이 아닌 곳에서 이스라엘을 언급하는 이와 동일하거나 비슷한 2중 어구에 대해서는 출 6:7; 신 26:17-18; 29:13; 삼하 7:24; 시 95:7; 렘 7:23; 11:4을 보라. 또한 삼하 7:14; 호 2:23 참조. 신 26:17-18; 29:13; 시 95:7에서는 "그의 백성". 계 21:7에 암시된 삼하 7:14에서는 왕의 신분을 가진 공동체적 대표자로 "아들"이 하나님의 백성으로 언급된다). Philo, *On Dreams* 1.148-49은 레 26:12을 영혼 안에 거하시는 하나님께 적용한다. 그래서 그 영혼은 하나님이 "영원히" 보존하셔서 "강하게 보호를 받고 해를 입지 않는" "하나님의 집이요 거룩한 성전"이 된다(마찬가지로 레 26:12과 관련하여 *On Rewards and Punishments* 123). *On Dreams* 2.248 역시 레 26:12을 인용하며 그것이 "하나님이 성 안에서 거니시는 것과 같이 거니시는 지혜자의 영혼"을 가리킨다고 말한다. 개인을 성전 또는 성으로 언급하는 것과 관련한 레위기의 이러한 사용은 우리가 계 21:3에서 보는 것과 대체적으로 비슷한 준거의 틀로 제시되는 것 같다. 성전과 성 모두 다 하나님이 문자적인 성전이나 성이 아니라, 성전이나 성으로 간주되는 백성 가운데 거하신다고 묘사하는 까닭이다.

사본들 중에는 "**보좌에서**"(ℵ A *pc* lat Ir[lat]) 대신에 "내가 들으니 **하늘로부터** 큰 음성이 나서"로 읽는 사본이 있다(051[s] 𝔐 gig sy co Ambr Prim). 독법은 후자가 더 쉽다. 동일하거나 거의 같은 어구가 요한계시록에 반복해서 등장하기 때문이다(10:4, 8; 11:12, 15; 12:10; 14:2, 13; 18:4). 반면에 전자의 독법은 요한계시록 어디서도 발견되지 않기에 더 어려운 독법으로 여겨지며, 따라서 원래의 독법으로 간주된다. 필경사가 이 서술을 요한계시록 여러 곳에 있는 환상의 문구와 조화시키려고 "보좌"를 "하늘"로 바꾸었다. 또한 바로 앞에 있는 2절의 "내가 보매…하늘에서(ἐκ τοῦ οὐρανοῦ) 내려오고"에서도 영향을 받았을 것이다(2절에서는 ἐκ τοῦ οὐρανοῦ, 3절의 원래 독법은 ἐκ τοῦ θρόνου).

원래 복수형인 "백성"(λαοί)은 구약성경에서 반복해서 단수형으로 표현된 구약의 암시(레 26:12; 겔 11:20; 37:27; 슥 2:11; 8:8)와 조화시키려고 단수형인 "백성"(λαός)으로 바뀌었다. 원래 단수였던 것이 앞에 있는 αὐτοί("그들 자신은")와 일치시키려고 복수형으로 바뀌었을 가능성도 있다.[20] 두 독법 모두 여러 좋은 사본들의 지지를 받지만(NA[26] 비평 각주를 보라), 복수형이 외적인 증거(א A 2053 2062[txt]가 이를 지지하는 대표적 사본들이다)와 구약의 사용에 일치하려는 동기를 볼 때 우위를 차지한다.

결론적 표현인 αὐτῶν θεός("[그는] 그들의 하나님이 [될 것이다]")는 몇몇 사본에서는 생략되었다(א 1 𝔐[K] *al* gig sin Aug). 그것은 문법적으로 어색하고, 집합적으로 암시된 구약의 예언 문구에는 이런 추가적 어구가 없는 까닭이다. 확장되고 더 난해한 독법은 A 2030 2050 2053([txt] 2062) 2329 *al* vg Ir[lat]에 있다(비록 다른 어순으로 되었지만 051[s] [1854] 𝔐[A] 1006 1611 1841 *pc*는 θεός만 보유함으로써 원본의 흔적을 유지한다).[21]

4절 하나님의 임재가 마침내 이루어지면 절대적인 평화와 옛 창조를 특징지었던 온갖 형태의 고난으로부터 안전함을 얻는다. 모든 형태의 환난이 없어진다는 것이 이사야서의 예언에 언급된 것들이라는 것은 놀랍지 않다.

첫째, 하나님의 백성은 이전에 겪었던 시련으로부터 영원한 휴식을 받을 것이다. 하나님이 "모든 눈물을 그 눈에서 닦아주실" 것이기 때문이다. 이것은 사 25:8의 성취이다. "주 여호와께서 모든 얼굴에서 눈물을 씻기시며"(계 7:17의 주석 참조). 동일한 이사야서 구절은 이것이 이스라엘이 세상에서 포로로 있는 동안 이전에 그들을 엄습했던 "사망"에서 위로할 것이라고 말한다. 이는 계 21:4에서 "사망"을 제하여버린다는 언급이 뒤따르게 한다(*2 Bar.* 21:22-23도 미래에 있을 죽음의 종말을 언급한다).[22]

---

20) B. M. Metzger, *Textual Commentary,* 765.
21) Metzger는 다른 논지로 이 문제를 다룬다. B. M. Metzger, *Textual Commentary,* 765-66.
22) 참조. Fekkes, *Isaiah and Prophetic Traditions,* 254.

마지막 서술에서는 "사망이 없고, 애통하는 것이나 곡하는 것이나 아픈 것이 다시 있지 아니하리"라고 말한다(참조. 4 Ezra 8:53-54). 사 35:10과 51:11은 이스라엘이 하나님께로 완전히 회복될 때 백성이 "영원한 즐거움"과 "기쁨"을 경험할 것이라고 예언한다. 그들은 이전의 "아픔과 슬픔과 통곡"과 같은 고난으로부터 보호를 받게 될 것이므로 그런 기쁨을 경험한다. 이제 이런 고난이 다 "달아날 것"이다(LXX). 그러므로 요한은 여기서 영원한 지복의 상태가 예언의 성취 중 하나라는 사상의 흐름을 이어간다. 4절에서 언급한 다양한 형태의 고난은 "바다도 다시 있지 않더라"는 21:1의 서론적 논평의 확장이다.

사 51장에서 바로 한 절 앞에 있는 예언이 하나님이 "바다"를 사라지게 하신 첫 번째 출애굽 사건을 반영한다는 것은 결코 우연이 아니다(사 51:10). "바다를, 넓고 깊은 물을 말리시고 바다 깊은 곳에 길을 내어 구속받은 자들을 건너게 하신 이가 어찌 주가 아니시니이까." 그런 후에 예언자 이사야는 첫 번째 출애굽과 관련된 이 바다 현상을 하나님의 백성의 종말론적 회복과 비교한다. "여호와께 구속받은 자들이 돌아와…슬픔과 탄식이 달아나리이다"(사 51:11). 하나님이 하나님의 구원을 방해하던 물 장애물을 제거하시고 그들이 안전하게 홍해를 통과하게 하셨듯이(참조. Wis. 19:6-8), 완전한 구속과 하나님과의 교제를 방해했던 모든 장애를 제거하고 구속함을 받은 자들에게 완전하고 끝없는 안전함을 절정의 때에 주실 것이다. 분명한 것은 사 51:10에서 바다의 위협을 제거한다는 말이 51:11에서 슬픔을 야기했던 옛 세상의 위협을 제거하시는 일과 비유적으로 같다는 점이다. 사 51:11의 "달아나리라"는 홍해가 "달아났다"고 말하는 시 114:3을 모델로 삼은 것 같다(또한 시 114:5). 요한은 계 21:1과 21:4에서 같은 비유를 묘사한다.

이어지는 비슷한 어구인 "다시 저주가 없으며"(22:3)나 "다시 밤이 없겠고"(22:5) 역시 옛 세상의 어떠한 악과 위협도 성도들이 하나님의 임재의 절정을 충분히 누리는 데 방해가 될 수 없음을 암시한다(두 곳 모두 21:1, 4에서처럼 οὐκ ἔσται ἔτι[다시 없으며]를 동반한 명사 형식이 등장한다). 첫 번째 에덴에서 사람들에게 임했던 "사망"의 "저주"와 그와 연관된 고통들은 마지막 에덴에서 제거될 것이다. 이것은 계 21:9-22:5의 다른 부분과 함께 *Test. Dan* 5:11-13과 놀라울 정도로 비슷하다. "성도들은 에덴에서 새롭게 될 것이다. 의인들은 영원히 하나님의 영광이 될 새 예루살렘에서 즐거워할 것이다. 주님께서 [사람들 사이에] 살아 계실 것이므로, 예루살렘이 **다시는** 황폐해지지 **않을** 것이다. 이스라엘의 거룩하신 이가 그들 위에 왕 노릇 하실 것이며…그를 믿는 사람은 왕 노릇 할 것이다"(계 21:3과 22:5을 비교하라).[23]

21:4의 결어인 "처음 것들이 다 지나갔음이러라"는 사 35장과 51장에 대한 암시의 연속이며, 동시에 계 21:1에서 시작된 "처음 하늘과 처음 땅이 없어졌고"와 함께 사 65:17(또한 사 43:18)의 용어를 다시 상기시킨다. 1절과 4절이 병행이라는 사실은 새로운 세상의 상태의 원인(각각 γάρ와 ὅτι)으로서 우주가 없어진다는 표현들("지나갔음이러라")의 기능에 의해 확증된다. 이 사실에 비춰볼 때, 사 65:19은 분명히 사 35장과 51장과 결합되었다. 사 65:19도 새 창조에서는 "우는 소리와 부르짖는 소리가 그 가운데에서 **다시는** 들리지 **아니할 것**"이라고 말하기 때문이다(자세한 내용은 21:1의 주석 참조). 이와 비슷하게 사 65:20a은 이렇게 말한다. 옛 시대에서처럼 "거기는 날 수가 많지 못하여 죽는 것이 **다시는 없을 것**"이라고 말이다. "다시는 더 없을 것이라"는 표현도 사 65:19-20에서 유래한 것이다.[24]

후기 유대교의 어떤 분파들은 사 25:8을 장차 메시아 시대에 있을 부활을 가리키는 것으로 해석했다(*Midr. Rab.* 전 1.4.3; *Tanch.* 창, parashah 12.7; *Tanna de-be Eliyyahu*, Rabbah, 21; 또한 *Midr. Rab.* 신 2.30 참조).

---

23) 번역은 *OTP* I, 810을 따른다. *Test. Dan* 5:11-13과 계 21:1-22:5의 환상과의 관계 그리고 쿰란의 성전문서(11Q22)와 그밖에 다른 쿰란 문헌 사이의 가능성이 높은 병행에 대해서는 Vogelgesang, "Interpretation of Ezekiel," 144-57을 보라.

24) 이 형식이 히브리어 사 65:19-20에 근거한다고 이해하는 Fekkes, *Isaiah and Prophetic Traditions,* 254도 참조하라.

21:1b의 "바다도 다시 있지 않더라"와 병행인 21:4b의 배경에 대한 자세한 논의

새 창조에서 하나님의 백성을 안전하게 하려고 물을 제거한다는 것은 *Barnabas* 6:13에 인용된 원리를 반영한다. "보라! 내가 마지막 것을 처음과 같게 하리라." 이러한 패턴은 출애굽보다 더 거슬러 올라가는데, 출애굽은 노아 홍수 이후의 "새 창조"를 모델로 삼은 새 창조(Wis. 19:6-7)로 간주되었다(*1 En.* 106:13; 참조. *2 En.* [J] 70:9-10). 노아 홍수 이후 노아의 가족에게 안전한 피난처를 제공하려고 물이 "땅에서 물러가고 뭍이 드러났다"(창 8:1-13 LXX). 홍수 이후 세상과 출애굽의 새 창조는 하나님이 인류의 첫 가족의 거처를 위해 바다를 나누시고 뭍을 만드신 첫 창조를 모델로 삼았다(창 1:9-10; *Mekilta de Rabbi Ishmael*, Beshallaḥ 4.10-22은 이러한 방식으로 창 1:9-10과 사 51:9-10의 이스라엘의 회복에 대한 약속을 직접 연결시킨다). *Midr. Rab.* 출 21.8에는 이런 내용이 있다. "만일 내가 혼자였던 아담을 위해 뭍을 만들었다면[창 1:9을 인용함)…[출애굽 때] 거룩한 이스라엘 회중을 위해 얼마나 더 그렇게 해야 하겠는가." *Midr. Rab.* 레 27.4과 *Midr. Rab.* 전 3.15 §1은 바다를 마른 땅으로 만드는 것은 하나님이 장차 세상을 새롭게 하실 때 하실 일들 중 하나라고 주장한다. *Zohar* 1.4b은 하나님이 "모든 나라가 모여 거룩한 백성을 대적하는 날…하나님이 창조의 물을 다 삼키셔서 그들[거룩한 백성]이 마른 땅을 통과할 수 있도록 하겠다고 친히 맹세하셨다"라고 주장한다. *Apoc. Elijah* 5은 "새 하늘과 새 땅"에 도달하기까지 있을 환난의 일부분(5:38)은 땅에서 물을 말리는 것이라고 주장한다. "땅은 마른 땅이 될 것이다. 바다의 물은 말라버릴 것이다"(9절). "우리는 바다의 깊은 곳으로 갔지만 물을 찾지 못했다"(14절).

이 책에서 채택한 계 21:1, 4의 해석과 맥을 같이하는 것은 *Assumption of Moses* 10:1, 6이다. 새 창조 때 "사탄이 다시 없으며, 슬픔이 그와 함께 떠나고…바다는 무저갱으로 물러가며…강들이 마를 것이다." 강들이 마른다는 이미지 역시 출애굽에 근거했다(참조. 10:8; *Test. Levi* 4:1; *Sib. Or.* 5.447; *Sib. Or.* 5.158-61도 여기에 해당될 것 같다). 렘 51:36은 바벨론의 심판을 비유적으로 묘사한다. "내가 그의 바다를 마르게 하고 그의 샘의 물을 없앨 것이다." 역사적으로 바벨론에 발생한 것은 계 21:1에서 심판 때 범세계적인 바벨론 제도에 일어날 일의 전조로 이해된다. 즉 바벨론의 제도는 멸망하여 새 창조에서 있을 자리가 없게 된다.[25]

밀리는 *Assumption of Moses*, *Test. Levi*, *Sib. Or.*과 같은 문헌들을 계 21:1의 먼 배경으로 취급하는 것에 이의를 제기한다. 그는 이 본문들이 옛 세상의 끝과 새 창조 이전에 있을 상황을 묘사한다고 이해한다.[26] 하지만 *Assumption of Moses*와 *Test. Levi*에서 인용한 본문들은 새 창조 사상과 밀접히 연관되었다(*Assumption of Moses* 10:1ff.; *Test. Levi* 3:9; 4:3-5:1). 그래서 물이 부재한 이미지는 새 창조와 연결된 파멸 주제, 즉 다 지나가버려 다시는 있지 않은 옛 세상의 실체 중 하나에 속한다. *Sib. Or.* 5도 이만큼 분명하지는 않지만 이 패턴에 잘 어울린다. 사실 계 21:1은 새 세상의 실체("그리고 바다도 다시 있지 않더라")가 아니라 이제 마침내 지나가버린 옛 세상의 실체를 언급하는 것 같다. 바다는 "처음 하늘과 처음 땅"과 더불어 지나간 옛 세상의 많은 특징 중에서 선택되었다. 바다는 하나님의 백성의 평화와 안전을 위협하는 것들을 비유적으로 잘 대표하기 때문이다.

계 21:1, 4에 있는 일련의 악들이 다 이전에 성도들을 위협하던 것을 가리킨다는 사실은 *2 En.* 65:9-10에 의해 확증된다. 이 본문은 "파괴되지 않는 성곽"으로 둘린 "밝고 썩지 않는 새 낙원"에는 "모든 썩을 것들[= 계 21:4b의 "처음 것"]에 해당하는 비참함이나 염려나…밤이나 어두움"이 다시는 있지 않을 것이라고 단도직입적으로 주장한다(마찬가지로 4 Ezra 8:53-59과 *Midr. Rab.* 출 15.21. 후자는 계 21:4처럼 사 25:8; 35:10; 65:19을 암시한다). 후

25) Schmidt, "And the Sea Was No More," 242ff.을 참조하라. Schmidt의 논문의 요지는 이것이다. 유대교 문헌에서 바다는 종종 하나님의 인간 원수들을 가리키는 은유라는 것과 계 21:1이 그 원수들이 심판받고 새 창조에서 배제된다는 사실을 언급한다.

26) Mealy, *Thousand Years*, 202.

기 유대교 미드라쉬는 사 35:10이 다가오는 메시아 시대에 성취될 것을 기대했다. 그때에는 박해하는 나라들로부터 더 이상 압제의 위협이 없을 것이다(*Midr. Rab.* 민 23.14; *Midr. Rab.* 출 23.11; 이와 비슷하게 *Midr.* 시 147.3; *Tanna de-be Eliyyabu*, Zuṭa, 179).

사 35:10과 51:11의 히브리어 본문에서는 "슬픔과 탄식만 물러갈 것"이라고 언급되었다. 반면에 LXX과 계 21:4은 히브리어 본문의 이 두 표현을 3개로 발전시킨다. 요한의 용어는 LXX의 용어와 다르다. 하지만 두 본문의 용어들은 동의어다. 이 이외에도 사 65:19과 더불어 사 60:20("너의 통곡[πένθους]의 날이 끝날 것이다")을 반영한 것이 감지된다. 이에 대한 분명한 암시가 계 21:23과 22:5에 있기 때문이다.

21:4의 사본상의 문제

사본들 중에는 πᾶν δάκρυον("모든 눈물") 앞에 θεος("하나님")를 삽입하여 암시된 사 25:8의 표현에 일치시키려고 한 것이 있다. 사 25:8에 같은 어구 바로 앞에 θεός가 있기 때문이다(A 1 1006 1841 *al* vg Tert Apr). 이렇게 덧붙이게 된 동기는 같은 구약 본문을 암시하면서 "하나님"을 포함시킨 계 7:17에 의해 강조된다. 여기서 "하나님"이 생략된 개연성 있는 독법은 ℵ A 1841 *pc*의 지지를 받는다.

질 좋은 많은 사본이 포함된 여러 사본에서 ὅτι("왜냐하면")가 우연히 생략되었다(A 1006 1611 2053 2062 2329 2377 𝔐[A]). 필경사가 ὅτι를 그가 방금 전에 쓴 ἔτι와 혼동했을 수 있다. ἔτι가 생략된 사본을 복사하던 후기 필경사들은 결론어구인 τὰ πρῶτα ἀπῆλθαν("처음 것들이 지나갔음이러라")이 접속사 없이 갑자기 등장하기에 τά 다음에 γαρ("왜냐하면")를 덧붙였다. 이는 21:1의 ὁ γὰρ πρῶτος...ἀπῆλθαν("처음 것이 없어졌고"; 94 *pc* gig), 그리고 사 65:17과 66:22 두 군데 모두 γάρ("왜냐하면")가 등장하는 것에서 영향을 받았다(구약의 증거가 여기나 이와 비슷한 경우에 둘 중 어느 하나든 지지할 수 있지만, 필경사가 요한과 신약의 다른 저자들보다 구약의 표현까지 유지하려고 더욱 신경을 썼을 가능성이 더 많다. 요한이나 신약의 다른 저자들은 구약을 인용하면서 의역하는 경우가 많았기 때문이다). 또한 같은 이유로 ὅτι("왜냐하면")가 원래의 짧은 독법에 나중에 추가되었을 가능성도 있다. 메츠거는 ὅτι가 γαρ처럼 접속사가 없는 원래의 독법이 가진 어색함을 피하려고 나중에 삽입되었을 수도 있다고 주장한다.[27] א[1] 1 1854 2050 𝔐[K] a sin vg[ww] sy[h] Ir[lat] Aug에는 ὅτι가 포함되었다. 세 독법 중 어느 것이라도 원본으로 생각될 수 있다. 하지만 내적 증거에 근거하여 ὅτι가 포함된 것을 원본으로 채택하는 것이 좋다.

5절 최종 상태에 이른 새 창조라는 주제는 5-8절에서도 계속된다. 5a절의 "보좌에 앉으신 이"는 의심의 여지가 없이 하나님이시다. 그러므로 하나님이 5b-8절에서 말씀하시는 분이시며 메시지는 의심의 여지없이 신적 정당성을 지닌다.

하나님이 "보라! 내가 만물을 새롭게 하노라"라고 말씀하신다. 이것은 장차 올 새 창조와 관련된 이사야서 예언의 세 번째 반복이다. 1절에서 이미 사 65:17과 66:22이 언급되었고, 4b절에서는 사 65:17과 43:18이 암시되었으며, 지금 5절에서는 사 43:19이 인용되었다. "보라! 내가 새 일을 이루리라"(아마 사 66:22도 반영되었을 것이다. "내가 만드는 새 하늘과 새 땅"). 고후 5:17에서 바울은 같은 이사야서 예언(사 43:18-19과 65:17)이 그리스도의 죽음과 부활을 통해 성취되기 시작한 것을 본다.[28] 여기서 요한은 이사야서의 새 창조에 관한 예언들이 완전히 성취되는 장면을 묘사한다. 그는 절정에 도달한 구속사적인 성취를 강조하려고 이사야의 글에 "만물"을 덧붙인다. 이 단어를 삽입함으로써 철저히 보편적인 구원을 암시하려는 것이 아니라,

27) Metzger, *Textual Commentary,* 766.
28) Beale, "Old Testament Background of Reconciliation in 2 Corinthians 5-7"을 보라. 여기서 본문상의 비교도 발견할 수 있다.

이전에 단지 부분적으로 시작한 새 창조가 절정에 도달했음을 알리려고 한다.[29] 하나님의 모든 백성은 하늘과 땅과 함께 새 창조로 변형될 것이다. 현재 시제("내가 하노라")는 교회 시대의 현재를 언급하는 것이 아니라, 미래의 새 창조가 이루어질 것이라는 확신을 강조한다. 이것은 히브리어의 예언적 완료형처럼 "예언적 현재형"이며, 하나님이 만물을 새롭게 창조하실 때를 내다본다(자세한 내용은 아래 설명을 보라).

하나님은 요한에게 5a절의 선언을 "기록하라"고 명령하신다. 다가오는 새 창조에 관한 "이 말"은 "신실하고 참되"(πιστοὶ καὶ ἀληθινοί)기 때문이다. 이 어구는 사 65:16에 그 뿌리를 둔다. 이사야는 2번이나 하나님을 "진리(ʾ*amen*)의 하나님"이라고 언급한다. 히브리어 아멘(ʾ*amen*)은 여러 다른 그리스어 역본에서 "진리", "신실한", "아멘"으로 번역되었다(LXX에서는 τὸν θεὸν τὸν ἀληθινόν으로, 아퀼라 역에서는 ἐν τῷ θεῷ πεπιστωμένως, 그리고 심마쿠스 역에서는 ἐν τῷ θεῷ ἀμήν으로 각각 번역되었다). 그래서 계 21:5의 표현은 사 65:16의 ʾ*amen*을 해석하며 번역한 것으로 이해해야 한다.

계 65:16에서 "진리의 하나님"의 "복"은 사 65:17에서 하나님이 이루실 새 창조로 이해된다. "보라! 내가 새 하늘과 새 땅을 창조하노라." 16절과 17절 사이의 연결은 "이전의 환난/일들은 잊힌다/기억되지 아니하리라"라는 반복어에서도 발견된다(*Midr. Rab.* 출 23.11은 사 65:16의 표현을 "메시아 시대"에 적용한다). 이사야서에서 다룬 하나님과 그 약속의 신실함이 다가오는 새 창조에 대한 절대적으로 확실한 기초가 되듯이, 계 21:5a에서 다루는 하나님의 새 창조의 약속은 "신실하고 참되다." 하나님이 의심의 여지없이 그것을 시행하는 분이시기 때문이다. 이사야서의 이 단락을 요한이 염두에 두었다는 사실은 그가 21:1-2, 4-5a에서 이사야서의 새 창조와 회복의 예언들, 특히 사 43:18-19, 65:17-19, 66:22을 묵상하고 있었다는 데 그 이유가 있다.

---

29) 이 결론은 Rissi의 결론에 반대된다(Rissi, *Future of the World,* 82). Rissi는 이곳과 환상 전체에서 절대적 보편주의를 정당화하지도 않은 채 본문을 그런 식으로 읽는다(자세한 내용은 21:24-26의 주석 참조).

계 21:5a은 22:6에서 축자적으로 반복되는데("이 말은 신실하고 참된지라"), 이는 21:1-22:5의 새 창조에 대한 약속들을 마무리하면서 아마도 사 65장을 염두에 두었을 것이다. 하지만 22:6은 단 2:45b Theod.을 암시한 것일 수도 있다("그 환상은 참되며 그 해석은 믿음직하다"). 바로 뒤에서 단 2:45a을 암시하기 때문이다("반드시 될 일을"; 22:6의 주석 참조). 단 2장의 서술은 악한 나라들의 패배와 하나님의 영원하고 우주적인 나라가 세워짐과 관련하여 다니엘이 느부갓네살에게 한 예언이 미래의 어느 때엔가 성취될 것을 보증하는 내용이다. 계 21:5a에서 사 65장과 함께 단 2장을 이미 염두에 두었다면, 두 본문은 새 창조의 예언이 확실하게 성취될 것이라는 요점을 강조한다. 그러므로 21:5a을 "이 말씀들은 확실하고 믿음직하다"(these words are valid and trustworthy)라고 번역하는 것이 더 낫다.[30)]

계 3:14에서 그리스도에게 붙여진 "아멘이시요 충성되고 참된 증인"이라는 칭호 역시 같은 사 65장 문맥에서 나왔다. 특히 3:14에 언급된 나머지 칭호가 "하나님의 창조의 근본이신 이"이기 때문이다. 사 65:16 아퀼라 역의 πεπιστωμένως라는 단어는 이 단어가 사용된 절에서 실제로는 부사 역할을 하지만, 여전히 하나님의 **신실하심**을 언급한다(사 65장의 표현을 더 자세히 논의한 3:14의 주석 참조).

몇몇 사본에서는 καινὰ ποιῶ πάντα("내가 만물을 새롭게 창조하노라")의 앞의 두 단어를 실수로 결합하여 하나의 단어로 만든다: καινοποιω πάντα("내가 만물을 새롭게[또는 "갱신"]하노라"). 이런 현상은 목적어 2개가 ποιέω와 나란히 있는 어색함을 제거하려는 것 때문에 발생했을 것이다(καινά는 서술적 목적격이다.[31)] "내가 만물을 **새것처럼**(as new) 하노라").

멀홀런드는 현재 시제 어구인 "내가 만물을 새롭게 하노라"를 역사의 중간에 발생하는 갱신을 언급하는 것으로 해석한다.[32)] 하지만 21:1-

---

30) Rissi, *Future of the World,* 20.

31) Robertson, *Grammar,* 480은 신약성경 다른 곳에서 ποιέω가 목적격 2개를 취한다는 점을 주목한다.

32) Mulholland, *Revelation,* 316.

22:5이 미래에 초점이 맞춰져 있는 것에 비춰볼 때, 이것은 미래를 가리키는 현재로 보는 것이 더 낫다. 특히 앞 21:1, 4에서 절정에 도달한 새 창조를 언급한다는 점과 이어지는 21:6의 γέγοναν("이루었다")에 비춰볼 때 그러하다. 이 결론은 요한이 21:1, 4-5에서 암시하는 모든 이사야서 본문이 현재 능동태 직설법 ποιῶ를 미래적 또는 예언적 현재형으로 사용한다는 사실에 의해 더욱 확증된다(사 43:19; 65:17-18; 66:22 LXX).[33] 실제로 사 65:17 LXX은 MT의 "내가 새 하늘과 새 땅을 창조하노라"를 "장차 새 하늘과 새 땅이 있을 것이다"라고 풀어썼다. 멀홀런드는 환상의 다른 현재 시제들도 현재의 역사적 실체를 의미하는 것으로 이해한다(예. 9절의 "가지고"; 10절의 "내려오는"). 물론 그럴 가능성은 있다(7:16-17의 주석 참조). 하지만 매 경우 전체적인 문맥에 비춰 의미를 결정해야 한다. 요한계시록에서는 같은 문맥에서 시제가 종종 바뀌는 경우가 있는데, 이것은 동사의 시제가 서술되는 사건들의 시간적 의미와는 다른 것을 가리킨다는 것을 의미한다(18:11의 주석 참조).

Pirqe de Rabbi Eliezer 51은 사 43:19을 미래 성전의 갱신에 적용하고, (탈무드 단편인) *Kallah Rabbathi* 54b은 사 66:22을 우주와 이스라엘의 미래 갱신에 적용한다. 후자의 경우는 마지막 때 성전에서 발생할 것이다(이와 비슷하게 *Sifre* 신 47). *Tanna de-be Eliyyahu*, Rabbah, 86쪽에 따르면, 사 66:22은 "장차 올 세상"에서 이스라엘이 부활할 것을 예언한다. *Zohar* 1.4b-5a은 사 66:22을 시작되었다는 의미로 해석하며, "토라에서 발견된 새로운 사상에서 나온 계속되는 창조를 의미한다."[34]

일찍이 19:9에 등장했던 οὗτοι οἱ λόγοι ἀληθινοὶ τοῦ θεοῦ("이 말은 하나님의 참된 말씀이라")와 조화시키려고 οὗτοι οἱ λόγοι πιστοὶ καὶ

33) Lohmeyer, *Offenbarung*, 167-68.

34) Fekkes, *Isaiah and Prophetic Traditions*, 260은 1QS 4.25이 종말적 문맥에서 사 43:19을 암시하며, 쿰란 공동체가 "아담의 영광"을 반영할 때를 강조한다고 주장한다.

ἀληθινοί("이 말은 신실하고 참되니") 다음에 του θεου("하나님의")가 덧붙여졌다. 1854 (2329) 𝔐^{K} sy^{h}.

21:5a의 표현들은 부분적으로 *3 Macc.* 2:11에서 유래한다. 여기서 하나님은 "신실하고…참되신" 분으로 언급된다. 이 어구가 단수이며 하나님을 지칭하는 칭호이기도 하지만 말이다. 반면에 여기서 그 어구는 복수형이고, 하나님의 말씀을 묘사한다. 계 19:11에서 말을 탄 자는 "충신과 진실"(πιστὸς…καὶ ἀληθινός)이라고 불린다. 19:11의 표현은 좀 더 직접적으로 *3 Macc.* 2:11(πιστὸς εἶ καὶ ἀληθινός)에서 유래하는 것 같다. 이 본문에서 "충신과 진실"은 하나님께서 박해자 안티오코스를 심판하셔서 자기 이름의 명예를 지키시기를 구하는 이스라엘의 기도에 응답하심으로 하나님의 신실하심이 드러나기를 바라는 소망을 가리킨다(참조. *3 Macc.* 2:9-14). 이 사실은 그리스도가 신적 인물이며 의롭고 바른 심판을 행하는 분이시라는 문맥의 주제를 강조한다(19:11의 주석 참조).[35)]

6절 요한이 들은 그다음 말씀은 γέγοναν("이루었도다")이다. 이것은 5절의 "새것"을 가장 염두에 두었겠지만, 1-5절 전체에 엮여있는 예언 성취의 절정의 특성을 강조한다. 이와 비슷하게 16:17은 최종적인 성취를 제시하려고 본문의 단어와 거의 동일한 표현(γέγονεν, "되었다")을 사용했다. 거기서 이 단어는 불경건한 자들을 심판하시는 하나님의 약속의 성취를 강조하지만, 이곳에서는 예수가 십자가에서 "다 이루었다"라고 부르짖으셨을 때 시작한 새 창조의 실현을 가리킨다.[36)]

신적인 화자는 자신을 "알파와 오메가요 처음과 마지막"(τὸ ἄλφα καὶ τὸ ὦ, ἡ ἀρχὴ καὶ τὸ τέλος)으로 밝히신다. 우리는 이미 "알파와 오메가"와 "처음과 마지막"(1:8, 17)이라는 칭호가 요한계시록 마지막에서(22:13, "알파와 오메가" 반복과 함께) 이와 비슷한 표현인 "처음과 마지막이요 시작과 마

35) 계 21:1-5b의 어구들과 암시된(또는 개념적 병행이 발견되는) 구약의 관련 본문들 간의 철저한 본문 비교를 위해서는 van Ruiten, "Intertextual Relationship"을 보라.

36) Sweet, *Revelation,* 299.

침"(ὁ πρῶτος καὶ ὁ ἔσχατος, ἡ ἀρχὴ καὶ τὸ τέλος)과 동의어라는 것을 보았다. 이 모든 칭호는 특히 역사를 구원과 심판의 마지막에 이르게 함으로써 역사에 대한 하나님의 주권을 표현한다.

이 신적인 칭호들은 어떤 것의 양극단을 언급함으로써 그 사이에 있는 모든 것을 다 강조하는 화법(상극법)이다. 알파벳의 처음과 마지막 낱말을 사용하는 것은 고대에서 상극법을 적용하는 전형적인 방식이었다. 그래서 유대인들은 율법을 "알레프부터 타우까지" 지켜야 한다고 말했다. 하나님이 역사의 처음과 마지막이라는 것은 그가 그 사이에 있는 모든 사건을 다스리신다는 의미다. 21:6의 "처음과 마지막"이라는 두 상극의 표현은 사 41-18장의 이와 비슷한 어구들을 반영하여 만든 것인지도 모른다. 1:17b의 ὁ πρῶτος καὶ ὁ ἔσχατος가 같은 이사야서의 표현에 근거하기 때문이다. 실제로 MT의 사 41:4, 44:6, 48:12에는 변형된 형태인 "나는 처음이요 마지막이다"라는 어구가 있다(1:8, 17의 주석 참조). 이 외에도 계 1:8b의 3중 어구("이제도 있고 전에도 있었고 장차 올 자") 역시 비슷한 3중 어구가 등장하는 사 41:4, 44:6, 48:12과 연결된다(예. 사 48:12: "나는 그니 나는 처음이요 또 나는 마지막이라"; 자세한 내용은 계 1:4, 8을 보라). 이사야서의 이 본문들에 근거한 이러한 형식적 칭호들은 자연스럽게 계 21:1-5의 앞 문맥에서 흘러나온다. 앞 문맥에는 이사야서 후반부의 일련의 예언들이 제시된다.

5절과 6절은 요한계시록에서 하나님이 분명히 인용된 두 번째 본문이다. 첫 번째 본문은 1:8이다. 두 본문 모두에 "알파와 오메가"라는 칭호가 등장한다. 이 칭호가 요한계시록의 시작과 끝에 등장한다는 것은 적합하고, 우연이라고 할 수가 없다. 이렇게 배열된 것은 하나님 칭호의 비유적 의미를 더욱 강조한다. 즉 양극단(처음과 마지막)을 언급함으로써 그 사이에 있는 모든 것이 포함된다는 사실을 강조한다. 1:8과 21:6 사이에서 이야기되고 묘사된 모든 사건은, 요한계시록이 기록되기 이전의 모든 역사처럼 하나님의 절대적 주권 아래 있다.[37]

---

37) A. Y. Collins, *Apocalypse,* 145.

이 칭호의 핵심은 시간을 초월하시는 하나님이 역사의 전 과정을 인도하신다는 데 있다. 하나님이 역사의 처음과 마지막에 대해 주권을 행사하시기 때문이다. 그러므로 21:6의 두 칭호는 역사에서 일어나는 모든 사건에 대한 하나님의 절대 주권을 언급한다. 이에 근거하여 독자들은 하나님이 첫 창조를 존재하게 하셨듯이 그 창조를 확실히 마무리하신다는 사실을 확신할 수 있다.

6절 나머지 부분에는 두 칭호에 하나님이 그의 구속함을 받은 백성에게 복을 주실 것이라는 확신을 준다는 내용이 있다. "내가 생명수 샘물을 목마른 자에게 값없이 주리니." 같은 패턴이 22:12-13에도 등장한다. 이 본문에는 동일한 칭호에 그리스도가 역사의 끝에 "각 사람에게 그가 행한 대로 갚아 주리라"는 확신이 있음이 표현된다. 그곳이나 이곳의 이어지는 문맥에는 역사의 끝에 주어질 같은 저주와 구원의 복의 절정이 포함되었다(21:6의 상과 22:17의 상을 비교하고, 21:8의 심판과 22:15의 심판을 비교하라). 하지만 이 복과 저주가 요한계시록 여러 곳에서 절정 이전에 시작되는 것으로 이해된다는 것은 사실이다(앞에서 계속 주장했듯이 말이다. 7:17과 22:17에서 "생명수"를 얻는다는 것이 대표적 예다).

사 49:10은 여러 이사야서 본문에 대한 언급을 계속하며, 생명의 유지를 위해 주시는 생명수를 가리키는 비유적 상(賞)의 기초가 된다. 이 이사야서 본문은 이스라엘을 회복시켜서 하나님이 그들과 함께하심으로 나타나는 상황 중 하나를 "그들이 주리거나 목마르지 아니할 것이며 더위와 볕이 그들을 상하지 아니하"는 것이라고 서술한다(참조. 요 6:35). 이사야서의 "샘물"은 이제 "**생명**수 샘"이 되었다. ζωῆς("생명의")는 동격 소유격("샘물, 즉 **생명**") 또는 형용사적 소유격("**살아 있는** 샘물"; 참조. 사 12:3에는 동격 소유격으로 "구원의 샘"이라고 표기되었다)일 것이다. 영생을 가리키는 "생명수"의 기원은 하나님과 어린 양이다(22:1, 17; 이와 비슷한 내용의 렘 2:13; 시 36:8-9; 욜 3:18; 요 4:10; 7:38; 구약성경과 유대교 자료 중에서 "생명수"와 병행할 수 있는 추가 자료에 대해서는 7:17의 주석 참조). 이것은 하나님 및 그리스도와 영원히 교제하는 생명이다. 이 교제는 어린 양의 구속의 죽음을 믿는 믿음과 어린 양의 구속의 사역을 꾸준히 증언한 사람들이 누리게 된다. 이러한 믿음을 가진 사람들만이 은혜에 근거하여, 또는 "값없이"(δωρεάν, "은혜로"라는 뜻의 이 단어는 "대가 없이" 또는 "자유롭게"로 번역될 수 있다) "물의 샘"(= 하나님의 구원의 임재)에 나아갈 수 있다.

물을 "자유롭게" 받는다는 사상 역시 사 49:10에 뿌리를 두고 있다. "그들을 긍휼히 여기는 이"가 "샘물 근원" 장면 앞에 등장하기 때문이다. 하나님의 긍휼에 관한 이사야의 진술은 그의 백성이 자유롭게 물을 마실 수 있는 이유로 해석되었을 것이다. 이러한 제안은 49:10의 회복사상을 발전시키고 사 49장과 함께 계 21:6에 암시된 사 55:1에서 확증된다. "오호라! **너희 모든 목마른 자들아! 물로 나아오라. 돈 없는 자도 오라. 너희는 와서 사 먹되 돈 없이, 값없이 와서 포도주와 젖을 사라.**" 계 21:1-5에 언급된 내용과 맥을 같이하여, 교회는 사 49:10의 회복에 관한 예언을 성취한다. 반면에 유대교 전통은 사 49:10-13, 21을 귀환한 유대인 포로들, 특히 "열 지파"에서 성취된 것으로 해석했다(예. *Pesikta Rabbati* 31).

생명수에 대한 약속을 순교자들에게만 제한하려는 것은[38] 그 근거가 빈약하다. 같은 약속이 22:17에서 구속함을 받은 공동체 전체에게 주어지고(참조. 22:12-19),[39] 이사야서의 암시들이 그 문맥에서 이스라엘의 구속함을 받은 공동체 전체가 이 약속에서 유익을 얻을 것이라고 예언하기 때문이다.

"값없이"라는 의미의 δωρεάν에 대해서는 요 15:25, 고후 11:7, 갈 2:21을 보라. "자유롭게"의 의미는 마 10:8, 롬 3:24, 살후 3:8을 보라.

5-6절에서 "말했다"에서 "말한다"로, 그리고 다시 "말했다"로 시제가 바뀐 것은 요한의 환상 문체의 특징이다. 다시 말해 요한이 환상 속에서 음성을 들은 것은 과거의 일이지만 그는 그 환상을 생생하게 묘사하기 위하여 현재 시제를 사용했다는 것이다. 필경사들 중에서는 첫째 동사와

---

38) Lohmeyer, *Offenbarung*, 168.
39) Brütsch, *Offenbarung* III, 33.

셋째 동사를 현재 시제로 바꿈으로써 이것을 부드럽게 하려고 한 사람들이 있었다(5절에서 1854 2030 2377 *pc*; 6절에서 ℵ *pc*).

몇몇 필경사들은 동사 γέγοναν("이루었도다")이 이어지는 ἐγώ("나는")와 결합된다고 잘못 이해하여, γέγονα("내가 나타났다, 일어났다, 또는 내가 이루었다")로 읽는다(ℵ 051ˢ 𝔐 syʰ sa). 제2부정과거가 완료형으로 이어지는 흔치 않은 형태로 인해 이렇게 바꾸게 되었을 것이다.[40] 외적 증거는 γέγοναν을 그 자체로 놓아두고 ἐγώ는 이어지는 문장의 시작으로 이해한다(A 1006 1841 2053 2062 *pc* [latt] syᵖʰ Irˡᵃᵗ).

사 55:1은 유대교 전통에서 즐겨 인용되는 증거 본문이었다. 물 은유는 영원한 구원이 아니라 토라와 동일시된다(예. *Mekilta de Rabbi Ishmael*, Vayassa 1.75-80; *Midr.* 시 1.18; 87.5; *b. Abodah Zarah* 5b). 요한이 생각하기에 그리스도와 그의 구속 사역은 계시의 절정으로서 토라를 대체했다.

7절 여기서 삼하 2:14의 다윗 왕조 예언에 약속된 복을 "상속으로 받는다"는 언급은 사 55:1-3에서 영감을 받았음을 보여주는 단서가 된다. 하나님은 "목마른" 자들에게 이스라엘과 함께 "영원한 언약, 곧 다윗에게 허락한 확실한 은혜"를 맺겠다고 약속하신다(55:3).[41]

지금까지 새 창조의 약속을 받는 사람들은 일반적으로 "하나님의 백성"이라고 밝혀진 사람들에게만 해당되었다(참조. 21:3). 7절은 하나님의 백성이 누구인지를 더욱 자세하게 정의한다. 하나님의 백성 한 사람 한 사람은 "이기는 자"(ὁ νικῶν)다. "이기는 자들"은 그들의 삶이 박해의 위협에도 아랑곳하지 않고 믿음으로 타협하지 않는 특징을 가진 사람들이다. 하나님의 백성은 박해로 인해 세상적인 관점에서는 패한 것처럼 보일 수 있을지 몰라도 그들이 믿음을 유지할 때 역설적으로 승리한다("이김"에 대해 자세히 논

40) B. M. Metzger, *Textual Commentary,* 767. 하지만 그리스어 방언과 신약성경 여러 곳에서 반복되는, 완료형으로 마무리 짓는 현상에 대한 광범위한 증거는 MHT II, 221을 보라.

41) Kraft, *Offenbarung,* 265.

의한 2:26-29의 주석 참조). 이김의 과정이 죽음 이전에 시작되기는 하지만, 여기서는 그들의 생애 끝에 그 과정의 완성과 특히 옛 세상의 끝에 충만한 상속을 받는 데에 초점이 있다. 7절과 21:1-22:5 전체의 목적은 참 그리스도인들에게 하나님의 충만한 복을 상속받기 위해 어려움을 인내하라고 권하는 데 있다.

2-3장의 일곱 교회에게 보낸 편지에서 이기는 자에게 주신 약속들은 모두 하나님과의 교제라는 구원의 복을 가리킨다. 이 복은 생명에 필요한 모든 것을 제공한다(안전, 가정, 힘, 음식, 옷, 이름 등). 그러므로 이 복은 하나님의 집에 속한 모든 신자에게 적용된다. "기본적인 약속 하나가 다양한 이미지로 전달된다. 이 모든 것은 '내가 있는 곳에 이기는 자가 있을 것이라'는 원리를 분명히 보여준다"(참조. 21:3, 7; 22:3-4).[42] 계 21:7은 21:1-6의 여러 약속을 받는 것을 다음과 같은 말로 요약함으로써 같은 내용을 말한다. "이기는 자는 **이것들**을 받으리라."[43]

이 다중적 상속은 요한계시록의 결론에서 일곱 교회에 보낸 편지에서 **이기는 자들**에게 하신 약속을 인용함으로써 강조된다. "하나님의 낙원에 있는 생명나무"(2:7; 22:2), 새 성전에 들어감(3:12; 21:22ff.), "하나님께로부터 하늘에서 내려오는 새 예루살렘에 참여함"(3:12; 21:2, 10), 그에게 하나님의 이름이 있음(3:12; 22:4), "그 이름이 생명책에 기록됨"(3:5; 21:27), 흰옷(3:5; 21:2, 9ff.; 참조. 19:7-8), 흰 돌과 별(2:17, 28; 21:11, 18-21, 23; 22:5, 16), 그리스도와 함께 왕 노릇함(2:26-27; 3:21; 22:5), "둘째 사망에 들어가지 않음"(2:11; 21:7-8) 등.[44]

종말의 복을 묘사하는 이 모든 다중적인 장면이 나타내고자 하는 비유의 핵심은 7절의 결론에서 하나님이 그의 백성과 함께 계신다는 것으로 해석된다. "나는 그의 하나님이 되고 그는 내 아들이 되리라." 이것은 3절 끝

---

42) Minear, *New Earth*, 60.

43) Swete, *Apocalypse*, 281.

44) 참조. Corsini, *Apocalypse*, 408-10.

에서 하나님이 함께하신다는 약속을 풀어서 반복하는데, 이는 이 주제가 1-7절의 핵심 주제임을 강조한다. 3b절에서처럼 여기서도 약속의 배후에는 같은 구약의 예언이 그 배경으로 자리한다. 그래서 미래의 절정에 이를 때에 구약의 약속이 성취될 것이라는 핵심이 다시 반복된다. 하지만 3절과 7절의 차이 하나는 성도들이 공동체적으로 "백성"이라고 언급되는 대신, 지금은 각 신자가 개인적으로 "아들"로 언급된다는 데 있다. 이는 지금 여기서 더 분명하게 염두에 둔 본문이 다른 구약 본문과 결합된 삼하 7:14인 까닭이다("나는 그에게 아버지가 되고 그는 내게 아들이 되리니." 참조. 시 89:26-29). 사무엘하의 약속은 영원히 다스릴 장차 임할 다윗의 후손에게 하신 약속이었으며, 이 약속은 시 2:7과 히 1:2-5에서 땅을 유업으로 받을 메시아에게 적용되었다. 하지만 지금 그 약속은 그리스도가 백성을 대표하는 공동체적인 대표라는 개념에 따라 적용된다. 이것은 이미 우리가 계 2:26-27에서 살펴본 시 2:8-9의 개인적·공동체적인 성취와 맥을 같이한다. 성도들은 "그리스도 안"에 있으므로(참조. 1:9), 그리스도가 상속한 것을 그들도 충분히 상속할 것이다(5:12-13과 11:15의 그리스도의 영원한 왕 노릇과 22:5의 성도들의 영원한 왕 노릇을 주목하라). 그리스도는 여전히 하나님의 특별하고 신적인 아들이시다. 하지만 그가 대표하는 사람들은 그의 아들 됨의 특권을 받는다.[45)]

𝔐[K]는 원본인 κληρονομήσει("그는 상속하리라")를 2, 3장의 편지들에 있는 패턴과 일치시키려고 δωσω αυτω("내가 그에게 주리라")로 바꾸었다. 2, 3장에서는 7번 중 4번이 주격 ὁ νικῶν(또는 이 단어의 여격) 다음에 δωσω αυτω가 이어진다(2:7, 17, 26; 3:21).

필경사들 중에는 단수의 공동체적인 특성을 이해하지 못해 그것을 복수형으로 바꾼 사람들이 있었다. 그들에게는 이 어구가 하나님의 백성 모두에게 적용되는 것이 분명했기 때문이다("나는 그들의[αυτων] 하나님이 되고, 그들[αυτοι]은 내 아들들[υιοι]이 되리라[εσονται]"; 1854 2030 2377 𝔐[A] Tert).

45) Beasley-Murray, *Revelation*, 313-14.

쿰란 공동체도 삼하 7:14을 하나님이 미래의 성전과 성막을 영원히 세우실 때 성취될 것이라고 이해했다(계 21:3, 7과 1QFlor 1.1-13을 비교하라).

8절 하나님의 백성 중에 포함되지 않는 사람들은 1-7절에서 하나님의 참 백성이 경험한다고 반복적으로 언급된 하나님의 친밀하고 가족과 같은 임재를 누리지 못한다. 하나님의 임재에서 영원히 분리되는 일은 그 자체로서 심판이다.

요한은 심판을 받게 될 자들 중에서 다양한 부류의 죄인들을 열거한다. "두려워하는 자들"로 시작하는 죄의 목록을 소개하고 "거짓말하는 자들"로 그 목록을 마무리함으로써 요한은 이 악들이 주로 위기 또는 박해에 직면한 소위 그리스도인들의 실패를 암시한다는 것을 보여준다.[46] δέ("그러나")는 두려워하는 자들과 이긴 자들을 대조하여, 두려워하는 자들이 신앙을 고백한 그리스도인들이었음을 암시한다. 그들은 가시적 공동체에 있던 사람들로서 세상과 "거룩한 전쟁을 치르는 동안 배교한" 사람들이다.[47] 그들은 짐승과 싸우는 중에 용감한 믿음을 보여주지 못했다.

악의 목록은 요한이 교회에 경고했던 전형적인 죄들의 요약이다. 각각의 죄는 천상적 도시의 시민을 특징짓는 긍정적인 품성과 정반대되는 품성일 수가 있다. 예를 들어 "두려워하는 자들"과 대조되는 사람들은 두려워하지 말라는 권면에 적극적으로 반응한 신자들이다(2:10).[48] 교회 공동체 안에 있는 "두려워하는 자들과 충성되지 못한 자들"은 박해의 압박에 굴복하며, 그들이 그리스도를 따르는 자들이라는 사실을 시인하라는 부름을 받았을 때 충성하지 않는다(마 13:21). δειλός는 "비겁한 자"(참조. Sir. 37:11) 또는 "소심한 자" 또는 "두려워하는 자"로 번역될 수 있지만, 마지막 2개는 박해에 직면하여 용감한 인내가 결여된 것을 강조한다("두려워하다"는 뉘앙스에 대해서는 LXX의 신 20:8; 삿 7:3; 대하 13:7; Wis. 4:20; Sir. 2:12-13; 22:18; 1 Macc.

46) Boring, *Revelation*, 217.

47) Valentine, "Temple Motif," 243.

48) Minear, "Ontology and Ecclesiology," 101-2.

3:56을 보라). 이 단어 다음에 "믿지 아니하는 자들"이 이어지는 것으로 보아, 이 단어는 공허한 믿음을 암시한다. 그리고 이 사실은 δειλός의 복수형 바로 다음에 "믿음이 적은 자들아"가 이어지는 마 8:26, 막 4:40에 의해 더 힘을 얻는다(이와 비슷하게 Sir. 2:12-13; 참조. 삿 9:4 LXX[B]). 이처럼 요 14:27-29에서 이 단어의 동족 동사는 환난 가운데 있는 화평과 믿음과 대조를 이룬다(참조. 14:1; 16:31-33).

"흉악한 자들과 살인자들과 음행하는 자들과 점술가들과 우상숭배자들"은 교회 안에 있는 타협하는 자들, 그리고 부차적으로 이교의 불신자들을 가리킨다. 실제로 이교 세상에서 늘 있던 음행과 우상숭배의 여러 형태는 교회 안에 있는 몇몇 사람들의 신앙에 위협이 되었다(2:14, 20-21의 주석 참조). 이 악들은 구약성경과 신약성경에서 우상숭배의 문맥과 연결된다("음행"[πορνεία]과 관련하여 2:14, 20-22을 보라. 또한 9:21; 21:8; 22:15을 보라. 우상숭배로서 "흉악한 것"[혐오스러운 것]에 대해서는 17:4-5의 주석 참조). 그러한 죄는 우상숭배와 관련된 활동에 속하는 것이든지, 그 자체로 실제적인 우상숭배 행위가 되었다(아이 제사와 같은 살인이 포함되는 우상숭배는 시 106:36-38을 보라).

살인자들은 성도들과 우상숭배의 경제 제도에 연합하기를 거절했던 사람들을 박해했던 짐승과 음녀의 하수인들의 일부이다(13:15; 17:6).[49] "음행하는 자들"(πόρνος)과 관련해서 요한은 제의를 목적으로 하는 성관계를 염두에 두었을 것이다. 이것은 고대 가나안 문화로 거슬러 올라가는 이교 신전 및 숭배와 연관된다.[50] 마찬가지로 "점술"과 마술은 신약시대 훨씬 전부터 우상숭배와 관련하여 종종 시행되었다(레 19:26-29과 신 18:9-11을 보라. 신명기 본문은 아이를 제물로 드리고 점을 치는 것과 관련이 있다).[51] 흥미롭게도 왕하 9:22 LXX은 이세벨이 "음행(πορνεία)과…많은 마술(φάρμακα)"을 행

---

49) Caird, *Revelation,* 267.
50) R. J. A. Sheriffs, *NBD,* 1048.
51) K. A. Kitchen, *NBD,* 768-71.

했다고 한다(2:20-22의 주석 참조).

죄의 목록은 "거짓말하는 모든 자들"(ψευδής)로 마무리된다. 이것은 타협하는 행위 또는 거짓 교리로 자신의 기독교 신앙고백을 배반하는 사람들에게 초점이 맞춰졌을 가능성이 있다. 이 단어는 2:2에서 실제로는 아니지만 "자칭 사도라 칭함"으로써 거짓말하는 사람들을 가리키기 위해 사용된 적이 있다. 이 동족 동사는 3:9에서 그리스도를 저버리면서도 하나님의 참된 백성이라고 주장함으로써 거짓말하는 유대 민족에게 사용되었다. 신약성경에서 ψευδής는 요한계시록을 제외하고는 오직 행 6:13에만 등장한다. 여기서 이 단어는 스데반에 대해 거짓 증언하는 사람들을 가리킨다. 마찬가지로 요한1서에서 ψευστής("거짓말하는 자")는 행동이나 교리가 믿음의 고백과 모순되는 교회 안에 있는 사람들에게 사용되었다(요일 2:4, 22; 4:20; 5:10).

거의 똑같은 죄인의 목록이 22:15에 등장하며, 비슷하지만 축약된 목록이 21장 마지막에 나온다(27절). 나중에 등장하게 될 두 목록은 모두 이곳의 목록 끝에 있는 "거짓말하는 자들"을 반영하는 거짓말하는 자로 끝난다. 이것은 심판받는 자들이 분명하게 그리스도인이라고 고백은 하면서도 그들의 삶의 양식이나 거짓된 교리로 모순을 일으키는 사람들이라는 사실을 강조한다. 딛 1:16에서 이와 비슷한 사상이 표현된다. "그들이 하나님을 시인하나 행위로는 부인하니 가증한 자요 복종하지 아니하는 자요 모든 선한 일을 버리는 자니라." 여기 계 21:8에서 염두에 둔 것은 짐승에 관해 거짓말을 유포하는 사람들일 수도 있다(13:12-15).[52] 3:9에서는 "거짓말"이 원초적인 거짓말쟁이(요 8:44)요 속이는 자(계 12:9; 20:2-3)인 사탄에게 헌신하는 것과 연결된다(2:9에서도 그렇다). 계 14:5은 하나님의 참 백성이 거짓말을 하지 않는다고 한다. 이는 그들이 복음의 진리를 고백하며 타협하지 않으려고 인내하는 것을 가리킨다. 새로운 세상에 거짓말하는 사람들이 없다는 것은 다가오는 질서가 사탄과 같은 거짓말하는 자도 들어가도록 허락된

52) Beasley-Murray, *Revelation*, 314.

타락 이전의 우주보다 더 높은 수준에 있는 것임을 보여준다.

하나님의 참 백성은 그리스도와 더불어 영원히 왕 노릇 하는 것을 보장하는 "첫째 부활에 참여한다." 그래서 그들은 "둘째 사망"에 영향받지 않는다(20:6; 22:5). 이와는 대조적으로 악한 자들은 "둘째 사망인 불과 유황이 타는 불 못에 들어간다"(21:8b). 형벌을 이렇게 비유적으로 묘사한 것은 하나님에게서 분리된 괴로움 외의 고통이 부가되었음을 암시한다("불과 유황"과 "둘째 사망"의 영원한 특성에 대해서는 14:10-11; 19:20; 20:10의 주석 참조). 이미 관찰했듯이 옛과 새, 처음과 둘째의 대조는 부분적이고 잠정적인 것과 절정에 도달한 영원한 것을 대조한다(20:5-6의 주석 참조). 그래서 여기서 "둘째 사망"은 완전하고 영원한 형벌을 가리킨다.

새 창조는 의인들이 상속받는 것이라서(7절), 불의한 거짓 그리스도인들과 비기독교 세계 전체는 새 창조의 경계 안에 거하지 못한다는 사실을 주목할 필요가 있다. 21:1-22:5은 하나님의 임재의 복이 새로운 창조세계 전체에 스며 있음을 보여준다. 반면에 21:8과 21:27은 하나님의 심판이 새로운 창조세계 경계 밖에서 드러남을 시사한다(22:15을 보라). 비록 "둘째 사망"이 완전한 형벌이라고 해도, 둘째 사망을 당하는 사람들은 새로운 우주 영역 밖에서 그런 형벌을 당한다. 이미 앞에서 관찰했듯이 새로운 질서에는 "다시는 사망이 없고…아픈 것이 다시 있지 아니할 것이다"(21:4). 비슷한 방법으로 우리는 새 질서에는 "바다도 다시 있지 않다"는 말을 듣는다. 이 비유적 바다는 "둘째 사망인 불 못"과 개념적으로 어느 정도 중첩되는 것 같다. 따라서 둘째 사망의 비유적인 불 못 근저에 있는 실체는 다른 곳에 존재하는 것이 틀림이 없다. 아마도 새 창조의 차원과는 다른 차원에 있을 것이다.

렘 3:7-10 LXX은 이스라엘의 우상숭배를 "음행"(πορνεία), "불충성"(ἄπιστος와 동의어인 ἀσύνθετος), "거짓"(ψεῦδος)으로 언급한다. 이것은 계 21:8의 세 단어가 "우상숭배자들"과 함께 모두 우상숭배에 연관되었음을 더욱 암시한다. 몇몇 사본의 죄 목록 안에서 "흉악한 자들" 앞에 "그리고 죄인들"(και αμαρτωλοις)이라는 어구가 왜 삽입되었는지는 분명하지 않다(1854 2329 𝔐ᵏ sy).

계 21:7-8처럼 *2 Bar.* 44:12-15도 의인이 "새 세상"을 "기업"으로 상속할 것이며, 불의한 자는 "불속에서" "괴로움을 당할" 것이라고 예언한다. 이와 비슷한 4 Ezra 7:75을 보라.

나머지 환상은 주제에 따라 다음과 같이 나눌 수 있다. 성의 첫 모습(21:9-14), 성 측량(21:15-17), 성의 재료(21:18-21), 성의 내부(21:22-27), 성 안의 하나님 임재의 상징들(22:1-5).[53] 이 중 3개는 21:9, 22, 22:1에서 주제의 전환과 관련이 있고 환상을 소개하는 어구로 표시된다. 21:9-27의 4중적 문단 나눔에 대해서는 아래 21:9-10의 주석을 참조하라.

21:12부터 22:5에 이르는 새 예루살렘 성의 대략적 구조는 겔 40-48장의 환상에 근거한다. 그 환상에는 마지막 성전의 패턴(40-44장)과 종말론적 성의 준비, 성전 주변의 땅 분배(45-48장)가 예언되었다. 계 21:2-22:5은 성전과 성과 땅을 하나님이 그의 백성과 교제하신다는 하나의 실체와 관련된 하나의 종말론적 장면으로 통합함으로써 에스겔서의 미래적 성취를 해석한다. 이러한 동일시는 에스겔이 성전과 성과 땅이 같은 진리를 가리킨다고 밝힌 것에 근거한다. 비록 에스겔이 계 21:9-22:5처럼 분명하게 이 3개를 종합하지는 않았지만 말이다. 에스겔은 땅과 마지막 성소를 상속하는 절정이, 하나님이 그의 "거처"를 이스라엘과 "함께 할 것"이라는 하나님의 "영원한 평화 언약"을 가리킨다고 설명한다(겔 37:25-28; 또한 성전의 중요성과 관련하여 43:7도 보라). 에스겔이 본 환상의 결론적 진술은 새롭게 된 성의 궁극적인 의미가 하나님이 자기 백성과 함께하시는 것을 의미한다고 해석한다(48:35: "그날 후로는 그 성읍의 이름을 '여호와가 거기 계시다'라 하리라"). 요한이 새 예루살렘에서 "성전을 보지 못하였으니 이는 주 하나님 곧 전능하신 이와 및 어린 양이 그 성전이심이라"(21:22)고 한 것은 그의 해석

53) Lohmeyer, *Offenbarung*, 171을 따름.

의 정제(interpretative distillation) 방법을 알려주는, 부분적이지만 분명한 증거다.

21:10-22:5이 물리적인 성을 문자적으로 묘사한다고 해석하는 사람들이 있다. 하지만 이것은 개연성이 매우 낮다. "어린 양의 신부"(10절), 즉 구원받은 사람들의 영원한 공동체(21:2, 10)가 21:11-22:5에서 자세히 묘사된 도시와 동일시되기 때문이다. "내가 신부 곧 어린 양의 아내를 네게 보이리라.…거룩한 성 예루살렘을 보이니"(21:9-10).[54]

21:9-22:5은 바로 앞에 있는 21:1-8을 다시 언급한 단락이다. 21:9-22:5은 새 창조에서 하나님과 그의 백성이 누리는 궁극적인 교제와 백성의 완전한 안전을 묘사한 장면을 확대한다.[55] 일례로 21:2은 21:9-11에서 발전되었고, 21:3은 21:22-24과 22:3에서, 21:6은 22:1에서, 그리고 21:8은 21:27a에서 각각 발전되었다.[56] 그러한 병행과 반복의 사용은 요한계시록의 전형적인 문체이자 히브리어 문체의 특징이다. 이것은 계 21:11-22:5에서 반복적으로 암시된 사 60장에서 드러난다(예를 들어 사 60:1b과 60:2b, 19b; 60:4c과 60:9b; 60:5b과 60:11b; 그리고 60:19과 60:20을 각각 비교하라).[57] 계 20:9에서 "성"이 언급된 것은 21:9-22:5에 묘사된 성이 그리스도의 구속 사역의 결과로 교회 시대 내내 감춰지고 부분적인 형태로 계시된 것임을 암시한다.[58] 여기서 다뤄지는 단락은 그 성의 완전한 형태를 계시한다.

하지만 21:9-22:5을 20:4-6의 천 년 통치를 묘사하는 것으로 이해하는 사람들이 있다. 이러한 생각을 가진 사람들은 21:1-8이 영원한 상태를 묘사한다고 이해한다.[59] 21:1-8과 21:9-22:5 사이에 관찰된 병행에 비춰 볼 때, 21:9-22:5이 21:1-8을 반복한다고 생각하지 않는 사람들은 그렇지

54) A. F. Johnson, "Revelation," 595을 따름.
55) Sweet, *Revelation,* 296-97을 따름. 마찬가지로 Prigent, *Apocalypse,* 322-23을 보라.
56) Schüssler Fiorenza, *Revelation: Vision of a Just World,* 109.
57) I. T. Beckwith *Apocalypse,* 770.
58) Beasley-Murray, *Revelation,* 315-18.
59) 예. Charles, *Revelation* II, 154ff., 200ff.; Preston and Hanson, *Revelation,* 133-42.

않다는 증거를 제시할 책임이 있다. 마찬가지로 두 번째 단락을 나중에 추가했거나 계획 없이 통합된 전통적인 단편으로 이해하는 사람들은 더 많은 증거를 제시해야 그러한 주장이 설득력을 얻을 수 있다.[60)]

거룩한 성의 첫 모습: 하나님의 영광스러운 임재로 구속함을 받은 사람들의 침범할 수 없고 완전한 공동체가 세워진다(21:9-14).

9절과 10절은 반복을 알리는 첫 번째 분명한 이정표다. 요한은 그가 본 것이 "신부"이며 "하나님께로부터 하늘에서 내려오는 거룩한 예루살렘"이었다고 두 번째(참조. 2절) 말한다. 여기서 우리는 요한이 "사자"에 관해 들은 후 "어린 양"을 보았던 5:5-6과 같은 들음-환상 패턴을 다시금 본다. 요한은 어린 양의 아내를 보게 될 것이라는 말을 들은 다음 "거룩한 성 예루살렘"을 본다. 이는 그가 들은 것을 해석한 것이다.[61)] 3-8절이 1절에서 언급된 신부와 성의 의미를 설명했듯이, 21:11-22:5도 이와 비슷하게 이곳 21:9-10에서 언급된 신부와 성의 중요성을 확장한다. 신부의 "남편"(2절)은 이제 분명하게 "어린 양"으로 밝혀진다. 9ff.절의 내용은 19:7ff.의 내용을 확장한다. "어린 양의 혼인이 이르렀고, 그의 아내가 자신을 준비하였으므로…." 신부는 어린 양의 아내라고도 불린다. 정혼은 성경시대의 문화에서 결혼과 매우 밀접한 관련이 있기 때문이다. 이미 19:7에서 "아내"(γυνή)는 "신부"(νύμφη)의 동의어로 사용되었으며, 이 단어를 대부분의 번역 성경에서는 "신부"로 번역했다.[62)]

환상을 소개하는 어구의 상당히 많은 분량이 17:1, 3에 있는 어구를 반복한다.

---

60) I. T. Beckwith, *Apocalypse,* 768-71에 있는 논의를 보라.

61) Hailey, *Revelation,* 411.

62) Beasley-Murray, *Revelation,* 318.

17:1, 3	21:9-10
"또 일곱 대접을 가진 일곱 천사 중 하나가 와서 내게 말하여 이르되, '큰 음녀가 받을 심판을 네게 보이리라….' 성령으로 나를 데리고 광야로 가니라."	"일곱 대접을 가지고 마지막 일곱 재앙을 담은 일곱 천사 중 하나가 나아와서 내게 말하여 이르되, '이리 오라! 내가 신부 곧 어린 양의 아내를 네게 보이리라' 하고 성령으로 나를 데리고 크고 높은 산으로 올라가"("일곱 재앙"과 "일곱 대접"의 구약 배경에 대해서는 15:1, 7의 주석 참조).

17:1, 3의 반복은 문학적 방법과 해석적 방법으로 기능하는 것 같다. 문학적으로 보면 반복된 단어들은 요한계시록의 마지막 공식적 단락의 시작을 표시한다. 마지막 두 주요 단락을 17:1-19:21과 20:1-22:5로 보는 사람들이 있는 반면에, 17:1-21:8과 21:9-22:5로 나누는 사람들도 있다. 후자가 더 지지를 받는데, 17:1, 3과 21:9-10 사이의 문학적 반복 때문만 아니라, 요한계시록의 결론적 단락(완전해진 교회)과 첫 번째 주요 단락(2-3장, 불완전한 교회; 본서 서론의 "요한계시록의 구조와 계획"을 보라) 사이의 주제적 대조 때문이기도 하다.

해석학적으로 보면 반복되는 서론적인 환상 용어에는 바벨론 음녀와 거룩한 예루살렘 신부를 대조하려는 의도가 있다(두 도시를 대조한 자세한 목록에 대해서는 본서 계 22:5 주석 뒤의 "21:1-22:5 환상의 목적과 수사적 기능"을 보라). 바벨론의 만연한 경제적·종교적 제도는 국가와 연합하여 세상에 속한 사람들 사이에서 다양한 우상숭배를 부추김으로써 음행을 행했다(17:2의 주석 참조). 반면에 하나님의 백성은 어린 양에게만 충성한다. 그들은 다 지나간 잠정적인 옛 창조와 동일시된 불의한 주민들을 영원히 대체하는 새 창조의 의로운 주민들이다. 구속함을 받은 공동체는, 우상숭배를 통해 음행한 불경건한 공동체와 대조되는, 하나님께 충성스러운 "신부와 아내"와 같다(우상숭배를 하는 불경건한 자들에 대해서는 17:1-5의 주석 참조).

두 성은 각각 같은 의복과 장신구로 치장한 것으로 그려진다("금", "보석", "진주" 등; 참조. 17:4; 18:12, 16; 21:18-21). 이것은 그들 각각의 다른 사역을 가리키는 상징이다.[63] 음녀의 장식품(17:4)은 그리스도인들을 박해하고 다른 사람들에게 그들의 믿음을 타협하라고 유혹하며 국가와 협조하는 세상의 경제적 힘을 가리킨다(경제적 초점에 대해서는 14:8; 17:2; 18:6, 12, 16의 주석 참조). 이와는 다르게 신부의 장식품은 최소한 그의 충성된 사역 또는 충성된 행위의 결과로 정당성을 입증받은 상태를 가리킨다(자세한 내용은 19:7-8; 21:2의 주석 참조). 신부가 성전의 기초가 되는 보석으로 치장했다는 것(21:18-21)은 그가 정당성을 입증 받은 상태를 강조한다. 이것은 옛 땅에서의 안전이 아니라 새로운 우주의 신적인 영광을 반영한다. 하나님이 그를 구속하셨지, 스스로의 힘으로 구속함을 얻은 것이 아니기 때문이다. 고전 3:5-15 역시 그리스도인의 믿음이 "금과 은과 보석"으로 이루어진 "터" 위에 세워진 성전의 한 부분으로서 하나님에 의해 이루어졌음을 언급한다. 그들의 믿음은 최후의 심판 때 순전하다고 인정을 받을 것이다. 벧전 2:4-7도 신자들을 새 성전의 "보배로운 모퉁이 돌"이신 그리스도와 공동체적으로 하나가 된 보배로운 "산 돌"로 묘사한다.

계 17:1-3과 21:9-10 사이의 병행은 뒤따르는 21:10-22:5에 있는 묘사를 상징적으로 이해해야 함을 암시한다. 요한이 분명히 상징적으로 이해했던 17장의 환상을 이해하는 방식과 동일하게 말이다(예. 17:9, 12, 15, 18). 특히 주목할 만한 것은 17:1의 "큰 음녀가 받을 심판을 **네게 보이리라**"("보이다"[δεικνύω]는 분명히 상징적 환상을 언급한다)와 21:9의 "이리 오라! 내가 신부를 **네게 보이리라**" 간의 병행이다. 바벨론이 하나님을 대적하는 사회경제적이고 종교적인 문화를 상징하듯이, 새 예루살렘으로 묘사된 신부는 하나님 편에 있는 구속함을 받은 공동체를 가리킨다(21:3의 주석 참조).[64] 21:9ff.의 내용을 미래의 문자적 성을 가리키는 환상으로 이해하는

63) Sweet, *Revelation,* 302.

64) Gundry, "New Jerusalem"; McKelvey, *New Temple,* 171-73.

것은[65] 이 본문에 깔려 있는 근본적으로 상징적인 특성을 놓치는 일이다. 본문을 상징으로 이해해야 함은 17:1-3과 21:9-10의 병행에 의해서만 아니라, 21:1-22:5 전체에 암시된 수많은 상징에 의해서도 시사된다. 이것은 문자적인 새 우주가 없을 것이라는 의미가 아니다. 환상의 요지는 새 질서의 핵심적인 특징으로 고귀하게 된 성도들에게 초점을 맞춘다는 데 있다(자세한 내용은 21:1의 주석 참조).

천사는 "성령으로" 요한을 "데리고" 그가 또 다른 환상을 볼 수 있는 다른 차원으로 올라갔다(ἐν πνεύματι는 수단과 영역의 여격이다: "성령 안에서 그리고 성령에 의해서"). 예언자적 사명 문구는 에스겔의 반복된 예언자적 사명을 가리키는 비슷한 문구에 근거한다(겔 2:2; 3:12, 14, 24; 11:1; 43:5; 계 17:3의 주석 참조). 에스겔에게 일어났던 것과 마찬가지로 요한이 반복해서 성령의 영역으로 올라간 것은 그의 예언자적 사명과 권세를 더욱 강조한다(1:10; 4:2의 주석과 특히 17:3 참조. 17:3은 같은 방법으로 에스겔의 사명을 암시한다). 에스겔서의 병행 본문들 중 하나를 제외한 모든 본문에서 하나님은 예언자 에스겔더러 불순종하는 이스라엘에게 심판을 선언하라고 명령하신다. 예외적인 본문인 겔 43:5은 하나님이 영원히 거하실 마지막 때에 세워질 이스라엘의 성전에 관한 환상에 속하는 본문이다. 계 21:10은 겔 43:5("영이 나를 들어 데리고")와 40:1-2("여호와의 권능이 내게 임하여 나를 데리고…나를 매우 높은 산 위에 내려놓으시는데 거기에서 [내 앞에] 성읍 형상 같은 것이 있더라")을 결합한다. 이 결합은 계 21:11ff.에 이어지는 환상이 "매우 높은 산"에 세워진 겔 40-48장의 미래적인 성전을 가리키는 복된 환상과 같은 것일 수 있다는 사실을 의심의 여지없이 암시한다.

천사는 요한을 "크고 높은 산"으로 데려갔다. 아마도 새 성-성전이 있는 곳일 것이다. 구약의 예언은 장차 임할 예루살렘을 높은 산에 세워질 것으로 보았기 때문이다. 겔 40:1-2처럼 계 21:10은 미래적인 성전 환상을 소개한다. 에스겔이 보았던 것은 미래에 발생할 것이었고, 요한도 미래에 발

65) Seiss, *Apocalypse*, 495-96이 그렇게 이해한다.

생할 것을 보았다. 두 예언자의 환상은 하나님이 그의 백성과 함께하시는 최종적이고 영원한 거처의 동일한 실체를 예언한다. 하지만 요한의 환상에 있는 다른 회화적인 세부 묘사들은 에스겔의 환상을 해석하는 기능을 한다.[66)]

구약의 예언에는 하나님의 종말론적인 성과 그 성전이 높은 산 위에 세워질 것이라고 언급한다(사 2:2-3; 4:1-5; 25:6-26:2; 미 4:1-2; 참조. 시 48:2; *Jub*. 4:26; 참조. 사 40:9, "너는 높은 산에 오르라"). *1 En*. 24-25은 다른 모든 산 위에 "뛰어난 높은 산"이 하나님의 종말론적 "보좌"라고 주장한다. 그 위에는 "택함 받은 자들에게 양식을 공급할 열매"를 맺는 나무가 자란다. 나무와 보좌 모두 성전에 있다. 겔 28:14, 16은 첫 "에덴동산"도 보석이 있는 "산" 위에 있었다고 한다.

9절의 두 중요한 사본(2053과 2062)에는 τὴν νύμφην τὴν γυναῖκα τοῦ ἀρνίου("신부 곧 어린 양의 아내") 대신에 τὴν γυναῖκα τοῦ ἀρνίου("어린 양의 아내")만 있다. 이렇게 생략된 이유는 필경사의 눈이 의도하지 않게 첫 τήν에서 두 번째 τήν으로 건너뛰어 일어난 결과다. 하지만 "신부"를 의도적으로 생략했을 수도 있다. 특히 어린 양의 배우자에게 주어지는 명칭이 하나만 언급된 21:2에 비춰볼 때, 생략된 "신부"는 덧말로 간주되었을 것이다.

𝔐[K] (-τας) 1 1006 1611 1841 1854 2030 2377 latt sy에서 τῶν γεμόντων을 τὰς ἑπτὰ φιάλας와 일치시키려고 τας γεμουσας로 바꾸었다.

"성"에 형용사 "큰"이 첨가된 독법(τὴν πόλιν τὴν *μεγαλην*)을 지지하는 소문자사본이 있다(051[s] 1854 2030 2377 𝔐[A]). 형용사가 덧붙여진 이유는 요한계시록에서 ἡ πόλις ἡ μεγάλη가 줄곧 반복해서 등장했기 때문이다(바벨론에 대해서 7번, 땅에 있는 예루살렘에 대해서 1번[11:8]). 그리고 10절

66) 21:1-22:5 전체가 20:4-6의 천년왕국 환상을 자세히 설명한 것이라고 주장하는 Krodel, *Revelation*, 346-47의 특이한 관점을 비교하라. 21:10ff.의 새 예루살렘이 하나님의 구속함을 받는 백성을 가리킨다고 주장하는 사람들에 대해서는 Gundry, "New Jerusalem," 255을 보라.

처음에 "큰 산"이 언급되었다는 데서도 영향을 받았을 것이다. 이 어구는 이곳과 성경 전체에서 예루살렘과 연관된다.

11절 1-8절에서 간략하게 발전된, 하나님이 그의 백성과 충분히 그리고 영원히 친근하게 임재하신다는 주제가 11절에 다시 소개되고 21:11-22:5까지 계속된다. "거룩한 성 예루살렘"(= 하나님의 참 백성)은 11절에서 "하나님의 영광이 있는" 곳으로 묘사되었다. 이스라엘의 성전은 하나님의 영광(= 임재)이 머물렀던 일시적 장소였다. 하지만 새 창조에서는 하나님의 임재가 성전 구조물에 제한되고 백성은 구조물 바깥에 있는 양상을 띠지 않을 것이다. 오히려 백성 자신이 하나님의 임재가 거하는 성인 동시에 성전이 될 것이다(21:2-3, 12-14). 21:1-22:5에 반영된 것이 분명한 사 40-66장의 암시(예. 21:1-2, 4-5, 19-21, 23-26; 22:5)에 비춰볼 때, 여기서 "하나님의 영광"에 대한 언급은 사 58:8과 60:1-2, 19에서 유래했음이 틀림없다. 이 본문은 마지막 때에 예루살렘에 거하시는 "여호와의 영광"을 예언적으로 묘사한다. "하나님의 영광"은 하나님 자신의 임재다(구약성경의 병행 어구와 21:11에서 "하나님의"는 소유의 소유격이든지 동격 소유격인 것 같다).

21:10b은 21:2a을 거의 축자적으로 반복한다. 두 본문 모두 마지막 때의 예루살렘을 언급한다(21:9-10의 주석 참조). 하지만 2b절이 새 예루살렘을 "그 준비한 것이 신부가 남편을 위하여 단장한 것"으로 묘사하는 반면, 11절은 예루살렘에 "하나님의 영광"이 있다고 선언한다. 그렇다고 해서 두 묘사가 서로 상반되는 것은 아니다. 하나님의 영광은 신부의 "단장"이다(자세한 내용은 아래 설명을 보라). 19:7-8이 가능성 있는 적절한 본문이기는 하지만, 21:11a은 21:2에서 언급된 준비한 옷이 하나님의 영광이라고 선언한다. 이것은 하나님의 백성을 입히는, 하나님이 그 백성과 함께하시는 하나님의 굉장한 임재를 가리킨다. 이것은 앞에서 내린 우리의 결론 즉 21:3이, 21:2의 성과 결혼 장면이 하나님이 그 백성과 함께하시는 친근한 교제를 말한다고 해석한다는 결론을 확증한다.

"거룩한 성 예루살렘"에 "하나님의 영광이 있다"라고 묘사된 것과 "그 성의 빛이 지극히 귀한 보석 같고 벽옥과 수정 같이 맑더라"고 한 것은 계속해서 겔 43장을 암시한다. 겔 43장에서도 예언자는 새 성전에 들어가면서 "하나님의 영광"을 보았으며, "땅은 그 영광으로 말미암아 빛났다"(겔 43:2; 43:4-5은 예언자 에스겔이 성전에서 하나님의 영광을 보았다고 2번이나 언급한다). 보석의 빛나는 광채에 비교된 예루살렘의 "빛" 또는 "별"(ὁ φωστήρ)은 "하나님의 영광", 특히 완전해진 하나님의 백성에게서 반사된 영광을 언급하는 또 다른 비유적 방법이다. 이것은 하나님의 백성이 불신 세계 또는 최종적인 부활 이후 영원한 세계에서 "별(φωστήρ)처럼 빛난다"는 단 12:3 LXX과 빌 2:15과 일관성이 있다. 계 4:3에서처럼, 요한이 하나님의 영광을 묘사하려고 할 때 최대한 근접하게 묘사할 수 있었던 방법은 그것을 빛나는 보석으로 언급하는 것이었다.[67] 이는 18-21절에서 예루살렘 성을 비슷하게 묘사한 내용을 부분적으로나마 설명한다. 영광 중에 계신 하나님의 임재를 가리키는 비유인 별은 그리스도를 "빛나는 새벽별"(22:16; 참조. 2:28)로 언급하고, 성령의 충만하심을 "불타는 일곱 '등불'[또는 "횃불"]"로 언급한 것에서도 확증된다.

하나님의 영광이 신부의 "단장"이라는 사상은 19:7-8에 의해서도 시사될 수 있다. "어린 양의 혼인 기약이 이르렀고 그의 아내가 자신을 준비하였으므로 그에게 빛나고 깨끗한 세마포 옷(λαμπρὸν καθαρόν)을 입도록 허락하셨으니." 21:11에 분명히 표현되었듯이, 옷이 빛나는 것은 어느 정도 하나님의 영광과 관련이 있는 것 같다(다른 단어가 사용되기는 했지만, 21:11의 "빛"에 해당하는 단어와 21:18, 21의 "맑은"에 해당하는 단어를 주목하라. 두 단어 모두 그 성의 영광스러운 측면을 묘사하며, 19:8에서는 두 단어가 결합하여 신부의 옷을 묘사한다). 19:8에서 "세마포"는 "성도들의 옳은(의로운) 행실"로 정의되었다. 물론 여기서 "성도들을 위하여 행하신 하나님의 심판"이 부차적으로 암시될 수도 있지만 말이다(19:7-8의 주석 참조). 옷이 "빛나고 깨끗하다"는 것은 하나님의 영광스러운 임재가 그의 백성과 함께 거할 뿐만 아니라 그 영광이 하나님께 부여됨을 암시한다. 하나님께

67) Ladd, *Revelation*, 281.

서 그의 백성이 의로운 행위를 할 수 있도록 은혜를 공급하셨고(="빛나고 깨끗한 세마포 옷을 입도록 **허락하셨으니**," 19:8) 그들을 위해 심판하셨기 때문이다.

겔 43:2 이외에도 구약의 몇몇 본문들은 하나님의 영광과 빛 사이의 병행을 지지한다. 두 이미지는 하나님의 임재를 언급하는 서로 다른 방식들이다. 예를 들어 사 58:8과 60:1-3, 19-20에서는 "빛"과 하나님의 "영광"이 동의어로 사용된다.

12절의 하나님의 "영광"과 3절의 하나님의 "장막"이 동일하다는 것은 7:15에서 동사 σκηνόω와 동족 명사 σκηνή("장막")가 *shekina*를 가리키는 언어유희일 수 있다. 그래서 이 단어들은 광야와 이후의 성전에서 이스라엘과 함께하신 야웨의 임재를 상기시킨다. *Shekina*는 히브리어 동사 *shakan*("머물다")의 명사형이며, 그 단어의 자음들은 σκηνόω의 부정사형(*skēnoun*)과 거의 같다.[68] (계 21:3에 암시된) 레 26:11 MT의 "내가 나의 **장막**[=바티칸 사본에서는 σκηνήν]을 너희 가운데 세우리라"는 팔레스타인 타르굼에서 "내가 나의 영광의 **쉐키나**를 너희 가운데 세우리라"로 번역되었다.[69] (마찬가지로 계 21:3에 암시된) 겔 37:27의 "나의 **장막**이 그들과 함께 있을 것이라" 역시 *Targ*. 겔 37:27에서 "내가 나의 쉐키나를 너희 가운데 머물게 하리라"로 번역되었다(7:15의 주석 참조).

대문자사본 A와 소문자사본 2062에서는 도입 어구인 "하나님의 영광이 있고"(ἔχουσαν τὴν δόξαν τοῦ θεοῦ)가 생략되었다. 필경사의 눈이 10절을 마무리하는 "하나님의"(τοῦ θεοῦ)에서 11절의 동일한 어구로 건너뛰었기 때문이다.

아르메니아어 역에는 "하나님의 영광이 있고" 대신에 "영광인 평화의 산이 있고"로 되어 있다. 이 번역은 하나님의 영광을 예루살렘의 종말론

68) Sweet, *Revelation,* 154; Brütsch, *Offenbarung* I, 338.
69) 이와 유사한 예는 요 1:14을 보라. 참조. Beasley-Murray, *Revelation,* 311.

적인 최후의 평화를 새로운 시온 산에 가지고 온다는 해석이다(*arm* 4;[70] 14:1의 주석 참조). 이것은 21:1-22:5 전체의 기조가 되는 하나님의 백성을 위한 평화와 안전이라는 주제를 강조한다.

후대의 필경사들은 "벽옥" 바로 앞에 있는 어구 ὡς λίθῳ("보석 같고")를 의도적으로 생략했다. 이 어구가 앞에 있는 ὅμοιος λίθῳ에 근거하여 2번 기록한 오류라고 생각했기 때문일 것이다(051^{s} 2050 𝔐^{A} t [sy^{ph}]).

사히드어 역은 "보석 같고"를 "**진리의** 보석 같고"로 해석하며, 그 돌의 빛나는 힘의 계시적 특성을 강조한다.[71]

영어 번역본 중에서는 벽옥을 "수정처럼 맑은"(clear as crystal) 또는 "수정 같이 맑은"(crystal-clear)으로 번역한 것들이 있다(RSV, NASB, KJV). 이것은 오류다. 요한은 빛남을 강조하는 보석을 묘사하려는 데 목적을 둔다.[72] 그래서 κρυσταλλίζω는 "수정처럼 맑은" 대신에 "수정처럼 빛나는"(shine like crystal)이라고 번역하는 것이 가장 좋다.[73]

12-13절 반복되는 서론적 분사 ἔχουσα(ν)("성곽이 있고…문이 있는데")은 10절("하늘에서 내려오는…하나님의 영광이 있고")에서 시작하는 일련의 형용사적 분사의 셋째와 넷째 분사다. 4개의 분사 모두 "거룩한 성 예루살렘"을 묘사한다. "크고 높은 성곽"은 21:27과 22:14-15에 암시된 것처럼, 하나님과의 교제를 깨뜨릴 수 없음을 가리킨다. 이와 비슷하게 *2 En*. 65:10(A)은 새 "낙원"에 "크고 파괴할 수 없는 성곽"이 있을 것이라고 말한다(자세한 표현은 21:4의 주석 참조; 또한 슥 2:5을 참조). 마찬가지로 사 26:1은 하나님이 유다에 "안전[또는 "구원"]을 위해…성곽들을 세우실" 마지막 때의 "견고한 성읍"을 언급한다. LXX은 "그가 구원을 성곽과 울타리로 두루실 것이라"고 번역했다. 사 26:1이 계 21:12-17에 반영되었을 수도 있다는 점은 계 21:24-27과 사 26:2a을 비교해보면 더욱 드러날 수 있다.

---

70) 참조. Hoskier, *Text of Apocalypse* II, 589.
71) 참조. Hoskier, *Text of Apocalypse* II, 589.
72) Mounce, *Revelation*, 378.
73) BAGD, 454에는 두 번역이 다 제시되었다.

"너희는 문들을 열고…의로운 나라가 들어오게 할지어다."

요한이 본 도시 구조의 첫 번째 부분을 "성곽"과 "문"으로 언급한 것은 21:10-11에서 시작된 겔 40장 암시의 연속이다(겔 40:5-6, "내가 본즉 집 바깥 사방으로 담이 있더라.…그가…문에 이르러"). 에스겔서의 성전의 여러 문들(40장)과 겔 48:31-34에 열거된 그 성의 열두 문은 요한의 환상에 등장하는 하나의 성-성전 주변에 배치된 일단의 열두 문에 합쳐진다. 문 하나 당 천사 하나씩 있다. 이것은 에스겔서에서는 발견되지 않는 모습이다. 이 천사들은 하나님의 참 백성 및 참 이스라엘을 대표하는 교회들의 천사들과 이십사 장로들에 비견될 수 있다(4:4의 주석 참조). 하지만 겔 48:31-34에 등장하는 에스겔의 성처럼, 동서남북으로 각각 문 3개씩 4개의 그룹이 있다. 에스겔서의 목록은 북쪽에서 시작하여 그다음에 동쪽으로 이어지지만, 여기서 요한은 천사가 먼저 동쪽 문에서 측량하기 시작하여 그다음에 북쪽과 남쪽과 서쪽으로 계속하는 겔 42:15-19의 영향을 받았다.[74] 에스겔서의 문들과 요한계시록의 문들에는 문 하나 당 그 위에 이스라엘 열두 지파의 이름이 있다.[75]

처음 환상의 초점이, 객체로서 보여진 예루살렘에서 주체로서 묘사된 예루살렘으로 바뀌듯이, 분사가 목적격에서 주격으로 바뀌는 것은 비전형적이지 않다. 하지만 성은 (Ἰερουσαλήμ["예루살렘"]과 상응하는) 여성에서 (τεῖχος["성곽"]와 상응하는) 중성으로 바뀌지 않았다. 비록 일련의 분사 중 마지막 분사(14절)가 남성이지만 말이다. 14절의 초점이 성의 특징인 "성곽"에 있기 때문에 분사가 거의 정동사로 기능한다.[76] 포터는 12절과 14절의 분사가 정동사를 대신한다고 제안한다.[77]

"문에 열두 천사가 있고"(καὶ ἐπὶ τοῖς πυλῶσιν ἀγγέλους δώδεκα)라는 어구에 중자 탈락이 있었다. 필경사가 첫 번째 δώδεκα καί("열둘과")를

74) Kiddle, *Revelation,* 427과 Caird, *Revelation,* 271-72.
75) 문들을 십이 궁도와 동일시하는 것에 반론하는 Caird, *Revelation,* 271-72을 보라.
76) Mussies, *Morphology,* 325.
77) Porter, *Verbal Aspect,* 376.

지나쳐 두 번째 δώδεκα καί로 넘어갔기 때문이다(A 051^{s*} 2030 2050 2377 *pc* t sy^{h}).

마운스와 스위트는 문에 있는 천사들이 사 62:6("예루살렘이여 내가 너의 성벽 위에 파수꾼을 세우고")을 반영한다고 제안한다.[78] 그럴 가능성이 있다. 사 62:6-9 LXX은 그 묘사를 종말론적 예루살렘에 적용하고, 하나님이 예루살렘을 세워 그 성이 다시는 낯선 사람들에게 위협을 당하지 않을 것이라고 끊임없이 인정하는 "보호자들", 즉 파수꾼을 언급하기 때문이다. 이 외에도 *Midr. Rab.* 출 18.5과 *Pesikta Rabbati* 35.2에 반영된 후기 유대교 전통은 사 62:6의 파수꾼을 천사라고 밝힌다. 계 21:1-22:5에 수차례 암시된 사 50-66장과 예루살렘이 "새 이름"(사 62:2 = 계 22:4) 및 "문"(사 62:10 = 계 21:12ff.)과 함께 하나님의 "신부"(사 62:5 = 계 21:2, 9)로 언급된 것은 본문이 사 62:6의 "파수꾼"과 연결되었음을 더욱 시사한다. 그렇지만 페케스는 이러한 암시는 의문의 여지가 있다고 결론을 내린다. 부분적 이유 중 하나는 창 3:24, 겔 41:25과 같은 구약 본문들이 요한에게 성-성전 입구의 수호천사를 언급하도록 영감을 제공했을 수도 있다는 데 있다.[79] 다음과 같은 이유로 이러한 모든 묘사가 요한의 묘사에 영향을 끼쳤을 것이다. (1) 사 62장은 마지막 때의 예루살렘에 대한 예언에 속한다. (2) 창세기 본문은 타락 이전의 에덴동산을 언급한다. (3) 에스겔서 본문은 새 성전과 연결지어 에덴동산 이미지를 사용한다. 더욱이 창세기 본문과 에스겔서 본문이 영향을 끼쳤다는 사실은 두 본문이 계 22:1-3에 암시되었다는 점을 관찰함으로써 한층 강조된다.

14절 성곽의 열두 문 이외에도 열두 "초석(θεμελίους)"이 있다. 각각의 초석 위에는 열두 사도의 이름이 하나씩 기록되었다.

열두 지파와 열두 사도의 총수인 24는 이미 4:4에서 등장했다. 4:3-4과 21:11-14이 연결되었다는 점은 두 본문이 "벽옥같이" 빛나고 24명으로 둘

78) Mounce, *Revelation,* 379; Sweet, *Apocalypse,* 304.
79) Fekkes, *Isaiah and Prophetic Traditions,* 265.

러싸인 하나님의 영광을 언급한다는 사실로 확증된다.[80] 여기서 24는 다윗이 성전에서 일하는 사람들을 제사장들의 이십사 반열(대하 24:3-19), 레위인 문지기 이십사 반열(대상 26:17-19), 그리고 "여호와께 감사하고 찬송하면서 예언하라"는 명령을 받은 레위인 이십사 반열(25:6-31; Josephus, *Ant.* 7.14.7을 보라) 등으로 조직한 것에 근거했을 수도 있다. 이 제사장들은 성전에서 그들에게 부과된 직무를 수행하며 하나님 앞에서 이스라엘 백성을 대표했다.

쿰란의 사 54장 해석(페쉐르)에 따르면 사 54:11-12에 언급된 보석들은 열두 제사장들과 열두 지파의 두령들을 가리키는 상징으로 설명된다. 이러한 이해가 본문의 중요한 배경이 되었을 것이다.[81] 마찬가지로 계 4:4에서 언급된 "이십사 장로들"도 동일하게 역대상과 사 54장을 배경으로 삼았을 것이다(4:4의 주석 참조). 사 54:11 페쉐르 초반에 등장하는 "빛나는 돌과 같은 이스라엘"이라는 언급은, 페쉐르의 이어지는 행에서 언급된 온 나라와 이십사 제사장적 지도자들 간의 대표적 기능을 암시할 수 있다. 사 54:11-12을 이해하는 초기 유대교 해석이 이처럼 계 21:12-14에 반영되었다는 점은, 21:19-20에 같은 이사야 본문이 직접 암시된 것에 의해 그 가능성이 높아진다. 계 21:19-20은 사 54:11-12을 페쉐르와 비슷한 해석적 흐름을 따라 이해한다(자세한 내용은 21:19-20의 주석 참조). 계 21장 전체에 나타난 성전 문맥, 그리고 24와 관련하여 사 54:11-12을 제사장적으로 해석한 것에 따르면, 여기에 있는 역대기의 배경이 강화된다. 그러므로 "24"에는 성전에서 하나님의 임재 앞에 있는 하나님의 백성을 가리키는 완전함(2×12)이라는 사상이 있다("24"의 가능성 있는 다른 배경에 대해서는 4:4의 주석 참조).

겔 40-48장에 예언된 성-성전 구조에 속하는 이스라엘 지파와 함께 사도들이 통합되었다는 사실은 7:1-9, 11:1-2, 21:2-3을 주석하면서 평가한 것을 더욱 확증한다. 다양한 인류로 구성된 교회는 그리스도와 함께 미래

---

80) Farrer, *Revelation,* 216; Wilcock, *I Saw Heaven Opened,* 208.

81) Gaster, *Dead Sea Scriptures,* 309의 번역을 보라; 참조. Geyser, "Twelve Tribes," 396.

의 성전과 성에 대해 예언한 에스겔의 예언을 성취할 구속함을 받은 집단이 될 것이다. 이것은 언약 공동체 전체가 하나님의 임재가 거하는 영적인 성전을 이룬다는 신약의 여러 본문과 맥을 같이한다(고전 3:16-17; 6:19; 고후 6:16; 엡 2:21-22; 벧전 2:5; 이외에 신약의 언급과 유대교 문헌들에 대해서는 계 11:1-2의 주석 참조). 우리가 내린 이 결론은 계속해서 21:15-22:5, 특히 21:19-20을 논의하는 가운데 더 자세히 증명될 것이다. 이 본문에서 보석으로 이루어진 초석은 대제사장의 흉배에 있는 열두 보석을 암시한다. 각각의 보석에는 이스라엘 열두 지파의 이름이 기록되었다(출 28:21; 39:14).

열두 지파가 초석 위에 세워진 성곽의 문들을 이루는 반면에, 사도들이 열두 초석을 이룬다는 21:14을 주목할 필요가 있다. 구속사에서 이스라엘이 교회보다 먼저 등장하였기에, 정반대의 묘사를 예상한 사람도 있었을 것이다. 하지만 거꾸로 된 순서는 이스라엘에게 주어진 약속들이 그리스도 안에서 마침내 성취되었다는 사실을 비유적으로 부각시킨다. 그리스도는 그가 성취하신 사역에 대한 사도적 증언과 함께, 새 이스라엘인 교회, 즉 새 성전의 초석이 되신다(엡 2:20-22; 아래 자세한 설명을 보라).[82] 여기서는 구약성경에 언급된 역사적 이스라엘을 염두에 두지 않았다. 오히려 사도들은 교회인 **새** 이스라엘의 기초로 묘사된다. 이것은 새 시대의 이스라엘 열두 지파가 열방에서 온 이루 셀 수 없는 허다한 무리들이라고 해석한 7:4-8과 7:9ff.의 내용과 일관성이 있다.

3:12에서 그리스도는 "이기는 자"가, 유대교 출신이든 이방 출신이든 상관없이, "내 하나님 성전에 기둥이 되게 하리니…내가 하나님의 이름과 하나님의 성 곧 하늘에서 내 하나님께로부터 내려오는 새 예루살렘의 이름과 나의 새 이름을 그이 위에 기록하리라"라고 약속하신다. 이것은 이후 요한계시록 21장에서 성과 성전 개념이 그리스도와 하나님이 그의 백성과 함께 계신다는 하나의 개념으로 모아진다는 사실을 알 수 있는 중요한 첫 번째 단서였다(자세한 내용은 3:12과 22:4의 주석 참조). 21장의 성과 성전이 하나이

---

82) Lilje, *Last Book,* 266; Krodel, *Revelation,* 358; Hengstenberg, *Revelation* II, 407-8.

며 동일하다는 이러한 논증은, 우리가 앞에서 성전과 제단과 바깥뜰과 거룩한 성을 11:1-2의 기독교 공동체와 동일시하고 교회를 이스라엘의 예언과 이름 및 제도와 동일시한 것과 맥을 같이한다(예. 1:6-7, 12; 2:9, 17, 26-27; 3:9, 12; 5:10; 7:2-8, 14-15의 주석 참조).

21:14과 엡 2:20을 비교해보면 눈에 띄는 유사성이 드러난다. 에베소서에서도 사도들은 교회인 "거룩한 성전"의 "기초(터)"(θεμέλιος)를 형성하는 것으로 묘사된다. "모퉁이 돌"이신 그리스도와 더불어 "예언자들"도 사도들과 함께 거룩한 성전의 "기초(터)"다.

에스겔의 예언에 등장하는 성전을 **하나님이 그의 백성과 함께하신다고 정의**하여 영적으로 해석한 선례는 쿰란 공동체와 그 외 유대교에서도 발견된다.

쿰란 공동체는 예루살렘 성전이 배교했다고 선언하고, 자신들이 영적인 참 성전이라고 밝혔다. 하나님이 쿰란 성전에 계신 것은 벨리알의 속이는 계획에 당하지 않음을 보장한다. 이렇게 영적으로 무너지지 않는 것은 겔 44장의 성전 예언의 성취로 이해된다. 이 성전의 무너지지 않는 안전함을 표현하기 위해 측량 은유가 사용되었다. 기원후 70년에 예루살렘 성전이 파괴되고 난 후, 유대교의 몇몇 종파들은 겔 41:22의 성전 제단의 유비에 근거하여 성전 제단을 영적으로 해석했다. 지속적으로 율법 연구를 하는 것은 겔 40-47장에 예언된 성전을 세우는 것과 동일했다(사해사본과 유대교에서 이러한 사상을 언급한 것에 대해서는 11:1-2의 주석 참조). 구체적으로 1QS 8.1-10에는 공동체 전체를 대표하는 "12명의 남자와 3명의 제사장"으로 구성된 쿰란의 "공동체 의회"의 영원한 설립과 완전성이 영적인 "집"과 "성곽과 보배로운 모퉁이돌과 그 기초"와 "거주"로 묘사되었다.[83] 쿰란을 더 자세히 다루고 하나님의 참되고 영적인 성과 성전인 교회와의 병행을 제공한 11:1-2의 주석을 참조하라. 여기서 예루살렘 성

83) 1QS 9.3-6을 쿰란 공동체가 영적 성전이라고 주장하는 본문으로 인용한 Draper, "Foundation Stones," 49을 보라.

과 성전에 대한 구약성경과 특히 유대교적 배경과 신약의 배경을 언급했다.

Ignatius, *Eph*. 5에서 "제단 장소"는 "교회 전체"의 권위 있는 통일성을 가리킨다(Ignatius, *Trallians* 7; 참조. Polycarp, *Philippians* 4). 이 통일성은 "성전(ναός)이 하나고, 심지어 하나님이 한 분이시고…제단이 하나며", 모든 사람이 다가가야 하는 "예수 그리스도가 한 분이시라"는 사실에 근거한다(Ignatius, *Magnesians* 7). 제단은 나중에 "성전(ναός)의 돌"이자 "성전의 전달(ναοφόροι)"인 그리스도인들과 동일시된다(Ignatius, *Eph*. 9과 15). *2 Clement* 9:3은 그리스도인들의 몸을 "하나님의 성전(ναόν)"이라고 언급한다. *Barnabas* 16은 죄 용서를 받은 사람들이 "새로운 피조물"이며, "주님을 위하여 지어져" 가며 궁극의 시대에 "영광스럽게 세워질" 신령한 성전(ναός)"이라고 주장한다.

엡 2:20과 비교될 수 있는 본문이 "하나님이 계획하시고 지으실 터가 있는 성"을 언급하는 히 11:10이다. 이 성은 히 12:22-23에서 "살아 계신 하나님의 도성인 하늘의 예루살렘과…장자들의 모임과 교회"로 밝혀진다.

비록 앞선 논의에서는 성문에 있는 열두 지파의 이름이 구속함을 받은 교회를 가리킬 개연성이 있다고 결론을 내렸지만, 21:12-14은 유대인들(= 열두 지파)과 (사도들로 대표되는) 이방인들이 하나님의 참 백성을 구성한다는 사상을 강조할 가능성이 많다. 반면에 7:4-8에서는 열두 지파라는 하나의 이미지가 하나님의 참 백성인 구속함을 받은 모든 인종의 통일성을 강조하는 포괄적인 이미지였다.

성 측량: 하나님의 영원한 임재는 구속함을 받은 공동체의 완전한 안전을 보장하고 보증한다(21:15-17).

9-14절이 1-7절의 확장된 환상이듯이, 15-17절은 계속해서 같은 내용에 대한 더 자세한 해석을 제시한다.

15절 측량용 자로 성-성전을 측량하는 천사의 이미지는 계속해서 겔 40:3-5을 암시한다. 이것은 계 21:10에서 시작된 겔 40-48장의 환상의 영향이 계속됨을 보여준다. 겔 40-48장 전체에서 성전의 확실한 건립과 이어지는 보호는 성전 건물의 다양한 모습을 측량하는 천사에 의해 묘사된다. LXX에는 동사 "측량하다"(διαμετρέω)와 명사 "측량"(μέτρον)이 각각 30번 정도 등장한다. 에스겔서 본문에 의존한 계 21:15-17에서도 천사가 "갈대 자로 측량한다"(계 11:에서처럼, μετρέω+κάλαμος). 천사는 "그 성과 그 문들과 성곽을" 측량한다. 그 성과 또한 유관 부분을 측량한다는 것은 그 안의 거주자들이 해를 입지 않고, 부정하고 속이는 사람들에게 오염되지 않도록 하는 안전을 묘사한다(21:27; 22:14-15). 그 성에 경계선이 그어진 것은, 옛 예루살렘 성이 하나님의 원수들에 의해 붕괴된 것과 대조적으로, 하나님의 종말론적 공동체의 보호를 보장하고, 특히 그 성의 성곽이 영원한 보호를 제공할 것을 보장한다. 유대인 출신의 그리스도인들과 이방인 출신의 그리스도인들이 이 완전한 성전 공동체를 구성한다(3:12; 21:12-14, 24-26; 22:2에 분명하게 드러남). 에스겔서와 계 21장에서 측량이라는 비유로써 확립되는 것은 장차 하나님이 임재하신다는 틀림없는 약속이다. 하나님은 "정결해진 제의와 정결해진 공동체" 가운데 영원히 거하실 것이다.[84]

측량은 하나님의 관점에서 그가 장차 그의 백성과 함께 거하신다는 사실과 죄가 없을 것이라는 점, 그리고 구속함을 받은 사람들의 안전을 위협하는 것들이 있지 않을 것을 보장하시겠다는 칙령을 나타낸다. 심지어 교회 시대가 시작되기 전에도 하나님은 교회의 참 신자들이 될 모든 백성의 구원을 보증하는 칙령을 발하셨다(자세한 내용은 11:1-2의 주석 참조). 그러므로 측량한다는 것은 7:3ff.의 인을 친다는 것과 같은 의미를 지닌다.

11:1-2의 성전 측량에는 비슷한 의미가 있었다. 하지만 그 본문에서 성전은 절정에 이르기 전 땅에 있는 불가시적 성소인 하나님의 백성을 가리킨다. 절정 이전의 성전에 대한 측량은 하나님이 그의 구속함을 받은 백성

---

84) J. W. Wevers, *Ezekiel,* 295-96.

을 영적으로 보호하고 그들과 함께하심을 보증한다. 물론 그 백성이 육체적으로는 해를 당할 수 있다("[압제자들이] 그 성을 발로 밟을 것이요"). 하지만 하나님은 그의 백성이 죽을 때에도 함께하실 것이다. 21장의 성-성전이 절정에 도달하고 영원한 모습을 가진다는 것은, 11:1-2에서 성전 안뜰만 측량하여 안전하게 보호받는 것과 대조하여, 성-성전의 안뜰과 바깥뜰 모두 측량하여 안전하게 보호받는다는 것으로 설명된다.[85] 요지는 이것이다. 성전이 절정에 도달한 모습에서 하나님의 백성은 영적으로나 육체적으로 모든 면에서 보호를 받는다(참조. 21:4: "다시는 사망이 없고 애통하는 것이나 곡하는 것이나 아픈 것이 다시 있지 아니하리니").

측량을 하나님이 그의 백성과 함께하시는 영원한 임재 가운데로 들어가는 것으로 이해한 예는 *1 En*. 61:1-5에서도 발견된다. 이 본문에는 "의인들을 측량하러 간" 천사들이 묘사되었다. "그들은 영들의 주님의 이름에 영원히 있고", "택함을 받은 사람들은 택함을 받은 사람들과 함께 거하기 시작할 것이다."

몇몇 사본에서는 15절 마지막에 등장하는 단어들(καὶ τὸ τεῖχος αὐτῆς)이 중자 탈락에 의해 생략되었다(051[s] 1854 2377 𝔐[K]). 이것은 필경사가 첫 αὐτῆς καί("그것의 그리고")에서 뒤따라오는 15b-16a절의 αὐτῆς καί로 건너뛰는 시각적 오류를 범하여 발생한 일이다.

16절 요한은 다음으로 "그 성이 네모 반듯[τετράγωνος, 문자적으로는 "네 모퉁이로 된 것"]한" 것을 본다. 또한 요한은 그 천사가 "그 갈대 자로 그 성을 측량하니(ἐμέτρησεν), **길이와 너비와 높이**(τὸ μῆκος καὶ τὸ πλάτος καὶ τὸ ὕψος αὐτῆς)가 같은" 것도 본다. 이 장면은 다시금 에스겔서의 묘사를 반영한다. 구체적으로 겔 45:2-3은 성전 복합 건물 전체가 "네모 반듯"(τετράγωνος)할 것이며, 예언자 에스겔은 "이 지역으로부터…**길이**와…**너비를 측량한다**"고 말한다. 성전(겔 45:1-5)과 성(겔 48:8-13)의 영역을 측정한다는 것은 "길이와 너비"로 측정돼야 한다는 반복된 어구로 계속 묘사

85) 참조. Sweet, *Revelation*, 304.

된다(겔 40장에도 비슷한 내용이 있음).[86] 마찬가지로 겔 40:5에서 천사는 갈대자를 가지고 성전의 성곽을 측량하는데, "그 담은 두께가 한 장대요 높이도 한 장대"였다(이것도 계 21:17 배후에 있는 본문이다). 규모의 증강이 있다. 에스겔서의 성전은 단지 네모 반듯하다고만 언급된 반면에, 요한계시록의 새 예루살렘은 정육면체다. 성-성전의 실제 규모 역시 더 커졌다.

계 21:16에 측량한다는 말이 반복해서 언급된 것은 하나님이 그의 백성과 함께 계실 것이라는 요지를 더욱 강조하려는 데 목적이 있다. 이 사실은 슥 2:6(2)의 암시로 더욱 부각된다. 스가랴서 본문에서 천사는 "예루살렘을 **측량하여**(διαμετρῆσαι) 그 **너비**(τὸ πλάτος αὐτῆς)와 **길이**(τὸ μῆκος)를 보러" 간다. 측량에 관한 뒤따라오는 해석은, 그 측량이 하나님이 "그[예루살렘] 가운데에서 영광이 되리라"고 약속한다는 것이다. 마찬가지로 슥 1:16에서 하나님은 "내가 불쌍히 여기므로 예루살렘에 돌아왔은즉 내 집이 그 가운데에 건축되리"라고 말씀하신다. 이 약속의 의미는 이어지는 비유적인 어구로써 해석된다. "예루살렘 위에 먹줄이 쳐지리라."

그 성의 높이는 "12,000스타디온"이다. 이것은 새로운 우주에서 지상적 실체와 천상적 실체의 하나 됨의 절정을 강조할 수도 있다.[87] 하지만 이것은 그 성의 너비와 길이가 동일하다는 사실을 고려하지 않는다. 그 성의 사면이 각각 동일하게 12,000스타디온이라는 것은 일찍이 앞에서 언급한 열두 지파와 열두 사도에게서 발견되는 하나님의 백성의 완전성을 표현하는 비유적인 사상을 강조한다(자세한 내용은 아래 설명을 보라).[88] 12,000이

86) 에스겔서 성전의 정사각형 구조의 도해에 대해서는 R. J. McKelvey, *IBD* III, 1525-32을 보라.

87) Kiddle, *Revelation,* 430-31.

88) Mounce, *Revelation,* 380은 주석가들 중 이 거리를 사면 각각의 길이로 이해하는 대신에 성 전체 둘레 길이로 이해하는 사람들이 있다는 것을 관찰한다. 이렇게 볼 수도 있다. 하지만 마지막 문장은 12,000스타디온이 각각 똑같은 면의 길이를 측정한 결과임을 시사하는 것 같다. 12,000스타디온을 실제로 넷(또는 "높이"가 포함된다면, 다섯)으로 나눌 수가 있는가? 12,000스타디온은 각 면의 길이가 같다고 보는 것이 더 낫다. 12,000을 넷이나 다섯 개의 동일한 면으로 나눈다는 생각은 지나치게 현학적인 것 같다(요한이 그러한 계산에는 관심이 없었다는 사실에 대해서는 Caird, *Revelation,* 273을 참조하라). 이 외에도 Mounce는 요한이 사용한 상징의 의도가 적은 수보다는 큰 수와 더 어울리는 것 같다고 주장한다(유대교에서 새

라는 수의 비유적인 특성은 높이가 144규빗(=72m)인 성곽이 "높이가 2,400km(만일 16절의 12,000스타디온을 문자적으로 취할 경우)인 성과는 너무나 큰 불균형을 이룬다"는 사실에 의해서도 드러난다.[89] 144규빗이 성곽의 두께일 수 있지만, 이는 "불균형을 조악한 건축물로 바꾸는 것이 아닌가?"(66m는 높이가 2,400km인 성곽의 기초로 필요한 너비의 일부분에 불과하다).[90] 다음과 같은 사실로 미루어볼 때 둘레가 비유적 특성을 지닌다는 것은 분명하다. 즉 이 둘레를 문자적으로 보면, (1스타디온을 183m로 계산했을 때) 그 성의 둘레는 총 8,778km가 된다.[91] 놀랍게도 그 성의 규모는 당시 알려진 그리스 세계의 어림잡은 규모다.[92] 이것은 그 성전-성이 이스라엘의 영광스럽게 된 성도들만 아니라, 참되고 영적인 이스라엘로 간주된 모든 나라에서 온 구속함을 받은 사람들을 가리킴을 암시한다.

그 성의 엄청난 규모가 의미하는 이방인의 중요성에 관한 마지막 요지는 21:17의 "**사람의** 측량"(μέτρον ἀνθρώπου)이라는 어구가 21:3에서 하나님이 "**사람과** 함께"(μετὰ τῶν ἀνθρώπων) 계신다는 것과 개념적으로 연결된다는 사실로 지지받을 수 있다. 요한은 15-17절의 측량이 유대인 출신의 신자들뿐만 아니라 구속함을 받은 모든 사람을 포함하는 것으로 이해될 수 있음을 나타내는 것 같다. 이 설명은 요한이 겔 40-48장에 나오는 환상의 몇몇 요소들을 그가 보편화시킨 것과 더불어 겔 40-48장의 환상의 세부 내용들을 요약하고 단순화시킨 것을 이해하는 열쇠가 된다. 그 성의 측량은 문자적인 것도 아니고, 겔 40-48장에서처럼 회복된 성전과 예루살렘의 민족주의적인 상징도 아니다. 이 측량은 참 성전과 예루살렘에 속하는 자로

예루살렘을 매우 큰 규모로 묘사하려는 경향에 대해서는 본서 21:17의 주석 참조).

89) Mounce, *Revelation,* 381. 144규빗 = 66m(1규빗 = 45~50cm).

90) Kiddle, *Revelation,* 429-30; Morris, *Revelation,* 251.

91) Fekkes, *Isaiah and Prophetic Traditions,* 96. 이와 비슷하게 Aune, "Revelation," 1318은 성의 각 면의 길이를 2,200km로 계산한다.

92) Vogelgesang, "Interpretation of Ezekiel in Revelation," 95. Vogelgesang은 Georgi, "Visionen," 367을 따른다.

서 이방인들이 포함된다는 것을 상징한다.[93]

주석가들 중에는 16-17절의 묘사가 고대인들이 바벨론 성을 묘사하는 것과 현저하게 비슷하다는 것에 주목하는 사람들이 있다(Herodotus 1.178-79도 참조).[94] 바벨론에는 그곳을 가로질러 흐르는 강과 양 옆으로 나무들이 즐비한 대로가 있었다.[95] 혹자는 계 21:15-17의 구조가 정육면체가 아니라 피라미드 형태였다고 주장하기도 한다.[96] 만일 그렇다면, 피라미드 구조는 성전이 있기도 하고 그 꼭대기가 하늘에 닿았다고 생각됐던 바벨론의 지구라트를 반영한 것일 수 있다. 만일 두 성의 유사성을 의도했다면, 그 목적은 참되고 영원한 성과 거짓되고 일시적인 바벨론 성을 대조하려는 데 있었을 것이다. 바벨론은 자신의 불경건하고 인간적인 노력으로 하늘에 올라가려 한다(창 11:4; 계 18:5). 반면에 영원한 성은 그것이 하나님으로부터 하늘에서 내려오는 까닭에 영원한 도시로 세워질 것이다. 바벨론이 스스로 소유하고 있다고, 그래서 사람들의 소원을 이뤄줄 수 있다고 주장한 그것이 사실은 예루살렘에서만 발견된다. 이것은 이교도 그리스인들이 제우스에게 붙여준 신적 3중 칭호의 경우에도 적용될 수 있다. 이는 계 1:4에서 하나님께 적용되었는데, 참 하나님만이 이런 신적인 품성을 가지고 계시기 때문이다.[97] 계 21:9-10이 17:1, 3의 바벨론의 멸망 환상을 소개하는 내용과 분명히 연결된 것에 비춰볼 때, 이렇게 바벨론 제도와 직접 대조하는 것은 개연성이 있다. 앞에서 보았듯이 이렇게 관련짓는 목적은 바벨론의 다양한 특징을 새 예루살렘과 대조하려는 데 있었다(21:9-10의 주석과 특히 21:1-22:5 논의의 결론을 보라).

Philo, *Quaestiones et solutiones in Exodum* 2.111은 제사장의

93) 그의 절대적 보편주의 견해에는 동의하지 않지만, 대체적 흐름은 Vogelgesang, "Interpretation of Ezekiel in Revelation" 96-97을 따름.

94) Kraft, *Offenbarung*, 270-71; A. Y. Collins, *Apocalypse*, 148-49.

95) 참조. 22:1-2과 Vogelgesang, "Interpretation of Ezekiel in Revelation," 112, 127. Vogelgesang은 부분적으로 Georgi, "Visionen," 370을 따른다.

96) Brütsch, *Offenbarung* III, 47은 그가 동의하는 다른 사람들을 인용한다.

97) 참조. A. Y. Collins, *Apocalypse*, 148-49.

흉배가 정사각형으로 된 것을 절대적 안정성을 상징하는 것으로 이해한다. 그리고 2.81에서 필론은 성전의 촛대를 "모든 면이 동일하고 가장 완전한 도형인" "하늘 전체의 상징"으로 해석한다. 출 28:17의 "정사각형" 모양을 한 흉배를 언급한 후에 몇몇 LXX 사본에서는 "네 줄로 보석을 물려 정교히 짜고" 대신, "그것에 네 줄 보석(네모 반듯하게 했을 것임)의 **충만함**(πληρώματα)으로 **채울 것이며**(πληρώσεις)"라고 번역한다. 이것은 완전함이라는 사상을 강조하는 것 같다.[98] "책망할 것이 없는" 선한 사람과 관련하여 온전함 또는 완전함의 상징인 정사각형을 염두에 두고 사용된 τετράγωνον("사각형")에 대해서는 Plato, *Protagoras* 344a, 339a, Aristotle, *Nicomachean Ethics* 1.10.11을 보라. Aristotle, *Art of Rhetoric* 3.11.2도 "선한 사람"을 "사각형"으로 언급한다. 아리스토텔레스는 사각형이 "완전함"을 가리키는 "은유"라고 주장한다. Diogenes Laertius 5.82은 "완전한" 또는 "탁월한"을 의미하기 위해 τετράγωνος라는 단어를 사용한다.[99]

그 성의 정사각형 구조 배후에 반영된 또 다른 본문은 LXX의 겔 41:21, 43:16, 17(알렉산드리아 사본); 48:20(참조. 45:1)이다. 이 본문들은 τετράγωνος를 각각 "성소와 성전", "제단", "시은좌" 그리고 하나님과 성소와 제사장과 수도를 위해 떼어놓은 땅까지도 포함하는 이스라엘 땅 전체에서 일부분을 바치는 "요제(搖祭)"에 적용한다. 이와 비슷하게 출애굽기는 동일한 단어를 "제단"(출 27:1; 30:2)과 대제사장의 "판결의 흉배"(출 28:16; 36:16)에 적용한다. 에스겔서와 출애굽기의 관련 본문 중 절반은 측량에 대한 전형적 표현인 "길이와 너비(또는 높이)"를 포함한다. 1 Macc. 10:11(B)은 요나단이 "예루살렘 성"과 "시온 산"을 재건하고 요새화하려고 사용한 돌들을 묘사하려고 τετράγωνος를 사용한다. 그 단어가

---

98) *VTG Exodus*, 316의 비평 각주를 보라.

99) Buchanan, *Revelation*, 584은 요한계시록 저자가 21:16의 규모를 문자적으로 이해했다고 넌지시 내비친다.

LXX의 다른 곳에서 유일하게 등장하는 창 6:(14)15과 왕상 7:42(바티칸 사본[Bagster 판]에서는 7:5)은 각각 노아의 방주와 솔로몬의 왕궁의 재료를 묘사하려고 이 단어를 사용한다.

또한 눈에 띄는 것은 성전 지성소의 "길이와 너비와 높이"가 똑같다는 사실이다(왕상 6:20). 이것은 에스겔서와 함께 계 21:16의 배경이 되는 것 같다.[100] 1QS 8.5-9은 쿰란 공동체를 2번에 걸쳐 "아론의 지성소"와 "든든한 성곽과 보배로운 모퉁이돌", 그리고 "이스라엘의 **완전하고** 참된 집"으로 언급한다. *Jub*. 8:19은 "에덴동산"을 "지성소와 주님의 거처"로 언급한다. 이것은 주목할 만한 가치가 있다. 계 21:9-27의 새 예루살렘과 성전은 22:1-3에서 회복된 에덴으로도 언급되기 때문이다.

새 예루살렘이 고대 바벨론 성과 연관이 있다는 가능성 외에도, 요한이 새 예루살렘을 묘사한 것이 그리스식 성의 특성에 영향을 받았다는 사실은 가능성은 있겠지만 분명하지가 않다.[101] 만일 그것이 사실이라면, 이 장면에는 요한이 묘사하는 성이 단순히 완전해진 새 예루살렘일 뿐만 아니라, 이방인들의 이상적인 국제적 도시라는 사상도 포함되었을 것이다. 종말의 참 이스라엘이 유대인 신사들뿐만 아니라 구속함을 받은 이방인들로도 구성되었음을 암시하기 위해서 이상적인 국제도시 사상이 완전해진 새 예루살렘에 포함되었을 것이다.

몇몇 증거들에 "그리고 높이"(καὶ τὸ ὕψος)가 생략된 것은 필경사가 그 단어를 앞에 있는 "그리고 너비"(καὶ τὸ πλάτος)와 혼동을 했거나, 해당 어구를 16절 처음에 있는 2중 어구("길이와 너비가 같은지라")와 의도적으로 일치시키려고 했기 때문일 것이다(2329 vg[mss]).

17절 이제 천사가 성곽을 측량한다. 성곽이 144규빗이라는 점은 7:4-9과 14:1, 3을 반영한다. 여기서 144,000은 역사의 끝에 유대 민족의

100) Caird, *Revelation*, 272-73.

101) 매우 낙관적인 견해를 가지고 있는 Vogelgesang, "Interpretation of Ezekiel in Revelation," 124에 반대함.

남은 자가 아니라, 역사를 통틀어 참 이스라엘로 간주된 하나님의 백성 전체를 대표한다. 여기서도 성곽과 그 규모는 같은 실체를 대표한다. 21:12-14에서 "크고 높은 성곽"의 본질적인 부분이 하나님의 백성 전체의 대표자들과 동일시되었기 때문이다. 7:4-9과 14:1, 3의 144,000이 이스라엘의 열두 지파의 제곱수에 또 다른 완전수인 1,000이 결합된 것임을 관찰한 사람들이 있다. 이러한 비유적 셈법은 21:16에서 확증된다. 여기서도 새 예루살렘의 정육면체의 사면은 각각 동일하게 12,000스타디온이었다. 여기서 각 면의 제곱이 하나님의 백성의 완전함을 가리키는 것으로 해석한 144,000과 같다. 16절 직후 17절에서 성곽이 144규빗이라고 한 것은 하나님 백성의 완전수인 144,000을 반영한다.[102)]

이로 인해 16절과 17절의 숫자들 간에 비유적이고 비례적인 관계가 근사하게 드러난다. 반대로 여기에 언급된 숫자를 문자적으로 이해하면 매우 기괴하고 부자연스러운 모습이 되고 만다(16절 주석 참조).[103)] 문자주의자들은 144규빗이 성곽의 두께를 가리킬 뿐이라고 주장함으로써 터무니없는 비율을 제거하려고 했다. 하지만 성을 측량하는 방법과 동일한 방법으로 성곽이 측량되었다면, 성곽의 높이와 너비와 길이가 측량되었을 것이다. 성곽의 여러 면을 측량한다는 점은 천사가 새 성전의 성곽의 높이와 너비 모두를 측량한 결과 그 길이가 동일하다고 말하는 겔 40:5과 42:20에 의해 지지를 받는다. 더욱이 성곽의 높이를 염두에 두었을 가능성이 많은 것은 구약성경에서 성곽의 높이가 성의 안전을 강조하기 위한 요소였기 때문이다(신 3:5; 28:52; 자세한 내용은 계 21:12의 주석 참조). 실제로 구약성경에서 성곽의 높이는 전형적으로 높이 하나만으로도 언급된다. 성곽의 두께는 그 자체로만 언급되지는 않고 전형적으로 높이와 관련해서 언급된다.[104)]

---

102) Sweet, *Revelation,* 305을 따름.

103) Topham, "Dimensions of the New Jerusalem"은 "공인본문"에서 측량의 규모가 너무 큰 것이 요한의 현실적 관점이라고 알려진 것과 일치하지 않는다고 보며 21:15-17의 측량을 더 작은 숫자로 수정하지만, 설득력이 없다.

104) Hengstenberg, *Revelation* II, 412.

주석가들 중에는 그 측량이 사람들의 측량과 다른 천사의 측량이기 때문에 성곽의 높이가 성의 높이와 거의 같을 수 있다고 추측함으로써 본문의 불균형의 난제를 피하려고 하는 사람들이 있다. 그들은 규빗이 사람의 팔꿈치에서 손가락 끝의 길이라고 한다면, 천사의 팔꿈치에서 손가락 끝의 길이는 훨씬 더 길다고 주장한다(10:1-2에서처럼 말이다).

천사의 측량이 언급된 것을 이해하는 보다 좋은 방법은 더 가까운 곳에 있다. 본문과 16절에서 규빗과 스타디온은 미터나 킬로미터 등과 같은 현대의 도량형으로 제시되어서는 안 된다. 그렇게 된다면 원래의 숫자가 지니는 비유적 특성과 의도가 왜곡될 것이다. "사람의 측량, 곧 천사의 측량이라"라는 17절의 결론적 진술에는 그 숫자에 비유적인 의도가 있음이 나타나 있다. 여기의 소유격("사람의", "천사의")은 측량의 종류를 묘사하는 형용사적 소유격으로 사용되었다. 처음에는 이 진술이 모순되게 들린다. 사람의 표준에서 행한 측량이 천사의 표준과 다를 것이라고 생각할 수 있기 때문이다. 하지만 요한이 기록하는 환상의 2단계적 특성에서 문제의 해결을 찾을 수 있다. 일차적 단계에서 선견자는 사자나 사람이나 책이나 통상적인 방법으로 성곽을 측량하는 사람 등, 그가 이해할 수 있는 지상의 장면들로 이루어진 환상들을 본다. 하지만 환상에 사용된 이미지의 목적은 요한에게 지상의 이미지들로 상징화된 천상적이거나 영적인 진리의 더 깊은 의미를 계시하려는 데 있다. 환상의 의미를 해석하는 εἰμι("~이다")를 동반하는 환상의 상징 문구를 사용함으로써 그 상징들을 분명하게 해석하는 본문은 요한계시록 전체에서 단지 "상징적인 빙산의 일각"에 불과하다(예. 1:20, "네가 본 것은 내 오른손의 일곱 별의 비밀과 또 일곱 금 촛대라. 일곱 별은 일곱 교회의 사자요, 일곱 촛대는 일곱 교회니라"; 또한 4:5; 5:6, 8; 7:13-14; 11:4, 8; 14:4; 16:13-14; 17:9, 12, 15, 18; 19:8; 20:2, 14; 21:8, 22; 요한계시록의 상징성과 관련한 서술에 대해서는 1:1의 주석 참조).

17절의 결론적 문장은 요한계시록의 상징적 소통이 가지는 2중 특성을 드러내는데, 그것과 비슷한 정형화된 문구도 그렇다. 그 문구에는 환상의 문자적 장면(사람의 측량)에 이어 해석적인 εἰμι 구문("곧 천사의 측량이라"[ὅ ἐστιν ἀγγέλου])이 따른다. 환상에서 누군가가 요한에게 친숙한 "사람의 측량"의 표준대로 성곽을 측량한다. 성곽은 성의 다른 부분에 대한 측량과 터무니없이 비율이 맞지 않아서 문자적인 수치가 독자들을 혼란스럽게 했을 것이다. 하지만 혼란을 덜기 위해 요한은 "사람의 측량"인 이 환상이 그것의 상징적이거나 천상적이거나 "천사적인" 의미에 따라 더 깊이 이해될 수 있다는 말을 덧붙인다(Moffatt은 이 어구를 "사람에 의해, 즉 천사의 계산에 의해"라고 풀어 번역한다). 이러한 사실은 만일 독자들이 요한의 환상을 표면적 수준이나 문자적 의미에만 제한한다면, 그들이 환상을 오해할 것이라는 사실을 환기시킨다.

헤롯 성전에는 여인들의 뜰, 이스라엘의 뜰, 제사장들의 뜰 옆에 이방인들의 뜰이 있었다. 반면에 솔로몬 성전, 즉 헤롯 성전 이전의 제2성전과 겔 40-48장의 성전은 안뜰과 바깥뜰이 성곽으로 나눠졌다(엡 2:14; 자세한 내용은 계 11:1-2의 주석 참조). 이와 다르게 새 예루살렘에는 성곽이 하나만 있고 그 성곽은 성 전체를 두른다.[105] 그래서 성에 사는 주민들 서로와 하나님과의 하나 됨이 강조된다. 이것은 구약의 예언적 예표와 구약의 직접적인 예언이 궁극적으로 성취된 것에 내재된 고양을 보여주는 단서다.

KJV, RSV, 모팻은 ὅ ἐστιν을 "즉"(that is)으로 번역하여 사람의 측량과 천사의 측량이 같음을 강조한다. 소유격 ἀγγέλου는 형용사적 소유격("천사의 [측량]")일 수도 있고 주어 소유격("천사에 의한 [측량]" 또는 "천사가 사용하고 있는 [사람의 측량]." 후자는 JB, NEB, NRSV, NIV 참조)일 수도 있다. 혹은 그 소유격에 형용사적 소유격과 주어 소유격이 다 포함될 수도 있다(모팻이 번역한 것처럼, "천사[의 측량]에 의하여").

보컴은 13:18의 "사람의 수"와 21:17의 "사람의 측량 곧 천사의 측량" 사이에 본질적인 연관성이 있다고 주장한다. "짐승의 수준까지 전락한 사람은 666이라는 수를 지닌다. 반면에 새 예루살렘에서 천사들의 수준

---

105) 참조. Boring, *Revelation*, 222.

까지 올라간 사람은 12의 제곱수에 의해 둘러져 있다."[106] 두 본문의 연결과 그 본문의 중요성에 대해서는 13:18의 주석을 참조하라.

포겔게장은 "하나님의 장막이 사람과 함께 있다"는 것(21:3)이 개념적으로 "사람의 측량"과 연결된다고 이해한다. 이것은 아마도 15-17절의 측량이 천사의 상징적인 행동을 이해할 수 있는 이방인 신자들을 상징적으로 가리킨다는 단서를 제공하는 것 같다. 이방인 출신 신자들은 새 성전과 예루살렘을 구성하는 회원들이다(16절 주석 참조). "천사의"라는 어구는 겔 40:3의 "사람"(에스겔은 그가 누구인지 분명히 밝히지 않았다)이 사실 그 성을 측량하는 천사임을 분명하게 하는 설명이다(참조. 21:9-17).[107]

Sib. Or. 5.250-52은 새 예루살렘에 "욥바까지 아우르는 커다란 둥근 담"이 있을 것이며 "어스름한 구름까지 도달할 정도로 높게" 될 것이라는, 계 21:15-17과 같은 초기의 신앙을 반영한다. 5.424-25은 그 성을 "큰 성전"이라고 밝히며, 하나님이 "그 성전을 크게 만드시고 구름에 닿을 정도로 높은 거대한 탑으로 세우셔서 모든 사람이 본다"라고 주장한다(마찬가지로 *Midr. Rab.* 아 7:5). *B. Baba Bathra* 75b은 다가오는 새 예루살렘이 높이가 12마일(약 20km)인 정육면체가 될 것이라고 주장한다. 겔 48:16, 35에 소개된 성의 담(성곽)의 둘레는 약 9km인 반면에, 쿰란의 새 예루살렘 성은 둘레가 56km다.[108]

사 54:2-3은 "네 장막터를 넓히며…너의 줄을 길게 하며 너의 말뚝을 견고히 할지어다. 이는 네가 좌우로 퍼지며 네 자손은 열방을 얻으며[LXX에는 "상속할 것이며"]"라고 말한다. 야웨와 막 결혼한 한 여인(사 54:1, 4)으로 묘사되고 성문과 기초와 보석으로 이루어진 담(54:11-13)이 있는 성으로 묘사된 종말론적인 예루살렘의 이미지는, 요한이 성을 확장된 규모로 묘사하는 데 있어 54:2-3이 자극이 되었을 개연성을 높인다.

---

106) Bauckham, *Climax of Prophecy,* 399.

107) Vogelgesang, "Interpretation of Ezekiel in Revelation," 61, 96-97.

108) Fekkes, *Isaiah and Prophetic Traditions,* 96.

사 54:2과 겔 41:7(두 본문의 문맥 모두 계 21장에 암시됨)에 근거하여, 유대교 전통 중에는 구속함을 받은 모든 사람이 거주할 수 있는 매우 거대한 규모의 새 예루살렘에 대한 기대를 담은 것들이 있다(사 54:2을 언급한 *Midr. Rab.* 창 5.7; *Midr. Rab.* 레 10.9; *Pesikta de Rab Kahana*12.22; 그리고 겔 41:7을 언급한 *Sifre* 신, Piska 1; *Pesikta Rabbati* 41.2; *Midr. Rab.* 아 7.5 §3). 급진적으로 확장된 종말론적인 예루살렘은 *Midr.* 시 36.6, 48.4, *Pesikta Rabbati* 1.3, 21.8, *Pesikta de Rab Kahana*, suppl. 5.4에서도 발견된다. 더욱 향상된 새 성전에 대한 대망은 *1 En.* 90:28-29, Tob. 13:13-18, 14:5, *Pesikta de Rab Kahana* 21.4에서도 발견된다.

성의 재료: 하나님의 영원한 임재는 구속함을 받은 공동체의 완전한 안전을 보장하며, 그 공동체가 하나님의 영광을 반영하도록 한다 (21:18-21)

18-20절 이제 도시 전체의 재료에 관한 설명뿐만 아니라 성의 성곽과 그 기초와 문을 구성하는 재료에 대한 묘사가 이어진다. 이 묘사의 비유적인 목적은 12-17절에서 성곽과 그 구성물들에 대해 비유적으로 묘사한 내용의 요지를 계속해서 강조한다. **"모든 세대에서 구속함을 받은 하나님의 백성 전체가 무너지지 않는 새 창조에서 안전의 절정을 경험할 것이다. 하나님의 영원하고 절정에 도달한 임재가 그곳에 있기 때문이다."**

성 자체가 성곽과 관련해서 계속 묘사되는 까닭은 성의 비유적 의미가 궁극적으로 성곽과 성곽의 구성품과 비슷하다는 데 있다. 성은 하나님의 백성이 하나님의 영원한 임재를 누리며 하나님과 교제하고 있음을 나타낸다(3:12; 11:1-2; 21:2-7, 9-16의 주석 참조. 또한 사 52:1ff.; 62:1-5; 겔 48:35; 슥 1:16; 2:2-5도 주목하라). "크고 높은 성곽"(12절 주석 참조)은 그 교제를 침범할 수 없음을 나타낸다. 그래서 그 성을 "정금인데 맑은 유리" 같다고 묘사한 것은 "하나님의 영광이 있어 그 성의 빛이 지극히 귀한 보석 같고 벽옥과 수정같이 맑더라"라는, 일찍이 11절에서 언급한 환상의 반복이다. 금은 하나님의 영광을 반사하는 그 성의 특징을 강조한다. 이러한 특징은 적어도 부분적으로는 왕상 6:20-22에 근거한다. 이 본문에 따르면 내소와 제단이 금으로 덮였을뿐더러, 솔로몬이 "집[성전] 전체를 금으로 덮었다"라고 한다.[109] 마찬가지로 솔로몬의 성전이 지향한 최종적인 성-성전도 이처럼 금으로 덮였다. 왕상 6-7장의 성전 역시 19-20절에 계속된 묘사에서 모델로 되었다.

하나님의 영광을 비춘다는 사상이 18절에서는 11절에서처럼 직접적으로 나타나지는 않았지만, 성(城)이 "맑은"(또는 "정결한") 보석과 반복적으로 비교된 것은 하나님의 영광을 완벽하게 반영할 수 있음으로(21:23; 22:5) 하나님의 임재가 거하기에 알맞은 장소가 되는 그 성의 특성을 가리킨다. 4:3에서 하나님의 영광을 묘사하려고 보석(특히 벽옥)을 사용하는 것은 여기서도 동일한 사용을 가리킨다. 18절에서 성곽의 재료를 맨 처음에 "벽옥"이라고 언급한 것은 본문이 11절과 병행임을 더욱 강조한다. 엄격히 말해서 11절에서는 단 2개의 보석만이 언급되는데, 그 중 하나가 벽옥이다. 11절과 4:3에서 하나님의 영광은 빛나는 벽옥에 비교되었다. 그러므로 여기서 우리는 불경건한 사람들이 형벌을 받는 성 "바깥"에서 새로운 공동체를 구별하는(22:14-15; 21:27) 성의 성곽이 하나님의 거룩한 영광을 가장 잘 반영하도록 벽옥으로 구성되었다는 소식을 듣는다(4:3과 4:8을 비교하라).[110]

요한은 성곽의 기초석이 "각색 보석으로 꾸며졌다(단장되었다, κεκοσμημένοι)"고 말한다. 같은 완료 분사인 "단장한"(21:2의 κεκοσμημένην)의 반복된 사용에서 분명히 드러나듯이, 이것은 21:2에서 소개된 신부의 "단장"을 더 자세히 묘사하는 말이다. 4 Ezra 10:25-27도 새 예루살렘을 빛나는 여자와 "큰 기초"로 건축된 성으로 묘사한다.

109) Farrer, *Revelation,* 218; Beasley-Murray, *Revelation,* 324.
110) Mulholland, *Revelation,* 326.

보석의 배경

대제사장의 흉배

성곽의 기초석을 꾸미는 열두 보석 목록은 대제사장의 "심판의 흉배"에 있는 열두 보석을 설명한 출 28:17-20과 39:8-14의 목록에 기초한다. 심판의 흉배는 우림과 둠밈을 담고 있는 주머니였다. 출애굽기에 등장하는 보석 8개가 이곳 계 21:19-20에서 반복되며, 요한계시록에서 다른 이름으로 명명된 보석들은 출애굽기에 등장하는 보석들과 의미상으로 동일한 보석들이다.[111] 요한이 보석들을 다른 순서로 열거한다고 해서 그가 출애굽기를 암시하지 않는 것은 아니다. 요세푸스도 *War* 5.5.7과 *Ant*. 3.7.5에서 대제사장의 흉배에 있는 보석들을 분명히 암시했는데, 두 곳에서 각기 다른 순서로 제시한다. 흉배에 있는 각각의 보석에는 이스라엘의 열두 지파의 이름들이 하나씩 기록되었다(출 28:21; 39:14). 제사장은 "성소에 들어갈 때 여호와 앞에서 계속해서 기억되게 하려고 심판의 흉배에 이스라엘 자손들의 이름을 가지고" 있어야 했다. 그러므로 이 돌들은 모든 이스라엘을 상징했고, 그래서 제사장은 모든 제의를 진행하는 동안 성전에 임재하신 하나님 앞에서 모든 이스라엘을 대표했다.

계 21:19-20의 환상은 출애굽기에서 이스라엘 지파들을 대표하는 보석들을 새로운 성-성전의 기초석에 적용한다. 이것은 새 성-성전의 기초인 열두 사도를 구약성경에서 하나님의 탁월한 백성인, 출 28장의 이스라엘 열두 지파와 동일시한다. 이것은 우리가 21:14에서 사도들을 가장 중요한 증인들과 종말의 참 이스라엘인 교회의 대표들과 동일시한 것이 사실임을 입증해준다(21:14의 주석 참조).[112] 이 독특한 사도적 증언의 구속사적인

111) 그 이유에 대해서는 Caird의 논의를 보라. Caird, *Revelation,* 274-75. 보석을 논의하는 참고문헌은 21:21의 주석을 참고하라.

112) Sweet, *Revelation,* 304.

위치는 열두 보석이 지금은 열두 문으로 묘사된 열두 지파에 적용되지 않는다는 사실도 강조한다. 열두 지파는 궁극적으로 사도들의 기초에 서 있는 교회를 대표한다(21:12-14).

흉배의 보석들을 성-성전의 성곽과 기초로 전환함에 있어 작용한 논리는 아론의 옷 전체가 지상 성막의 작은 복제품을 의미했다는 사실에 있다. 지상 성막 그 자체는 하늘 성막을 모델로 삼았다. 심지어 보석이 달려 있는 흉배조차 (하나님의 쉐키나 영광이 머물렀던) 일종의 작은 지성소였다. 흉배는 지성소와 동일한 재료로 만들었으며, 지성소와 동일하게 정사각형의 모양을 하고 있었다.[113]

이전에 대제사장에게만 해당했던 하나님의 직접적인 임재에 참여할 수 있는 특권이 이제는 하나님의 모든 백성에게 보장된다.[114] 따라서 그들은 모두 제사장적인 특성을 지니게 되었다.[115] 이 사실은 22:3b-4에 더욱 분명하게 언급될 것이다(해당 본문 주석 참조). 놀라운 것은 벧전 2:5도 신자들이 일제히 건축자의 돌이며 성전이자 제사장이라고 주장한다는 점이다. "너희도 산 돌 같이 신령한 집으로 세워지고…거룩한 **제사장**이 될지니라." 계 21:16에 이미 지성소의 "길이와 너비와 높이가" 같다는 왕상 6:20의 지성소에 대한 묘사가 반영되었다는 것은 우연이 아니다. 계 21:16의 성처럼 흉배도 네모 반듯하며(τετράγωνος), 그 크기가 "길이와 너비"로 언급된다(출 28:16; 36:16).

보석들이 네 방위와 관련하여 사각형으로 배열된 것은 보석들이 새 창조세계 전체의 영광을 상징했음을 암시한다(아래 내용 참조).

출 28:17-20에 근거한 비슷한 논리가 "커다란 보석으로" 솔로몬 성전의 "기초"를 삼은 것의 배경이 되는 것 같다. 이러한 묘사 역시 출 28장 및 겔 40-48장과 더불어 부분적으로 계 21:18-20의 모델이 되었다(왕상 5:17; 7:9-

---

113) Kline, *Images of the Spirit,* 42-47.

114) Mounce, *Revelation,* 382.

115) Böcher, "Bedeutung der Edelsteine," 28.

10을 보라). 이와 관련하여 왕상 7장에서 성전 윗부분의 보석들이, 출 28장의 네 줄로 된 보석처럼, 백향목과 함께 네 줄로 배열되었다는 사실을 주목하는 것은 적절하다. 새로운 세상의 종말론적 성전은 영원히 안전할 것이며 영속적이지 못한 옛 세상의 이전 성전보다 훨씬 더 영광스러울 것이다. 필론(*De Fuga* 184-85)은 흉배에 있는 열두 보석의 수가 비유적으로 완전함의 가치를 지닌다고 이해한다(이와 비슷하게 *Quaestiones et solutiones in Exodum* 2.111과 출 28:16의 LXX 사본들[본서 16절 주석 참조]).

계 9:13의 제단의 네 뿔은 하나님이 주권을 발휘하시는 우주의 네 모퉁이를 가리킬 수 있다(4-5장 주석 참조). 구약성경과 고대 근동의 신전들은 신이 거하는 소우주를 나타냈다. *Targ. Jer.* 출 28:17에서는 "세상의 네 영역에 응답하는 보석의 네 열"이 언급된다. 계 21:19-20의 보석들이 네 방위와 직접 연결되어 조직된 것에 비춰볼 때, 이 보석들에도 동일한 우주적 중요성이 있다(참조. 21:13-14, 16, 19-20).[116] Wis. 18:24은 대제사장의 의복과 보석이 온 우주를 상징한다고 이해한다. "결국 의복은 세상 전체이며, 보석의 네 열에는 조상들의 영광이 있었다." "조상들의 영광"이라는 언급 역시 온 세상이 받을 복의 기초가 되는, 아브라함의 후손이 받게 되는 복을 시사하는 우주적 암시다(Wis. 18:22). 눈에 띄는 것은 중보자 역할을 하는 제사장의 의복의 대표적 기능이 이스라엘을 "멸망케 하는 자"로부터 구원하는 것으로 언급된다는 사실이다(Wis. 18:22-24). 마찬가지로 계 21:18-20에도 같은 이미지로써 새 우주 성전의 안전과 불가침성이 회화적으로 묘사된다. 새 성전은 아브라함에게 하신 약속을 성취하기 위해 유대인과 이방인 모두를 포함하는, 하나님의 참 이스라엘이다(21:3의 주석 참조).

이와 마찬가지로 Philo, *Conf.* 2.124, *Spec. Leg.* 1.84-94, *Quaestiones et solutiones in Exodum* 2.112-15, Josephus, *Ant.* 3.7.5-7, Clement of Alexandria, *Stromata* 5.6은 제사장의 흉배에 있

116) Reader, "Twelve Jewels," 442.

는 보석이 열두 별자리를 상징한다고 이해한다(또한 Philo, *Conf.* 117-35; *Quaestiones et solutiones in Exodum* 2.107-24; *On Dreams* 1.214-15; *De Fuga* 184-85).[117] *B. Berakoth* 32b은 열두 별자리가 이스라엘의 열두 지파를 대표한다고 이해한다. 알려진 대로라면, 고대 아라비아와 애굽의 이교도 목록은 십이 궁도의 표에 해당하는 동일한 열두 보석을 요한이 나열한 순서와는 반대로 열거한다. 찰스는 보석들이 계 21:13에 열거된 순서(동북남서)를 따라 정사각형으로 배열될 경우, 그 순서는 십이 궁도의 표를 따른 태양의 이동 경로의 역순이라고 제안한다.[118] 하지만 키르허가 추론한 이교의 목록이 실제로 존재했었는지에 대해서는 심각한 논란이 있다. 고대의 기록에서 그러한 증거가 발견된 적은 없기 때문이다.[119]

사 54장과 그 후의 유대교 전통

단순히 기초석이 보석으로 꾸며졌는지 아니면 기초석 전체가 보석으로 이루어졌는지에 대한 질문이 제기된다. "그 기초석은 [모든] 보석으로 꾸몄는데"라고 번역한 것은 첫 번째 견해를 시지한다. 그래서 이어지는 어구들은 "그 첫째 기초석은 벽옥[으로 꾸며졌으며]" 등으로 번역해야 한다. 기초석 자체가 보석과 동일하다는 두 번째 견해의 가능성은 이 어구를 문자적으로 번역하는 데 있다. "첫째 기초석은 벽옥이요" 등등. 이 견해는 21절("그 열

---

117) Ginzberg, *Legends of the Jews* II, 29-31; V, 332도 보라.

118) Charles, *Revelation* II, 165-69.

119) 이에 대해 회의적인 입장인 Glasson, "Order of the Jewels"를 보라. Sweet, *Revelation,* 306과 Reader, "Twelve Jewels," 452이 Glasson의 견해를 따른다. Reader는 보석에 관한 다른 이론들과 그 약점을 요약한다. 하지만 Glasson의 입장에 적절하게 답변한 Beasley-Murray, *Revelation,* 324-25을 보라. Beasley-Murray는 이러한 고대 십이 궁도의 목록이 잘못이라고 결정적으로 입증되기까지는 Kircher의 증언을 진지하게 고려해야 한다고 주장한다. Caird, *Revelation,* 276-77은 요한이 별과 관련한 이교의 신화에 반대하려고 출애굽기에 등장하는 보석의 순서를 바꾸었다고 주장하는데 그럴 개연성이 있다. 그런 비판은 별자리가 사람의 운명을 인도하는 것으로 믿는 이교도들의 신앙이 엉터리이며 별들을 창조하신 분만이 진정으로 모든 사람의 운명을 인도한다는 사실을 보여주는 것을 수반한다. 참조. A. Y. Collins, *Apocalypse,* 149.

두 문은 열두 진주니 각 문마다 한 개의 진주로 되어 있고")과 실제의 성전 기초들이 "보석"으로 구성되었다고 묘사하는 왕상 7:10과 잘 어울린다. 이 견해가 옳다면 κεκοσμημένοι는 "꾸며졌는데" 대신에 "아름답게 되었는데"라고 번역하는 것이 더 낫다. 이 견해는 성 구조물의 다른 네 부분이 보석으로 이루어졌다고 언급하는 18절과 21절에서도 선호된다. 기초석을 보석으로 이해하면, 이스라엘 열두 지파를 대표적 사도들과 동일시한 것이 한층 더 부각된다.

기초석이 보석으로 이루어졌고 단지 보석으로 꾸며진 것이 아니라는 사실은 계 21:18-19, 21에 암시된 사 54:11-12에서도 시사된다.

사 54:11-12	계 21:18-19, 21
"내가 **청옥으로 네 기초를** 예비할 것이며…**석류석으로** 네 **성문을** 만들고 **네 성곽을 귀하게 만들 것이라**(ἑτοιμάζω… τὰ θεμέλιά σου σάπφειρον καὶ θήσω τὰς ἐπάλξεις σου ἴασπιν καὶ τὰς πύλας σου λίθους…καὶ τὸν περίβολόν σου λίθους ἐκλεκτοὺς)".	"그 **성곽은 벽옥**으로 쌓였고…그 성의 성곽의 **기초석은 각색 보석으로 꾸몄는데** …**벽옥이요**…**녹보석이요**…그 열두 **문은** 열두 진주니"(ἡ ἐνδώμησις τοῦ τείχους αὐτῆς ἴασπις καὶ…οἱ θεμέλιοι…παντὶ λίθῳ τιμίῳ κεκοσμημένοι…ἴασπις… σάπφιρος…καὶ οἱ δώδεκα πυλῶνες δώδεκα μαργαρῖται).

Targ. 사 54:11은 "너의 성문" 바로 앞에 "내가 너의 나무를 진주처럼 만들 것이다"라는 어구를 더함으로써 암시를 더욱 확증한다.

사 54:11-12에 대한 암시는 사 54장의 주제가 계 21장의 주제와 같다는 사실에서도 확증된다. 즉 하나님은 이스라엘의(= 타르굼에서는 "예루살렘의") "남편"으로 언급된다. "여호와[타르굼에서는 "야웨의 쉐키나"]는 너를 아내로[계 21:9에서처럼 LXX에 γυνή가 사용됨]…심지어 아내로" 부르셨다(54:5-6). 그래서 그 여자가 이전에는 "환난을 당하고…위로를 받지 못했지만", 하나님의 "긍휼"을 입을 것이며, 영원히 보석으로 세워진 성처럼 "학대와…공포가…멀어지고, 공의로 세워질 것이다"(54:10-14). 그 성의 보석은 일차적으로 종말론적 예루살렘에 거하는 사람들이 누리게 될 영원한 평화를 가리키는 비유다. 54:11-12은 이러한 사상으로 시작하고 마무리된다(10b절, "나의 자비는 네게서 떠나지 아니하며 나의 화평의 언약은 흔들리지 아니하리라"; 13b-14절, "네 자녀에게는 큰 평안이 있을 것이며 학대가 네게서 멀어질 것인즉…공포도 네게 가까이하지 못할 것이라"). 요새를 가리키는 은유로서 "대문"과 "성곽"은 안전 사상을 부각시킨다. 이러한 사상은 종말론적 예루살렘이 "견고한 성읍"으로 불린다는 사 26:1-3에 의해 강조된다. 그 성에서 하나님은 이전의 성이 안전하지 못했던 것과 상반되게 "구원을 성벽과 외벽으로 삼으시며", 거기에는 "평강하고 평강하도록" 지키는 "문들"이 있다(사 60:18도 보라).

계 21:18-21은 "자기 남편을 위한…신부 같은 예루살렘"(21:2)이나 "아내"(21:9) 같은 이사야서의 동일한 주제들로 둘러싸여 있다. 비록 이들이 이전에는 슬픔과 "죽음이나 고통"을 당했더라도, 이제는 그 눈에서 눈물이 씻기고 하나님의 영광스러운 임재와 함께 영원히 안전하게 될 것이다. 이와 비슷하게, *Midr. Rab.* 출 15.31은 사 54:5을 "메시아 시대에" 행해질, 이전에 정혼한 이스라엘과 하나님의 혼인 예식을 예언하는 것으로 이해한다. 사 54장에 비춰볼 때, **계 21장의 성의 기초와 성곽 및 문들과 함께 보석들은 하나님의 백성이 하나님의 영광스러운 임재와 함께 누리는 영원한 안전을 상징하는 것으로 이해하는 것이 가장 좋다**(예. 21:2-4, 10-11, 18-23). 21:9-22:5이 하나님이 장막을 치시고 그의 백성의 영원한 안전을 세우신다는 두 주제를 소개한 21:2-8의 확장이라는 사실을 상기하면, 이것이 사실임이 드러난다(21:9-10의 주석 참조). 이 점에서 사 54장의 도입 단락에 "너의 [이스라엘의] 장막(또는 "성막"[σκηνῆς])터를 넓히라"는 언급이 포함된다는 것은 우연이 아닌 것 같다. 사 54장에서 성의 돌과 구조의 비유적 의미는 동일한 비유적 의미가 21:1-21에 있음을 틀림없이 확립한다.

사 54:11-12은 예루살렘이 미래에 세워진다는 예언이다. 요한계시록도 예언의 성취가 미래에 있을 것으로 이해한다. 이사야서에 대한 암시가 출 28장의 광범위한 이미지와 통합된 것에 비춰볼 때 사도적 교회(= 기초석)가 적어도 이사야서의 예언의 성취와 동일시되었음이 한층 강조된다.

돌의 색깔은 청색, 녹색, 붉은색, 노란색 등 다양하다.[120] 다양한 색깔이 성도들의 다양한 은사와 특성들을 비유적으로 의미할 수 있겠지만,[121] 오히려 그 중요성은 다른 쪽에 있다(마찬가지로 후기 유대교 전통에 반대함. 이에 대해서는 이어지는 추기를 보라). 출애굽기와 이사야서 모두 하나님의 영광을 보석과 연결한다. 따라서 계 21장(예. 21:11, 23; 22:5)에서 다양한 색깔의 보석들이 제시된 목적 중 하나는 하나님의 빛나는 영광을 반영하려는 데 있다고 추론할 수 있다(아래 자세한 설명을 보라). 보석 3개를 언급하며 그 중요성이 하나님의 영광을 강조하는 것과 직접 연결된 계 4:3, 9-11이 이 점을 확증한다. 21장에서 이러한 은유들의 의미는 성도들이 하나님의 영광스러운 임재 안에 머무를 수 있는 자격을 갖추었다는 데 있다. 하나님이 쇠하지 않으시는 분이시므로 성도들은 영원히 보호를 받는다. 마찬가지로 *2 En*. 65:10은 장차 올 "낙원"의 "밝음"을 "쇠하지 않는" 것과 연결시킨다. *1 En*. 91:16-17에서도 "새 하늘"의 "7중 빛"으로 인해 영원히 안전하게 된다고 한다. 해를 받지 않도록 안전함을 제공하는 하나님의 임재의 영광을 반영할 자격과 관련된 내용은 Wis. 19:24에서도 발견할 수 있다. 이 본문에 따르면, "[대제사장의 흉배에 있는] 보석 네 열에 조상들의 영광이 새겨져" 있는 까닭에, 이스라엘의 대제사장은 "파괴자를 이긴다(νικάω)." 적어도 이 본문의 부분적인 의미는 대제사장이 성전에서 하나님께 대해 열두 지파를 대표했다는 것과 보석이 하나님의 영광을 반영했다는 것이다(특히 다음의 결론을 고려해볼 때 그렇다. "그의[대제사장의] 머리에 있는 관에는 주님의 위대함이 있다").[122] 또한 보석은 계 21:1-22:5이 인류의 죄가 세상에 들어오기 전의 처음 창조처럼 또 다른 새 창조를 다시 세우는 것을 묘사함을 나타낸다. 같은 돌이 첫 창조의 동산에 있었기 때문이다.[123]

---

120) M. Stuart, *Apocalypse* II, 383; Swete, *Apocalypse,* 290-93. 각 돌의 색깔에 대해서는 Bratcher, *Translator's Guide,* 181-82을 보라.

121) Swete, *Apocalypse,* 293.

122) Böcher, "Bedeutung der Edelsteine," 28.

123) Böcher, "Bedeutung der Edelsteine," 23은 처음 창조처럼 만들어지고 있는 최종적인 새 창조가 사 54:11ff.과 Tob. 13:17에 이미 반영되었음을 주목한다. 참조. Bauckham, *Theology,*

헹스텐베르크는 사도들을 하늘의 빛을 반사하는 보석에 비교한 것이 단 12:3을 발전시킨 것이라고 제안한다. 다니엘서 본문은 종말에 "지혜 있는 자는 궁창의 빛과 같이 빛날 것이요, 많은 사람을 옳은 데로 돌아오게 한 자는 별과 같이 영원토록 빛나리라"고 한다.[124)]

보이체호브스키가 각 보석의 첫 낱말에서 기독론적 칭호를 가리키는 약어를 보려고 시도한 것은 너무 억지스럽다.[125)] 앞에서 보석들의 다양한 색깔의 중요성을 분석한 것은 스위트의 분석과 상반될뿐더러,[126)] 다양한 돌에서 이스라엘 지파들의 서로 다른 특질들을 본 후기 유대교 전통과도 상충된다.[127)]

사 54장과 출 28장의 보석들을 이해한 유대교 해석 전통

21:14의 주석에서 살펴보았듯이, 사 54장의 쿰란 페쉐르는 "모든 이스라엘"을 "빛나는 돌"(antimony stones)에 비유했다(54:11a). 쿰란은 "청옥(사파이어)으로 기초를 삼은 것"(54:11b)을 "청옥 같은 하나님의 택함을 입은 공동체"로 해석한다. "홍보석 성벽"(54:12a)은 "열두 [제사장]을 언급하고", "석류석 성문"(54:12b)은 "이스라엘 지파의 [열두] 두령을 가리킨다." 페쉐르의 처음에 등장하는 "빛나는 돌과 같은 모든 이스라엘"이라는 말은 페쉐르의 이어지는 행에 언급된 제사장 급의 지도자들 24명이 나라 전체를 대표하는 역할을 가리킬 수 있다. 사실 이 페쉐르는 사 54:11-12을 출 28:17-21, 29-30로 해석하며, 보석을 온 열방뿐 아니라 제사장 같은 백성을 대표할 만한 지도자들과 동일시하는 것으로 보인다. 심지어 그 페쉐르는 제사장 같은 지도자들 12명을 "홍보석 성벽"뿐만 아니라 출 28:30의 "우림과 둠밈"의 광채에도 비교한다. (Josephus, *Ant*. 3.8.9과 후기 유대교 사상[128)]은 제사장의 흉배

134.

124) Hengstenberg, *Revelation* II, 416.

125) Wojciechowski, "Apocalypse 21.19-20."

126) Swete, *Apocalypse,* 293.

127) Ginzberg, *Legends of the Jews* III, 169-72과 J. M. Ford, *Revelation,* 335-36.

128) 참조. Ginzberg, *Legends of the Jews* III, 172-73.

에 있는 열두 보석이 보통 우림과 둠밈의 기능인 신탁같이 밝히는 기능을 한다고 이해한다.)

따라서 사 54장은 출 28:17-21에 있는 제사장의 흉배의 보석들을 마지막 날의 예루살렘의 구조에 적용한 선례다. 마지막 날의 예루살렘은 이미 하나님의 백성의 안전을 가리키는 비유였다. 이러한 주해 전통이 계 21:12-14, 18-21에 반영된 것 같다. 이 본문들은 하나님의 안전한 임재 안에 거하는, 하나님의 백성 전체를 대표하는 새 예루살렘의 기초석과 문들을 더욱 강조한다.[129]

후기 유대교 문헌에서도 사 54:11-12의 보석들이 종말론적인 성전 건립을 언급한다고 해석되었고, 히브리어 *šemeš*의 복수형에 맞추어 보석의 중요한 특징이 빛을 반사하는 것이라고 천명되었다. 이 단어는 전형적으로 "태양"을 의미했고, 사 54:12에서는 "빛을 발하는 정점" 또는 "발광체들"로 번역될 수 있다(*Pesikta de Rab Kahana* 18.1-6; *Pesikta Rabbati* 32.3-4). 메시아 시대에는 사 54:12의 보석들에 반사된 빛이 달(*Pesikta de Rab Kahana* 18.6)이나 해(*Pesikta de Rab Kahana* 32.3-4)의 빛으로 대체될 것이다.[130] 사 54:11-12을 동일하게 설명하는 내용이 *Midr. Rab.* 출 15.21과 *Midr.* 시 87.1-2에서도 제시된다. 단지 그 본문이 예루살렘의 재건에 적용된다는 점만은 예외다("장차 올 세상"에서 이스라엘을 발광체들에 비교한 *Midr. Rab.* 출 15.27; *Midr. Rab.* 민 21.22을 보라). 계 21:19-20과 21:24에서처럼 *Midr. Rab.* 출 15.21에서는 사 54:11-12이 사 60:3에 의해 더 자세히 설명된다. 몇몇 전통에서는 보석에 의해 반사된 빛이 평화를 가리키는 비유라고 믿기도 한다(*Pesikta de Rab Kahana* 18.6; *Pesikta Rabbati* 32.3-4).

출 28:2은 다음 내용을 담고 있다. "네 형 아론을 위하여 거룩한 옷을 지어 영화롭고 아름답게 할지니." 이와 비슷하게 쿰란의 페쉐르는 사 54:12을

129) 4QpIsa와 계 21장 사이의 연관성에 대해서는 Baumgarten, "Duodecimal Courts of Qumran, Revelation, and the Sanhedrin"; Flusser, "*Pesher* of Isaiah and the Twelve Apostles"(Baumgarten이 인용함)를 보라.

130) Ginzberg, *Legends of the Jews* IV, 221을 보라.

해석하면서 대제사장의 흉배에 있는 보석들을 출 28:2의 범위에 포함된 것으로 분명히 이해했다. 이것은 "홍보석으로 지은 성벽"으로 묘사된 제사장 같은 지도자들 12명이 "우림과 둠밈의 방식을 좇아…찬란한 광채를 발하는 해처럼 빛을 밝힌다"는 사실에서 분명히 드러난다. 빛을 밝힌다는 이미지는 계 21장에서 하나님의 빛나는 영광을 언급하는 또 다른 방법이기도 하다. 히브리어에서 "우림과 둠밈"은 문자적으로 "빛(들)과 완전함"을 의미한다. 이런 식으로 심마쿠스 역본과 Theod.은 출 28:30의 이 어구를 문자적으로 τοὺς φωτισμοὺς καὶ τὰς τελειότητας라고 번역했다. 이 역시 계 21장의 성-성전에 대한 묘사가 될 수 있을 것이다. 이렇게 생각할 만한 여지는 얼마든지 있다. 계 21:18-21에 암시된 흉배에 우림과 둠밈이 포함되어 있기 때문이다.

Tob. 13:9-18에서는 출 28:17-20에 등장하는 보석 7개가 종말론적으로 새롭게 된 "예루살렘"을 구성한다고 말한다. 새롭게 된 "예루살렘"은 하나님의 "영광"이 나타나고 "의인들의 자녀들"이 이전의 "비참하고" "슬픈" 상황에서 휴식을 얻는 곳이다. Tobit는 출 28장 본문을 사 54장과 같은 방법으로 종말론적 예루살렘에 적용하는 것 같다. 이것은 Tob. 13장에 사 54:5-14과 공통되는 이미지와 주제가 있다는 사실에서 분명히 드러난다. Tob. 13:16-18은 성곽과 탑들과 문들과 거리들의 재건에 대해 구체적으로 언급하는데, 이는 사 54:11-12에서 기초와 성벽과 문과 성곽에 대해 언급된 것과 비슷하다. Tobit는 이사야서의 넓은 문맥에 비춰 사 54장을 발전시키고 있는 것 같다(예. Tob. 13:11[10] [AB], "그의 장막이 세워질 것이다"=사 56:5, 7; 60:7, 13; Tob. 13:13[11] [AB], "많은 나라가…손에 선물을 가지고 멀리서 올 것이다"=사 49:23; 60:3, 5, 9-11, 16-17). Tobit와 계 21:18ff.에는 열방이 선물을 가지고 온다는 사상(계 21:24, 26도 같은 이사야서 본문에 근거한다)과 미래에 성막이 재건될 것이라(21:3, 22)는 내용을 비롯하여, 사 54장에 등장하는 공통적인 이미지와 주제가 있다. 이 외에도 Tobit와 계 21장은 예루살렘을 "거룩한 성 예루살렘"이라고 언급한다(Tob. 13:10[9] [AB]; 계 21:2, 10; 그리고 Tob. 13:17[16]에 χρυσίῳ καθαρῷ와 함께 λίθῳ ἐντίμῳ가 언급된 것을 주목하라. 이 어구들은 성곽과 길이라는 공통적인 요소뿐만 아니라, 계 21:18-19, 21에 등장하는 어구들과도 같다). 이러한 병행을 고려해볼 때, 계 21:18ff.의 내용이 Tobit에 의존했을 수도 있지만, 더욱 개연성 있는 것은 두 본문이 같은 주해적인 흐름에 의존한 것 같다는 점이다. Tobit와 계 21:18ff.은 공통적인 유대교 주해 전통에 비춰 출 28장과 사 54장을 해석했을 것이다.[131]

예레미야애가와 쿰란의 전쟁 문서와의 병행 어구들

애 4:1-2은 고난받는 "시온의 아들들"을 "거룩한 돌들(성소의 돌들)"이라고 언급한다. 이것은 대제사장의 흉배에 있는 돌에 근거한 은유인 것 같다(LXX과 *Midr. Rab.* 애 4.1도 참조하라. 슥 9:6도 회복된 이스라엘 백성을 지칭하는 은유로 "거룩한 돌들"이라는 어구를 사용한다). 후기 유대교 전통은 애 4:1의 고난받은 "거룩한 돌들"이 마지막 때에 새 성전과 예루살렘에 속하게 될 것이라고 주장했다(*Midr. Rab.* 출 46.2; *Midr. Rab.* 전 3.8 §2).[132]

회복된 이스라엘의 영광과 승리의 지위를 강조하려고 1QM 12.12-15은 그 성이 "금과 보석"으로 지어졌고 "화려한 장신구로 치장되었다"라고 언급한다. 그 성은 (사 60:11을 암시하면서) "만국의 재물이 들어가고 왕들이 너를 섬기도록 너의 문을 영원히 열라"는 명령을 받는다. 이것은 예루살렘의 승리의 지위를 강조한다.

겔 28장의 구약적 배경 및 겔 28장의 유대교 해석 그리고 에덴동산의 보석들

계 21:18-21의 이미지와 관련이 있는 것은 겔 28:13에서 두로 왕을 비슷하게 비유적으로 묘사한 내용이다. "네가 옛적에 하나님의 동산 에덴에 있어서 각종 보석 곧 홍보석과 황보석과 금강석과 황옥과 홍마노와 창옥과 청보석과 남보석과 홍옥과 황금으로 단장하였음이여." LXX 에스겔서 본문에

---

131) Fekkes, *Isaiah and Prophetic Traditions,* 247은 요한이 이사야서와 Tobit에 다 의존했다고 생각한다.

132) 참조. Böcher, "Bedeutung der Edelsteine," 24, 27.

는 출 28장 LXX과 동일한 보석 11개가 거의 같은 순서로 열거되었다. 실제로 에스겔서 본문에는 14개의 보석이 열거되었지만 말이다.[133] 계 21:18-20은 부분적으로 겔 28장을 염두에 두었을 가능성이 많다. 에스겔서 본문은 이곳 본문의 거룩한 신부와 계 18:16의 음녀 바벨론을 대조적으로 묘사하는 데 더 직접적으로 영감을 주었기 때문이다(계 18:16; 17:4, 16의 주석 참조). 확실히 겔 28장은 보석으로 덮인 아름답고 완벽한 존재(아담)를 묘사한다. 그는 "하나님의 동산인 에덴"에서 하나님을 한동안 섬겼는데, 이 역시 계 21장에서 고조되는 주제다(*Targ.* 겔 28:12은 아담이 두로 왕에게 있어 "조각 틀"이 된다고 한다. 이와 비슷하게 *Midr. Rab.* 전 8.2).[134] 겔 28:12-16에서는 보석들이 "완전한 의"와 연결되었는데, 계 21장의 보석도 같은 의미일 것이다. 이는 계 21:27에서 확증된다. 계 21:27은 구약 예언의 성취로서, 부정한 것이나 죄는 새 예루살렘에 들어갈 수 없다는 사실을 강조한다(사 52:1; 60:20-21; 겔 44:9; 슥 14:21).[135]

후기 유대교 주해 전통은 겔 28장의 보석들을 하나님이 아담과 하와에게 만들어주신, 보석이 박힌 결혼식 차일을 묘사하는 것으로 이해했다. 이것은 두 사람이 범죄한 이후 제거되었다(*Midr. Rab.* 창 18.1; *b. Baba Bathra* 75a; *Tanch.* 창, parashah 5.2; *Pirqe de Rabbi Eliezer* 12; *Midr. Rab.* 레 20.2; *Pesikta de Rab Kahana* 4.4; *Pesikta Rabbati* 14.10. 마지막 세 자료는 아담의 우주적인 광휘["아담의 발뒤꿈치는 태양을 무색케 했다"]를, 그를 덮고 있던 보석으로 된 차일과 직접 연결한다).[136] *Pesikta Rabbati* 14.10은 겔 28장의 보석으로 된 차일 이외에, 하나님이 출 28장에서 묘사된 3개의 보석을 가지고 아담을 위해 차일 3개를 더 만들어주셨다고 주장한다. 마찬가지로 겔 28:12-17에서는 보석들이 반사하는 "빛들"(*yip'â*)과 연결되었고 "불의 돌들"과 관련된다.

---

133) F. Petrie, *DB* IV, 619-21; J. L. Myres, *EB* IV, 4799-4812; Jourdain, "Twelve Stones"는 겔 28장의 묘사가 출 28장에 의존한다고 주장한다.

134) 참조. Beasley-Murray, *Revelation,* 324.

135) Böcher, "Bedeutung der Edelsteine," 29, 31.

136) 유대교 전통에서 언급한 에덴동산에서 거행된 아담과 하와의 혼인 의식에 대해서는 Ginzberg, *Legends of the Jews* I, 68-69을 보라.

겔 28장은 일반적으로 두로 왕의 이전의 특권적 지위와 그 후 몰락한 것이 아담의 복된 상태와 그 후의 타락 이미지로 묘사된다고 해석된다.[137] 이 전통에 비춰볼 때 계 21장의 신부가 보석으로 단장한 건물로 묘사된 것은 결코 우연이 아닐 것이다(참조. 21:2, 9ff., 19ff.; 앞에서 인용한 *Midr. Rab.* 창세기와 *Tanchuma*에는 하와도 단장한 건물로 언급되었다. 또한 *b. Berakoth* 61a; *b. Erubin* 18a-b; *b. Shabbat* 95a에서는 하와의 단장이 하나님이 건축하신 건물로 언급되기도 했다).

pseudo-Philo 25-26은 출 28장의 돌과 거의 똑같은 값진 돌 12개가 원래 아모리 사람들이 에덴 근처에 있던 "하윌라 땅에서 채취하여"(창 2:11) 그들의 신전에 제사하기 위해 우상에게 입혔다고 주장한다. 이스라엘은 이 돌들을 빼앗아 정결하게 하여 제사장의 흉배에 붙이는 보석과 비슷하게 만들었다. 그 후에 그 돌들은 마지막 때까지 법궤에 보관하여 거룩하게 구별될 수 있도록 흉배의 보석 위에 붙여졌다. 이스라엘의 종말론적 구속의 때에 누군가 와서 "나의[하나님의] 이름을 위하여 집을 건축할 것이며"(26.12), 그때에 그 돌들은 모든 의인들에게 회복될 것이다. "의인들에게는 해나 달의 광채가 부족하지 않을 것이다. 이 가장 값진 돌들의 빛이 그들의 빛이 될 것이기 때문이다"(26.13; 돌들이 종말에 이스라엘에게 회복된다는 것은 *2 Bar.* 6:7-9에도 언급되었다). 실제로 돌들로 인해 "등불은 필요 없었다"(25.12; 구약성경에서 열두 돌이 빛을 전달한다는 사실에 대해서는 Aristeas 97과 Josephus, *Ant.* 3.8.9; *Jos. Asen.* 5:5[6]을 보라). 여기서 돌들이 특히 성전과 에덴의 환경에 적합한 이유를 보여주는 계 21장과의 병행이 눈에 띈다. 더욱이 pseudo-Philo은 요한처럼 돌들로 치장한 우상숭배자와 의인 간의 대조를 묘사한다.[138]

---

137) 유대문헌에 있는 앞에 언급한 내용은 Keil, *Ezekiel* I, 410-17을 보라.

138) 나는 pseudo-Philo이 계 21장에 중요하다는 것을 동일하게 직시한 사람이 Reader, "Twelve Jewels"뿐임을 확인했다. 창조의 셋째 날에 만들어진 낙원이 죽은 의인들이 거주하는 보석의 구조물로 이루어졌다고 주장하는 유대교 전통에 대해서는 Ginzberg, *Legends of the Jews* I, 19-23을 보라. The Gilgamesh Epic, 표 IX, 5.48-51에도 홍보석과 청금석으로 만들어진 초목으로 우거진 에덴 같은 정원이 묘사되었다.

1 En. 14:15-23과 71:1-17에는 수정으로 만들어지고 성곽과 기초를 가진 천상적인 집이 묘사되었다(참조. *1 En*. 14:9-14). *1 En*. 71장에서는 "장차 올 세상"과 관련된 예언이 그 집에서 나온다. 이것은 종종 보석으로 지어졌다고 묘사된, 선재하는 하늘 성전 또는 하늘 성을 이해하는 전통에 적합할 수 있다. 이 하늘 성전 혹은 성은 역사의 절정에 땅으로 내려온다(21:2의 주석 참조).[139]

21절 앞에서 주목했듯이, 진주 문들은 사 54:11-12에 대한 암시의 결론부이며(특히 타르굼), 그 암시에 대해 앞서 논의한 범위 안에서 이해하는 것이 가장 좋다(이외에 사 54:11-12과 관련된 유대교 전통에 대해서는 아래 설명을 보라). 문들이 (21:12-14에서 처럼) 이스라엘 열두 지파를 상징한다는 사실을 상기하는 것이 좋다. 열두 문은 앞에 언급된 열두 기초석과 함께 구속함을 받은 사람들의 대표자들을 가리키는 비유다. 진주는 전체 환상의 비유적인 특성을 이해하기에 좋은 예다. 거의 72m 높이의 성곽에 어울리는 각 문마다 그렇게 큰 진주가 하나씩 있다는 것을 문자적으로 이해하는 일은 난센스이기 때문이다.[140]

"그 성이 맑은 유리 같은 정금이었"듯이(18절), 이제 성의 길(道)이 "맑은 유리 같은 정금"으로 묘사된다("길"은 "길들"을 가리키는 집합적 단수일 것이다).[141] 이것은 18절의 비슷한 특징을 더욱 강조하며, 성이 하나님의 빛난 영광을 반사한다는 사실을 덧붙인다. καθαρός("정결한, 맑은"[142])와

---

139) Ginzberg, *Legends of the Jews* III, 446-47(참조 I, 19-23)을 보라. 계 21:18-20의 돌들을 자세하게 설명하고 논의한 다음 자료들을 보라. N. Hillyer, *DNTT* III, 395-99과 거기에 있는 참고문헌; I. H. Marshall, *NBD,* 631-34; Jart, "Precious Stones"; Jourdain, "Twelve Stones"; F. Petrie, *DB* IV, 619-21; J. L. Myres, *EB* IV, 4799-4812; Loewen, "Suggestion"; Schille, "Der Apokalyptiker Johannes und die Edelsteine." 18절의 ἐνδώμησις("자재")에 대해서는 BAGD, 264을 보라.

140) "이 정도 크기의 진주를 품으려면 굴이 얼마나 크게 자라야 할까!"(Lang, *Revelation,* 368).

141) Bratcher, *Translator's Guide,* 182.

142) BAGD, 388.

διαυγής("투명한")는 그 성의 재료들이 빛난다는 사실과, 따라서 그 성이 하나님의 영광을 반사한다는 본질적 특성을 강조한다. "성의 길"은 요한계시록에서 11:8에만 등장한다(τῆς πλατείας τῆς πόλεως). 11:8에서 "성의 길"은 "증인들"의 시체가 버려져 있고 불경건한 세상이 멸시의 눈으로 바라보는 장소였다. 이 어구가 본문에서 반복된 것은 "이전에 그들이 부끄러움을 당했던 길이 이제는 그들의 영원한 영광의 길로 대체되었음"을 강조하려는 데 있다.[143] 증인들의 인내는 세상의 판결을 뒤집고 그들의 결백함이 선언되는 것으로써 보상을 받았다. "맑은 유리 같은 정금"은 증인들이 걸었던 옛 성의 분명히 치욕스러웠던 길이 새 성에서의 영광스러운 길로 바뀌었다는 사실을 더욱 부각시키는 것 같다.

B. Baba Bathra 75a에서는 하나님이 길이와 너비가 각각 30규빗(15m)인 보석들과 진주들로 미래의 예루살렘 성의 문을 만들 때 비로소 사 54:12이 성취될 것이라고 천명한다(또한 *Midr.* 시 87.2; 참조. *b. Sanhedrin* 100a). 다른 문헌에서는 사 54:11-12이 미래에 세워질 성전의 문들을 거대한 진주 속을 파내어 만들거나(*Pesikta de Rab Kahana* 18.5; *Pesikta Rabbati* 32.3-4), 새 예루살렘의 경계들이 보석과 진주로 표시될 것(*Pesikta Rabbati* 32.3-4)을 예언한다고 이해했다.

καθαρός와 διαυγής는 거의 동의어이며, "휘황찬란하다" 또는 "빛나다"라는 의미에 가깝다(참조. 욥 25:5의 아퀼라 역, "[달은] 빛나지 않을 것이며, 별들은 그 앞에서 순결[καθαρός]하지 않다." 여기서 καθαρός는 "빛나다"라고 번역하는 것이 가장 좋으며, 앞에 나오는 διαυγηάζω["휘황찬란하다"]와 병행이다). 합 3:4 LXX은 "그의 밝음(φέγγος)이 빛처럼 될 것이며"라고 한다. 헥사플라 전통에서는 φέγγος를 διαύγασμα("영광")로 대체한 것도 있다.

출 25-39장에서는 καθαρός가 χρυσίον("금")을 19번 수식한다. 그중 4번은 대제사장의 에봇에 있는 금을 묘사한다(출 28:8[B], 13-14; 36:22). 이 본문들은 계 15:6의 원래의 본문일 가능성이 많은 이문인 "정결한

143) Wall, *Revelation,* 254-55; 22:2의 "길"도 이와 마찬가지이다.

돌"(λίνον καθαρόν)에 반영된 것 같다. 이 어구는 대접을 가진 천사들이 대제사장의 옷을 입고 있음을 묘사한다. 출애굽기에서 나머지 15번에 걸쳐 χρυσίον을 수식하는 형용사로 사용된 καθαρός는 다양한 제의 대상들을 묘사한다(대하 3:4-5, 8; 4:20-21에도 5번 사용됨).[144] 추측컨대 이렇게 많은 금이 있는 것은 성전에 계시는 하나님의 영광을 반영하려는 의도 때문일 것이다. 마찬가지로 같은 형용사가 LXX에서는 적어도 4번 더 "금"과 함께 사용되었으며(대하 9:15; 욥 28:19; 단 2:32 [ABC]; Tob. 13:17[16]), 한 번은 χαλκός("구리")와 함께 사용되었다(대하 4:16). καθαρός는 성경 이외의 여러 곳에서 금속과 관련하여 사용된다.[145] 이러한 증거에 비춰볼 때, 출 28장에 대한 암시가 계 21:18-21a에서 시작하여 21b까지 계속된다는 사실이 시사된다.

필론은 타락 이전의 창조세계에서 발견된 금(창 2:12)이 하나님의 임재를 상징한다고 생각한다(*Leg. Alleg.* 20). 또한 필론은 성전 등잔대의 금이 하늘의 통일성과 조화를 상징한다고 이해하기도 했다(*Quaestiones et solutiones in Exodum* 2.73-74, 81). 이 둘 다 계 21-22의 환상에도 등장하는 실체들이다.

히브리어에서 "진주"에 해당하는 단어는 "산호"를 의미할 수도 있다.[146] 하지만 그리스어에서는 그렇지 않다. *Targ.* 사 54:12에 등장하는 아람어 단어(*margālîtā'*)는 진주를 가리킬 수도 있고 보석을 가리킬 수도 있다.

4Q554(4QNew Jerusalem)는 "사파이어와 루비로 지어진…건물과 금으로 만든…창문 그리고 천[사백]서른두 개의 탑"을 언급한다. 5Q15(5QNew Jerusalem)는 "성 중앙에 있는" 길에 대해 언급한다. "그 성의 모든 길은 흰 돌[…]과 설화 석고와 줄마노로 포장되었다."

144) HR II, 699을 보라.
145) BAGD, 388.
146) J. M. Ford, *Revelation,* 344; 참조. BDB, 819.

11Q18(11QNew Jerusalem)은 성에 "정금으로 된 성곽"과 "금으로 덮인 돌"과 직접 연결된 "생수"가 있다는 점을 주목한다.147) 이 쿰란의 글들은 대체적으로 겔 40-48장에 근거한 새 예루살렘을 해석하며 반추한 것일 가능성이 많다.

그 성의 내부 모습과 거주민들: 하나님과 어린 양의 영광스러운 임재로 인해 참 신자들은 찬송한다. 하지만 거짓 신자들은 하나님의 임재에서 영원히 쫓겨날 것이다(21:22-27).

9-21절처럼 22-27절 역시 1-8절에서 처음 소개된 새 예루살렘에 대한 환상을 확대하고 그 내용을 더 자세히 설명한다.

22절 구약성경은 예루살렘의 회복과 더불어 성전이 재건될 것을 예언했다. 하지만 요한은 새 예루살렘에서 "내가 성전을 보지 못하였다"라고 말한다. 이것은 요한이 성전을 보지 못했다는 말이 아니라, 그가 물리적인 성전을 보지 못했다고 말하는 것에 불과하다. 그가 그 성에서 물리적인 성전을 보지 못한 이유(γάρ)는 "주 하나님 곧 전능하신 이와 어린 양이 그 성전[또는 "성소", ναός]이신" 까닭이다. 네 장(40-43장)에 걸친 에스겔서의 예언에서 상세히 묘사된 성전은 이제 하나님과 어린 양이 성전이시라는 이 간략한 어구로 요약되고 해석된다.148)

학 2:9에서는 "이 성전의 나중 영광이 이전 영광보다 크리라"고 예언되었고, 렘 3:16-17에서는 "사람들이 '여호와의 언약궤'를 다시는 말하지 아니할 것이요 **생각하지 아니할 것이요 기억하지 아니할 것이요** 찾지 아니할 것이요 다시는 만들지 아니할 것이며 그때에 예루살렘이 그들에게 '여호와의 보좌'라 일컬음이 되며 모든 백성이 그리로 모이리니 곧 여호와의 이름으로 말미암아 예루살렘에 모이고"라고 예언되었다. 강조된 어구는 (계 21:1, 4에

147) García Martínez, *Dead Sea Scrolls Translated*의 번역을 따름.

148) 참조. Glasson, *Revelation,* 120.

암시된) 사 65:17에서 거의 축자적으로 반복된다(참조. *1 En*. 90:28-29).

요한은 이 구약의 예언들이 하나님과 그리스도에 의해 미래에 성취될 것이라고 이해한 것 같다. 이전의 물리적인 성전과 언약궤는 하나님과 그리스도의 영광스러운 내주로 대체될 것이며, 이와 비교했을 때 이전 성전의 영광은 희미할 것이다. 이러한 대체는 그리스도의 초림으로 시작되었다. 그리스도는 자신의 부활을 성전의 재건으로 언급하셨다(요 2:19-22; 막 14:58; 15:29). 이와 비슷하게 마 21:42, 막 12:10-12, 눅 20:17-18, 행 4:11, 롬 9:32-33에는 그리스도가 성전의 "모퉁이의 머릿돌"로 묘사되었다. 반면에 엡 2:20에서는 그리스도가 교회인 성전의 "모퉁잇돌"로 묘사되었다.

그 시작은 부활하신 그리스도가 하늘 성전 장면의 주인공이심을 서술한 계 1:12-20에서도 암시되었다. 요한계시록에서 "성소"(ναός)는 예외 없이 현재의 하늘 성전을 가리킨다(7:15[절정이 포함되긴 했다]; 14:15, 17; 15:5-6, 8; 16:1, 17). 계 11:1-2에서는 같은 단어(ναός)가 지금 여전히 땅에 살고 있지만 하나님의 하늘 성전에 속한 자들인 하나님의 백성에게 사용되었다. "성소"는 미래의 새 시대를 지배하는 하나님의 임재의 성전에도 사용되었다(3:12; 7:15; 11:19). 실제로 11:1 이외에 "하나님의 성전"이라는 어구가 사용된 유일한 경우는 11:19이다. 여기서 "하나님의 성전"은 신자들이 땅에 거주하는 동안 그들을 보호하는 동일한 실체인 종말론적 · 천상적 성전을 의미한다. 21:10-22에서 묘사되었듯이, 하나님의 성전의 최종적인 형태에 거주하는 신자들은 모든 위험으로부터 영원히 보호를 받는다. 이에 비춰볼 때, 일찍이 3:12에서 이기는 자를 "나의 하나님의 성전에서 기둥이 되게 하겠다"는 그리스도의 약속은 "나의 하나님인 성전에(in the temple that is my God) 있는 기둥"으로 번역하는 것이 더 나을 것 같다(동격소유격으로 이해함).[149]

하나님과 어린 양을 성전과 동일시하는 것은 앞에서 구속함을 받은 성도들을 새 예루살렘, 새 예루살렘의 기초, 그 문들, 그리고 성곽들과 동일시

149) Gundry, "New Jerusalem," 252.

한 것과 관련이 있다. 이전 세상에서는 부정한 모든 것들이 하나님의 임재가 머무는 성전에 가까이 가지를 못했다. 하지만 새 세상에서는 부정한 것이 아예 존재하지 않을 것이다(참조. 21:27). 새 성전의 둘레는 새로운 우주 전체를 망라할 수 있을 것이다.[150)]

요한이 계 21:9-22:5에서 겔 40-48장에 언급된 성전에 대한 자세한 묘사와 그 규례 대부분을 배제한 중요한 이유는, 그가 그 성전이 물리적 구조물이 아니라 하나님과 그리스도의 임재 안에서 성취되었다고 이해했기 때문이다.[151)] 이처럼 비 문자적인 성전에 대한 대망은 대체로 유대교의 생각과 달랐다. 유대교는 이전보다 더 큰 규모로 지어질 최종적이고 물질적인 성전 구조물을 바라는 소망을 지속적으로 주장했다.[152)]

1 En. 90:28-29은 미래의 "새" 성전이 "처음 것보다 더 크고 더 고상할 것이며, 성전의 모든 기둥들이 새롭고, 그 장신구들이 처음 것들보다 새롭고 더 웅장할 것"이라고 예언하는 점에서 (앞에서 인용한) 합 2:9과 비슷하다(Tob. 13:13-18과 14:5을 비교하라. 더 고상한 새 예루살렘을 대망하는 유대교 문헌에 대해서는 21:17의 주석 참조).

문자적이고 물리적인 성전을 바라는 유대교의 대망에 대해서는 다음 자료들을 보라. *Jub*. 1:17-29, *1 En*. 90:28-29, Tob. 13:13-18, 14:5, *Test. Levi* 18:6, *Test. Ben*. 9:2, *Targ*. 사 53:5, *Targ*. 슥 6:12-15, *Sib. Or*. 3.286-94, 5.423-33. 하지만 초기 유대교와 후기 유대교는 겔 40-48의 성전에 대한 예언들을 영적으로 이해하여 그 예언을 절정 이전 시기에 적용하는 반면에(계 11:1-2의 주석 참조), 이와 더불어 궁극적이고 문자적인 소망을 유지하기도 했다. 이러한 유대교의 선례들은 유대교보다 한 걸음 더 나아가 하나님과 메시아가 성전을 결정적으로 대체하셨다고 이해한 초기 기독교의 소망과 병행을 이룬다.[153)] 예수 자신은 이러한 해

---

150) 참조. Caird, *Revelation*, 278-79.

151) Vogelgesang, "Interpretation of Ezekiel in Revelation," 116.

152) O. Michel, *TDNT* IV, 889; Holtz, *Christologie der Apokalypse*, 195-96을 보라.

153) 종말적 성전인 그리스도와 교회와 관련하여 구약 성전의 예표론적 특성을 설명한 Foulkes,

석학적 전이에 책임이 있으시다(앞서 인용한 신약성경을 참조하라). 요한의 이해와 가장 근접한 구약성경과 유대교의 이해는 렘 3:16-17, 그리고 슥 4:7을 다룬 *Targ. Jon.*이다. 여기서는 성전의 "꼭대기 돌"이 "모든 나라를 통치하실" 하나님의 "기름 부음을 받은 자"로 해석되었다.

유대인들 중에는 처음 창조의 빛(창 1:3)이 하나님의 영광과 동일시되었던 원시적인 성전으로부터 창조되었다고 주장하는 사람들이 있다. 그들은 증거 본문으로 겔 43:2에 호소한다. "이스라엘 하나님의 영광이 동쪽에서부터 오는데…땅은 그 영광으로 말미암아 빛나니"(*Midr. Rab.* 창 3.1; *Midr. Rab.* 레 31.7). 마찬가지로 계 21:22-23은 새 창조의 빛이 하나님과 어린 양의 영광에서 발산되는 것으로 이해한다. 하나님은 어린 양과 더불어 성전과 동일시된다. 병행하는 21:11의 묘사에도 겔 43:2이 적용되었다는 점이 눈에 띈다. 유대교적 배경에 비춰볼 때, *Barnabas* 6:13의 원리("내가 마지막의 것들을 처음 것처럼 만들리라")가 계 21:22에도 적용될 수 있다. 종말론적 성전이 계 21:1-22:5의 새 창조와 밀접하게 연결된 한 가지 이유는 구약성경에서조차 성전 건축에 반영된 패턴이 창 1장의 창조 행위 자체에서 발견된다는 데 있다(일례로 창조의 7일처럼, 성전 건축에 7년이 걸렸고, 그 후에 "안식"이 이어졌다).[154] 이런 관점에서 볼 때 필론(*De Opificio Mundi* 137)이 아담이 "거룩한 성전"(νεὼς ἱερός)으로 창조되었다고 말한 것은 놀랍다. 계 21:22은 하나님이 첫 아담에게 기대하셨던 의도가 그에게서는 이루어지지 않았지만, 그리스도와 하나님의 지상 임재의 절정 안에서 마침내 영원토록 성취되었다는 사실을 표현한다(이에 대해서는 21:3의 하나님의 "장막이 사람들과 함께 있다"는 사상을 보라).

하나님과 그리스도와 성도들 모두가 참 성전을 이룬다는 사실에 대해서는 21:14의 주석에서 이그나티우스를 언급한 부분을 보라.

알렉산드리아 사본(A)과 몇몇 소문자사본을 제외한 모든 사본에서

"Acts of God," 361-62을 보라.

154) Meyer, *Christus Faber,* 246.

는 21:22의 두 번째 ναός 앞에 있는 관사가 생략되었다. 21:22 이외에 요한계시록에서는 ναός가 14번 사용되었으며, 모든 경우에 관사가 있다. 그래서 ὁ ναός가 요한계시록의 문체와 일치하며 따라서 원본에 있었다고 간주해야 한다.[155] 더욱이 관사 있는 독법은 더 난해한 독법이다. 이는 22a절에 처음 등장하는 ναός에 관사가 없기 때문이며(이문이 없다), 필경사들이 원래 관사 없는 이 단어에 관사를 첨가하여 22a절과 일치되지 않게 하기보다는, 처음에 등장한 관사 없는 ναόν과 일치시키려고 관사가 있는 독법을 관사가 없는 구문으로 바꾸었을 가능성이 더 많기 때문이다. 실제로 22a절은 요한계시록 전체에서 유일하게 관사가 없는 ναός가 등장한 곳이다. 그곳에서 관사가 생략된 개연성 있는 이유는 요한계시록에서 물질적인 성전을 언급하는 단어가 등장하는 유일한 본문이라는 데 있다. 그밖의 다른 모든 본문은 하늘에 있는 시작된 성전이나 미래의 성전, 또는 땅에 있는 영적 성전을 언급한다. 두 경우 모두 계 21:22b의 하늘에서 내려오는 성전-성에서 절정에 도달한다. 그러므로 21:22b의 관사는 교회 시대 내내 시작되었던, 예언된 종말론적 성전의 성취를 구체적으로 명시한다.

23절 만일 "그 성은 해나 달의 비침이 쓸데없으니"를 문자적으로 본다면, 이 말은 비록 요한이 21:1에서 "새 하늘을 보았다"고 주장하더라도 그 하늘은 해나 달이 없는 갱신된 하늘이었음을 의미할 것이다. 그 성에 광원이 필요 없는 이유(γάρ)는 "하나님의 영광이 비치고 어린 양이 그 등불이 되신다"는 데 있다. 이는 하나님과 어린 양이 새로운 광원이 되심을 말할 가능성이 있지만, 좀 더 정확하게 말한다면, 이 두 문장 중 두 번째 문장에서 하나님의 영광이 어린 양 자신과 동일시된다는 의미일 수 있다. 어느 것이든 간에, 창조된 광원인 해와 달과 별로 빛을 발하는 처음 낙원과 비교하여, 낙원의 성전은 스케일이 커진 형태로 존재한다.

하지만 23절의 첫 번째 주장이, 이 환상의 거의 모든 것처럼, 비유적 언

155) Schmid, *Geschichte des griechischen Apokalypse-Textes* II, 95.

어라고 보는 것이 더 낫다. 새 우주에 해와 달이 실제로 있을 수도 있고 없을 수도 있다. 다만 여기서 말하려고 하는 요지는, 옛 창조든 새 창조든 빛의 어떤 원천과 관련해서든지 하나님의 영광이 비교 불가능하다는 데 있다. 하나님의 영광은 그 성(=성도들)을 찬란하리만큼 빛나게 하기에 충분하다. 실제로 "성"이 성도들을 가리키는 비유적 표현이라고 이미 밝혀진 것을 회상하면, 23절의 비유적 특성이 더욱 드러난다.

23절 전체의 표현은 사 60:19에 직접 기초하고 있다(사 24:23에서 이와 비슷하게 하나님의 영광을 예언적으로 묘사한 것을 부차적으로 염두에 두었을 수는 있다);

사 60:19	계 21:23
"다시는 낮에 해가 네 빛이 되지 아니하며 달도 네게 빛을 비추지 않을 것이요 오직 여호와가 네게 영원한 빛이 되며 **네 하나님이 네 영광[아름다움]이 되리니.**"[156]	"그 성은 해나 달의 비침이 쓸데없으니 이는 하나님의 영광이 비치고 **어린 양이 그 등불이 되심이라.**"

어린 양을 그 성의 등불과 동일시하는 문장이 하나님과 그의 영광을 묘사하는 사 60:19의 마지막 문장을 대체했다. 하나님과 어린 양에게서 나오는 빛은 야웨와 함께 어린 양의 신성을 강조하는 사 60:19의 예언을 성취할 것이다. 더욱이 사 60:19의 결론적 진술("**네 하나님이 네 영광[아름다움]이 되리니**")은 앞에서 지적했듯이, 하나님의 영광이 다른 창조된 광원 없이 그 성(=성도들)을 영광스럽게 하기에 충분하다는 점을 강조한다. 해와 달처럼 빛을 제공하는 원천은 하나님의 임재가 성전에 제한되었던 옛 예루살렘의 삶과 번영에 없어서는 안 되는 것이었다. 하지만 이제 새로운 우주에서는 하나님이 그의 백성 가운데 완전히 함께하심으로, 그들은 아름답게 되

---

156) LXX은 "영광" 대신에 "아름다움"이라고 읽는다. 또한 사 60:20; 24:23도 참조하라. *Targ*. 사 60:19은 첫째 문장을 제외하고는 히브리어 본문처럼 읽는다. 첫째 문장은 계 21:23에 더 가깝다. "너에게는 낮의 빛을 위해 다시는 해가 **필요** 없겠고, 밤을 밝히기 위한 달도 필요 없으리라." 자세한 내용은 Wilcox, "Tradition and Redaction of Rev 21,922,5," 207-8을 보라.

고 그들의 모든 필요가 채워진다.

이것은 예언자가 "땅이 그의 영광으로 환해졌고 여호와의 영광이 그 집", 즉 성전을 "채웠다"는 미래적 관점에서 본 겔 43:2, 5의 성취이기도 하다.

4 Ezra 7:39-42도 이전의 광원들이 다음 세상에서 창조되지 않은 하나님의 임재의 빛으로 대체될 것이라고 주장한다는 점에서 사 60:19을 암시한다. "해나 달도…어두움이나 밤도…없고, 오직 지극히 높으신 분의 영광의 광채만 있을 것이다." Philo, *De Iosepho* 24.146에 따르면, 절정에 도달하기 이전의 **천상 세계**는 이미 그러한 빛으로 특징지어진다. "하늘은 영원한 날이다. 그곳에는 밤이나 어떤 그림자도 없다. 그 주위에는 꺼지지 않고 더럽혀지지 않은 빛줄기가 쉬지 않고 비추기 때문이다." 이와 비슷한 내용을 담고 있는 *Apoc. Abr.* 17:19, *Sib. Or.* 3.786-87, 5.476-83도 참조하라. 이 언급들은 계 21:1-22:5에서 구속함을 받은 공동체 전체가 단지 새 시대의 시작된 형태로 부분적인 삶을 사는 것이 아니라, 절정에 도달한 새 창조세계에 거하는 모습을 가리킨다.

24-26절 이 세 절은 계속해서 사 60장을 암시한다

사 60:3, 5	계 21:24
"나라들은 네 빛으로[또는 LXX에는 "빛에 의에" 혹은 "빛 안에서"], 왕들은 비치는 네 광명으로[또는 LXX에는 "빛에 의에" 혹은 "빛 안에서"] 나아오리라.…이방 나라들의 재물이 네게로 올 것이라"[5절. 60:9-10, 16-17; 61:6과 함께 60:11 참조].	"만국이 그 빛 가운데로 다니고 땅의 왕들이 자기 영광[또는 "재물"]을 가지고 그리로 들어가리라."

사 60:11	계 21:25-26
"네 성문이 항상 열려 주야로 닫히지 아니하리니 이는 사람들이 네게로 이방 나라들의 재물을 가져오며 그들의 왕들을 포로로 이끌어 옴이라."	"낮에 성문들을 도무지 닫지 아니하리니 거기에는 밤이 없음이라. 사람들이 만국의 영광과 존귀를 가지고 그리로 들어가겠고."

계 21:23에 암시된 사 60:19 그리고 계 21:18-21에 암시된 사 54:11-12과 더불어 단어 및 주제의 병행에 비춰볼 때, 환상은 계속해서 사 60장을 암시하고 있음이 드러난다. 사 60장은 계 21:24의 배경이기도 한 사 2:2, 5을 더욱 발전시킨다. 시온으로 "만방이 모여들 것"이며 헌신된 이스라엘 백성이 "주의 빛 가운데로 다닐 것"이다.[157] 요한은 마지막 날에 만국이 예루살렘으로 순례한다는 이사야의 예언이 미래의 새 예루살렘에서 성취되고 있음을 본다. 이 환상이 지금 요한의 눈앞에서 펼쳐지고 있다.

사 60-61장의 문맥 어디에서도 왕들과 나라들이 그들의 "영광"(δόξα)이나 "존귀"(τιμή)를 가지고 올 것이라는 언급은 찾아볼 수 없다. 전후 문맥에는 단지 그들이 이스라엘의 유익을 위해 자기들의 "권세"나 "재물"(= 히브리어 *ḥayil*)을 가지고 온다고만 되어 있다(LXX에서는 *ḥayil*이 한 번도 δόξα나 τιμή로 번역되지 않았다). 여기서 본문의 의미를 만국에서 오는 문자적인 재물로 이해하려는 의도가 있음이 분명하다. 하지만 사 60장과 그 문맥에는 이스라엘에 실제로 재물을 가져오는 것뿐만 아니라, 하나님께 경배하러 오는 나라들도 묘사되었다. 60:6b에는 만국이 "금과 유향을 가져올" 뿐만 아니라, "여호와의 찬송을 전파할 것이라"는 언급도 있다. LXX은 이 구절을 "그들이 여호와의 구원의 복된 소식을 전파할 것"(τὸ σωτήριον Κυρίου εὐαγγελιοῦνται)이라고 번역했다. 60:11-14은 자신의 재물을 이스라엘에게 바치는 나라들이, 바치지 않는 나라들처럼 "멸망하지" 않고 하나님의 임재가 시온에 거함을 인정할 것이라고 말한다(또한 60:17). 이와 비슷하게 사 49:6-8은 "만국을 비추는" 하나님의 "빛"과 땅 끝까지 도달할 그의 "구원"과 "만국과 맺을 언약"(LXX에만 언급됨), 그리고 "신실하신 주님으로 인해 경배할 왕들"(참조. 49:23)에 대해 말한다. 66:12은 앞에 있는 "나[하나님]는 그[예루살렘]에게 평화를 강같이 넓게 하리라"라는 병행 어구를 설명하기 위해 "그에게 뭇 나라의 영광을 넘치는 시내같이 주리"라고 말하기도 한다.

계 21:24-26의 "영광"(δόξα)은 이사야서에 언급된 만국의 문자적인 부

---

157) Bauckham, *Climax of Prophecy*, 314-15.

가 아니라, "만국에서 일어나는" 찬송의 형태로 나타나는 "영광"에 초점이 맞춰져 있다.[158] 이는 이스라엘이 만국과 화평하게 되는 결과를 가져온다. 추측하건대 이것은 이전에는 적대관계에 있었지만 그 후 하나님께 복종하고 하나님을 찬양하여 구원받은 이스라엘과 연합하게 될, 열방 중에서 구원받은 사람들을 가리킨다(예. 사 11:6-12).

그러므로 계 21:24-26에 사람들이 자기의 영광과 존귀를 가지고 그 성에 들어간다고 언급한 이유는, 그들이 문자적인 재물이 아니라, 그들 자신을 하나님의 종말론적 임재 앞에 경배하는 자들로서 가져간다는 점을 부각시킨다(22:3-5). 26절에 있는 **"만국에서 나오는** 영광과 존귀"(기원의 소유격으로서 τῶν ἐθνῶν)는 하나님과 어린 양에게 드리는 찬송의 형식을 지닌다(동사 οἴσουσιν["그들이 가지고 올 것이다"]의 주어에 대해서는 아래 설명을 보라). τὴν δόξαν καὶ τὴν τιμήν("영광과 존귀를")이라는 어구가 요한계시록에서는 4:9, 11과 5:12, 13에만 등장한다는 사실을 관찰하면, 이 해석이 옳다는 확신을 얻는다. 이 본문들에서 이 어구는 예외 없이 하나님과 어린 양을 찬양하는 것을 언급한다. 실제로 성도들의 죽음 이후나 새로운 우주에서 성도들이 옛 세상에 있는 것 중 하나님께 드릴 수 있는 것은 문자적 재물이 아니라 그들이 선한 행동을 했다는 평판이다(14:13; 19:8). 그들은 그 후에도 하나님을 찬양함으로써 선한 행동을 계속할 수 있다.[159] 19:7-8을 21:2ff. 및 21:9ff.의 내용과 비교해보면, 하나님의 영광을 반영하는 것은 바로 이 "선한 행위"다. 이 해석을 지지하는 본문은 사 49:17-18이다(사 49장은 이미 계 21:6에 암시되었다). 여기서 예루살렘에 들어가는 사람들은 "신부"를 치장하는 "보석"에 비유된다. LXX은 이런 사람들 중 일부가, 그 성에 들어가며 보석에 비유되는 이방인들이라고 밝힌다. 이 결론은 보컴의 견해와 상당 부분 일치한다. 보컴은 만국이 이전에 짐승과 연합하여 우상숭배를 하면서

158) 이와 비슷한 견해를 가진 McKelvey, *New Temple,* 173을 참조하라.
159) Thüsing, "Vision des 'Neuen Jerusalem'" 역시 그 성으로 가져가는 재물이 백성 자신과 그들의 선한 행위라고 한다. 참조. Lenski, *Revelation,* 645.

하나님으로부터 독립하여 자신들의 영광을 주장했지만, 이제는 그렇게 하지 않으며 모든 존귀와 영광이 하나님께만 속한다는 것을 인정한다고 말한다.[160)]

본문의 "사람들이 만국의 영광과 존귀"를 가져온다는 것과 "옛 땅의 임금들이 그들의 영광을 바벨론에게 가져가는 것" 사이에는 미묘한 대조가 있다.[161)] 이 대조는 여기서 소유의 의미의 소유격을 지지할 수 있을 것 같다. 즉 18장에서 불경건한 나라들이 소유했던 재물과 대조되는, "만국에게 속하는 영광과 존귀"라는 의미로 말이다. 따라서 믿음을 가진 만국은 자기들이 가지고 있던 모든 것을 하나님께 드릴 것이다. 반면에 이전에 불경건한 나라들은 그들의 소유와 물품을 가져와 그것을 바벨론의 유익을 위해 쓴다. 만일 그렇다면 21:26의 묘사는 21:9-22:5의 모든 내용처럼 비유적인 묘사다. 그것은 자기들이 가지고 있는 모든 것을 지금 가져오는 나라들을 묘사한다. 그래서 "영광과 존귀"는 문자적인 부유함이 아니라, 만국이 전적으로 그리고 전심으로 하나님께 복종하는 장면을 가리킨다. 그러므로 본문을 이렇게 이해하는 것은 앞에서 "영광과 존귀"가 만국이 하나님께 복종하고 하나님을 찬양한다는 것을 암시한다고 내린 결론에 가깝다. 페케스는 요한이 "영광과 존귀"라는 표현으로 의도적으로 모호하게 표현함으로써 만국이 가져오는 실제 재물(계 4-5장과는 다르게 사 60장의 배경에 비추어볼 때)과 영적 경배 사상(계 4-5장에 비추어볼 때) 모두를 염두에 두었을 수도 있다고 제안한다.[162)] 어떤 견해를 취하든지 간에, 실제 재물을 염두에 두지는 않은 것 같다. 여기서 사용된 언어는 비유적 묘사에 속할 가능성이 많아 보인다.

25절에서 "거기는 밤이 없음이라"를 소개하는 γάρ는 "왜냐하면"(for)처럼 약간은 모호하게 번역할 수도 있지만, 강조의 의미인 "실제로"(indeed)라고 번역하는 것이 더 낫다.[163)] 이 문장은 문들이 늘 열려 있음을 강조한다. 이

---

160) Bauckham, *Climax of Prophecy,* 315.

161) Sweet, *Revelation,* 310.

162) Fekkes, *Isaiah and Prophetic Traditions,* 272-73.

163) 참조. BAGD, 152, §§3과 4.

전에 태양계의 날이 그러했듯이, 낮이 중단되지 않을 것이기 때문이다. 밤이 없다는 것은 구속함을 받은 사람들이 아무런 방해도 받지 않고 하나님의 영광스러운 임재 앞에 언제든지 나아간다는 사실을 강조한다. 비유적으로 말해서 성도들이 "그 빛으로 말미암아 다닐 때"(21:24), 그들 앞에서 하나님의 빛나는 영광을 흐리게 만드는 어두움이 없을 것이다. 타락한 창조세계에서는 악이 존재하는 까닭에 하나님의 구원의 임재가 충분히 머물지 않는다. 하지만 새 세상에서는 더 이상 "어두움"이나 악이 없을 것이므로 하나님의 영광이 완전히 나타난다. 이러한 사상은 22:5에서 더욱 명시적으로 표현된다. 여기서는 "다시 밤이 없겠고" 다음에 "주 하나님이 그들에게 비치심이라"가 이어진다. 그러므로 21:25의 "거기는 밤이 없음이라"는 어구는 21:1, 4의 서론적인 표현들("바다도 다시 있지 않더라.…다시는 사망이 없고…애통하는 것이나 곡하는 것이나 아픈 것이 다시 있지 아니하리니"), 그리고 22:3("다시 저주가 없으며")과 22:5("다시 밤이 없겠고")의 결론적인 진술과 같다(*2 En.* 65:9-10은 새 세상에서 "밤이나 어두움"이 없다는 것을 "굴욕이나 근심"이 없다는 것과 동일시한다. 그래서 "거대한 빛"만 있을 것이다).

"만국"과 "땅의 왕들"에는 하나님의 백성을 박해했던 사람들도 포함되는 것 같다(11:2; 18:3, 23; 19:15의 "만국"; 1:5; 17:2, 18; 18:3의 "왕들"). 그렇다면 이들은 회개한 까닭에 그 성에 들어가도록 허락을 받았을 것이다. "만국"은 종종 구속함을 받은 사람들의 집단에 사용되기도 했으며, 여기서 언급된 나라들은 아마도 같은 집단일 것이다(5:9; 7:9을 보라). 만국은 5:9-10의 사람들, 즉 "모든 족속과 방언과 백성과 나라 가운데서" 속량되고 "나라"가 되어 교회 시대 내내 왕 노릇 한 사람들과 동일시하는 것이 가장 좋다(1:5-6; 20:4-6과 더불어 5:9-10의 주석 참조).[164] 이렇게 동일시하는 것은 새 성에 거하는 모든 사람이 "세세토록 왕 노릇 할 것"이라고 언급한 22:5에 의해 확증된다. 이 해석을 지지하면서 후대의 몇몇 소문자사본(예. TR)은 "**구원받고 있는**(των σωζομενων) 나라들이 그 빛 가운데로 다닐 것이다"를 덧붙인다. 이 이문이

164) Kiddle, *Revelation,* 439.

원본은 아닌 것 같지만, 호스키어는 추가된 이문을 선호하고[165] 현재의 그리스어 신약성경 어느 비평 각주에서도 발견할 수 없는 외적 증거를 제시한다.[166]

"땅의 왕들"이 17:2, 18에서 악한 통치자들을 언급하기도 하지만, 이 어구에는 1:5의 "선한" 왕들이 포함되었을 것이다. 여기서는 회심한 왕들이 주어다. "땅의 왕들"이라는 어구가 사 60:3, 11에 등장하는 "왕들"의 확장이기 때문이다. 이사야서 본문에서 왕들은 "여호와의 구원에 관한 좋은 소식을 선포할" 만국과 더불어 야웨를 경배하러 종말론적 예루살렘으로 온다. 사 60:12에서 야웨께 경배하는 이 왕들과 만국은 이스라엘을 하나님의 백성으로 인정하지 않아 심판받을 다른 "나라들 및 왕들"과 대조된다. 리시는 "땅의"라는 어구가 시 88(89):28(27)에서 따온 것으로, 이사야서의 "왕들"에 삽입되었다고 제안한다. 리시는 시편의 이 본문이 불 못에서 심판을 받아 회심하게 될 하나님의 원수를 가리키는 데 사용된다고 이해한다.[167] 하지만 그 시편 구절은 일반적인 내용을 가리키고, 이처럼 구체적인 내용까지 지지하지는 않는다. 이 어구는 사 60장의 문맥에서 이해하는 것이 더 낫다. 더욱이 "땅의 왕들"은 시 88(89)편에서만 발견되는 것이 아니라, 좋은 함의나 나쁜 함의를 지닌 여러 LXX 본문에서 발견된다. 그중에는 하나님의 지혜를 인정하는 왕들을 가리키는 것도 있고(왕상 5:14[= 4:34, Bagster 판 LXX]; 10:23, 24; 대하 9:23), 하나님을 경배하는 왕들을 가리키는 것도 있다(시 101:16[A ℵ]; 137:4; 148:11). 반면에 그 어구는 가끔씩 결정적으로 부정적인 의미를 지니기도 한다(수 12:1; 시 2:2; 75[76]:13[12]; 겔 27:33; 1 Esdr. 8:74[77]). 어떤 것은 중립적이거나 모호한 것처럼 보이기도 한다(참조. 시 88[89]:28[27]; 1 Macc. 1:2).

그러므로 만국과 왕들이 그 성에 들어가는 것을 "어린 양의 책에 기록

165) Hoskier, *Text of Apocalypse* II, 610.
166) Hodges and Farstad, *Greek New Testament,* 796에 요약된 형태로 등장하는 것은 예외임.
167)) Rissi, *Future of the World,* 78, 110.

되지 않은" 택함 받지 않은 백성이 새 예루살렘에 들어간다는 일종의 보편주의를 제시하는 것으로 이해할 만한 근거는 없다.[168] 계 21:27b에 암시되었듯이 택함을 받은 자들만 그 성에 들어갈 것이다. 여기서 "생명책에 기록된 자들"이 지칭하는 선행사는 분명히 24-26절에 언급된 그 성에 들어가는 만국과 왕들이다. 이것은 택함을 받은 자들만 새롭게 된 창조세계에 거하고 불경건한 자들은 제외될 것이라는 유대교의 묵시적 관점과 일치한다(*1 En*. 45:4-5; 참조. 91:16-17; 4 Ezra 7:75; 벧후 3:9-14). 본문에 묘사된 내용이 "불못"으로 부터의 택함과 구원을 받는다는 보편성을 언급할 수도 없다.[169] 요한계시록 여러 곳에서 불 못의 형벌을 받는 사람들은 잠시 동안이 아니라 영원히 그 형벌을 받는다고 이해한다(14:10-11과 20:10을 21:8, 27; 22:14-15과 비교하라).

리시의 견해와 비슷하게, 포겔게장은 불 못에 있는 사람들이 회개하고 22:14의 초대에 반응할 기회가 여전히 있어, 불 못에서 나와 새 예루살렘에 들어가는 사람들의 "끊임없는 물결"이 있을 것이라고 이해한다.[170] 하지만 리시의 견해에 내재한 여러 문제들 이외에도, 21:7-8은 "이기는 자들"과 기독교 공동체 안에 있는 거짓 신앙고백자들을 대조하는데, 이러한 대조는 22:14-15에서도 염두에 두었을 가능성이 많다. 이 사실은 불경건한 사람들을 경건한 사람들과 대조하고 두 부류의 사람들을 각자의 상황에 근본적으로 영원히 고정된 것으로 이해하는 22:11의 지지를 받는다(22:11의 주석 참조). 더욱이 바로 이어지는 22:18-19에는 불경건한 자들이 받는 심판이 결정적이고 절대적인 용어로 설명된다. 이러한 "보편 구원"관은 그것을 지지하는 사람들이 의존하는 구절에서도 분명히 나타나지 않는다. 따라서 그들은 더 분명한 증거를 가지고 자신들의 입장을 증명해야 할 것이다.

앞에서 분석한 것에 비춰볼 때, 24-26절에는 구속함을 받은 이스라엘

---

168) 일례로 Caird, *Revelation,* 279과 Sweet, *Revelation,* 308-9에서 주장하려고 한 것처럼 말이다. 이와 동일한 Eller, "Kings of the Earth."

169) Rissi, *Future of the World,* 75-79, 87.

170) Vogelgesang, "Interpretation of Ezekiel in Revelation," 104-7.

백성이 이미 살고 있고 그 후 이스라엘 백성과 연합하려고 물밀듯이 들어가는, 새롭게 창조된 성(또는 첫 번째 땅에 있는 천년왕국의 성) 바깥에 거주하는 나라들을 문자적으로 묘사하는 내용이 있다고 생각하는 것은 옳지 않다. 사 60장을 이런 식으로 읽을 수는 있겠지만, 요한의 구약 사용이 만국에서 온 사람들 구속의 절정을 강조한다고 보는 것이 더 낫다. 만국에서 온 사람들이 받게 되는 구속의 절정은 유대인 출신 그리스도인들의 최후의 구원과 동시에 발생한다. 예언은 예언자와 동시대에 살고 있는 독자들이 이해할 수 있는 언어로 미래를 묘사한다.[171] 이사야서의 예언적 용어에는 예언자 당대에 땅에서 통용되는 사회적·문화적 실체들에 상응하는 이미지가 채용되었다. 예언자는 그가 상상할 수도 없는 방식으로 성취될 새 창조의 실체들을 묘사한다고 생각했을 것이다. 이와 비슷하게 에스겔은 그의 옛 성전에 대한 이해를 바탕으로 형성된 최상의 표현을 가지고 더욱 영광스러운 미래의 성전을 예언했다(40-48장). 에스겔이 그 예언이 비문자적으로 메시아 안에서만 성취되며 또한 새 창조에서 하나님이 그의 백성과 함께 계시는 것으로 성취된다는 것을 상상했을 것 같지는 않다. 요한도 같은 방식으로 이사야의 표현을 가져온다.[172]

24절과 26절에서 그들이 그 성에 "자기 영광을 가지고" 들어간다는 것은 공간적인 표현이지만 또한 비공간적인 의미를 전달한다. 이것은 15-17절에서 전달되는 의미는 비공간적이지만, 그 성의 규모가 공간적으로 표현되었다는 사실에서도 지지받는다. 따라서 사람들이 새 예루살렘에 들어가는 장면이 실제로 바깥에서 그 성의 내부로 들어가는 것을 언급한다고 추론하는 것은 옳지 않다. "온 땅이 아니라, 그 성이 144,000제곱스타디온의 땅으로 둘러져 있다고 추론하는 것이 잘못이듯이" 말이다.[173]

그러므로 문이 영원히 열려 있고 이방인들이 끊임없이 그 성으로 들어

171) Bauckham, *Climax of Prophecy,* 450.

172) Ladd, *Revelation,* 280; Mounce, *Revelation,* 385; Hengstenberg, *Revelation* II, 424도 비슷한 견해를 가졌다.

173) Gundry, "New Jerusalem," 264.

간다는 것은 문자적으로 이해하도록 의도되지 않았다. 유한한 수의 이방인이 새 예루살렘에 들어가는 시간이 무한할 수는 없을 것이기 때문이다. 그 이미지는 구원을 받지 못한 이방인들이 그리스도가 오신 이후에 성 바깥에서 오랫동안 방황하다가 다양한 시간에 그들이 회개하게 되었을 때 그곳으로 들어간다는 것을 암시할 수도 없다. 또한 이것은 "정복을 당한 사람들이 승리자에게 바치는 헌사"를 묘사한 장면도 아니다.[174] 사 60장의 배경과 요한의 이사야서 사용에는, 여전히 대적하는 까닭에 심판받게 될 사람들과 달리, 만국과 왕들이 경배하기 위해 새 예루살렘으로 올 것이라고 천명하기 때문이다. 열린 문이 구원받지 못한 이스라엘이 그리스도의 재림 이후에 언젠가 회개하고 불 못에서 나와 그 문으로 들어갈 것이라는 사상 역시 타당성이 없다.[175] 흥미로운 것은 리시와 포겔게장과 그밖의 사람들이 가지고 있는 보편주의적 견해가 문이 계속해서 열려 있고 만국이 성 안으로 끊임없이 들어가는 것 같다는 **장면**을 지나치게 문자적으로 해석한 것에 근거한다는 사실이다. 역설적으로 그들의 문자적인 관점은 더 보수적인 몇몇 해석자들이 계 21장을 미래주의적·문자적으로 해석하는 것과 몇몇 측면에서 만난다는 점이다.

이와 대조적으로, 절정에 도달한 구속과 심판은 요한계시록에서 반복적으로 표현되듯이 그리스도가 재림하실 때 발생한다(예. 20:10-15; 22:12-15).[176] 비유적인 장면의 요지는 이방인들도 하나님의 임재에 영원히 들어갈 수 있다는 것과, 악한 것이 그러한 접근을 위협할 수 없다는 데 있다. 사 60:11-12은 이러한 사상을 강조한다. 그 본문에서 문들이 지속적으로 열려 있는 것은, 순종하는 만국이 성 안에 들어갈 수 있으며 멸망하지 않을 것을 의미한다. 이와 마찬가지로 계 22:2-3에서는 성 안에서 하나님의 생명을 주시는 임재 안으로 방해받지 않고 들어가는 만국이 "치료를 받을"

174) Mulholland, *Revelation,* 330에 반대함.

175) Rissi, *Future of the World,* 73-76, 87; Vogelgesang, "Interpretation of Ezekiel in Revelation," 104-7. Rissi의 제안은 롬 11:25-29의 미래주의적 독법에 의존한다.

176) A. F. Johnson, "Revelation." 598도 비슷한 입장이다.

것이며, "저주"에서 보호를 받을 것이라고 가르친다. 옛 세상에서는 예루살렘과 모든 고대의 성들의 문들이 밤에는 닫혀 성의 주민들을 예상치 못한 침입자들로부터 보호했지만, 새로운 성은 그러한 위험에 직면하지 않는다. 사람들이 생명나무가 있는 곳에 직접 들어가는 것이 역사 내내 천사에 의해 차단되었지만(창 3:24), 역사의 끝에는 성문을 열어놓으려고 천사들이 지켜 서 있다(참조. 계 21:12-13). 22:14은 "문을 지나 성에 들어가는 것"을 "생명나무"의 열매를 따먹는 것과 동일시하고, 그리로 들어가는 사람들을 더 이상 "만국"에 제한하지 않고 유대인과 이방인들을 비롯한 구원받은 모든 사람을 포함하는 것으로 본다. 이와 대조적으로 구속함을 받지 못한 모든 사람은 영원히 "바깥에" 있을 것이다(22:12은 구속함을 받은 "각 사람"을 암시한다. 자세한 내용은 14:10-11; 20:10의 주석 참조).

따라서 본문을 문자적으로 본다면, 그 성의 빛 안에서 다니는 만국은 정체성에 있어서 그 성과 분리된다. 하지만 본문의 묘사는 대부분 비유적인 것 같다. 그리고 성의 빛 안에서 다니는 사람들은 성 자체와 분리되지 않는다. 12장에서 여자와 그의 자손들이 하나님의 백성이라는 동일한 실체를 가리키는 다른 비유석인 방법에 불과했듯이 말이다. 마찬가지로 성도들은 혼인식의 신부로 묘사되었지만, 동시에 혼인식에 참석한 손님들로도 묘사된다(19:7-9). 「엉클 샘」 만화 포스터는 엉클 샘을 지난 1, 2차 세계대전 당시 미국인들을 징병하는 사람으로 그렸다. 하지만 그 자신도 미국인이었다. 상징에는 이처럼 정체성의 중복이 얼마든지 발생한다.[177)]

후기 유대교 문헌은 사 60:3과 60:19이 메시아 시대에 성취될 것을 기대했다(*Midr.* 시 36.6; 72.4-5; *Pesikta de Rab Kahana* 21.4-5. *Pesikta Rabbati* 36.2에는 사 60:3만 언급됨). 사 60:19에서 빛을 발하는 역할은 에덴동산에서 처음 실행되었다(*Tanch.* 창, parashah 2.1; 또한 *Midr. Rab.* 창 12.6; *Midr. Rab.* 출 18.10). 그러므로 그 역할이 새 창조의 동산에서 다시 성취되는 것은 적절하다.

---

177) Pieters, *Lamb, Woman and Dragon*, 359.

그밖에 구약 본문들은 요한의 환상을 구성하는 데 있어 이사야서에 언급된 내용을 보충하는 것 같다. 시 67(68):30(29)("예루살렘에 있는 주의 전을 위하여 왕들이 주께 예물을 드리리이다")은 그 시편의 결론에서 종말론적으로 쉽게 이해된다. 시 68:18은 엡 4:8에서 그리스도와 교회에 적용된다. 또한 시 71(72):10("왕들이" 이스라엘의 왕에게 "예물을 드리리이다")도 같은 사상을 전한다. 이것은 이상적인 왕권을 다룬 시편인데, 종말론적인 시나리오에 쉽게 적용할 수 있다(참조. 슥 14:7, 11, 14). 만국에서 온 사람들 중 마지막 날에 궁극적으로 심판받을 사람도 있고 이스라엘과 함께 구속함을 받을 사람도 있다는 선례는 사 19장에서도 발견된다(참조. 사 13-21장 문맥).

26절에서 동사 οἴσουσιν("그들이 가져갈 것이다")의 주어는 왕들이나 만국이 될 수 있다. 주어가 만국이라면 이 구절에 묘사된 내용은 어색하다. "[만국이] 만국의 영광과 존귀를 가져갈 것이다"가 되기 때문이다. "[왕들이] 만국의 영광과 존귀를 가져갈 것이다"는 덜 어색할뿐더러 가장 가까운 선행사이기도 하다(24b절).[178] 이것은 왕들이 하나님을 찬송하러 오는 만국을 인도하거나, 왕들이 만국의 재물을 가진다는 의미일 것이다. 한편 계 21:26의 표현의 기초가 되는 사 60:11에서는 왕들이나 만국이 주어라는 언질이 없다. "네 성문이 항상 열려 주야로 닫히지 아니하리니 이는 [사람들이] 네게로 이방 나라들의 재물을 가져오며"(LXX도 그러하다). 계 21:26에도 이러한 언질이 없다면, 초점은 그 성에 들어오는 "나라들의 영광과 존귀"를 표현하는 비유적 묘사에 있고, "가져오며"의 주어는 비유적 표현의 의미를 결정하는 데 중요하지 않다는 의미다.[179]

계 21장과 눈에 띄게 비슷한 내용을 담고 있는 1QM 12.12-15은 사

178) Mounce, *Revelation,* 385.

179) Fekkes, *Isaiah and Prophetic Traditions,* 272은 21:26의 이 어구가 25a절과 밀접히 연결되어 만국이 새 예루살렘으로 몰려 들어가는 사상을 계속한다고 이해한다.

60:11-12을 부분적으로 암시하면서 다음과 같이 말한다. "너희 왕궁에 있는 은과 금과 보석들…**만국의 재물이 안으로 들어가도록 너희 문을 열어라. 그리고 그들의 왕들이 너를 섬기게 하라.**…스스로 화려한 장신구로 단장하고 나라를 다스려라." 15행의 결론부분과 11-12행에서 암시된 것처럼, 여기에 묘사된 내용의 요지는 마지막 때에 차지하게 될 쿰란 공동체의(즉 그들에 따르면, 참 이스라엘의) 다스리는 지위를 강조하는 데 있다. 다스린다는 사실 역시 계 21:1-22:5에서 부분적으로 염두에 둔 내용이다. 22:5도 영원한 왕 노릇을 언급하는 것으로 마무리하기 때문이다.

보컴은 계 21:24-26의 만국은 여러 나라에 살고 있는, (모든 사람은 아니지만) 그리스도의 재림 직전에 교회의 순교자-증인들에 의해 회심할 대다수 또는 허다한 수의 사람들을 대표한다고 주장한다.[180] 이 견해는 11:11-13에 대한 보컴의 이해에 상당히 근거하고 있다. 보컴의 그런 이해는 불가능하지는 않지만, 몇 가지 난제에 봉착한다(그의 견해를 평가한 11:11-13의 주석 참조). 21:24-26은 (세대의 끝을 비롯하여) 교회의 시작된 종말 시기 내내 만국에서 구속함을 받은 사람들을 대표한다. 그들은 바벨론과 짐승에게 충성했던 사람들을 대신하여 지금 땅을 상속하며 왕 노릇 한다.[181]

아르메니아어 역본(*arm* 1 2)은 26절 처음에 "모든 보석을 능가하는 빛만"을 덧붙인다.[182] 이것은 밤이 없다는 것을 강조하고(25b절), 앞 문맥의 보석의 광채를 만국이 구원을 받고 새 예루살렘에 들어갈 수 있게 한 하나님의 계시로 해석한다.

소수의 소문자사본과 역본들에는 24b절의 "그들이 자기 영광을 가지고" 다음에 "그리고 그들의[또는 "만국의"] 존귀를 가지고"가 있다. 이

180) Bauckham, *Climax of Prophecy,* 313.
181) 예. Gundry, "New Jerusalem."
182) Hoskier, *Text of the Apocalypse* II, 612을 보라.

것은 병행 어구인 26절의 "사람들이 만국의 영광과 존귀를 가지고 그리로 들어가겠고"와 일치시키려는 데 목적이 있다(1611 1854 2053 *pc* 𝔐[K] vg [bo]; 또한 Apr도 참조하라).

26절 끝에 몇몇 필기체 사본들이 "그들이 들어가려고"(ινα εισελθωσιν)를 22:14b-15과 의도적으로 일치시키려고 한 것이 아니라면 왜 더했는지 이해하기가 어렵다(1611 1854 2329 𝔐[K]).

22-26절에 과거·현재·미래 시제가 혼용되었음을 주목하라. 이것은 저자가 미래에 관한 환상을 과거에 보았음을 알리고, 그런 다음에 그 환상을 마치 지금 보고 있는 듯이 회상하고 있음을 반영한다.[183] 마찬가지로 과거와 미래가 비슷하게 섞여 있는 22:1-3을 보라.

27절 하나님의 뜻에 복종하지 않는 사람들은 열린 문으로 들어가지 못하고 하나님의 치유하시고 생명 주시는 임재에서 영원히 배제될 것이다(자세한 내용은 21:8 주석의 결론을 보라. 또한 22:14-15). 이들은 21:8에서 묘사된 같은 집단이다("가증한 일"과 "거짓말하는 자"에 포함된 사람들이 반복해서 언급된 것을 주목하라). "속된 것"(즉 "부정한 것," κοινός)은 이 사람들이 우상숭배의 가증한 것과 하나님께 불충성함으로써 자신을 더럽혔음을 강조하려고 덧붙여졌다. 우상숭배와 연결되었다는 것은 17:4-5에서 분명히 드러난다. 이 본문에서 "가증한 것"(βδέλυγμα)과 "부정한 것"(ἀκάθαρτος)은 우상숭배를 가리킨다. 이 무리에 포함되는 사람은 교회와 한 번도 연관되지 않은 자들이다. 하지만 여기서 초점은 신앙을 고백했지만 신앙고백과 모순되는 죄악된 생활양식을 보인 사람들에게 맞춰져 있다. 이것은 그들이 거짓 신자들이고 "거짓말쟁이"였다는 숨길 수 없는 표시였다(21:8의 주석 참조). 물리적으로 부정한 사람이 구약의 성전에 들어갈 수 없었듯이, 영적으로 부정한 사람들도 영원한 성전에 들어가지 못할 것이다.[184]

성안에 들어갈 수 있는 사람들은 "어린 양의 생명책에 기록된 자들"뿐

183) 참조. Mussies, *Morphology,* 336, 340.
184) Gill, *Revelation,* 877.

이다(도입어구 εἰ μή는 "오직 ~만"이라고 번역하는 것이 가장 좋다).[185] "생명책"이라는 어구는 21:27 외에 5번 등장한다(3:5; 13:8; 17:8; 20:12, 15). 그 어구는 매 경우 이곳에서처럼 구원이 결정된, 택함 받은 성도들을 가리키는 은유다. 그들의 이름은 역사가 시작되기 전에 영원한 새 예루살렘의 명부에 기록되었다. 이것은 부분적으로 사 4:3을 암시한다. "예루살렘에 머물러 있는 자 곧 예루살렘 안에 생존한 자 중 기록된 모든 사람은 거룩하다 칭함을 얻으리니." 소유격 "생명의"(τῆς ζωῆς)는 그 책의 특성 또는 목적을 의미한다. 그 책은 하나님의 영원한 도시 안에서 누리는 안전을 묘사하는 그림이다. 그리고 그 소유격은 어떤 종류의 안전이 제공되는지를 분명히 한다. 성도들은 창세 전에 어린 양의 책에 기록되었다. 이것은 그들이 책에 기록될 당시 어린 양의 속죄의 죽음에서 혜택을 받게 될 사람들로 밝혀졌음을 의미한다. 그러므로 성도들은 어린 양의 죽음의 결과로 주어지는 영원한 **생명**의 보호를 받았다. 역사 이전에 어린 양과 이처럼 동일시됨으로써, 그들은 어린 양을 믿지 못하게끔 위협하는 세상의 속임으로부터 보호를 받아왔다. 그리고 성도들은 성 문으로 들어가 정해진 대로 생명을 향유할 수 있게 준비되었다("어린 양의 생명책에 기록되는 것"에 대한 확대된 논의는 13:8b의 주석 참조; 또한 3:5의 주석도 보라).

수사적인 상황도 반드시 명심해야 한다. 요한이 27절에서 의도한 것은 단지 미래의 결정된 운명에 대한 정보를 제시하는 데 있는 것이 아니라, 현재 사람들에게 그들의 선택과 행동의 최종 결과를 묘사함으로써 경고하려는 데 있다.

계 21:27은 부분적으로 사 35:8과 52:1(참조. LXX)을 암시한다. 두 구절 모두 "부정한 자"(ἀκάθαρτος)가 종말론적 예루살렘에 들어가지 못할 것이라고 언급하기 때문이다(겔 44:9도 참조). 이 암시는 계 21:2과 21:10에 암시된 사 52:1에 의해서 더욱 확증된다. 이외에도 물 이미지가 사 35:8 바로 앞에 나오는데, 이는 계 21:27 직후에 등장하는 이미지와

185) MHT IV, 150; NASB.

비슷하다(이 표현에 대해서는 22:1의 주석 참조). *B. Baba Bathra* 75b은 원하는 자는 누구나 현재의 예루살렘에 들어갈 수 있지만, "장차 올 세상의 예루살렘에는 초대받은 사람들만 들어갈 것이라"고 주장한다.[186)]

"생명책" 및 수사적인 상황과 관련하여 하나님의 주권과 인간의 책임 사이에서 발생하는 신학적 긴장에 대한 논의는 9:20에 언급된 대표적인 참고문헌을 보라. 학자들 중에는 예정이라는 개념이 인간의 책임 및 그리스도인들에게 타협하지 말라고 권하는 것과 어울리지 않는다고 생각하는 사람들이 더러 있다. 다른 부류의 학자들은 긴장이 있음을 인정하지만, 때때로 다양하게 두 진영을 동일하게 유지하기도 한다. 질문 전체는 성경에서 직설법(하나님의 주권-역주)과 명령법(인간의 책임-역주)의 관계를 어떻게 해결해야 하는지를 두고 공전한다. 초기 교회 시절 펠라기우스와 아우구스티누스는 서로 이 문제를 두고 논쟁했고, 에라스무스와 루터 역시 종교개혁 당시 그 문제를 두고 논쟁했다. 본 주석이 취하는 전반적인 신학적 접근은 아우구스티누스와 루터 및 그들을 따르는 사람들의 입장과 같다.[187)] 하나님은 그의 택한 자들을 예정하심에 있어 주권적이시다. 성령님은 그들의 마음에서 역사하여 중생에 이르게 하신다(직설법). 그 후에 하나님은 그의 예언자들을 통해 택한 자들이 그의 백성으로 어떻게 살아야 하는지를 교훈하시고(명령법) 경고하신다. 그들이 참 성도라면, 그 책망들은 마음에 죄의식을 일으키고, 하나님의 은혜가 그들에게 순종으로 반응하도록 힘을 부여한다. 그러한 권면은 참으로 택함을 받은 사람이 누구인지를 밝히고, 택함을 받은 사람들이 성화 가운데 성장하는 상황을 제공한다. 한 마디로 말해서 하나님의 백성은 신학적 진공 상태에서 하나님과의 관계가 성장하지 않는다. 그 성장은 가정의 훈계의 맥락 안에서 이루어진다. 하나님의 명령에 적극적으로 응답하기 위해서는 하나님의 은혜의 직설법적인 실체에 참여해야 한다(그래서

---

186) Fekkes, *Isaiah and Prophetic Traditions,* 273-74의 사 52:1 암시에 대한 논의를 보라.
187) 예. Volf, *Paul and Perseverance*.

Augustine, *Confessions*, 10.29에는 이런 말이 있다. "당신이 명하신 것을 허락하시고 당신이 바라시는 것을 명하소서"; 같은 내용을 다룬 빌 2:12-13도 보라). 바꿔 말하면, 명령법은 언약 공동체의 거짓 회원인 사람들을 정죄하는 역할을 한다. 난해한 문제를 철저히 논의하는 것은 본 주석의 한계에서는 확실히 불가능하다. 하지만 더 자세한 논의는 17:9a의 주석을 참조하라. 거기서 적절한 논의를 발견할 수 있을 것이다.

그 성의 정원과 강과 주민과 광원: 그의 백성과 함께하시는 하나님의 영광스럽고 극치에 도달한 임재로 저주가 영원히 없을 것이며 그의 백성은 하나님의 영광을 찬송하고 반영하면서 영원한 제사장과 왕의 역할을 보장받는다(22:1-5)

22:1-5은 21장 전체의 결론이다. 이 단락은 21:1-8에서 소개했고, 21:9-27에서 묘사한 새 예루살렘을 최종적으로 확장된 관점에서 계속 묘사한다.

1-2a절 22장을 시작하는 구절은 마지막 날의 예루살렘과 그 성전에서 흘러나오는 "생명수"의 샘 또는 강과 관련된 예언적 장면들로 이루어졌다. 생명수의 샘과 강에 대한 언급은 각각 겔 47:1-9과 슥 14:8에 등장한다. 스가랴서의 본문은 예루살렘이 마침내 재건될 "그날에 생수가 예루살렘에서 솟아"날 것을 예언한다(욜 3:18도 비슷한 내용을 전한다. "여호와의 성전에서 샘이 흘러 나와서"). 22:1의 전후 문맥에서 겔 40-48장의 성전 환상이 반복해서 언급되는 것으로 보아 본문이 에스겔서를 염두에 두었다는 것은 분명하다. 에스겔서의 장면에는 생명을 공급하는 물의 특성도 포함된다(겔 47:9, "이 강물이 이르는 곳마다 번성하는 모든 생물이 살고").

22:1은 에스겔서, 요엘서, 스가랴서보다 더 이전으로 돌아가서, 창 2:10의 태고적의 동산에 대한 묘사를 모델로 삼았다. "강이 에덴에서 흘러 나와 동산을 적시고." 에덴에서 발원한 첫 번째 강과 연결하여, "금과…베델리엄과 호마노"는 계 22:1의 강을 둘러싼 여러 보석들처럼(21:18-21) 강 지류 주변의 특징이었다. 요지는 이것이다. 하나님은 "종말을 처음처럼 만드실 것

이다"(*Barnabas* 6:13). 하지만 절정에 도달한 동산은 첫 번째 것과 비교하여 그 규모가 훨씬 더 큰 모습으로 존재할 것이다.[188] 이와 관련하여 계 21:1-22:5과 놀라울 정도로 유사한 *Test. Dan* 5:12은 시대가 절정에 도달할 때, "성도들이 에덴에서 안식할 것이라"라고 말한다. 그리고 이것을 "새 예루살렘에서 의인들이 즐거워할 것이라"는 내용과 동의적 병행법으로 배치한다.[189] *Test. Dan* 5:12의 "그리고 그가 너를 그의 성소로 인도하실 것이다"에서 마지막 날의 에덴과 예루살렘은 "성소"와 동일시되거나 밀접히 연관된다.

"생명수"에서 "생명"(ζωῆς)은 동격 소유격("물, 즉 생명") 또는 좀 더 개연성이 높은 형용사적 소유격("살아 있는 물")일 것이다. "살아 있는 물"은 영원한 생명을 묘사한 것이며(22:17), 22:1b의 결론적 문장에서 입증되었듯이 하나님과 어린 양으로부터 기원한다(참조. 렘 2:13; "생명수" 은유가 제시된 구약과 유대교의 병행 어구를 제시한 계 7:17의 주석 참조). 요 7:37-39에 비슷하게 묘사된 것처럼 물이 성령을 상징한다면, 계 22:1은 성령이 성부와 성자에게서 나온다는 후기 기독교 신앙고백을 묘사한 초기의 장면이다.[190] (물은 구약성경과 유대교 문헌과 신약성경 여러 곳에서 성령을 상징하기도 한다. 아래 자세한 설명을 보라).

겔 47장에서처럼 생명수는 성전에서 나온다. 지금은 하나님과 어린 양이 성전이시다(21:22). 여기서 성령을 염두에 두었을 수도 있지만, 물 은유는 일차적으로 신자가 하나님 및 그리스도와 갖는 영원한 교제의 생명을 대표한다. 이 사실은 22:3-5이 22:1-2을 발전시킨 것에서도 입증된다. 후기 유대교는 물의 묘사를 비슷하게 이해했다. *Midr. Rab.* 창 70.6은 슥 14:8의 "생수"를 하나님이 이스라엘을 구원하시고 그들의 하나님이 되신다는 증거로 제시한다(마찬가지로 *Midr. Rab.* 창 48.10). 이 교제는 결코 깨질 수 없다. 이러한 방식으로 시 45(46):5a[4a] LXX은 "강에서 흘러나온 물이 하나님의 성을 즐겁게 한다"고 번역한다. 이는 4b-5절에서 하나님의 임재를 가

---

188) 참조. Beasley-Murray, *Revelation,* 330.
189) Talbert, *Apocalypse,* 100.
190) 참조. Wilcock, *I Saw Heaven Opened,* 212.

리키는 은유다. 하나님의 임재는 그 성과 성전의 안전을 제공한다. "지존하신 이가 그의 성소를 거룩하게 하셨도다. 하나님이 그 성 중에 계시매 성이 흔들리지 아니할 것이라." 이러한 교제는 요한계시록에서 어린 양의 구속의 죽음을 계속해서 믿고 그의 구속 사역에 대해 증언을 지속한 사람들을 위한 것이다. 강이 "맑다"는 것과 물이 "수정 같이 빛난다"는 것은 물의 정화하는 특성을 암시한다. 물은 사람들의 죄를 정결케 하여 22:3-5에 묘사된 대로 그들이 하나님과의 지근한 임재 안으로 들어갈 수 있게 한다(이와 비슷한 22:14, 17).

2절의 첫 어구("길 가운데")를 1절의 완결로 이해한다면, "생명수의 강"은 그 성의 뒷길 어딘가에 있는 것이 아니라 그 성의 "중심 지역 한가운데" 있게 된다. 하나님과의 영원한 친교를 전달하는 것이 성의 본질적 특징이기 때문이다. 그래서 "생명나무(들)"(2절)는 겔 47:12에 있는 모델처럼("강 좌우 가에는 각종 먹을 과실나무가 자라서") 강 좌우에 나란히 있게 된다. 만국이 성 중심가에서 거니는 장면은, 그들이 걸을 때 생명을 공급하는 물을 헤치며 나아감을 암시할 수 있다. 겔 47:3-4에서 예언자가 물의 제의적 원천에 더 가까이 갈수록 물을 헤쳤던 것처럼 말이다.

하지만 2a절을 다른 문장의 시작으로 읽는 것도 가능하다. 이것은 길과 강이 그 사이에서 자라는 나무와 나란히 있는 것을 의미하든지, 그 성의 길 가운데에 ("이 지점에서 두 갈래로 나뉜"[191]) 강 한 편에 자리하고 있는 생명나무 한 그루가 있음을 의미한다. 하지만 비록 새로운 문장이 2절에서 시작한다고 해도, 길 가운데 흐르는 강을 묘사한 첫 번째 묘사가 여전히 가능한 선택인 것 같다(RSV, Moffatt, JB, NIV, NEB).

계 21:27에서 암시된 마지막 날의 시온과 관련된 사 35:6-9의 예언이 다른 곳에서도 등장함을 감지할 수 있다.

---

191) Beasley-Murray, *Revelation,* 331.

사 35:6-9	계 21:24, 27-22:1-2a
"물이 솟겠고…시내가 흐를 것임이라.…사막이 변하여 못이 될 것이며 …원천이 될 것이며…거기에 대로가 있어 [LXX에는 "정결한(καθαρά) 길"] 그 길을 '거룩한 길'이라 일컫는 바 되리니 깨끗하지 못한 자는 지나가지 못하겠고…오직 구속함을 받은 자만 그리로 행할 것이며."	"만국이 그 빛 가운데로 다니고…무엇이든지 속된 것이…그리로 들어가지 못하되…그가 수정같이 맑은 생명수의 강을 내게 보이니…길 가운데로 흐르더라."

물 은유가 도시의 길 장면 및 다른 유사한 것들과 조합되는 흔치 않은 일 이외에, 두 본문에는 공통적으로 땅이 정원처럼 아주 많은 열매를 맺는 곳으로 변하는 새 창조의 장면이 있다(참조. 사 35:1-2, 7; 또한 거의 똑같은 장면이 있는 사 43:18-20과 41:18-20). 이사야서의 은유들의 요지는 하나님이 종말에 그의 백성을 구원함으로써 그들이 영원한 기쁨과 안식을 누릴 수 있게 된다는 것이다(사 35:4, 9-10; *Midr. Rab.* 창 95.1은 사 35:5-6을 미래 부활에 대한 예언이라고 밝힌다). 구약성경의 이 장면이 계 22:2b의 새로운 에덴동산 장면으로 자연스럽게 넘어갔다.

구약성경과 유대교 문헌 및 신약성경에서 물이 성령을 상징하는 것으로 사용된 예는 겔 36:25-27, 요 3:5, 4:10-24을 보라. 요일 5:7-8, 1QS 4.21. *Pesikta Rabbati* 1.2에서는 지상 성전에서 나오는 물이 성령으로 해석된다. 계 22:1-2과 1QSb 1.3-4을 비교하라. "그가 너희를 위하여 하늘 높은 곳에서 결코 마르지 않는 영원한 샘을 열어주시기를 빈다." 마찬가지로 *Odes Sol.* 6:7-18은 사람들의 목마름을 해소하고 성령과 직접 연결된 "강"과 "생수"를 묘사한다.[192]

"맑은(καθαρον) 강"은 051^s 2030 2377 𝔐^A에서만 발견된다. 이 독법

192) M. Stuart, *Apocalypse* II, 387과 Hailey, *Revelation*, 422은 2절을 그 성 전체를 두루 굽이쳐 흐르는 강을 묘사한다고 해석한다. 강과 길이 나란히 있으며, 강과 길 사이에는 나무가 양쪽에 일렬로 있다. 이것은 "길"과 "나무" 모두 집합적 단수라고 가정한다. Lenski, *Revelation*, 650이 생각하듯이 "강"도 집합적 단수일 수 있을까?

이 더 짧은 독법인 "강"(ποταμόν)에서 어떻게 발전할 수 있었는지를 설명하기는 어렵다. 개연성은 희박하지만, 해당 어구를 18절과 21절의 비슷한 진술과 일치시키려는 바람에서 그랬을 것이라고 추측할 뿐이다. 필경사들이 본문을 사 35:8이나 겔 47:8-9, 12에 더 근접하게 하려고 "맑은"이라는 단어를 첨가했을 것 같지는 않다. 이사야서의 언급은 미묘하고 겔 47장에는 실제로 καθαρός라는 단어가 포함되어 있지 않다. 더욱이 외적 증거(나머지 현존하는 사본들)는 짧은 독법을 선호한다.

몇몇 사본(1611[s] 2329 *pc*)은 τοῦ θρόνου("보좌")를 του στοματος("입")로 대체했다. 이런 이문이 어떻게 생겨났는지 설명하기는 역시 어렵다. 이렇게 된 것은 요한계시록 여러 곳에서 ἐκπορεύομαι("나온다")라는 단어가 5번에 걸쳐 ἐκ τοῦ στόματος("입에서", 이 어구는 단수든지 복수든지 그리스도나 그리스도인 또는 귀신의 특성을 지닌 존재들을 언급한다)가 사용되는 문장에 등장한다는 사실을 잘 알고 있었기 때문일 것이라고 말할 수 있을 뿐이다. 이렇게 되려면 필경사에게 성구사전과 같은 두뇌가 필요하겠지만, 이런 내용을 의식하고 있었다면 의도적이든지 아니면 우연이든지 변경을 가했을 수는 있다. 이러한 가능성이 주는 이점이 무엇이든지 간에 τοῦ θρόνου가 선호된다. 수많은 양질의 외적 증거가 이를 지지한다.

2절 1절의 묘사가 계속된다. 강과 잎사귀에 치료 능력이 있는 나무가 있고 영원히 비옥한 미래의 땅을 묘사하는 장면은 겔 47:12에 근거했다. "강 좌우 가에는 각종 먹을 과실나무가 자라서…달마다 새 열매를 맺으리니…그 잎사귀는 (치료하기 위한) 약 재료가 되리라." 에스겔서의 장면은 부분적으로 창 2:9-10의 원시 동산과 그 근처에 있는 강을 모델로 삼았다. 에스겔서와 요한계시록은 모두 이렇게 하나님의 임재가 공개적으로 거하는, 처음 창조에 있는 동산의 확대된 재건을 그리고 있다. 심지어 에스겔서의 성전의 일부로 묘사된, 장식된 종려나무와 그룹들(겔 41:18-26)은 에덴동산의 상황을 암시한다. 에스겔서의 성전 묘사는 일찍이 아로새긴 꽃으로 내부를 장식했던 솔로몬의 성전에서 예상되었다(왕상 6:18,

29, 32, 35; 7:18ff.).[193]

겔 47:12의 암시는 강 어느 한편에서 자라는 나무에 대한 묘사를 지지한다. 그래서 22:2의 한 "나무"는 "나무들"을 가리키는 집합적 언급일 가능성이 많다.[194] 집합적인 해석은 강둑 양편에서 자라는 나무들을 그린 에스겔서의 묘사와 일치하며, 계 22:1-2 장면의 논리와 맥을 같이한다(나무 한 그루가 어떻게 강 양편에 있을 수 있겠는가?). 나무에 관사가 없다는 것도 집합적 의미를 한층 더 암시한다. 처음 동산에 있었던 생명나무 한 그루는 두 번째 동산의 고조된 낙원에서 많은 생명나무가 되었다(옛 성전과 대조하여 미래의 고조된 성전을 언급하는 구약성경과 유대교 자료에 대해서는 21:22의 주석 참조). 하지만 이 나무들 모두가 원래의 나무와 같은 종류의 나무들이므로, 나무들은 집합적 단일체의 관점에서 "그(the) 생명나무"를 가리킨다고 할 수 있다(2:7). 흥미로운 것은, 유대교 문헌의 몇몇 본문에서 생명나무 한 그루를 기대한 것과 겔 47장에 묘사된 나무들을 기대한 것 사이에 긴장이 있다는 사실이다(*Tanch*. 창, parashah 1.18; *Tanna de-be Eliyyahu*, Rabbah, 93). 고조된 상태의 또 다른 특징은 원래의 낙원이 지리적으로 지상 창조의 작은 한 부분에 불과하지만, 지금 낙원의 성전에는 새 창조의 전 지역이 포함된 것 같다는 데 있다(이 점을 자세히 다룬 아래 설명을 보라).

"성소로부터 흘러나온" 에스겔서의 물로 인해 나무들이 많은 열매를 맺는 것처럼, "하나님과 어린 양의 보좌로부터 나오는" 요한의 환상의 물로 인해 나무들이 풍성한 열매를 맺는다. 하나님과 어린 양은 새로운 세상에서 성전이 되신다. 하나님과 어린 양에게서 나오는 "생명수"는 영생을 나타낸다. 하나님의 임재로 인해 모든 사람이 하나님과의 친근한 교제에 들어갈 수 있는 생명을 얻게 되었다(22:17). 물의 이러한 의미를 나무와 연결한 예는 *Odes Sol*. 11:16에서도 발견할 수 있다. 이 본문에는 낙원의 "열매를

---

193) Kline, *Images of the Spirit*, 42.

194) Farrer, *Revelation*, 222.은 이것을 현대 관용어인 "떡갈나무가 심긴"(planted with oak)으로 설명한다.

맺는 나무"와 "나무에 물을 공급하는…강"은 모두 "영생"과 직접 연결된다 (이와 비슷하게 1QH 14[6].14-18; 1QSb 1.3-4).

겔 47:8-9, 12의 강은 많은 물(비교. 계 22:1의 "맑은 강")을 정결하게 하고(문자적으로는 "치료하고"), 거기서 헤엄치는 피조물들에게 "생명"을 주며, 나무를 자라게 하며 그 나무의 "잎사귀는 치료에 사용된다." 에스겔서의 강은 자연계를 갱신하는 원천이다. 겔 40-48장의 환상은 하나님이 그의 백성과 최종적으로 함께하심을 나타내는 비유적 장면이다. 겔 47장의 강 이미지는 이러한 비유적 묘사에 적합한 것 같다. 회복된 시온을 묘사하는 이와 비슷한 구약의 이미지에서, 성도들이 하나님과 결국 다시 연합하면서 새로워진 그들의 생명을 나타내려고 물이 비유적으로 사용되기 때문이다(참조. 사 35:6-9과 욜 3:18을 보라, "그날에 산들이 단 포도주를 떨어뜨릴 것이며 작은 산들이 젖을 흘릴 것이며 유다 모든 시내가 물을 흘릴 것이며 여호와의 성전에서 샘이 흘러 나와서 싯딤(아카시아) 골짜기에 대리라"; 마찬가지로 사 41:17-20; 43:18-20).

구약성경 여러 곳에서 새 창조의 물은 비단 자연계를 다시 새롭게 하기 위해서만이 아니라, 하나님의 백성에게 주어져 그들이 생기를 되찾을 수 있도록 하기 위해 있다(사 41:17-20; 43:18-20). 겔 47장의 물도 이와 비슷한 기능을 하는 것 같다. 잎사귀의 치료 효과가 식물과 동물의 생명에 한정되는 것이 아니라 인간의 생명에까지 확장되듯이 말이다. 겔 47:12이 부분적으로 의존하는 창 2:9과 3:22에서 이러한 결론의 지지를 받는다. 이 본문들에서 "생명나무"의 열매는 아담에게 영생을 줄 수 있는 능력이 있었다.

겔 47장의 비유적 의미를 둘러싸고 제기될 수 있는 논쟁에도 불구하고, 계 22:2에 에스겔서의 장면이 이런 식으로 해석되었다는 점은 너무도 분명하다. 성도들은 "생명수를 취하라"는 초대를 받고(7:17; 22:17), "[생명]나무의 잎사귀는 **만국을** 치료하기 위해 있다." "생명나무"라는 언급에는 요한이 겔 47:12에 있는 새 우주의 예견된 결실을 영원한 에덴의 재건으로 이해했음이 나타난다. 창 3:22, 24은 "생명나무"를 언급하면서 만일 그 나무로부터 먹을 수 있었다면 아담이 "영원히 살" 수도 있었을 것이라고 말한다. 추측건대 그 나무는 그곳에 들어갈 수 있는 모든 사람에게 영생을 주는 하나님의 임재를 나타냈다.

계 22:2에 언급된 물의 약효는 자연적 영역 혹은 특권을 받은 이스라엘 민족에 제한되지 않고 복음을 믿은 온 세상의 모든 사람에게 해당된다. 21-22장 이외에 "만국"을 가리켜 하나님의 백성으로 분명하게 언급한 유일한 본문은 5:8과 7:9이다. 계 5:9에는 22:3의 만국을 "치료한다"는 의미가 무엇인지가 가장 잘 설명되었다. 생명나무 잎사귀로 치료한다는 비유적 장면은, 그리스도가 믿음이 있는 여러 나라를 위해 "죽으셨고" 그래서 그들이 "그리스도의 피로 그들의 죄[의 형벌]에서 구속함을 받았음"을 의미한다(5:9과 1:5을 비교하라). 그리스도가 이 시대에서 그들을 위해 죽으셨으므로 그들은 장차 올 시대에서는 죽을 필요가 없다.

생명나무의 열매는 계속해서 열매를 맺으며 또한 영원히 계속해서 치료하는가? 그 대답은 부정적이다. 새 창조에서는 치료를 받아야 할 죽음이나 고통이 더 이상 없을 것이기 때문이다(21:4). 하나님이 눈물을 닦아주신다는 것이 영원히 계속되는 고통이 아니라 그들을 고통에서 단번에 구원하심을 가리키는 것처럼(21:4; 7:16-17을 보라), 여기서도 마찬가지이다.[195] 계 21:24-26에 암시된 이사야서 예언의 표현이 그러하듯이, 마찬가지로 요한은 그의 이해를 초월하는 영원한 실체들을 묘사하려고 그가 이해할 수 있는 지상의 실체에 해당하는 겔 47:12의 이미지를 사용한다. 이러한 분석은 그 나무가 "**달마다** 그 열매를 맺는다"는 진술에서 확증된다. "달마다"는 태양의 주기에 의한 하루와 달의 주기에 의한 달에 근거하여 계산한 문자적인 날짜에 따라서만 이해할 수 있는 기간이다. 반면에 계 21장의 새 우주를 설명하는 비유적 묘사에는 해나 달이 없다고 한다(21:23; 22:5). 22:2에 "열두 가지 열매를 맺는다"는 것과 함께 열매를 맺는 달이 모두 12개월이 된다는 것은 구원의 충만함을 강조하기 위해 환상에서 이미 반복적으로 사용된 12의 배수를 거듭 강조한다.[196] 그러므로 우리가 내릴

195) Düsterdieck, *Revelation,* 489.
196) Kiddle, *Revelation,* 442.

수 있는 최상의 결론은 이것이다. 생명나무 열매의 치료 효과는 그리스도에 의해 이루어졌고 그의 재림 때 절정에 도달하게 될 구원을 가리키는 비유적 표현이다.

Pss. Sol. 14:3-4에서는 성도들의 영생의 안전성이 종말의 낙원의 나무와 밀접히 연관되어 있어서 성도들은 낙원 및 생명나무와 동일시된다. "주님의 낙원, 생명나무는 그의 경건한 자들이다[마찬가지로 겔 47:12을 인용한 *Midr. Rab.* 아 4.12 §4]. 성도들이 심겨져 영원히 뿌리를 내렸다. 그들은 하늘의 모든 날 동안 결코 뽑히지 않을 것이다." *2 En.* 8-10에서는 생명나무가 있는 종말론적 에덴이 의인들을 위해 "영원한 기업"으로 "예비되었다." 하지만 계 21:8, 27에 열거된 사람들처럼 죄를 범한 악인들을 위해서는 "불과 불꽃이 영원한 기업으로 준비되었다"(에덴이 나무가 있고 역사 내내 의인들로 이루어졌다는 것에 대해서는 *Apoc. Abr.* 21:6과 *Apocalypse of Peter* 16을 보라). 이와 비슷하게 4 Ezra 8:52-57은 성도들을 위해 "낙원이 열렸으며, 생명나무가 심겨졌고…한 성이 건설되었다"고 주장한다. 그 안에서 성도들은 이전 세상의 저주(사망, 더러움, 슬픔, 환난 등)로부터 보호를 받을 것이다. 이와 비슷하게 *Test. Levi* 18:10-11을 보라(22:5의 주석 참조); *1 En.* 24-26(여기서는 미래의 에덴이 예루살렘 성전에 있다고 언급된다!), 4 Ezra 2:12, 7:123-26(참조. *2 En.* 8:3-8). 사 51:3-6과 겔 36:26-35 역시 이스라엘의 회복을 새 창조의 용어로 설명하며 그것을 "에덴동산 같다"고 언급한다. 4 Ezra 2:18-19은 계 22:1-2의 생명나무와 생명수의 강을 열매가 주렁주렁 맺힌 "열두 나무"와 "열두 샘이 흐르는 것"으로 확대한다(*Pirqe de Rabbi Eliezer* 51은 겔 47장에 예언된 성전에서 흘러나오는 열두 샘을 묘사한다). 계 21:10의 한 산(山) 역시 4 Ezra에서는 "거대한 산 일곱"으로 확대되었다. 4 Ezra에 발전된 것에서는 계 21:12-14, 19-21의 열두 문과 열두 지파 그리고 열두 사도들이, 특히 구속함을 받은 공동체의 영원한 안전과 관련하여, 완전해진 온전함을 비유적으로 의미하는 것으로 이해한다(참조. 4 Ezra 2:22, 28-32).

Tanna de-be Eliyyahu, Rabbah, 93에는 겔 47장에 예언된 나무의 열매를 먹으면 유대인들이 율법을 능숙하게 논의할 수 있게 된다고 기록한다.

ℵ 2053 2062 *pc*에서는 2절 마지막에 있는 τῶν ἐθνῶν("만국의")이 생략되었는데, 이것은 2절의 어휘를 "그 잎사귀는 약 재료"라는 것만을 언급한 겔 47:12의 마지막 부분과 좀 더 일치시키려는 의도를 반영하는 것 같다. 계 22:2의 명사 θεραπεία는 "치료" 또는 "건강"으로 번역할 수 있는데, 겔 47:12에 대한 암시를 볼 때 후자가 더 선호된다. 겔 47:12에서는 ὑγίεια가 사용되었다. 이 단어는 전형적으로 "건강", "건실"로 번역되기도 하고, 때로는 "약" 또는 "치료"로 번역되곤 한다.[197]

낙원 같은 성-성전의 범세계적 크기

낙원 같은 성-성전이 새롭게 창조된 땅 전체를 망라한다는 사실은 21장에 대해 앞에서 관찰한 몇몇 내용과 함께 다음 고려사항에서 분명해진다. (1) 사 54:2-3은 몇몇 유대교 본문과 더불어 처음 예루살렘과 그 성전과 비교하여 규모가 큰 새 예루살렘이나 종말론적 성전이 있을 것이라는 사상을 뒷받침한다(21:17의 주석 참조). (2) 구약성경에서 부정한 사람은 성전 구역에 가까이 가지 못했다. 새 성전의 주변이 마침내 새 창조세계 전체를 포함하게 될 것이라는 사실은 부정한 자가 성-성전에서 쫓겨난다는 것으로 암시된다(21:27). 이것은 부정하지 않은 사람들만 새로운 세상에 들어가는 것이 허락되었음을 의미한다(특히 부정한 자들이 그 성의 밖에 있다는 22:15에서도 드러난다. 즉 그들도 새 창조 밖에 있다는 말이다. 그들은 불 못에 영원히 있을 것이기 때문이다. 21:22, 27; 22:15의 주석 참조).

(3) 요한은 21:1에서 자신이 "새 하늘과 새 땅을 보았다"고 말하지만, 21:2과 21:9-22:5에서는 사실 낙원 같은 성-성전을 보게 된다. 요한이

197) LSJ, 1842.

새 하늘과 새 땅을 먼저 본 후에(21:2) 새 우주의 일부인 성-성전을 보았을 수도 있다. 하지만 21:1의 "새 하늘과 새 땅"이 21:2과 21:9-22:5의 낙원 같은 성-성전과 동일시된다는 것은 방금 전에 언급한 (1)과 (2)에서 지적한 내용이며 아래에서도 계속 고려할 사항이다. 레벤슨은 구약성경에서 "하늘과 땅"이 때로는 예루살렘이나 그 성전을 가리키는 한 방법이었음을 관찰했다. 레벤슨은 이것을 가장 잘 예증하는 본문 중 하나로 사 65:17-18을 인용한다. "**보라! 내가 새 하늘과 새 땅을 창조하나니** 이전 것은 기억되거나 마음에 생각나지 아니할 것이라. 너희는 내가 창조하는 것으로 말미암아 영원히 기뻐하며 즐거워할지니라. **보라! 내가 예루살렘을 즐거운 성으로 창조하며**."[198] 사 65:17이 계 21:1에 암시되었기에, 21:2의 새 예루살렘은 21:1의 "새 하늘과 새 땅"과 동일시되는 것 같다 (이것은 사 43:19과 66:22의 새 창조 예언들에 종말론적 성전도 포함된다고 이해한 후기 유대교의 몇몇 자료들과 일치한다[자세한 내용은 21:5의 주석 참조]).

낙원 같은 성전이 온 세상을 모두 망라하는 이유는 구약의 성전이 온 하늘과 땅의 소우주적 모델이었다는 고대인들의 이해에서 발견된다.[199] 이것을 가장 분명하게 천명하는 본문 중 하나는 시 78:69이다. "그의 성소를 산의 높음 같이, 영원히 두신 땅 같이 지으셨도다." 요세푸스는 성막의 3중 구조를 "땅[= 바깥뜰]과 바다[= 안뜰]"를 상징하는 것으로 이해했다. "이 둘은…누구든 가까이 갈 수 있는 곳이지만, 세 번째 부분[지성소]은 하나님만 계신 곳이다. 하늘도 사람들이 가까이 하지 못하는 곳이기 때문이다"(Josephus, *Ant*. 3.181; 참조. 3.123). 마찬가지로 *Midr. Rab*. 민 19.19은 이렇게 기록한다. "뜰이 성전을 망라하는 것은 마치 바다가 세상을 망라하는 것과 같다." 지성소의 작은 복제였던 대제사장 흉배의 보석들이 지상에

198) J. D. Levenson, *Creation and the Persistence of Evil: The Jewish Drama of Divine Omnipotence*, 89-90.

199) C. H. T. Fletcher-Lewis, "The Destruction of the Temple and Relativization of the Old Covenant," 156-62을 보라. Fletcher-Lewis도 성전이 작은 우주에 비유된다고 주장한다. 본서 아래에서 이어지는 논의의 두 문단은 이 주장에 의거하며, 더 충분한 증거는 Fletcher-Lewis의 글을 참조하라.

있는 우주 또는 하늘에 있는 우주를 상징했으며, 동일한 보석들이 지금 계 21장에서 새로운 성-성전에 속한다는 사실도 이미 관찰했다(본서 21:18-20 논의 이후에 다룬 "대제사장의 흉배" 단락을 보라).

요세푸스와 필론은 성막이나 성전 또는 이 건물들의 다양한 기물들이 우주를 상징적으로 반영하는 여러 가지 방법을 논의한다(Philo, *Conf*. 2.71-145; Josephus, *Ant*. 3.123, 179-87. *War* 4.324에서는 제사장들이 "우주적 예배"(κοσμικῆς θρησκείας)를 인도하는 것으로 언급되었다). 요세푸스와 필론은 성막과 성전 휘장이 우주의 네 요소인 땅과 공기와 물과 불을 반영하기 위해 만들어졌음에 주목한다(Philo, *Quaestiones et solutiones in Exodum* 2.85; *Conf*. 2.87-88; Josephus, *War* 5.212-13; *Ant*. 3.183). 성전 휘장은 세상을 만들 때 사용된 요소들과 유사한 것들로 수놓아졌다. 창조세계 그 자체는 "[이스라엘의] 거룩한 성전 이전에 존재했던 우주적인 성전"이었기 때문이다(*Quaestiones et solutiones in Exodum* 2.85). 성전이 거대한 우주의 축소된 이미지라는 것이 역시 핵심이다. 마찬가지로 요세푸스와 필론은 대제사장의 의복이 우주를 상징한다고 이해한다(Philo, *Conf*. 2.117-26, 133-35, 143; Josephus, *Ant*. 3.180, 183-87). 흥미로운 것은 필론이 심지어 대제사장이 "세상을 대표하며" "소우주"(또는 "작은 세상"[βραχὺς κόσμος])라고 명확하게 이야기한다는 사실이다(*Conf*. 2.135). 그리고 이미 계 1:16의 주석에서 살펴보았듯이, 촛대의 일곱 등불은 행성들을 상징하는 것으로 이해되었다. 필론과 요세푸스가 이 상징을 서로 다르게 해석하는 것은 사실이지만, 두 사람 모두 당대 주류를 이루었던 유대교 사상에서 고수하던 성전과 관련된 전반적인 우주적 이해를 증언했을 개연성이 높다.[200] 고대 근동의 문헌에도 신들의 신전이 하늘 신전이나 우주의 소우주적인 모델로 이해된다는 사상이 반영되었다.[201]

---

200) Kline, *Images of the Spirit,* 41-47과 Poythress, *Shadow of Christ,* 13-35을 보라. Kline과 Poythress는 성전과 제사장의 의복에 관해 Philo과 Josephus가 관찰한 것과 동일하고 비슷한 내용을 많이 지적한다.

201) J. J. Niehaus, *No Other Gods,* 5장; Fletcher-Lewis, "The Destruction of the Temple and

우주를 반영하는 성전은, 그것의 목적이 온 세상이 성전에 총망라될 미래를 가리키는 데 있다는 점을 암시한다(새롭게 계획된 건물의 건축 모델이 훨씬 더 큰 규모로 건축될 건물의 작은 모형에 불과한 것과 마찬가지다). 구약의 성전이 땅에 있는 하나님의 임재의 국지적인 건물이었으므로, 성전과 우주의 관련성은 온 땅에 장막을 치시는 하나님의 임재의 종말론적 목표를 지향했다. 계 21:1-22:5이 발전시키고 있는 것처럼 보이는 종말론적 목표가 바로 이것이다(참조. 21:3. *1 En*. 90:28-42도 이와 비슷한 종말론적인 목표를 묘사하는 것 같다).

이 사실 이외에도, 22:1ff.의 내용은 에덴을 이해한 초기의 제의적 해석을 의식한 것 같다. 이와 관련하여 에덴동산이 첫 사람이 하나님을 예배한 원형적 성전이었다는 암시들이 있다.[202] (1) 이스라엘의 성전은 제사장이 하나님의 독특한 임재를 경험한 곳이었으며, 에덴은 아담이 하나님과 걷고 말하던 곳이었다. (2) 창 2:15은 하나님이 아담을 동산에 두어 "동산을 경작하고[일하고] 그것을 관리하게" 하셨다고 한다. "경작하며 지키게"(cultivate and keep)라고 번역된 히브리어의 두 단어는 구약성경 다른 곳에서 보통 "섬기고 지키다"(serve and guard)라고 번역된다.[203] 이 두 단어들(동사 *'abād*와 *shāmar*와 동족 명사들)이 함께 등장하는 곳에서는(열여섯 단어 범위 안에 등장), 이 단어들에 이런 의미가 있는 경우가 있으며, 하나님의 말씀을 "섬기고 지키는" 이스라엘 백성을 언급하든지(적어도 10번), 성막의 "일(service)"을 "수행하는(지키는)" 제사장들을 언급한다(민 3:7-8; 8:25-26; 18:5-6; 대상 23:32; 겔 44:14;[204] 또한 사 56:6 참조).[205] *Targ. Neof*. 창 3:15은 아담이 동산

Relativization of the Old Covenant," 159n47을 보라.

202) 대부분의 내용이 이 학자들의 견해를 따랐다. Kline, *Kingdom Prologue,* 31-32, 54-56; 같은 저자, *Images of the Spirit,* 35-42; Wenham, "Sanctuary Symbolism in the Garden of Eden Story"; 정도가 덜 하기는 하지만 Poythress, *Shadow of Christ,* 19, 31, 35.

203) 참조. U. Cassuto, *Genesis,* 122-23. Cassuto는 창 2:15에서 이 의미를 선호한다.

204) Wenham, *Genesis 1-15,* 67을 보라.

205) 참조. Kline, *Kingdom Prologue,* 54. Kline은 이것을 성전이 더럽혀지지 않도록 제사장적으로 "지켜야" 하는 관점에서만 이해한다. 그가 인용한 성경은 다음과 같다. 민 1:53; 3:8, 10, 32; 8:26, 18:3ff.; 삼상 7:1; 왕하 12:9; 대상 23:32; 대하 34:9; 겔 44:15ff.; 48:11. 이와

에서 "율법에 따라 섬기고 그 계명들을 지켰다"고 말함으로써 이러한 제의적 이해를 강조한다(여기에 사용된 표현은 민수기에서 인용된 본문과 매우 유사하다). 그리고 19절에 대해서 타르굼은 아담이 동물의 이름을 지어주면서 "성소의 용어"를 사용했다고 한다. *Midr. Rab.* 창 16.5은 창 2:15에서 아담의 역할을 후대에 모세 율법에서 요구된 "제사"를 드리는 것으로 해석한다. 창 2:15의 두 단어의 정확한 번역이 무엇이든 상관없이, 이러한 관찰은 창 2장을 기록한 사람이 이스라엘의 제사장들을 하나님의 처음 성전에서 섬기며 그 성전을 지켰던 원형적 제사장으로 후기에 묘사한 것에 비춰 아담을 묘사했음을 시사한다.

(3) 아담이 죄를 짓고 부정한 뱀을 용납하여 성소를 더럽힘으로써 성전을 보호하고 지키는 일에 실패했을 때, 그는 제사장의 역할을 상실했고, 두 그룹이 동산 성전을 "수호하는" 책임을 맡게 되었다. 하나님은 "그룹들과 두루 도는 불 칼을 두어 생명나무의 길을 지키게 하"셨다(창 3:24). 하나님이 모세에게 명하여 그룹 둘을 만들어 지성소의 언약궤 양쪽에 배치하게 하셨을 때, 그 그룹의 역할이 후기 이스라엘의 성전에서 기념되었다. (4) 생명나무 자체는 지성소 바로 바깥에 놓여 있던 촛대의 모형이 되었을 것이다. 촛대는 중앙 줄기에서 양 옆으로 세 가지가 뻗어 있고 한 가지는 중앙 줄기에서 바로 뻗어, 모두 일곱 가지로 구성된 개화기의 작은 나무 모양을 하고 있었다(2:7의 주석에 있는 참고자료들을 보라. 그 나무의 꽃 모양과 열매 맺는 모습에 대해서는 출 25:31-32; Josephus, *Ant*. 3.145을 보라).

(5) 에덴동산이 최초의 성전이었다는 사실은 이스라엘 역사 후기에 등장한 성전에 나무를 새겨 넣음으로써 동산 같은 분위기가 있었다는 사실에서도 암시된다. 열왕기상은 "성전 안에 입힌 백향목에는 박과 핀 꽃을 아로새겼다"고 한다(왕상 6:18). "내 외소 사방 벽에는 모두 그룹들과 종려와 핀 꽃 형상을 아로새겼고"(6:29, 32, 35), 성소 입구에 있는 두 기둥 꼭대기 아래에는 "석류 두 줄"을 새겼다(7:18-20). (6) 에덴의 입구는 동쪽으로 나 있다(창

비슷하게 Wenham, *Genesis 1-15,* 67.

3:24). 이것 역시 이스라엘의 성막과 성전의 입구의 방향을 정하는 데 반영되었다.

아담은 이 성소를 "지켜야" 했을 뿐더러 창 1:28에 따라 땅을 정복해야 했다. "하나님이 그들에게 복을 주시며 이르시되, '생육하고 번성하여 땅에 충만하라 땅을 정복하라 바다의 물고기와 하늘의 새와 땅에 움직이는 모든 생물을 다스리라' 하시니라." 아담이 땅을 다스리고 정복하기 시작해야 했다는 말은 에덴이 온 땅에 확장되고 온 땅을 덮을 때까지 그가 동산의 경계를 확대해야 했음을 암시한 것 같다.[206] 이것은 처음에는 에덴에 한정되었던 하나님의 임재가 온 세상으로 확대되어야만 했음을 의미한다. 요한계시록은 아담이 실패한 것을 그리스도가 마침내 이루셨다고 묘사한다. 계 22:1에서 시작한 에덴 이미지는 창 2장에서 시작한 성전 건물이 그리스도와 그의 백성 안에서 완성될 것이며, 새 창조 전체를 망라한다는 점을 보여주려는 데 그 목적이 있음을 반영한다.

3절 3절은 "만국을 치료한다"는 내용을 더 자세히 설명한다. 첫째, "다시 저주가 없으며"(κατάθεμα οὐκ ἔσται ἔτι). 이 어구는 슥 14:11에서 왔다(CB). "다시는 저주가 있지 아니하리니"(ἀνάθεμα οὐκ ἔσται ἔτι). "저주"를 가리키는 LXX 스가랴서의 ἀνάθεμα와 요한계시록의 κατάθεμα는 모두 히브리어 *ḥērem*을 적절하게 번역한 단어들이다. 구약성경에서 *ḥērem*은 죄로 인해 백성에게 내리는 완전한 파괴라는 저주에 사용되던 전형적인 단어다(예. 육경[오경과 여호수아서—역주]에서 가나안 사람들에게 행한 행동). 가나안 사람들처럼 철저하게 멸절되지는 않았지만 예루살렘도 백성의 죄로 인해 멸망을 경험했다. 하지만 장차 예루살렘을 부정한 주민들로부터 정결케 하려고 만국이 예루살렘을 맹공격할 것이다(슥 14:2ff.). 슥 14:11의 요지는 이것이다. 최후의 공격이 끝나면, 정결하게 된 예루살렘이 다시는 죄로 인해

206) Kline, *Kingdom Prologue*, 55-56을 보라.

멸절되는 저주에 의해 위협을 받지 않게 될 미래가 올 것이다. "사람이 그 가운데에 살며 다시는 저주가 있지 아니하리니 예루살렘이 평안히 서리로다"(14:11).

요한은 여기서 하나님이 만국을 "저주" 아래 두셔서 심판을 받게 할 것이라고 말하는 사 34:1-2도 암시했을 것이다.[207] 사 34장에 대한 암시를 염두에 두었다면, 계 22:3은 만국에서 온 회심한 사람들이 이스라엘 시민이 되어 구약성경에서 그들의 죄악된 불순종으로 인해 선언되었던 저주가 완전히 제거될 때를 묘사한다.

스가랴서의 성취로, 예루살렘에 사는 사람들은 하나님이 죄로 인해 인류에게 내리시는 파괴적인 저주를 받지 않을 것이다. 앞에서 설명했듯이, 22:2의 "만국을 치료하기 위하여"라는 어구는 구속함을 받은 사람들이 세세토록 재앙이 계속될 저주에서 치료되는 것을 언급하는 것도 아니고, 영원의 다양한 시점에 받는 저주에서 고침을 받아 그 성에 들어갈 불신자들을 언급하는 것도 아니다. 성 바깥에 있는 사람들은 저주를 받는다. 그중 하나가 하나님의 임재의 혜택에서 영원히 분리되는 것이다(21:8; 참조. 21:27; 22:15). 다른 사람들은 성 안에 거할 수 있다. 어린 양이 그들을 대신하여 그 심판을 받으셨기 때문이다(21:27b; 22:2b의 주석 참조). 처음 동산에서 아담으로 인해 모든 사람에게 내려진 육체적·영적 사망의 저주는 새 창조 때 마지막 동산에서 어린 양에 의해 영원히 제거된다. 태초에 인류는 동산 성소에서 추방되었다. 그리고 그 후로 그 성소로 들어가는 입구는 죄인들에게 닫혔다. 마지막 때에는 구속함을 받은 사람들이 어린 양의 사역에 힘입어 다시 그 성소로 들어갈 것이다.

심지어 구속함을 받은 사람들도 영향을 받았던, 인류의 타락한 상태와 관련된 모든 다양한 육체적 고통과 슬픔은 완전히 제거되고 새로운 질서에서는 그것이 더 이상 위협이 되지 않을 것이다. 이것은 성도들이 하나님과 분리되는 위험을 당하지 않는다는 의미일 뿐만 아니라, 그들이 이전 세상

207) Bauckham, *Climax of Prophecy,* 317-18.

에서 그들을 위협했던 박해와 환난의 모든 범위(πᾶν)에서 안전하게 될 것이라는 의미이기도 하다. 그러므로 저주의 제거에는 육체적·영적인 악이 모두 제거되는 것이 포함된다. 21:1, 4에서 명사와 함께 οὐκ ἔσται ἔτι("다시는 있지 않더라")를 같은 사상을 염두에 두고서 사용한 것으로 보아, 본문의 의미가 이와 같다는 것이 확증된다.

새 예루살렘에는 어떤 모양의 저주도 없을 것이다. 하나님의 최상의 임재와 통치가 그 성을 가득 채울 것이기 때문이다. "하나님과 그 어린 양의 보좌가 그 가운데에 있으리니." 3:21에서 분명히 알 수 있듯이, 보좌는 둘이 아니라 하나뿐이다. "내가 이기고 아버지 보좌에 함께 앉은 것과 같이 하리라"(참조. 이와 비슷한 5:11-13; 7:17;[208] 마찬가지로 *1 En.* 51:3을 보라). 그 성에 들어가는 사람은 다 하나님과 어린 양의 임재에 들어갈 수 있다. 그들은 "종들"이 되어 보좌 앞에서 그를 "섬길 것"(λατρεύω)이다. 7:15에서 성도들이 하나님의 하늘 성전에서 제사장으로서 하나님을 "섬긴다"(λατρεύω)는 것을 관찰한다면, 여기서도 그들이 종말론적인 성에서 제사장으로서 섬긴다는 것이 드러난다. 이것은 사 61:6의 예언을 반영한다("너희는 여호와의 제사장이라 일컬음을 받을 것이라. 사람들이 너희를 우리 하나님의 봉사자라 할 것이며"). 이 내용은 새 우주적 성전에서 성취될 것이다. 본문이 사 61:6을 염두에 두었다는 사실은 21:1-22:5 전체가 이사야서에 대한 암시로 짜여 있다는 것으로도 분명해진다(특히 21:2에 사 61:10이, 21:23-26과 22:5에 사 60장이 암시되었다).

"그의 종들이 그를 섬기며"는 하나님이나 어린 양만을 언급하는 것 같지는 않다. 하나님과 어린 양을 일체라고 보기에 단수 대명사는 둘을 가리킬 수 있다. 이러한 예는 6:17b에서도 발견된다. 여기서 사본 A 𝔐 sa^mss bo는 하나님과 어린 양 모두를 언급하면서 αυτου라고 읽는다(6:17의 주석을 보라.[209] 참조. 11:15). 하나님과 어린 양 모두 오직 하나의 보좌에 앉아 계

208) P. E. Hughes, *Revelation,* 232.

209) Satake, *Gemeindeordnung,* 88; Beasley-Murray, *Revelation,* 332.

시며 함께 한 성전을 이룬다는 것(21:22)은 하나님과 어린 양의 하나 됨을 강조한다. 또한 이러한 하나 됨은 하나님과 어린 양 모두 "알파와 오메가"라는 칭호를 가지고 있다는 사실에 의해서도 강조된다(1:8; 21:6; 22:13).[210] 21:22과 22:3의 이러한 주장들은 후대에 삼위일체 문구가 생기게 한 요소들에 속한다.

22:2-3에서 염두에 둔 또 다른 성경은 사 65:22-23일 것이다. "백성의 수한이 **나무의 수한**과 같겠고…그들이 생산한 것[자녀들]이 **재난**[저주]을 당하지 아니하리니"(LXX과 타르굼도 동일하다). 실제로 계 21:1, 4에서 사 65:16-19의 암시로 새 창조가 소개되었고, 계 22:3에서는 사 61장이 암시되었다.

CD 3.18-21에는 계 21:9-22:3과 눈에 띄는 병행 어구가 있다. 쿰란 공동체의 죄가 사해진 것은 하나님이 "그들을 위해 확실한 집"을 건설한 결과로 해석된다. 그 집에서 쿰란 공동체는 "영생"과 "아담의 모든 영광"을 상속할 것이다. 이 중에서 "아담의 모든 영광"은 겔 40-48장의 새 성전에 관한 예언의 성취로 이해된다. "하나님이 예언자 에스겔의 손으로 하신 것을 확실하게 하셨다." 이 구절 바로 다음에 겔 44:15의 인용이 이어진다.

4절 하나님의 임재가 옛 우주에서는 주로 이스라엘의 성전에, 그리고 부활 이후 시대 동안에는 하늘에 있다. 옛 시대에 그리스도인들은 성령의 임재 안으로 나아갔다. 하지만 성부와 성자와 성령의 종말론적인 충만은 아직 그들에게 나타나지 않았다. 이제 하나님의 임재가 영원한 성전과 성도들의 거처에 충만하게 스며든다. 구약의 성도들의 소망으로 표현되었던, "그들이 그의 얼굴을 볼 것"이기 때문이다(시 11:4-7; 27:4; 4 Ezra 7:98; 참조. 시 42:2; *Testament of Zebulun* 9:8). 구속함을 받은 공동체 전체는 성전에서 하나님을 섬기는 제사장으로 간주되며, 이제 전체 성전-성을 망라하는

210) Prigent, *Apocalypse,* 330을 따름.

새로운 지성소에서 하나님의 얼굴을 보는 특권을 누린다.[211] 그의 얼굴이 하나님을 가리키는지 아니면 어린 양을 가리키는지는 불분명하지만, 경건한 자들이 하나님과 어린 양의 임재 안에 있게 될 것이라는 사실만은 분명하다(단수 대명사에 대해서는 22:3의 주석 참조).

"그의 이름도 그들의 이마에 있으리라"는 주장은 하나님과의 친밀한 교제를 강조한다. 하나님의 이름이 구약성경에서 대제사장의 이마에 기록되었다는 것은 우연의 일치를 넘어선다. 이것은 하나님의 새로운 백성의 제사장적 특성을 한층 더 표현한다. 사 62장과 65장의 "새 이름"이 마지막 날의 시온과 반복해서 연결되었고, 종말론적 성에 붙여진 다양한 새 이름들 모두에 "하나님"이 포함되었다는 것도 우연이 아니다. 이러한 구약적 배경에는 여기서 신자들의 이마에 기록된 하나님의 이름이, 하나님이 그의 백성과 함께 계심을 비유적으로 표현하는 방식이라는 사실이 암시된다. 하나님의 임재는 신자들을 보호한다. 이것은 "새 이름"(2:17; 3:12의 주석 참조)과 인(7:2-3)과 관련하여 일찍이 우리가 내렸던 같은 결론에 의해 확증된다. 이 내용은 14:1에서 더욱 분명하게 드러난다(이 구절은 22:4이 그리스도의 이름과 아버지의 이름을 다 염두에 두었음을 보여준다). 마찬가지로 3:12에서 그리스도는 이기는 자에게 "하나님의 이름과 하나님의 성…의 이름과 나의 새 이름을 그이 위에 기록하리라"고 말씀하심으로써 안전을 강조하신다. 그리고 이것을 "이기는 자"를 비유적으로 "내 하나님의 성전의" 움직이지 않는 "기둥"이 되게 하는 것과 동일시하신다. 요한계시록의 다른 곳에서 하나님의 "이름"의 비유적 사용과 연결된 안전이라는 주제는 지금까지 이야기해 온 주제, 곧 새 예루살렘에서 성도들이 누릴 영원한 안전에 딱 들어맞는다.

우리는 앞에서 신자들의 이마에 있는 "이름"이 그들이 반영하는 하나님의 성품을 가리킨다는 사실도 살펴보았다(2:17의 주석 참조). 그러므로 마지막 때에 의인들은 "그와 같이 될 것이다. 우리가 그가 계신 그대로 보게 되는 까닭이다"(요일 3:2; 참조. 욥 19:25-27; 시 17:15; 마 5:8; 고전 13:12). 그 과정

211) 자세한 내용은 Schüssler Fiorenza, *Priester für Gott,* 375-89을 보라.

은 이미 시작되었다(고후 3:18).[212]

출 28:36-38에서는 아론의 패에 "여호와께(또는 앞에) 성결"이라고 새겼다고 한다. 그리고 "패가 아론의 이마에 늘 있으므로 [이스라엘]을 여호와께서 받으시게 되리라." 이스라엘을 대표하고 하나님께 성별된 대제사장은 하나님의 임재 가운데로 들어가서 이스라엘을 대신하여 화목 제사를 드릴 수 있었다. 그럼으로써 백성은 하나님 앞에 받으실 만하게 되고 하나님의 진노를 받지 않게 되었다. 출 28:17-21의 대제사장의 보석처럼(계 21:18-20의 주석 참조), 계 22:4에서도 하나님의 존전에 받으실 만한 자가 되기 위해 거룩하게 성별되는 특권을 보여준다. 이전에 제사장에게만 해당되었던 이러한 특권이 이제는 하나님의 모든 백성에게 주어진다.[213] 옛 세상에서는 대제사장도 자신의 죄를 위해 제사를 드려야 했다(히 9:7). 하지만 새로운 세상에서 대제사장 자격으로 하나님께 나아가는 구속함을 받은 사람들에게는 그러한 제한이 적용되지 않는다.[214] 계 22:4에 하나님의 이름만이 이마에 있다고 언급되었고 출 28장 어구 전체("여호와께 성결")가 언급되지 않았다고 해서 요한이 출애굽기를 암시하지 않았음을 의미하지는 않는다. 필론(*Conf.* 2.114ff.)과 요세푸스(*Ant.* 3.187)는 아론의 이마에 "야웨"라는 이름만이 기록되었다고 주장하기 때문이다.

5절 21:25의 결론적 주장이 21:1-22:5의 새 예루살렘에 대한 환상 전체의 결론적 주장의 한 부분으로 반복된다. "다시 밤이 없겠고." 공식적 표현(οὐκ ἔσται ἔτι와 결합한 명사, "다시 있지 않더라")이 같은 표현 3개가 있는 21:1, 4에서 시작한 전체 환상을 마무리한다(사본상의 문제에 대해서는 아래 설명을 보라). 21:1, 4에서 시작된 수미상관의 완성으로 인해 환상의 전반적 요지를 드러내는 최후의 시간이 부각된다. 이를테면 성도들에게는 하나님과

212) Mounce, *Revelation*, 388.
213) Sweet, *Revelation*, 312 역시 본문이 출 28장을 암시한다고 이해한다.
214) A. F. Johnson, "Revelation," 599.

분리되는 위험이 없어졌을 뿐만 아니라, 옛 세상에서 그들을 위협했던 모든 범위의 고난에서도 보호를 받는다. 하나님의 종말론적 충만함이 계시되기 전에 그런 위험과 위협은 없어져야 한다. *Test. Levi* 18:4, 9도 마지막 때 세상의 어두움을 영원히 제거하는 하나님의 밝은 빛이 "불법을 행하는 자들이 악을 그치고 의인들이 그 안에서 안식하기 위해 온 땅에 평화가 있을 것임"을 의미한다고 한다.

하나님의 영광스러운 임재의 충만함이 4절을 발전시키는 5절의 나머지 문장에서 부각된다. 구속함을 받은 자들에게는 다시는 등불이나 햇빛이 쓸데가 없을 것이다. "왜냐하면(ὅτι) 하나님이 그들에게 비치시며", 그의 영광스러운 빛이 그 성 구석구석을 채울 것이기 때문이다. 이것은 사 60:19-20의 반복된 암시이며 성취다(본문상의 비교와 논의에 대해서는 21:23의 주석 참조. *Apoc. Abr.* 17:19 참조). 다시는 어두움이 있을 가능성이 없다("어두움"의 비유적 의미에 대해서는 21:25의 주석 참조). 하나님의 등불의 빛을 전달하는 "촛대"로서 하나님의 백성의 역할이 완전하게 될 것이다(1:20을 1:4; 4:5과 비교하고, 21:11-26을 22:5과 비교하라).[215] 옛 세상의 구름과 밤과 어두운 그림자는 더 이상 "촛대"를 통해 비치는 하나님의 빛을 어둡게 할 수 없을 것이다. 하나님은 무한한 방법으로 새 세상의 "등불"로 비치실 것이다(21:23).[216]

본문과 21:23, 25에서 강조하려는 것은 하나님이 새로운 우주에서 해나 달을 창조하지 않으신다는 의미에서 해나 달이 문자적으로 없을 것이라는 사상일 수 있다. 하나님 자신의 빛이 이런 광원들을 대체할 것이기 때문이다. 그러나 이 동일한 광원들이 다시 창조될 가능성도 있다. 단지 하나님의 빛은 이들이 뿜어내는 밝기를 능가할 것이다. 여기서는 옛 창조든 새 창조든 문자적 창조의 측면들과 하나님의 빛을 발하시는 영광을 비교하는 데 초점이 있지 않다. 앞에서 우리가 살펴보았듯이, 여기서 사용되고 있는 용어가 비유적 용어라는 것과(21:1; 23-26의 주석 참조) 옛 세상에 속한

215) 참조. Mulholland, *Revelation,* 329-30.
216) 참조. Swete, *Apocalypse,* 296.

것 중 어떤 것이라도 새로운 우주를 완전히 채우시는 하나님의 영광스러운 임재를 저해할 수 없다는 것이 요점이다. 마찬가지로 타락한 세계의 어떤 것이든 성도들이 하나님의 임재 안으로 끊임없이 나아가는 것을 방해할 수 있는 것은 아무것도 없다. 같은 결론이 21:1에서 "바다"가 없다는 것과 21:25과 22:5a에서 "밤"이 존재하지 않는다는 해석에도 해당된다.

구약의 성도들은 그들에게 "하나님의 얼굴빛을 비추심"으로써 하나님의 임재를 계시해주시기를 거듭 기도했다(민 6:25-26; 시 4:6; 31:16; 67:1; 80:3, 7, 19; 119:135; *Pesikta Rabbati* 1.2). 이 기도는 계 22:5에서 최상으로 응답된다(*Testament of Zebulun* 9:8; 4 Ezra 7:97-98에 약속된 대로 말이다). 여기서 가장 염두에 둔 본문은 민 6:25-27이다. 이 본문에는 하나님의 얼굴빛이 성도들을 보호하시고 그들에게 "평강"을 주신다는 내용이 담겨 있다. 이것은 아론이 "이스라엘 자손들에게 내 이름으로" 축복하는 것과 같다.[217] 계 22:4에서 아론의 이마에 있는 하나님의 이름을 하나님의 제사장들인 그의 모든 백성에게 적용한 것은 우연의 일치가 아니다. 민 6장의 "오래된 축복"의 내용은 새롭게 된 세상에서 가장 충만하게 드러난다.[218]

옛 시대에는 하나님의 "얼굴"과 "이름"이 이처럼 충만하게 드러나는 것으로 인해 죽음을 초래하는 경우도 있었다(출 33:20). 하지만 지금은 이처럼 충만하게 드러나는 것이 오히려 영생과 영원한 왕 노릇의 수단이다. 왕 노릇의 역할이 제사장 기능에 추가되었다. 메시아 자신이 이러한 2중 역할을 성취하셨기 때문이다. 성도들은 메시아의 보좌와 동일시되었으므로 메시아의 제사장적인 역할과 왕적인 역할과도 동일시된다(자세한 내용은 20:6의 주석 참조).

요한은 성도들이 왕 노릇 할 것이라고 이야기한다. 영원한 상태에서 다스림을 받을 대상이 분명하게 서술되지는 않았지만 말이다. 핵심은 이것이다. 성도들은 하나님과 친근한 교제를 누림으로써 하나님의 이름을 취할

---

217) Sweet, *Revelation,* 312을 따름.
218) Beasley-Murray, *Revelation,* 333.

뿐만 아니라(4절) 하나님의 보좌에 연관되어(3절) "세세토록 왕 노릇" 한다는 점이다. 아마도 그들의 왕 노릇은 슥 14:9을 공동체적으로 주해한 것으로 이해하는 것이 가장 좋다. "여호와께서 천하의 왕이 되시리니 그날에는 여호와께서 홀로 한 분이실 것이요 그의 이름이 홀로 하나이실 것이라."

이러한 왕 노릇은 영원하다. 따라서 이는 왕 노릇을 "천 년"으로 제한하고 그 이후에 최종적인 배교가 이어진다는 계 20:4-6의 왕 노릇과 동일시될 수 없다.[219] 여기서 왕 노릇은 계 3:21의 예수의 약속과 더불어 단 7:18, 27의 극적인 성취다. 예수의 약속은 성도들에게 교회 시대 동안(1:5-6, 9; 5:10의 주석 참조) 그리고 중간기 천상의 상태(20:4-6)에서 성취되기 시작했다.

여기에 묘사된 장면에서 지나치게 문자적인 정확함을 도출해낼 위험을 무릅쓰고라도 본문에 다음과 같은 의미가 있다는 사실을 고려하는 것은 유익하다. 즉 성도들에게 왕 노릇 할 대상이 있다는 것이다. 성도들은 마지막 날에 거룩하지 않은 사람들과 천사들을 심판하는 일에 참여한다(고전 6:2-3; 계 2:26-27; 17:14; 19:14). 이 최후의 심판에 포함된 형벌이 영원히 계속될 것이라는 점에서 성도들은 그들의 왕 노릇의 이런 측면을 영원히 행사할 것이다(14:10-11; 20:10의 주석 참조).[220] 또한 최후의 심판이 단회적 사건으로 이루어지고 영원히 지속되는 행위가 아니더라도, 성도들이 세세토록 왕 노릇 한다는 의미가 있다. 이를테면 아담이 "땅에서 움직이는 모든 생물"을 다스려야 했던 것과 비슷한 방법으로(창 1:28; 시 8편), 성도들은 새 창조 위에 주권을 행사한다. 아담의 원래 사명은 그의 왕 노릇에 다른 의인들을 다스리는 행위는 포함하지 않았던 것 같다. 여기서는 새 창조가 일종의 물질적인 형태를 취하고 왕 노릇 할 피조물들이 포함된다는 것이 전제되는 것 같다. 그리고 설령 왕 노릇 할 동

219) Schüssler Fiorenza에 반대함(20:5-6의 주석 참조).

220) 마찬가지로 Hengstenberg, *Revelation* II, 438은 시 49:14에 근거하여 성도들이 지옥에서 고통을 당하는 악인들에게 세세토록 왕 노릇할 것이라고 주장한다.

물들이 없다고 해도, 하나님의 백성은 거룩한 천사들을 대상으로 왕 노릇 할 것이다. 천사들은 아담이 왕 노릇 할 피조물에 포함되었으며(느 9:6; 히 2:5-7), 그들이 영원한 상태에서 구속함을 받은 사람들과 함께 존재할 것이기 때문이다. 그리스도는 마지막 아담으로서의 역할을 성취하시는데, 이러한 성취의 부분적인 목적은 그의 백성과 연합하여 한 몸을 이루어 거룩한 천사를 비롯한 영원한 새 창조를 다스리는 것이다(히 2:5-16). 천사들은 단지 구속함을 얻은 사람들을 섬기기 위해 존재하는 자들이다(히 1:14; 참조. 계 21:12). 하지만 하나님이 과거에 아담에게 다스리라는 사명만을 주신 반면, 지금은 그의 백성에게 끝없이 왕 노릇 할 것이라고 약속하신다는 점에서, 높임을 받은 신자들은 첫째 아담과 다르다.

몇몇 사본에서는 ἔτι가 생략되거나 εκει로 대체되지만, ἔτι가 더 좋은 외적 증거를 가지고 있으므로 더 나은 독법이다(א A 2053 2062; 자세한 내용은 NA[26] 비평 각주를 보라).

몇몇 증거들에 첫 번째 φωτός("빛"; 051[s] 𝔐 a Ambr)와 이어지는 ἡλίου("해"; 1611[s] 1854 𝔐[K])가 생략된 이유는 불분명하다. 이 생략은 사본 전승의 역사에서 2차적으로 발전된 것임이 분명하다(φωτός는 א A 1006 1841 *pc et*에 포함되었고, ἡλίου에 대해서는 나머지 사본상의 증거를 보라).

(22절에서 성전을 언급한 직후에) 23절에서는 하나님을 비추는 자로, 어린 양을 "등불"로 거명하면서 "등불 빛이 쓸데없으니"라고 한 것은 하나님과 어린 양이 옛 성전의 일곱 등잔이 있는 촛대를 대신하는 새 성전의 등불임을 구체적으로 언급한다. 흥미로운 것은 필론(*Quis Rerum Divinarum Heres* 45)이 성전 촛대의 중앙 등불을 해와 하나님과 비교한다는 사실이다.

계 22:1-5은 *Test. Levi* 18:4, 9-11에서 기대했던 메시아적인 제사장 사역과 일맥상통한다. "그는 해처럼 땅에 비치실 것이며, 하늘 아래에서 모든 어두움을 제하실 것이며, 온 땅에는 평화가 있을 것이다.…그리고 그가 제사장이 되심으로써 이방인들이 땅에서 지식이 많아질 것이다.…그는 낙원의 문을 여시며 아담을 위협하던 검을 제하실 것이다. 그는 성도들에게 생명나무에서 먹을 권세를 주실 것이다."

Pesikta Rabbati 37은 반복해서 "참 메시아"를 언급한다. 하나님은 장차 올 세대에 메시아와 함께 "보석과 진주"로 만든 차일 안에서 모든 의인을 모으실 것이다. 그 차일로부터 네 강이 흘러나오며, "에덴동산에서 향료"가 재배될 것이다(비교. 계 21:9-22:5).

계 21-22장에 묘사된 것과 같은 성에 대한 기대는 죽은 의인들이 거하는 낙원 같은 성을 이야기하는 Lucian, *Vera Historia* 2.11-13에서 다음과 같이 풍자된다. 그 성은 황금빛이 나는 에메랄드 성벽과 상아를 기초로 삼은 성과 성곽으로 되어 있으며, 그곳에는 자수정 제단이 있는 녹주석 성전이 있으며, 강과 샘이 그 성의 주변과 중앙을 흐른다. 밤이 없으며, "포도나무는 해마다 12가지 최상급 포도를 맺는데 달마다 열매를 맺는다."[221]

21:1-22:5의 환상의 목적과 수사적 기능

계 21:9은 의도적으로 17장의 음녀와 21장의 신부를 언어적으로 연결하고 대조한다. 이러한 대조를 암시하는 또 다른 단서가 "정금"(21:21)으로 된 "그 성의 길"에서 감지될 수 있다. 큰 성 바벨론의 주요 도로는 "그 성의 길"이라고도 불렸으며(11:8의 주석 참조), 그 후 바벨론은 "부정하다"고 언급되었다(17:4의 ἀκάθαρτης와 21:21의 καθαρός가 대조됨; 21:18, 21의 χρυσίον καθαρόν 과도 비교하라). 요한이 성의 음녀가 "금과 보석과 진주로 꾸몄다"라고 묘사하고(17:4과 18:16), 하나님의 신부 같은 성의 일부분을 "정금으로 치장했고"(21:18) "보석"(21:19)과 "진주"로 되어 있다(21:21)고 함으로써 둘 사이의 대조가 강조된다. 마지막으로 21:18-21의 보석이 부분적으로 겔 28:13의 보석을 반영했다는 사실에서도 대조가 분명히 드러난다. 보석은 불경건한

221) Moffatt, "Revelation," 482을 따름.

두로를 치장하며, 겔 27장과 함께 "큰 성"의 보석들을 묘사한 계 18:16에 영감을 주었다(자세한 내용은 21:18-20의 주석 참조). 실제로 보석은, 그 자체로 보면, 큰 성 바벨론과 새 예루살렘 사이의 대조가 아니라 유사성을 암시하는 것처럼 보인다. 그래서 포겔게장은 부분적으로 이 유사성에 근거하여 새 예루살렘이 실제로 "구속함을 받은 바벨론"이라고 결론을 내린다.[222] 그는 이 바벨론이 "변화되어 '새 예루살렘'에 편입되었다"고 한다.[223]

하지만 보석의 유사성은 완전히 반대되는 두 성을 대조하는 큰 틀에 속하는 것으로 이해하는 것이 가장 좋다. 하나는 하나님의 순전한 대표자로서, 다른 하나는 거짓 대표자로서 말이다. 두 성이 영원히 대조된다는 사실은 요한계시록에 있는 하나님과 그리스도 또는 선한 세력의 모습을 흉내 내는 악한 세력이라는 전반적인 주제에서 분명히 드러난다(예. "거짓 사도들", 2:2; 거짓 "회당", 2:9; 3:9; "거짓 예언자", 16:13; 19:20; 20:10; "어린 양처럼 뿔"을 가진 사탄적 인물[13:11] 대[對] 5:6의 "어린 양"처럼 "뿔"을 가진 그리스도; 1:4, 8 등등에 등장하는 하나님을 가리키는 3가지 시간적 이름 대[對] 17:8, 10-11의 짐승을 가리키는 3가지 시간적 이름). 불경건한 바벨론은 선하고 매력적으로 보이려 한다. 하지만 실제로 그는 중심까지 부패했으며 최후의 심판 날이 온 이후에는 구원의 가능성이 없다.

좀 더 넓은 근접 문맥(21:1-22:5)에서 바벨론 음녀와 새 예루살렘 간에 존재하는 또 다른 대조로 인해 두 성을 영원한 상극으로 제시하려는 요한의 의도가 부각된다. 이러한 대조 중에는 21:9-10의 주석에서 이미 간략히 언급한 것도 있다. 여기에 몇 가지 덧붙이자면 다음과 같은 내용이 두드러진다. (1) 순결한 신부(21:2, 9) 대(對) 온 세상의 왕들을 음행하게 만든 음녀(17:1-2; 18:9); (2) 자신의 영광을 새 예루살렘으로 가지고 옴으로써 하나님의 통치에 복종함을 보여주는 땅의 왕들(21:24) 대(對) 바벨론의

222) Vogelgesang, "Interpretation of Ezekiel in Revelation," 98-102.

223) Vogelgesang, "Interpretation of Ezekiel in Revelation," 107. 이에 대해서는 아래 내용 참조.

주권에 복종하지만(17:18) 바벨론의 영광을 빼앗는 땅의 왕들(17:16);[224] (3) 새 예루살렘으로 들어온 만국의 영광(21:24-26) 대(對) 바벨론에 의해 갈취당하고 바벨론에게 바쳐진 세상의 재물(18:12-17); (4) 새 예루살렘에 들어가지 못하는 부정한 자와 가증한 자와 거짓말 하는 자(21:8, 27) 대(對) 바벨론을 특징짓는 부정과 가증한 것과 속임(17:4-5; 18:23); (5) 치료와 생명(22:1-2) 대(對) 바벨론이 성도들을 죽이고 그들의 피를 흘림(17:6; 18:24); (6) 새 예루살렘에 들어간 성도들이 받는 복(22:14) 대(對) 성도들에게 심판을 받지 않기 위해 바벨론에서 나오라는 권면(18:4); (7) 마지막 날 바벨론의 죄가 쌓여 "하늘에 사무칠" 정도가 되는 것처럼(18:5), 스스로를 영화롭게 하는 교만으로 땅을 하늘에 연결하려는 고대의 바벨론(창 11:1-9) 대(對) 하늘을 땅에 연결하려고 "하나님께로부터 하늘에서 내려오는" 새 예루살렘(21:2);[225] (8) "되었다"로 선언된 예언의 성취로서 "큰 성[바벨론]이 세 갈래로 갈라진 것"(16:17-18) 대(對) "이루었다"로 선언된 예언의 성취로써 영원히 있을 신부 같은 성(21:6); (9) 이마들에 있는 서로 다른 이름들(17:5; 22:4); (10) 각 성에 거주하는 사람들의 이름들이 "생명책"에 기록되지 않았거나 기록됨(17:8; 21:27); (11) "자기를 영화롭게 하는" 바벨론(18:7) 대(對) 하나님의 영광을 반영하는 새 예루살렘(21:11, 23); (12) "귀신들의 거처"가 된 바벨론(18:2) 대(對) 하나님의 백성의 거처가 된 새 예루살렘(21:3, 11, 22-23) 등.[226]

그렇다면 이 두 성을 대조하는 의도는 무엇일까? 그 대답 중 하나는 계 21장이 세상의 거짓 공동체와 대조되며 그것을 대체하는 하나님의 참 공동체를 묘사한다는 데 있다. 세상의 거짓 공동체에는 참 신자가 아니면서도 입으로 그리스도인이라고 고백하는 사람들도 포함되어 있다. 요한은 참 성

224) 후자에 대해서는 Deutsch, "Transformation of Symbols," 123을 보라.

225) 처음 일곱 대조는 Bauckham, *Theology,* 131-32을 보라. Bauckham은 이 이외에 몇 가지 대조를 더 인용한다.

226) 이 병행과 또 다른 병행은 Krodel, *Revelation,* 352-54; Lund, *Revelation,* 238; Schüssler Fiorenza, *Revelation: Vision of a Just World,* 110-11을 참조하라.

의 아름다움과 그것의 충성됨과 도덕적 순결을 음녀의 겉만 번지르르한 옷 및 보석과 대조한다. 하지만 더 있다. 그 대조는 "음녀를 자기의 발판으로 삼은 교회에게 주시는" 21:8의 경고와 연관이 있다.[227] 더욱이 새 성에 대한 묘사는 2, 3장의 죄 지은 교회들과 대조되는 점들로 가득하다. 음녀와 신부를 대조하는 것의 핵심은 불안정한 교회에게 권고하는 것이다. 곧 음녀와 타협하면 재앙을 받게 되므로 타협하는 것을 멈추고 자신들이 장차 도달하게 될 궁극적인 완성의 여러 측면을 대망하면서 반영하라고 권고하는 것이다.

새 언약, 새 성전, 새 이스라엘 그리고 새 예루살렘에 대한 묘사는 구약과 신약의 중요한 예언적 주제들의 미래 성취를 확언한다. 이 모든 것은 새 창조에서 궁극적으로 성취되고 절정에 이를 것이다. 새 창조는 성경의 여러 약속들 중에서 가장 중요하다. 새 언약과 새 성전과 새 이스라엘과 새 예루살렘은 새 창조의 여러 측면에 불과하다.[228]

새 언약, 새 성전, 새 이스라엘, 새 예루살렘, 새 창조 등 이 동일한 5가지 주제를 묘사하는 요한계시록의 최종적인 환상은 지금까지 다룬 요한계시록의 핵심의 절정과 표현이다. 하지만 이것이 요한계시록 전체의 핵심은 아니다. 왜 이 환상이 요한계시록의 끝에 있을까? **그것은 요한의 최종 목표와 글 쓰는 목적, 즉 하나님의 백성에게 끝까지 충성하라고 권면하는 것의 궁극적인 근거를 강조하려는 데 있다.** 이것이 요한계시록이 반복된 권면 및 약속과 그리스도의 임박한 재림에 대한 천명, 그리고 성도들에게 주는 경고를 담은 에필로그로 마무리하는 이유다(22:6-21). 하나님과의 끝없는 교제 안에 있는 하나님의 완전해진 백성과 관련된 예언적 환상은 하나님의 백성을 위로하고 환난을 당하는 중에도 타협하지 않고 인내하도록 동기부여를 제공하려는 데 그 의도가 있다. 하나님의 백성은 최후의 승리를 바라보기에 지금 타협하지 않음으로써 부분적으로라도 승리해야 한다. 이

227) Sweet, *Revelation,* 301.

228) Dumbrell, *End of the Beginning*을 보라.

이외에도 환상은 현재의 신앙 공동체에게 그들이 장차 도달하게 될 절정의 여러 측면을 대망하면서 그것을 반영하라고 권고하려는 데에도 그 의도가 있다.[229] 이러한 의도는 2, 3장에 언급된 교회의 불완전함과 21:1-22:5에 묘사된 완전함의 대조로써 암시된다(특히 본서 서론의 "요한계시록의 구조와 계획"을 보라). 더욱이 우리는 21:1-22:5에서 미래에 최종적으로 성취되리라고 예견한 구약의 몇몇 예언들이 그리스도와 교회 안에서 이미 성취되기 시작했다는 사실을 신약성경을 통해 보았다(예. 새 창조, 새 성전, 성전의 기초로서 사도들, 새 예루살렘, 21:3의 약속, 성도들의 왕 노릇 등). 심지어 요한계시록 안에서도 요한은 이 예언들이 이미 성취되기 시작했다고 이해한다(3:14의 새 창조, 1:12-13, 20의 촛대와 6:9-11의 하늘 성전 안에서 높임을 받은 성도들로 드러난 새 성전, 그리고 1:5-6, 9, 13; 2:27; 3:21; 5:10의 왕 노릇 등). 하지만 이 환상은 이제 성취의 최종 단계에 초점을 맞춘다.

요한계시록의 논증의 주요 목표가 하나님의 백성을 권면하여 최종 구원을 상속받도록 끝까지 충성하게끔 하는 데 있지만, 이것이 요한계시록의 가장 중요한 신학적 사상은 아니다. 이 책의 중요한 신학적 주제는 하나님이 궁극적인 구원과 최후의 심판을 행하심으로 받으시는 영광이다(1:6; 4:11; 5:11-13; 19:1, 5, 7의 주석 참조; 참조. 11:17). 구체적으로 19:7-8은 어린 양이 그의 신부와 하는 혼인이 절정에 이른 까닭에, 성도들에게 마지막 때에 하나님께 영광을 돌려야 한다고 천명한다. 어린 양의 신부는 혼인예식을 위해 최종적으로 그리고 완전히 단장하게 될 것이다. 여기서 단장한 신부에 초점을 맞춘 것은 성도들에게 하나님께 영광을 돌리게 하려는 데 그 의도가 있다. 이렇게 하나님께 영광을 돌리는 것이 21:1-22:5의 중심 사상이다. 우리가 앞에서 살펴보았듯이, 새 예루살렘(=하나님의 백성)은 하나님의 영광을 반영하는 것과 관련해서만 정의될 수 있기 때문이다. 실제로 그 성의 중심인물은 그 성을 등불처럼 밝히시는 하나님과 어린 양이시다(참조.

229) Hendriksen, *More than Conquerors*, 237-50; Sweet, *Revelation*, 303; 참조. A. F. Johnson, "Revelation," 592.

21:22-23; 22:5). 그래서 새 예루살렘을 좀 더 완전하게 정의하려면 반드시 하나님과 그리스도의 충만한 교제 안에 있는 하나님의 백성이 포함되어야 한다. 하나님의 백성은 하나님과 어린 양의 영광을 반영하는 존재다.[230)]

요한계시록의 수사적·권면적 특성과 신적 결정론의 관계에 대해서는 21:27의 주석을 참조하라.

21:22-25은 유대교에서 기대했던 새 세상을 향한 소망을 요약한다. 예를 들어 *Midr. Rab.* 출 15.21은 하나님이 "장차 올 시대에" 다음과 같은 것들을 "새롭게 하시거나 야기하실 것"이라고 주장한다(요한계시록처럼 같은 구약 본문 몇몇을 암시한다). (1) 광원들(사 60:19), (2) 예루살렘에서 나오는 생수(겔 47:9), (3) 사람들을 치료하는 열매 맺는 나무(겔 47:12), (4) 세상의 재건된 도시들, (5) 보석으로 재건되고(사 54:11-12) 해처럼 빛나는(사 60:3) 예루살렘, (6) 동물들 사이의 평화, (7) 짐승들과 이스라엘 사이의 언약, (8) "다시는 애통하는 것이나 곡하는 것이 없음"(사 65:19), (9) "다시는 사망이 없음"(사 25:8), 그리고 (10) "다시는 탄식이나 곡하는 것이나 애통하는 것이 없음"(사 35:10).[231)]

포겔게장은 요한계시록 여러 곳에서 새 예루살렘과 요한이 묘사한 큰 성 바벨론 및 고대 도시 바벨론에 대한 초기 묘사와 헬라 도시의 모델들 사이에 점증적으로 비슷한 점이 많이 있는 것은, 요한이 새 예루살렘을 "구속함을 받은 바벨론"과 동일시한 증거라고 주장한다.[232)] 하지만

---

230) 계 21:1-22:5의 수사적 초점에 관하여 앞에서 논의한 내용은 Sweet, *Revelation,* 301-2, 311의 간략한 주석에서 영감을 받았다. 또한 21:18-21이 음녀의 단장과 대조하여 신부의 단장을 암시한다고 이해하는 Fekkes, *Isaiah and Prophetic Traditions,* 249-52도 보라.

231) 계 21:1-22:5에서 이사야서의 사용을 자세하게 논의한 Fekkes, *Isaiah and Prophetic Traditions,* 226-76을 보라. 계 21:9-22:2의 구약과 유대교 배경을 전반적으로 논의한 것과 관련된 이차 문헌에 대해서는 Böcher, "Bedeutung der Edelsteine"; Bergmeier, "Jerusalem"; Draper, "Foundation Stones"; Turner, "New Jerusalem"; du Rand, "Imagery of the Heavenly Jerusalem"을 보라. du Rand는 계 21:1-22:5을 부분적으로 현대의 심리학적 관점에서 읽으려고 한다. 하지만 이러한 독법은 모호하며, 이 단락의 의미나 수사적 목적을 이해하는 데 공헌하지 못한다.

232) Vogelgesang, "Interpretation of Ezekiel in Revelation," 112(또한 124-32도 보라). 본서 21:24-26의 주석 참조.

이러한 유사성들은 하나님의 참 성과 인류의 거짓 성 간의 지속적인 대조를 강조하는 역할을 할 수 있고 실제로도 그럴 가능성이 많다. 인간의 거짓 성은 신적인 특성을 가진 것처럼 꾸미거나 그것을 반영하는 것처럼 보이지만 실제로는 마귀적 특성을 지니고 있다. 포겔게장은 요한이 범세계적인 이방인 실체들을 포함하려고 겔 40-48장의 환상의 여러 측면을 다양하게 확대한다는 점이 보편 구원 사상을 표현하는 것이라고 주장하기도 한다. 이와 관련하여 포겔게장은 계 21:1-22:5에서 요한의 에스겔서 사용에 관한 몇몇 훌륭한 통찰을 보여주기도 한다.[233] 그리고 이렇게 에스겔서의 범위를 지속적으로 확대해서 해석하는 것은 구원이 지금은 이스라엘의 경계를 넘어 이방인 세계를 포함하는 데까지 확장된다는 것을 잘 설명해 줄 수 있다. 하지만 예외 없이 모두가 구원받는 것은 아니다. 오히려 그것은 구별이 있는 모두이다. 곧 "모든 족속과 방언과 백성과 나라 **가운데서** 얼마"이다(5:9; 또한 7:9; 참조. 14:3-4). 이것은 우리가 이 주석에서 내내 논의한 내용에 비춰볼 때 더 개연성이 있는 입장이다.

233) Vogelgesang, "Interpretation of Ezekiel in Revelation," 74-167.

22:6-21: 에필로그

이 단락은 요한계시록 전체의 공식적인 결론이며, 특히 1:1-3의 서론과 연결된다. 서론과 결론은 모두 (단 2:28-29, 45의 용어를 사용하여) 요한계시록이 하나님께로부터 나온 것임을 밝히고, 요한이 그가 받은 계시의 "증인"임을 부각시키며, 그 계시가 "듣는 자들"에게 전달된 "예언"이라는 사실을 강조한다. 하지만 서론은 계시에 순종하는 모든 사람에게 복을 선언하는 반면에, 결론은 이제 그 계시에 불순종하는 모든 사람에게 강한 저주를 발한다.

결론은 서론보다 더 길다. 결론에서 요한계시록의 다른 주제들도 언급하기 때문이다. 또한 공식적 서론과 달리, 결론 부분은 불순종하는 자들에게 내리는 최후의 심판과 1:7에서 암시되었던 그리스도의 최종 강림을 강조한다. 최후의 심판은 예수 그리스도의 강림이 절정에 이르렀을 때 행해진다.

에필로그는 이제 요한계시록의 목적이 하나님의 백성 가운데서 거룩한 순종을 불러일으켜 구원의 상을 받도록 하려는 데 있음을 알린다. 마지막 열다섯 절 중에서 적어도 여덟 절에서 순종하라는 권면과 거룩한 삶을 사는 사람들에게 약속한 복 또는 거룩하지 않은 생활을 하는 사람들에게 내리는 심판의 경고로써 이러한 의도가 강조된다(7, 9, 11-12, 14-15, 18-19절). 이것도 순종하는 사람에게 복을 강조한 1:1-3과 일치한다. 이러한 복은 계시(1:1)와 그 계시에 대한 요한의 증언(1:2)의 목표다. 실제로 서론과 에필로그는 거룩함을 권하고 심판을 경고하는 데 있어 장차 임할 계시적 사건들을 기저로 삼는다(1:3b을 22:7a; 22:7b, 11-12, 18-20과 비교하라).

에필로그에서는 몇몇 구절의 화자가 누구인지를 분명하게 밝히는 것이 어려우며, 프롤로그와 비교하면 6-21절의 구성은 아무렇게나 이루어진 것처럼 보인다.[1] 바니는 "말하다"라는 동사의 주어가 다르다는 것에 주목하

---

1) 자세한 분석은 Beasley-Murray, *Revelation,* 334-35과 Vanni, "Liturgical Dialogue," 356-

고, "말하다"를 의미하는 동사에 따라 이 단락을 나눠야 한다고 제안한다. 그러면 이 단락에는 요한이라고 추정되는 낭독자(lector)의 부분적인 지도로 예전적 대화의 통일성이 나타난다는 것이다(17b절과 21절을 비교하라). (1) 6-11절(6, 9, 11절에서는 천사가 화자다), (2) 12-16절(17a절과 17b절에서는 교회가 화자다), 그리고 (3) 17-21절(20절에서는 그리스도가 화자다). 비록 21절은 낭독자가 말한 분리된 결론으로 볼 수 있지만 말이다(요한의 말을 반복함).[2] 22:6-21에는 분명한 사상의 흐름은 없고 단지 요한계시록의 앞의 내용에 근거하여 일련의 반복된 권면만 있을 뿐이다. 각각의 권면은 그리스도의 강림을 대망하는 감탄으로 마무리된다(22:17은 그리스도의 강림을 언급하지 않는 것 같다). 그리스도의 강림 또는 종말의 가까움을 언급하는 내용을 포함하는 반복적인 결론에 근거하여 에필로그를 6-7절, 8-10절, 11-12절, 13-17절, 18-20절 등 다섯 단락으로 나눌 수 있다. 거룩하라는 반복된 권면이 에필로그의 요지다. 이 권면들이 그리스도의 강림을 대망하는 감탄에 의해 지지받기 때문이다. 21절은 22:6-20뿐만 아니라 요한계시록 전체를 마무리하는 편지의 전형적인 결론이다.

비켄하우저는 결론을 단 세 단락으로 나눈다(22:6-9; 22:10-17; 22:18-21). 반면 롤로프는 바니와 비슷하게 네 단락으로 나눈다(위를 보라). (1) 요한계시록의 예언적 메시지의 본질과 기능(6-11절), (2) 예수가 메시지를 천명하심(12-16절), (3) 성만찬 예배 의식의 관점(17-20절), (4) 짧은 축복(21절) 등.[3]

64을 보라.

2) Vanni, "Liturgical Dialogue," 356-64.

3) Wikenhauser, "Problem des tausendjährigen Reiches," 161-64; Roloff, *Revelation,* 209. 특히 22:6-21에서 다양한 화자들을 논의한 Rissi, *Future of the World,* 84; 그리고 무엇보다도, Vanni, "Liturgical Dialogue," 356-64을 보라. 주석가들은 22:6-21의 주장이 무작위로 보인다고 생각하여 다양한 편집적 재배열이 있었음을 제안했다. 이 견해들을 비평적으로 개괄하고 이 단락이 원저자에게서 나온 것이라는 주장에 대해서는 I. T. Beckwith, *Apocalypse,* 781-82을 보라.

거룩하라는 첫 번째 권면(22:6-7)

6절 6절은 21:1-22:5의 환상과 요한계시록 전체의 결론적 진술로 사용된다. 화자는 예수일 것이다. 7절이 6절 내용의 연속이고("그리고"[καί]를 주목하라), 7절의 화자가 분명히 예수이기 때문이다.[4] 반면 여기서 화자는 요한에게 메시지를 전달하기 위해 21:9, 15과 22:1에서 개입한 천사일 수도 있다. 만일 그렇다면 22:7의 예수의 말씀은 특사의 입을 통해 말한 것이 된다(이 경우에는 그 특사가 천사다). 특사는 구약성경에서 하나님의 말씀을 전하는 전형적인 수단이었으며,[5] 신약시대에는 그리스도의 말씀을 전했다(마 10:40; 눅 10:16; 요 13:20; 갈 4:14; 살전 2:13).

6절에서 새 예루살렘의 모습을 다룬 앞의 환상 내용이 요약되었다는 점은 6절이 환상 직후에 놓였고 21:5b가 축자적으로 반복되었다는 사실에 비춰볼 때 분명하다. "이 말은 신실하고 참된지라"(οὗτοι οἱ λόγοι πιστοὶ καὶ ἀληθινοί). 이 어구는 새 창조를 행하실 하나님의 사역의 확실성을 표현하는 사 65:16에 근거한다. 실제로 21:5의 문장은 사 43:18-19, 65:17, 66:22의 암시와 함께 똑같은 사상을 의미한다(21:1, 4, 5의 주석 참조). 그래서 22:6의 반복은 새 창조를 이루시는 하나님의 미래적 행위에 대한 신뢰와 확신이라는 개념을 상기시키고 강조한다. 사실 22:6의 첫 번째 문장은 새 예루살렘 환상 전체를 마무리하는 공식적인 결론일 수 있다. 하지만 이 어구는 단지 공식적인 결론으로만 사용되는 것이 아니라, 요한계시록 전체의 공식적 결론인 22:7-21을 소개하는 역할도 하는 것 같다.

도입어구가 이어지는 단락과 연결된 것은 단 2:45b(Theod.)이 반영된 것으로써 확증된다. "그 꿈은 참되고(ἀληθινόν), 그 해석은 믿음직(πιστή)하니라." 이 문장은 단 2장에서 하나님 나라가 세상에 승리하고 세워진다는 예언적 환상의 결론이다. 이것은 예언적 환상에 신적 권위가 있어서 그 내

---

4) Lohmeyer, *Offenbarung,* 177.

5) Quispel, *Secret Book,* 117; Prigent, *Apocalypse,* 351.

용이 참되고 믿을 만하다는 확신에 영감을 준다. 단 2장의 암시가 여기서도 같은 의미를 지닌다.

계 22:6a가 단 2:45를 반영한다는 사실은 바로 이어지는 말(22:6b)에 의해서도 암시된다. 22:6b은 단 2:28-29, 45에서 유래한 것이 분명하다(암시의 타당성에 대해서는 본서 1:1, 19; 4:1의 주석 참조).

단 2:45 Theod.(예)	계 22:6
크신 하나님이 **이 일 후에 반드시 일어날** 일을 왕께 **알게 하신** 것이라(ὁ θεὸς ὁ μέγας ἐγνώρισεν τῷ βασιλεῖ ἃ δεῖ γενέσθαι μετὰ ταῦτα).	주 곧…**하나님**이 그의 종들에게 **반드시 속히 되어질 일**을 **보이시려고**…보내셨도다(ὁ κύριος ὁ θεὸς…ἀπέστειλεν… δεῖξαι τοῖς δούλοις αὐτοῦ ἃ δεῖ γενέσθαι ἐν τάχει).

이 문장은 단 2장과 요한계시록 전체의 환상을 소개하고 마무리한다. 요한계시록에서 이 어구는 주요 단락을 소개하고 마무리하기 위해 4번 사용되었고, 요한계시록 전체의 광범위한 개요를 이룬다(다시 1:1, 19; 4:1의 주석 참조). 22:6b은 1:1 내용을 정확히 그대로 재현하기에, 책 전체의 공식적인 결론으로, 그리고 독자들에게 요한계시록이 단 2장처럼 온 땅에 하나님 나라를 세우고 악한 세상 나라들을 심판하시는 주제를 다루고 있음을 보여주는 부분으로 생각해야 한다.

나는 1:1, 19, 4:1에 나타난 다니엘서의 문구가 미래의 예언적 사건들만 가리키는 것이 아니라, 단 2장의 마지막 날에 대한 예언의 시작된 성취를 포함한다고 주장했다. 계 1:1에서처럼, 22:6에서도 다니엘서의 "이 일 후에"가 "속히"로 바뀐 것은 단순히 임박함이 아니라 시작을 넌지시 내비친다.

"영들의 주 하나님"에서 "영들"은 목적어 소유격이다. 그래서 전체 어구는 "영들을 주관하시는(또는 영감을 주시는) 주 하나님"으로 풀어 쓸 수 있다. "예언자들의 영들"은 그들의 증언이 성령에 의해 감동을 받는 특별한 부류의 예언자들을 가리킬 수 있다(10:7에서처럼 말이다. 여기서 "예언자들"은 목적어 소유격을 취함: 그래서 "예언자들에게 영감을 주시는 성령"으로 풀어 쓸 수 있음). 따라서 이 표현은 구약과 신약의 예언자들, 특히 하나님이 성경을 기록하실 때 사용하신 예언자들을 가리키는 것 같다. NEB은 본문을 이렇게 번역했다. "예언자들에게 영감을 주시는 주 하나님이 그의 **종들**(즉 교회 안에 있는 모든 성도; 아래 설명을 보라)에게 보이시려고 그의 천사를 보내셨다."

이 표현은 이 예언자들이 단순히 "예언자 기능을 하는 백성"으로 간주된다는 것을 의미할 가능성이 있다(여기서는 "예언자들"을 설명적 소유격으로 취함: "예언자적 영들" 또는 "예언자적 영혼들" = 예언자들). 또는 "예언자들의"라는 어구는 단순히 소유의 소유격일 수도 있다. 예언자들은 하나님으로부터 오는 영감을 받는 영을 소유하고 있다고 말이다. 요한이 22:9에서 하나님의 영을 언급하지 않고 "예언자들"이라는 의미로 자신의 "형제들"을 언급한 것이 이러한 선택에 무게를 더해준다. 19:10에서 사용된 "예언의 영"(τὸ πνεῦμα τῆς προφητείας)이라는 비슷한 어구처럼 말이다. 여기서 "예언의"는 형용사적 소유격으로 이해하는 것이 가장 좋다("예언하는 영." 자세한 내용은 아래 설명을 보라). 더욱이 복수형이 요한계시록 앞부분에서 성령에 3번 적용되긴 했지만(1:4; 4:5; 5:6에서 "일곱 영"으로), 22:6에서 성령을 복수형으로 언급한 것은 낯설어 보인다.

"예언자들의 영들"이 예언자 직분을 가지고 있는 사람들의 인간적 영들일 수도 있으나, 일반적으로 예언자적 기능을 수행하는 사람들인 모든 그리스도인의 인간적 영을 염두에 두었을 가능성이 있다. 만일 후자가 본문의 사례에 해당한다면, 예언자 직분을 가지고 있는 사람들뿐만 아니라 모든 신자가 예언자적 역할을 한다는 점에서 그들 역시 동료 "종들"이다. "예언자들"이 구체적으로 어떤 직분을 가리키는 것이 아니라는 사실은 9절에서 암시된다. 여기서 "이 두루마리의 말씀을 지키는 자들"은 "너의 형제 예언자들"을 좀 더 구체적으로 설명한 것으로 보인다(𝔐[A] Prim에 분명하게 반영되었듯이 말이다. 22:9의 주석 참조). 더욱이 우리는 19:10의 "예언의 영들"에 대해서도 동일한 결론에 도달했다(11:3, 6-7, 10의 주석도 보라).

하지만 "주 곧 예언자들의 영들의 하나님"이 단 2장의 암시로 둘러싸여 있는 까닭에, "예언자들"은 하나님이 특별히 옛 언약 공동체와 새 언약 공동체에게 그의 말씀을 계시하려고 부른 특별한 부류의 직분자들이나 사람들에 한정된다.

그리스도나 요한이 언급되지는 않았어도, 요한계시록의 계시적 전달 고리는 하나님에게서 시작하여 예수, 천사, 요한, 그리고 마지막으로 그리스도인들에게까지 이어진다(1:1; 비교. 22:8). 그러므로 22:6은 요한이 구체적인 예언자 직분을 가지고 있었음을 암시하는데, 이는 1:1, 19, 4:1에 단 2:28-29, 45의 암시가 있음을 확증한다. "예언자"가 언제 특별한 예언자 부류를 지칭하고 또 언제 모든 그리스도인을 암시하는지(예. 11:3) 분명하지 않을 때가 있다는 사실을 인정해야 한다. 종종 두 상황을 다 염두에 두는 경우도 있다. 22:6 이곳에서는 특별한 예언자 집단에 초점이 맞춰져 있지만 말이다. 이곳과 1:1에서 그리스도인들은 "그의[하나님의] 종들"(τοῖς δούλοις αὐτοῦ)로 불린다. 요한계시록 전체와 이곳에서 "종들"은 제한된 예언자 집단이기보다는 일반 그리스도인들이다.[6] 유일한 예외가 있다면 10:7이다. 앞의 분석에서 다른 결론을 내렸지만, 요한계시록에서 "종들"이 모든 그리스도인을 가리키기 위해 압도적으로 사용된다는 사실은, 22:6의 "종들"이 모든 성도를 가리키는 일반적 용어라고 앞서 언급한 가능성을 높여준다. 22:9의 "함께 된 종"(σύνδουλος)이 "너의 형제들, 즉 예언자들"**과** "이 책의 예언의 말씀을 지키는 자들"을 **모두** 암시하는 까닭이다. "예언자들"이 특별한 부류의 사람들을 가리키든지 일반 그리스도인들을 가리키든지 상관없이, 1:13에 분명히 나타나 있듯이, "그의 종들에게"라는 어구는 분명히 모든 그리스도인을 가리킨다.

"종들"이 모든 성도를 가리킨다는 사실은 요한계시록의 여러 환상이 요한에게만 아니라 어떤 의미에서 요한과 함께 "종 된 자들"인 교회 안에 있는 모든 사람에게 보였음을 의미한다(1:1의 주석 참조). 여기에 사용된 용어나 표현들은 교회가 요한이 본 것과 같은 방식으로 환상을 보았다는 의미가 아니라, 그들이 요한의 기록을 통해 간접적으로 환상들을 경험했다는 의미다. 이것은 주님이 "이것들을 너희에게[복수형, ὑμῖν] 증언하시려고…

---

6) Satake, *Gemeindeordnung*, 88-97.

천사를 보내셨다"는 말로 더 분명해진다(16절). 몇몇 사본의 16절에서는 천사의 "보여주다"가 "가르치다"로 바뀌었다. 이것은 교회가 환상을 공적으로 읽어주는 것을 들음으로써 받는 교훈을 암시하는 것 같다(아래 설명을 보라).

"예언자들의 영들"이 특별한 예언자적 직분을 가진 사람들을 가리킨다는 것을 지지하는 본문은 민 27:16("여호와, 모든 영들의 하나님")일 것이다(개역개정에는 "생명의 하나님"으로 번역됨-역주). 여기서 이 어구는 하나님이 모세를 대신하여 여호수아를 세우시는 것을 언급한다. 여호수아는 하나님의 백성을 위해 예언자적 대언자가 되었다(참조. 민 27:12-21). 여기서 "영들의 하나님"은 "모든 육체의 [하나님]"과 대조된다. 이는 하나님의 예언자적 지도자들과 나머지 사람들(이 경우에는, 모든 이스라엘) 사이의 명백한 구별을 나타낸다. 만일 요한계시록의 이곳에 민수기의 내용이 반영되었다면, "예언자들의 영들"이라는 어구는 예언자들을 통해 말씀하시는 하나님의 영(성령)을 언급하고 예언자들의 영혼이나 인간적인 영들을 가리키지는 않을 것이다. 민수기에서 "영들과 모든 육체의 하나님"은 예언자인 척 하는 사람들 및 나머지 이스라엘과 대조되는 모세와 아론이 각각 예언자적 지도자와 제사장으로서 합법성을 인정받은 사람이라고 말하는 문맥에서 등장한다(민 16장 문맥에서 민 16:22). 계 22:6이 단 2장을 암시하는 분명한 예언자적 문맥이 이 사실을 지지한다. (고전 14:32의 "예언자들의 영" 문맥에서처럼) 그 문맥은 예언자 다니엘에게 계시하시는 하나님의 예언자적 영을 언급하기 때문이다. 그래서 NEB는 계 22:6을 "주 곧 예언자들에게 영감을 주시는 하나님"(The Lord God who inspires the prophets)이라고 번역했다. 이것을 지지하는 한 가지 사실은 요한계시록에서 πνεῦμα가 한 곳(19:10)을 제외하고 분명히 성령을 가리키기 위해 사용되었다는 점이다.

1 En. 36-71장에서는 "영들의 주님"이, 한 번도 정의되지는 않았지만, 하나님을 가리키는 칭호로 반복해서 등장한다(백 번 정도). 하지만 *1 En*. 67:8-10에서는 그 칭호가 인간 통치자들의 "영들"을 주관하는 하나님의 (심판하시는) 주권을 가리키고, 2 Macc. 3:24도 이 칭호를 이와

비슷하게 사용한다("영들과 모든 권세 잡은 자를 다스리시는 분"). 신약시대와 더 가까운 시기의 사용례에서 이 어구는 예언적 "영"을 주관하는 하나님을 가리키는 칭호라기보다는, 인간 영혼들을 주관하는 하나님께 더 적합한 칭호였다.

사본들 중에는 "예언자들의 영들"(πνευμάτων τῶν προφητῶν)을 "거룩한 예언자들"(αγιων προφητων)로 대체한 것이 있는 반면에(051[sv.1.] 𝔐[A]), 다른 사본들에는 "영들과 예언자들"(πνευματων και των προφητων)로 대체된 것도 있다(2030 2377 *pc*). 한편 "예언자들의 영들"은 특이한 것으로 간주되었고(성경에서는 고전 14:32에만 등장함), 그래서 좀 더 일반적 어구인 "거룩한 예언자들"로 바뀌었다(눅 1:70; 행 3:21; 벧후 3:2; 참조. 엡 3:5). 이 어구는 051과 𝔐[A]의 계 18:20("거룩한 사도들과 예언자들")에서도 등장한다. 두 번째 이문("영들과 예언자들")은 필경사가 의도하지 않게 윗줄("신실하고 참된지라")의 "고[= 그리고]"(καί)를 보고 현재 행의 "~의"(τῶν)를 삽입함으로써 이루어졌다. 두 이문 모두 "예언자들의 영들"을 예언자들의 인간적 영을 가리키는 것으로 이해하고 인간 예언자들 속에 내주하시는 성령으로 보지 않는 초기의 해석을 반영한다. 이것과 맥을 같이 하여, 다양한 역본들과 교부들의 글에서는 "예언자들의 영(단수)"으로 표기되었다(syr Σ aeth gig Apr Vig을 보라; 아랍어 역본에도 이 구절의 이문이 들어있다). 한편 아르메니아어 역본에는 "예언자들의 영들" 대신 "성령"이 들어 있다.[7)]

몇몇 사본들은 ὁ κύριος ὁ θεός("주 하나님")에서 맨 앞의 관사 ὁ를 생략한다(051[s] 𝔐). 이것은 22:5의 관사 없는 κύριος ὁ θεός에 일치시키려는 부차적인 시도다.[8)]

"보냈다" 다음에 "내게"를 삽입한 사본들이 있다(א* 1006 1841 *pc* sy[h] sa). "하나님이 **내게** 그의 천사를 보내셨다." 이러한 추가는 필경사가 본

7) 증거는 Hoskier, *Text of the Apocalypse* II, 623을 보라.
8) Schmid, *Geschichte des griechischen Apokalypse-Textes* II, 192.

문의 의미를 분명하게 하려는 시도 때문에 발생한 것 같다. 일찍이 단 2:28-29, 45을 암시한 계 1:1, 19, 4:1 등 세 구절 모두 요한을 가리켜 계시를 받는 자로 언급하기 때문이다.

몇몇 사본에는 "그의 종들에게 보이시려고"가 생략되었다(1854 *al*). 필경사가 앞에 등장하는 αὐτοῦ δεῖξαι("보이시려고 그의")를 지나쳐 뒤따라오는 비슷한 어구인 αὐτοῦ ἃ δεῖ("반드시 ~하는 것을 그의")로 바로 건너뛴 시각적 착오가 원인이다. 이 생략이 의도적일 가능성이 있긴 하다. 엄밀하게 말하면 계시가 그리스도인 모두에게 "보인" 것이 아니라 요한에게만 보였기 때문이다(1:1; 22:8). 몇몇 소문자사본과 사히드 역에서는 δεῖξαι("보이다")가 διδαξαι("가르치다")로 변경되었다. 이것은 소리나 모습이 비슷하기 때문에 의도와 상관없이 발생했을 수도 있지만, 의도적으로 변경했다는 것이 좀 더 개연성이 높다. 요한계시록의 계시가 독자들에게 "보이기"보다는 "가르쳐졌다"는 것이 더 의미가 통한다.[9)]

7절 "반드시 속히 될 일"에는 그리스도의 강림도 포함된다. 이것은 그의 최종적 출현을 가리키기도 하지만, 교회가 존재하는 동안 일어나는 이전의 그의 여러 강림을 포함한다. 이러한 강림 모두 모든 세대의 교회에게는 임박한 강림이다. ἔρχομαι를 "내가 올 것이다"(NASB)라고 번역하면 성취가 시작되었다고 보는 이러한 이해를 가능하게 하며, 우리가 단 2:28-29, 45의 성취가 1:1, 19, 4:1에서 시작된 것으로 암시되었다고 분석했듯이, 1-3장에서 그리스도가 강림하신다고 반복해서 선언한 문맥에서 이러한 결론을 도출해낼 수 있다(1:7; 2:5, 16; 3:3, 11의 주석 참조). 그러므로 그리스도의 강림은 복과 심판을 위해 오시는 일련의 강림들이며, 최후의 복과 정죄를 위해 오시는 극치의 도래로 절정에 도달할 것이다.[10)] 그렇지만 여기 요한계시록 마지막의 더 큰 초점은 그의 궁극적인 도래에 있는 것 같다.

"이 책의 예언의 말씀을 지키는" 자들은 "복"을 받을 것이다. 이것은

9) 사본상의 증거는 Hoskier, *Text of the Apocalypse* II, 624을 보라.
10) Lenski, *Revelation,* 660.

1:3부터 반복된 약속이다. 요한계시록의 목표는 하나님의 참 백성이 이 책의 계시에 순종하여 구원의 복을 받는 데 있다. "이 책의 예언의 말씀"은 6-7a절에서 요한계시록 내용을 묘사한 것을 요약한 것이다. 그래서 6-7a절과 7b절 모두 책의 내용을 가리키며, 요한계시록의 목표로서 이 책의 내용을 강조하기 위해 "복이 있다"라는 단어를 둘러싼다. 14:13, 16:15, 19:9, 20:6, 22:14의 μακάριος("복이 있도다") 사용에서 분명히 밝혀졌듯이, 복은 구원을 주는 것이다.[11)]

거룩하라는 두 번째 권면(22:8-10)

8절 요한은 자신이 이 책에 있는 계시의 증인이라고 슬며시 밝힌다. "이것들을 보고 들은 자는 나 요한이니." 요한은 18절에서 자신을 예언자적 증인이라고 분명히 밝힌다. 그는 하나님의 언약 조항과 이스라엘이 이러한 조항에 불순종(특히 우상숭배)하여 임박한 심판을 초래한 것을 이스라엘에게 증언한 옛 예언자 계열에 서 있다(예. 왕하 17:7-23; 대하 24:18-19; 느 9:26-27a). "보고 들은"이라는 말은 요일 1:1-2("우리가 들은 것, 우리 눈으로 본 것을…우리가 증언하노니")에서처럼 법적 증언의 기초가 된다("증언하다"의 법적 의미에 대해서는 계 2:16, 18, 20을 보라).

구약의 예언자들이 그랬듯이, 지금 요한의 증언 역시 언약 공동체를 겨냥한다. 믿음이 있는 남은 자들은 그들의 순종으로 인해 복을 받을 것이다. 하지만 나머지는 불순종으로 인해 심판을 받을 것이다. 2장과 3장의 각각의 일곱 편지의 끝에 있는 결론인 "귀 있는 자는 들을 지어다"라는 문구는, 요한의 예언자적 사역에서 복과 심판이라는 2중 목적이 예언자들과 예수의 사역의 동일한 목적에 근거함을 보여준다(2:7의 주석 참조).

---

11) Corsini, *Apocalypse*, 417-18은 7, 9-10절의 "이 책"을 구약의 정경과 동일시한다. 하지만 22:7, 9과 1:3 간의 병행 어구는 이 어구가 요한계시록 자체를 언급한다는 것을 보여준다. 22:18-19의 "이 책"도 요한계시록을 언급할 수 있다는 점은 이것을 확증한다.

19:10에서처럼 요한은 자신에게 그리스도의 계시를 전해준 천사에게 다시 경배하기 시작한다.

9절 19:10에서처럼 천사는 요한에게 자기를 경배하지 말라고 응답한다. 자기도 요한과 예언자들과 하나님을 순종하는 다른 사람들처럼 하나님의 종에 불과하다는 것이 그 이유다. 천사는 그대신 요한에게 "하나님께 경배하라"고 권한다. 계시는 천사에게서 나온 것이 아니라 하나님에게서 나온다. 계시가 하나님에게서 나오고 천사에게서 나오지 않는 까닭에 하나님께만 경배해야 한다.

요한은 천사를 신성을 가진 천상적 존재이며 경배를 받기에 합당하신 1:13ff.과 10:1ff.의 그리스도로 오해했을 수도 있다. 동기야 어떠하든 간에, 천사의 금지는 그리스도인들에게, 구체적으로 천사에게 경배하지 말라는 것뿐만 아니라, 당대 소아시아 교회들의 실제적 문제였던 어떠한 형태의 우상숭배도 하지 말라는 경고로 작용한다(2:14-15, 20-21; 9:20의 주석 참조).[12] 이것은 요한이 참된 예배의 대상을 거짓 예배의 대상으로 대체한 죄를 반복한 것이었기에, 10절은 신실한 그리스도인들을 위해서도 그러한 미묘한 문제를 강조한다. 이 문제로 요한을 너무 비난하지 않는 것이 좋을 것이다. 하나님의 사신이 그리스도의 말씀을 능력 있게 선포할 때에 "우리도 그에게 마땅히 해야 할 것 이상의 존경을 표하는 경향이 있기 때문이다(참조. 고전 3:5; 행 14:7-18).[13]

"네 형제 예언자들"이라는 어구 다음에, 예언자 직분을 가지고 있는 사람들과 구별되며 모든 그리스도인을 지칭할 수 있는 "이 책의 말씀을 지키는 자들"이라는 어구가 바로 이어진다. 또는 두 번째 어구가 예언자들을 더욱 자세히 정의한다고 할 수 있다(22:6의 주석 참조). "예언자들"이 모든 의인을 가리킨다는 것은 천사가 자신과 동일시한 "동무 종들"이 6:11에서 "형제들"과 함께 등장한 사실에서도 은근히 드러난다. 6:11에서 "형제들"과 "동

12) 참조. Caird, *Revelation,* 283.

13) Hailey, *Revelation,* 427.

무 종들"은 모든 성도를 가리킨다(6:9-11의 주석 참조).[14] 이 외에도 1:1과 22:6에서 "종들"은 이미 모든 그리스도인으로 이해되었다(22:6의 주석 참조).

19:10의 패턴을 따르면, "네 형제 예언자들과 이 책의 말씀을 지키는 자들"은 "예수의 증거를 지키는 너의 형제들"이라고 말하는 또 다른 방식일 것이다.[15] 요한의 예언의 말씀을 믿고 순종하는 것은 예수의 증거를 지키는 일과 같다. 그 증거는 처음에 예수가 전하셨고, 하늘 사신을 통해 요한에 의해 신자들에게 전달되었다. 신자들이 이 계시를 천명하고 순종하는 것은 그들이 증언하는 증거다(자세한 내용은 19:10을 보라).

실제로 7절에 언급된 복과 상은 마지막 전에 주어지는 복이다. 이 책의 계시의 궁극적 목적은 하나님께 경배하도록 고무하는 데 있다.

사타케는 "예언자들"과 "계명을 지키는 자들"을 구별하기는 하지만, 그러면서도 전자를 "교회의 다른 사람들과 같은 등급에 있는" 사람들이라고 이해한다.[16]

19:10에서처럼, 몇몇 사본상의 증거에는 짧고 어색한 표현을 분명히 하려고 ὅρα μή("하지 말고") 다음에 ποιησης("너는 하라")가 덧붙여졌다(1006 1841 *pc* latt; 짧은 어구를 "하지마"[Don't!]라고 번역하는 것에 대해서는 19:10의 주석 참조). 몇몇 사본상의 증거에서는 22:7의 더 온전한 병행 어구의 영향 아래 "예언의"(τῆς προφητείας)라는 어구가 "말씀들" 다음에 덧붙여졌다(2020 a vg^{cl} [Tyc]).

"네 형제 예언자들과 이 책의 말씀을 지키는 자들"이라는 어구에서 몇몇 후기의 사본들($\mathfrak{M}^{A}$ Prim)은 "~과"(καί)를 생략하고, "이 책의 말씀을 지키는 네 형제 예언자들"이라고 읽는다. 이 이문은 부차적이다. 초기의 더 좋은 증거들(א A C 2053 2062 2344)을 비롯하여 다른 모든 사본이 접속사 "~과"를 보유하고 있기 때문이다. 바뀐 이문을 볼 때, 혹시 예언자

14) Satake, *Gemeindeordnung*, 95.

15) Prigent, *Apocalypse*, 352.

16) Satake, *Gemeindeordnung*, 62-63, 95, 105.

들이 특별한 부류가 아니라 모든 그리스도인이 틀림없다는 해석이 암시되었다고 할 수 있을까? 특히 22:7에서 이와 비슷한 표현인 "이 책의 예언의 말씀을 지키는 자는 복이 있으리라"라는 말로써 모든 그리스도인을 지칭하고 있으니 말이다(자세한 내용은 11:3, 6-7, 10; 19:10의 주석 참조).

멀홀런드는 그리스도가 22:8-9의 천사라고 주장한다.[17] 하지만 그리스도가 신적인 칭호들을 자신에게 적용하는 22:13과 요한이 예수를 "주님"이라고 부른 22:21에 비춰볼 때, 왜 그리스도가 경배를 받지 않는지를 설명하려는 그의 시도는 설득력이 없다.

10절 천사는 하나님이 경배를 받으시도록 요한에게 "예언의 말씀을 인봉하지 말라"고 명령한다. 계시가 인봉되면 교회는 그 내용을 알지 못하므로 그 내용에 반응하여 순종하고 경배할 수 없게 된다(22:7, 9). 그러므로 요한은 소아시아의 교회들이 읽을 수 있도록 계시를 기록하여 보내야 한다(참조. 22:18-29과 더 분명한 1:11, 19; 2:1ff.). 이 명령은 10:4의 "일곱 우레가 말한 것을 인봉하라"는 명령과 상반된다.

"인봉하지 말라"는 명령은 환상의 계시가 하나님의 권위 아래 있는 것과 마찬가지로 환상을 기록하는 것 역시 하나님 권위 아래에서 보호받고 있음을 암시한다. 환상을 기록하라는 명령에 이 사실이 암시되었듯이 말이다(1:10-11, 19; 2:1ff.; 19:9; 21:5. 22:6과 22:10을 비교하라). 22:18-19도 이 사실을 입증하는 증거다. 요한의 예언자적 사명은 구약의 예언자들의 사명과 같다(자세한 내용은 1:9-10; 4:1-2; 17:1-3; 21:9-10의 주석 참조).

"예언의 말씀"을 인봉하지 말라고 한 것은 다니엘의 예언의 결론에서 그에게 명령한 것과 연결된다. "마지막 때까지 이 말을 닫고 이 책을 봉함하라"(단 12:4 Theod.; 또한 12:9; 8:26; 참조. LXX). 다니엘은 하나님의 백성에게 있을 최후의 환난과 악한 나라들의 최후의 패배, 하나님 나라의 영원한 건립을 예언했다. 하지만 다니엘은 이 사건들이 어떻게 발생할 것인지, 역사의 어느 때에 최종적인 종말이 발생하고 예언이 마침내 성취될 것인지는

---

17) Mulholland, *Revelation*, 334.

정확히 이해하지 못했다(단 8:27; 12:8-9). 다니엘이 확신할 수 있었던 점은 종말이 아직 임하지 않았다는 사실뿐이다(단 12:13). 그러므로 다니엘의 책을 인봉한다는 것은 그 책의 예언이 마지막 때까지 충분히 이해되지 않고 성취되지도 않음을 의미했다.

다니엘이 예언한 것은 이제 이해될 수 있다. 예언들이 성취되기 시작했고, 마지막 날이 시작되었기 때문이다. "예언의 말씀"을 인봉하지 말라는 것은 적어도 지금 구약의 종말론적 예언, 특히 다니엘서의 예언이 성취되기 시작했고, 또한 그 성취에 비춰볼 때 지금 더 잘 이해될 수 있음을 의미한다. 그러므로 이것은 성취의 시작만 아니라, 구약의 성도들에게는 알려지지 않았던 예언을 이해하는 더 큰 통찰의 계시를 암시한다(엡 3:4-5). 특히 그리스도의 죽음과 부활, 그리고 역사와 성도들의 환난에 대한 그의 주권은 구약의 예언의 성취가 시작하는 곳이다. 그리스도의 초기 성취와 교훈으로 말미암아 성도들은 구약의 예언을 더 잘 이해할 수 있으며 그들 세대에 주시는 하나님의 말씀에 더 잘 순종할 수 있다.

22:10의 인봉하지 말라는 의미를 이렇게 결정지은 것은 일찍이 5장에서 그리스도가 책의 인봉을 제거하신 것을 분석한 것에 의해 지지를 받는다. 5장에서도 같은 결론에 도달했다. 물론 5장의 책과 22장의 책이 똑같은 것은 아니지만, 두 책에는 구약의 예언과 관련이 있는 내용이 상당히 많이 포함되어 있다(5장의 "책"에 대해서는 5:1-2, 4의 주석 참조).

γάρ("왜냐하면")에 의해 소개되는 문장은 앞에서 천사가 명령한 이유를 공식적으로 제시한다. 예언을 인봉하지 말아야 하는 이유는 "때가 가깝기 **때문이다.**" 1:3에서처럼 이 근거 절은 단 2:28-29, 45의 암시 뒤에 이어지며 그 암시의 의미를 자세히 설명한다(1:1; 22:6). "때가 가깝다"는 어구에는 (단 7:22 암시이기도 한) 1:3b에서처럼, 다니엘서에 대한 부가적인 암시(단 12:9)가 바로 덧붙여진다. 1:3의 원인 절은 미래의 임박한 사건만 아니라 구약 예언의 시작된 성취도 암시한다. 동일한 방식으로, 공격 개시일에 프랑스를 방어하던 독일군들은 이렇게 말했을 것이다. "연합군들이 가까이 왔다." 실제로는 연합군이 독일이 점령한 영토에 이제 막 상륙하기 시작했지만 말

이다. 1:3의 근거 절과 관련하여 내린 결론은 22:10 이곳의 근거 절에도 적용될 수 있다. 다니엘에 의해 인봉된 예언들은 성취되기 시작했으며, 계속해서 현재에도 성취되고 있고, 미래에 절정에 도달할 때까지 성취될 것이다.

8-10절의 요지는 하나님이 요한에게 그리스도의 죽으심과 부활의 예언적 의미를 은혜롭게 계시하심으로써 그리스도인들에게 현재와 미래의 삶에 동기를 부여하여 "하나님께 경배하도록 하는 것"이다.[18)]

거룩하라는 세 번째 권면(22:11-12)

11절 천사는 다시 다니엘서의 예언적 결론에 호소한다.

단 12:10	계 22:11
많은 사람이 연단을 받아 스스로 정결하게 하며 희게 할 것이나 악한 사람은 악을 행하리니 악한 자는 아무것도 깨닫지 못하되 오직 지혜 있는 자는 깨달으리라(참조. 겔 3:27).	불의[또는 "해"]를 행하는 자는 그대로 불의[또는 "해"]를 행하고 더러운 자는 그대로 더럽고 의로운 자는 그대로 의를 행하고 거룩한 자는 그대로 거룩하게 하라.

두 본문 모두 불의한 자의 운명에 대해 2번 선언하고 의로운 자의 운명에 대해 2번 선언한다. 의로운 자와 불의한 자 모두 그들의 현재 상태를 지속할 것이다.

요한계시록의 이러한 선언은 신학적으로 더 어렵다. 이것이 권고로 주어졌고 단순한 사실의 선언이 아니기 때문이다. 성도들에게 거룩하라고 권면하는 것에는 문제가 없다. 하지만 천사가 어떻게 불신자들에게 거룩하지 말라고 권할 수 있는지를 생각하는 데에는 신학적으로 문제가 많다. 어려

18) 22:6-21을 다루면서 Caird, *Revelation*은 시작된 종말론에 대해 가치 있는 논평을 해주었지만, 그것을 지나치게 강조한 나머지 이 단락의 미래적·절정적 어조를 주목하지 못했다(예. 그의 22:15의 주석 참조).

움을 가중시키는 것은 다니엘서의 진술이 예언으로서 예정된 상황을 묘사하는 것처럼 보인다는 데 있다.

주석가들은 여러 방법으로 이러한 난제를 피하려고 노력했다.

(1) 개중에는 사람들에게 자유 의지가 있고[19] 마지막 심판에 이르기까지는 누구에게나 회개할 기회가 있기[20] 때문에, 이 표현들이 결정적인 것이 아니라고 주장하는 사람들이 있다. 하지만 이러한 분석은 계 22:11의 구약의 예언적 배경과 잘 어울리지 않는다.

(2) 월은 11절이 "요한의 예언은 어길 수 없어서, 요한의 예언에 고집스럽게 저항하든지 순종으로 반응하든지 상관없이 그 메시지를 변경하지 못한다는 것"을 가리킨다고 주장한다.[21] 하지만 이것은 명령형의 명백한 의미를 희석시킨다. 요한은 사람들이 죄를 짓든지 의롭든지 상관없이 예언이 성취될 것이라고 말하는 것이 아니다. 신학적인 문제가 있다고 하더라도 명령형의 의미를 가장 간단하게 이해하면 이렇다. 죄인들은 계속해서 죄를 짓고 의인들은 계속해서 의를 행하라는 명령을 받는다고 말이다. 월의 견해는 구약의 예언적 배경을 충분히 강조하지 않았다(아래 설명을 보라).

(3) 헨드릭슨은 다음과 같이 제안함으로써 이 문제를 해결한다. 11a절이 악한 자들에게는 더 이상 하나님께 순종하라고 권하지 않는 "철회"를 말하는 반면, 참된 신자들을 향해서는 "적극적 권면"을 준다.[22] 하지만 두 가지의 진술은 모두 명령의 형태로 제시되었으며, 이 진술의 병행은 그들이 같은 명령의 방법으로 이해되어야 함을 요구한다.[23]

(4) 마운스는 "선견자의 관점에서 볼 때, 마지막이 너무 가깝기 때문에

---

19) Harrington, *Revelation,* 269.

20) 예. Caird, *Revelation,* 284; Beasley-Murray, *Revelation,* 338; A. F. Johnson, "Revelation," 601.

21) Wall, *Revelation,* 265.

22) Hendriksen, *More than Conquerors,* 251-52. 이와 비슷하게 설명하는 Bratcher, *Translator's Guide,* 189도 참조하라.

23) 이와 비슷한 Mounce의 비평을 보라. Mounce, *Revelation,* 392.

더 이상 사람들의 성품과 습관을 고칠 시간이 없다"고 제안한다.[24] 이것은 요한의 관점이 올바르지 않음을 넌지시 내비친다. 역사를 되돌아보면, 변화할 수 있는 시간이 충분했기 때문이다. 그런데 이것은 몇몇 주석가들에게는 신학적으로 문제가 되지 않는다(22:12의 주석 참조). 그렇지만 마운스의 말을 역사의 마지막 단계와 결정적 심판이 임할 때 바꾸기에는 너무 늦다는 것으로 이해하면 더 타당성이 있다.[25] 좀 더 정확히 말해서, 그리스도의 최종 강림은 너무도 빨라서 (성품을) 바꿀 시간이 없을 것이다.[26] 12절에서 구원과 심판을 행하러 오시는 그리스도의 강림의 임박한 기대는 이 견해를 지지한다.

(5) 몇몇 사람들은 사람마다 선택하는 취향이 달라서 성격을 바꿀 수 없게 된다고 주장한다. 그래서 명령형은 "네가 심판에 직면할 때 네가 늘 해오던 대로 있어라"라는 의미를 가진다고 한다.[27] 하지만 설령 이것이 참이라고 해도, 요한의 단 12:9-10 사용이 성취의 시작을 알린다고 이해하는 것은 적절한 이해가 아니다(아래 설명을 보라).

(6) 11절의 두 명령은 요한계시록 전체의 문맥, 특히 일곱 편지(와 13:9)의 "들어라" 문구의 구약적 배경, 그리고 나팔 재앙 및 대접 재앙의 배경인 출애굽 재앙 이야기에서 나온 "완악함"이라는 구약적 주제에 비춰 이해하는 것이 더 좋다. 22:11의 권면을 말하게 된 상황은 역사의 마지막 단계에만 독특하게 나타나는 것이 아니라, 구약성경과 예수의 사역에서 이미 반복해서 발생했으며, 요한이 글을 쓰고 있는 소아시아의 교회들에서도 존재하는 상황이다.

우리는 요한계시록에 반복해서 등장하는 "귀 있는 자는 들을지어다"라는 어구가 사 6:9-10에서 우상숭배를 하는 이스라엘에게 주는 권면과 그

24) Mounce, *Revelation,* 392-93.

25) Swete, *Apocalypse,* 305; Kiddle, *Revelation,* 451-52; Ladd, *Revelation,* 292; Wilcock, *I Saw Heaven Opened,* 216과 그밖에 여러 주석가들.

26) Morris, *Revelation,* 259.

27) 예. McDowell, *Meaning and Message,* 220.

구약 본문을 예수가 비슷하게 사용하신 것(마 13:9-17, 43)에 근거했음을 살펴보았다. 이 본문들에서 불신자들은 "듣지 말라"는 권면을 받는다. 반면에 신자들은 하나님의 말씀을 "듣고" 순종하라는 부름을 받는다. 이사야서와 예수에게서 유래했고 문제의 여지가 있는 이 2중 권면의 이유는 언약 공동체 중 대다수가 배교했고 예언자의 말에 민감하게 반응하지 않았다는 데 있다. 이러한 공동체에게 하나님은 예언자들을 보내셨다. 그들의 말은 배교자들의 눈을 더욱 가렸지만, 택함을 받은 남은 자들에게는 대다수가 겪고 있는 영적 무감각함에서 나오라고 충격을 준다. 불경건한 자들은, 그들이 행한 배교와 우상숭배에 내리는 형벌로, 심지어 깨닫지 말라는 권고를 받기도 한다(그래서 렘 44:25과 겔 20:39에서는 우상숭배를 하는 이스라엘에게 계속 우상을 숭배하라고 권한다). 이런 점에서 계 22:11은 사 6장의 완고함이라는 주제를 발전시킨 겔 3:27을 반영했을 것이다. "들을 자는 들을 것이요 듣기 싫은 자는 듣지 아니하리니 그들은 반역하는 족속임이니라"(참조. 사 29:9-10; 롬 1:24-26). 사실 불과 여섯 절 뒤인 계 22:17에서 의를 행하는 거룩한 자는 "듣는 자"로 언급되며 명령형이 그 뒤를 따라온다.

하나님의 현재 백성인 교회(참조. 갈 6:16)는 옛 이스라엘처럼 영적으로 거의 가사상태가 되었으며, 하나님은 좌우에 날 선 검과 같은 그의 말씀을 그들에게 계시하신다(이사야서 배경을 충분히 논의한 2:7의 주석 참조). 영적 가사상태에서 일어나 의로워지라는 명령이 22:11에서 남은 자들에게 복으로 언급되며, 악을 행하라는 명령은 불경건한 자들에게 주어지며 이는 그들의 배교로 인해 내리는 형벌이다. 그래서 아르메니아어 역 한 곳에서는 "더러워지려는 자는 더럽게 되며 의롭게 되려는 자는 의롭게 되고 거룩하게 되려는 자는 거룩하게 되어라"라고 번역한다.[28] 일곱 나팔과 일곱 대접의 계시적 재앙에는 같은 2중 효과가 있는데, 특히 악한 자들의 완악함과 관련해서 그렇다(출애굽기 배경을 충분히 논의한 본서 8:6-11:19의 서론적 논의를 보라).

하지만 앞에서 살펴보았듯이, 22:10에 암시된 단 12:4에 연이어, 계

28) Hoskier, *Text of the Apocalypse* II, 632을 보라.

22:11은 단 12:10을 분명히 암시한다. 다니엘서에 대한 암시가 계 22:11의 2중 권면의 신학적 배경에 어떻게 기여하는가? 다니엘서 본문은 마지막 날에 언약 공동체 중에서 거짓 백성이 (계 22:10에 암시된) 예언의 초기 성취를 깨닫지 못하여 계속해서 하나님의 법에 불순종할 것이지만, 경건한 사람들은 지혜를 얻을 것이며 그들을 둘러싸고 일어나는 예언 성취의 시작을 깨달을 것을 예언한다. 그들은 하나님의 말씀에 순종함으로 반응할 것이다. 다니엘서의 예언이 계 22:11에서 명령형으로 바뀐 것은 다니엘서의 예언이 요한 당대에 성취되기 시작하고 있다는 점과 참 신자들은 이 계시를 깨달아 적극적으로 반응해야 한다는 것을 표현한다.[29] 성취가 시작되었다는 이러한 어조는 22:10과 일곱 편지에서 독자들에게 "귀 있는 자는 들으라"라고 반복하여 권면한 것과 잘 들어맞는다.

그러므로 10절에 있는 구약의 성취와 관련된 계시는 11절의 2중 반응의 기초이며, 그러한 반응을 촉구하는 데 영감을 불어넣었다. 그 계시는 단 12:9과 12:10의 예언적 패턴을 따랐다. 이 사건들은 발생하기로 결정되었거나 "예정되었다." 그 사건들이 예언되었고 단지 미래의 가능성으로 묘사된 것이 아니기 때문이다(*2 Bar*. 27:15-29:3은 단 12:10을 이렇게 이해한다[특히 27:15-28:1; 29:1-2을 보라]; 참조. 4 Ezra 14:16-17). 이 결론이 신학적으로 난해한 것이기는 하지만, 다니엘서의 예언적 특성과 각 사람을 그리스도나 짐승과 동일시하는 것은 그 사람의 "이름이 어린 양의 생명책에 기록되었는지"에 의해 결정된다는 사실과 잘 어울린다(3:5; 13:8; 17:8; 20:12, 15; 21:27).[30]

MT과 Theod.에는 단 12:9과 12:10 사이에 공식적인 문법적 연결이 없다. 두 절은 공식적으로 두 개의 독립된 진술로서 서로 병렬되었다. 반면에 LXX은 시간적 연결어인 "까지"(ἕως ἄν)로써 두 절을 하나의 사상으로 바꾸었다. 그 결과 다니엘서의 예언은 악한 자들이 악하게 행동하

---

29) Gill, *Revelation,* 382과 Seiss, *Apocalypse,* 517-18은 이와 비슷하게 결론을 내린다. 비록 Seiss는 다니엘서의 암시를 인정하지 않으며, 두 사람 모두 10-11절을 그리스도의 최종 강림 직전의 시대에 발생할 것으로 이해하기는 하지만 말이다.

30) Kiddle, *Revelation,* 452에 반대함.

고 의인들이 깨닫게 되기"까지 인봉된다"는 사상을 전한다. 이것은 "때가 가까우니라"는 시간적 어구가 뒤따라오고 단 12:10에 대한 암시로 마무리되는 요한의 단 12:9의 암시가 다니엘서의 예언 성취가 가까우며[31] 아마도 시작되었음을 시사한다는 사상을 강조한다. 4 Ezra 14:13-17의 비슷한 패턴을 주목하라. (1) 지혜 있는 자들에게 주는 명령형, (2) 악과 거짓이 증가할 것이라는 예언(참조. 단 12:10), (3) 이 예언이 시작되기도 했고 임박하기도 했다는 선언(17절은 "가까우니라"와 "이미"의 병행으로 되었다) 등.

몇몇 사본에서는 필경사가 첫 번째 καί에서 "의로운 자는" 앞에 오는 같은 단어로 건너뛰었기 때문에 "그리고(καί) 더러운 자는 그대로 더럽고"가 생략되었다(A 2030 2050 2062[txt] *pc*).

ἀδικέω라는 단어에 "부정, 악함, 불의를 행하다" 또는 "상처를 주다, 해를 끼치다"라는 의미가 있는지 알기는 어렵다. 단 12:7-10에는 두 사상이 다 포함되며, 죄 짓는 사람을 경건한 사람을 박해하는 사람으로 언급한다(또한 단 11:32-35을 보라). "불의를 행하다"라는 뉘앙스는 단 12:4 LXX의 결론에도 암시된다. LXX은 MT의 "지식이 증가할 것이요"를 "땅은 불의[ἀδικίας]로 충만해질 것이요"로 대체했다. 계 22:1에서는 "더러운, 더럽고"와 반의어인 "의로운"과 "거룩한"이 나란히 배열됨으로써 ἀδικέω의 "불의"라는 단 하나의 개념을 지지하는 반면에, 요한계시록의 다른 사용례에서 ἀδικέω는 경건하지 않은 사람들의 형벌(2:11; 7:2; 9:4, 10, 19)이나 성도들의 박해(11:5a, b)와 관련하여 "해를 끼치다"를 의미한다. 여기서는 "불의를 행하다"라고 번역하는 것이 최상이다. 여기에는 불의와 부당한 박해 사상이 다 포함되기 때문이다. 물론 박해는 요한계시록 전체의 중요한 주제다(예. 1:9; 2:9-10, 13; 6:9-11; 20:4). 명사 ῥυπαρός의 동족 동사에도 같은 2중적 함의가 들어 있는 것 같다.

12a절 11절의 권면을 하게 된 추가적 근거는 12절에 그리스도가

31) Farrer, *Revelation,* 225; Beasley-Murray, *Revelation,* 337-38.

오신다는 반복된 언급에 있다. 이 오심은 10절에서 언급된 계시의 한 부분이다. 1-3장에서 그리스도의 "오심"은 역사의 끝 이전에 오심이나 역사를 마무리하러 오시는 그의 최종적 오심을 가리킨다(1:7; 2:5, 16; 3:3, 11의 주석 참조). "내가 **속히** 오리니"라는 말은 오심의 절정을 가리킨다. "속히"(ταχύ)는 그 오심의 임박성을 의미한다. 우리는 이 문구를 사용하여 단 2:28-29, 45을 암시할 때 사용된 ταχύς에 시작된 성취 사상과 아울러 가까운 미래의 성취가 암시되었음을 이미 살펴보았다(1:1의 주석 참조).

하지만 22:7에서처럼 여기서는 그리스도의 미래 강림에 초점이 맞춰져 있다. 그때에 그리스도가 충성된 사람들에게 "상을 주실" 것이며, "각 사람에게 그가 행한 대로 갚아주실" 것이기 때문이다. 이러한 미래적 언급은 요한계시록에서 본문 이외에 "상"(μισθός)이 사용된 유일한 다른 본문(11:18)에서 그 단어가 시대의 끝에 주어지는 보상을 가리킨다는 사실에서도 지지받는다. 그때는 그리스도가 그의 백성의 최종적인 구속을 행하시며 최후의 심판을 행하실 때가 될 것이다. 시작된 성취의 측면도 여전히 염두에 있을 것이다. 그리스도는 그의 백성이 죽을 때(6:9-11; 14:13) 각각 그들에게 이미 하늘의 상을 주시며, 불의한 자들을 역사 내내 이미 심판하신다(2:22-23). 그럼에도 이 본문은 그리스도의 최종 강림에 초점이 맞춰져 있다.

주석가들 중에는 12절이 그리스도의 최종 강림(재림)이 요한과 그의 독자들의 생애 동안 성취되는 약속으로 기대되었기 때문에 아직 일어나지 않은 일을 약속한다는 것을 확증한다고 해석하는 사람들이 있다.[32] 하지만 이 문제를 설명할 아마도 단순하고 합당한 해결책은 22:12의 ταχύ가, 22:20과 22:7에서와 마찬가지로, 언제가 되든지 그리스도가 갑자기 최종적으로 나타나신다는 것을 가리키며 결정적 임박함을 가리키지는 않는다는 데 있다. 이러한 결론은, 모든 본문에 ταχύ가 있는 것은 아니지만, 비슷한 2:16, 3:3, 11뿐만 아니라 16:15("**내가 도둑 같이 오리니** 누구든지 깨어…있는 자는 복이 있도다")에서도 지지받는다(2:5, 16; 3:3, 11에서 설명한 "오심"의 특성을 충분히 논의

32) 예. Boring, *Revelation*, 70-74.

한 내용을 보라). 에티오피아 역에서는 22:7을 "내가 **도둑처럼** 속히 오리라"라고 번역했다. 이것은 초기에 이 본문을 16:15의 도둑 은유와 동일시했음을 보여주는 것 같다.[33)]

마지막 때에 심판이 예상치 못하게 속히 거행된다는 주제는 이미 구약성경에 등장한다(사 47:11과 말 3:1을 보라; 참조. 렘 6:26). 여기엔 아마도 "가까움"과 "신속함" 그리고 "예상하지 못한" 나타남이 다 포함된 것 같다. 예상하지 못한 나타남은, 마 24:36-25:13에 기록되었듯이, 예수가 어느 때든 오실 수 있다는 가능성과 관련된다(참조. 행 1:7; 살전 1:9-10; 딤후 4:8; 딛 2:13). 그리스도가 속히 그리고 예상치 못한 방법으로 오실 것이므로, 그가 오시는 때는 늘 잠재적으로 "가깝다." 표준 신약어휘사전은 22:7, 12, 20에서 ταχύς의 의미를 "속히" 또는 "지체 없이"의 뉘앙스로 선택했지만, 이 사상이 신약성경 여러 곳과 LXX과 초기 기독교 문헌에서처럼, 이곳에서 시간적 가까움과 구별하기 어렵다는 점을 인정한다.[34)] 이 결론은 16:15과 그리스도의 강림의 때를 알 수 없다고 천명하지만(마 24:36), 강림을 대비하여 깨어 있어야 할 필요성을 표현하는 본문들(마 24:36, 42, 44; 25:13; 눅 12:35-40; 이 외에도 옷 이미지와 관련하여 계 22:14의 주석 참조)을 볼 때 더 매력적이다(마 24:36; 행 1:7). 이에 비춰볼 때, 요한이 그리스도가 자신의 시대에 재림하실 것이라며 독단적으로 예언한다고 결론을 내릴 수는 없다. 그때는 아버지만 아시기 때문이다.

하지만 이 해결책이 타당해 보이지 않는다면, 앞에서 분석한 "가까움" 사상에 명확함을 더하는 "속히 오리라"는 말씀을 이해하는 또 다른 방법이 있다. 이를테면 만일 시간적 가까움을 염두에 두었다면, 하나님의 구속사적 계획에서 일어날 그다음 중요한 사건이라는 의미에서 "가까움"에 초점을 맞춘다는 말이다. 그리스도의 죽음과 부활과 오순절 이후, 하나님의 구원 계획에서 다음으로 중요한 사건은 상과 벌을 주는 그리스도의 최종 강

33) Gill, *Revelation*, 881.
34) BAGD, 807. 이 어군의 다른 단어들과 결합된 두 사상에 대해서는 BAGD, 806-7을 보라.

림이다. 성경은 오순절과 그리스도의 최종 강림 사이에 다른 중요한 사건이 없다고 말한다.[35] 이 사건이 1년 내에 일어나든지 아니면 5,000년이 지난 후 일어나든지 간에, 그것은 여전히 "가깝다"고 언급될 수 있다. 그 사건은 하나님의 구속 계획의 섭리적 질서 안에서 일어날 수 있는 **중요한 다음 사건**이기 때문이다(자세한 내용은 12:12b의 주석과 아래 내용 참조). 벧후 3:8-13에는 다음과 같은 주제들이 서로 긴장을 유지하며 제시되었다. (1) 마지막 때까지의 기간이 얼마나 길든지 상관없이, 하나님께는 길지 않다. "천 년이 하루 같기" 때문이다. (2) 사람들에게는 그 시간이 긴 것처럼 보이지만, "주님의 약속은 더딘 것이 아니다.…[그리고] 주님은 도둑같이 오신다." (3) 그리스도인이 마지막 때를 사모하고 순종하는 것은 "하나님의 날이 속히 임하는" 한 방법이다. 같은 개념이 이곳 계 22:12에도 있는 것 같다.

하지만 τάσσω("처리하다," "질서를 세우다")가 ταχύς의 의미론적인 어근이기에 ταχύς는 "속히"가 아니라 역사의 정해진 질서에서 다음에 있을 것을 암시한다고 주장함으로써,[36] "가까움"이 구속사에서 다음에 일어날 중요한 사건을 가리킨다고 입증하려는 시도는 잘못되었다. 이러한 의미론적 연결은 추측에 불과하고, 그 단어의 신약성경이나 코이네의 전형적 용례에 의존한 것이 아니라 "어근의 오류"를 범한 것이기 때문이다.

고려할 수 있는 또 다른 관점은 요한이 성령에 감동되어 마지막 때 직전의 시간으로 이동했기에 그런 관점에서 요한이 "때가 가깝다"고 말할 수 있었고, 예수가 그에게 "보라! 내가 속히 오리라"라고 말씀할 수 있었다는 것이다.[37] 이 모든 것이 가능성은 있지만, 요한의 청중들이 과연 이런 차이를 감지했을까?[38]

---

35) Seiss, *Apocalypse,* 523.

36) Mulholland, *Revelation,* 61-62, 337.

37) 22:10, 12의 주석에 대해서는 Lang, *Revelation,* 386-88을 참조하라.

38) 종말의 임박성의 총체적 문제를 광범위하게 논의한 Hoekema, *Bible and the Future,* 109-63을 보라.

12b절 12절에서 예수의 두 번째 천명은 사 40:10과 62:11을 암시한다.

사 40:10 LXX	계 22:12
"보라! 주 여호와께서 장차 권능으로 임하실 것이요…보라! 상급이 그에게 있고 행함이 그의 앞에 있으며." 사 62:11 LXX도 거의 똑같다. 참조. Wis. 5:15-16.	"보라! 내가 속히 오리니 내가 줄 상이 내게 있어 각 사람에게 그가 행한 대로 갚아 주리라."

이사야서에서 주님에 대해 예언된 것이 이제 자신 안에서 성취될 것이라고 예수가 예언하신다. 이것은 요한계시록에서 발견할 수 있는 예수의 신성을 천명하는 많은 예 가운데 하나다.[39] "상(reward)"은 사 40:14(알렉산드리아 사본)에서 분명히 알 수 있듯이, 이스라엘이 순종한 것에 대해 의당 주어야 할 것이나 하나님이 그것을 이스라엘에게 주실 의무가 있으심을 암시하지 않는다. "누가 주께 먼저 드려서 갚으심을 받겠느냐?"(롬 11:34-35에 복합적으로 인용된 사 40:13-14과 욥 41:11으로 더욱 확증된다). "행함"(work)과 관련하여 이사야서의 마지막 문장은 "상"을 더욱 규명하며, 그의 충성된 백성에게 구원의 복을 주시는 하나님의 사역(work)을 언급한다. 충성하지 않은 사람들에게 내리는 심판이 암시되었을 수도 있지만 말이다. "상"과 "행위"가 구원에 초점을 맞춘다는 것은 사 40:10이 사 40:9에 선언된 "아름다운 소식, 즉 복음"(εὐαγγελίζω, 2번)의 내용과 하나님께서 "죄를 사해주신 것"의 결과(40:2)를 제시한다는 사실에서 분명히 드러난다. 이와 비슷하게 사 62:11에서 "상"과 "행위"는 이스라엘에게 "네 구원이 이르렀다"고 선언하는 것을 더 자세히 묘사한다. 요한이 상주시는 행위를 그리스도와 연결한 것은 MT의 "구원"을 "구원자"로 번역한 LXX의 사 62:11 때문일 가능성이 있다. "보라! 구원자가 네게 이르렀느니라. 상급이 그에게 있느니라"(참

39) Gill, *Revelation,* 382.

조. 마 21:5에는 사 62:11이 메시아적 의미로 적용되었다).[40] "상"의 초점이 구원에 있다는 것은 계 11:18b에서 확증된다. 여기서 μισθός는 하나님이 마지막 때에 그의 모든 백성에게 주시는 "상"만을 가리킨다.[41]

하지만 요한계시록에서는 이사야서에서 사용된 문구가, 이사야서에 암시되었을 수도 있는, 의의 행위와 불의의 행위 그리고 그에 따라 복을 받는 사람과 심판받는 사람을 언급하는 것으로 해석되었다. 사 40:10에 대한 후기 유대교의 해석 중 하나는 이 본문을 미래의 구원만을 가리키는 것으로 이해했으며(*Midr. Rab.* 신 1.23), 다른 해석들은 그 본문을 의인들에게 주시는 메시아적인 상으로만 해석했다(*Tanna de-be Eliyyahu*, Rabbah, 117쪽; *Tanna de-be Eliyyahu*, Zuṭa, 180쪽). 반면에 다른 유대 작가는 여전히 사 40:10이 상과 심판을 다 언급한다고 이해했다(*Tanch.* 창, parashah 2.12).

계 22:12의 이 마지막 문장이 이사야서에서 그러하듯이, "하나님의 행위대로 각 사람에게 주신다"라고 하나님의 행위를 언급할 가능성도 있다. 하지만 인간의 행위를 염두에 두었을 가능성이 더 많다. "행위"와 함께 사용된 "주다"는 계 2:23에서 사람들의 행위를 심판하는 것을 언급하며, 이와 비슷한 어구가 구약성경에서 동일한 것을 가리키기 위해 반복적으로 사용되었기 때문이다(2:23의 주석 참조). 마찬가지로 사 40:10 LXX을 둘러싼 몇몇 사본 증거들(88 L cII 403 v 407 770)은 "행위"를 보상이 주어질 이스라엘 "각 사람의 행위"(ἔργον ἑκάστου)와 동일시한다. 사 62:11의 타르굼이 방금 언급한 것과 동일하다. "보라! 그의 메므라[말씀]를 행하는 사람들의 상이 그에게 있고, 그들의 모든 행위가 그 앞에 드러나리라." 이와 비슷하게 *1 Clement* 34:3은 사 40:10a("보라 주와 그의 상이 그의 얼굴 앞에 있고")을 인용하고서, 그다음에 "각 사람에게 그의 행위대로 줄 것이며"를 더한다. 이것은 LXX과 타르굼 전통에 근거한 사 40:10을 변경시켰든지, 아니면 계 22:12 자체에 근거한다(잠 24:12과 그밖에 구약의 병행 본문을 덧붙인 것일 수도

40) Fekkes, *Isaiah and Prophetic Traditions*, 277.
41) 참조. Fekkes, *Isaiah and Prophetic Traditions*, 277-78.

있겠지만 말이다[이에 대해서는 본서 2:23의 주석 참조]).[42] 사 62:11의 약속은, 계 22:12에 있는 약속처럼, 한 성의 "문을 통해 들어가는" 이미지로 보충되었다(사 62:10과 계 22:14 비교).

이것은 사람이 선한 행위에 근거하여 구원을 받거나 의롭다 함을 얻는다는 의미일까? 첫째, 우리는 앞서 사 40:10과 62:11에서 "상"과 "행위"가 구원에 초점이 맞춰져 있음을 보았다. 둘째, 복음에 따르면 그리스도를 떠난 "선한 행위"로써는 아무도 구원받을 수 없다는 사실을 기억해야 한다. 하나님 앞에서 받아들여지려면 완전함이 요구되는 까닭이다(마 5:48; 벧전 1:16; 참조. 레 19:2).

셋째, 요한계시록의 문맥에서 "행위에 의한 구원"이 있는 것 같지는 않다. 5:9-10은 그리스도가 하나님 앞에 받으시기에 "합당하신" 유일한 분이시며, 그가 "죽임을 당해 그의 피로" 사람들을 죄에서 "사셨기" 때문에 구속함을 받은 사람들도 합당한 존재로 여김을 받을 수 있었다. 실제로 이 사상은 22:12에서 동떨어진 사상이 아니다. 22:14에서 "그들의 옷을 빤 사람들"에 함의된 사상은 7:14로 거슬러 올라간다. "그들은 어린 양의 피에 그 옷을 씻어 희게 하였느니라." 한편 최후의 심판 때, "행위"는 구원에 필요한 조건으로 간주된다. 어떻게 그런가? 행위는 어떤 사람이 이미 구원에 궁극적이고 필수적이며 인과관계가 있는 조건을 만족시켰음을 증명한다. 이것은 그리스도의 죽음으로 죄에서 구속함을 받은 징의다(엡 2:6-10).[43] 최후의 심판 때 "예수의 피로 씻음을 받은" 사람은 그들의 이름이 "어린 양의 생명책에 기록되었음"을 알게 되며, 구원의 문들을 통해 하늘의 성에 들어갈 수 있을 것이다(계 21:27을 22:14; 20:15과 비교하라).

22:11-12의 요지는 11절에 있는 권면이며, 이는 10절과 12절의 계시 내용에 근거를 두고 그 내용에서 영감을 받은 권면이다. 그리스도의 강림이 예상치 못한 시간에 발생한다는 것은 그의 참 백성이 그날을 사모하면서

---

42) 참조. Prigent, *Apocalypse*, 354.

43) P. E. Hughes, *Revelation*, 237-38을 따름.

경건한 삶을 살도록 동기부여를 할 것이다(참조. 벧후 3:11-14). 한편 불경건한 자들은 이 계시에 직면하여 회개할 자극을 받지 않고 그리스도의 강림에 관한 마음이 더 완악해지기만 한다.

계 22:12은 사 40:10과 62:11 외에도 마 16:27을 반영했을 것이다. "인자가…그 천사들과 함께 오리니 그 때에 각 사람이 행한 대로 갚으리라."[44]

거룩하라는 네 번째 권면(22:13-17)

13절 요한계시록에서 하나님은 이미 "알파와 오메가"(1:8; 21:6) 및 "처음과 마지막"(21:6)으로, 그리스도는 "처음과 나중"(1:17; 2:8)으로 불리셨다. 이제 구약성경에서 하나님께 사용된 이 모든 칭호가 결합되어 그리스도에게 적용됨으로써 그의 신성을 한층 부각시킨다. 이 칭호들은 양극의 총체를 비유적으로 의미한다. 그리스도가 창조의 시작과 끝에 계시고 주권을 행사하신다는 사실은 그가 그 사이에 있는 모든 사건들 위에 계시면서 주권을 행사하신다는 것을 암시하기 위해 강하게 진술되었다. 여기 요한계시록 끝에서 양극단의 명칭들을 강조한 것은 그의 재림 때 역사를 마무리하실 신적인 능력이 그에게 있음을 힘주어 표현하려는 데 그 목적이 있다.

22:13에 언급된 칭호들의 구약적 배경과 비유적·신학적 중요성을 확대해서 논의한 1:4, 8, 17; 2:8의 주석을 참조하라.

14절 13절에서 그리스도가 역사 내내 언제나 임재하신다는 것과 전능하시다는 사실은 신실하게 보상하며 의롭게 심판하시는 그를 믿고 확신할 수 있는 영감을 불러일으킨다. 이것은 그가 역사 끝까지 그의 백성과 주권적으로 함께하신다는 사실과 함께, 그의 백성이 지상에서 만나는 여러 환난 속에서도 계속해서 인내하도록 하는 폭넓은 근거를 제공한다. 요한은 이러한 사상으로 인해 이 구절에서 인내하라고 넌지시 권면하게 되었다.

---

44) Vos, *Synoptic Traditions,* 174-78을 보라.

성도들의 구원의 인내는 자신의 옷(두루마기)을 빠는 이미지로 묘사된다. 이 은유는 7:14 내용의 발전이다. 7장에서도 성도들이 "그 옷을 빨아 어린 양의 피로 희게 한" 것이라는 묘사를 통해 환난을 겪은 성도들의 인내라는 개념을 전달했다. 에티오피아어 역과 불가타 역본에서는 "그들의 두루마기를 빠는"에 "어린 양의 피로"를 더함으로써 22:14을 7:14과 분명하게 동일시했다(이 이미지 분석과 구약적 배경에 대해서는 7:14의 주석 참조).[45) 성도들을 하늘의 성에 적합하게 한 것은 자신들의 합당함에 있지 않다. 오히려 그들의 죄로 인한 형벌을 당할 자격을 갖추신 그리스도의 합당하심에 있다. 그래서 성도들은 성 바깥으로 쫓겨나거나 "불 못"의 고난을 당하지 않는다(20:15).[46)] 이 사실에 비춰볼 때, 그들이 "옷"을 씻는다는 것은 하나님 앞에서 결백하다고 인정받은 성도들의 지위와 19:7-8에 있는 네 번째 복에 대한 서론에서 언급했던 그들의 의로운 행위를 상징한다.[47)] "그의 신부가 자신을 준비했으며", 하나님이 "그에게 빛나고 깨끗한 세마포 옷을 입도록 허락하셨으니 이 세마포 옷은 성도들의 **옳은 행실**이로다"(19:7-8의 주석 참조).

인내에는 시련에도 불구하고 그리스도의 재림을 지속적으로 소망한다는 사상이 포함된다. 16:15에 "내가 도둑같이 오리니"와 "깨어 자기 옷을 지키는 자"에게 내리는 "복"의 조건적 선언이 직접 연결된 것은 이러한 사상을 시사한다. 동일한 연결이 그리스도 강림의 "신속함"과 관련해서 여기서도 발견되기 때문이다(참조. 22:7, 12, 20; 눅 12:35, 39-40).[48)]

요한계시록의 다섯 번째 복으로 "둘째 **사망**이 그들을 **다스리는 권세**(ἐξουσίαν ἐπί)가 없고"가 선언되었다(20:6). 이제 일곱 번째이며 마지막인 복은 다섯 번째 복을 분명하게 재천명한다. 성도들은 "**생명**나무를 먹을 수 있는 **권세**(ἐξουσίαν ἐπί)를 받는다"라고 말이다. 성도들은 구원의 혜택을 위

45) Gill, *Revelation,* 883.
46) 자세한 내용은 5:9의 주석과 Ladd, *Revelation,* 293을 보라.
47) 참조. Kiddle, *Revelation,* 453.
48) 참조. Seiss, *Apocalypse,* 520.

해 생명나무를 사용할 수 있는 "권세"를 받는다.[49]

이러한 지속적인 믿음에 주는 상은 "복을 받는 것"이다. 이것은 성도들이 "생명나무"에 참여하고 "문들을 통해 그 성에 들어가는 권세를 받는 것"으로 설명된다. 이것은, 22:17에서 물 은유를 통해 이 복이 설명된 것과 마찬가지로, 7:14-17에서 그들의 옷을 빪으로써 받는 복과 본질적으로 같다. 이 이미지는 구원의 복을 의미한다. 특히 성과 문과 "생명나무" 이미지가 핵심을 이루는 새 예루살렘에 대한 환상에 묘사되어 있듯이 말이다(성, 문, "생명나무" 이미지의 정확한 의미에 대해서는 21:1-22:5의 관련 구절 주석 참조).

생명나무와 열린 문이라는 표현은 계 21:24-22:3에서 사용된 사 60장과 창 3장의 이미지를 다시 언급한 것이다. 계 21:24-22:3에서 하나님께 경배하는 만국은, 성에 들어갈 수 없는 거룩하지 못한 사람들과는 다르게, 거룩한 성의 열린 문을 통해 "생명나무"에 다가간다. 여기서 떠올릴 수 있는 또 다른 구약 본문은 구체적으로 사 26:2 LXX("너희는 문들을 열고 의를 지키는 백성이 들어오게 할지어다")과 아울러 사 62:10 LXX("내 문을 통하여 가며")이다. 사 62:10에서 유래한 이 문장은 계 22:12에서 이미 하나가 암시되었던 사 62:11의 구원 은유들을 통해 더 자세히 설명된다. 흥미로운 것은 *Midr. Rab.* 신 1.23에서 사 62:11의 "너희 구원이 임할 것이다"가 "생명나무"로 해석된다는 사실이다. 이것은 계 22:12에 있는 사 62:11의 암시를 따르고 계 22:14에 있는 사 62:10의 암시와 직접 연결된 구원 그림이다(사 65:22 LXX에서는 종말론적 구원의 은유로 "생명나무"가 사용되었다).

시 117(118):20도 이 암시에 포함될 수 있다("의인은 그리로[문으로] 들어갈 것이다"). 같은 시편의 22절이 신약성경 여러 곳에서 가장 많이 사용되는 메시아적 예언 중 하나이기 때문이다. 버려진 돌이 모퉁이 돌이 되었다

---

49) 사실 ἐξουσίαν ἐπί는 6:8; 13:7; 16:9에서 효과적인 사용을 위한 "권세"를 표현하려고 사용되었다. 세 본문에서 이 표현은 불신자들에게 고통을 가할 힘을 가진 선하거나 악한 존재들을 가리킨다(I. T. Beckwith, *Apocalypse,* 777).

(시 100:4도 참조). 한 탈무드 전승은 에덴의 "생명나무" 이미지와 비슷한 "에덴동산의 문"을 묘사하는 중에 시 118:20("이는 여호와의 문이라 [의인들이 그리로 들어가리로다]")을 인용한다(*b. Tamid* 32b). *Test. Levi* 18:10-14에는 창 3장의 배경을 더욱 확증하는, 다음과 같이 계 22:14과 병행하는 표현들이 있다. (1) 메시아적 인물은 "낙원의 문들을 열 것이다." (2) "그는 성도들에게 생명나무의 열매를 먹게 하실 것이다." (3) "그는 그의 자녀들에게 능력을 주실 것이다." (4) "모든 성도는 옷을 입을 것이다." 후기 유대교는 일반적으로 시편에 언급된 문들을 미래의 구원으로 들어가는 입구(*Mekilta de Rabbi Ishmael*, Beshallaḥ. 7.144ff.)와 악한 자들에게서 의인들을 분리하는 것과 동일시한다. 악한 자들은 문들을 통해 들어가는 것이 허락되지 않았다(*Midr. Rab.* 룻 3.3; *Midr. Rab.* 전 1.1).

개중에는 14절의 상을 그리스도교 순교자들이라는 특별한 부류에게만 약속된 것으로 이해하는 사람들이 있다.[50] 하지만 그 상은 구속함을 받은 모든 사람이 기대할 수 있는 유업이다. "생명나무"와 그 성의 "문들을 통하여 들어간다"는 것이 구속함을 받은 모든 사람의 확실한 교제를 나타내는 상징이었으며, 22:15에 따르면, 이 문맥에서는 배교한 모든 악인과 구속함을 받은 공동체의 모든 의인을 구분하고 있음이 분명하기 때문이다.[51]

"자기 두루마기를 빠는 자들"(οἱ πλύνοντες τὰς στολὰς αὐτῶν, ℵ A 1006 1841 2050 2053 2062와 그밖에 소문자사본, 역본, 교부들의 증거들)은 소리[52]나 모양이 비슷한 까닭에 몇몇 본문 증거(𝔐 gig sy[h] bo Tert)에서 "그의 계명들을 행하는 자들"(ποιουντες τας εντολας αυτου)로 바뀌었다. 이러한 오류는 12:17(τῶν τηρούντων τὰς ἐντολὰς τοῦ θεοῦ)과 14:12(οἱ τηροῦντες τὰς ἐντολὰς τοῦ θεοῦ)에 있는 어휘가 거의 동일하기 때문에 쉽게 발생했을 것이다. 이문이 우연히 발생했지만, 이것은 "옷을 빠는 것"의 의미를

50) Lohmeyer, *Offenbarung*, 180; Rist, "Revelation," 546-49; Caird, *Revelation*, 285.
51) Beasley-Murray, *Revelation*, 340을 따름.
52) B. M. Metzger, *Textual Commentary*, 767.

이해하려는 초기 해석으로 간주되었을 것 같다.

미래 직설법 ἔσται("있으리니")는 가정법 용례에 해당한다. 이 단어가 ἵνα 다음에 등장하고, 이어지는 가정법 εἰσέλθωσιν과 병행을 이루는 까닭이다.[53] 제르비크는 ἵνα가 원인("때문에")을 의미할 수 있다고 제안한다.[54] 이렇게 하면 본문의 의미가 통한다. 하지만 가정법이 뒤따라오며 원인적 의미가 신약성경에서는 거의 사용되지 않는 까닭에 전형적인 결과적 의미("그래서"[so that])가 더 선호된다.[55]

15절 성 바깥에서 영원히 격리된 불신자들을 묘사하는 21:27의 이미지가 21:8과 함께 여기서 다른 말로 묘사된다. 이 세 구절 모두 성 밖으로 쫓겨난 사람들의 종류를 묘사한다. 본문에 열거된 목록은 21:8에서는 5개의 묘사를 취하고, 21:27에서는 "거짓말하는 자들"만 취했다. 세 목록 모두에서 마지막에 언급된 "거짓말하는 자들"은 목록에 있는 사람들이 거짓 그리스도인들이며 가짜라는 사실을 한층 부각시킨다. 그들은 신자라고 말하지만 그들의 죄악 된 행동으로 그들이 고백하는 것을 배신한다. 그들은 심지어 박해에 직면할 때에 입으로 믿음을 부인한다(자세한 내용은 21:8, 27의 주석 참조).

이 가짜 개념은 이 사람들이 "거짓말을 **좋아하고 지어낸다**(실행한다)"는 내용을 추가한 22:15에서 강조된다. 그들이 궁극적으로 헌신한 대상에 대해서도 특유의 거짓말을 하는 것은 양다리 걸치기를 "좋아한다"는 점에서 절정을 이룬다. 여기서 말하는 양다리 걸치기는 일반적인 양다리 걸치기가 아니라, 교회의 일원이 됨으로써 영적인 유익을 얻음과 동시에 불경건한 세상에 참여하여 경제적인 안전을 얻으려는 열망을 가리킨다. 그리스도를 시인하면서 우상숭배를 하는 세상에 충성하는 일은 "거짓말하는 것"에 해당한다. 이 사람들은 말하는 것과 실천하는 것을 달리한다. JB은 이 의미에

---

53) Zerwick, *Biblical Greek,* 117; 참조. Mussies, *Morphology,* 341; S. Thompson, *Apocalypse and Semitic Syntax,* 27.

54) Zerwick, *Biblical Greek,* 141.

55) 주요 영어 번역은 다 이렇게 번역한다. 또한 Burton, *Syntax,* §218도 참조하라.

가깝게 “거짓말과 거짓 삶에 속한 사람”(everyone of false speech and false life)이라고 풀어 번역한다. 그러므로 이것은 단순히 거짓 교사와 거짓 예언자들만을 언급하는 것이 아니라, 삶으로써 기독교 신앙고백을 배신한 모든 사람을 가리킨다.

이 결론은 ψεῦδος(“거짓말, 거짓”) 어군을 언약 공동체에 속했다고 주장하지만 불경건한 생활양식이나 거짓된 교리로 모순된 삶을 사는 사람들에게 사용한 요한 문헌에서 확증된다(21:8의 주석 참조).

21:8과 21:27의 목록에서는 발견되지 않고 22:15에만 들어있는 또 다른 새로운 사항은 “개”다. 개는 성경 전체에서 멸시받는 피조물로 간주되었고, 때때로 불신자들을 가리키기 위한 은유로 사용되기도 했기에 불경건한 자들의 천박함이 강조된다(마 7:6; *Didache* 9:5). 개는 짐승으로서 자신들의 육체적 유익을 채우는 데에만 관심이 있다. 22:15에서 사람들을 “개”라고 부른 것은 그들이 땅에서 안전을 유지하려고 “짐승”의 표시인 만족할 줄 모르는 탐욕을 지니고 있다는 데 그 이유가 있다(13:15-18). 이와 비슷하게 바울은 빌립보 교회에 속했다고 고백하지만 그 고백한 것과 다르게 우상숭배 행위와 신앙을 보여준 유대인 출신의 그리스도인들에게 개 은유를 적용한다(빌 3:2-3, 18-19). 또한 온갖 더러운 것으로 배교한(벧후 2:20-22) 베드로후서의 독자들 중에 있는 그리스도인들이 개에 비유되었다. 이들은 거짓 교훈을 따르고(벧후 2:1-3, 13-14, 16), “탐욕에 연단된 마음을 가진 자들이며…미혹되어 브올의 아들 발람의 길을 따랐고 불의의 삯을 사랑했다”(벧후 2:14-15; Ignatius, *Eph*. 7). 계 22:14에서 의인들이 문들을 통해 들어간다는 대조적 은유가 사 62:10에서 왔다는 것은 우연이 아닌 것 같다. 사 62:10의 타르굼 역은 문들을 “바른 길”로 인도하는 “예언자들”과 “충동적 환상을 제거한” 사람들과 연관을 짓는다(계 22:18-19의 신명기에 관한 암시에 나타난 거짓 예언 문맥에 주목하라).

개 이미지가 거짓을 묘사한다는 사실은 21:8의 죄인들에 관한 묘사 중 처음 3개가 이곳의 목록 맨 앞에 있는 “개”로 대체된다는 사실을 주목하면 더욱 잘 드러난다. 이것은 “개”가 “두려워하는 자들과 믿지 아니하는 자들과 흉악한 자들"을 더욱 자세히 묘사함을 암시한다.[56] 이 모든 사실에 비춰볼 때, 22:14-15에는 성 바깥에 있는 사람들 중에서 잘못 인도함을 받았지만 문으로 들어가는 초대를 받은 참 신자가 있음을 나타내는 실질적 암시가 없음을 알 수 있다.[57]

천상적 성이 현 세대에 이미 존재하는 경우에만 마음이 강퍅한 이 죄인들이 성 **바깥에 있다**고 주장하는 것이 의미가 있다고 주장하는 사람들이 있다.[58] 하지만 이것은 "이다"(to be)의 현재 시제 형태를 잘못 읽은 것이다. 14절의 미래적 문맥 그리고 21:8 및 21:27의 병행 목록이 그 성의 최종적 유업과 절정에 도달한 모습에서 제외된 사람들을 언급한다는 사실을 볼 때 미래 시제를 기대하게 되기 때문이다.

타락한 사람들이 "성 바깥에" 있다는 것은 그들이 새 창조세계에서 있을 자리가 없을 것이라는 사실을 가리킨다. 새 창조와 그 성은 개념이 비슷하기 때문이다. 21:8에 열거된 사람들은 본질적으로 "불 못"에 들어가게 될 것이기에, 이 "바깥"이라는 지역은 "불 못"이다. 창 3:23-24에서 시작된 동산 밖으로 쫓겨나는 형벌은 더 큰 규모로 타락한 자들에게 영원히 계속된다.

렘 8:10의 "다 거짓을 행함이라"는 어구는 요한계시록의 "거짓말을 좋아하며 지어내는 자"의 배경이 될 수 있다. 예레미야는 우상숭배를 하는 이스라엘 백성에게 말하면서(렘 8:2) 거짓말을 경제적 동기에 결부된 "배교" 및 "속임"과 동일시한다(8:5). 이와 비슷하게 시 101편은 "배교자들"(3절)을 속이고 거짓말하며 악을 행하는 사람들과 동일시한다. 그러므로 그들을 하나님의 성에서 제외해야 한다(7-8절). "거짓을 행하는 자는 내 집 안에 거주하지 못하며 거짓말하는 자는 내 목전에 서지 못하리로다.…악을 행하는 자는 여호와의 성에서 다 끊어지리

56) Kraft, *Offenbarung,* 280.
57) Wall, *Revelation,* 266에 반대함.
58) Caird, *Revelation,* 286; Harrington, *Revelation,* 270.

로다."

이와 마찬가지로 "개"는 구약성경에서 하나님의 언약을 파기하는 이스라엘 백성에게 사용된다(시 59:6, 14). 이스라엘의 "파수꾼들"과 "목자들" 같은 지위를 가지고 있지만, 보지 못하고 깨닫지 못하는 사람들이 많다. 이들이 요한계시록에서처럼 불의한 경제적 이득을 얻으려 한 것을 보면 분명히 드러난다(사 56:10-11). 신 23:18에서 "개 같은 자(κυνός)의 소득"은 "창기가 번 돈"과 동일시되었다. 특히 23:17("이스라엘 여자 중에 창기가 있지 못할 것이요, 이스라엘 남자 중에 남창이 있지 못할지니")에 비춰볼 때, 이것은 이스라엘 백성이 우상 신전에서 제의적 창녀 노릇을 통해 번 돈으로 서원제물을 구입하여 성전에서 드리는 행위를 가리킨다. 신 23:19(참조. LXX)은 이렇게 드린 제물을 성전에 가져와서는 안 되는 "가증한 것"(βδέλυγμα)이라고 명명한다. 요한이 "개"라는 표현을 사용한 사실과 21:27에서 성전-성에서 배제된 사람들을 "가증한 일을 하는 자"라고 묘사한 것은 신명기가 이곳 22:15에 반영되었음을 시사한다. 특히 21:8과 21:27의 병행 어구가 우상숭배와 연관된 죄 목록이라는 사실을 상기한다면 더욱 그러하다.[59)]

거짓말 및 개들과 관련된 이러한 구약 본문들은 요한계시록의 경제적 우상숭배 맥락에 잘 들어맞는다.[60)]

눈에 띄는 것은 말 3:5에도 계 22:15의 목록과 같은 죄 목록이 있다는 것과 그 목록이 하나님이 "그의 사자를 보내어" 이러한 죄인들에게 "속히 증언"하실 것이라는 주장과 연결된다는 사실이다(말 3:1). 요한계시록은 바로 이어지는 구절에서 이것을 암시한다("내 사자를 보내어 이것들을 너희에게 증언하게 하였노라," 계 22:16a). 말라기는 "점치는 자, 간음하는 자, 내 이름으로 거짓 맹세하는 자"와 "품꾼의 삯에 대하여 억울하게

---

59) 이와 마찬가지로 Wall, *Revelation*, 271.

60) "개"가 경멸할 만한 것과 이방인 출신의 불신자들을 가리키는 은유라는 것에 대해서는 O. Michel, *TDNT* III, 1101-1104을 보라. κύων("개")이 비난의 용어라는 것에 대해서는 M-M, 366을 보라. 이방인을 "개"라고 언급한 랍비들의 예는 Lane, *Mark*, 262를 보라.

하며 과부와 고아를 압제하며 나그네를 억울하게" 함으로써 경제적 죄를 짓는 자들의 명단을 일일이 제시한다. 말 3장과 계 22:6-21 사이의 더 자세한 병행 어구에 대해서는 22:20의 주석을 참조하라. 이러한 연결은 여기 22:15의 목록이 경제와 관련됨을 시사한다. 유대교 문헌은 말 3:5의 죄 목록을 음행(*Midr. Rab.* 민 9.9; 10.2)과 거짓 맹세(*Tanna de-be Eliyyahu*, Rabbah, 132)와 거짓 예언(*Pesikta de Rab Kahana* 24.15)에 연결시킨다.

16절 예수가 그의 사자를 요한에게 보내어 교회에 증언하게 하셨다는 주장은 요한계시록 처음에 등장했던 표현을 재서술한 것이다(1:1-2). 거기서는 요한이 증언했지만, 여기서는 천사가 증언한다. 두 곳 모두 증언의 내용은 요한계시록 일부분가 아닌 요한계시록 전체다. "증언하다"라는 단어에 법정적 의미가 있다는 사실은 증언에 불순종하는 사람에게 내리는 형벌을 서술하는 22:18-19에서 분명히 입증된다("증언하다"의 법적 의미에 대해서는 1:9; 11:3의 주석 참조). 22:16, 18, 20에 "증언하다"가 3번 반복된 것은 이 법적 뉘앙스를 강조한다. 또한 만일 예수가 그의 사자를 보내신 것이 말 3:1("보라! 내[주님]가 내 사자를 보내리니")의 표현을 모델로 삼았다면, 여기에는 그리스도의 신성과 관련한 또 다른 암시가 있다.

예수는 그의 사자를 보내어 "교회를 **위하여 너희에게** 이것들을 증언하게" 하셨다고 말씀하신다. "너희"와 "교회를 위하여"를 이해하는 여러 방법이 있다. (1) 22:6에서처럼, 요한계시록의 계시는 다시 요한에게만이 아니라 "교회들"이라고 밝혀진 일단의 집단에게도 주어진다고 말한다. "교회들"은 "너희들"에 포함될 수 있다. 하지만 만일 그렇다면, 16a절은 천사가 "이것들을 교회들에 증언"해야 했음(여기서 교회들은 이익의 여격일 것임; NEB "교회를 위하여[for the churches]"; 또는 "교회에 관하여[ἐπί]"라는 의미일 수도 있다)을 말한다고 볼 수 있다. 비슬리-머리는 16절의 "너희"가 "1:4(비교. 1:11)에서 요한계시록의 수신자로 언급된 일곱 교회에 속한 사람들이고, 증언을 받을 **교회들은** 일곱 편지의 결론들에서처럼(2:7 등등) 교회 전체를 가리킬" 것이라고 말함으로써 어색함을 완화시켰다. 어쩌면 그의 주장은 바른 노선에 있을지도 모른다.[61] 이러한 구별은 22:21("주 예수의 은혜가 모든 자들에게 있을지어다")에서 보편교회를 언급하는 것에 의해 지지받을 수도 있다.[62]

(2) 또는 이와 비슷하게, "너희" 다음에 "교회들"이 이어지는 것은 각각의 편지의 처음에 한 교회에 있는 한 집단이 먼저 언급된 후 각각의 편지가 소아시아에 있는 일곱 교회인 "교회들"을 위한 것이기도 하다는, 편지의 좀 더 정확한 패턴을 반영한 것일 수도 있다. 사실 2:23-24에서 반복하여 "너희"로 지칭된 두아디라 교회는 그 이후 29절에서 좀 더 넓게 "교회"로 지칭된다(마찬가지로 2:23의 "모든 교회"라는 언급을 주목하라).[63] 물론 일찍이 1:4과 1:11의 주석에서 주장했듯이, 만일 소아시아에 있는 역사상의 일곱 교회가 모든 참 교회를 상징한다면, 비슬리-머리의 의견은 지금까지 논의한 요지에 여전히 근접한 입장이 될 것이다. 각각의 편지의 결론을 염두에 두었다는 것이 22:17에서 바로 뒤따라오는 "**듣는 자도** ~것이요"라는 어구에서 분명해진다. 이것은 교회들에게 주시는 권면의 일부다(마찬가지로 각각의 편지는 "귀 있는 자는 성령이 교회들에게 말씀하시는 것을 들을지어다"로 마친다).

(3) "너희"는 교회들(일곱 지역교회들이나 보편적 교회)과 관련하여 권위 있는 지위에 있는 (요한 또는 그의 메시지를 중개하는 사람들을 비롯한) 교회의 권세자들 또는 예언자들을 가리킬 가능성도 있다.[64] 그럴 경우 이 어구는 "교회들을 **지도하는**[over] 너희에게 이것들을 증언한다"가 된다.[65] 22:16과 함께 1:1에 비춰볼 때, 계시 전달의 고리는 이렇다. 하나님-그리스도-천사-요한-요한의 메시지를 중개하는 예언자들-최종적으로 그 메시지를 받는 교회들.[66] 이것은 "너희"가 "교회들"과 동일시되는 것이 아니라 교회들에게 메시지를 전달하는 예언자들을 가리킨다는 것을 의미한다. 이 둘이 서

---

61) Beasley-Murray, *Revelation*, 342은 분명히 Swete, *Apocalypse*, 309을 따르고 있다.

62) D. C. Chilton, *Days of Vengeance*, 578.

63) 참조. Prigent, *Apocalypse*, 357.

64) 예. Aune, "Prophetic Circle."

65) ἐπί를 권세의 의미로 "위에"라고 보는 것은 10:11("위에 예언하라")과 BAGD, 287 (II.1.b.a)을 보라

66) Aune의 관점에 대한 평가와 수정은 Bauckham, *Climax of Prophecy*, 85-86을 보라.

로 다른 실체들임을 지지하는 주요한 언어적 증거는 ταῖς ἐκκλησίαις("교회들")가 ὑμῖν("너희")보다 부정사로 묘사된 행동에서 더 멀리 있음을 ἐπί가 암시한다는 것이다.[67]

마찬가지로 "교회들에(to) (전달하라고) 이것들을 너희에게 증언하다"라고 번역하는 것은 증언의 최종 대상이 될 교회에 다시 전해주어야 하는 예언자들에게 전달하는 것을 시사한다.[68] 개연성이 있는 또 다른 번역은 "교회에 대항하여(against) 이것들을 너희에게 증언하다"이다. 이 번역의 선례는 "백성과 나라에 대하여(against) 예언하라"고 ἐπί를 번역한 10:11에 있다.[69] 만일 그렇다면 요한계시록의 메시지는, 구약 예언자들의 패턴을 따라, 하나님의 백성이 언약을 파기한 사실을 겨냥하는 예언자적 기소로 이해된다. "교회를 위하여"(이익의 여격)라고 번역하는 것도 가능하다. 이것은 예언자들이 교회의 유익을 위해 계시를 전달했다는 의미다.

또한 LXX에서 히브리어 *'al*을 원인의 의미를 가진 ἐπί로 번역한 것("~때문에," "~해서")을 근거로 계 22:16의 ἐπί를 같은 방식으로 이해할 수도 있다.[70] 이 번역은 교회 내부에서 타협이라는 긴급한 문제와 위협이 생겼기 때문에 계시가 주어진 것이라는 사실을 강조할 수 있다.

"너희"를 "교회들"과 구별되는 "예언자들"로 이해하는 것은 확실히 개연성이 높은 분석이다. 하지만 그 구문을 "너희"와 "교회들"을 동일시하는 방식으로 이해하는 것도 가능하다(아래 [5]를 보라).[71] 사실 그리스어 사본 전승에서 ἐπί에서 ἐν으로 바뀌거나 ἐπί가 생략된 것은,[72] 그리스어를 잘 알

---

67) Aune, "Prophetic Circle," 104.

68) 참조. Hengstenberg, *Revelation* II, 450.

69) 참조. Kraft, *Offenbarung,* 281.

70) Newport, "Semitic Influence on the Use of Some Prepositions," 328; M. Stuart, *Apocalypse* II, 393; Minear, *New Earth,* 364.

71) Aune, "Prophetic Circle," 104과는 반대다.

72) 몇몇 좋은 사본에서는 ἐπί가 ἐν("안에서, 가운데")으로 바뀌었다(A 1006 1841 2329). 이와 비슷하게 051[s] 𝔐[A] Prim과 Andreas of Caesarea의 주석(5세기; Schmid, *Geschichte des griechischen Apokalypse-Textes* I/1, 260을 보라)은 ἐπί 구문을 지움으로써 원본의 모호함을 없앴다. 두 개의 독법과 또 다른 이문들 증거에 대해서는 Hoskier, *Text of the Apocalypse* II,

았던 초기 필경사들과 주석가들이 "너희" 다음에 "교회들"이 이어지는 구문이 어색하지만 그럼에도 같은 집단을 가리키는 것으로 이해했음을 보여 준다.

(4) 사타케는 ἐπί 구문이 이것들(ταῦτα)을 더 자세히 설명한다고 보는데, 그러면 다음과 같은 의미를 지니게 된다. "나 예수는 내 사자를 보내어 이것들, **즉 교회들에 관하여**[교회들의 운명에 관하여] 증언하게 하였노라."[73] 이런 식으로 이해할 수 있는 가능성이 있기는 하지만, 여격과 함께 사용된 ἐπί는 신약성경에서 동격의 의미를 갖는 경우가 없고,[74] 요한계시록 어느 곳에서도 ἐπί가 어느 격과 결합하더라도 이러한 사상을 갖는 경우가 없다(ἐπί가 여격과 결합된 경우는 10:11과 이곳뿐이다).

(5) ἐπί를 "위하여"나 "관하여" 대신 "안에서, 가운데"라는 의미로 이해하는 것은 가능할 뿐만 아니라 부자연스럽지도 않다. 그런 의미로 이 구문을 번역하면 "교회 가운데 있는 너희에게 이것들을 증언하게" 또는 "교회 안에 있는 너희에게 이것들을 증언하게"가 될 것이다.[75] 따라서 "너희"와 "교회들"은 동일한 집단으로 밝혀진다. 앞에서 언급했듯이, 모호한 구문을 분명히 하려고 몇몇 좋은 사본들은 ἐπί를 ἐν("안에서," "가운데")으로 바꾸었다. 반면에 다른 사본들은 아예 ἐπί를 삭제함으로써 모호함을 없앴다. 그러면 두 번째 절은 사람들 가운데서 증언이 행해지는 곳을 좀 더 정확히 밝힌다. 이것을 지지하는 주목할 만한 병행 어구는 요한이 "교회들에게"(ταῖς ἐκκλησίαις) 말하기 시작하는 1:4에 있다. 요한은 이것을 즉시 "너희에게"(여격 ὑμῖν)로 바꾸어 표현한다. "너희에게 은혜가 있을지어다." 이것과 22:16a 간의 차이는 단어의 순서가 바뀌었다는 것뿐이다. 1:4에서는 ἐπί가 "교회들에게" 앞에 있지 않으며, "너희"가 명사절의 일부분으로 등장한다. 이는 바

637-38을 보라.

73) Satake, *Gemeindeordnung*, 24.

74) BAGD, 286-88.

75) Alford, *Greek Testament*, 748은 전자의 번역을 선호하고, Bratcher, *Translator's Guide*, 191과 KJV는 후자를 선호한다. 참조. BAGD, 286-87.

울 서신에 있어 판에 박힌 인사 어구다. 이러한 차이들은 두 본문이 교회를 2중으로 언급하는 병행 어구가 아님을 보여주기에는 충분치가 않다.[76] 1:4은 요한계시록에서 두 단어가 동일하게 결합하여 등장하는 22:16 말고는 유일한 본문이다. 거의 모든 주석가들이 22:6-21의 에필로그가 1:4ff.에 있는 편지의 서론을 문학적으로 마무리하는 편지의 결론이라는 점에 동의한다. 그래서 이 둘 사이에 유사성을 어느 정도 기대할 수 있다. 실제로 이곳 결론에서 암시되고 발전된 1장 서론의 몇몇 어구와 주제가 있다(예. 22:6-7, 18; 22:6-21 주석의 서론을 보라). 이는 22:16a이 1:4의 독특한 어구에 영향을 받았으며, 이 본문이 1:4과 같은 언급 대상을 염두에 두고 있음을 시사한다.

모든 것을 감안할 때 첫 번째와 두 번째 선택을 혼합한 다섯 번째 견해가 가장 가능성이 높다. 반면 16절의 전반부는 예언자들과 그들의 메시지의 대상인 교회를 구별하고 있을 가능성이 있다.[77]

예수는 결론에서 두 번째로 자신이 누구인지를 밝히신다. 22:13에서처럼 예수의 자기 묘사는 요한계시록에서 일찍이 그에게 부여했던 명칭들을 한 데 결합한다. "나는 다윗의 뿌리요 자손이니[5:5], 곧 광명한 새벽별이라[2:28]." 이 칭호들은 메시아 왕이 종말에 그의 원수들을 이기고 승리하는 것과 관련하여 구약의 두 예언을 결합한 것이다(민 24:17; 사 11:10). 예수가 이 명칭들을 지금 자기에게 적용한 것은 그가 이미 이 예언들을 성취하기 시작하셨음을 보여준다. 이것은 5:5-7과 2:27b-28에서 예수의 부활과 관련하여 이 두 예언적인 명칭들을 사용한다는 사실로 확증된다. 여기서 요지는 예수에 의해 메시아적 승리가 시작되었고 절정에 도달하게 될 것이라는 데 있다.

사 11장이 메시아가 다윗의 혈통에서 나신다고 이해한 반면에, 계

76) Aune, "Prophetic Circle," 106과는 반대다.
77) "교회들에게 이것들을 너희에게 증언하게"라는 문제의 문장을 충분히 논의한 Aune, "Prophetic Circle"을 보라.

22:16의 어휘들은 실제로 **진정한** 다윗 계열의 혈통에 있는 모든 사람이 영적으로 신적 메시아의 "뿌리"에서 나온다는 사실을 나타내기 위해 ("다윗의 뿌리요 자손"이라고) 요약되고 뒤바뀌었다. 메시아의 성육신 하신 형태는 다윗의 인간적 후손이기도 하다.[78)] 22:13에 있는 유사한 기독론적 칭호 3가지("처음과 나중" 등등)는 다윗 이전에 계신 그리스도의 선재 사상이 양극의 칭호 네 번째 짝이 사용된 것에 포함됨을 보여주는 것 같다.[79)]

하지만 이 칭호를 분석하는 더 좋은 방법이 있다. 5:5에서 이 칭호는 "다윗의 뿌리"였을 뿐이다. 하지만 지금은 "자손"이 추가되었다. "다윗의 뿌리와 자손"(ἡ ῥίζα καὶ τὸ γένος Δαυίδ)은 사 11:1("이새의 지팡이[히브리어로는, 줄기]에서 한 싹이 나며 그 뿌리에서 한 꽃[히브리어로는 가지]이 나서 결실할 것이요")의 더 자세히 표현한 그리스어 문장을 요약한 것이다. 요지는 예수를 사 11:1에 표현된 다윗 계열의 메시아적 소망의 성취와 전반적으로 동일시할 수 있다는 것이다.

하지만 계 22:16에서 "뿌리"는, 비슬리-머리와 윌콕이 주장하고 사 11:1에서도 그런 뜻으로 보이듯이, 기원을 나타내는 은유가 아니라 파생을 나타내는 이미지다. "뿌리"는 "자손"에 의해 설명된다. 그래서 "뿌리"는 후손의 은유적 동의어가 된다.[80)] 흥미로운 것은 Sir. 47:22에는 하나님이 "그[야곱]에게서 다윗을 위하여 뿌리를 주셨다[τῷ Δαυιδ ἐξ αὐτοῦ ῥίζαν]"라고 언급한다는 사실이다. Sirach에서 "뿌리"는 다른 기관을 생기게 하는 것이 아니라, 이전의 작은 성장에서 시작하는 것이다. 더욱이 Sirach에서 그 단어는 σπέρμα("씨" 또는 "후손")와 ἔκγονος("후손")와 병행이며, 둘 다, 특히 후자가 계 22:16의 γένος("후손")와 동의어다. 이외에도 "뿌리"는 11:1의 인물과 관련하여 사 11:10에 다시 등장하며, 분명히 11:10에서는 파생을 나타내

78) Swete, *Apocalypse,* 309; Lang, *Revelation,* 390; Beasley-Murray, *Revelation,* 342; Krodel, *Revelation,* 370-71; P. E. Hughes, *Revelation,* 239; 이와 비슷한 Lohse, *Offenbarung,* 105 그리고 Lilje, *Last Book,* 277 참조.

79) Wilcock, *I Saw Heaven Opened,* 217-18.

80) I. T. Beckwith, *Apocalypse,* 777-78은 사 11:10과 Sir. 47:22을 비교하지만 논의하지는 않는다.

는 은유다. 그래서 "이새의 뿌리"는 이새의 혈통에서 나온 후손을 언급하지 그 혈통의 시조를 가리키지는 않는다.[81] 족보적인 파생을 염두에 두었다는 것은 사 11:10 LXX에서 한층 더 분명히 드러난다. "이새의/이새에서 나온 뿌리"(기원의 소유격) 이후에, LXX은 MT의 "만민의 기치[깃발]로 설 것이요"를 "열방을 다스리기 위해 일어나시는 이"로 해석한다(롬 15:12에 인용됨). 더욱이 사 5:24과 53:2에서 "뿌리"는, 비슷한 은유들과 같은 맥락에서, "싹"이나 "자라난"이라는 의미도 지닌다. 여기 요한계시록에서 이 칭호의 핵심은, 예수가 다윗의 후손 중에서 메시아가 될 사람이 있을 것이라는 예언을 성취한 분이라고 밝히는 데 있다.[82] 그러므로 소유격 "다윗"은 "다윗**에게서 나온**(from) 뿌리와 후손"으로 번역해야 한다.

사 11:10과 함께 사 60:1-3에 대한 암시가 있을 수 있다. "일어나라, 빛을 발하라, 이는 네 빛이 이르렀고…나라들은 네 빛으로, 왕들은 비치는 네 **광명**(λαμπρότητι)으로 나아오리라." 만일 요한이 이사야서의 두 본문을 염두에 두었다면, 두 본문은 예수를 가리켜 나라들이 구원을 얻으러 나아갈 분으로 부각시키는 역할을 한다.[83] 이는 21:22-26에서 발전된 주제다.

새 날[84]이나 새 시대[85]의 여명으로서 "광명한 새벽별"이라는 은유가 사용된 것에 비춰볼 때, 여기서는 시작된 성취와 미래의 성취를 다 의도했다는 것이 분명하다. 그리스도는 새로운 구속의 날을 시작하셨다. 그는 이 날을 재림 때에 절정에 이르게 하실 것이다. 이것은 벧후 1:17-19에서도 다룬 주제다. 베드로후서에서 "새벽별"은 여명이 비치는 날과 동의어다. 둘 모두 그리스도의 초림에서 구약의 "예언의 말씀"이 시작되었음을 가리키는 은유다.

이 시작된 성취는, 22:7, 12, 17, 20에 언급된 바, 예수가 메시아로 오시는 최종적인 "강림"이 과거에 시작되었음을 더욱 암시한다.

---

81) C. Maurer, *TDNT* VI, 989.
82) Holtz, *Christologie der Apokalypse,* 151-52.
83) Bauckham, *Climax of Prophecy,* 322-26.
84) Morris, *Revelation,* 261.
85) Moffatt, "Revelation," 491.

슐라터는 스위트, 비슬리-머리, 월콕 및 그밖에 여러 사람들의 주장을 예상하면서, 소유격 "다윗"을 동격("뿌리, 즉 다윗")으로 취한다. 그래서 그리스도는 참 다윗으로 밝혀지며, 다윗과 관련된 모든 메시아적 소망의 근거와 목표가 되신다. 또한 슐라터는 그리스도의 선재성과 그가 다윗과 그의 후계자들 위에 주권을 가지고 계심을 주장하면서 소유격이 목적("다윗을 위한 뿌리[= 그리스도]")을 표현하는 가능성을 고려한다. 슐라터는 사 11:1과 계 22:16의 "뿌리"가 파생을 가리키는 식물적 은유가 될 수 없다고 주장한다.[86] 하지만 앞에서 논의한 것에 의하면 이것이 어떻게 그렇게 될 수 있는지 설명이 된다. 이외에도 만일 (이새의) "줄기"와 (이새의) "뿌리"가 단순히 이새 자신과 동일시되지 않고 메시아를 배출할 이새의 후손들을 포함한다면, 사 11:1의 "뿌리"는 파생을 가리키는 은유일 수 있다.

여기서 그리스도를 가리키는 칭호들이 그가 다윗의 후손이라는 점과 함께 다윗보다 이전에 존재했음을 가리키는 것이 아니라, 단지 다윗의 후손이라는 사실만을 언급한다는 것은 *Test. Jud.* 24에서도 입증된다. 이 문헌에서 "야곱에서 나온 별"(민 24:17)과 "뿌리"에서 나온 "줄기"(사 11:1) 같은 비슷한 은유들은 발생이 아니라 파생/후손을 나타낸다. 별 은유는 민 24:17에서 왔다(본서 2:28의 주석 참조). 여기서도 별은 야곱에서 나오는 후손을 가리키는 은유다. "별이 야곱에게서 나오며 한 규가 이스라엘에게서 일어나서."

16a절에 반영된 말 3:1의 암시에 대해서는 아래 20절 주석을 참조하라.

17절 "성령과 신부가 말씀하시기를, '오라' 하시는도다." 여기에 언급된 "영"(Spirit)이 그리스도를 언급한다고 이해하는 사람들이 있다.[87] 다

86) Schlatter, *Alte Testament in der johanneischen Apokalypse,* 48-49.
87) Charles, *Revelation* II, 179.

른 사람들은 그것을 예언자들의 설교(speech)와 동일시하기도 한다.[88] 하지만 본문의 "영"을 단순히 성령으로 이해하는 것이 가장 좋다. "신부"는 하나님의 참 백성을 나타낼 수 있다(19:7-8; 21:2, 9ff. 주석 참조). 하나님의 참 백성은 성령의 능력으로 "오라"고 말한다.[89] 만일 그렇다면 이것은 요한계시록에서 성령이 예언자들만 아니라 참 성도들의 전체 공동체를 통해 말씀하시는 또 다른 예다. 하지만 이 표현은 예언자들과 교회를 통해 말씀하시는 성령님을 의미할 수 있다. 예언자들과 교회는 "오라"고 말한다.[90]

"신부"는 앞에서 그리스도의 재림 때 그리스도와 궁극적인 혼인예식을 치르는 교회만을 언급하기 위해 사용되었다(19:7-9; 21:2, 9ff.). 여기서 신부를 현재의 교회에게 적용한 것은 앞 장에서 마지막 때 하나님의 백성과 관련하여 예언되었던 것이 그들의 삶에서 이미 시작되었음을 암시한다(고후 11:2; 엡 5:25-27에서처럼). "이미"와 "아직" 사이의 관계는 여자의 정혼(약혼)과 그의 결혼식 사이의 관계와 같다. 구약에서 정혼이 결혼의 시작 단계로 인식되었다는 것을 기억한다면, 이런 관계를 가장 잘 이해할 수 있을 것이다.[91]

보이는 교회에 속한 모든 사람이 "오라"고 말할 수 있는 것이 아니라, 성령의 권면을 "들을 귀가 있는" 사람들만 그렇게 말할 수 있다. 그러므로 "오라"는 명령에는 일곱 편지에 있는 반복된 권면 문구가 포함된다(13:9). 성령의 책망은 거짓 교회에 속한 사람들의 영적 귀에는 들어가지도 않지만, 참 신자들에게는 보이는 교회 전체가 겪고 있는 가사상태에서 나오라는 충격을 주는 역할을 한다(그 문구를 충분히 논의한 2:7의 주석 참조). 참된 교회 공동체는 17절의 첫 번째 행에 있는 "오라"고 말하는 반면에, 지금은 개개인 성

---

88) Swete, *Apocalypse,* 310; Kiddle, *Revelation,* 456.

89) Farrer, *Revelation,* 226. τὸ πνεῦμα καὶ ἡ νύμφη는 "영적 신부"를 의미하는 이사일의(二詞一意)일 수 있다(참조. Gill, *Revelation,* 884).

90) Bruce, "Spirit," 342-43.

91) 예를 들어, Hugenberger, *Marriage as a Covenant,* §§7.2.1.1과 7.2.2.1을 보라.

도들에게 그렇게 하라는 쪽으로 초점이 옮겨간다.

처음 두 명령형("오라")은 예수께로 향한 것 같으며, 마지막 두 명령형은 사람들에게 믿으라는 권면인 것 같다.[92] 만일 그렇다면 처음 두 명령형은 명령이 아니라 공손한 간청이다. 그 탄원이 "신부"에게서 나왔다는 것은 이것이 그리스도의 강림과 관련이 있음을 암시한다. 앞에서 신부를 묘사했던 유일한 언급이 절정 때에 있을 성도들과 그리스도의 관계를 가리켰기 때문이다(19:7-9; 21:2).

하지만 결론의 명령형 3개 모두(εἰπάτω는 **제외**) 그리스도가 아닌 다른 사람들에게 주는 권면으로 보는 것도 가능하다.[93] 이것은 21:6의 마지막 어구들을 쉽게 설명하며 발전시킨 17절의 결론으로 확증된다. 21:6에서 예수는 이렇게 말씀하셨다. "내가 생명수 샘물을 목마른 자에게 값없이 주리니"(구약적 배경을 비롯하여 더 자세한 분석은 21:6의 주석 참조). 계 21:6보다는 사 55:1의 사상이 (어쩌면 요 6:35과 7:37과 함께) 여기에 더 분명히 인용되었다. "오호라! **너희 모든 목마른 자들아 물로 나아오라. 돈 없는 자도 오라. 너희는 와서** 사 먹되 돈 없이 **값없이 와서** 포도주와 젖을 사라." 이사야서에 등장하는 세 명령형 "오라"가 이곳 계 22:17에 있는 "오라"는 세 명령형의 모델이 되었을 것이다.[94] 만일 그렇다면 계 22:17은 사람들에게만 명령하는 것일 뿐 그리스도께 명령하는 것은 아니다. 이러한 분석에 의하면 처음 두 명령형은 이어지는 두 명령형("올 것이요 또…받으라")과 보조를 맞춘다. 그래서 실제로 **네 명령형 모두** 그리스도가 아니라 다른 사람에게 명령하는 것으로 이해된다. 처음 두 명령형은 그리스도를 향하고, 마지막 두 명령형은 사람들을 향한다고 이해하는 것은 불가능하지 않다. 하지만 그렇게 되면 적어도 혼돈스러워 보일 것이다.

그런데 만일 네 명령형이 모두 사람들을 향하고 그리스도를 향하지 않

---

92) Beasley-Murray, *Revelation*, 343-44이 이렇게 주장한다.

93) Ladd, *Revelation*, 294과 Mounce, *Revelation*, 395이 이렇게 주장한다.

94) Lang, *Revelation*, 391-92이 이렇게 주장한다. 이사야서 암시의 타당성을 자세히 설명한 Fekkes, *Isaiah and Prophetic Traditions*, 260-64을 보라.

는다면, 처음 두 명령형은 그 의미가 어색해 보일 수 있다. 즉 교회 전체가 자신에게 "오라"고 명령하고 개개인의 신자들이 스스로에게 "오라"고 명령하는 것이 된다. 그래서 처음 두 명령은 그리스도를 향하든지 불신자를 향한다고 이해하는 것이 가장 좋아 보인다. 그러나 처음 명령을 성령이 특별히 교회를 집합적으로 대표하는 예언자적 지도자들을 통해 말씀하신 것으로 보고(참조. 19:10),[95] 두 번째 명령은 "듣는" 개개인의 신자들이 여전히 듣는 데 둔한 다른 신자들에게 말하는 것으로 간주한다면,[96] 어색함은 사라진다.

21:6과 다르게, 지금 물 은유의 초점은 물을 받는 사람에게 맞춰져 있다. 예수가 물을 주시기 전에, 목마른 자는 예수께로 "와야" 한다. 이렇게 오는 것은 그가 타협의 유혹을 "이긴" 믿음의 전 생애에 걸쳐 이루어진다(21:6-7을 보라). 그러므로 권면은 세상 누구에게나 제한을 두지 않는 "초청"이 아니라,[97] 하나님의 백성에게 인내하라는 촉구다. 실제로 21:6-7에서는 같은 이미지가 신자들에게 끝까지 견디고 이기도록 영감을 주는 작용을 했다. 그래야 그들이 "물"과 "유업"을 받게 될 것이다(비슷한 이미지가 사용된 7:17도 참조하라). 또한 예수는 요 7:37-38에서 이방 세상에 대해서가 아니라 이스라엘의 언약 공동체를 향해 본질적으로 동일한 초대를 하셨다. "누구든지 목마르거든 내게로 와서 마시라.…생수의 강이 흘러나오리라." 물론 참 교회의 기능은 이러한 초대를 자신의 공동체뿐만 아니라 세상을 향해서도 발하는 법이다(참조. 계 11:3-13).

17절 결론의 권면이 그리스도의 재림 전 기간 내내 구원의 복에 참여하라는 초대를 언급한다고 할 수 있다. 이러한 이해는 앞에서 그리스도의 재림 이전 시대에 적용될 수 있는, 교회에게 그리스도의 재림을 염원하라고 한 권면들과 분명히 병행을 이룬다는 사실로 제시된다. 요 7:37처럼, 계

95) 많은 주석가가 이렇게 생각한다(예. Morris, *Revelation,* 261).

96) 이와 비슷한 견해를 가지고 있는 Hengstenberg, *Revelation* II, 451-52.

97) Ladd, *Revelation,* 294-95; Beasley-Murray, *Revelation,* 345; Mounce, *Revelation,* 395에 반대함.

22:17은 1세기 독자들에게 듣고 행하라는 의미일 것이다. 새 창조의 생명을 대표하는 물은 "미래로부터 사람들에게 와서…현재 사람들이 이용할 수 있다."[98]

한편 "받으라"는 명령형은 시대의 끝에만 해당될 수도 있다. 계 21:6에 따르면 그때가 성도들의 목마름이 그치게 되는 때이기 때문이다. 22:17이 미래를 언급한다는 것은 근접한 문맥의 예변법적 분위기로 지지받는다(12-15절).

또한 17b절을 마무리하는 명령형들은 현 시대와 그 절정을 모두 가리킬 수도 있다. "생명수의 샘으로 그들을 인도하는" 어린 양이 이 세대 내내, 그리고 이 세대의 끝에 그렇게 하신다는 선례가 7:17에 있다. 개중에는 7:17의 내용이 역사의 끝에 받을 상만을 가리킨다고 이해하는 사람들이 있지만 말이다(본서 7:17의 주석 참조). 신자들은 그들의 믿음의 생애를 성공적으로 마치고 죽을 때 "생명수"를 상으로 받는다. 이 복은 교회의 "충만한 수"가 마침내 이기게 될 마지막 때 받게 되는 완전한 상을 바라는 대망이다(6:10-11을 보라).

이 단락은 이 단락이 시작한 방식대로 마친다. 14절에서 "자기 두루마기를 빠는" 사들에게 주는 상이 있었듯이, 17절에는 "와서" 물을 "원하는" 자들에게 주는 상이 있다. 13, 15, 16절은 14, 17절을 지지한다. 만일 신자들이 15절의 죄인들과 같지 않고 주권을 가지신 하나님(13절)이시며 메시아 예언의 개시자(16절)이신 예수에 관한 증언에 귀를 기울인다면, 그들은 그들이 14절과 17절에서 권면 받는 복을 유업으로 받을 것이다. 그러므로 14-17절의 요지는 14절과 17절에 약속된 상에 있다.

거룩하라는 다섯 번째 권면(22:18-20)

18-19절 18-19절은 일반적 권면으로 이해될 수도 있지만, 경고로 이

---

98) Bauckham, *Climax of Prophecy,* 168. 마찬가지로 Fekkes, *Isaiah and Prophetic Traditions*는 "그 초대를 '시작된 종말론'의 한 부분으로" 이해한다.

해하는 것이 더 낫다. 두 절은 요한계시록을 요약한다. 18-19절은 이스라엘에게 주셨던 옛 법전을 모델로 삼아, 요한계시록을 새 이스라엘에게 주는 새로운 법전으로 이해한다. 많은 주석가가 신 4장만을 주목하지만, 요한은 신명기 여러 곳에 있는 일련의 경고 본문들을 암시한다.

신명기	계 22:18-19
"법도를 듣고…말을 너희는 가감하지 말고"(신 4:1-2; 또한 12:32); "말을 듣고…모든 저주를 그에게 더하실 것이라. 여호와께서 그의 이름을 천하에서 지워버리시되"(29:19-20).	"말씀을 듣는 모든 사람에게 증언하노니 만일 누구든지 이것들 외에 더하면 하나님이 이 두루마리에 기록된 재앙들을 그에게 더하실 것이요, 만일 누구든지 이 두루마리의 예언의 말씀에서 제하여 버리면 하나님이…생명나무와 및 거룩한 성에 참여함을 제하여 버리시리라."

신명기와 계 22:18-19의 연결성을 확고하게 만드는 더 많은 유사성이 있다. (1) 신명기의 세 본문의 문맥은 계 22장처럼 특히 우상숭배를 경고하는 문맥이다(21:8, 27; 22:15의 주석 참조). (2) 두 경우 모두 경고에 적극적으로 반응하면 새 땅에서 생명을 상으로 받는다고 한다(신 4:1; 12:28-29. 계 21:1-2:5과 22:14, 17-19을 비교하라). (3) 두 본문 모두 불충에 대해 내리는 형벌을 묘사하기 위해 "재앙"이라는 단어를 사용한다(τὰς πληγάς, 신 29:21; 계 22:18).

계시의 말씀을 "더하다" 또는 "제하다"의 의미는 무엇일까? 그 대답은 신명기에서 찾아야 한다. 신 4:1-2과 12:32에서는 우상숭배가 이스라엘의 하나님을 믿는 믿음과 모순되지 않는다고 속이는 거짓 가르침에 대한 경고로 같은 유의 언어가 사용되었다(신 4:3[민 25:1-9, 14-18의 바알브올 일화를 암시함]과 신 13장을 보라). 이런 식으로 속이는 사람들은 거짓 예언자들이다(신 13장). 현대 번역 성경에서 신 12:32로 표시된 구절은 MT, LXX, *Targ. Onk.*, *Targ. Neof.*에서는 거짓 예언자 주제를 소개하는 신 13장의 첫 절로 분류되었다(바알브올에서 백성을 속이는 일의 배후 인물인 거짓 예언자 발람 참조. 계 2:14의 주석 참조). 이러한 교훈은 하나님의 율법에 "더하는 것"이다.

이것은 하나님의 법"에서 제하여버리는 것"과도 같다. 우상숭배를 금하는 실정법을 위반하여 그 법의 효력을 무효화시키는 것이기 때문이다. 신 29:19-20이 주장하는 것처럼, 이런 거짓 교훈을 따르는 불순종이 신 4:2과 12:32의 2중 경고에 포함되었을 것이다.

그러므로 "더하고 제하는 것"은 하나님의 말씀에 불순종하는 일반 문제가 아니라, 기록된 말씀에 대한 거짓 교훈을 고수하는 것을 의미한다. 하나님 말씀의 영원한 진리를 믿는 믿음은 그 말씀에 적극적으로 순종하는 전제가 된다(신 4:2: "내가 너희에게 명령하는 말을 너희는 가감하지 말고 내가 너희에게 내리는 너희 하나님 여호와의 명령을 지키라"). 신 4장이 모델로 삼은 고대 근동의 조약문서도 의도적 변경을 금하기 위해 명문화된 제재와 저주로 보호되었다.[99]

계 22:18-19의 2중 경고는 이런 유혹적 교훈을 조장하거나 따르는 사람들을 겨냥한다. 신명기 배경이 여기에 매우 적합하다. 계 21:8, 27과 22:15에 있는 악의 목록들 모두가 우상숭배와 관련한 불경건한 자들의 속임을 강조하며 마무리하기 때문이다. 그래서 요한의 예언의 말씀에 "더하는 것"은 우상숭배가 그리스도를 믿는 믿음과 모순되지 않는다는 거짓 교훈을 장려하는 것이다. "이 두루마리의 예언의 말씀에서 제하여버리는 것" 역시 그러한 거짓되고 속이는 교훈을 조장하는 것이다. 이 교훈은 우상숭배를 하지 말라는 요한계시록의 권면의 정당성을 어기고 헛되게 한다. 한편으론 "더하다"와 "제하다"를 거짓 교훈과 어울리지 말라는 경고를 가리키는 이사일의로 보는 것이 가장 좋을지도 모른다.

매우 비슷한 본문은 *1 En*. 104:11이다. 여기서는 "내 말을 바꾸거나 제하지" 말라는 경고가 독자들에게 "거짓말을 하지 말라", "우상들을 고려하지 말라", "의의 말씀을 변경하고 왜곡하지 말라", 또는 "속이지 말라"는 것을 의미한다. 모팻이 계 22:18에서 *1 Enoch*에 대한 암시를 발견하지만,[100]

---

99) Kline, *Structure of Biblical Authority,* 27-38.

100) Moffatt, "Revelation," 32.

두 본문 모두 보다 넓은 신명기 전통에 속한다고 보는 것이 더 낫다.

매우 비슷한 방식으로, 요세푸스(*Ap.* 1.42-43)는 신 4:2의 같은 표현을 암시하며, 그것을 구약성경 전체를 "하나님의 명령"으로 여기지 않고, 하나님의 명령을 따르지 않으며, "자기들 귀에 거슬리는 말은 한 마디도" 말하지 않는 이스라엘 사람과 교리적으로 악의적인 서기관에게 주는 경고로 이해한다.

이러한 전반적 분석은 계 2-3장에 묘사된 교회들의 상황에도 잘 맞는다. 2-3장은 모든 교회가 정도는 다르지만 우상숭배에 직면해 있으며, 종종 우상숭배에 빠졌다고 서술한다. 놀라운 것은 버가모 교회에서 우상숭배를 권장하는 거짓 교사들과 그들을 따르는 자들 중에 "이스라엘 자손 앞에 걸림돌을 놓아 우상의 제물을 먹게 하였고 또 행음하게 한 발람의 교훈을 지키는 자들"이 있었다는 사실이다(2:14). 동일한 속임의 교훈이 두아디라 교회에도 만연했다(2:20-23). 진리를 왜곡한 이런 거짓 예언자들은 거짓 신학을 더하든지, 아니면 계시된 진리에서 제하고 있었다.

22:12-19에 언급된 상들은 일곱 편지의 배경에서 이해해야 가장 좋다. 그 상들은 2-3장에서 "이기는 자들"에게 주신 약속들과 관련이 있기 때문이다. (1) "각 사람의 행위대로 갚아주리라"(2:23; 22:12). (2) 생명나무에서 먹음(2:7; 22:14, 19). (3) "하나님의 성"에 참예함(3:12; 22:14, 19). 우상숭배의 위협을 이긴 사람들은 이 약속들을 상속할 것이다. 실제로 이 문맥에서 자기 옷을 빠는 것(22:14)은 틀림없이 우상숭배의 오염으로 더럽혀지지 않는 것을 가리킨다. 그 결과 22:19의 죄인들에게는 주어지지 않는 2가지 상을 받게 된다("옷을 빤다"는 이미지의 자세한 의미에 대해서는 3:4-5과 7:14의 주석 참조).

따라서 신명기의 경고가 모든 이스라엘 백성에게 주어졌듯이, 22:18-19의 경고는 일차적으로 교회 밖에 있는 사람들이 아니라 교회 공동체 안에 있는 모든 사람을 향한 경고다. 그 경고에 귀를 기울이지 않는 사람들은 입술로는 그리스도인이라고 고백하지만 다른 신에게 충성함으로써 자신의 고백을 저버린다. 그 결과 그들은 그들이 증언함으로써 소유권을 주장하는 유업을 받지 못할 것이다. 그들은 행동으로 자기들이 고백하는 믿음을 부인하기 때문이다. 그들은 역사의 끝에 자기 것이라고 생각했던 유업을 받지 못할 뿐 아니라, "이 책에 기록된 재앙들"을 받게 될 것이다(19절). 이 "재앙들"에는, 19절에 암시되었듯이, "불 못"에 들어가는 최후 심판의 고난만이 아니라 그 심판 이전의 시간 내내 불경건한 자들에게 가해지는 심판과 형벌도 포함된다. 이것과 맥을 같이하는 것이 요한계시록 여러 곳에서 사용된 πληγή("재앙") 어군이다. 이 단어들은 그리스도의 재림 이전의 시대에도 적용되었다(예. 8:12; 9:18, 20; 11:6; 13:3, 12, 14ff.; 또한 16:21도 참조하라).

그러므로 요한계시록에 기록된 재앙 전체는 배교자에게 내려진다. 이는 신 29:20의 암시와 일치한다. "이 책에 기록된 모든 저주를 그에게 더하실 것이라"(같은 내용이 신 29:21; 28:58-61; 렘 25:13에도 있다). 아르메니아어 성경 중 하나는 계 22:18의 전 포괄적인 언급을 "이 책에 기록된 **모든** 재앙"이라고 분명히 밝힌다(마찬가지로 JB: "이 책에 언급된 모든[every] 재앙").[101] 여기에 암시되었을 가능성이 있는 신 28:58-61은 요한계시록의 재앙이 전 포괄적인 것이라고 암시한다(자세한 내용은 아래 설명을 보라).

계 22:18-19에 언급된 형벌은 역설적인 용어로 표현되었다. **책**에 **더하는** 자들에게는 **책**의 재앙들을 **더할** 것이고, **책**의 말씀에서 **제하는** 자들에게서는 **책에 기록된** 영원한 복을 **제할** 것이라고 말이다. 역설적 진술의 목적은 "눈에는 눈"이라는 성경적 심판의 특성을 비유로 표현한다. 성경에서는 사람들이 그들의 죄에 맞게, 그리고 종종 그들이 범한 바로 그 죄로써 심판받는다(이와 비슷한 역설적 표현에 대해서는 계 11:5의 주석 참조).

19절은 소유한 구원의 상실을 언급하는가? 아니면 겉으로는 그리스도인이라고 주장했지만 참된 믿음을 가져본 적이 없는 사람들에게 최종적인 구원의 상이 주어지지 않는다는 것을 언급하는가? 후자일 가능성이 매우 높다. 요한계시록 결론 부분에서 반복적으로 강조되고 있는 것이 구원받은 신분을 잃어버린 참 신자가 아니라, 기독교 공동체 안에 있지만 마지막 상

---

101) Hoskier, *Text of the Apocalypse* II, 642을 보라.

을 받지 못하게 될 사람들의 거짓되고 2중적인 특성이기 때문이다(21:8, 27; 22:15의 주석 참조). 잠시 그들이 신자처럼 행동해온 까닭에 그들이 믿음이 있다고 주장한 것이 액면 그대로 받아들여졌다. 그들은 일정 기간 동안 교회 공동체에서 그 유업을 받을 사람들로 여김을 받았다. 그러므로 그들이 분명히 가졌다고 여겨진 "생명나무와 거룩한 성에 **참여함**"에서 제거되어 버림을 당할 것이다. 앞서 3:5("내가 그 이름을 생명책에서 결코 지우지 아니하리라")의 약속에 대해 분석한 것에서 이러한 결론이 입증된다. 13:8과 17:8의 반대 진술로도 이것이 확인된다. "창세 이후로" 교회 안에도 있는 짐승에게 경배하는 사람들은 영원한 성에서 유업을 얻지 못하도록 정해졌다(13:8; 17:8). 하지만 그들 중에는 얼마 동안 그러한 유업을 받을 것처럼 보였던 사람들도 있었을 것이다.

18a절의 "예언의 말씀을 듣는 사람에게"는 1:3a("이 예언의 말씀을 듣는 자들")을 거의 똑같이 반복한 것이다. 이것은 경고를 받고 심판의 위험 가운데 있던 사람들이 신앙을 고백하는 가시적 신앙 공동체 안에 있는 사람들임을 확증한다. 요한의 말은 "있는 자는 받을 것이요, 없는 자는 그 있[다고 생각되]는 것까지도 빼앗기리라"라는 그리스도의 주장과 일치한다(막 4:25).[102]

불순종한 대가로 받을 형벌은 혹독하다. 신 4:2ff.에 언급된 것처럼 요한은 단순히 자신의 말을 기록하고 있는 것이 아니라 하나님의 말씀을 기록하고 있기 때문이다. 물론 요한의 말은 성부 하나님에게서 나왔을 뿐만 아니라 성령과 성자에게서도 나왔다(1:1과 2-3장의 각 편지의 결론과 19:9; 21:5; 22:6).[103] 그리스도가 방금 전 16절에서 언급되었기에, 요한이 가장 염두에 두었던 것은 요한계시록이 그리스도의 말씀을 대표한다는 것이다.

몇몇 사본은 "재앙들" 대신에 "일곱[επτα] 재앙"으로 표기한다(046 051[s] 2377 $\mathfrak{M}^{A}$). 그래서 18절의 형벌로 내린 재앙을 16장 대접 심판의 "일곱 재앙"(15:1, 8; 21:9)과만 동일시한다.

---

102) Gill, *Revelation,* 885이 이렇게 주장한다.

103) Hendriksen, *More than Conquerors,* 253, 255도 이렇게 주장한다.

"더하고 제하는 것"에 대해 앞에서 분석한 것은 잠 30:6에 의해 지지를 받는다. "너는 그의 말씀에 더하지 말라. 그가 너를 책망하시겠고 너는 거짓말하는 자가 될까 두려우니라." 심지어 *Didache* 4:13과 *Barnabas* 19:11에서도 "그것에 아무것도 더하지 말고 거기서 제하지 말라"는 문구는 각각 "계명을 버리지" 않음으로써 "외식하는 자"를 피하고, 성도들에게 "악한 자를 철저하게 미워하라"고 권면하는 것에 초점을 맞춘다. 또한 일단 언약이 비준되면, "아무도 폐하거나 더하거나 하지 못한다"는 갈 3:15도 참조하라.

주석가들 중에는 18-19절이 유대교와 초기 기독교의 문서에서 단순히 후기 필경사들에게 문서를 주의깊게 복사하도록 권하며 끝맺는 친숙한 방식이었다고 이해하는 사람들이 있다(*Aristeas* 310-11; Irenaeus를 인용한 Eusebius, *H. E.* 5.20.2; 참조. *1 En*. 104:10-13; Josephus, *Ap*. 1.42; *2 En*. 48:6-9; *b. Megilloth* 14a).[104] 그럴 수도 있을 것이다. 하지만 만일 그렇다면, 앞에서 묘사된 신명기 배경은 그러한 문학적 관례가 신학적 의도로 강조됨을 보여준다.

하지만 요한은 후대의 필경사들에게 복사를 정확히 하라고 경고하는 것이 아니라, "이 책의 예언의 말씀을 듣는" 모든 신자에게 경고하고 있다(또한 1:3; 22:7).[105] 그리스도인 필경사들을 비롯한 그리스도인들에게 이렇게 경고할 필요가 있었다는 것은 바울의 편지와 "성경"을 "왜곡하여 스스로 멸망에 이른" 사람들을 보면 분명히 드러난다(벧후 3:16).[106] 이러한 경고의 시급성은 신약성경에 내용을 더하거나 물질적 언급을 제하는 초기 영지주의자들을 고려하면 분명해진다.[107] 실제로 몇몇 주석가들이 지적하듯이, 18-19절이 필경사에게 잘못 복사하는 것을 금하는 경

104) Caird, *Revelation,* 278-79.

105) Alford, *Greek Testament,* 749; Düsterdieck, *Revelation,* 493; I. T. Beckwith, *Apocalypse,* 778-79; Kiddle, *Revelation,* 456-57; Ladd, *Revelation,* 295; Morris, *Revelation,* 262.

106) 참조. Rist, "Revelation," 550.

107) Beasley-Murray, *Revelation,* 346-47을 보라.

고였다면, 그것은 효과가 없었다. 18-19절에 사본상 이문이 많기 때문이다.

토머스는 이 본문이 그 후에 발생할 예언 활동을 금지하는 것이라고 결론을 내리는데,[108] 이것은 22:18-19의 표현과 의도를 넘어서는 생각이다. 본문의 경고는, 신 4:2과 12:32의 경고처럼, 요한이 쓴 것만을 가리키며, **거짓** 예언과 결부된 사람들만을 겨냥한다.

KJV(=TR)에는 "생명나무에서(ξύλου)" 대신에 라틴어 불가타 역의 오독(*libro* 대[對] *ligno*)에 근거한 "생명책에서(βιβλιου)"라고 되어 있다.

20절 16절과 18절은 각각 천사가 계시했고 요한이 기록함으로써 "증언"했다고 말한다. 성령은 세 번째 증인으로 봐야 한다(19:10과 2-3장의 각각의 일곱 편지를 마무리하는 절). 이제 예수가 네 번째 "증인"으로 밝혀진다. 증인들을 늘여가는 것은 요한계시록을 듣는 사람들에게 책임을 부가하는, 요한계시록의 법적 특성을 강조한다("증언하다"의 법적 의미와 요한계시록과 요한 문헌에서 μαρτυρία 어군에 대해서는 1:9; 11:3; 22:16의 주석 참조).

예수는 "이것들을" 증언하신다. 여기서 "이것들"은 요한계시록 전체 내용이든지, 그가 "오신다"는 근접한 문맥의 주제(22:7, 12, 17)일 수 있다. 하지만 여기서 "이것들"은 전자가 틀림없다. "이것들"(ταῦτα)이 앞의 몇 구절에서 환상 전체를 가리키기 위해 3번 사용되었는데(22:8, 16), 한 번은 이 본문에서처럼 동사 "증언하다"의 목적어로 사용되었기 때문이다. 더욱이 18-19절의 경고는 요한계시록의 내용 중에 일부분이라도 함부로 변경하는 것을 금지하는 내용이다. 하지만 그리스도의 "오심" 역시 초점의 중요 내용에 속하기도 한다. 그리스도의 강림은 요한계시록 전체의 중요한 주제이며, 22:7-17에서 3번, 그리고 이곳에서 다시 한 번 반복되었다.

예수가 요한계시록 전체에서 "내가 진실로 속히 오리라"라고 재천명하신 것은 그의 증언의 정당성을 확증하는 역할을 한다. 다시 말해서, 그는 교회에게 초림 때에 약속하신 그의 재림이 곧 발생할 것이고 그럼으로써 요

108) Thomas, "Spiritual Gift of Prophecy," 211-16.

한계시록 전체에서 계시하신 것을 완성한다고 보증하심으로써 완성된 환상의 진리를 확신시키신다.

재림으로써 절정에 도달하는, 미래의 예수의 예비적 강림들도 의중에 있다고 생각할 수 있다(22:7, 22의 주석 참조). 예를 들어 20절의 "오리라"의 배경으로 성만찬을 언급하는 주석가들이 많이 있다. 이것은 가능한 이해다.[109] 만일 그렇다면 "오리라"는 약속은 성만찬이라는 성례전의 틀 안에서 이미 시작된 것으로 이해할 수 있다. 성만찬에서 그리스도는 역사의 끝날까지 복과 심판을 주시기 위해 계속해서 오시게 된다(아래 설명을 보라). 에필로그가 성례전의 의미로써 마무리되는 것은 적합하다. 프롤로그가 메시아의 강림을 비롯한 예언의 시작된 성취와 관련된 내용으로 시작하기 때문이다(1:3과 1:6-7의 "아멘", 특히 환상의 전달이 "주의 날"에 시작되었다는 1:10을 보라).[110]

18-20절에서 20절은 "책에 더하거나 책에서 제하지" 말라는 2중 경고의 근거로서 작용한다. 예수의 재림은 경고를 들어야 할 이유다. 그가 오시면 요한의 경고에 불순종한 사람들을 친히 처벌하실 것이기 때문이다.

요한은 예수의 재천명에 믿음의 표현인 "아멘"으로 반응한다. 예수의 선포를 믿는 그의 믿음에 근거하여 요한은 예수의 "오심"을 바라고 소망하는 마음을 선포한다(ἔρχου는 "공손한 간청"을 의미하는 명령형이다).

스위트는 *Didache* 10:6의 성례전 문맥이 계 22:20과 같은 문맥을 가리키는 것으로 제시한다. 그 본문은 성만찬과 결부하여 이런 권면을 한다. "은혜[예수]가 임하고 이 세상이 지나가기를 빕니다. 다윗의 하나님께 호산나. 거룩한 사람이라면 오라. 거룩하지 않다면 회개하라. 마란 아타(Maran Atha, "주여 오십시오"). 아멘"(참조. 계 22:11b, 16-17, 20의 병행 어구들). 또한 이 본문은 요한계시록처럼 그리스도인들과 "개"라고 불리는(*Didache* 9:5) 거짓 그리스도인들과 불신자들을 대조하는 문맥

---

109) 예. Bornkamm, *Early Christian Experience,* 171-72; Sweet, *Revelation,* 319; Aune, "Revelation," 1319; Krodel, *Revelation,* 377-78.

110) Lilje, *Last Book,* 271을 보라.

(*Didache* 11)에 들어 있다. 스위트는 "주여 오시옵소서"가 초기 기독교에서 저주의 유효성(참조. 계 22:18-20)을 강조하기 위해 사용되었고, 성만찬 문맥(고전 11:27-32과 고전 16:2, 20-22을 비교하라)에서 등장한다는 점을 지지하려고 다른 주석가들을 인용한다.[111)]

20절은 **거짓된 것**을 대항하는 **증인**으로서 주가 **속히 오실 것**이라고 예언한 말 3:1을 반영한다. 이것은 같은 구약 본문이 계 22:16(말라기의 "내가 내 사자를 보내리니"와 "내가 내 사자를 보내어 증언하게 하였노니"를 비교하라)과 22:7(말라기의 "주가 갑자기…임하시리니…사자가 임하실 것이라"와 "보라 내가 속히 오리니"를 비교하라)에 암시된 사실과, 22:15에 반영된 말 3:5에 의해 강조된다.

몇몇 사본(예. ℵ 2030 2050 2329 gig)에서는 20절의 "아멘"이 생략되었다. 이것은 편지의 결론 끝에 후기 필경사들이 전형적으로 "아멘"을 덧붙인 것과 일치하지 않는 까닭에 발생한 일인 것 같다(갈라디아서와 유다서를 제외한 신약 서신의 결론에는 아멘이 있다. 이는 후기의 필경사들이 더한 것으로 보인다). 이것과 일관성이 있게도, 여기서 "아멘"을 생략한 ℵ과 콥트어 성경은 그 단어를 21절 끝에 배치시켰다. 히 13:20-25의 편지의 결론은, 이곳 계 22:20에서처럼, 마지막 바로 앞인 21절에 "아멘"을 놓는다.

두 번째 "예"(ναι)가 몇몇 필경사들에 의해 두 번째 "오시옵소서" 앞에 덧붙여졌다. 그것을 앞의 "예, 오소서"와 일치시키려는 의도 때문인 것 같다(051[s] 1854 2030 2050 2377 𝔐[k] Prim).

---

111) Sweet, *Revelation,* 318. "주여 오시옵소서"가 저주를 강조하기 위해 사용되었다는 사상에 대해서는 Moule, "Context of *Maranatha*"를 보라. 계 22:20의 문맥과 성만찬 사이의 병행에 대해서는 Bornkamm, *Early Christian Experience,* 171-72; Sandvik, *Das Kommen des Herrn beim Abendmahl,* 114-18; Bruce, "Spirit," 343-44; Prigent, *Apocalypse,* 361-63을 보라. 참조. M. H. Shepherd, *Paschal Liturgy,* 예. 83. Albright and Mann, "Two Texts"는 이 말에 성례전적 배경이 있지만 반드시 구체적으로 성만찬 배경이라고만은 할 수 없다고 생각한다. 반면 Dunphy, "Maranatha," 295-96은 계 22:20의 말에 성만찬의 의미가 있다는 점을 의심한다.

22:6-20과 요한계시록 전체의 결론(22:21)

21절 듣는 자들에게 베풀어지는 결론의 축복인 "주 예수의 은혜"는 전형적인 편지의 결론이다(로마서를 제외한 바울 서신. 하지만 롬 16:20과 히브리서를 비교하라). 신약의 다른 편지에서처럼, 여기 이 축복의 요지는 요한계시록을 기록하는 자가, 듣는 자들이 하나님의 은혜로 이 편지의 내용을 이해하고 순종할 수 있게 되기를 바라는 그의 바람을 표현하는 데 있다.

우리는 여기서 다시 2:1-4에서처럼, 요한계시록이 큰 틀에서 편지로 이해된다는 사실을 기억할 필요가 있다. 편지의 내용은 묵시와 예언의 장르다(1:1-3의 주석 참조). 1:4의 서론에서처럼 이곳 결론에서도 그리스도로부터 오는 "은혜"가 모든 교회 위에 선언된다.

신약성경 여러 곳에서 편지 장르의 주요 목적은 그 편지를 받는 교회의 구체적 문제를 다루는 데 있다. 신약의 다른 편지들의 저자들은 독자들의 순종을 호소하는 배경으로, 그들에게 현재와 미래에 그리스도 안에 참여함과 그 안에서 누리는 복에 호소한다. 요한계시록의 편지 형식이 이와 비슷하게 기능한다면, 이 책의 목적은 듣는 자들이 그리스도가 주시는 복에 현재와 미래에 참여함을 상기시킴으로써 일곱 교회 안에 있는 당대의 문제들을 다루려는 데 있다.

이러한 "이미와 아직"의 범위가 요한계시록 전체에 있다는 사실은 다른 편지의 서론이 편지의 중요한 주제를 제시한다는 사실에서도 분명히 드러난다. 계 1장에서 공식적 서론의 정확한 경계를 콕 집어낸다는 것은 어렵다. 요한계시록의 서론이 3절이나 6절, 8절, 20절에서 끝날 수 있다. 하지만 어떠하든지 간에 서론의 각 단락에는 구약 예언의 시작된 성취와 더불어 미래의 성취와 관련된 주제들이 포함된다. 그러므로 요한계시록 곳곳에 동일한 2중 주제가 스며 있다고 생각하는 것이 타당하다.

순종이라는 주제가 22:6-20의 다섯 단락에서 반복하여 강조되었다. 순종으로 인내하면 2-3장에 있는 일곱 편지 각각의 결론에 언급된 최후의 상을 받을 것을 것이다. 이 상들이 21장에도 요약되었으며, 22:12, 14, 17b에서 다시 부분적으로 반복되었다(그리고 22:19에 대조로써 암시되었다). 22:6-21 주석의 서론에서 주목했듯이, 요한계시록 전체의 핵심은 끝까지 충성하고 참고 순종하면, 하나님과 그리스도를 영화롭게 하는 궁극적 결과와 아울러, 영원한 복과 상을 얻는다는 것이다(자세한 논의는 1:6; 4:9-11; 5:12-14; 19:7-8의 주석을 보라. 참조. 21:1-22:5).

필경사들은 "모든 자들"(πάντων)이라는 보편적인 결론에 불편해했던 것 같다. 그들은 이 단어가 교회 밖에 있는 사람들을 포함하는 보편 구원을 제시하는 것으로 이해할 수 있다고 생각했을 것이다. 그래서 요한이 "모든 **성도들**"을 염두에 두었을 것이라는 점을 분명히 하려고 하거나(ℵ 2030 051ˢ 𝔐 sy co gig), "성도들"로 대체하는(ℵ gig) 사람들이 있었다. 반면에 다른 이들은 "우리 모두"(2050 *pc*) 또는 "너희 모두"(296, 라틴어 역본들, 에티오피아어 역본, 그리고 pseudo-Ambrose)를 삽입하기도 했다. 사본 A, vg, Bea에만 πάντων이라고 되어 있다. 하지만 이 독법은 더 짧고 더 난해한 독법이므로 원본으로 선호된다.[112] "모두"가 말씀을 "듣기" 위해 모인 교회를 가리킨다는 것은 22:18에서 분명히 나타난다. "내가 이 두루마리의 예언의 말씀을 듣는 모든 사람에게(παντὶ τῷ ἀκούοντι) 증언하노니"(참조. 1:3-4).[113]

몇몇 사본에서는 21절 끝에 "아멘"이 덧붙여졌다. 하지만 만일 "아멘"이 원본이라면, 그것이 어떻게 A 1006 1841 *pc* a gig vgst Tyc에 생략될 수 있었는지를 이해하기 어렵다.[114] 필경사들이 "아멘"을 더한 것은 그것이 신약성경의 다른 편지들 끝에 등장하고, 종종 신약의 모든 편지 끝에 필경사의 2차적 수정으로 발견되기 때문이다(자세한 내용은 22:20의 주석 참조).

---

112) 이것과 다른 이문들을 논의한 Metzger, *Textual Commentary,* 768-69과 Ross, "Ending of the Apocalypse"를 보라. Ross는 망설이기는 하지만, 20b-21절을 "아멘, 주 예수여 주님의 거룩한 자들과 함께 오시옵소서. 아멘"으로 마무리하는 다른 이문을 선호한다.

113) Vanni, "Liturgical Dialogue," 361이 이렇게 주장한다.

114) B. M. Metzger, *Textual Commentary,* 769이 이렇게 주장한다.

참고문헌

Aalders, J. G., *Gog en Magog in Ezechiël*. Kampen: Kok, 1951.

Adams, J. E., *The Time Is at Hand*. Phillipsburg: Presbyterian and Reformed, 1974.

Aland, K., and Aland, B., *The Text of the New Testament*. Grand Rapids: Eerdmans, 1987.

Albright, W. F., and Mann, C. S., "Two Texts in 1 Corinthians," *NTS* 16 (1969-70), 271-76.

Alexander, J. A., *Commentary on the Prophecies of Isaiah*. Grand Rapids: Zondervan, 1953.

Alexander, R. H., "A Fresh Look at Ezekiel 38 and 39," *JETS* 17 (1974) 157-69.

Alford, H., *The Greek Testament* IV. Cambridge: Deighton, 1866.

Allen, L. C., *Ezekiel 20-8*. WBC 29; Dallas: Word, 1990.

Allison, D. C., *The End of the Ages Has Come*. Philadelphia: Fortress, 1985.

___________, *The New Moses: A Matthean Typology*. Minneapolis: Fortress, 1993.

Allo, E.-B., *L'Apocalypse de Saint Jean*. Paris: Gabalda, 1933.

Altink, W., "1 Chronicles 16:8-36 as a Literary Source for Revelation 14:6-7," *AUSS* 22 (1984) 187-96.

Andersen, F. I., *The Hebrew Verbless Clause in the Pentateuch*. JBL Monograph Series 14; Nashville: Abingdon, 1970.

___________, *The Sentence in Biblical Hebrew*. Janua Linguarum, Series Practica 231; Paris: Mouton, 1974.

Applebaum, S., "The Social and Economic Status of the Jews in the Diaspora," in *The Jewish People in the First Century*. Compendia Rerum Iudaicarum ad Novum Testamentum I, ed. S. Safrai and M. Stern; Philadelphia: Fortress, 1976,

701-27.

Aune, D. E., "The Apocalypse of John and Greco-Roman Revelatory Magic," *NTS* 33 (1987) 481-501.

__________, "The Apocalypse of John and the Problem of Genre," *Semeia* 36 (1986) 65-69.

__________, "The Form and Function of the Proclamations to the Seven Churches (Revelation 2-3)," *NTS* 36 (1990) 182-204.

__________, "The Influence of Roman Imperial Court Ceremonial on the Apocalypse of John," *Biblical Research* 28 (1983) 5-26.

__________, "A Latinism in Revelation," *JBL* 110 (1991), 691-92.

__________, *The New Testament in Its Literary Environment*. Philadelphia: Westminster, 1987.

__________, *Prophecy in Early Christianity and in the Ancient Mediterranean World*. Grand Rapids: Eerdmans, 1983.

__________, "The Prophetic Circle of the John of Patmos and the Exegesis of Revelation 22.16," *JSNT* 37 (1989) 103-16.

__________, "Revelation," in *Harper's Bible Commentary*, ed. J. L. Mays, et al. San Francisco: Harper and Row, 1988, 1300-1319.

__________, "The Social Matrix of the Apocalypse of John," *Biblical Research* 26 (1981) 16-32.

Aus, R. D., "The Relevance of Isaiah 66:7 to Revelation 12 and 2 Thessalonians 1," *ZNW* 67 (1976) 252-68.

Bacchiocchi, S., *From Sabbath to Sunday*. Rome: Pontifical Gregorian University, 1977.

Bachmann, M., "Die apokalyptischen Reiter," *ZTK* 86 (1989) 33-58.

__________, "Der erste apokalyptische Reiter und die Anlage des letzten Buches der Bibel," *Biblica* 67 (1986) 240-75.

__________, "Himmlisch. Der 'Tempel Gottes' von Apk 11.1," *NTS* 40 (1994) 474-80.

Bailey, J. W., "The Temporary Messianic Reign in the Literature of Early Judaism," *JBL* 53 (1934) 170-87.

Baines, W. G., "The Number of the Beast in Revelation 13:18," *Heythrop Journal* 16 (1975) 195-96.

Baldwin, J. G., *Daniel: An Introduction and Commentary*. Downers Grove: InterVarsity, 1978.

___________, *Haggai, Zechariah, Malachi*. Downers Grove: InterVarsity, 1972.

Ball, B. W., *A Great Expectation: Eschatological Thought in English Protestantism to 1660*. Studies in the History of Christian Thought, 12; Leiden: Brill, 1975.

Bandstra, A. J., "'A Kingship and Priests': Inaugurated Eschatology in the Apocalypse," *Calvin Theological Journal* 27 (1992) 10-25.

Barclay, W., "Great Themes of the New Testament V: Revelation xiii," *ExpT* 70 (1958-59) 260-64, 292-96.

___________, *Letters to the Seven Churches*. London: SCM, 1957.

___________, *The Revelation of John II: Chapters 6 to 22*. Philadelphia: Westminster, 1961.

Barnard, L. W., "Clement of Rome and the Persecution of Domitian," *NTS* 10 (1964) 251-60.

Barr, D. L., "The Apocalypse as a Symbolic Transformation of the World: A Literary Analysis," *Interpretation* 38 (1984) 39-50.

___________, "The Apocalypse of John as Oral Enactment," *Interpretation* 40 (1986) 243-56.

Barr, J., *Biblical Words for Time*. SBT 33; London: SCM, 1962.

Bartina, S., "Una espada salia de la boco de su vestido (Apc. 1,16; 2,16; 19,15.21)," *Estudios Bíblicos* 20 (1961) 207-17.

Bauckham, R. J., *The Climax of Prophecy: Studies in the Book of Revelation*. Edinburgh: Clark, 1993.

___________, "The Eschatological Earthquake in the Apocalypse of John," *NovT* 19 (1977) 224-33.

___________, "The List of the Tribes in Revelation 7 Again," *JSNT* 42 (1991) 99-115.

___________, "The Lord's Day," in *From Sabbath to Lord's Day*, ed. D. A. Carson. Grand Rapids: Zondervan, 1982, 197-220.

___________, "The Martyrdom of Enoch and Elijah: Jewish or Christian?" *JBL* 95 (1976) 447-58.

___________, "Resurrection as Giving Back the Dead: A Traditional Image of Resurrection in the Pseudepigrapha and the Apocalypse of John," in *The*

Pseudepigrapha and Early Biblical Interpretation, ed. J. H. Charlesworth and C. A. Evans. JSP Supplement Series 14, Studies in Scripture in Early Judaism and Christianity 2; Sheffield: JSOT, 1993, 269-91.

__________, "Synoptic Parousia Parables and the Apocalypse," *NTS* 23 (1977) 162-76.

__________, *The Theology of the Book of Revelation*. Cambridge: Cambridge University Press, 1993.

Baumgarten, J. M., "The Duodecimal Courts of Qumran, Revelation, and the Sanhedrin," *JBL* 95 (1976) 59-78.

Beagley, A. J., *The 'Sitz im Leben' of the Apocalypse with Particular Reference to the Role of the Church's Enemies*. Beiheft zur ZNW 50; New York: de Gruyter, 1987.

Beale, G. K., "The Danielic Background for Revelation 13:18 and 17:9," *TynB* 31 (1980) 163-70.

__________, "Did Jesus and His Followers Preach the Right Doctrine from the Wrong Texts? An Examination of the Presuppositions of the Apostles' Exegetical Method," *Themelios* 14 (1989) 89-96.

__________, "The Eschatological Conception of New Testament Theology," in "*The Reader Must Understand*": *Eschatology in Bible and Theology*, ed. K. E. Brower and M. W. Elliott. Leicester: Apollos, 1997, 11-52.

__________, "Eschatology," in *Dictionary of the Later New Testament and Its Developments*, ed. P. H. Davids and R. P. Martin; Downers Grove: Inter-Varsity, 1997, 330-45.

__________, "An Exegetical and Theological Consideration of the Hardening of Pharaoh's Heart in Exodus 4-4 and Romans 9," *Trinity Journal* 5 (1984) 129-54.

__________, "The Hearing Formula and the Visions of John in Revelation," in *A Vision for the Church: Studies in Early Christian Ecclesiology in Honour of J. P. M. Sweet*, ed. M. Bockmuehl and M. B. Thompson. Edinburgh: Clark, 1997, 167-80.

__________, "The Influence of Daniel upon the Structure and Theology of John's Apocalypse," *JETS* 27 (1984) 413-23.

__________, "The Interpretative Problem of Rev. 1:19," *NovT* 34 (1992) 360-87.

__________, "Isaiah VI 9-13: A Retributive Taunt against Idolatry," *Vetus*

Testamentum 41 (1991) 257-78.

__________, *John's Use of the Old Testament in Revelation*. JSNT Supplement Series; Sheffield: Sheffield Academic, 1998.

__________, "The Old Testament Background of Reconciliation in 2 Corinthians 5-7 and Its Bearing on the Literary Problem of 2 Corinthians 6:14-18," *NTS* 35 (1989) 550-81.

__________, "The Old Testament Background of Rev. 3:14," *NTS* 42 (1996) 133-52.

__________, "The Origin of the Title 'King of Kings and Lord of Lords' in Rev. 17:14," *NTS* 31 (1985) 618-20.

__________, "The Problem of the Man from the Sea in IV Ezra 13 and Its Relation to the Messianic Concept in John's Apocalypse," *NovT* 25 (1983) 182-88.

__________, "A Reconsideration of the Text of Daniel in the Apocalypse," *Biblica* 67 (1986) 539-43.

__________, "Review Article: J. W. Mealy, *After the Thousand Years*," *EvQ* 66 (1994) 229-49.

__________, Review of A. Y. Collins, *Crisis and Catharsis*, *JETS* 28 (1985) 354-58.

__________, Review of C. J. Hemer, *The Letters to the Seven Churches of Asia in Their Local Setting*, *Trinity Journal* 7 (1986) 107-11.

__________, Review of J. Paulien, *Decoding Revelation's Trumpets: Literary Allusions and Interpretation of Revelation 8:7-12*, *JBL* 111 (1992) 358-61.

__________, "Solecisms in the Apocalypse as Signals for the Presence of Old Testament Allusions: A Selective Analysis of Revelation 1-2," in *Early Christian Interpretation of the Scriptures of Israel*, ed. C. A. Evans and J. A. Sanders. JSNT Supplement Series, 148; Studies in Scripture in Early Judaism and Christianity, 5; Sheffield: Sheffield Academic, 1997, 421-46.

__________, *The Use of Daniel in Jewish Apocalyptic Literature and in the Revelation of St. John*. Lanham: University Press of America, 1984.

__________, "The Use of the Old Testament in Revelation," in *It Is Written: Scripture Citing Scripture*, ed. D. A. Carson and H. G. M. Williamson. Cambridge: Cambridge University, 1988, 318-36.

__________, "The Use of Daniel in the Synoptic Eschatological Discourse and in the Book of Revelation," in *Gospel Perspectives 5: The Jesus Tradition outside the Gospels*, ed. D. Wenham; Sheffield: JSOT, 1985, 129-53.

Beasley-Murray, G. R., *The Book of Revelation*. NCBC; London: Marshall, Morgan, and Scott, 1974.

Beauvery, R., "L'Apocalypse au risque de la numismatique. Babylone, la grande prostituée et le sixième roi Vespasien et la déesse Rome," *Revue Biblique* 90 (1983) 243-60.

Beckwith, I. T., *The Apocalypse of John*. New York: Macmillan, 1919.

Beckwith, R., *The Old Testament Canon of the New Testament Church and Its Background in Early Judaism*. Grand Rapids: Eerdmans, 1985.

Beet, W. E., "Silence in Heaven (Apoc. 8,1)," *ExpT* 44 (1932-33) 74-76.

Behr, C. A., *P. Aelius Aristides: The Complete Works* II. Leiden: Brill, 1981.

Bell, A. A., "The Date of John's Apocalypse: The Evidence of Some Roman Historians Reconsidered," *NTS* 25 (1979) 93-102.

Berger, K., *Die Auferstehung des Propheten und die Erhöhung des Menschensohnes*. SUNT 13; Göttingen: Vandenhoeck und Ruprecht, 1976.

Berger, P.-R., "Kollyrium für die blinden Augen, Apk. 3:18," *NovT* 27 (1985) 174-95.

Bergmeier, R., "Die Buchrolle und das Lamm (Apk 5 und 10)," *ZNW* 76 (1985) 225-42.

__________, "'Jerusalem, du hochgebaute Stadt.'" *ZNW* 75 (1984) 86-106.

Betz, H. D., "Zum Problem des religionsgeschichtlichen Verstandnisses der Apokalyptik," *ZTK* 63 (1966) 391-409.

Betz, O., "The Eschatological Interpretation of the Sinai-Tradition in Qumran and in the New Testament," *Revue de Qumran* 6 (1967) 89-107.

__________, "Die Geburt der Gemeinde durch den Lehrer," *NTS* 3 (1957) 314-26.

__________, "Das Volk seiner Kraft. Zur Auslegung der Qumran-hodajah III,1-18," *NTS* 5 (1958) 67-75.

Bietenhard, H., "The Millennial Hope in the Early Church," *Scottish Journal of Theology* 6 (1953) 12-30.

__________, *Das tausendjährige Reich*. Eine biblisch-theologische Studie. Bern: Graf-Lehmann, 1955.

Birdsall, J. N., "The Text of the Revelation of Saint John: A Review of Its Materials and Problems with Especial Reference to the Work of Joseph Schmid," *EvQ* 33

(1961) 228-37.

Black, M., "The Chi-Rho Sign—Christogram and/or Staurogram?" in *Apostolic History and the Gospel: Biblical and Historical Essays presented to F. F. Bruce*, ed. W. W. Gasque and R. P. Martin. Grand Rapids: Eerdmans, 1970, 319-27.

__________, "The Christological Use of the Old Testament in the New Testament," NTS 18 (1971-72) 1-14.

__________, "The New Creation in 1 Enoch," in *Creation, Christ and Culture: Studies in Honour of T. F. Torrance*, ed. R. W. A. McKinney. Edinburgh: Clark, 1976, 13-21.

__________, "The 'Two Witnesses' of Rev. 11:3f. in Jewish and Christian Apocalyptic Tradition," in *Donum Gentilicium: New Testament Studies in Honour of David Daube*, ed. E. Bammel, C. K. Barrett, and W. D. Davies. Oxford: Clarendon, 1978, 225-37.

Bleek, F., *Dr. Friedrich Bleek's Lectures on the Apocalypse*, ed. T. Hossbach. London: Williams and Norgate, 1875.

Böcher, O., "Zur Bedeutung der Edelsteine in Offb 21," in *Kirche und Bibel. Festgabe für Eduard Schick*, ed. professors of the Phil.-Theol. Hochschule Fulda. Paderborn: Schöningh, 1979, 19-32.

Bøe, A. S., "Bruken av det Gamle Testamente i Johannes' Åpenbaring," *Tidsskrift for Teologi og Kirke* 63 (1992) 253-69.

Boersma, T., *Is the Bible a Jigsaw Puzzle . . . An Evaluation of Hal Lindsey's Writings*. St. Catharines: Paideia, 1978.

Boettner, L., *The Reformed Doctrine of Predestination*. Phillipsburg: Presbyterian and Reformed, 1980.

Bohak, G., "Greek-Hebrew Gematrias in 3 Baruch and in Revelation," *JSP* 7 (1990) 119-21.

Boismard, M.-E., "Notes sur l'Apocalypse," *Revue Biblique* 59 (1952) 161-81.

Boring, M. E., *Revelation*. Interpretation; Louisville: John Knox, 1989.

Bornkamm, G., *Early Christian Experience*. New York: Harper and Row, 1969.

__________, "Die Komposition der apokalyptischen Visionen in der Offenbarung Johannis," *ZNW* 36 (1937) 132-49.

Borowicz, K., "Canticum Moysi(s) et canticum agni (Apoc 15,3)," *Ruch Biblijny i*

Liturgiczny 17 (1964) 81-87.

Botha, P. J. J., "God, Emperor Worship, and Society: Contemporary Experiences and the Book of Revelation," *Neotestamentica* 22 (1988) 87-102.

Bousset, W., *Die Offenbarung Johannis*. Göttingen: Vandenhoeck und Ruprecht, 61906.

Bowman, J. W., "The Revelation to John: Its Dramatic Structure and Message," Interpretation 9 (1955) 436-53.

Boyer, J. L., "Are the Seven Letters of Revelation 2-3 Prophetic?" *Grace Theological Journal* 6 (1985) 267-73.

Brady, D., *The Contribution of British Writers between 1560 and 1830 to the Interpretation of Revelation* 13:16-18. Tubingen: Mohr, 1983.

Bratcher, R. G., *A Translator's Guide to the Revelation to John*. London: United Bible Societies, 1984.

Braun, H., *Qumran und das Neue Testament* I-II. Tübingen: Mohr, 1966.

Breech, E., "These Fragments I Have Shored against My Ruins: The Form and Function of 4 Ezra," *JBL* 92 (1973) 267-74.

Brewer, R. R., "Rev 4,6 and Translations Thereof," *JBL* 71 (1952) 227-31.

Brown, R. E., *The Semitic Background of the Term "Mystery" in the New Testament*. Philadelphia: Fortress, 1968.

Brown, R. E., Donfried, K. P., Fitzmyer, J. A., and J. Reumann, eds., *Mary in the New Testament*. Philadelphia: Fortress, 1978.

Brownlee, W. H., "The Priestly Character of the Church in the Apocalypse," *NTS* 5 (1958-59) 224-25.

Brox, N., *Zeuge und Märtyer*. Studien zum Alten und Neuen Testament 5. Munich: Kösel, 1961.

Bruce, F. F., *New Testament Development of Old Testament Themes*. Grand Rapids: Eerdmans, 1970.

___________, *New Testament History*. Garden City: Doubleday, 1971.

___________, "Revelation," *The International Bible Commentary*, ed. F. F. Bruce, H. L. Ellison, and G. C. D. Howley. Grand Rapids: Zondervan, 1986, 1593-1629.

___________, "The Spirit in the Apocalypse." In *Christ and the Spirit in the New Testament*, ed. B. Lindars and S. S. Smalley. Cambridge: Cambridge University,

1973, 333-44.

Bruns, J. E., "The Contrasted Women of Apocalypse 12 and 17," 26 (1964) 459-63.

Brütsch, C., *La Clarté de l'Apocalypse*. Geneva: Labor et Fides, 1955.

__________, *Die Offenbarung Jesu Christi* I-II. Zürcher Bibelkommentare. Zurich: Zwingli, 1970.

Buchanan, G. W., *The Book of Revelation: Its Introduction and Prophecy*. Mellon Biblical Commentary, New Testament Series; Lewiston: Mellon, 1993.

Bullinger, E. W., *The Apocalypse or the Day of the Lord*. London: Eyre and Spottiswood, 1909.

__________, *Figures of Speech Used in the Bible*. Grand Rapids: Baker, 1968.

Burchard, C., "Joseph and Aseneth," *OTP* II, 177-247.

Burney, C. F., "Christ as the APXH of Creation (Prov. viii 22; Col. i 15-18, Rev. iii 14)," *JTS* 27 (1925-26) 160-77.

Burton, E. D., *Syntax of the Moods and Tenses in New Testament Greek*. Edinburgh: Clark, 1894.

Cadoux, C. D., *Ancient Smyrna*. Oxford: Blackwell, 1938.

Caird, G. B., *The Apostolic Age*. London: Duckworth, 1955.

__________, *A Commentary on the Revelation of St. John the Divine*. New York: Harper and Row, 1966.

__________, *The Language and Imagery of the Bible*. Philadelphia: Westminster, 1980.

Callahan, A. D., "The Language of the Apocalypse," *Harvard Theological Review* 88 (1995) 453-57.

Calvin, J., *Commentaries on Daniel* II. Grand Rapids: Baker, 1984.

__________, *Commentaries on the Twelve Minor Prophets* I. Grand Rapids: Baker, 1984.

__________, *Concerning the Eternal Predestination of God*. London: Clarke, 1961 (reprint).

Cambier, J., "Les images de l'Ancien Testament dans l'Apocalypse de Saint Jean," *Nouvelle Revue Theologique* 77 (1955) 113-22.

Carnegie, D. R., "The Hymns in Revelation: Their Origin and Function." Unpublished Ph.D. dissertation, British Council for National Academic Awards (supervision under London Bible College), 1978.

__________, "Worthy Is the Lamb: The Hymns in Revelation," in *Christ the Lord: Studies Presented to D. Guthrie*, ed. H. H. Rowden. Downers Grove: InterVarsity, 1982, 243-56.

Carrington, P., *The Meaning of the Revelation*. London: SPCK, 1931.

Carroll, B. H., *The Book of Revelation*. An Interpretation of the English Bible; New York: Revell, 1913.

Carson, D. A., *Divine Sovereignty and Human Responsibility*. Atlanta: John Knox, 1981.

Carson, D. A., Moo, D. J., and Morris, L., *An Introduction to the New Testament*. Grand Rapids: Zondervan, 1992.

Casey, J. S., "Exodus Typology in the Book of Revelation." Ph.D. dissertation at Southern Baptist Theological Seminary, Louisville, Kentucky, 1981.

Casey, P. M., *Son of Man: The Interpretation and Influence of Daniel 7*. London: SPCK, 1979.

Cassuto, U., A *Commentary on the Book of Genesis*. Jerusalem: Magnes, 1989 (Hebrew original, 1944).

Cathcart, K. J., and Gordon, R. P., *The Targum of the Minor Prophets*. The Aramaic Bible 14; Wilmington: Glazier. 1989.

Cerfaux, L., "L'Évangile éternel (Apoc. xiv,6)," *Ephemerides Theologicae Lovanienses* 39 (1963) 672-81.

Charles, R. H., *Eschatology: The Doctrine of a Future Life in Israel, Judaism, and Christianity*. New York: Schocken, 1963 (reprint of 1913 edition).

__________, *A Critical and Exegetical Commentary on the Revelation of St. John* I-II. ICC; Edinburgh: Clark, 1920.

Charlesworth, J. H., "The Jewish Roots of Christology: The Discovery of the Hypostatic Voice," *Scottish Journal of Theology* 39 (1986) 19-41.

Chilton, B. D., *The Isaiah Targum*. The Aramaic Bible 2; Edinburgh: Clark, 1987.

Chilton, D. C., *The Days of Vengeance*. Fort Worth: Dominion, 1987.

Clemen, C., "Die Himmelfahrt Mosis," in *Die Apokryphen und Pseudepigraphen des Alten Testaments* I, ed. E. Kautzsch. Tubingen: Mohr, 1900, 311-31.

Collins, A. Y., *The Apocalypse*. New Testament Message 22; Wilmington: Glazier,

1979.

__________, "The Apocalypse (Revelation)," in *The New Jerome Biblical Commentary*. Englewood Cliffs: Prentice-Hall, 1990, 996-1016.

__________, *The Combat Myth in the Book of Revelation*. HDR 9; Missoula: Scholars, 1976.

__________, *Crisis and Catharsis: The Power of the Apocalypse*. Philadelphia: Westminster, 1984.

__________, "Eschatology in the Book of Revelation," *Ex Auditu* 6 (1990) 63-72.

__________, "The History-of-Religions Approach to Apocalypticism and the 'Angel of the Waters' (Rev. 16:4-7)," *CBQ* 39 (1977) 367-81.

__________, "Introduction: Early Christian Apocalypticism," *Semeia* 36 (1986) 1-11.

__________, "Numerical Symbolism in Jewish and Early Christian Apocalyptic Literature," *ANRW* II/21/2 (1984), 1221-87.

__________, "Reading the Book of Revelation in the Twentieth Century," *Interpretation* 40 (1986) 229-42.

__________, "Revelation 18: Taunt-Song or Dirge?" in *L'Apocalypse johannique et l'Apocalyptique dans le Nouveau Testament*, ed. J. Lambrecht. BETL 53; Leuven: University Press, 1980, 185-204.

__________, "The 'Son of Man' Tradition and the Book of Revelation," in *The Messiah*, ed. J. H. Charlesworth. Minneapolis: Fortress, 1992, 536-68.

Collins, J. J., "Apocalyptic Eschatology as the Transcendence of Death," *CBQ* 36 (1974) 21-43.

__________, *The Apocalyptic Imagination*. New York: Crossroad, 1987.

__________, *The Apocalyptic Vision of the Book of Daniel*. Harvard Semitic Monographs 16; Missoula: Scholars, 1977.

__________, "Introduction: Towards the Morphology of a Genre," *Semeia* 14 (1979) 1-20.

__________, "The Political Perspective of the Revelation of John," *JBL* 96 (1977) 241-56.

__________, "Sybylline Oracles," *OTP* I, 317-472.

Colson, F. H., "Triangular Numbers in the New Testament," *JTS* 16 (1915) 67-76.

Colwell, J. D., and Webb, W. J., "Revelation 20: Hermeneutical Considerations,"

Baptist Review of Theology/La Revue Baptiste de Théologie 4 (1994) 38-55.

Comblin, J., *Le Christ dans l'Apocalypse*. Bibliotheque De Theologie, Theologie Biblique. Paris: Desclée, 1965.

___________, "Le rassemblement de l'Israel de Dieu," *Assemblies de Seigneur* 89 (1963) 15-33.

Conner, A., "Observations for Amillennialism in Rev. 20:1-10." Unpublished paper. Dallas, June 1980.

Considine, J. S., "The Rider on the White Horse," *CBQ* 6 (1944) 406-22.

___________, "The Two Witnesses, Apoc. 11:3-13," *CBQ* 8 (1946) 377-92.

Conzelmann, H., "Miszelle zu Apk 18:17," *ZNW* 66 (1975) 288-90.

Cooke, G. A., *The Book of Ezekiel*. ICC; Edinburgh: Clark, 1936.

Corsini, E., *The Apocalypse*. Wilmington: Glazier, 1983.

Cortes, E., "Una Interpretación judía de Cant 5,2 en Ap 3,19b-20," *Revista Catalana de Teología* 4 (1979) 239-58.

Court, J. M., *Myth and History in the Book of Revelation*. Atlanta: John Knox, 1979.

___________, *Revelation*. Sheffield: JSOT, 1994.

Crook, J. A., *Law and Life of Rome*. Ithaca: Cornell University, 1967.

Crutchfield, L. V., "The Apostle John and Asia Minor as a Source of Premillennialism in the Early Church Fathers," *JETS* 31 (1988) 411-27.

Cullmann, O., *The State in the New Testament*. New York: Scribner, 1956.

Daane, J., *The Freedom of God: A Study of Election and Pulpit*. Grand Rapids: Eerdmans, 1973.

Dana, H. E., and Mantey, J. R., *A Manual Grammar of the Greek New Testament*. London: SPCK, 1928.

Daniélou, J., *A History of Early Christian Doctrine before the Council of Nicaea* I: *The Theology of Jewish Christianity*, III: *The Origins of Latin Christianity*. Philadelphia: Westminster, 1964, 1977.

___________, *Primitive Christian Symbols*. London: Burns and Oates, 1964.

___________, *Théologie du Judéo-Christianisme*. Bibliothèque de Théologie 1; Paris: Desclée, 1958.

D'Aragon, J.-L., "The Apocalypse," *Jerome Biblical Commentary* II, ed. R. E. Brown, J. A. Fitzmyer, and R. E. Murphy. Englewood Cliffs: Prentice-Hall, 1968, 467-93.

Davis, D. R., "The Relationship between the Seals, Trumpets, and Bowls in the Book of Revelation," *JETS* 16 (1973) 149-58.

Davis, J. J., *Moses and the Gods of Egypt*. Grand Rapids: Baker, 1971.

Davis, R. D., *The Heavenly Court Judgment of Revelation*. Lanham: University Press of America, 1992.

Day, J., *God's Conflict with the Dragon and the Sea*. University of Cambridge Oriental Publications 35; Cambridge: Cambridge University, 1985.

___________, "The Origin of Armageddon: Revelation 16:16 as an Interpretation of Zechariah 12:11," in *Crossing the Boundaries: Essays in Biblical Interpretation in Honour of Michael D. Goulder*, ed. S. E. Porter, P. Joyce, and D. E. Orton. Leiden: Brill, 1994, 315-26.

Deere, D. S., "Whose Faith/Loyalty in Revelation 2.13 and 14.12?" *The Bible Translator* 38 (1987) 328-30.

Deere, J. S., "Premillennialism in Revelation 20:4-6," *Bibliotheca Sacra* 135 (1978) 58-73.

Deichgräber, R., *Gotteshymnus und Christushymnus in der frühen Christenheit*. SUNT 5; Göttingen: Vandenhoeck und Ruprecht, 1967.

Deissmann, G. A., *Bible Studies*. Edinburgh: Clark, 1901.

___________, *Light from the Ancient East*. New York: Hodder and Stoughton, 1908.

Delling, G., "Zum gottesdienstlichen Stil der Johannes-Apokalypse," *NovT* 3 (1959) 107-37.

de Moor, J. C., and van Staalduine-Sulman, E., "The Aramaic Song of the Lamb," *Journal for the Study of Judaism* 24 (1993) 266-79.

de Silva, D. A., "The Social Setting of the Revelation to John: Conflicts Within, Fears Without," *WTJ* 54 (1992) 273-302.

Deutsch, C., "Transformation of Symbols: The New Jerusalem in Rv. 21:1-22:5," *ZNW* 78 (1987) 106-26.

Devine, R., "The Virgin Followers of the Lamb," *Scripture* 16 (1964) 1-5.

de Vries, A., *Dictionary of Symbols and Imagery*. Amsterdam: North Holland, 1974.

Díez Macho, A., *Neofiti 1 Targum Palestinense*. Ms De La Biblioteck Vaticana I-VI. Madrid: Consejo Superior de Investigaciones Cientificas, 1968.

Dittmar, W. D., *Vetus Testamentum in Novo*. Gottingen: Vandenhoeck und

Ruprecht, 1903.

Dodd, C. H., *According to the Scriptures*. New York: Scribner, 1953.

Donaldson, T. L., "Parallels: Use, Misuse and Limitations," *EvQ* 55 (1983) 193-210.

Doty, W. G., *Letters in Primitive Christianity*. Philadelphia: Fortress, 1973.

Downing, F. G., "Pliny's Prosecutions of Christians," *JSNT* 34 (1988) 105-23.

Draper, J. A., "The Heavenly Feast of Tabernacles: Revelation 7.1-17," *JSNT* 19 (1983) 133-47.

__________, "The Twelve Apostles as the Foundation Stones of the Heavenly Jerusalem and the Foundation of the Qumran Community," *Neotestamentica* 22 (1988) 41-63.

Dumbrell, W. J., *The End of the Beginning*. Homebush West: Lancer, 1985.

__________, "The Purpose of the Book of Isaiah," *TynB* 36 (1985) 111-28.

Dunphy, W., "Maranatha: Development in Early Christianity," *Irish Theological Quarterly* 37 (1970) 294-309.

Dupont-Sommer, A., *The Essene Writings from Qumran*. Oxford: Blackwell, 1961.

du Rand, J. A., "The Imagery of the Heavenly Jerusalem (Revelation 21:9-22:5)," *Neotestamentica* 22 (1988), 65-86.

Düsterdieck, F., *Critical and Exegetical Handbook to the Revelation of John*. H. A. W. Meyer's Commentary on the New Testament 11; Winona Lake: Alpha, 1980 (reprint of 1883 edition).

Dyer, C. H., "The Identity of Babylon in Revelation 17-8," *Bibliotheca Sacra* 144 (1987) 305-16, 433-49.

Ebeling, E., "Frosch," in *Reallexikon der Assyriologie und Vorderasiatischen Archäologie* III, ed. E. Ebeling, B. Meissner, E. Weidner, and W. von Soden. New York: de Gruyter, 1971, 118.

Edel, R.-F., ed., *Hebräisch-deutsche Praeparation zu den "Kleinen Propheten"* II. Marburg: Oekumenischer, 1972.

Edersheim, A., *The Temple: Its Ministry and Services as They Were at the Time of Jesus Christ*. Grand Rapids: Eerdmans, 1951 (reprint).

Edgar, T. R., "Babylon: Ecclesiastical, Political, or What?" *JETS* 25 (1982) 333-41.

Eichrodt, W., *Ezekiel*. Philadelphia: Westminster, 1970.

__________, *Theology of the Old Testament* II. London: SCM, 1967.

Eliade, M., *The Myth of the Eternal Return*. London: Routledge, 1955.

Eller, V., "How the Kings of the Earth Land in the New Jerusalem: The World in the Book of Revelation," *Katallagete/Be Reconciled* 5 (1975) 21-27.

Ellingworth, P., *The Epistle to the Hebrews*. NIGTC; Grand Rapids: Eerdmans, 1993.

__________, "The Marturia Debate," *The Bible Translator* 41 (1990) 138-39.

Elliott, J. H., *The Elect and the Holy: An Exegetical Examination of 1 Peter 2:4-10 and the Phrase βασίλειον ἱεράμτευμα*. NovT Supplements 12; Leiden: Brill, 1966.

Elliot, J. K., "Manuscripts of the Book of Revelation Collated by H. C. Hoskier," *Journal of Theological Studies* 40 (1989) 100-111.

Ellis, E. E., *The Gospel of Luke*. NCBC; London: Nelson, 1966.

__________, "Pseudonymity and Canonicity of New Testament Documents," in *Worship, Theology and Ministry in the Early Church: Essays in Honour of Ralph P. Martin*, ed. M. J. Wilkins and T. Paige. JSNT Supplement Series 87; Sheffield: JSOT, 1992, 212-24.

Ellul, J., *Apocalypse: The Book of Revelation*. New York: Seabury, 1977.

Enroth, A.-M., "The Hearing Formula in the Book of Revelation," *NTS* 36 (1990) 598-608.

Ernst, J., *Die eschatologischen Gegenspieler in den Schriften des Neuen Testaments*. Regensburg: Pustet, 1967.

Etheridge, J. W., *The Targums of Onkelos and Jonathan Ben Uzziel on the Pentateuch with the Fragments of the Jerusalem Targum*. New York: KTAV, 1968.

Fairbairn, P., *The Interpretation of Prophecy*. Edinburgh: Banner of Truth, 1993 (1865).

Fanning, B., *Verbal Aspect in New Testament Greek*. Oxford: Clarendon, 1990.

Farrar, F. W., *The Early Days of Christianity*. New York: Burt, 1882.

Farrer, A., *A Rebirth of Images: The Making of St. John's Apocalypse*. Boston: Beacon, 1963.

__________, *The Revelation of St. John the Divine*. Oxford: Clarendon, 1964.

Feinberg, C. L., *Millennialism: The Two Major Views*. Chicago: Moody, 1980.

Fekkes, J., "'His Bride Has Prepared Herself': Revelation 12-21 and Isaian Nuptial Imagery," *JBL* 109 (1990) 269-87.

__________, *Isaiah and Prophetic Traditions in the Book of Revelation: Visionary*

Antecedents and Their Development. JSNT Supplement Series 93; Sheffield: JSOT, 1994.

Fensham, F. C., "'Camp' in the New Testament and Milhamah," *Revue de Qumran* 4 (1964) 557-64.

Ferguson, E., "Was Barnabas a Chiliast? An Example of Hellenistic Number Symbolism in Barnabas and Clement of Alexandria," in *Greeks, Romans, and Christians: Essays in Honor of A. J. Malherbe*, ed. D. L. Balch, E. Ferguson, and W. A. Meeks. Minneapolis: Fortress, 1990, 157-67.

Feuillet, A., *The Apocalypse*. New York: Alba House, 1965.

__________, "Le Cantique des Cantiques et l'Apocalypse. Étude de deux réminiscences du Cantique dans l'Apocalypse johannique," *Recherches de science religieuse* 49 (1961) 321-53.

__________, "Les chrétiens prêtres et rois d'après l'Apocalypse. Contribution àl'étude de la conception chrétienne du sacerdoce," *Revue Thomiste* 75 (1975) 40-66.

__________, *Johannine Studies*. New York: Alba, 1964.

__________, "Les martyrs de l'humanite et l'Agneau egorge. Une Interpretation nouvelle de la priere des egorges en Ap.6, 9-11," *Nouvelle Revue Théologique* 99 (1977) 189-207.

__________, "La moisson et la vendange de l'Apocalypse (14,14-20). La signification chrétienne de la Revelation johannique," *Nouvelle Revue Théologique* 94 (1972) 113-32, 225-50.

__________, "Les 144,000 Israelites marques d'un sceau," *NovT* 9 (1967) 191-224.

__________, "Le premier cavalier de l'Apocalypse (Apc 6:1-8)," *ZNW* 57 (1966) 229-59.

Field, F., ed., *Origenis Hexapla*. Hildesheim: Olms, 1964.

Fletcher-Lewis, C. H. T., "The Destruction of the Temple and the Relativization of the Old Covenant: Mark 13:31 and Matthew 5:18," in *The "Reader Must Understand": Eschatology in Bible and Theology*, ed. K. E. Brower and M. W. Elliott. Leicester: Apollos, 1997, 145-69.

Flusser, D., "The Pesher of Isaiah and the Twelve Apostles," in *E. L. Sukenik Memorial Volume*. Eretz-Israel 8; Jerusalem: Israel Exploration Society, 1967:

52-62.

Ford, D., *The Abomination of Desolation in Biblical Eschatology*. Washington: University Press of America, 1979.

__________, *Daniel*. Nashville: Southern Publishing Association, 1978.

Ford, J. M., "'For the Testimony of Jesus Is the Spirit of Prophecy' (Rev. 19:10)," *Irish Theological Quarterly* 42 (1975) 284-91.

__________, "The Meaning of 'Virgin'" *NTS* 12 (1966) 293-99.

__________, "A Note on Proto-Montanism in the Pastoral Epistles," *NTS* 17 (1970-71) 338-46.

__________, *Revelation*. Anchor Bible; Garden City: Doubleday, 1975.

Forster, R. T., and Marston, V. P., *God's Strategy in Human History*. Wheaton: Tyndale, 1974.

Foulkes, F., "The Acts of God: A Study of the Basis of Typology in the Old Testament," in *The Right Doctrine from the Wrong Texts? Essays on the Use of the Old Testament in the New*, ed. G. K. Beale. Grand Rapids: Baker, 1994, 342-71.

Frame, J., *The Doctrine of the Knowledge of God*. Phillipsburg: Presbyterian and Reformed, 1987.

France, R. T., *Jesus and the Old Testament*. London: Tyndale, 1971.

Fransen, I., "Cahier de Bible. Jésus, le Témoin Fidèle (Apocalypse)," *Bible et Vie Chrétienne* 16 (1956-57) 66-79.

Frend, W. H. C., *Martyrdom and Persecution in the Early Church*. Oxford: Blackwell, 1965.

Friberg, B., and Friberg, T., *Analytical Greek New Testament*. Grand Rapids: Baker, 1981.

Friesen, S., "Ephesus: Key to a Vision in Revelation," *Biblical Archaeology Review* 19 (1993) 24-37.

__________, *Twice Neokoros*. Leiden: Brill, 1993.

Fudge, E. W., *The Fire That Consumes: A Biblical and Historical Study of Final Punishment*. Fallbrook: Verdict, 1982.

Fuller, J. W., "'I Will Not Erase His Name from the Book of Life' (Revelation 3:5)," *JETS* 26 (1983) 297-306.

Gangemi, A., "La manna nascosta e il nome nuovo," *Rivista Biblica* 25 (1977) 337-56.

__________, "La stella del mattino (Apoc. 2,26-28)," *Rivista Biblica* 26 (1978) 241-74.

__________, "L'utilizzazoine del deutero-Isaia nell'Apocalisse di Giovanni," *Euntes docete* 27 (1974) 109-44, 311-39.

García Martínez, F., *The Dead Sea Scrolls Translated*. Leiden: Brill, 1994.

Garlington, D., "Reigning with Christ: Revelation 20:1-6 in Its Salvation-Historical Setting," *Baptist Review of Theology/La Revue Baptiste de Théologie* 4 (1994) 4-37.

Gärtner, B., *The Temple and the Community in Qumran and the New Testament*. Cambridge: Cambridge University, 1965.

Gaster, T. H., ed., *The Dead Sea Scriptures*. Garden City: Doubleday, 1976.

__________, *Festivals of the Jewish Year*. New York: Sloan, 1952.

Gelston, A., "The Royal Priesthood," *EvQ* 31 (1959) 152-63.

Gentry, K. L., *Before Jerusalem Fell: Dating the Book of Revelation*. Tyler: Institute for Christian Economics, 1989.

Georgi, D., "Die Visionen vom himmlischen Jerusalem in Apk 21 und 22," in *Kirche. Festschrift für Günter Bornkamm zum 75.* Geburtstag, ed. D. Lührmann and G. Strecker. Tübingen: Mohr, 1980, 351-72.

Gerhardsson, B., "Die christologischen Aussagen der Sendschreiben der Offenbarung," in *Theologie aus dem Norden*, ed. A. Fuchs, 142-66. Studien zum Neuen Testament und seiner Umselt A/2; Linz: Plöchl, 1977.

Geyser, A., "The Twelve Tribes in Revelation: Judean and Judeo-Christian Apocalypticism," *NTS* 28 (1982) 388-99.

Giblin, C. H., *The Book of Revelation*. Good News Studies 34; Collegeville: Liturgical, 1991.

__________, "Recapitulation and the Literary Coherence of John's Apocalypse," *CBQ* 56 (1994) 81-95

__________, "Revelation 11.1-13: Its Form, Function, and Contextual Integration," *NTS* 30 (1984) 433-59.

__________, "Structural and Thematic Correlations in the Theology of Revelation 16-22," *Biblica* 55 (1974) 487-504.

Giet, S., *L'Apocalypse et l'Histoire. Étude historique sur l'Apocalypse johannique.*

Paris: Presses Universitaires, 1957.

Gill, John, *An Exposition of the New Testament* III: *The Revelation of St. John the Divine*. Philadelphia: Woodward, 1811.

Gilmour, S. M., "The Revelation to John," in *The Interpreter's One-Volume Commentary on the Bible*, ed. C. M. Laymon. Nashville: Abingdon, 1971, 945-68.

Ginsberg, L., *The Legends of the Jews* I-VII. Philadelphia: Jewish Publication Society, 1967.

Glasson, T. F., "The Order of Jewels in Revelation XXI.19-20: A Theory Eliminated," *Journal of Theological Studies* 26 (1975) 95-100.

__________, *The Revelation of John*. Cambridge: Cambridge University, 1965.

Goldingay, J. E., *Daniel*. WBC; Dallas: Word, 1989.

Goodenough, E. R., *Jewish Symbols in the Greco-Roman World*. Princeton: Princeton University, 1988.

Goppelt, L., *Typos: The Typological Interpretation of the Old Testament in the New*. Grand Rapids: Eerdmans, 1982.

Gordon, R. P., "Loricate Locusts in the Targum to Nahum iii 17 and Revelation ix 9," *Vetus Testamentum* 33 (1983) 338-39.

Gottwald, N. K. *The Hebrew Bible: A Socio-Literary Introduction*. Philadelphia: Fortress, 1985.

Goulder, M. D., "The Apocalypse as an Annual Cycle of Prophecies," *NTS* 27 (1981) 342-67.

__________, *Midrash and Lection in Matthew*. London: SPCK, 1974.

Gourgues, M., "The Thousand-Year Reign (Rev. 20:1-6): Terrestrial or Celestial?" *CBQ* 47 (1985) 676-81.

Gray, D. A., "The Day of the Lord and Its Culmination in the Book of Revelation (Related to the Theology of Hope)." Ph.D. dissertation, University of Manchester, 1974.

Grenz, S. J., "The Deeper Significance of the Millennium Debate," *Southwestern Journal of Theology* 36 (1994) 14-21.

__________, *The Millennial Maze: Sorting Out Evangelical Options*. Downers Grove: InterVarsity, 1992.

Grudem, W., *The Gift of Prophecy in 1 Corinthians*. Washington: University Press of America, 1982.

Gry, L., *Le millénarisme dans ses origines et son développement*. Paris: Picard, 1904.

Gundry, R. H., "Angelomorphic Christology in the Book of Revelation," in *Society of Biblical Literature 1994 Seminar Papers*, ed. E. H. Lovering. Atlanta: Scholars, 1994, 662-78.

__________, *The Church and the Tribulation*. Grand Rapids: Zondervan, 1973.

__________, "The New Jerusalem: People, Not Place," *NovT* 29 (1987) 254-64.

__________, *Sôma in Biblical Theology*. Society for New Testament Studies Monograph Series 29; Cambridge: Cambridge University, 1976.

Günther, H. W., *Der Nah- und Enderwartungshorizont in der Apokalypse des heiligen Johannes*. Forschung zur Bibel 41; Würzburg: Echter, 1980.

Gunther, J. J., "The Elder John, Author of Revelation," *JSNT* 11 (1981) 3-20.

Guthrie, D., *New Testament Introduction*. Downers Grove: InterVarsity, 1990.

Haapa, E., "Farben und Funktionen bei den apokalyptischen Reitern," *Teologinen Aikakauskija* 73 (1968) 216-25.

Hadorn, W., *Die Offenbarung des Johannes*. Leipzig: Deichert, 1928.

Hahn, F., "Die Sendschreiben der Johannesapokalypse. Ein Beitrag zur Bestimmung prophetischer Redeformen," in *Tradition und Glaube*, ed. G. Jeremias, H.-W. Kuhn, and H. Stegemann. Göttingen: Vandenhoeck und Ruprecht, 1971, 357-94.

__________, *The Titles of Jesus in Christology*. London: Lutterworth, 1969.

Hailey, H., *Revelation*. Grand Rapids: Baker, 1979.

Hall, R. G., "Another Look at Rev. 4:6," *NTS* 36 (1990) 609-13.

Halperin, D., *The Faces of the Chariot*. Texte und Studien zum Antiken Judentum 16; Tübingen: Mohr, 1988.

Hanna, R., *A Grammatical Aid to the Greek New Testament*. Grand Rapids: Baker, 1983.

Hanson, A., "Studies in Texts (Rev. 14:20)," *Theology* 49 (1946) 141-44.

Harrington, W. J., *The Apocalypse of St. John*. London: Chapman, 1969.

__________, *Revelation*. Sacra Pagina; Collegeville: Liturgical, 1993.

Harrisville, R. A., *The Concept of Newness in the New Testament*. Minneapolis: Augsburg, 1960.

Hartman, L., "Form and Message: A Preliminary Discussion of 'Partial Texts' in Rev

1-3 and 22.6ff.," in *L'Apocalypse johannique et l'Apocalyptique dans le Nouveau Testament*, ed. J. Lambrecht. BETL 53; Gembloux: Duculot/Leuven: University Press, 1980, 129-49.

__________, *Prophecy Interpreted: The Formation of Some Jewish Apocalyptic Texts and of the Eschatological Discourse Mark 13 Par.* Coniectanea Biblica, New Testament Series 1; Lund, Gleerup, 1966.

__________, "Survey of the Problem of Apocalyptic Genre," in *Apocalypticism in the Mediterranean World*, ed. D. Hellholm. Tübingen: Mohr, 1983, 329-43.

Heidel, A., *The Babylonian Genesis*. Chicago: University of Chicago, 1942.

Heil, J. P., "The Fifth Seal (Rev 6,9-11) as a Key to Revelation," *Biblica* 74 (1993) 220-43.

Hellholm, D., ed., *Apocalypticism in the Mediterranean World and the Near East*. Tübingen: Mohr, 1983.

__________, "The Problem of Apocalyptic Genre and the Apocalypse of John," *Semeia* 36 (1986) 13-64.

Helmbold, A., "A Note on the Authorship of the Apocalypse," *NTS* 8 (1961) 77-79.

Hemer, C. J., The Letters to the Seven Churches of Asia in Their Local Setting. JSNT Supplement Series 11; Sheffield: JSOT, 1986.

__________, "The Sardis Letter and the Croesus Tradition (Rev. 2:8-11, 3:2-3)," *NTS* 19 (1972) 94-97.

__________, "Unto the Angels of the Churches," *Buried History* 11 (1975) 4-27, 56-83, 110-35, 164-90.

Hendriksen, W., *More than Conquerors: An Interpretation of the Book of Revelation*. Grand Rapids: Baker, 1962.

Hengel, M., *The Johannine Question*. London: SCM/Philadelphia: Trinity, 1989.

Hengstenberg, E. W., *The Revelation of St. John*. I-II. New York: Carter, 1853.

Hesse, F., *Das Verstockungsproblem im Alten Testament*. Beiheft zur Zeitschrift für die alttestamentlichewissenschaft 74; Berlin: Töpelmann, 1955.

Hill, C. E., "Paul's Understanding of Christ's Kingdom in 1 Corinthians 15:20-28," *NovT* 30 (1988) 297-320.

__________, *Regnum Caelorum: Patterns of Future Hope in Early Christianity*. Oxford: Clarendon, 1992.

Hillers, D. R., "Revelation 13:18 and a Scroll from Murabba'at," *Bulletin of the American Schools of Oriental Research* 170 (1963) 65.

Hodges, Z. C., "The Critical Text and the Alexandrian Family of Revelation," *Bibliotheca Sacra* 119 (1962) 129-38.

__________, "The Ecclesiastical Text of Revelation—Does It Exist?" *Bibliotheca Sacra* 118 (1961) 113-22.

Hodges, Z. C., "The First Horseman of the Apocalypse," *Bibliotheca Sacra* 119 (1962) 324-34.

Hodges, Z. C., and Farstad, A. L., *The Greek New Testament according to the Majority Text*. Nashville: Nelson, 1985.

Hoehner, H. W., "Evidence from Revelation 20," in *A Case for Premillennialism: A New Consensus*, ed. D. K. Campbell and J. L. Townsend. Chicago: Moody, 1992, 235-62.

Hoekema, A. A., *The Bible and the Future*. Grand Rapids: Eerdmans, 1979.

Hoeksema, H., *Behold, He Cometh! An Exposition of the Book of Revelation*. Grand Rapids: Reformed Free Publishing Association, 1969.

Hofbauer, J., ". . . et regnabunt cum Christo mille annis (Apc. 20,5)," *Verbum Domini* 45 (1967) 331-36.

Hohnjec, N., "*Das Lamm - τὸ ἀρνίον*" *in der Offenbarung des Johannes*. Rome: Herder, 1980.

Holmes, M. W., ed. and reviser, *The Apostolic Fathers*, tr. J. B. Lightfoot and J. R. Harmer. Grand Rapids: Baker, 1992.

Holm-Nielsen, S., *Hodayot*. Acta Theologica Danica 2; Aarhus: Universitetsforlaget, 1960.

Holtz, T., *Die Christologie der Apokalypse des Johannes*. Texte und Untersuchungen 85; Berlin: Akademie, 1971.

Hopkins, M., "The Historical Perspective of Apocalypse 1-1," *CBQ* 27 (1965) 42-47.

Horbury, W., "The Benediction of the Minim and Early Jewish-Christian Controversy," *JTS* 33 (1982) 19-61.

Hoskier, H. C., *Concerning the Text of the Apocalypse* I-II. London: Quaritch, 1929.

House, H. W., *Chronological and Background Charts of the New Testament*. Grand Rapids: Zondervan, 1981.

Hugenberger, G. P., *Marriage as a Covenant*. Vetus Testamentum Supplements 52; Leiden: Brill, 1994.

__________, "A Neglected Symbolism for the Clothing of Adam and Eve (Gen. 3:21)," a Paper Delivered at the Annual Meeting of the Evangelical Theological Society in Jackson, MS, November 22, 1996.

__________, "The Servant of the Lord in the 'Servant Songs' of Isaiah: A Second Moses Figure," in *The Lord's Anointed: Interpretation of Old Testament Texts*, ed. P. Satterthwaite, R. Hess, and G. J. Wenham. Grand Rapids: Baker, 1995, 105-40.

Hughes, J. A., "Revelation 20:4-6 and the Question of the Millennium," *WTJ* 35 (1973) 281-302.

Hughes, P. E., *The Book of the Revelation*. Pillar; Grand Rapids: Eerdmans, 1990.

__________, "The First Resurrection: Another Interpretation," WTJ 39 (1977) 315-18.

__________, *Interpreting Prophecy*. Grand Rapids: Eerdmans, 1976.

Hühn, E., *Die altestamentlichen Citate und Reminiscenzen im Neuen Testament*. Tübingen: Mohr, 1900.

Hultberg, A. D., "The Significance of Zech. 12:10 for the Theology of the Apocalypse," a paper presented at the forty-seventh annual meeting of the Evangelical Theological Society, November 1995, in Philadelphia, Pennsylvania.

Humphrey, E. M., "The Sweet and the Sour: Epics of Wrath and Return in the Apocalypse," in *Society of Biblical Literature Seminar Papers 1991*, ed. E. H. Lovering. Atlanta: Scholars, 1991, 451-60.

Hunt, A. S., and Edgar, C. C., *Select Papyri* II. Loeb Classical Library; Cambridge: Harvard University, 1934.

Hunzinger, C.-H., "Babylon als Deckname für Rom und die Datierung des I. Petrusbriefes," in *Gottes Wort und Gottes Land*. Hans-Wilhelm Hertzberg zum 70. Geburtstag, ed. H. G. Reventlow. Göttingen: Vandenhoeck und Ruprecht, 1965, 67-77.

Hurtado, L. W., "Revelation 4-5 in the Light of Jewish Apocalyptic Analogies," *JSNT* 25 (1985) 105-24.

Jacob, E., *The Theology of the Old Testament*. London: Hodder and Stoughton, 1958.

Janzen, E. P., "The Jesus of the Apocalypse Wears the Emperor's Clothes," in

Society of Biblical Literature Seminar Papers 1994, ed. E. H. Lovering. Atlanta: Scholars, 1994, 637-61.

Jart, U., "The Precious Stones in the Revelation of St. John xxi.18-21," *Studia Theologica* 24 (1970) 150-81.

Jastrow, M., *A Dictionary of the Targumim and the Talmud Babli and Yerushalmi, and the Midrashic Literature*. Brooklyn: Traditional, n.d.

Jeffrey, D. L., "Literature in an Apocalyptic Age," *Dalhousie Review* 61 (1981) 426-46.

Jenkins, F., *The Old Testament in the Book of Revelation*. Marion: Cogdill, 1976.

Jeske, R. L., "Spirit and Community in the Johannine Apocalypse," *NTS* 31 (1985) 452-66.

Johnson, A. F., "Revelation," *The Expositor's Bible Commentary* XII. Grand Rapids: Zondervan, 1981, 397-603.

Johnson, A. R., *The One and the Many in the Israelite Conception of God*. Cardiff: University of Wales, 1961.

Johnson, S. L., *The Use of the Old Testament in the New*. Grand Rapids: Zondervan, 1980.

Johnston, R. M., "The Eschatological Sabbath in John's Apocalypse: A Reconsideration," *AUSS* 25 (1987) 39-50.

Jörns, K.-P., *Das hymnische Evangelium. Untersuchungen zu Aufbau, Funktion und Herkunft der hymnischen Stücke in der Johannesoffenbarung*. Gütersloh: Mohn, 1971.

Jourdain, E. F., "The Twelve Stones in the Apocalypse," *ExpT* 22 (1911) 448-50.

Judge, E. A., "The Mark of the Beast," *TynB* 42 (1991) 158-60.

Kaiser, W. C., "The Single Intent of Scripture," in *The Right Doctrine from the Wrong Texts? Essays on the Use of the Old Testament in the New*, ed. G. K. Beale. Grand Rapids: Baker, 1994, 55-69.

Keel, O., *The Symbolism of the Biblical World*. New York: Crossroad, 1985.

Keener, C. S., *The IVP Bible Background Commentary*. New Testament. Downers Grove: InterVarsity, 1993.

Keil, C. F., *Biblical Commentary on the Book of Daniel*. Grand Rapids: Eerdmans, 1971 (reprint).

__________, *Biblical Commentary on the Prophecies of Ezekiel* I-II. Grand Rapids:

Eerdmans, 1969 (reprint).

__________, *Biblical Commentary on the Twelve Minor Prophets* I. Grand Rapids: Eerdmans, 1969 (reprint).

__________, *The Prophecies of Jeremiah*. I. Grand Rapids: Eerdmans, 1968 (reprint).

Kerkeslager, A. R., "Apollo, Greco-Roman Prophecy, and the Rider on the White Horse in Rev 6:2," *JBL* 112 (1993) 116-21.

__________, "The Day of the Lord, the 'Hour' in the Book of Revelation, and Rev 3:10." Unpublished paper delivered at the annual 1991 Annual Meeting of the Society of Biblical Literature.

Kiddle, M., with M. K. Ross, *The Revelation of St. John*. Moffatt New Testament Commentary; London: Hodder and Stoughton, 1940.

Kik, J. M., *An Eschatology of Victory*. Phillipsburg: Presbyterian and Reformed, 1971.

__________, *Revelation Twenty*. Philadelphia: Presbyterian and Reformed, 1955.

Kilpatrick, G. D., "Professor J. Schmid on the Greek Text of the Apocalypse," *Vigiliae Christianae* 13 (1959) 1-13.

Kim, S., *The Origin of Paul's Gospel*. Grand Rapids: Eerdmans, 1982.

__________, *"The 'Son of Man'" as the Son of God*. WUNT 30. Tübingen: Mohr, 1983.

Kirby, J. T., "The Rhetorical Situations of Revelation," *NTS* 34 (1988), 197-207.

Klassen, W., "Vengence in the Apocalypse of John," *CBQ* 28 (1966) 300-11.

Kline, M. G., "Double Trouble," *JETS* 32 (1989) 171-79.

__________, "The First Resurrection," *WTJ* 37 (1975) 366-75.

__________, "Har Magedon: The End of the Millennium," *JETS* 39 (1996) 207-22.

__________, "The First Resurrection: A Reaffirmation," *WTJ* 37 (1976) 110-19.

__________, *Images of the Spirit*. Grand Rapids: Baker, 1980.

__________, "Job," in *The Wycliffe Bible Commentary*, ed. C. F. Pfeiffer and E. F. Harrison. Chicago: Moody, 1963, 459-90.

__________, *Kingdom Prologue*. South Hamilton: Gordon-Conwell Theological Seminary, 1989.

__________, "Minor Prophets." A course taught at Gordon-Conwell Theological Seminary, Summer, 1992.

___________, *The Structure of Biblical Authority*. Grand Rapids: Eerdmans, 1972.

___________, "The Structure of the Book of Zechariah," *JETS* 34 (1991) 179-93.

___________, "A Study in the Structure of the Revelation of John." Unpublished paper given at Westminster Theological Seminary, 1945.

___________, "Trial by Ordeal," in *Through Christ's Word*, ed. W. R. Godfrey and J. L. Boyd. Phillipsburg: Presbyterian and Reformed, 1985, 81-93.

Knibb, M. A., "Martyrdom and Ascension of Isaiah," *OTP* II, 143-76.

Koch, K., "Das Lamm, das Ägypten vernichtet," *ZNW* 57 (1966) 79-93.

Koester, H., *Introduction to the New Testament* II. Philadelphia: Fortress/New York: de Gruyter, 1982.

The Koran, tr. A. J. Arberry. Toronto: Macmillan, 1969.

Kraft, H., *Clavis Patrum Apostolicorum*. Munich: Kosel, 1964.

___________, *Die Offenbarung des Johannes*. Handbuch zum Neuen Testament 16a; Tübingen: Mohr, 1974.

Krodel, G. A., *Revelation*. Augsburg Commentary on the New Testament; Minneapolis: Augsburg, 1989.

Kromminga, D. H., *The Millennium in the Church*. Grand Rapids: Eerdmans, 1945.

Kuhn, G., "Beiträge zur Erklärung des Buches der Weisheit," *ZNW* 28 (1929), 340-41.

Kuyper, A., *The Revelation of St. John*. Grand Rapids: Eerdmans, 1935.

Labuschagne, C. J., *The Incomparability of Yahweh in the Old Testament*. Pretoria Oriental Series 5; Leiden: Brill, 1966.

Lacocque, A., *The Book of Daniel*. London: SPCK, 1979.

Ladd, G. E., *A Commentary on the Revelation of John*. Grand Rapids: Eerdmans, 1972.

___________, "An Historic Premillennial Response," in *The Meaning of the Millennium: Four Views*, ed. R. G. Clouse. Downers Grove: InterVarsity, 1977, 189-91.

___________, *The Presence of the Future*. Grand Rapids: Eerdmans, 1974.

___________, "Revelation 20 and the Millennium," *Review and Expositor* 57 (1960) 167-75.

___________, "Why Not Prophetic-Apocalyptic?" *JBL* 76 (1957) 192-200.

Lambrecht, J., "A Structuration of Rev 4,1-22,5," in *L'Apocalypse johannique et l'Apocalyptic dans le Nouveau Testament*, ed. J. Lambrecht. BETL 53; Gembloux: Duculot/Leuven: University Press, 1980, 77-104.

Lampe, G. W. H., "The Testimony of Jesus Is the Spirit of Prophecy (Rev. 19:10)," in *The New Testament Age: Essays in Honor of Bo Reicke*, ed. W. C. Weinrich. Macon: Mercer University, 1984, 245-58.

Lancellotti, A., "L'Antico Testamento nell'Apocalisse," *Rivista Biblica* 14 (1966) 369-84.

Lane, W. L., *Commentary on the Gospel of Mark*. NICNT; Grand Rapids: Eerdmans, 1974.

Lang, G. H., *The Revelation of Jesus Christ*. London: Oliphants, 1945.

LaRondelle, H. K., "The Biblical Concept of Armageddon," *JETS* 28 (1985) 21-31.

__________, *Chariots of Salvation*. Washington/Hagerstown: Review and Herald, 1987.

__________, "The Etymology of Har-Magedon (Rev 16:16)," *AUSS* 27 (1989) 69-73.

__________, *The Israel of God in Prophecy*. Berrien Springs: Andrews University, 1983.

Läuchli, S., "Eine Gottesdienststruktur in der Johannesoffenbarung," *Theologische Zeitschrift* 16 (1960) 359-78.

Laughlin, T. C., *The Solecisms of the Apocalypse*. Princeton: Princeton University, 1902.

Leahy, D. J., "Is the 'Millennium' or 'Thousand Years' of the Apocalypse the Peaceful Expansion of the Church from the Sixth to the Sixteenth Centuries?" *Scripture* 5 (1952) 43-47.

Lee, A. C. C., "Genesis 1 and the Plagues Tradition in Psalm 105," *Vetus Testamentum* 50 (1990) 257-63.

Le Frois, B. J., *The Woman Clothed with the Sun (Apoc 12): Individual or Collective? An Exegetical Study*. Rome: Herder, 1954.

Leivestad, R., *Christ the Conqueror*. London: SPCK, 1954.

Lenglet, A., "La Structure Littéraire de Daniel 2-7," *Biblica* 53 (1972) 169-90.

Lenski, R. C. H., *The Interpretation of St. John's Revelation*. Minneapolis: Augsburg, 1963.

León, D. M., "La estructura del Apocalipsis de Juan. Una approximacion a la luz de la composicion del 4.° de Esdras y del 2.° de Baruc," *Estudios Bíblicos* 43 (1985) 125-72.

Leupold, H. C., *Exposition of Daniel*. Grand Rapids: Baker, 1969.

Levenson, J. D., *Creation and the Persistence of Evil: The Jewish Drama of Divine Omnipotence*. San Francisco: Harper and Row, 1988.

Lewis, A. H., *The Dark Side of the Millennium*. Grand Rapids: Baker, 1980.

Liebermann, S., *Hellenism in Jewish Palestine*. Texts and Studies of the Jewish Theological Seminary of America 18; New York: Jewish Theological Seminary, 1950.

Lilje, H., *The Last Book of the Bible: The Meaning of the Revelation of St. John*. Philadelphia: Muhlenberg, 1957.

Lindars, B., *New Testament Apologetic: The Doctrinal Significance of the Old Testament Quotations*. Philadelphia: Westminster, 1961.

__________, "Place of the Old Testament in the Formation of New Theology: Prolegomena," *NTS* 23 (1976-77) 59-66.

Lindijer, C. H., "Die Jungrauen in der Offenbarung des Johannes xiv," in *Studies in John Presented to J. N. Sevenster*. NovT Supplements 24; Leiden: Brill, 1970, 124-42.

Lindsey, H., *The Late Great Planet Earth*. Grand Rapids: Zondervan, 1970.

__________, *There's a New World Coming*. New York: Bantam, 1975.

Loasby, R. E., "'Har-Magedon' according to the Hebrew in the Setting of the Seven Last Plagues of Revelation 16," *AUSS* 27 (1989) 129-32.

Loenertz, R. J., *The Apocalypse of St. John*. London: Sheed and Ward, 1947.

Loewen, J. A., "A Suggestion for Translating the Names of Precious Stones," *The Bible Translator* 35 (1984) 229-34.

Logan, S. T., "The Doctrine of Justification in the Theology of Jonathan Edwards," *WTJ* 46 (1984) 26-52.

Lohmeyer, E., *Die Offenbarung des Johannes*. Handbuch zum Neuen Testament 16; Tübingen: Mohr, 1970.

Lohse, E., "Die alttestamentliche Sprache des Sehers Johannes. Textkritische Bemerkungen zur Apokalypse," *ZNW* 52 (1961) 122-26.

__________, *Die Offenbarung des Johannes*. Göttingen: Vandenhoek und

Ruprecht, 1960.

Longman, T., "The Divine Warrior: The New Testament Use of an Old Testament Motif," *WTJ* 44 (1982) 290-307.

__________, "Review of C. Rowland, The Open Heaven," *WTJ* 45 (1983), 178-81.

Lövestam, E., "Apokalypsen 3:8b," *Svensk Exegetisk Årsbok* 30 (1965) 91-101.

__________, *Son and Saviour*. Coniectanea Neotestamentica 18; Lund: Gleerup, 1961.

Lund, N. W., *Chiasmus in the New Testament*. Chapel Hill: University of North Carolina, 1942.

__________, *Studies in the Book of Revelation*. Chicago: Covenant, 1955.

Lust, J., "The Order of the Final Events in Revelation and in Ezekiel," in *L'Apocalypse johannique et l'Apocalyptique dans le Nouveau Testament*, ed. J. Lambrecht. BETL 53; Gembloux: Duculot/Leuven: University Press, 1980, 179-83.

Luther, M., *The Bondage of the Will*. Westwood: Revell, 1957.

MacKenzie, L., *Studies in Roman Law*. Edinburgh: Blackwood, 1876.

Maier, G., *Der Prophet Daniel*. Wuppertaler Studienbibel; Wuppertal: Brockhaus, 1986.

Maier, J., *Die Texte vom Toten Meer* I-II. Munich: Reinhardt, 1960.

Malina, B. J., *On the Genre and Message of Revelation: Star Visions and Sky Journeys*. Peabody: Hendrickson, 1995.

__________, *The Palestinian Manna Tradition*. Arbeiten zur Geschichte des späteren Judentums und des Urchristentums 7; Leiden: Brill, 1968.

Mansoor, M., *The Thanksgiving Hymns*. Studies on the Texts of the Desert of Judah 3; Leiden: Brill, 1961.

Marconcini, B., "L'utilizzazione del T.M. nelle citazioni isaiane dell'Apocalisse," *Rivista Biblica* 24 (1976) 113-36.

Marshall, I. H., *The Gospel of Luke*. NIGTC; Grand Rapids: Eerdmans, 1978.

__________, *Kept by the Power of God: A Study of Perseverance and Falling Away*. London: Epworth, 1969.

__________, "Martyrdom and the Parousia in the Revelation of John." *Studia Evangelica* IV, ed. F. L. Cross. Berlin: Akademie, 1968, 333-39.

Mathewson, D., "Revelation in Recent Genre Criticism: Some Implications for

Interpretation," *Trinity Journal* 13 (1992) 193-213.

Mauro, P., *The Patmos Visions: A Study of the Apocalypse*. Boston: Hamilton, 1925.

Mazzaferri, F. D., *The Genre of the Book of Revelation from a Source-Critical Perspective*. Beihefte zur ZNW 54. New York: de Gruyter, 1989.

__________, "Martyria Iesou Revisited," *The Bible Translator* 39 (1988) 114-22.

McComiskey, T. E., "Alteration of OT Imagery in the Book of Revelation: Its Hermeneutical and Theological Significance," *JETS* 36 (1993) 307-16.

McCown, C. C., "Codex and Roll in the New Testament," *Harvard Theological Review* 34 (1941) 219-50.

McDonough, S. M. "Falling Stars: An Exploration of Revelation 12:4." Th.M. thesis, Gordon-Conwell Theological Seminary. South Hamilton, 1994.

McDowell, E. A., *The Meaning and Message of the Book of Revelation*. Nashville: Broadman, 1951.

McKelvey, R. J., *The New Temple*. Oxford: Oxford University, 1969.

McKenzie, J. L., "The Elders in the Old Testament," *Biblica* 40 (1959) 522-40.

McLean, J. A., "The Seventieth Week of Daniel 9:27 as a Literary Key for Understanding the Structure of the Apocalypse of John." Unpublished Ph.D. dissertation, University of Michigan, 1990.

McNamara, M., *The New Testament and the Palestinian Targum to the Pentateuch*. Analecta Biblica 27; Rome: Pontifical Biblical Institute, 1966.

__________, *Targum and Testament*. Shannon: Irish University/Grand Rapids: Eerdmans, 1972.

McNicol, A., "Revelation 11:1-14 and the Structure of the Apocalypse," *Restoration Quarterly* 22 (1979) 193-202.

Mealy, J. W., *After the Thousand Years*. JSNT Supplement Series 70. Sheffield, JSOT, 1992.

Metzger, B. M., *Breaking the Code*. Nashville: Abingdon, 1993.

__________, *The Text of the New Testament*. Oxford: Oxford University, 1968, 1992.

__________, *A Textual Commentary on the Greek New Testament*. New York: United Bible Societies, 1971.

Metzger, W., "Das Zwischenreich. Ein Beitrag zum exegetischen Gespräch der Kirche über den Chiliasmus," in *Auf Dem Grunde Der Apostel und Propheten*.

Festgabe fur D. T. Wurm, ed. M. Loeser. Stuttgart: Quell, 1948, 110-18.

Meyer, B. F., *Christus Faber*. Allison Park: Pickwick, 1992.

Michael, J. H., "The Position of the Wild Beasts in Revelation 6:8b," *ExpT* 58 (1946/1947) 166.

__________, "The Unrecorded Thunder-Voices (Apoc. 10,3)," *ExpT* 36 (1924-25) 424-27.

__________, "A Vision of the Final Judgment: Apoc. 20,11-15," *ExpT* 63 (1951) 199-201.

Michaels, J. R., "The Centurion's Confession and the Spear Thrust," *CBQ* 29 (1967) 102-9.

__________, "The First Resurrection: A Response," *WTJ* 39 (1976) 100-109.

__________, *Interpreting the Book of Revelation*. Grand Rapids: Baker, 1992.

__________, "Revelation 1.19 and the Narrative Voices of the Apocalypse," *NTS* 37 (1991) 604-20.

Milligan, W., *The Book of Revelation*. New York: Armstrong, 1901.

Milling, D. H., "The Origin and Character of the New Testament Doxology." Unpublished Ph.D. dissertation, University of Cambridge, 1972.

Minear, P. S., "The Cosmology of the Apocalypse," in *Current Issues in New Testament Interpretation*, ed. W. Klassen and G. F. Snyder. New York, Harper, 1962, 23-37, 261-62.

__________, "Far as the Curse Is Found: The Point of Rev. 12:15-16," *NovT* 33 (1991) 71-77.

__________, *I Saw a New Earth: An Introduction to the Visions of the Apocalypse*. Washington: Corpus, 1969.

__________, "Ontology and Ecclesiology in the Apocalypse," *NTS* 12 (1966) 89-105.

__________, "The Wounded Beast," *JBL* 72 (1953) 93-101.

Moberly, R. B., "When Was Revelation Conceived?" *Biblica* 73 (1992) 376-93.

Moffatt, J., "The Revelation of St. John the Divine," in *The Expositor's Greek Testament* V, ed. W. R. Nicoll. Grand Rapids: Eerdmans, 1970 (reprint), 279-494.

Montgomery, J. A., *A Critical and Exegetical Commentary on The Book of Daniel*. ICC; Edinburgh: Clark, 1950.

__________, "The Education of the Seer of the Apocalypse," *JBL* 45 (1926) 70-81.

Morris, L., *The Apostolic Preaching of the Cross*. London: Tyndale, 1955.

___________, *The Revelation of St. John*. Tyndale New Testament Commentaries; revised edition, Grand Rapids: Eerdmans, 1987.

Moule, C. F. D., *An Idiom Book of New Testament Greek*. Cambridge: Cambridge University, 1953.

___________, "The Judgment Theme in the Sacraments," in *The Background of the New Testament and Its Eschatology*, ed. W. D. Davies and D. Daube. Cambridge: Cambridge University, 1956, 464-81.

___________, "A Reconsideration of the Context of Maranatha," *NTS* 8 (1962) 307-10.

Mounce, R. H., *The Book of Revelation*. NICNT; Grand Rapids: Eerdmans, 1977.

Mowry, L., "Revelation 4-5 and Early Christian Liturgical Usage," *JBL* 71 (1952) 75-84.

Moyise, S., "Intertextuality and the Book of Revelation," *ExpT* 104 (1993) 295-98.

___________, *The Old Testament in the Book of Revelation*. JSNT Supplement Series 115; Sheffield: Sheffield Academic, 1995.

Mulholland, M. R., *Revelation*. Grand Rapids: Zondervan, 1990.

Müller, F. M., *The Sacred Books of the East* IV-V. Oxford: Clarendon, 1895.

Müller, H.-P., "Formgeschichtliche Untersuchung zu Apc Joh. 4-5." Ph.D. dissertation, Heidelberg University, 1962.

___________, "Die himmlische Ratsversammlung (Motivgeschichtliches zu Apc. 5,1-5)," *ZNW* 54 (1963) 254-67.

___________, "Die Plagen der Apokalypse. Eine formgeschichtliche Untersuchung," *ZNW* 51 (1960) 268-78.

Müller, U. B., *Messias und Menschensohn in jüdischen Apokalypsen und in der Offenbarung des Johannes*. Gütersloh: Mohn, 1972.

___________, *Prophetie und Predigt im Neuen Testament*. Studien zum Neuen Testament 10. Gütersloh: Mohn, 1975.

Munck, J., *Petrus und Paulus in der Offenbarung Johannis*. Teologiske Skrifter 1; Copenhagen: Rosenskilde og Bagger, 1950.

Murphy, F. J., "The Book of Revelation," *Currents in Research: Biblical Studies* 2 (1994) 181-225.

Muse, R. L., "Revelation 2-3: A Critical Analysis of Seven Prophetic Messages," *JETS* 29 (1986) 147-61.

Mussies, G., "Antipas (Rev. 2:13b)," *NovT* 7 (1964) 242-44.

__________, "ΔYO in Apocalypse 9,12 und 16," *NovT* 9 (1967) 151-54.

__________, "The Greek of the Book of Revelation," in *L'Apocalypse johannique et l'Apocalyptique dans le Noveau Testament*, ed. J. Lambrecht. BETL 53; Gembloux: Duculot/Leuven: University Press, 1980, 167-77.

__________, *The Morphology of Koine Greek as Used in the Apocalypse of St. John: A Study in Bilingualism*. NovT Supplements 27. London: Brill, 1971.

Nelson, N. H., "The Egyptian Temple," in *The Biblical Archaeologist Reader*, ed. G. E. Wright and D. N. Freedman. Garden City: Doubleday, 1961, 147-58.

Newman, B., "The Fallacy of the Domitian Hypothesis: Critique of the Irenaeus Source as a Witness for the Contemporary-Historical Approach to the Interpretation of the Apocalypse," *NTS* 10 (1962) 133-39.

Newport, K. G. C., "Semitic Influence in Revelation: Some Further Evidence," *AUSS* 25 (1987) 249-56.

__________, "Semitic Influence on the Use of Some Prepositions in the Book of Revelation," *The Bible Translator* 37 (1986) 328-34.

__________, "The Use of EK in Revelation: Evidence of Semitic Influence," *AUSS* 24 (1986) 223-30.

Niehaus, J. J., *No Other Gods*. Grand Rapids: Baker, forthcoming.

Niles, D. T., *As Seeing the Invisible*. London: SCM, 1962.

Oberweis, M., "Die Bedeutung der neutestamentlichen 'Rätselzahlen' 666 (Apk 13.18) und 153 (Joh 21.11)," *ZNW* 77 (1986) 226-41.

O'Brien, P. T., *Introductory Thanksgivings in the Letters of Paul*. NovT Supplements 49; Leiden: Brill, 1977.

Okayama, H., Th.M. Research Paper in John's Apocalypse, Gordon-Conwell Theological Seminary, Fall 1993.

Olyan, S., *A Thousand Thousands Served Him*. Texte und Studien zum Antiken Judentum 36; Tübingen: Mohr, 1993.

O'Rourke, J. J., "The Hymns of the Apocalypse," *CBQ* 30 (1968) 399-409.

Ostella, R. A., "The Significance of Deception in Revelation 20:3," *WTJ* 37 (1975) 236-38.

Owings, T., *A Cumulative Index to New Testament Greek Grammars*. Grand

Rapids: Baker, 1983.

Ozanne, C. G., "The Language of the Apocalypse," *Tyndale House Bulletin* 16 (1965) 3-9.

Page, S. H. T., "Revelation 20 and Pauline Eschatology," *JETS* 23 (1980) 31-43.

Parker, H. M., "The Scripture of the Author of the Revelation of John," *Iliff Review* 37 (1980) 35-51.

Paulien, J., "Armageddon," *ABD* I, 394-95.

__________, *Decoding Revelation's Trumpets*. Andrews University Seminary Doctoral Dissertation Series 21; Berrien Springs: Andrews University, 1987.

__________, "Elusive Allusions: The Problematic Use of the Old Testament in Revelation," *Biblical Research* 33 (1988) 37-53.

Payne, P. B., "The Fallacy of Equating Meaning with the Human Author's Intention," in *Right Doctrine from the Wrong Texts? Essays on the Use of the Old Testament in the New*, ed. G. K. Beale. Grand Rapids: Baker, 1994, 70-81.

Pentecost, J. D., *Things to Come*. Grand Rapids: Zondervan, 1958.

Pétrement, S., "Une Suggestion de Simone Weil à propos d'Apocalypse XII." *NTS* 11 (1965) 291-96.

Pieters, A., *The Lamb, the Woman and the Dragon: An Exposition of the Revelation of St. John*. Grand Rapids: Zondervan, 1937.

Pinnock, C. H., ed., *Grace Unlimited*. Minneapolis: Bethany, 1975.

Piper, J., *The Justification of God*. Grand Rapids: Baker, 1983.

Piper, O. A., "The Apocalypse of John and the Liturgy of the Ancient Church," *Church History* 20 (1951) 3-14, 10-22.

Porter, S. E., "The Language of the Apocalypse in Recent Discussion," *NTS* 35 (1989) 582-603.

__________, *Verbal Aspect in the Greek of the New Testament, with Reference to Tense and Mood*. Studies in Biblical Greek 1; New York: Lang, 1989.

__________, "Why the Laodiceans Received Lukewarm Water," *TynB* 38 (1987) 143-49.

Poythress, V. S., "Genre and Hermeneutics in Rev 20:1-6," *JETS* 36 (1993) 41-54.

__________, "The Holy Ones of the Most High in Dan 7," *Vetus Testamentum* 26 (1976) 208-13.

__________, "Johannine Authorship and the Use of Intersentence Conjunctions in the Book of Revelation," *WTJ* 47 (1985) 329-36.

__________, *The Shadow of Christ in the Law of Moses*. Brentwood: Wolgemuth and Hyatt, 1991.

Preston, R. H., and Hanson, A. T., *The Revelation of St. John the Divine: The Book of Glory*. Torch Bible Paperbacks; London, SCM, 1968.

Price, S. R. F., *Rituals and Power: The Roman Imperial Cult in Asia Minor*. Cambridge: Cambridge University, 1984.

Priest, J., "The Testament of Moses: A New Translation and Introduction," *OTP* I, 919-34.

Prigent, P., *L'Apocalypse de Saint Jean*. Paris: Delachaux et Niestlé, 1981.

__________, *Apocalypse 12. Histoire de l'exégèse*. Beiträge zur Geschichte der Biblischen Exegese 2; Tübingen: Mohr, 1959.

__________, *Apocalypse et Liturgie*. Cahiers Théologiques 52; Paris: Delachaux et Niestle, 1964.

__________, "L'Hérésie asiate et l'Église confessante de l'Apocalpyse à Ignace," *Vigiliae Christianae* 31 (1977) 1-22.

Quispel, G., *The Secret Book of Revelation*. New York: McGraw-Hill, 1979.

Ramsay, W. M., *The Letters to the Seven Churches of Asia and Their Place in the Plan of the Apocalypse*. London: Hodder and Stoughton, 1904.

Reader, W. W., "The Riddle of the Polis in Rev. 11:1-13," in *Studia Evangelica* VII, ed. E. A. Livingstone. Berlin: Akademie, 1982, 407-14.

__________, "The Twelve Jewels of Revelation 21:19-20: Tradition History and Modern Interpretations," *JBL* 100 (1981) 433-57.

Reicke, B., "Die jüdische Apokalyptik und die johanneische Tiervision," *Recherches de Science Religieuse* 60 (1972) 173-92.

Rienecker, F., and Rogers, C. L., *A Linguistic Key to the Greek New Testament*. Grand Rapids: Zondervan, 1980.

Rissi, M., "Die Erscheinung Christi nach Offenbarung 19:11-16," *Theologische Zeitschrift* 21 (1965) 81-95.

__________, *The Future of the World: An Exegetical Study of Rev. 19:11-2:15*. SBT 2/23; London: SCM, 1972.

__________, "Das Judenproblem im Lichte der Johannesapokalypse," *Theologische Zeitschrift* 13 (1957) 241-59.

__________, "The Revelation of St. John the Divine," *Interpreter's Bible* XII. Nashville: Abingdon, 1957, 347-613.

__________, "Rider on the White Horse: A Study of Revelation 6:1-2," Interpretation 18 (1964) 407-18.

__________, *Time and History: A Study on the Revelation*. Richmond: John Knox, 1966.

__________, *Zeit und Geschichte in der Offenbarung des Johannesapokalypse*. Abhandlungen zur Theologie des Alten und Neuen Testaments 46. Zurich: Zwingli, 1965.

Rist, M., "The Revelation of St. John the Divine" (Introduction and Exegesis), *The Interpreter's Bible* XII, ed. G. A. Buttrick, et al. (Nashville: Abingdon, 1957), 347-551.

Robbins, R. F., *The Revelation of Jesus Christ*. Nashville: Broadman, 1975.

Roberts, C. H., and Skeat, T. C., *The Birth of the Codex*. London: Oxford University, 1987.

Robertson, A. T., *A Grammar of the Greek New Testament in the Light of Historical Research*. New York: Hodder and Stoughton, 1914.

__________, *Word Pictures in the New Testament* VI: *The General Epistles and the Revelation of John*. Nashville: Broadman, 1933.

Robertson, O. P., "Is There a Distinctive Future for Ethnic Israel in Romans 11?" *Perspectives on Evangelical Theology*, ed. K. S. Kantzer and S. N. Gundry. Grand Rapids: Baker, 1979, 209-27.

Robinson, H. W., *Corporate Personality in Ancient Israel*. Philadelphia: Fortress, 1964.

Robinson, J. A. T., *Redating the New Testament*. Philadelphia: Westminster, 1976.

Roller, O., "Das Buch mit sieben Siegeln," *ZNW* 36 (1938) 98-113.

Roloff, J., *Die Offenbarung des Johannes*. Zurich: Theologischer, 1984.

__________, *Revelation*. Minneapolis: Fortress, 1993.

Ross, J. M., "The Ending of the Apocalypse," in *Studies in New Testament Language and Text: Essays in Honour of George D. Kilpatrick*, ed. J. K. Elliott. NovT

Supplements 44; Leiden: Brill, 1976, 338-44.

Rossing, B., "The Imperatives of Revelation 18:4-6," a paper read at the Annual Meeting of the Society of Biblical Literature, November 1995, in Philadelphia, Pennsylvania.

Rowland, C., *The Open Heaven*. New York: Crossroad, 1982.

__________, "The Vision of the Risen Christ in Rev. i.13ff: The Debt of an Early Christology to an Aspect of Jewish Angelology," *JTS* 31 (1980) 1-11.

Royse, J. R., "'Their Fifteen Enemies': The Text of Rev. xi.12 in P^{47} and 1611," *JTS* 31 (1980) 78-80.

Ruiz, J.-P., *Ezekiel in the Apocalypse: The Transformation of Prophetic Language in Revelation 16,17-9,10*. European University Studies 23/376. Frankfurt: Lang, 1989.

Russel, E., "A Roman Law Parallel to Revelation Five," *Bibliotheca Sacra* 115 (1958) 258-64.

Salmon, G., *An Historical Introduction to the Study of the Books of the New Testament*. London: Murray, 1904.

Sanders, H. A., "The Beatty Papyrus of Revelation and Hoskier's Edition," *JBL* 53 (1934) 371-80.

__________, "The Number of the Beast in Revelation," *JBL* 37 (1918) 95-99.

Sandmel, S., "Parallelomania," *JBL* 81 (1962) 1-13.

Sandvik, B., *Das Kommen des Herrn beim Abendmahl in Neuen Testament*. Abhandlungen zur Theologie des Alten und Neuen Testaments 58; Zurich: Zwingli, 1970.

Sarna, N. M., *Exodus*. The Jewish Publication Society Torah Commentary; Philadelphia: Jewish Publication Society, 1991.

Satake, A., *Die Gemeindeordnung in der Johannesapokalypse*. Neukirchen: Neukirchener, 1966.

Schaff, P., *History of the Christian Church* I. New York: Scribner, 1882.

Scherrer, S. J., "Signs and Wonders in the Imperial Cult: A New Look at a Roman Religious Institution in the Light of Rev. 13:13-15," *JBL* 103 (1984) 599-610.

Schille, G., "Der Apokalyptiker Johannes und die Edelsteine (Apk 21)," *Studien zum Neuen Testament und seiner Umwelt* 17 (1992) 231-44.

Schlatter, A., *Das Alte Testament in der johanneischen Apokalypse*. Beiträge zur Förderung christlicher Theologie 16/6; Gütersloh: Bertelsmann, 1912.

Schmemann, A., *Introduction to Liturgical Theology*. London: Faith, 1966.

Schmid, J., *Studien zur Geschichte des griechischen Apokalypse-Textes*. Münchener Theologische Studien 1/1-2, 2. Munich: Zink, 1955-56.

Schmidt, D. D., "Semitisms and Septuagintalisms in the Book of Revelation," *NTS* 37 (1991) 592-603.

Schmidt, T. E., "'And the Sea Was No More': Water as People, Not Place," in *To Tell the Mystery: Essays on New Testament Eschatology in Honor of R. H. Gundry*, ed. T. E. Schmidt and M. Silva. JSNT Supplement Series, 100; Sheffield: Sheffield Academic, 1994, 233-49.

Schnackenburg, R., *God's Rule and Kingdom*. New York: Herder and Herder, 1963.

Schüssler Fiorenza, E., "Apocalyptic and Gnosis in the Book of Revelation," *JBL* 92 (1973) 565-81.

__________, "Apokalypsis and Propheteia: Revelation in the Context of Early Christian Prophecy," in *L'Apocalypse johannique et l'Apocalyptique dans le Nouveau Testament*, ed. J. Lambrecht. BETL 53; Gembloux: Duculot/Leuven: University Press, 1980, 105-28.

__________, *The Book of Revelation: Justice and Judgment*. Philadelphia: Fortress, 1985.

__________, "Composition and Structure of the Book of Revelation," *CBQ* 39 (1977) 358-66.

__________, "The Eschatology and Composition of the Apocalypse," *CBQ* 30 (1968) 537-69.

__________, "The Followers of the Lamb: Visionary Rhetoric and Social-Political Situation," *Semeia* 36 (1986) 123-46.

__________, "The Phenomenon of Early Christian Apocalyptic: Some Reflections on Method," in *Apocalypticism in the Mediterranean World*, ed. D. Hellholm. Tübingen: Mohr, 1983, 295-316.

__________, *Priester für Gott*. Studien zum Herrschafts und Priestermotiv in der Apokalypse. Münster: Aschendorff, 1972.

__________, "Redemption as Liberation: Apoc 1:5f. and 5:9f.," *CBQ* 36 (1974) 220-

32.

___________, "Revelation," in *The New Testament and Its Modern Interpreters*, ed. E. J. Epp and G. W. MacRae. Atlanta: Scholars, 1989, 407-27.

___________, *Revelation: Vision of a Just World*. Proclamation; Minneapolis: Fortress, 1991.

Schürer, E., *The History of the Jewish People in the Age of Jesus Christ* (175 B.C.–A.D. 135) II, revised and edited by G. Vermes, F. Millar, and M. Goodman. Edinburgh: Clark, 1986.

Scobie, C. H. H., "Local References in the Letters to the Seven Churches," *NTS* 39 (1993) 606-24.

Scott, E. F., *The Book of Revelation*. London: SCM, 1939.

Scott, J. M., "Restoration of Israel," in *Dictionary of Paul and His Letters*, ed. G. F. Hawthorne, R. P. Martin, and D. G. Reid. Downers Grove: InterVarsity, 1993, 796-805.

Scott, K., *The Imperial Cult under the Flavians*. New York: Arno, 1975.

Scott, R. B. Y., *The Original Language of the Apocalypse*. Toronto: Toronto University, 1928.

Seiss, J. A., *The Apocalypse: A Series of Special Lectures on the Revelation of Jesus Christ*. Grand Rapids: Eerdmans, 1966.

___________, *Letters to the Seven Churches*. Grand Rapids: Baker, 1956 (reprint).

Selwyn, E. C., *The Christian Prophets and the Prophetic Apocalypse*. New York: Macmillan, 1900.

___________, "Dialogues on the Christian Prophets," *Expositor* 6/5 (1902) 321-43.

Shank, R., *Elect in the Son: A Study of the Doctrine of Election*. Springfield: Westcott, 1970.

Shea, W. H., "The Covenantal Form of the Letters to the Seven Churches," *AUSS* 21 (1983) 71-84.

___________, "The Location and Significance of Armageddon in Rev 16:16," *AUSS* 18 (1980) 157-62.

___________, "Revelation 5 and 19 as Literary Reciprocals," *AUSS* 22 (1984) 249-57.

Shepherd, M. H., *The Paschal Liturgy and the Apocalypse*. Ecumenical Studies in Worship 6; Richmond: John Knox, 1960.

Shepherd, N., "The Resurrections of Revelation 20," *WTJ* 37 (1974) 34-43.

Shütz, R., *Die Offenbarung des Johannes und Kaiser Domitian*. Forschungen zur Religion und Literatur des Alten und Neuen Testaments 32; Göttingen: Vandenhoeck und Ruprecht, 1933.

Sickenberger, J., *Erklärung der Johannesapokalypse*. Bonn: Hanstein, 1942[2].

Silberman, Lou H., "Farewell to O AMHN: A Note on Rev 3 14," *JBL* 82 (1963) 213-15.

Silva, M., *Biblical Words and Their Meaning*. Grand Rapids: Zondervan, 1983.

Sims, J. H., *A Comparative Literary Study of Daniel and Revelation*. Lewiston: Mellon, 1994.

Skeat, T. C., "The Origin of the Christian Codex," *Zeitschrift für Papyrologie und Epigraphik* 102 (1994) 263-68.

Skrinjar, A., "Les sept esprits (Rev 1,4; 3,1; 4:5; 5:6)," *Biblica* 16 (1935) 1-24, 113-40.

Slater, T. B., "'King of Kings and Lord of Lords' Revisited," *NTS* 39 (1993) 159-60.

Smalley, S. S., "John's Revelation and John's Community," *Bulletin of the John Rylands University Library* 69 (1987) 549-71.

Smallwood, E. M., *The Jews under Roman Rule*. Leiden: Brill, 1976.

Smith, C. R., "The Portrayal of the Church as the New Israel in the Names and Order of the Tribes in Revelation 7.5 8," *JSNT* 39 (1990), 111-18.

__________, "Reclaiming the Social Justice Message of Revelation: Materialism, Imperialism and Divine Judgement in Revelation 18," *Transformation* 7 (1990) 28-33.

__________, "Revelation 1:19: An Eschatologically Escalated Prophetic Convention," *JETS* 33 (1990) 461-66.

__________, "The Structure of the Book of Revelation in Light of Apocalyptic Literary Conventions," *NovT* 36 (1994) 373-93.

Smith, U., *The Prophecies of Daniel and the Revelation*. Nashville: Southern, 1949 (reprint of 1881 edition).

Smith, W., *Dictionary of Greek and Roman Antiquities*. New York: Harper, 1850.

Smitmans, A., "Die Hochzeit des Lammes (Offenbarung 19,6-9a)," in *Das Evangelium auf dem Weg zum Menschen*. Festschrift H. Kahlefeld, ed. O. Knoch, F. Messerschmid, and A. Zenner. Frankfurt: Knecht, 1973, 109-17.

Smyth, H. W., *Greek Grammar*. Cambridge: Harvard University, 1984 (reprint).

Snaith, N., *Studies in the Psalter*. London: Epworth, 1934.

Snyder, B. W., "Combat Myth in the Apocalypse: The Liturgy of the Day of the Lord and the Dedication of the Heavenly Temple." Unpublished Ph.D. dissertation, Graduate Theological Union and University of California, Berkeley, 1991.

__________, "How Millennial Is the Millennium? A Study in the Millennial Background of the 1000 Years in Revelation 20," *Evangelical Journal* 9 (1991), 51-74.

Sperber, A., *The Bible in Aramaic* III: *The Latter Prophets According to Targum Jonathan*. Leiden: Brill, 1962.

Spinks, L. C., "A Critical Examination of J. W. Bowman's Proposed Structure of the Revelation," *EvQ* 50 (1978) 211-22.

Staples, P., "Rev. XVI 4-6 and Its Vindication Formula," *NovT* 14 (1972) 280-93.

Stauffer, E., *Christ and the Caesars*. London: SCM, 1965.

Steinmann, A. E., "The Tripartite Structure of the Sixth Seal, the Sixth Trumpet, and the Sixth Bowl of John's Apocalypse (Rev 6:12-:17; 9:13-11:14; 16:12-16)," *JETS* 35 (1992) 69-79.

Stevenson, G. M., "Conceptual Background to Golden Crown Imagery in the Apocalypse of John," *JBL* 114 (1995) 257-72.

Stonehouse, N. B., "The Elders and the Living Beings in the Apocalypse," in *Arcana Revelata*. Kampen: Kok, 1951, 135-48.

Stork, P., *The Aspectual Usage of the Dynamic Infinitive in Herodotus*. Groningen: Bouma, 1982.

Stott, W., "A Note on the Word KYPIAKH in Revelation i.10," *NTS* 12 (1965) 70-75.

Strack, H. L., and Billerbeck, P., *Kommentar zum Neuen Testament aus Talmud und Midrasch* I-V. Munich: Beck, 1922-28.

Strand, K. A., "Another Look at the Lord's Day in the Early Church and in Revelation 1:10," *NTS* 13 (1967) 174-81.

__________, "Chiastic Structure and Some Motifs in the Book of Revelation," *AUSS* 16 (1978) 401-8.

__________, "The Eight Basic Visions in the Book of Revelation," *AUSS* 25 (1987) 107-21.

__________, "A Further Note on the Covenantal Form in the Book of Revelation,"

AUSS 21 (1983) 251-64.

__________, *Interpreting the Book of Revelation: Hermeneutical Guidelines with Brief Introduction to Literary Analysis*. Worthington: Ann Arbor Publishers, 1976 (revised and enlarged edition of The Open Gates of Heaven [1970]).

__________, "An Overlooked Old Testament Background to Revelation 11:1," *AUSS* 22 (1984) 317-25.

__________, "Review of Thompson, L. L., *The Book of Revelation. Apocalypse and Empire*. New York and Oxford: Oxford University Press, 1990," *AUSS* 29 (1991) 188-90.

__________, "Some Modalities of Symbolic Usage in Revelation 18," *AUSS* 24 (1986) 37-46.

__________, "Two Aspects of Babylon's Judgment Portrayed in Revelation 18," *AUSS* 20 (1982) 53-60.

__________, "The Two Witnesses of Rev. 11:3-12," *AUSS* 19 (1981) 127-35.

Strobel, A., "Abfassung und Geschichtstheologie der Apokalypse nach Kapitel 17,9-12," *NTS* 10 (1964) 433-45.

Stuart, D., *Ezekiel*. The Communicator's Commentary; Dallas, Word, 1989.

__________, *Hosea-Jonah*. WBC 31. Waco: Word, 1987.

Stuart, M., *Commentary on the Apocalypse*. 2 vols.; Andover: Allen, Morrell, and Wardwell/New York: Newman, 1845.

Stuhlmacher, P., *Das paulinische Evangelium* I: *Vorgeschichte*. Göttingen: Vandenhoeck und Ruprecht, 1968.

Stuhlmueller, C., *Creative Redemption in Deutero-Isaiah*. Analecta Biblica 43; Rome: Biblical Institute, 1970.

Summers, Ray, *The Life Beyond*. Nashville: Broadman, 1959.

__________, "Revelation 20: An Interpretation," *Review and Expositor* 57.2 (1960) 176-83.

Sweet, J. P. M., "Maintaining the Testimony of Jesus: The Suffering of Christians in the Revelation of John," in *Suffering and Martyrdom in the New Testament*, ed. W. Horbury and B. McNeil. Cambridge: Cambridge University, 1981, 101-17.

__________, *Revelation*. London: SCM, 1979.

Swete, H. B., *The Apocalypse of St. John*. London: Macmillan, 1906.

Talbert, C. H., *The Apocalypse*. Louisville: Westminster/John Knox, 1994.

Tasker, R. V. G., "The Chester Beatty Papyrus of the Apocalypse of John," *JTS* 50 (1949) 60-68.

Taylor, J. B., *Ezekiel*. Downers Grove: InterVarsity, 1969.

Taylor, W. S., "The Seven Seals in the Revelation of John," *JTS* 31 (1929-30) 266-71.

Tenney, M. C., "The Importance and Exegesis of Rev. 20,1-8," *Bibliotheca Sacra* 111 (1954) 137-48.

__________, *Interpreting Revelation*. Grand Rapids: Eerdmans, 1958.

Terrien, S., "The Omphalos Myth and Hebrew Religion," *Vetus Testamentum* 20 (1970) 315-38.

Thiede, C. P., "Papyrus Magdalen Greek 17 (Gregory-Aland $\mathfrak{P}^{64}$): A Reappraisal," *TynB* 46 (1995) 29-42.

Thiering, B. E., "The Three and a Half Years of Elijah," *NovT* 23 (1981) 41-55.

Thomas, R. L., "The Chronological Interpretation of Revelation 2-3," *Bibliotheca Sacra* 124 (1967) 321-31.

__________, "The Imprecatory Prayers of the Apocalypse," *Bibliotheca Sacra* 126 (1969) 123-31.

__________, "John's Apocalyptic Outline," *Bibliotheca Sacra* 123 (1976) 334-41.

__________, "The Kingdom of Christ in the Apocalypse," *The Masters Seminary Journal* 3/2 (1992) 117-40.

__________, *Revelation 1-7*. An Exegetical Commentary. Chicago: Moody, 1992.

__________, "The Spiritual Gift of Prophecy in Rev 22:18," *JETS* 32 (1989) 201-16.

__________, "The Structure of the Apocalypse: Recapitulation or Progression?" *Masters Seminary Journal*, 45-65.

Thompson, L. L., *The Book of Revelation: Apocalypse and Empire*. New York: Oxford University, 1990.

__________, "Cult and Eschatology in the Apocalypse of John," *Journal of Religion* 49 (1969) 330-50.

__________, "The Literary Unity of the Book of Revelation," in *Mappings of the Biblical Terrain: The Bible as Text*, ed. V. L. Tollers and J. Maier. Lewisburg: Bucknell University, 1990, 347-63.

__________, "Mapping an Apocalyptic World," in *Sacred Places and Profane*

Spaces, ed. J. Scott and P. Simpson-Housley. Contributions to the Study of Religion 30; New York: Greenwood, 1991, 115-27.

Thompson, M. M., "Worship in the Book of Revelation," *Ex Auditu* 8 (1992), 45-54.

Thompson, S., *The Apocalypse and Semitic Syntax*. Society for New Testament Studies Monograph Series 52; Cambridge: Cambridge University, 1985.

Thüsing, W., "Die Vision des 'Neuen Jerusalem' (Apk 21,1-2,5) als Verheißung und Gottesverkündigung," *Trierer Theologische Zeitschrift* 77 (1968) 17-34.

Topham, M., "Hanniqola'ītēs," *ExpT* 98 (1986) 44-45.

Torrance, T. F., *The Apocalypse Today*. Grand Rapids: Eerdmans, 1959.

Torrey, C. C., *The Apocalypse of John*. New Haven: Yale University, 1958.

____________, "Armageddon," *Harvard Theological Review* 31 (1938) 237-48.

Touilleux, P., *L'Apocalypse et les Cultes de Domitien et de Cybele*. Paris: Librairie Orientaliste Paul Geuthner, 1935.

Townsend, J. L., "Is the Present Age the Millennium?" *Bibliotheca Sacra* 140 (1983) 206-24.

Townsend, J. T., "Education: Greco-Roman Period." In *The Anchor Bible Dictionary* 2. Ed. D. N. Freedman. New York: Doubleday, 1992, 312-17.

Trench, R. C., *Commentary on the Epistles to the Seven Churches in Asia*. London: Macmillan, 1883.

Trites, A. A., "Μαρτύς and Martyrdom in the Apocalypse: A Semantic Study," *NovT* 15 (1973) 72-80.

____________, *The New Testament Concept of Witness*. Society for New Testament Studies Monograph Series 31; Cambridge: Cambridge University, 1976.

Trudinger, L. P., "Some Observations Concerning the Text of the Old Testament in the Book of Revelation," *JTS* 17 (1966) 82-88.

____________, "O AMHN (Rev. III:14) and the Case for a Semitic Original of the Apocalypse," *NovT* 14 (1972) 277-79.

Turner, D. L., "The New Jerusalem in Revelation 21:1-2:5: Consummation of a Biblical Continuum," in *Dispensationalism, Israel and the Church*, ed. C. A. Blaising and D. L. Bock. Grand Rapids: Zondervan, 1992, 264-92.

Turner, E. G., *The Typology of the Early Codex*. Philadelphia: University of Pennsylvannia, 1977.

Ulfgard, H., *Feast and Future: Revelation 7:9-17 and the Feast of Tabernacles*. Coniectanea Biblica, New Testament Series 22; Lund: Almqvist, 1989.

Ulrichsen, J. H., "Die sieben Häupter und die zehn Hörner. Zur Datierung der Offenbarung des Johannes," *Studia Theologica* 39 (1985) 1-20.

Valentine, J., "Theological Aspects of the Temple Motif in the Old Testament and Revelation." Unpublished Ph.D. dissertation, Boston University Graduate School, 1985.

van der Waal, C., *Hal Lindsey and Biblical Prophecy*. St. Catharines: Paideia, 1978.

__________, *Openbaring van Jezus Christus. Inleiding en Vertaling*. Groningen: de Vuurbaak, 1971.

__________, *Search the Scriptures* X. St. Catharines: Paideia, 1979.

VanGemeren, W. A., "The Spirit of Restoration," *WTJ* 50 (1988) 81-102.

van Hartingsfeld, L., "Die Zahl des Tieres, die Zahl eines Menschen (Apokalypse xiii 18)," in *Miscellanea Neotestamentica*, ed. T. Baarda, A. F. J. Klijn, and W. C. van Unnik. Leiden: Brill, 1978. II, 191-201.

Vanhoye, A., *Old Testament Priests and the New Priest according to the New* Testament. Petersham: St. Bede's, 1986.

__________, "L'utilisation du livre d'Ezéchiel dans l'Apocalypse," *Biblica* 43 (1962) 436-76.

Vanni, U., "Liturgical Dialogue as a Literary Form in the Book of Revelation," *NTS* 37 (1991) 348-72.

__________, *La struttura letteraria dell' Apocalisse*. 2nd ed., Aloisiana 8a; Brescia: Morcelliana, 1980.

van Ruiten, J., "The Intertextual Relationship between Isaiah 65,17-20 and Revelation 21,1-5b," *Estudios Bíblicos* 51 (1993) 473-510.

van Unnik, W. C., "A Formula Describing Prophecy," *NTS* 9 (1962-63) 86-94.

__________, *Het Godspredikaat "Het Begin en het Einde" bij Flavius Josephus en in de Openbaring van Johannes*. Mededelingen der Koninklijke Nederlandse Akademie van Wetenshappen, afd. Letterkunde; Nieuwe Reeks 39/1. New York: Noord, 1974.

__________, "Μία γνώμη, Apocalypse of John xvii,13, 17," in *Studies in John Presented to Professor J. N. Sevenster*. NovT Supplements 24; Leiden: Brill, 1970,

209-20.

__________, *Sparsa Collecta* 2. NovT Supplements 30; Leiden: Brill, 1980.

__________, "'Worthy Is the Lamb': The Background of Revelation 5," in *Mélanges bibliques en hommage au R. P. Béda Rigaux*, ed. A. Descamps and A. de Halleux. Gembloux: Duculot, 1970, 445-61.

Vassiliadis, P., "The Translation of Martyria Iēsou in Revelation," The Bible *Translator* 36 (1985) 129-34.

Vermes, G., *The Dead Sea Scrolls: Qumran in Perspective*. Philadelphia: Fortress, 1977.

__________, *Scripture and Tradition in Judaism*. Studia Post-Biblica; Leiden: Brill, 1961.

Vogelgesang, J. M., "The Interpretation of Ezekiel in the Book of Revelation." Unpublished Ph.D. dissertation, Harvard University, 1985.

Vogtle, A., *Das Neue Testament und die Zukunft des Kosmos*. Düsseldorf: Patmos, 1970.

Volf, J. M. G., *Paul and Perseverance: Staying In and Falling Away*. Louisville: Westminster/John Knox, 1990.

von Rad, G., *Old Testament Theology* I-II. New York: Harper and Row, 1962-65.

von Spyer, A., *Apokalypse: Betrachtungen über die geheime Offenbarung* I-II. Einsiedeln: Johannes, 1950.

Vorster, W. S., "'Genre' and the Revelation of John: A Study in Text, Context, and Intertext," *Neotestamentica* 22 (1988) 103-23.

Vos, L. A., *The Synoptic Traditions in the Apocalypse*. Kampen: Kok, 1965.

Wainwright, A, W., *Mysterious Apocalypse: Interpreting the Book of Revelation*. Nashville: Abingdon, 1993.

Wall, R. W., *Revelation*. New International Biblical Commentary; Peabody: Hendrickson, 1991.

Walton, B., *Biblia sacra polyglotta* (=The London or Walton Polyglot). London: Roycroft, 1655-57.

Walvoord, J. F., "The Millennial Kingdom and the Eternal State," *Bibliotheca Sacra* 123 (1966) 291-300.

__________, *The Revelation of Jesus Christ*. London: Marshall, Morgan, and Scott,

1966.

__________, "The Theological Significance of Revelation 20:1-6," in *Essays in Honor of J. Dwight Pentecost*, ed. S. D. Toussaint and C. H. Dyer. Chicago: Moody, 1986.

Warden, D., "Imperial Persecution and the Dating of 1 Peter and Revelation," *JETS* 34 (1991) 203-12.

Webb, W. J., "Revelation 20: Exegetical Considerations," *The Baptist Review of Theology/La Revue Baptiste de théologie* 4 (1994) 7-39.

Weisberg, D. B., "Incense," *The New Westminster Dictionary of the Bible*, ed. H. S. Gehman. Philadelphia: Westminster, 1970, 421.

Welborn, L. L., "On the Date of First Clement," *Biblical Research* 29 (1984) 35-54.

Wells, D. F., *God in the Wasteland*. Grand Rapids: Eerdmans, 1994.

__________, *No Place for Truth*. Grand Rapids: Eerdmans, 1993.

Wendland, E. R., "7×7 (×7): A Structural and Thematic Outline of John's Apocalypse," *Occasional Papers in Translation and Textlinguistics* 4 (1990) 371-87.

Wenham, G. J., *Genesis 1-5*. Word Biblical Commentary; Waco: Word, 1987.

__________, "Sanctuary Symbolism in the Garden of Eden Story," *Proceedings of the World Congress of Jewish Studies. Division A: The Period of the Bible*. Jerusalem: World Union of Jewish Studies, 1986, 19-25.

Westermann, C., *Basic Forms of Prophetic Speech*. Philadelphia: Westminster, 1974.

Wettstein, J., *Novum Testamentum Graecum*. Graz: Akademische, 1962 (reprint of 1751 edition).

Wevers, J., *Ezekiel*. NCBC. Camden: Nelson, 1969.

Whale, P., "The Lamb of John: Some Myths about the Vocabulary of the Johannine Literature," *JBL* 106 (1987) 289-95.

White, J. L., *The Form and Function of the Body of the Greek Letter: A Study of the Letter-Body in the Non-Literary Papyri and in Paul the Apostle*. SBLDS 2; Missoula: Society of Biblical Literature, 1972.

White, R. F., "Death and the First Resurrection in Revelation 20: A Response to Meredith G. Kline." Unpublished paper delivered to the Evangelical Theological Society, Eastern Region, April 1992.

__________, "Making Sense of Rev 20:1-10? Harold Hoehner versus Recapitulation," *JETS* 37 (1994) 539-51.

__________, "The Millennial Kingdom-City: Epic Themes, Ezek. 36-9, and the Interpretation of Rev. 20:4-10," a paper delivered to the Evangelical Society Annual Meeting, November 21, 1991.

__________, "Reexamining the Evidence for Recapitulation in Rev 20:1-10," *WTJ* 51 (1959) 319-44.

Wieder, N., "The Doctrine of the Two Messiahs among the Karaites," *JJS* 6 (1955) 14-25.

Wikenhauser, A., "Das Problem des tausendjährigen Reiches in der Johannes-Apokalyse," *Römische Quartalschrift* 40 (1932) 13-25.

__________, "Weltwoche und tausendjähriges Reich," *Tübinger Theologische Quartalschrift* 127 (1947) 399-417.

Wilcock, M., *I Saw Heaven Opened*. London: Inter-Varsity, 1975.

Wilcox, M., "The Aramaic Background of the New Testament," in *The Aramaic Bible*, ed. D. R. G. Beattie and M. J. McNamara. Journal for the Study of the Old Testament Supplement Series 166, Sheffield: JSOT, 1994, 362-78.

__________, "Tradition and Redaction of Rev 21,9-2,5," in *L'Apocalypse johannique et l'Apocalyptique dans le Nouveau Testament*, ed. J. Lambrecht. BETL 53; Gembloux: Duculot/Leuven: University Press, 1980, 203-15.

Wilkinson, R. H., "The ΣΤΥΛΟΣ of Revelation 3:12 and Ancient Coronation Rites," *JBL* 107 (1988) 498-501.

Wilson, J. C., "Babylon as a Cipher for Rome and the Dating of Early Jewish and Early Christian Documents." Unpublished paper read at the 1994 Annual Meeting of the Society of Biblical Literature.

__________, "The Problem of the Domitianic Date of Revelation," *NTS* 39 (1993) 587-605.

Winkle, R. E., "Another Look at the List of Tribes in Revelation," *AUSS* 27 (1989) 53-67.

Wintermute, O. S., "Apocalypse of Elijah," *OTP* I, 721-53.

Witherington, B., "Not So Idle Thoughts about EIDOLOTHUTON," *TynB* 44 (1993) 237-54.

Wojciechowski, M., "Apocalypse 21,19-20: Des Titres Christologiques Cachés dans la Liste des Pierres Précieuses," *NTS* 33 (1987) 153-54.

Workman, H. B., *Persecution in the Early Church*. Oxford: Oxford University, 1980.

Wright, G. E., "The Temple in Palestine-Syria," in The Biblical Archaeologist Reader, ed. G. E. Wright and D. N. Freedman. Garden City: Doubleday, 1961, 169-84.

Wright, N. T., *The Climax of the Covenant*. Minneapolis: Fortress, 1992.

Yamauchi, E., *The Archaeology of New Testament Cities in Western Asia Minor*. Grand Rapids: Baker, 1980.

Young, E. J., *The Prophecy of Daniel*. Grand Rapids: Eerdmans, 1980.

Zahn, T., *Introduction to the New Testament* III. Edinburgh: Clark, 1909.

Zerwick, M., *Biblical Greek*. Scripta Pontificii Instituti Biblici 114; Rome: Pontifical Biblical Institute, 1963.

Zerwick, M., and Grosvenor, M., *A Grammatical Analysis of the Greek New Testament*. Rome: Pontifical Biblical Institute, 1981.

Zimmerli, W., *Ezekiel* II. Hermeneia; Philadelphia, Fortress, 1969.

저자 색인

A

B

C

H

N

O

P

성경 및 기타 고대 문헌 색인

/ 구약 /

창세기

출애굽기

예레미야

다니엘

말라기

/ 외경 /

Tobit

/ 신약 /

마태복음

사도행전

로마서

고린도전서

고린도후서

갈라디아서

에베소서

빌립보서

골로새서

/ 위경 /

Life of Adam and Eve

Apocalypse of Abraham

Apocalypse of Adam

Apocalypse of Daniel

Apocalypse of Elijah

Greek Apocalypse of Ezra

Apocalypse of Moses

Apocalypse of Zephaniah

Ascension of Isaiah

Assumption of Moses

2 Baruch

3 Baruch

1 Enoch

/ 사해사본 /

/ 랍비문헌 /

/ 초기 기독교 문헌 /

/ 고전 및 헬라 문헌 /

NIGTC 요한계시록 (하권)

1쇄 발행 2016년 11월 17일
3쇄 발행 2022년 2월 24일

지은이 그레고리 K. 비일
옮긴이 오광만
펴낸이 김요한
펴낸곳 새물결플러스

편　집 왕희광 정인철 노재현 한바울 정혜인
이형일 나유영 노동래 최호연
디자인 박인미 황진주 김은경
마케팅 박성민 이원혁
총　무 김명화 이성순
영　상 최정호 곽상원
아카데미 차상희

홈페이지 www.holywaveplus.com
이메일 hwpbooks@hwpbooks.com
출판등록 2008년 8월 21일 제2008-24호
주　소 (우) 04118 서울시 마포구 마포대로19길 33
전　화 02) 2652-3161
팩　스 02) 2652-3191

ISBN 979-11-86409-83-1 94230 (하권)
979-11-86409-81-7 94230 (세트)

책값은 뒤표지에 있습니다.